2022 全国勘察设计注册工程师
考 试 辅 导 用 书

U0358426

Zhuce Daolu Gongchengshi Zhiye Zige
Jichu Kaoshi Fuxi Tiji

注册道路工程师执业资格
基础考试复习题集

上册

注册工程师考试辅导用书编委会◇编

张　铭　曹纬浚◇主编

人民交通出版社股份有限公司
北 京

内 容 提 要

本书由多位从事道路工程教学、设计和考试培训工作的教授、资深专家共同编写，内容以新版考试大纲和2019—2021年考试真题为依据，吸收了新版标准、规范和教材的精华内容，并参考了同类注册工程师考试真题。上册对应公共基础考试，下册对应专业基础考试，均包含复习指导和大量习题（含考试真题），习题配有详尽的解答。内容涵盖考试大纲要求的知识点，贴合考试，针对性和指导性强，适合模拟练习。配有电子题库，可登录"注考大师"微信号获取。

本书是2022版《基础考试应试辅导》的配套题集，适合参加注册道路工程师基础考试的考生使用，也可供道路工程从业人员参考。

图书在版编目（CIP）数据

2022注册道路工程师执业资格基础考试复习题集 / 张铭, 曹纬浚主编.—北京：人民交通出版社股份有限公司, 2022.5

ISBN 978-7-114-17958-7

Ⅰ. ①2… Ⅱ. ①张… ②曹… Ⅲ. ①道路工程—资格考试—习题集 Ⅳ. ①U41-44

中国版本图书馆 CIP 数据核字(2022)第 078610 号

书　　　名：	**2022注册道路工程师执业资格基础考试复习题集**
著 作 者：	张　铭　曹纬浚
责任编辑：	李　坤　刘彩云
责任校对：	席少楠
责任印制：	刘高彤
出版发行：	人民交通出版社股份有限公司
地　　　址：	（100011）北京市朝阳区安定门外外馆斜街 3 号
网　　　址：	http://www.ccpcl.com.cn
销售电话：	（010）59757973
总 经 销：	人民交通出版社股份有限公司发行部
经　　　销：	各地新华书店
印　　　刷：	北京印匠彩色印刷有限公司
开　　　本：	889×1194　1/16
印　　　张：	42
字　　　数：	1080 千
版　　　次：	2022 年 5 月　第 1 版
印　　　次：	2022 年 5 月　第 1 次印刷
书　　　号：	ISBN 978-7-114-17958-7
定　　　价：	148.00 元（含上、下两册）

目 录 （上册）

前　言

注册土木工程师（道路工程）考试于 2019 年 10 月首次举办，就此拉开了道路工程领域勘察设计工程师考试、注册、执业的序幕。考试的举办，对从事道路工程规划、勘察、设计等工作的工程技术人员，大有裨益。复习备考的过程，是道路工程技术人员重新学习、梳理、拓展自己专业知识的过程，也是提升专业素养的过程。通过考试的筛选，让合格的工程师承担相应的技术工作，有助于提升工程建设质量和效率，对整个道路工程行业的良性发展具有重大意义。

为帮助广大考生有效复习，人民交通出版社股份有限公司特组织相关高校和工程单位的专家编写了一套复习辅导用书，主要包括：《基础考试应试辅导》《基础考试复习题集》《专业考试应试辅导》《专业考试复习题集》《专业考试案例一本通》。后续将根据考生实际需求开发新的辅导资料。

本书《基础考试复习题集》，是在 2021 版题集的基础上修订而成，分上、下两册，分别对应公共基础考试和专业基础考试。上册内容包含：数学、普通物理、普通化学、理论力学、材料力学、流体力学、电工电子技术、信号与信息技术、计算机应用基础、工程经济、法律法规共 11 章。下册内容包含：建筑材料、土质学与土力学、工程地质、工程勘测、结构设计原理、职业法规共 6 章。

本书具有以下特色：

（1）每章设置"复习指导"，梳理考试大纲要求，给出具体复习建议。

（2）根据考试大纲和各科目的特点，精心编写习题，并给出详尽解答。

（3）收录近三年部分考试真题，使考生把握考试难度并进行模拟演练。

（4）配套电子题库，扫描本书上册封面上的红色资源码，免费使用一年。

上册编写人员来自北京工业大学、北京交通大学、北京建筑大学和北京市建筑设计研究院，具体如下：刘明惠、吴昌泽（第一章第一节至第七节）；刘明惠、范元玮（第一章第八节、第九节）；魏京花（第二章）；谢亚勃（第三章）；刘燕（第四章）；钱民刚（第五章）；毛军、李兆年（第六章）；许怡生（第七章、第八章）；许小重（第九章）；陈向东（第十章）；李魁元（第十一章）。上册由曹纬浚负责统稿。

下册编写人员来自重庆交通大学，具体如下：黄维蓉、易文豪、张奇奇、梁一星（第一章）；高传东、代科、董天威、程雨恒（第二章）；唐良琴、毛添、周成龙、徐海深（第三章）；高传东、顿暑杰、唐山林、阳敏、陈言（第四章）；张江涛、吴海军、刘浪、向南、李坤（第五章）；魏道升、李燕、李圆浩（第六章）。下册由张铭负责统稿。

参与或协助本书编写的人员还有：李钦、李汉明、代玉华、贾玲华、毛怀珍、朋改非、刘宝生、张翠兰、毛元钰、李平、邓华、陈庆年、李广秋、郭虹、楼香林、杨守俊、王志刚、何承奎、曹铎、吴莎莎、张文革、徐华萍、栾彩虹、张炳珍。

本书可与 2022 版《基础考试应试辅导》配套使用。多做习题，将对考生巩固、检验复习效果和准备考试大有帮助。

考生在使用本书及相关数字资源备考时，还应注意参阅考试指定的各类标准、规范、大纲及教材，真正做到：考前胸中有丘壑，临场下笔如有神。

如对本书内容和编排有好的建议，请加入 QQ 群（470950250、920873460）交流。

预祝各位考生取得好成绩！

注册工程师考试辅导用书编委会

2022 年 3 月

第一章　数学

复习指导

根据"考试大纲"的要求，本部分考试内容覆盖了高等数学、线性代数、概率统计及矢量代数课的知识。我们在复习时，首先要熟悉大纲，按大纲的要求分类进行，分清哪些是考试要求的，哪些不属于考试范围内的，做到有的放矢。对于要求的内容，必须把相关的知识掌握住，如定义、定理、性质以及相关的计算题等。对于概念的理解不能只停留在表面上，要理解深、理解透。对于计算题，要达到熟练掌握的程度，尽量记住解题思路。

另外，试题的题型均为单选题，给出四个选项，选出其中一个正确答案。这些选择题，包括基本概念、基本定理、基本性质、分析题、计算题及记忆判别类题目，有的试题还具有一定的深度。试卷中总共有 120 道题，答卷时间为 4 个小时，平均每道题 2 分钟。这一点也是我们在复习中应该注意到的。高等数学占 20 道题，工程数学占 4 道题，共有 24 道题，占总题数的1/5。冗长的定理证明、复杂的计算题不可能在试卷中出现，但强调的是应用这些定义、定理，利用由它们推出的性质去解题。最好能记住曾做过的题目的结论，并把这些结论灵活地应用于各种类型的计算题目中。对各类计算题的解题思路必须要记清。在做选择题时，应注意解题时的灵活性和技巧性。还要注意，由于题目都是单选题，在四个答案中，如能准确地选出某一选项，其余选项可不再考虑，这样就能节省时间。有时，如果正确答案一时确定不下来，可用逐一排查的方法，去掉其中三个错误选项，得到所要求的选项。以上这些，仅供参考。

以下举例说明。

【例 1-0-1】　已知函数 $f(x)$ 在 $x=1$ 处可导，且 $\lim\limits_{x \to 1}\dfrac{f(4-3x)-f(1)}{x-1}=2$，则 $f'(1)$ 等于：

　　A. 2　　　　　　　B. 1　　　　　　　C. $\dfrac{2}{3}$　　　　　　　D. $-\dfrac{2}{3}$

解　可利用函数在一点 x_0 可导的定义，通过计算得到最后结果。

$$\lim_{x \to 1}\frac{f(4-3x)-f(1)}{x-1}=\lim_{x \to 1}\frac{f[1+(3-3x)]-f(1)}{3(x-1)} \times 3$$

$$\xrightarrow[x \to 1, t \to 0]{\text{设} 3-3x=t}3\lim_{t \to 0}\frac{f(1+t)-f(1)}{-t}=-3f'(1)=2$$

$f'(1)=-\dfrac{2}{3}$，选 D。

【例 1-0-2】　$\int xf(x^2) \cdot f'(x^2)\mathrm{d}x$ 等于：

　　A. $\dfrac{1}{2}f(x^2)$　　　　　B. $\dfrac{1}{4}f(x^2)+C$　　　　　C. $\dfrac{1}{8}f(x^2)$　　　　　D. $\dfrac{1}{4}[f(x^2)]^2+C$

解　本题为抽象函数的不定积分。考查不定积分凑微分方法的应用及是否会应用不定积分的性质，$\int f'(x)\mathrm{d}x=f(x)+C$。

$$\int xf(x^2)f'(x^2)\mathrm{d}x = \int f'(x^2)f(x^2)\mathrm{d}\left(\frac{1}{2}x^2\right) = \frac{1}{2}\int f'(x^2)\cdot f(x^2)\mathrm{d}x^2$$

$$= \frac{1}{2}\int f(x^2)\mathrm{d}f(x^2) = \frac{1}{2}\times\frac{1}{2}[f(x^2)]^2$$

$$= \frac{1}{4}[f(x^2)]^2 + C$$

选 D。

【例 1-0-3】 设二重积分 $I = \int_0^2 \mathrm{d}x \int_{-\sqrt{2x-x^2}}^0 f(x,y)\,\mathrm{d}y$，交换积分次序后，则 I 等于：

A. $\int_{-1}^0 \mathrm{d}y \int_{1-\sqrt{1-y^2}}^{1+\sqrt{1-y^2}} f(x,y)\,\mathrm{d}x$　　　　B. $\int_{-1}^1 \mathrm{d}y \int_{1-\sqrt{1-y^2}}^{1+\sqrt{1-y^2}} f(x,y)\,\mathrm{d}x$

C. $\int_{-1}^0 \mathrm{d}y \int_0^{1+\sqrt{1-y^2}} f(x,y)\,\mathrm{d}x$　　　　D. $\int_0^1 \mathrm{d}y \int_{1-\sqrt{1-y^2}}^{1+\sqrt{1+y^2}} f(x,y)\,\mathrm{d}x$

解　本题考查二重积分交换积分次序方面的知识。解这类题的基本步骤：通过原积分次序画出积分区域的图形（见解图），得到积分区域；然后写出先 x 后 y 的积分表达式。

由 $y = -\sqrt{2x-x^2}$，得 $y^2 = 2x-x^2$，$x^2-2x+y^2 = 0$，即

$$(x-1)^2 + y^2 = 1$$

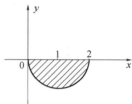

例 1-0-3 解图

$$D_{xy}: \begin{cases} -1 \leqslant y \leqslant 0 \\ 1-\sqrt{1-y^2} \leqslant x \leqslant 1+\sqrt{1-y^2} \end{cases}$$

$$I = \int_{-1}^0 \mathrm{d}y \int_{1-\sqrt{1-y^2}}^{1+\sqrt{1-y^2}} f(x,y)\,\mathrm{d}x$$

选 A。

【例 1-0-4】 已知幂级数 $\sum\limits_{n=1}^{\infty} \dfrac{a^n-b^n}{a^n+b^n}x^n (0 < a < b)$，则所得级数的收敛半径 R 等于：

A. b　　　　　　B. $\dfrac{1}{a}$　　　　　　C. $\dfrac{1}{b}$　　　　　　D. R 值与 a、b 无关

解　本题考查幂级数收敛半径的求法。可通过连续两项系数比的极限得到 ρ 值，由 $R = \dfrac{1}{\rho}$ 得到收敛半径。

$$\lim_{n\to\infty}\left|\frac{a_{n+1}}{a_n}\right| = \lim_{n\to\infty}\frac{\dfrac{a^{n+1}-b^{n+1}}{a^{n+1}+b^{n+1}}}{\dfrac{a^n-b^n}{a^n+b^n}} = \lim_{n\to\infty}\frac{a^{n+1}-b^{n+1}}{a^{n+1}+b^{n+1}}\cdot\frac{a^n+b^n}{a^n-b^n}$$

$$= \lim_{n\to\infty}\frac{b^{n+1}\left(\dfrac{a^{n+1}}{b^{n+1}}-1\right)}{b^{n+1}\left(\dfrac{a^{n+1}}{b^{n+1}}+1\right)}\cdot\frac{b^n\left(\dfrac{a^n}{b^n}+1\right)}{b^n\left(\dfrac{a^n}{b^n}-1\right)} = \lim_{n\to\infty}\frac{\left(\dfrac{a}{b}\right)^{n+1}-1}{\left(\dfrac{a}{b}\right)^{n+1}+1}\cdot\frac{\left(\dfrac{a}{b}\right)^n+1}{\left(\dfrac{a}{b}\right)^n-1}$$

$$= (-1)\times(-1) = 1 = \rho$$

$R = \dfrac{1}{\rho} = 1$，选 D。

【例 1-0-5】 若 n 阶矩阵 $\boldsymbol{A}$ 的任意一行中 n 个元素的和都是 a，则 $\boldsymbol{A}$ 的一特征值为：

A. a　　　　　　B. $-a$　　　　　　C. 0　　　　　　D. a^{-1}

解　本题主要考查两个知识点：特征值的求法及行列式的运算。

设 n 阶矩阵 $\boldsymbol{A} = \begin{bmatrix} a_{11} & a_{12} & \cdots & a_{1n} \\ a_{21} & a_{22} & \cdots & a_{2n} \\ \vdots & \vdots & & \vdots \\ a_{n1} & a_{n2} & \cdots & a_{nn} \end{bmatrix}$，利用 $|\lambda\boldsymbol{E}-\boldsymbol{A}| = 0$ 求特征值，即

$$\begin{vmatrix} \lambda - a_{11} & -a_{12} & \cdots & -a_{1n} \\ -a_{21} & \lambda - a_{22} & \cdots & -a_{2n} \\ \vdots & \vdots & & \vdots \\ -a_{n1} & -a_{n2} & \cdots & \lambda - a_{nn} \end{vmatrix} \begin{matrix} c_1+c_2 \\ \overline{c_1+c_3} \\ \vdots \\ c_1+c_n \end{matrix} \begin{vmatrix} \lambda - (a_{11}+a_{12}+\cdots+a_{1n}) & -a_{12} & \cdots & -a_{1n} \\ \lambda - (a_{21}+a_{22}+\cdots+a_{2n}) & \lambda - a_{22} & \cdots & -a_{2n} \\ \vdots & \vdots & & \vdots \\ \lambda - (a_{n1}+a_{n2}+\cdots+a_{nn}) & -a_{n2} & \cdots & \lambda - a_{nn} \end{vmatrix}$$

$$= \begin{vmatrix} \lambda - a & -a_{12} & \cdots & -a_{1n} \\ \lambda - a & \lambda - a_{22} & \cdots & -a_{2n} \\ \vdots & \vdots & & \vdots \\ \lambda - a & -a_{n2} & \cdots & \lambda - a_{nn} \end{vmatrix} = (\lambda - a)\underbrace{\begin{vmatrix} 1 & -a_{12} & \cdots & -a_{1n} \\ 1 & \lambda - a_{22} & \cdots & -a_{2n} \\ \vdots & \vdots & & \vdots \\ 1 & -a_{n2} & \cdots & \lambda - a_{nn} \end{vmatrix}}_{\text{为 } n-1 \text{ 次多项式}} = 0$$

$\lambda - a = 0$，$\lambda = a$。

A 的一特征值为 a，选 A。

【例 1-0-6】　有 10 张奖券，其中 2 张有奖，每人抽取一张奖券，问前 4 人中有一人中奖的概率是多少？

解　设 A 为"前 4 人中有一人中奖"，B_i 为"第 i 人中奖"，$i = 1,2,3,4$。

所以 $A = B_1 \overline{B_2}\,\overline{B_3}\,\overline{B_4} + \overline{B_1} B_2 \overline{B_3}\,\overline{B_4} + \overline{B_1}\,\overline{B_2} B_3 \overline{B_4} + \overline{B_1}\,\overline{B_2}\,\overline{B_3} B_4$

$$P\left(B_1 \overline{B_2}\,\overline{B_3}\,\overline{B_4}\right) = \frac{2 \times 8 \times 7 \times 6}{10 \times 9 \times 8 \times 7} = \frac{2}{15}$$

或 $P\left(B_1 \overline{B_2}\,\overline{B_3}\,\overline{B_4}\right) = P(B_1)P\left(\overline{B_2}|B_1\right)P\left(\overline{B_3}|B_1\overline{B_2}\right)P\left(\overline{B_4}|B_1\overline{B_2}\,\overline{B_3}\right) = \frac{2}{10} \times \frac{8}{9} \times \frac{7}{8} \times \frac{6}{7} = \frac{2}{15}$

同理 $P\left(\overline{B_1} B_2 \overline{B_3}\,\overline{B_4}\right) = P\left(\overline{B_1}\,\overline{B_2} B_3 \overline{B_4}\right) = P\left(\overline{B_1}\,\overline{B_2}\,\overline{B_3} B_4\right) = \frac{2}{15}$

所以 $P(A) = \frac{2}{15} \times 4 = \frac{8}{15}$

练习题、题解及参考答案

（一）空间解析几何与向量代数

1-1-1　设 $\vec{\alpha}$，$\vec{\beta}$，$\vec{\gamma}$ 都是非零向量，若 $\vec{\alpha} \times \vec{\beta} = \vec{\alpha} \times \vec{\gamma}$，则：

A. $\vec{\beta} = \vec{\gamma}$　　　　　　　　　　　　　B. $\vec{\alpha} /\!/ \vec{\beta}$ 且 $\vec{\alpha} /\!/ \vec{\gamma}$

C. $\vec{\alpha} /\!/ \left(\vec{\beta} - \vec{\gamma}\right)$　　　　　　　　　　　　D. $\vec{\alpha} \perp \left(\vec{\beta} - \vec{\gamma}\right)$

1-1-2　下面算式中哪一个是正确的？

A. $\vec{i} + \vec{j} = \vec{k}$　　　　B. $\vec{i} \cdot \vec{j} = \vec{k}$　　　　C. $\vec{i} \cdot \vec{i} = \vec{j} \cdot \vec{j}$　　　　D. $\vec{i} \times \vec{j} = \vec{j} \cdot \vec{k}$

1-1-3　已知两点 $M(5,3,2)$、$N(1,-4,6)$，则与 $\overrightarrow{MN}$ 同向的单位向量可表示为：

A. $\{-4,-7,4\}$　　　B. $\left\{-\frac{4}{9}, -\frac{7}{9}, \frac{4}{9}\right\}$　　　C. $\left\{\frac{4}{9}, \frac{7}{9}, -\frac{4}{9}\right\}$　　　D. $\{4,7,-4\}$

1-1-4　设 $\vec{\alpha} = -\vec{i} + 3\vec{j} + \vec{k}$，$\vec{\beta} = \vec{i} + \vec{j} + t\vec{k}$，已知 $\vec{\alpha} \times \vec{\beta} = -4\vec{i} - 4\vec{k}$，则 t 等于：

A. -2　　　　　　B. 0　　　　　　C. -1　　　　　　D. 1

1-1-5　设 $\vec{\alpha} = \vec{i} + 2\vec{j} + 3\vec{k}$，$\vec{\beta} = \vec{i} - 3\vec{j} - 2\vec{k}$，则与 $\vec{\alpha}$、$\vec{\beta}$ 都垂直的单位向量为：

A. $\pm\left(\vec{i} + \vec{j} - \vec{k}\right)$　　　　　　　　　B. $\pm\frac{1}{\sqrt{3}}\left(\vec{i} - \vec{j} + \vec{k}\right)$

C. $\pm\frac{1}{\sqrt{3}}\left(-\vec{i} + \vec{j} + \vec{k}\right)$　　　　　　D. $\pm\frac{1}{\sqrt{3}}\left(\vec{i} + \vec{j} - \vec{k}\right)$

1-1-6 已知 $\vec{\alpha} = \vec{i} + a\vec{j} - 3\vec{k}$，$\vec{\beta} = a\vec{i} - 3\vec{j} + 6\vec{k}$，$\vec{\gamma} = -2\vec{i} + 2\vec{j} + 6\vec{k}$，若 $\vec{\alpha}$，$\vec{\beta}$，$\vec{\gamma}$ 共面，则 a 等于：

    A. 1 或 2   B. −1 或 2   C. −1 或 −2   D. 1 或 −2

1-1-7 设 $\vec{a}$、$\vec{b}$ 均为向量，下列等式中正确的是：

    A. $(\vec{a} + \vec{b}) \cdot (\vec{a} - \vec{b}) = |\vec{a}|^2 - |\vec{b}|^2$

    B. $\vec{a}(\vec{a} \cdot \vec{b}) = |\vec{a}|^2 b$

    C. $(\vec{a} \cdot \vec{b})^2 = |a|^2 |\vec{b}|^2$

    D. $(\vec{a} + \vec{b}) \times (\vec{a} - \vec{b}) = \vec{a} \times \vec{a} - \vec{b} \times \vec{b}$

1-1-8 已知 $|\vec{a}| = 1$，$|\vec{b}| = \sqrt{2}$，且 $(\widehat{\vec{a}, \vec{b}}) = \frac{\pi}{4}$，则 $|\vec{a} + \vec{b}|$ 等于：

    A. 1   B. $1 + \sqrt{2}$ C. 2   D. $\sqrt{5}$

1-1-9 设向量 $\vec{a} \neq \vec{0}$，$\vec{b} \neq \vec{0}$，则以下结论中哪一个正确？

    A. $\vec{a} \times \vec{b} = 0$ 是 $\vec{a}$ 与 $\vec{b}$ 垂直的充要条件

    B. $\vec{a} \cdot \vec{b} = 0$ 是 $\vec{a}$ 与 $\vec{b}$ 平行的充要条件

    C. $\vec{a}$ 与 $\vec{b}$ 的对应分量成比例是 $\vec{a}$ 与 $\vec{b}$ 平行的充要条件

    D. 若 $\vec{a} = \lambda\vec{b}$，则 $\vec{a} \cdot \vec{b} = 0$

1-1-10 下列方程中代表锥面的是：

    A. $\frac{x^2}{3} + \frac{y^2}{2} - z^2 = 0$ B. $\frac{x^2}{3} + \frac{y^2}{2} - z^2 = 1$

    C. $\frac{x^2}{3} - \frac{y^2}{2} - z^2 = 1$ D. $\frac{x^2}{3} + \frac{y^2}{2} + z^2 = 1$

1-1-11 下列方程中代表单叶双曲面的是：

    A. $\frac{x^2}{2} + \frac{y^2}{3} - z^2 = 1$ B. $\frac{x^2}{2} + \frac{y^2}{3} + z^2 = 1$

    C. $\frac{x^2}{2} - \frac{y^2}{3} - z^2 = 1$ D. $\frac{x^2}{2} + \frac{y^2}{3} + z^2 = 0$

1-1-12 将椭圆 $\begin{cases} \frac{x^2}{9} + \frac{z^2}{4} = 1 \\ y = 0 \end{cases}$ 绕 x 轴旋转一周所生成的旋转曲面的方程是：

    A. $\frac{x^2}{9} + \frac{y^2}{9} + \frac{z^2}{4} = 1$ B. $\frac{x^2}{9} + \frac{z^2}{4} = 1$

    C. $\frac{x^2}{9} + \frac{y^2}{4} + \frac{z^2}{4} = 1$ D. $\frac{x^2}{9} + \frac{y^2}{4} + \frac{z^2}{9} = 1$

1-1-13 下列方程中代表双叶双曲面的是：

    A. $\frac{x^2}{2} + \frac{y^2}{3} - z^2 = 1$ B. $\frac{x^2}{2} + \frac{y^2}{3} + z^2 = 1$

    C. $\frac{x^2}{2} - \frac{y^2}{3} - z^2 = 1$ D. $\frac{x^2}{2} + \frac{y^2}{3} + z^2 = 0$

1-1-14 球面 $x^2 + y^2 + z^2 = 9$ 与平面 $x + z = 1$ 的交线在 xOy 坐标面上投影的方程是：

    A. $x^2 + y^2 + (1-x)^2 = 9$ B. $\begin{cases} x^2 + y^2 + (1-x)^2 = 9 \\ z = 0 \end{cases}$

C. $(1-z)^2 + y^2 + z^2 = 9$

D. $\begin{cases}(1-z)^2 + y^2 + z^2 = 9 \\ x = 0\end{cases}$

1-1-15 设平面π的方程为$2x - 2y + 3 = 0$，以下选项中错误的是：

A. 平面π的法向量为$i - j$

B. 平面π垂直于z轴

C. 平面π平行于z轴

D. 平面π与xOy面的交线为$\dfrac{x}{1} = \dfrac{y - \frac{3}{2}}{1} = \dfrac{z}{0}$

1-1-16 设平面π的方程为$3x - 4y - 5z - 2 = 0$，以下选项中错误的是：

A. 平面π过点$(-1,0,-1)$

B. 平面π的法向量为$-3\vec{i} + 4\vec{j} + 5\vec{k}$

C. 平面π在z轴的截距是$-\dfrac{2}{5}$

D. 平面π与平面$-2x - y - 2z + 2 = 0$垂直

1-1-17 过z轴和点$M(1,2,-1)$的平面方程是：

A. $x + 2y - z - 6 = 0$ B. $2x - y = 0$

C. $y + 2z = 0$ D. $x + z = 0$

1-1-18 平面$3x - 3y - 6 = 0$的位置是：

A. 平行于xOy平面   B. 平行于z轴，但不通过z轴

C. 垂直于z轴   D. 通过z轴

1-1-19 已知两直线$l_1: \dfrac{x-4}{2} = \dfrac{y+1}{3} = \dfrac{z+2}{5}$和$l_2: \dfrac{x+1}{-3} = \dfrac{y-1}{2} = \dfrac{z-3}{4}$，则它们的关系是：

A. 两条相交的直线   B. 两条异面直线

C. 两条平行但不重合的直线   D. 两条重合的直线

1-1-20 设直线方程为$\begin{cases}x = t + 1 \\ y = 2t - 2 \\ z = -3t + 3\end{cases}$，则直线：

A. 过点$(-1,2,-3)$，方向向量为$\vec{i} + 2\vec{j} - 3\vec{k}$

B. 过点$(-1,2,-3)$，方向向量为$-\vec{i} - 2\vec{j} + 3\vec{k}$

C. 过点$(1,2,-3)$，方向向量为$\vec{i} - 2\vec{j} + 3\vec{k}$

D. 过点$(1,-2,3)$，方向向量为$-\vec{i} - 2\vec{j} + 3\vec{k}$

1-1-21 设平面方程$x + y + z + 1 = 0$，直线的方程是$1 - x = y + 1 = z$，则直线与平面：

A. 平行   B. 垂直   C. 重合   D. 相交但不垂直

1-1-22 已知平面π过点$M_1(1,1,0)$，$M_2(0,0,1)$，$M_3(0,1,1)$，则与平面π垂直且过点$(1,1,1)$的直线的对称方程为：

A. $\dfrac{x-1}{1} = \dfrac{y-1}{0} = \dfrac{z-1}{1}$ B. $\dfrac{x-1}{1} = \dfrac{z-1}{1}$，$y = 1$

C. $\dfrac{x-1}{1} = \dfrac{z-1}{1}$ D. $\dfrac{x-1}{1} = \dfrac{y-1}{0} = \dfrac{z-1}{-1}$

1-1-23 设直线的方程为$\frac{x-1}{-2} = \frac{y+1}{-1} = \frac{z}{1}$，则直线：

    A. 过点$(1,-1,0)$，方向向量为$2\vec{i} + \vec{j} - \vec{k}$

    B. 过点$(1,-1,0)$，方向向量为$2\vec{i} - \vec{j} + \vec{k}$

    C. 过点$(-1,1,0)$，方向向量为$-2\vec{i} - \vec{j} + \vec{k}$

    D. 过点$(-1,1,0)$，方向向量为$2\vec{i} + \vec{j} - \vec{k}$

1-1-24 过点$M(3,-2,1)$且与直线$L:\begin{cases} x - y - z + 1 = 0 \\ 2x + y - 3z + 4 = 0 \end{cases}$平行的直线方程是：

    A. $\frac{x-3}{1} = \frac{y+2}{-1} = \frac{z-1}{-1}$ B. $\frac{x-3}{2} = \frac{y+2}{1} = \frac{z-1}{-3}$

    C. $\frac{x-3}{4} = \frac{y+2}{-1} = \frac{z-1}{3}$ D. $\frac{x-3}{4} = \frac{y+2}{1} = \frac{z-1}{3}$

1-1-25 过点$M_1(0,-1,2)$和$M_2(1,0,1)$且平行于z轴的平面方程是：

    A. $x - y = 0$ B. $\frac{x}{1} = \frac{y+1}{-1} = \frac{z-2}{0}$

    C. $x + y - 1 = 0$ D. $x - y - 1 = 0$

1-1-26 直线$l: \frac{x+3}{2} = \frac{y+4}{1} = \frac{z}{3}$与平面$\pi: 4x - 2y - 2z = 3$的位置关系为：

    A. 相互平行   B. L在π上   C. 垂直相交   D. 相交但不垂直

1-1-27 方程$\begin{cases} x^2 - 4y^2 + z^2 = 25 \\ x = -3 \end{cases}$表示下述哪种图形？

    A. 单叶双曲面   B. 双曲柱面

    C. 双曲柱面在平面$x = 0$上投影   D. $x = -3$平面上双曲线

1-1-28 设直线的方程为$\frac{x-1}{-2} = \frac{y+1}{-1} = \frac{z}{1}$，则直线：

    A. 过点$(1,-1,0)$，方向向量为$2\vec{i} + \vec{j} - \vec{k}$

    B. 过点$(1,-1,0)$，方向向量为$2\vec{i} - \vec{j} + \vec{k}$

    C. 过点$(-1,1,0)$，方向向量为$-2\vec{i} + \vec{j} + \vec{k}$

    D. 过点$(-1,1,0)$，方向向量为$2\vec{i} + \vec{j} - \vec{k}$

1-1-29 xOy平面上的曲线$\begin{cases} y = e^x \\ z = 0 \end{cases}$，绕$Ox$轴旋转所得的旋转曲面方程是：

    A. $e^{2x} = y^2 + z^2$ B. $y = e^{\pm\sqrt{x^2+z^2}}$

    C. $\begin{cases} e^{2x} = y^2 + z^2 \\ x = 0 \end{cases}$ D. $\begin{cases} y = e^{\pm\sqrt{x^2+z^2}} \\ y = 0 \end{cases}$

1-1-30 过点$M_0(2,2,3)$既与直线$L_1: \frac{x-1}{4} = \frac{y+1}{8} = \frac{z-1}{5}$平行，又与平面$\pi: x + y + z + 1 = 0$垂直的平面方程为：

    A. $3x - y + 4z = 0$ B. $3x - y + 4z + 4 = 0$

    C. $3x + y - 4z + 2 = 0$ D. $3x + y - 4z + 4 = 0$

题解及参考答案

1-1-1 解： 已知 $\vec{\alpha} \times \vec{\beta} = \vec{\alpha} \times \vec{\gamma}$，$\vec{\alpha} \times \vec{\beta} - \vec{\alpha} \times \vec{\gamma} = 0$，得 $\vec{\alpha} \times \left(\vec{\beta} - \vec{\gamma} \right) = 0$。由向量积的运算性质可知，$\vec{a}$，$\vec{b}$ 为非零向量，若 $\vec{a} \parallel \vec{b}$，则 $\vec{a} \times \vec{b} = 0$；若 $\vec{a} \times \vec{b} = 0$，则 $\vec{a} \parallel \vec{b}$，可知 $\vec{\alpha} \parallel \left(\vec{\beta} - \vec{\gamma} \right)$。

答案： C

1-1-2 解： 本题考查向量代数的基本概念，用到两向量的加法、数量积、向量积的定义。

选项 A：$\vec{i} + \vec{j} = \vec{k}$ 错误在于两向量相加，利用平行四边形法则得到平行四边形的对角线向量，而不等于 $\vec{k}$。

选项 B：$\vec{i} \cdot \vec{j} = \vec{k}$ 错误在于两向量的数量积得一数量，$\vec{i} \cdot \vec{j} = |\vec{i}||\vec{j}| \cdot \cos \frac{\pi}{2} = 0$。

选项 D：$\vec{i} \times \vec{j} = \vec{j} \cdot \vec{k}$ 错误在于等号左边由向量积定义求出，为一向量；右边由数量积定义求出，为一数量。因而两边不等。

选项 C 正确。$\vec{i} \cdot \vec{i} = |\vec{i}||\vec{i}| \cos 0 = 1$，$\vec{j} \cdot \vec{j} = |\vec{j}||\vec{j}| \cos 0 = 1$，左边等于右边。

答案： C

1-1-3 解： 利用公式 $\vec{a}^0 = \dfrac{\vec{a}}{|\vec{a}|}$ 计算，即 $\overrightarrow{MN} = \{-4, -7, 4\}$，$\overrightarrow{MN} = \sqrt{16 + 49 + 16} = 9$，$\overrightarrow{MN}^0 = \dfrac{\overrightarrow{MN}}{|\overrightarrow{MN}|} = \dfrac{1}{9}\{-4, -7, 4\}$。

答案： B

1-1-4 解：
$$\vec{\alpha} \times \vec{\beta} = \begin{vmatrix} \vec{i} & \vec{j} & \vec{k} \\ -1 & 3 & 1 \\ 1 & 1 & t \end{vmatrix} = \vec{i}(-1)^{1+1}\begin{vmatrix} 3 & 1 \\ 1 & t \end{vmatrix} + \vec{j}(-1)^{1+2}\begin{vmatrix} -1 & 1 \\ 1 & t \end{vmatrix} + \vec{k}(-1)^{1+3}\begin{vmatrix} -1 & 3 \\ 1 & 1 \end{vmatrix}$$
$$= (3t-1)\vec{i} + (t+1)\vec{j} - 4\vec{k}$$

已知 $\vec{\alpha} \times \vec{\beta} = -4\vec{i} - 4\vec{k}$，则 $-4 = 3t - 1$，$t = -1$，或 $t + 1 = 0$，$t = -1$

答案： C

1-1-5 解： 求出与 $\vec{\alpha}$、$\vec{\beta}$ 垂直的向量：
$$\vec{\alpha} \times \vec{\beta} = \begin{vmatrix} \vec{i} & \vec{j} & \vec{k} \\ 1 & 2 & 3 \\ 1 & -3 & -2 \end{vmatrix} = \vec{i}\begin{vmatrix} 2 & 3 \\ -3 & -2 \end{vmatrix} + \vec{j}(-1)^{1+2}\begin{vmatrix} 1 & 3 \\ 1 & -2 \end{vmatrix} + \vec{k}(-1)^{1+3}\begin{vmatrix} 1 & 2 \\ 1 & -3 \end{vmatrix}$$
$$= 5\vec{i} + 5\vec{j} - 5\vec{k}$$

利用 $\vec{a}^0 = \dfrac{\vec{a}}{|\vec{a}|}$ 求单位向量，与 $\vec{a}^0$ 方向相同或相反的都符合要求。

因此，$\pm \vec{a}^0 = \pm \dfrac{\vec{a}}{|\vec{a}|} = \pm \dfrac{1}{5\sqrt{3}}\left(5\vec{i} + 5\vec{j} - 5\vec{k}\right) = \pm \dfrac{1}{\sqrt{3}}\left(\vec{i} + \vec{j} - \vec{k}\right)$

注：$|\vec{a}| = \sqrt{5^2 + 5^2 + (-5)^2} = 5\sqrt{3}$。

答案： D

1-1-6 解：方法 1，因为 $\vec{\alpha}$，$\vec{\beta}$，$\vec{\gamma}$ 共面，则 $\vec{\alpha} \times \vec{\beta}$ 垂直于 $\vec{\gamma}$，即 $\left(\vec{\alpha} \times \vec{\beta}\right) \cdot \vec{\gamma} = 0$

$$\vec{\alpha} \times \vec{\beta} = \begin{vmatrix} \vec{i} & \vec{j} & \vec{k} \\ 1 & a & -3 \\ a & -3 & 6 \end{vmatrix} \xrightarrow{\text{按第一行展开}} \vec{i} \cdot (-1)^{1+1}\begin{vmatrix} a & -3 \\ -3 & 6 \end{vmatrix} + \vec{j} \cdot (-1)^{1+2}\begin{vmatrix} 1 & -3 \\ a & 6 \end{vmatrix} +$$

$$\vec{k} \cdot (-1)^{1+3}\begin{vmatrix} 1 & a \\ a & -3 \end{vmatrix} = (6a - 9)\vec{i} + (-3a - 6)\vec{j} + (-a^2 - 3)\vec{k}$$

$$\left(\vec{a} \times \vec{\beta}\right) \cdot \vec{\gamma} = \{6a-9, -3a-6, -a^2-3\} \cdot \{-2,2,6\}$$
$$= -2(6a-9) + 2(-3a-6) + 6(-a^2-3)$$
$$= -6(a+1)(a+2) = 0$$

得$a = -1$ 或 -2。

方法 2，直接利用$\vec{a}$，$\vec{\beta}$，$\vec{\gamma}$共面，混合积$[\vec{a}, \vec{\beta}, \vec{\gamma}] = 0$

即 $\begin{vmatrix} 1 & a & -3 \\ a & -3 & 6 \\ -2 & 2 & 6 \end{vmatrix} = 0$，利用行列式运算性质计算

$$[\vec{a}, \vec{\beta}, \vec{\gamma}] = \begin{vmatrix} 1 & a & -3 \\ a & -3 & 6 \\ -2 & 2 & 6 \end{vmatrix} = -2\begin{vmatrix} 1 & a & -3 \\ a & -3 & 6 \\ -1 & 1 & 3 \end{vmatrix} \xlongequal[3c_1+c_3]{c_1+c_2} -2\begin{vmatrix} 1 & a+1 & 0 \\ a & -3+a & 6+3a \\ -1 & 0 & 0 \end{vmatrix}$$

$$= -2(-1)(-1)^{3+1}\begin{vmatrix} a+1 & 0 \\ -3+a & 6+3a \end{vmatrix} = 2(a+1)(6+3a) = 0$$

得$a = -1$ 或 -2。

答案： C

1-1-7　解： 利用向量数量积的运算性质及两向量数量积的定义计算：
$$\left(\vec{a} + \vec{b}\right) \cdot \left(\vec{a} - \vec{b}\right) = \vec{a} \cdot \vec{a} + \vec{b} \cdot \vec{a} - \vec{a} \cdot \vec{b} - \vec{b} \cdot \vec{b}$$
$$= |\vec{a}|^2 - |\vec{b}|^2$$

答案： A

1-1-8　解： 由数量积定义$\vec{a} \cdot \vec{a} = |\vec{a}| \cdot |\vec{a}| \cos 0° = |\vec{a}| \cdot |\vec{a}|$，得到$|\vec{a}| = \vec{a} \cdot \vec{a}$，所以$|\vec{a} + \vec{b}|^2 = (\vec{a} + \vec{b}) \cdot (\vec{a} + \vec{b}) = \vec{a} \cdot \vec{a} + \vec{b} \cdot \vec{a} + \vec{a} \cdot \vec{b} + \vec{b} \cdot \vec{b} = 1 + 2\vec{a} \cdot \vec{b} + 2 = 1 + 2 \times 1 \times \sqrt{2} \times \frac{\sqrt{2}}{2} + 2 = 5$，故$|\vec{a} + \vec{b}| = \sqrt{5}$。

答案： D

1-1-9　解： 利用下面结论确定：

①$\vec{a} /\!/ \vec{b} \Leftrightarrow \vec{a} = \lambda\vec{b} \Leftrightarrow \frac{a_x}{b_x} = \frac{a_y}{b_y} = \frac{a_z}{b_z} \Leftrightarrow \vec{a} \times \vec{b} = \vec{0}$；

②$\vec{a} \perp \vec{b} \Leftrightarrow \vec{a} \cdot \vec{b} = 0$。

答案： C

1-1-10　解： 以原点为顶点，z轴为主轴的椭圆锥面标准方程为$\frac{x^2}{a^2} + \frac{y^2}{b^2} = z^2 (a \neq b)$。

选项 A 中$\frac{x^2}{3} + \frac{y^2}{2} - z^2 = 0$，变为$\frac{x^2}{3} + \frac{y^2}{2} = z^2$，即$\frac{x^2}{(\sqrt{3})^2} + \frac{y^2}{(\sqrt{2})^2} = z^2$。

答案： A

1-1-11　解： 单叶双曲面的标准方程$\frac{x^2}{a^2} + \frac{y^2}{b^2} - \frac{z^2}{c^2} = 1$，所以$\frac{x^2}{2} + \frac{y^2}{3} - z^2 = 1$为单叶双曲面。

答案： A

1-1-12　解： 利用平面曲线方程和旋转曲面方程的关系直接写出。

如已知平面曲线$\begin{cases} F(x,z) = 0 \\ y = 0 \end{cases}$，绕$x$轴旋转得到的旋转曲面方程为$F(x, \pm\sqrt{y^2+z^2}) = 0$，绕$z$轴旋转，

旋转曲面方程为$F(\pm\sqrt{x^2+y^2}, z) = 0$。

答案： C

1-1-13　解： 由双叶双曲面的标准型可知选项 C 正确。

答案： C

1-1-14 解： 通过方程组 $\begin{cases} x^2+y^2+z^2=9 \\ x+z=1 \end{cases}$，消去 z，得 $x^2+y^2+(1-x)^2=9$ 为空间曲线在 xOy 平面上的投影柱面。

空间曲线在 xOy 平面上的投影曲线为 $\begin{cases} x^2+y^2+(1-x)^2=9 \\ z=0 \end{cases}$

答案： B

1-1-15 解： 平面 π 的法向量 $\vec{n}=\{2,-2,0\}$，z 轴方向向量 $\vec{s}_z=\{0,0,1\}$，$\vec{n}$、$\vec{s}_z$ 坐标不成比例，因而 $\vec{s}_z \nparallel \vec{n}$，所以平面 π 不垂直于 z 轴。若平面垂直于 z 轴，就应有平面的法向量和 z 轴的方向向量平行。

答案： B

1-1-16 解： 在选项 D 中已知平面 π 的法向量 $\vec{n}=\{3,-4,-5\}$

平面 $-2x-y-2z+2=0$ 的法向量 $\vec{n}_2=\{-2,-1,-2\}$

若两平面垂直，则其法向量 $\vec{n}_1$，$\vec{n}_2$ 应垂直，即 $\vec{n}_1 \cdot \vec{n}_2=0$

但 $\vec{n}_1 \cdot \vec{n}_2=-6+4+10=8\neq 0$

故 $\vec{n}_1$，$\vec{n}_2$ 不垂直，因此两平面不垂直。选项 D 错误，经验证，选项 A、B、C 成立。

答案： D

1-1-17 解： z 轴的方向向量 $\vec{s}=\{0,0,1\}$，$\overrightarrow{OM}=\{1,2,-1\}$

平面法向量 $\vec{n}=\vec{s}\times\overrightarrow{OM}=\begin{vmatrix} \vec{i} & \vec{j} & \vec{k} \\ 0 & 0 & 1 \\ 1 & 2 & -1 \end{vmatrix}=-2\vec{i}+\vec{j}+0\vec{k}$

平面方程 $-2(x-1)+1(y-2)=0$，化简得 $2x-y=0$

答案： B

1-1-18 解： 平面法向量 $\vec{n}=\{3,-3,0\}$，可看出 $\vec{n}$ 在 z 轴投影为 0，即 $\vec{n}$ 和 z 垂直，判定平面与 z 轴平行或重合，又由于 $D=-6\neq 0$，所以平面平行于 z 轴但不通过 z 轴。

答案： B

1-1-19 解： $\vec{s}_1$、$\vec{s}_2$ 坐标不成比例，所以 C、D 项不成立；再利用混合积不等于 0，判定为两条异面直线，解法如下：$\vec{s}_1=\{2,3,5\}$，$\vec{s}_2=\{-3,2,4\}$，分别在直线 L_1、L_2 上取点 $M(4,-1,-2)$、$N(-1,1,3)$，$\overrightarrow{MN}=\{-5,2,5\}$，计算 $\left[\vec{s}_1,\vec{s}_2,\overrightarrow{MN}\right]\neq 0$。

（注：若直线 L_1，L_2 共面，应有混合积 $\left[\vec{s}_1,\vec{s}_2,\overrightarrow{MN}\right]=0$）

答案： B

1-1-20 解： 把直线的参数方程化成点向式方程，得到 $\frac{x-1}{1}=\frac{y+2}{2}=\frac{z-3}{-3}$；

则直线 L 的方向向量取 $\vec{s}=\{1,2,-3\}$ 或 $\vec{s}=\{-1,-2,3\}$ 均可。另外由直线的点向式方程，可知直线过 M 点，$M(1,-2,3)$。

答案： D

1-1-21 解： 直线的点向式方程为 $\frac{x-1}{-1}=\frac{y+1}{1}=\frac{z-0}{1}$，$\vec{s}=\{-1,1,1\}$。平面 $x+y+z+1=0$，平面法向量 $\vec{n}=\{1,1,1\}$。而 $\vec{n}\cdot\vec{s}=\{1,1,1\}\cdot\{-1,1,1\}=1\neq 0$，故 $\vec{n}$ 不垂直于 $\vec{s}$。且 $\vec{s}$，$\vec{n}$ 坐标不成比例，即 $\frac{-1}{1}\neq\frac{1}{1}$，因此 $\vec{n}$ 不平行于 $\vec{s}$。从而可知直线与平面不平行、不重合且直线也不垂直于平面。

答案： D

1-1-22 解： 求过 M_1，M_2，M_3 三点平面的方向向量：$\vec{s}_{M_1M_2}=\{-1,-1,1\}$，$\vec{s}_{M_1M_3}=\{-1,0,1\}$

平面法向量 $\vec{n}=\vec{s}_{M_1M_2}\times\vec{s}_{M_1M_3}=\begin{vmatrix} \vec{i} & \vec{j} & \vec{k} \\ -1 & -1 & 1 \\ -1 & 0 & 1 \end{vmatrix}=-\vec{i}+0\vec{j}-\vec{k}$

直线的方向向量取$\vec{s} = \vec{n} = \{-1,0,-1\}$

已知点坐标$(1,1,1)$，故所求直线的点向式方程$\frac{x-1}{-1} = \frac{y-1}{0} = \frac{z-1}{-1}$，即$\frac{x-1}{1} = \frac{y-1}{0} = \frac{z-1}{1}$

答案： A

1-1-23 解： 由直线方程$\frac{x-x_0}{m} = \frac{y-y_0}{n} = \frac{z-z_0}{l}$可知，直线过$(x_0,y_0,z_0)$点，方向向量$\vec{s} = \{m,n,l\}$。所以直线过点$M(1,-1,0)$，方向向量$\vec{s} = \{-2,-1,1\}$；方向向量也可取为$\vec{s} = \{2,1,-1\}$。

答案： A

1-1-24 解： 利用两向量的向量积求出直线L的方向向量。

$$\vec{s} = \vec{n}_1 \times \vec{n}_2 = \begin{vmatrix} \vec{i} & \vec{j} & \vec{k} \\ 1 & -1 & -1 \\ 2 & 1 & -3 \end{vmatrix} = 4\vec{i} + \vec{j} + 3\vec{k}$$

再利用点向式写出直线L的方程，已知$M(3,-2,1)$，$\vec{s} = \{4,1,3\}$

则L的方程$\frac{x-3}{4} = \frac{y+2}{1} = \frac{z-1}{3}$

答案： D

1-1-25 解： 本题考查直线与平面平行时，直线的方向向量和平面法向量间的关系，求出平面的法向量及所求平面方程。

（1）求平面的法向量

设oz轴的方向向量$\vec{r} = (0,0,1)$，

$$\vec{M}_1 = (1,1,-1)，\vec{M}_1 \times \vec{r} = \begin{vmatrix} \vec{i} & \vec{j} & \vec{k} \\ 1 & 1 & -1 \\ 0 & 0 & 1 \end{vmatrix} = \vec{i} - \vec{j}，$$

所求平面的法向量$\vec{n}_{平面} = \vec{i} - \vec{j} = (1,-1,0)$。

（2）写出所求平面的方程

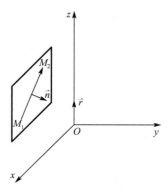

题 1-1-25 解图

已知$M_1(0,-1,2)$，$\vec{n}_{平面} = (1,-1,0)$，$1 \cdot (x-0) - 1 \cdot (y+1) + 0 \cdot (z-2) = 0$，即$x - y - 1 = 0$。

答案： D

1-1-26 解： $\vec{s} = \{2,1,3\}$，$\vec{n} = \{4,-2,-2\}$，$\vec{s} \cdot \vec{n} = 0$，$\vec{s} \perp \vec{n}$，表示直线和平面平行或直线在平面上，再进一步说明直线L和平面π相互平行。取直线上任一点不满足平面方程，取直线上一点$(-3,-4,0)$，代入平面方程$4 \times (-3) - 2 \times (-4) - 2 \times 0 \neq 0$，从而得到结论 A。

答案： A

1-1-27 解： 两曲面联立表示空间一曲线，进一步可断定为在$x = -3$平面上的双曲线。

解法如下，方程组消x：$9 - 4y^2 + z^2 = 25$，即$-4y^2 + z^2 = 16$，此方程表示双曲柱面，$\begin{cases} -4y^2 + z^2 = 16 \\ x = -3 \end{cases}$表示在$x = -3$平面上的双曲线。

答案： D

1-1-28 解： 通过直线的对称式方程可知，直线通过点$(1,-1,0)$，直线的方向向量$\vec{s} = \{-2,-1,1\}$或$\vec{s} = \{2,1,-1\}$。

答案： A

1-1-29 解： 曲线$\begin{cases} y = e^x \\ z = 0 \end{cases}$绕$Ox$轴旋转，字母$x$不变，$y$写作$\pm\sqrt{y^2 + z^2}$，得曲面方程$e^x = \pm\sqrt{y^2 + z^2}$，即$e^{2x} = y^2 + z^2$。

答案： A

1-1-30　解： $\vec{s}_1 = \{4,8,5\}$；$\vec{n}_\pi = \{1,1,1\}$

设与平面 π 垂直，且与直线 L_1 平行的平面法向量为 $\vec{n}$，则

$$\vec{n} = \vec{s}_1 \times \vec{n}_\pi = \begin{vmatrix} \vec{i} & \vec{j} & \vec{k} \\ 4 & 8 & 5 \\ 1 & 1 & 1 \end{vmatrix} = \{3,1,-4\}$$

已知点 $M_0(2,2,3)$，那么所求平面为：

$$3(x-2) + 1(y-2) - 4(z-3) = 0$$

即 $3x + y - 4z + 4 = 0$（见解图）

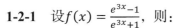

题 1-1-30 解图

答案： D

（二）一元函数微分学

1-2-1 设 $f(x) = \dfrac{e^{3x}-1}{e^{3x}+1}$，则：

  A. $f(x)$ 为偶函数，值域为 $(-1,1)$

  B. $f(x)$ 为奇函数，值域为 $(-\infty,0)$

  C. $f(x)$ 为奇函数，值域为 $(-1,1)$

  D. $f(x)$ 为奇函数，值域为 $(0,+\infty)$

1-2-2 设函数 $f(x) = \begin{cases} 1+x & x \geq 0 \\ 1-x^2 & x < 0 \end{cases}$，在 $(-\infty,+\infty)$ 内：

  A. 单调减少   B. 单调增加

  C. 有界   D. 偶函数

1-2-3 设 $f(x)$ 是定义在 $[-a,a]$ 上的任意函数，则下列答案中哪个函数不是偶函数？

  A. $f(x) + f(-x)$ B. $f(x) \cdot f(-x)$

  C. $[f(x)]^2$ D. $f(x^2)$

1-2-4 当 $x \to 0$ 时，$x^2 + \sin x$ 是 x 的：

  A. 高阶无穷小   B. 同阶无穷小，但不是等价无穷小

  C. 低阶无穷小   D. 等价无穷小

1-2-5 若 $\lim\limits_{x \to 2} \dfrac{x-2}{x^2+ax+b} = \dfrac{1}{8}$，则 a、b 的值分别是：

  A. $a = -2$，$b = 4$ B. $a = 4$，$b = -12$

  C. $a = 2$，$b = -8$ D. $a = 1$，$b = -6$

1-2-6 若 $\lim\limits_{x \to \infty} \dfrac{(1+a)x^4+bx^3+2}{x^3+x^2-1} = -2$，则 a、b 的值分别为：

  A. $a = -3$，$b = 0$ B. $a = 0$，$b = -2$

  C. $a = -1$，$b = 0$ D. 以上都不对

1-2-7 若 $\lim\limits_{x \to \infty} \left(\dfrac{ax^2-3}{x^2+1} + bx + 2 \right) = \infty$，则 a 与 b 的值是：

  A. $b \neq 0$，a 为任意实数   B. $a \neq 0$，$b = 0$

  C. $a = 1$，$b = 0$ D. $a = 0$，$b = 0$

1-2-8 下列极限计算中，错误的是：

  A. $\lim\limits_{n \to \infty} \dfrac{2^n}{x} \cdot \sin \dfrac{x}{2^n} = 1$ B. $\lim\limits_{x \to \infty} \dfrac{\sin x}{x} = 1$

C. $\lim\limits_{x \to 0}(1-x)^{\frac{1}{x}} = e^{-1}$ 　　　　　　　D. $\lim\limits_{x \to \infty}\left(1+\dfrac{1}{x}\right)^{2x} = e^2$

1-2-9 设 $f(x) = \begin{cases} (1+kx)^{\frac{m}{x}} & x \neq 0 \\ a & x = 0 \end{cases}$，则 a 为何值时，$f(x)$ 在 $x = 0$ 点连续?

A. e^m 　　　　　　B. e^k 　　　　　　C. e^{-mk} 　　　　　　D. e^{mk}

1-2-10 极限 $\lim\limits_{x \to 0}\left(x\sin\dfrac{1}{x} - \dfrac{1}{x}\sin x\right)$ 的结果是：

A. -1 　　　　　　B. 1 　　　　　　C. 0 　　　　　　D. 不存在

1-2-11 若函数 $f(x)$ 在点 x_0 间断，$g(x)$ 在点 x_0 连续，则 $f(x)g(x)$ 在点 x_0：

A. 间断 　　　　　　　　　　　　B. 连续

C. 第一类间断 　　　　　　　　　D. 可能间断可能连续

1-2-12 函数 $f(x) = \begin{cases} 2x & 0 \leqslant x < 1 \\ 4-x & 1 \leqslant x \leqslant 3 \end{cases}$，在 $x \to 1$ 时，$f(x)$ 的极限是：

A. 2 　　　　　　B. 3 　　　　　　C. 0 　　　　　　D. 不存在

1-2-13 设函数 $f(x) = (1-2x)^{\frac{1}{x}}$，当定义 $f(0)$ 为何值时，则 $f(x)$ 在 $x = 0$ 处连续?

A. e^2 　　　　　　B. e 　　　　　　C. e^{-2} 　　　　　　D. $e^{-\frac{1}{2}}$

1-2-14 设函数 $f(x) = \begin{cases} e^{-2x} + a & x \leqslant 0 \\ \lambda\ln(1+x) + 1 & x > 0 \end{cases}$，要使 $f(x)$ 在 $x = 0$ 处连续，则 a 的值是：

A. 0 　　　　　　B. 1 　　　　　　C. -1 　　　　　　D. λ

1-2-15 如果函数 $f(x) = \begin{cases} \dfrac{1}{x}\sin x & x < 0 \\ p & x = 0 \\ x\sin\dfrac{1}{x} + q & x > 0 \end{cases}$ 在 $x = 0$ 处连续，则 p、q 的值为：

A. $p = 0$，$q = 0$ 　　　　　　　　B. $p = 0$，$q = 1$

C. $p = 1$，$q = 0$ 　　　　　　　　D. $p = 1$，$q = 1$

1-2-16 下列命题正确的是：

A. 分段函数必存在间断点

B. 单调有界函数无第二类间断点

C. 在开区间内连续，则在该区间必取得最大值和最小值

D. 在闭区间上有间断点的函数一定有界

1-2-17 极限 $\lim\limits_{x \to 0}\dfrac{\ln(1-tx^2)}{x\sin x}$ 的值等于：

A. t 　　　　　　B. $-t$ 　　　　　　C. 1 　　　　　　D. -1

1-2-18 极限 $\lim\limits_{x \to 0}\dfrac{x^2\sin\frac{1}{x}}{|\sin x|}$ 的值是：

A. 1 　　　　　　B. 0 　　　　　　C. 2 　　　　　　D. 不存在

1-2-19 设 $f(x) = \begin{cases} \cos x + x\sin\dfrac{1}{x} & x < 0 \\ x^2 + 1 & x \geqslant 0 \end{cases}$，则 $x = 0$ 是 $f(x)$ 的：

A. 可去间断点 　　　　　　　　　B. 跳跃间断点

C. 振荡间断点 　　　　　　　　　D. 连续点

1-2-20 设函数 $f(x) = \begin{cases} \dfrac{4}{x+1} + a & 0 < x \leqslant 1 \\ k(x-1) + 3 & x > 1 \end{cases}$，要使 $f(x)$ 在点 $x = 1$ 处连续，则 a 的值应是：

A. −2　　　　　　　B. −1　　　　　　　C. 0　　　　　　　D. 1

1-2-21 曲线$y = x^3 - 6x$上切线平行于x轴的点是：

　　A. $(0,0)$　　　　　　　　　　　　B. $(\sqrt{2}, 1)$

　　C. $(-\sqrt{2}, 4\sqrt{2})$和$(\sqrt{2}, -4\sqrt{2})$　　　　D. $(1,2)$和$(-1,2)$

1-2-22 设函数$f(x) = \begin{cases} \dfrac{2}{x^2+1} & x \leq 1 \\ ax + b & x > 1 \end{cases}$可导，则必有：

　　A. $a = 1$，$b = 2$　　　　　　　　　B. $a = -1$，$b = 2$

　　C. $a = 1$，$b = 0$　　　　　　　　　D. $a = -1$，$b = 0$

1-2-23 函数$y = \cos^2 \dfrac{1}{x}$在x处的导数是：

　　A. $\dfrac{1}{x^2} \sin \dfrac{2}{x}$　　　　　　　　　　　B. $-\sin \dfrac{2}{x}$

　　C. $-\dfrac{2}{x^2} \cos \dfrac{1}{x}$　　　　　　　　　D. $-\dfrac{1}{x^2} \sin \dfrac{2}{x}$

1-2-24 函数$y = \sin^2 \dfrac{1}{x}$在x处的导数$\dfrac{dy}{dx}$是：

　　A. $\sin \dfrac{2}{x}$　　　B. $\cos \dfrac{1}{x}$　　　C. $-\dfrac{1}{x^2} \sin \dfrac{2}{x}$　　　D. $\dfrac{1}{x^2}$

1-2-25 设$f(x) = \begin{cases} x^2 \sin \dfrac{1}{x} & x > 0 \\ ax + b & x \leq 0 \end{cases}$在$x = 0$处可导，则$a$、$b$的值为：

　　A. $a = 1$，$b = 0$　　　　　　　　　B. $a = 0$，b为任意常数

　　C. $a = 0$，$b = 0$　　　　　　　　　D. $a = 1$，b为任意常数

1-2-26 设$\lim\limits_{\Delta x \to 0} \dfrac{f(x_0 + k\Delta x) - f(x_0)}{\Delta x} = \dfrac{1}{3} f'(x_0)$，则$k$的值是：

　　A. $\dfrac{1}{6}$　　　　　　　B. 1　　　　　　　C. $\dfrac{1}{4}$　　　　　　　D. $\dfrac{1}{3}$

1-2-27 设函数$f(x) = \begin{cases} e^{-x} + 1 & x \leq 0 \\ ax + 2 & x > 0 \end{cases}$，若$f(x)$在$x = 0$处可导，则$a$的值是：

　　A. 1　　　　　　　B. 2　　　　　　　C. 0　　　　　　　D. −1

1-2-28 已知函数在x_0处可导，且$\lim\limits_{x \to 0} \dfrac{x}{f(x_0 - 2x) - f(x_0)} = \dfrac{1}{4}$，则$f'(x_0)$的值是：

　　A. 4　　　　　　　B. −4　　　　　　　C. −2　　　　　　　D. 2

1-2-29 函数$y = x + x|x|$，在$x = 0$处应：

　　A. 连续且可导　　　B. 连续但不可导　　　C. 不连续　　　D. 以上均不对

1-2-30 设$\dfrac{d}{dx} f(x) = g(x)$，$h(x) = x^2$，则$\dfrac{d}{dx} f[h(x)]$等于：

　　A. $g(x^2)$　　　B. $2xg(x)$　　　C. $x^2 g(x^2)$　　　D. $2xg(x^2)$

1-2-31 设曲线$y = e^{1-x^2}$与直线$x = -1$的交点为P，则曲线在点P处的切线方程是：

　　A. $2x - y + 2 = 0$　　　　　　　　B. $2x + y + 1 = 0$

　　C. $2x + y - 3 = 0$　　　　　　　　D. $2x - y + 3 = 0$

1-2-32 已知$\begin{cases} x = \dfrac{1-t^2}{1+t^2} \\ y = \dfrac{2t}{1+t^2} \end{cases}$，则$\dfrac{dy}{dx}$为：

A. $\frac{t^2-1}{2t}$ B. $\frac{1-t^2}{2t}$ C. $\frac{x^2-1}{2x}$ D. $\frac{2t}{t^2-1}$

1-2-33 设参数方程 $\begin{cases} x = f(t) - \ln f(t) \\ y = t \cdot f(t) \end{cases}$，确定了 y 是 x 的函数，且 $f'(t)$ 存在，$f(0) = 2$，$f'(0) = 2$，则当 $t = 0$ 时，$\frac{\mathrm{d}y}{\mathrm{d}x}$ 的值等于：

A. $\frac{4}{3}$ B. $-\frac{4}{3}$ C. -2 D. 2

1-2-34 已知 $f(x)$ 是二阶可导的函数，$y = e^{2f(x)}$，则 $\frac{\mathrm{d}^2 y}{\mathrm{d}x^2}$ 为：

A. $e^{2f(x)}$ B. $e^{2f(x)} f''(x)$

C. $e^{2f(x)} [2f'(x)]$ D. $2e^{2f(x)} \{2[f'(x)]^2 + f''(x)\}$

1-2-35 求极限 $\lim\limits_{x \to 0} \frac{x^2 \sin\frac{1}{x}}{\sin x}$ 时，下列各种解法中正确的是：

A. 用洛必达法则后，求得极限为 0

B. 因为 $\lim\limits_{x \to 0} \sin\frac{1}{x}$ 不存在，所以上述极限不存在

C. 原式 $= \lim\limits_{x \to 0} \frac{x}{\sin x} x \sin\frac{1}{x} = 0$

D. 因为不能用洛必达法则，故极限不存在

1-2-36 函数 $y = x\sqrt{a^2 - x^2}$ 在 x 点的导数是：

A. $\frac{a^2 - 2x^2}{\sqrt{a^2 - x^2}}$ B. $\frac{1}{2\sqrt{a^2 - x^2}}$

C. $\frac{-x}{2\sqrt{a^2 - x^2}}$ D. $\sqrt{a^2 - x^2}$

1-2-37 函数 $y = \frac{x}{\sqrt{1-x^2}}$ 在 x 处的微分是：

A. $\frac{1}{(1-x^2)^{\frac{3}{2}}} \mathrm{d}x$ B. $2\sqrt{1-x^2} \mathrm{d}x$

C. $x\mathrm{d}x$ D. $\frac{1}{1-x^2} \mathrm{d}x$

1-2-38 已知由方程 $\sin y + xe^y = 0$，确定 y 是 x 的函数，则 $\frac{\mathrm{d}y}{\mathrm{d}x}$ 的值是：

A. $-\frac{e^y + \cos y}{xe^y}$ B. $-\frac{xe^y}{\cos y}$ C. $-\frac{e^y}{\cos y + xe^y}$ D. $-\frac{\cos y}{xe^y}$

1-2-39 设参数方程 $\begin{cases} x = f'(t) \\ y = tf'(t) - f(t) \end{cases}$，确定了 y 是 x 的函数，$f''(t)$ 存在且不为零，则 $\frac{\mathrm{d}^2 y}{\mathrm{d}x^2}$ 的值是：

A. $-\frac{1}{f''(t)}$ B. $\frac{1}{[f''(t)]^2}$ C. $-\frac{1}{[f''(t)]^2}$ D. $\frac{1}{f''(t)}$

1-2-40 已知曲线 L 的参数方程是 $\begin{cases} x = 2(t - \sin t) \\ y = 2(1 - \cos t) \end{cases}$，则曲线 L 上 $t = \frac{\pi}{2}$ 处的切线方程是：

A. $x + y = \pi$ B. $x - y = \pi - 4$

C. $x - y = \pi$ D. $x + y = \pi - 4$

1-2-41 过点 $M_0(-1,1)$ 且与曲线 $2e^x - 2\cos y - 1 = 0$ 上点 $\left(0, \frac{\pi}{3}\right)$ 的切线相垂直的直线方程是：

A. $y - \frac{\pi}{3} = \frac{\sqrt{3}}{2} x$ B. $y - \frac{\pi}{3} = -\frac{2}{\sqrt{3}} x$

C. $y - 1 = \frac{\sqrt{3}}{2}(x + 1)$ D. $y - 1 = -\frac{2}{\sqrt{3}}(x + 1)$

1-2-42 已知 $f\left(\frac{1}{x}\right) = xe^{-\frac{1}{x}}$，则 $\mathrm{d}f(x)$ 是：

A. $\frac{-(x+1)e^{-x}}{x^2} \mathrm{d}x$ B. $\frac{(x+1)e^{-x}}{x^2} \mathrm{d}x$

C. $\dfrac{-(x+1)e^{-x}}{x}\,\mathrm{d}x$ D. $\dfrac{(x+1)e^{-x}}{x}\,\mathrm{d}x$

1-2-43 设$f(x)$在$(-\infty,+\infty)$上是偶函数，若$f'(-x_0)=-K\neq0$，则$f'(x_0)$等于：

    A. $-K$ B. K C. $-\dfrac{1}{K}$ D. $\dfrac{1}{K}$

1-2-44 在区间$[0,8]$上，对函数$f(x)=\sqrt[3]{8x-x^2}$而言，下列中哪个结论是正确的？

    A. 罗尔定理不成立   B. 罗尔定理成立，且$\zeta=2$

    C. 罗尔定理成立，且$\zeta=4$ D. 罗尔定理成立，且$\zeta=8$

1-2-45 函数$f(x)=\dfrac{x+1}{x}$在$[1,2]$上符合拉格朗日定理条件的ζ值为：

    A. $\sqrt{2}$ B. $-\sqrt{2}$ C. $\dfrac{1}{\sqrt{2}}$ D. $-\dfrac{1}{\sqrt{2}}$

1-2-46 函数$f(x)=10\arctan x-3\ln x$的极大值是：

    A. $10\arctan 2-3\ln 2$ B. $\dfrac{5}{2}\pi-3$

    C. $10\arctan 3-3\ln 3$ D. $10\arctan\dfrac{1}{3}$

1-2-47 已知函数$f(x)=2x^3-6x^2+m$（m为常数）在$[-2,2]$上有最大值 3，则该函数在$[-2,2]$上的最小值是：

    A. 3   B. -5 C. -40 D. -37

1-2-48 曲线$y=x^3(x-4)$既单增又向上凹的区间为：

    A. $(-\infty,0)$ B. $(0,+\infty)$ C. $(2,+\infty)$ D. $(3,+\infty)$

1-2-49 设一个三次函数的导数为x^2-2x-8，则该函数的极大值与极小值的差是：

    A. -36 B. 12   C. 36   D. 以上都不对

1-2-50 设$f(x)$在$(-\infty,+\infty)$二阶可导，$f'(x_0)=0$。问$f(x)$还要满足以下哪个条件，则$f(x_0)$必是$f(x)$的最大值？

    A. $x=x_0$是$f(x)$的唯一驻点   B. $x=x_0$是$f(x)$的极大值点

    C. $f''(x)$在$(-\infty,+\infty)$恒为负值   D. $f''(x_0)\neq0$

1-2-51 点$(0,1)$是曲线$y=ax^3+bx+c$的拐点，则a、b、c的值分别为：

    A. $a=1$，$b=-3$，$c=2$ B. $a\neq0$的实数，b为任意实数，$c=1$

    C. $a=1$，$b=0$，$c=2$ D. $a=0$，b为任意实数，$c=1$

1-2-52 设$f(x)$在$(-\infty,+\infty)$上是奇函数，在$(0,+\infty)$上$f'(x)<0$，$f''(x)>0$，则在$(-\infty,0)$上必有：

    A. $f'>0$，$f''>0$ B. $f'<0$，$f''<0$

    C. $f'<0$，$f''>0$ D. $f'>0$，$f''<0$

1-2-53 设$y=f(x)$是(a,b)内的可导函数，x和$x+\Delta x$是(a,b)内的任意两点，则：

    A. $\Delta y=f'(x)\Delta x$

    B. 在x，$x+\Delta x$之间恰好有一点ξ，使$\Delta y=f'(\xi)\Delta x$

    C. 在x，$x+\Delta x$之间至少有一点ξ，使$\Delta y=f'(\xi)\Delta x$

    D. 在x，$x+\Delta x$之间任意一点ξ，使$\Delta y=f'(\xi)\Delta x$

1-2-54 函数$y=f(x)$在点$x=x_0$处取得极小值，则必有：

    A. $f'(x_0)=0$ B. $f''(x_0)>0$

C. $f'(x_0) = 0$且$f''(x_0) > 0$ D. $f'(x_0) = 0$或导数不存在

1-2-55 函数$f(x) = \sin\left(x + \frac{\pi}{2} + \pi\right)$在区间$[-\pi, \pi]$上的最小值点$x_0$等于：

A. $-\pi$ B. 0   C. $\frac{\pi}{2}$ D. π

1-2-56 设函数$f(x)$在$(-\infty, +\infty)$上是偶函数，且在$(0, +\infty)$内有$f'(x) > 0$，$f''(x) > 0$，则在$(-\infty, 0)$内必有：

A. $f' > 0$，$f'' > 0$ B. $f' < 0$，$f'' > 0$

C. $f' > 0$，$f'' < 0$ D. $f' < 0$，$f'' < 0$

1-2-57 对于曲线$y = \frac{1}{5}x^5 - \frac{1}{3}x^3$，下列各形态不正确的是：

A. 有3个极值点   B. 有3个拐点

C. 有2个极值点   D. 对称原点

1-2-58 设函数$f(x) = \begin{cases} \frac{4}{x+1} + a & 0 < x \leqslant 1 \\ k(x-1) + 3 & x > 1 \end{cases}$，若$f(x)$在点$x = 1$处连续而且可导，则$k$的值是：

A. 2   B. -2 C. -1 D. 1

1-2-59 要使得函数$f(x) = \begin{cases} \frac{x \ln x}{1-x} & x > 0, \text{ 且 } x \neq 1 \\ a & x = 1 \end{cases}$在$(0, +\infty)$上连续，则常数$a$等于：

A. 0   B. 1   C. -1 D. 2

1-2-60 曲线$f(x) = xe^{-x}$的拐点是：

A. $(2, 2e^{-2})$ B. $(-2, -2e^2)$

C. $(-1, e)$ D. $(1, e^{-1})$

1-2-61 设$F(x) = \begin{cases} \frac{f(x)}{x} & x \neq 0 \\ f(0) & x = 0 \end{cases}$，其中$f(x)$在$x = 0$处可导，且$f'(0) \neq 0$，$f(0) = 0$，则$x = 0$是$F(x)$的：

A. 连续点   B. 第一类间断点

C. 第二类间断点   D. 以上都不是

1-2-62 设$f'(x) = [\varphi(x)]^2$，其中$\varphi(x)$在$(-\infty, +\infty)$恒为正值，其导数$\varphi'(x)$单调递减，且$\varphi'(x_0) = 0$，则：

A. $y = f(x)$所表示的曲线在$(x_0, f(x_0))$处有拐点

B. $x = x_0$是$y = f(x)$的极大值点

C. 曲线$y = f(x)$在$(-\infty, +\infty)$是凹的

D. x_0是$f(x)$在$(-\infty, +\infty)$上的最小值

题解及参考答案

1-2-1 **解：** 用奇偶函数定义判定。有$f(-x) = -f(x)$成立，

$$f(-x) = \frac{e^{-3x} - 1}{e^{-3x} + 1} = \frac{1 - e^{3x}}{1 + e^{3x}} = -\frac{e^{3x} - 1}{e^{3x} + 1} = -f(x)$$

确定为奇函数。另外，由函数式可知定义域$(-\infty,+\infty)$，确定值域为$(-1,1)$。

答案：C

1-2-2 **解：方法**1，可通过画出函数图形判定（见解图）。

方法2，求导数$f'(x)=\begin{cases} 1 & x>0 \\ -2x & x<0 \end{cases}$，在$(-\infty,+\infty)$内，$f'(x)>0$。

答案：B

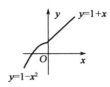

题 1-2-2 解图

1-2-3 **解：**利用函数的奇偶性定义来判定。选项 A、B、D 均满足定义

$F(-x)=F(x)$，所以为偶函数，而C不满足，设$F(x)=[f(x)]^2$，$F(-x)=[f(-x)]^2$，因为$f(x)$是定义在$[-a,a]$上的任意函数，$f(x)$可以是奇函数，也可以是偶函数，也可以是非奇非偶函数，从而推不出$F(-x)=F(x)$或$F(-x)=-F(x)$。

答案：C

1-2-4 **解：**通过求极限的结果来确定。

$$\lim_{x\to 0}\frac{x^2+\sin x}{x}=\lim_{x\to 0}\left(x+\frac{\sin x}{x}\right)=1$$

答案：D

1-2-5 **解：**因为分子的极限$\lim_{x\to 2}(x-2)=0$，分母的极限$\lim_{x\to 2}(x^2+ax+b)$只有为 0 时分式才会有极限。由$\lim_{x\to 2}(x^2+ax+b)=0$，得$4+2a+b=0$，$b=-4-2a$，代入原式得：

$$\lim_{x\to 2}\frac{x-2}{x^2+ax+b}=\lim_{x\to 2}\frac{x-2}{x^2+ax-4-2a}=\lim_{x\to 2}\frac{x-2}{(x-2)(x+2+a)}$$
$$=\lim_{x\to 2}\frac{1}{x+2+a}=\frac{1}{4+a}=\frac{1}{8}$$

所以$a=4$，$b=-12$。

答案：B

1-2-6 **解：**利用公式，当$x\to\infty$时，有理分函数有极限为-2，所以分子的次数应为三次式，即x^4的系数为零，即$1+a=0$，$a=-1$，x^3的系数b为-2 时，分式的极限为-2，求出a、b值，$a=-1$，$b=-2$。

答案：D

1-2-7 **解：**将等式左边通分，利用多项式$x\to\infty$时的结论计算。

$$\lim_{x\to\infty}\left(\frac{ax^2-3}{x^2+1}+bx+2\right)=\lim_{x\to\infty}\frac{bx^3+(a+2)x^2+bx-1}{x^2+1}=\infty$$

只要最高次幂x^3的系数$b\neq 0$即可。

即$b\neq 0$，a可为任意实数。

答案：A

1-2-8 **解：**利用无穷小的性质，无穷小量与有界函数乘积为无穷小量。

$$\lim_{x\to\infty}\frac{\sin x}{x}=\lim_{x\to\infty}\frac{1}{x}\cdot\sin x=0$$

答案：B

1-2-9 **解：**利用连续性的定义$\lim_{x\to 0}f(x)=f(0)$，计算如下：

$$\lim_{x\to 0}f(x)=\lim_{x\to 0}\left[(1+kx)^{\frac{1}{kx}}\right]^{mk}=(e^k)^m=e^{mk}$$

而$f(0)=a$，所以$a=e^{mk}$。

答案： D

1-2-10　解： 利用有界函数和无穷小乘积及第一重要极限计算。

$$原式 = \lim_{x \to 0}\left(x\sin\frac{1}{x} - \frac{\sin x}{x}\right) = 0 - 1 = -1$$

答案： A

1-2-11　解： 通过举例说明。

设点 $x_0 = 0$，$f(x) = \begin{cases} 1 & x \geq 0 \\ 0 & x < 0 \end{cases}$，在 $x_0 = 0$ 间断，$g(x) = 0$，在 $x_0 = 0$ 连续，而 $f(x) \cdot g(x) = 0$，在 $x_0 = 0$ 连续。

设点 $x_0 = 0$，$f(x) = \begin{cases} 1 & x \geq 0 \\ 0 & x < 0 \end{cases}$，在 $x_0 = 0$ 间断，$g(x) = 1$，在 $x_0 = 0$ 连续，而 $f(x) \cdot g(x) = \begin{cases} 1 & x \geq 0 \\ 0 & x < 0 \end{cases}$，在 $x_0 = 0$ 间断。

答案： D

1-2-12　解： 计算 $f(x)$ 在 $x = 1$ 的左、右极限：

$$\lim_{x \to 1^+} f(x) = \lim_{x \to 1^+}(4 - x) = 3, \quad \lim_{x \to 1^-} f(x) = \lim_{x \to 1^-} 2x = 2$$

$$\lim_{x \to 1^+} f(x) \neq \lim_{x \to 1^-} f(x)$$

答案： D

1-2-13　解： 利用函数在一点连续的定义，计算 $\lim_{x \to 0} f(x)$ 极限值，确定 $f(0)$ 的值。$\lim_{x \to 0}(1 - 2x)^{\frac{1}{x}} = e^{-2}$，定义 $f(0) = e^{-2}$ 时，就有 $\lim_{x \to 0} f(x) = f(0)$ 成立，$f(x)$ 在 $x = 0$ 处连续。

答案： C

1-2-14　解： 分段函数在分界点连续，要满足 $\lim_{x \to x_0^+} f(x) = \lim_{x \to x_0^-} f(x) = f(x_0)$。

求出 $f(0) = 1 + a$，$\lim_{x \to 0^-} f(x) = \lim_{x \to 0^-}(a + e^{-2x}) = a + 1$，$\lim_{x \to 0^+} f(x) = \lim_{x \to 0^+}[\lambda\ln(1 + x) + 1] = 1$ 所以 $a = 0$。

答案： A

1-2-15　解： 利用函数在 $x = 0$ 点连续的定义 $f(x + 0) = f(x - 0) = f(0)$，求 p、q 值。

$f(0 + 0) = \lim_{x \to 0^+} f(x) = \lim_{x \to 0^+}\left(x\sin\frac{1}{x} + q\right) = q$，$f(0 - 0) = \lim_{x \to 0^-} f(x) = \lim_{x \to 0^-}\frac{1}{x}\sin x = 1$，$f(0) = p$，求出 $p = q = 1$。

答案： D

1-2-16　解： 通过题中给出的命题，较容易判断选项 A、C、D 是错误的。

对于选项 B，给出条件"有界"，函数不含有无穷间断点，给出条件单调函数不会出现振荡间断点，从而可判定函数无第二类间断点。

答案： B

1-2-17　解： 利用等价无穷小量替换。当 $x \to 0$ 时，$\ln(1 - tx^2) \sim -tx^2$，$x\sin x \sim x \cdot x$，再求极限，即

$$\lim_{x \to 0}\frac{\ln(1 - tx^2)}{x\sin x} = \lim_{x \to 0}\frac{-tx^2}{x \cdot x} = -t$$

答案： B

1-2-18　解： 求出当 $x \to 0^+$ 及 $x \to 0^-$ 时的极限值。

$$\lim_{x \to 0^+} \frac{x^2 \sin\frac{1}{x}}{|\sin x|} = \lim_{x \to 0^+} \frac{x \cdot x \sin\frac{1}{x}}{\sin x} = 1 \times 0 = 0, \quad \lim_{x \to 0^-} \frac{x \cdot x \sin\frac{1}{x}}{-\sin x} = -1 \times 0 = 0$$

答案： B

1-2-19　解： 求 $x \to 0^+$、$x \to 0^-$ 时函数的极限值，利用可去间断点、跳跃间断点、振荡间断点、连续点定义判定，计算如下：

$$\lim_{x \to 0^-} \left(\cos x + x\sin\frac{1}{x}\right) = 1 + 0 = 1, \quad \lim_{x \to 0^+}(x^2 + 1) = 1, \quad f(0) = 1$$

故 $\lim_{x \to 0^+} f(x) = \lim_{x \to 0^-} f(x) = f(0)$，在 $x = 0$ 处连续。

答案： D

1-2-20　解： 利用函数在一点连续的定义，通过计算 $\lim_{x \to 1^+} f(x)$、$\lim_{x \to 1^-} f(x)$ 及 $f(1)$ 的值确定 a 值。因为 $f(x)$ 在 $x = 1$ 处连续，则 $\lim_{x \to 1^+} f(x) = \lim_{x \to 1^-} = f(1)$。$f(1) = 2 + a$，$\lim_{x \to 1^-} f(x) = \lim_{x \to 1^-} \left(\frac{4}{x+1} + a\right) = 2 + a$，$\lim_{x \to 1^+} f(x) = \lim_{x \to 1^+}[k(x-1) + 3] = 3$，所以 $a = 1$。

答案： D

1-2-21　解： x 轴的斜率 $k = 0$，在曲线 $y = x^3 - 6x$ 上找出一点在该点切线的斜率也为 $k = 0$，对函数 $y = x^3 - 6x$ 求导。

$y' = 3x^2 - 6$，令 $3x^2 - 6 = 0$，得 $x = \pm\sqrt{2}$。

当 $x = \sqrt{2}$ 时，$y_1 = -4\sqrt{2}$；当 $x = -\sqrt{2}$ 时，$y_2 = 4\sqrt{2}$。

答案： C

1-2-22　解： 根据给出的条件可知，函数在 $x = 1$ 可导，则在 $x = 1$ 必连续。就有 $\lim_{x \to 1^+} f(x) = \lim_{x \to 1^-} f(x) = f(1)$ 成立，得到 $a + b = 1$。

再通过给出条件在 $x = 1$ 可导，即有 $f'_+(1) = f'_-(1)$ 成立，利用定义计算 $f(x)$ 在 $x = 1$ 处左右导数：

$$f'_-(1) = \lim_{x \to 1^-} \frac{f(x) - f(1)}{x - 1} = \lim_{x \to 1^-} \frac{\frac{2}{x^2+1} - 1}{x - 1} = \lim_{x \to 1^-} \frac{1 - x^2}{(x^2+1)(x-1)} = -1$$

$$f'_+(1) = \lim_{x \to 1^+} \frac{f(x) - f(1)}{x - 1} = \lim_{x \to 1^+} \frac{ax + b - 1}{x - 1} = \lim_{x \to 1^+} \frac{ax - a}{x - 1} = a$$

则 $a = -1$，$b = 2$。

答案： B

1-2-23　解： 利用复合函数求导公式计算，本题由 $y = u^2$，$u = \cos v$，$v = \frac{1}{x}$ 复合而成。

$$\frac{dy}{dx} = 2u \cdot (-\sin v)\left(-\frac{1}{x^2}\right) = 2\cos\frac{1}{x} \cdot \sin\frac{1}{x} \cdot \frac{1}{x^2} = \frac{1}{x^2}\sin\frac{2}{x}$$

答案： A

1-2-24　解： 利用复合函数导数计算公式：$y' = 2\sin\frac{1}{x} \cdot \cos\frac{1}{x} \cdot \left(-\frac{1}{x^2}\right) = -\frac{1}{x^2}\sin\frac{2}{x}$。

答案： C

1-2-25　解： 函数在一点可导必连续。利用在一点连续、可导定义，计算如下：

$f(x)$在$x=0$处可导，$f(x)$在$x=0$处连续，即有$\lim\limits_{x\to 0^+}f(x)=\lim\limits_{x\to 0^-}f(x)=f(0)$，$\lim\limits_{x\to 0^+}x^2\sin\frac{1}{x}=0$，$\lim\limits_{x\to 0^-}(ax+b)=b$，$f(0)=b$。

故$b=0$。

又因$f(x)$在$x=0$处可导，即$f'_+(0)=f'_-(0)$，则：

$$f'_+(0)=\lim_{x\to 0^+}\frac{x^2\sin\frac{1}{x}-b}{x-0}=\lim_{x\to 0^+}x\sin\frac{1}{x}=0,\quad f'_-(0)=\lim_{x\to 0^-}\frac{ax+b-b}{x-0}=\lim_{x\to 0^-}a=a$$

故$a=0$。

答案： C

1-2-26　解： 利用函数在一点导数的定义计算。

$$原式=\lim_{\Delta x\to 0}\frac{f(x_0+k\Delta x)-f(x_0)}{k\Delta x}\cdot k=kf'(x_0)=\frac{1}{3}f'(x_0)$$

求出$k=\frac{1}{3}$。

答案： D

1-2-27　解： 已知$f(x)$在$x=0$处可导，要满足$f'_+(0)=f'_-(0)$。

计算$f(0)=2$，$f'_+(0)=\lim\limits_{x\to 0^+}\frac{f(x)-f(0)}{x-0}=\lim\limits_{x\to 0^+}\frac{ax+2-2}{x}=a$

$$f'_-(0)=\lim_{x\to 0^-}\frac{f(x)-f(0)}{x-0}=\lim_{x\to 0^-}\frac{e^{-x}+1-2}{x}=\lim_{x\to 0^-}\frac{e^{-x}-1}{x}=\lim_{x\to 0^-}\frac{-x}{x}=-1$$

得$a=-1$（当$x\to 0$，$e^{-x}-1\sim -x$）。

答案： D

1-2-28　解： 用导数定义计算。

$$原式=\lim_{x\to 0}\frac{1}{\dfrac{f(x_0-2x)-f(x_0)}{x}}=\lim_{x\to 0}\frac{1}{\dfrac{f(x_0-2x)-f(x_0)}{-2x}\times(-2)}=\frac{1}{-2f'(x_0)}=\frac{1}{4}$$

故$f'(x_0)=-2$。

答案： C

1-2-29　解： $y=x+x|x|=\begin{cases}x+x^2 & x\geqslant 0\\ x-x^2 & x<0\end{cases}$，利用连续、可导的定义判定。计算如下：

$$\lim_{x\to 0^+}f(x)=\lim_{x\to 0^+}(x+x^2)=0,\quad \lim_{x\to 0^-}f(x)=\lim_{x\to 0^-}(x-x^2)=0,\quad f(0)=0$$

故$x=0$处连续。

$$f'_+(0)=\lim_{x\to 0^+}\frac{x+x^2-0}{x-0}=\lim_{x\to 0^+}(1+x)=1$$

$$f'_-(0)=\lim_{x\to 0^-}\frac{x-x^2-0}{x-0}=\lim_{x\to 0^-}(1-x)=1$$

故$x=0$处可导。

答案： A

1-2-30　解： 利用复合函数导数公式，计算如下：

$$\frac{\mathrm{d}}{\mathrm{d}x}f[h(x)]=g[h(x)]\frac{\mathrm{d}h}{\mathrm{d}x}=g(x^2)\cdot 2x=2xg(x^2)$$

答案： D

1-2-31 解： 求出曲线 $y = e^{1-x^2}$ 和直线 $x = -1$ 交点，把 $x = -1$ 代入 $y = e^{1-x^2}$ 得 $y = 1$，P 的坐标 $(-1,1)$。对函数 y 求导，$\dfrac{dy}{dx} = e^{1-x^2} \cdot (-2x) = -2xe^{1-x^2}$，$\left.\dfrac{dy}{dx}\right|_{x=-1} = 2$。斜率 $k = 2$，利用点斜式写出切线方程 $y - 1 = 2(x + 1)$，即 $2x - y + 3 = 0$。

　　答案： D

1-2-32 解： 利用参数方程的导数计算公式 $\dfrac{dy}{dx} = \dfrac{\frac{dy}{dt}}{\frac{dx}{dt}}$，计算如下：

$$\frac{dy}{dt} = \frac{2(1 - t^2)}{(1 + t^2)^2}，\quad \frac{dx}{dt} = \frac{-4t}{(1 + t^2)^2}$$

故 $\dfrac{dy}{dx} = \dfrac{t^2 - 1}{2t}$

　　答案： A

1-2-33 解： 利用参数方程导数公式计算出 $\dfrac{dy}{dx}$，代入 $t = 0$，得到 $t = 0$ 时的 $\dfrac{dy}{dx}$ 值。计算如下：

$$\frac{dy}{dt} = f(t) + tf'(t)，\quad \frac{dx}{dt} = f'(t) - \frac{f'(t)}{f(t)}$$

$$\frac{dy}{dx} = \frac{\frac{dy}{dt}}{\frac{dx}{dt}} = \frac{f(t) + tf'(t)}{f'(t) - \frac{f'(t)}{f(t)}}，\quad \left.\frac{dy}{dx}\right|_{\substack{t=0 \\ f(0)=2 \\ f'(0)=2}} = \frac{2}{1} = 2$$

　　答案： D

1-2-34 解： 计算抽象函数的复合函数的二次导数：
$$y' = e^{2f(x)} \cdot 2f'(x) = 2f'(x)e^{2f(x)}$$
$$y'' = 2\left[f''(x)e^{2f(x)} + f'(x) \cdot e^{2f(x)} \cdot 2f'(x)\right] = 2e^{2f(x)}\{f''(x) + 2[f'(x)]^2\}$$

　　答案： D

1-2-35 解： 分析题目给出的解法，选项 A、B、D 均不正确。

正确的解法为选项 C，原式 $= \lim\limits_{x \to 0} \dfrac{x}{\sin x} x \sin \dfrac{1}{x} = 1 \times 0 = 0$。

因 $\lim\limits_{x \to 0} \dfrac{x}{\sin x} = 1$，第一重要极限；而 $\lim\limits_{x \to 0} x \sin \dfrac{1}{x} = 0$ 为无穷小量乘有界函数极限。

　　答案： C

1-2-36 解： 利用两函数乘积的导数公式计算。

$$y' = x' \cdot \sqrt{a^2 - x^2} + x\left(\sqrt{a^2 - x^2}\right)' = \frac{a^2 - 2x^2}{\sqrt{a^2 - x^2}}$$

　　答案： A

1-2-37 解： $y = f(x)$，$dy = f'(x)dx$，计算 $y = f(x)$ 的导数。

$$y' = \left(\frac{x}{\sqrt{1 - x^2}}\right)' = \frac{\sqrt{1 - x^2} + \frac{x^2}{\sqrt{1 - x^2}}}{1 - x^2} = \frac{1 - x^2 + x^2}{(1 - x^2)^{\frac{3}{2}}} = \frac{1}{(1 - x^2)^{\frac{3}{2}}}$$

即 $dy = \dfrac{1}{(1-x^2)^{\frac{3}{2}}}dx$

　　答案： A

1-2-38 解： 式子两边对 x 求导，把式子中的 y 看作是 x 的函数，计算如下：

$$\cos y \frac{dy}{dx} + e^y + xe^y \frac{dy}{dx} = 0$$

解出 $\dfrac{dy}{dx} = -\dfrac{e^y}{\cos y + xe^y}$

本题也可用二元隐函数的方法计算，$F(x, y) = 0$，$\dfrac{dy}{dx} = -\dfrac{Fx}{Fy}$。

答案：C

1-2-39 解：利用参数方程求导公式求出$\frac{dy}{dx}$；求二阶导数时，先对t求导后，再乘t对x的导数。计算如下：

$$\frac{dx}{dt} = f''(t), \quad \frac{dy}{dt} = f'(t) + tf''(t) - f'(t) = tf''(t)$$

$$\frac{dy}{dx} = \frac{\frac{dy}{dt}}{\frac{dx}{dt}} = \frac{tf''(t)}{f''(t)} = t, \quad \frac{d^2y}{dx^2} = (t)' \cdot \frac{dt}{dx} = 1 \cdot \frac{1}{\frac{dx}{dt}} = \frac{1}{f''(t)}$$

答案：D

1-2-40 解：$t = \frac{\pi}{2}$对应点$M_0(\pi - 2, 2)$，参数方程求导，$\frac{dy}{dx} = \frac{\sin t}{1 - \cos t}$，斜率$k = \frac{\sin t}{1 - \cos t}\big|_{t = \frac{\pi}{2}} = 1$，利用点斜式写出切线方程$y - 2 = 1 \cdot (x - \pi + 2)$，即$x - y = \pi - 4$。

答案：B

1-2-41 解：求隐函数导数，对$2e^x - 2\cos y - 1 = 0$求导，则$2e^x - 2(-\sin y)\frac{dy}{dx} = 0$，即$\frac{dy}{dx} = \frac{-2e^x}{2\sin y}$，得$\frac{dy}{dx} = -\frac{e^x}{\sin y}$，切线斜率$= -\frac{e^x}{\sin y}\big|_{(0,\frac{\pi}{3})} = -\frac{2}{\sqrt{3}}$，法线斜率$\frac{\sqrt{3}}{2}$，再利用点斜式求出直线方程，即$y - 1 = \frac{\sqrt{3}}{2}(x + 1)$。

答案：C

1-2-42 解：把$f\left(\frac{1}{x}\right) = xe^{-\frac{1}{x}}$化为$f(x)$形式。

设$\frac{1}{x} = t$，$x = \frac{1}{t}$，代入$f(t) = \frac{1}{t}e^{-t}$，即$f(x) = \frac{1}{x}e^{-x}$，求微分：

$$df(x) = \left(-\frac{1}{x^2}e^{-x} - \frac{1}{x}e^{-x}\right)dx = \frac{-(x+1)e^{-x}}{x^2}dx$$

答案：A

1-2-43 解：利用结论"偶函数的导函数为奇函数"计算。

$f(-x) = f(x)$，求导，有$-f'(-x) = f'(x)$，即$f'(-x) = -f'(x)$。

将$x = x_0$代入，得$f'(-x_0) = -f'(x_0)$，已知$f'(-x_0) = -K$，解出$f'(x_0) = K$。

答案：B

1-2-44 解：验证函数是否满足罗尔定理的条件，利用罗尔定理结论求出ζ值如下。

$f(x)$在$[0,8]$上连续，在$(0,8)$内可导，且$f(0) = f(8) = 0$，函数满足罗尔定理条件。利用罗尔定理结论，在$(0,8)$之间至少存在一点使

$$f'(x)\big|_{x=\zeta} = \frac{1}{3}\frac{8-2x}{\sqrt[3]{(8x-x^2)^2}}\bigg|_{x=\zeta} = \frac{8-2\zeta}{3\sqrt[3]{(8\zeta-\zeta^2)^2}} = 0$$

即$8 - 2\zeta = 0$，$\zeta = 4$。

答案：C

1-2-45 解：验证函数满足拉格朗日定理的条件，利用它的结论求出ζ值。$f(x)$在$[1,2]$上连续，在$(1,2)$可导。利用拉格朗日中值定理结论，即有

$$f(2) - f(1) = f'(\zeta)(2-1), \quad \frac{3}{2} - 2 = -\frac{1}{x^2}\bigg|_{x=\zeta}, \quad \frac{1}{2} = \frac{1}{\zeta^2}$$

得$\zeta = \sqrt{2}$

答案：A

1-2-46 解：函数的定义域$(0, +\infty)$，求驻点，用驻点分割定义域，确定极大值。计算如下：

$$y' = \frac{10}{1+x^2} - \frac{3}{x} = \frac{10x - 3 - 3x^2}{x(1+x^2)} = \frac{(x-3)(-3x+1)}{x(1+x^2)} = \frac{-3\left(x - \frac{1}{3}\right)(x-3)}{x(1+x^2)}$$

驻点$x = \frac{1}{3}$，$x = 3$，确定驻点邻近两侧y'符号。

当$0 < x < \frac{1}{3}$时，$y' < 0$；当$\frac{1}{3} < x < 3$时，$y' > 0$；当$x > 3$时，$y' < 0$。

所以在$x = 3$时，函数$f(x)$取得极大值，$f_{极大}(3) = 10\arctan 3 - 3\ln 3$。

答案：C

1-2-47　解：已知最大值为3，经以下计算得$m = 3$。

计算$f(x) = 2x^3 - 6x^2 + m$，$f'(x) = 6x^2 - 12x = 6x(x-2) = 0$

得驻点$x = 0$，$x = 2$，端点$x = -2$

计算$x = -2$、0、2点处函数值：$f(-2) = -40 + m$，$f(0) = m$，$f(2) = -8 + m$

可知$f_{\max}(0) = m$，$f_{\min}(-2) = -40 + m$

由已知$f_{\max}(0) = 3 = m$，得$m = 3$，所以$f_{\min}(-2) = -40 + 3 = -37$

答案：D

1-2-48　解：$y = x^4 - 4x^3$

$$y' = 4x^3 - 12x^2, \quad y'' = 12x^2 - 24x$$

$y' = 4x^2(x-3)$，令$y' = 0$，得$x = 0$，$x = 3$

$y'' = 12x(x-2)$，令$y'' = 0$，得$x = 0$，$x = 2$

列表：

题 1-2-48 **解表**

x	$(-\infty,0)$	0	$(0,2)$	2	$(2,3)$	3	$(3,+\infty)$
y'	$-$	0	$-$	$-$	$-$	0	$+$
y''	$+$	0	$-$	0	$+$	$+$	$+$

函数的单增区间为$(3,+\infty)$，凹区间为$(-\infty,0)$，$(2,+\infty)$，故符合条件的区间为$(3,+\infty)$。

答案：D

1-2-49　解：设三次函数$f(x)$的导函数$f'(x)$为$x^2 - 2x - 8$，已知$f'(x) = x^2 - 2x - 8$，令$f'(x) = 0$，求驻点，确定函数极大值、极小值。

解法如下：

$f'(x) = (x-4)(x+2)$，令$f'(x) = 0$，则$x_1 = 4$，$x_2 = -2$，$f(x) = \int f'(x)\mathrm{d}x = \frac{1}{3}x^3 - x^2 - 8x + C$。

经计算，$\begin{cases} f(-2) = -\frac{8}{3} - 4 + 16 + C \\ f(4) = \frac{64}{3} - 16 - 32 + C \end{cases}$

当$-2 < x < 4$时，$f'(x) < 0$；当$x < -2$时，$f'(x) > 0$；当$x = -2$时，$f(x)$取得极大值。当$-2 < x < 4$时，$f'(x) < 0$；当$x > 4$时，$f'(x) > 0$；当$x = 4$时，$f(x)$取得极小值。

$$f(-2) - f(4) = 9\frac{1}{3} - \left(-26\frac{2}{3}\right) = 36$$

答案：C

1-2-50　解：$f''(x)$在$(-\infty,+\infty)$恒为负值，得出函数$f(x)$图形在$(-\infty,+\infty)$是向上凸，由$f''(x)$在$(-\infty,+\infty)$恒为负值，推出$f'(x)$在$(-\infty,+\infty)$单减，又知$f'(x_0) = 0$。故当$x < x_0$时，$f'(x) > 0$；$x > x_0$时，$f'(x) < 0$。所以$f(x_0)$取得极大值。且$f''(x_0) < 0$，所以$f(x_0)$是$f(x)$的最大值。

答案：C

1-2-51　解：利用拐点的性质和计算方法计算。如(0,1)是曲线拐点，点在曲线上，代入方程有$1 = c$，另外，若$a = 0$，曲线$y = bx + c$为一条直线，无拐点，所以$a \neq 0$。

当$a \neq 0$时，$y'' = 6ax$，令$y'' = 0$，$x = 0$，在$x = 0$两侧y''异号。

答案：B

1-2-52　解：**方法** 1，已知$f(x)$在$(-\infty, +\infty)$上为奇函数，图形关于原点对称，由已知条件$f(x)$在$(0, +\infty)$，$f' < 0$单减，$f'' > 0$凹向，即$f(x)$在$(0, +\infty)$画出的图形为凹减，从而可推出关于原点对称的函数在$(-\infty, 0)$应为凸减，因而$f' < 0$，$f'' < 0$。

方法 2，由已知条件$f(x)$在$(-\infty, +\infty)$为奇函数，即$-f(-x) = f(x)$，两边求导可得$f'(-x) = f'(x)$，$-f''(-x) = f''(x)$，则当$x \in (0, +\infty)$，$f'(x) < 0$，$f''(x) > 0$，可得$x \in (-\infty, 0)$时，$-x \in (0, +\infty)$，$f'(x) = f'(-x) < 0$，$f''(x) = -f''(-x) < 0$。

答案：B

1-2-53　解：利用拉格朗日中值定理计算，$f(x)$在$[x, x + \Delta x]$连续，在$(x, x + \Delta x)$可导，则有$f(x + \Delta x) - f(x) = f'(\xi)\Delta x$，即$\Delta y = f'(\xi)\Delta x$（至少存在一点$\xi$，$x < \xi < x + \Delta x$）。

答案：C

1-2-54　解：已知$y = f(x)$在$x = x_0$处取得极小值，但在题中$f(x)$是否具有一阶、二阶导数，均未说明，从而选项A、B、C就不一定成立。选项D包含了在$x = x_0$可导或不可导两种情况，如$y = |x|$在$x = 0$处导数不存在，但函数$y = |x|$在$x = 0$取得极小值。

答案：D

1-2-55　解：本题考查三角函数的基本性质，可以采用求导的方法直接求出。

$$f(x) = \sin\left(x + \frac{\pi}{2} + \pi\right) = -\cos x$$

注：公式$\sin\left(\frac{3}{2}\pi + x\right) = -\cos x$。

x：$[-\pi, \pi]$

$f'(x) = \sin x$，$f'(x) = 0$，即$\sin x = 0$，$x = 0$，$-\pi$，π为驻点

则$f(0) = -\cos 0 = -1$，$f(-\pi) = -\cos(-\pi) = 1$，$f(\pi) = -\cos \pi = 1$

所以$x = 0$，函数取得最小值，最小值点$x_0 = 0$

或者，通过作图（见解图），可以看出在$[-\pi, \pi]$上的最小值点$x_0 = 0$。

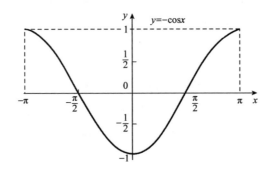

题 1-2-55 解图

答案：B

1-2-56　解：方法 1，已知$f(x)$在$(-\infty,+\infty)$上是偶函数，函数图像关于y轴对称，已知函数在$(0,+\infty)$，$f'(x)>0$，$f''(x)>0$表明在$(0,+\infty)$上函数图像为单增且凹向，由对称性可知，$f(x)$在$(-\infty,0)$单减且凹向，所以$f'(x)<0$，$f''(x)>0$。

方法 2，$f(x)$在$(-\infty,+\infty)$上是偶函数，故$f(-x)=f(x)$，可得$-f'(-x)=f'(x)$，$f''(-x)=f''(x)$。所以，当$x\in(-\infty,0)$时，$-x\in(0,+\infty)$，$f'(x)=-f'(-x)<0$，$f''(x)=f''(-x)>0$。

　　　答案：B

1-2-57　解：通过计算$f(x)$的极值点确定。

$$y'=x^4-x^2=x^2(x^2-1)=x^2(x+1)(x-1)$$

令$y'=0$，求驻点$x_1=0$，$x_2=1$，$x_3=-1$

利用驻点将定义域分割为$(-\infty,-1)$、$(-1,0)$、$(0,1)$、$(1,+\infty)$。

题 1-2-57 **解表**

x	$(-\infty,-1)$	-1	$(-1,0)$	0	$(0,1)$	1	$(1,+\infty)$
$f'(x)$	+	0	−	0	−	0	+
$f(x)$	↗	极大	↘	无极值	↘	极小	↗

函数只有2个极值点，选项 C 成立，选项 A 不正确。

还可判定选项 B、D 成立。

　　　答案：A

1-2-58　解：利用函数在一点连续且可导的定义确定k值。计算如下：

因$x=1$连续，$\lim\limits_{x\to1^+}[k(x-1)+3]=3$，$\lim\limits_{x\to1^-}\left(\dfrac{4}{x+1}+a\right)=2+a$，$f(1)=2+a$

故$2+a=3$，$a=1$。

$$f'_+(1)=\lim_{x\to1^+}\frac{k(x-1)+3-(2+a)}{x-1}=\lim_{x\to1^+}\frac{k(x-1)}{x-1}=k$$

$$f'_-(1)=\lim_{x\to1^-}\frac{\dfrac{4}{x+1}+a-(2+a)}{x-1}=\lim_{x\to1^-}\frac{-2(x-1)}{(x+1)(x-1)}=\lim_{x\to1^-}\frac{-2}{x+1}=-1$$

$$k=-1$$

　　　答案：C

1-2-59　解：本题考查分段函数的连续性问题。

要求在分段点$x=1$处函数的极限值等于该点的函数值，$f(1)=a$，则：

$$\lim_{x\to1}\frac{x\ln x}{1-x}\stackrel{\frac{0}{0}型}{=\!=\!=}\lim_{x\to1}\frac{(x\ln x)'}{(1-x)'}=\lim_{x\to1}\frac{1\cdot\ln x+x\cdot\dfrac{1}{x}}{-1}=-1$$

而$\lim\limits_{x\to1}\dfrac{x\ln x}{1-x}=f(1)=a\Rightarrow a=-1$

　　　答案：C

1-2-60　解：本题考查函数拐点的求法。

求解函数拐点即求函数的二阶导数为0的点，因此有：

$$f'(x)=e^{-x}-xe^{-x}$$
$$f''(x)=xe^{-x}-2e^{-x}=(x-2)e^{-x}$$

令$f''(x) = 0$，解出$x = 2$

当$x \in (-\infty, 2)$时，$f''(x) < 0$；当$x \in (2, +\infty)$时，$f''(x) > 0$

所以拐点为$(2, 2e^{-2})$。

答案： A

1-2-61　解： $\lim\limits_{x \to 0} F(x) = \lim\limits_{x \to 0} \dfrac{f(x)}{x} = \lim\limits_{x \to 0} \dfrac{f(x) - f(0)}{x - 0} = f'(0) \neq 0$

而$F(0) = f(0) = 0$，所以$\lim\limits_{x \to 0} F(x) \neq F(0)$

所以$x = 0$是$F(x)$的第一类间断点。

答案： B

1-2-62　解： 由已知条件可知$f'(x) = [\varphi(x)]^2 = 0$，$f''(x) = 2\varphi(x)\varphi'(x)$

因为$\varphi'(x)$单调递减，且$\varphi'(x_0) = 0$

当$x < x_0$时，$\varphi'(x) > 0$；当$x > x_0$时，$\varphi'(x) < 0$

所以，当$x < x_0$时，$f''(x) = 2\varphi(x)\varphi'(x) > 0$；当$x > x_0$时，$f''(x) = 2\varphi(x)\varphi'(x) < 0$

即$(x_0, f(x_0))$为曲线$y = f(x)$的拐点。

答案： A

（三）一元函数积分学

1-3-1 若函数$f(x)$的一个原函数是e^{-2x}，则$\int f''(x)\mathrm{d}x$等于：

A. $e^{-2x} + C$　　　　　　　　　B. $-2e^{-2x}$

C. $-2e^{-2x} + C$　　　　　　　　D. $4e^{-2x} + C$

1-3-2 $\int \dfrac{\cos 2x}{\sin^2 x \cos^2 x}\mathrm{d}x$等于：

A. $\cot x - \tan x + C$　　　　　　B. $\cot x + \tan x + C$

C. $-\cot x - \tan x + C$　　　　　D. $-\cot x + \tan x + C$

1-3-3 若在区间(a, b)内，$f'(x) = g'(x)$，则下列等式中错误的是：

A. $f(x) = Cg(x)$　　　　　　　　B. $f(x) = g(x) + C$

C. $\int \mathrm{d}f(x) = \int \mathrm{d}g(x)$　　　　　D. $\mathrm{d}f(x) = \mathrm{d}g(x)$

1-3-4 下列函数中，哪一个不是$f(x) = \sin 2x$的原函数？

A. $3\sin^2 x + \cos 2x - 3$　　　　B. $\sin^2 x + 1$

C. $\cos 2x - 3\cos^2 x + 3$　　　　D. $\frac{1}{2}\cos 2x + \frac{5}{2}$

1-3-5 下列等式中哪一个可以成立？

A. $\mathrm{d}\int f(x)\mathrm{d}x = f(x)$　　　　B. $\mathrm{d}\int f(x)\mathrm{d}x = f(x)\mathrm{d}x$

C. $\dfrac{\mathrm{d}}{\mathrm{d}x}\int f(x)\mathrm{d}x = f(x) + C$　　D. $\dfrac{\mathrm{d}}{\mathrm{d}x}\int f(x)\mathrm{d}x = f(x)\mathrm{d}x$

1-3-6 如果$\int \mathrm{d}f(x) = \int \mathrm{d}g(x)$，则下列各式中哪一个不一定成立？

A. $f(x) = g(x)$　　　　　　　　B. $f'(x) = g'(x)$

C. $\mathrm{d}f(x) = \mathrm{d}g(x)$　　　　　D. $\mathrm{d}\int f'(x)\mathrm{d}x = \mathrm{d}\int g'(x)\mathrm{d}x$

1-3-7 如果$\int f(x)e^{-\frac{1}{x}}\mathrm{d}x = -e^{-\frac{1}{x}} + C$，则函数$f(x)$等于：

A. $-\dfrac{1}{x}$ 　　　　　B. $-\dfrac{1}{x^2}$ 　　　　　C. $\dfrac{1}{x}$ 　　　　　D. $\dfrac{1}{x^2}$

1-3-8 $\int f(x)\mathrm{d}x = \ln x + C$，则 $\int \cos x f(\cos x)\mathrm{d}x$ 等于：

A. $\cos x + C$ 　　　B. $x + C$ 　　　C. $\sin x + C$ 　　　D. $\ln \cos x + C$

1-3-9 若 $\int f(x)\mathrm{d}x = F(x) + C$，则 $\int \dfrac{1}{\sqrt{x}} f(\sqrt{x})\mathrm{d}x$ 等于：（式中 C 为任意常数）

A. $\dfrac{1}{2} F(\sqrt{x}) + C$ 　　B. $2F(\sqrt{x}) + C$ 　　C. $F(x) + C$ 　　D. $\dfrac{F(\sqrt{x})}{\sqrt{x}}$

1-3-10 若 $\int f(x)\mathrm{d}x = x^3 + C$，则 $\int f(\cos x)\sin x\,\mathrm{d}x$ 等于：（式中 C 为任意常数）

A. $-\cos^3 x + C$ 　　B. $\sin^3 x + C$ 　　C. $\cos^3 x + C$ 　　D. $\dfrac{1}{3}\cos^3 x + C$

1-3-11 已知函数 $f(x)$ 的一个原函数是 $1 + \sin x$，则不定积分 $\int x f'(x)\mathrm{d}x$ 等于：

A. $(1 + \sin x)(x - 1) + C$ 　　　　B. $x\cos x - (1 + \sin x) + C$

C. $-x\cos x + (1 + \sin x) + C$ 　　　D. $1 + \sin x + C$

1-3-12 $\int x\sqrt{3 - x^2}\,\mathrm{d}x$ 等于：（式中 C 为任意常数）

A. $\dfrac{1}{\sqrt{3 - x^2}} + C$ 　　　　B. $-\dfrac{1}{3}(3 - x^2)^{\frac{3}{2}} + C$

C. $3 - x^2 + C$ 　　　　D. $(3 - x^2)^2 + C$

1-3-13 设 $F(x)$ 是 $f(x)$ 的一个原函数，则 $\int e^{-x} f(e^{-x})\mathrm{d}x$ 等于下列哪一个函数？

A. $F(e^{-x}) + C$ 　　　　B. $-F(e^{-x}) + C$

C. $F(e^x) + C$ 　　　　D. $-F(e^x) + C$

1-3-14 设 $f'(\ln x) = 1 + x$，则 $f(x)$ 等于：

A. $\dfrac{\ln x}{2}(2 + \ln x) + C$ 　　　　B. $x + \dfrac{1}{2}x^2 + C$

C. $x + e^x + C$ 　　　　D. $e^x + \dfrac{1}{2}e^{2x} + C$

1-3-15 如果 $f(x) = e^{-x}$，则 $\int \dfrac{f'(\ln x)}{x}\mathrm{d}x$ 等于：

A. $-\dfrac{1}{x} + C$ 　　　B. $\dfrac{1}{x} + C$ 　　　C. $-\ln x + C$ 　　　D. $\ln x + C$

1-3-16 如果 $\int f(x)\mathrm{d}x = 3x + C$，那么 $\int x f(5 - x^2)\mathrm{d}x$ 等于：

A. $3x^2 + C_1$ 　　　　B. $f(5 - x^2) + C$

C. $-\dfrac{1}{2}f(5 - x^2) + C$ 　　　　D. $\dfrac{3}{2}x^2 + C_1$

1-3-17 下列各式中正确的是：（C 为任意常数）

A. $\int f'(3 - 2x)\mathrm{d}x = -\dfrac{1}{2}f(3 - 2x) + C$

B. $\int f'(3 - 2x)\mathrm{d}x = -f(3 - 2x) + C$

C. $\int f'(3 - 2x)\mathrm{d}x = f(x) + C$

D. $\int f'(3 - 2x)\mathrm{d}x = \dfrac{1}{2}f(3 - 2x) + C$

1-3-18 $\int x e^{-2x}\,\mathrm{d}x$ 等于：

A. $-\dfrac{1}{4}e^{-2x}(2x + 1) + C$ 　　　　B. $\dfrac{1}{4}e^{-2x}(2x - 1) + C$

C. $-\frac{1}{4}e^{-2x}(2x-1)+C$ D. $-\frac{1}{2}e^{-2x}(x+1)+C$

1-3-19 不定积分 $\int x f''(x)\mathrm{d}x$ 等于：

A. $xf'(x)-f'(x)+C$ B. $xf'(x)-f(x)+C$

C. $xf'(x)+f'(x)+C$ D. $xf'(x)+f(x)+C$

1-3-20 不定积分 $\int \frac{f'(x)}{1+[f(x)]^2}\mathrm{d}x$ 等于：

A. $\ln|1+f(x)|f+C$ B. $\frac{1}{2}\ln|1+f^2(x)|+C$

C. $\arctan f(x)+C$ D. $\frac{1}{2}\arctan f(x)+C$

1-3-21 如果 $\int \frac{f'(\ln x)}{x}\mathrm{d}x = x^2+c$，则 $f(x)$ 等于：

A. $\frac{1}{x^2}+C$ B. e^x+C C. $e^{2x}+C$ D. xe^x+C

1-3-22 若 $\int_0^k (3x^2+2x)\mathrm{d}x = 0$ $(k\neq 0)$，则 k 等于：

A. 1 B. -1 C. $\frac{3}{2}$ D. $\frac{1}{2}$

1-3-23 下列结论中，错误的是：

A. $\int_{-\pi}^{\pi} f(x^2)\mathrm{d}x = 2\int_0^{\pi} f(x^2)\mathrm{d}x$ B. $\int_0^{2\pi}\sin^{10}x\,\mathrm{d}x = \int_0^{2\pi}\cos^{10}x\,\mathrm{d}x$

C. $\int_{-\pi}^{\pi}\cos 5x\sin 7x\mathrm{d}x = 0$ D. $\int_0^1 10^x\mathrm{d}x = 9$

1-3-24 设 $f(x)$ 在积分区间上连续，则 $\int_{-a}^{a}\sin x\cdot[f(x)+f(-x)]\mathrm{d}x$ 等于：

A. -1 B. 0 C. 1 D. 2

1-3-25 $\frac{\mathrm{d}}{\mathrm{d}x}\int_0^{\cos x}\sqrt{1-t^2}\,\mathrm{d}t$ 等于：

A. $\sin x$ B. $|\sin x|$ C. $-\sin^2 x$ D. $-\sin x|\sin x|$

1-3-26 设 $\int_0^x f(t)\mathrm{d}t = 2f(x)-4$，且 $f(0)=2$，则 $f(x)$ 是：

A. $e^{\frac{x}{2}}$ B. $e^{\frac{x}{2}+1}$ C. $2e^{\frac{x}{2}}$ D. $\frac{1}{2}e^{2x}$

1-3-27 设函数 $f(x)$ 在区间 $[a,b]$ 上连续，则下列结论中不正确的是：

A. $\int_a^b f(x)\mathrm{d}x$ 是 $f(x)$ 的一个原函数

B. $\int_a^x f(t)\mathrm{d}t$ 是 $f(x)$ 的一个原函数 $(a<x<b)$

C. $\int_x^b f(t)\mathrm{d}t$ 是 $-f(x)$ 的一个原函数 $(a<x<b)$

D. $f(x)$ 在 $[a,b]$ 上是可积的

1-3-28 设函数 $Q(x)=\int_0^{x^2} te^{-t}\mathrm{d}t$，则 $Q'(x)$ 等于：

A. xe^{-x} B. $-xe^{-x}$ C. $2x^3 e^{-x^2}$ D. $-2x^3 e^{-x^2}$

1-3-29 极限 $\lim\limits_{x\to 0}\dfrac{\int_0^x t\sin t\mathrm{d}t}{\int_0^x \ln(1+t^2)\mathrm{d}t}$ 等于：

A. -1 B. 0 C. 1 D. 2

1-3-30 下列定积分中，等于零的是：

A. $\int_{-1}^1 x^2\cos x\,\mathrm{d}x$ B. $\int_0^1 x^2\sin x\,\mathrm{d}x$

C. $\int_{-1}^1 (x+\sin x)\,\mathrm{d}x$ D. $\int_{-1}^1 (e^x+x)\,\mathrm{d}x$

1-3-31 定积分 $\int_{-1}^{1} |x^2 - 3x| \, \mathrm{d}x$ 等于：

    A. 1   B. 2   C. 3   D. 4

1-3-32 设 $f(x)$ 函数在 $[0, +\infty)$ 上连续，且满足 $f(x) = xe^{-x} + e^x \int_0^1 f(x) \, \mathrm{d}x$，则 $f(x)$ 是：

    A. xe^{-x} B. $xe^{-x} - e^{x-1}$ C. e^{x-2} D. $(x-1)e^{-x}$

1-3-33 $\int_{-3}^{3} x\sqrt{9 - x^2} \, \mathrm{d}x$ 等于：

    A. 0   B. 9π C. 3π D. $\frac{9}{2}\pi$

1-3-34 $\int_0^a f(x) \, \mathrm{d}x$ 等于下列哪个函数？

    A. $\int_0^{\frac{a}{2}} [f(x) + f(x - a)] \, \mathrm{d}x$ B. $\int_0^{\frac{a}{2}} [f(x) + f(a - x)] \, \mathrm{d}x$

    C. $\int_0^{\frac{a}{2}} [f(x) - f(a - x)] \, \mathrm{d}x$ D. $\int_0^{\frac{a}{2}} [f(x) - f(x - a)] \, \mathrm{d}x$

1-3-35 设函数 $f(x)$ 在 $[-a, a]$ 上连续，下列结论中错误的是：

    A. 若 $f(-x) = f(x)$，则有 $\int_{-a}^{a} f(x) \, \mathrm{d}x = 2\int_0^a f(x) \, \mathrm{d}x$

    B. 若 $f(-x) = -f(x)$，则有 $\int_{-a}^{a} f(x) \, \mathrm{d}x = 0$

    C. $\int_{-a}^{a} f(x) \, \mathrm{d}x = \int_0^a [f(x) - f(-x)] \, \mathrm{d}x$

    D. $\int_{-a}^{a} f(x) \, \mathrm{d}x = \int_0^a [f(x) + f(-x)] \, \mathrm{d}x$

1-3-36 下列等式中成立的是：

    A. $\int_{-2}^{2} x^2 \sin x \, \mathrm{d}x = 0$ B. $\int_{-1}^{1} 2e^x \, \mathrm{d}x = 0$

    C. $\left[\int_3^5 \ln x \, \mathrm{d}x\right]' = \ln 5 - \ln 3$ D. $\int_{-1}^{1} (e^x + x) \, \mathrm{d}x = 0$

1-3-37 下列广义积分中收敛的是：

    A. $\int_0^1 \frac{1}{x^2} \, \mathrm{d}x$ B. $\int_0^2 \frac{1}{\sqrt{2-x}} \, \mathrm{d}x$ C. $\int_{-\infty}^{0} e^{-x} \, \mathrm{d}x$ D. $\int_1^{+\infty} \ln x \, \mathrm{d}x$

1-3-38 下列结论中正确的是：

    A. $\int_{-1}^{1} \frac{1}{x^2} \, \mathrm{d}x$ 收敛   B. $\frac{\mathrm{d}}{\mathrm{d}x} \int_0^{x^2} f(t) \, \mathrm{d}t = f(x^2)$

    C. $\int_1^{+\infty} \frac{1}{\sqrt{x}} \, \mathrm{d}x$ 发散   D. $\int_{-\infty}^{0} e^{-\frac{x^2}{2}} \, \mathrm{d}x$ 发散

1-3-39 广义积分 $\int_0^{+\infty} \frac{C}{2 + x^2} \, \mathrm{d}x = 1$，则 $C =$

    A. π B. $\frac{\pi}{\sqrt{2}}$ C. $\frac{2\sqrt{2}}{\pi}$ D. $-\frac{2}{\pi}$

1-3-40 $\int_0^{+\infty} xe^{-2x} \, \mathrm{d}x$ 等于：

    A. $-\frac{1}{4}$ B. $\frac{1}{2}$ C. $\frac{1}{4}$ D. 4

1-3-41 广义积分 $\int_2^{+\infty} \frac{\mathrm{d}x}{x^2 + x - 2}$ 等于：

    A. 收敛于 $\frac{2}{3}\ln 2$ B. 收敛于 $\frac{3}{2}\ln 2$

    C. 收敛于 $\frac{1}{3}\ln \frac{1}{4}$ D. 发散

1-3-42 广义积分 $\int_0^1 \frac{x}{\sqrt{1 - x^2}} \, \mathrm{d}x$ 的值是：

A. 1   B. -1 C. $\frac{1}{2}$ D. 广义积分发散

1-3-43 广义积分 $I = \int_e^{+\infty} \frac{dx}{x(\ln x)^2}$，则计算后是下列中哪个结果？

A. $I = 1$ B. $I = -1$

C. $I = \frac{1}{2}$ D. 此广义积分发散

1-3-44 直线 $y = \frac{H}{R}x(x \geq 0)$ 与 $y = H$ 及 y 轴所围图形绕 y 轴旋转一周所得旋转体的体积为：（式中 H，R 为任意常数）

A. $\frac{1}{3}\pi R^2 H$ B. $\pi R^2 H$ C. $\frac{1}{6}\pi R^2 H$ D. $\frac{1}{4}\pi R^2 H$

1-3-45 曲线 $y = \frac{2}{3}x^{\frac{3}{2}}$ 上相应于 x 从 0 到 1 的一段弧的长度是：

A. $\frac{2}{3}(\sqrt[3]{4} - 1)$ B. $\frac{4}{3}\sqrt{2}$ C. $\frac{2}{3}(2\sqrt{2} - 1)$ D. $\frac{4}{15}$

1-3-46 曲线 $y = \cos x$ 在 $[0, 2\pi]$ 上与 x 轴所围成图形的面积是：

A. 0   B. 4   C. 2   D. 1

1-3-47 由曲线 $y = e^x$，$y = e^{-2x}$ 及直线 $x = -1$ 所围成图形的面积是：

A. $\frac{1}{2}e^2 + \frac{1}{e} - \frac{1}{2}$ B. $\frac{1}{2}e^2 + \frac{1}{e} - \frac{3}{2}$

C. $-e^2 + \frac{1}{e}$ D. $e^2 + \frac{1}{e}$

1-3-48 曲线 $y = \frac{1}{2}x^2$，$x^2 + y^2 = 8$ 所围成图形的面积（上半平面部分）是：

A. $\int_{-2}^{2}\left(\sqrt{8 - x^2} - \frac{x^2}{2}\right)dx$ B. $\int_{-2}^{2}\left(\frac{x^2}{2} - \sqrt{8 - x^2}\right)dx$

C. $\int_{-1}^{1}\left(\sqrt{8 - x^2} - \frac{x^2}{2}\right)dx$ D. $\int_{-1}^{1}\left(\frac{x^2}{2} - \sqrt{8 - x^2}\right)dx$

1-3-49 曲线 $y = \sin x \left(0 \leq x \leq \frac{\pi}{2}\right)$ 与直线 $x = \frac{\pi}{2}$，$y = 0$ 围成一个平面图形。此平面图形绕 x 轴旋转产生的旋转体的体积是：

A. $\frac{\pi^2}{4}$ B. $\frac{\pi}{2}$ C. $\frac{\pi^2}{4} + 1$ D. $\frac{\pi}{2} + 1$

1-3-50 椭圆 $\frac{x^2}{a^2} + \frac{y^2}{b^2} = 1 (a > b > 0)$ 绕 x 轴旋转得到的旋转体体积 V_1 与绕 y 轴旋转得到的旋转体体积 V_2 之间的关系为：

A. $V_1 > V_2$ B. $V_1 < V_2$ C. $V_1 = V_2$ D. $V_1 = 3V_2$

1-3-51 由曲线 $y = \frac{x^2}{2}$ 和直线 $x = 1$，$x = 2$，$y = -1$ 围成的图形，绕直线 $y = -1$ 旋转所得旋转体的体积为：

A. $\frac{293}{60}\pi$ B. $\frac{\pi}{60}$ C. $4\pi^2$ D. 5π

1-3-52 曲线 $y^2 = x(x - 4)^2$ 的封闭部分内的面积为：

A. $\int_0^4 \sqrt{x}\,(x - 4)dx$ B. $\int_0^4 \sqrt{x}\,(4 - x)dx$

C. $2\int_0^4 \sqrt{x}\,(x - 4)dx$ D. $2\int_0^4 \sqrt{x}\,(4 - x)dx$

题解及参考答案

1-3-1 **解：方法** 1，利用原函数的定义求出 $f(x) = (e^{-2x})' = -2e^{-2x}$，$f'(x) = 4e^{-2x}$，$f''(x) = -8e^{-2x}$，将 $f''(x)$ 代入积分即可。计算如下：$\int f''(x)dx = \int -8e^{-2x}dx = 4\int e^{-2x}\,d(-2x) = 4e^{-2x} + C$。

方法 2，$\int f''(x)\mathrm{d}x = f'(x) + C$，由原函数定义，$f(x) = (e^{-2x})' = -2e^{-2x}$，$f'(x) = 4e^{-2x}$，所以 $\int f''(x)\mathrm{d}x = 4e^{-2x} + C$。

答案： D

1-3-2 **解：** 利用公式 $\cos 2x = \cos^2 x - \sin^2 x$，将被积函数变形：

$$原式 = \int \frac{\cos^2 x - \sin^2 x}{\sin^2 x \cos^2 x}\mathrm{d}x = \int \left(\frac{1}{\sin^2 x} - \frac{1}{\cos^2 x}\right)\mathrm{d}x$$

$$= \int \frac{1}{\sin^2 x}\mathrm{d}x - \int \frac{1}{\cos^2 x}\mathrm{d}x$$

$$= -\cot x - \tan x + C$$

答案： C

1-3-3 **解：** 对选项 A 求导，得 $f'(x) = Cg'(x)$。

答案： A

1-3-4 **解：** 将选项 A、B、C、D 逐一求导，验证。

如 $\left(\frac{1}{2}\cos 2x + \frac{5}{2}\right)' = \frac{1}{2}(-\sin 2x) \cdot 2 = -\sin 2x$。

答案： D

1-3-5 **解：** 利用不定积分性质确定，$\mathrm{d}\int f(x)\mathrm{d}x = f(x)\mathrm{d}x$

答案： B

1-3-6 **解：** 举例，设 $f(x) = x^2$，$g(x) = x^2 + 2$，$\mathrm{d}f(x) = 2x\mathrm{d}x$，$\mathrm{d}g(x) = 2x\mathrm{d}x$，$\int \mathrm{d}f(x) = \int \mathrm{d}g(x)$，$f'(x) = g'(x)$，但 $f(x) \neq g(x)$。

答案： A

1-3-7 **解：** 方程两边对 x 求导，解出 $f(x)$。即 $\left(\int f(x)e^{-\frac{1}{x}}\mathrm{d}x\right)' = \left(-e^{-\frac{1}{x}} + C\right)'$，得 $f(x)e^{-\frac{1}{x}} = \frac{-1}{x^2}e^{-\frac{1}{x}}$，即 $f(x) = \frac{-1}{x^2}$。

答案： B

1-3-8 **解：** 本题考查不定积分的相关内容。

已知 $\int f(x)\mathrm{d}x = \ln x + C$，式子两边求导，得 $f(x) = \frac{1}{x}$

则 $f(\cos x) = \frac{1}{\cos x}$，即 $\int \cos x f(\cos x)\mathrm{d}x = \int \cos x \cdot \frac{1}{\cos x}\mathrm{d}x = x + C$
注：本题不适合采用凑微分的形式。

答案： B

1-3-9 **解：** 将题目变形 $\int \frac{1}{\sqrt{x}}f(\sqrt{x})\mathrm{d}x = \int f(\sqrt{x})\mathrm{d}(2\sqrt{x}) = 2\int f(\sqrt{x})\mathrm{d}\sqrt{x}$，利用已知式子 $\int f(x)\mathrm{d}x = F(x) + C$，写出结果：$\int \frac{1}{\sqrt{x}}f(\sqrt{x})\mathrm{d}x = 2F(\sqrt{x}) + C$。

答案： B

1-3-10 **解：** 已知 $\int f(x)\mathrm{d}x = x^3 + C$，利用此式得：

$$\int f(\cos x)\sin x\,\mathrm{d}x = -\int f(\cos x)\mathrm{d}(\cos x) = -\cos^3 x + C$$

答案： A

1-3-11 **解：** 本题考查函数原函数的概念及不定积分的计算方法。

已知函数 $f(x)$ 的一个原函数是 $1+\sin x$，即 $f(x)=(1+\sin x)'=\cos x$，$f'(x)=-\sin x$。

方法 1， $\displaystyle\int xf'(x)\mathrm{d}x=\int x(-\sin x)\mathrm{d}x=\int x\mathrm{d}\cos x=x\cos x-\int\cos x\,\mathrm{d}x=x\cos x-\sin x+c$

$$=x\cos x-\sin x-1+C=x\cos x-(1+\sin x)+C\quad(\text{其中}\,C=1+c)$$

方法 2， $\displaystyle\int xf'(x)\mathrm{d}x=\int x\mathrm{d}f(x)=xf(x)-\int f(x)\mathrm{d}x$，因为 $f(x)=(1+\sin x)'=\cos x$，则：

$$原式=x\cos x-\int\cos x\mathrm{d}x=x\cos x-\sin x+c=x\cos x-(1+\sin x)+C$$

答案： B

1-3-12 解： 利用不定积分第一类换元积分法计算。

$$原式=-\frac{1}{2}\int\sqrt{3-x^2}\,\mathrm{d}(3-x^2)=-\frac{1}{3}(3-x^2)^{\frac{3}{2}}+C$$

答案： B

1-3-13 解： 用凑微分法，得到 $\int f(u)\mathrm{d}u$ 形式，进而得到 $F(u)+C$。解法如下：

$$\int e^{-x}f(e^{-x})\mathrm{d}x=-\int f(e^{-x})\mathrm{d}e^{-x}=-F(e^{-x})+C$$

答案： B

1-3-14 解： 设 $\ln x=t$，$x=e^t$，代入题中得 $f'(t)=1+e^t$，写成 $f'(x)=1+e^x$，积分。

$$f(x)=\int(1+e^x)\mathrm{d}x=x+e^x+C$$

答案： C

1-3-15 解： 用凑微分法把式子写成以下形式：

$$\int\frac{f'(\ln x)}{x}\mathrm{d}x=\int f'(\ln x)\mathrm{d}\ln x=f(\ln x)+C$$

再把 $\ln x$ 代入 $f(x)=e^{-x}$，得：

$$f(\ln x)=e^{-\ln x}=e^{\ln x^{-1}}=\frac{1}{x}$$

所以 $\displaystyle\int\frac{f'(\ln x)}{x}\mathrm{d}x=\frac{1}{x}+C$

答案： B

1-3-16 解： 用凑微分方法计算，注意利用题目已给出的积分结果。计算如下：

$$\int xf(5-x^2)\mathrm{d}x=-\frac{1}{2}\int f(5-x^2)\mathrm{d}(5-x^2)=-\frac{1}{2}\times3\times(5-x^2)+C\quad\left(\text{因为}\int f(x)\mathrm{d}x=3x+C\right)$$

$$=-\frac{15}{2}+\frac{3}{2}x^2+C=\frac{3}{2}x^2+C_1$$

答案： D

1-3-17 解： 凑成 $\int f'(u)\mathrm{d}u$ 的形式：

$$\int f'(3-2x)\mathrm{d}x=-\frac{1}{2}\int f'(3-2x)\mathrm{d}(-2x)=-\frac{1}{2}\int f'(3-2x)\mathrm{d}(3-2x)$$

$$=-\frac{1}{2}f(3-2x)+C$$

答案： A

1-3-18 解： 利用分部积分方法计算 $\int u\mathrm{d}v=uv-\int v\mathrm{d}u$，即

$$\int xe^{-2x}\mathrm{d}x = -\frac{1}{2}\int xe^{-2x}d\left(-2x\right) = -\frac{1}{2}\int x\mathrm{d}e^{-2x}$$

$$= -\frac{1}{2}\left(xe^{-2x} - \int e^{-2x}\mathrm{d}x\right)$$

$$= -\frac{1}{2}\left[xe^{-2x} + \frac{1}{2}\int e^{-2x}d\left(-2x\right)\right]$$

$$= -\frac{1}{2}\left(xe^{-2x} + \frac{1}{2}e^{-2x}\right) + C$$

$$= -\frac{1}{4}(2x+1)e^{-2x} + C$$

答案： A

1-3-19 解： 利用分部积分公式计算。

$$\int xf''(x)\mathrm{d}x = \int x\mathrm{d}f'(x) = xf'(x) - \int f'(x)\mathrm{d}x = xf'(x) - f(x) + C$$

答案： B

1-3-20 解： 利用凑微分法计算如下：

$$\int \frac{f'(x)}{1+[f(x)]^2}\mathrm{d}x = \int \frac{1}{1+[f(x)]^2}\mathrm{d}f(x)$$

由公式 $\int \frac{1}{1+x^2}\mathrm{d}x = \arctan x + C$，得：

$$\int \frac{1}{1+[f(x)]^2}\mathrm{d}f(x) = \arctan[f(x)] + C$$

答案： C

1-3-21 解： 等号左边利用凑微分方法计算如下：

等式左边 $\int \frac{f'(\ln x)}{x}\mathrm{d}x = \int f'(\ln x)\mathrm{d}(\ln x) = f(\ln x) + C_1 = x^2 + C_2$

得到 $f(\ln x) = x^2 + C$

设 $\ln x = t$，$x = e^t$，得 $f(t) = e^{2t}$，换字母 $t \to x$，得 $f(x) = e^{2x} + C$

答案： C

1-3-22 解： 计算定积分。

$$\int_0^k (3x^2 + 2x)\mathrm{d}x = (x^3 + x^2)\Big|_0^k = k^3 + k^2 = k^2(k+1) = 0$$

又 $k \neq 0$，则 $k = -1$。

答案： B

1-3-23 解： 直接计算选项 A、B、C 较复杂，可先从简单选项入手，计算选项 D，$\int_0^1 10^x\mathrm{d}x = \frac{10^x}{\ln 10}\Big|_0^1 = \frac{9}{\ln 10}$，选项 D 错误。

选项 A、B、C 经计算，均成立。

答案： D

1-3-24 解： 利用奇函数，在对称区间积分为零的性质，计算如下：判定 $f_1(x) = \sin x$ 是奇函数，$f_2(x) = f(x) + f(-x)$ 是偶函数，乘积为奇函数，奇函数在对称区间积分为零。

答案： B

1-3-25 解： 本题为求复合的积分上限函数的导数，利用下列公式计算：

$$\frac{d}{dx}\int_0^{g(x)}\sqrt{1-t^2}dt = \sqrt{1-g^2(x)}\cdot g'(x)$$

即 $\dfrac{d}{dx}\int_0^{\cos x}\sqrt{1-t^2}dt = \sqrt{1-\cos^2 x}\cdot(-\sin x) = -\sin x\sqrt{\sin^2 x} = -\sin x|\sin x|$

答案： D

1-3-26 解： 将方程两边求导，等式左边为积分上限函数的导数，求导后化为一阶微分方程，再利用一阶微分方程知识计算。

求导得 $f(x) = 2f'(x)$，令 $f(x) = y$，$f'(x) = y'$，得微分方程 $2y' = y$

分离变量 $\dfrac{2}{y}dy = dx$，求通解：

$2\ln y = x + C$，$y = e^{\frac{1}{2}(x+C)}$，$y = e^{\frac{1}{2}C}\cdot e^{\frac{1}{2}x}$，$y = C_1 e^{\frac{1}{2}x}$（其中 $C_1 = e^{\frac{1}{2}c}$）

代入初始条件 $x = 0$，$y = 2$，得 $C_1 = 2$，所以 $y = 2e^{\frac{x}{2}}$。

答案： C

1-3-27 解： $f(x)$ 在 $[a,b]$ 上连续，$\int_a^b f(x)dx$ 表示一个确定的数。

答案： A

1-3-28 解： 求积分上限函数的导数，由于上限为 x^2，用复合函数求导方法计算。设 $u = x^2$，则函数可看作 $Q = \int_0^u te^{-t}dt$，$u = x^2$ 的复合函数。

$$Q(x) = \left(\int_0^u t\,e^{-t}dt\right)'\cdot\frac{du}{dx} = ue^{-u}\big|_{u=x^2}\cdot 2x = x^2\cdot e^{-x^2}\cdot 2x = 2x^3 e^{-x^2}$$

答案： C

1-3-29 解： 本题属于 "$\dfrac{0}{0}$" 型，利用洛必达法则计算。注意分子、分母均为积分上限函数。

计算如下：原式 $\overset{\frac{0}{0}}{=\!=\!=}\lim\limits_{x\to 0}\dfrac{x\sin x}{\ln(1+x^2)}$，再利用等价无穷小替换，当 $x\to 0$，$\sin x\sim x$，$\ln(1+x^2)\sim x^2$。算出极限。原式 $=\lim\limits_{x\to 0}\dfrac{x\cdot x}{x^2} = 1$。

答案： C

1-3-30 解： 逐一计算每一小题验证，首先考虑利用奇函数在对称区间积分为零这一性质。被积函数 $x + \sin x$ 为奇函数，在对称区间 $[-1,1]$ 上积分为 0。

答案： C

1-3-31 解： $|x^2 - 3x| = \begin{cases} x^2 - 3x, & -1\leqslant x\leqslant 0 \\ 3x - x^2, & 0\leqslant x\leqslant 1 \end{cases}$，分成两部分计算。

$$\int_{-1}^1 |x^2 - 3x|dx = \int_{-1}^0 |x^2 - 3x|dx + \int_0^1 |x^2 - 3x|dx$$

$$= \int_{-1}^0 (x^2 - 3x)dx + \int_0^1 3x - x^2 dx = \left(\frac{1}{3}x^3 - \frac{3}{2}x^2\right)\Big|_{-1}^0 + \left(\frac{3}{2}x^2 - \frac{1}{3}x^3\right)\Big|_0^1$$

$$= 3$$

答案： C

1-3-32 解： 已知 $f(x)$ 在 $[0,+\infty)$ 上连续，则 $\int_0^1 f(x)dx$ 为一常数，设 $\int_0^1 f(x)dx = A$，于是原题化为

$$f(x) = xe^{-x} + Ae^x \qquad\qquad\text{①}$$

对①式两边积分：$\int_0^1 f(x)dx = \int_0^1 (xe^{-x} + Ae^x)dx$

即

$$A = \int_0^1 xe^{-x}\mathrm{d}x + A\int_0^1 e^x\mathrm{d}x \qquad ②$$

分别计算出定积分值：

$$\int_0^1 xe^{-x}\mathrm{d}x = -\int_0^1 x\mathrm{d}e^{-x} = -\left(xe^{-x}\Big|_0^1 - \int_0^1 e^{-x}\mathrm{d}x\right) = \left(-xe^{-x}\Big|_0^1 + e^{-x}\Big|_0^1\right)$$

$$= -[(e^{-1}-0)+(e^{-1}-1)] = 1 - \frac{2}{e}$$

$$\int_0^1 e^x\mathrm{d}x = e^x\Big|_0^1 = e-1$$

代入②式：$A = 1 - \frac{2}{e} + A(e-1)$，$A(2-e) = \frac{e-2}{e}$，得 $A = -\frac{1}{e}$。

将 $A = -\frac{1}{e}$ 代入①式：$f(x) = xe^{-x} + e^x\left(-\frac{1}{e}\right)$，$f(x) = xe^{-x} - e^x - 1$。

答案： B

1-3-33 解： $f(x) = x\sqrt{9-x^2}$ 为奇函数，$f(-x) = -f(x)$，积分区间 x：$[-3,3]$，由定积分的性质可知，奇函数在对称区间积分为零。

答案： A

1-3-34 解： 式子 $\int_0^a f(x)\mathrm{d}x = \int_0^{\frac{a}{2}} f(x)\mathrm{d}x + \int_{\frac{a}{2}}^a f(x)\mathrm{d}x$，对后面式子做 $x=a-t$ 变量替换，计算如下：

设 $x=a-t$，$\mathrm{d}x = -\mathrm{d}t$，当 $x=a$ 时，$t=0$；当 $x=\frac{a}{2}$ 时，$t=\frac{a}{2}$。

$$\int_{\frac{a}{2}}^a f(x)\mathrm{d}x = \int_{\frac{a}{2}}^0 f(a-t)(-\mathrm{d}t) = \int_0^{\frac{a}{2}} f(a-t)\mathrm{d}t = \int_0^{\frac{a}{2}} f(a-x)\mathrm{d}x$$

答案： B

1-3-35 解： 选项 A、B 不符合题目要求。

对于选项 C、D，可把式子写成：

$$\int_{-a}^a f(x)\mathrm{d}x = \int_{-a}^0 f(x)\mathrm{d}x + \int_0^a f(x)\mathrm{d}x$$

对式子 $\int_{-a}^0 f(x)\mathrm{d}x$ 做变量代换，设 $x=-t$，$\mathrm{d}x=-\mathrm{d}t$，当 $x=-a$，$t=a$，当 $x=0$，$t=0$，

$$\int_{-a}^0 f(x)\mathrm{d}x = \int_a^0 f(-t)(-\mathrm{d}t) = \int_0^a f(-t)\mathrm{d}t = \int_0^a f(-x)\mathrm{d}x$$

验证选项 C 是错误的。

答案： C

1-3-36 解： 利用奇函数在对称区间上积分的这一性质，选项 A 成立。选项 C，定积分的值为常数，常数的导数为 0，选项 C 不成立，通过计算选项 B、D 也不成立。

答案： A

1-3-37 解： 利用广义积分的方法计算。选项 B 的计算如下：

因 $\lim\limits_{x\to 2^-}\frac{1}{\sqrt{2-x}} = +\infty$，知 $x=2$ 为无穷不连续点

$$\int_0^2 \frac{1}{\sqrt{2-x}}\mathrm{d}x = -\int_0^2 (2-x)^{-\frac{1}{2}}\mathrm{d}(2-x) = -2(2-x)^{\frac{1}{2}}\Big|_0^2 = -2\left[\lim_{x\to 2^-}(2-x)^{\frac{1}{2}} - \sqrt{2}\right] = 2\sqrt{2}$$

答案： B

1-3-38 解： 逐项排除法。

选项 A: $x = 0$ 为被积函数 $f(x) = \frac{1}{x^2}$ 的无穷不连续点，计算方法：

$$\int_{-1}^{1} \frac{1}{x^2}dx = \int_{-1}^{0} \frac{1}{x^2}dx + \int_{0}^{1} \frac{1}{x^2}dx$$

只要判断其中一个发散，即广义积分发散，计算 $\int_{0}^{1} \frac{1}{x^2}dx = -\frac{1}{x}\Big|_{0}^{1} = -1 + \lim_{x \to 0^+}\frac{1}{x} = +\infty$，所以选项 A 错误。

选项 B: $\frac{d}{dx}\int_{0}^{x^2} f(t)dt = f(x^2) \cdot 2x$，显然错误。

选项 C: $\int_{1}^{+\infty} \frac{1}{\sqrt{x}}dx = 2\sqrt{x}\Big|_{1}^{+\infty} = 2\left(\lim_{x \to 0}\sqrt{x} - 1\right) = +\infty$ 发散，正确。

选项 D: 由 $\frac{1}{\sqrt{2\pi}}e^{-\frac{x^2}{2}}$ 为标准正态分布的概率密度函数，可知 $\int_{-\infty}^{0} e^{-\frac{x^2}{2}}dx$ 收敛。

也可用下述方法判定：

因 $\int_{-\infty}^{0} e^{-\frac{x^2}{2}}dx = \int_{-\infty}^{0} e^{-\frac{y^2}{2}}dy$

$$\int_{-\infty}^{0} e^{-\frac{x^2}{2}}dx \int_{-\infty}^{0} e^{-\frac{y^2}{2}}dy = \int_{-\infty}^{0}\int_{-\infty}^{0} e^{-\frac{x^2+y^2}{2}}dxdy = \int_{\pi}^{\frac{3}{2}\pi} d\theta \int_{0}^{+\infty} re^{-\frac{r^2}{2}}dr = \frac{\pi}{2}\left[-\int_{0}^{+\infty} e^{-\frac{r^2}{2}}d\left(-\frac{r^2}{2}\right)\right]$$

$$= -\frac{\pi}{2}e^{-\frac{r^2}{2}}\Big|_{0}^{+\infty} = \frac{\pi}{2}$$

因此，$\left(\int_{-\infty}^{0} e^{-\frac{x^2}{2}}dx\right)^2 = \frac{\pi}{2}$，$\int_{-\infty}^{0} e^{-\frac{x^2}{2}}dx = \sqrt{\frac{\pi}{2}}$ 收敛，选项 D 错误。

答案：C

1-3-39 **解**：计算出左边广义积分即可。

$$\int_{0}^{+\infty} \frac{C}{2+x^2}dx = C\int_{0}^{+\infty} \frac{1}{2+x^2}dx = C \cdot \frac{1}{\sqrt{2}}\arctan\frac{x}{\sqrt{2}}\Big|_{0}^{+\infty} = \frac{C}{\sqrt{2}}\left(\lim_{x \to +\infty}\arctan\frac{x}{\sqrt{2}} - 0\right) = \frac{C}{\sqrt{2}} \cdot \frac{\pi}{2} = 1$$

得 $C = \frac{2\sqrt{2}}{\pi}$

答案：C

1-3-40 **解**：本题为函数 $f(x)$ 在无穷区间的广义积分。

计算如下：

$$\int_{0}^{+\infty} xe^{-2x}dx = -\frac{1}{2}\int_{0}^{+\infty} xe^{-2x}d(-2x) = -\frac{1}{2}\int_{0}^{+\infty} xde^{-2x}$$

$$= -\frac{1}{2}\left[xe^{-2x}\Big|_{0}^{+\infty} - \int_{0}^{+\infty} e^{-2x}dx\right]$$

$$= -\frac{1}{2}\left[\lim_{x \to +\infty} xe^{-2x} - 0 + \frac{1}{2}\int_{0}^{+\infty} e^{-2x}d(-2x)\right]$$

$$= -\frac{1}{2}\left(\frac{1}{2}e^{-2x}\Big|_{0}^{+\infty}\right)$$

$$= -\frac{1}{2}\left[\frac{1}{2}\left(\lim_{x \to +\infty} e^{-2x} - 1\right)\right] = \frac{1}{4}$$

答案：C

1-3-41 **解**：把分母配方或拆项。计算如下：

$$\int_2^{+\infty} \frac{\mathrm{d}x}{x^2+x-2} = \frac{1}{3}\int_2^{+\infty}\left(\frac{1}{x-1}-\frac{1}{x+2}\right)\mathrm{d}x$$

$$= \frac{1}{3}\left(\ln|x-1|-\ln|x+2|\right)\Big|_2^{+\infty}$$

$$= \frac{1}{3}\left(\ln\left|\frac{x-1}{x+2}\right|\right)\Big|_2^{+\infty} = \frac{1}{3}\left(\lim_{x\to\infty}\ln\left|\frac{x-1}{x+1}\right|-\ln\left|\frac{1}{4}\right|\right)$$

$$= \frac{1}{3}\left(-\ln\frac{1}{4}\right) = \frac{1}{3}\ln 4 = \frac{2}{3}\ln 2$$

答案： A

1-3-42　解： $x=1$为无穷不连续点，利用凑微分的方法计算如下：

$$\int_0^1 \frac{x}{\sqrt{1-x^2}}\mathrm{d}x = -\frac{1}{2}\int_0^1 \frac{1}{\sqrt{1-x^2}}\mathrm{d}(1-x^2) = -(1-x^2)^{\frac{1}{2}}\Big|_0^1$$

$$= -\left[\lim_{x\to 1^-}-(1-x^2)^{\frac{1}{2}}-1\right] = 1$$

答案： A

1-3-43　解： 用凑微分法计算如下：

$$\int_e^{+\infty}\frac{1}{x(\ln x)^2}\mathrm{d}x = \int_e^{+\infty}\frac{1}{(\ln x)^2}\mathrm{d}(\ln x) = -\frac{1}{\ln x}\Big|_e^{+\infty} = -\left(\lim_{x\to+\infty}\frac{1}{\ln x}-1\right) = 1$$

答案： A

1-3-44　解： 画出平面图形（见解图），平面图形绕y轴旋转，旋转体的体积可通过下面方法计算。

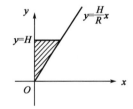

题 1-3-44 解图

$$y：[0,H]$$

$$[y,y+\mathrm{d}y]：\mathrm{d}V = \pi x^2\mathrm{d}y = \pi\frac{R^2}{H^2}y^2\mathrm{d}y$$

$$V = \int_0^H \pi\cdot\frac{R^2}{H^2}y^2\mathrm{d}y = \frac{\pi R^2}{H^2}\int_0^H y^2\mathrm{d}y = \frac{1}{3}\pi R^2 H$$

答案： A

1-3-45　解： 弧长$S = \int_L 1\mathrm{d}S$

曲线L的参数方程：$\begin{cases} y = \frac{2}{3}x^{\frac{3}{2}} \\ x = x \end{cases}$ $(0\leqslant x\leqslant 1)$

$$\mathrm{d}S = \sqrt{(x')^2+\left[\left(\frac{2}{3}x^{\frac{3}{2}}\right)'\right]^2}\mathrm{d}x = \sqrt{1+x}\mathrm{d}x，所以 S = \int_0^1\sqrt{1+x}\mathrm{d}x = \frac{2}{3}\left(2\sqrt{2}-1\right)$$

答案： C

1-3-46　解： 见解图。

$$A = \int_{\frac{\pi}{2}}^{\frac{3}{2}\pi}|\cos x|\mathrm{d}x = -\int_{\frac{\pi}{2}}^{\frac{3}{2}\pi}\cos x\,\mathrm{d}x = -\sin x\Big|_{\frac{\pi}{2}}^{\frac{3}{2}\pi} = 2$$

答案： C

1-3-47 解： 画图分析围成平面区域的曲线位置关系（见解图），得到$A = \int_{-1}^{0}(e^{-2x} - e^x)\mathrm{d}x$，计算如下：

$$A = \int_{-1}^{0}(e^{-2x} - e^x)\mathrm{d}x = \left[-\frac{1}{2}e^{-2x} - e^x\right]_{-1}^{0} = -\frac{1}{2}(1 - e^2) - (1 - e^{-1}) = \frac{1}{2}e^2 + \frac{1}{e} - \frac{3}{2}$$

答案： B

1-3-48 解： 画出平面图（见解图），交点为$(-2,2)$、$(2,2)$，列式$\int_{-2}^{2}\left(\sqrt{8 - x^2} - \frac{1}{2}x^2\right)\mathrm{d}x$，注意曲线的上、下位置关系。

答案： A

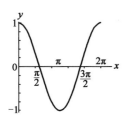
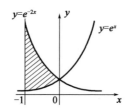
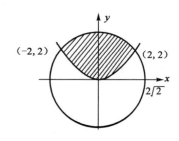

题 1-3-46 解图　　　　　题 1-3-47 解图　　　　　题 1-3-48 解图

1-3-49 解： 画出平面图形（见解图），绕x轴旋转得到旋转体，则旋转体体积为

$$V_x = \int_{0}^{\frac{\pi}{2}}\pi\sin^2 x\,\mathrm{d}x = \pi\int_{0}^{\frac{\pi}{2}}\frac{1 - \cos 2x}{2}\,\mathrm{d}x = \frac{\pi}{2}\left(x - \frac{1}{2}\sin 2x\right)\bigg|_{0}^{\frac{\pi}{2}} = \frac{\pi^2}{4}$$

答案： A

1-3-50 解： 画出椭圆，分别计算该图形绕x轴、y轴旋转体的体积，通过计算，绕x轴旋转一周体积$V_1 = \frac{4}{3}\pi ab^2$，绕$y$轴旋转一周体积$V_2 = \frac{4}{3}\pi a^2 b$，再比较大小。计算如下：

$$V_1 = \int_{-a}^{a}\pi\left(\frac{b}{a}\sqrt{a^2 - x^2}\right)^2\mathrm{d}x = \pi\frac{b^2}{a^2}\left(a^2 x - \frac{1}{3}x^3\right)\bigg|_{-a}^{a} = \frac{4}{3}\pi ab^2$$

同理可求出$V_2 = \int_{-b}^{b}\pi\left(\frac{a}{b}\sqrt{b^2 - y^2}\right)^2\mathrm{d}y = \frac{4}{3}\pi a^2 b$

因为$a > b > 0$，所以$V_2 > V_1$

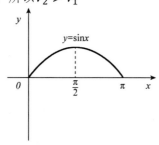
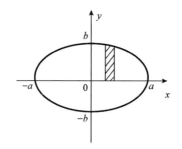

题 1-3-49 解图　　　　　题 1-3-50 解图

答案： B

1-3-51 解： 画出平面图形，列出绕直线$y = -1$旋转的体积表达式，注意旋转体的旋转半径为$\frac{x^2}{2} - (-1)$。计算如下：

$$V = \int_{1}^{2}\pi\left(\frac{1}{2}x^2 + 1\right)^2\mathrm{d}x = \pi\int_{1}^{2}\left(\frac{1}{4}x^4 + x^2 + 1\right)\mathrm{d}x = \frac{293}{60}\pi$$

答案： A

1-3-52 解： 方程$y^2 = x(x - 4)^2$满足$f(x, -y) = f(x, y)$，即封闭部分关于x轴对称。

当$y = 0$，$x(x-4)^2 = 0$，得$x = 0$，$x = 4$

图形与x轴的交点为$(0,0)$，$(4,0)$

面积$S = 2\int_0^4 \sqrt{x(x-4)^2}\mathrm{d}x = 2\int_0^4 \sqrt{x}(4-x)\mathrm{d}x$。

　　答案： D

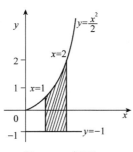

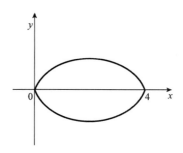

题 1-3-51 解图　　　　　　　　　　　　题 1-3-52 解图

（四）多元函数微分学

1-4-1　已知$xy = kz$（k为正常数），则$\dfrac{\partial x}{\partial y} \cdot \dfrac{\partial y}{\partial z} \cdot \dfrac{\partial z}{\partial x}$等于：

　　A. 1　　　　　　　　B. -1　　　　　　　　C. k　　　　　　　　D. $\dfrac{1}{k}$

1-4-2　已知函数$f\left(xy, \dfrac{x}{y}\right) = x^2$，则$\dfrac{\partial f(x,y)}{\partial x} + \dfrac{\partial f(x,y)}{\partial y}$等于：

　　A. $2x + 2y$　　　　　　　　　　　　B. $x + y$

　　C. $2x - 2y$　　　　　　　　　　　　D. $x - y$

1-4-3　设$\varphi(x、y、z) = xy^2z$，$A = xz\vec{i} - xy^2\vec{j} + yz^2\vec{k}$，则$\dfrac{\partial(\varphi A)}{\partial z}$在点$(-1,-1,1)$处的值为：

　　A. $2\vec{i} - \vec{j} + 3\vec{k}$　　　　　　　　　　B. $4\vec{i} - 4\vec{j} - 2\vec{k}$

　　C. $\vec{i} - \vec{j} + \vec{k}$　　　　　　　　　　　D. $-\vec{i} + \vec{j} - \vec{k}$

1-4-4　$z = f(x,y)$在$P_0(x_0,y_0)$一阶偏导数存在是该函数在此点可微的什么条件？

　　A. 必要条件　　　　B. 充分条件　　　　C. 充要条件　　　　D. 无关条件

1-4-5　设$z = \dfrac{1}{x}e^{xy}$，则全微分$\mathrm{d}z|_{(1,-1)}$等于：

　　A. $e^{-1}(\mathrm{d}x + \mathrm{d}y)$　　　　　　　　　B. $e^{-1}(-2\mathrm{d}x + \mathrm{d}y)$

　　C. $e^{-1}(\mathrm{d}x - \mathrm{d}y)$　　　　　　　　　D. $e^{-1}(\mathrm{d}x + 2\mathrm{d}y)$

1-4-6　设$z = f(x^2 - y^2)$，则$\mathrm{d}z$等于：

　　A. $2x - 2y$　　　　　　　　　　　　B. $2x\mathrm{d}x - 2y\mathrm{d}y$

　　C. $f'(x^2 - y^2)\mathrm{d}x$　　　　　　　　　D. $2f'(x^2 - y^2)(x\mathrm{d}x - y\mathrm{d}y)$

1-4-7　设$z = 2^{x+y^2}$，则z'_y等于：

　　A. $y \cdot 2^{x+y^2}\ln 4$　　　　　　　　　B. $(x^2 + y^2)2y\ln 4$

　　C. $2y(x + y^2)e^{x+y^2}$　　　　　　　　D. $2y4^{x+y^2}$

1-4-8　设函数$z = f^2(xy)$，其中$f(u)$具有二阶导数，则$\dfrac{\partial^2 z}{\partial x^2}$等于：

　　A. $2y^3f'(xy)f''(xy)$　　　　　　　　B. $2y^2[f'(xy) + f''(xy)]$

　　C. $2y\{[f'(xy)]^2 + f''(xy)\}$　　　　　D. $2y^2\{[f'(xy)]^2 + f(xy)f''(xy)\}$

1-4-9　设$z = u^2\ln v$，而$u = \varphi(x,y)$，$v = \psi(y)$均为可导函数，则$\dfrac{\partial z}{\partial y}$等于：

A. $2u\ln v + u^2\frac{1}{v}$

B. $2\varphi_y\ln v + u^2\frac{1}{v}$

C. $2u\varphi_y'\ln v + u^2\frac{1}{v}\psi'$

D. $2u\varphi_y\frac{1}{v}\psi'$

1-4-10 设$z = f(u,v)$具有一阶连续偏导数，其中$u = xy$，$v = x^2 + y^2$，则$\frac{\partial z}{\partial x}$等于：

A. $xf_u' + yf_v'$

B. $xf_u' + 2yf_v'$

C. $yf_u' + 2xf_v'$

D. $2xf_u' + 2yf_v'$

1-4-11 曲面$z = 1 - x^2 - y^2$在点$\left(\frac{1}{2},\frac{1}{2},\frac{1}{2}\right)$处的切平面方程是：

A. $x + y + z - \frac{3}{2} = 0$

B. $x - y - z + \frac{3}{2} = 0$

C. $x - y + z - \frac{3}{2} = 0$

D. $x - y + z + \frac{3}{2} = 0$

1-4-12 曲面$z = x^2 - y^2$在点$(\sqrt{2}, -1, 1)$处的法线方程是：

A. $\frac{x-\sqrt{2}}{2\sqrt{2}} = \frac{y+1}{-2} = \frac{z-1}{-1}$

B. $\frac{x-\sqrt{2}}{2\sqrt{2}} = \frac{y+1}{-2} = \frac{z-1}{1}$

C. $\frac{x-\sqrt{2}}{2\sqrt{2}} = \frac{y+1}{2} = \frac{z-1}{-1}$

D. $\frac{x-\sqrt{2}}{2\sqrt{2}} = \frac{y+1}{2} = \frac{z-1}{1}$

1-4-13 在曲线$x = t$，$y = t^2$，$z = t^3$上某点的切线平行于平面$x + 2y + z = 4$，则该点的坐标为：

A. $\left(-\frac{1}{3},\frac{1}{9},-\frac{1}{27}\right)$，$(-1,1,-1)$

B. $\left(-\frac{1}{3},\frac{1}{9},-\frac{1}{27}\right)$，$(1,1,1)$

C. $\left(\frac{1}{3},\frac{1}{9},\frac{1}{27}\right)$，$(1,1,1)$

D. $\left(\frac{1}{3},\frac{1}{9},\frac{1}{27}\right)$，$(-1,1,-1)$

1-4-14 曲面$z = x^2 + y^2$在$(-1,2,5)$处的切平面方程是：

A. $2x + 4y + z = 11$

B. $-2x - 4y + z = -1$

C. $2x - 4y - z = -15$

D. $2x - 4y + z = -5$

1-4-15 曲面$xyz = 1$上平行于$x + y + z + 3 = 0$的切平面方程是：

A. $x + y + z = 0$

B. $x + y + z = 1$

C. $x + y + z = 2$

D. $x + y + z = 3$

1-4-16 曲线$x = \frac{t^2}{2}$，$y = t + 3$，$z = \frac{1}{18}t^3 + 4(t\geq 0)$上对应于$t = \sqrt{6}$的点处的切线与$yOz$平面的夹角为：

A. $\frac{\pi}{3}$

B. $\frac{\pi}{6}$

C. $\frac{\pi}{2}$

D. $\frac{\pi}{4}$

1-4-17 曲线$\begin{cases}x^2 - y^2 = z\\ y = x\end{cases}$在原点处的法平面方程为：

A. $x - y = 0$

B. $y - z = 0$

C. $x + y = 0$

D. $x + z = 0$

1-4-18 函数$z = f(x,y)$在$P_0(x_0,y_0)$处可微分，且$f_x'(x_0,y_0) = 0$，$f_y'(x_0,y_0) = 0$，则$f(x,y)$在$P_0(x_0,y_0)$处有什么极值情况？

A. 必有极大值

B. 必有极小值

C. 可能取得极值

D. 必无极值

1-4-19 下列各点中为二元函数$z = x^3 - y^3 - 3x^2 + 3y - 9x$的极值点的是：

A. $(3,-1)$

B. $(3,1)$

C. $(1,1)$

D. $(-1,-1)$

1-4-20 二元函数$f(x,y)$在点(x_0,y_0)处两个偏导数$f_x'(x_0,y_0)$，$f_y'(x_0,y_0)$存在是$f(x,y)$在该点连续的：

  A. 充分条件而非必要条件   B. 必要条件而非充分条件

  C. 充分必要条件   D. 既非充分条件又非必要条件

题解及参考答案

1-4-1 **解**：$xy=kz$，$xy-kz=0$

设$F(x,y,z)=xy-kz$，由$F(x,y,z)=0$，分别求出F_x、F_y、F_z
$$\frac{\partial x}{\partial y}=-\frac{F_y}{F_x}，\frac{\partial y}{\partial z}=-\frac{F_z}{F_y}，\frac{\partial z}{\partial x}=-\frac{F_x}{F_z}$$

计算$F_x=y$，$F_y=x$，$F_z=-k$

故$\frac{\partial x}{\partial y}=-\frac{x}{y}$，$\frac{\partial y}{\partial z}=\frac{k}{x}$，$\frac{\partial z}{\partial x}=\frac{y}{k}$，即$\frac{\partial x}{\partial y}\cdot\frac{\partial y}{\partial z}\cdot\frac{\partial z}{\partial x}=-1$

  答案：B

1-4-2 **解**：将$f\left(xy,\frac{x}{y}\right)$化为$f(x,y)$形式。

设$xy=u$，$\frac{x}{y}=v$，而$u\cdot v=xy\cdot\frac{x}{y}=x^2$，即$x^2=uv$

代入$f\left(xy,\frac{x}{y}\right)=x^2$，化为$f(u,v)=uv$，即$f(x,y)=xy$

对函数$f(x,y)$求偏导，得$\frac{\partial f}{\partial x}=y$，$\frac{\partial f}{\partial y}=x$，所以$\frac{\partial f}{\partial x}+\frac{\partial f}{\partial y}=y+x$

  答案：B

1-4-3 **解**：$\frac{\partial(\varphi A)}{\partial z}=\varphi\frac{\partial A}{\partial z}+\frac{\partial\varphi}{\partial z}A=xy^2z(x,0,2yz)+xy^2(xz,-xy^2,yz^2)$
$$\left.\frac{\partial(\varphi A)}{\partial z}\right|_{(-1,-1,1)}=(-1)\{-1,0,-2\}+(-1)\{-1,1,-1\}=\{2,-1,3\}$$

  答案：A

1-4-4 **解**：函数在$P_0(x_0,y_0)$可微，则在该点偏导一定存在。

  答案：A

1-4-5 **解**：本题考查二元函数在一点的全微分的计算方法。

先求出二元函数的全微分，然后代入点$(1,-1)$坐标，求出在该点的全微分。

$z=\frac{1}{x}e^{xy}$，$\frac{\partial z}{\partial x}=\left(-\frac{1}{x^2}\right)e^{xy}+\frac{1}{x}e^{xy}\cdot y=-\frac{1}{x^2}e^{xy}+\frac{y}{x}e^{xy}=e^{xy}\left(-\frac{1}{x^2}+\frac{y}{x}\right)$

$\frac{\partial z}{\partial y}=\frac{1}{x}e^{xy}\cdot x=e^{xy}$，$dz=\left(-\frac{1}{x^2}+\frac{y}{x}\right)e^{xy}dx+e^{xy}dy$

$dz|_{(1,-1)}=-2e^{-1}dx+e^{-1}dy=e^{-1}(-2dx+dy)$

  答案：B

1-4-6 **解**：本题为二元复合函数求全微分，计算公式为：
$$dz=\frac{\partial z}{\partial x}dx+\frac{\partial z}{\partial y}dy，\frac{\partial z}{\partial x}=f'(x^2-y^2)\cdot2x，\frac{\partial z}{\partial y}=f'(x^2-y^2)\cdot(-2y)$$

代入得$dz=f'(x^2-y^2)\cdot2xdx+f'(x^2-y^2)(-2y)dy=2f'(x^2-y^2)(xdx-ydy)$

  答案：D

1-4-7 **解**：把x看作常量，对y求导：

$$z'_y = 2^{x+y^2} \ln 2 \cdot 2y = y \cdot 2^{x+y^2} \cdot 2\ln 2 = y \cdot 2^{x+y^2} \cdot \ln 4$$

答案： A

1-4-8　解： 本题为抽象函数的二元复合函数，利用复合函数的导数算法计算，注意函数复合的层次。

$$z = f^2(xy), \quad \frac{\partial z}{\partial x} = 2f(xy) \cdot f'(xy) \cdot y = 2y \cdot f(xy) \cdot f'(xy)$$

$$\frac{\partial^2 z}{\partial x^2} = 2y[f'(xy) \cdot y \cdot f'(xy) + f(xy) \cdot f''(xy) \cdot y]$$

$$= 2y^2\{[f'(xy)]^2 + f(xy) \cdot f''(xy)\}$$

答案： D

1-4-9　解： 利用复合函数求偏导的公式计算。

$$\frac{\partial z}{\partial y} = 2uu'_y \ln v + u^2 \frac{1}{v} v'_y = 2u\varphi_y \ln v + u^2 \frac{1}{v} \psi'$$

答案： C

1-4-10　解： 利用复合函数偏导数公式计算：

$$\frac{\partial z}{\partial x} = f'_u \cdot u'_x + f'_v \cdot v'_x = f'_u \cdot y + f'_v \cdot 2x$$

答案： C

1-4-11　解： 把显函数化为隐函数形式。

设 $z + x^2 + y^2 - 1 = 0$，$F(x,y,z) = x^2 + y^2 + z - 1 = 0$

曲面切平面的法向量 $\vec{n} = \{F_x, F_y, F_z\} = \{2x, 2y, 1\}$

已知 M_0 的坐标为 $\left(\frac{1}{2}, \frac{1}{2}, \frac{1}{2}\right)$，$\vec{n}_{M_0} = \{2x, 2y, 1\}_{M_0} = \{1, 1, 1\}$

则切平面方程为 $1 \times \left(x - \frac{1}{2}\right) + 1 \times \left(y - \frac{1}{2}\right) + 1 \times \left(z - \frac{1}{2}\right) = 0$

整理得 $x + y + z - \frac{3}{2} = 0$

答案： A

1-4-12　解： 写成隐函数 $F(x,y,z) = 0$，即 $z - x^2 + y^2 = 0$

切平面法线向量 $\vec{n}_{切平面} = \{F_x, F_y, F_z\}|_{M_0(\sqrt{2}, -1, 1)} = \{-2x, +2y, 1\}_{M_0(\sqrt{2}, -1, 1)} = \left\{-2\sqrt{2}, -2, 1\right\}$，即 $\vec{n}_{切平面} = \left\{-2\sqrt{2}, -2, 1\right\}$，取 $\vec{s}_{法线} = \left\{-2\sqrt{2}, -2, 1\right\}$，则

法线方程为 $\frac{x-\sqrt{2}}{-2\sqrt{2}} = \frac{y+1}{-2} = \frac{z-1}{1}$，即 $\frac{x-\sqrt{2}}{2\sqrt{2}} = \frac{y+1}{2} = \frac{z-1}{-1}$

答案： C

1-4-13　解： 切线平行于平面，那么切线的方向向量应垂直于平面的法线向量，利用向量垂直的条件得到 $\vec{s} \cdot \vec{n} = 0$，已知 $\vec{s} = \left\{1, 2t, 3t^2\right\}$，$\vec{n} = \{1, 2, 1\}$，则 $\vec{s} \cdot \vec{n} = 1 + 4t + 3t^2 = (3t+1)(t+1) = 0$，即 $t_1 = -\frac{1}{3}$，$t_2 = -1$，得到对应点的坐标。

答案： A

1-4-14　解： 利用点法式，求切平面方程。曲面方程写成隐函数形式 $x^2 + y^2 - z = 0$，在 $(-1, 2, 5)$ 点处，法线的方向向量为 $\vec{s} = \{2x, 2y, -1\}|_{(-1,2,5)} = \{-2, 4, -1\}$。

取 $\vec{n} = \vec{s}$，$\vec{n} = \{-2, 4, -1\}$，在点 $(-1, 2, 5)$ 切平面方程为 $-2(x+1) + 4(y-2) - 1(z-5) = 0$，整理得 $2x - 4y + z = -5$。

答案： D

1-4-15 解： 利用两平面平行、法线向量平行、对应坐标成比例，求 M_0 坐标。

设 $M_0(x_0, y_0, z_0)$ 为曲面 $xyz = 1$ 所求的点，$xyz - 1 = 0$，$\vec{n}_1 = \{yz, xz, xy\}_{M_0} = \{y_0 z_0, x_0 z_0, x_0 y_0\}$，已知 $\vec{n}_2 = \{1, 1, 1\}$，因 $\vec{n}_1 // \vec{n}_2$，对应坐标成比例，故 $\frac{y_0 z_0}{1} = \frac{x_0 z_0}{1} = \frac{x_0 y_0}{1}$，得 $x_0 = y_0 = z_0$，代入求出 $M_0(1, 1, 1)$，$\vec{n}_1 = \{1, 1, 1\}$，利用点法式求出切平面方程。即 $1(x-1) + 1(y-1) + 1(z-1) = 0$，$x + y + z = 3$。

答案： D

1-4-16 解： 利用向量和平面的夹角的计算公式计算。

曲线在 $t = \sqrt{6}$ 时，切线的方向向量 $\vec{s}_{t=\sqrt{6}} = \{m, n, p\}_{t=\sqrt{6}} = \left\{t, 1, \frac{1}{6}t^2\right\}\Big|_{t=\sqrt{6}} = \left\{\sqrt{6}, 1, 1\right\}$，$yOz$ 平面的法线向量 $\vec{n} = \{A, B, C\} = \{1, 0, 0\}$，利用直线和平面的夹角计算公式：

$$\sin\varphi = \frac{|Am + Bn + Cp|}{\sqrt{A^2 + B^2 + C^2}\sqrt{m^2 + n^2 + p^2}} = \frac{1 \times \sqrt{6} + 0 \times 1 + 0 \times 1}{\sqrt{1 + 0 + 0} \times \sqrt{6 + 1 + 1}} = \frac{\sqrt{6}}{\sqrt{8}} = \frac{\sqrt{3}}{2}$$

求出 $\varphi = \frac{\pi}{3}$。

答案： A

1-4-17 解： 曲线的参数方程为：$x = x$，$y = x$，$z = 0$。求出在原点处切线的方向向量，作为法平面的法线向量 $\vec{n} = \vec{s} = \{1, 1, 0\}$，写出法平面方程为 $1 \cdot (x - 0) + 1 \cdot (y - 0) + 0 \cdot (z - 0) = 0$，整理得 $x + y = 0$。

答案： C

1-4-18 解： $z = f(x, y)$ 在 $P_0(x_0, y_0)$ 可微，且 $f'_x(x_0, y_0) = 0$，$f'_y(x_0, y_0) = 0$，是取得极值的必要条件，因而可能取得极值。

答案： C

1-4-19 解： 利用多元函数极值存在的充分条件确定。

①由 $\begin{cases} \frac{\partial z}{\partial x} = 0 \\ \frac{\partial z}{\partial y} = 0 \end{cases}$，即 $\begin{cases} 3x^2 - 6x - 9 = 0 \\ -3y^2 + 3 = 0 \end{cases}$，求出驻点 $(3, 1)$，$(3, -1)$，$(-1, 1)$，$(-1, -1)$。

②求出 $\frac{\partial^2 z}{\partial x^2}$，$\frac{\partial^2 z}{\partial x \partial y}$，$\frac{\partial^2 z}{\partial y^2}$ 分别代入每一驻点，得到 A，B，C 的值。

当 $AC - B^2 > 0$ 取得极点，再由 $A > 0$ 取得极小值，$A < 0$ 取得极大值。

$$\frac{\partial^2 z}{\partial x^2} = 6x - 6, \quad \frac{\partial^2 z}{\partial x \partial y} = 0, \quad \frac{\partial^2 z}{\partial y^2} = -6y$$

计算驻点 $(3, -1)$ 是否取得极值：

将 $x = 3$，$y = -1$ 代入得 $A = 12$，$B = 0$，$C = 6$

$AC - B^2 = 72 > 0$，$A > 0$

所以在 $(3, -1)$ 点取得极小值，其他点均不取得极值。

答案： A

1-4-20 解： $z = f(x, y)$ 在点 (x_0, y_0) 处的两个偏导 $f'_x(x_0, y_0)$，$f'_y(x_0, y_0)$ 存在推不出函数 $z = f(x, y)$ 在 (x_0, y_0) 点连续，可从偏导存在的几何意义上说明。

反之，$z = f(x, y)$ 在 (x_0, y_0) 点连续，也推不出在 (x_0, y_0) 点处 $f'_x(x_0, y_0)$，$f'_y(x_0, y_0)$ 存在。

答案： D

（五）多元函数积分学

1-5-1 D 域由 x 轴、$x^2 + y^2 - 2x = 0 (y \geqslant 0)$ 及 $x + y = 2$ 所围成，$f(x,y)$ 是连续函数，化 $\iint\limits_D f(x,y)\mathrm{d}x\mathrm{d}y$ 为二次积分是：

A. $\int_0^{\frac{\pi}{4}} \mathrm{d}\varphi \int_0^{2\cos\varphi} f(\rho\cos\varphi, \rho\sin\varphi)\rho\mathrm{d}\rho$

B. $\int_0^1 \mathrm{d}y \int_{1-\sqrt{1-y^2}}^{2-y} f(x,y)\mathrm{d}x$

C. $\int_0^{\frac{\pi}{3}} \mathrm{d}\varphi \int_0^1 f(\rho\cos\varphi, \rho\sin\varphi)\rho\mathrm{d}\rho$

D. $\int_0^1 \mathrm{d}x \int_0^{\sqrt{2x-x^2}} f(x,y)\mathrm{d}y$

1-5-2 若圆域 D：$x^2 + y^2 \leqslant 1$，则二重积分 $\iint\limits_D \frac{\mathrm{d}x\mathrm{d}y}{1+x^2+y^2}$ 等于：

A. $\frac{\pi}{2}$ B. π C. $2\pi\ln 2$ D. $\pi\ln 2$

1-5-3 设 D 是曲线 $y = x^2$ 与 $y = 1$ 所围闭区域，$\iint\limits_D 2x\mathrm{d}\sigma$ 等于：

A. 1   B. $\frac{1}{2}$ C. 0   D. 2

1-5-4 设 $f(x,y)$ 是连续函数，则 $\int_0^1 \mathrm{d}x \int_0^x f(x,y)\mathrm{d}y$ 等于：

A. $\int_0^x \mathrm{d}y \int_0^1 f(x,y)\mathrm{d}x$ B. $\int_0^1 \mathrm{d}y \int_0^x f(x,y)\mathrm{d}x$

C. $\int_0^1 \mathrm{d}y \int_0^1 f(x,y)\mathrm{d}x$ D. $\int_0^1 \mathrm{d}y \int_y^1 f(x,y)\mathrm{d}x$

1-5-5 设 D 是两个坐标轴和直线 $x + y = 1$ 所围成的三角形区域，则 $\iint\limits_D xy\mathrm{d}\sigma$ 的值为：

A. $\frac{1}{2}$ B. $\frac{1}{6}$ C. $\frac{1}{24}$ D. $\frac{1}{12}$

1-5-6 设 D 是矩形区域：$-1 \leqslant x \leqslant 1$，$-1 \leqslant y \leqslant 1$，则 $\iint\limits_D e^{x+y}\mathrm{d}x\mathrm{d}y$ 等于：

A. $(e-1)^2$ B. $\frac{(e-e^{-1})^2}{4}$ C. $4(e-1)^2$ D. $(e-e^{-1})^2$

1-5-7 $I = \iint\limits_D xy\mathrm{d}\sigma$，$D$ 是由 $y^2 = x$ 及 $y = x - 2$ 所围成的区域，则化为二次积分后的结果为：

A. $I = \int_0^4 \mathrm{d}x \int_{y+2}^{y^2} xy\mathrm{d}y$

B. $I = \int_{-1}^2 \mathrm{d}y \int_{y^2}^{y+2} xy\mathrm{d}x$

C. $I = \int_0^1 \mathrm{d}x \int_{-\sqrt{x}}^{\sqrt{x}} xy\mathrm{d}y + \int_1^4 \mathrm{d}x \int_{x-2}^x xy\mathrm{d}y$

D. $I = \int_{-1}^2 \mathrm{d}x \int_{y^2}^{y+2} xy\mathrm{d}y$

1-5-8 将 $I = \iint\limits_D e^{-x^2-y^2}\mathrm{d}\sigma$（其中 D：$x^2 + y^2 \leqslant 1$）化为极坐标系下的二次积分，其形式为下列哪一式？

A. $I = \int_0^{2\pi} \mathrm{d}\theta \int_0^1 e^{-r^2}\mathrm{d}r$ B. $I = 4\int_0^{\frac{\pi}{2}} \mathrm{d}\theta \int_0^1 e^{-r^2}\mathrm{d}r$

C. $I = 2\int_0^{\frac{\pi}{2}} \mathrm{d}\theta \int_0^1 e^{-r^2}r\mathrm{d}r$ D. $I = \int_0^{2\pi} \mathrm{d}\theta \int_0^1 e^{-r^2}r\mathrm{d}r$

1-5-9 改变积分次序 $\int_0^3 \mathrm{d}y \int_y^{6-y} f(x,y)\mathrm{d}x$，则有下列哪一式？

A. $\int_0^3 \mathrm{d}x \int_x^{6-x} f(x,y)\mathrm{d}y$

B. $\int_0^3 \mathrm{d}x \int_0^x f(x,y)\mathrm{d}y + \int_3^6 \mathrm{d}x \int_0^{6-x} f(x,y)\mathrm{d}y$

C. $\int_0^3 dx \int_0^x f(x,y)dy$

D. $\int_3^6 dx \int_0^{6-x} f(x,y)dy$

1-5-10 积分 $\iint\limits_{x^2+y^2\leq 1} \sqrt[5]{x^2+y^2}dxdy$的值等于：

A. $\frac{5}{3}\pi$ B. $\frac{5}{6}\pi$ C. $\frac{10}{7}\pi$ D. $\frac{10}{11}\pi$

1-5-11 设$f(x,y)$为连续函数，则$\int_0^1 dx \int_x^{\sqrt{x}} f(x,y)dy$等于：

A. $\int_0^1 dy \int_y^{\sqrt{y}} f(x,y)dx$ B. $\int_0^1 dy \int_{y^2}^{y} f(x,y)dx$

C. $\int_0^1 dy \int_{y^2}^{\sqrt{y}} f(x,y)dx$ D. $\int_0^1 dy \int_y^{y^2} f(x,y)dx$

1-5-12 设二重积分$I = \int_0^2 dx \int_{-\sqrt{2x-x^2}}^0 f(x,y)dy$交换积分次序后，则$I$等于下列哪一式？

A. $\int_{-1}^0 dy \int_{1-\sqrt{1-y^2}}^{1+\sqrt{1-y^2}} f(x,y)dx$ B. $\int_{-1}^1 dy \int_{1-\sqrt{1-y^2}}^{1+\sqrt{1-y^2}} f(x,y)dx$

C. $\int_1^0 dy \int_0^{1+\sqrt{1-y^2}} f(x,y)dx$ D. $\int_0^1 dy \int_{1-\sqrt{1-y^2}}^{1+\sqrt{1-y^2}} f(x,y)dx$

1-5-13 设D为圆域$x^2+y^2\leq 4$，则下列式子中正确的是：

A. $\iint\limits_D \sin(x^2+y^2)dxdy = \iint\limits_D \sin 4 dxdy$

B. $\iint\limits_D \sin(x^2+y^2)dxdy = \int_0^{2\pi} d\theta \int_0^4 \sin r^2 dr$

C. $\iint\limits_D \sin(x^2+y^2)dxdy = \int_0^{2\pi} d\theta \int_0^2 r\sin r^2 dr$

D. $\iint\limits_D \sin(x2+y^2)dxdy = \int_0^{2\pi} d\theta \int_0^2 \sin r^2 dr$

1-5-14 化二重积分为极坐标系下的二次积分，则$\int_0^1 dx \int_0^{x^2} f(x,y)dy$等于：

A. $\int_0^{\frac{\pi}{3}} d\theta \int_0^{\sec\theta\tan\theta} f(r\cos\theta, r\sin\theta)rdr$

B. $\int_0^{\frac{\pi}{4}} d\theta \int_0^{\sec\theta\tan\theta} f(r\cos\theta, r\sin\theta)rdr$

C. $\int_0^{\frac{\pi}{3}} d\theta \int_{\sec\theta\tan\theta}^{\sec\theta} f(r\cos\theta, r\sin\theta)rdr$

D. $\int_0^{\frac{\pi}{4}} d\theta \int_{\sec\theta\tan\theta}^{\sec\theta} f(r\cos\theta, r\sin\theta)rdr$

1-5-15 设D为$2\leq x^2+y^2\leq 2x$所确定的区域，则二重积分$\iint\limits_D x\sqrt{x^2+y^2}dxdy$化为极坐标系下的二次积分时等于：

A. $\int_{-\frac{\pi}{4}}^{\frac{\pi}{4}} \cos\theta d\theta \int_{\sqrt{2}}^{2\cos\theta} r^2 dr$ B. $\int_{-\frac{\pi}{4}}^{\frac{\pi}{4}} \cos\theta d\theta \int_{\sqrt{2}}^{2} r^3 dr$

C. $\int_{-\frac{\pi}{2}}^{\frac{\pi}{2}} d\theta \int_{\sqrt{2}}^{2\cos\theta} \cos\theta \cdot r^3 dr$ D. $\int_{-\frac{\pi}{4}}^{\frac{\pi}{4}} \cos\theta d\theta \int_{\sqrt{2}}^{2\cos\theta} r^3 dr$

1-5-16 计算$I = \iiint\limits_\Omega z dV$，其中$\Omega$为$z^2 = x^2+y^2$，$z=1$围成的立体，则正确的解法是：

A. $I = \int_0^{2\pi} d\theta \int_0^1 rdr \int_0^1 zdz$ B. $I = \int_0^{2\pi} d\theta \int_0^1 rdr \int_r^1 zdz$

C. $I = \int_0^{2\pi} d\theta \int_0^1 dz \int_r^1 r dr$　　　　　D. $I = \int_0^1 dz \int_0^\pi d\theta \int_0^z z r dr$

1-5-17 计算由曲面$z = \sqrt{x^2 + y^2}$及$z = x^2 + y^2$所围成的立体体积的三次积分为：

A. $\int_0^{2\pi} d\theta \int_0^1 r dr \int_{r^2}^r dz$　　　　　B. $\int_0^{2\pi} d\theta \int_0^1 r dr \int_{r^2}^1 dz$

C. $\int_0^{2\pi} d\theta \int_0^{\frac{\pi}{4}} \sin\varphi d\varphi \int_0^1 r^2 dr$　　　　　D. $\int_0^{2\pi} d\theta \int_{\frac{\pi}{4}}^{\frac{\pi}{2}} \sin\varphi d\varphi \int_0^1 r^2 dr$

1-5-18 已知Ω由$3x^2 + y^2 = z$，$z = 1 - x^2$所围成，则$\iiint\limits_{\Omega} f(x,y,z) dV$等于：

A. $2\int_0^{\frac{1}{2}} dx \int_0^{\sqrt{1-4x^2}} dy \int_{3x^2+y^2}^{1-x^2} f(x,y,z) dz$

B. $\int_0^{\frac{1}{2}} dx \int_0^{\sqrt{1-4x^2}} dy \int_{3x^2+y^2}^{1-x^2} f(x,y,z) dz$

C. $\int_{-\frac{1}{2}}^{\frac{1}{2}} dx \int_{-\sqrt{1-4x^2}}^{\sqrt{1-4x^2}} dy \int_{3x^2+y^2}^{1-x^2} f(x,y,z) dz$

D. $\int_{-\frac{1}{2}}^{\frac{1}{2}} dx \int_{-\sqrt{1-4x^2}}^{\sqrt{1-4x^2}} dy \int_{1-x^2}^{3x^2+y^2} f(x,y,z) dz$

1-5-19 设$I = \iiint\limits_{\Omega} (x^2 + y^2 + z^2) dV$，$\Omega: x^2 + y^2 + z^2 \leq 1$，则$I$等于：

A. $\iiint\limits_{\Omega} dV = \Omega$的体积　　　　　B. $\int_0^{2\pi} d\theta \int_0^{2\pi} d\varphi \int_0^1 r^4 \sin\theta dr$

C. $\int_0^{2\pi} d\theta \int_0^\pi d\varphi \int_0^1 r^4 \sin\varphi dr$　　　　　D. $\int_0^{2\pi} d\theta \int_0^\pi d\varphi \int_0^1 r^4 \sin\theta dr$

1-5-20 设Ω是由$x^2 + y^2 + z^2 \leq 2z$及$z \leq x^2 + y^2$所确定的立体区域，则Ω的体积等于：

A. $\int_0^{2\pi} d\theta \int_0^1 r dr \int_{r^2}^{\sqrt{1-r^2}} dz$　　　　　B. $\int_0^{2\pi} d\theta \int_0^r r dr \int_1^{1-\sqrt{1-r^2}} dz$

C. $\int_0^{2\pi} d\theta \int_0^1 r dr \int_{r^2}^{1-r^2} dz$　　　　　D. $\int_0^{2\pi} d\theta \int_0^1 r dr \int_{1-\sqrt{1-r^2}}^{r^2} dz$

1-5-21 Ω是由曲面$z = x^2 + y^2$，$y = x$，$y = 0$，$z = 1$在第一卦限所围成的闭区域，$f(x,y,z)$在Ω上连续，则$\iiint\limits_{\Omega} f(x,y,z) dV$等于：

A. $\int_0^1 dy \int_y^{\sqrt{1-y^2}} dx \int_{x^2+y^2}^1 f(x,y,z) dz$　　　B. $\int_0^{\frac{\sqrt{2}}{2}} dx \int_y^{\sqrt{1-y^2}} dy \int_{x^2+y^2}^1 f(x,y,z) dz$

C. $\int_0^{\frac{\sqrt{2}}{2}} dy \int_y^{\sqrt{1-y^2}} dx \int_{x^2+y^2}^1 f(x,y,z) dz$　　　D. $\int_0^{\frac{\sqrt{2}}{2}} dy \int_y^{\sqrt{1-y^2}} dx \int_0^1 f(x,y,z) dz$

1-5-22 设D是$(x-2)^2 + (y-2)^2 \leq 2$，$I_1 = \iint\limits_{D} (x+y)^4 d\sigma$，$I_2 = \iint\limits_{D} (x+y) d\sigma$，$I_3 = \iint\limits_{D} (x+y)^2 d\sigma$，则$I_1$，$I_2$，$I_3$之间的大小顺序为：

A. $I_1 < I_2 < I_3$　　　　　B. $I_3 < I_2 < I_1$

C. $I_2 < I_3 < I_1$　　　　　D. $I_3 < I_1 < I_2$

1-5-23 设L是椭圆$\begin{cases} x = a\cos\theta \\ y = b\sin\theta \end{cases}$ $(a > 0$，$b > 0)$的上半椭圆周，沿顺时针方向，则曲线积分$\int_L y^2 dx$等于：

A. $\frac{5}{3} ab^2$　　　　B. $\frac{4}{3} ab^2$　　　　C. $\frac{2}{3} ab^2$　　　　D. $\frac{1}{3} ab^2$

1-5-24 设L为连接$(0,0)$点与$(1,1)$点的抛物线$y = x^2$，则对弧长的曲线积分$\int_L x ds$等于：

A. $\dfrac{1}{12}\left(5\sqrt{5}-1\right)$ B. $\dfrac{5\sqrt{5}}{12}$

C. $\dfrac{2}{3}\left(5\sqrt{5}-1\right)$ D. $\dfrac{10\sqrt{5}}{3}$

1-5-25 设L是从$A(1,0)$到$B(-1,2)$的线段，则曲线积分$\int\limits_{L}(x+y)\mathrm{d}s$等于：

    A. $-2\sqrt{2}$ B. $2\sqrt{2}$ C. 2   D. 0

1-5-26 设L是从点$(1,1)$到点$(2,2)$的直线段，则曲线积分$\int\limits_{L}(x+y)\mathrm{d}x+(y-x)\mathrm{d}y$等于：

    A. 5   B. 4   C. 3   D. 2

题解及参考答案

1-5-1 解： $x^2+y^2-2x=0$，$(x-1)^2+y^2=1$，D由$(x-1)^2+y^2=1(y\geqslant0)$，$x+y=2$与$x$轴围成，画出平面区域$D$。

由$(x-1)^2+y^2=1$，$(x-1)^2=1-y^2$，$x-1=\pm\sqrt{1-y^2}$，$x=1\pm\sqrt{1-y^2}$，取$x=1-\sqrt{1-y^2}$。

由图形确定二重积分，先对x积分，后对y积分。

$$D:\begin{cases}0\leqslant y\leqslant1\\1-\sqrt{1-y^2}\leqslant x\leqslant2-y\end{cases}，\quad 故\iint\limits_{D}f(x,y)\mathrm{d}x\mathrm{d}y=\int_0^1\mathrm{d}y\int_{1-\sqrt{1-y^2}}^{2-y}f(x,y)\mathrm{d}x$$

答案： B

1-5-2 解： 本题考查二重积分在极坐标下的运算规则。

注意二重积分，直角坐标和极坐标有如下关系：$x=r\cos\theta$，$y=r\sin\theta$，故$x^2+y^2=r^2$，圆域$x^2+y^2\leqslant1$，可表示为$r^2\leqslant1$，面积元素$\mathrm{d}x\mathrm{d}y=r\mathrm{d}r\mathrm{d}\theta$，故：在极坐标系中，积分区域可用极坐标不等式组$0\leqslant r\leqslant1$，$0\leqslant\theta\leqslant2\pi$表示。

$$\iint\limits_{D}\frac{\mathrm{d}x\mathrm{d}y}{1+x^2+y^2}=\int_0^{2\pi}\mathrm{d}\theta\int_0^1\frac{1}{1+r^2}r\mathrm{d}r\xrightarrow{\theta和r无关直接积分，对r凑微分}$$

$$=2\pi\int_0^1\frac{1}{2}\frac{1}{1+r^2}\mathrm{d}(1+r^2)$$

$$=\pi\ln(1+r^2)\Big|_0^1=\pi\ln2$$

答案： D

1-5-3 解： 画出积分区域图形。求$\begin{cases}y=x^2\\y=1\end{cases}$，得交点$(-1,1)$，$(1,1)$

区域D：$\begin{cases}-1\leqslant x\leqslant1\\x^2\leqslant y\leqslant1\end{cases}$

$$原式=\int_{-1}^1\mathrm{d}x\int_{x^2}^1 2x\mathrm{d}y=\int_{-1}^1 2xy\Big|_{x^2}^1\mathrm{d}x=\int_{-1}^1 2x(1-x^2)\mathrm{d}x$$

$$=\int_{-1}^1(2x-2x^3)\mathrm{d}x=\left(x^2-\frac{1}{2}x^4\right)\Big|_{-1}^1=0$$

或利用二重积分的对称性质计算。积分区域D关于y轴对称，函数满足$f(-x,y)=-f(x,y)$，即函数$f(x,y)$是关于x的奇函数，则二重积分$\iint\limits_{D}f(x,y)\mathrm{d}x\mathrm{d}y=0$。

答案： C

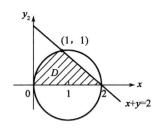

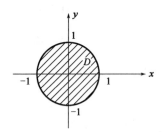

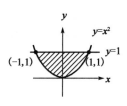

题 1-5-1 解图　　　　　　　题 1-5-2 解图　　　　　　　题 1-5-3 解图

1-5-4　**解：**本题要求改变二重积分的积分顺序。将先对 y 积分，后对 x 积分，换成先对 x 后对 y 积分。

由给出的条件 D：$\begin{cases} 0 \leqslant y \leqslant x \\ 0 \leqslant x \leqslant 1 \end{cases}$，把积分区域 D 复原（见解图），再写出先对 x，后对 y 积分的顺序。

题 1-5-4 解图

$$D：\begin{cases} 0 \leqslant y \leqslant 1 \\ y \leqslant x \leqslant 1 \end{cases}，原式 = \int_0^1 dy \int_y^1 f(x,y)dx$$

答案：D

1-5-5　**解：**画出积分区域 D 的图形（见解图），把二重积分化为二次积分：

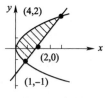

题 1-5-5 解图

$$\iint\limits_D xy d\sigma = \int_0^1 dx \int_0^{1-x} xy dy = \int_0^1 \frac{1}{2} xy^2 \Big|_0^{1-x} dx$$

$$= \frac{1}{2} \int_0^1 x(1-x)^2 dx = \frac{1}{2} \int_0^1 (x^3 - 2x^2 + x)dx = \frac{1}{24}$$

答案：C

1-5-6　**解：**把二重积分化为二次积分：

$$\iint\limits_D e^{x+y} dx dy = \int_{-1}^1 dx \int_{-1}^1 e^{x+y} dy = \int_{-1}^1 e^x dx \int_{-1}^1 e^y dy$$

$$= e^x \Big|_{-1}^1 e^y \Big|_{-1}^1 = \left(e - \frac{1}{e}\right)\left(e - \frac{1}{e}\right)$$

$$= \left(e - \frac{1}{e}\right)^2$$

答案：D

1-5-7　**解：**画出积分区域 D 的图形（见解图），求出交点坐标 $(4,2)$，$(1,-1)$，D：$\begin{cases} -1 \leqslant y \leqslant 2 \\ y^2 \leqslant x \leqslant y+2 \end{cases}$，按先 x 后 y 的积分顺序化为二次积分，即

题 1-5-7 解图

$$I = \iint\limits_D xy d\sigma = \int_{-1}^2 dy \int_{y^2}^{y+2} xy dx$$

答案：B

1-5-8　**解：**化为极坐标系下的二次积分，面积元素 $d\sigma = r dr d\theta$，D：$\begin{cases} 0 \leqslant r \leqslant 1 \\ 0 \leqslant \theta \leqslant 2\pi \end{cases}$，把 $x = r\cos\theta$，$y = r\sin\theta$ 代入被积函数，即

$$\iint\limits_D e^{-x^2-y^2} d\sigma = \int_0^{2\pi} d\theta \int_0^1 e^{-r^2} \cdot r dr$$

答案：D

1-5-9 解： 把积分区域D复原，作直线$x = 6 - y$，$x = y$，并求交点；再作直线$y = 3$，$y = 0$，得到区域D（见解图），改变积分顺序，先y后x，由于上面边界曲线是由两个方程给出，则把D分割成两部分：D_1、D_2，然后分别按先y后x的积分顺序，写出二次积分的形式，即

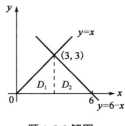

题 1-5-9 解图

$$\int_0^3 dy \int_y^{6-y} f(x,y)dx = \iint\limits_{D_1} f(x,y)dxdy + \iint\limits_{D_2} f(x,y)dxdy$$

$$= \int_0^3 dx \int_0^x f(x,y)dy + \int_3^6 dx \int_0^{6-x} f(x,y)dy$$

答案： B

1-5-10 解： 化为极坐标计算。面积元素$dxdy = rdrd\theta$，$x = r\cos\theta$，$y = r\sin\theta$，写出极坐标系下的二次积分，即

$$原式 = \int_0^{2\pi} d\theta \int_0^1 r^{2/5} rdr = \int_0^{2\pi} d\theta \int_0^1 r^{7/5} dr = 2\pi \cdot \frac{5}{12} x^{12/5}\Big|_0^1 = \frac{5}{6}\pi$$

答案： B

1-5-11 解： 画出积分区域D的图形（见解图），再按先x后y顺序写成二次积分。

$$D: \begin{cases} 0 \leqslant y \leqslant 1 \\ y^2 \leqslant x \leqslant y \end{cases}, \quad 原式 = \int_0^1 dy \int_{y^2}^y f(x,y)dx$$

答案： B

1-5-12 解： 画出积分区域D的图形，再写出先x后y的积分表达式。如下：

由$y = -\sqrt{2x - x^2}$经配方得$(x-1)^2 + y^2 = 1$，解出$x = 1 \pm \sqrt{1 - y^2}$

写出先x后y积分的不等式组$\begin{cases} -1 \leqslant y \leqslant 0 \\ 1 - \sqrt{1 - y^2} \leqslant x \leqslant 1 + \sqrt{1 - y^2} \end{cases}$

$$I = \int_{-1}^0 dy \int_{1 - \sqrt{1 - y^2}}^{1 + \sqrt{1 - y^2}} f(x,y)dx$$

答案： A

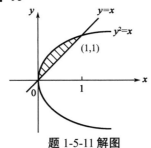

题 1-5-11 解图   题 1-5-12 解图

1-5-13 解： 化为极坐标系下的二次积分，面积元素为$rdrd\theta$，把$x = r\cos\theta$，$y = r\sin\theta$代入计算。

$$D: \begin{cases} 0 \leqslant \theta \leqslant 2\pi \\ 0 \leqslant r \leqslant 2 \end{cases}, \quad \iint\limits_D \sin(x^2 + y^2)dxdy = \int_0^{2\pi} d\theta \int_0^2 (\sin r^2)rdr = \int_0^{2\pi} d\theta \int_0^2 r\sin r^2 dr$$

答案： C

1-5-14 解： 画出积分区域D的图形（见解图），确定r和θ的取值。

θ值：由$\theta = 0$变化到$\theta = \frac{\pi}{4}$，$0 \leqslant \theta \leqslant \frac{\pi}{4}$；

r的确定：在$0 \sim \frac{\pi}{4}$间任意做一条射线，得到穿入点的r值$r = \tan\theta\sec\theta$，穿出点的r值为$r = \sec\theta$。$\tan\theta\sec\theta \leqslant r \leqslant \sec\theta$，最后得$0 \leqslant \theta \leqslant \frac{\pi}{4}$，$\tan\theta\sec\theta \leqslant r \leqslant \sec\theta$。

则
$$\int_0^1 dx \int_0^{x^2} f(x,y)dy = \int_0^{\frac{\pi}{4}} d\theta \int_{\tan\theta\sec\theta}^{\sec\theta} f(r\cos\theta, r\sin\theta)rdr$$

答案：D

1-5-15 解： 画出积分区域 D 的图形（见解图），由 $x^2+y^2 \geq 2$ 得知在圆 $x^2+y^2=2$ 的外部，由 $x^2+y^2 \leq 2x$ 得知在圆 $(x-1)^2+y^2=1$ 的内部，D 为它们的公共部分，如解图画斜线部分。

求交点，解方程组 $\begin{cases} x^2+y^2=2 \\ x^2+y^2=2x \end{cases}$，得交点坐标 $(1,1)$、$(1,-1)$。

化为极坐标系下的二次积分：$-\dfrac{\pi}{4} \leq \theta \leq \dfrac{\pi}{4}$，$\sqrt{2} \leq r \leq 2\cos\theta$。

被积函数用 $x=r\cos\theta$，$y=r\sin\theta$ 代入，面积元素 $dxdy=rdrd\theta$，故

$$\iint\limits_D x\sqrt{x^2+y^2}dxdy = \int_{-\frac{\pi}{4}}^{\frac{\pi}{4}} d\theta \int_{\sqrt{2}}^{2\cos\theta} r\cos\theta \cdot r \cdot rdr = \int_{-\frac{\pi}{4}}^{\frac{\pi}{4}} \cos\theta d\theta \int_{\sqrt{2}}^{2\cos\theta} r^3 dr$$

答案：D

1-5-16 解： 通过题目给出的条件画出图形见解图，利用柱面坐标计算，联立消 z：$\begin{cases} z^2=x^2+y^2 \\ z=1 \end{cases}$，得 $x^2+y^2=1$。代入 $x=r\cos\theta$，$y=r\sin\theta$，$z^2=x^2+y^2$，$z^2=r^2$，得 $z=r$，$z=-r$，取 $z=r$（上半锥）。

$$D_{xy}: x^2+y^2 \leq 1, \quad \Omega: \begin{cases} r \leq z \leq 1 \\ 0 \leq r \leq 1 \\ 0 \leq \theta \leq 2\pi \end{cases}, \quad dV=rdrd\theta dz$$

则 $V=\iiint\limits_\Omega zdV = \iiint\limits_\Omega zrdrd\theta dz$，再化为柱面坐标系下的三次积分。先对 z 积，再对 r 积，最后对 θ 积分，即 $V=\int_0^{2\pi} d\theta \int_0^1 rdr \int_r^1 zdz$。

答案：B

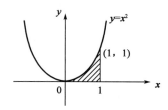

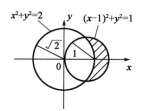

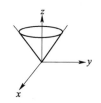

题 1-5-14 解图　　　　题 1-5-15 解图　　　　题 1-5-16 解图

1-5-17 解： 画出图形（见解图）。

立体体积 $V=\iiint\limits_\Omega 1dV$，求出投影区域 D_{xy}

利用方程组 $\begin{cases} z=\sqrt{x^2+y^2} \\ z=x^2+y^2 \end{cases}$ 消去字母 z，得 $D_{xy}: x^2+y^2 \leq 1$。

写出在柱面坐标系下计算立体体积的三次积分表示式。

题 1-5-17 解图

$$\begin{cases} r^2 \leq z \leq r \\ 0 \leq r \leq 1 \\ 0 \leq \theta \leq 2\pi \end{cases}, \quad dV=rdrd\theta dz$$

$$V=\iiint\limits_\Omega 1dV = \int_0^{2\pi} d\theta \int_0^1 rdr \int_{r^2}^r 1dz$$

答案：A

1-5-18　解： 画出 Ω 立体图的草图，注意分清曲面 $3x^2+y^2=z$，$z=1-x^2$ 的上下位置关系，图形 $z=1-x^2$ 在上，$3x^2+y^2=z$ 在下；或画出 Ω 在 xOy 平面上的投影图，消 z 得 $4x^2+y^2=1$，D_{xy}：$\dfrac{x}{\left(\frac{1}{2}\right)^2}+y^2=1$，按先 z 后 y 然后 x 的积分顺序，列出积分区域 Ω 的不等式组：

$$\begin{cases} 3x^2+y^2\leqslant z\leqslant 1-x^2 \\ -\sqrt{1-4x^2}\leqslant y\leqslant \sqrt{1-4x^2} \\ -\dfrac{1}{2}\leqslant x\leqslant \dfrac{1}{2} \end{cases}$$

化为三次积分，即可得出正确答案。

　　　　答案： C

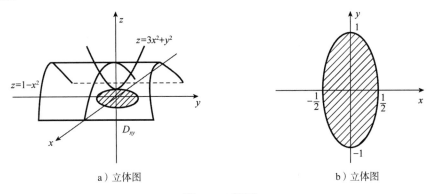

a）立体图　　　　　　　　b）立体图

题 1-5-18 解图

1-5-19　解： 把 Ω 化为球坐标系下的三次积分。

被积函数代入直角坐标与球面坐标的关系式：$\begin{cases} x=r\sin\varphi\cos\theta \\ y=r\sin\varphi\sin\theta \\ z=r\cos\varphi \end{cases}$，得 $x^2+y^2+z^2=r^2$

所以球面方程为 $r^2=1$，$r=1$，体积元素 $\mathrm{d}V=r^2\sin\varphi\,\mathrm{d}r\mathrm{d}\theta\mathrm{d}\varphi$

Ω：$\begin{cases} 0\leqslant r\leqslant 1 \\ 0\leqslant\theta\leqslant 2\pi \\ 0\leqslant\varphi\leqslant\pi \end{cases}$，原式 $=\displaystyle\int_0^{2\pi}\mathrm{d}\theta\int_0^{\pi}\mathrm{d}\varphi\int_0^1 r^2\cdot r^2\sin\varphi\,\mathrm{d}r=\int_0^{2\pi}\mathrm{d}\theta\int_0^{\pi}\mathrm{d}\varphi\int_0^1 r^4\sin\varphi\,\mathrm{d}r$

　　　　答案： C

1-5-20　解： 本题 Ω 是由球面里面部分和旋转抛物面外部围成的（见解图），球面方程可化为 $z=1\pm\sqrt{1-x^2-y^2}$，下半球面方程 $z=1-\sqrt{1-x^2-y^2}$，旋转抛物面方程 $z=x_2+y_2$。立体在 xOy 平面上投影区域，D_{xy}：$x^2+y^2\leqslant 1$，$\mathrm{d}V=r\mathrm{d}r\mathrm{d}\theta\mathrm{d}z$，$\Omega$：$\begin{cases} 0\leqslant\theta\leqslant 2\pi \\ 0\leqslant r\leqslant 1 \\ 1-\sqrt{1-r^2}\leqslant z\leqslant r^2 \end{cases}$，利用柱面坐标写出三重积分，即

$$V=\iiint\limits_{\Omega}1\mathrm{d}V=\int_0^{2\pi}\mathrm{d}\theta\int_0^1 r\mathrm{d}r\int_{1-\sqrt{1-r^2}}^{r^2}\mathrm{d}z$$

　　　　答案： D

1-5-21　解： 作 Ω 的立体图形（见解图），并确定 Ω 在 xOy 平面上投影区域 D_{xy}。

D_{xy} 由曲线 $x^2+y^2=1$，直线 $y=0$，$y=x$ 围成。写出 Ω 在直角坐标系下先 z 后 x 最后 y 的三次积分：

$$\Omega:\begin{cases} x^2+y^2\leqslant z\leqslant 1 \\ y\leqslant x\leqslant\sqrt{1-y^2} \\ 0\leqslant y\leqslant\dfrac{\sqrt{2}}{2} \end{cases},\quad \iiint\limits_{\Omega}f(x,y,z)\mathrm{d}V=\int_0^{\frac{\sqrt{2}}{2}}\mathrm{d}y\int_y^{\sqrt{1-y^2}}\mathrm{d}x\int_{x^2+y^2}^1 f(x,y,z)\mathrm{d}z$$

答案：C

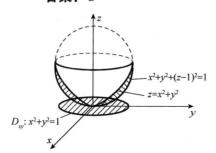
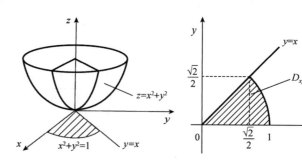

题 1-5-20 解图　　　　　　　　　　　　题 1-5-21 解图

1-5-22　解：画出 $(x-2)^2 + (y-2)^2 \leqslant 2$，$y = -x+2$ 图形（见解图）。两图形相切，求切点：

$$\begin{cases} (x-2)^2 + (y-2)^2 = 2 & ① \\ y = -x+2 & ② \end{cases}$$

由②式得：

$$x = 2 - y \qquad\qquad ③$$

将③式代入①式，得 $y^2 + (y-2)^2 = 2$，化简得 $y^2 - 2y + 1 = 0$，即 $(y-1)^2 = 0$，得 $y = 1$，二重根，代入求出 $x = 1$，切点 $(1,1)$

在直线上的点满足方程 $x + y = 2$

在直线上方的点满足 $x + y > 2$（个别点、切点满足 $x + y = 2$）

所以在 D 上点满足 $x + y < (x+y)^2 < (x+y)^4$

由二重积分性质可知：$\iint\limits_D (x+y)\mathrm{d}\sigma < \iint\limits_D (x+y)^2\mathrm{d}\sigma \leqslant \iint\limits_D (x+y)^4\mathrm{d}\sigma$

即 $I_2 < I_3 < I_1$

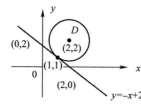

题 1-5-22 解图

答案：C

1-5-23　解：本题考查参数方程形式的对坐标的曲线积分（也称第二类曲线积分），注意绕行方向为顺时针。

积分路径 L 沿顺时针方向，取椭圆上半周，则角度 θ 的取值范围为 π 到 0。

根据 $x = a\cos\theta$，可知 $\mathrm{d}x = -a\sin\theta\,\mathrm{d}\theta$，因此原式有：

$$\begin{aligned}
\int_L y^2 \mathrm{d}x &= \int_\pi^0 (b\sin\theta)^2(-a\sin\theta)\mathrm{d}\theta \\
&= \int_0^\pi ab^2\sin^3\theta\,\mathrm{d}\theta = ab^2\int_0^\pi \sin^2\theta\,\mathrm{d}(-\cos\theta) \\
&= -ab^2\int_0^\pi (1-\cos^2\theta)\mathrm{d}(\cos\theta) \\
&= \frac{4}{3}ab^2
\end{aligned}$$

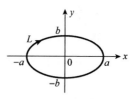

题 1-5-23 解图

注：对坐标的曲线积分应注意积分路径的方向，然后写出积分变量的上下限，即积分限应从起点所对应的参数 $\theta = \pi$ 积分到终点所对应的参数 $\theta = 0$，本题 $\theta: \pi \to 0$，与积分限的数值大小无关。本题若取逆时针为绕行方向，则 θ 的范围应从 0 到 π。简单作图即可观察和验证。

答案：B

1-5-24　解：本题为对弧长的曲线积分。

$$L: \begin{cases} y = x^2 \\ x = x \end{cases} (0 \leqslant x \leqslant 1), \mathrm{d}s = \sqrt{1+4x^2}\,\mathrm{d}x$$

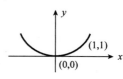

题 1-5-24 解图

$$原式 = \int_0^1 x\sqrt{1+4x^2}\,\mathrm{d}x = \frac{1}{8}\int_0^1 \sqrt{1+4x^2}\,\mathrm{d}(1+4x^2)$$

$$= \frac{1}{8} \times \frac{2}{3}(1+4x^2)^{\frac{3}{2}}\Big|_0^1$$

$$= \frac{1}{12}\left(5\sqrt{5}-1\right)$$

注：对弧长的曲线积分，参数变化范围写法为从小到大，与曲线的方向无关。

答案： A

1-5-25　解： 本题为对弧长的曲线积分L的方程$y=-x+1$，$x=x$，$\mathrm{d}s=\sqrt{1^2+(-1)^2}\,\mathrm{d}x=\sqrt{2}\,\mathrm{d}x$，$-1\leqslant x \leqslant 1$，化为一元定积分：

$$\int_L (x+y)\mathrm{d}s = \int_{-1}^1 [x+(-x+1)]\sqrt{2}\,\mathrm{d}x$$

$$= \int_{-1}^1 \sqrt{2}\,\mathrm{d}x = \sqrt{2}x\Big|_{-1}^1 = 2\sqrt{2}$$

答案： B

1-5-26　解： 本题为对坐标的曲线积分L的方程$y=x$，$x=x$，$x:1\rightarrow 2$，化为一元定积分。

$$\int_L (x+y)\mathrm{d}x + (y-x)\mathrm{d}y = \int_1^2 2x\mathrm{d}x + 0\mathrm{d}x = \int_1^2 2x\mathrm{d}x = x^2\Big|_1^2 = 3$$

答案： C

（六）级数

1-6-1 级数$\sum\limits_{n=1}^{\infty} a_n$收敛是$\lim\limits_{n\to\infty} a_n = 0$的什么条件？

A.充分条件，但非必要条件　　　　　B.必要条件，但非充分条件

C.充分必要条件　　　　　　　　　　D.既非充分条件，又非必要条件

1-6-2 下列各级数中发散的是：

A.$\sum\limits_{n=1}^{\infty} \dfrac{1}{\sqrt{n+1}}$　　　　　　　　　　B.$\sum\limits_{n=1}^{\infty} (-1)^{n-1}\dfrac{1}{\ln(n+1)}$

C.$\sum\limits_{n=1}^{\infty} \dfrac{n+1}{3^n}$　　　　　　　　　　D.$\sum\limits_{n=1}^{\infty} (-1)^{n-1}\left(\dfrac{2}{3}\right)^n$

1-6-3 级数$\sum\limits_{n=1}^{\infty} \dfrac{(-1)^{n-1}}{n}$的收敛性是：

A.绝对收敛　　　　　　　　　　　　B.条件收敛

C.等比级数收敛　　　　　　　　　　D.发散

1-6-4 下列各级数发散的是：

A.$\sum\limits_{n=1}^{\infty} \sin\dfrac{1}{n}$　　　　　　　　　　B.$\sum\limits_{n=1}^{\infty} (-1)^{n-1}\dfrac{1}{\ln(n+1)}$

C.$\sum\limits_{n=1}^{\infty} \dfrac{n+1}{3^{\frac{n}{2}}}$　　　　　　　　　　D.$\sum\limits_{n=1}^{\infty} (-1)^{n-1}\left(\dfrac{2}{3}\right)^n$

1-6-5 下列级数发散的是：

A.$\sum\limits_{n=1}^{\infty} \dfrac{n^2}{3n^4+1}$　　　　　　　　　　B.$\sum\limits_{n=2}^{\infty} \dfrac{1}{\sqrt[3]{n(n-1)}}$

C. $\sum\limits_{n=1}^{\infty} \dfrac{(-1)^n}{\sqrt{n}}$ D. $\sum\limits_{n=1}^{\infty} \dfrac{5}{3^n}$

1-6-6 级数 $\sum\limits_{n=1}^{\infty} \dfrac{\sin\frac{n\pi}{2}}{\sqrt{n^3}}$ 的收敛性是：

     A. 绝对收敛   B. 发散

     C. 条件收敛   D. 无法判定

1-6-7 级数 $\sum\limits_{n=1}^{\infty} u_n$ 收敛的充要条件是：

     A. $\lim\limits_{n\to\infty} u_n = 0$ B. $\lim\limits_{n\to\infty} \dfrac{u_{n+1}}{u_n} = r < 1$

     C. $u_n \leqslant \dfrac{1}{n^2}$ D. $\lim\limits_{n\to\infty} S_n$ 存在（其中 $S_n = u_1 + u_2 + \cdots + u_n$）

1-6-8 正项级数 $\sum\limits_{n=1}^{\infty} a_n$，判定 $\lim\limits_{n\to\infty} \dfrac{a_{n+1}}{a_n} = q < 1$ 是此正项级数收敛的什么条件？

     A. 充分条件，但非必要条件   B. 必要条件，但非充分条件

     C. 充分必要条件   D. 既非充分条件，又非必要条件

1-6-9 级数前 n 项和 $S_n = a_1 + a_2 + \cdots + a_n$，若 $a_n \geqslant 0$，判断数列 $\{S_n\}$ 有界是级数 $\sum\limits_{n=1}^{\infty} a_n$ 收敛的什么条件？

     A. 充分条件，但非必要条件   B. 必要条件，但非充分条件

     C. 充分必要条件   D. 既非充分条件，又非必要条件

1-6-10 设任意项级数 $\sum\limits_{n=1}^{\infty} a_n$，若 $|a_n| > |a_{n+1}|$，且 $\lim\limits_{n\to\infty} a_n = 0$，则对该级数下列哪个结论正确？

     A. 必条件收敛   B. 必绝对收敛

     C. 必发散   D. 可能收敛，也可能发散

1-6-11 若级数 $\sum\limits_{n=1}^{\infty} a_n^2$ 收敛，则对级数 $\sum\limits_{n=1}^{\infty} a_n$ 下列哪个结论正确？

     A. 必绝对收敛   B. 必条件收敛

     C. 必发散   D. 可能收敛，也可能发散

1-6-12 正项级数 $\sum\limits_{n=1}^{\infty} a_n$ 收敛是级数 $\sum\limits_{n=1}^{\infty} a_n^2$ 收敛的什么条件？

     A. 充分条件，但非必要条件   B. 必要条件，但非充分条件

     C. 充分必要条件   D. 既非充分条件，又非必要条件

1-6-13 下列级数中，发散的级数是哪一个？

     A. $\sum\limits_{n=1}^{\infty} (-1)^n \dfrac{1}{\sqrt{n}}$ B. $\sum\limits_{n=1}^{\infty} \dfrac{n}{2^n}$

     C. $\sum\limits_{n=1}^{\infty} \left(\dfrac{1}{n} - \dfrac{1}{n+1}\right)$ D. $\sum\limits_{n=1}^{\infty} \sin\dfrac{n\pi}{3}$

1-6-14 级数 $\sum\limits_{n=1}^{\infty} \dfrac{(-1)^n}{a_n} (a_n > 0)$ 满足下列什么条件时收敛：

     A. $\lim\limits_{n\to\infty} a_n = \infty$ B. $\lim\limits_{n\to\infty} \dfrac{1}{a_n} = 0$

     C. $\sum\limits_{n=1}^{\infty} a_n$ 发散   D. a_n 单调递增且 $\lim\limits_{n\to\infty} a_n = +\infty$

1-6-15 幂级数 $\sum\limits_{n=1}^{\infty} \dfrac{(x-1)^n}{3^n n}$ 的收敛域是：

A. $[-2,4)$ 　　　B. $(-2,4)$ 　　　C. $(-1,1)$ 　　　D. $\left[-\frac{1}{3},\frac{4}{3}\right)$

1-6-16 若级数 $\sum\limits_{n=1}^{\infty} a_n(x-2)^n$ 在 $x=-2$ 处收敛，则此级数在 $x=5$ 处的敛散性是怎样的？

A. 发散 　　　　　　　　　B. 条件收敛

C. 绝对收敛 　　　　　　　D. 收敛性不能确定

1-6-17 若幂级数 $\sum\limits_{n=1}^{\infty} a_n(x-2)^n$ 在 $x=0$ 处收敛，在 $x=-4$ 处发散，则幂级数 $\sum\limits_{n=1}^{\infty} a_n(x-1)^n$ 的收敛域是：

A. $(-1,3)$ 　　　B. $[-1,3)$ 　　　C. $(-1,3]$ 　　　D. $[-1,3]$

1-6-18 函数 $\frac{1}{3-x}$ 展开成 $(x-1)$ 的幂级数是：

A. $\sum\limits_{n=0}^{\infty} \frac{x^n}{2^n}$ 　 $x\in(-2,2)$ 　　　B. $\sum\limits_{n=0}^{\infty} \left(\frac{1-x}{2}\right)^n$ 　 $x\in(-1,3)$

C. $\sum\limits_{n=0}^{\infty} \frac{(x-1)^n}{2^{n+1}}$ 　 $x\in(-1,3)$ 　　　D. $\sum\limits_{n=0}^{\infty} (-1)^n \frac{x^n}{4^{n+1}}$ 　 $x\in(-4,4)$

1-6-19 函数 e^x 展开成为 $x-1$ 的幂函数是：

A. $\sum\limits_{n=0}^{\infty} \frac{(x-1)^n}{n!}$ 　　　B. $e\sum\limits_{n=0}^{\infty} \frac{(x-1)^n}{n!}$ 　　　C. $\sum\limits_{n=0}^{\infty} \frac{(x-1)^n}{n}$ 　　　D. $\sum\limits_{n=0}^{\infty} \frac{(x-1)^n}{ne}$

1-6-20 函数 $\frac{1}{x}$ 展开成 $(x-2)$ 的幂级数是：

A. $\sum\limits_{n=0}^{\infty} (-1)^n \frac{(x-2)^n}{2^{n+1}}$ 　　　　B. $\sum\limits_{n=0}^{\infty} \frac{(x-2)^n}{2^{n+1}}$

C. $\sum\limits_{n=0}^{\infty} \frac{(x-2)^n}{2^n}$ 　　　　D. $\sum\limits_{n=0}^{\infty} (x-2)^n$

1-6-21 级数 $\sum\limits_{n=0}^{\infty} (-1)^n x^n$ 在 $|x|<1$ 内收敛于函数：

A. $\frac{1}{1-x}$ 　　　B. $\frac{1}{1+x}$ 　　　C. $\frac{x}{1-x}$ 　　　D. $\frac{x}{1+x}$

1-6-22 幂级数 $\sum\limits_{n=1}^{\infty} \frac{x^n}{n!}$ 的和函数 $S(x)$ 等于：

A. e^x 　　　　　B. e^x+1 　　　C. e^x-1 　　　D. $\cos x$

1-6-23 级数 $\sum\limits_{n=1}^{\infty} (-1)^{n-1} x^n$ 的和函数是：

A. $\frac{1}{1+x} (-1<x<1)$ 　　　　B. $\frac{x}{1+x} (-1<x<1)$

C. $\frac{x}{1-x} (-1<x<1)$ 　　　　D. $\frac{1}{1-x} (-1<x<1)$

1-6-24 幂级数 $x^2 - \frac{1}{2}x^3 + \frac{1}{3}x^4 - \cdots + \frac{(-1)^{n+1}}{n}x^{n+1} + \cdots$ 　 $(-1<x\leqslant 1)$ 的和函数是：

A. $x\sin x$ 　　　B. $\frac{x^2}{1+x^2}$ 　　　C. $x\ln(1-x)$ 　　　D. $x\ln(1+x)$

1-6-25 设 $f(x)=\begin{cases} x & 0\leqslant x\leqslant \frac{\pi}{2} \\ \pi & \frac{\pi}{2}<x<\pi \end{cases}$, $S(x)=\sum\limits_{n=1}^{\infty} b_n \sin nx$, 其中 $b_n = \frac{2}{\pi}\int_0^{\pi} f(x)\sin nx \,dx$, 则 $S\left(-\frac{\pi}{2}\right)$ 的值是：

A. $\frac{\pi}{2}$ 　　　　　B. $\frac{3\pi}{4}$ 　　　C. $-\frac{3\pi}{4}$ 　　　D. 0

1-6-26 下列命题中，哪个是正确的？

A. 周期函数 $f(x)$ 的傅里叶级数收敛于 $f(x)$

B. 若 $f(x)$ 有任意阶导数，则 $f(x)$ 的泰勒级数收敛于 $f(x)$

C. 若正项级数 $\sum\limits_{n=1}^{\infty} a_n$ 收敛，则 $\sum\limits_{n=1}^{\infty} \sqrt{a_n}$ 必收敛

D. 正项级数收敛的充分且必要条件是级数的部分和数列有界

1-6-27 已知级数 $\sum\limits_{n=1}^{\infty}(u_{2n}-u_{2n+1})$ 是收敛的，则下列结论成立的是：

A. $\sum\limits_{n=1}^{\infty} u_n$ 必收敛

B. $\sum\limits_{n=1}^{\infty} u_n$ 未必收敛

C. $\lim\limits_{n\to\infty} u_n = 0$

D. $\sum\limits_{n=1}^{\infty} u_n$ 发散

1-6-28 下列说法中正确的是：

A. 若级数 $\sum\limits_{n=1}^{\infty} u_n$ 收敛，且 $u_n \geqslant v_n$，则 $\sum\limits_{n=1}^{\infty} v_n$ 也收敛

B. 若 $\sum\limits_{n=1}^{\infty} |u_n v_n|$ 收敛，则 $\sum\limits_{n=1}^{\infty} u_n^2$ 和 $\sum\limits_{n=1}^{\infty} v_n^2$ 都收敛

C. 若正项级数 $\sum\limits_{n=1}^{\infty} u_n$ 发散，则 $u_n \geqslant \dfrac{1}{n}$

D. 若 $\sum\limits_{n=1}^{\infty} u_n^2$ 和 $\sum\limits_{n=1}^{\infty} v_n^2$ 都收敛，则 $\sum\limits_{n=1}^{\infty}(u_n+v_n)^2$ 收敛

题解及参考答案

1-6-1 **解：** 级数收敛的必要条件 $\lim\limits_{n\to\infty} a_n = 0$。反之，级数 $\sum\limits_{n=1}^{\infty} \dfrac{1}{n}$，而 $\lim\limits_{n\to\infty} \dfrac{1}{n} = 0$，但 $\sum\limits_{n=1}^{\infty} \dfrac{1}{n}$ 发散。

答案： A

1-6-2 **解：** 利用交错级数收敛法可判定选项 B 的级数收敛；利用正项级数比值法可判定选项 C 的级数收敛；利用等比级数收敛性的结论知选项 D 的级数收敛，故选项 A 级数发散。

选项 A 可直接通过正项级数比较法的极限形式判定，$\lim\limits_{n\to\infty} \dfrac{u_n}{v_n} = \lim\limits_{n\to\infty} \dfrac{\frac{1}{\sqrt{n+1}}}{\frac{1}{n}} = \lim\limits_{n\to\infty} \dfrac{n}{\sqrt{n+1}} = \infty$，因级数 $\sum\limits_{n=1}^{\infty} \dfrac{1}{n}$ 发散，故 $\sum\limits_{n=1}^{\infty} \dfrac{1}{\sqrt{n+1}}$ 发散。

答案： A

1-6-3 **解：** 把级数各项取绝对值 $\sum\limits_{n=1}^{\infty} \left| \dfrac{(-1)^{n-1}}{n} \right| = \sum\limits_{n=1}^{\infty} \dfrac{1}{n}$，调和级数 $\sum\limits_{n=1}^{\infty} \dfrac{1}{n}$ 发散，即取绝对值后级数发散。

原级数为交错级数，满足 $u_n \geqslant u_{n+1}$，且 $\lim\limits_{n\to\infty} u_n = 0$，级数 $\sum\limits_{n=1}^{\infty}(-1)^{n-1}\dfrac{1}{n}$ 收敛。

故原级数条件收敛。

答案： B

1-6-4 **解：** 选项 B 为交错级数，由莱布尼兹判别法判定其收敛级数 $\sum\limits_{n=1}^{\infty}(-1)^{n-1}\dfrac{1}{\ln(n+1)}$，$u_n = \dfrac{1}{\ln(n+1)}$，$u_{n+1} = \dfrac{1}{\ln(n+2)}$，因为 $0 < \ln(n+1) < \ln(n+2)$，$\dfrac{1}{\ln(n+1)} > \dfrac{1}{\ln(n+2)}$，即 $u_n \geqslant u_{n+1}$，且 $\lim\limits_{n\to\infty} u_n = \lim\limits_{n\to\infty} \dfrac{1}{\ln(n+1)} = 0$，级数收敛。选项 C，由正项级数比值收敛法判定其收敛。

$$\lim_{n\to\infty}\frac{u_{n+1}}{u_n}=\lim_{n\to\infty}\frac{\dfrac{n+2}{3^{\frac{n+1}{2}}}}{\dfrac{n+1}{3^{\frac{n}{2}}}}=\lim_{n\to\infty}\frac{1}{\sqrt{3}}\cdot\frac{n+2}{n+1}=\frac{1}{\sqrt{3}}<1$$

选项 D 为等比级数，公比 $|q|=\dfrac{2}{3}<1$，收敛。

选项 A 发散，用正项级数比较法判定。

$$\lim_{n\to\infty}\frac{\sin\dfrac{1}{n}}{\dfrac{1}{n}}=\lim_{t\to 0}\frac{\sin t}{t}=1$$

因为调和级数 $\sum\limits_{n=1}^{\infty}\dfrac{1}{n}$ 发散，所以 $\sum\limits_{n=1}^{\infty}\sin\dfrac{1}{n}$ 发散。

答案：A

1-6-5 **解**：本题考查正项级数、交错级数敛散性的判定。

选项 A，$\sum\limits_{n=1}^{\infty}\dfrac{n^2}{3n^4+1}$，因为 $\dfrac{n^2}{3n^4+1}<\dfrac{n^2}{3n^4}=\dfrac{1}{3n^2}$，级数 $\sum\limits_{n=1}^{\infty}\dfrac{1}{n^2}$，$P=2>1$，级数收敛，$\sum\limits_{n=1}^{\infty}\dfrac{1}{3n^2}$，利用正项级数的比较判别法，$\sum\limits_{n=1}^{\infty}\dfrac{n^2}{3n^4+1}$ 收敛。

选项 B，$\sum\limits_{n=2}^{\infty}\dfrac{1}{\sqrt[3]{n(n-1)}}$，因为 $n(n-1)<n^2$，$\sqrt[3]{n(n-1)}<\sqrt[3]{n^2}$，$\dfrac{1}{\sqrt[3]{n(n-1)}}>\dfrac{1}{\sqrt[3]{n^2}}=\dfrac{1}{n^{\frac{2}{3}}}$，级数 $\sum\limits_{n=2}^{\infty}\dfrac{1}{n^{\frac{2}{3}}}$，$P<1$，级数发散，利用正项级数的比较判别法，$\sum\limits_{n=2}^{\infty}\dfrac{1}{\sqrt[3]{n(n-1)}}$ 发散。

选项 C，$\sum\limits_{n=1}^{\infty}\dfrac{(-1)^n}{\sqrt{n}}$，级数为交错级数，利用莱布尼兹定理判定：

（1）因为 $n<(n+1)$，$\sqrt{n}<\sqrt{n+1}$，$\dfrac{1}{\sqrt{n}}>\dfrac{1}{\sqrt{n+1}}$，$u_n>u_{n+1}$；

（2）一般项 $\lim\limits_{n\to\infty}\dfrac{1}{\sqrt{n}}=0$，所以交错级数收敛。

选项 D，$\sum\limits_{n=1}^{\infty}\dfrac{5}{3^n}=5\sum\limits_{n=1}^{\infty}\dfrac{1}{3^n}$，级数为等比级数，公比 $q=\dfrac{1}{3}$，$|q|<1$，级数收敛。

答案：B

1-6-6 **解**：将级数各项取绝对值得 $\sum\limits_{n=1}^{\infty}\left|\dfrac{\sin\frac{n}{2}\pi}{\sqrt{n^3}}\right|$，而 $\left|\dfrac{\sin\frac{n}{2}\pi}{\sqrt{n^3}}\right|\leqslant\dfrac{1}{n^{\frac{3}{2}}}$

级数 $\sum\limits_{n=1}^{\infty}\dfrac{1}{n^{\frac{3}{2}}}$ 中，$p=\dfrac{3}{2}>1$，故收敛。

由正项级数比较法，级数 $\sum\limits_{n=1}^{\infty}\left|\dfrac{\sin\frac{n}{2}\pi}{\sqrt{n^3}}\right|$ 收敛。

所以原级数 $\sum\limits_{n=1}^{\infty}\dfrac{\sin\frac{n}{2}\pi}{\sqrt{n^3}}$ 绝对收敛。

答案：A

1-6-7 **解**：题中未说明级数是何种级数。

选项 B、C 仅适用于正项级数，故不一定适用。

选项 A 为级数收敛的必要条件，不是充分条件。

选项 D 对任何级数都适用，是级数收敛的充要条件。

答案：D

1-6-8 **解**：利用正项级数比值法确定级数收敛，而判定正项级数收敛还有其他的方法，因而选 A。

答案：A

1-6-9 **解**：利用正项级数基本定理判定。正项级数收敛的充分必要条件是数列 $\{S_n\}$ 有界。

答案：C

1-6-10 解： 举例说明，级数 $1 + \frac{1}{2} + \frac{1}{3} + \cdots$，$1 - \frac{1}{2} + \frac{1}{3} - \frac{1}{4} + \cdots$ 均满足条件，但前面级数发散，后面级数收敛，因而在此条件下级数敛散性不能确定。

答案： D

1-6-11 解： 举例说明，级数 $\sum \left[(-1)^n \frac{1}{n} \right]^2$、$\sum \left(\frac{1}{n} \right)^2$ 均收敛，但级数 $\sum (-1)^n \frac{1}{n}$、$\sum \frac{1}{n}$ 一个收敛，一个发散。

答案： D

1-6-12 解： 利用正项级数比较判别法——极限形式判定：$\lim\limits_{n \to \infty} \frac{a_n^2}{a_n} = \lim\limits_{n \to \infty} a_n = 0 < 1$，故级数 $\sum a_n^2$ 收敛，反之不一定正确。如 1-6-11 题。

答案： A

1-6-13 解： 利用级数敛散性判定法可断定 A、B、C 式收敛，D 式 $\lim\limits_{n \to \infty} u_n \neq 0$，所以级数发散。

答案： D

1-6-14 解： 本题考查级数收敛的充分条件。

注意本题有 $(-1)^n$，显然 $\sum\limits_{n=1}^{\infty} \frac{(-1)^n}{a_n} (a_n > 0)$ 是一个交错级数。

交错级数收敛，即 $\sum\limits_{n=1}^{\infty} (-1)^n a_n$ 只要满足：①$a_n > a_{n+1}$，②$a_n \to 0 (n \to \infty)$ 即可。

在选项 D 中，已知 a_n 单调递增，即 $a_n < a_{n+1}$，所以 $\frac{1}{a_n} > \frac{1}{a_{n+1}} (a_n > 0)$

又知 $\lim\limits_{n \to \infty} a_n = +\infty$，所以 $\lim\limits_{n \to \infty} \frac{1}{a_n} = 0$

故级数 $\sum\limits_{n=1}^{\infty} \frac{(-1)^n}{a_n} (a_n > 0)$ 收敛

其他选项均不符合交错级数收敛的判别方法。

答案： D

1-6-15 解： 设 $x - 1 = t$，级数化为 $\sum\limits_{n=1}^{\infty} \frac{t^n}{3^n n}$，求级数的收敛半径。

$$\lim_{n \to \infty} \left| \frac{a_{n+1}}{a_n} \right| = \lim_{n \to \infty} \frac{\frac{1}{3^{n+1}(n+1)}}{\frac{1}{3^n \cdot n}} = \lim_{n \to \infty} \frac{n \cdot 3^n}{(n+1)3^{n+1}} = \frac{1}{3}$$

则 $R = \frac{1}{\rho} = 3$，即 $|t| < 3$ 收敛。

再判定 $t = 3$，$t = -3$ 时的敛散性，当 $t = 3$ 时发散，$t = -3$ 时收敛。

计算如下：$t = 3$ 代入级数，$\sum\limits_{n=1}^{\infty} \frac{1}{n}$ 为调和级数发散；

$t = -3$ 代入级数，$\sum\limits_{n=1}^{\infty} (-1)^n \frac{1}{n}$ 为交错级数，满足莱布尼兹条件收敛。因此 $-3 \leqslant x - 1 < 3$，即 $-2 \leqslant x < 4$。

答案： A

1-6-16 解： 设 $x - 2 = z$，级数化为 $\sum\limits_{n=1}^{\infty} a_n z^n$，当 $x = -2$ 收敛，即 $z = -4$ 收敛，利用阿贝尔定理，z 在 $(-4, 4)$ 收敛且绝对收敛，当 $x = 5$ 时，$z = 3$，级数收敛且绝对收敛。

答案： C

1-6-17 解： 本题考查幂级数 $\sum\limits_{n=1}^{\infty} a_n x^n$ 与幂级数 $\sum\limits_{n=1}^{\infty} a_n (x + x_0)^n$，$\sum\limits_{n=1}^{\infty} a_n (x + x_0)^n$ 收敛域之间的关系。

方法 1，已知幂级数 $\sum\limits_{n=1}^{\infty} a_n(x+2)^n$ 在 $x=0$ 处收敛，把 $x=0$ 代入级数，得到 $\sum\limits_{n=1}^{\infty} a_n 2^n$，收敛。又知 $\sum\limits_{n=1}^{\infty} a_n(x+2)^n$ 在 $x=-4$ 处发散，把 $x=-4$ 代入级数，得到 $\sum\limits_{n=1}^{\infty} a_n(-2)^n$，发散。得到对应的幂级数 $\sum\limits_{n=1}^{\infty} a_n x^n$，在 $x=2$ 点收敛，在 $x=-2$ 点发散，由阿贝尔定理可知 $\sum\limits_{n=1}^{\infty} a_n x^n$ 的收敛域为 $(-2,2)$。

以选项 C 为例，验证选项 C 是幂级数 $\sum\limits_{n=1}^{\infty} a_n(x-1)^n$ 的收敛域：

选项 C，$(-1,3)$，把发散点 $x=-1$，收敛点 $x=3$ 分别代入级数 $\sum\limits_{n=1}^{\infty} a_n(x-1)^n$ 中得到数项级数 $\sum\limits_{n=1}^{\infty} a_n(-2)^n$，$\sum\limits_{n=1}^{\infty} a_n 2^n$，由题中给出的条件可知 $\sum\limits_{n=1}^{\infty} a_n(-2)^n$ 散，$\sum\limits_{n=1}^{\infty} a_n 2^n$ 收敛，且当级数 $\sum\limits_{n=1}^{\infty} a_n(x-1)^n$ 在收敛域 $(-1,3)$ 变化时和 $\sum\limits_{n=1}^{\infty} a_n x^n$ 的收敛域 $(-2,2)$ 相对应。

所以级数 $\sum\limits_{n=1}^{\infty} a_n(x-1)^n$ 的收敛域为 $(-1,3]$。

可验证选项 A、B、D 均不成立。

方法 2，在方法 1 解析过程中得到 $\sum\limits_{n=1}^{\infty} a_n x^n$ 的收敛域为 $-2<x\leqslant 2$，当把级数中的 x 换成 $x-1$ 时，得到 $\sum\limits_{n=1}^{\infty} a_n(x-1)^n$ 的收敛域为 $-2<x-1\leqslant 2$，$-1<x\leqslant 3$，即 $\sum\limits_{n=1}^{\infty} a_n(x-1)^n$ 的收敛域为 $(-1,3]$。

答案：C

1-6-18 解：将函数 $\dfrac{1}{3-x}$ 变形，利用公式 $\dfrac{1}{1-x}=1+x+x^2+\cdots+x^n+\cdots$ $(-1,1)$，将函数展开成 $x-1$ 幂级数，即变形 $\dfrac{1}{3-x}=\dfrac{1}{2-(x-1)}=\dfrac{1}{2\left(1-\frac{x-1}{2}\right)}=\dfrac{1}{2}\cdot\dfrac{1}{1-\frac{x-1}{2}}$，利用公式写出最后结果。

所以 $\dfrac{1}{3-x}=\dfrac{1}{2}\left[1+\dfrac{x-1}{2}+\left(\dfrac{x-1}{2}\right)^2+\cdots+\left(\dfrac{x-1}{2}\right)^n+\cdots\right]=\dfrac{1}{2}\sum\limits_{n=0}^{\infty}\left(\dfrac{x-1}{2}\right)^n=\sum\limits_{n=0}^{\infty}\dfrac{(x-1)^n}{2^{n+1}}$

$-1<\dfrac{x-1}{2}<1$，即 $-1<x<3$

答案：C

1-6-19 解：已知 $e^x=e^{x-1+1}=e\cdot e^{x-1}$。

利用已知函数的展开式 $e^x=1+\dfrac{1}{1!}x+\dfrac{1}{2!}x^2+\cdots+\dfrac{1}{n!}x^n+\cdots$ $(-\infty,+\infty)$

函数 e^{x-1} 展开式为：

$$e^{x-1}=1+\dfrac{1}{1!}(x-1)+\dfrac{1}{2!}(x-1)^2+\cdots+\dfrac{1}{n!}(x-1)^n+\cdots$$

$$=\sum\limits_{n=0}^{\infty}\dfrac{1}{n!}(x-1)^n \quad (-\infty,+\infty)$$

所以 $e^x=e\cdot e^{x-1}=e\sum\limits_{n=0}^{\infty}\dfrac{1}{n!}(x-1)^n$ $(-\infty,+\infty)$

答案：B

1-6-20 解：将函数 $\dfrac{1}{x}$ 变形后，再利用已知函数 $\dfrac{1}{1+x}$ 的展开式写出结果。

$$\dfrac{1}{x}=\dfrac{1}{2+(x-2)}=\dfrac{1}{2}\dfrac{1}{1+\frac{x-2}{2}}$$

已知 $\dfrac{1}{1+x}=1-x+x^2-\cdots=\sum\limits_{n=0}^{\infty}(-1)^n x^n$ $x\in(-1,1)$

所以 $\dfrac{1}{x}=\dfrac{1}{2}\dfrac{1}{1+\frac{x-2}{2}}=\dfrac{1}{2}\sum\limits_{n=0}^{\infty}(-1)^n\left(\dfrac{x-2}{2}\right)^n$ $\dfrac{x-2}{2}\in(-1,1)$

$$=\sum\limits_{n=0}^{\infty}(-1)^n\dfrac{1}{2^{n+1}}(x-2)^n \quad x\in(0,4)$$

答案：A

1-6-21 解：级数 $\sum\limits_{n=0}^{\infty}(-1)^n x^n = 1 - x + x^2 - x^3 + \cdots$，公比 $q = -x$，当 $|q| < 1$ 时收敛，即 $|-x| < 1$，$|x| < 1$，$-1 < x < 1$。

故级数收敛，和函数 $S(x) = \dfrac{a_1}{1-q} = \dfrac{1}{1+x}$。

答案：B

1-6-22 解：本题考查幂级数的和函数的基本运算。

级数 $\sum\limits_{n=1}^{\infty}\dfrac{x^n}{n!} = \dfrac{x}{1!} + \dfrac{x^2}{2!} + \dfrac{x^3}{3!} + \cdots + \dfrac{x^n}{n!} + \cdots$

已知 $e^x = 1 + \dfrac{x}{1!} + \dfrac{x^2}{2!} + \cdots + \dfrac{x^n}{n!} + \cdots$　$(-\infty, +\infty)$

所以级数 $\sum\limits_{n=1}^{\infty}\dfrac{x^n}{n!}$ 的和函数 $S(x) = e^x - 1$

注：考试中常见的幂级数展开式有：

$\dfrac{1}{1-x} = 1 + x + x^2 + \cdots + x^k + \cdots = \sum\limits_{k=0}^{\infty} x^k$　$(|x| < 1)$

$\dfrac{1}{1+x} = 1 - x + x^2 - \cdots + (-1)^k x^k + \cdots = \sum\limits_{k=0}^{\infty} (-1)^k x^k$　$(|x| < 1)$

$e^x = 1 + x + \dfrac{x^2}{2!} + \cdots + \dfrac{x^k}{k!} + \cdots = \sum\limits_{k=0}^{\infty}\dfrac{x^k}{k!}$　$(-\infty, +\infty)$

答案：C

1-6-23 解：级数 $\sum\limits_{n=1}^{\infty}(-1)^{n-1} x^n = x - x^2 + x^3 - \cdots + (-1)^{n-1} x^n \cdots$，公比 $q = -x$，当 $-1 < x < 1$ 时，$|q| < 1$。

级数的和函数 $S(x) = \dfrac{a_1}{1-q} = \dfrac{x}{1+x}$　$(-1, 1)$

答案：B

1-6-24 解：**方法** 1，利用 $\ln(1+x)$ 的展开式，即

$$\ln(1+x) = x - \dfrac{x^2}{2} + \dfrac{x^3}{3} - \dfrac{x^4}{4} + \cdots + (-)^n\dfrac{x^{n+1}}{n+1} + \cdots \quad (-1 < x \leqslant 1)$$

从已知级数中提出字母 x 和函数即可得到。

原级数：　$x^2 - \dfrac{1}{2}x^3 + \dfrac{1}{3}x^4 - \cdots + \dfrac{(-1)^{n+1}}{n}x^{n+1} + \cdots$

$= x\left(x - \dfrac{1}{2}x^2 + \dfrac{1}{3}x^3 - \dfrac{1}{4}x^4 + \cdots + (-1)\dfrac{1}{n+1}x^{n+1} + \cdots\right)$

$= x\ln(1+x)$

方法 2，设 $S(x) = x^2 - \dfrac{1}{2}x^3 + \dfrac{1}{3}x^4 - \cdots + \dfrac{(-1)^{n+1}}{n}x^{n+1}$　$(-1 < x \leqslant 1)$

$$S'(x) = x\cdot\left(x - \dfrac{1}{2}x^2 + \dfrac{1}{3}x^3 - \cdots + \dfrac{(-1)^{n+1}}{n}x^n + \cdots\right)$$

$$f(x) = x - \dfrac{1}{2}x^2 + \dfrac{1}{3}x^3 - \cdots + \dfrac{(-1)^{n+1}}{n}x^n + \cdots$$

且 $f(0) = 0$，$f'(x) = 1 - x + x^2 + \cdots + (-1)^{n+1}x^{n-1} + \cdots = \dfrac{1}{1+x}$　$(-1 < x \leqslant 1)$

$$\int_0^x f'(x)\mathrm{d}x = \int_0^x \dfrac{1}{1+x}\mathrm{d}x$$

$f(x) - f(0) = \ln(1+x)$　$(-1 < x \leqslant 1)$

所以 $f(x) = \ln(1+x)$，$S(x) = x\ln(1+x)$　$(-1 < x \leqslant 1)$

答案：D

1-6-25 解：将函数奇延拓，并作周期延拓。

画出在$(-\pi, \pi]$函数的图形（见解图），$x = -\frac{\pi}{2}$为函数的间

断点

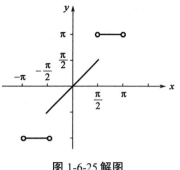

由狄利克雷收敛定理：

$$S\left(-\frac{\pi}{2}\right) = \frac{f\left(-\frac{\pi}{2}+0\right)+f\left(-\frac{\pi}{2}-0\right)}{2}$$

$$= \frac{-f\left(\frac{\pi}{2}-0\right)-f\left(\frac{\pi}{2}+0\right)}{2}$$

$$= \frac{-\frac{\pi}{2}-\pi}{2} = -\frac{3}{4}\pi$$

图 1-6-25 解图

答案：C

1-6-26 解：本题先从熟悉的结论着手考虑，逐一分析每一个结论。

选项 D 是正项级数的基本定理，因而正确，其余选项均错误。

选项 A，只在函数的连续点处级数收敛于$f(x)$。

选项 B，级数收敛，还需判定$\lim\limits_{n\to\infty} R_n(x) = 0$。

选项 C，可通过举反例说明，级数$\sum\frac{1}{n^2}$收敛，但$\sum\frac{1}{n}$发散。

答案：D

1-6-27 解：通过举例说明。

①取$u_n = 1$，级数$\sum\limits_{n=1}^{\infty} u_n = \sum\limits_{n=1}^{\infty} 1$，级数发散，而$\sum\limits_{n=1}^{\infty}(u_{2n}-u_{2n+1}) = \sum\limits_{n=1}^{\infty}(1-1) = \sum\limits_{n=1}^{\infty} 0$，级数收敛。

②取$u_n = 0$，$\sum\limits_{n=1}^{\infty} u_n = \sum\limits_{n=1}^{\infty} 0$，级数收敛，而$\sum\limits_{n=1}^{\infty}(u_{2n}-u_{2n+1}) = \sum\limits_{n=1}^{\infty} 0$，级数收敛。

答案：B

1-6-28 解：选项 A，判别法：对正项级数成立。而题中级数$\sum\limits_{n=1}^{\infty} v_n$、$\sum\limits_{n=1}^{\infty} u_n$不一定是正项级数，所以选项 A 的结论不一定成立。

选项 B，判别法：举例，设$u_n = -n$，$v_n = \frac{1}{n^3}$，则$|u_n \cdot v_n| = \left|-n\cdot\frac{1}{n^3}\right| = \left|\frac{-1}{n^2}\right| = \frac{1}{n^2}$，级数$\sum\limits_{n=1}^{\infty}|u_nv_n|$收敛，但$\sum\limits_{n=1}^{\infty}(-n)^2$发散，$\sum\limits_{n=1}^{\infty}\left(\frac{1}{n^3}\right)^2$收敛，故选项 B 也不成立。

选项 C，判别法：举例，当$u_n \geq \frac{1}{n}$，正项级数$\sum\limits_{n=1}^{\infty} u_n$发散，但若正项级数$\sum\limits_{n=1}^{\infty} u_n$发散，不一定有$u_n \geq \frac{1}{n}$。例$\sum\limits_{n=1}^{\infty}\frac{1}{3n}$发散，但$\frac{1}{3n} \leq \frac{1}{n}$，故选项 C 也不成立。

选项 D，正确。

因为$(|u_n|-|v_n|)^2 \geq 0$，而$|u_n|^2+|v_n|^2-2|u_n||v_n| \geq 0$，故$u_n^2+v_n^2 \geq 2|u_n||v_n|$。

由正项级数比较判别法（级数$\sum\limits_{n=1}^{\infty} u_n^2$和$\sum\limits_{n=1}^{\infty} v_n^2$都收敛，则级数$\sum\limits_{n=1}^{\infty}|u_n||v_n|$收敛），可知$\sum\limits_{n=1}^{\infty}|u_nv_n|$收敛，

所以$\sum\limits_{n=1}^{\infty} u_nv_n$也收敛（级数绝对收敛，原级数收敛）。

故$\sum\limits_{n=1}^{\infty}(u_n^2+v_n^2+2u_nv_n) = \sum\limits_{n=1}^{\infty}(u_n+v_n)^2$收敛。（级数收敛的运算性质）

答案：D

（七）常微分方程

1-7-1 微分方程$y\mathrm{d}x + (x - y)\mathrm{d}y = 0$的通解是：（$C$为任意常数）

    A. $\left(x - \dfrac{y}{2}\right)y = C$ B. $xy = C\left(x - \dfrac{y}{2}\right)$

    C. $xy = C$ D. $y = \dfrac{C}{\ln\left(x - \frac{y}{2}\right)}$

1-7-2 微分方程$(3 + 2y)x\mathrm{d}x + (1 + x^2)\mathrm{d}y = 0$的通解为：（$C$为任意常数）

    A. $1 + x^2 = Cy$ B. $(1 + x^2)(3 + 2y) = C$

    C. $(3 + 2y)^2 = \dfrac{c}{1+x^2}$ D. $(1 + x^2)^2(3 + 2y) = C$

1-7-3 微分方程$(1 + 2y)x\mathrm{d}x + (1 + x^2)\mathrm{d}y = 0$的通解为：（$C$为任意常数）

    A. $\dfrac{1+x^2}{1+2y} = C$ B. $(1 + x^2)(1 + 2y) = C$

    C. $(1 + 2y)^2 = \dfrac{c}{1+x^2}$ D. $(1 + x^2)^2(1 + 2y) = C$

1-7-4 微分方程$\cos y\mathrm{d}x + (1 + e^{-x})\sin y\mathrm{d}y = 0$满足初始条件$y|_{x=0} = \dfrac{\pi}{3}$的特解是：

    A. $\cos y = \dfrac{1}{4}(1 + e^x)$ B. $\cos y = 1 + e^x$

    C. $\cos y = 4(1 + e^x)$ D. $\cos^2 y = 1 + e^x$

1-7-5 微分方程$(1 + y)\mathrm{d}x - (1 - x)\mathrm{d}y = 0$的通解是：（$C$为任意常数）

    A. $\dfrac{1+y}{1-x} = C$ B. $1 + y = C(1 - x)^2$

    C. $(1 - x)(1 + y) = C$ D. $\dfrac{1+y}{1+x} = C$

1-7-6 微分方程$y' + \dfrac{1}{x}y = 2$满足初始条件$y|_{x=1} = 0$的特解是：

    A. $x - \dfrac{1}{x}$ B. $x + \dfrac{1}{x}$

    C. $x + \dfrac{C}{x}$，C为任意常数   D. $x + \dfrac{2}{x}$

1-7-7 方程$y' = P(x)y$的通解是：

    A. $y = e^{-\int P(x)\mathrm{d}x} + C$ B. $y = e^{\int P(x)\mathrm{d}x} + C$

    C. $y = Ce^{-\int P(x)\mathrm{d}x}$ D. $y = Ce^{\int P(x)\mathrm{d}x}$

1-7-8 已知一阶微分方程$x\dfrac{\mathrm{d}y}{\mathrm{d}x} = y\ln\dfrac{y}{x}$，问该方程的通解是下列函数中的哪个？

    A. $\ln\dfrac{y}{x} = x + 2$ B. $\ln\dfrac{y}{x} = cx + 1$

    C. $e^{\frac{y}{x}} = \dfrac{y}{x} + 2$ D. $\sin\dfrac{y}{x} = \dfrac{y}{x}$

1-7-9 微分方程$y\mathrm{d}x + (y^2x - e^y)\mathrm{d}y = 0$是下述哪种方程？

    A. 可分离变量方程   B. 一阶线性的微分方程

    C. 全微分方程   D. 齐次方程

1-7-10 下列一阶微分方程中，哪一个是一阶线性方程？

    A. $(xe^y - 2y)\mathrm{d}y + e^y\mathrm{d}x = 0$ B. $xy' + y = e^{x+y}$

    C. $\dfrac{x}{1+y}\mathrm{d}x - \dfrac{y}{1+x}\mathrm{d}y = 0$ D. $\dfrac{\mathrm{d}y}{\mathrm{d}x} = \dfrac{x+y}{x-y}$

1-7-11 若$y_2(x)$是线性非齐次方程$y' + P(x)y = Q(x)$的解，$y_1(x)$是对应的齐次方程$y' + P(x)y = 0$的解，则下列函数中哪一个是$y' + P(x)y = Q(x)$的解？

    A. $y = Cy_1(x) + y_2(x)$ B. $y = y_1(x) + C_2y_2(x)$

    C. $y = C[y_1(x) + y_2(x)]$ D. $y = C_1y(x) - y_2(x)$

1-7-12 若$y_1(x)$是线性非齐次方程$y' + P(x)y = Q(x)$的一个特解，则该方程的通解是下列中哪一个方程？

    A. $y = y_1(x) + e^{\int P(x)\mathrm{d}x}$ B. $y = y_1(x) + Ce^{-\int P(x)\mathrm{d}x}$

    C. $y = y_1(x) + e^{-\int P(x)\mathrm{d}x} + C$ D. $y = y_1(x) + Ce^{\int P(x)\mathrm{d}x}$

1-7-13 满足方程$f(x) + 2\int_0^x f(x)\mathrm{d}x = x^2$的解$f(x)$是：

    A. $-\frac{1}{2}e^{-2x} + x + \frac{1}{2}$ B. $\frac{1}{2}e^{-2x} + x - \frac{1}{2}$

    C. $Ce^{-2x} + x - \frac{1}{2}$ D. $Ce^{-2x} + x + \frac{1}{2}$

1-7-14 设$f(x)$、$f'(x)$为已知的连续函数，则微分方程$y' + f'(x)y = f(x)f'(x)$的通解是：

    A. $y = f(x) + Ce^{-f(x)}$ B. $y = f(x)e^{f(x)} - e^{f(x)} + C$

    C. $y = f(x) - 1 + Ce^{-f(x)}$ D. $y = f(x) - 1 + Ce^{f(x)}$

1-7-15 微分方程$y'' + ay'^2 = 0$满足条件$y|_{x=0} = 0$，$y'|_{x=0} = -1$的特解是：

    A. $\frac{1}{a}\ln|1 - ax|$ B. $\frac{1}{a}\ln|ax| + 1$

    C. $ax - 1$ D. $\frac{1}{a}x + 1$

1-7-16 微分方程$y'' = y'^2$的通解是：（C_1、C_2为任意常数）

    A. $\ln x + C$ B. $\ln(x + C)$

    C. $C_2 + \ln|x + C_1|$ D. $C_2 - \ln|x + C_1|$

1-7-17 微分方程$y'' = x + \sin x$的通解是：（C_1，C_2为任意常数）

    A. $\frac{1}{3}x^2 + \sin x + C_1x + C_2$ B. $\frac{1}{6}x^3 - \sin x + C_1x + C_2$

    C. $\frac{1}{2}x^2 - \cos x + C_1x - C_2$ D. $\frac{1}{2}x^2 + \sin x - C_1x + C_2$

1-7-18 设$f_1(x)$和$f_2(x)$为二阶常系数线性齐次微分方程$y'' + py' + q = 0$的两个特解，若由$f_1(x)$和$f_2(x)$能构成该方程的通解，下列哪个方程是其充分条件？

    A. $f_1(x)f_2'(x) - f_2(x)f_1'(x) = 0$

    B. $f_1(x)f_2'(x) - f_2(x)f_1'(x) \neq 0$

    C. $f_1(x)f_2'(x) + f_2(x)f_1'(x) = 0$

    D. $f_1(x)f_2'(x) + f_2(x)f_1'(x) \neq 0$

1-7-19 微分方程$y'' + 2y = 0$的通解是：

    A. $y = A\sin 2x$ B. $y = A\cos x$

    C. $y = \sin\sqrt{2}x + B\cos\sqrt{2}x$ D. $y = A\sin\sqrt{2}x + B\cos\sqrt{2}x$

1-7-20 下列函数中不是方程$y'' - 2y' + y = 0$的解的函数是：

    A. x^2e^x B. e^x C. xe^x D. $(x + 2)e^x$

1-7-21 微分方程 $y'' - 6y' + 9y = 0$，在初始条件 $y'|_{x=0} = 2$，$y|_{x=0} = 0$ 下的特解为：

　　A. $\frac{1}{2}xe^{2x} + C$ 　　　　　　　　　　B. $\frac{1}{2}xe^{3x} + C$

　　C. $2x$ 　　　　　　　　　　　　　　D. $2xe^{3x}$

1-7-22 函数 $y = C_1 e^{2x+C_2}$（其中 C_1、C_2 是任意常数）是微分方程 $\frac{d^2y}{dx^2} - \frac{dy}{dx} - 2y = 0$ 的哪一种解？

　　A. 通解 　　　　　　　　　　　　　B. 特解

　　C. 不是解 　　　　　　　　　　　　D. 是解，但不是通解也不是特解

1-7-23 已知 $r_1 = 3$，$r_2 = -3$ 是方程 $y'' + py' + qy = 0$（p 和 q 是常数）的特征方程的两个根，则该微分方程是下列中哪个方程？

　　A. $y'' + 9y' = 0$ 　　　　　　　　　B. $y'' - 9y' = 0$

　　C. $y'' + 9y = 0$ 　　　　　　　　　D. $y'' - 9y = 0$

1-7-24 设线性无关函数 y_1、y_2、y_3 都是二阶非齐次线性方程 $y'' + P(x)y' + Q(x)y = f(x)$ 的解，C_1、C_2 是待定常数。则此方程的通解是：

　　A. $C_1 y_1 + C_2 y_2 + y_3$ 　　　　　　　B. $C_1 y_1 + C_2 y_2 - (C_1 + C_3)y_3$

　　C. $C_1 y_1 + C_2 y_2 - (1 - C_1 - C_2)y_3$ 　　D. $C_1 y_1 + C_2 y_2 + (1 - C_1 - C_2)y_3$

1-7-25 微分方程 $y'' - 4y = 4$ 的通解是：（C_1，C_2 为任意常数）

　　A. $C_1 e^{2x} - C_2 e^{-2x} + 1$ 　　　　　　B. $C_1 e^{2x} + C_2 e^{-2x} - 1$

　　C. $e^{2x} - e^{-2x} + 1$ 　　　　　　　　D. $C_1 e^{2x} + C_2 e^{-2x} - 2$

1-7-26 微分方程 $y'' - 4y = 6$ 的通解是：（C_1，C_2 为任意常数）

　　A. $C_1 e^{2x} - C_2 e^{-2x} + \frac{3}{2}$ 　　　　　B. $C_1 e^{2x} + C_2 e^{-2x} - \frac{3}{2}$

　　C. $e^{2x} - e^{-2x} + 1$ 　　　　　　　　D. $C_1 e^{2x} + C_2 e^{-2x} - 2$

1-7-27 已知 $y_1(x)$ 与 $y_2(x)$ 是方程 $y'' + P(x)y' + Q(x)y = 0$ 的两个线性无关的特解，$Y_1(x)$ 和 $Y_2(x)$ 分别是方程 $y'' + P(x)y' + Q(x)y = R_1(x)$ 和 $y'' + P(x)y' + Q(x)y = R_2(x)$ 的特解。那么方程 $y'' + P(x)y' + Q(x)y = R_1(x) + R_2(x)$ 的通解应是：

　　A. $C_1 y_1 + C_2 y_2$ 　　　　　　　　B. $C_1 Y_1(x) + C_2 Y_2(x)$

　　C. $C_1 y_1 + C_2 y_2 + Y_1(x)$ 　　　　　D. $C_1 y_1 + C_2 y_2 + Y_1(x) + Y_2(x)$

题解及参考答案

1-7-1 **解：**将微分方程化成 $\frac{dx}{dy} + \frac{1}{y}x = 1$，方程为一阶线性方程。

其中 $P(y) = \frac{1}{y}$，$Q(y) = 1$

代入求通解公式 $x = e^{-\int P(y)dy}\left[\int Q(y)e^{\int P(y)dy}dy + C\right]$

计算如下：$x = e^{-\int \frac{1}{y}dy}\left(\int e^{\int \frac{1}{y}dy}dy + C\right) = e^{-\ln y}\left(\int e^{\ln y}dy + C\right) = \frac{1}{y}\left(\int ydy + C\right) = \frac{1}{y}\left(\frac{1}{2}y^2 + C\right)$

变形得 $xy = \frac{1}{2}y^2 + C$，$\left(x - \frac{y}{2}\right)y = C$

或将方程化为齐次方程 $\frac{dy}{dx} = -\frac{\frac{y}{x}}{1 - \frac{y}{x}}$ 计算。

　　答案： A

1-7-2　解： 方程的类型为可分离变量方程，将方程分离变量得 $-\frac{1}{3+2y}dy = \frac{x}{1+x^2}dx$，两边积分：

$$-\int \frac{1}{3+2y}dy = \int \frac{x}{1+x^2}dx$$

$$-\frac{1}{2}\int \frac{1}{3+2y}d(3+2y) = \frac{1}{2}\int \frac{1}{1+x^2}d(x^2+1)$$

$$-\frac{1}{2}\ln(3+2y) = \frac{1}{2}\ln(1+x^2) + C$$

$\frac{1}{2}\ln(1+x^2) + \frac{1}{2}\ln(3+2y) = -C$，则 $\ln(1+x^2) + \ln(3+2y) = -2C$，令 $-2C = \ln C_1$，则 $\ln(1+x^2) + \ln(3+2y) = \ln C_1$，故 $(1+x^2)(3+2y) = C_1$。

答案： B

1-7-3　解： 方程为一阶可分离变量方程，分离变量后求解。

$$(1+2y)xdx + (1+x^2)dy = 0$$

$$\frac{x}{1+x^2}dx + \frac{1}{1+2y}dy = 0$$

$$\int \frac{x}{1+x^2}dx + \int \frac{1}{1+2y}dy = 0$$

$$\frac{1}{2}\ln(1+x^2) + \frac{1}{2}\ln(1+2y) = \ln C$$

$$\ln(1+x^2) + \ln(1+2y) = 2\ln C$$

故 $(1+x^2)(1+2y) = C_1$，其中 $C_1 = C^2$。

答案： B

1-7-4　解： 本题为一阶可分离变量方程，分离变量后两边积分求解。

$$\cos y dx + (1+e^{-x})\sin y dy = 0$$

$$\frac{1}{1+e^{-x}}dx + \frac{\sin y}{\cos y}dy = 0$$

$$\frac{e^x}{1+e^x}dx + \frac{\sin y}{\cos y}dy = 0$$

$$\int \frac{e^x}{1+e^x}dx + \int \frac{\sin y}{\cos y}dy = C_1$$

$$\int \frac{1}{1+e^x}d(e^{x+1}) - \int \frac{1}{\cos y}d\cos y = C_1$$

$\ln(1+e^x) - \ln\cos y = \ln C_1$，$\ln\frac{e^x+1}{\cos y} = \ln C_1$，所以 $\frac{e^x+1}{\cos y} = C$

代入初始条件 $x = 0$，$y = \frac{\pi}{3}$，得 $C = 4$

因此 $\frac{e^x+1}{\cos y} = 4$，即 $\cos y = \frac{1}{4}(1+e^x)$

答案： A

1-7-5　解： 此题为一阶可分离变量方程，分离变量后，两边积分。

微分方程 $(1+y)dx - (1-x)dy = 0$，$\frac{1}{1-x}dx - \frac{1}{1+y}dy = 0$。

两边积分：$-\ln(1-x) - \ln(1+y) = -\ln c$，$(1-x)(1+y) = C$。

答案： C

1-7-6　解： 此题为一阶线性非齐次微分方程，直接代入公式计算，设方程为$y' + P(x)y = Q(x)$，则通解$y = e^{-\int P(x)dx}\left[\int Q(x)e^{\int P(x)dx}dx + C\right]$，本题$P(x) = \frac{1}{x}$，$Q(x) = 2$，代入公式：

$$y = e^{-\int \frac{1}{x}dx}\left[\int 2e^{\int \frac{1}{x}dx}dx + C\right]$$

$$= e^{-\ln x}\left[\int 2e^{\ln x}dx + C\right] = \frac{1}{x}\left(\int 2xdx + C\right) = \frac{1}{x}(x^2 + C)$$

代入初始条件，当$x = 1$，$y = 0$，即$0 = \frac{1}{1}(1 + C)$，得$C = -1$，故$y = x - \frac{1}{x}$。

答案： A

1-7-7　解： 方程$y' = P(x)y$为一阶可分离变量方程。

分离变量，$\frac{1}{y}dy = P(x)dx$

两边积分，$\ln y = \int P(x)dx + C$

$$y = e^{\int P(x)dx + C} = e^C e^{\int P(x)dx} = C_1 e^{\int P(x)dx}$$

答案： D

1-7-8　解： 方程$\frac{dy}{dx} = \frac{y}{x}\ln\frac{y}{x}$是一阶齐次方程，设$u = \frac{y}{x}$，$y = xu$，$\frac{dy}{dx} = u + x\frac{du}{dx}$，代入化为可分离变量方程：

$$u + x\frac{du}{dx} = u\ln u，\ x\frac{du}{dx} = u\ln u - u，\ x\frac{du}{dx} = u(\ln u - 1)，\ \frac{du}{u(\ln u - 1)} = \frac{dx}{x}$$

$$\ln(\ln u - 1) = \ln x + \ln C，\ \ln u - 1 = Cx，\ \ln u = Cx + 1，\ 即\ln\frac{y}{x} = Cx + 1$$

答案： B

1-7-9　解： 方程可化为$x' + P(y)x = Q(y)$的形式：

$$ydx + (y^2x - e^y)dy = 0，\ \frac{dx}{dy} + yx - \frac{1}{y}e^y = 0，\ \frac{dx}{dy} + yx = \frac{1}{y}e^y$$

方程为一阶线性非齐次方程，即一阶线性方程。

答案： B

1-7-10　解： 把一阶方程化为$x' + P(y)x = Q(y)$的形式，把方程$(xe^y - 2y)dy + e^y dx = 0$变形得：

$$xe^y - 2y + e^y\frac{dx}{dy} = 0，\ e^y\frac{dx}{dy} + xe^y = 2y，\ \frac{dx}{dy} + x = 2ye^{-y}$$

方程为一阶线性方程。

答案： A

1-7-11　解： 由一阶线性非齐次方程通解的结构确定，即由对应齐次方程的通解$Cy_1(x)$加上非齐次的一特解$y_2(x)$组成，即$y = Cy_1(x) + y_2(x)$。

答案： A

1-7-12　解： 非齐次方程的通解是由齐次方程的通解加非齐次方程的特解构成，令$Q(x) = 0$，求对应齐次方程$y' + P(x)y = 0$的通解。

$$\frac{dy}{dx} = -P(x) \cdot y，\ \frac{1}{y}dy = -P(x)dx，\ \ln y = -\int P(x)dx + C$$

$$y = e^{-\int P(x)dx + C} = e^C \cdot e^{-\int P(x)dx} = C_1 e^{-\int P(x)dx}\quad (C_1 = e^C)$$

齐次方程的通解$y = Ce^{-\int P(x)\mathrm{d}x}$，非齐次方程的通解$y = y_1(x) + Ce^{-\int P(x)\mathrm{d}x}$。

答案： B

1-7-13 解： 对方程两边求导，得一阶线性方程$f'(x) + 2f(x) = 2x$，求通解。

设$y = f(x)$，$y' = f'(x)$，$y' + 2y = 2x$

$$y = e^{-\int 2\mathrm{d}x}\left[\int 2xe^{\int 2\mathrm{d}x}\,\mathrm{d}x + C\right] = e^{-2x}\left[\int 2xe^{2x}\,\mathrm{d}x + C\right] = e^{-2x}\left(xe^{2x} - \frac{1}{2}e^{2x} + C\right) = x - \frac{1}{2} + Ce^{-2x}$$

故$f(x) = x - \frac{1}{2} + Ce^{-2x}$

答案： C

1-7-14 解： 对关于y、y'的一阶线性方程求通解。其中$P(x) = f'(x)$，$Q(x) = f(x) \cdot f'(x)$，利用

公式$y = e^{-\int P(x)\mathrm{d}x}\left[\int Q(x)e^{\int P(x)\mathrm{d}x}\,\mathrm{d}x + C\right]$求通解，即：

$$y = e^{-\int f'(x)\mathrm{d}x}\left[\int f(x) \cdot f'(x)e^{\int f'(x)\mathrm{d}x}\,\mathrm{d}x + C\right] = e^{-f(x)}\left[\int f(x) \cdot f'(x)e^{f(x)}\,\mathrm{d}x + C\right]$$

$$= e^{-f(x)}\left[\int f(x)e^{f(x)}\mathrm{d}f(x) + C\right] = e^{-f(x)}\left[\int f(x)\mathrm{d}e^{f(x)} + C\right] = e^{-f(x)}\left[f(x)e^{f(x)} - \int e^{f(x)}f'(x)\mathrm{d}x + C\right]$$

$$= e^{-f(x)}\left[f(x)e^{f(x)} - e^{f(x)} + C\right] = f(x) - 1 + Ce^{-f(x)}$$

答案： C

1-7-15 解： 本题为可降阶的高阶微分方程，按不显含变量y计算。设$y' = P$，$y'' = P'$，方程化为$P' + aP^2 = 0$，$\frac{\mathrm{d}P}{\mathrm{d}t} = -aP^2$，分离变量，$\frac{1}{P^2}\mathrm{d}P = -a\mathrm{d}x$，积分得$-\frac{1}{P} = -ax + C_1$，代入初始条件$x = 0$，$P = y' = -1$，得$C_1 = 1$，即$-\frac{1}{P} = -ax + 1$，$P = \frac{1}{ax-1}$，$\frac{\mathrm{d}y}{\mathrm{d}x} = \frac{1}{ax-1}$，求出通解，代入初始条件，求出特解。

即$y = \int \frac{1}{ax-1}\mathrm{d}x = \frac{1}{a}\ln|ax - 1| + C$，代入初始条件$x = 0$，$y = 0$，得$C = 0$。

故特解为$y = \frac{1}{a}\ln|1 - ax|$。

答案： A

1-7-16 解： 此题为可降阶的高阶微分方程，按方程不显含变量y计算。

设$y' = p$，$y'' = p'$，则方程为$p' = p^2$，$\frac{\mathrm{d}p}{\mathrm{d}x} = p^2$，$\frac{1}{p^2}\mathrm{d}p = \mathrm{d}x$

得$-\frac{1}{p} = x + C_1$，即$p = -\frac{1}{x+C_1}$

$\frac{\mathrm{d}y}{\mathrm{d}x} = -\frac{1}{x+C_1}$，$y = -\int \frac{1}{x+C_1}\mathrm{d}x$，得$y = -\ln|x + C_1| + C_2$

答案： D

1-7-17 解： 本题为可降阶的高阶微分方程，连续积分二次，得通解。

$$y'' = x + \sin x，\ y' = \int (x + \sin x)\mathrm{d}x = \frac{1}{2}x^2 - \cos x + C_1$$

$$y = \int \left(\frac{1}{2}x^2 - \cos x + C_1\right)\mathrm{d}x = \frac{1}{6}x^3 - \sin x + C_1 x + C_2$$

答案： B

1-7-18 解： 二阶线性齐次方程通解的结构要求$f_1(x)$，$f_2(x)$线性无关，即$\frac{f_2}{f_1} \neq$常数，两边求导$\left(\frac{f_2}{f_1}\right)' \neq 0$。即$\frac{f_2'f_1 - f_2f_1'}{f_1^2} \neq 0$，要求$f_2'f_1 - f_2f_1' \neq 0$。

答案： B

1-7-19 解：写出微分方程对应的特征方程$r^2 + 2 = 0$，得$r = \pm\sqrt{2}i$，即$\alpha = 0$，$\beta = \sqrt{2}$，写出通解$y = A\sin\sqrt{2}x + B\cos\sqrt{2}x$。

答案：D

1-7-20 解：方法 1，方程为二阶常系数线性齐次方程，对应特征方程为$r^2 - 2r + 1 = 0$，$r = 1$（二重根）。

通解$y = (C_1 + C_2x)e^x$　（其中C_1，C_2为任意常数）

令C_1，C_2为一些特殊值，可验证选项 B、C、D 均为方程的解。C_1，C_2无论取何值均得不出选项 A，所以 A 不满足。

方法 2，把选项 A 设为函数，即$y = x^2e^x$，对函数y，求y'、y''后代入方程$y'' - 2y' + y = 0$，不满足微分方程，因此选项 A 不满足。

答案：A

1-7-21 解：先求出二阶常系数齐次方程的通解，代入初始条件，求出通解中的C_1、C_2值，得特解，即$y'' - 6y' + 9y = 0$，$r^2 - 6r + 9 = 0$，$r_1 = r_2 = 3$，$y = (C_1 + C_2x)e^{3x}$。

当$x = 0$，$y = 0$，代入得$C_1 = 0$，即$y = C_2xe^{3x}$。

由$y' = C_2(e^{3x} + 3xe^{3x}) = C_2e^{3x}(1 + 3x)$，当$x = 0$，$y' = 2$，代入得$C_2 = 2$，则$y = 2xe^{3x}$。

答案：D

1-7-22 解：经验证$y = C_1e^{2x+C_2} = C_1e^{C_2} \cdot e^{2x} = C_3e^{2x}(C_3 = C_1e^{C_2})$，$y = C_3e^{2x}$是方程的解，但不是通解，也不是特解。（解中不含两个独立的任意常数，因而不是通解，另外，题中未给出初始条件，因而解也不是特解。）

答案：D

1-7-23 解：利用$r_1 = 3$，$r_2 = -3$写出对应的特征方程。$(r - 3)(r + 3) = 0$，得到$r^2 - 9 = 0$，即$y'' - 9y = 0$。

答案：D

1-7-24 解：可验证$y_1 - y_3$，$y_2 - y_3$为对应齐次方程的解，还可验证$y_1 - y_3$，$y_2 - y_3$线性无关，所以$C_1(y_1 - y_3) + C_2(y_2 - y_3)$是对应二阶线性齐次方程的通解，$y_3$是二阶非齐次方程的一个特解。方程通解$y = C_1(y_1 - y_3) + C_2(y_2 - y_3) + y_3$，整理$y = C_1y_1 + C_2y_2 + (1 - C_1 - C_2)y_3$。

答案：D

1-7-25 解：本题为二阶常系数线性非齐次方程。

非齐次通解$y=$齐次的通解$Y +$非齐次一个特解y^*，$y'' - 4y = 0$，特征方程$r^2 - 4 = 0$，$r = \pm 2$。齐次通解为$y = C_1e^{-2x} + C_2e^{2x}$。

将$y^* = -1$代入非齐次方程，满足方程，为非齐次特解。

故通解$y = C_1e^{2x} + C_2e^{-2x} - 1$。

答案：B

1-7-26 解：①求对应齐次方程通解。$r^2 - 4 = 0$，$r = \pm 2$，通解$y = C_1e^{-2x} + C_2e^{2x}$。

②把$y = -\frac{3}{2}$代入方程检验，得非齐次特解$y^* = -\frac{3}{2}$。

③非齐次通解=齐次通解+非齐次一个特解。

故方程通解$y = C_1e^{-2x} + C_2e^{2x} - \frac{3}{2}$。

答案： B

1-7-27　解： 按二阶线性非齐次方程通解的结构，写出对应二阶线性齐次方程的通解和非齐次方程的一个特解，得到非齐次方程的通解，因为$y_1(x)$与$y_2(x)$是方程$y'' + P(x)y' + Q(x)y = 0$的两个线性无关的解，那么$C_1y_1 + C_2y_2$为齐次方程的通解。由二阶线性非齐次方程解的性质，可知$Y_1(x)$是方程$y'' + P(x)y + Q(x) = R_1(x)$的特解，$Y_2(x)$是方程$y'' + P(x)y + Q(x) = R_2(x)$的特解，$Y_1(x) + Y_2(x)$为方程$y'' + P(x)y + Q(x)y = R_1(x) + R_2(x)$的一个特解，所以方程的通解为$y = C_1y_1 + C_2y_2 + y_1(x) + y_2(x)$。其中，$Y_1(x) + Y_2(x)$为方程$y'' + P(x)y' + Q(x)y = R_1(x) + R_2(x)$的一个特解。

答案： D

（八）线性代数

1-8-1　设行列式$\begin{vmatrix} 2 & 1 & 3 & 4 \\ 1 & 0 & 2 & 0 \\ 1 & 5 & 2 & 1 \\ -1 & 1 & 5 & 2 \end{vmatrix}$，$A_{ij}$表示行列式元素$a_{ij}$的代数余子式，则$A_{13} + 4A_{33} + A_{43}$等于：

  A. -2 B. 2 C. -1 D. 1

1-8-2　已知行列式$D = \begin{vmatrix} a & b & c & d \\ b & a & c & d \\ d & a & c & b \\ d & b & c & a \end{vmatrix}$，则$A_{11} + A_{21} + A_{31} + A_{41}$等于：

  A. $a - b$ B. 0 C. $a - d$ D. $b - d$

1-8-3　设$D = \begin{vmatrix} 1 & 5 & 7 & 0 \\ 2 & 0 & 3 & 6 \\ 1 & 2 & 3 & 4 \\ 2 & 2 & 2 & 2 \end{vmatrix}$，求$A_{11} + A_{12} + A_{13} + A_{14} = （\qquad）$。其中$A_{1j}$为元素$a_{1j}(j = 1,2,3,4)$的代数余子式。

  A. -1 B. 1 C. 0 D. -2

1-8-4　设$\boldsymbol{A}$为n阶方阵，$\boldsymbol{B}$是只对调$\boldsymbol{A}$的一、二列所得的矩阵，若$|\boldsymbol{A}| \neq |\boldsymbol{B}|$，则下面结论中一定成立的是：

  A. $|\boldsymbol{A}|$可能为0 B. $|\boldsymbol{A}| \neq 0$ C. $|\boldsymbol{A} + \boldsymbol{B}| \neq 0$ D. $|\boldsymbol{A} - \boldsymbol{B}| \neq 0$

1-8-5　设$\boldsymbol{A}$是m阶矩阵，$\boldsymbol{B}$是n阶矩阵，行列式$\begin{vmatrix} \boldsymbol{0} & \boldsymbol{A} \\ \boldsymbol{B} & \boldsymbol{0} \end{vmatrix}$等于：

  A. $-|\boldsymbol{A}||\boldsymbol{B}|$ B. $|\boldsymbol{A}||\boldsymbol{B}|$

  C. $(-1)^{m+n}|\boldsymbol{A}||\boldsymbol{B}|$ D. $(-1)^{mn}|\boldsymbol{A}||\boldsymbol{B}|$

1-8-6　设$\boldsymbol{A} = \begin{bmatrix} a_1b_1 & a_1b_2 & \cdots & a_1b_n \\ a_2b_1 & a_2b_2 & \cdots & a_2b_n \\ \vdots & \vdots & \vdots & \vdots \\ a_nb_1 & a_nb_2 & \cdots & a_nb_n \end{bmatrix}$，其中$a_i \neq 0$，$b_i \neq 0(i = 1,2\cdots,n)$，则矩阵$\boldsymbol{A}$的秩等于：

  A. n B. 0 C. 1 D. 2

1-8-7　设 $A = \begin{bmatrix} a_1 & b_1 & c_1 & d_1 \\ a_2 & b_2 & c_2 & d_2 \\ a_3 & b_3 & c_3 & d_3 \\ a_4 & b_4 & c_4 & d_4 \end{bmatrix}$，$B = \begin{bmatrix} a_1 & b_1 & c_1 & e_1 \\ a_2 & b_2 & c_2 & e_2 \\ a_3 & b_3 & c_3 & e_3 \\ a_4 & b_4 & c_4 & e_4 \end{bmatrix}$，且 $|A| = 5$，$|B| = 1$，则 $|A + B|$ 的值是：

A. 24　　　　　　　　B. 36　　　　　　　　C. 12　　　　　　　　D. 48

1-8-8　设 A 是一个 n 阶方阵，已知 $|A| = 2$，则 $|-2A|$ 等于：

A. $(-2)^{n+1}$　　　　B. $(-1)^n 2^{n+1}$　　　　C. -2^{n+1}　　　　D. -2^2

1-8-9　设 A 为三阶方阵，且 $|A| = 3$，则 $\left|\left(\frac{1}{2}A^2\right)\right| =$

A. $\frac{9}{8}$　　　　　　　　B. $\frac{9}{2}$　　　　　　　　C. $\frac{9}{64}$　　　　　　　　D. $\frac{3}{2}$

1-8-10　设 A、B 都是 n 阶可逆矩阵，则 $\left|(-3)\begin{bmatrix} A^T & 0 \\ 0 & B^{-1} \end{bmatrix}\right| =$

A. $(-3)^n |A| |B|^{-1}$　　　　　　　　　　B. $-3 |A|^T |B|^T$

C. $-3 |A|^T |B|^{-1}$　　　　　　　　　　D. $(-3)^{2n} |A| |B|^{-1}$

1-8-11　设 $A_{m \times n}$，$B_{n \times m} (m \neq n)$，则下列运算结果不为 n 阶方阵的是：

A. BA　　　　　　　B. AB　　　　　　　C. $(BA)^T$　　　　　　　D. $A^T B^T$

1-8-12　方程 $\begin{bmatrix} 2 & 5 \\ 1 & 3 \end{bmatrix} X = \begin{bmatrix} 4 & -6 \\ 2 & 1 \end{bmatrix}$ 的解 X 是：

A. $\begin{bmatrix} 8 & -23 \\ 0 & 2 \end{bmatrix}$　　　B. $\begin{bmatrix} 2 & -23 \\ 0 & 8 \end{bmatrix}$　　　C. $\begin{bmatrix} 22 & -10 \\ 8 & 4 \end{bmatrix}$　　　D. $\begin{bmatrix} 1 & 2 \\ 3 & 4 \end{bmatrix}$

1-8-13　设 α_1，α_2，α_3 是三维列向量，$|A| = |\alpha_1, \alpha_2, \alpha_3|$，则与 $|A|$ 相等的是：

A. $|\alpha_2, \alpha_1, \alpha_3|$　　　　　　　　B. $|-\alpha_2, \ -\alpha_3, \ -\alpha_1|$

C. $|\alpha_1 + \alpha_2, \ \alpha_2 + \alpha_3, \ \alpha_3 + \alpha_1|$　　　　D. $|\alpha_1, \ \alpha_2, \ \alpha_3 + \alpha_2 + \alpha_1|$

1-8-14　设 A 是 3 阶矩阵，矩阵 A 的第 1 行的 2 倍加到第 2 行，得矩阵 B，则下列选项中成立的是：

A. B 的第 1 行的 -2 倍加到第 2 行得 A

B. B 的第 1 列的 -2 倍加到第 2 列得 A

C. B 的第 2 行的 -2 倍加到第 1 行得 A

D. B 的第 2 列的 -2 倍加到第 1 列得 A

1-8-15　设 A 为 $m \times n$ 矩阵，则齐次线性方程组 $Ax = 0$ 有非零解的充分必要条件是：

A. 矩阵 A 的任意两个列向量线性相关

B. 矩阵 A 的任意两个列向量线性无关

C. 矩阵 A 的任一列向量是其余列向量的线性组合

D. 矩阵 A 必有一个列向量是其余列向量的线性组合

1-8-16　设 A 是 $m \times n$ 的非零矩阵，B 是 $n \times l$ 非零矩阵，满足 $AB = 0$，以下选项中不一定成立的是：

A. A 的行向量组线性相关　　　　　　B. A 的列向量组线性相关

C. B 的行向量组线性相关　　　　　　D. $R(A) + R(B) \leq n$

1-8-17　设 A，B 为 n 阶方阵，$A \neq 0$，且 $AB = 0$，则：

A. $\boldsymbol{B} = \boldsymbol{0}$ B. $|\boldsymbol{B}| = 0$或$|\boldsymbol{A}| = 0$

C. $\boldsymbol{BA} = \boldsymbol{0}$ D. $(\boldsymbol{A} + \boldsymbol{B})^2 = \boldsymbol{A}^2 + \boldsymbol{B}^2$

1-8-18 设$\boldsymbol{A}$，$\boldsymbol{B}$，$\boldsymbol{A} + \boldsymbol{B}$，$\boldsymbol{A}^{-1} + \boldsymbol{B}^{-1}$均为$n$阶可逆矩阵，则$(\boldsymbol{A}^{-1} + \boldsymbol{B}^{-1})^{-1}$为：

   A. $\boldsymbol{A}^{-1} + \boldsymbol{B}^{-1}$ B. $\boldsymbol{A} + \boldsymbol{B}$ C. $\boldsymbol{A}(\boldsymbol{A} + \boldsymbol{B})^{-1}\boldsymbol{B}$ D. $(\boldsymbol{A} + \boldsymbol{B})^{-1}$

1-8-19 已知矩阵$\boldsymbol{A} = \begin{bmatrix} 1 & 0 & 0 \\ 0 & 1 & 2 \\ 0 & 2 & 4 \end{bmatrix}$，则$\boldsymbol{A}$的秩$r(\boldsymbol{A}) =$

   A. 0   B. 1   C. 2   D. 3

1-8-20 设$\boldsymbol{A} = \begin{bmatrix} 1 & -1 & 2 \\ 2 & 1 & 1 \\ -1 & 1 & -2 \end{bmatrix}$，$\boldsymbol{B} = \begin{bmatrix} 2 & \alpha & 1 \\ 0 & 3 & \alpha \\ 0 & 0 & -1 \end{bmatrix}$，则秩$R(\boldsymbol{AB} - \boldsymbol{A})$等于：

   A. 1   B. 2   C. 3   D. 与α的取值有关

1-8-21 已知$\boldsymbol{P} = \begin{bmatrix} 0 & 0 & 1 \\ 0 & 1 & 0 \\ 1 & 0 & 0 \end{bmatrix}$，$\boldsymbol{PA} = \begin{bmatrix} 1 & 2 & 0 & 5 \\ 1 & -2 & 3 & 6 \\ 2 & 0 & 1 & 5 \end{bmatrix}$，则$R(\boldsymbol{A})$为：

   A. 1   B. 2   C. 3   D. 4

1-8-22 设$\boldsymbol{\beta}_1$，$\boldsymbol{\beta}_2$是线性方程组$\boldsymbol{Ax} = \boldsymbol{b}$的两个不同的解，$\boldsymbol{\alpha}_1$、$\boldsymbol{\alpha}_2$是导出组$\boldsymbol{Ax} = \boldsymbol{0}$的基础解系，$k_1$、$k_2$是任意常数，则$\boldsymbol{Ax} = \boldsymbol{b}$的通解是：

   A. $\frac{\boldsymbol{\beta}_1 - \boldsymbol{\beta}_2}{2} + k_1\boldsymbol{\alpha}_1 + k_2(\boldsymbol{\alpha}_1 - \boldsymbol{\alpha}_2)$ B. $\boldsymbol{\alpha}_1 + k_1(\boldsymbol{\beta}_1 - \boldsymbol{\beta}_2) + k_2(\boldsymbol{\alpha}_1 - \boldsymbol{\alpha}_2)$

   C. $\frac{\boldsymbol{\beta}_1 + \boldsymbol{\beta}_2}{2} + k_1\boldsymbol{\alpha}_1 + k_2(\boldsymbol{\alpha}_1 - \boldsymbol{\alpha}_2)$ D. $\frac{\boldsymbol{\beta}_1 + \boldsymbol{\beta}_2}{2} + k_1\boldsymbol{\alpha}_1 + k_2(\boldsymbol{\beta}_1 - \boldsymbol{\beta}_2)$

1-8-23 设$\boldsymbol{A}$，$\boldsymbol{B}$是n阶矩阵，且$\boldsymbol{B} \neq \boldsymbol{0}$，满足$\boldsymbol{AB} = \boldsymbol{0}$，则以下选项中错误的是：

   A. $R(\boldsymbol{A}) + R(\boldsymbol{B}) \leqslant n$ B. $|\boldsymbol{A}| = 0$或$|\boldsymbol{B}| = 0$

   C. $0 \leqslant R(\boldsymbol{A}) < n$ D. $\boldsymbol{A} = \boldsymbol{0}$

1-8-24 设$\boldsymbol{B}$是三阶非零矩阵，已知$\boldsymbol{B}$的每一列都是方程组$\begin{cases} x_1 + 2x_2 - 2x_3 = 0 \\ 2x_1 - x_2 + tx_3 = 0 \\ 3x_1 + x_2 - x_3 = 0 \end{cases}$的解，则$t$等于：

   A. 0   B. 2   C. -1 D. 1

1-8-25 设$\boldsymbol{A}$和$\boldsymbol{B}$都是n阶方阵，已知$|\boldsymbol{A}| = 2$，$|\boldsymbol{B}| = 3$，则$|\boldsymbol{BA}^{-1}|$等于：

   A. $\frac{2}{3}$ B. $\frac{3}{2}$ C. 6   D. 5

1-8-26 设$\boldsymbol{A}$为矩阵，$\boldsymbol{\alpha}_1 = \begin{bmatrix} 1 \\ 0 \\ 2 \end{bmatrix}$，$\boldsymbol{\alpha}_2 = \begin{bmatrix} 0 \\ 1 \\ -1 \end{bmatrix}$都是线性方程组$\boldsymbol{Ax} = \boldsymbol{0}$的解，则矩阵$\boldsymbol{A}$为：

   A. $\begin{bmatrix} 0 & 1 & -1 \\ 4 & -2 & -2 \\ 0 & 1 & 1 \end{bmatrix}$ B. $\begin{bmatrix} 2 & 0 & -1 \\ 0 & 1 & 1 \end{bmatrix}$ C. $\begin{bmatrix} -1 & 0 & 2 \\ 0 & 1 & -1 \end{bmatrix}$ D. $[-2, 1, 1]$

1-8-27 以下结论中哪一个是正确的？

   A. 若方阵$\boldsymbol{A}$的行列式$|\boldsymbol{A}| = 0$，则$\boldsymbol{A} = \boldsymbol{0}$

   B. 若$\boldsymbol{A}^2 = \boldsymbol{0}$，则$\boldsymbol{A} = \boldsymbol{0}$

C. 若A为对称阵，则A^2也是对称阵

D. 对任意的同阶方阵A、B有$(A+B)(A-B)=A^2-B^2$

1-8-28 矩阵$A = \begin{bmatrix} 1 & 2 & 0 & 0 & 1 \\ 0 & 3 & 7 & 2 & 0 \\ 1 & 1 & 0 & 0 & 3 \\ 2 & 1 & 0 & 6 & 6 \end{bmatrix}$的秩 =

A. 4　　　　　　　B. 3　　　　　　　C. 2　　　　　　　D. 1

1-8-29 设A、B均为n阶非零矩阵，且$AB=0$，则$R(A)$，$R(B)$满足：

　　A. 必有一个等于 0　　　　　　　B. 都小于n

　　C. 一个小于n，一个等于n　　　D. 都等于n

1-8-30 若A是n阶方阵，且$R(A) < n$，则线性方程组$Ax = 0$：

　　A. 有唯一解　　　　　　　　　　B. 有无穷多解

　　C. 无解　　　　　　　　　　　　D. 以上选项皆不对

1-8-31 非齐次线性方程组$\begin{cases} x_1 - x_2 + 6x_3 = 0 \\ 4x_2 - 8x_3 = -4 \\ x_1 + 3x_2 - 2x_3 = a \end{cases}$　有解时，a应取下列何值？

A. -2　　　　　　B. -4　　　　　　C. -6　　　　　　D. -8

1-8-32 设A为n阶方阵，且$R(A) = n-1$，α_1，α_2是$Ax = b$两个不同的解向量，则$Ax = 0$的通解为：

A. $K\alpha_1$　　　　B. $K\alpha_2$　　　　C. $K(\alpha_1 - \alpha_2)$　　　D. $K(\alpha_1 + \alpha_2)$

1-8-33 若α_1, α_2, $\cdots$, α_r是向量组α_1, α_2, $\cdots$, α_r, $\cdots$, α_n的最大无关组，则结论不正确的是：

　　A. α_n可由α_1, α_2, $\cdots$, α_r线性表示

　　B. α_1可由α_{r+1}, α_{r+2}, $\cdots$, α_n线性表示

　　C. α_1可由α_1, α_2, $\cdots$, α_r线性表示

　　D. α_n可由α_{r+1}, α_{r+2}, $\cdots$, α_n线性表示

1-8-34 如果向量β可由向量组α_1, α_2, $\cdots$, α_s线性表示，则下列结论中正确的是：

　　A. 存在一组不全为零的数k_1, k_2, $\cdots$, k_s使等式$\beta = k_1\alpha_1 + k_2\alpha_2 + \cdots + k_s\alpha_s$成立

　　B. 存在一组全为零的数k_1, k_2, $\cdots$, k_s使等式$\beta = k_1\alpha_1 + k_2\alpha_2 + \cdots + k_s\alpha_s$成立

　　C. 存在一组数k_1, k_2, $\cdots$, k_s使等式$\beta = k_1\alpha_1 + k_2\alpha_2 + \cdots + k_s\alpha_s$成立

　　D. 对β的线性表达式唯一

1-8-35 向量组的秩为r的充要条件是：

　　A. 该向量组所含向量的个数必大于r

　　B. 该向量组中任何r个向量必线性无关，任何$r+1$个向量必线性相关

　　C. 该向量组中有r个向量线性无关，有$r+1$个向量线性相关

　　D. 该向量组中有r个向量线性无关，任何$r+1$个向量必线性相关

1-8-36 设齐次线性方程组$\begin{cases} x_1 - kx_2 = 0 \\ kx_1 - 5x_2 + x_3 = 0 \\ x_1 + x_2 + x_3 = 0 \end{cases}$，当方程组有非零解时，$k$值为：

A. -2 或 3　　　　B. 2 或 3　　　　C. 2 或-3　　　　D. -2 或-3

1-8-37 设 A 是 3 阶实对称矩阵，P 是 3 阶可逆矩阵，$B = P^{-1}AP$，已知 α 是 A 的属于特征值 λ 的特征向量，则 B 的属于特征值 λ 的特征向量是：

A. $P\alpha$　　　　　　　B. $P^{-1}\alpha$　　　　　　　C. $P^{T}\alpha$　　　　　　　D. $(P - I)^{T}\alpha$

1-8-38 设 A 是三阶矩阵，$\alpha_1 = (1,0,1)^{T}$，$\alpha_2 = (1,0,1)^{T}$ 是 A 的属于特征值 1 的特征向量，$\alpha_3 = (0,1,2)^{T}$ 是 A 的属于特征值 -1 的特征向量，则：

A. $\alpha_1 - \alpha_2$ 是 A 的属于特征值 1 的特征向量

B. $\alpha_1 - \alpha_3$ 是 A 的属于特征值 1 的特征向量

C. $\alpha_1 - \alpha_3$ 是 A 的属于特征值 2 的特征向量

D. $\alpha_1 + \alpha_2 + \alpha_3$ 是 A 的属于特征值 1 的特征向量

1-8-39 设 $\vec{\alpha}$，$\vec{\beta}$，$\vec{\gamma}$，$\vec{\delta}$ 是 n 维向量，已知 $\vec{\alpha}$，$\vec{\beta}$ 线性无关，$\vec{\gamma}$ 可以由 $\vec{\alpha}$，$\vec{\beta}$ 线性表示，$\vec{\delta}$ 不能由 $\vec{\alpha}$，$\vec{\beta}$ 线性表示，则以下选项中正确的是：

A. $\vec{\alpha}$，$\vec{\beta}$，$\vec{\gamma}$，$\vec{\delta}$ 线性无关　　　　　　B. $\vec{\alpha}$，$\vec{\beta}$，$\vec{\gamma}$ 线性无关

C. $\vec{\alpha}$，$\vec{\beta}$，$\vec{\delta}$ 线性相关　　　　　　D. $\vec{\alpha}$，$\vec{\beta}$，$\vec{\delta}$ 线性无关

1-8-40 矩阵 $\begin{bmatrix} 3 & 4 \\ 5 & 2 \end{bmatrix}$ 的特征值是：

A. $\begin{cases} \lambda_1 = -2 \\ \lambda_2 = 7 \end{cases}$　　　B. $\begin{cases} \lambda_1 = -7 \\ \lambda_2 = 2 \end{cases}$　　　C. $\begin{cases} \lambda_1 = 7 \\ \lambda_2 = 2 \end{cases}$　　　D. $\begin{cases} \lambda_1 = -7 \\ \lambda_2 = -2 \end{cases}$

1-8-41 设三阶矩阵 $A = \begin{bmatrix} 1 & 1 & 0 \\ 1 & 0 & 1 \\ 0 & 1 & 1 \end{bmatrix}$，则 A 的特征值是：

A. 1，0，1　　　　B. 1，1，2　　　　C. -1，1，2　　　　D. 1，-1，1

1-8-42 设 $\lambda_1 = 6$，$\lambda_2 = \lambda_3 = 3$ 为三阶实对称矩阵 A 的特征值，属于 $\lambda_2 = \lambda_3 = 3$ 的特征向量为 $\xi_2 = (-1,0,1)^{T}$，$\xi_3 = (1,2,1)^{T}$，则属于 $\lambda_1 = 6$ 的特征向量是：

A. $(1,-1,1)^{T}$　　　B. $(1,1,1)^{T}$　　　C. $(0,2,2)^{T}$　　　D. $(2,2,0)^{T}$

1-8-43 设 $\lambda = \frac{1}{2}$ 是非奇异矩阵 A 的特征值，则矩阵 $(2A^3)^{-1}$ 有一个特征值为：

A. 3　　　　　　B. 4　　　　　　C. $\frac{1}{4}$　　　　　　D. 1

1-8-44 已知三维列向量 α，β 满足 $\alpha^{T}\beta = 3$，设 3 阶矩阵 $A = \beta\alpha^{T}$，则：

A. β 是 A 的属于特征值 0 的特征向量　　　B. α 是 A 的属于特征值 0 的特征向量

C. β 是 A 的属于特征值 3 的特征向量　　　D. α 是 A 的属于特征值 3 的特征向量

1-8-45 设 λ_1，λ_2 是矩阵 A 的 2 个不同的特征值，ξ，η 是 A 的分别属于 λ_1，λ_2 的特征向量，则以下选项中正确的是：

A. 对任意的 $k_1 \neq 0$ 和 $k_2 \neq 0$，$k_1\xi + k_2\eta$ 都是 A 的特征向量

B. 存在常数 $k_1 \neq 0$ 和 $k_2 \neq 0$，使得 $k_1\xi + k_2\eta$ 是 A 的特征向量

C. 对任意的 $k_1 \neq 0$ 和 $k_2 \neq 0$，$k_1\xi + k_2\eta$ 都不是 A 的特征向量

D. 仅当 $k_1 = k_2 = 0$ 时，$k_1\xi + k_2\eta$ 是 A 的特征向量

1-8-46 设二次型 $f = \lambda(x_1^2 + x_2^2 + x_3^2) + 2x_1x_2 + 2x_1x_3 - 2x_2x_3$，当 λ 为何值时，f 是正定的？

A. $\lambda > 1$ B. $\lambda < 2$ C. $\lambda > 2$ D. $\lambda > 0$

1-8-47 二次型 $f(x_1, x_2, x_3) = \lambda x_1^2 + (\lambda - 1)x_2^2 + (\lambda 2 + 1)x_3^2$，当满足（　　）时，是正定二次型。

A. $\lambda > 0$ B. $\lambda > -1$

C. $\lambda > 1$ D. 以上选项均不成立

1-8-48 设 $A = \begin{bmatrix} 1 & 1 \\ 1 & 2 \end{bmatrix}$，与 A 合同的矩阵是：

A. $\begin{bmatrix} 1 & -1 \\ -1 & 2 \end{bmatrix}$ B. $\begin{bmatrix} -1 & 1 \\ 1 & -2 \end{bmatrix}$

C. $\begin{bmatrix} 1 & 1 \\ -1 & 2 \end{bmatrix}$ D. $\begin{bmatrix} 1 & -1 \\ 1 & 2 \end{bmatrix}$

题解及参考答案

1-8-1 **解：** 将行列式的第三列换成 1，0，4，1，得到新行列式 $\begin{vmatrix} 2 & 1 & 1 & 4 \\ 1 & 0 & 0 & 0 \\ 1 & 5 & 4 & 1 \\ -1 & 1 & 1 & 2 \end{vmatrix}$，新行列式按第三

列展开，即 $A_{13} + 4A_{33} + A_{43}$，因此

$$A_{13} + 4A_{33} + A_{43} = \begin{vmatrix} 2 & 1 & 1 & 4 \\ 1 & 0 & 0 & 0 \\ 1 & 5 & 4 & 1 \\ -1 & 1 & 1 & 2 \end{vmatrix} \xrightarrow{\text{按第二行展开}} 1 \cdot (-1)^{2+1} \begin{vmatrix} 1 & 1 & 4 \\ 5 & 4 & 1 \\ 1 & 1 & 2 \end{vmatrix} \xrightarrow{-r_1 + r_3} - \begin{vmatrix} 1 & 1 & 4 \\ 5 & 4 & 1 \\ 0 & 0 & -2 \end{vmatrix} = -2$$

答案： A

1-8-2 **解：** 计算 $A_{11} + A_{21} + A_{31} + A_{41}$ 的值，相当于计算行列式 $D_1 = \begin{vmatrix} 1 & b & c & d \\ 1 & a & c & d \\ 1 & a & c & b \\ 1 & b & c & a \end{vmatrix}$ 的值。利用行

列式运算性质，在 D_1 中有两列（第一列、第三列）对应元素成比例，行列式值为零。

答案： B

1-8-3 **解：** 分别求 A_{11}、A_{12}、A_{13}、A_{14} 计算较麻烦。可仿照上题方法计算，求 $A_{11} + A_{12} + A_{13} + A_{14}$ 的值，可把行列式的第一行各列换成 1 后，利用行列式的运算性质计算。

$$A_{11} + A_{12} + A_{13} + A_{14} = \begin{vmatrix} 1 & 1 & 1 & 1 \\ 2 & 0 & 3 & 6 \\ 1 & 2 & 3 & 4 \\ 2 & 2 & 2 & 2 \end{vmatrix} \xrightarrow[\text{对应元素成比例}]{r_1, r_4} 0$$

答案： C

1-8-4 **解：** 由行列式性质可得 $|A| = -|B|$，又因 $|A| \neq |B|$，所以 $|A| \neq -|A|$，$2|A| \neq 0$，$|A| \neq 0$。

答案： B

1-8-5 **解：** ①将分块矩阵行列式变形为 $\begin{vmatrix} A & 0 \\ 0 & B \end{vmatrix}$ 的形式。

②利用分块矩阵行列式计算公式 $\begin{vmatrix} A & 0 \\ 0 & B \end{vmatrix} = |A| \cdot |B|$。

将矩阵 B 的第一行与矩阵 A 的行互换，换的方法是从矩阵 A 最下面一行开始换，逐行往上换，换到第一行一共换了 m 次，行列式更换符号 $(-1)^m$。再将矩阵 B 的第二行与矩阵 A 的各行互换，换到第二行，又更换符号为 $(-1)^m$，……，最后再将矩阵 B 的最后一行与矩阵 A 的各行互换到矩阵的第 n 行位置，这样原矩阵行列式：

$$\begin{vmatrix} \mathbf{0} & \mathbf{A} \\ \mathbf{B} & \mathbf{0} \end{vmatrix} = \underbrace{(-1)^m \cdot (-1)^m \cdots (-1)^m}_{n\uparrow} \begin{vmatrix} \mathbf{B} & \mathbf{0} \\ \mathbf{0} & \mathbf{A} \end{vmatrix} = (-1)^{m \cdot n} \begin{vmatrix} \mathbf{B} & \mathbf{0} \\ \mathbf{0} & \mathbf{A} \end{vmatrix} = (-1)^{mn} |\mathbf{B}||\mathbf{A}| = (-1)^{mn} |\mathbf{A}||\mathbf{B}|$$

答案：D

1-8-6　解：方法 1，$\mathbf{A} = \mathbf{BC} = \begin{bmatrix} a_1 \\ a_2 \\ \vdots \\ a_n \end{bmatrix} [b_1 b_2 \cdots b_n]$

由矩阵的性质可知，$R(\mathbf{A}) = R(\mathbf{BC}) \leqslant \min\big[R(\mathbf{B}), R(\mathbf{C})\big]$，因 $R(\mathbf{B}) = 1$，$R(\mathbf{C}) = 1$，而 $\mathbf{A}$ 是非零矩阵，故 $R(\mathbf{A}) = R(\mathbf{BC}) = 1$。

方法 2，$\mathbf{A} \xrightarrow[i=2,\cdots,n]{\frac{-a_i}{a_1} r_1 + r_i} \begin{bmatrix} a_1 b_1 & a_1 b_2 & \cdots & a_1 b_n \\ 0 & 0 & \cdots & 0 \\ \cdots & \cdots & \cdots & \cdots \\ 0 & 0 & \cdots & 0 \end{bmatrix}$，$R(\mathbf{A}) = 1$

答案：C

1-8-7　解：① $|\mathbf{A} + \mathbf{B}| = \begin{vmatrix} 2a_1 & 2b_1 & 2c_1 & d_1 + e_1 \\ 2a_2 & 2b_2 & 2c_2 & d_2 + e_2 \\ 2a_3 & 2b_3 & 2c_3 & d_3 + e_3 \\ 2a_4 & 2b_4 & 2c_4 & d_4 + e_4 \end{vmatrix}$

② 利用行列式性质 $\begin{vmatrix} a_{11} & a_{12} + b_1 \\ a_{21} & a_{22} + b_2 \end{vmatrix} = \begin{vmatrix} a_{11} & a_{12} \\ a_{21} & a_{22} \end{vmatrix} + \begin{vmatrix} a_{11} & b_1 \\ a_{21} & b_2 \end{vmatrix}$

则 $|\mathbf{A} + \mathbf{B}| = \begin{vmatrix} 2a_1 & 2b_1 & 2c_1 & d_1 \\ 2a_2 & 2b_2 & 2c_2 & d_2 \\ 2a_3 & 2b_3 & 2c_3 & d_3 \\ 2a_4 & 2b_4 & 2c_4 & d_4 \end{vmatrix} + \begin{vmatrix} 2a_1 & 2b_1 & 2c_1 & e_1 \\ 2a_2 & 2b_2 & 2c_2 & e_2 \\ 2a_3 & 2b_3 & 2c_3 & e_3 \\ 2a_4 & 2b_4 & 2c_4 & e_4 \end{vmatrix}$

$$= 2^3 |\mathbf{A}| + 2^3 |\mathbf{B}| = 2^3 \times 5 + 2^3 \times 1 = 48$$

答案：D

1-8-8　解：

$$|-2\mathbf{A}| = \begin{vmatrix} -2a_{11} & \cdots & -2a_{1n} \\ \vdots & & \vdots \\ -2a_{n1} & \cdots & -2a_{nn} \end{vmatrix} = (-2)^n \begin{vmatrix} a_{11} & \cdots & a_{1n} \\ \vdots & & \vdots \\ a_{n1} & \cdots & a_{nn} \end{vmatrix}$$

$$= (-2)^n \times 2 = (-1)^n \cdot 2^{n+1}$$

或直接利用公式 $|k\mathbf{A}| = k^n |\mathbf{A}|$，$|-2\mathbf{A}| = (-2)^n |\mathbf{A}| = (-2)^n \cdot 2 = (-1)^n \cdot 2^{n+1}$

答案：B

1-8-9　解：$\mathbf{A}^2$ 为三阶方阵，数乘矩阵时，用这个数乘矩阵的每一个元素。矩阵的行列式，按行列式运算法则进行：

$$\left| \left(\frac{1}{2} \mathbf{A}^2 \right) \right| = \left(\frac{1}{2} \right)^3 |\mathbf{A}^2| = \frac{1}{8} |\mathbf{A}||\mathbf{A}| = \frac{9}{8}$$

答案：A

1-8-10　解：因为 $\mathbf{A}$、$\mathbf{B}$ 都是 n 阶可逆矩阵，矩阵 $\begin{bmatrix} \mathbf{A}^{\mathrm{T}} & \mathbf{0} \\ \mathbf{0} & \mathbf{B}^{-1} \end{bmatrix}$ 为 $2n$ 阶矩阵：

$$\left|(-3)\begin{bmatrix} A^{\mathrm{T}} & 0 \\ 0 & B^{-1} \end{bmatrix}\right| = (-3)^{2n}\begin{vmatrix} A^{\mathrm{T}} & 0 \\ 0 & B^{-1} \end{vmatrix}$$

$$= (-3)^{2n}|A^{\mathrm{T}}||B^{-1}| \xrightarrow[\substack{|B^{-1}| = \frac{1}{|B|}}]{\text{因}|A| = |A^{\mathrm{T}}|} (-3)^{2n}|A||B|^{-1}$$

答案： D

1-8-11 解： 选项 A，$B_{n\times m}A_{m\times n} = (BA)_{n\times n}$，故 BA 为 n 阶方阵。

选项 B，$A_{m\times n}B_{n\times m} = (AB)_{m\times m}$，故 AB 为 m 阶方阵。

选项 C，因 BA 为 n 阶方阵，故其转置 $(BA)^{\mathrm{T}}$ 也为 n 阶方阵。

选项 D，因 $A^{\mathrm{T}}B^{\mathrm{T}} = (BA)^{\mathrm{T}}$，故 $A^{\mathrm{T}}B^{\mathrm{T}}$ 也是 n 阶方阵。

答案： B

1-8-12 解：方法 1，$AX = B$，若 A 可逆，则 $X = A^{-1}B$

$A = \begin{bmatrix} 2 & 5 \\ 1 & 3 \end{bmatrix}$，$A^{-1} = \dfrac{1}{6-5}\begin{bmatrix} 3 & -5 \\ -1 & 2 \end{bmatrix} = \begin{bmatrix} 3 & -5 \\ -1 & 2 \end{bmatrix}$，$B = \begin{bmatrix} 4 & -6 \\ 2 & 1 \end{bmatrix}$，

$$X = \begin{bmatrix} 3 & -5 \\ -1 & 2 \end{bmatrix}\begin{bmatrix} 4 & -6 \\ 2 & 1 \end{bmatrix} = \begin{bmatrix} 2 & -23 \\ 0 & 8 \end{bmatrix}$$

方法 2，$(A\,\vdots\,B) = \begin{bmatrix} 2 & 5 & 4 & -6 \\ 1 & 3 & 2 & 1 \end{bmatrix} \xrightarrow[(r_1 \leftrightarrow r_2)]{-2r_2+r_1} \begin{bmatrix} 1 & 3 & 2 & 1 \\ 0 & -1 & 0 & -8 \end{bmatrix} \xrightarrow[-r_2]{3r_2+r_1} \begin{bmatrix} 1 & 0 & 2 & -23 \\ 0 & 1 & 0 & 8 \end{bmatrix}$

$$X = \begin{bmatrix} 2 & -23 \\ 0 & 8 \end{bmatrix}$$

方法 3，把选项中矩阵代入方程验算。

答案： B

1-8-13 解： 利用行列式的运算性质变形、化简。

A 项：$|\alpha_2, \alpha_1, \alpha_3| \xrightarrow{c_1 \leftrightarrow c_2} -|\alpha_1, \alpha_2, \alpha_3|$，错误。

B 项：$|-\alpha_2, -\alpha_3, -\alpha_1| = (-1)^3|\alpha_2, \alpha_3, \alpha_1| \xrightarrow{c_1 \leftrightarrow c_3} (-1)^3(-1)|\alpha_1, \alpha_3, \alpha_2| \xrightarrow{c_2 \leftrightarrow c_3}$

$$(-1)^3(-1)(-1)|\alpha_1, \alpha_2, \alpha_3| = -|\alpha_1, \alpha_2, \alpha_3|，\text{错误}。$$

C 项：$|\alpha_1 + \alpha_2, \alpha_2 + \alpha_3, \alpha_3 + \alpha_1| = |\alpha_1, \alpha_2 + \alpha_3, \alpha_3 + \alpha_1| + |\alpha_2, \alpha_2 + \alpha_3, \alpha_3 + \alpha_1|$

$\quad = |\alpha_1, \alpha_2 + \alpha_3, \alpha_3| + |\alpha_1, \alpha_2 + \alpha_3, \alpha_1| + |\alpha_2, \alpha_2, \alpha_3 + \alpha_1| + |\alpha_2, \alpha_3, \alpha_3 + \alpha_1|$

$\quad = |\alpha_1, \alpha_2 + \alpha_3, \alpha_3| + |\alpha_2, \alpha_3, \alpha_3 + \alpha_1| = |\alpha_1, \alpha_2, \alpha_3| + |\alpha_2, \alpha_3, \alpha_1|$

$\quad = |\alpha_1, \alpha_2, \alpha_3| + |\alpha_1, \alpha_2, \alpha_3| = 2|\alpha_1, \alpha_2, \alpha_3|$，错误。

D 项：$|\alpha_1, \alpha_2, \alpha_3 + \alpha_2 + \alpha_1| \xrightarrow{-c_1+c_3} |\alpha_1, \alpha_2, \alpha_3 + \alpha_2| \xrightarrow{-c_2+c_3} |\alpha_1, \alpha_2, \alpha_3|$，正确。

答案： D

1-8-14 解： 由题目给出的运算写出相应矩阵，再验证还原到原矩阵时应用哪一种运算方法。

$$A = \begin{bmatrix} a_{11} & a_{12} & a_{13} \\ a_{21} & a_{22} & a_{23} \\ a_{31} & a_{32} & a_{33} \end{bmatrix} \xrightarrow{2r_1 + r_2} \begin{bmatrix} a_{11} & a_{12} & a_{13} \\ 2a_{11} + a_{21} & 2a_{12} + a_{22} & 2a_{13} + a_{23} \\ a_{31} & a_{32} & a_{33} \end{bmatrix} \xrightarrow{-2r_1 + r_2} \begin{bmatrix} a_{11} & a_{12} & a_{13} \\ a_{21} & a_{22} & a_{23} \\ a_{31} & a_{32} & a_{33} \end{bmatrix}$$

答案： A

1-8-15 解：方法 1（举反例），$A = \begin{bmatrix} 1 & 0 & 0 \\ 0 & 1 & 1 \\ 0 & 0 & 0 \end{bmatrix}$，$R(A) = 2 < 3$，线性方程组 $Ax = 0$ 有非零解。

然而A的第一列和第三列线性无关，选项 A 错误。

A的第二列和第三列线性相关，选项 B 错误。

A的第一列不是其余两列的线性组合，选项 C 错误。

$A = \begin{bmatrix} 1 & 0 & 0 \\ 0 & 1 & 1 \\ 0 & 0 & 0 \end{bmatrix}$，$R(A) = 2 < 3$，线性方程组$Ax = 0$，有非零解。然而矩阵$A$的第一列和第三列线性无关，选项 A 错；第二列和第三列线性相关，选项 B 错；第一列不是其余两列的线性组合，选项 C 错。

方法 2，$Ax = 0$有非零解$\Leftrightarrow R(A) < n \Leftrightarrow A$的$n$个列向量线性相关$\Leftrightarrow A$的列向量组中至少有一个向量可由其余向量线性表示（选项 D 对）。

答案：D

1-8-16 解：因为A、B为非零矩阵，所以$R(A) \geq 1$，$R(B) \geq 1$，又因为$AB = 0$，所以$R(A) + R(B) \leq n$（选项 D 对），$1 \leq R(A) < n$，知$A_{m \times n}$的n个列向量线性相关（选项 B 对），$1 \leq R(B) < n$，知$B_{n \times l}$的n个行向量线性相关（选项 C 对）。

答案：A

1-8-17 解：一般由$AB = 0$推不出$A = 0$或$B = 0$，故选项 A 不正确。只有当A可逆时，才有$B = 0$，但此条件题目未给出。

由方阵行列式性质$AB = 0$，$|AB| = 0$，可得$|AB| = |A||B| = 0$，所以$|A| = 0$或$|B| = 0$，故选项 B 正确。

矩阵乘积不满足交换律，即$AB \neq BA$，故选项 C 不正确。

选项 D 也不正确，因$(A + B)^2 = (A + B)(A + B) = A^2 + BA + AB + B^2 \neq A^2 + B^2$。

答案：B

1-8-18 解：只要验证$A^{-1} + B^{-1}$与某个选项中的矩阵乘积为E即可得到正确答案。验证选项C成立：
$$(A^{-1} + B^{-1})A(A + B)^{-1}B = A^{-1}A(A + B)^{-1}B + B^{-1}A(A + B)^{-1}B$$
$$= E(A + B)^{-1}B + B^{-1}A(A + B)^{-1}B$$
$$= (E + B^{-1}A)(A + B)^{-1}B = (B^{-1}B + B^{-1}A)(A + B)^{-1}B$$
$$= B^{-1}(B + A)(A + B)^{-1}B = B^{-1}(A + B)(A + B)^{-1}B$$
$$= B^{-1}EB = E$$

答案：C

1-8-19 解：可以利用矩阵秩的定义验证。

三阶行列式$\begin{vmatrix} 1 & 0 & 0 \\ 0 & 1 & 2 \\ 0 & 2 & 4 \end{vmatrix} = 0$，二阶行列式$\begin{vmatrix} 1 & 0 \\ 0 & 1 \end{vmatrix} \neq 0$。

故$R(A) = 2$。

答案：C

1-8-20 解：由矩阵秩的性质可知，若A可逆，则$R(AB) = R(B)$，若B可逆，则$R(AB) = R(A)$，

$AB - A = A(B - E)$，$B - E = \begin{bmatrix} 1 & \alpha & 1 \\ 0 & 2 & \alpha \\ 0 & 0 & -2 \end{bmatrix}$，$|B - E| = -4 \neq 0$，$B - E$可逆，$R[A(B - E)] = R(A)$。

计算矩阵A的秩：$A = \begin{bmatrix} 1 & -1 & 2 \\ 2 & 1 & 1 \\ -1 & 1 & -2 \end{bmatrix} \xrightarrow[r_1 + r_3]{-2r_1 + r_2} \begin{bmatrix} 1 & -1 & 2 \\ 0 & 3 & -3 \\ 0 & 0 & 0 \end{bmatrix}$，所以$R(A) = 2$。

答案：B

1-8-21 解： 因为 $|P| = -1 \neq 0$，所以 P 可逆，由矩阵秩的性质可知 $R(PA) = R(A)$。

而 $PA = \begin{bmatrix} 1 & 2 & 0 & 5 \\ 1 & -2 & 3 & 6 \\ 2 & 0 & 1 & 5 \end{bmatrix} \xrightarrow[-2r_1+r_3]{-r_1+r_2} \begin{bmatrix} 1 & 2 & 0 & 5 \\ 0 & -4 & 3 & 1 \\ 0 & -4 & 1 & -5 \end{bmatrix} \xrightarrow{-r_2+r_3} \begin{bmatrix} 1 & 2 & 0 & 5 \\ 0 & -4 & 3 & 1 \\ 0 & 0 & -2 & -6 \end{bmatrix}$

所以 $R(PA) = 3$，从而 $R(A) = 3$。

答案： C

1-8-22 解：方法 1，非齐次方程组的通解 $y = \overline{y}$（非齐次方程组对应的齐次方程组的通解）$+ y^*$（非齐次方程组的一个特解），可验证 $\frac{1}{2}(\beta_1 + \beta_2)$ 是 $Ax = b$ 的一个特解。

因为 β_1，β_2 是线性方程组 $Ax = b$ 的两个不同的解：

$$A\left[\frac{1}{2}(\beta_1 + \beta_2)\right] = \frac{1}{2}A\beta_1 + \frac{1}{2}A\beta_2 = \frac{1}{2}b + \frac{1}{2}b = b$$

又已知 α_1，α_2 为导出组 $Ax = 0$ 的基础解系，可知 α_1，α_2 是 $Ax = 0$ 的线性无关解，同样可验证 $\alpha_1 - \alpha_2$ 也是 $Ax = 0$ 的解，$A(\alpha_1 - \alpha_2) = A\alpha_1 - A\alpha_2 = 0 - 0 = 0$。

还可验证 α_1，$\alpha_1 - \alpha_2$ 线性无关。

设有两个实数 K_1，K_2 使 $K_1\alpha_1 + K_2(\alpha_1 - \alpha_2) = 0$，即 $(K_1 + K_2)\alpha_1 - K_2\alpha_2 = 0$，因 α_1，α_2 线性无关，所以只有 $K_1 + K_2 = 0$，$-K_2 = 0$。

即 $\begin{cases} K_1 + K_2 = 0 \\ K_2 = 0 \end{cases}$，只有 $K_1 = 0$，$K_2 = 0$；因此 α_1，$\alpha_1 - \alpha_2$ 线性无关。

故 $\overline{y} = k_1\alpha_1 + k_2(\alpha_1 - \alpha_2)$ 为齐次方程组 $Ax = 0$ 的通解。

又 $y^* = \frac{1}{2}(\beta_1 + \beta_2)$ 是 $Ax = b$ 的一个特解；

所以 $Ax = b$ 的通解为 $y = \frac{\beta_1 + \beta_2}{2} + k_1\alpha_1 + k_2(\alpha_1 - \alpha_2)$。

方法 2，选项 A 中的 $\frac{\beta_1 - \beta_2}{2}$ 与选项 B 中的 α_1 是 $Ax = 0$ 的解，但不是 $Ax = b$ 的解，故选项 A、B 错。

选项 C 中的 α_1，$\beta_1 - \beta_2$ 都是 $Ax = 0$ 的非零解，但 α_1，$\beta_1 - \beta_2$ 是否线性无关不清楚，故选项 D 错。

答案： C

1-8-23 解： 根据矩阵乘积的秩的性质，$AB = 0$，有 $R(A) + R(B) \leqslant n$ 成立，选项 A 正确。$AB = 0$，取矩阵的行列式，$|A||B| = 0$，$|A| = 0$ 或 $|B| = 0$，选项 B 正确。又因为 $B \neq 0$，B 为非零矩阵，$R(B) \geqslant 1$，由上式 $R(A) + R(B) \leqslant n$，推出 $0 \leqslant R(A) < n$，选项 C 也正确。所以错误选项为 D。

答案： D

1-8-24 解： 已知 B 是三阶非零矩阵，而 B 的每一列都是方程组的解，可知齐次方程组 $Ax = 0$ 有非零解。所以齐次方程组的系数行列式 $\begin{vmatrix} 1 & 2 & -2 \\ 2 & -1 & t \\ 3 & 1 & -1 \end{vmatrix} = 5t - 5 = 0$，$t = 1$。

答案： D

1-8-25 解： $|BA^{-1}| = |B||A^{-1}| = |B| \cdot \frac{1}{|A|} = \frac{3}{2}$。

答案： B

1-8-26 解： α_1，α_2 是方程组 $Ax = 0$ 的两个线性无关解，方程组含有 3 个未知量，所以 $3 - R(A) \geqslant 2$，故矩阵 A 的秩 $R(A) = 3 - 2 \leqslant 1$，选项 A、B、C、D 的矩阵的秩分别为 3、2、2、1，故选项 D 对。或用验证法，如用选项 D 中矩阵验证：$(-2,1,1)\begin{bmatrix} 1 \\ 0 \\ 2 \end{bmatrix} = 0$，$(-2,1,1)\begin{bmatrix} 0 \\ 1 \\ -1 \end{bmatrix} = 0$。

答案： D

1-8-27　解： 利用转置运算法则，$(AB)^{\mathrm{T}} = B^{\mathrm{T}} \cdot A^{\mathrm{T}}$：

$$(A^2)^{\mathrm{T}} = (AA)^{\mathrm{T}} = A^{\mathrm{T}} \cdot A^{\mathrm{T}} = AA = A^2$$

答案： C

1-8-28　解： 利用矩阵的初等行变换，把矩阵 A 化为行阶梯形，非零行的个数即为矩阵的秩。

$$\begin{bmatrix} 1 & 2 & 0 & 0 & 1 \\ 0 & 3 & 7 & 2 & 0 \\ 1 & 1 & 0 & 0 & 3 \\ 2 & 1 & 0 & 6 & 6 \end{bmatrix} \xrightarrow[-2r_1+r_4]{-r_1+r_3} \begin{bmatrix} 1 & 2 & 0 & 0 & 1 \\ 0 & 3 & 7 & 2 & 0 \\ 0 & -1 & 0 & 0 & 2 \\ 0 & -3 & 0 & 6 & 4 \end{bmatrix} \xrightarrow{r_2 \leftrightarrow r_3} \begin{bmatrix} 1 & 2 & 0 & 0 & 1 \\ 0 & -1 & 0 & 0 & 2 \\ 0 & 3 & 7 & 2 & 0 \\ 0 & -3 & 0 & 6 & 4 \end{bmatrix} \xrightarrow[-3r_2+r_4]{3r_2+r_3} \begin{bmatrix} 1 & 2 & 0 & 0 & 1 \\ 0 & -1 & 0 & 0 & 2 \\ 0 & 0 & 7 & 2 & 6 \\ 0 & 0 & 0 & 6 & -2 \end{bmatrix}$$

答案： A

1-8-29　解： 因为 A、B 均为 n 阶非零矩阵，所以 $1 \leqslant R(A) \leqslant n$，$1 \leqslant R(B) \leqslant n$，又因为 $AB = 0$，所以 $R(A) + R(B) \leqslant n$，所以 $R(A) < n$，$R(B) < n$。

答案： B

1-8-30　解： A 为 n 阶方阵，$Ax = 0$ 有唯一解的充要条件是 $R(A) = n$ [或 $Ax = 0$ 有无穷多解的充要条件是 $R(A) < n$]，由此可判定选项 B 正确。

答案： B

1-8-31　解： a 应使增广矩阵秩 $R(\tilde{A}) =$ 系数矩阵秩 $R(A)$。

$$\tilde{A} = \begin{bmatrix} 1 & -1 & 6 & 0 \\ 0 & 4 & -8 & -4 \\ 1 & 3 & -2 & a \end{bmatrix} \xrightarrow{-r_1+r_3} \begin{bmatrix} 1 & -1 & 6 & 0 \\ 0 & 4 & -8 & -4 \\ 0 & 4 & -8 & a \end{bmatrix} \xrightarrow{-r_2+r_3} \begin{bmatrix} 1 & -1 & 6 & 0 \\ 0 & 4 & -8 & -4 \\ 0 & 0 & 0 & a+4 \end{bmatrix}$$

故 $a + 4 = 0$，$a = -4$。

答案： B

1-8-32　解： 因为 $R(A) = n - 1$，从而方程组 $Ax = 0$ 的基础解系中线性无关解向量的个数等于 $n - (n - 1) = 1$，即只有一个非零解向量。只要求出方程组 $Ax = 0$ 的任一非零解即可，由于 α_1，α_2 满足 $Ax = b$，从而 $\alpha_1 - \alpha_2$ 满足 $Ax = 0$，又知 $\alpha_1 - \alpha_2 \neq 0$，所以 $Ax = 0$ 的通解为 $x = K(\alpha_1 - \alpha_2)$，故正确答案为 C。

答案： C

1-8-33　解： 根据向量组的最大无关组的定义，可知向量组中任一向量可由它的最大无关组线性表示，选项 A、C 成立。因为 $\alpha_n = 0 \cdot \alpha_{r+1} + 0 \cdot \alpha_{r+2} + \cdots + 0 \cdot \alpha_{n-1} + 1 \cdot \alpha_n$，故选项 D 也成立。选项 B 不成立。

答案： B

1-8-34　解： 向量 β 能由向量组 $\alpha_1, \alpha_2, \cdots, \alpha_s$ 线性表示，仅要求存在一组数 $k_1, k_2, \cdots, k_s$，使等式 $\beta = k_1\alpha_1 + k_2\alpha_2 + \cdots + k_s\alpha_s$ 成立，而对 $k_1, k_2, \cdots, k_s$ 是否为零，线性表达式是否唯一，都没有任何要求。选项 A、B、D 错。

答案： C

1-8-35　解： 向量组的秩为 r，表示向量组的最大线性无关组的向量个数是 r，由最大线性无关组定义，选项 D 正确。或举反例，$\begin{bmatrix} 1 \\ 0 \end{bmatrix}$，$\begin{bmatrix} 0 \\ 1 \end{bmatrix}$，$r = 2$，选项 A 错。$\begin{bmatrix} 1 \\ 0 \end{bmatrix}$，$\begin{bmatrix} 0 \\ 1 \end{bmatrix}$，$\begin{bmatrix} 0 \\ 2 \end{bmatrix}$，$r = 2$，$\begin{bmatrix} 0 \\ 1 \end{bmatrix}$ $\begin{bmatrix} 0 \\ 2 \end{bmatrix}$ 相关，选项 B 错。$\begin{bmatrix} 1 \\ 0 \\ 0 \end{bmatrix}$，$\begin{bmatrix} 0 \\ 1 \\ 0 \end{bmatrix}$，$\begin{bmatrix} 0 \\ 0 \\ 1 \end{bmatrix}$，$\begin{bmatrix} 0 \\ 0 \\ 2 \end{bmatrix}$ 中 $\begin{bmatrix} 1 \\ 0 \\ 0 \end{bmatrix}$ $\begin{bmatrix} 0 \\ 1 \\ 0 \end{bmatrix}$ $\begin{bmatrix} 0 \\ 0 \\ 1 \end{bmatrix}$ 线性无关，$\begin{bmatrix} 0 \\ 0 \\ 1 \end{bmatrix}$ $\begin{bmatrix} 0 \\ 0 \\ 2 \end{bmatrix}$ 线性相关，但 $r = 3$，故选项 C 错。

答案： D

1-8-36 解： 齐次线性方程组，当变量的个数与方程的个数相同时，方程组有非零解的充要条件是

系数行列式为零，即 $\begin{vmatrix} 1 & -k & 0 \\ k & -5 & 1 \\ 1 & 1 & 1 \end{vmatrix} = 0$

$$\begin{vmatrix} 1 & -k & 0 \\ k & -5 & 1 \\ 1 & 1 & 1 \end{vmatrix} \xRightarrow{-r_2+r_3} \begin{vmatrix} 1 & -k & 0 \\ k & -5 & 1 \\ 1-k & 6 & 0 \end{vmatrix}$$

$$= 1 \cdot (-1)^{2+3} \begin{vmatrix} 1 & -k \\ 1-k & 6 \end{vmatrix}$$

$$= -[6-(-k)(1-k)] = -(6+k-k^2)$$

即 $k^2-k-6=0$，解得 $k_1=3$，$k_2=-2$。

答案： A

1-8-37 解：方法 1，因为 $A\alpha = \lambda\alpha$，$B=P^{-1}AP$，所以 $PBP^{-1}=PP^{-1}APP^{-1}=A$，所以 $PBP^{-1}\alpha = \lambda\alpha$，$P^{-1}PBP^{-1}\alpha = P^{-1}(\lambda\alpha)$，$BP^{-1}\alpha = \lambda P^{-1}\alpha$，即 $B(P^{-1}\alpha)=\lambda(P^{-1}\alpha)$。

方法 2，把选项代入验算。

选项 A，$B(P\alpha)=P^{-1}APP\alpha$；

选项 B，$B(P^{-1}\alpha)=P^{-1}APP^{-1}\alpha=P^{-1}A\alpha=P^{-1}\lambda\alpha=\lambda(P^{-1}\alpha)$，选项 B 对。

答案： B

1-8-38 解： 已知 α_1，α_2 是矩阵 A 属于特征值1的特征向量，即有 $A\alpha_1=1\cdot\alpha_1$，$A\alpha_2=1\cdot\alpha_2$ 成立，则 $A(\alpha_1-\alpha_2)=1\cdot(\alpha_1-\alpha_2)$，$\alpha_1-\alpha_2$ 为非零向量，因此 $\alpha_1-\alpha_2$ 是 A 属于特征值1的特征向量。

答案： A

1-8-39 解： 已知 $\vec{\alpha}$，$\vec{\beta}$ 线性无关，$\vec{\gamma}$ 可以由 $\vec{\alpha}$，$\vec{\beta}$ 线性表示，故 $\vec{\alpha}$，$\vec{\beta}$，$\vec{\gamma}$ 线性相关，可推出 $\vec{\alpha}$，$\vec{\beta}$，$\vec{\gamma}$，$\vec{\delta}$ 也相关。所以选项 A、B 错误。

选项 C、D 其中有一个错误，用反证法。

设 $\vec{\alpha}$，$\vec{\beta}$，$\vec{\delta}$ 相关，由已知知 $\vec{\alpha}$，$\vec{\beta}$ 线性无关，而 $\vec{\alpha}$，$\vec{\beta}$，$\vec{\delta}$ 线性相关，则 $\vec{\delta}$ 可由 $\vec{\alpha}$，$\vec{\beta}$ 线性表示，与已知条件 $\vec{\delta}$ 不能由 $\vec{\alpha}$，$\vec{\beta}$ 线性表示矛盾。

所以 $\vec{\alpha}$，$\vec{\beta}$，$\vec{\delta}$ 线性无关。

答案： D

1-8-40 解：方法 1，令 $|A-\lambda E|=0$，即 $\begin{vmatrix} 3-\lambda & 4 \\ 5 & 2-\lambda \end{vmatrix}=0$，解得 $\lambda_1=-2$，$\lambda_2=7$

方法 2，$\begin{cases} \lambda_1+\lambda_2=3+2=5\,(\text{选项 A 对}) \\ \lambda_1\lambda_2=\begin{vmatrix} 3 & 4 \\ 5 & 2 \end{vmatrix}=-14\,(\text{可省略}) \end{cases}$

答案： A

1-8-41 解：方法 1，解特征方程 $|\lambda E-A|=0$。

$$|\lambda E-A|=\begin{vmatrix} \lambda-1 & -1 & 0 \\ -1 & \lambda & -1 \\ 0 & -1 & \lambda-1 \end{vmatrix}\xRightarrow{(\lambda-1)r_2+r_3}\begin{vmatrix} 0 & \lambda(\lambda-1)-1 & -(\lambda-1) \\ -1 & \lambda & -1 \\ 0 & -1 & \lambda-1 \end{vmatrix}\xRightarrow[\text{展开}]{\text{按第一列}}$$

$$(-1)(-1)^3\begin{vmatrix} \lambda(\lambda-1)-1 & -\lambda+1 \\ -1 & \lambda-1 \end{vmatrix}=(\lambda-1)\begin{vmatrix} \lambda^2-\lambda-1 & -1 \\ -1 & 1 \end{vmatrix}$$

$$=(\lambda-1)(\lambda+1)(\lambda-2)=0$$

特征值为 1，-1，2。

方法2，利用n阶矩阵A的特征值的性质，设矩阵A的特征值为$\lambda_1, \lambda_2, \cdots, \lambda_n$。

①$\lambda_1 \cdot \lambda_2 \cdot \lambda_3 \cdots \lambda_n = |A|$；

②$\lambda_1 + \lambda_2 + \cdots + \lambda_n = a_{11} + a_{22} + \cdots + a_{nn}$。

选项 B、D 中的$\lambda_1 + \lambda_2 + \lambda_3 \neq a_{11} + a_{22} + a_{33} = 2$。

选项 A、C 中的$\lambda_1 + \lambda_2 + \lambda_3 = a_{11} + a_{22} + a_{33} = 2$。

计算$|A| = \begin{vmatrix} 1 & 1 & 0 \\ 1 & 0 & 1 \\ 0 & 1 & 1 \end{vmatrix} \xlongequal{-r_1+r_2} \begin{vmatrix} 1 & 1 & 0 \\ 0 & -1 & 1 \\ 0 & 1 & 1 \end{vmatrix} = -2$。

但选项 A 中的$\lambda_1 \cdot \lambda_2 \cdot \lambda_3 \neq |A| = -2$，而选项 C 满足$\lambda_1 \cdot \lambda_2 \cdot \lambda_3 = -2 = |A|$，故选项 C 成立。

  答案： C

1-8-42 解： 利用结论：实对称矩阵的属于不同特征值的特征向量必然正交。

方法 1，设对应$\lambda_1 = 6$的特征向量$\xi_1 = (x_1 \quad x_2 \quad x_3)^{\mathrm{T}}$，由于$A$是实对称矩阵，故$\xi_1^{\mathrm{T}} \cdot \xi_2 = 0$，$\xi_1^{\mathrm{T}} \cdot \xi_3 = 0$，即

$$\begin{cases} (x_1 \quad x_2 \quad x_3)\begin{bmatrix} -1 \\ 0 \\ 1 \end{bmatrix} = 0 \\ (x_1 \quad x_2 \quad x_3)\begin{bmatrix} 1 \\ 2 \\ 1 \end{bmatrix} = 0 \end{cases} \Rightarrow \begin{cases} -x_1 + x_3 = 0 \\ x_1 + 2x_2 + x_3 = 0 \end{cases}$$

$$\begin{bmatrix} -1 & 0 & 1 \\ 1 & 2 & 1 \end{bmatrix} \rightarrow \begin{bmatrix} 1 & 0 & -1 \\ 1 & 2 & 1 \end{bmatrix} \rightarrow \begin{bmatrix} 1 & 0 & -1 \\ 0 & 2 & 2 \end{bmatrix} \rightarrow \begin{bmatrix} 1 & 0 & -1 \\ 0 & 1 & 1 \end{bmatrix}$$

该同解方程组为$\begin{cases} x_1 - x_3 = 0 \\ x_2 + x_3 = 0 \end{cases} \Rightarrow \begin{cases} x_1 = x_3 \\ x_2 = -x_3 \end{cases}$

当$x_3 = 1$时，$x_1 = 1$，$x_2 = -1$

方程组的基础解系$\xi = (1 \quad -1 \quad 1)^{\mathrm{T}}$，取$\xi_1 = (1 \quad -1 \quad 1)^{\mathrm{T}}$。

方法2，对四个选项进行验证，对于选项 A：

$(1 \quad -1 \quad 1)\begin{bmatrix} -1 \\ 0 \\ 1 \end{bmatrix} = 0$，$(1 \quad -1 \quad 1)\begin{bmatrix} 1 \\ 2 \\ 1 \end{bmatrix} = 0$，选项 A 正确。

  答案： A

1-8-43 解： 利用结论：设λ为A的特征值，则矩阵kA、$aA + bE$、A^2、A^m、A^{-1}、A^*分别有特征值：$k\lambda$、$a\lambda + b$、λ^2、λ^m、$\frac{1}{\lambda}$、$\frac{|A|}{\lambda}$($\lambda \neq 0$)，且特征向量相同。

A有特征值λ，则A^3有特征值λ^3，$2A^3$有特征值$2\lambda^3$，$(2A^3)^{-1}$有特征值$(2\lambda^3)^{-1}$，代入$\lambda = \frac{1}{2}$，即得 4。简言之，$(2A^3)^{-1}$中A改为$\lambda = \frac{1}{2}$即可。

  答案： B

1-8-44 解： 因为$\alpha^{\mathrm{T}}\beta = 3$，所以$\alpha \neq 0$，$\beta \neq 0$。

又因为$A = \beta\alpha^{\mathrm{T}}$，所以$A \cdot \beta = \beta\alpha^{\mathrm{T}} \cdot \beta = \beta(\alpha^{\mathrm{T}}\beta) = 3\beta$。

  答案： C

1-8-45 解： 特征向量必须是非零向量，选项 D 错误。

因为$A\xi = \lambda_1\xi$，$A\eta = \lambda_2\eta$，$\lambda_1 \neq \lambda_2$，所以ξ、η线性无关。

$k_1 \neq 0$，$k_2 \neq 0$时，假设$A(k_1\xi + k_2\eta) = \lambda(k_1\xi + k_2\eta)$，$\lambda$是常数。

即$k_1\lambda_1\xi + k_2\lambda_2\eta = k_1\lambda\xi + k_2\lambda\eta$，$k_1(\lambda_1 - \lambda)\xi + k_2(\lambda_2 - \lambda)\eta = \mathbf{0}$

因为$\boldsymbol{\xi}$、$\boldsymbol{\eta}$线性无关，只有$k_1(\lambda_1 - \lambda) = k_2(\lambda_2 - \lambda) = 0$，而又因$k_1 \neq 0$，$k_2 \neq 0$，故只能$\lambda_1 = \lambda = \lambda_2$，这与$\lambda_1 \neq \lambda_2$矛盾，假设错误。选项 A、B 错，选项 C 对。[可直接用特征值特征向量的重要性质（6）中注意判定]

答案： C

1-8-46 解： 二次型f对应的矩阵$\boldsymbol{A} = \begin{bmatrix} \lambda & 1 & 1 \\ 1 & \lambda & -1 \\ 1 & -1 & \lambda \end{bmatrix}$，$f$是正定的，只要$\boldsymbol{A}$的各阶顺序主子式大于0。

$\lambda > 0$；$\begin{vmatrix} \lambda & 1 \\ 1 & \lambda \end{vmatrix} > 0$，即$\lambda^2 - 1 > 0$，$\lambda^2 > 1$，故$\lambda > 1$或$\lambda < -1$；

$$\begin{vmatrix} \lambda & 1 & 1 \\ 1 & \lambda & -1 \\ 1 & -1 & \lambda \end{vmatrix} > 0，即\begin{vmatrix} \lambda & 1 & 1 \\ 1 & \lambda & -1 \\ 1 & -1 & \lambda \end{vmatrix} \xrightarrow[-\lambda r_1 + r_3]{r_1 + r_2} \begin{vmatrix} \lambda & 1 & 1 \\ 1+\lambda & 1+\lambda & 0 \\ 1-\lambda^2 & -1-\lambda & 0 \end{vmatrix} = \begin{vmatrix} 1+\lambda & 1+\lambda \\ (1-\lambda)(1+\lambda) & -(1+\lambda) \end{vmatrix}$$

$$= (1+\lambda)^2(\lambda - 2) > 0，知\lambda > 2$$

由$\lambda > 0$，$\lambda > 1$或$\lambda < -1$，$\lambda > 2$，得公共解$\lambda > 2$。

答案： C

1-8-47 解： 二次型$f(x_1, x_2, x_3)$正定的充分必要条件是二次型的正惯性指数等于变量的个数，它的标准形中的系数全为正，即$\lambda > 0$，$\lambda - 1 > 0$，$\lambda^2 + 1 > 0$，推出$\lambda > 1$。

答案： C

1-8-48 解： **方法**1，由合同矩阵定义知，若存在一个可逆矩阵$\boldsymbol{C}$，使$\boldsymbol{C}^{\mathrm{T}}\boldsymbol{A}\boldsymbol{C} = \boldsymbol{B}$，则称$\boldsymbol{A}$合同于$\boldsymbol{B}$。取$\boldsymbol{C} = \begin{bmatrix} -1 & 0 \\ 0 & 1 \end{bmatrix}$，$|\boldsymbol{C}| = -1 \neq 0$，$\boldsymbol{C}$可逆，可验证$\boldsymbol{C}^{\mathrm{T}}\boldsymbol{A}\boldsymbol{C} = \begin{bmatrix} 1 & -1 \\ -1 & 2 \end{bmatrix}$。

方法 2，利用结论，设$\boldsymbol{A}$与$\boldsymbol{B}$合同：①若$\boldsymbol{A}$是对称阵，则$\boldsymbol{B}$也是对称阵；②若$\boldsymbol{A}$是正定阵，则$\boldsymbol{B}$也是正定阵。由①可知选项 C、D 错，由②可知选项 B 错。

答案： A

（九）概率论与数理统计

1-9-1 当下列哪项成立时，事件A与B为对立事件？

　　A. $AB = \phi$　　　　　　　　　　　B. $A + B = \Omega$

　　C. $\overline{A} + \overline{B} = \Omega$　　　　　　　　　D. $AB = \phi$且$A + B = \Omega$

1-9-2 有A、B、C三个事件，下列选项中与事件A互斥的事件是：

　　A. $\overline{B \cup C}$　　　　　　　　　　　B. $\overline{A \cup B \cup C}$

　　C. $\overline{A}B + A\overline{C}$　　　　　　　　　D. $A(B + C)$

1-9-3 设A、B、C为三个事件，则A、B、C中至少有两个发生可表示为：

　　A. $A \cup B \cup C$　　　　　　　　　　B. $A(B \cup C)$

　　C. $AB \cup AC \cup BC$　　　　　　　　D. $\overline{A} \cup \overline{B} \cup \overline{C}$

1-9-4 重复进行一项试验，事件A表示"第一次失败且第二次成功"，则事件$\overline{A}$表示：

　　A. 两次均失败　　　　　　　　　　B. 第一次成功或第二次失败

　　C. 第一次成功且第二次失败　　　　D. 两次均成功

1-9-5 若$P(A) = 0.5$，$P(B) = 0.4$，$P(\overline{A} - B) = 0.3$，则$P(A \cup B)$等于：

　　A. 0.6　　　　　　B. 0.7　　　　　　C. 0.8　　　　　　D. 0.9

1-9-6 若$P(A) = 0.8$，$P(A\overline{B}) = 0.2$，则$P(\overline{A} \cup \overline{B})$等于：

A. 0.4　　　　　　B. 0.6　　　　　　C. 0.5　　　　　　D. 0.3

1-9-7 设 A、B 为随机事件，$P(A) = a$，$P(B) = b$，$P(A + B) = c$，则 $P(A\overline{B})$ 为：

A. $a - b$　　　　B. $c - b$　　　　C. $a(1 - b)$　　　　D. $a(1 - c)$

1-9-8 袋中有 5 个大小相同的球，其中 3 个是白球，2 个是红球，一次随机地取出 3 个球，其中恰有 2 个是白球的概率是：

A. $\left(\frac{3}{5}\right)^2 \frac{2}{5}$　　　　B. $C_5^3 \left(\frac{3}{5}\right)^2 \frac{1}{5}$　　　　C. $\left(\frac{3}{5}\right)^2$　　　　D. $\frac{C_3^2 C_2^1}{C_5^3}$

1-9-9 将 3 个球随机地放入 4 个杯子中，则杯中球的最大个数为 2 的概率为：

A. $\frac{1}{16}$　　　　B. $\frac{3}{16}$　　　　C. $\frac{9}{16}$　　　　D. $\frac{4}{27}$

1-9-10 10 张奖券含有 2 张有奖的奖券，每人购买 1 张，则前四个购买者恰有 1 人中奖的概率是：

A. 0.8^4　　　　B. 0.1　　　　C. $C_{10}^6 0.2 \, 0.8^3$　　　　D. $0.8^3 0.2$

1-9-11 设 $P(B) > 0$，$P(A|B) = 1$，则必有：

A. $P(A + B) = P(A)$　　　　　　　　B. $A \subset B$

C. $P(A) = P(B)$　　　　　　　　　　D. $P(AB) = P(A)$

1-9-12 设 A、B 是两事件，$P(A) = \frac{1}{4}$，$P(B|A) = \frac{1}{3}$，$P(A|B) = \frac{1}{2}$，则 $P(A \cup B)$ 等于：

A. $\frac{3}{4}$　　　　B. $\frac{3}{5}$　　　　C. $\frac{1}{2}$　　　　D. $\frac{1}{3}$

1-9-13 盒内装有 10 个白球，2 个红球，每次取 1 个球，取后不放回。任取两次，则第二次取得红球的概率是：

A. $\frac{1}{7}$　　　　B. $\frac{1}{6}$　　　　C. $\frac{1}{5}$　　　　D. $\frac{1}{3}$

1-9-14 某人从远方来，他乘火车、轮船、汽车、飞机来的概率分别是 0.3、0.2、0.1、0.4。如果他乘火车、轮船、汽车来的话，迟到的概率分别为 $\frac{1}{4}$、$\frac{1}{3}$、$\frac{1}{12}$，而乘飞机则不会迟到。则他迟到的概率是多少？如果他迟到了，则乘火车来的概率是多少？

A. 0.10，0.4　　　B. 0.15，0.5　　　C. 0.20，0.6　　　D. 0.25，0.7

1-9-15 设有一箱产品由三家工厂生产，第一家工厂生产总量的 $\frac{1}{2}$，其他两厂各生产总量的 $\frac{1}{4}$；又知各厂次品率分别为 2%、2%、4%。现从此箱中任取一件产品，则取到正品的概率是：

A. 0.85　　　　　B. 0.765　　　　C. 0.975　　　　D. 0.95

1-9-16 两个小组生产同样的零件，第一组的废品率是 2%，第二组的产量是第一组的 2 倍而废品率是 3%。若将两组生产的零件放在一起，从中任取一件。经检查是废品，则这件废品是第一组生产的概率为：

A. 15%　　　　　B. 25%　　　　　C. 35%　　　　　D. 45%

1-9-17 发报台分别以概率 0.6 和 0.4 发出信号"·"和"—"，由于受到干扰，接受台不能完全准确收到信号，当发报台发出"·"时，接受台分别以概率 0.8 和 0.2 收到"·"和"—"；当发报台发出"—"时，接受台分别以概率 0.9 和 0.1 收到"—"和"·"，那么当接受台收到"·"时，发报台发出"·"的概率是：

A. $\frac{13}{25}$　　　　B. $\frac{12}{13}$　　　　C. $\frac{12}{25}$　　　　D. $\frac{24}{25}$

1-9-18 设事件A，B相互独立，且$P(A) = \frac{1}{2}$，$P(B) = \frac{1}{3}$，则$P(B|A \cup \overline{B})$等于：

    A. $\frac{5}{6}$ B. $\frac{1}{6}$ C. $\frac{1}{3}$ D. $\frac{1}{5}$

1-9-19 若$P(A) > 0$，$0 < P(B) < 1$，$P(A|B) = P(A)$，则下列各式不成立的是：

    A. $P(B|A) = P(B)$ B. $P(A|\overline{B}) = P(A)$

    C. $P(AB) = P(A)P(B)$ D. A，B互斥

1-9-20 甲乙两人独立地向同一目标各射击一次，命中率分别为 0.8 和 0.6，现已知目标被击中，则它是甲射中的概率为：

    A. 0.26   B. 0.87   C. 0.52   D. 0.75

1-9-21 设$F_1(x)$与$F_2(x)$分别为随机变量X_1与X_2的分布函数。为使$F(x) = aF_1(x) - bF_2(x)$成为某一随机变量的分布函数，则a与b分别是：

    A. $a = \frac{3}{5}$，$b = -\frac{2}{5}$ B. $a = \frac{2}{3}$，$b = \frac{2}{3}$

    C. $a = -\frac{1}{2}$，$b = \frac{3}{2}$ D. $a = \frac{1}{2}$，$b = -\frac{2}{3}$

1-9-22 设随机变量X的分布函数

$$F(x) = \begin{cases} \frac{1}{2}e^x & x < 0 \\ \frac{1}{2} + x & 0 \leqslant x < \frac{1}{2} \\ 1 & x \geqslant \frac{1}{2} \end{cases}$$

则$P\left(-1 < x \leqslant \frac{1}{4}\right) =$

    A. $\frac{1}{2}$ B. $\frac{1}{2}e^{-1}$ C. $\frac{3}{4} - \frac{1}{2}e^{-1}$ D. $\frac{3}{4}$

1-9-23 离散型随机变量X的分布为$P(X = k) = C\lambda^k (k = 0,1,2\cdots)$，则不成立的是：

    A. $C > 0$ B. $0 < \lambda < 1$ C. $C = 1 - \lambda$ D. $C = \frac{1}{1-\lambda}$

1-9-24 某人连续向一目标独立射击（每次命中率都是$\frac{3}{4}$），一旦命中，则射击停止，设X为射击的次数，那么射击 3 次停止射击的概率是：

    A. $\left(\frac{3}{4}\right)^3$ B. $\left(\frac{3}{4}\right)^2 \frac{1}{4}$ C. $\left(\frac{1}{4}\right)^2 \frac{3}{4}$ D. $C_3^2 \left(\frac{1}{4}\right)^2 \frac{3}{4}$

1-9-25 设$\varphi(x)$为连续型随机变量的概率密度，则下列结论中一定正确的是：

    A. $0 \leqslant \varphi(x) \leqslant 1$ B. $\varphi(x)$在定义域内单调不减

    C. $\int_{-\infty}^{+\infty} \varphi(x)\mathrm{d}x = 1$ D. $\lim\limits_{x \to +\infty} \varphi(x) = 1$

1-9-26 设随机变量的概率密度为$f(x) = \begin{cases} axe^{-\frac{x^2}{2\sigma^2}} & x \geqslant 0 \\ 0 & x < 0 \end{cases}$。则$a$的值是：

    A. $\frac{1}{\sigma^2}$ B. $\frac{1}{\pi}$ C. $\frac{\pi}{\sigma^2}$ D. $\frac{\pi}{\sigma}$

1-9-27 设随机变量X的概率密度为$f(x) = \begin{cases} \frac{1}{x^2} & x \geqslant 1 \\ 0 & 其他 \end{cases}$，则$P(0 \leqslant X \leqslant 3)$等于：

    A. $\frac{1}{3}$ B. $\frac{2}{3}$ C. $\frac{1}{2}$ D. $\frac{1}{4}$

1-9-28 设随机变量 X 的概率密度为 $f(x)=\begin{cases} x & 0\leqslant x<1 \\ 2-x & 1\leqslant x\leqslant 2 \\ 0 & \text{其他} \end{cases}$，则 $P(0.5<X<3)$ 等于：

    A. $\dfrac{7}{8}$ B. $\dfrac{1}{8}$ C. $\dfrac{1}{2}$ D. $\dfrac{1}{4}$

1-9-29 一个工人看管 3 台车床，在 1 小时内任 1 台车床不需要人看管的概率为 0.8，3 台机床工作相互独立，则 1 小时内 3 台车床中至少有 1 台不需要人看管的概率是：

    A. 0.875   B. 0.925   C. 0.765   D. 0.992

1-9-30 设书籍中每页的印刷错误个数服从泊松分布。若某书中有一个印刷错误的页数与有两个印刷错误的页数相等，今任意检验两页（两页错误个数相互独立），则每页上都没有印刷错误的概率为：

    A. e^{-2} B. e^{-4} C. $\dfrac{1}{2}e^{-2}$ D. $\dfrac{1}{2}e^{-4}$

1-9-31 设随机变量 $X\sim N(0,\sigma^2)$，则对于任何实数 λ，都有：

    A. $P(X\leqslant\lambda)=P(X\geqslant\lambda)$ B. $P(X\geqslant\lambda)=P(X\leqslant-\lambda)$

    C. $X-\lambda\sim N(\lambda,\sigma^2-\lambda^2)$ D. $\lambda X\sim N(0,\lambda\sigma^2)$

1-9-32 设服从 $N(0,1)$ 分布的随机变量 X，其分布函数为 $\Phi(x)$。如果 $\Phi(1)=0.84$，则 $P\{|X|\leqslant1\}$ 的值是：

    A. 0.25   B. 0.68   C. 0.13   D. 0.20

1-9-33 某有奖储蓄每开户定额为 60 元，按规定，1 万个户头中，头等奖 1 个为 500 元，二等奖 10 个每个为 100 元，三等奖 100 个每个为 10 元，四等奖 1000 个每个为 2 元。某人买了 5 个户头，他得奖的期望值是：

    A. 2.20   B. 2.25   C. 2.30   D. 2.45

1-9-34 设 X 的概率密度 $f(x)=\begin{cases} \dfrac{|x|}{4} & |x|<2 \\ 0 & \text{其他} \end{cases}$，则 $E(X)=$

    A. 0   B. $\dfrac{1}{2}$ C. $-\dfrac{1}{2}$ D. 1

1-9-35 X 的分布函数 $F(x)$，而 $F(x)=\begin{cases} 0 & x<0 \\ x^3 & 0\leqslant x<1 \\ 1 & x\geqslant1 \end{cases}$，则 $E(X)$ 等于：

    A. 0.7   B. 0.75   C. 0.6   D. 0.8

1-9-36 设 X 的分布函数 $F(x)=\begin{cases} 0 & x<0 \\ \dfrac{x}{4} & 0\leqslant x\leqslant4 \\ 1 & x\geqslant4 \end{cases}$，则 $E(X^2)=$

    A. 2   B. $\dfrac{4}{3}$ C. 1   D. $\dfrac{16}{3}$

1-9-37 设随机变量 X 的概率密度为 $f(x)=\begin{cases} \dfrac{3}{8}x^2 & 0<x<2 \\ 0 & \text{其他} \end{cases}$，则 $Y=\dfrac{1}{X}$ 数学期望是：

    A. $\dfrac{3}{4}$ B. $\dfrac{1}{2}$ C. $\dfrac{2}{3}$ D. $\dfrac{1}{4}$

1-9-38 设随机变量(X,Y)服从二维正态分布，其概率密度为$f(x,y)=\frac{1}{2\pi}e^{-\frac{1}{2}(x^2+y^2)}$，则$E(X^2+Y^2)$等于：

　　　　A. 2 　　　　　　B. 1 　　　　　　C. $\frac{1}{2}$ 　　　　　　D. $\frac{1}{4}$

1-9-39 已知随机变量X服从二项分布，且$E(X)=2.4$，$D(X)=1.44$，则二项分布的参数n、p分别是：

　　　　A. $n=4$，$p=0.6$ 　　　　　　　　B. $n=6$，$p=0.4$

　　　　C. $n=8$，$p=0.3$ 　　　　　　　　D. $n=24$，$p=0.1$

1-9-40 设X、Y相互独立，$X\sim N(4,1)$，$X\sim N(1,4)$，$Z=2X-Y$，则$D(Z)=$

　　　　A. 0 　　　　　　B. 8 　　　　　　C. 15 　　　　　　D. 16

1-9-41 设随机变量X服从自由度为 2 的t分布，$t_{0.05}(2)=2.920$，$t_{0.025}(2)=4.303$，$t_{0.02}(2)=4.503$，$t_{0.01}(2)=6.965$则$P\{|X|\geq\lambda\}=0.05$中λ的值是：

　　　　A. 2.920 　　　　　B. 4.303 　　　　　C. 4.503 　　　　　D. 6.965

1-9-42 设总体$X\sim N(9,10^2)$，$X_1,X_2,\cdots,X_{10}$是一组样本，$\overline{X}=\frac{1}{10}\sum\limits_{i=1}^{10}X_i$服从的分布是：

　　　　A. $N(9,10)$ 　　　　B. $N(9,10^2)$ 　　　　C. $N(9,5)$ 　　　　D. $N(9,2)$

1-9-43 设$X_1,X_2,\cdots,X_{16}$为正态总体$N(\mu,4)$的一个样本，样本均值$\overline{X}=\frac{1}{16}\sum\limits_{i=1}^{16}X_i$，已知$\Phi(1)=0.8413$，$\Phi(1.82)=0.9656$，$\Phi(2.0)=0.9772$，则$P\{|\overline{X}-\mu|<1\}$的值为：

　　　　A. 0.9544 　　　　　B. 0.9312 　　　　　C. 0.9607 　　　　　D. 0.9722

1-9-44 设$\left(X_1,X_2,\cdots,X_{10}\right)$是抽自正态总体$N(\mu,\sigma^2)$的一个容量为 10 的样本，其中$-\infty<\mu<+\infty$，$\sigma^2>0$，记$\overline{X}_9=\frac{1}{9}\sum\limits_{i=1}^{9}X_i$，则$\overline{X}_9-X_{10}$所服从的分布是：

　　　　A. $N\left(0,\frac{10}{9}\sigma^2\right)$ 　　　　　　　　　B. $N\left(0,\frac{8}{9}\sigma^2\right)$

　　　　C. $N(0,\sigma^2)$ 　　　　　　　　　　　D. $N\left(0,\frac{11}{9}\sigma^2\right)$

1-9-45 设总体X服从$N(\mu,\sigma^2)$分布，$X_1,X_2,\cdots,X_n$为样本，记$\overline{X}=\frac{1}{n}\sum\limits_{i=1}^{n}X_i$，$S^2=\frac{1}{n-1}\sum\limits_{i=1}^{n}\left(X_i-\overline{X}\right)^2$。则$T=\frac{\overline{X}-\mu}{S}\sqrt{n}$服从的分布是：

　　　　A. $\chi^2(n-1)$ 　　　　B. $\chi^2(n)$ 　　　　C. $t(n-1)$ 　　　　D. $t(n)$

1-9-46 设总体X的概率密度为$f(x)=\begin{cases}(\theta+1)x^\theta & 0<x<1 \\ 0 & 其他\end{cases}$，其中$\theta>-1$是未知参数，$X_1,X_2,\cdots,X_n$是来自总体$X$的样本，则$\theta$的矩估计量是：

　　　　A. $\overline{X}$ 　　　　　B. $\frac{2\overline{X}-1}{1-\overline{X}}$ 　　　　　C. $2\overline{X}$ 　　　　　D. $\overline{X}-1$

1-9-47 设$\hat{\theta}$是参数θ的一个无偏估计量，又方差$D\left(\hat{\theta}\right)>0$，下面结论中正确的是：

　　　　A. $\left(\hat{\theta}\right)^2$是$\theta^2$的无偏估计量

　　　　B. $\left(\hat{\theta}\right)^2$不是$\theta^2$的无偏估计量

　　　　C. 不能确定$\left(\hat{\theta}\right)^2$是不是$\theta^2$的无偏估计量

　　　　D. $\left(\hat{\theta}\right)^2$不是$\theta^2$的估计量

1-9-48 设总体X的概率密度为$f(x,\theta)=\begin{cases}e^{-(x-\theta)} & x\geqslant\theta \\ 0 & x<\theta\end{cases}$，而$x_1,x_2,\cdots,x_n$是来自总体的样本值，则未知参数$\theta$的最大似然估计是：

A. $\overline{x}-1$　　　　　　　　　　B. $n\overline{x}$

C. $\min(x_1,x_2,\cdots,x_n)$　　　　D. $\max(x_1,x_2,\cdots,x_n)$

1-9-49 设总体$X\sim N(\mu,\sigma^2)$，μ与σ^2均未知，$X_1,X_2,\cdots,X_9$为其样本，$\overline{X}$、S^2为样本均值和样本方差，则μ的置信度为0.9的置信区间是：

A. $\left(\overline{X}-z_{0.05}\dfrac{\sigma}{3},\ \overline{X}+z_{0.05}\dfrac{\sigma}{3}\right)$　　　B. $\left(\overline{X}-z_{0.1}\dfrac{\sigma}{3},\ \overline{X}+z_{0.1}\dfrac{\sigma}{3}\right)$

C. $\left(\overline{X}-t_{0.05}(8)\dfrac{S}{3},\ \overline{X}+t_{0.05}(8)\dfrac{S}{3}\right)$　　D. $\left(\overline{X}-t_{0.05}(9)\dfrac{S}{3},\ \overline{X}+t_{0.05}(9)\dfrac{S}{3}\right)$

1-9-50 设总体$X\sim N(\mu,\sigma^2)$，μ、σ^2均未知，$X_1,X_2,\cdots,X_n$为其样本，检验假设$H_0:\sigma^2=\sigma_0{}^2$，$H_1:$ $\sigma^2\neq\sigma_0{}^2$，当$\chi^2=\dfrac{1}{\sigma_0{}^2}\sum\limits_{i=1}^{n}\left(X_i-\overline{X}\right)^2$满足下列哪一项时，拒绝$H_0$（显著性水平$\alpha=0.05$）？

A. $\chi^2>\chi_{0.05}^2(n-1)$

B. $\chi^2<\chi_{0.95}^2(n-1)$

C. $\chi^2<\chi_{0.975}^2(n-1)$或$\chi^2>\chi_{0.025}^2(n-1)$

D. $\chi^2<\chi_{0.95}^2(n-1)$或$\chi^2>\chi_{0.05}^2(n-1)$

题解及参考答案

1-9-1　**解：**依据对立事件的定义判定。

答案：D

1-9-2　**解：**$A\left(\overline{B\cup C}\right)=A\overline{B}\,\overline{C}$可能发生，选项A错。

$A\left(\overline{A\cup B\cup C}\right)=A\overline{A}\,\overline{B}\,\overline{C}=\varnothing$，选项B对。

或见解图，图a）中的$\overline{B\cup C}$（斜线区域）与A有交集。图b）中的$\overline{A\cup B\cup C}$（斜线区域）与A无交集。

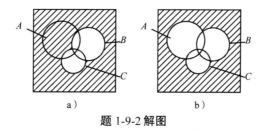

题1-9-2解图

答案：B

1-9-3　**解：**A、B、C中有两个发生的情况有AB、AC、BC三种。

"至少"对应"和"，则A、B、C中至少有两个发生，可表示为$AB\cup AC\cup BC$。

也可利用图判定。

"A、B、C中至少有两个发生"对应解图a）的阴影部分，即$AB\cup AC\cup BC$。

选项A：$A\cup B\cup C$表示A、B、C中至少有一个发生，见解图b）的阴影部分。

选项 B：$A(B \cup C) = AB \cup AC$，见解图 c）的阴影部分。

选项 D：$\overline{A} \cup \overline{B} \cup \overline{C} = \overline{A}\,\overline{B}\,\overline{C}$，见解图 d）的阴影部分。

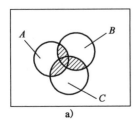 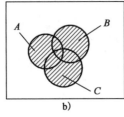 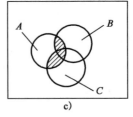 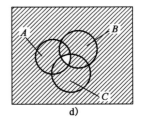

题 1-9-3 解图

答案： C

1-9-4 解： 设 B 表示"第一次失败"，C 表示"第二次成功"，则 $A = BC$，$\overline{A} = \overline{BC} = \overline{B} \cup \overline{C}$，而 $\overline{B}$ 表示"第一次成功"，$\overline{C}$ 表示"第二次失败"，所以 $\overline{A}$ 表示"第一次成功"或"第二次失败"。

答案： B

1-9-5 解： $P(\overline{A} - B) = P(\overline{A}\,\overline{B}) = P(\overline{A \cup B}) = 0.3$，$P(A \cup B) = 1 - P(\overline{A \cup B}) = 0.7$

答案： B

1-9-6 解： $P(A\overline{B}) = P(A - B) = P(A) - P(AB)$，$P(AB) = P(A) - P(A\overline{B}) = 0.8 - 0.2 = 0.6$，$P(\overline{A} \cup \overline{B}) = P(\overline{AB}) = 1 - P(AB) = 1 - 0.6 = 0.4$

答案： A

1-9-7 解： $P(A\overline{B}) = P(A) - P(AB)$

$P(A + B) = P(A) + P(B) - P(AB)$

$P(AB) = P(A) + P(B) - P(A + B)$

$P(A\overline{B}) = P(A) - [P(A) + P(B) - P(A + B)]$

$\qquad = P(A + B) - P(B) = c - b$

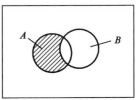

题 1-9-7 解图

或看解图：$A + B = B + (A\overline{B})$，$B$ 与 $A\overline{B}$ 互不相容。（$A\overline{B}$ 是图中斜线部分）

$P(A + B) = P(B) + P(A\overline{B})$

$P(A\overline{B}) = P(A + B) - P(B) = c - b$

答案： B

1-9-8 解： 用公式 $P(A) = \dfrac{C_M^m C_{N-M}^{n-m}}{C_N^n}$，代入 $N = 5$，$n = 3$，$M = 3$，$m = 2$。

或用古典概型公式 $P(A) = \dfrac{m}{n}$，分母 n 为所有可能结果数（从 5 个中取出 3 个），$n = C_5^3$；分子 m 为 A 包含的可能结果数（从 3 个白球中取出 2 个，从 2 个红球中取出 1 个），$m = C_3^2 C_2^1$。

答案： D

1-9-9 解： 显然为古典概型，$P(A) = \dfrac{m}{n}$。

一个球一个球地放入杯中，每个球都有 4 种放法，所以所有可能结果数 $n = 4 \times 4 \times 4 = 64$，事件 A "杯中球的最大个数为 2"即 4 个杯中有一个杯子里有 2 个球，有 1 个杯子有 1 个球，还有两个空杯。第一个球有 4 种放法，从第二个球起有两种情况：①第 2 个球放到已有一个球的杯中（一种放法），第 3 个球可放到 3 个空杯中任一个（3 种放法）；②第 2 个球放到 3 个空杯中任一个（3 种放法），第 3 个球可放到两个有球杯中（2 种放法）。则 $m = 4 \times [1 \times 3 + 3 \times 2] = 36$，因此 $P(A) = \dfrac{36}{64} = \dfrac{9}{16}$。或设 $A_i(i = 1,2,3)$ 表示"杯中球的最大个数为 i"，则

$$P(A_2) = 1 - P(A_1) - P(A_3) = 1 - \frac{4\times3\times2}{4\times4\times4} - \frac{4\times1\times1}{4\times4\times4} = \frac{9}{16}$$

答案： C

1-9-10　解： 设A_i表示第i个买者中奖$(i=1,2,3,4)$，B表示前4个购买者恰有1个人中奖。

则$B = A_1\overline{A_2}\,\overline{A_3}\,\overline{A_4} + \overline{A_1}A_2\overline{A_3}\,\overline{A_4} + \overline{A_1}\,\overline{A_2}A_3\overline{A_4} + \overline{A_1}\,\overline{A_2}\,\overline{A_3}A_4$

显然$A_1\overline{A_2}\,\overline{A_3}\,\overline{A_4}$、$\overline{A_1}A_2\overline{A_3}\,\overline{A_4}$、$\overline{A_1}\,\overline{A_2}A_3\overline{A_4}$和$\overline{A_1}\,\overline{A_2}\,\overline{A_3}A_4$两两互斥

$$P(B) = P(A_1\overline{A_2}\,\overline{A_3}\,\overline{A_4}) + P(\overline{A_1}A_2\overline{A_3}\,\overline{A_4}) + P(\overline{A_1}\,\overline{A_2}A_3\overline{A_4}) + P(\overline{A_1}\,\overline{A_2}\,\overline{A_3}A_4)$$

而$P(A_1\overline{A_2}\,\overline{A_3}\,\overline{A_4}) = \dfrac{2\times8\times7\times6}{10\times9\times8\times7} = \dfrac{2}{15}$

或$P(A_1\overline{A_2}\,\overline{A_3}\,\overline{A_4}) = P(\overline{A_1})P(\overline{A_2}|\overline{A_1})P(\overline{A_3}|A_1\overline{A_2})P(\overline{A_4}|A_1\overline{A_2}\,\overline{A_3})$

$$= \frac{2}{10}\times\frac{8}{9}\times\frac{7}{8}\times\frac{6}{7} = \frac{2}{15}$$

同理$P(\overline{A_1}A_2\overline{A_3}\,\overline{A_4}) = P(\overline{A_1}\,\overline{A_2}A_3\overline{A_4}) = P(\overline{A_1}\,\overline{A_2}\,\overline{A_3}A_4) = \dfrac{2}{15}$，则$P(B) = 4\times\dfrac{2}{15} = \dfrac{8}{15}$

说明：因为买到的奖券不能放回去，所以不能把前4个人买奖券看成4次独立重复试验。$P(A_2|A_1) = \dfrac{1}{9}$，$P(A_2|\overline{A_1}) = \dfrac{2}{9}$，表明第一个人中奖与否，对第二人中奖有影响（不独立）。另外，只有两张有奖奖券，那么前4个人中3人中奖、4人中奖都是不可能的。

选项A、B、C、D均不正确。

答案： 无

1-9-11　解： $P(A|B) = \frac{P(AB)}{P(B)} = 1$，$P(AB) = P(B)$

$$P(A+B) = P(A) + P(B) - P(AB) = P(A)$$

答案： A

1-9-12　解： $P(A\cup B) = P(A) + P(B) - P(AB)$

$$P(AB) = P(A)P(B|A) = \frac{1}{4}\times\frac{1}{3} = \frac{1}{12}$$

$$P(B)P(A|B) = P(AB)，\frac{1}{2}P(B) = \frac{1}{12}，P(B) = \frac{1}{6}$$

$$P(A\cup B) = \frac{1}{4} + \frac{1}{6} - \frac{1}{12} = \frac{1}{3}$$

答案： D

1-9-13　解： 设第一次取一个红球为A，第一次取一个白球为$\overline{A}$，第二次取一个红球为B。

方法1，$P(B) = P(AB) + P(\overline{A}B) = \frac{2\times1}{12\times11} + \frac{10\times2}{12\times11} = \frac{1}{6}$

方法2，用全概率公式计算。

$$P(B) = P(A)P(B|A) + P(\overline{A})P(B|\overline{A})$$

$$P(A) = \frac{2}{12}，P(\overline{A}) = \frac{10}{12}$$

用压缩样本空间方法求条件概率：

A发生条件下，还剩下11个球（10个白球，1个红球），$P(B|A) = \dfrac{1}{11}$

$\overline{A}$发生条件下，还剩下11个球（9个白球，2个红球），$P(B|\overline{A}) = \dfrac{2}{11}$

$$P(B) = \frac{2}{12} \times \frac{1}{11} + \frac{10}{12} \times \frac{2}{11} = \frac{1}{6}$$

答案： B

1-9-14　说明： $\frac{1}{4}$、$\frac{1}{3}$、$\frac{1}{12}$ 都是条件概率。已知一组事件 $A_1, A_2, \cdots, A_n$ 的概率 $P(A_1), P(A_2), \cdots, P(A_n)$ 和一组条件概率 $P(B|A_1), P(B|A_2), \cdots, P(B|A_n)$，应想到全概率公式和贝叶斯公式。

解： 设 A_1 表示乘火车，A_2 表示乘轮船，A_3 表示乘汽车，A_4 表示乘飞机，B 表示迟到。

则有：

$$P(A_1) = 0.3，P(A_2) = 0.2，P(A_3) = 0.1，P(A_4) = 0.4$$

$$P(B|A_1) = \frac{1}{4}，P(B|A_2) = \frac{1}{3}，P(B|A_3) = \frac{1}{12}，P(B|A_4) = 0（乘飞机不会迟到）$$

$$P(B) = \sum_{k=1}^{4} P(A_k)P(B|A_k) = 0.3 \times \frac{1}{4} + 0.2 \times \frac{1}{3} + 0.1 \times \frac{1}{12} = 0.15（只能选 B）$$

$$P(A_1|B) = \frac{P(A_1 B)}{P(B)} = \frac{P(A_1)P(B|A_1)}{P(B)} = \frac{0.3 \times \frac{1}{4}}{0.15} = 0.5（可不计算）$$

答案： B

1-9-15　解：（注意各厂次品率 2%、2%、4% 是一组条件概率。）

设 A_i 表示取到第 i 厂产品，$i = 1,2,3$；B 表示取到次品，则 $\overline{B}$ 表示取到正品。

$$P(A_1) = \frac{1}{2}，P(A_2) = \frac{1}{4}，P(A_3) = \frac{1}{4}$$

$$P(B|A_1) = 0.02，P(B|A_2) = 0.02，P(B|A_3) = 0.04$$

$$P(\overline{B}) = 1 - P(B) = 1 - \sum_{i=1}^{3} P(A_i)P(B|A_i)$$

$$= 1 - \left(\frac{1}{2} \times 0.02 + \frac{1}{4} \times 0.02 + \frac{1}{4} \times 0.04 \right) = 0.975$$

或 $P(\overline{B}) = \sum_{i=1}^{3} P(A_i)P(\overline{B}|A_i) = \sum_{i=1}^{3} P(A_i)[1 - P(B|A_i)]$

$$= \frac{1}{2} \times 0.98 + \frac{1}{4} \times 0.98 + \frac{1}{4} \times 0.96 = 0.975$$

答案： C

1-9-16　解： 设 A_i 表示取到第 i 组产品，$i = 1,2$；B 表示取到废品。

$$P(A_1) = \frac{1}{3}，P(A_2) = \frac{2}{3}；$$

$$P(B|A_1) = 0.02，P(B|A_2) = 0.03。$$

所求条件概率为（用贝叶斯公式）：

$$P(A_1|B) = \frac{P(A_1)P(B|A_1)}{P(A_1)P(B|A_1) + P(A_2)P(B|A_2)} = \frac{\frac{1}{3} \times 0.02}{\frac{1}{3} \times 0.02 + \frac{2}{3} \times 0.03} = 0.25$$

答案： B

1-9-17　解： 注意题中 0.8、0.2、0.9、0.1 都是条件概率。条件概率涉及两个事件，一个作条件，一个不作条件，应分别设。

设 A 为发报台发出信号 "·"，则 $\overline{A}$ 为发报台发出信号 "—"。

$$P(A) = 0.6，P(\overline{A}) = 0.4。$$

设 B 为接收台收到信号 "·"，则 $\overline{B}$ 为接收台收到信号 "—"。

$$P(B|A) = 0.8, \quad P(\overline{B}|A) = 0.2, \quad P(\overline{B}|\overline{A}) = 0.9, \quad P(B|\overline{A}) = 0.1$$

$$P(A|B) = \frac{P(AB)}{P(B)} \qquad \text{(此步可省略，直接用贝叶斯公式)}$$

$$= \frac{P(A)P(B|A)}{P(A)P(B|A) + P(\overline{A})P(B|\overline{A})} = \frac{0.6 \times 0.8}{0.6 \times 0.8 + 0.4 \times 0.1}$$

$$= \frac{12}{13}$$

答案： B

1-9-18 解：

$$P(B|A \cup \overline{B}) = \frac{P(B(A \cup \overline{B}))}{P(A \cup \overline{B})} = \frac{P(AB \cup B\overline{B})}{P(A \cup \overline{B})} = \frac{P(AB)}{P(A) + P(\overline{B}) - P(A\overline{B})}$$

因为 A、B 相互独立，所以 A、$\overline{B}$ 也相互独立。

有 $P(AB) = P(A)P(B)$，$P(A\overline{B}) = P(A)P(\overline{B})$

$$P(B|A \cup \overline{B}) = \frac{P(A)P(B)}{P(A) + P(\overline{B}) - P(A)P(\overline{B})} = \frac{\frac{1}{2} \times \frac{1}{3}}{\frac{1}{2} + \left(1 - \frac{1}{3}\right) - \frac{1}{2}\left(1 - \frac{1}{3}\right)} = \frac{1}{5}$$

答案： D

1-9-19 解： 因 $P(A) > 0$，$P(B) > 0$，$P(A|B) = P(A)$，所以 $\frac{P(AB)}{P(B)} = P(A)$，$P(AB) = P(A)P(B) > 0$，选项 D 不成立。

或由 $P(AB) = P(A)P(B)$，可知 A 与 B 独立，A 与 $\overline{B}$ 独立，选项 A、B、C 都成立。

答案： D

1-9-20 解： 设 A 为甲命中，B 为乙命中，则目标被击中可表示为 $A \cup B$。

因为 $A \subset (A \cup B)$，所以 $A(A \cup B) = A$。

因为两人独立射击，所以 A、B 相互独立，$P(AB) = P(A)P(B)$。

所求条件概率为：

$$P(A|A \cup B) = \frac{P(A(A \cup B))}{P(A \cup B)} = \frac{P(A)}{P(A) + P(B) - P(AB)} = \frac{P(A)}{P(A) + P(B) - P(A)P(B)}$$

$$= \frac{0.8}{0.8 + 0.6 - 0.8 \times 0.6} = 0.87$$

答案： B

1-9-21 解： 因为 $F_1(x)$，$F_2(x)$，$F(x) = aF_1(x) - bF_2(x)$ 都是随机变量的分布函数，

$$\lim_{x \to +\infty} F(x) = \lim_{x \to +\infty} aF_1(x) - \lim_{x \to +\infty} bF_2(x) = a - b = 1$$

只有选项 A：$a = \frac{3}{5}$，$b = -\frac{2}{5}$ 符合。

答案： A

1-9-22 解： $P\left(-1 < X \leqslant \frac{1}{4}\right) = F\left(\frac{1}{4}\right) - F(-1) = \left(\frac{1}{2} + \frac{1}{4}\right) - \frac{1}{2}e^{-1}$

答案： C

1-9-23 解： 由分布律性质（1）

$$P(X = k) = C\lambda^k \geqslant 0, \quad k = 0,1,2,\cdots$$

得 $C > 0, \lambda > 0$。

由分布律性质（2），$\sum\limits_{k=0}^{\infty}P(X=k)=\sum\limits_{k=0}^{\infty}C\lambda^k=1$；

因等比级数$\sum\limits_{k=0}^{\infty}C\lambda^k$收敛，则有$|\lambda|<1$；

因为$\sum\limits_{k=0}^{\infty}C\lambda^k=\dfrac{C}{1-\lambda}=1$，$C=1-\lambda$；

所以$C>0$，$0<\lambda<1$，$C=1-\lambda$，选项 D 不成立。

答案：D

1-9-24 解：独立射击三次停止射击，可表示为$X=3$，即第一次射击未中，第二次射击未中，第三次射击命中，$P(X=3)=\dfrac{1}{4}\times\dfrac{1}{4}\times\dfrac{3}{4}$。

或设A_i表示第i次射击命中，$i=1,2,3$。A_1、A_2、A_3相互独立。

$X=3$也可表示为$\overline{A_1}\,\overline{A_2}A_3$。$\overline{A_1}$、$\overline{A_2}$、$A_3$也相互独立。

所以$P(X=3)=P(\overline{A_1}\,\overline{A_2}A_3)=P(\overline{A_1})P(\overline{A_2})P(A_3)=\left(\dfrac{1}{4}\right)^2\dfrac{3}{4}$

答案：C

1-9-25 解：因为$\varphi(x)$为连续型随机变量的概率密度，不是分布函数，所以有$\int_{-\infty}^{+\infty}\varphi(x)\mathrm{d}x=1$。

答案：C

1-9-26 解：因为

$$\int_{-\infty}^{+\infty}f(x)\mathrm{d}x=1$$

$$\int_{-\infty}^{+\infty}f(x)\mathrm{d}x=\int_{-\infty}^{0}f(x)\mathrm{d}x+\int_{0}^{+\infty}f(x)\mathrm{d}x=\int_{0}^{+\infty}axe^{-\frac{x^2}{2\sigma^2}}\mathrm{d}x$$

$$=-a\sigma^2\int_{0}^{+\infty}e^{-\frac{x^2}{2\sigma^2}}\mathrm{d}\left(-\frac{x^2}{2\sigma^2}\right)$$

$$=-a\sigma^2\left[e^{-\frac{x^2}{2\sigma^2}}\right]_{0}^{+\infty}=a\sigma^2=1$$

所以$a=\dfrac{1}{\sigma^2}$

答案：A

1-9-27 解：

$$P(0\leqslant X\leqslant 3)=\int_{0}^{3}f(x)\mathrm{d}x=\int_{1}^{3}\frac{1}{x^2}\mathrm{d}x=\frac{1}{x}\Big|_{1}^{3}=\frac{2}{3}$$

答案：B

1-9-28 解：

$$P(0.5<X<3)=\int_{0.5}^{3}f(x)\mathrm{d}x$$

$$=\int_{0.5}^{1}x\mathrm{d}x+\int_{1}^{2}(2-x)\mathrm{d}x=\frac{7}{8}$$

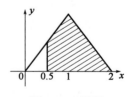

题 1-9-28 解图

$$或P(0.5<X<3)=1-\int_{0}^{0.5}f(x)\mathrm{d}x$$

$$=1-\int_{0}^{0.5}x\mathrm{d}x=\frac{7}{8}$$

或用定积分几何意义判定（解图中斜线区域面积）。

答案：A

1-9-29 解：这是 3 次独立重复试验。

设 A 为"在 1 小时内任一台车床不需要人看管"，则 $P(A) = 0.8$。

设 X 为"3 台车床 1 小时内不需要人看管的台数"，则 $X \sim B(3, 0.8)$。

$$P(X \geqslant 1) = \sum_{k=1}^{3} P(X = k) = \sum_{k=1}^{3} C_3^k 0.8^k 0.2^{3-k}$$

或 $P(X \geqslant 1) = 1 - P(X = 0) = 1 - 0.2^3 = 0.992$

答案：D

1-9-30 解：①设 X 表示书中每页的印刷错误个数，X 服从参数为 λ 的泊松分布，"书中有一个印刷错误的页数与有两个印刷错误的页数相等"，即 $P(X = 1) = P(X = 2)$，$\frac{\lambda}{1!} e^{-\lambda} = \frac{\lambda^2}{2!} e^{-\lambda}$，且 $\lambda > 0$，所以 $\lambda = 2$。

②设 A 表示"检验两页中的一页上无印刷错误"，B 表示"检验两页中的另一页上无印刷错误"，$P(A) = P(B) = P(X = 0) = \frac{\lambda^0}{0!} e^{-2} = e^{-2}$（规定 $0! = 1$）。

因为 A、B 独立，所以 $P(AB) = P(A)P(B) = e^{-2} e^{-2} = e^{-4}$。

或设 Y 为"检验两页中无印刷错误的页数"，则 $Y \sim B(2, e^{-2})$，$P(Y = 2) = (e^{-2})^2 = e^{-4}$。

答案：B

1-9-31 解：①判断选项 A、B 对错。

方法 1，利用定积分、广义积分的几何意义 $P(a < X < b) = \int_a^b f(x)\mathrm{d}x = S$，$S$ 为 $[a, b]$ 上曲边梯形的面积。

$N(0, \sigma^2)$ 的概率密度为偶函数，图形关于直线 $x = 0$ 对称。

因此选项 B 对，选项 A 错。

方法 2，利用正态分布概率计算公式

$$P(X \leqslant \lambda) = \Phi\left(\frac{\lambda - 0}{\sigma}\right) = \Phi\left(\frac{\lambda}{\sigma}\right)$$

$$P(X \geqslant \lambda) = 1 - P(X < \lambda) = 1 - \Phi\left(\frac{\lambda}{\sigma}\right)$$

$$P(X \leqslant -\lambda) = \Phi\left(\frac{-\lambda}{\sigma}\right) = 1 - \Phi\left(\frac{\lambda}{\sigma}\right)$$

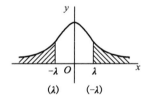

题 1-9-31 解图

选项 B 对，选项 A 错。

②判断选项 C、D 对错。

方法 1，验算数学期望与方差

$E(X - \lambda) = \mu - \lambda = 0 - \lambda = -\lambda \neq \lambda$（$\lambda \neq 0$ 时），选项 C 错；

$D(\lambda X) = \lambda^2 \sigma^2 \neq \lambda \sigma^2$（$\lambda \neq 0$，$\lambda \neq 1$ 时），选项 D 错。

方法 2，利用结论判断

若 $X \sim N(\mu, \sigma^2)$，a、b 为常数且 $a \neq 0$，则 $aX + b \sim N(a\mu + b, a^2\sigma^2)$；

$X - \lambda \sim N(-\lambda, \sigma^2)$，选项 C 错；$\lambda X \sim N(0, \lambda^2\sigma^2)$，选项 D 错。

答案：B

1-9-32 解：因为 $X \sim N(0, 1)$，$a > 0$ 时，$P(|X| \leqslant a) = 2\Phi(a) - 1$，所以 $P(|X| \leqslant 1) = 2\Phi(1) - 1 = 0.68$。或 $P(|X| \leqslant 1) = P(-1 \leqslant X \leqslant 1) = \Phi(1) - \Phi(-1) = \Phi(1)[1 - \Phi(1)] = 2\Phi(1) - 1$。

答案：B

1-9-33 解：设X_i为某人购买第i个户头中奖数，$i=1,2,3,4,5$。X_1,X_2,X_3,X_4,X_5的分布律相同，即：

X_i	500	100	10	2	0
P	$\frac{1}{10^4}$	$\frac{1}{10^3}$	$\frac{1}{10^2}$	$\frac{1}{10}$	P_0

$$E(X_i)=500\times\frac{1}{10^4}+100\times\frac{1}{10^3}+10\times\frac{1}{10^2}+2\times\frac{1}{10}+0\times P_0=0.45$$

某人得奖数$X=\sum_{i=1}^{5}X_i$

某人得奖期望值：$E(X)=E(\sum_{i=1}^{5}X_i)=\sum_{i=1}^{5}E(X_i)=5\times0.45=2.25$

注意：某人得奖数$X=\sum_{i=1}^{5}X_i$（5个户头得奖数之和），而不是$X=5X_i$（某个户头得奖数的5倍），但$E(X)=5E(X_i)$。

答案：B

1-9-34 解：$E(X)=\int_{-\infty}^{+\infty}xf(x)\mathrm{d}x=\int_{-2}^{0}x\left(-\frac{x}{4}\right)\mathrm{d}x+\int_{0}^{2}x\frac{x}{4}\mathrm{d}x=0$

或$E(X)=\int_{-2}^{2}x\frac{|x|}{4}\mathrm{d}x=0$（奇函数在有限对称区间上积分为0）

结论：若X的概率密度$f(x)$为偶函数，且$E(X)$存在，则$E(X)=0$。

答案：A

1-9-35 解：X的概率密度$f(x)=F'(x)=\begin{cases}3x^2 & 0\leqslant x<1\\0 & 其他\end{cases}$

$$E(X)=\int_{-\infty}^{+\infty}xf(x)\mathrm{d}x=\int_{0}^{1}x\cdot3x^2\mathrm{d}x=\frac{3}{4}$$

答案：B

1-9-36 解：X的概率密度为$f(x)=F'(x)=\begin{cases}\frac{1}{4} & 0<x<4\\0 & 其他\end{cases}$

$$E(X^2)=\int_{0}^{4}x^2\frac{1}{4}\mathrm{d}x=\frac{16}{3}$$

或由$F(x)$或$f(x)$可知，X在$(0,4)$上服从均匀分布，则

$$E(X)=\frac{0+4}{2}=2,\ D(X)=\frac{(4-0)^2}{12}=\frac{4}{3},\ E(X^2)=D(X)+[E(X)]^2=\frac{16}{3}$$

答案：D

1-9-37 解：$E(Y)=E\left(\frac{1}{X}\right)=\int_{0}^{2}\frac{1}{x}\frac{3}{8}x^2\mathrm{d}x=\frac{3}{4}$。

答案：A

1-9-38 解：因$f(x,y)=\frac{1}{2\pi}e^{-\frac{x^2+y^2}{2}}=\frac{1}{\sqrt{2\pi}}e^{-\frac{x^2}{2}}\cdot\frac{1}{\sqrt{2\pi}}e^{-\frac{y^2}{2}}$

所以$X\sim N(0,1)$，$Y\sim N(0,1)$，X，Y相互独立。$E(X)=E(Y)=0$，$D(X)=D(Y)=1$。

$$E(X^2+Y^2)=E(X^2)+E(Y^2)=D(X)+[E(X)]^2+D(Y)+[E(Y)]^2=1+1=2$$

或 $E(X^2 + Y^2) = \int_{-\infty}^{+\infty} \int_{-\infty}^{+\infty} (x^2 + y^2) \frac{1}{2\pi} e^{-\frac{x^2+y^2}{2}} \mathrm{d}x \mathrm{d}y$

$$= \int_0^{2\pi} \int_0^{+\infty} r^2 \frac{1}{2\pi} e^{-\frac{r^2}{2}} r \mathrm{d}r \mathrm{d}\theta$$

$$= \int_0^{2\pi} \mathrm{d}\theta \int_0^{+\infty} r^2 \frac{1}{4\pi} e^{-\frac{r^2}{2}} dr^2 \left(\diamondsuit t = r^2 \right)$$

$$= 2\pi \cdot \frac{1}{4\pi} \int_0^{+\infty} t e^{-\frac{t}{2}} \mathrm{d}t$$

$$= \frac{1}{2} \left(-2t e^{-\frac{t}{2}} \Big|_0^{+\infty} + \int_0^{+\infty} 2 e^{-\frac{t}{2}} \mathrm{d}t \right)$$

$$= -2 e^{-\frac{t}{2}} \Big|_0^{+\infty} = 2$$

答案： A

1-9-39　解： 因为 $X \sim B(n,p)$，所以 $E(X) = np$，$D(X) = npq = np(1-p)$
$q = \frac{D(X)}{E(X)} = 1.44/2.4 = 0.6$，$p = 1 - q = 0.4$（选项B对），$n = E(X)/p = 2.4/0.4 = 6$。

或逐个验证：

$n = 4$，$p = 0.6$，$E(X) = 2.4$，$D(X) = 0.96$，选项 A 错误。

$n = 6$，$p = 0.4$，$E(X) = 2.4$，$D(X) = 1.44$，选项 B 正确。

答案： B

1-9-40　解： $D(Z) = D(2X - Y) = D(2X) + D(Y) = 4D(X) + D(Y) = 4 \times 1 + 4 = 8$

答案： B

1-9-41　解： 由于 t 分布的概率密度函数为偶函数，所以由 $P(|X| \geqslant \lambda) = 0.05$，可知 $P(X \geqslant \lambda) = 0.025$，$\lambda = t_{0.025}(2)$，查表得 $\lambda = 4.303$。

答案： B

1-9-42　解： 因为总体 $X \sim N(\mu, \sigma^2)$ 时，样本均值 $\overline{X} = \frac{1}{n} \sum_{i=1}^{n} X_i \sim N\left(\mu, \frac{\sigma^2}{n}\right)$，所以总体 $X \sim N(9, 10^2)$ 时，样本均值 $\overline{X} = \frac{1}{10} \sum_{i=1}^{10} X_i \sim N(9, 10)$。

答案： A

1-9-43　解： 因为总体 $X \sim N(\mu, 4)$，所以 $\overline{X} = \frac{1}{16} \sum_{i=1}^{16} X_i \sim N\left(\mu, \frac{4}{16}\right)$，$\frac{\overline{X} - \mu}{\sqrt{\frac{4}{16}}} = 2(\overline{X} - \mu) \sim N(0,1)$，$P(|\overline{X} - \mu| < 1) = P(|2(\overline{X} - \mu)| < 2) = 2\Phi(2) - 1 = 0.9544$。

答案： A

1-9-44　解： 因为 $X_1, X_2, \cdots, X_{10}$ 相互独立，且都服从 $N(\mu, \sigma^2)$ 分布，所以 $\overline{X}_9 = \frac{1}{9} \sum_{i=1}^{9} X_i \sim N\left(\mu, \frac{\sigma^2}{9}\right)$，$X_{10} \sim N(\mu, \sigma^2)$，$\overline{X}_9$ 与 X_{10} 独立，$E(\overline{X}_9 - X_{10}) = E(\overline{X}_9) - E(X_{10}) = 0$，$D(\overline{X}_9 - X_{10}) = D(\overline{X}_9) + D(X_{10}) = \frac{10}{9} \sigma^2$。

答案： A

1-9-45　解： 由正态总体常用抽样分布的结论可知，$T = \frac{\overline{X} - \mu}{S} \sqrt{n} = \frac{\overline{X} - \mu}{\frac{S}{\sqrt{n}}} \sim t(n-1)$。

答案： C

1-9-46 解： $E(X) = \int_0^1 x(\theta+1)x^\theta \mathrm{d}x = \frac{\theta+1}{\theta+2}$

$$(\theta+2)E(X) = \theta+1, \quad \theta = \frac{2E(X)-1}{1-E(X)}$$

用 $\overline{X}$ 替换 $E(X)$，得 θ 的矩估计量 $\hat{\theta} = \frac{2\overline{X}-1}{1-\overline{X}}$。

答案： B

1-9-47 解： 因为 $\hat{\theta}$ 是 θ 的无偏估计量，所以 $E(\hat{\theta}) = \theta$。$E\left[(\hat{\theta})^2\right] = D(\hat{\theta}) + [E(\hat{\theta})]^2 = D(\hat{\theta}) + \theta^2$，又因为 $D(\hat{\theta}) > 0$，所以 $E[(\hat{\theta}^2)] > \theta^2$，$(\hat{\theta})^2$ 不是 θ^2 的无偏估计量。

答案： B

1-9-48 解： 似然函数 [把 $f(x)$ 中的 x 改为 x_i 并写在 $\prod\limits_{i=1}^{n}$ 后面]：

$$L(\theta) = \prod_{i=1}^{n} e^{-(x_i-\theta)} \quad (x_1, x_2, \cdots, x_n \geq \theta)$$

$$\ln L(\theta) = \sum_{i=1}^{n} \ln e^{-(x_i-\theta)} = \sum_{i=1}^{n}(\theta - x_i) = n\theta - \sum_{i=1}^{n} x_i$$

$$\frac{\mathrm{d}\ln L(\theta)}{\mathrm{d}\theta} = n > 0$$

$\ln L(\theta)$ 及 $L(\theta)$ 均为 θ 的单调增函数，θ 取最大值时，$L(\theta)$ 取最大值。

由于 $x_1, x_2 \cdots, x_n \geq \theta$，因此 θ 的最大似然估计值为 $\min(x_1, x_2, \cdots, x_n)$。

答案： C

1-9-49 解： 总体 $X \sim N(\mu, \sigma^2)$，当 σ^2 未知时，μ 的 $(1-\alpha)$ 置信区间为 $\left(\overline{X} - t_{\frac{\alpha}{2}}(n-1)\frac{S}{\sqrt{n}}, \overline{X} + t_{\frac{\alpha}{2}}(n-1)\frac{S}{\sqrt{n}}\right)$，置信度 $1-\alpha = 0.9$，$\alpha = 0.1$。

把 $n = 9$，$\alpha = 0.1$ 代入即可求得结果。

答案： C

1-9-50 解： 总体 $X \sim N(\mu, \sigma^2)$，μ，σ^2 未知，检验 H_0：$\sigma^2 = \sigma_0^2$，H_1：$\sigma^2 \neq \sigma_0^2$，拒绝域为：$\chi^2 < \chi_{1-\frac{\alpha}{2}}^2(n-1)$ 或 $\chi^2 > \chi_{\frac{\alpha}{2}}^2(n-1)$，代入 $\alpha = 0.05$，得选项 C 正确。

说明：选项 A 为检验 H_0：$\sigma^2 = \sigma_0^2$（或 $\sigma^2 \leq \sigma_0^2$），H_1：$\sigma^2 > \sigma_0^2$，$\alpha = 0.05$ 的拒绝域；

选项 B 为检验 H_0：$\sigma_2 = \sigma_0^2$（或 $\sigma^2 \geq \sigma_0^2$），H_1：$\sigma^2 < \sigma_0^2$，$\alpha = 0.05$ 的拒绝域；

选项 D 为检验 H_0：$\sigma^2 = \sigma_0^2$，H_1：$\sigma^2 \neq \sigma_0^2$，$\alpha = 0.1$ 的拒绝域。

答案： C

第二章 普通物理

复习指导

1. 热学

热学包含气体分子运动论和热力学基础两部分。

气体分子运动论部分习题以考查基本概念为主，没有复杂的计算。考生一定要掌握气体分子运动的统计规律。

热力学基础部分习题主要围绕热力学第一定律、循环过程的计算。解题前首先弄清是什么过程，掌握各个过程的特点。

2. 波动学

波动学部分习题以平面简谐波的波动方程为重点。

3. 光学

光学部分习题以光的干涉、衍射、偏振为重点，尤其是光的干涉，一定要掌握光干涉中几个基本概念，如相干光、光程、光程差、半波损失、干涉加强减弱需要满足的基本条件。

练习题、题解及参考答案

（一）热学

2-1-1 已知某理想气体的压强为p，体积为V，温度为T，气体的摩尔质量为M，k为玻兹曼常量，R为摩尔气体常量。则该理想气体的密度为：

A. $\dfrac{M}{V}$ B. $\dfrac{pM}{RT}$ C. $\dfrac{pM}{kT}$ D. $\dfrac{p}{RT}$

2-1-2 已知某理想气体的体积为V，压强为p，温度为T，k为玻耳兹曼常量，R为摩尔气体常量，则该理想气体单位体积内的分子数为：

A. $\dfrac{pV}{kT}$ B. $\dfrac{p}{kT}$ C. $\dfrac{pV}{RT}$ D. $\dfrac{p}{RT}$

2-1-3 如果一定量理想气体的体积V和压强p依照$V = \dfrac{a}{\sqrt{p}}$的规律变化，式中a为常量，当气体从V_1膨胀到V_2时，温度T_1和T_2的关系为：

A. $T_1 > T_2$ B. $T_1 = T_2$ C. $T_1 < T_2$ D. 无法确定

2-1-4 有两种理想气体，第一种的压强记作p_1，体积记作V_1，温度记作T_1，总质量记作m_1，摩尔质量记作M_1；第二种的压强记作p_2，体积记作V_2，温度记作T_2，总质量记作m_2，摩尔质量记作M_2。当$V_1 = V_2$，$T_1 = T_2$，$m_1 = m_2$时，则$\dfrac{M_1}{M_2}$为：

A. $\dfrac{M_1}{M_2} = \sqrt{\dfrac{p_1}{p_2}}$ B. $\dfrac{M_1}{M_2} = \dfrac{p_1}{p_2}$

C. $\frac{M_1}{M_2} = \sqrt{\frac{p_2}{p_1}}$ 　　　　　　　　　　　D. $\frac{M_1}{M_2} = \frac{p_2}{p_1}$

2-1-5 理想气体的压强公式是：

A. $p = \frac{1}{3}nmv^2$ 　　　　　　　　　　　B. $p = \frac{1}{3}nm\overline{v}$

C. $p = \frac{1}{3}nm\overline{v}^2$ 　　　　　　　　　　　D. $p = \frac{1}{3}n\overline{v}^2$

2-1-6 一个容器内储有 1mol 氢气和 1mol 氦气，若两种气体各自对器壁产生的压强分别为p_1和p_2，则两者的大小关系是：

A. $p_1 > p_2$ 　　　　　　　　　　　B. $p_1 < p_2$

C. $p_1 = p_2$ 　　　　　　　　　　　D. 不能确定

2-1-7 一定量的刚性双原子分子理想气体储于一容器中，容器的容积为V，气体压强为p，则气体的内能为：

A. $\frac{3}{2}pV$ 　　　　　B. $\frac{5}{2}pV$ 　　　　　C. $\frac{1}{2}pV$ 　　　　　D. pV

2-1-8 1mol 刚性双原子理想气体，当温度为T时，每个分子的平均平动动能为：

A. $\frac{3}{2}RT$ 　　　　　B. $\frac{5}{2}RT$ 　　　　　C. $\frac{3}{2}kT$ 　　　　　D. $\frac{5}{2}kT$

2-1-9 质量相同的氢气（H_2）和氧气（O_2），处在相同的室温下，则它们的分子平均平动动能和内能的关系是：

A. 分子平均平动动能相同，氢气的内能大于氧气的内能

B. 分子平均平动动能相同，氧气的内能大于氢气的内能

C. 内能相同，氢气的分子平均平动动能大于氧气的分子平均平动动能

D. 内能相同，氧气的分子平均平动动能大于氢气的分子平均平动动能

2-1-10 已知某理想气体的摩尔数为ν，气体分子的自由度为i，k为玻尔兹曼常量，R为摩尔气体常量。当该气体从状态 1(p_1, V_1, T_1)到状态 2(p_2, V_2, T_2)的变化过程中，其内能的变化为：

A. $\nu\frac{i}{2}k(T_2 - T_1)$ 　　　　　　　　　　　B. $\frac{i}{2}(p_2V_2 - p_1V_1)$

C. $\frac{i}{2}R(T_2 - T_1)$ 　　　　　　　　　　　D. $\nu\frac{i}{2}(p_2V_2 - p_1V_2)$

2-1-11 两种摩尔质量不同的理想气体，它们压强相同，温度相同，体积不同。则它们的：

A. 单位体积内的分子数不同

B. 单位体积内气体的质量相同

C. 单位体积内气体分子的总平均平动动能相同

D. 单位体积内气体的内能相同

2-1-12 一容器内储有某种理想气体，如果容器漏气，则容器内气体分子的平均平动动能和容器内气体内能变化情况是：

A. 分子的平均平动动能和气体的内能都减少

B. 分子的平均平动动能不变，但气体的内能减少

C. 分子的平均平动动能减少，但气体的内能不变

D. 分子的平均平动动能和气体的内能都不变

2-1-13 两瓶不同类的理想气体，其分子平均平动动能相等，但它们单位体积内的分子数不相同，

则这两种气体的温度和压强关系为：

A. 温度相同，但压强不同　　B. 温度不相同，但压强相同

C. 温度和压强都相同　　D. 温度和压强都不相同

2-1-14 1mol 刚性双原子分子理想气体，当温度为T时，其内能为：

A. $\frac{3}{2}RT$　　B. $\frac{3}{2}kT$　　C. $\frac{5}{2}RT$　　D. $\frac{5}{2}kT$

2-1-15 温度、压强相同的氦气和氧气，其分子的平均平动动能$\overline{\omega}$和平均动能$\overline{\varepsilon}$有以下哪种关系？

A. $\overline{\varepsilon}$和$\overline{\omega}$都相等　　B. $\overline{\varepsilon}$相等，而$\overline{\omega}$不相等

C. $\overline{\varepsilon}$不相等，而$\overline{\omega}$相等　　D. $\overline{\varepsilon}$和$\overline{\omega}$都不相等

2-1-16 两瓶理想气体A和B，A为 1mol 氧，B为 1mol 甲烷（CH_4），它们的内能相同。那么它们分子的平均平动动能之比$\overline{\omega}_A:\overline{\omega}_B$为：

A. 1/1　　B. 2/3　　C. 4/5　　D. 6/5

2-1-17 在相同的温度和压强下，单位体积的氦气与氢气（均视为刚性分子理想气体）的内能之比为：

A. 1　　B. 2　　C. 3/5　　D. 5/6

2-1-18 在麦克斯韦速率分布律中，速率分布函数$f(v)$的意义可理解为：

A. 速率大小等于v的分子数

B. 速率大小在v附近的单位速率区间内的分子数

C. 速率大小等于v的分子数占总分子数的百分比

D. 速率大小在v附近的单位速率区间内的分子数占总分子数的百分比

2-1-19 某种理想气体的总分子数为N，分子速率分布函数为$f(v)$，则速率在$v_1 \to \mathrm{v}_2$区间内的分子数是：

A. $\int_{v_1}^{v_2} f(v)\mathrm{d}v$　　B. $N\int_{v_1}^{v_2} f(v)\mathrm{d}v$

C. $\int_0^{\infty} f(v)\mathrm{d}v$　　D. $N\int_0^{\infty} f(v)\mathrm{d}v$

2-1-20 设某种理想气体的麦克斯韦分子速率分布函数为$f(v)$，则速率在$v_1 \to v_2$区间内分子的平均速率$\overline{v}$表达式为：

A. $\int_{v_1}^{v_2} vf(v)\mathrm{d}v$　　B. $\int_{v_1}^{v_2} f(v)\mathrm{d}v$

C. $\frac{\int_{v_1}^{v_2} vf(v)\mathrm{d}v}{\int_{v_1}^{v_2} f(v)\mathrm{d}v}$　　D. $\frac{\int_{v_1}^{v_2} f(v)\mathrm{d}v}{\int_0^{\infty} f(v)\mathrm{d}v}$

2-1-21 两容器内分别盛有氢气和氦气，若它们的温度和质量分别相等，则下列哪条结论是正确的？

A. 两种气体分子的平均平动动能相等

B. 两种气体分子的平均动能相等

C. 两种气体分子的平均速率相等

D. 两种气体的内能相等

2-1-22 某理想气体分子在温度T_1时的方均根速率等于温度T_2时的最概然速率，则该二温度之比$\frac{T_2}{T_1}$等于：

A. $\dfrac{3}{2}$　　　　B. $\dfrac{2}{3}$　　　　C. $\sqrt{\dfrac{3}{2}}$　　　　D. $\sqrt{\dfrac{2}{3}}$

2-1-23 假定氧气的热力学温度提高 1 倍，氧分子全部离解为氧原子，则氧原子的平均速率是氧分子平均速率的多少倍？

A. 4 倍　　　　B. 2 倍　　　　C. $\sqrt{2}$ 倍　　　　D. $1/\sqrt{2}$

2-1-24 三个容器A、B、C中装有同种理想气体，其分子数密度n相同，而方均根速率之比为$\sqrt{\overline{v_A}^2}$: $\sqrt{\overline{v_B}^2}$: $\sqrt{\overline{v_C}^2} = 1:2:4$，则其压强之比$p_A : p_B : p_C$为：

A. $1:2:4$　　　　　　　　B. $4:2:1$

C. $1:4:16$　　　　　　　D. $1:4:8$

2-1-25 图示给出温度为T_1与T_2的某气体分子的麦克斯韦速率分布曲线，则T_1与T_2的关系为：

A. $T_1 = T_2$

B. $T_1 = T_2/2$

C. $T_1 = 2T_2$

D. $T_1 = T_2/4$

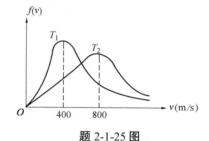

题 2-1-25 图

2-1-26 在恒定不变的压强下，气体分子的平均碰撞频率$\overline{Z}$与温度T的关系为：

A. $\overline{Z}$与T无关　　　　　　　　B. $\overline{Z}$与$\sqrt{T}$成正比

C. $\overline{Z}$与$\sqrt{T}$成反比　　　　　　D. $\overline{Z}$与T成反比

2-1-27 容器内储有一定量的理想气体，若保持容积不变，使气体的温度升高，则分子的平均碰撞次数$\overline{Z}$和平均自由程$\overline{\lambda}$的变化情况是：

A. $\overline{Z}$增大，但$\overline{\lambda}$不变　　　　B. $\overline{Z}$不变，但$\overline{\lambda}$增大

C. $\overline{Z}$和$\overline{\lambda}$都增大　　　　　　D. $\overline{Z}$和$\overline{\lambda}$都不变

2-1-28 一定质量的理想气体，在温度不变的条件下，当压强降低时，分子的平均碰撞次数$\overline{Z}$和平均自由程$\overline{\lambda}$的变化情况是：

A. $\overline{Z}$和$\overline{\lambda}$都增大　　　　　　B. $\overline{Z}$和$\overline{\lambda}$都减小

C. $\overline{\lambda}$减小而$\overline{Z}$增大　　　　　　D. $\overline{\lambda}$增大而$\overline{Z}$减小

2-1-29 气缸内盛有一定量的氢气（可视作理想气体），当温度不变而压强增大 1 倍时，氢气分子的平均碰撞次数$\overline{Z}$和平均自由程$\overline{\lambda}$的变化情况是：

A. $\overline{Z}$和$\overline{\lambda}$都增大 1 倍　　　　B. $\overline{Z}$和$\overline{\lambda}$都减为原来的一半

C. $\overline{Z}$增大 1 倍，而$\overline{\lambda}$减为原来的一半　　D. $\overline{Z}$减为原来的一半，而$\overline{\lambda}$增大 1 倍

2-1-30 一定量的理想气体，由一平衡态p_1，V_1，T_1变化到另一平衡态p_2，V_2，T_2，若$V_2 > V_1$，但$T_2 = T_1$，无论气体经历什么样的过程：

A. 气体对外做的功一定为正值　　　　B. 气体对外做的功一定为负值

C. 气体的内能一定增加　　　　　　　C. 气体的内能保持不变

2-1-31 气缸内有一定量的理想气体，先使气体做等压膨胀，直至体积加倍，然后做绝热膨胀，直至降到初始温度，在整个过程中，气体的内能变化ΔE和对外做功A为：

A. $\Delta E = 0$，$A > 0$　　　　　　　　B. $\Delta E = 0$，$A < 0$

C. $\Delta E > 0$, $A > 0$　　　　　　　　D. $\Delta E < 0$, $A < 0$

2-1-32 一定量的理想气体对外做了 500J 的功，如果过程是绝热的，则气体内能的增量为：

A. 0J　　　　　　B. 500J　　　　　　C. −500J　　　　　　D. 250J

2-1-33 一个气缸内有一定量的单原子分子理想气体，在压缩过程中外界做功 209J，此过程中气体的内能增加 120J，则外界传给气体的热量为：

A. −89J　　　　　　B. 89J　　　　　　C. 329J　　　　　　D. 0

2-1-34 有 1mol 氧气（O_2）和 1mol 氦气（He），均视为理想气体，它们分别从同一状态开始做等温膨胀，终态体积相同，则此两种气体在这一膨胀过程中：

A. 对外做功和吸热都相同　　　　　　B. 对外做功和吸热都不相同

C. 对外做功相同，但吸热不同　　　　D. 对外做功不同，但吸热相同

2-1-35 一定量理想气体，从同一状态开始，分别经历等压、等体和等温过程。若气体在各过程中吸收的热量相同，则气体对外做功为最大的过程是：

A. 等压过程　　　　　　B. 等体过程

C. 等温过程　　　　　　D. 三个过程相同

2-1-36 一定量的理想气体经等压膨胀后，气体的：

A. 温度下降，做正功　　　　　　B. 温度下降，做负功

C. 温度升高，做正功　　　　　　D. 温度升高，做负功

2-1-37 理想气体向真空做绝热膨胀，则：

A. 膨胀后，温度不变，压强减小　　　B. 膨胀后，温度降低，压强减小

C. 膨胀后，温度升高，压强减小　　　D. 膨胀后，温度不变，压强升高

2-1-38 1mol 的单原子分子理想气体从状态 A 变为状态 B，如果不知是什么气体，变化过程也不知道，但 A、B 两态的压强、体积和温度都知道，则可求出下列中的哪一项？

A. 气体所做的功　　　　　　B. 气体内能的变化

C. 气体传给外界的热量　　　D. 气体的质量

2-1-39 质量一定的理想气体，从状态 A 出发，分别经历等压、等温和绝热过程（AB、AC、AD），使其体积增加 1 倍。那么下列关于气体内能改变的叙述，哪一条是正确的？

A. 气体内能增加的是等压过程，气体内能减少的是等温过程

B. 气体内能增加的是绝热过程，气体内能减少的是等压过程

C. 气体内能增加的是等压过程，气体内能减少的是绝热过程

D. 气体内能增加的是绝热过程，气体内能减少的是等温过程

2-1-40 两个相同的容器，一个盛氦气，一个盛氧气（视为刚性分子），开始时它们的温度和压强都相同。现将 9J 的热量传给氦气，使之升高一定的温度。若使氧气也升高同样的温度，则应向氧气传递的热量是：

A. 9J　　　　　　B. 15J　　　　　　C. 18J　　　　　　D. 6J

2-1-41 对于室温下的单原子分子理想气体，在等压膨胀的情况下，系统对外所做的功与从外界吸收的热量之比 A/Q 等于：

A. 1/3　　　　　　B. 1/4　　　　　　C. 2/5　　　　　　D. 2/7

2-1-42 一物质系统从外界吸收一定的热量，则系统的温度有何变化？

A. 系统的温度一定升高

B. 系统的温度一定降低

C. 系统的温度一定保持不变

D. 系统的温度可能升高，也可能降低或保持不变

2-1-43 图示一定量的理想气体，由初态 a 经历 acb 过程到达终态 b，已知 a、b 两态处于同一条绝热线上，则下列叙述中，哪一条是正确的？

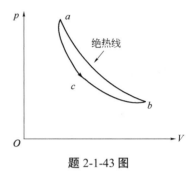

题 2-1-43 图

A. 内能增量为正，对外做功为正，系统吸热为正

B. 内能增量为负，对外做功为正，系统吸热为正

C. 内能增量为负，对外做功为正，系统吸热为负

D. 不能判断

2-1-44 一定量的理想气体，经历某过程后，它的温度升高了，由此有下列论断，正确的是：

①该理想气体系统在此过程中吸了热；

②在此过程中外界对理想气体系统做了正功；

③该理想气体系统的内能增加了。

A. ①　　　　　　B. ②　　　　　　C. ③　　　　　　D. ①、②

2-1-45 对于理想气体系统来说，在下列过程中，哪个过程系统所吸收的热量、内能的增量和对外做的功三者均为负值？

A. 等容降压过程　　　　　　　　　B. 等温膨胀过程

C. 绝热膨胀过程　　　　　　　　　D. 等压压缩过程

2-1-46 设一理想气体系统的定压摩尔热容为 C_p，定容摩尔热容为 C_V，R 表示摩尔气体常数，则 C_V、C_p 和 R 的关系为：

A. $C_V - C_p = R$

B. $C_p - C_V = R$

C. $C_p - C_V = 2R$

D. C_p 与 C_V 的差值不定，取决于气体种类是单原子还是多原子

2-1-47 如图所示，一定量的理想气体，沿着图中直线从状态 a（压强 $p_1 = 4\text{atm}$，体积 $V_1 = 2\text{L}$）变到状态 b（压强 $p_2 = 2\text{atm}$，体积 $V_2 = 4\text{L}$），则在此过程中气体做功情况，下列哪个叙述正确？

A. 气体对外做正功，向外界放出热量

B. 气体对外做正功，从外界吸热

C. 气体对外做负功，向外界放出热量

D. 气体对外做正功，内能减少

2-1-48 一定量的理想气体，起始温度为 T，体积为 V_0。后经历绝热过程，体积变为 $2V_0$。再经过等压过程，温度回升到起始温度。最后再经过等温过程，回到起始状态（见图）。则在此循环过程中，下列对气体的叙述，哪一条是正确的？

A. 气体从外界净吸的热量为负值

B. 气体对外界净做的功为正值

C. 气体从外界净吸的热量为正值

D. 气体内能减少

2-1-49 图示为一定量的理想气体经历 acb 过程时吸热 500J。则经历 $acbda$ 过程时，吸热量为：

  A. −1600J   B. −1200J   C. −900J   D. −700J

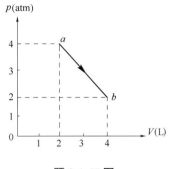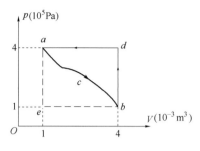

   题 2-1-47 图   题 2-1-48 图   题 2-1-49 图

2-1-50 一定量的理想气体在进行卡诺循环时，高温热源的温度为 500K，低温热源的温度为 400K，则该循环的效率为：

  A. 56%   B. 34%   C. 80%   D. 20%

2-1-51 某理想气体在进行卡诺循环时，低温热源的温度为 T，高温热源的温度为 nT，则该理想气体在一次卡诺循环中，从高温热源吸取的热量与向低温热源放出的热量之比为：

  A. $(n+1)/n$ B. $(n-1)/n$ C. n D. $n-1$

2-1-52 某单原子分子理想气体进行卡诺循环时，高温热源温度为 227℃，低温热源温度为 127℃。则该循环的效率为：

  A. 56%   B. 34%   C. 80%   D. 20%

2-1-53 设高温热源的热力学温度是低温热源的热力学温度的 n 倍，则理想气体在一次卡诺循环中，传给低温热源的热量是从高温热源吸取的热量的多少倍？

  A. n B. $n-1$ C. $1/n$ D. $(n+1)/n$

2-1-54 一定量的理想气体，在 p-T 图上经历一个如图所示的循环过程（$a \to b \to c \to d \to a$），其中 $a \to b$、$c \to d$ 两个过程是绝热过程，则该循环的效率 η 等于：

  A. 75%   B. 50%   C. 25%   D. 15%

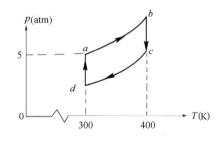

题 2-1-54 图

2-1-55 "理想气体和单一热源接触做等温膨胀时，吸收的热量全部用来对外做功。"对此说法，有如下几种讨论，哪种是正确的：

  A. 不违反热力学第一定律，但违反热力学第二定律

  B. 不违反热力学第二定律，但违反热力学第一定律

  C. 不违反热力学第一定律，也不违反热力学第二定律

  D. 违反热力学第一定律，也违反热力学第二定律

2-1-56 热力学第二定律的开尔文表述和克劳修斯表述中，下述正确的是：

A. 开尔文表述指出了功热转换的过程是不可逆的

B. 开尔文表述指出了热量由高温物体传到低温物体的过程是不可逆的

C. 克劳修斯表述指出通过摩擦而做功变成热的过程是不可逆的

D. 克劳修斯表述指出气体的自由膨胀过程是不可逆的

2-1-57 根据热力学第二定律可知：

A. 功可以完全转换为热量，但热量不能全部转换为功

B. 热量可以从高温物体传到低温物体，但不能从低温物体传到高温物体

C. 不可逆过程就是不能向相反方向进行的过程

D. 一切自发过程都是不可逆的

2-1-58 根据热力学第二定律判断下列哪种说法是正确的：

A. 热量能从高温物体传到低温物体，但不能从低温物体传到高温物体

B. 功可以全部变为热，但热不能全部变为功

C. 气体能够自由膨胀，但不能自动收缩

D. 有规则运动的能量能够变为无规则运动的能量，但无规则运动的能量不能变为有规则运动的能量

2-1-59 关于热功转换和热量传递过程，下列哪些叙述是正确的？

①功可以完全变为热量，而热量不能完全变为功；

②一切热机的效率都不可能等于 1；

③热量不能从低温物体向高温物体传递；

④热量从高温物体向低温物体传递是不可逆的。

A. ②④　　　　　B. ②③④　　　　　C. ①③④　　　　　D. ①②③④

题解及参考答案

2-1-1 **解：**注意"气体的密度"不是气体分子数密度，气体的密度$= \dfrac{m(气体质量)}{V(气体体积)}$。由气体状态方程$pV = \dfrac{m}{M}RT$，得$\dfrac{m}{V} = \dfrac{pM}{RT}$。

答案：B

2-1-2 **解：**由气体状态方程的压强表述公式：$p = nkT$，$n = \dfrac{N}{V}$为单位体积内分子数，因此$n = \dfrac{p}{kT}$。

答案：B

2-1-3 **解：**$V = \dfrac{a}{\sqrt{p}}$，$V^2 = \dfrac{a^2}{p}$，$p = \dfrac{a^2}{V^2}$，$pV = \nu RT$，$\dfrac{a^2}{V^2}V = \dfrac{a^2}{V} = \nu RT$，知$V$与$T$成反比，$V \uparrow$，$T \downarrow$，故$T_1 > T_2$。

答案：A

2-1-4 **解：**由$pV = \dfrac{m}{M}RT$，今$V_1 = V_2$，$T_1 = T_2$，$m_1 = m_2$，故

$$\frac{p_1 V_1}{p_2 V_2} = \frac{\dfrac{m_1}{M_1}RT_1}{\dfrac{m_2}{M_2}RT_2}, \quad \frac{p_1}{p_2} = \frac{M_2}{M_1}$$

答案：D

2-1-5 **解：** $p = \frac{2}{3}n\overline{\omega} = \frac{2}{3}n\left(\frac{1}{2}m\overline{v}^2\right) = \frac{1}{3}nm\overline{v}^2$。

　　　答案： C

2-1-6 **解：** 用 $p = nkT$ 或 $pV = \frac{m}{M}RT$ 分析，注意到氢气、氦气都为 1mol，在同一容器中，温度相同。

　　　答案： C

2-1-7 **解：** 由 $E_内 = \frac{m}{M}\frac{i}{2}RT$，又 $pV = \frac{m}{M}RT$，$E_内 = \frac{i}{2}pV$，对双原子分子 $i = 5$。

　　　答案： B

2-1-8 **解：** 分子平均平动动能 $\overline{\omega} = \frac{3}{2}kT$。

　　　答案： C

2-1-9 **解：** 由 $\overline{\omega} = \frac{3}{2}kT$ 知分子平均平动能相同。又 $E_内 = \frac{m}{M}\frac{i}{2}RT$，摩尔质量 $M(H_2) < M(O_2)$；摩尔数不同，$\frac{m}{M}(H_2) > \frac{m}{M}(O_2)$。$H_2$ 和 O_2 均为双原子分子，$i = 5$，故 $E_内(H_2) > E_内(O_2)$。

　　　答案： A

2-1-10 **解：** 由 $E_内 = \frac{i}{2}\frac{m}{M}RT = \frac{i}{2}pV$，可得 $\Delta E_内 = \frac{i}{2}\frac{m}{M}R(T_2 - T_1) = \frac{i}{2}(p_2V_2 - p_1V_1)$。

　　　答案： B

2-1-11 **解：** ① 由 $p = nkT$，知选项 A 不正确；

　　　② 由 $pV = \frac{m}{M}RT$，知选项 B 不正确；

　　　③ 由 $\overline{\omega} = \frac{3}{2}kT$，温度、压强相等，单位体积分子数相同，知选项 C 正确；

　　　④ 由 $E_内 = \frac{i}{2}\frac{m}{M}RT = \frac{i}{2}pV$，知选项 D 不正确。

　　　答案： C

2-1-12 **解：** 由 $\overline{\omega} = \frac{3}{2}kT$，容器漏气温度并没有改变，温度不变则平均平动动能不变。$E = \frac{m}{M}\frac{i}{2}RT$，容器漏气，即 m 减少。

　　　答案： B

2-1-13 **解：** $\overline{\omega} = \frac{3}{2}kT$，$\overline{\omega}$ 相等，则温度相同。又 $p = nkT$，知 n 不同，则 p 不同。

　　　答案： A

2-1-14 **解：** 刚性双原子理想气体 $i = 5$，摩尔数 $\frac{m}{M} = 1$。

$$E = \frac{m}{M} \times \frac{i}{2}RT = \frac{5}{2}RT$$

　　　答案： C

2-1-15 **解：** $\overline{\omega} = \frac{3}{2}kT$，知 $\overline{\omega}(He) = \overline{\omega}(O_2)$

由分子的平均动能 $\overline{\varepsilon} = \frac{i}{2}kT$，其中 $i(He) = 3$，$i(O_2) = 5$，知 $\overline{\varepsilon}(He) \neq \overline{\varepsilon}(O_2)$。

　　　答案： C

2-1-16 **解：** 由 $E = \frac{m}{M}\frac{i}{2}RT$，有 $\frac{5}{2}RT_A = 3RT_B$，故 $\frac{T_A}{T_B} = \frac{6}{5}$

又 $\overline{\omega} = \frac{3}{2}kT$，$\frac{\overline{\omega}_A}{\overline{\omega}_B} = \frac{T_A}{T_B} = \frac{6}{5}$

　　　答案： D

2-1-17 **解：** 由 $E = \frac{m}{M}\frac{i}{2}RT = \frac{i}{2}pV$

本题中 $p_氦 = p_氢$，单位体积内能之比 $\frac{E_氦}{E_氢} = \frac{i_氦}{i_氢} = \frac{3}{5}$

答案： C

2-1-18 解： 由麦克斯韦速率分布律定义：$f(v) = \frac{\mathrm{d}N}{N\mathrm{d}v}$。

答案： D

2-1-19 解： 由上题麦氏速率分布函数定义$f(v) = \frac{\mathrm{d}N}{N\mathrm{d}v}$，$N\int_{v_1}^{v_2} f(v)\mathrm{d}v$表示速率在$v_1 \to v_2$区间内的分子数。

答案： B

2-1-20 解： 设分子速率在$v_1 \sim v_2$区间内的分子数为N，其速率的算术平均值为$\overline{v}$，则

$$\overline{v} = \frac{v_1 \Delta N_1 + v_2 \Delta N_2 + \cdots + v_i \Delta N_i + \cdots + v_N \Delta N_N}{N}$$

即$\overline{v} = \frac{\int_{v_1}^{v_2} v\,\mathrm{d}N}{\int_{v_1}^{v_2} \mathrm{d}N}$

由$f(v) = \frac{\mathrm{d}N}{N\mathrm{d}v}$，得

$$\overline{v} = \frac{\int_{v_1}^{v_2} v N f(v)\mathrm{d}v}{\int_{v_1}^{v_2} N f(v)\mathrm{d}v} = \frac{\int_{v_1}^{v_2} v f(v)\mathrm{d}v}{\int_{v_1}^{v_2} f(v)\mathrm{d}v}$$

答案： C

2-1-21 解： 氢气$i=5$，氦气$i=3$

理想气体分子平均平动动能公式$\overline{\omega} = \frac{3}{2}kT$

理想气体分子平均动能公式$\varepsilon = \frac{i}{2}kT$

理想气体分子平均速率公式$\overline{v} = \sqrt{\frac{8}{\pi}\frac{RT}{M}}$

理想气体分子平均动能公式$E = \frac{m}{M} \times \frac{i}{2}RT$

两种气体温度相同，质量相同，自由度不等，摩尔质量不等，摩尔数不等。

选项 B 自由度不同，选项 C 摩尔质量不等，选项 D 摩尔数与自由度均不同。

答案： A

2-1-22 解： 气体分子运动的最概然速率：$v_\mathrm{p} = \sqrt{\frac{2RT}{M}}$

方均根速率：$\sqrt{\overline{v^2}} = \sqrt{\frac{3RT}{M}}$

由$\sqrt{\frac{3RT_1}{M}} = \sqrt{\frac{2RT_2}{M}}$，可得到$\frac{T_2}{T_1} = \frac{3}{2}$

答案： A

2-1-23 解： $\overline{v} \propto \sqrt{\frac{RT}{M}}$，$M_\mathrm{O} = 16\mathrm{g}$，$M_{\mathrm{O}_2} = 32\mathrm{g}$，$\frac{\overline{v}_{原子}}{\overline{v}_{分子}} = \frac{\sqrt{\frac{2RT}{16}}}{\sqrt{\frac{RT}{32}}} = 2$。

答案： B

2-1-24 解： 由$\sqrt{\overline{v^2}} = \sqrt{\frac{3RT}{M}}$，知$\sqrt{\overline{v}_\mathrm{A}^2} : \sqrt{\overline{v}_\mathrm{B}^2} : \sqrt{\overline{v}_\mathrm{C}^2} = 1:2:4 = \sqrt{T_\mathrm{A}} : \sqrt{T_\mathrm{A}} : \sqrt{T_\mathrm{C}}$，于是$T_\mathrm{A} : T_\mathrm{B} : T_\mathrm{C} = 1:4:16$，又由$p=nkT$，得$p_\mathrm{A} : p_\mathrm{B} : p_\mathrm{C} = 1:4:16$。

答案： C

2-1-25 解： 最概然速率$v_\mathrm{p} = \sqrt{\frac{2RT}{M}}$，故$\frac{T_1}{T_2} = \frac{v{p_1}^2}{v{p_2}^2} = \frac{400^2}{800^2} = \frac{1}{4}$。

答案： D

2-1-26 解： 气体分子的平均碰撞频率$\overline{Z} = \sqrt{2}\pi d^2 n \overline{v}$，其中$\overline{v}$为分子的平均速率，$n$为分子数密度

（单位体积内分子数），$\bar{v} = 1.6\sqrt{\dfrac{RT}{M}}$，$p = nkT$，于是$\bar{Z} = \sqrt{2}\pi d^2\dfrac{p}{kT}1.6\sqrt{\dfrac{RT}{M}} = \sqrt{2}\pi d^2\dfrac{p}{k}1.6\sqrt{\dfrac{R}{MT}}$。

所以p不变时，$\bar{Z}$与$\sqrt{T}$成反比。

答案：C

2-1-27　解：平均碰撞次数$\bar{Z} = \sqrt{2}\pi d^2 n\bar{v}$，平均速率$\bar{v} = 1.6\sqrt{\dfrac{RT}{M}}$，平均自由程$\bar{\lambda} = \dfrac{\bar{v}}{\bar{Z}} = \dfrac{1}{\sqrt{2}\pi d^2 n}$。

答案：A

2-1-28　解：$\bar{\lambda} = \dfrac{kT}{\sqrt{2}\pi d^2 p}$，$\bar{\lambda} = \dfrac{\bar{v}}{\bar{Z}}$。

注意：温度不变，$\bar{v}$不变。

答案：D

2-1-29　解：$\bar{\lambda} = \bar{v}/\bar{Z}$，$\bar{\lambda} = \dfrac{kT}{\sqrt{2}\pi d^2 p}$。

答案：C

2-1-30　解：对于给定的理想气体，内能的增量只与系统的起始和终了状态有关，与系统所经历的过程无关。

内能增量$\Delta E = \dfrac{i}{2}\dfrac{m}{M}R(T_2 - T_1) = \dfrac{i}{2}\dfrac{m}{M}R\Delta T$，若$T_2 = T_1$，则$\Delta E = 0$，气体内能保持不变。

答案：D

2-1-31　解：因为气体内能与温度有关，今"降到初始温度"，$\Delta T = 0$，则$\Delta E_内 = 0$；又等压膨胀和绝热膨胀都对外做功，$A > 0$。

注意：功是过程量，与所经过程有关，内能是状态量，只与起始温度有关。

答案：A

2-1-32　解：热力学第一定律$Q = W + \Delta E$

绝热过程做功等于内能增量的负值，即$\Delta E = -W = -500$J

答案：C

2-1-33　解：根据热力学第一定律$Q = \Delta E + W$，注意到"在压缩过程中外界做功209J"，即系统对外做功$W = -209$J。又$\Delta E = 120$J，故$Q = 120 + (-209) = -89$J，即系统对外放热89J，也就是说外界传给气体的热量为-89J。

答案：A

2-1-34　解：理想气体在等温膨胀中从外界吸收的热量全部转化为对外做功（内能不变）。即$Q_T = A_T = \dfrac{m}{M}RT\ln\dfrac{V_2}{V_1}$，现"两种1mol理想气体，它们分别从同一状态开始等温膨胀，终态体积相同"，所以它们对外做功和吸热都相同。

答案：A

2-1-35　解：因等体过程做功为零，现只要考查等压和等温过程。

由等压过程$Q_P = A_P + \Delta E_P$；等温过程温度不变，$\Delta T = 0$，$\Delta E_T = 0$，$Q_T = A_T$；令$Q_P = Q_T$，即$Q_P = A_P + \Delta E_P = A_T$，因$\Delta E_P > 0$，故$A_T > A_P$。

答案：C

2-1-36　解：一定量的理想气体经等压膨胀（注意等压和膨胀），由热力学第一定律$Q = \Delta E + W$，体积单向膨胀做正功，内能增加，温度升高。

答案：C

2-1-37　解：见解图，气体向真空膨胀相当于气体向真空扩散，气体不做功，绝热情况下，由热力

学第一定律 $Q = \Delta E + A$，$\Delta E = 0$，温度不变；气体向真空膨胀体积增大，单位体积分子数减小，$P = nkT$，故压强减小。

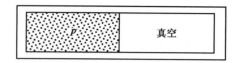

题 2-1-37 解图

答案： A

2-1-38　解： 内能的增量只与系统的起始和终了状态有关，与系统所经历的过程无关。

答案： B

2-1-39　解： 画 p-V 图（见解图），注意：当容积增加时，等压过程内能增加（T 增加），绝热过程内能减少，而等温过程内能不变。

答案： C

题 2-1-39 解图

2-1-40　解： 由 $pV = \dfrac{m}{M}RT$，知 $\dfrac{m}{M}$（氦）$= \dfrac{m}{M}$（氧）

对氦气有 $\dfrac{m}{M}\dfrac{3}{2}R\Delta T = 9$，即 $\dfrac{m}{M}R\Delta T = 6$

对氧气 $Q(O_2) = \dfrac{m}{M}\dfrac{5}{2}R\Delta T = \dfrac{5}{2} \times 6$

答案： B

2-1-41　解： 等压过程中：

功 $A_{\mathrm{p}} = p(V_2 - V_1) = p\Delta V$

热量 $Q_{\mathrm{p}} = A_{\mathrm{p}} + \dfrac{m}{M}\dfrac{i}{2}R(T_2 - T_1) = p\Delta V + \dfrac{i}{2}p\Delta V = \left(1 + \dfrac{i}{2}\right)p\Delta V$

故 $\dfrac{A_{\mathrm{p}}}{Q_{\mathrm{p}}} = \dfrac{p\Delta V}{\left(1 + \dfrac{i}{2}\right)p\Delta V} = \dfrac{1}{1 + \dfrac{i}{2}} = \dfrac{2}{5}$　（单原子分子 $i = 3$）

答案： C

2-1-42　解： 此题需要对热力学第一定律在各种过程中的应用有全面理解。系统吸收热量有可能造成温度改变，也有可能不变，例如等温过程——系统吸收热量全部用于对外做功，温度不变。

答案： D

2-1-43　解： ①由图知 $T_{\mathrm{a}} > T_{\mathrm{b}}$，所以沿 acb 过程内能减少（内能增量为负）。

②由图知沿 acb 过程 $A > 0$。

③ $Q_{acb} = E_{\mathrm{b}} - E_{\mathrm{a}} + A_{acb}$，又 $E_{\mathrm{b}} - E_{\mathrm{a}} = -A_{绝热} = -($绝热曲线下面积$)$，比较 $A_{绝热}$、A_{acb}，知 $Q_{acb} < 0$。

答案： C

2-1-44　解： 对于给定的理想气体，内能的增量与系统所经历的过程无关，$\Delta E = \dfrac{m}{M} \cdot \dfrac{i}{2}R\Delta T$，温度升高，内能增大。而热量与功都是过程量。

答案： C

2-1-45　解： 膨胀过程做功都为正值，等容过程做功为零，绝热过程 $Q = 0$。

答案： D

2-1-46　解： 定容摩尔热容 $C_{\mathrm{V}} = \dfrac{i}{2}R$，定压摩尔热容 $C_{\mathrm{p}} = \left(\dfrac{i}{2} + 1\right)R$。

答案： B

2-1-47 解： 注意本题中 $p_aV_a = p_bV_b$，即 $T_a = T_b$，因此气体从状态 a 变到状态 b，内能不变，$\Delta E_{ab} = 0$，又由图看出，功 $A_{ab} > 0$，而 $Q_{ab} = \Delta E_{ab} + A_{ab} = A_{ab} > 0$，即吸热。

答案： B

2-1-48 解： 画 p-V 图，逆循环 $Q(循环) = A(净)$，$A(净) < 0$。

答案： A

2-1-49 解： $Q_{acbda} = A_{acbda} = A_{acb} + A_{da}$，由图知 $A_{da} = -1200J$。已知 $Q_{acb} = 500 = E_b - E_a + A_{acb}$，由图知 $p_aV_a = p_bV_b$，即 $T_a = T_b$，$E_a = E_b$，所以 $A_{acb} = 500J$，故 $Q_{acbda} = 500 - 1200 = -700J$。

答案： D

2-1-50 解： 对卡诺循环：$\eta_卡 = 1 - \dfrac{T_2}{T_1} = 1 - \dfrac{400}{500} = 20\%$。

答案： D

2-1-51 解： 由 $\eta_卡 = 1 - \dfrac{T_低}{T_高} = 1 - \dfrac{Q_放}{Q_吸}$，知 $\dfrac{Q_吸}{Q_放} = \dfrac{T_高}{T_低} = n$。

答案： C

2-1-52 解： $\eta_卡 = 1 - \dfrac{T_2}{T_1} = 1 - \dfrac{400}{500} = 20\%$，注意一定要把摄氏温度转换为热力学温度。

答案： D

2-1-53 解： $\eta_{卡诺} = 1 - \dfrac{Q_2}{Q_1} = 1 - \dfrac{T_2}{T_1}$，今 $\dfrac{T_1}{T_2} = \eta$，故 $\dfrac{Q_低}{Q_高} = \dfrac{Q_2}{Q_1} = \dfrac{T_2}{T_1} = \dfrac{1}{n}$。

答案： C

2-1-54 解： 由图知 $d \rightarrow a$ 及 $b \rightarrow c$ 都是等温过程，而 $a \rightarrow b$ 和 $c \rightarrow d$ 是绝热过程，因而循环 $a \rightarrow b \rightarrow c \rightarrow d \rightarrow a$ 是卡诺循环，其效率 $\eta_{卡诺} = 1 - \dfrac{T_低}{T_高} = 1 - \dfrac{300}{400} = 25\%$。

答案： C

2-1-55 解： 单一等温膨胀过程并非循环过程，可以做到从外界吸收的热量全部用来对外做功，既不违反热力学第一定律也不违反热力学第二定律。

答案： C

2-1-56 解： 此题考查对热力学第二定律两种表述与可逆过程概念的正确理解。开尔文表述的是关于热功转换过程中的不可逆性，克劳修斯表述则指出热传导过程的不可逆性。

答案： A

2-1-57 解： 同 2-1-56 题，此题考查对热力学第二定律两种表述与可逆过程概念的正确理解。选项 A 功可以完全转化为热量，但热量不能全部转化为功而不产生其他影响；选项 B 热量不能自动的从低温物体传到高温物体；选项 C 不可逆过程不是不能向相反方向进行，而是逆过程不能重复正过程而不产生其他影响；选项 D 一切自发过程都是不可逆的，正确。

答案： D

2-1-58 解： 同 2-1-56 题，此题考查对热力学第二定律两种表述与可逆过程概念的正确理解。气体能够自由膨胀，但不能自动收缩，是正确的。

答案： C

2-1-59 解： 同 2-1-56 题，此题考查对热力学第二定律两种表述与可逆过程概念的正确理解。①不符合开尔文表述；③不符合克劳修斯表述。

答案： A

（二）波动学

2-2-1 通常声波的频率范围是：

    A. 20~200Hz   B. 20~2000Hz

    C. 20~20000Hz   D. 20~200000Hz

2-2-2 在下面几种说法中，正确的是：

    A. 波源不动时，波源的振动周期与波动的周期在数值上是不同的

    B. 波源振动的速度与波速相同

    C. 在波传播方向上的任一质点振动相位总是比波源的相位滞后

    D. 在波传播方向上的任一质点的振动相位总是比波源的相位超前

2-2-3 一平面谐波以 u 的速率沿 x 轴正向传播，角频率为 ω。那么，距原点 x 处（$x>0$）质点的振动相位与原点处质点的振动相位相比，有下列哪种关系？

    A. 滞后 $\omega x/u$ B. 滞后 x/u C. 超前 $\omega x/u$ D. 超前 x/u

2-2-4 横波以波速 u 沿 x 轴负方向传播，t 时刻波形曲线如图。则关于该时刻各点的运动状态，下列叙述正确的是：

    A. A 点振动速度大于零

    B. B 点静止不动

    C. C 点向下运动

    D. D 点振动速度小于零

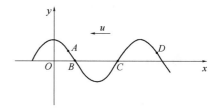

题 2-2-4 图

2-2-5 已知平面简谐波的方程为 $y = A\cos(Bt - Cx)$，式中 A、B、C 为正常数，此波的波长和波速为：

    A. $\dfrac{B}{C}$, $\dfrac{2\pi}{C}$ B. $\dfrac{2\pi}{C}$, $\dfrac{B}{C}$ C. $\dfrac{\pi}{C}$, $\dfrac{2B}{C}$ D. $\dfrac{2\pi}{C}$, $\dfrac{C}{B}$

2-2-6 一平面谐波的表达式为 $y = 0.03\cos(8t + 3x + \pi/4)$（SI），则该波的频率 ν（Hz），波长 λ（m）和波速 u（m/s）依次为：

    A. $\dfrac{4}{\pi}$, $\dfrac{2\pi}{3}$, $\dfrac{8}{3}$ B. $\dfrac{2\pi}{3}$, $\dfrac{4}{\pi}$, $\dfrac{8}{3}$ C. $\dfrac{\pi}{4}$, $\dfrac{2\pi}{3}$, $\dfrac{8}{3}$ D. $\dfrac{\pi}{4}$, $\dfrac{3}{2\pi}$, $\dfrac{3}{8}$

2-2-7 一横波沿绳子传播时的波动方程为 $y = 0.05\cos(4\pi x - 10\pi t)$（SI）则下面关于其波长、波速的叙述，哪个是正确的？

    A. 波长为 0.5m   B. 波长为 0.05m

    C. 波速为 25m/s   D. 波速为 5m/s

2-2-8 机械波的表达式为 $y = 0.03\cos 6\pi(t + 0.01x)$（SI），则：

    A. 其振幅为 3m   B. 其周期为 $\dfrac{1}{3}$s

    C. 其波速为 10m/s   D. 波沿 x 轴正向传播

2-2-9 一平面简谐波沿 x 轴正向传播，已知 $x = L(L < \lambda)$ 处质点的振动方程为 $y = A\cos(\omega t + \varphi_0)$，波速为 u，那么 $x = 0$ 处质点的振动方程为：

    A. $y = A\cos[\omega(t + L/u) + \varphi_0]$ B. $y = A\cos[\omega(t - L/u) + \varphi_0]$

    C. $y = A\cos[\omega t + L/u + \varphi_0]$ D. $y = A\cos[\omega t - L/u + \varphi_0]$

2-2-10 下列函数 $f(x,t)$ 表示弹性介质中的一维波动，式中 A、a 和 b 是正常数。其中哪个函数表示

沿x轴负向传播的行波？

A. $f(x,t) = A\cos(ax + bt)$ 　　　　　 B. $f(x,t) = A\cos(ax - bt)$

C. $f(x,t) = A\cos ax \cdot \cos bt$ 　　　 D. $f(x,t) = A\sin ax \cdot \sin bt$

2-2-11 一振幅为A、周期为T、波长为λ平面简谐波沿x负向传播，在$x = \frac{1}{2}\lambda$处，$t = T/4$时振动相位为π，则此平面简谐波的波动方程为：

A. $y = A\cos(2\pi t/T - 2\pi x/\lambda - \pi/2)$

B. $y = A\cos(2\pi t/T + 2\pi x/\lambda + \pi/2)$

C. $y = A\cos(2\pi t/T + 2\pi x/\lambda - \pi/2)$

D. $y = A\cos(2\pi t/T - 2\pi x/\lambda + \pi/2)$

2-2-12 一平面简谐波表达式为$y = -0.05\sin\pi(t - 2x)$(SI)，则该波的频率ν(Hz)、波速u(m/s)及波线上各点振动的振幅A(m)依次为：

A. $\frac{1}{2}$，$\frac{1}{2}$，-0.05 　　　　 B. $\frac{1}{2}$，1，-0.05

C. $\frac{1}{2}$，$\frac{1}{2}$，0.05 　　　　 D. 2，2，0.05

2-2-13 一平面简谐波的波动方程为$y = 0.1\cos(3\pi t - \pi x + \pi)$(SI)，$t = 0$时的波形曲线如图所示，则下列叙述正确的是：

A. O点的振幅为-0.1m

B. 频率$\nu = 3$Hz

C. 波长为2m

D. 波速为9m/s

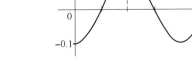

题 2-2-13 图

2-2-14 一平面简谐波沿x轴正向传播，已知$x = -5$m 处质点的振动方程为$y = A\cos\pi t$，波速为$u = 4$m/s，则波动方程为：

A. $y = A\cos\pi[t - (x - 5)/4]$ 　　　 B. $y = A\cos\pi[t - (x + 5)/4]$

C. $y = A\cos\pi[t + (x + 5)/4]$ 　　　 D. $y = A\cos\pi[t + (x - 5)/4]$

2-2-15 一平面简谐波沿x轴正向传播，已知波长λ，频率ν，角频率ω，周期T，初相Φ_0，则下列表示波动方程的式子中，正确的是：

①$y = A\cos\left(\omega t - \frac{2\pi x}{\lambda} + \Phi_0\right)$；

②$y = A\cos\left[2\pi\left(\frac{t}{T} - \frac{x}{\lambda}\right) + \Phi_0\right]$；

③$y = A\cos\left[2\pi\left(\nu t - \frac{x}{\lambda}\right) + \Phi_0\right]$。

A. ① 　　　　 B. ①② 　　　　 C. ②③ 　　　　 D. ①②③

2-2-16 一平面谐波的表达式为$y = 0.05\cos(20\pi t + 4\pi x)$(SI)，取$k = 0, \pm1, \pm2, \cdots$，则$t = 0.5$s时各波峰所处的位置为：（单位：m）

A. $\frac{2k-10}{4}$ 　　　 B. $\frac{k+10}{4}$ 　　　 C. $\frac{2k-9}{4}$ 　　　 D. $\frac{k+9}{4}$

2-2-17 一平面谐波的表达式为$y = 0.002\cos(400\pi t - 20\pi x)$(SI)，取$k = 0, \pm1, \pm2, \cdots$，则$t = 1$s时

各波谷所在的位置为：（单位：m）

A. $\frac{400-2k}{20}$ B. $\frac{400+k}{20}$ C. $\frac{399-2k}{20}$ D. $\frac{399+k}{20}$

2-2-18 有两列频率不同的声波在空气中传播，已知频率 $\nu_1 = 500\text{Hz}$ 的声波在其传播方向相距为 l 的两点的振动相位差为 π，那么频率 $\nu_2 = 1000\text{Hz}$ 的声波在其传播方向相距为 $\frac{l}{2}$ 的两点的相位差为：

A. $\pi/2$ B. π C. $3\pi/4$ D. $3\pi/2$

2-2-19 频率 4Hz 沿 x 轴正向传播的简谐波，波线上有两点 a 和 b，若它们开始振动的时间差为 0.25s，则它们的相位差为：

A. $\pi/2$ B. π C. $3\pi/2$ D. 2π

2-2-20 频率为 100Hz，传播速度为 300m/s的平面简谐波，波线上两点振动的相位差为 $\frac{\pi}{3}$，则此两点相距：

A. 2m   B. 2.19m   C. 0.5m   D. 28.6m

2-2-21 在波的传播方向上，有相距为 3m 的两质元，两者的相位差为 $\frac{\pi}{6}$，若波的周期为 4s，则此波的波长和波速分别为：

A. 36m 和 6m/s   B. 36m 和 9m/s

C. 12m 和 6m/s   D. 12m 和 9m/s

2-2-22 沿波的传播方向（x 轴）上，有 A、B 两点相距1/3m（$\lambda > 1/3$m），B 点的振动比 A 点滞后 1/24s，相位比 A 点落后 $\pi/6$，此波的频率 ν 为：

A. 2Hz   B. 4Hz   C. 6Hz   D. 8Hz

2-2-23 如图所示两相干波源 S_1 和 S_2 相距 $\lambda/4$（λ 为波长），S_1 的相位比 S_2 的相位超前 $\pi/2$。在 S_1、S_2 的连线上，S_1 外侧各点（例如 P 点）两波引起的简谐振动的相位差是：

A. 0   B. π

C. $\pi/2$ D. $3\pi/2$

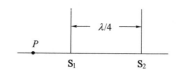

题 2-2-23 图

2-2-24 在简谐波传播过程中，沿传播方向相距为 $\frac{1}{2}\lambda$（λ 为波长）的两点的振动速度必定有下列中哪种关系？

A. 大小相同，而方向相反   B. 大小和方向均相同

C. 大小不同，方向相同   D. 大小不同，而方向相反

2-2-25 一简谐横波沿 Ox 轴传播，若 Ox 轴上 P_1 和 P_2 两点相距 $\lambda/8$（其中 λ 为该波的波长），则在波的传播过程中，这两点振动速度有下列中哪种关系？

A. 方向总是相同   B. 方向总是相反

C. 方向有时相同，有时相反   D. 大小总是不相等

2-2-26 对平面简谐波而言，波长 λ 反映：

A. 波在时间上的周期性   B. 波在空间上的周期性

C. 波中质元振动位移的周期性   D. 波中质元振动速度的周期性

2-2-27 一平面简谐波在弹性媒质中传播时，某一时刻在传播方向上一质元恰好处在负的最大位移处，则它的：

A. 动能为零，势能最大   B. 动能为零，势能为零

C. 动能最大，势能最大　　　　　　　　D. 动能最大，势能为零

2-2-28 一平面简谐波在弹性媒质中传播，在某一瞬间，某质元正处于其平衡位置，此时它的：

A. 动能为零，势能最大　　　　　　　　B. 动能为零，热能为零

C. 动能最大，势能最大　　　　　　　　D. 动能最大，势能为零

2-2-29 图示为一平面简谐机械波在t时刻的波形曲线，若此时A点处媒质质元的弹性势能在减小，则：

A. A点处质元的振动动能在减小

B. A点处质元的振动动能在增加

C. B点处质元的振动动能在增加

D. B点处质元正向平衡位置处运动

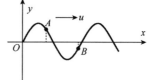

题 2-2-29 图

2-2-30 机械波在媒质中传播过程中，当一媒质质元的振动动能的相位是$\pi/2$时，它的弹性势能的相位是：

A. $\pi/2$ 　　　　　B. π 　　　　　C. 2π 　　　　　D. 无法确定

2-2-31 一平面简谐机械波在媒质中传播时，若一媒质质元在t时刻的波的能量是 10J，则在$(t+T)$（T为波的周期）时刻该媒质质元的振动动能是：

A. 10J 　　　　　B. 5J 　　　　　C. 2.5J 　　　　　D. 0

2-2-32 两列相干的平面简谐波振幅都是 4cm，两波源相距 30cm，相位差为π，在两波源连线的中垂线上任意一点P，两列波叠加后合振幅为：

A. 8cm 　　　　　B. 16cm 　　　　　C. 30cm 　　　　　D. 0

2-2-33 在波长为λ的驻波中，两个相邻的波腹之间的距离为：

A. $\lambda/2$ 　　　　　B. $\lambda/4$ 　　　　　C. $3\lambda/4$ 　　　　　D. λ

2-2-34 在一根很长的弦线上形成的驻波，下列对其形成的叙述，哪个是正确的？

A. 由两列振幅相等的相干波，沿着相同方向传播叠加而形成的

B. 由两列振幅不相等的相干波，沿着相同方向传播叠加而形成的

C. 由两列振幅相等的相干波，沿着反方向传播叠加而形成的

D. 由两列波，沿着反方向传播叠加而形成的

2-2-35 在驻波中，关于两个相邻波节间各质点振动振幅和相位的关系，下列哪个叙述正确？

A. 振幅相同，相位相同　　　　　　　　B. 振幅不同，相位相同

C. 振幅相同，相位不同　　　　　　　　D. 振幅不同，相位不同

2-2-36 有两列沿相反方向传播的相干波，其波动方程分别为$y_1 = A\cos 2\pi(vt - x/\lambda)$和$y_2 = A\cos 2\pi(vt + x/\lambda)$叠加后形成驻波，其波腹位置的坐标为：

A. $x = \pm k\lambda$　　　　　　　　　　B. $x = \pm(2k+1)\lambda/2$

C. $x = \pm k\lambda/2$　　　　　　　　　D. $x = \pm(2k+1)\lambda/4$

（其中$k = 0,1,2,\cdots$）

2-2-37 一声波波源相对媒质不动，发出的声波频率是v_0。设一观察者的运动速度为波速的$1/2$，当观察者迎着波源运动时，他接收到的声波频率是：

A. $2v_0$ 　　　　　B. $v_0/2$ 　　　　　C. v_0 　　　　　D. $3v_0/2$

2-2-38 一列火车驶过车站时，站台边上观察者测得火车鸣笛声频率的变化情况（与火车固有的鸣

笛声频率相比）为：

   A. 始终变高   B. 始终变低

   C. 先升高，后降低   D. 先降低，后升高

2-2-39 一警车以 $v_s = 25\text{m/s}$ 的速度在静止的空气中追赶一辆速度 $v_R = 15\text{m/s}$ 的客车，若警车警笛的频率为 800Hz，空气中声速 $u = 330\text{m/s}$，则客车上人听到的警笛声波的频率是：

   A. 710Hz   B. 777Hz   C. 905Hz   D. 826Hz

题解及参考答案

  2-2-1 **解：** 基本常识，声波的频率范围是 20~20000Hz。低于 20Hz 为次声波，高于 20000Hz 为超声波。

    答案： C

  2-2-2 **解：** 选项 A 波源不动时，波源的振动周期与波动周期在数值上是相等的；选项 B 波源的振动速度和波速是两个完全不同的概念，波速由媒质决定，而振动速度是时间的周期性函数；选项 C 由波的传播性质，在波传播方向上的任一点振动相位总是比波源的相位滞后是正确的；选项 D 在波传播方向上的任一点振动相位总是比波源的相位超前不正确。

    答案： C

  2-2-3 **解：** 在波传播方向上的任一点振动相位总是比波源的相位滞后，由 $\Delta\varphi = \omega\frac{x}{u}$ 得选项 A 正确。

    答案： A

  2-2-4 **解：** 横波虽然沿 x 轴负方向传播，但质点沿 y 轴方向上下振动，所谓"振动速度大于零"指质点向 y 轴正方向运动，"振动速度小于零"即质点向 y 轴负方向运动。

  画 $t + \Delta t$ 时波形图，即 $t + \Delta t$ 时刻各质点位置（将波形曲线沿 x 轴负方向平移，见解图），看 $ABCD$ 四点移动方向。

  可见 A 向下移动，速度小于零；B 向下移动，C 向上移动，D 向下移动即速度小于零。

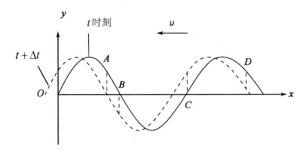

题 2-2-4 解图

    答案： D

  2-2-5 **解：** 比较平面谐波的波动方程 $y = A\cos 2\pi\left(\dfrac{t}{T} - \dfrac{x}{\lambda}\right)$

$$y = A\cos(Bt - Cx) = A\cos 2\pi\left(\frac{Bt}{2\pi} - \frac{Cx}{2\pi}\right) = A\cos 2\pi\left(\frac{t}{\frac{2\pi}{B}} + \frac{x}{\frac{2\pi}{C}}\right)$$

故周期 $T = \dfrac{2\pi}{B}$，频率 $\nu = \dfrac{B}{2\pi}$，波长 $\lambda = \dfrac{2\pi}{C}$，由此波速 $u = \lambda\nu = \dfrac{B}{C}$。

答案： B

2-2-6　解： 比较波动方程 $y = A\cos 2\pi\left(\dfrac{1}{T} + \dfrac{x}{\lambda} + \varphi_0\right) = A\cos\left(2\pi\nu t + \dfrac{2\pi x}{\lambda} + \varphi_0\right)$，$T = \dfrac{1}{\nu}$

$$原式 y = 0.03\cos\left(8t + 3x + \dfrac{\pi}{4}\right) = 0.03\cos\left[2\pi\left(\dfrac{8t}{2\pi} + \dfrac{x}{\frac{2\pi}{3}}\right) + \dfrac{\pi}{4}\right]$$

由此可知 $T = \dfrac{2\pi}{8}$，则 $\nu = \dfrac{4}{\pi}$，$\lambda = \dfrac{2\pi}{3}$。又 $u = \lambda\nu = \dfrac{8}{3}$。

答案： A

2-2-7　解： 将波动方程化为标准形式，再比较计算。注意到 $\cos\varphi = \cos(-\varphi)$

$$y = 0.05\cos(4\pi x - 10\pi t) = 0.05\cos(10\pi t - 4\pi x) = 0.05\cos\left[10\pi\left(t - \dfrac{x}{2.5}\right)\right]$$

由此知 $\omega = 10\pi = 2\pi\nu$，$\nu = 5\text{Hz}$，波速 $u = 2.5\text{m/s}$，波长 $\lambda = \dfrac{u}{\nu} = 0.5\text{m}$

答案： A

2-2-8　解： 与波动方程标准式比较：$y = A\cos\left[\omega\left(t - \dfrac{x}{u}\right) + \varphi_0\right]$

此题 $A = 0.03\text{m}$，$T = \dfrac{2\pi}{\omega} = \dfrac{1}{3}\text{s}$，$u = 100\text{m/s}$，波沿 x 轴负向传播。

答案： B

2-2-9　解： 以 L 为原点写出波动方程 $y = A\cos\left[\omega\left(t - \dfrac{x}{u}\right) + \varphi_0\right]$

令 $x = -L$，即得 $x = 0$ 处振动方程：

$$y = A\cos\left[\omega\left(t - \dfrac{-L}{u}\right) + \varphi_0\right] = A\cos\left[\omega\left(t + \dfrac{L}{u}\right) + \varphi_0\right]$$

答案： A

2-2-10　解： 掌握一维平面简谐波波动方程的公式，注意沿 x 轴正方向传播的平面简谐波的波动方程与沿 x 轴负方向传播的平面简谐波的波动方程有何不同。

波沿 x 轴正向传播的波动方程表达式为：

$$y = A\cos\left[\omega\left(t - \dfrac{x}{u}\right) + \varphi_0\right]$$

若平面简谐波沿 x 轴负向以波速 u 传播，则波动方程为：

$$y = A\cos\left[\omega\left(t + \dfrac{x}{u}\right) + \varphi_0\right]$$

答案： A

2-2-11　解： 简谐波沿 x 负向传播，波动方程的表达式为：

$$y = A\cos\left[2\pi\left(\dfrac{t}{T} + \dfrac{x}{\lambda}\right) + \varphi_0\right]$$

令 $x = \dfrac{\lambda}{2}$，$t = \dfrac{T}{4}$，代入得：

$$y = A\cos\left[2\pi\left(\dfrac{\frac{T}{4}}{T} + \dfrac{\frac{\lambda}{2}}{\lambda}\right) + \varphi_0\right] = A\cos\left[2\pi\left(\dfrac{1}{4} + \dfrac{1}{2}\right) + \varphi_0\right]$$

此时振动相位 $\varphi = \pi = 2\pi\left(\dfrac{3}{4}\right) + \varphi_0$，故 $\varphi_0 = -\dfrac{\pi}{2}$

由此得 $y = A\cos\left[2\pi\left(\dfrac{t}{T} + \dfrac{x}{\lambda}\right) - \dfrac{\pi}{2}\right] = A\cos\left(\dfrac{2\pi t}{T} + \dfrac{2\pi x}{\lambda} - \dfrac{\pi}{2}\right)$

答案： C

2-2-12 解:

$$y = -0.05 \sin \pi(t - 2x) = +0.05 \cos\left(\pi t - 2\pi x + \frac{1}{2}\pi\right)$$

$$= 0.05 \cos\left[\pi\left(t - \frac{x}{\frac{1}{2}}\right) + \frac{1}{2}\pi\right]$$

由此知 $\omega = 2\pi\nu = \pi$，解得：频率 $\nu = \frac{1}{2}$，波速 $u = \frac{1}{2}$，振幅 $A = 0.05$。

答案: C

2-2-13 解: 原式化为 $y = 0.1 \cos\left[2\pi\left(\frac{t}{\frac{2}{3}} - \frac{x}{2}\right) + \pi\right]$

比较波动方程标准形式 $y = A \cos\left[2\pi\left(\frac{t}{T} - \frac{x}{\lambda}\right) + \varphi_0\right]$

得：振幅 $A = 0.1\mathrm{m}$，频率 $\nu = \frac{1}{\frac{2}{3}} = \frac{3}{2}\mathrm{Hz}$，波长 $\lambda = 2\mathrm{m}$，波速 $u = 3\mathrm{m/s}$

答案: C

2-2-14 解: 先以 $x = -5\mathrm{m}$ 处为原点写出波动方程:

$$y_{-5} = A \cos \pi\left(t - \frac{x}{4}\right)$$

再令 $x = 5$，得 $x = 0$ 处振动方程为:

$$y_0 = A \cos \pi\left(t - \frac{5}{4}\right) = A \cos\left(\pi t - \frac{5\pi}{4}\right)$$

则波动方程为:

$$y = A \cos\left[\pi\left(t - \frac{x}{4}\right) - \frac{5}{4}\pi\right] = A \cos \pi\left(t - \frac{x+5}{4}\right)$$

答案: B

2-2-15 解: $\omega = 2\pi\nu$，$\nu = 1/T$，三个表达式均正确。注意判断表达式的对错可以通过量纲来判断，注意余弦函数括号中的单位应为弧度。

答案: D

2-2-16 解: 依题意，$t = 0.5\mathrm{s}$，$y = +0.05\mathrm{m}$ 代入波动方程:

$$\cos(10\pi + 4\pi x) = 1, \quad (10\pi + 4\pi x) = 2k\pi, \quad x = \frac{2k - 10}{4}$$

答案: A

2-2-17 解: 波谷位置应满足 $y = -0.002$，得出 $\cos(400\pi t - 20\pi x) = -1$，即 $400\pi t - 20\pi x = (2k+1)\pi$，推出

$$x = \frac{400\pi t - (2k+1)\pi}{20\pi} = \frac{400t - (2k+1)}{20}$$

令 $t = 1\mathrm{s}$，得:

$$x = \frac{400 - (2k+1)}{20} = \frac{399 - 2k}{20}$$

答案: C

2-2-18 解: $\Delta\varphi = \frac{2\pi\nu\Delta x}{u}$，令 $\Delta\varphi = \pi$，$\Delta x = l$，$\nu_1 = 500\mathrm{Hz}$，$\pi = \frac{2\pi l \times 500}{u}$，即 $l = \frac{u}{1000}$，又 $\nu_2 = 1000\mathrm{Hz}$，$\Delta x' = \frac{l}{2}$，故

$$\Delta\varphi' = \frac{2\pi \times 1000 \times \frac{l}{2}}{u} = \frac{\pi \times 1000 \times l}{u} = \frac{\pi \times 1000 \times \frac{u}{1000}}{u} = \pi$$

答案: B

2-2-19 解：对同一列波，振动频率为 4Hz，周期即为 $1/4 = 0.25$s，a、b 两点时间差正好是一周期，那么它们的相位差为 2π。

答案： D

2-2-20 解： $\Delta\varphi = \dfrac{2\pi\nu\Delta x}{u}$，代入数据，即

$$\Delta x = \frac{\Delta\varphi \cdot u}{2\pi\nu} = \frac{\frac{\pi}{3} \times 300}{2\pi \times 100} = \frac{1}{2}\text{m}$$

答案： C

2-2-21 解：由描述波动的基本物理量之间的关系得：$\dfrac{\lambda}{3} = \dfrac{2\pi}{\pi/6}$，即波长 $\lambda = 36$，则波速 $u = \dfrac{\lambda}{T} = \dfrac{36}{4} = 9$。

答案： B

2-2-22 解：

$$u = \frac{\Delta x_{AB}}{\Delta t} = \frac{1/3}{1/24} = 8\text{m/s}$$

由 $\Delta\varphi = \dfrac{2\pi(\Delta x_{AB})}{\lambda}$，得 $\lambda = \dfrac{2\pi(\Delta x_{AB})}{\Delta\varphi} = \dfrac{2\pi \times \frac{1}{3}}{\frac{\pi}{6}} = 4$m

另由 $u = \lambda\nu$，得 $\nu = \dfrac{u}{\lambda} = \dfrac{8}{4} = 2$Hz

答案： A

2-2-23 解： $\Delta\varphi = \varphi_{02} - \varphi_{01} - 2\pi\dfrac{r_2 - r_1}{\lambda}$

如解图所示，S_1 外侧任取 P 点，由图知 $r_2 - r_1 = \dfrac{\lambda}{4}$

又由题意，S_1 的相位比 S_2 的相位超前 $\dfrac{\pi}{2}$，即 $\varphi_{01} - \varphi_{02} = \dfrac{\pi}{2}$ 或 $\varphi_{02} - \varphi_{01} = -\dfrac{\pi}{2}$

故 $\Delta\varphi = -\dfrac{\pi}{2} - 2\pi\dfrac{\frac{\lambda}{4}}{\lambda} = -\pi$

答案： B

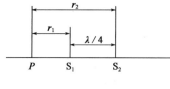

题 2-2-23 解图

2-2-24 解： $\Delta\varphi = \dfrac{2\pi}{\lambda}\Delta x = \dfrac{2\pi}{\lambda}\dfrac{\lambda}{2} = \pi$

波线上相位差为 π 的两个点振动速度大小相同，方向相反。注意：沿传播方向相距为半波长奇数倍的两点振动速度大小相同，方向相反；为半波长偶数倍的两点振动速度大小、方向均相同。

答案： A

2-2-25 解： $\Delta\varphi = \dfrac{2\pi}{\lambda}\Delta x = \dfrac{2\pi}{\lambda}\dfrac{\lambda}{8} = \dfrac{\pi}{4}$

波线上相位差为 $\dfrac{\pi}{4}$ 的两点振动速度方向有时相同，有时相反。

答案： C

2-2-26 解：波长 λ 反映的是波在空间上的周期性，周期 T 与频率 ν 反映波在时间上的周期性。

答案： B

2-2-27 解：波动的能量特征，动能与势能是同相的。质元在最大位移处，速度为零，"形变"为零，故质元的动能为零，势能也为零。

答案： B

2-2-28 解：质元经过平衡位置时，速度最大，故动能最大。根据机械波动特征，质元动能最大，势能也最大。

答案： C

2-2-29 **解**：此题考查波的能量特征。波动的动能与势能是同相的，同时达到最大最小。若此时A点处媒质质元的弹性势能在减小，则其振动动能也在减小。此时B点正向负最大位移处运动，振动动能在减小。

答案：A

2-2-30 **解**：$W_k = W_p$，波动质元动能与势能是同相的。

答案：A

2-2-31 **解**：$W = W_k + W_p = 2W_k = 2W_p = 10$。

答案：B

2-2-32 **解**：见解图，根据简谐振动合成理论，$\Delta\varphi = \varphi_{02} - \varphi_{01} - \frac{2\pi(r_2 - r_1)}{\lambda}$为$2\pi$的整数倍时，合振幅最大；$\Delta\varphi = \varphi_{02} - \varphi_{01} - \frac{2\pi(r_2 - r_1)}{\lambda}$为$\pi$的奇数倍时，合振幅最小。

本题中，$\varphi_{02} - \varphi_{01} = \pi$，$r_2 - r_1 = 0$，

所以$\Delta\varphi = \pi$，合振幅$A = |A_1 - A_2| = 0$。

答案：D

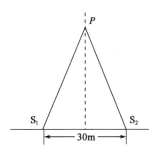

题 2-2-32 解图

2-2-33 **解**：波腹的位置由公式$x_{腹} = k\frac{\lambda}{2}$（$k$为整数）决定。相邻两波腹之间距离，即

$$\Delta x = x_{k+1} - x_k = (k+1)\frac{\lambda}{2} - k\frac{\lambda}{2} = \frac{\lambda}{2}$$

答案：A

2-2-34 **解**：驻波形成的条件：两列振幅相同的相干波，在同一直线上沿相反方向传播。

答案：C

2-2-35 **解**：此题需正确理解驻波现象的基本规律，两相邻波节间的各质点在做振幅不同、相位相同的谐振动。

答案：B

2-2-36 **解**：记住驻波振幅$\left|2A\cos 2\pi\frac{x}{\lambda}\right|$，波腹处$\cos 2\pi\frac{x}{\lambda} = \pm 1$，$2\pi\frac{x}{\lambda} = k\pi$，$x = k\cdot\frac{\lambda}{2}(k = 0, \pm 1, \pm 2, \cdots)$。

答案：C

2-2-37 **解**：按多普勒效应公式$\nu = \frac{u + v_0}{u}\nu_0$，今$v_0 = \frac{u}{2}$，故$\nu = \frac{u + \frac{u}{2}}{u}\nu_0 = \frac{3}{2}\nu_0$。

答案：D

2-2-38 **解**：考虑多普勒效应：观察者和波源相互靠近，接收到的频率就高于原来波源的频率。反之，两者相互远离，则接收到的频率就低于原波源频率。

答案：C

2-2-39 **解**：$\nu' = (330 - 15) \times \nu / (330 - 25) = 826\text{Hz}$

答案：D

（三）光学

2-3-1 一束波长为λ的单色光分别在空气中和在玻璃中传播，则在相同的传播时间内：

A. 传播的路程相等，走过的光程相等

B. 传播的路程相等，走过的光程不相等

C. 传播的路程不相等，走过的光程相等

D. 传播的路程不相等，走过的光程不相等

2-3-2 真空中波长为λ的单色光，在折射率为n的均匀透明媒质中，从A点沿某一路径传播到B点（如图所示）。设路径的长度为l，A、B两点光振动相位差记为$\Delta\varphi$，则l和$\Delta\varphi$的值分别为：

A. $l = 3\lambda/2$，$\Delta\varphi = 3\pi$

B. $l = 3\lambda/(2n)$，$\Delta\varphi = 3n\pi$

C. $l = 3\lambda/(2n)$，$\Delta\varphi = 3\pi$

D. $l = 3n\lambda/2$，$\Delta\varphi = 3n\pi$

真空　媒质　真空

题 2-3-2 图

2-3-3 在双缝干涉实验中，两缝间距离为d，双缝与屏幕之间的距离为$D(D \gg d)$，波长为λ的平行单色光垂直照射到双缝上，屏幕上干涉条纹中相邻两暗纹之间的距离是：

A. $2\lambda D/d$　　　B. $\lambda d/D$　　　C. dD/λ　　　D. $\lambda D/d$

2-3-4 在双缝干涉实验中，光的波长 600nm，双缝间距 2mm，双缝与屏的间距为 300cm，则屏上形成的干涉图样的相邻明条纹间距为：

A. 0.45mm　　　B. 0.9mm　　　C. 9mm　　　D. 4.5mm

2-3-5 在双缝干涉实验中，若在两缝后（靠近屏一侧）各覆盖一块厚度均为d，但折射率分别为n_1和$n_2(n_2 > n_1)$的透明薄片，从两缝发出的光在原来中央明纹处相遇时，光程差为：

A. $d(n_2 - n_1)$　　　B. $2d(n_2 - n_1)$　　　C. $d(n_2 - 1)$　　　D. $d(n_1 - 1)$

2-3-6 在空气中用波长为λ的单色光进行双缝干涉实验，观测到相邻明条纹间的间距为 1.33mm，当把实验装置放入水中（水的折射率$n = 1.33$）时，则相邻明条纹的间距变为：

A. 1.33mm　　　B. 2.66mm　　　C. 1mm　　　D. 2mm

2-3-7 在双缝干涉实验中，设缝是水平的，若双缝所在的平板稍微向上平移，其他条件不变，则屏上的干涉条纹：

A. 向下平移，且间距不变　　　　　B. 向上平移，且间距不变

C. 不移动，但间距改变　　　　　　D. 向上平移，且间距改变

2-3-8 在双缝干涉实验中，入射光的波长为λ，用透明玻璃纸遮住双缝中的一条缝（靠近屏一侧），若玻璃纸中光程比相同厚度的空气的光程大2.5λ，则屏上原来的明纹处：

A. 仍为明条纹　　　　　　　　　B. 变为暗条纹

C. 既非明条纹也非暗条纹　　　　D. 无法确定是明条纹还是暗条纹

2-3-9 在双缝干涉实验中，在给定入射单色光的情况下，用一片能透过光的薄介质片（不吸收光线）遮住下面的一条缝，则屏幕上干涉条纹的变化情况是：

A. 零级明纹仍在中心，其他条纹上移

B. 零级明纹仍在中心，其他条纹下移

C. 零级明纹和其他条纹一起上移

D. 零级明纹和其他条纹一起下移

2-3-10 在双缝干涉实验中，当入射单色光的波长减小时，屏幕上干涉条纹的变化情况是：

A. 条纹变密并远离屏幕中心　　　　B. 条纹变密并靠近屏幕中心

C. 条纹变宽并远离屏幕中心　　　　D. 条纹变宽并靠近屏幕中心

2-3-11 在双缝干涉实验中，对于给定的入射单色光，当双缝间距增大时，则屏幕上干涉条纹的变化情况是：

    A. 条纹变密并远离屏幕中心   B. 条纹变密并靠近屏幕中心

    C. 条纹变宽并远离屏幕中心   D. 条纹变宽并靠近屏幕中心

2-3-12 在双缝干涉实验中，若用透明的云母片遮住上面的一条缝，则干涉图样如何变化？

    A. 干涉图样不变   B. 干涉图样下移

    C. 干涉图样上移   D. 不产生干涉条纹

2-3-13 用白光光源进行双缝干涉实验，若用一个纯红色的滤光片遮盖住一条缝，用一个纯蓝色的滤光片遮盖住另一条缝，则将发生何种干涉条纹现象？

    A. 干涉条纹的宽度将发生改变

    B. 产生红光和蓝光的两套彩色干涉条纹

    C. 干涉条纹的亮度将发生改变

    D. 不产生干涉条纹

2-3-14 波长为λ的单色平行光垂直入射到薄膜上，已知$n_1 < n_2 > n_3$，如图所示。则从薄膜上、下两表面反射的光束①与②的光程差是：

    A. $2n_2 e$

    B. $2n_2 e + \frac{1}{2}\lambda$

    C. $2n_2 e + \lambda$

    D. $2n_2 e + \frac{\lambda}{2n_2}$

题 2-3-14 图

2-3-15 一束波长为λ的单色光由空气垂直入射到折射率为n的透明薄膜上，透明薄膜放在空气中，要使反射光得到干涉加强，则薄膜最小的厚度为：

    A. $\lambda/4$ B. $\lambda/(4n)$ C. $\lambda/2$ D. $\lambda/(2n)$

2-3-16 波长为λ的单色光垂直照射到置于空气中的玻璃劈尖上，玻璃的折射率为n，则第三级暗条纹处的玻璃厚度为：

    A. $3\lambda/(2n)$ B. $\lambda/(2n)$ C. $3\lambda/2$ D. $2n/(3\lambda)$

2-3-17 两块平玻璃构成空气劈尖，左边为棱边，用单色平行光垂直入射（见图）。若上面的平玻璃慢慢地向上平移，则干涉条纹如何变化？

    A. 向棱边方向平移，条纹间隔变小

    B. 向棱边方向平移，条纹间隔变大

    C. 向棱边方向平移，条纹间隔不变

    D. 向远离棱边的方向平移，条纹间隔不变

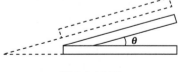

题 2-3-17 图

2-3-18 用波长为λ的单色光垂直照射到空气劈尖上，从反射光中观察干涉条纹，距顶点为L处是暗条纹。使劈尖角θ连续变大，直到该点处再次出现暗条纹为止（见图），则劈尖角的改变量$\Delta\theta$是：

    A. $\lambda/(2L)$ B. λ/L C. $2\lambda/L$ D. $\lambda/(4L)$

2-3-19 用劈尖干涉法可检测工件表面缺陷，当波长为λ的单色平行光垂直入射时，若观察到的干

涉条纹如图所示，每一条纹弯曲部分的顶点恰好与其左边条纹的直线部分的连线相切，则工件表面与条纹弯曲处对应的部分应：

A. 凸起，且高度为$\lambda/4$

B. 凸起，且高度为$\lambda/2$

C. 凹陷，且深度为$\lambda/2$

D. 凹陷，且深度为$\lambda/4$

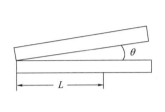

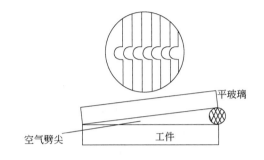
平玻璃
空气劈尖
工件

题 2-3-18 图   题 2-3-19 图

2-3-20 一单色光垂直照射在空气劈尖上，左边为棱边，当劈尖的劈角增大时，各级干涉条纹将有下列中的何种变化？

A. 向右移，且条纹的间距变大

B. 向右移，且条纹的间距变小

C. 向左移，且条纹的间距变小

D. 向左移，且条纹的间距变大

2-3-21 在迈克尔逊干涉仪的一条光路中，放入一折射率为n、厚度为d的透明薄片（如图所示），放入后，这条光路的光程改变了多少？

A. $2(n-1)d$

B. $2nd$

C. $2(n-1)d+\frac{1}{2}\lambda$

D. nd

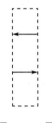

题 2-3-21 图

2-3-22 若在迈克尔逊干涉仪的可动反射镜M移动 0.620mm 过程中，观察到干涉条纹移动了 2300 条，则所用光波的波长为：

A. 269nm   B. 539nm   C. 2690nm   D. 5390nm

2-3-23 在空气中做牛顿环实验，如图所示，当平凸透镜垂直向上缓慢平移而远离平面玻璃时，可以观察到这些环状干涉条纹：

A. 向右平移

B. 静止不动

C. 向外扩张

D. 向中心收缩

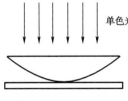
单色光

题 2-3-23 图

2-3-24 在单缝夫琅禾费衍射实验中，屏上第三级明纹对应的缝间的波阵面，可划分的半波带的数目为：

A. 5个   B. 6个   C. 7个   D. 8个

2-3-25 在单缝夫琅禾费衍射实验中，若单缝两端处的光线到达屏幕上某点的光程差为$\delta=2.5\lambda$（λ为入射单色光的波长），则此衍射方向上的波阵面可划分的半波带数目和屏上该点的衍射情况是：

A. 4个半波带，明纹   B. 4个半波带，暗纹

C. 5 个半波带，明纹   D. 5 个半波带，暗纹

2-3-26 在单缝夫琅禾费衍射实验中，屏上第三级暗纹对应的缝间波阵面，可划分为半波带数目为：

      A. 3 个   B. 6 个   C. 9 个   D. 2 个

2-3-27 波长为 λ 的单色平行光垂直入射到一狭缝上，若第一级暗纹的位置对应的衍射角为 $\theta = \pm\pi/6$，则缝宽的大小为：

      A. $\lambda/2$ B. λ C. 2λ D. 3λ

2-3-28 在单缝夫琅禾费衍射实验中，若将缝宽缩小一半，则原来第三级暗纹处将出现的条纹是：

      A. 第一级明纹   B. 第一级暗纹

      C. 第二级明纹   D. 第二级暗纹

2-3-29 在单缝夫琅禾费衍射实验中，若增大缝宽，其他条件不变，则中央明条纹的变化是：

      A. 宽度变小   B. 宽度变大

      C. 宽度不变，且中心强度也不变   D. 宽度不变，但中心强度增大

2-3-30 在单缝夫琅禾费衍射实验中，波长为 λ 的单色光垂直入射在宽度为 $a = 4\lambda$ 的单缝上，对应于衍射角为 $30°$ 的方向上，单缝处波阵面可分成的半波带数目为：

      A. 2 个   B. 4 个   C. 6 个   D. 8 个

2-3-31 在单缝夫琅禾费衍射实验中，波长为 λ 的单色光垂直入射在单缝上，对应于衍射角为 $30°$ 的方向上，若单缝处波面可分成 3 个半波带，则缝宽度 a 等于：

      A. λ B. 1.5λ C. 2λ D. 3λ

2-3-32 一单色平行光束垂直照射在宽度为 1.0mm 的单缝上，在缝后放一焦距为 2.0m 的汇聚透镜。已知位于透镜焦平面处屏幕上的中央明条纹宽度为 2.0mm，则入射光波长约为：

      A. 10000Å   B. 4000Å   C. 5000Å   D. 6000Å

2-3-33 若用衍射光栅准确测定一单色可见光的波长，在下列各种光栅常数的光栅中，选用哪一种最好：

      A. 1.0×10^{-1}mm   B. 5.0×10^{-1}mm

      C. 1.0×10^{-2}mm   D. 1.0×10^{-3}mm

2-3-34 一束白光垂直射到一光栅上，在形成的同一级光栅光谱中，偏离中央明纹最远的是：

      A. 红光   B. 绿光   C. 黄光   D. 紫光

2-3-35 波长分别为 $\lambda_1 = 450$nm 和 $\lambda_2 = 750$nm 的单色平行光，垂直射入到光栅上，在光栅光谱中，这两种波长的谱线有重叠现象，重叠处波长为 λ_2 谱线的级数为：

      A. 2,3,4,5,…   B. 5,10,15,20,…

      C. 2,4,6,8,…   D. 3,6,9,12,…

2-3-36 为了提高光学仪器的分辨本领，通常可以采用的措施有：

      A. 减小望远镜的孔径，或者减小光的波长

      B. 减小望远镜的孔径，或者加大光的波长

      C. 加大望远镜的孔径，或者加大光的波长

      D. 加大望远镜的孔径，或者减小光的波长

2-3-37 用一台显微镜来观察细微物体时，应作出下列哪种选择？

      A. 选物镜直径较小的为好（在相同放大倍数下）

B. 选红光光源比绿光好（在相同放大倍数下）

C. 选绿光光源比红光好（在相同放大倍数下）

D. 只要显微镜放大倍数足够大，任何细微的东西都可看清楚

2-3-38 在正常照度下，人眼的最小分辨角（对黄绿色光）$\theta_0 = 2.3 \times 10^{-4}$rad。若物体放在明视距离 25cm 处，则两物点相距多少才能被分辨？

    A. 0.0058cm   B. 0.0116cm   C. 25cm   D. 2.63cm

2-3-39 波长为 λ 的X射线，投射到晶体常数为 d 的晶体上，取 $k = 0,2,3,\cdots$，出现X射线衍射加强的衍射角 θ（衍射的X射线与晶面的夹角）满足的公式为：

    A. $2d \sin \theta = k\lambda$ B. $d \sin \theta = k\lambda$

    C. $2d \cos \theta = k\lambda$ D. $d \cos \theta = k\lambda$

2-3-40 如果两个偏振片堆叠在一起，且偏振化方向之间夹角为45°，假设两者对光无吸收，光强为 I_0 的自然光垂直射在偏振片上，则出射光强为：

    A. $I_0/4$ B. $3I_0/8$ C. $I_0/2$ D. $3I_0/4$

2-3-41 如果两个偏振片堆叠在一起，且偏振化方向之间夹角为30°，假设二者对光无吸收，光强为 I_0 的自然光垂直入射在偏振片上，则出射光强为：

    A. $I_0/2$ B. $3I_0/2$ C. $3I_0/4$ D. $3I_0/8$

2-3-42 如果两个偏振片堆叠在一起，且偏振化方向之间夹角为60°，假设二者对光无吸收，光强为 I_0 的自然光垂直入射在偏振片上，则出射光强为：

    A. $I_0/2$ B. $I_0/4$ C. $3I_0/8$ D. $I_0/8$

2-3-43 一束自然光通过两块叠放在一起的偏振片，若两偏振片的偏振化方向间夹角由 α_1 转到 α_2，则转动前后透射光强度之比为：

    A. $\cos^2 \alpha_2 / \cos^2 \alpha_1$ B. $\cos \alpha_2 / \cos \alpha_1$

    C. $\cos^2 \alpha_1 / \cos^2 \alpha_2$ D. $\cos \alpha_1 / \cos \alpha_2$

2-3-44 一束光是自然光和线偏振光的混合光，让它垂直通过一偏振片。若以此入射光束为轴旋转偏振片，测得透射光强度最大值是最小值的 5 倍，那么入射光束中自然光与线偏振光的光强比值为：

    A. 1/2   B. 1/5   C. 1/3   D. 2/3

2-3-45 使一光强为 I_0 的平面偏振光先后通过两个偏振片 P_1 和 P_2，P_1 和 P_2 的偏振化方向与原入射光光矢量振动方向的夹角分别是 α 和90°，则通过这两个偏振片后的光强 I 是：

    A. $\frac{1}{2} I_0 \cos^2 \alpha$ B. 0

    C. $\frac{1}{4} I_0 \sin^2 (2\alpha)$ D. $\frac{1}{4} I_0 \sin^2 \alpha$

2-3-46 三个偏振片 P_1、P_2 与 P_3 堆叠在一起，P_1 与 P_3 的偏振化方向相互垂直，P_2 与 P_1 的偏振化方向间的夹角为30°。强度为 I_0 的自然光垂直入射于偏振片 P_1，并依次透过偏振片 P_1、P_2 与 P_3，则通过三个偏振片后的光强为：

    A. $I_0/4$ B. $3I_0/8$ C. $3I_0/32$ D. $I_0/16$

2-3-47 一束自然光从空气投射到玻璃板表面上，当折射角为30°时，反射光为完全偏振光，则此玻璃的折射率为：

    A. $\sqrt{3}/2$ B. 1/2   C. $\sqrt{3}/3$ D. $\sqrt{3}$

2-3-48 自然光以布儒斯特角由空气入射到一玻璃表面上，则下列关于反射光的叙述，哪个是正

确的?

        A. 在入射面内振动的完全偏振光

        B. 平行于入射面的振动占优势的部分偏振光

        C. 垂直于入射面振动的完全偏振光

        D. 垂直于入射面的振动占优势的部分偏振光

2-3-49 自然光以$60°$的入射角照射到某两介质交界面时,反射光为完全偏振光,则知折射光应为下列中哪条所述?

        A. 完全偏振光且折射角是$30°$

        B. 部分偏振光且只是在该光由真空入射到折射率为$\sqrt{3}$的介质时,折射角是$30°$

        C. 部分偏振光,但须知两种介质的折射率才能确定折射角

        D. 部分偏振光且折射角是$30°$

2-3-50 $ABCD$为一块方解石的一个截面,AB为垂直于纸面的晶体平面与纸面的交线。光轴方向在纸面内且与AB成一锐角θ,如图所示。一束平行的单色自然光垂直于AB端面入射。在方解石内折射光分解为o光和e光,关于o光和e光的关系,下列叙述正确的是?

        A. 传播方向相同,电场强度的振动方向互相垂直

        B. 传播方向相同,电场强度的振动方向不互相垂直

        C. 传播方向不同,电场强度的振动方向互相垂直

        D. 传播方向不同,电场强度的振动方向不互相垂直

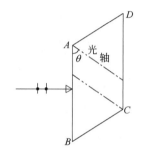

题 2-3-50 图

题解及参考答案

2-3-1 **解**:设光波在空气中传播速率为v,则在玻璃中传播速率为$\frac{v}{n_{玻璃}}$,因而在相同传播时间内传播的路程不相等,根据光程的概念,它们走过的光程相等。

    答案:C

2-3-2 **解**:注意,在折射率为n的媒质中,单色光的波长为真空中波长的$\frac{1}{n}$。

本题中,由题图知$l = \frac{3}{2}\lambda_{媒质} = \frac{3\lambda}{2n}$($\lambda$为真空中波长),又相位差$\Delta\phi = \frac{2\pi\delta}{\lambda}$,式中$\delta$为光程差,而本题中$\delta = nl = n\frac{3\lambda}{2n}$,于是$\Delta\phi = \frac{2\pi \times \frac{3\lambda}{2}}{\lambda} = 3\pi$。

    答案:C

2-3-3 **解**:双缝暗纹位置$x_{暗} = \pm(2k+1)\frac{D\lambda}{2nd}$,$k = 0,1,2,\cdots$空气中,$n = 1$,相邻两暗纹的间距为$\Delta x_{暗} = x_{k+1} - x_k = 2 \times \frac{D\lambda}{2d} = \frac{D\lambda}{d}$。

    答案:D

2-3-4 **解**:注意,所谓双缝间距指缝宽d。由$\Delta x = \frac{D}{d}\lambda$($\Delta x$为相邻两明纹之间距离),所以$\Delta x = \frac{3000}{2} \times 600 \times 10^{-6}\text{mm} = 0.9\text{mm}$。

    注:$1\text{nm} = 10^{-9}\text{m} = 10^{-6}\text{mm}$。

    答案:B

2-3-5 **解**:如图所示,光程差:

$$\delta = n_2 d + r_2 - d - (n_1 d + r_1 - d)$$

注意到$r_1 = r_2$，$\delta = (n_2 - n_1)d$。

答案：A

2-3-6 解：双缝干涉时，条纹间距$\Delta x = \lambda_n \frac{D}{d}$，在空气中干涉，有$1.33 \approx \lambda \frac{D}{d}$，此光在水中的波长为$\lambda_n = \frac{\lambda}{n}$，此时条纹间距：

$$\Delta x(\text{水}) = \frac{\lambda D}{nd} = \frac{1.33}{n} = 1\text{mm}$$

答案：C

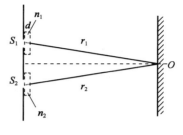

题 2-3-5 解图

2-3-7 解：由双缝干涉相邻明纹（暗纹）的间距公式：$\Delta x = \frac{D}{a}\lambda$，若双缝所在的平板稍微向上平移，中央明纹与其他条纹整体向上稍做平移，其他条件不变，则屏上的干涉条纹间距不变。

答案：B

2-3-8 解：光的干涉和衍射现象反映了光的波动性质，光的偏振现象反映了光的横波性质。

答案：B

2-3-9 解：考查零级明纹向何方移动，如图所示。

①薄介质片未遮住时，光程差$\delta = r_1 - r_2 = 0$，O处为零级明纹；

②薄介质片遮住下缝后，光程差$\delta' = r_1 - (nd + r_2 - d) = r_1 - [r_2 + (n-1)d]$。显然$(n-1)d > 0$，要$\delta' = 0$，只有零级明纹下移至$O'$处才能实现。

答案：D

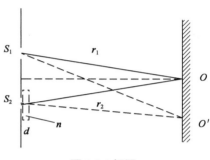

题 2-3-9 解图

2-3-10 解：条纹之间间距$\Delta x = \frac{D\lambda}{nd}$，明纹位置$x_{明} = \pm\frac{kD\lambda}{nd}$。

答案：B

2-3-11 解：注意区别"双缝间距"和"条纹之间间距"。条纹之间间距$\Delta x = \frac{D\lambda}{nd}$，题中"双缝间距增大"指的是缝宽$d$增大，条纹之间间距变小，即条纹变密。又明纹距中心位置为$x_{明} = \pm\frac{kD\lambda}{nd}$，令缝宽$d$增大，$x_{明}$变小，靠近中央明纹即屏幕中心。

答案：B

2-3-12 解：考虑覆盖上面一条缝后零级明纹的移动方向。

根据双缝的干涉条件$\delta = \pm k\lambda$，其中$k = 0,1,2,\cdots$，所谓零级明纹，即$k = 0$时$(\delta = 0)$，两束相干光在屏幕正中央形成的明纹。如解图所示，未覆盖前$\delta = r_2 - r_1 = 0(r_1 = r_2)$，零级明纹在中央$O$处（见解图）。覆盖上面一条缝后$\delta = (nd + r_1 - d) - r_2 = (n-1)d + r_1 - r_2 > 0$，而零级明纹要求$\delta = 0$，故只有缩短$r_1$使$\delta = (n-1)d + r_1' - r_2' = 0$，即零级明纹上移至$O'$处，各级条纹也上移。

答案：C

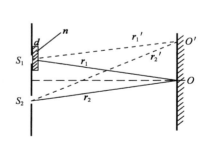

题 2-3-12 解图

2-3-13 解：相干光源（波源）的条件为频率相同，振动方向相同，相位差恒定，白光通过红、蓝两滤光片出来的光是频率不同的单色光，不是相干光。

答案： D

2-3-14 解： 考虑是否有半波损失，注意损失的是真空中的半个波长。

答案： B

2-3-15 解： 薄膜干涉加强应满足式 $2ne + \frac{\lambda}{2} = k$，$k = 1, 2, \cdots$

本题中，$2ne + \frac{\lambda}{2} = \lambda$，$e = \frac{\frac{\lambda}{2}}{2n} = \frac{\lambda}{4n}$

答案： B

2-3-16 解： 劈尖暗纹出现的条件为 $\delta = 2nd + \frac{\lambda}{2} = (2k+1)\frac{\lambda}{2}$，$k = 0, 1, 2, \cdots$。令 $k = 3$，有 $2nd + \frac{\lambda}{2} = \frac{7\lambda}{2}$，得出 $d = \frac{3\lambda}{2n}$。

答案： A

2-3-17 解： 同一明纹（暗纹）对应相同厚度的空气层，条纹间距 $= \frac{\lambda}{2\sin\theta}$。

答案： C

2-3-18 解： 劈尖角 $\theta \approx \frac{d}{L}$（$d$ 为空气层厚度），劈尖角改变量 $\Delta\theta = \frac{\Delta d}{L}$，又相邻两明纹对应的空气层厚度差 $\Delta d = d_{k+1} - d_k = \frac{\lambda}{2}$，故 $\Delta\theta = \frac{\frac{\lambda}{2}}{L} = \frac{\lambda}{2L}$。

答案： A

2-3-19 解： 劈尖干涉中，同一明纹（暗纹）对应相同厚度的空气层。

本题中，每一条纹（k 级）弯曲部分的顶点恰好与其左边条纹（$k-1$ 级）的直线部分的连线相切，说明条纹弯曲处对应的空气层厚度与右边条纹对应的空气层厚度 e_k 相同，如解图所示，工件有凹陷部分。凹陷深度即相邻两明纹对应的空气层厚度差 $\Delta e = e_k - e_{k-1} = \frac{\lambda}{2}$。

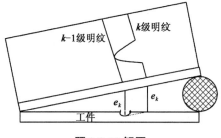

题 2-3-19 解图

答案： C

2-3-20 解： 劈尖干涉中，同一明纹对应相同厚度的空气层。如解图所示，k 级明纹对应的空气层厚度为 d_k，若劈尖的劈角增大，k 级明纹对应的空气层厚度 d_k 将左移至虚线处，亦即 k 级（各级）条纹向左移。又条纹间距 $\Delta x = \frac{\lambda}{2\sin\theta} \approx \frac{\lambda}{2\theta}$，若 θ 增大，则条纹间距变小。

题 2-3-20 解图

答案： C

2-3-21 解： 如图所示，未放透明薄片前，光走过的光程为 $2d$，在虚线处放入透明薄片后，光走过的光程为 $2nd$，光程改变了 $2nd - 2d$。

答案： A

2-3-22 解： 对迈克尔逊干涉仪，条纹移动 $\Delta x = \Delta n \frac{\lambda}{2}$，令 $\Delta x = 0.62$，$\Delta n = 2300$，则：

$$\lambda = \frac{2 \times \Delta x}{\Delta n} = \frac{2 \times 0.62}{2300} = 5.39 \times 10^{-4}\text{mm} = 539\text{nm}$$

注：$1\text{nm} = 10^{-9}\text{m} = 10^{-6}\text{mm}$。

答案： B

2-3-23 解： 牛顿环属超纲题（超出大纲范围）。牛顿环与劈尖一样属于等厚干涉，同一级条纹对应同一个厚度，平凸透镜向上平移，圆环向中心收缩。

答案： D

2-3-24 解： $\delta = (2k+1)\frac{\lambda}{2} = (2\times3+1)\frac{\lambda}{2} = \frac{7}{2}\lambda$。

答案： C

2-3-25 解： 光程差为2.5λ，满足明纹条件，$\delta = 2.5\lambda = (2k+1)\frac{\lambda}{2}$，即$2.5\lambda = 5 \times \frac{\lambda}{2}$。

答案： C

2-3-26 解： 按单缝夫琅禾费衍射暗纹条件，$a\sin\varphi = k\lambda = 2k\frac{\lambda}{2}$，令$k=3$，即6个半波带$\left(\frac{\lambda}{2}\right)$。

答案： B

2-3-27 解： $a\sin\theta = k\lambda$，代入数据，即$a = k\lambda/\sin\theta = 1 \cdot \lambda/\sin\frac{\pi}{6} = 2\lambda$。

答案： C

2-3-28 解： 由$a\sin\varphi = k\lambda$（暗纹）知$a\sin\varphi = 3\lambda$，现$a'\sin\varphi = \frac{3}{2}\lambda\left(a' = \frac{a}{2}\right)$，应满足明纹条件，即$a'\sin\varphi = \frac{3}{2}\lambda = (2k+1)\frac{\lambda}{2}$，$k=1$。

答案： A

2-3-29 解： Δx（中央明纹宽度）$= 2f\lambda/a$（f为焦距，a为缝宽）。增大缝宽a，中央明条纹宽度Δx变小。

答案： A

2-3-30 解： 比较单缝夫琅禾费衍射暗纹条件$a\sin\phi = 2k\frac{\lambda}{2}$，即$4\lambda\sin30° = 2\lambda = 4 \times \frac{\lambda}{2}$。

答案： B

2-3-31 解： 比较单缝夫琅禾费衍射明纹条件$a\sin\phi = (2k+1)\frac{\lambda}{2}$，即$a\sin30° = 3 \times \frac{\lambda}{2}$

答案： D

2-3-32 解： Δx（中央明纹宽度）$= \frac{2f\lambda}{a}$（f为焦距，a为缝宽）

注意到$1\overset{\circ}{\text{A}} = 10^{-10}\text{m} = 10^{-7}\text{mm}$

本题中，$2\text{mm} = \frac{2 \times 2 \times 10^3\lambda}{1}$，得：$\lambda = \frac{1}{2 \times 10^3} = 0.5 \times 10^{-3} = 5000 \times 10^{-7}\text{mm} = 5000\overset{\circ}{\text{A}}$

答案： C

2-3-33 解： 由光栅公式$d\sin\varphi = k\lambda$，对同一级条纹，光栅常数越小，衍射角越大，分辨率越高，所以选光栅常数小的。

答案： D

2-3-34 解： $(a+b)\sin\varphi = \pm k\lambda$。注意：衍射角$\varphi$与波长成正比，白光中红光波长最长，衍射角大偏离中央明纹最远，紫光波长短，衍射角小靠近中央明纹。

答案： A

2-3-35 解： $(a+b)\sin\phi = k\lambda$，$k = 0,1,2,\cdots$，即$k_1\lambda_1 = k_2\lambda_2$，$\frac{k_1}{k_2} = \frac{\lambda_2}{\lambda_1} = \frac{750}{450} = \frac{5}{3}$，故重叠处波长$\lambda_2$的级数$k_2$必须是3的整数倍，即$3,6,9,12,\cdots$。

答案： D

2-3-36 **解：** 最小分辨角 $\theta = 1.22\frac{\lambda}{D}$。注意：对光学仪器，最小分辨角越小，越精密。

答案： D

2-3-37 **解：** 由光学仪器的分辨率公式 $R = \frac{D}{1.22\lambda}$，波长越小，分辨率越高，显然在相同放大倍数下，绿光波长比红光波长短，选绿光光源比红光好。

答案： C

2-3-38 **解：** $\theta_0 \approx \frac{\Delta x}{25} = 2.3 \times 10^{-4}$，解得 $\Delta x = 2.3 \times 10^{-4} \times 25 = 0.0058\text{cm}$。

答案： A

2-3-39 **解：** 根据布拉格公式：$2d\sin\theta = k\lambda(k = 0,1,2,3,\cdots)$。

答案： A

2-3-40 **解：** 由 $I = I_0\cos^2\alpha$ 注意到自然光通过偏振片后，光强减半。

$$出射光强 I = \frac{I_0}{2}\cos^2 45° = \frac{I_0}{4}$$

答案： A

2-3-41 **解：** $I = I_0\cos^2\alpha$，注意到自然光通过偏振片后，光强减半。

$$出射光强 I = \frac{I_0}{2}\cos^2 30° = \frac{3I_0}{8}$$

答案： D

2-3-42 **解：** $I = I_0\cos^2\alpha$，注意：自然光通过偏振片后，光强减半为 $\frac{I_0}{2}$，由马吕斯定律得出射光强为

$$I = \frac{I_0}{2}\cos^2 60° = \frac{I_0}{8}$$

答案： D

2-3-43 **解：** 转动前 $I_1 = I_0\cos^2\alpha_1$，转动后 $I_2 = I_0\cos^2\alpha_2$，$\frac{I_1}{I_2} = \frac{\cos^2\alpha_1}{\cos^2\alpha_2}$。

答案： C

2-3-44 **解：** $I_{\max} = \frac{1}{2}I_0 + I'$，$I_{\min} = \frac{1}{2}I_0$（$I'$ 为线偏振光光强）。令

$$\frac{I_{\max}}{I_{\min}} = 5 = \frac{\frac{I_0}{2} + I'}{\frac{I_0}{2}}$$

得 $I' = 2I_0$，所以 $\frac{I_0}{I'} = \frac{1}{2}$。

答案： A

2-3-45 **解：** 根据马吕斯定律，偏振光通过 P_1 后光强 $I_1 = I_0\cos^2\alpha$，方向转过 α 角，再通过 P_2 后光强：

$$I = I_1\cos^2(90° - \alpha) = I_0\cos^2\alpha\cos^2(90° - \alpha) = I_0\cos^2\alpha\sin^2\alpha = \frac{1}{4}I_0\sin^2(2\alpha)$$

答案： C

2-3-46 **解：** 因 P_1 与 P_3 的偏振化方向相互垂直且 P_2 与 P_1 的偏振化方向间的夹角为 $30°$，则 P_3 与 P_2 的偏振化方向间的夹角为 $60°$。

注意到自然光通过偏振片后光强减半（$\frac{I_0}{2}$）。

根据马吕斯定律通过三个偏振片后的光强：$I = \frac{I_0}{2}\cos^2 30°\cos^2 60° = \frac{3}{32}I_0$。

答案： C

2-3-47 **解：** 注意到"当折射角为 $30°$ 时，反射光为完全偏振光"，说明此时入射角即起偏角 i_0。

根据 $i_0 + \gamma_0 = \frac{\pi}{2}$，$i_0 = 60°$，再由 $\tan i_0 = \frac{n_2}{n_1}$，$n_1 \approx 1$，可得 $n_2 = \sqrt{3}$。

答案：D

2-3-48 解：布儒斯特角入射的反射光为垂直于入射面振动的完全偏振光。

答案：C

2-3-49 解：$i_0 + \gamma_0 = 90^\circ$，注意此题表述是两介质交界面，不能选 B。

答案：D

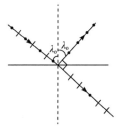

2-3-50 解：双折射现象，o 光和 e 光为传播方向不同、振动方向相互垂直的线偏振光。

答案：C

题 2-3-48 解图

第三章　普通化学

复习指导

在基础考试中，普通化学部分的试题均为单选题。命题覆盖考试大纲，题目大致均匀分布。题型分基本概念选择、计算类选择、比较类选择、记忆类选择等。普通化学的基本概念和基本理论较多；相反，有关计算公式较简单，计算量较少。因此，考生在复习时应将重点放在对基本概念和基本理论的理解上，达到概念清楚、能灵活应用基本理论解决实际问题，以及利用提供的公式进行简单的计算。

下面选择若干例题，进行具体的分析说明，以供复习时参考。

【例 3-0-1】 下列说法中正确的是：

    A. 原子轨道是电子运动的轨迹

    B. 原子轨道是电子的空间运动状态，即波函数

    C. 主量子数为 3 时，有 3s、3p、3d 三个轨道

    D. s 轨道绕核旋转时，其轨道为一圆圈，而 p 电子的轨道为 "8" 字形

解： 选项 A 错误。电子质量极小且带负电荷，在原子那样小的体积内以极大的速度运动时，不可能测出它的运动轨迹。

选项 B 正确。在量子力学中，用波函数来表示核外电子的运动状态，波函数也叫原子轨道。

选项 C 错误。主量子数为 3 时，有 3s、3p、3d 三个亚层，共 9 个轨道。

选项 D 错误。s 轨道的角度分布平面示意图才是以原子核为圆心的一个圆圈；而 p 轨道的角度分布平面示意图才是以原子核为切点的两个相切的圆圈。

正确答案应为 B。

【例 3-0-2】 某元素最高氧化数为+6，最外层电子数为 1，原子半径是同族元素中最小的。下列叙述中不正确的是：

    A. 外层电子排布为 $3d^5 4s^1$

    B. 该元素为第四周期、VIB 族元素铬

    C. +3 价离子的外层电子排布式为 $3d^2 4s^1$

    D. 该元素的最高价氧化物的水合物为强酸

解： 本题涉及核外电子排布与周期表的问题，根据题意，最高氧化数为+6 的元素有 VIA 族和 VIB 族元素；而最外层只有一个电子的条件就排除了 VIA 族元素；最后一个条件是原子半径为同族中最小，可确定该元素是 VIB 族中的铬。Cr 的电子排布式为 $1s^2 2s^2 2p^6 3s^2 3p^6 3d^5 4s^1$，所以得出以下结论。

选项 A 正确。外层电子排布为 $3d^5 4s^1$。

选项 B 正确。因为周期数等于电子层数，等于最高主量子数，即第四周期。它的量后一个电子填充在 d 亚层上，所以它是副族元素，而副族元素的族数等于 $[(n-1)d + ns]$ 层上的电子数，对铬来讲为

$5+1=6$，即 VIB 族元素。

选项 C 错误。因为原子失去电子时，首先失去最外层上的电子，继而再失去次外层上的 d 电子。所以 +3 价离子的外层电子排布为 $3s^23p^63d^3$。

选项 D 正确。Cr 的最高氧化物 CrO_3，其水合物为 H_2CrO_4 或 $H_2Cr_2O_7$ 均为强酸。

所以答案应为 C。

【例 3-0-3】 下列物质的熔点由高到低排列顺序正确的是：

  A. HI>HBr>HCl>HF   B. HF>HI>HBr>HCl

  C. SiC>SiCl₄>CaO>MgO   D. SiC>CaO>MgO>SiCl₄

解： SiC 为原子晶体，熔点最高；CaO 和 MgO 为离子晶体，熔点次之；HF、HCl、HBr、HI 和 $SiCl_4$ 为分子晶体，熔点较低。离子晶体中，晶格能 $U \propto \dfrac{|Z_+ \cdot Z_-|}{r_+ + r_-}$，故 MgO 的熔点大于 CaO 的熔点。从色散力判断：HI>HBr>HCl>HF，但由于 HF 分子之间存在分子间氢键，其熔点较 HI 高。故应选择 B。

【例 3-0-4】 下列说法中正确的是：

  A. 凡是含氢的化合物其分子间必有氢键

  B. 取向力仅存在于极性分子之间

  C. HCl 分子溶于水生成 H^+ 和 Cl^-，所以 HCl 为离子晶体

  D. 酸性由强到弱的顺序为：H_2SO_4>$HClO_4$>H_2SO_3

解： 选项 A 错误。氢键形成的条件是：氢原子与电负性大、半径小、有孤对电子的原子形成强极性共价键后，还能吸引另一电负性较大的原子中的孤对电子而形成氢键。符合该条件的原子只有如 O、N、F 等原子，故并非所有含氢化合物中均存在氢键。

选项 B 正确。只有极性分子之间才有取向力。当然极性分子之间除存在取向力外，还存在色散力和诱导力。某些含氢的极性分子中，还可能有氢键，如 HF、H_2O。

选项 C 错误。只有电负性大的非金属原子（如 VIIA 族元素的原子）和电负性小的金属原子（如 IA 族元素的原子）形成化合物时，以离子键结合，其晶体为离子晶体。H 与 Cl 均为非金属元素，它们以共价键结合形成共价型化合物，其晶体为分子晶体。HCl 溶于水后，由于水分子的作用 HCl 才解离成 H^+ 和 Cl^-。

选项 D 错误。根据鲍林规则：含氧酸中不与氢结合的氧原子数（n）越大，酸性越强。所以酸性由强到弱的顺序为 $HClO_4$>H_2SO_4>H_2SO_3。

所以正确答案为 B。

【例 3-0-5】 下列各组物质中，键有极性，分子也有极性的是：

  A. CO_2 和 SO_3 B. CCl_4 与 Cl_2

  C. H_2O 和 SO_2 D. $HgCl_2$ 与 NH_3

解： 以上四组分子中，只有 Cl_2 分子中的共价键无极性，其余分子中的共价键均有极性。首先可以排除选项 B。CO_2、SO_3、$HgCl_2$、CCl_4 为非极性分子，NH_3、H_2O、SO_2 为极性分子。所以最后排除选项 A 和 D，只有选项 C 为正确答案。

【例 3-0-6】 往醋酸溶液中加入少量下列哪种物质时，可使醋酸电离度和溶质的 pH 值都增大？

  A. NaAc 晶体   B. NaOH 晶体

  C. HCl(g)   D. NaCl 晶体

解： 醋酸溶液中存在下列电离平衡

$$HAc \rightleftharpoons H^+ + Ac^-$$

若加入 NaAc 或 HCl，均会由于同离子效应使醋酸的电离度下降；当加入 NaAc 时，降低了 H^+ 浓度而使 pH 值升高；当加 HCl 时，增加了 H^+ 浓度而使 pH 值下降。

若加入 NaCl，由于盐效应使醋酸电离平衡向右移动，使醋酸电离度增加，H^+ 浓度升高、pH 值下降。

若加入 NaOH，由于 OH^- 与 H^+ 结合成 H_2O，降低了 H^+ 浓度，使 pH 值升高；同时使醋酸电离平衡向右移动而增加了醋酸的电离度。

所以答案为 B。

【例 3-0-7】 $Ca(OH)_2$ 和 $CaSO_4$ 的溶度积大致相等，则两物质在纯水中溶解度的关系是：

A. $S_{Ca(OH)_2} = S_{CaSO_4}$ 　　　　　　　　　B. $S_{Ca(OH)_2} < S_{CaSO_4}$

C. $S_{Ca(OH)_2} > S_{CaSO_4}$ 　　　　　　　　　D. 无法判断

解： $Ca(OH)_2$ 属于 AB_2 型，$CaSO_4$ 属 AB 型的难溶电解质，两者类型不同，不能用溶度积直接比较。溶解度大小，必须通过溶解度与溶度积的关系式，计算出溶解度后才能进行比较。

对 AB 型　　　　$S_1 = \sqrt{K_{sp}}$

对 AB_2 型　　　　$S_2 = \sqrt[3]{\dfrac{K_{sp}}{4}}$

由此两式比较：$S_1 > S_2$，即 $S_{CaSO_4} > S_{Ca(OH)_2}$。

所以答案为 C。

【例 3-0-8】 反应温度改变时，对反应的速率、速率常数、平衡常数等均有影响。下列叙述中错误的是：

A. 反应温度升高，正、逆反应速率均增加

B. 对吸热反应，温度升高使平衡向右移动

C. 对放热反应，温度升高使平衡常数增加

D. 温度升高使速率常数增加

解： 根据阿仑尼乌斯公式，当温度升高时，速率常数变大；再由质量作用定律可得出反应速率增加，所以 A 和 D 都正确。

对吸热反应，温度升高时平衡常数 K 增加，使 $K > Q$，平衡向右移动。所以 B 也正确。

对放热反应，温度升高时平衡常数减小，所以 C 不正确，答案为 C。

【例 3-0-9】 已知反应 $NO(g) + CO(g) \rightleftharpoons \frac{1}{2}N_2(g) + CO_2(g)$ 的 $\Delta H < 0$。有利于 NO 和 CO 转化的措施是：

A. 低温低压 　　　　　　　　　　　B. 低温高压

C. 高温高压 　　　　　　　　　　　D. 高温低压

解： 反应的 $\Delta H < 0$ 为放热反应，温度降低使平衡常数 K 增加。当 $K > Q$ 时平衡向右进行，有利 NO 和 CO 的转化。

反应式左边的气体分子总数为 2，右边的气体分子总数为 1.5，加压有利于向气体分子总数减少的方向移动。高压有利 NO 和 CO 的转化。

所以答案应为 B。

【例 3-0-10】 下列叙述中不正确的是：

A. 对半反应 $Cu^{2+} + 2e^- \rightleftharpoons Cu^-$ 和 $I_2 + 2e^- \rightleftharpoons 2I^-$，离子浓度升高，它们的电极电势增加

B. 已知$\varphi_{Cr_2O_7^{2-}/Cr^{3+}}^{\ominus} < \varphi_{MnO_4^-/Mn^{2+}}^{\ominus}$，所以氧化性的强弱为$MnO_4^- > Cr_2O_7^{2-}$

C. 反应$2Fe^{3+} + Cu \rightleftharpoons 2Fe^{2+} + Cu^{2+}$能自发进行，组成原电池时正极为$Fe^{3+}(C_1)$、$Fe^{2+}(C_2)|P_t$，负极为$Cu|Cu^{2+}(C_3)$

D. 腐蚀电池中，电极电势低的是阳极，可被腐蚀掉

解： 选项 A 不正确。因为对半反应$Cu^{2+} + 2e^- \rightleftharpoons Cu$，能斯特方程为：$\varphi_{Cu^{2+}/Cu} = \varphi_{Cu^{2+}/Cu}^{\ominus} + \frac{0.059}{2}\lg C_{Cu^{2+}}$，$C_{Cu^{2+}}$升高，$\varphi_{Cu^{2+}/Cu}$升高。而对半反应$I_2 + 2e^- \rightleftharpoons 2I^-$，能斯特方程为：$\varphi_{I_2/I^-} = \varphi_{I_2/I^-}^{\ominus} + \frac{0.059}{2}\lg[1/C_{I^-}^2]$，$C_{I^-}$升高时$\varphi_{I_2/I^-}$下降。

选项 B 正确。利用电极电势的大小，可以判断电对中氧化态物质的氧化性强弱和还原态物质的还原性强弱。电极电势越高的电对中，氧化态物质的氧化性越强。所以氧化性：$MnO_4^- > Cr_2O_7^{2-}$。

选项 C 正确。自发进行的氧化还原反应组成原电池时，其电动势（E）一定大于零，即
$$E = \varphi_{正} - \varphi_{负} = \varphi_{氧化剂} - \varphi_{还原剂} > 0$$

从反应前后物质的氧化数变化来分析，可得出 Fe^{3+}为氧化剂，Cu 为还原剂，所以$\varphi_{Fe^{3+}/Fe^{2+}} > \varphi_{Cu^{2+}/Cu}$。电极电势高的为正极，电极电势低的为负极。故原电池中正极为$Fe^{3+}(C_1)$、$Fe^{2+}(C_2) | P_t$，负极为$Cu | Cu^{2+}(C_3)$。

选项 D 正确。因为在腐蚀电池中，电极电势低的为阳极，发生氧化反应而被腐蚀掉；电极电势高的为阴极，发生还原反应不可能被腐蚀。

所以答案为 A。

【例 3-0-11】 下列防止金属腐蚀的方法中不能采用的是：

A. 在金属表面涂刷油漆

B. 为保护铁管，可使其与锌片相连

C. 被保护金属与外加直流电源的负极相连

D. 被保护金属与外加直流电源的正极相连

解： 选项 A 可以采用。

选项 B 可以采用。因为将被保护的铁管与锌片相连组成了原电池，活泼的锌片电极电势低，作为腐蚀电池的阳极被腐蚀掉，而被保护的铁管作为腐蚀电池的阴极得到了保护。

选项 C 可以采用。

选项 D 不可采用。

因为在外加电流保护法中，将被保护的金属与另一附加电极组成电解池。被保护的金属若与电源负极相连，则金属为电解池的阴极，发生还原反应而被保护；若与电源正极相连，则金属为电解池的阳极，发生氧化反应而被腐蚀掉。

所以答案为 D。

【例 3-0-12】 下列说法中不正确的是：

A. ABS 树脂是丁二烯、苯乙烯、丙烯腈的共聚物

B. PVC 是氯乙烯加聚而成的高聚物

C. 环氧树脂是双酚 A 和环氧氯丙烷通过缩聚反应得到的高聚物

D. 天然橡胶的主要化学组成是 1.4-聚丁二烯

解： 因为天然橡胶的主要化学组成是聚异戊二烯。

所以答案为 D。

练习题、题解及参考答案

（一）物质结构与物质状态

3-1-1 按近代量子力学的观点，核外电子运动的特征：

  A. 具有波粒二象性

  B. 可用 ψ^2 表示电子在核外出现的几率

  C. 原子轨道的能量呈连续变化

  D. 电子运动的轨道可用 ψ 的图像表示

3-1-2 确定原子轨道函数 ψ 形状的量子数是：

  A. 主量子数　　　　　　　　　　B. 角量子数

  C. 磁量子数　　　　　　　　　　D. 自旋量子数

3-1-3 P_z 波函数角度分布的形状是：

  A. 双球形　　　　　　　　　　　B. 球形

  C. 四瓣梅花形　　　　　　　　　D. 橄榄形

3-1-4 3d 轨道的磁量子数 m 的合理值是：

  A. 1、2、3　　　　B. 0、1、2　　　　C. 3　　　　D. 0、± 1、± 2

3-1-5 下列各波函数不合理的是：

  A. $\psi(1,1,0)$　　　　　　　　　B. $\psi(2,1,0)$

  C. $\psi(3,2,0)$　　　　　　　　　D. $\psi(5,3,0)$

3-1-6 当某原子的外层电子分布式写成 ns^2np^7 时，违背了下列哪个原则？

  A. 保利不相容原理　　　　　　　B. 能量最低原理

  C. 电子分布特例　　　　　　　　D. 洪特规则

3-1-7 对于多电子原子来说，下列说法中正确的是：

  A. 主量子数（n）决定原子轨道的能量

  B. 主量子数（n）和角量子数（l）决定原子轨道的能量

  C. n 值越大，电子离核的平均距离越近

  D. 角量子数（l）决定主量子数（n）的取值

3-1-8 某元素基态原子最外电子层上有两个电子，其量子数 $n = 5$，$l = 0$，它是哪个区的元素？

  A. s 区元素　　　　　　　　　　B. d、ds 区元素

  C. 两者均有可能　　　　　　　　D. 两者均不可能

3-1-9 若一个原子的最高主量子数为 3，则它处于基态时，下列叙述正确的是：

  A. 只有 s 电子和 p 电子　　　　　B. 只有 p 电子和 d 电子

  C. 有 s、p 和 d 电子　　　　　　D. 有 s、p、d 和 f 电子

3-1-10 26 号元素基态原子的价层电子构型为：

  A. $3d^5 4s^2$　　　　B. $3d^6 4s^2$　　　　C. $3d^6$　　　　D. $4s^2$

3-1-11 某原子序数为 15 的元素，其基态原子的核外电子分布中，未成对电子数是：

  A. 0　　　　　　B. 1　　　　　　C. 2　　　　　　D. 3

3-1-12 24 号元素 Cr 的基态原子价电子构型正确的是：

    A. $3d^64s^0$ B. $3d^54s^1$ C. $3d^44s^2$ D. $3d^34s^24p^1$

3-1-13 下列原子或离子的外层电子排布式，不正确的是：

    A. Si $3s^23p^2$ B. Ag^+ $4s^24p^64d^{10}$

    C. Cl^- $3s^23p^6$ D. Fe^{2+} $3d^44s^2$

3-1-14 下列电子构型中，原子属于基态的是：

    A. $1s^22s^22p^53d^1$ B. $1s^22s^2$ C. $1s^22p^2$ D. $1s^22s^12p^1$

3-1-15 32 号元素最外层的电子构型为：

    A. $4s^24p^5$ B. $3s^23p^4$ C. $4s^24p^4$ D. $4s^24p^2$

3-1-16 下列离子中具有 18+2 电子构型的是：

    A. Fe^{3+} B. Zn^{2+} C. Pb^{2+} D. Ca^{2+}

3-1-17 47 号元素 Ag 的基态价层电子结构为 $4d^{10}5s^1$，它在周期表中的位置是：

    A. ds 区   B. s 区   C. d 区   D. p 区

3-1-18 属于第四周期的某一元素的原子，失去 3 个电子后，在角量子数为 2 的外层轨道上电子恰好处于半充满状态。该元素为：

    A. Mn   B. Co   C. Ni   D. Fe

3-1-19 已知某元素+3 价离子的电子排布式为 $1s^22s^22p^63s^23p^63d^5$，则该元素在周期表中哪一周期、哪一族？

    A. 四，VIII   B. 五，VB

    C. 三，VA   D. 六，IIIB

3-1-20 在下列元素电负性大小顺序中，正确的是：

    A. B>Al>Be≈Mg   B. B>Be≈Al>Mg

    C. B≈Al<Be<Mg   D. Be>B>Al>Mg

3-1-21 下列各组元素中，其性质的相似是由镧系收缩引起的是：

    A. Zr 与 Hf   B. Fe 与 Co、Ni   C. Li 与 Mg   D. 锕系

3-1-22 下列各系列中，按电离能增加的顺序排列的是：

    A. Li，Na，K   B. B，Be，Li   C. O，F，Ne   D. C，B，As

3-1-23 下列物质中，酸性最强的是：

    A. H_3BO_3 B. HVO_3 C. HNO_3 D. H_2SiO_3

3-1-24 下列氧化物中既可与稀 H_2SO_4 溶液作用，又可与稀 NaOH 溶液作用的是：

    A. Al_2O_3 B. Cu_2O C. SiO_2 D. CO

3-1-25 下列物质中酸性最强的是：

    A. HClO   B. $HClO_2$ C. $HClO_4$ D. $HClO_3$

3-1-26 下列物质中碱性最强的是：

    A. $Sn(OH)_4$ B. $Pb(OH)_2$ C. $Sn(OH)_2$ D. $Pb(OH)_4$

3-1-27 下列各物质的化学键中，只存在 σ 键的是：

    A. C_2H_2 B. H_2O C. CO_2 D. CH_3COOH

3-1-28 下列分子中，键角最大的是：

    A. NH_3 B. H_2S C. $BeCl_2$ D. CCl_4

3-1-29 下列化合物中既有离子键又有共价键的是：

    A. H_2O B. NaOH   C. BaO   D. CO_2

3-1-30 $BeCl_2$ 中 Be 的原子轨道杂化类型为：

    A. sp   B. sp^2 C. sp^3 D. 不等性 sp^3

3-1-31 用杂化轨道理论推测下列分子的空间构型，其中为平面三角形的是：

    A. NF_3 B. BF_3 C. AsH_3 D. SbH_3

3-1-32 下列分子中，属于极性分子的是：

    A. O_2 B. CO_2 C. BF_3 D. C_2H_3F

3-1-33 下列物质中，分子的空间构型为"V"字形的是：

    A. CO_2 B. BF_3 C. $BaCl_2$ D. H_2S

3-1-34 下列化合物中，键的极性最大的是：

    A. $AlCl_3$ B. PCl_3 C. $MgCl_2$ D. $CaCl_2$

3-1-35 下列分子中，偶极矩不等于零的是：

    A. $BeCl_2$ B. NH_3 C. BF_3 D. CO_2

3-1-36 下列各种化合物中，分子间有氢键的是：

    A. CH_3Br B. NH_3 C. CH_4 D. CH_3Cl

3-1-37 石墨能够导电的原因，是由于石墨晶体：

    A. 层内存在自由电子   B. 层内有杂化轨道

    C. 属金属晶体   D. 层内存在着离域大π键

3-1-38 甲醇（CH_3OH）和 H_2O 分子之间存在的作用力是：

    A. 色散力   B. 色散力、诱导力、取向力、氢键

    C. 色散力、诱导力   D. 色散力、诱导力、取向力

3-1-39 将 0.125L 压强为 $6.08 \times 10^4 Pa$ 的气体 A 与 0.150L 压强为 $8.11 \times 10^4 Pa$ 的气体 B，在等温下混合在 0.500L 的真空容器中，混合后的总压强为：

    A. $1.42 \times 10^5 Pa$ B. $3.95 \times 10^4 Pa$

    C. 1.40atm   D. 3.90atm

3-1-40 某容器中含氨 0.32mol、氧 0.18mol、氮 0.70mol，总压强为 100kPa 时，氨、氧、氮的分压强分别为：

    A. $(15、27、58) \times 10^3 Pa$ B. $(10、30、60) \times 10^3 Pa$

    C. $(27、15、58) \times 10^3 Pa$ D. $(25、20、55) \times 10^3 Pa$

3-1-41 在下列 CaO、MgO、NaF 晶格能大小的顺序中，正确的是：

    A. MgO>CaO>NaF   B. NaF>CaO>MgO

    C. CaO>MgO>NaF   D. NaF>MgO>CaO

3-1-42 下列晶体中熔点最高的是：

    A. NaCl   B. 冰   C. SiC   D. Cu

3-1-43 下列晶体熔化时要破坏共价键的是：

    A. MgO   B. CO_2 C. SiC   D. Cu

题解及参考答案

3-1-1　解： 核外电子属于微观粒子，微观粒子具有波粒二象性。

　　答案： A

3-1-2　解： 一组合理的量子数 n, l, m 取值对应一个合理的波函数 $\psi = \psi_{n,l,m}$，即可以确定一个原子轨道。

（1）主量子数

①$n = 1,2,3,4,\cdots$ 对应于第一、第二、第三、第四，$\cdots$ 电子层，用 $K, L, M, N, \cdots$ 表示。

②表示电子到核的平均距离。

③决定原子轨道能量。

（2）角量子数

①$l = 0,1,2,3$ 的原子轨道分别为 s, p, d, f 轨道。

②确定原子轨道的形状。s 轨道为球形、p 轨道为双球形、d 轨道为四瓣梅花形。

③对于多电子原子，与 n 共同确定原子轨道的能量。

（3）磁量子数

①确定原子轨道的取向。

②确定亚层中轨道数目。

　　答案： B

3-1-3　解： s, p, d 波函数角度分布的形状分别为球形、双球形、四瓣梅花形等。

　　答案： A

3-1-4　解： 3d 轨道的 $n = 3$，$l = 2$，磁量子数 m 可取 $0, \pm 1, \pm 2$。

　　答案： D

3-1-5　解： 波函数 $\psi(n, l, m)$ 可表示一个原子轨道的运动状态。n, l, m 的取值范围：主量子数 n 可取的数值为 $1,2,3,4,\cdots$；角量子数 l 可取的数值为 $0,1,2,\cdots,(n-1)$；磁量子数 m 可取的数值为 $0, \pm 1, \pm 2, \pm 3, \cdots, \pm l$。选项 A 中 n 取 1 时，l 最大取 $n - 1 = 0$。

　　答案： A

3-1-6　解： 根据保利不相容原理，在每一轨道上最多只能容纳两个自旋相反的电子。当 $l = 1$ 时，m 可取 $0, \pm 1$，即有三个轨道，最多只能容纳 6 个电子。

　　答案： A

3-1-7　解： 角量子数不同的原子轨道形状不同，受到其他电子的屏蔽作用不同，轨道能量也不同，所以多电子原子中，n 与 l 共同决定原子轨道的能量。

　　答案： B

3-1-8　解： 该元素的最外层为 $5s^2$，第五周期的 IIA、IIB 及其他副族的部分元素符合该条件。所以四个选项中选择 C 更为合适。

　　答案： C

3-1-9　解： 最高主量子数为 3 时，有 3s、3p 和 3d 亚层，当它填充 $3s^2 3p^6$ 电子后，电子即将进入 4s 亚层，这时将出现最高主量子数为 4，与题意不符。若电子填充到 3d 亚层上，则它处于激发态，与题意也不符。

答案： A

3-1-10 解： 根据原子核外电子排布规律，26 号元素的基态原子核外电子排布为：$1s^2 2s^2 2p^6 3s^2 3p^6 3d^6 4s^2$，为 d 区副族元素。其价电子构型为 $3d^6 4s^2$。

答案： B

3-1-11 解： 原子序数为 15 的元素，原子核外有 15 个电子，基态原子的核外电子排布式为 $1s^2 2s^2 2p^6 3s^2 3p^3$，根据洪特规则，$3p^3$ 中 3 个电子分占三个不同的轨道，并且自旋方向相同。所以原子序数为 15 的元素，其基态原子核外电子分布中，有 3 个未成对电子。

答案： D

3-1-12 解： 洪特规则：同一电子亚层，电子处于全充满、半充满状态时较稳定。

答案： B

3-1-13 解： 离子是原子失去（得到）电子形成的。原子失去电子时，首先失去最外层电子，然后进一步失去次外层上的 d 电子。Fe^{2+} 的外层电子排布式为 $3s^2 3p^6 3d^6$。

答案： D

3-1-14 解： 按保利不相容原理和能量最低原理排布核外电子时，选项 A、C、D 项均违背了上述原理。

答案： B

3-1-15 解： 32 号元素有 32 个电子，其电子排布为：$1s^2 2s^2 2p^6 3s^2 3p^6 3d^{10} 4s^2 4p^2$。

答案： D

3-1-16 解： 具有 18+2 电子构型的离子一般为 P 区元素，Pb^{2+} 的核外电子排布式为 $1s^2 2s^2 2p^6 3s^2 3p^6 3d^{10} 4s^2 4p^6 4d^{10} 4f^{14} 5s^2 5p^6 5d^{10} 6s^2$，次外层 18 个电子，最外层 2 个电子，为 18+2 电子构型。

答案： C

3-1-17 解： 核外电子排布与周期表的关系：元素所在周期数等于该元素原子基态时电子层数；核外电子排布与族的关系：主族及 IB、IIB 的族数等于最外层电子数；IIIB~VIIB 的族数等于最外层 s 电子数加次外层的 d 电子数 $[(n-1)d + ns]$；$[(n-1)d + ns] = 8 \sim 10$ 时为第 VIII 族。

元素的分区：s 区，包括 IA、IIA 元素；p 区，包括 IIIA~VIIA 和零族元素；d 区，包括 IIIB~VIIB 和 VIII 族元素；ds 区，包括 IB、IIB 元素；f 区，包括镧系和锕系元素。Ag 为 IB 元素，为 ds 区。

答案： A

3-1-18 解： 第四周期有 4 个电子层，最外层有 4s、4p 亚层，次外层有 3s、3p、3d 亚层。当原子失去 3 个电子后，角量子数为 2 的亚层为 3d，3d 处于半充满即 $3d^5$。所以该元素原子基态价电子构型为 $3d^6 4s^2$，为 Fe。

答案： D

3-1-19 解： 根据题意，该原子的价电子层的电子分布为 $3d^6 4s^2$。由此得：周期数等于电子层数，等于最高主量子数，等于 4；最后电子填充在 d 亚层，所以它属于副族元素，而族数等于 $[(n-1)d + ns]$ 电子层上的电子数，即 $6 + 2 = 8$。

答案： A

3-1-20 解： 四元素在周期表的位置见解表。

周　　期	族	
	IIA	IIIA
二	Be	B
三	Mg	Al

同周期从左到右，主族元素的电负性逐渐增大；同主族从上到下，元素电负性逐渐减小。所以电负性 B 最大，Mg 最小，左上右下对角线上的 Be、Al 居中，且相近。

答案：B

3-1-21 解： 第五、六周期副族元素由于镧系收缩原子半径相差很小，性质极为相似。镧系收缩的结果使 Zr 和 Hf，Nb 和 Ta，Mo 和 W 性质极为相似。

答案：A

3-1-22 解： 同一周期主族元素自左至右，第一电离能一般增加，但有一些波动。满或半充满时，其第一电离能相应较大。主族（包括IIIB 族），自上而下第一电离能依次减小；副族，自上而下第一电离能略有增加。

答案：C

3-1-23 解： 元素周期表中，元素最高价态的氧化物及其水合物，同周期从左至右酸性增强，碱性减弱；同族自上而下酸性减弱，碱性增强。也就是元素周期表中，右上角元素最高价态的氧化物及其水合物酸性最强，所以 HNO_3 酸性最强。

答案：C

3-1-24 解： Al_2O_3 为两性氧化物，两性氧化物既可以与稀酸作用，又可以与稀碱作用。

答案：A

3-1-25 解： 同一元素不同价态氧化物的水合物，依价态升高的顺序酸性增强，碱性减弱。

答案：C

3-1-26 解： 同族元素、相同价态的氧化物的水合物，从上到下碱性增加；同一元素不同价态氧化物的水合物，依价态升高的顺序酸性增加，碱性减弱。

答案：B

3-1-27 解： 共价单键中只存在 σ 键；双键存在一个 σ 键，一个 π 键；三键存在一个 σ 键，两个 π 键。CO_2 和乙酸中存在双键，乙炔中有三键。

答案：B

3-1-28 解： NH_3 中 N 为不等性 sp^3 杂化，分子为三角锥形，键角小于109°28′；H_2S 中 S 为不等性 sp^3 杂化，分子为"V"字形，键角小于109°28′；$BeCl_2$ 中 Be 为 sp 杂化，$BeCl_2$ 为直线型分子，键角为180°；CCl_4 中 C 为 sp^3 杂化，分子为正四面体型，键角等于109°28′。

答案：C

3-1-29 解： 非金属元素间化学键为共价键，电负性大的非金属原子与电负性小的金属原子间化学键为离子键。NaOH 中 Na^+ 与 OH^- 间是离子键，O 与 H 间是共价键。

答案：B

3-1-30 解： 利用价电子对互斥理论确定杂化类型及分子空间构型的方法。

对于 AB_n 型分子、离子（A 为中心原子）：

（1）确定 A 的价电子对数（x）

$$x = \frac{1}{2}[\text{A 的价电子数} + \text{B 提供的价电子数} \pm \text{离子电荷数(负/正)}]$$

原则：A 的价电子数＝主族序数；B 原子为 H 和卤素每个原子各提供一个价电子，为氧与硫不提供价电子；正离子应减去电荷数，负离子应加上电荷数。

（2）确定杂化类型（见解表）

题 3-1-30 解表

价电子对数	2	3	4
杂化类型	sp 杂化	sp² 杂化	sp³ 杂化

（3）确定分子空间构型

原则：根据中心原子杂化类型及成键情况确定分子空间构型。如果中心原子的价电子对数等于 σ 键电子对数，杂化轨道构型为分子空间构型；如果中心原子的价电子对数大于 σ 键电子对数，分子空间构型发生变化。

$$\text{价电子对数}(x) = \sigma \text{键电子对数} + \text{孤对电子数}$$

根据价电子对互斥理论：$BeCl_2$ 的中心原子 Be 的价电子对数 $x = \frac{1}{2}$(Be 的价电子数 + 两个 Cl 提供的价电子数) $= \frac{1}{2} \times (2 + 2) = 2$，$BeCl_2$ 分子中，Be 形成了两 Be-Cl σ 键，价电子对数等于 σ 键数，所以两个 Be-Cl 夹角为 180°，$BeCl_2$ 为直线型分子，Be 为 sp 杂化。

答案： A

3-1-31 解： B 原子的价电子为 $2s^2 2p^1$，在 B 原子与 F 原子形成化学键的过程中，一个 2s 轨道上的电子跃迁到 2p 轨道上，采取 sp² 杂化形成三个 sp² 杂化轨道，三个 sp² 杂化轨道采取最大夹角原则在空间伸展，形成平面三角形排布。每个杂化轨道与 F 原子形成一个 σ 键。故 BF_3 为三角形。

答案： C

3-1-32 解： 分子极性不仅看化学键是否有极性，还要看分子的空间构型。当分子的正负电荷中心不重合时为极性分子。CO_2 为直线型分子，BF_3 为平面三角形分子，均为非极性分子。C_2H_3F 可以看作乙烯分子的一个 H 原子被 F 取代，分子中正负电荷重心不重合，为极性分子。

答案： D

3-1-33 解： H_2S 中 S 为 sp³ 不等性杂化，四个杂化轨道中，两个杂化轨道有孤对电子，两个杂化轨道有单电子，有单电子的杂化轨道与 H 原子形成两个共价键，H_2S 分子呈"V"形。

答案： D

3-1-34 解： 四种离子同为氯化物，钙元素电负性最小，金属性最强，与氯原子形成化学键的极性最大。

答案： D

3-1-35 解： 偶极矩等于零的是非极性分子，偶极矩不等于零的为极性分子。分子是否有极性，取决于整个分子中正、负电荷中心是否重合。$BeCl_2$ 和 CO_2 为直线型分子，BF_3 为三角形构型，三个分子的正负电荷中心重合，为非极性分子，偶极矩为零；NH_3 为三角锥构型，正负电荷中心不重合，为极性分子，偶极矩不为零。

答案： B

3-1-36 解： 形成氢键条件：氢原子与电负性大、半径小、有弧对电子的原子 X（如 F、O、N）形成强极性共价键后，还能吸引另一个电负性较大的原子 Y（如 F、O、N）中的弧对电子而形成氢键。只有 B 符合形成氢键条件。

答案： B

3-1-37 解： 石墨为层状结构晶体，层内 C 原子为 sp² 杂化，层内 C 原子上没有参与杂化的 P 轨道互相平行，形成碳碳间大π键，电子可以在大π键内自由移动。

答案： D

3-1-38 解： 甲醇和水分子均为极性分子，极性分子和极性分子的分子间力包括色散力、诱导力、取向力。另外，两个分子中氢原子与氧原子直接结合，符合形成氢键条件，还存在氢键。

答案： B

3-1-39 解： 理想气体状态方程 $pV = nRT$ 既适用于混合气体中的总气体，也适用于分气体。

对于 A 气体：$p_1V_1 = n_1RT_1$，$n_1 = \frac{p_1V_1}{RT_1}$；

对于 B 气体：$p_2V_2 = n_2RT_2$，$n_2 = \frac{p_2V_2}{RT_2}$；

对于混合气体：$pV = nRT$，$p = \frac{nRT}{V}$。

温度不变，$T_1 = T_2 = T$，$n = n_1 + n_2 = \frac{p_1V_1+p_2V_2}{RT}$

将数值代入：$p = \frac{nRT}{V} = \frac{p_1V_1+p_2V_2}{V} = 3.95 \times 10^4 Pa$

答案： B

3-1-40 解： 根据分压定律 $p_i = p_总 \frac{n_i}{n_总}$。$\frac{n_i}{n_总}$ 为摩尔分数。

氨气的摩尔分数 $= \frac{0.32}{0.32+0.18+0.70} = \frac{4}{15}$；

氧气的摩尔分数 $= \frac{3}{20}$；

氮气的摩尔分数 $= \frac{7}{12}$。

所以，氨气分压 $= 100 \times \frac{4}{15} \approx 27kPa$，氧气分压 $= 100 \times \frac{3}{20} = 15kPa$

氮气分压 $= 100 \times \frac{7}{12} \approx 58kPa$。

答案： C

3-1-41 解： 影响晶格能的因素主要是离子电荷与离子半径。它们的关系可粗略表示为：

$$U \propto \frac{|Z_+ \cdot Z_-|}{r_+ + r_-}$$

在 MgO 和 CaO 中，Z_+、Z_-、r_- 都相同，不同的是 r_+，由于 $r_{Mg^{2+}} < r_{Ca^{2+}}$，所以晶格能：MgO>CaO。

在 CaO 和 NaF 中，Na 与 Ca 在周期表中处于对角线位置，它们的半径近似相等。虽然 $r_{O^{2-}}$ 略大于 r_{F^-}，但决定晶格能大小的主要因素仍为 Z_+ 和 Z_-。在 CaO 中 Z_+ 与 Z_- 均高于 NaF 中的 Z_+ 与 Z_-，所以晶格能 CaO>NaF。

答案： A

3-1-42 解： NaCl 是离子晶体，冰是分子晶体，SiC 是原子晶体，Cu 是金属晶体。所以 SiC 的熔点最高。

答案： C

3-1-43 解：MgO 为离子晶体，熔化时要破坏离子键；CO_2 为分子晶体，熔化时要破坏分子间力；SiC 为原子晶体，熔化时要破坏共价键力；Cu 为金属晶体，熔化时要破坏金属键力。

答案：C

（二）溶液

3-2-1 分别在四杯 $100cm^3$ 水中加入 5g 乙二酸、甘油、季戊四醇、蔗糖形成四种溶液，则这四种溶液的凝固点：

    A. 都相同   B. 加蔗糖的低

    C. 加乙二酸的低   D. 无法判断

3-2-2 将 15.0g 糖（$C_6H_{12}O_6$）溶于 200g 水中。该溶液的冰点（$k_{fp}=1.86$）是：

    A. −0.258°C   B. −0.776°C   C. −0.534°C   D. −0.687°C

3-2-3 在 20°C时，将 7.50g 葡萄糖（$C_6H_{12}O_6$）溶于 100g 水中。该溶液的渗透压为：

    A. 69.3Pa   B. 1.02×10^3kPa   C. 1.02×10^3Pa   D. 69.3kPa

3-2-4 下列水溶液沸点最高的是：

    A. 0.1mol/L$C_6H_{12}O_6$ B. 0.1mol/LNaCl

    C. 0.1mol/L$CaCl_2$ D. 0.1mol/LHAc

3-2-5 将 pH = 2.00 的 HCl 溶液与 pH = 13.00 的 NaOH 溶液等体积混合后，溶液的 pH 是：

    A. 7.00   B. 12.65   C. 3.00   D. 11.00

3-2-6 已知$K_b^{\ominus}(NH_3) = 1.77\times10^{-5}$，用广泛 pH 试纸测定0.10mol/dm^{3}氨水液的 pH 值约是：

    A. 13   B. 12   C. 14   D. 11

3-2-7 某温度时，已知0.100mol/dm^3 氢氰酸（HCN）的电离度为 0.010%，该温度时 HCN 的标准电离常数$K_a^{\ominus}$是：

    A. 1.0×10^{-5} B. 1.0×10^{-4} C. 1.0×10^{-9} D. 1.0×10^{-6}

3-2-8 已知某一元弱酸的浓度为 0.010mol/L，pH=4.55，则其电离常数K_a为：

    A. 5.8×10^{-2} B. 9.8×10^{-3} C. 8.6×10^{-7} D. 7.9×10^{-8}

3-2-9 pH值、体积均相同的醋酸和盐酸溶液，分别与过量碳酸钠反应。在相同条件下，两种酸放出二氧化碳体积的比较，下列叙述中正确的是：

    A. 一样多   B. 醋酸比盐酸多

    C. 盐酸比醋酸多   D. 无法比较

3-2-10 将 0.1mol·L^{-1}的 HOAc 溶液冲稀一倍，下列叙述中正确的是：

    A. HOAc 的电离度增大   B. 溶液中有关离子浓度增大

    C. HOAc 的电离常数增大   D. 溶液的 pH 值降低

3-2-11 在 0.1mol/L HAc 溶液中，下列叙述中不正确的是：

    A. 加入少量 NaOH 溶液，HAc 电离平衡向右移动

    B. 加 H_2O 稀释后，HAc 的电离度增加

    C. 加入浓 HAc，由于增加反应物浓度，使 HAc 电离平衡向右移动，结果使 HAc 电离度增加

    D. 加入少量 HCl，使 HAc 电离度减小

3-2-12 在氨水中加入一些 NH_4Cl 晶体，会有下列中哪种变化？

A. $NH_3 \cdot H_2O$ 的电离常数 K_b 增大　　　　B. $NH_3 \cdot H_2O$ 的电离度增大

C. 溶液的 pH 值增加　　　　　　　　　D. 溶液的 pH 值减小

3-2-13 把 NaAc 晶体加到 0.1mol/L HAc 溶液中，将会有下列中哪种变化?

A. 溶液 pH 值升高　　　　　　　　　　B. 溶液 pH 值下降

C. K_a 增加　　　　　　　　　　　　　D. K_a 减小

3-2-14 常温下，在 CH_3COOH 与 CH_3COONa 的混合溶液中，若它们的浓度均为 $0.10mol \cdot L^{-1}$，测得 pH 是 4.75，现将此溶液与等体积的水混合后，溶液的 pH 值是:

　　A. 2.38　　　　　B. 5.06　　　　　C. 4.75　　　　　D. 5.25

3-2-15 各物质浓度均为 $0.10mol/dm^3$ 的下列水溶液中，其 pH 最小的是:

　　$\left[已知 K_b^{\ominus}(NH_3) = 1.77 \times 10^{-5}, \ K_b^{\ominus}(CH_3COOH) = 1.76 \times 10^{-5} \right]$

　　A. NH_4Cl　　　　　　　　　　　　B. NH_3

　　C. CH_3COOH　　　　　　　　　　D. $CH_3COOH+CH_3COONa$

3-2-16 在某温度时，下列溶液体系中属缓冲溶液的是:

　　A. $0.100mol/dm^3$ 的 NH_4Cl 溶液

　　B. $0.100mol/dm^3$ 的 NaAC 溶液

　　C. $0.400mol/dm^3$ 的 HCl 与 $0.200mol/dm^3$ 的 $NH_3 \cdot H_2O$ 等体积混合后的溶液

　　D. $0.400mol/dm^3$ 的 NH_3H_2O 与 $0.200mol/dm^3$ 的 HCl 等体积混合后的溶液

3-2-17 将 1L 4mol/L 氨水和 1L 2mol/L 盐酸溶液混合，混合后 OH^- 离子浓度为:

　　A. 1mol/L　　　　　　　　　　　　B. 2mol/L

　　C. 8.0×10^{-6} mol/L　　　　　　　　D. 1.8×10^{-5} mol/L

3-2-18 将 0.2mol/L 的醋酸与 0.2mol/L 醋酸钠溶液混合，为使溶液 pH 值维持在 4.05，则酸和盐的比例应为（$K_a = 1.76 \times 10^{-5}$）:

　　A. 6 : 1　　　　　B. 4 : 1　　　　　C. 5 : 1　　　　　D. 10 : 1

3-2-19 某一弱酸 HA 的标准解离常数为 1.0×10^{-5}，则相应的弱酸强碱盐 MA 的标准水解常数为:

　　A. 1.0×10^{-9}　　　B. 1.0×10^{-2}　　　C. 1.0×10^{-19}　　　D. 1.0×10^{-5}

3-2-20 已知 $K^{\ominus}(HOAc) = 1.8 \times 10^{-5}$，$0.1mol \cdot L^{-1}$ NaOAc 溶液的 pH 值为:

　　A. 2.87　　　　　B. 11.13　　　　　C. 5.13　　　　　D. 8.88

3-2-21 $K_{sp}^{\ominus}(Mg(OH)_2) = 5.6 \times 10^{-12}$，则 $Mg(OH)_2$ 在 $0.01mol \cdot L^{-1}$ NaOH 溶液中的溶解度为:

　　A. 5.6×10^{-9} mol·L^{-1}　　　　　　B. 5.6×10^{-10} mol·L^{-1}

　　C. 5.6×10^{-8} mol·L^{-1}　　　　　　D. 5.6×10^{-5} mol·L^{-1}

3-2-22 PbI_2 的溶解度为 1.52×10^{-3} mol/L，它的溶度积常数为:

　　A. 1.40×10^{-8}　　　B. 3.50×10^{-7}　　　C. 2.31×10^{-6}　　　D. 2.80×10^{-8}

3-2-23 已知 $CaCO_3$ 和 PbI_2 的溶度积均约为 1×10^{-9}，两者在水中的溶解度分别为 S_1 和 S_2。下列有关两者的关系正确的是:

　　A. $S_1 < S_2$　　　B. $2S_1 = S_2$　　　C. $S_1 > S_2$　　　D. $S_1 \approx S_2$

3-2-24 难溶电解质 $BaCO_3$ 在下列溶液中溶解度最大的是:

　　A. $0.1 mol/dm^3$ HAc 溶液　　　　　B. 纯水

　　C. $0.1 mol/dm^3$ $BaCl_2$ 溶液　　　　D. $0.1 mol/dm^3$ Na_2CO_3 溶液

3-2-25 难溶电解质 AgCl 在浓度为 $0.01mol/dm^3$ 的下列溶液中，溶解度最小的是:

A. NH₃ $\qquad$ B. NaCl $\qquad$ C. H₂O $\qquad$ D. Na₂S₂O₂

3-2-26 25℃时，在[Cu(NH₃)₄]SO₄水溶液中，滴加 BaCl₂ 溶液时有白色沉淀产生，滴加 NaOH 时无变化，而滴加 Na₂S 时则有黑色沉淀，以上现象说明该溶液中：

A. 已无 SO_4^{2-}

B. 已无游离 NH₃

C. 已无 Cu^{2+}

D. $C_{Ba^{2+}} \cdot C_{SO_4^{2-}} > K_{sp(BaSO_4)}$，$C_{Cu^{2+}} \cdot C_{(OH^-)}^2 < K_{sp[Cu(OH)_2]}$和$C_{Cu^{2+}} \cdot C_{S^{2-}} > K_{sp(CuS)}$

3-2-27 已知 Ag₂SO₄ 的K_{sp} =1.2×10⁻⁵，CaSO₄ 的K_{sp} =7.1×10⁻⁵，BaSO₄ 的K_{sp} =1.07×10⁻¹⁰。在含有浓度均为1mol/L的 Ag^+、Ca^{2+}、Ba^{2+}的混合溶液中，逐滴加入 H₂SO₄ 时，最先和最后沉淀的产物分别是：

A. BaSO₄和 Ag₂SO₄ $\qquad$ B. BaSO₄和 CaSO₄

C. Ag₂SO₄和 CaSO₄ $\qquad$ D. CaSO₄和 Ag₂SO₄

3-2-28 能同时溶解 Zn(OH)₂、AgI 和 Fe(OH)₃ 三种沉淀的试剂是：

A. 氨水 $\qquad$ B. 草酸 $\qquad$ C. KCN 溶液 $\qquad$ D. 盐酸

3-2-29 为使 AgCl 沉淀溶解，可采用的方法是加入下列中的哪种溶液？

A. HCl 溶液 $\qquad$ B. AgNO₃溶液 $\qquad$ C. NaCl 溶液 $\qquad$ D. 浓氨水

题解及参考答案

3-2-1 **解：**溶液沸点上升和凝固点下降的定量关系为拉乌尔定律。根据拉乌尔定律，溶液中粒子浓度越大，溶液凝固点越低。根据分子量和电离综合考虑，C 中粒子浓度最大，凝固点最低。

答案：C

3-2-2 **解：**质量摩尔浓度为 1000g 溶剂中所含溶质的物质的量。所以糖的质量摩尔浓度$m_糖 = \frac{15 \div 180}{0.2} = 0.417$mol/kg，凝固点下降，$\Delta T_{fp} = K_{fp} \cdot m_糖 = 1.86 \times 0.417 \approx 0.776$℃，所以该溶液的冰点是−0.776℃。

答案：B

3-2-3 **解：**$p_渗 = CRT$，$C \approx m$，所以$p_渗 = mRT = 0.417 \times 8.31 \times 293 \approx 1.02 \times 10^3$Pa。

答案：C

3-2-4 **解：**稀溶液定律不适用于浓溶液和电解质溶液，但可作定性比较。溶液沸点升高（ΔT_{bp}）正比于溶液中的粒子数；ΔT_{fp}越高，溶液沸点越高。CaCl₂ 为强电解质，水中全部电离为 Ca^{2+} 和 Cl^-，粒子浓度约为 0.3mol，最大。

答案：C

3-2-5 **解：**pH = 2的 HCl 溶液，$C_{H^+} = 0.01$M，pH = 13的 NaOH 溶液，$C_{OH^-} = 0.1$M。等体积混合后溶液中$C_{OH}^- = (0.1 - 0.01) \div 2 = 0.045$M，则$C_H^+ = 10^{-14} \div 0.045 = 2.22 \times 10^{-13}$，pH $= -\lg C_H^+ = 12.65$。

答案：B

3-2-6 **解：**NH₃ 为一元弱碱，$C_{OH^-} = \sqrt{K_b \cdot C} = \sqrt{1.77 \times 10^{-5} \times 0.1} = 1.33 \times 10^3$mol/L⁻³，$C_{H^+} = 10^{-14} \div C_{OH^-} = 7.52 \times 10^{-12}$，pH $= -\lg C_{H^+} \approx 11$。

答案：D

3-2-7　解：电离度与电离常数的关系：$K_\alpha^\Theta = \frac{C\alpha^2}{1-\alpha} = \frac{0.1\times(0.0001)^2}{1-0.0001} \approx 1.0\times10^{-9}$。

答案：C

3-2-8　解：$pH = 4.55$，$pH = -\lg C_{H^+}$，求得$C_{H^+} \approx 2.8\times10^{-5}$mol/L，一元弱酸的电离常数$K_a$与$C_{H^+}$的关系为：$C_{H^+} = \sqrt{K_a \cdot C}$，则$K_a = \frac{C_{H^+}^2}{C} = \frac{(2.8\times10^{-5})^2}{0.01} \approx 7.9\times10^{-8}$。

答案：D

3-2-9　解：因为HAc为弱酸，相同pH的HAc和HCl的各自浓度并不相同，HAc的浓度大，与过量碳酸钠反应，放出的二氧化碳醋酸比盐酸多。

答案：B

3-2-10　解：根据稀释定律$\alpha = \sqrt{K_a/C}$，一元弱酸HOAc的浓度越小，电离度越大。所以HOAc浓度稀释一倍，电离度增大。溶液中有关离子浓度减小，溶液的pH值增大，电离常数不变。

注：HOAc一般写为HAc，普通化学书中常用HAc。

答案：A

3-2-11　解：HAc是弱电解质，存在$HAc \rightleftharpoons H^+ + Ac^-$平衡。当加入少量酸或碱时，均可使平衡移动。电离度与浓度有关：$\alpha = \sqrt{K_a/C}$，即$C\downarrow$，$\alpha\uparrow$；$C\uparrow$，$\alpha\downarrow$。

答案：C

3-2-12　解：K_b只与温度有关。加入NH_4Cl使$NH_3\cdot H_2O$电离平衡向左移动，影响$NH_3\cdot H_2O$的电离度和OH^-浓度。氨水中加入NH_4Cl，氨水电离度减小，溶液OH^-浓度减小，H^+浓度增大，pH减小。

答案：D

3-2-13　解：K_a只与温度有关。HAc溶液中加入NaAc使HAc的电离平衡向左移动，$C_{H^+}\downarrow$。

答案：A

3-2-14　解：醋酸和醋酸钠组成缓冲溶液，醋酸和醋酸钠的浓度相等，与等体积水稀释后，醋酸和醋酸钠的浓度仍然相等。缓冲溶液的$pH = pK_a - \lg\frac{C_{酸}}{C_{盐}}$，溶液稀释pH值不变。

答案：C

3-2-15　解：选项A为强酸弱碱盐，选项B为一元弱碱，选项C为一元弱酸，选项D为缓冲溶液。

选项A的氢离子浓度计算公式：

$$C_{H^+} = \sqrt{C \cdot K_W/K_b} = \sqrt{0.1 \times \frac{10^{-14}}{1.77\times10^{-5}}} \approx 7.5\times10^{-6}\text{mol/L}, \quad pH = -\lg C_{H^+} = -\lg 7.5\times10^{-6} \approx 5.1$$

选项B的氢离子浓度计算公式：

$$C_{OH^-} = \sqrt{K_b \cdot C} = \sqrt{1.77\times10^{-5}\times0.1} \approx 1.33\times10^{-3}\text{mol/L}$$

$$C_{H^+} = \frac{K_W}{C_{OH^-}} = \frac{10^{-14}}{1.33\times10^{-3}} \approx 7.5\times10^{-12}\text{mol/L}, \quad pH = -\lg C_{H^+} = -\lg 7.5\times10^{-12} \approx 11.1$$

选项C的氢离子浓度计算公式：

$$C_{H^+} = \sqrt{K_a \cdot C} = \sqrt{1.76\times10^{-5}\times0.1} \approx 1.33\times10^{-3}\text{mol/L}, \quad pH = -\lg C_{H^+} = -\lg 1.33\times10^{-3} \approx 2.9$$

选项D的氢离子浓度计算公式：

$$C_{H^+} = K_a\frac{C_{酸}}{C_{盐}} = 1.76\times10^{-5}\times\frac{0.1}{0.1} = 1.76\times10^{-5}\text{mol/L}, \quad pH = -\lg C_{H^+} = -\lg 1.76\times10^{-5} \approx 4.8$$

答案： C

3-2-16　解： 选项 D 中 $NH_3 \cdot H_2O$ 过量，反应后溶液中存在等浓度的 $NH_3 \cdot H_2O$ 和 NH_4Cl 混合溶液，形成 $NH_3 \cdot H_2O$—NH_4Cl 缓冲溶液。

答案： D

3-2-17　解： $K_{bNH_3 \cdot H_2O} = 1.8 \times 10^{-5}$

混合后为 $NH_3 \cdot H_2O$—NH_4Cl 的碱性缓冲溶液

$$C_{OH^-} = K_b \cdot \frac{C_{碱}}{C_{盐}} = 1.8 \times 10^{-5} \times \frac{1}{1} = 1.8 \times 10^{-5} \text{mol/L}$$

答案： D

3-2-18　解： 根据弱酸和共轭碱组成的缓冲溶液 H^+ 浓度计算公式 $C_{H^+} = K_a \cdot \frac{C_{酸}}{C_{盐}}$，则 $\frac{C_{酸}}{C_{盐}} = \frac{C_{H^+}}{K_a} = 5$。

答案： C

3-2-19　解： 弱酸强碱盐的标准水解常数为：

$$K_h = \frac{K_w}{K_a} = \frac{1.0 \times 10^{-14}}{1.0 \times 10^{-5}} = 1.0 \times 10^{-9}$$

答案： A

3-2-20　解： $NaOAc$ 为强碱弱酸盐，可以水解，水解常数 $K_h = \frac{K_w}{K_a}$，$0.1 \text{mol} \cdot \text{L}^{-1} NaOAc$ 溶液的

$$C_{OH^-} = \sqrt{C \cdot K_h} = \sqrt{C \cdot \frac{K_w}{K_a}} = \sqrt{0.1 \times \frac{1 \times 10^{-14}}{1.8 \times 10^{-5}}} \approx 7.5 \times 10^{-6} \text{mol} \cdot \text{L}^{-1}$$

$$C_{H^+} = \frac{K_w}{C_{OH^-}} = \frac{1 \times 10^{-14}}{7.5 \times 10^{-6}} \approx 1.3 \times 10^{-9} \text{mol} \cdot \text{L}^{-1}, \quad pH = -\lg C_{H^+} \approx 8.88$$

答案： D

3-2-21　解： $Mg(OH)_2$ 的溶解度为 s，则 $K_{sp} = s(0.01 + 2s)^2$，因 s 很小，$0.01 + 2s \approx 0.01$，则 $5.6 \times 10^{-12} = s \times 0.01^2$，$s = 5.6 \times 10^{-8}$。

答案： C

3-2-22　解： 设 PbI_2 的溶解度为 S，则 $K_{sp} = 4S^3 = 4 \times (1.52 \times 10^{-3})^3 \approx 1.40 \times 10^{-8}$。

答案： A

3-2-23　解： $CaCO_3$ 属于 AB 型，PbI_2 属于 AB_2 型难溶电解质。其溶解度与溶度积之间的关系分别为：

AB 型　$S = \sqrt{K_{sp}}$，$S_1 = \sqrt{1 \times 10^{-9}} \approx 3.2 \times 10^{-5} \text{mol/L}$

AB_2 型　$S = \sqrt[3]{K_{sp} / 4}$，$S_2 = \sqrt[3]{\frac{1 \times 10^{-9}}{4}} \approx 6.3 \times 10^{-4} \text{mol/L}$

答案： A

3-2-24　解： 在难溶电解质饱和溶液中，加入含有与难溶物组成相同离子的强电解质，使难溶电解质的溶解度降低的现象称为多相同离子效应。由于同离子效应，选项 C、D 溶液使 $BaCO_3$ 的溶解度减小。选项 A 溶液中的氢离子和碳酸根离子结合生成 CO_2，使 $BaCO_3$ 的溶解平衡向溶解方向移动，溶解度增大。

答案： A

3-2-25　解： $AgCl$ 溶液中存在如下平衡：$AgCl \Longleftrightarrow Ag^+ + Cl^-$，加入 NH_3 和 $Na_2S_2O_3$ 后，NH_3 和 $S_2O_3^{2-}$ 与 Ag^+ 形成配离子，使平衡向右移动，$AgCl$ 溶解度增大；加入 $NaCl$，溶液中 Cl^- 浓度增大，平衡

向左移动，AgCl 溶解度减小。

答案： B

3-2-26 解： 因为溶液中存在 $[Cu(NH_3)_4]^{2+} \rightleftharpoons Cu^{2+} + 4NH_3$ 和 $BaSO_4 \rightleftharpoons Ba^{2+} + SO_4^{2-}$ 两个平衡，溶液中永远存在 SO_4^{2-}、NH_3 和 Cu^{2+}。根据溶度积规则，滴加 $BaCl_2$ 有白色沉淀，$C_{Ba^{2+}} \cdot C_{SO_4^{2-}} > K_{sp(BaSO_4)}$；滴加 $NaOH$ 无沉淀，$C_{Cu^{2+}} \cdot C_{OH^-}^2 > K_{sp[Cu(OH)_2]}$；滴加 Na_2S 有黑色沉淀，$C_{Cu^{2+}} \cdot C_{S^{2-}} > K_{sp(CuS)}$。

答案： D

3-2-27 解： Ag_2SO_4 的 $K_{sp} = C_{Ag^+}^2 \cdot C_{SO_4^{2-}}$，为使 Ag^+ 沉淀生成 Ag_2SO_4，所需 SO_4^{2-} 的最小浓度为：

$$C_{SO_4^{2-}} = \frac{K_{sp}}{C_{Ag^+}^2} = \frac{1.2 \times 10^{-5}}{1^2} = 1.2 \times 10^{-5} \text{mol/L}$$

同理，为使 Ca^{2+} 沉淀生成 $CaSO_4$，所需 SO_4^{2-} 的最小浓度为：

$$C_{SO_4^{2-}} = \frac{K_{sp}}{C_{Ca^{2+}}} = \frac{7.1 \times 10^{-5}}{1} = 7.1 \times 10^{-5} \text{mol/L}$$

为使 Ba^{2+} 沉淀生成 $BaSO_4$，所需 SO_4^{2-} 的最小浓度为：

$$C_{SO_4^{2-}} = \frac{K_{sp}}{C_{Ba^{2+}}} = \frac{1.07 \times 10^{-10}}{1} = 1.07 \times 10^{-10} \text{mol/L}$$

答案： B

3-2-28 解： 沉淀溶解的条件：降低溶度积常数中相关离子的浓度，使得 $Q < K_{sp}$。沉淀溶解的方法：酸解溶解法、氧化还原溶解法、配合溶解法。CN^- 能和 Zn^{2+}、Ag^+ 和 Fe^{3+} 形成非常稳定的配离子，使沉淀溶解平衡向溶解方向移动。

答案： C

3-2-29 解： 在 AgCl 的溶解平衡中，若再加入 Ag^+，或 Cl^-，则只能使 AgCl 进一步沉淀。加入浓氨水，Ag^+ 与 NH_3 形成配离子 $[Ag(NH_3)_2]^+$，使 AgCl 沉淀溶解平衡向溶解方向移动。

答案： D

（三）化学反应速率与化学平衡

3-3-1 对一个化学反应来说，下列叙述正确的是：

　　A. $\Delta_r G_m^{\ominus}$ 越小，反应速率越快　　　　　B. $\Delta_r H_m^{\ominus}$ 越小，反应速率越快

　　C. 活化能越小，反应速率越快　　　　　D. 活化能越大，反应速率越快

3-3-2 升高温度，反应速率常数最大的主要原因是：

　　A. 活化分子百分数增加　　　　　　　　B. 混乱度增加

　　C. 活化能增加　　　　　　　　　　　　D. 压力增大

3-3-3 关于化学反应速率常数 k 的说法正确的是：

　　A. k 值较大的反应，其反应速率在任何情况下都大

　　B. 通常一个反应的温度越高，其 k 值越大

　　C. 一个反应的 k 值大小与反应的性质无关

　　D. 通常一个反应的浓度越大，其 k 值越大

3-3-4 一般来说，某反应在其他条件一定时，温度升高其反应速率会明显增加，主要原因是：

　　A. 分子碰撞机会增加　　　　　　　　　B. 反应物压力增加

  C. 活化分子百分率增加   D. 反应的活化能降低

3-3-5 反应$N_2 + 3H_2 \rightleftharpoons 2NH_3$的平均速率，在下面的表示方法中不正确的是?

  A. $\dfrac{-\Delta C_{H_2}}{\Delta t}$ B. $\dfrac{-\Delta C_{N_2}}{\Delta t}$ C. $\dfrac{\Delta C_{NH_3}}{\Delta t}$ D. $\dfrac{-\Delta C_{NH_3}}{\Delta t}$

3-3-6 反应速率常数的大小取决于下述中的哪一项?

  A. 反应物的本性和反应温度   B. 反应物的浓度和反应温度

  C. 反应物浓度和反应物本性   D. 体系压力和活化能大小

3-3-7 增加反应物浓度可改变下列量中哪种性能?

  A. 正反应速率   B. 化学平衡常数

  C. 反应速率常数   D. 反应活化能

3-3-8 某反应的速率方程为$v = kC_A^2 \cdot C_B$，若使密闭的反应容积减小一半，则反应速率为原来速率的多少?

  A. $\dfrac{1}{6}$ B. $\dfrac{1}{8}$ C. 8   D. $\dfrac{1}{4}$

3-3-9 在298K时，$H_2(g) + \dfrac{1}{2}O_2(g) = H_2O(l)$，$\Delta H = -285.8kJ/mol$。若温度升高，则有下列中何种变化?

  A. 正反应速率增大，逆反应速率减小

  B. 正反应速率增大，逆反应速率增大

  C. 正反应速率减小，逆反应速率增大

  D. 正反应速率减小，逆反应速率减小

3-3-10 某放热反应正反应活化能是15kJ/mol，逆反应的活化能是:

  A. $-15kJ/mol$ B. 大于 15kJ/mol

  C. 小于 15kJ/mol   D. 无法判断

3-3-11 下列反应中$\Delta_r S_m^{\ominus} > 0$的是:

  A. $2H_2(g) + O_2(g) \longrightarrow 2H_2O(g)$

  B. $N_2(g) + 3H_2(g) \longrightarrow 2NH_3(g)$

  C. $NH_4Cl(s) \longrightarrow NH_3(g) + HCl(g)$

  D. $CO_2(g) + 2NaOH(aq) \longrightarrow Na_2CO_3(aq) + H_2O(l)$

3-3-12 化学反应低温自发，高温非自发，该反应的:

  A. $\Delta H < 0$，$\Delta S < 0$ B. $\Delta H > 0$，$\Delta S < 0$

  C. $\Delta H < 0$，$\Delta S > 0$ D. $\Delta H > 0$，$\Delta S > 0$

3-3-13 暴露在常温空气中的碳并不燃烧，这是由于反应$C(s) + O_2(g) = CO_2(g)$的:

  $\left[\text{已知：}CO_2(g)\text{的}\Delta_f G_m^{\ominus}(298.15K) = -394.36kJ/mol\right]$

  A. $\Delta_r G_m^{\ominus} > 0$，不能自发进行

  B. $\Delta_r G_m^{\ominus} < 0$，但反应速率缓慢

  C. 逆反应速率大于正反应速率

  D. 上述原因均不正确

3-3-14 在一定温度下，下列反应$2CO(g) + O_2(g) = 2CO_2(g)$的$K_p$与$K_c$之间的关系正确的是:

  A. $K_p = K_c$ B. $K_P = K_c \times (RT)$

C. $K_p = K_c/(RT)$ D. $K_p = 1/K_c$

3-3-15 一定温度下，某反应的标准平衡常数$K^\ominus$的数值：

    A. 恒为常数，并与反应方程式的写法有关

    B. 由反应方程式的写法而定

    C. 由平衡浓度及平衡分压而定

    D. 由加入反应物的量而定

3-3-16 在一定条件下，已建立化学平衡的某可逆反应，当改变反应条件使化学平衡向正反应方向移动时，下列有关叙述肯定不正确的是：

    A. 生成物的体积分数一定增加   B. 生成物的产量一定增加

    C. 反应物浓度一定降低   D. 使用了合适的催化剂

3-3-17 为了减少汽车尾气中 NO 和 CO 污染大气，拟按下列反应进行催化转化$NO(g) + CO(g) \rightleftharpoons \frac{1}{2}N_2(g) + CO_2(g)$，$\Delta_r H_m^\ominus(298.15K) = -374kJ/mol$。为提高转化率，应采取的措施是：

    A. 低温高压   B. 高温高压   C. 低温低压   D. 高温低压

3-3-18 可逆反应$2SO_2(g) + O_2(g) \rightleftharpoons 2SO_3(g)$的$\Delta H < 0$。下列叙述正确的是：

    A. 降压时，平衡常数减小   B. 升温时，平衡常数增大

    C. 降温时，平衡常数增大   D. 降压时，平衡常数增大

3-3-19 某气体反应在密闭容器中建立了化学平衡，如果温度不变但体积缩小了一半，则平衡常数为原来的：

    A. 3 倍   B. 1/2   C. 2 倍   D. 不变

3-3-20 平衡反应

$$2NO(g) + O_2(g) \rightleftharpoons 2NO(g) \quad (\Delta H < 0)$$

使平衡向右移动的条件是下列中的哪一项？

    A. 升高温度和增加压力   B. 降低温度和压力

    C. 降低温度和增加压力   D. 升高温度和降低压力

3-3-21 已知在一定温度下

$$SO_3(g) \rightleftharpoons SO_2(g) + \frac{1}{2}O_2 \quad (K_1 = 0.050)$$

$$NO_2(g) \rightleftharpoons NO(g) + \frac{1}{2}O_2 \quad (K_2 = 0.012)$$

则在相同条件下

$$SO_2(g) + NO_2(g) \rightleftharpoons SO_3(g) + NO(g)$$

反应的平衡常数K为：

    A. 0.038   B. 4.2   C. 0.026   D. 0.24

3-3-22 有反应：$Fe_2O_3(s) + 3H_2(g) \rightleftharpoons 2Fe(s) + 3H_2O(l)$，此反应的标准平衡常数表达式应是：

    A. $K^\ominus = \dfrac{p_{H_2O}/p^\ominus}{p_{H_2}/p^\ominus}$ B. $K^\ominus = \dfrac{(p_{H_2O}/p^\ominus)^3}{(p_{H_2}/p^\ominus)^3}$

    C. $K^\ominus = \dfrac{1}{p_{H_2}/p^\ominus}$ D. $K^\ominus = \dfrac{1}{(p_{H_2}/p^\ominus)^3}$

3-3-23 已知 298K 时，反应$N_2O_4(g) \rightleftharpoons 2NO_2(g)$的$K^\ominus = 0.1132$，在 298K 时，如$p(N_2O_4) =$

$p(NO_2) = 100kPa$，则上述反应进行的方向是：

A. 反应向正向进行　　　　　　　　B. 反应向逆向进行

C. 反应达平衡状态　　　　　　　　D. 无法判断

题解及参考答案

3-3-1 **解：** 由阿仑尼乌斯公式 $k = Ze^{\frac{-\varepsilon}{RT}}$ 可知：温度一定时，活化能越小，速率常数就越大，反应速率也越大。活化能越小，反应越易正向进行。

答案： C

3-3-2 **解：** 反应速率常数：表示反应物均为单位浓度时的反应速率。升高温度能使更多分子获得能量而成为活化分子，活化分子百分数可显著增加，发生化学反应的有效碰撞增加，从而增大反应速率常数。

答案： A

3-3-3 **解：** 速率常数表示反应物均为单位浓度时的反应速率。速率常数的大小取决于反应的本质及反应温度，而与浓度无关。

反应速率常数与温度的定量关系式（阿伦尼乌斯公式）：$k = Ae^{-\frac{E_a}{RT}}$，A 指前因子；E_a 为反应的活化能。A 与 E_a 都是反应的特性常数，基本与温度无关。

结论：反应温度越高，速率常数越大，速率也越大；温度一定时，活化能越大，速率常数越小，速率越小。

答案： B

3-3-4 **解：** 温度升高，分子获得能量，活化分子百分率增加。

答案： C

3-3-5 **解：** 反应速率通常由单位时间内反应物或生成物的变化量来表示。

答案： D

3-3-6 **解：** 速率常数为反应物浓度均为单位浓度时的反应速率。它的大小取决于反应物的本性和反应温度，而与反应物浓度无关。

答案： A

3-3-7 **解：** 反应速率与反应物浓度及速率常数有关。速率常数与反应温度、活化能有关，化学平衡常数仅是温度的函数。

答案： A

3-3-8 **解：** 反应容积减小一半，相当于反应物浓度增加到原来的两倍。反应速率 $v = k(2C_A)^2 \cdot (2C_B) = 8kC_A^2 \cdot C_B$。

答案： C

3-3-9 **解：** 无论是吸热反应还是放热反应，温度升高时由阿仑尼乌斯公式得出，速率常数均增加。因此反应速率也都增加。

答案： B

3-3-10 **解：** 化学反应的热效应 ΔH 与正、逆反应活化能的关系为
$$\Delta H = \varepsilon_{正} - \varepsilon_{逆}$$

且放热反应的 $\Delta H < 0$，吸热反应的 $\Delta H > 0$。本反应为放热反应，$\Delta H = \varepsilon_{正} - \varepsilon_{逆} < 0$，$\varepsilon_{逆} > \varepsilon_{正}$，所以 $\varepsilon_{逆} > 15\text{kJ/mol}$。

答案： B

3-3-11　解： 物质的标准熵值大小一般规律：

①对于同一种物质，$S_g > S_l > S_s$。

②同一物质在相同的聚集状态时，其熵值随温度的升高而增大，$S_{高温} > S_{低温}$。

③对于不同种物质，$S_{复杂分子} > S_{简单分子}$。

④对于混合物和纯净物，$S_{混合物} > S_{纯物质}$。

⑤对于一个化学反应的熵变，反应前后气体分子数增加的反应熵变大于零，反应前后气体分子数减小的反应熵变小于零。

4 个选项化学反应前后气体分子数的变化：

A 选项，$2 - 2 - 1 = -1$

B 选项，$2 - 1 - 3 = -2$

C 选项，$1 + 1 - 0 = 2$

D 选项，$0 - 1 = -1$

答案： C

3-3-12　解： 反应自发性判据（最小自由能原理）：$\Delta G < 0$，自发过程，过程能向正方向进行；$\Delta G = 0$，平衡状态；$\Delta G > 0$，非自发过程，过程能向逆方向进行。

由公式 $\Delta G = \Delta H - T\Delta S$ 及自发判据可知，当 ΔH 和 ΔS 均小于零时，ΔG 在低温时小于零，所以低温自发，高温非自发。转换温度 $T = \dfrac{\Delta H}{\Delta S}$。

答案： A

3-3-13　解： 根据化学反应的摩尔吉布斯函数变化值的计算公式：

$$\Delta_r G_m^\ominus(298.15\text{K}) = \sum v_r \Delta_f G_m^\ominus(\text{生成物}) - \sum v_r \Delta_f G_m^\ominus(\text{反应物})$$

求得反应的 $\Delta_r G_m^\ominus(298.15\text{K}) = -394.36\text{kJ/mol}$

根据反应自发性判据，$\Delta_r G_m^\ominus(298.15\text{K}) < 0$，反应能够正向进行，但常温下反应速率很慢。

答案： B

3-3-14　解： K_p 与 K_c 均为实验平衡常数。对于气体反应，实验平衡常数既可以用浓度表示，也可以用平衡时各气体的分压表示。K_p 与 K_c 的关系为：$K_p = K_c(RT)^{\Delta n}$（Δn 为气体生成物系数之和减去气体反应物系数之和）。本反应 $\Delta n = -1$，根据公式计算，$K_p = K_c/(RT)$。

答案： C

3-3-15　解： 标准平衡常数特征：不随压力和组成而变，只是温度的函数。符合多重平衡规则，与方程式的书写有关。

答案： A

3-3-16　解： 催化剂的主要特征：改变反应途径，降低活化能，使反应速率增大；只能改变达到平衡的时间而不能改变平衡的状态。催化剂能够同时增加正、反向反应速率，不会使平衡移动。

答案： D

3-3-17　解： 压力对固相或液相的平衡没有影响，对反应前后气体计量数不变的反应的平衡也没有影响。对于反应前后气体计量系数不同的反应，增大压力，平衡向气体分子数减少的方向移动；减少压力，平衡向气体分子数增加的方向移动。

温度对化学平衡影响，是通过K^Θ值改变，从而使平衡发生移动。对于吸热反应，温度T升高，K^Θ值增大，平衡正向移动；对于放热反应，温度T升高，K^Θ降低，平衡逆向移动。

此反应为气体分子数减少的反应，所以增加压力平衡正向移动；此反应还是放热反应，降低温度平衡正向移动。

答案： A

3-3-18 解： 温度不变时，压力和浓度对平衡常数没有影响。对放热反应，温度升高，平衡常数下降；对吸热反应，温度升高，平衡常数增大。

答案： C

3-3-19 解： 平衡常数是温度的函数，温度不变，平衡常数不变。

答案： D

3-3-20 解： 对吸热反应升高温度、对放热反应降低温度有利反应向右移动；对反应前后分子数增加的反应减压、对反应前后分子总数减少的反应加压均有利反应向右移动。此反应为气体分子数减小的放热反应，所以降温加压有利于反应正向移动。

答案： C

3-3-21 解： 多重平衡规则：当n个反应相加（或相减）得总反应时，总反应的平衡常数等于各个反应平衡常数的乘积（或商）。本题中第三个反应等于第二个反应减第一个反应。所以，第三个反应的$K = K_2/K_1 = 0.012/0.050 = 0.24$。

答案： D

3-3-22 解： 纯固体、纯液体的浓度不写入平衡常数表达式中；反应式中物质前的计量数是平衡常数表达式中浓度的指数。

答案： D

3-3-23 解： $p(\text{N}_2\text{O}_4) = p(\text{NO}_2) = 100\text{kPa}$时，$\text{N}_2\text{O}_4(\text{g}) \rightleftharpoons 2\text{NO}_2(\text{g})$的反应熵：

$$Q = \frac{\left[\dfrac{p(\text{NO}_2)}{p^\Theta}\right]^2}{\dfrac{p(\text{N}_2\text{O}_4)}{p^\Theta}} = 1 > K^\Theta = 0.1132$$

根据反应熵判据，反应逆向进行。

答案： B

（四）氧化还原反应与电化学

3-4-1 将反应$\text{MnO}_2 + \text{HCl} \longrightarrow \text{MnCl}_2 + \text{Cl}_2 + \text{H}_2\text{O}$配平后，方程中$\text{MnCl}_2$的系数是：

A. 1　　　　　　　B. 2　　　　　　　C. 3　　　　　　　D. 4

3-4-2 对于化学反应$3\text{Cl}_2 + 6\text{NaOH} \rightleftharpoons \text{NaClO}_3 + 5\text{NaCl} + 3\text{H}_2\text{O}$，下列叙述正确的是：

A. Cl_2既是氧化剂，又是还原剂　　　　　B. Cl_2是氧化剂，不是还原剂

C. Cl_2是还原剂，不是氧化剂　　　　　D. Cl_2既不是氧化剂，又不是还原剂

3-4-3 关于盐桥叙述错误的是：

A. 分子通过盐桥流动

B. 盐桥中的电解质可以中和两个半电池中的过剩电荷

C. 可维持氧化还原反应进行

D. 盐桥中的电解质不参加电池反应

3-4-4 反应 $Sn^{2+} + 2Fe^{3+} === Sn^{4+} + 2Fe^{2+}$ 能自发进行，将其设计为原电池，电池符号为：

    A. $(-)C \mid Fe^{2+}(C_1)、Fe^{3+}(C_2) \parallel Sn^{4+}(C_3)、Sn^{2+}(C_4) \parallel Pt(+)$

    B. $(-)Pt \mid Sn^{4+}(C_1)、Sn^{2+}(C_2) \parallel Fe^{3+}(C_3)、Fe^{2+}(C_4) \parallel C(+)$

    C. $(+)C \mid Fe^{2+}(C_1)、Fe^{3+}(C_2) \parallel Sn^{4+}(C_3)、Sn^{2+}(C_4) \parallel Sn(-)$

    D. $(-)Pt \mid Sn^{4+}(C_1)、Sn^{2+}(C_2) \parallel Fe^{2+}(C_3)、Fe^{3+}(C_4) \parallel Fe(+)$

3-4-5 已知氯电极的标准电势为 1.358V，当氯离子浓度为 0.1mol·L⁻¹，氯气分压为 0.1×100kPa 时，该电极的电极电势为：

    A. 1.358V   B. 1.328V   C. 1.388V   D. 1.417V

3-4-6 已知下列电对电极电势的大小顺序为：$E(F_2/F) > E(Fe^{3+}/Fe^{2+}) > E(Mg^{2+}/Mg) > E(Na^+/Na)$，则下列离子中最强的还原剂是：

    A. F   B. Fe^{2+} C. Na^+ D. Mg^{2+}

3-4-7 下列物质与 H_2O_2 水溶液相遇时，能使 H_2O_2 显还原性的是：

[已知：$\varphi^{\ominus}_{MnO_4^-/Mn^{2+}} = 1.507V$，$\varphi^{\ominus}_{Sn^{4+}/Sn^{2+}} = 0.151V$，$\varphi^{\ominus}_{Fe^{3+}/Fe^{2+}} = 0.771V$，$\varphi^{\ominus}_{O_2/H_2O_2} = 0.695V$，$\varphi^{\ominus}_{H_2O/H_2O_2} = 1.776V$，$\varphi^{\ominus}_{O_2/OH^-} = 0.401V$]

    A. $KMnO_4$（酸性）   B. $SnCl_2$ C. Fe^{2+} D. NaOH

3-4-8 标准电极电势是：

    A. 电极相对于标准氢电极的电极电势

    B. 在标准状态下，电极相对于标准氢电极的电极电势

    C. 在任何条件下，可以直接使用的电极电势

    D. 与物质的性质无关的电极电势

3-4-9 已知 $\varphi^{\ominus}_{Cu^{2+}/Cu} = 0.342V$，$\varphi^{\ominus}_{I_2/I^-} = 0.536V$，$\varphi^{\ominus}_{Fe^{3+}/Fe^{2+}} = 0.771V$，$\varphi^{\ominus}_{Sn^{4+}/Sn^{2+}} = 0.151V$，试判断下列还原剂的还原性由强到弱的是：

    A. $Cu、I^-、Fe^{2+}、Sn^{2+}$ B. $I^-、Fe^{2+}、Sn^{2+}、Cu$

    C. $Sn^{2+}、Cu、I^-、Fe^{2+}$ D. $Fe^{2+}、Sn^{2+}、I^-、Cu$

3-4-10 根据反应 $2Fe^{3+} + Sn^{2+} \longrightarrow Sn^{4+} + 2Fe^{2+}$ 构成的原电池，测得 $E^{\ominus} = 0.616V$，已知 $\varphi^{\ominus}_{Fe^{3+}/Fe^{2+}} = 0.770V$，则 $\varphi^{\ominus}_{Sn^{4+}/Sn^{2+}}$ 为：

    A. 1.386V   B. 0.154V   C. −0.154V   D. −1.386V

3-4-11 电极反应，$Al^{3+} + 3e^- = Al$，$\varphi^{\ominus} = -1.66V$，推测电极反应 $3Al - 6e^- = 2Al^{3+}$ 的标准电极电势是：

    A. −3.32V   B. 1.66V   C. −1.66V   D. 3.32V

3-4-12 下列两个电极反应

    $Cu^{2+} + 2e^- = Cu$ （1）$\varphi_{Cu^{2+}/Cu}$

    $I_2 + 2e^- = 2I^-$ （2）φ_{I_2/I^-}

当离子浓度增大时，关于电极电势的变化下列叙述中正确的是：

    A.（1）变小，（2）变小   B.（1）变大，（2）变大

    C.（1）变小，（2）变大   D.（1）变大，（2）变小

3-4-13 已知 $\varphi^{\ominus}_{Zn^{2+}/Zn} = -0.76V$，$\varphi^{\ominus}_{Cu^{2+}/Cu} = -0.34V$，$\varphi^{\ominus}_{Fe^{2+}/Fe} = -0.44V$，当在 $ZnSO_4$（1.0mol/L）

和 $CuSO_4$（1.0mol/L）的混合溶液中放入一枚铁钉得到的产物是：

  A. Zn、Fe^{2+} 和 Cu   B. Fe^{2+} 和 Cu

  C. Zn、Fe^{2+} 和 H_2 D. Zn 和 Fe^{2+}

3-4-14 下列反应能自发进行

$$2Fe^{3+} + Cu = 2Fe^{2+} + Cu^{2+}$$

$$Cu^{2+} + Fe = Fe^{2+} + Cu$$

由此比较，a)$\varphi_{Fe^{3+}/Fe^{2+}}$，b)$\varphi_{Cu^{2+}/Cu}$，c)$\varphi_{Fe^{2+}/Fe}$ 的代数值大小顺序应为：

  A. c > b > a   B. b > a > c   C. a > c > b   D. a > b > c

3-4-15 pH 值对电极电势有影响的是下列中哪个电对？

  A. Sn^{4+}/Sn^{2+} B. $Cr_2O_7^{2-}/Cr^{3+}$ C. Ag^+/Ag D. Br_2/Br^-

3-4-16 在铜锌原电池中，往 $CuSO_4$ 溶液中加入氨水，电池电动势将有何变化？

  A. 变大   B. 不变   C. 变小   D. 无法确定

3-4-17 由电对 MnO_4^-/Mn^{2+} 和电对 Fe^{3+}/Fe^{2+} 组成原电池，已知 $\varphi_{MnO_4^-/Mn^{2+}} > \varphi_{Fe^{3+}/Fe^{2+}}$，则电池反应的产物为：

  A. Fe^{3+} 和 Mn^{2+} B. MnO_4^- 和 Fe^{3+}

  C. Mn^{2+} 和 Fe^{2+} D. MnO_4^- 和 Fe^{2+}

3-4-18 已知 $\varphi_{Cu^{2+}/Cu}^{\ominus} = 0.34V$、$\varphi_{Sn^{4+}/Sn^{2+}}^{\Theta} = 0.15V$，在标准状态下反应 $Sn^{2+} + Cu^{2+} \rightleftharpoons Cu + Sn^{4+}$ 达到平衡时，该反应的 $\lg K$ 为：

  A. 3.2   B. 6.4   C. −6.4   D. −3.2

3-4-19 用铜作电极，电解 $CuCl_2$ 溶液时，阳极的主要反应是：

  A. $2H^+ + 2e^- \rightleftharpoons H_2$ B. $4OH^- - 4e^- \rightleftharpoons 2H_2O + O_2$

  C. $Cu - 2e^- \rightleftharpoons Cu^{2+}$ D. $2Cl^- - 2e^- \rightleftharpoons Cl_2$

3-4-20 电解熔融的 $MgCl_2$，以 Pt 作电极。阴极产物是：

  A. Mg   B. Cl_2 C. O_2 D. H_2

3-4-21 为保护轮船不被海水腐蚀，可做阳极牺牲的金属：

  A. Zn   B. Na   C. Cu   D. Pb

3-4-22 下列说法中错误的是：

  A. 金属表面涂刷油漆可以防止金属腐蚀

  B. 金属在潮湿空气中主要发生吸氧腐蚀

  C. 牺牲阳极保护法中，被保护金属作为腐蚀电池的阳极

  D. 在外加电流保护法中，被保护金属接外加直流电源的负极

题解及参考答案

3-4-1 **解：**可以用氧化还原配平法。配平后的方程式为 $MnO_2 + 4HCl = MnCl_2 + Cl_2 + 2H_2O$。

  答案： A

3-4-2 **解：** Cl_2 一部分变成 ClO_3^-，化合价升高，是还原剂；一部分变为 Cl^-，化合价降低，是氧化剂。

  答案： A

3-4-3　解： 盐桥的作用为沟通内电路，补充电荷，维持电荷平衡，使电流持续产生。分子不通过盐桥流动。

答案： A

3-4-4　解： 由反应方程式可得出 $\varphi_{Fe^{3+}/Fe^{2+}} > \varphi_{Sn^{4+}/Sn^{2+}}$；电极电势高的是正极，低的是负极；原电池的负极写在左边，正极写在右边；同种金属不同价态的离子必须用惰性电极作导体。

答案： B

3-4-5　解： 根据电极电势的能斯特方程式：

$$\varphi(Cl_2/Cl^-) = \varphi^{\Theta}(Cl_2/Cl^-) + \frac{0.0592}{n} \times \lg\frac{\left[\frac{p(Cl_2)}{p^{\Theta}}\right]}{\left[\frac{C(Cl^-)}{C^{\Theta}}\right]^2} = 1.358 + \frac{0.0592}{2} \times \lg 10 = 1.388V$$

答案： C

3-4-6　解： 电对中，斜线右边为氧化态，斜线左边为还原态。电对的电极电势越大，表示电对中氧化态的氧化能力越强，是强氧化剂；电对的电极电势越小，表示电对中还原态的还原能力越强，是强还原剂。所以依据电对电极电势大小顺序，知氧化剂强弱顺序：$F_2 > Fe^{3+} > Mg^{2+} > Na^+$；还原剂强弱顺序：$Na > Mg > Fe^{2+} > F$。

答案： B

3-4-7　解： 电对中，斜线右边为氧化态，斜线左边为还原态。电对的电极电势越大，表示电对中氧化态的氧化能力越强，是强氧化剂；电对的电极电势越小，表示电对中还原态的还原能力越强，是强还原剂。H_2O_2 作为还原剂被氧化为 O_2 时的电极电势为 0.695V，所以电极电势大于 0.695V 的电对的氧化态可以将 H_2O_2 氧化为 O_2，MnO_4^{2-} 和 Fe^{3+} 可以使 H_2O_2 显还原性。

答案： A

3-4-8　解： 标准电极电势定义：标准状态时，电极相对于标准氢电极的电极电势。标准状态：当温度为 298K，离子浓度为 1mol/L，气体分压为 100kPa，固体为纯固体，液体为纯液体的状态。

答案： B

3-4-9　解： φ^{Θ} 值越小，表示电对中还原态的还原能力越强。

答案： C

3-4-10　解： 将反应组成原电池时，反应物中氧化剂为正极，还原剂为负极，电动势等于正极电极电势减负极电极电势。本反应中 $E^{\Theta} = \varphi^{\Theta}_{Fe^{3+}/Fe^{2+}} - \varphi^{\Theta}_{Sn^{4+}/Sn^{2+}}$，则

$$\varphi^{\Theta}_{Sn^{4+}/Sn^{2+}} = \varphi^{\Theta}_{Fe^{3+}/Fe^{2+}} - E^{\Theta} = 0.770 - 0.616 = 0.154V$$

答案： B

3-4-11　解： 标准电极电势数值的大小只取决于物质的本性，与物质的数量和电极反应的方向无关。

答案： C

3-4-12　解： 根据能斯特方程式，两个电极的电极电势分别为：

$$\varphi_{Cu^{2+}/Cu} = \varphi^{\Theta}_{Cu^{2+}/Cu} + \frac{0.059}{2}\lg C_{Cu^{2+}}$$

$$\varphi_{I_2/I^-} = \varphi^{\Theta}_{I_2/I^-} + \frac{0.059}{2}\lg\frac{1}{(C_{I^-})^2} = \varphi^{\Theta}_{I_2/I^-} - 0.059\lg C_{I^-}$$

所以，当离子浓度增大时，$\varphi_{Cu^{2+}/Cu}$ 变大，φ_{I_2/I^-} 变小。

答案：D

3-4-13 解：加入铁钉是还原态，它能和电极电势比$\varphi_{Fe^{2+}/Fe}^{\ominus}$高的电对中的氧化态反应。所以 Fe 和 Cu^{2+}反应生成 Fe^{2+}和 Cu。

答案：B

3-4-14 解：两个反应能自发进行，所以两个反应的电动势都大于零，即正极电极电势大于负极电极电势。由反应 1 可知：$\varphi_{Fe^{3+}/Fe^{2+}} > \varphi_{Cu^{2+}/Cu}$；由反应 2 可知：$\varphi_{Cu^{2+}/Cu} > \varphi_{Fe^{2+}/Fe}$。

答案：D

3-4-15 解：有氢离子参加电极反应时，pH 值对该电对的电极电势有影响。它们的电极反应为：

A. $Sn^{4+} + 2e^- == Sn^{2+}$ 　　　　B. $Cr_2O_7^{2-} + 14H^+ + 3e^- == 2Cr^{3+} + 7H_2O$

C. $Ag^+ + e^- == Ag$ 　　　　　　D. $Br_2 + 2e^- == 2Br^-$

答案：B

3-4-16 解：在铜锌原电池中，铜电极为正极，锌电极为负极，电池电动势 $E = \varphi_{Cu^{2+}/Cu} - \varphi_{Zn^{2+}/Zn}$。在 $CuSO_4$ 溶液中加入氨水，溶液中 Cu^{2+} 与 NH_3 形成配离子，Cu^{2+} 浓度降低。根据电极电势能斯特方程式 $\varphi_{Cu^{2+}/Cu} = \varphi_{Cu^{2+}/Cu}^{\ominus} + \dfrac{0.059}{2} \lg C_{Cu^{2+}}$ 可知，Cu^{2+} 浓度降低，$\varphi_{Cu^{2+}/Cu}$ 减小，电池电动势减小。

答案：C

3-4-17 解：电极电势高的电对作正极，电极电势低的电对作负极。正极发生的电极反应是氧化剂的还原反应，负极发生的是还原剂的氧化反应。即

$$MnO_4^- + 8H^+ + 5e^- == Mn^{2+} + 4H_2O$$

$$Fe^{2+} - e^- == Fe^{3+}$$

答案：A

3-4-18 解：将反应组成原电池时，反应物中氧化剂为正极，还原剂为负极，电动势等于正极电极电势减负极电极电势。本反应中 $E^{\ominus} = \varphi_{Cu^{2+}/Cu}^{\ominus} - \varphi_{Sn^{4+}/Sn^{2+}}^{\ominus} = 0.34 - 0.15 = 0.19V$，则

$$\lg K = nE^{\ominus}/0.059 = 2 \times 0.19/0.059 \approx 6.4$$

答案：B

3-4-19 解：电解池中，与外电源负极相连的极叫阴极，与外电源正极相连的极叫阳极。电解时阴极发生还原反应，阳极发生氧化反应。析出电势代数值较大的氧化型物质首先在阴极还原，析出电势代数值较小的还原型物质首先在阳极氧化。电解时，阳极如果是可溶性电极，可溶性电极首先被氧化，阳极如果是惰性电极，简单负离子被氧化，如 Cl^-、Br^-、I^-、S^{2-}分别析出 Cl_2、Br_2、I_2、S。

答案：C

3-4-20 解：熔融的 $MgCl_2$ 中只有 Mg^{2+}和 Cl^-，阴极反应是还原反应，$Mg^{2+} + 2e^- == Mg$。

答案：A

3-4-21 解：牺牲阳极保护法指用较活泼的金属（Zn、Al）连接在被保护的金属上组成原电池，活泼金属作为腐蚀电池的阳极而被腐蚀，被保护的金属作为阴极而达到不遭腐蚀的目的。此法常用于保护海轮外壳及海底设备。所以应使用比轮船外壳 Fe 活泼的金属作为阳极。四个选项中 Zn、Na 比 Fe 活泼，但 Na 可以和水强烈反应，Zn 作为阳极最合适。

答案：A

3-4-22 解：牺牲阳极保护法中，被保护的金属作为腐蚀电池的阴极。

答案：C

（五）有机化合物

3-5-1 下列各组有机物中属于同分异构体的是哪一组？

A. $CH_3 - C \equiv C - CH_3$ 和 $CH_3 - CH = CH - CH_3$

B. $CH_3 - CH = C - CH_2 - CH_3$ 和 ⬡
　　　　　　｜
　　　　　CH_3

C. $CH_3 - CH - CH_2 - CH_3$ 和 $CH_3 - CH_2 - \underset{}{\overset{CH_3}{C}} = CH_2$
　　　　　｜
　　　　CH_3

D. $CH_3 - \underset{CH_2 - CH_2 - CH_3}{\overset{CH_3}{\underset{|}{\overset{|}{C}}}} - CH_3$ 和 $CH_3 - \underset{CH_3 - CH - CH_2 - CH_3}{\overset{}{CH}} - CH_3$

3-5-2 下列化合物中命名为 2,4-二氯苯乙酸的物质是：

A. 苯环带 CH_2COOH、两个 Cl

B. 苯环带 CH_2COOH、两个 Cl

C. 苯环带 CH_2COOH、两个 Cl

D. 苯环带 CH_2COOH、两个 Cl

3-5-3 下列有机物不属于烃的衍生物的是：

A. $CH_2 = CHCl$　　　　　　　　B. $CH_2 = CH_2$

C. $CH_3CH_2NO_2$　　　　　　　　D. CCl_4

3-5-4 下列各化合物的结构式，不正确的是：

A. 聚乙烯：$+CH_2 - CH_2+_n$　　　　B. 聚氯乙烯：$+CH_2 - CH+_n$
　　　　　　　　　　　　　　　　　　　　　　　　　　　　｜
　　　　　　　　　　　　　　　　　　　　　　　　　　　　Cl

C. 聚丙烯：$+CH_2CH_2CH_2+_n$　　　D. 聚 1-丁烯：$+CH_2CH(C_2H_5)+_n$

3-5-5 六氯苯的结构式正确的是：

A. （多环氯代结构图）

B. （双苯环连接结构图）

C. （苯环六氯代结构图）

D. （环己烷六氯代结构图）

3-5-6 某化合物的结构式为 ⬡（带 CHO、CH_2OH），该有机化合物不能发生的化学反应类型是：

A. 加成反应　　　B. 还原反应　　　C. 消除反应　　　D. 氧化反应

3-5-7 聚丙烯酸酯的结构式为 $+CH_2 - CH+_n$，它属于：
　　　　　　　　　　　　　　　　　　　｜
　　　　　　　　　　　　　　　　　　CO_2R

①无机化合物；②有机化合物；③高分子化合物；④离子化合物；⑤共价化合物。

　　A. ①③④　　　　　　B. ①③⑤　　　　　　C. ②③⑤　　　　　　D. ②③④

3-5-8 下列物质中不能使酸性高锰酸钾溶液褪色的是：

　　A. 苯甲醛　　　　　　B. 乙苯　　　　　　C. 苯　　　　　　D. 苯乙烯

3-5-9 已知柠檬醛的结构式为 $(CH_3)_2C=CHCH_2CH_2\overset{\overset{\displaystyle CH_3}{|}}{C}=CHCHO$ ，下列说法不正确的是：

　　A. 它可使 $KMnO_4$ 溶液褪色　　　　　　B. 可以发生银镜反应

　　C. 可使溴水褪色　　　　　　D. 催化加氢产物为 $C_{10}H_{20}O$

3-5-10 下列化合物中不能发生加聚反应的是：

　　A. $CF_2=CF_2$　　　　　　　　　　　　B. CH_3CH_2OH

　　C. $CH_2=CHCl$　　　　　　　　　　　D. $CH_2=CH-CH=CH_2$

3-5-11 下列化合物中不能进行缩聚反应的是：

A. $\begin{array}{c} CH_2COOH \\ | \\ CH_2 \\ | \\ CH_2COOH \end{array}$　　B. $\begin{array}{c} CH_2-OH \\ | \\ CH_2-OH \end{array}$　　C. ⬡$-CH=CH_2$　　D. $\begin{array}{c} CH_2-OH \\ | \\ (CH_2)_5 \\ | \\ COOH \end{array}$

3-5-12 下列化合物中不能进行加成反应的是：

　　A. $CH≡CH$　　　　　　　　　　　　B. $RCHO$

　　C. $C_2H_5OC_2H_5$　　　　　　　　　　D. CH_3COCH_3

3-5-13 下列化合物中，没有顺、反异构体的是：

　　A. $CHCl=CHCl$　　　　　　　　　　B. $CH_3CH=CHCH_2Cl$

　　C. $CH_2=CHCH_2CH_3$　　　　　　　　D. $CHF=CClBr$

3-5-14 下列各组物质中，只用水就能鉴别的一组物质是：

　　A. 苯　乙酸　四氯化碳　　　　　　B. 乙醇　乙醛　乙酸

　　C. 乙醛　乙二醇　硝基苯　　　　　　D. 甲醇　乙醇　甘油

3-5-15 下列物质中与乙醇互为同系物的是：

　　A. $CH_2=CHCH_2OH$　　　　　　B. 甘油

　　C. ⬡$-CH_2OH$　　　　　　　　　D. $CH_3CH_2CH_2CH_2OH$

3-5-16 在热力学标准条件下，0.100mol 的某不饱和烃在一定条件下能和 $0.200gH_2$ 发生加成反应生成饱和烃，完全燃烧时生成 $0.300molCO_2$ 气体，该不饱和烃是：

　　A. $CH_2=CH_2$　　　　　　　　　　B. $CH_3CH_2CH=CH_2$

　　C. $CH_3CH=CH_2$　　　　　　　　　D. $CH_3CH_2C≡CH$

3-5-17 已知乙酸与乙酸乙酯的混合物中氢（H）的质量分数为 7%，其中碳（C）的质量分数是：

　　A. 42.0%　　　　B. 44.0%　　　　C. 48.6%　　　　D. 91.9%

3-5-18 天然橡胶的化学组成是：

　　A. 聚异戊二烯　　　　　　　　　　B. 聚碳酸酯

　　C. 聚甲基丙烯酸甲酯　　　　　　　D. 聚酰胺

3-5-19 某高聚物分子的一部分为：—CH_2—CH—CH_2—CH—CH_2—CH—
　　　　　　　　　　　　|　　　　　　|　　　　　　|
　　　　　　　　　　$COOCH_3$　　$COOCH_3$　　$COOCH_3$

下列叙述中，正确的是：

　　A. 它是缩聚反应的产物

　　B. 它的链节为 —$\overset{\displaystyle CH_3}{\underset{\displaystyle H}{C}}$—$\overset{\displaystyle H}{\underset{\displaystyle COOCH_3}{C}}$—

　　C. 它的单体为 $CH_2{=}CHCOOCH_3$ 和 $CH_2{=}CH_2$

　　D. 它的单体为 $CH_2{=}CHCOOCH_3$

题解及参考答案

3-5-1　**解：**一种分子式可以表示几种性能完全不同的化合物，这些化合物叫同分异构体。同分异构体的分子式相同，选项 A、B、C 中两种物质分子式不相同，不是同分异构体。

　　答案：D

3-5-2　**解：**考查芳香烃及其衍生物的命名原则。

　　答案：D

3-5-3　**解：**烃类化合物是碳氢化合物的统称，是由碳与氢原子所构成的化合物，主要包含烷烃、环烷烃、烯烃、炔烃、芳香烃。烃分子中的氢原子被其他原子或者原子团所取代而生成的一系列化合物称为烃的衍生物。

　　答案：B

3-5-4　**解：**聚丙烯的结构式为 $\left[\!\!\begin{array}{c}CH_2{-}CH \\ \quad | \\ \quad CH_3\end{array}\!\!\right]_n$。

　　答案：C

3-5-5　**解：**苯环上六个氢被氯取代为六氯苯。

　　答案：C

3-5-6　**解：**苯环含有双键，可以发生加成反应；醛基既可以发生氧化反应，也可以发生还原反应。

　　答案：C

3-5-7　**解：**聚丙烯酸酯不是无机化合物，是有机化合物，是高分子化合物，不是离子化合物，是共价化合物。

　　答案：C

3-5-8　**解：**苯甲醛和乙苯可以被高锰酸钾氧化为苯甲酸而使高锰酸钾溶液褪色，苯乙烯的乙烯基可以使高锰酸钾溶液褪色。苯不能使高锰酸钾褪色。

　　答案：C

3-5-9　**解：**柠檬醛含有三个不饱和基团，可以和高锰酸钾和溴水反应，醛基可以发生银镜反应，它在催化剂的作用下加氢，最后产物为醇，分子式为 $C_{10}H_{22}O$。

　　答案：D

3-5-10 解：由低分子化合物通过加成反应，相互结合成高聚物的反应叫加聚反应。发生加聚反应的单体必须含有不饱和键。

答案：B

3-5-11 解：由一种或多种单体缩合成高聚物，同时析出其他低分子物质的反应为缩聚反应。发生缩聚反应的单体必须含有两个以上（包括两个）官能团。

答案：C

3-5-12 解：不饱和分子中双键、叁键打开即分子中的 π 键断裂，两个一价的原子或原子团加到不饱和键的两个碳原子上的反应为加成反应。所以发生加成反应的前提是分子中必须含有双键或叁键。

答案：C

3-5-13 解：烯烃双键两边 C 原子均通过 σ 键与不同基团连接时，才有顺反异构体。

答案：C

3-5-14 解：苯不溶水，密度比水小；乙酸溶于水；四氯化碳不溶水，密度比水大。所以分别向盛有三种物质的试管中加入水，与水互溶的物质为乙酸，不溶水且密度比水小的为苯，不溶水且密度比水大的为四氯化碳。

答案：A

3-5-15 解：同系物是指结构相似、分子组成相差若干个—CH_2—原子团的有机化合物。

答案：D

3-5-16 解：根据题意，0.100mol 的不饱和烃可以和 0.200g（0.100mol）H_2 反应，所以一个不饱和烃分子中含有一个不饱和键；0.100mol 的不饱和烃完全燃烧生成 $0.300molCO_2$，该不饱和烃的一个分子应该含三个碳原子。选项 C 符合条件。

答案：C

3-5-17 解：设混合物中乙酸的质量分数为 x，则乙酸乙酯的质量分数为 $1-x$，

乙酸中 H 的质量分数 $=\dfrac{4}{12\times2+4+16\times2}=\dfrac{1}{15}$，C 的质量分数 $=\dfrac{2}{5}$；

乙酸乙酯中 H 的质量分数 $=\dfrac{8}{12\times4+8+16\times2}=\dfrac{1}{11}$，C 的质量分数 $=\dfrac{6}{11}$；

混合物中 H 的质量分数 $=x\times\dfrac{1}{15}+(1-x)\times\dfrac{1}{11}=\dfrac{7}{100}$，则 $x=86.25\%$。

混合物中 C 的质量分数 $=x\times\dfrac{2}{5}+(1-x)\times\dfrac{6}{11}=42.0\%$。

答案：A

3-5-18 解：天然橡胶是由异戊二烯互相结合起来而成的高聚物。

答案：A

3-5-19 解：该高聚物的重复单元为 —CH_2—$\underset{\underset{COOCH_3}{|}}{CH}$—，是由单体 $CH_2{=}CHCOOCH_3$ 通过加聚反应形成的。

答案：D

第四章 理论力学

复习指导

1. 基本要求

（1）静力学

熟练掌握并能灵活运用静力学中的基本概念及公理，分析相关问题，特别是对物体的受力分析；掌握不同力系的简化方法和简化结果；能够根据各种力系和滑动摩擦的特性，定性或定量地分析和解决物体系统的平衡问题。

（2）运动学

熟练运用直角坐标法和自然法求解点的各运动量；能根据刚体的平行移动（平动）、绕定轴转动和平面运动的定义及其运动特征，求解刚体的各运动量；掌握刚体上任一点的速度和加速度的计算公式及刚体上各点速度和加速度的分布规律。

（3）动力学

能应用动力学基本定律列出质点运动微分方程；能正确理解并熟练地计算动力学普遍定理中各基本物理量（如动量、动量矩、动能、功、势能等），熟练掌握动力学普遍定理（包括动量定理、质心运动定理、动量矩定理、刚体定轴转动微分方程、动能定理）及相应的守恒定理；掌握刚体转动惯量的计算公式及方法，熟记杆、圆盘及圆环的转动惯量，并会利用平行移轴定理计算简单组合形体的转动惯量；能正确理解惯性力的概念，并能正确表示出各种不同运动状态的刚体上惯性力系主矢和主矩的大小、方向、作用点，能应用动静法求解质点、质点系的动力学问题；能应用质点运动微分方程列出单自由度系统线性振动的微分方程，并会求其周期、频率和振幅，掌握阻尼对自由振动振幅的影响，受迫振动的幅频特性和共振的概念。

2. 复习要点

本章内容属基础考试部分，在试卷中有 12 道题，每题 1 分。要在平均不到两分钟的时间内解一道题，说明题目的计算量不会很大，但概念性会很强，这就要求我们在复习的时候把重点放在基本理论和基本概念上。过去学习理论力学课程时，通常是把注意力集中在定量解题上，而现在的复习是要注重对问题的定性分析。要想快速准确地作出定性分析，就要熟练掌握并能灵活运用理论力学中的定义、定理及基本概念。

（1）静力学

静力学所研究的是物体受力作用后的平衡规律，重点主要是以下三部分内容。

①静力学的基本概念（平衡、刚体、力、力偶等）和公理，约束的类型及约束力的确定，物体的受力分析和受力图。这一部分的难点就是物体的受力分析。在画受力图时，除根据约束的类型确定约束力的方向外，还要会利用二力平衡原理、三力汇交平衡定理、力偶的性质等，来确定铰链或固定铰支座约束力的方向。

②各种力系的简化方法及简化结果。其难点在于主矢和主矩的概念及计算。可通过力的平移定理加深对主矢、主矩、合力、合力偶的认识；通过熟练掌握力的投影、力对点之矩和力对轴之矩的计算，来得到主矢和主矩的正确结果。

③各种力系的平衡条件及与之相对应的平衡方程，平衡方程的不同形式及对应的附加条件。难点在于物体及物体系统（包括考虑摩擦）平衡问题的求解。解题时要灵活选取合适的研究对象进行受力分析；列平衡方程时要选取适当的投影轴和矩心（矩轴），使问题能够得到快速准确地解答。

（2）运动学

运动学研究物体运动的几何性质。重点主要是以下四部分内容。

①描述点的运动的矢量法、直角坐标法和自然法。要明确用不同的方法所表示的同一个点的运动量，形式不同，但不同形式的结果之间是相互有关系的；要熟练掌握这些关系，并将这些关系应用到解题当中去。

②刚体的平动及其运动特性（尤其是作曲线平动的刚体）；作定轴转动刚体的转动方程、角速度和角加速度及刚体内各点速度、加速度的计算方法。这是运动学的基本内容，在物理学中都学习过，正是这些看似简单的问题，却往往容易出现概念性错误且不能熟练应用。解决的方法是在认真分析刚体运动形式的基础上，根据其运动特征，选择相应的计算公式。

③点的复合运动。解题时首先要明确一个动点、两个坐标系以及与之相应的三种运动，合理选择动点、动系，其原则是相对运动轨迹易于判断。这一部分的难点是牵连点的概念，以及对牵连速度、牵连加速度的判断与计算。要把动系看成是 $x'O'y'$ 平面，在此平面上与所选动点相重合的点，即为牵连点。该点相对于定参考系的速度、加速度，称为牵连速度和牵连加速度。解题时一定要深刻理解这些定义。

④刚体的平面运动。要会正确判断机构中作平面运动的刚体，熟练掌握并能灵活运用求平面运动刚体上点的速度的三种方法——基点法、瞬心法和速度投影法；会应用基点法求平面运动刚体上点的加速度。特别要熟悉刚体瞬时平动时的运动特征为：刚体的角速度为零，角加速度不为零；刚体上各点的速度相同，加速度不同，但其上任意两点的加速度在该两点连线上的投影相等。

（3）动力学

动力学研究物体受力作用后的运动规律。重点主要是以下三部分内容。

①会应用动力学基本定律（牛顿第二定律）和动力学普遍定理（动量定理、动量矩定理和动能定理）列出质点和质点系（包括平动、定轴转动、平面运动的刚体）的运动微分方程。解微分方程时要注意，初始条件只能用于确定微分方程解中的积分常数；要熟练掌握动量、动量矩、动能、势能、功的概念与计算方法，正确选择及综合应用动力学普遍定理求解质点系动力学问题。动力学普遍定理的综合应用，大体上包含两方面含义：一是对几个定理，即动量定理、质心运动定理、动量矩定理、定轴转动微分方程、平面运动微分方程和动能定理的特点、应用条件、可求解何类问题等有透彻的了解；能根据不同类型问题的已知条件和待求量，选择适当的定理，包括各种守恒情况的判断，相应守恒定理的应用；二是对比较复杂的问题，应能采用多个定理联合求解。此外，求解动力学问题，往往需要进行运动分析，以提供运动学补充方程。因而对动力学普遍定理的综合应用；必须熟悉有关定理及应用范围和条件，多做练习，通过比较总结（包括一题多解的讨论）从中摸索出规律。其解题步骤是：首先选取研究对象，对其进行受力分析和运动分析；其次是根据分析的结果，针对物体不同的运动选择不同的定理，通常可先应用动能定理求解系统的各运动量（速度、加速度、角速度和角加速

度），再应用质心运动定理或动量矩定理（定轴转动微分方程）求解未知力。

②刚体系统惯性力系的简化及达朗贝尔原理的应用。这一部分的关键是要分析物体的运动形式，并根据其运动形式确定惯性力并将其画在受力图上，根据受力图列平衡方程，求解未知量。要注意的是：因为达朗伯原理是采用静力平衡方程求解未知量，故未知量的数目不能超过独立的平衡方程数。未知量中包括速度、加速度、角速度、角加速度、约束力等，若未知量数目超过了独立的平衡方程数，则需要建立补充方程；在多数情况下，是建立运动学的补充方程。当单独使用达朗贝尔原理解题出现计算上的困难（如需解微分方程）时，由于质点系的达朗贝尔原理实际是动量定理、动量矩定理的另一种表达形式，故可联合应用达朗贝尔原理与动能定理求解质点系的动力学问题。

③质点的直线振动是用牛顿第二定律列出自由振动、衰减振动和受迫振动微分方程，并求出固有频率、周期、振幅。这一部分的关键是要会求自由振动的固有频率，了解阻尼对自由振动振幅的影响，通过幅频特性，掌握共振时的频率与固有频率的关系。

练习题、题解及参考答案

（一）静力学

4-1-1 将大小为 100N 的力 F 沿 x、y 方向分解，如图所示，若 F 在 x 轴上的投影为 50N，而沿 x 方向的分力的大小为 200N，则 F 在 y 轴上的投影为：

A. 0   B. 50N   C. 200N   D. 100N

4-1-2 直角构件受力 $F = 150$N，力偶 $M = \frac{1}{2}Fa$ 作用，如图所示，$a = 50$cm，$\theta = 30°$，则该力系对 B 点的合力矩为：

A. $M_B = 3750$N·cm（顺时针）

B. $M_B = 3750$N·cm（逆时针）

C. $M_B = 12990$N·cm（逆时针）

D. $M_B = 12990$N·cm（顺时针）

4-1-3 图示等边三角形 ABC，边长 a，沿其边缘作用大小均为 F 的力，方向如图所示。则此力系简化为：

A. $F_R = 0$；$M_A = \frac{\sqrt{3}}{2}Fa$

B. $F_R = 0$；$M_A = Fa$

C. $F_R = 2F$；$M_A = \frac{\sqrt{3}}{2}Fa$

D. $F_R = 2F$；$M_A = \sqrt{3}Fa$

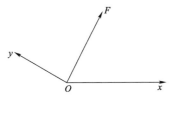

题 4-1-1 图

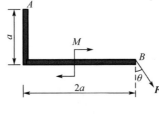

题 4-1-2 图

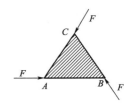

题 4-1-3 图

4-1-4 三铰拱上作用有大小相等，转向相反的二力偶，其力偶矩大小为 M，如图所示。略去自重，则支座 A 的约束力大小为：

A. $F_{Ax} = 0$；$F_{Ay} = \frac{M}{2a}$

B. $F_{Ax} = \frac{M}{2a}$；$F_{Ay} = 0$

C. $F_{Ax} = \frac{M}{a}$；$F_{Ay} = 0$

D. $F_{Ax} = \frac{M}{2a}$；$F_{Ay} = M$

4-1-5　简支梁受分布荷载作用如图所示。支座 A、B 的约束力为：

A. $F_A = 0$，$F_B = 0$

B. $F_A = \frac{1}{2}qa\uparrow$，$F_B = \frac{1}{2}qa\uparrow$

C. $F_A = \frac{1}{2}qa\uparrow$，$F_B = \frac{1}{2}qa\downarrow$

D. $F_A = \frac{1}{2}qa\downarrow$，$F_B = \frac{1}{2}qa\uparrow$

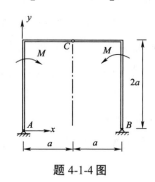

题 4-1-4 图

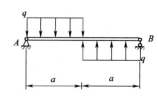

题 4-1-5 图

4-1-6　设力 F 在 x 轴上的投影为 F，则该力在与 x 轴共面的任一轴上的投影：

A. 一定不等于零

B. 不一定不等于零

C. 一定等于零

D. 等于 F

4-1-7　等边三角形 ABC，边长为 a，沿其边缘作用大小均为 F 的力 $\boldsymbol{F}_1$、$\boldsymbol{F}_2$、$\boldsymbol{F}_3$，方向如图所示，力系向 A 点简化的主矢及主矩的大小分别为：

A. $F_R = 2F$，$M_A = \frac{\sqrt{3}}{2}Fa$

B. $F_R = 0$，$M_A = \frac{\sqrt{3}}{2}Fa$

C. $F_R = 2F$，$M_A = \sqrt{3}Fa$

D. $F_R = 2F$，$M_A = Fa$

4-1-8　已知杆 AB 和杆 CD 的自重不计，且在 C 处光滑接触，若作用在杆 AB 上的力偶矩为 m_1，则欲使系统保持平衡，作用在 CD 杆上的力偶矩 m_2，转向如图所示，其矩的大小为：

A. $m_2 = m_1$　　　B. $m_2 = \frac{4m_1}{3}$　　　C. $m_2 = 2m_1$　　　D. $m_2 = 3m_1$

4-1-9　物块重力的大小 $W = 100\text{kN}$，置于 $\alpha = 60°$ 的斜面上，与斜面平行力的大小 $F_P = 80\text{kN}$（如图所示），若物块与斜面间的静摩擦系数 $f = 0.2$，则物块所受的摩擦力 $\boldsymbol{F}$ 为：

A. $F = 10\text{kN}$，方向为沿斜面向上

B. $F = 10\text{kN}$，方向为沿斜面向下

C. $F = 6.6\text{kN}$，方向为沿斜面向上

D. $F = 6.6\text{kN}$，方向为沿斜面向下

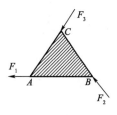

题 4-1-7 图

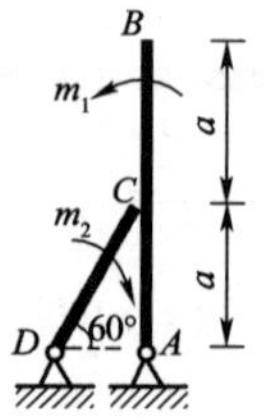

题 4-1-8 图

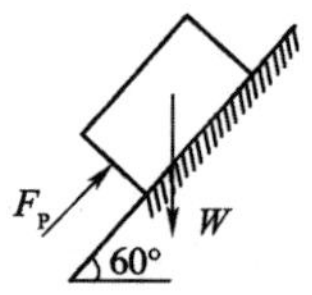

题 4-1-9 图

4-1-10　作用在平面上的三力 $\boldsymbol{F}_1$、$\boldsymbol{F}_2$、$\boldsymbol{F}_3$，组成图示等边三角形，此力系的最后简化结果为：

A. 平衡力系　　　B. 一合力　　　C. 一合力偶　　　D. 一合力与一合力偶

4-1-11 图示水平梁CD的支承力与荷载均已知，其中$F_p = aq$，$M = a^2q$，支座A、B的约束力分别为：

    A. $F_{Az} = 0$，$F_{Ay} = aq(\uparrow)$，$F_{By} = \frac{3}{2}aq(\uparrow)$

    B. $F_{Az} = 0$，$F_{Ay} = \frac{3}{4}aq(\uparrow)$，$F_{By} = \frac{5}{4}aq(\uparrow)$

    C. $F_{Az} = 0$，$F_{Ay} = \frac{1}{2}aq(\uparrow)$，$F_{By} = \frac{5}{2}aq(\uparrow)$

    D. $F_{Az} = 0$，$F_{Ay} = \frac{1}{4}aq(\uparrow)$，$F_{By} = \frac{7}{4}aq(\uparrow)$

4-1-12 重力大小为W的物块能在倾斜角为α的粗糙斜面上往下滑，为了维持物块在斜面上平衡，在物块上作用向左的水平力F_Q（如图所示）。在求解力F_Q的大小时，物块与斜面间的摩擦力F的方向为：

    A. F只能沿斜面向上

    B. F只能沿斜面向下

    C. F既可能沿斜面向上，也可能向下

    D. $F = 0$

题 4-1-10 图

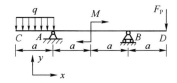

题 4-1-11 图

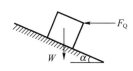

题 4-1-12 图

4-1-13 图示平面桁架的尺寸与荷载均已知。其中，杆1的内力F_{S1}为：

    A. $F_{S1} = \frac{5}{3}F_P$（压）   B. $F_{S1} = \frac{5}{3}F_P$（拉）

    C. $F_{S1} = \frac{3}{4}F_P$（压）   D. $F_{S1} = \frac{3}{4}F_P$（拉）

4-1-14 图示平面刚性直角曲杆的支撑力、尺寸与荷载均已知，且$F_{Pa} > m$，B处插入端约束的全部约束力各为：

    A. $F_{Bx} = 0$，$F_{By} = F_P(\uparrow)$，力偶$m_B = F_Pa(\curvearrowleft)$

    B. $F_{Bx} = 0$，$F_{By} = F_P(\uparrow)$，力偶$m_B = 0$

    C. $F_{Bx} = 0$，$F_{By} = F_P(\uparrow)$，力偶$m_B = F_Pa - m(\curvearrowright)$

    D. $F_{Bx} = 0$，$F_{By} = F_P(\uparrow)$，力偶$m_B = F_Pb - m(\curvearrowright)$

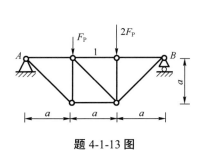

题 4-1-13 图

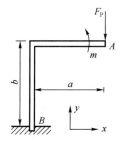

题 4-1-14 图

4-1-15 力F_1、F_2、F_3、F_4分别作用在刚体上同一平面内的A、B、C、D四点，各力矢首尾相连形成一矩形如图所示。该力系的简化结果为：

    A. 平衡   B. 一合力   C. 一合力偶   D. 一力和一力偶

4-1-16 图示三力矢$\boldsymbol{F}_1$，$\boldsymbol{F}_2$，$\boldsymbol{F}_3$的关系是：

A. $\boldsymbol{F}_1 + \boldsymbol{F}_2 + \boldsymbol{F}_3 = 0$　　　　　B. $\boldsymbol{F}_3 = \boldsymbol{F}_1 + \boldsymbol{F}_2$

C. $\boldsymbol{F}_2 = \boldsymbol{F}_1 + \boldsymbol{F}_3$　　　　　D. $\boldsymbol{F}_1 = \boldsymbol{F}_2 + \boldsymbol{F}_3$

4-1-17 均质圆柱体重力为P，直径为D，置于两光滑的斜面上。设有图示方向力F作用，当圆柱不移动时，接触面2处的约束力F_{N2}的大小为：

A. $F_{N2} = \frac{\sqrt{2}}{2}(P - F)$　　　　　B. $F_{N2} = \frac{\sqrt{2}}{2}F$

C. $F_{N2} = \frac{\sqrt{2}}{2}P$　　　　　D. $F_{N2} = \frac{\sqrt{2}}{2}(P + F)$

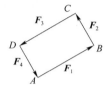
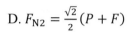
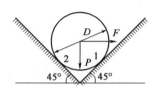

题 4-1-15 图　　　　　题 4-1-16 图　　　　　题 4-1-17 图

4-1-18 重W的圆球置于光滑的斜槽内（如图所示）。右侧斜面对球的约束力F_{NB}的大小为：

A. $F_{NB} = \frac{W}{2\cos\theta}$　　　　　B. $F_{NB} = \frac{W}{\cos\theta}$

C. $F_{NB} = W\cos\theta$　　　　　D. $F_{NB} = \frac{W}{2}\cos\theta$

4-1-19 图示物块A重$W = 10N$，被用水平力$F_p = 50N$挤压在粗糙的铅垂墙面B上，且处于平衡。物块与墙间的摩擦系数$f = 0.3$。A与B间的摩擦力大小为：

A. $F = 15N$　　　　　B. $F = 10N$

C. $F = 3N$　　　　　D. 只依据所给条件则无法确定

4-1-20 桁架结构形式与荷载$\boldsymbol{F}_p$均已知（见图）。结构中杆件内力为零的杆件数为：

A. 0 根　　　　B. 2 根　　　　C. 4 根　　　　D. 6 根

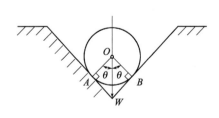
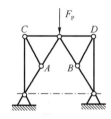

题 4-1-18 图　　　　　题 4-1-19 图　　　　　题 4-1-20 图

4-1-21 水平梁AB由铰A与杆BD支撑。在梁上O处用小轴安装滑轮。轮上跨过软绳。绳一端水平地系于墙上，另端悬持重W的物块（如图所示）。构件均不计重。铰A的约束力大小为：

A. $F_{Ax} = \frac{5}{4}W$，$F_{Ay} = \frac{3}{4}W$　　　　　B. $F_{Ax} = W$，$F_{Ay} = \frac{1}{2}W$

C. $F_{Ax} = \frac{3}{4}W$，$F_{Ay} = \frac{1}{4}W$　　　　　D. $F_{Ax} = \frac{1}{2}W$，$F_{Ay} = W$

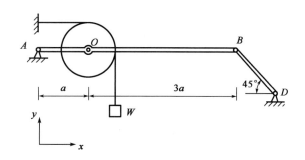

题 4-1-21 图

4-1-22 平面平行力系处于平衡状态时，应有独立的平衡方程个数为：

A. 1　　　　　　　B. 2　　　　　　　C. 3　　　　　　　D. 4

4-1-23 若平面力系不平衡，则其最后简化结果为：

A. 一定是一合力　　　　　　　B. 一定是一合力偶

C. 或一合力，或一合力偶　　　D. 一定是一合力与一合力偶

4-1-24 图示桁架结构中只作用悬挂重块的重力 W，此桁架中杆件内力为零的杆数为：

A. 2　　　　　　　B. 3　　　　　　　C. 4　　　　　　　D. 5

4-1-25 已知图示斜面的倾角为 θ，若要保持物块 A 静止，则物块与斜面之间的摩擦因数 f 所应满足的条件为：

A. $\tan f \leqslant \theta$　　　　　　　B. $\tan f > \theta$

C. $\tan \theta \leqslant f$　　　　　　　D. $\tan \theta > f$

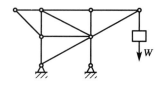　　　　　　　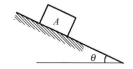

题 4-1-24 图　　　　　　　题 4-1-25 图

4-1-26 图中结构的荷载与尺寸均已知。B 处约束的全部约束力为：

A. 力 $F_{Bx} = ql(\leftarrow)$，$F_{By} = ql(\downarrow)$，力矩 $M_B = \dfrac{3}{2}ql^2(\curvearrowleft)$

B. 力 $F_{Bx} = ql(\leftarrow)$，$F_{By} = ql(\downarrow)$，力矩 $M_B = 0$

C. 力 $F_{Bx} = ql(\leftarrow)$，$F_{By} = 0$，力矩 $M_B = \dfrac{3}{2}ql^2(\curvearrowleft)$

D. 力 $F_{Bx} = ql(\leftarrow)$，$F_{By} = ql(\uparrow)$，力矩 $M_B = \dfrac{3}{2}ql^2(\curvearrowleft)$

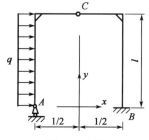

题 4-1-26 图

4-1-27 平面汇交力系（$\bar{F}_1$、$\bar{F}_2$、$\bar{F}_3$、$\bar{F}_4$、$\bar{F}_5$）的力多边形如图所示，该力系的合力 $\bar{R}$ 等于：

A. $\bar{F}_3$　　　　　　　B. $-\bar{F}_3$　　　　　　　C. $\bar{F}_2$　　　　　　　D. $\bar{F}_5$

4-1-28 若将图示三铰刚架中 AC 杆上的力偶移至 BC 杆上，则 A、B、C 处的约束反力：

A. 都改变　　　　　　　　　　B. 都不改变

C. 仅 C 处改变　　　　　　　D. 仅 C 处不变

4-1-29 重力 W 的物块置于倾角为 $\alpha = 30°$ 的斜面上，如图所示。若物块与斜面间的静摩擦系数 $f_s = 0.6$，则该物块：

A. 向下滑动

B. 处于临界下滑状态

C. 静止

D. 加速下滑

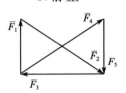 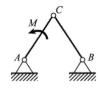

| 题 4-1-27 图 | 题 4-1-28 图 | 题 4-1-29 图 |

4-1-30 图示结构在水平杆AB的B端作用一铅直向下的力P，各杆自重不计，铰支座A的反力F_A的作用线应该是：

A. F_A沿铅直线

B. F_A沿水平线

C. F_A沿A、D连线

D. F_A与水平杆AB间的夹角为 30°

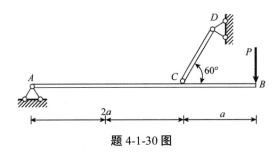

题 4-1-30 图

4-1-31 图示为大小都不为零的三个力F_1、F_2、F_3组成的平面汇交力系，其中F_1和F_3共线，则这三个力的关系应该：

A. 一定是平衡力系

B. 一定不是平衡力系

C. 可能是平衡力系

D. 不能确定

4-1-32 已知F_1、F_2、F_3、F_4为作用于刚体上的平面共点力系，其力矢关系如图所示为平行四边形，则下列关于力系的叙述哪个正确？

A. 力系可合成为一个力偶

B. 力系可合成为一个力

C. 力系简化为一个力和一力偶

D. 力系的合力为零，力系平衡

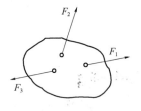 

| 题 4-1-31 图 | 题 4-1-32 图 |

4-1-33 图示结构受一逆时针转向的力偶作用，自重不计，铰支座B的反力F_B的作用线应该是：

A. F_B沿水平线

B. F_B沿铅直线

C. F_B沿B、C连线

D. F_B平行于A、C连线

4-1-34 图示结构受一对等值、反向、共线的力作用，自重不计，铰支座A的反力F_A的作用线应该是：

A. F_A沿铅直线

B. F_A沿A、B连线

C. F_A沿A、C连线

D. F_A平行于B、C连线

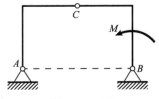

题 4-1-33 图　　　　　题 4-1-34 图

4-1-35 图示一等边三角形板，边长为a，沿三边分别作用有力F_1、F_2和F_3，且$F_1 = F_2 = F_3$。

则此三角形板处于什么状态？

A. 平衡　　　　　　　　B. 移动

C. 转动　　　　　　　　D. 既移动又转动

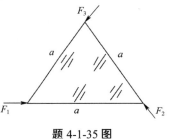

题 4-1-35 图

4-1-36 图示水平简支梁AB上，作用一对等值、反向、沿铅直向作用的力，其大小均为P，间距为h，梁的跨度为L，其自重不计。则支座A的反力F_A的大小和方向为：

A. $F_A = \dfrac{Ph}{L}$，方向铅直向上

B. $F_A = \dfrac{Ph}{L}$，方向铅直向下

C. $F_A = \dfrac{\sqrt{2}Ph}{L}$，$F_A$与$AB$方向的夹角为$-45°$，指向右下方

D. $F_A = \dfrac{\sqrt{2}Ph}{L}$，$F_A$与$AB$方向的夹角为$135°$，指向左上方

4-1-37 图示杆件AB长 2m，B端受一顺时针向的力偶作用，其力偶矩的大小$m = 100\text{N}\cdot\text{m}$，杆重不计，杆的中点$C$为光滑支承，支座$A$的反力$F_A$的大小和方向为：

A. $F_A = 200\text{N}$，方向铅直向下

B. $F_A = 115.5\text{N}$，方向水平向右

C. $F_A = 173.2\text{N}$，方向沿AB杆轴线

D. $F_A = 100\text{N}$，其作用线垂直AB杆，指向右下方

4-1-38 图示力P的大小为 2kN，则它对点A之矩的大小为：

A. $m_A(P) = 20\text{kN}\cdot\text{m}$　　　　B. $m_A(P) = 10\sqrt{3}\text{kN}\cdot\text{m}$

C. $m_A(P) = 10\text{kN}\cdot\text{m}$　　　　D. $m_A(P) = 5\sqrt{3}\text{kN}\cdot\text{m}$

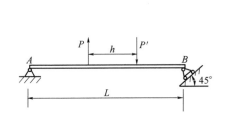　　　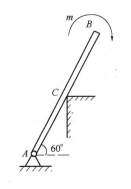　　　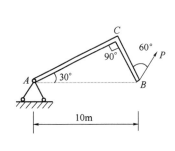

题 4-1-36 图　　　　　　题 4-1-37 图　　　　　　题 4-1-38 图

4-1-39 图示结构固定端的反力F_{Bx}、F_{By}、M_B的大小分别为：

A. $F_{Bx} = 50\text{kN}$（向右），$F_{By} = 0$，$M_B = 100\text{kN}\cdot\text{m}$（逆时针向）

B. $F_{Bx} = 50$kN（向左），$F_{By} = 0$，$M_B = 100$kN·m（逆时针向）

C. $F_{Bx} = 50$kN（向右），$F_{By} = 0$，$M_B = 100$kN·m（顺时针向）

D. $F_{Bx} = 50$kN（向左），$F_{By} = 0$，$M_B = 100$kN·m（顺时针向）

4-1-40 图示三铰支架上作用两个大小相等、转向相反的力偶 $\boldsymbol{m}_1$ 和 $\boldsymbol{m}_2$，其大小均为 100kN·m，支架重力不计。支座 B 的反力 $\boldsymbol{F}_B$ 的大小和方向为：

A. $F_B = 0$

B. $F_B = 100$kN，方向铅直向上

C. $F_B = 50\sqrt{2}$kN，其作用线平行于 A、B 连线

D. $F_B = 100\sqrt{2}$kN，其作用线沿 B、C 连线

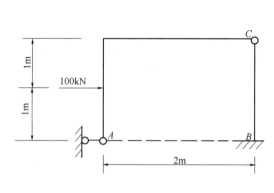

题 4-1-39 图

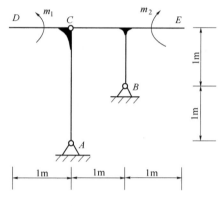

题 4-1-40 图

4-1-41 在图示系统中，绳 DE 能承受的最大拉力为 10kN，杆重不计。则力 $\boldsymbol{P}$ 的最大值为：

A. 5kN   B. 10kN   C. 15kN   D. 20kN

4-1-42 平面力系向点 1 简化时，主矢 $\boldsymbol{F}'_R = 0$，主矩 $\boldsymbol{M}_1 \neq 0$，如将该力系向另一点 2 简化，则 $\boldsymbol{F}'_R$ 和 $\boldsymbol{M}_2$ 分别等于：

A. $\boldsymbol{F}'_R \neq 0$，$\boldsymbol{M}_2 \neq 0$ B. $\boldsymbol{F}'_R = 0$，$\boldsymbol{M}_2 \neq \boldsymbol{M}_1$

C. $\boldsymbol{F}'_R = 0$，$\boldsymbol{M}_2 = \boldsymbol{M}_1$ D. $\boldsymbol{F}'_R \neq 0$，$\boldsymbol{M}_2 \neq \boldsymbol{M}_1$

4-1-43 杆 AF、BE、EF 相互铰接，并支承如图所示。今在 AF 杆上作用一力偶（$\boldsymbol{P}, \boldsymbol{P}'$），若不计各杆自重，则 A 支座反力作用线的方向应：

A. 过 A 点平行力 $\boldsymbol{P}$ B. 过 A 点平行 BG 连线

C. 沿 AG 直线   D. 沿 AH 直线

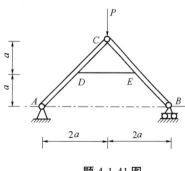

题 4-1-41 图

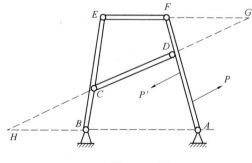

题 4-1-43 图

4-1-44 一平面力系向点 1 简化时，主矢 $\boldsymbol{F}'_R \neq 0$，主矩 $\boldsymbol{M}_1 = 0$。若将该力系向另一点 2 简化，其主矢 $\boldsymbol{R}'$ 和主矩 $\boldsymbol{M}_2$ 将分别为：

A. 可能为 $F'_R \neq 0$，$M_2 \neq 0$　　　　B. 可能为 $F'_R = 0$，$M_2 \neq M_1$

C. 可能为 $F'_R = 0$，$M_2 = M_1$　　　　D. 不可能为 $F'_R \neq 0$，$M_2 = M_1$

4-1-45 力系简化时若取不同的简化中心，则会有下列中哪种结果？

A. 力系的主矢、主矩都会改变

B. 力系的主矢不会改变，主矩一般会改变

C. 力系的主矢会改变，主矩一般不改变

D. 力系的主矢、主矩都不会改变，力系简化时与简化中心无关

4-1-46 力 F_1、F_2 共线如图所示，且 $F_1 = 2F_2$，方向相反，其合力 F_R 可表示为：

A. $F_R = F_1 - F_2$　　　　B. $F_R = F_2 - F_1$

C. $F_R = \frac{1}{2}F_1$　　　　D. $F_R = F_2$

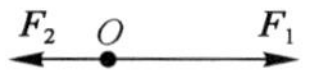

题 4-1-46 图

4-1-47 图示三铰刚架受力 F 作用，则 B 处约束力的大小为：

A. $\frac{F}{2}$　　　　B. $\frac{1}{\sqrt{2}}F$　　　　C. $\sqrt{2}F$　　　　D. $2F$

4-1-48 曲杆自重不计，其上作用一力偶矩为 M 的力偶，则题图 a）中 B 处约束力比图 b）中 B 处约束力：

A. 大　　　　B. 小　　　　C. 相等　　　　D. 无法判断

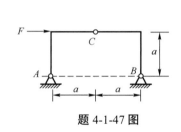

题 4-1-47 图

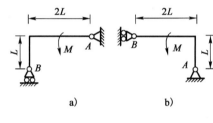

题 4-1-48 图

4-1-49 直角杆 CDA 和 T 字形杆 BDE 在 D 处铰接，并支承如图所示。若系统受力偶矩为 M 的力偶作用，不计各杆自重，则支座 A 约束力的方向为：

A. F_A 的作用线沿水平方向　　　　B. F_A 的作用线沿铅垂方向

C. F_A 的作用线平行于 D、B 连线　　　　D. F_A 的作用线方向无法确定

4-1-50 不经计算，通过直接判定得知图示桁架中零杆的数目为：

A. 1 根　　　　B. 2 根　　　　C. 3 根　　　　D. 4 根

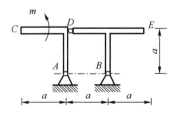

题 4-1-49 图

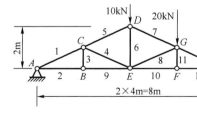

题 4-1-50 图

4-1-51 不经计算，通过直接判定得知图示桁架中零杆的数目为：

A. 4 根　　　　B. 5 根　　　　C. 6 根　　　　D. 7 根

4-1-52 五根等长的细直杆铰接成图示杆系结构，各杆重力不计。若 $P_A = P_C = P$，且垂直 BD。则

杆BD内力S_{BD}为：

A. $-P$（压）

B. $-\sqrt{3}P$（压）

C. $-\sqrt{3}P/3$（压）

D. $-\sqrt{3}P/2$（压）

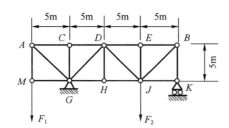 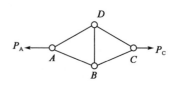

题 4-1-51 图　　　　　　　　　　题 4-1-52 图

4-1-53 如图所示，物体A重力大小为 100kN，物B重力大小为 25kN，物体A与地面摩擦系数为 0.2，滑轮处摩擦不计。则物体A与地面间摩擦力的大小为：

A. 20kN　　　　B. 16kN　　　　C. 15kN　　　　D. 12kN

4-1-54 已知（图示）杆OA重力W，物块M重力Q，杆与物块间有摩擦。而物体与地面间的摩擦略去不计。当水平力P增大而物块仍然保持平衡时，杆对物块M的正压力有何变化？

A. 由小变大

B. 由大变小

C. 不变

D. 不能确定

4-1-55 物块重力的大小为5kN，与水平面间的摩擦角为$\varphi_m = 35°$。今用与铅垂线成60°角的力$\boldsymbol{P}$推动物块（如图所示），若$P = 5$kN，则物块是否滑动？

A. 不动

B. 滑动

C. 处于临界状态

D. 滑动与否无法确定

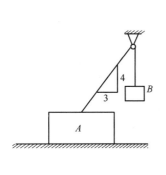 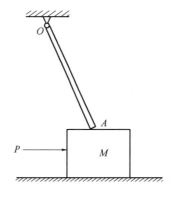 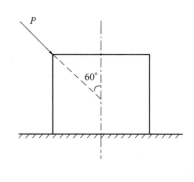

题 4-1-53 图　　　　　　题 4-1-54 图　　　　　　题 4-1-55 图

4-1-56 图示物块重力$F_p = 100$N处于静止状态，接触面处的摩擦角$\varphi_m = 45°$，在水平力$F = 100$N的作用下，物块将：

A. 向右加速滑动

B. 向右减速滑动

C. 向左加速滑动

D. 处于临界平衡状态

4-1-57 重力$W = 80$kN的物体自由地放在倾角为 30°的斜面上（如图），若物体与斜面间的静摩擦系数$f = \sqrt{3}/4$，动摩擦系数$f' = 0.4$，则作用在物体上的摩擦力的大小为：

A. 30kN　　　　B. 40kN　　　　C. 27.7kN　　　　D. 0

4-1-58 已知力$P = 40$kN，$S = 20$kN，物体与地面间的静摩擦系数$f = 0.5$，动摩擦系数$f' = 0.4$

（如图），则物体所受摩擦力的大小为：

A. 15kN   B. 12kN   C. 17.3kN   D. 0

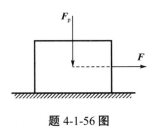

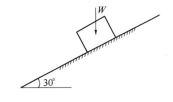

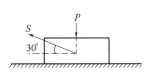

题 4-1-56 图   题 4-1-57 图   题 4-1-58 图

题解及参考答案

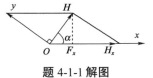

题 4-1-1 解图

4-1-1 **解：** 如解图，根据力的投影公式，$F_x = F\cos\alpha$，故 $\alpha = 60°$。而分力 $\boldsymbol{F}_x$ 的大小是力 $\boldsymbol{F}$ 大小的 2 倍，故力 $\boldsymbol{F}$ 与 y 轴垂直。

答案： A

4-1-2 **解：** 由图可知力 F 过 B 点，故对 B 点的力矩为 0，因此该力系对 B 点的合力矩为：

$$M_B = M = \frac{1}{2}Fa = \frac{1}{2} \times 150 \times 50 = 3750 \text{N} \cdot \text{cm}(顺时针)$$

答案： A

4-1-3 **解：** 将力系向 A 点简化，作用于 C 点的力 $\boldsymbol{F}$ 沿作用线移到 A 点，作用于 B 点的力 $\boldsymbol{F}$ 平移到 A 点附加的力偶即主矩：

$$M_A = M_A(F) = \frac{\sqrt{3}}{2}aF$$

三个力的主矢：

$$F_{Ry} = 0, \quad F_{Rx} = F - F\sin 30° - F\sin 30° = 0$$

答案： A

4-1-4 **解：** 由于系统所受主动力系为平衡力系，根据系统的整体平衡，A、B 处的约束力也应构成平衡力系，故应满足二力平衡的条件：二力等值、反向、共线（沿 AB 水平连线）。拆开 AC、BC，又因为力偶的平衡条件，C 处约束力应分别与 A、B 处约束力构成力偶，与主动力偶平衡，即 $F_{Ax}2a - M = 0$，则有 $F_{Ax} = \dfrac{M}{2a}$，$F_{Ay} = 0$。

答案： B

4-1-5 **解：** 均布力组成了力偶矩为 qa^2 的逆时针转向力偶。A、B 处的约束力沿铅垂方向组成顺时针转向力偶，根据力偶系的平衡方程：$qa^2 - F_A \cdot 2a = 0$，故 $F_A = F_B = \dfrac{qa}{2}$。

答案： C

4-1-6 **解：** 根据力的投影公式，$F_x = F\cos\alpha$，当 $\alpha = 0$ 时 $F_x = F$，即力 $\boldsymbol{F}$ 与 x 轴平行，故只有当力 $\boldsymbol{F}$ 在与 x 轴垂直的 y 轴（$\alpha = 90°$）上投影为 0 外，在其余与 x 轴共面轴上的投影均不为 0。

答案： B

4-1-7 **解：** 将力系向 A 点简化，$\boldsymbol{F}_3$ 沿作用线移到 A 点，F_3 平移到 A 点附加力偶即主矩：

$$M_A = M_A(\boldsymbol{F}_2) = \frac{\sqrt{3}}{2}aF$$

三个力的主矢：

$$F_{Ry} = 0, \quad F_{Rx} = F_1 + F_2 \sin 30° + F_3 \sin 30° = 2F \text{（向左）}。$$

答案： A

4-1-8 解： 根据受力分析，A、C、D处的约束力均为水平方向（见解图），考虑杆AB的平衡：

$$\sum M = 0, \quad m_1 - F_{NC} \cdot a = 0, \quad F_{NC} = \frac{m_1}{a}$$

分析杆DC，采用力偶的平衡方程：

$$F'_{NC} \cdot a - m_2 = 0, \quad F'_{NC} = F_{NC}$$

即得$m_2 = m_1$

答案： A

题 4-1-8 解图

4-1-9 解： 根据摩擦定律$F_{max} = W \cos 60° \times f = 10\text{kN}$，沿斜面的主动力为$W \sin 60° - F_P = 6.6\text{kN}$，方向向下。由平衡方程得摩擦力的大小应为 6.6kN。

答案： C

4-1-10 解： 根据平面力系简化理论，若将各力向O点简化，可得一主矢和一主矩，只要主矢不为零，简化的最后结果为一合力。该题中的三个力并未形成首尾相连的自行封闭的三角形，故主矢不为零。

答案： B

4-1-11 解： 根据平衡方程：$\sum M_B = 0$，$qa \cdot 2.5a - M - F_p 2a - F_{Av}a = 0$，得$F_{Av} = \frac{1}{4}aq(\uparrow)$，便可作出选择。

答案： D

4-1-12 解： 维持物块平衡的力F_Q可在一个范围内，求F_{Qmax}时摩擦力F向下，求F_{Qmin}时摩擦力F向上。

答案： C

4-1-13 解： 先取整体为研究对象计算出B处约束力，即：

$$\sum M_A = 0, \quad F_B \cdot 3a - F_P \cdot a - 2F_P \cdot 2a = 0, \quad F_B = \frac{3}{5}F_P$$

再用$m - m$截面将桁架截开，取右半部分（如图），列平衡方程：

$$\sum M_O = 0, \quad F_B \cdot a + F_{s1} \cdot a = 0$$

可得杆1受压，其内力与F_B大小相等。

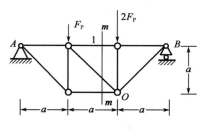

题 4-1-13 解图

答案： A

4-1-14 解： 将B处的约束解除，固定端处有约束力F_{Bx}、F_{By}及约束力矩M_B，对整体列出力矩的平衡方程：

$$\sum M_B = 0, \quad M_B + m - F_P \cdot a = 0, \quad M_B = F_P \cdot a - m$$

答案： C

4-1-15 解： 根据力系简化结果分析，分力首尾相连组成自行封闭的力多边形，则简化后的主矢为零，而F_1与F_3、F_2与F_4分别组成逆时针转向的力偶，合成后为一合力偶。

答案： C

4-1-16 解： 根据力多边形法则：各分力首尾相连，而合力则由第一个分力的起点指向最后一个分力的终点（矢端），题中F_2、F_3首尾相连为分力，而F_1由F_2的起点指向F_3的终点为两分力的合力，所以表达式为：$F_1 = F_2 + F_3$。

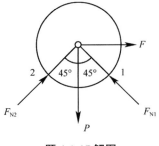

答案：D

4-1-17　解：以圆柱体为研究对象，沿 1、2 接触点的法线方向有约束力F_{N1}和F_{N2}，受力如解图所示。对圆柱体列F_{N2}方向的平衡方程：

$$\sum F_2 = 0, \quad F_{N2} - P\cos 45° + F\sin 45° = 0, \quad F_{N2} = \frac{\sqrt{2}}{2}(P - F)$$

题 4-1-17 解图

答案：A

4-1-18　解：采用平面汇交力系的两个平衡方程求解：以圆球为研究对象，沿OA、OB方向有约束力F_{NA}和F_{NB}（见解图），由对称性可知两约束力大小相等，对圆球列铅垂方向的平衡方程：

$$\sum F_y = 0, \quad F_{NA}\cos\theta + F_{NB}\cos\theta - W = 0$$

得

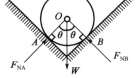

$$F_{NB} = \frac{W}{2\cos\theta}$$

题 4-1-18 解图

答案：A

4-1-19　解：因为$F_{max} = F_p \cdot f = 50 \times 0.3 = 15\text{N}$，所以此时物体处于平衡状态，可用铅垂方向的平衡方程计算摩擦力$F = 10\text{N}$。

答案：B

4-1-20　解：应用零杆的判断方法，先分别分析结点A和B的平衡，可知杆AC、BD为零杆，再分别分析结点C和D的平衡，两水平和铅垂杆均为零杆。

答案：D

4-1-21　解：取AB为研究对象，受力如解图所示。列平衡方程：

$$\sum M_B(F) = 0, \quad F_T \cdot r - F_{Ay} \cdot 4a + W(3a - r) = 0$$

因为$F_T = W$，所以$F_{Ay} = \frac{3}{4}W$。

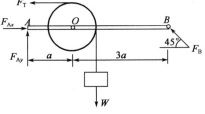

题 4-1-21 解图

答案：A

4-1-22　解：根据平面平行力系向任意点的简化结果，可得一主矢和一主矩，由于主矢与平行力系中各分力平行，故满足平衡条件所需要的平衡方程：主矢为零需要一个力的投影方程$\sum F_x = 0$（投影轴x与平行力系中各力不垂直），主矩为零需要一个力矩方程$\sum M_O(F) = 0$。

答案：B

4-1-23　解：根据平面任意力系的简化结果分析，见解表。

题 4-1-23 解表

F_R'（主矢）	M_O（主矩）	最后结果	说　　明
$F_R' \neq 0$	$M_O \neq 0$	合力	合力作用线：$d = \frac{|M_O|}{F_R'}$
	$M_O = 0$	合力	合力作用线通过简化中心
$F_R' = 0$	$M_O \neq 0$	合力偶	主矩与简化中心无关

答案：C

4-1-24　解：根据结点法，见解图，由结点 E 的平衡，可判断出杆 EC、EF 为零杆，再由结点 C 和 G，可判断出杆 CD、GD 为零杆；由系统的整体平衡可知，支座 A 处只有铅垂方向的约束力，故通过分析结点 A，可判断出杆 AD 为零杆。

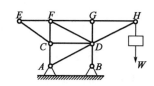

题 4-1-24 解图

　　答案：D

4-1-25　解：根据斜面自锁的条件：$\theta \leqslant \varphi_{\mathrm{m}} = \arctan f$，故 $\tan \theta \leqslant f$。

　　答案：C

4-1-26　解：选 AC 为研究对象，受力如解图 b）所示，列平衡方程：

$$\sum M_{\mathrm{C}}(F) = 0,\quad qL \cdot \frac{L}{2} - F_{\mathrm{A}} \cdot \frac{L}{2} = 0,\quad F_{\mathrm{A}} = qL$$

再选结构整体为研究对象，受力如解图 a）所示，列平衡方程：

$$\sum F_x = 0,\quad F_{\mathrm{B}x} + qL = 0,\quad F_{\mathrm{B}x} = -qL$$

$$\sum F_y = 0,\quad F_{\mathrm{A}} + F_{\mathrm{B}y} = 0,\quad F_{\mathrm{B}y} = -qL$$

$$\sum M_{\mathrm{B}}(F) = 0,\quad M_{\mathrm{B}} - qL \cdot \frac{L}{2} - F_{\mathrm{A}} \cdot L = 0,\quad M_{\mathrm{B}} = \frac{3}{2}qL^2$$

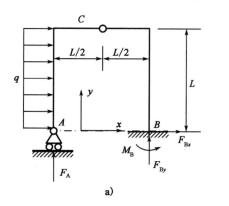 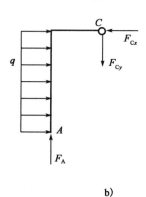

题 4-1-26 解图

　　答案：A

4-1-27　解：平面汇交力系几何法求合力时，先将各分力首尾相连，而合力则由第一个分力的起点指向最后一个分力的终点（矢端）。此题可从分力 $\boldsymbol{F}_1$ 起依次将分力首尾相连到 $\boldsymbol{F}_5$，则合力应从 $\boldsymbol{F}_1$ 的起点指向 $\boldsymbol{F}_5$ 的矢端。

　　答案：B

4-1-28　解：力偶作用在 AC 杆时，BC 杆是二力杆，A、B、C 处的约束力均沿 BC 方向；力偶作用在 BC 杆时，AC 杆是二力杆，此时，A、B、C 处约束力均沿 AC 方向。

　　答案：A

4-1-29　解：摩擦角 $\varphi_{\mathrm{m}} = \arctan f_s = 30.96° > \alpha$。

　　答案：C

4-1-30　解：由于杆 CD 为二力杆，根据二力平衡原理，D 处约束力 $\boldsymbol{F}_D$ 必沿杆 CD 方向；因为系统整体受三个力作用，由三力平衡汇交定理知，A 处约束力 $\boldsymbol{F}_A$ 与力 $\boldsymbol{F}_D$、$\boldsymbol{P}$ 应汇交于一点（如解图），故 $\boldsymbol{F}_A$ 与水平杆 AB 间的夹角为 30°。

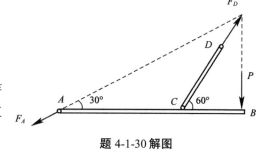

题 4-1-30 解图

　　答案：D

4-1-31　解：三个不为零的力组成的平面汇交力系平衡的几何条件有两种情况：①三个力组成自行封闭的力三角形；②三个力作用在同一直线上。而题中给出的三个力不能满足上述两个条件，故一定不是平衡力系。

答案：B

4-1-32　解：平面共点力系平衡的几何条件是力多边形自行封闭，题中的四个力满足平衡条件，故力系的合力为零，力系平衡。

答案：D

4-1-33　解：因为AC是二力构件，A处约束力作用线沿AC连线，而系统只受外力偶m作用，根据力偶的性质，A、B处约束力应组成一力偶才能使系统平衡，故B处约束力与A处约束力平行，即平行于AC连线。

答案：D

4-1-34　解：由于系统所受主动力系为平衡力系，根据系统的整体平衡，A、B处的约束力也应构成平衡力系，故应满足二力平衡的条件：二力等值、反向、共线（沿AB水平连线）。

答案：B

4-1-35　解：将力系向A点平移（见解图），F_3可沿其作用线移至A点，F_2平移至A点，同时附加力偶矩：

$$M_A = M_A(F_2) = F\cos 30° \cdot a = \frac{\sqrt{3}}{2}Fa$$

此即力系向A点简化的主矩。

主矢：
$$F_R = F_1 + F_2 + F_3$$
$$= (F_1 - F_2\cos 60° - F_3\cos 60°)i + (F_2\sin 60° - F_3\sin 60°)j = 0$$

由于主矢为零，主矩不为零，力系简化的结果为一合力偶，只能使物体转动。

答案：C

题 4-1-35 解图

4-1-36　解：梁上作用的一对力组成了一顺时针转向的外力偶，则A、B处约束力应组成一逆时针转向的力偶才能使系统平衡。根据B处约束的性质，其约束力应垂直于支撑面，与AB梁成45°夹角，指向左上方，故A处约束力与B处约束力平行，指向右下方。应用力偶的平衡方程，$F_A\cos 45°L - Ph = 0$，得：$F_A = \frac{\sqrt{2}Ph}{L}$。

答案：C

4-1-37　解：杆AB上作用一顺时针转向的外力偶m，则A、C处约束力应组成一逆时针转向的力偶才能使系统平衡。根据C处约束的性质，其约束力应垂直于杆AB并指向杆，故A处约束力与C处约束力平行，指向右下方。应用力偶的平衡方程，$F_A\times 1 - m = 0$，得：$F_A = \frac{m}{1} = 100N$。

答案：D

4-1-38　解：P力到A点的垂直距离$L = AB\cos 30° = 5\sqrt{3}m$，则P力对A点之矩的大小为：$P\cdot L = 10\sqrt{3}kN\cdot m$。

答案：B

4-1-39　解：根据系统的整体平衡，列平衡方程：

$$\sum M_B = 0,\ M_B = 100kN\cdot m（逆时针），\ \sum F_y = 0,\ F_{By} = 0$$

然后研究AC，列平衡方程：

$$\sum M_C = 0,\ 2F_A - 100kN = 0,\ F_A = 50kN（水平向左）$$

再通过整体平衡：

$$\sum F_x = 0, \quad 100\text{kN} - F_{Bx} - F_A = 0, \quad F_{Bx} = 50\text{kN}(\text{向左})$$

答案： B

4-1-40 解： 从整体平衡看，因为$m_1 = m_2$，且两力偶转向相反，外力偶已自行平衡，选 A 和 C（A和B处的约束力可构成二力平衡，两力共线）均可，但若将系统拆开考查构件BC，选 A 则无法保证BC平衡，所以无须计算，仅从约束力的方向即可判断，只有选项 C 正确。

答案： C

4-1-41 解： 从整体平衡看，系统沿P力铅垂方向两侧对称，故A、B处约束力铅垂向上，大小均为$P/2$，若取BC杆为研究对象，E处的绳索拉力$F_T = 10\text{kN}$，方向水平向左，利用对C点的力矩平衡方程：

$$\frac{P}{2} \cdot 2a - F_T \cdot a = 0, \quad P = F_T = 10\text{kN}$$

答案： B

4-1-42 解： 根据平面力系简化最后结果分析，当主矢（与简化中心无关）为零，主矩不为零时，力系简化的最后结果为一合力偶。根据力偶的性质，其结果亦与简化中心无关，故向平面内任意一点简化的结果是相同的。

答案： C

4-1-43 解： 题中杆CD、EF为二力杆，故C处约束力沿CD方向，E处约束力沿EF方向，分析BE杆，应用三力平衡汇交定理得B处约束力的作用线应汇交于G点（也是C、E两处约束力的汇交点）；再分析结构整体平衡，A、B处约束力应组成一力偶与主动力偶（P，P'）平衡，故A处约束力的方向与B处约束力的反向平行（平行于BG连线）。

答案： B

4-1-44 解： 因为主矢与简化中心的选择无关，故无论选择 1 还是 2 点为简化中心，均不会改变主矢不等于零的结果，所以只有选项 A 正确。

答案： A

4-1-45 解： 力系的主矢与简化中心的选择无关，而主矩一般与简化中心的选择有关，所以只有选项 B 正确。

答案： B

4-1-46 解： 依据矢量的表达式$\boldsymbol{F}_R = \boldsymbol{F}_1 + \boldsymbol{F}_2$，且$\boldsymbol{F}_1 = -2\boldsymbol{F}_2$。

答案： C

4-1-47 解： 因为BC是二力构件，B处约束力作用线沿BC连线，利用系统整体的平衡，列A点的力矩平衡方程：

$$F_B \cos 45° \cdot 2a - F \cdot a = 0, \quad F_B = \frac{F}{\sqrt{2}}$$

答案： B

4-1-48 解： 根据力偶的平衡，A、B处的约束力应构成一力偶与主动力偶平衡，题图 a）中A、B处约束力沿铅垂方向，其大小为$F_{Ba} = \frac{M}{2L}$；题图 b）中A、B处约束力沿水平方向，其大小为$F_{Bb} = \frac{M}{L}$。

答案： B

4-1-49 解： BD为二力构件，B处约束力应沿BD方向。对结构整体，根据力偶的性质，A、B处约束力应组成一力偶。

答案： C

4-1-50 解： 根据结点法，由结点B、F平衡，可分别判断出杆 3、11 为零杆，再由结点C平衡，可判断出杆 4 为零杆。

答案： C

4-1-51 解： 根据结点法，由结点M平衡，可判断出杆MG为零杆，再由结点C、H、E平衡，可分别判断出杆CG、HD、EJ为零杆；再分析K结点的平衡，由于其约束力为铅垂方向，故水平方向的KJ杆为零杆。

答案： B

4-1-52 解： 应用截面法，受力如解图所示。设y轴与BC垂直，则

$$\sum F_y = 0, \quad P_C \cos 60° + F_{DB} \cos 30° = 0, \quad F_{DB} = -\frac{\sqrt{3}P}{3}(\text{压})$$

答案： C

4-1-53 解： 物体A受力见解图，其中由物体B的重力通过绳索作用在物体A上的$F_T = 25\text{kN}$，物体A的重力大小$W = 100\text{kN}$，$\sin\theta = 4/5 = 0.8$，$\cos\theta = 3/5 = 0.6$，F为摩擦力，F_N为正压力。列平衡方程：

$$\sum F_y = 0, \quad F_T \sin\theta + F_N - W = 0, \quad F_N = 80\text{kN}$$

应用摩擦定律可得最大静滑动摩擦力$F_{\max} = F_N \cdot f = 16\text{kN}$（$f = 0.2$为摩擦系数），应用水平方向平衡方程可得：$F = F_T \cos\theta = 15\text{kN}$，由此可知，物体$A$处于平衡状态，摩擦力大小为 15kN。

答案： C

4-1-54 解： 由于物体M处于平衡状态，故其上A处的摩擦力大小与P力大小相等，方向相反。分析杆OA的受力见解图，列平衡方程：

$$\sum M_O = 0, \quad F \cdot l \sin\theta + F_N \cdot l \cos - W \cdot \frac{l}{2}\cos\theta = 0, \quad F_N = \frac{W}{2} - F \tan\theta$$

随着P力的增加，F增大，F_N减小。

答案： B

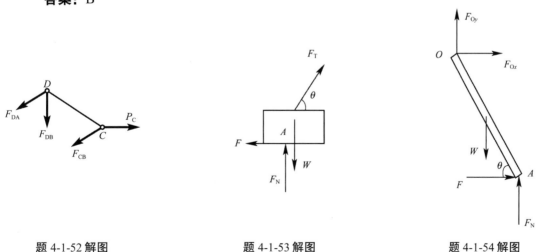

题 4-1-52 解图　　　　　　题 4-1-53 解图　　　　　　题 4-1-54 解图

4-1-55 解： 由于物块的重力与力P（均为主动力）大小相等，故其合力的作用线与支撑面法线（铅垂）方向的夹角为 30°，小于摩擦角，物块自锁，处于平衡状态。

答案： A

4-1-56 解： 由于主动力F_p、F大小均为 100N，故其二力合力作用线与接触面法线方向的夹角为

$45°$，与摩擦角相等，根据自锁条件的判断，物块处于临界平衡状态。

答案： D

4-1-57 解： 此题中摩擦角 $\varphi_m = \arctan f = 23.4°$，小于斜面倾角 $30°$，根据斜面物块的自锁条件，物块不自锁，处于滑动状态。故动摩擦力 $F_d = F_N \cdot f' = W \cos 30° \times 0.4 = 27.7\text{kN}$。

答案： C

4-1-58 解： 物块的正压力 $F_N = P - S \sin 30° = 30\text{kN}$，其最大静滑动摩擦力 $F_{max} = F_N \cdot f = 15\text{kN}$，而水平方向主动力为 $S \cos 30° = 17.3\text{kN} > F_{max}$，故物体滑动，其动摩擦力 $F_d = F_N \cdot f' = 12\text{kN}$。

答案： B

（二）运动学

4-2-1 已知质点沿半径为 40cm 的圆周运动，其运动规律为 $s = 20t$（s 以 cm 计，t 以 s 计）。若 $t = 1\text{s}$，则点的速度与加速度的大小为：

  A. 20cm/s；$10\sqrt{2}\text{cm/s}^2$ B. 20cm/s；10cm/s^2

  C. 40cm/s；20cm/s^2 D. 40cm/s；10cm/s^2

4-2-2 已知点的运动方程为 $x = 2t$，$y = t^2 - t$，则其轨迹方程为：

  A. $y = t^2 - t$ B. $x = 2t$

  C. $x^2 - 2x - 4y = 0$ D. $x^2 + 2x + 4y = 0$

4-2-3 点沿直线运动，其速度 $v = 20t + 5$，已知：当 $t = 0$ 时，$x = 5\text{m}$，则点的运动方程为：

  A. $x = 10t^2 + 5t + 5$ B. $x = 20t + 5$

  C. $x = 10t^2 + 5t$ D. $x = 20t^2 + 5t + 5$

4-2-4 若某点按 $s = 8 - 2t^2$（s 以 m 计，t 以 s 计）的规律运动，则 $t = 3\text{s}$ 时点经过的路程为：

  A. 10m   B. 8m

  C. 18m   D. 8~18m 以外的一个数值

4-2-5 杆 $OA = l$，绕固定轴 O 转动，某瞬时杆端 A 点的加速度 a 如图所示，则该瞬时杆 OA 的角速度及角加速度为：

  A. 0，$\dfrac{a}{l}$ B. $\sqrt{\dfrac{a}{l}}$，$\dfrac{a}{l}$ C. $\sqrt{\dfrac{a}{l}}$，0 D. 0，$\sqrt{\dfrac{a}{l}}$

4-2-6 杆 $OA = l$，绕固定轴 O 转动，某瞬时杆端 A 点的加速度 a 如图所示，则该瞬时杆 OA 的角速度及角加速度为：

  A. 0，$\dfrac{a}{l}$ B. $\sqrt{\dfrac{a \cos\alpha}{l}}$，$\dfrac{a \sin\alpha}{l}$ C. $\sqrt{\dfrac{a}{l}}$，0 D. 0，$\sqrt{\dfrac{a}{l}}$

4-2-7 图示绳子的一端绕在滑轮上，另一端与置于水平面上的物块 B 相连，若物块 B 的运动方程为 $x = kt^2$，其中 k 为常数，轮子半径为 R。则轮缘上 A 点的加速度的大小为：

  A. $2k$ B. $\sqrt{\dfrac{4k^2 t^2}{R}}$ C. $\dfrac{2k + 4k^2 t^2}{R}$ D. $\sqrt{4k^2 + \dfrac{16k^4 t^4}{R^2}}$

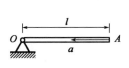
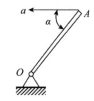
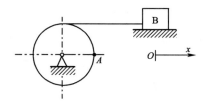

  题 4-2-5 图   题 4-2-6 图   题 4-2-7 图

4-2-8 点在平面 xOy 内的运动方程为 $\begin{cases} x = 3\cos t \\ y = 3 - 5\sin t \end{cases}$（式中，$t$ 为时间）。点的运动轨迹应为：

    A. 直线　　　　　　　B. 圆　　　　　　　C. 正弦曲线　　　　　　D. 椭圆

4-2-9 图示杆 $OA = l$，绕定轴 O 以角速度 ω 转动，同时通过 A 端推动滑块 B 沿轴 x 运动，设分析运动的时间内杆与滑块并不脱离，则滑块的速度 v_B 的大小用杆的转角 φ 与角速度 ω 表示为：

    A. $v_B = l\omega\sin\varphi$　　　　　　　　　　　B. $v_B = l\omega\cos\varphi$

    C. $v_B = l\omega\cos^2\varphi$　　　　　　　　　D. $v_B = l\omega\sin^2\varphi$

4-2-10 图示点沿轨迹已知的平面曲线运动时，其速度大小不变，加速度 a 应为：

    A. $a_n = a \neq 0$，$a_\tau = 0$　　　　　　　　B. $a_n = 0$，$a_\tau = a \neq 0$

    C. $a_n \neq 0$，$a_\tau \neq 0$，$a_n + a_\tau = a$　　　D. $a = 0$

（a_n：法向加速度，a_τ：切向加速度）

4-2-11 一绳缠绕在半径为 r 的鼓轮上，绳端系一重物 M，重物 M 以速度 $\boldsymbol{v}$ 和加速度 $\boldsymbol{a}$ 向下运动，如图所示。则绳上两点 A、D 和轮缘上两点 B、C 的加速度是：

    A. A、B 两点的加速度相同，C、D 两点的加速度相同

    B. A、B 两点的加速度不相同，C、D 两点的加速度不相同

    C. A、B 两点的加速度相同，C、D 两点的加速度不相同

    D. A、B 两点的加速度不相同，C、D 两点的加速度相同

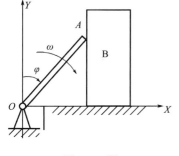 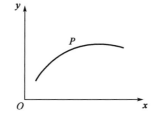 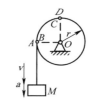

题 4-2-9 图　　　　　　　　　题 4-2-10 图　　　　　　　　　题 4-2-11 图

4-2-12 点在铅垂平面 Oxy 内的运行方程 $\begin{cases} x = v_0 t \\ y = \dfrac{1}{2}gt^2 \end{cases}$，式中，$t$ 为时间，v_0、g 为常数。点的运动轨迹应为：

    A. 直线　　　　　　　B. 圆　　　　　　　C. 抛物线　　　　　　D. 直线与圆连接

4-2-13 直角刚杆 OAB 在图示瞬间角速度 $\omega = 2\text{rad/s}$，角加速度 $\varepsilon = 5\text{rad/s}^2$，若 $OA = 40\text{cm}$，$AB = 30\text{cm}$，则 B 点的速度大小、法向加速度的大小和切向加速度的大小为：

    A. 100cm/s；200cm/s^2；250cm/s^2

    B. 80cm/s^2；160cm/s^2；200cm/s^2

    C. 60cm/s^2；120cm/s^2；150cm/s^2

    D. 100cm/s^2；200cm/s^2；200cm/s^2

4-2-14 图示圆轮上绕一细绳，绳端悬挂物块。物块的速度 $\boldsymbol{v}$、加速度 $\boldsymbol{a}$。圆轮与绳的直线段相切之点为 P，该点速度与加速度的大小分别为：

    A. $v_P = v$，$a_P > a$　　　　　　　　　　B. $v_P > v$，$a_P < a$

    C. $v_P = v$，$a_P < a$　　　　　　　　　　D. $v_P > v$，$a_P > a$

4-2-15 图示单摆由长l的摆杆与摆锤A组成，其运动规律$\varphi = \varphi_0 \sin \omega t$。锤$A$在$t = \frac{\pi}{4\omega}$s 的速度、切向加速度与法向加速度分别为：

A. $v = \frac{1}{2}l\varphi_0\omega$，$a_\tau = -\frac{1}{2}l\varphi_0\omega^2$，$a_n = \frac{\sqrt{2}}{2}l\varphi_0{}^2\omega^2$

B. $v = \frac{1}{2}l\varphi_0\omega$，$a_\tau = \frac{1}{2}l\varphi_0\omega^2$，$a_n = -\frac{\sqrt{2}}{2}l\varphi_0{}^2\omega^2$

C. $v = \frac{\sqrt{2}}{2}l\varphi_0\omega$，$a_\tau = \frac{\sqrt{2}}{2}l\varphi_0\omega^2$，$a_n = \frac{1}{2}l\varphi_0{}^2\omega^2$

D. $v = \frac{\sqrt{2}}{2}l\varphi_0\omega$，$a_\tau = \frac{\sqrt{2}}{2}l\varphi_0\omega^2$，$a_n = -\frac{1}{2}l\varphi_0{}^2\omega^2$

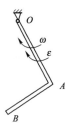
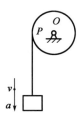
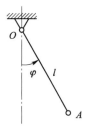

题 4-2-13 图　　　　　　　　　题 4-2-14 图　　　　　　　　题 4-2-15 图

4-2-16 已知点P在Oxy平面内的运动方程$\left.\begin{array}{l} x = \frac{4\sin\pi}{3}t \\ y = \frac{4\cos\pi}{3}t \end{array}\right\}$，则点的运动为：

A. 直线运动　　　　B. 圆周运动　　　　C. 椭圆运动　　　　D. 不能确定

4-2-17 半径r的圆盘以其圆心O为轴转动，角速度ω，角加速度为α。盘缘上点P的速度v_P，切向加速度$a_{P\tau}$与法向加速度a_{Pn}的方向如图，它们的大小分别为：

A. $v_P = r\omega$，$a_{P\tau} = r\alpha$，$a_{Pn} = r\omega^2$

B. $v_P = r\omega$，$a_{P\tau} = r\alpha^2$，$a_{Pn} = r^2\omega$

C. $v_P = r/\omega$，$a_{P\tau} = r\alpha^2$，$a_{Pn} = r\omega^2$

D. $v_P = r/\omega$，$a_{P\tau} = r\alpha$，$a_{Pn} = r\omega^2$

4-2-18 图示细直杆AB由另二细杆O_1A与O_2B铰接悬挂。O_1ABO_1并组成平等四边形。杆AB的运动形式为：

A. 平移（或称平动）

B. 绕点O_1的定轴转动

C. 绕点D的定轴转动$(O_1D = DO_2 = BC = \frac{l}{2}$，$AB = l)$

D. 圆周运动

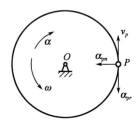
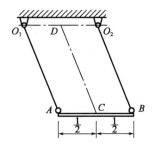

题 4-2-17 图　　　　　　　　　　　题 4-2-18 图

4-2-19 已知点做直线运动，其运动方程为 $x = 12 - t^3$（x 以 cm 计，t 以秒计）。则点在前 3 秒钟内走过的路程为：

    A. 27cm   B. 15cm   C. 12cm   D. 30cm

4-2-20 图示两个相啮合的齿轮，A、B 分别为齿轮 O_1，O_2 上的啮合点，则 A、B 两点的加速度关系是：

    A. $a_{A\tau} = a_{B\tau}$，$a_{An} = a_{Bn}$ B. $a_{A\tau} = a_{B\tau}$，$a_{An} \neq a_{Bn}$

    C. $a_{A\tau} \neq a_{B\tau}$，$a_{An} = a_{Bn}$ D. $a_{A\tau} \neq a_{B\tau}$，$a_{An} \neq a_{Bn}$

4-2-21 点 M 沿平面曲线运动，在某瞬时，速度大小 $v = 6\text{m/s}$，加速度大小 $a = 8\text{m/s}^2$，两者之间的夹角为 $30°$，如图所示。则此点 M 所在之处的轨迹曲率半径 ρ 为：

    A. $\rho = 1.5\text{m}$ B. $\rho = 4.5\text{m}$ C. $\rho = 3\sqrt{3}m$ D. $\rho = 9\text{m}$

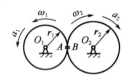 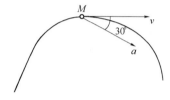

题 4-2-20 图   题 4-2-21 图

4-2-22 点做直线运动，已知某瞬时加速度 $a = -2\text{m/s}^2$，$t = 1\text{s}$ 时速度为 $v_1 = 2\text{m/s}$，则 $t = 2\text{s}$ 时，该点的速度大小为：

    A. 0   B. -2m/s C. 4m/s   D. 无法确定

4-2-23 所谓"刚体作定轴转动"，指的是刚体运动时有下列中哪种特性？

    A. 刚体内必有一直线始终保持不动

    B. 刚体内必有两点始终保持不动

    C. 刚体内各点的轨迹为圆周

    D. 刚体内或其延展部分内有一直线始终保持不动

4-2-24 刚体作定轴转动时，其角速度 ω 和角加速度 α 都是代数量。判定刚体是加速或减速转动的标准是下列中的哪一项？

    A. $\alpha > 0$ 为加速转动

    B. $\omega < 0$ 为减速转动

    C. $\omega > 0$、$\alpha > 0$ 或 $\omega < 0$、$\alpha < 0$ 为加速转动

    D. $\omega < 0$ 且 $\alpha < 0$ 为减速转动

4-2-25 如图所示，绳子的一端绕在滑轮上，另一端与置于水平面上的物块 B 相连。若物块 B 的运动方程为 $x = kt^2$，其中 k 为常数，轮子半径为 R。则轮缘上 A 点加速度的大小为：

    A. $2k$ B. $(4k^2t^2/R)^{\frac{1}{2}}$

    C. $(4k^2 + 16k^4t^4/R^2)^{\frac{1}{2}}$ D. $2k + 4k^2t^2/R$

4-2-26 半径 $R = 10\text{cm}$ 的鼓轮，由挂在其上的重物带动而绕 O 轴转动，如图所示。重物的运动方程为 $x = 100t^2$（x 以 m 计，t 以 s 计）。则鼓轮的角加速度 α 的大小和方向是：

    A. $\alpha = 2000\text{rad/s}^2$，顺时针向   B. $\alpha = 2000\text{rad/s}^2$，逆时针向

C. $\alpha = 200\text{rad/s}^2$，顺时针向　　　　　D. $\alpha = 200\text{rad/s}^2$，逆时针向

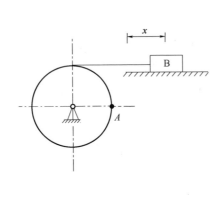

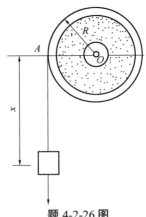

題 4-2-25 图　　　　　　　　　　　題 4-2-26 图

4-2-27 汽轮机叶轮由静止开始做等加速转动。轮上M点离轴心为 0.4m，在某瞬时其加速度的大小为 40m/s^2，方向与M点和轴心连线成$\beta = 30°$角，如图所示。则叶轮的转动方程$\varphi = f(t)$为：

A. $\varphi = 50t^2$　　　　　　　　　　B. $\varphi = 25t^2$

C. $\varphi = 50\sqrt{3}t^2$　　　　　　　　D. $\varphi = 25\sqrt{3}t^2$

4-2-28 一机构由杆件O_1A、O_2B和三角形板ABC组成。已知：O_1A杆转动的角速度为ω（逆时针向），$O_1A = O_2B = r$，$AB = L$，$AC = h$，则在图示位置时，C点速度$\boldsymbol{v}_C$的大小和方向为：

A. $v_C = r\omega$，方向水平向左　　　　B. $v_C = r\omega$，方向水平向右

C. $v_C = (r + h)\omega$，方向水平向左　　D. $v_C = (r + h)\omega$，方向水平向右

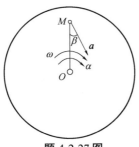

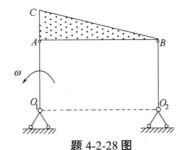

題 4-2-27 图　　　　　　　　　　　題 4-2-28 图

4-2-29 直角刚杆OAB在图示瞬时有$\omega = 2\text{rad/s}$，$\alpha = 5\text{rad/s}^2$，若$OA = 40\text{cm}$，$AB = 30\text{cm}$，则B点的速度大小为：

A. 100cm/s　　　B. 160cm/s　　　C. 200cm/s　　　D. 250cm/s

4-2-30 如图所示，直角刚杆$AO = 2\text{m}$，$BO = 3\text{m}$，已知某瞬时A点的速度$v_A = 6\text{m/s}$，而B点的加速度与BO成$\beta = 60°$。则该瞬时刚杆的角加速度α的大小为：

A. 3rad/s^2　　　B. $\sqrt{3}\text{rad/s}^2$　　　C. $5\sqrt{3}\text{rad/s}^2$　　　D. $9\sqrt{3}\text{rad/s}^2$

4-2-31 直角刚杆OAB可绕固定轴O在图示平面内转动，已知$OA = 40\text{cm}$，$AB = 30\text{cm}$，$\omega = 2\text{rad/s}$，$\alpha = 1\text{rad/s}^2$，则图示瞬时，B点加速度在y方向的投影为：

A. 40cm/s^2　　　　　　　　　　B. 200cm/s^2

C. 50cm/s^2　　　　　　　　　　D. -200cm/s^2

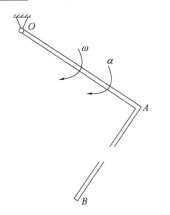

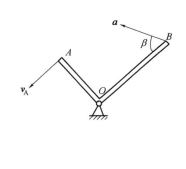

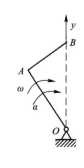

题 4-2-29 图   题 4-2-30 图   题 4-2-31 图

4-2-32 图示圆盘某瞬时以角速度 ω，角加速度 α 绕 O 轴转动，其上 A、B 两点的加速度分别为 a_A 和 a_B，与半径的夹角分别为 θ 和 φ。若 $OA = R$，$OB = R/2$，则 a_A 与 a_B，θ 与 φ 的大小关系分别为：

A. $a_A = a_B$，$\theta = \varphi$

B. $a_A = a_B$，$\theta = 2\varphi$

C. $a_A = 2a_B$，$\theta = \varphi$

D. $a_A = 2a_B$，$\theta = 2\varphi$

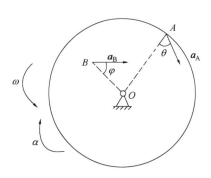

题 4-2-32 图

题解及参考答案

4-2-1 **解**：点的速度、切向加速度和法向加速度分别为：

$$v = \frac{\mathrm{d}s}{\mathrm{d}t} = 20\text{cm/s}, \quad a_\tau = \frac{\mathrm{d}v}{\mathrm{d}t} = 0, \quad a_n = \frac{v^2}{R} = \frac{400}{40} = 10\text{cm/s}^2$$

答案：B

4-2-2 **解**：将运动方程中的参数 t 消去，即 $t = \frac{x}{2}$，$y = \left(\frac{x}{2}\right)^2 - \frac{x}{2}$，整理易得 $x^2 - 2x - 4y = 0$。

答案：C

4-2-3 **解**：因为速度 $v = \frac{\mathrm{d}x}{\mathrm{d}t}$，积一次分，即：$\int_5^x \mathrm{d}x = \int_0^t (20t + 5)\mathrm{d}t$，得 $x - 5 = 10t^2 + 5t$。

答案：A

4-2-4 **解**：当 $t = 0$s 时，$s = 8$m，当 $t = 3$s 时，$s = -10$m，点的速度 $v = \frac{\mathrm{d}s}{\mathrm{d}t} = -4t$，即沿与 s 正方向相反的方向从 8m 处经过坐标原点运动到了 -10m 处，故所经路程为 18m。

答案：C

4-2-5 **解**：根据定轴转动刚体上一点加速度与转动角速度、角加速度的关系：$a_n = \omega^2 l$，$a_\tau = \alpha l$，而题中 $a_n = a = \omega^2 l$，所以 $\omega = \sqrt{\frac{a}{l}}$，$a_\tau = 0 = \alpha l$，所以 $\alpha = 0$。

答案：C

4-2-6 **解**：根据定轴转动刚体上一点加速度与转动角速度、角加速度的关系：$a_n = \omega^2 l$，$a_\tau = \alpha l$，而题中 $a_n = a \cos\alpha = \omega^2 l$，$\omega = \sqrt{\frac{a\cos\alpha}{l}}$，$a_\tau = a \sin\alpha = \alpha l$，$\alpha = \frac{a\sin\alpha}{l}$。

答案：B

4-2-7　解： 物块 B 的速度为：$v_B = \frac{dx}{dt} = 2kt$；加速度为：$a_B = \frac{d^2x}{dt^2} = 2k$；而轮缘点 A 的速度与物块 B 的速度相同，即 $v_A = v_B = 2kt$；轮缘点 A 的切向加速度与物块 B 的加速度相同，则

$$a_A = \sqrt{a_{An}^2 + a_{A\tau}^2} = \sqrt{\left(\frac{v_B^2}{R}\right)^2 + a_B^2} = \sqrt{\frac{16k^4t^4}{R^2} + 4k^2}$$

　　答案： D

4-2-8　解： 将两个运动方程平方相加，即可得到轨迹方程 $\frac{x^2}{3^2} + \frac{(3-y)^2}{5^2} = 1$ 为一椭圆。

　　答案： D

4-2-9　解： 根据速度合成图可知：

$$v_A = \omega l, \quad v_B = v_e = v_A \cos\varphi = l\omega\cos\varphi$$

　　答案： B

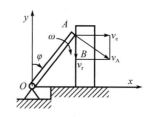

题 4-2-9 解图

4-2-10　解： 点作匀速曲线运动，其切向加速度为零，法向加速度不为零即为点的全加速度。

　　答案： A

4-2-11　解： 绳上各点的加速度大小均为 a，而轮缘上各点的加速度为其切向加速度和法向加速度的矢量和，大小为 $\sqrt{a^2 + \left(\frac{v^2}{r}\right)^2}$。

　　答案： B

4-2-12　解： 将运动方程中的参数 t 消去。即 $t = \frac{x}{v_0}$，代入运动方程，$y = \frac{1}{2}g\left(\frac{x}{v_0}\right)^2$，为抛物线方程。

　　答案： C

4-2-13　解： 根据定轴转动刚体上一点速度、加速度与转动角速度、角加速度的关系，得：

$$v_B = OB \cdot \omega = 50 \times 2 = 100 \text{cm/s}$$
$$a_B^\tau = OB \cdot \varepsilon = 50 \times 5 = 250 \text{cm/s}^2, \quad a_B^n = OB \cdot \omega^2 = 50 \times 2^2 = 200 \text{cm/s}^2$$

　　答案： A

4-2-14　解： 定轴转动刚体上 P 点与绳直线段的速度和切向加速度相同，而 P 点还有法向加速度，即 $a_P = \sqrt{a^2 + a_n^2} > a$。

　　答案： A

4-2-15　解： 根据定轴转动刚体的转动方程、角速度、角加速度以及刚体上一点的速度、加速度公式：

$$v = l\dot\varphi = l\varphi_0\omega\cos\omega t, \quad a_\tau = l\ddot\varphi = -l\varphi_0\omega^2\sin\omega t, \quad a_n = l\dot\varphi^2 = l\varphi_0^2\omega^2\cos^2\omega t$$

将 $t = \frac{\pi}{4\omega}$ 代入可得：

$$v = \frac{\sqrt{2}}{2}l\varphi_0\omega, \quad a_\tau = \frac{\sqrt{2}}{2}l\varphi_0\omega^2, \quad a_n = \frac{1}{2}l\varphi_0^2\omega^2$$

　　答案： C

4-2-16　解： 将两个运动方程平方相加：$x^2 + y^2 = 4^2\left(\sin^2\frac{\pi}{3}t + \cos^2\frac{\pi}{3}t\right) = 4^2$，为一圆方程。

　　答案： B

4-2-17　解： 根据定轴转动刚体上一点的速度、加速度公式：$v_P = r\omega$, $a_{P\tau} = r\alpha$, $a_{Pn} = r\omega^2$。

　　答案： A

4-2-18　解： 因为点 A、B 的速度、加速度方向相同，大小相等，根据刚体作平行移动时的定义和

特性，可判断杆AB的运动形式为平行移动。

答案： A

4-2-19 解： 点的初始位置（$t = 0$s时）在坐标 12cm 处，点的速度为：$v = \dot{x} = -3t^2$，故点沿x轴负方向运动，$t = 3$s时到达坐标-15cm 处，所以点在前 3s 内走过的路程为$12 - (-15) = 27$cm。

答案： A

4-2-20 解： 两轮啮合点的速度和切向加速度应相等，而法向加速度为：$a_n = \dfrac{v^2}{R}$，因两轮半径不同，所以法向加速度不同，即：$a_{A\tau} = a_{B\tau}$，$a_{An} \neq a_{Bn}$。

答案： B

4-2-21 解： 用自然法分析点的曲线运动，将加速度$\boldsymbol{a}$分解到曲线的法线方向，即：$a_n = a \sin 30° = 4$m/s²，根据点的法向加速度公式：$a_n = \dfrac{v^2}{\rho}$，可得：$\rho = \dfrac{v^2}{a_n} = \dfrac{6^2}{4} = 9$m。

答案： D

4-2-22 解： 因为$\mathrm{d}v = a\mathrm{d}t$，故只知$a$的瞬时值，无法通过积分确定$v$。

答案： D

4-2-23 解： 刚体作定轴转动的定义如选项 D 所描述。选项 A 只强调了刚体内有一条保持不动的直线而忽视了刚体延展部分；在转动轴上有无穷多点始终保持不动，不只是两点，故选项 B 不完整；转动轴上的点轨迹不是圆周，所以选项 C 不正确。

答案： D

4-2-24 解： 定轴转动刚体的角速度ω和角加速度α是代数量，但其正负只表示两种不同的转向，所以，当ω和α同号时刚体加速转动，异号时刚体减速转动。

答案： C

4-2-25 解： 根据物块B的运动方程，可知其速度、加速度为：$v_B = \dot{x} = 2kt$、$a_B = \dot{x} = 2k$。轮缘点A的速度与物块B的速度相同；轮缘点A的切向加速度与物块B的加速度相同，而轮缘上A的法向加速度$a_{An} = \dfrac{v_B^2}{R}$，故

$$a_A = \sqrt{a_{An}^2 + a_{A\tau}^2} = \sqrt{a_B^2 + \left(\dfrac{v_B^2}{R}\right)^2} = \sqrt{4k^2 + \dfrac{16k^4t^4}{R^2}}$$

答案： C

4-2-26 解： 根据定轴转动刚体上轮缘上一点的切向加速度$\boldsymbol{a}_\tau$与刚体角加速度α的关系知：$a_\tau = R\alpha$，轮缘上一点与重物的切向加速度相同，即$a_\tau = a = \ddot{x} = 200$m/s²。故轮的角加速度为：

$$\alpha = \dfrac{a_\tau}{R} = \dfrac{200}{0.1} = 2000 \text{rad/s}^2 \text{（逆时针）}$$

答案： B

4-2-27 解： 因为叶轮作等加速转动，故其角加速度为常量，根据定轴转动刚体上M点的切向加速度$a_{M\tau}$与刚体角加速度α的关系知：$a_{M\tau} = r_M\alpha$，已知某瞬时$a_{M\tau} = a \sin \beta = r_M\alpha$，所以角加速度为：

$$\alpha = \dfrac{a \sin \beta}{r_M} = \dfrac{40 \sin 30°}{0.4} = 50 \text{rad/s}^2$$

由角加速度α、角速度ω和转角φ的微分关系知：$\mathrm{d}\omega = \alpha\mathrm{d}t = 50\mathrm{d}t$，积一次分：$\int_0^\omega \mathrm{d}\omega = \int_0^t 50\mathrm{d}t$，得：$\omega = 50t$；再积一次分：$\int_0^\varphi \mathrm{d}\varphi = \int_0^t 50t\mathrm{d}t$，得叶轮的转动方程为：$\varphi = 25t^2$。

答案： B

4-2-28 解： 因为三角形板ABC为平行移动的刚体，根据其刚体上各点有相同的速度和加速度的性

质，可知：$v_C = v_A = r\omega$（方向水平向左）。

答案： A

4-2-29 解： 根据定轴转动刚体上一点的速度公式：$v_B = OB \cdot \omega = 50 \times 2 = 100\text{cm/s}$。

答案： A

4-2-30 解： 根据定轴转动刚体上一点的速度和加速度公式：$v_A = OA \cdot \omega$，所以刚体的角速度为：

$$\omega = \frac{v_A}{OA} = \frac{6}{2} = 3\text{rad/s}$$

B点的法向加速度为：

$$a_{B\tau} = OB \cdot \omega^2 = 27\text{m/s}^2 = a\cos\beta$$

由此可知B点的切向加速度为：

$$a_{Bt} = a\sin\beta = a_{B\tau}\tan\beta = 27\sqrt{3}\text{m/s}^2$$

则角加速度为：

$$\alpha = \frac{a_{Bt}}{OB} = \frac{27\sqrt{3}}{3} = 9\sqrt{3}\text{rad/s}^2$$

答案： D

4-2-31 解： 根据定轴转动刚体上一点的加速度公式：$a_{Bn} = OB \cdot \omega^2 = 50 \times 2^2 = 200\text{cm/s}^2$，方向铅垂指向$O$点，故$B$点加速度在$y$方向的投影为$-200\text{cm/s}^2$。

答案： D

4-2-32 解： 根据定轴转动刚体上各点加速度的分布规律知：加速度的大小与转动半径（点到转动轴的垂直距离）成正比，各点加速度的方向与其转动半径的夹角均相同。由于A点的转动半径是B点转动半径的2倍，因此，$a_A = 2a_B$，且两点加速度与其转动半径的夹角相同，即：$\varphi = \theta$。

答案： C

（三）动力学

4-3-1 汽车重力大小为$W = 2800\text{N}$，并以匀速$v = 10\text{m/s}$的行驶速度驶入刚性洼地底部，洼地底部的曲率半径$\rho = 5\text{m}$，取重力加速度$g = 10\text{m/s}^2$，则在此处地面给汽车约束力的大小为：

A. 5600N　　　　　B. 2800N　　　　　C. 3360N　　　　　D. 8400N

4-3-2 重为W的货物由电梯载运下降，当电梯加速下降、匀速下降及减速下降时，货物对地板的压力分别为R_1、R_2、R_3，它们之间的关系为：

A. $R_1 = R_2 = R_3$　　　　　　　　　B. $R_1 > R_2 > R_3$

C. $R_1 < R_2 < R_3$　　　　　　　　　D. $R_1 < R_2 > R_3$

4-3-3 质量为m的小球，放在倾角为α的光滑面上，并用平行于斜面的软绳将小球固定在图示位置，如斜面与小球均以a的加速度向左运动，则小球受到斜面的约束力N应为：

A. $N = mg\cos\alpha - ma\sin\alpha$

B. $N = mg\cos\alpha + ma\sin\alpha$

C. $N = mg\cos\alpha$

D. $N = ma\sin\alpha$

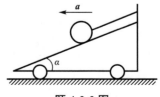

题 4-3-3 图

4-3-4 如图所示，两重物M_1和M_2的质量分别为m_1和m_2，两重物系在不计质量的软绳上，绳绕过匀质定滑轮，滑轮半径为r，质量为m，则此滑轮系统对转轴O之动量矩为：

A. $L_O = \left(m_1 + m_2 - \frac{1}{2}m\right)rv$↓

B. $L_O = \left(m_1 - m_2 - \frac{1}{2}m\right)rv$↓

C. $L_O = \left(m_1 + m_2 + \frac{1}{2}m\right)rv$↓

D. $L_O = \left(m_1 + m_2 + \frac{1}{2}m\right)rv$↑

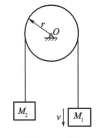

题 4-3-4 图

4-3-5 质量为m，长为$2l$的均质杆初始位于水平位置，如图所示。A端脱落后，杆绕轴B转动，当杆转到铅垂位置时，AB杆B处的约束力大小为：

A. $F_{Bx} = 0$，$F_{By} = 0$

B. $F_{Bx} = 0$，$F_{By} = \frac{mg}{4}$

C. $F_{Bx} = l$，$F_{By} = mg$

D. $F_{Bx} = 0$，$F_{By} = \frac{5mg}{2}$

4-3-6 图示均质圆轮，质量为m，半径为r，在铅垂图面内绕通过圆盘中心O的水平轴转动，角速度为ω，角加速度为ε，此时将圆轮的惯性力系向O点简化，其惯性力主矢和惯性力主矩的大小分别为：

A. 0；0 B. $mr\varepsilon$；$\frac{1}{2}mr^2\varepsilon$ C. 0；$\frac{1}{2}mr^2\varepsilon$ D. 0；$\frac{1}{4}mr^2\omega^2$

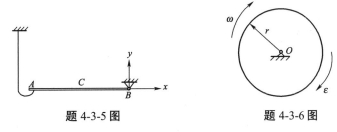

题 4-3-5 图   题 4-3-6 图

4-3-7 5根弹簧系数均为k的弹簧，串联与并联时的等效弹簧刚度系数分别为：

A. $5k$；$\frac{k}{5}$ B. $\frac{5}{k}$；$5k$ C. $\frac{k}{5}$；$5k$ D. $\frac{1}{5k}$；$5k$

4-3-8 图示质量为m的质点M，受有两个力F和R的作用，产生水平向左的加速度a，它在x轴方向的动力学方程为：

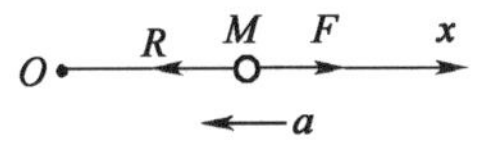

A. $m_a = F - R$

B. $-ma = F - R$

C. $ma = R + F$

D. $-ma = R - F$

题 4-3-8 图

4-3-9 均质圆盘质量为m，半径为R，在铅垂平面内绕O轴转动，图示瞬时角速度为ω，则其对O轴的动量矩和动能大小分别为：

A. $mR\omega$，$\frac{1}{4}mR\omega$

B. $\frac{1}{2}mR\omega$，$\frac{1}{2}mR\omega$

C. $\frac{1}{2}mR^2\omega$，$\frac{1}{2}mR^2\omega^2$

D. $\frac{3}{2}mR^2\omega$，$\frac{3}{4}mR^2\omega^2$

4-3-10 质量为m，长为$2l$的均质细杆初始位于水平位置，如图所示。A端脱落后，杆绕轴B转动，当杆转到铅垂位置时，AB杆角加速度的大小为：

A. 0   B. $\frac{3g}{4l}$ C. $\frac{3g}{2l}$ D. $\frac{6g}{l}$

4-3-11 均质细杆 AB 重力为 P，长为 $2l$，A 端铰支，B 端用绳系住，处于水平位置，如图所示。当 B 端绳突然剪断瞬时，AB 杆的角加速度大小为 $\frac{3g}{4l}$，则 A 处约束力大小为：

A. $F_{Ax} = 0$，$F_{Ay} = 0$

B. $F_{Ax} = 0$，$F_{Ay} = \frac{P}{4}$

C. $F_{Ax} = P$，$F_{Ay} = \frac{P}{2}$

D. $F_{Ax} = 0$，$F_{Ay} = P$

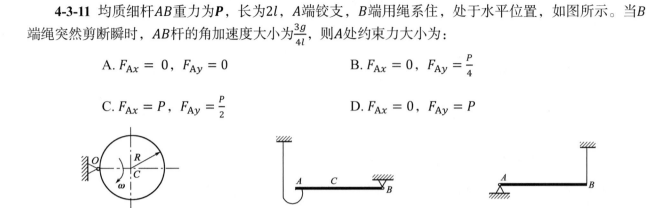

题 4-3-9 图   题 4-3-10 图   题 4-3-11 图

4-3-12 图示一弹簧质量系统，置于光滑的斜面上，斜面的倾角 α 可以在 $0° \sim 90°$ 间改变，则随 α 的增大系统振动的固有频率：

A. 增大   B. 减小   C. 不变   D. 不能确定

4-3-13 图示匀质杆 AB 长 l，质量为 m，质心为 C。点 D 距点 A 为 $\frac{1}{4}l$。杆对通过点 D 且垂直于 AB 的轴 y 的转动惯量为：

A. $J_{Dy} = \frac{1}{12}ml^2 + m\left(\frac{1}{4}l\right)^2$

B. $J_{Dy} = \frac{1}{3}ml^2 + m\left(\frac{1}{4}l\right)^2$

C. $J_{Dy} = \frac{1}{12}ml^2 + m\left(\frac{3}{4}l\right)^2$

D. $J_{Dy} = m\left(\frac{1}{4}l\right)^2$

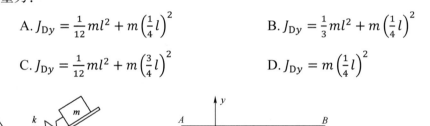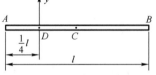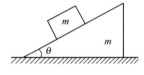

题 4-3-12 图   题 4-3-13 图   题 4-3-14 图

4-3-14 图示质量为 m 的三角形物块，其倾斜角为 θ，可在光滑的水平地面上运动。质量为 m 的矩形物块又沿斜面运动。两块间也是光滑的。该系统的动力学特征（动量、动量矩、机械能）有守恒情形的数量为：

A. 0 个   B. 1 个   C. 2 个   D. 3 个

4-3-15 图示质量为 m，半径为 r 的定滑轮 O 上绕有细绳，依靠摩擦使绳在轮上不打滑，并带动滑轮转动。绳之两端均系质量 m 的物块 A 与 B。块 B 放置的光滑斜面倾角为 α，$0 < \alpha < \frac{\pi}{2}$。假设定滑轮 O 的轴承光滑，当系统在两物块的重力作用下运动时，B 与 O 间，A 与 O 间的绳力 F_{T1} 和 F_{T2} 的大小有关系：

A. $F_{T1} = F_{T2}$

B. $F_{T1} < F_{T2}$

C. $F_{T1} > F_{T2}$

D. 只依据已知条件不能确定

4-3-16 图示弹簧—物块直线振动系统中，物块质量 m，两根弹簧的刚度系数各为 k_1 和 k_2。若用一根等效弹簧代替这两根弹簧，则其刚度系数 k 为：

A. $k = \frac{k_1 k_2}{k_1 + k_2}$　　　B. $k = \frac{2k_1 k_2}{k_1 + k_2}$　　　C. $k = \frac{k_1 + k_2}{2}$　　　D. $k = k_1 + k_2$

4-3-17 三角形物块沿水平地面运动的加速度为a，方向如图。物块倾斜角为α。重W的小球在斜面上用细绳拉住，绳另端固定在斜面上。设物块运动中绳不松软，则小球对斜面的压力F_N的大小为：

A. $F_N < W\cos\alpha$　　　　　　　　　B. $F_N > W\cos\alpha$

C. $F_N = W\cos\alpha$　　　　　　　　　D. 只根据所给条件则不能确定

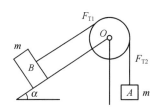 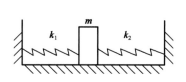 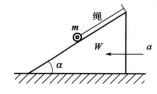

题 4-3-15 图　　　　　　　题 4-3-16 图　　　　　　　图 4-3-17 图

4-3-18 忽略质量的细杆$OC = l$，其端部固结匀质圆盘（见图）。杆上点C为圆盘圆心。盘质量为m，半径为r。系统以角速度ω绕轴O转动。系统的动能是：

A. $T = \frac{1}{2}m(l\omega)^2$　　　　　　　　B. $T = \frac{1}{2}m[(l + r)\omega]^2$

C. $T = \frac{1}{2}\left(\frac{1}{2}mr^2\right)\omega^2$　　　　　　　D. $T = \frac{1}{2}\left(\frac{1}{2}mr^2 + ml^2\right)\omega^2$

4-3-19 图示弹簧—物块直线振动系统位于铅垂面内。弹簧刚度系数为k，物块质量为m。若已知物块的运动微分方程为$m\ddot{x} + kx = 0$，则描述运动的坐标Ox的坐标原点应为：

A. 弹簧悬挂处点O_1

B. 弹簧原长l_0处之点O_2

C. 弹簧由物块重力引起静伸长δ_{st}之点O_3

D. 任意点皆可

4-3-20 图示两重物的质量均为m，分别系在两软绳上。此两绳又分别绕在半径各为r与$2r$并固结在一起的两轮上。两圆轮构成之鼓轮的质量亦为m，对轴O的回转半径为ρ_O。两重物中一铅垂悬挂，一置于光滑平面上。当系统在左重物重力作用下运动时，鼓轮的角加速度α为：

A. $\alpha = \frac{2gr}{5r^2 + \rho_o{}^2}$　　　B. $\alpha = \frac{2gr}{3r^2 + \rho_o{}^2}$　　　C. $\alpha = \frac{2gr}{\rho_o{}^2}$　　　D. $\alpha = \frac{gr}{5r^2 + \rho_o{}^2}$

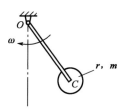 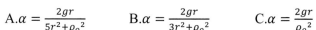 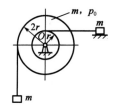

题 4-3-18 图　　　　　　　题 4-3-19 图　　　　　　　题 4-3-20 图

4-3-21 铅垂振动台的运动规律$y = a\sin\omega t$。图上点 0，1，2 各为台的平衡位置。振动最高点与最低点。台上颗粒重W。设颗粒与台面永不脱离，则振动台在这三个位置作用于颗粒的约束力F_N大小的关系为：

A. $F_{N1} < F_{N0} = W < F_{N2}$　　　　　　B. $F_{N1} > F_{N0} = W > F_{N2}$

C. $F_{N1} = F_{N0} = F_{N2} = W$　　　　　　D. $F_{N1} = F_{N2} < F_{N0} = W$

4-3-22 匀质杆OA质量为m，长为l，角速度为ω，如图所示。则其动量大小为：

A.$\dfrac{1}{2}ml\omega$　　　　B.$ml\omega$　　　　C.$\dfrac{1}{3}ml\omega$　　　　D.$\dfrac{1}{4}ml\omega$

4-3-23 匀质杆质量为m，长$OA = l$，在铅垂面内绕定轴O转动。杆质心C处连接刚度系数k较大的弹簧，弹簧另端固定。图示位置为弹簧原长，当杆由此位置逆时针方向转动时，杆上A点的速度为v_A，若杆落至水平位置的角速度为零，则v_A的大小应为：

A.$\sqrt{\dfrac{1}{2}\left(2-\sqrt{2}\right)^2\dfrac{k}{m}l^2 - 2gl}$　　　　　　B.$\sqrt{\dfrac{1}{4}\left(2-\sqrt{2}\right)^2\dfrac{k}{m}l^2 - gl}$

C.$\sqrt{\dfrac{1}{2}\left(2-\sqrt{2}\right)^2\dfrac{k}{m}l^2 - 8gl}$　　　　　　D.$\sqrt{\dfrac{3}{4}\left(2-\sqrt{2}\right)^2\dfrac{k}{m}l^2 - 3gl}$

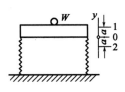　　　　　　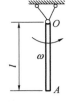　　　　　　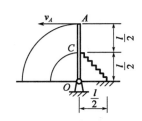

题 4-3-21 图　　　　　　题 4-3-22 图　　　　　　题 4-3-23 图

4-3-24 质点质量m，悬挂质点的弹簧刚度系数k（如图所示），系统作直线自由振动的固有频率ω_0与周期T的正确表达式为：

A. $\omega_0 = \dfrac{k}{m},\ T = \dfrac{1}{\omega_0}$

B. $\omega_0 = \dfrac{k}{m},\ T = \dfrac{2\pi}{\omega_0}$

C. $\omega_0 = \sqrt{\dfrac{m}{k}},\ T = \dfrac{1}{\omega_0}$

D. $\omega_0 = \sqrt{\dfrac{m}{k}},\ T = \dfrac{2\pi}{\omega_0}$

题 4-3-24 图

4-3-25 自由质点受力作用而运动时，质点的运动方向是：

A. 作用力的方向　　　　　　　　　　B. 加速度的方向

C. 速度的方向　　　　　　　　　　　D. 初速度的方向

4-3-26 如图所示，重力大小为W的质点，由长为l的绳子连接，则单摆运动的固有频率为：

A. $\sqrt{\dfrac{g}{2l}}$　　　　　　　　　　　B. $\sqrt{\dfrac{W}{l}}$

C. $\sqrt{\dfrac{g}{l}}$　　　　　　　　　　　D. $\sqrt{\dfrac{2g}{l}}$

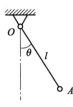

题 4-3-26 图

4-3-27 均质细直杆OA长为l，质量为m，A端固结一质量为m的小球（不计尺寸），如图所示。当OA杆以匀角速度绕O轴转动时，该系统对O轴的动量矩为：

A. $\dfrac{1}{3}ml^2\omega$ 　　　　　　　　　　　　B. $\dfrac{2}{3}ml^2\omega$

C. $ml^2\omega$ 　　　　　　　　　　　　　　D. $\dfrac{4}{3}ml^2\omega$

题 4-3-27 图

4-3-28 在上题图中，将系统的惯性力系向O点简化，其主矢$\boldsymbol{F}_\text{I}$和主矩$\boldsymbol{M}_\text{IO}$的数值分别为：

A. $F_\text{I} = \dfrac{1}{2}ml\omega^2$，$M_\text{IO} = 0$ 　　　　　B. $F_\text{I} = \dfrac{3}{2}ml\omega^2$，$M_\text{IO} = 0$

C. $F_\text{I} = \dfrac{1}{2}ml\omega^2$，$M_\text{IO} \neq 0$ 　　　　　D. $F_\text{I} = \dfrac{3}{2}ml\omega^2$，$M_\text{IO} \neq 0$

4-3-29 已知A物重力的大小$P = 20\text{N}$，B物重力的大小$Q = 30\text{N}$（见图所示），滑轮C、D不计质量，并略去各处摩擦，则绳水平段的拉力为：

　　A. 30N 　　　　　B. 20N 　　　　　C. 16N 　　　　　D. 24N

4-3-30 图示质量为m的物体自高H处水平抛出，运动中受到与速度一次方成正比的空气阻力$\boldsymbol{R}$作用，$\boldsymbol{R} = -km\boldsymbol{v}$，$k$为常数。则其运动微分方程为：

A. $m\ddot{x} = -km\dot{x}$，$m\ddot{y} = -km\dot{y} - mg$ 　　B. $m\ddot{x} = km\dot{x}$，$m\ddot{y} = km\dot{y} - mg$

C. $m\ddot{x} = -km\dot{x}$，$m\ddot{y} = km\dot{y} - mg$ 　　D. $m\ddot{x} = -km\dot{x}$，$m\ddot{y} = -km\dot{y} + mg$

4-3-31 汽车以匀速率$\boldsymbol{v}$在不平的道路上行驶，当汽车通过A、B、C三个位置时（见图所示），汽车对路面的压力分别为$\boldsymbol{N}_\text{A}$、$\boldsymbol{N}_\text{B}$、$\boldsymbol{N}_\text{C}$，则下述哪个关系式能够成立？

A. $N_\text{A} = N_\text{B} = N_\text{C}$ 　　　　　　　B. $N_\text{A} < N_\text{B} < N_\text{C}$

C. $N_\text{A} > N_\text{B} > N_\text{C}$ 　　　　　　　D. $N_\text{A} = N_\text{B} > N_\text{C}$

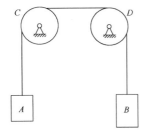
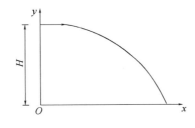
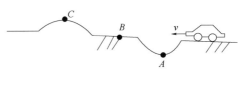

题 4-3-29 图 　　　　　　　　　　题 4-3-30 图 　　　　　　　　　　题 4-3-31 图

4-3-32 重力为$\boldsymbol{W}$的人乘电梯上升时，当电梯加速上升、匀速上升及减速上升时，人对地板的压力分别为$\boldsymbol{P}_1$、$\boldsymbol{P}_2$、$\boldsymbol{P}_3$，它们之间的大小关系为：

A. $P_1 = P_2 = P_3$ 　　　　　　　　B. $P_1 > P_2 > P_3$

C. $P_1 < P_2 < P_3$ 　　　　　　　　D. $P_1 < P_3 > P_2$

4-3-33 汽车重力$\boldsymbol{P}$，以匀速$\boldsymbol{v}$驶过拱桥，如图所示。在桥顶处，桥面中心线的曲率半径为R，在此处，桥面给汽车约束反力$\boldsymbol{N}$的大小等于：

A. P 　　　　　　　　　　　　　　B. $P + \dfrac{Pv^2}{gR}$

C. $P - \dfrac{Pv^2}{gR}$ 　　　　　　　　　　D. $P - \dfrac{Pv}{gR}$

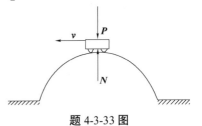

题 4-3-33 图

4-3-34 图示质量为m、长为l的杆OA以的角速度绕轴O转动，则其动量为：

A. $ml\omega$ B. 0   C. $\frac{1}{2}ml\omega$ D. $\frac{1}{3}ml\omega$

4-3-35 图示 a）、b）系统中的均质圆盘质量、半径均相同，角速度与角加速度分别为$\boldsymbol{\omega}_1$、$\boldsymbol{\omega}_2$和$\boldsymbol{\alpha}_1$、$\boldsymbol{\alpha}_2$，则有：

A. $\alpha_1 = \alpha_2$ B. $\alpha_1 > \alpha_2$ C. $\alpha_1 < \alpha_2$ D. $\omega_1 = \omega_2$

4-3-36 均质细直杆AB长为l，质量为m，以匀角速度ω绕O轴转动，如图所示，则AB杆的动能为：

A. $\frac{1}{12}ml^2\omega^2$ B. $\frac{7}{24}ml^2\omega^2$ C. $\frac{7}{48}ml^2\omega^2$ D. $\frac{7}{96}ml^2\omega^2$

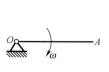
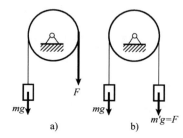
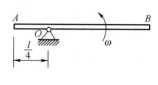

题 4-3-34 图   题 4-3-35 图   题 4-3-36 图

4-3-37 图示鼓轮半径$r = 3.65$cm，对转轴O的转动惯量$J_O = 0.92$kg·m²；绕在鼓轮上的绳端挂有质量$m = 30$kg的物体A。不计系统质量与摩擦，欲使鼓轮以角加速度$\alpha = 37.8$rad/s²转动来提升重物，需对鼓轮作用的转矩$\boldsymbol{M}$的大小是：

A. 37.8N·m   B. 47N·m   C. 36.3N·m   D. 45.5N·m

4-3-38 图示两种不同材料的均质细长杆焊接成直杆ABC。AB段为一种材料，长度为a，质量为m_1；BC段为另一种材料，长度为b，质量为m_2。杆ABC以匀角速度ω转动，则其对A轴的动量矩L_A为：

A. $L_A = (m_1 + m_2)(a + b)^2\omega/3$

B. $L_A = [m_1a^2/3 + m_2b^2/12 + m_2(b/2 + a)^2]\omega$

C. $L_A = [m_1a^2/3 + m_2b^2/3 + m_2a^2]\omega$

D. $L_A = m_1a^2\omega/3 + m_2b^2\omega/3$

4-3-39 图示一弹簧常数为k的弹簧下挂一质量为m的物体，若物体从静平衡位置（设静伸长为δ）下降Δ距离，则弹性力所做的功为：

A. $\frac{1}{2}k\Delta^2$ B. $\frac{1}{2}k(\delta + \Delta)^2$

C. $\frac{1}{2}k[(\Delta + \delta)^2 - \delta^2]$ D. $\frac{1}{2}k[\delta^2 - (\Delta + \delta)^2]$

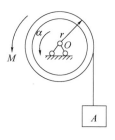
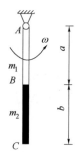
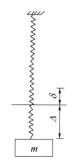

题 4-3-37 图   题 4-3-38 图   题 4-3-39 图

4-3-40 A、B两物块置于光滑水平面上，并用弹簧相连，如图所示。当压缩弹簧后无初速地释放，释放后系统的动能和动量分别用T、p表示，则有：

A. $T \neq 0$，$p = 0$ B. $T = 0$，$p \neq 0$

C. $T = 0$，$p = 0$ D. $T \neq 0$，$p \neq 0$

4-3-41 均质圆环的质量为m，半径为R，圆环绕O轴的摆动规律为$\varphi = \omega t$，ω为常数。图示瞬时圆环对转轴O的动量矩为：

A. $mR^2\omega$ B. $2mR^2\omega$ C. $3mR^2\omega$ D. $\frac{1}{2}mR^2\omega$

4-3-42 物块A质量为 8kg，静止放在无摩擦的水平面上。另一质量为 4kg 的物块B被绳系住，如图所示，滑轮无摩擦。若物块A的加速度$a = 3.3\text{m/s}^2$，则物块B的惯性力是：

A. 13.2N（铅垂向上）   B. 13.2N（铅垂向下）

C. 26.4N（铅垂向上）   D. 26.4N（铅垂向下）

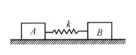
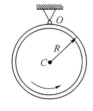
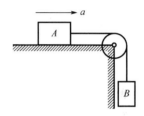

题 4-3-40 图   题 4-3-41 图   题 4-3-42 图

4-3-43 在题 4-3-41 图中，将圆环的惯性力系向O点简化，其主矢$\boldsymbol{F}_\text{I}$和主矩$\boldsymbol{M}_\text{IO}$的数值为：

A. $F_\text{I} = 0$，$M_\text{IO} = 0$ B. $F_\text{I} = mR\omega^2$，$M_\text{IO} = 0$

C. $F_\text{I} = mR\omega^2$，$M_\text{IO} \neq 0$ D. $F_\text{I} = 0$，$M_\text{IO} \neq 0$

4-3-44 图示均质圆盘作定轴转动，其中图 a）、c）的转动角速度为常数$(\omega = C)$，而图 b）、d）的角速度不为常数$(\omega \neq C)$，则哪个图示圆盘的惯性力系简化的结果为平衡力系？

A. 图 a）   B. 图 b）   C. 图 c）   D. 图 d）

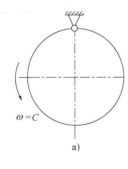
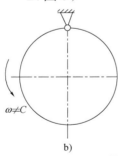
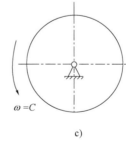
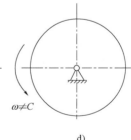

题 4-3-44 图

4-3-45 物重力的大小为Q，用细绳BA、CA悬挂（如图所示），$\alpha = 60°$，若将BA绳剪断，则该瞬时CA绳的张力大小为：

A. 0   B. $0.5Q$ C. Q D. $2Q$

4-3-46 图示均质杆AB的质量为m，长度为L，且$O_1A = O_2B = R$，$O_1O_2 = AB = L$。当$\varphi = 60°$时，O_1A杆绕O_1轴转动的角速度为ω，角加速度为α，此时均质杆AB的惯性力系向其质心C简化的主矢$\boldsymbol{F}_\text{I}$和主矩$\boldsymbol{M}_\text{C}^\text{I}$的大小分别为：

A. $F_\text{I} = mR\alpha$，$M_\text{C}^\text{I} = \frac{1}{3}mL^2\alpha$ B. $F_\text{I} = mR\omega^2$，$M_\text{C}^\text{I} = 0$

C. $F_\text{I} = mR\sqrt{\alpha^2 + \omega^4}$，$M_\text{C}^\text{I} = 0$ D. $F_\text{I} = mR\sqrt{\alpha^2 + \omega^4}$，$M_\text{C}^\text{I} = \frac{1}{12}mL^2\alpha$

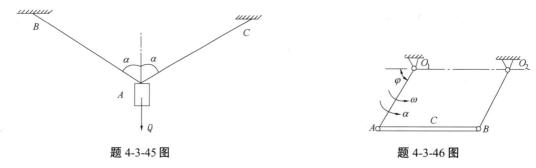

题 4-3-45 图　　　　　　　　　　　题 4-3-46 图

4-3-47 偏心轮为均质圆盘，其质量为m，半径为R，偏心距$OC = \dfrac{R}{2}$。若在图示位置时，轮绕O轴转动的角速度为ω，角加速度为α，则该轮的惯性力系向O点简化的主矢$\boldsymbol{F}_\mathrm{I}$和主矩$M_\mathrm{O}^\mathrm{I}$的大小为：

A. $F_\mathrm{I} = \dfrac{1}{2}mR\sqrt{\alpha^2 + \omega^4}$，　$M_\mathrm{O}^\mathrm{I} = \dfrac{3}{4}mR^2\alpha$

B. $F_\mathrm{I} = \dfrac{1}{2}mR\sqrt{\alpha^2 + \omega^4}$，　$M_\mathrm{O}^\mathrm{I} = \dfrac{1}{2}mR^2\alpha$

C. $F_\mathrm{I} = \dfrac{1}{2}mR\omega^2$，　$M_\mathrm{O}^\mathrm{I} = \dfrac{1}{4}mR^2\alpha$

D. $F_\mathrm{I} = \dfrac{1}{2}mR\alpha$，　$M_\mathrm{O}^\mathrm{I} = \dfrac{5}{4}mR^2\alpha$

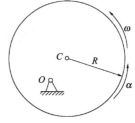

题 4-3-47 图

4-3-48 在图示三个振动系统中，物块的质量均为m，弹簧的刚性系数均为k，摩擦和弹簧的质量不计。设图 a）、b）、c）中弹簧的振动频率分别为f_1、f_2、f_3，则三者的关系有：

A. $f_1 = f_2 \neq f_3$ 　　　　　　　　　B. $f_1 \neq f_2 = f_3$

C. $f_1 = f_2 = f_3$ 　　　　　　　　　D. $f_1 \neq f_2 \neq f_3$

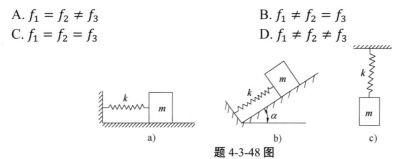

题 4-3-48 图

4-3-49 设图 a）、b）、c）三个质量弹簧系统的固有频率分别为ω_1、ω_2、ω_3，则它们之间的关系是：

A. $\omega_1 < \omega_2 = \omega_3$ 　　　　　　　B. $\omega_2 < \omega_3 = \omega_1$

C. $\omega_3 < \omega_1 = \omega_2$ 　　　　　　　D. $\omega_1 = \omega_2 = \omega_3$

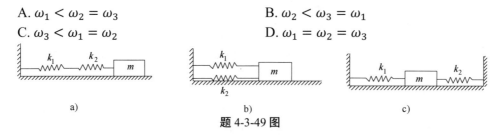

题 4-3-49 图

4-3-50 图示两系统均做自由振动，其中图 a）系统的周期和图 b）系统的周期为下列中的哪一组？

A. $2\pi\sqrt{m/k}$，$2\pi\sqrt{m/k}$ 　　　　　B. $2\pi\sqrt{2m/2k}$，$2\pi\sqrt{m/2k}$

C. $2\pi\sqrt{m/2k}$，$2\pi\sqrt{m/2k}$ 　　　　D. $2\pi\sqrt{4m/k}$，$2\pi\sqrt{4m/k}$

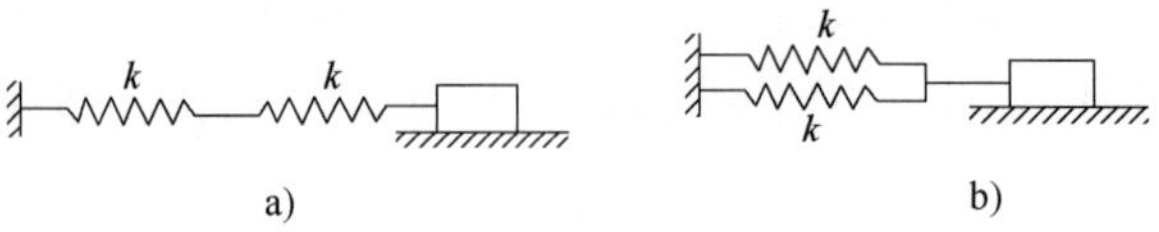

题 4-3-50 图

4-3-51 图示在倾角为α的光滑斜面上置一弹性系数为k的弹簧，一质量为m的物块沿斜面下滑s距离与弹簧相碰，碰后弹簧与物块不分离并发生振动，则自由振动的固有圆频率应为：

A. $(k/m)^{1/2}$ B. $[k/(ms)]^{1/2}$

C. $[k/(m\sin\alpha)]^{1/2}$ D. $(k\sin\alpha/m)^{1/2}$

4-3-52 图示质量为m的物块，用两根弹性系数为k_1和k_2的弹簧连接，不计阻尼，当物体受到干扰力$F = h\sin\omega t$的作用时，系统发生共振的受迫振动频率ω为：

A. $\sqrt{\dfrac{k_1 k_2}{m(k_1+k_2)}}$ B. $\sqrt{\dfrac{m(k_1+k_2)}{mk_1 k_2}}$ C. $\sqrt{\dfrac{k_1+k_2}{m}}$ D. $\sqrt{\dfrac{m}{k_1+k_2}}$

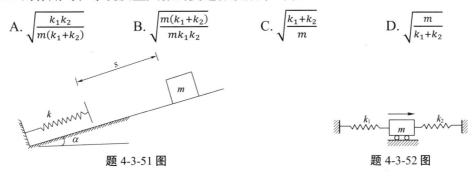

题 4-3-51 图   题 4-3-52 图

题解及参考答案

4-3-1 **解：** 汽车运动到洼地底部时加速度的大小为$a = a_n = \dfrac{v^2}{\rho}$，其运动及受力如解图所示，按照牛顿第二定律，在铅垂方向有$ma = F_N - W$，$\boldsymbol{F}_N$为地面给汽车的合约束力。

$$F_N = \frac{W}{g} \cdot \frac{v^2}{\rho} + W = \frac{2800}{10} \times \frac{10^2}{5} + 2800 = 8400\text{N}$$

答案： D

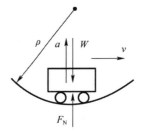

题 4-3-1 解图

4-3-2 **解：** 根据质点运动微分方程$m\boldsymbol{a} = \sum\boldsymbol{F}$，当货物加速下降、匀速下降和减速下降时，加速度分别向下、为零、向上，代入公式有：

$$ma = W - R_1,\ \ 0 = W - R_2,\ \ -ma = W - R_3$$

答案： C

4-3-3 **解：** 小球的运动及受力分析如解图所示。根据质点运动微分方程$m\boldsymbol{a} = \boldsymbol{F}$，将方程沿着$N$方向投影有：

$$ma\sin\alpha = N - mg\cos\alpha$$

解得：$N = mg\cos\alpha + ma\sin\alpha$

答案： B

题 4-3-3 解图

4-3-4 **解：** 根据动量矩定义和公式：

$$L_O = M_O(m_1 v) + M_O(m_2 v) + J_{O\text{轮}}\omega = m_1 vr + m_2 vr + \frac{1}{2}mr^2\omega$$

$$\omega = \frac{v}{r},\ \ L_O = \left(m_1 + m_2 + \frac{1}{2}m\right)rv$$

答案： C

4-3-5 **解：** 根据动能定理，当杆从水平转动到铅垂位置时：

$$T_1 = 0;\ \ T_2 = \frac{1}{2}J_B\omega^2 = \frac{1}{2}\cdot\frac{1}{3}m(2l)^2\omega^2 = \frac{2}{3}ml^2\omega^2$$

将$W_{12} = mgl$代入$T_2 - T_1 = W_{12}$，得：

$$\omega^2 = \frac{3g}{2l}$$

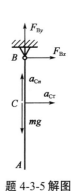

题 4-3-5 解图

再根据定轴转动微分方程：$J_B\alpha = M_B(F) = 0$，$\alpha = 0$

根据质心运动定理：质心的加速度 $a_{C\tau} = l\alpha = 0$，$a_{Cn} = 1\omega^2 = \frac{3g}{2}$

受力如解图所示：$ml\omega^2 = F_{By} - mg$，$F_{By} = \frac{5}{2}mg$，$F_{Bx} = 0$

答案： D

4-3-6　解： 根据定轴转动刚体惯性力系的简化结果，惯性力主矢和主矩的大小分别为：

$$F_I = ma_c = 0, \quad M_{IO} = J_O\varepsilon = \frac{1}{2}mr^2\varepsilon$$

答案： C

4-3-7　解： 根据串并联弹簧等效弹簧刚度的公式：串联时，$\frac{1}{k} + \frac{1}{k} + \frac{1}{k} + \frac{1}{k} + \frac{1}{k} = \frac{5}{k}$，等效弹簧刚度为 $\frac{k}{5}$；并联时，等效弹簧刚度为 $k + k + k + k + k = 5k$。

答案： C

4-3-8　解： 将动力学矢量方程 $m\boldsymbol{a} = \boldsymbol{F} + \boldsymbol{R}$，在 x 方向投影，有 $-ma = F - R$。

答案： B

4-3-9　解： 根据定轴转动刚体动量矩和动能的公式：

$$L_O = J_O\omega, \quad T = \frac{1}{2}J_O\omega^2$$

其中：$J_O = \frac{1}{2}mR^2 + mR^2 = \frac{3}{2}mR^2$，$L_O = \frac{3}{2}mR^2\omega$，$T = \frac{3}{4}mR^2\omega^2$。

答案： D

4-3-10　解： 根据定轴转动微分方程 $J_B\alpha = M_B(F)$，当杆转动到铅垂位置时，受力见解图，杆上所有外力对 B 点的力矩为零，即 $M_B(F) = 0$，所以有 $a = 0$。

答案： A

4-3-11　解： 绳剪断瞬时（见解图），杆的 $\omega = 0$，$\alpha = \frac{3g}{4l}$；则质心的加速度 $a_{Cx} = 0$，$a_{Cy} = \alpha l = \frac{3g}{4}$。根据质心运动定理：

$$\frac{P}{g}a_{Cy} = P - F_{Ay}, \quad F_{Ax} = 0, \quad F_{Ay} = P - \frac{P}{g} \times \frac{3}{4}g = \frac{P}{4}$$

答案： B

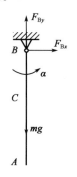

题 4-3-10 解图

题 4-3-11 解图

4-3-12　解： 质点振动的固有频率与倾角无关。

答案： C

4-3-13　解： 根据平行移轴公式计算：

$$J_{Dy} = J_{Cy} + md^2 = \frac{1}{12}ml^2 + m\left(\frac{1}{4}\right)^2$$

答案： A

4-3-14　解： 因为整个系统水平方向所受外力为零，故系统水平方向动量守恒；又因为做功的力为保守力，有系统机械能守恒，故有守恒情形的数量为 2 个。

答案：C

4-3-15 **解**：在右侧物体重力作用下，滑轮顺时针方向转动，故轮上作用的合力矩应有：$(F_{T2} - F_{T1})r > 0$，即 $F_{T1} < F_{T2}$。

答案：B

4-3-16 **解**：系统为并联弹簧，其等效的弹簧刚度应为两弹簧刚度之和。

答案：D

4-3-17 **解**：小球受力如解图所示，应用牛顿第二定律，沿垂直于斜面方向：

$$\frac{W}{g}a\sin\alpha = F_N' - W\cos\alpha$$

题 4-3-17 解图

所以 $F_N = F_N' = \frac{W}{g}a\sin\alpha + W\cos\alpha > W\cos\alpha$

答案：B

4-3-18 **解**：圆盘绕轴 O 作定轴转动，其动能为 $T = \frac{1}{2}J_O\omega^2$，且 $J_O = \frac{1}{2}mr^2 + ml^2$。

答案：D

4-3-19 **解**：参考微分方程的推导过程。

答案：C

4-3-20 **解**：应用动能定理：

$$T_2 - T_1 = W_{12}$$

若设重物 A 下降 h 时鼓轮的角速度为 ω_O，则系统的动能为：

$$T_2 = \frac{1}{2}mv_A^2 + \frac{1}{2}mv_B^2 + \frac{1}{2}J_O\omega_O^2, \quad T_1 = \text{常量}$$

其中，$v_A = 2r\omega_O$；$v_B = r\omega_O$；$J_O = m\rho_0^2$。

力所做的功为 $W_{12} = mgh$

代入动能定理

$$\frac{5}{2}mr^2\omega_O^2 + \frac{1}{2}m\rho_0^2\omega_O^2 - T_1 = mgh$$

将上式的等号两边同时对时间 t 求导数，可得：

$$5mr^2\omega_O\alpha + \frac{1}{2}m\rho_0^2\omega_O\alpha = (mg\dot{h})$$

式中，$\dot{h} = v_A = 2r\omega_O$，则鼓轮的角加速度为 $\alpha = \frac{2rg}{5r^2 + \rho_0^2}$。

答案：A

4-3-21 **解**：应用牛顿第二定律：$\frac{W}{g}\ddot{y} = F_N - W$，0 位置时 $\ddot{y} < 0$；1 位置时 $\ddot{y} < 0$；2 位置时 $\ddot{y} > 0$；因此 $F_{N0} = W$，$F_{N1} < W$，$F_{N2} > W$。

答案：A

4-3-22 **解**：动量的大小等于杆 AB 的质量乘以其质心速度，即 $m \cdot \frac{l}{2}\omega$。

答案：A

4-3-23 **解**：应用动能定理：$T_2 - T_1 = W_{12}$

其中，$T_2 = 0$；$T_1 = \frac{1}{2} \cdot \frac{1}{3}ml^2\left(\frac{v_A}{l}\right)^2$；$W_{12} = mg\frac{l}{2} - \frac{1}{2}k\left(l - \frac{\sqrt{2}l}{2}\right)^2$。

答案：D

4-3-24 **解：** 根据公式：$\omega_O = \sqrt{\dfrac{k}{m}}$；$T = \dfrac{2\pi}{\omega_O}$。

　　　　答案： D

4-3-25 **解：** 质点的运动方向应与速度方向一致。

　　　　答案： C

4-3-26 **解：** 单摆运动的固有频率公式：$\omega_n = \sqrt{\dfrac{g}{l}}$。

　　　　答案： C

4-3-27 **解：** 动量矩 $L_O = \dfrac{1}{3}ml^2\omega + ml^2\omega$。

　　　　答案： D

4-3-28 **解：** 定轴转动刚体的惯性力系向转动轴 O 处简化的公式：$\boldsymbol{F}_I = \sum m_i \boldsymbol{a}_{Ci}$，$M_{IO} = J_{IO}\alpha$。因为杆作匀角速度转动（$\alpha = 0$），故杆的质心和小球A都只有法向加速度，系统惯性力系主矢的大小为：$F_I = m\dfrac{l}{2}\omega^2 + ml\omega^2 = \dfrac{3}{2}ml\omega^2$，主矩为零，即：$M_{IO} = J_O\alpha = 0$。

　　　　答案： B

4-3-29 **解：** 因为不计滑轮质量，忽略各处摩擦，所以作用在 A、B 物块上绳索的拉力与绳水平段的拉力均相等，用 $\boldsymbol{F}_T$ 表示，对 A、B 物块分别应用牛顿第二定律（设B物块加速度 a 向下），有：$\dfrac{P}{g}a = F_T - P$，$\dfrac{Q}{g}a = Q - F_T$，通过此两式可解得：$F_T = 24\text{kN}$。

　　　　答案： D

4-3-30 **解：** 将质点所受的阻力和重力分解到直角坐标系中：阻力 $\boldsymbol{R} = -km\dot{x}\boldsymbol{i} - km\dot{y}\boldsymbol{j}$，重力 $\boldsymbol{P} = -mg\boldsymbol{j}$；运用直角坐标的质点运动微分方程，有 $m\ddot{x} = -km\dot{x}$，$m\ddot{y} = -km\dot{y} - mg$。

　　　　答案： A

4-3-31 **解：** 根据质点运动微分方程 $ma = \sum\boldsymbol{F}$，当汽车经过 A、B、C 三点时，其加速度分别向上 $\left(a = \dfrac{v^2}{R}\right)$、零、向下 $\left(a = \dfrac{v^2}{R}\right)$，代入质点运动微分方程，分别有：$ma = N_A - P$，$0 = N_B - P$，$ma = P - N_C$。所以：$N_A = P + ma$，$N_B = P$，$N_C = P - ma$。

　　　　答案： C

4-3-32 **解：** 根据质点运动微分方程 $ma = \sum\boldsymbol{F}$，当电梯加速上升、匀速上升及减速上升时，加速度分别向上、零、向下，代入质点运动微分方程，分别有：$ma = P_1 - W$，$0 = W - P_2$，$ma = W - P_3$。所以：$P_1 = W + ma$，$P_2 = W$，$P_3 = W - ma$。

　　　　答案： B

4-3-33 **解：** 参照 4-3-31 题，汽车到达 C 点的情况，有质点运动微分方程：

$$ma = P - N, \quad N = P - \dfrac{P}{g}\cdot\dfrac{v^2}{R}$$

　　　　答案： C

4-3-34 **解：** 根据动量的定义：$p = mv_C$，OA 杆质心的速度为：$v_C = \dfrac{1}{2}\omega l$，故其动量为：$\dfrac{1}{2}ml\omega$。

　　　　答案： C

4-3-35 **解：** 应用动量矩定理 $\dfrac{\mathrm{d}L_O}{\mathrm{d}t} = \sum M_O(F)$，系统 a）的动量矩 $L_{Oa} = J_O\omega_1 + mr^2\omega_1$，系统 b）的动量矩 $L_{Ob} = J_O\omega_2 + mr^2\omega_2 + m'r^2\omega_2$，两系统的外力矩均为：$\sum M_O(F) = (mg - F)r$（$O$ 为圆盘的转动中心），代入动量矩定理有：

$$\dfrac{\mathrm{d}L_O}{\mathrm{d}t} = (J_O + mr^2)\alpha_1 = (J_O + mr^2 + m'r^2)\alpha_2 = (mg - F)r$$

从中可判断出α_1大于α_2。

答案：B

4-3-36　解：根据定轴转动刚体动能的公式：$T = \frac{1}{2}J_O\omega^2$，其中转动惯量$J_O$可根据平行移轴公式计算，即$J_O = \frac{1}{12}ml^2 + m\left(\frac{l}{4}\right)^2 = \frac{7}{48}ml^2$，代入动能公式可得：$T = \frac{1}{96}ml^2\omega^2$。

答案：D

4-3-37　解：应用动量矩定理$\frac{\mathrm{d}L_O}{\mathrm{d}t} = \sum M_O(F)$，系统的动量矩$L_O = J_O\omega + mr^2\omega$，代入动量矩定理有：

$$\frac{\mathrm{d}L_O}{\mathrm{d}t} = (J_O + mr^2)\alpha = M - mgr$$

可解得：$M = (J_O + mr^2)\alpha + mgr = 47\mathrm{N}\cdot\mathrm{m}$

答案：B

4-3-38　解：根据定轴转动刚体动量矩的公式：$L_A = J_A\omega$，其中转动惯量J_A可根据定义和平行移轴公式计算，即：

$$J_A = J_{A(AB)} + J_{A(BC)} = \frac{1}{3}m_1 a^2 + \frac{1}{12}m_2 b^2 + m_2\left(a + \frac{b}{2}\right)^2$$

代入动量矩公式可得：

$$L_A = \left[\frac{1}{3}m_1 a^2 + \frac{1}{12}m_2 b^2 + m_2\left(a + \frac{b}{2}\right)^2\right]\omega$$

答案：B

4-3-39　解：根据弹性力做功的公式：$W = \frac{1}{2}k(\delta_1^2 - \delta_2^2)$，其中$\delta_1$、$\delta_2$分别为弹簧的始、末变形，弹簧初始在静平衡位置，其变形为δ，下降Δ后，其变形为$\Delta + \delta$，代入公式得：

$$W = \frac{1}{2}k[\delta^2 - (\Delta + \delta)^2]$$

答案：D

4-3-40　解：由于系统为保守系统，故机械能守恒，弹簧压缩时系统所具有的势能，释放后转换成动能，所以系统动能不为零；又系统所受合外力为零，故动量守恒，两物块初始速度为零，即动量$P = 0$，则释放后仍有动量为零。

答案：A

4-3-41　解：根据定轴转动刚体动量矩的公式：$L_O = J_O\omega$，其中转动惯量J_O可根据定义和平行移轴公式计算，即$J_O = mR^2 + mR^2 = 2mR^2$，角速度为$\dot{\varphi} = \omega$，代入动量矩公式可得：$L_O = 2mR^2\omega$。

答案：B

4-3-42　解：根据惯性力的定义：$F_I = -ma$，物块B的加速度与物块A的加速度大小相同，且向下，故物块B的惯性力大小为$F_{BI} = 4 \times 3.3 = 13.2\mathrm{N}$，方向与其加速度方向相反，即铅垂向上。

答案：A

4-3-43　解：由于刚体的角速度为常量，角加速度为零，故惯性力系简化的主矩为：$M_{IO} = J_O\alpha = 0$，而主矢的大小为：$F_I = ma_C = mR\omega^2$。

答案：B

4-3-44　解：因为定轴转动刚体惯性力系简化的主矢大小为：$\boldsymbol{F}_I = m\boldsymbol{a}_C$，主矩为：$M_{IO} = J_O\alpha$，只有当$a_C = 0$，$\alpha = 0$时才有主矢、主矩同时为零，惯性力系为平衡力系，只有选项C转动轴在质心，即$a_C = 0$，角速度为常量，即$\alpha = 0$。

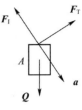

答案：C

4-3-45 解：如解图所示，AB绳被剪断瞬时，物块A有一垂直于AC的切向加速度a，其惯性力的大小可表示为：$F_I = ma$，方向亦与AC垂直，

根据达朗贝尔原理，重力$\boldsymbol{Q}$，AC绳拉力$\boldsymbol{F}_T$，惯性力$\boldsymbol{F}_I$组成平衡力系，沿AC方向列平衡方程：$F_T - Q\cos 60° = 0$，所以有：$F_T = 0.5Q$。

题 4-3-45 解图

答案：B

4-3-46 解：由于AB杆为平行移动刚体，根据其惯性力系简化结果为主矢$F_I = ma_C$，主矩为零；又根据平行移动刚体上各点加速度相同的运动性质知：$\boldsymbol{a}_C = \boldsymbol{a}_A$，$A$点为定轴转动刚体$O_1A$上一点，根据其加速度公式：$a_A = R\sqrt{\alpha^2 + \omega^4}$，所以惯性力系简化的主矢大小为：$F_I = mR\sqrt{\alpha^2 + \omega^4}$。

答案：C

4-3-47 解：定轴转动刚体的惯性力系向转动轴O处简化的公式：$\boldsymbol{F}_I = m\boldsymbol{a}_C$，$M_O^I = J_O \alpha$，其中$a_C = \frac{R}{2}\sqrt{\alpha^2 + \omega^4}$，$J_O = \frac{1}{2}mR^2 + m\left(\frac{R}{2}\right)^2 = \frac{3}{4}mR^2$，代入公式，有：$F_I = \frac{1}{2}mR\sqrt{\alpha^2 + \omega^4}$，$M_O^I = \frac{3}{4}mR^2\alpha$。

答案：A

4-3-48 解：振动系统的振动频率的公式为：$f = \sqrt{\frac{k}{m}}$，只与质点的质量和弹簧的刚度有关，与系统的摆放位置无关，所以三个振动系统的振动频率相等。

答案：C

4-3-49 解：因为振动频率的公式为：$\omega = \sqrt{\frac{k}{m}}$，三个系统的等效弹簧刚度分别为：a）系统$k_a = \frac{k_1 k_2}{k_1 + k_2}$；b）和 c）系统两弹簧并联，$k_b = k_c = k_1 + k_2$。由此可知，a）系统的等效弹簧刚度小于 b）和 c）系统，故振动频率$\omega_1 < \omega_2 = \omega_3$。

答案：A

4-3-50 解：振动系统的周期公式为：$T = 2\pi\sqrt{\frac{m}{k}}$，a）系统两弹簧串联，等效的弹簧刚度为$\frac{k}{2}$；b）系统两弹簧并联，等效的弹簧刚度为$2k$。代入周期公式，两系统的振动周期分别为$2\pi\sqrt{\frac{2m}{k}}$，$2\pi\sqrt{\frac{m}{2k}}$。

答案：B

4-3-51 解：振动发生后，其振动频率为$\sqrt{\frac{k}{m}}$，与其他条件无关。

答案：A

4-3-52 解：系统的自由振动频率为$\sqrt{\frac{k_1 + k_2}{m}}$（两弹簧并联），当受迫振动频率与自由振动频率相等时，发生共振。所以，受迫振动频率$\omega = \sqrt{\frac{k_1 + k_2}{m}}$。

答案：C

第五章　材料力学

复习指导

根据"考试大纲"的要求，结合以往的考试，考生在复习材料力学部分时，应注意以下几点。

（1）轴向拉伸和压缩部分重点考查基本概念，考题以概念类、记忆类、简单计算类为主。

（2）剪切和挤压实用计算部分，受力分析和破坏形式是重点，剪切面和挤压面的区分是难点，挤压面面积的计算容易混淆，考试题以概念题、比较判别题和简单计算题为主。

（3）扭转部分考题以概念、记忆和一般计算为主，对于实心圆截面和空心圆截面两种情形，截面上剪应力的分布、极惯性矩与抗扭截面系数计算要严格区分。

（4）截面的几何性质部分的考试题，侧重于平行移轴公式的应用，形心主轴概念的理解和有一对称轴的组合截面惯性矩的计算步骤与计算方法。

（5）弯曲内力部分考试题主要考查作 Q、M 图的熟练程度，熟练掌握用简便法计算指定截面的 Q、M 和用简便法作 Q、M 图是这部分的关键所在。

（6）弯曲应力部分考试题重点考查：①正应力最大的危险截面、剪应力最大的危险截面的确定；②梁受拉侧、受压侧的判断，对于 U 形、T 形等截面中性轴为非对称轴的情形尤其重要；③焊接工字形截面梁三类危险点的确定，即除了正应力危险点、剪应力危险点外，还有一类危险点，即在 M、Q 均较大的截面上腹板与翼缘交界处的点；但该类危险点处于复杂应力状态，需要用强度理论进行强度计算。题型以分析、计算为主。

（7）弯曲变形部分考试题重点考查给定梁的边界条件和连续条件的正确写法和用叠加法求梁的位移的灵活应用。叠加法有三方面的应用：①荷载分解、变形或位移叠加，这是叠加法的直接应用；②计算梁不变形部分的位移的叠加法，就是变形部分的位移叠加上不变形部分的位移；③逐段刚化法，是上面两种方法的进一步延拓。

（8）应力状态与强度理论部分考试题重点测试：①应力状态的有关概念；②主应力、最大剪应力的计算；③主应力、最大剪应力计算与强度理论的综合应用；④在各种应力状态下，尤其是单向应力状态、纯剪切应力状态下材料的破坏原因分析。考试题多属于概念理解、分析计算类。

（9）组合变形部分考试题重点考查：①各种基本变形组合时的分析方法；②对于有两根对称轴、四个角点的截面杆，在斜弯曲、拉（压）弯曲、偏心拉（压）时最大正应力计算；③用强度理论解决弯-扭组合变形的强度计算问题。

（10）压杆稳定部分考试题重点测试：①压杆稳定性的概念，压杆的极限应力不但与材料有关，而且与 λ 有关，而 λ 又与长度、支承情况、截面形状和尺寸有关；②压杆临界应力的计算思路，即先计算压杆在两个形心主惯性平面内的柔度，取其中最大的一个作为依据，再根据该最大柔度的范围选择适当的临界应力计算公式计算临界应力。考试题多属概念类和比较判别类。

本章的重点是弯曲内力、弯曲应力、应力状态、强度理论以及压杆稳定，其他各部分均有考题，覆盖了全部内容。

材料力学本身概念性很强，基本内容要求相当熟练，少数部分内容如应力状态分析和压杆稳定还要求能深入进行分析。一般来说，计算都不复杂，但因题量大，时间紧，所以不会涉及很复杂的计算。

练习题、题解及参考答案

（一）概论

5-1-1 在低碳钢拉伸实验中，冷作硬化现场发生在：

    A. 弹性阶段   B. 屈服阶段

    C. 强化阶段   D. 局部变形阶段

5-1-2 图示三种金属材料拉伸时的σ-ε曲线，下列中的哪一组判断三曲线的特性是正确的？

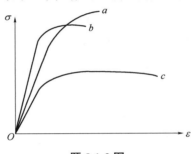

题 5-1-2 图

    A. a强度高，b刚度大，c塑性好   B. b强度高，c刚度大，a塑性好

    C. c强度高，b刚度大，a塑性好   D. 无法判断

5-1-3 对低碳钢试件进行拉伸试验，测得其弹性模量$E = 200\text{GPa}$。当试件横截面上的正应力达到320MPa 时，测得其轴向线应变$\varepsilon = 3.6 \times 10^{-3}$，此时开始卸载，直至横截面上正应力$\sigma = 0$。最后试件中纵向塑性应变（残余应变）是：

    A. 2.0×10^{-3} B. 1.5×10^{-3} C. 2.3×10^{-3} D. 3.6×10^{-3}

题解及参考答案

5-1-1 **解：** 由低碳钢拉伸实验的应力—应变曲线图可知，卸载时的直线规律和再加载时的冷作硬化现象都发生在强化阶段。

    答案： C

5-1-2 **解：** 纵坐标最大者强度高，直线段斜率大者刚度大，横坐标最大者塑性好。

    答案： A

5-1-3 **解：** 低碳钢试件拉伸试验中的卸载规律如解图所示。

因$E = \tan \alpha = \dfrac{\sigma}{\varepsilon - \varepsilon_{\text{p}}}$

故塑性应变$\varepsilon_{\text{p}} = \varepsilon - \dfrac{\sigma}{E} = 2 \times 10^{-3}$。

    答案： A

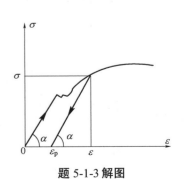

题 5-1-3 解图

（二）轴向拉伸与压缩

5-2-1 等截面杆，轴向受力如图所示。杆的最大轴力是：

A. 8kN   B. 5kN   C. 3kN   D. 13kN

5-2-2 已知拉杆横截面面积$A = 100\text{mm}^2$，弹性模量$E = 200\text{GPa}$，横向变形系数$\mu = 0.3$，轴向拉力$F = 20\text{kN}$，则拉杆的横向应变ε'是：

A. $\varepsilon' = 0.3 \times 10^{-3}$

B. $\varepsilon' = -0.3 \times 10^{-3}$

C. $\varepsilon' = 10^{-3}$

D. $\varepsilon' = -10^{-3}$

题 5-2-1 图   题 5-2-2 图

5-2-3 图示拉杆承受轴向拉力$\boldsymbol{P}$的作用，设斜截面$m\text{-}m$的面积为A，则$\sigma = P/A$为：

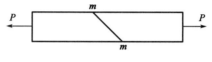

题 5-2-3 图

A. 横截面上的正应力

B. 斜截面上的正应力

C. 斜截面上的应力

D. 斜截面上的剪应力

5-2-4 两拉杆的材料和所受拉力都相同，且均处在弹性范围内，若两杆长度相等，横截面面积$A_1 > A_2$，则：

A. $\Delta l_1 < \Delta l_2$，$\varepsilon_1 = \varepsilon_2$

B. $\Delta l_1 = \Delta l_2$，$\varepsilon_1 < \varepsilon_2$

C. $\Delta l_1 < \Delta l_2$，$\varepsilon_1 < \varepsilon_2$

C. $\Delta l_1 = \Delta l_2$，$\varepsilon_1 = \varepsilon_2$

5-2-5 等直杆的受力情况如图所示，则杆内最大轴力$N_{\max}$和最小轴力$N_{\min}$分别为：

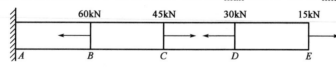

题 5-2-5 图

A. $N_{\max} = 60\text{kN}$，$N_{\min} = 15\text{kN}$

B. $N_{\max} = 60\text{kN}$，$N_{\min} = -15\text{kN}$

C. $N_{\max} = 30\text{kN}$，$N_{\min} = -30\text{kN}$

D. $N_{\max} = 90\text{kN}$，$N_{\min} = -60\text{kN}$

5-2-6 图示刚梁AB由标 1 和杆 2 支承。已知两杆的材料相同，长度不等，横截面面积分别为A_1和A_2，若荷载$\boldsymbol{P}$使刚梁平行下移，则其横截面面积：

A. $A_1 < A_2$

B. $A_1 = A_2$

C. $A_1 > A_2$

D. A_1、A_2为任意数

5-2-7 如图所示变截面杆中，AB段、BC段的轴力为：

A. $N_{AB} = -10\text{kN}$，$N_{BC} = 4\text{kN}$

B. $N_{AB} = 6\text{k}N$，$N_{BC} = 4\text{kN}$

C. $N_{AB} = -6\text{kN}$，$N_{BC} = 4\text{kN}$

D. $N_{AB} = 10\text{kN}$，$N_{BC} = 4\text{kN}$

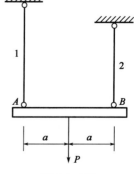

题 5-2-6 图

5-2-8 变形杆如图所示，其中在*BC*段内：

A. 有位移，无变形　　　　　　　B. 有变形，无位移

C. 既有位移，又有变形　　　　　D. 既无位移，又无变形

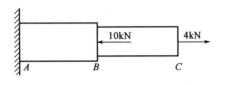　　　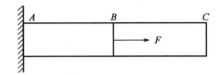

　　　题 5-2-7 图　　　　　　　　　　　　　题 5-2-8 图

5-2-9 图示等截面直杆，拉压刚度为*EA*，杆的总伸长为：

A. $\dfrac{2Fa}{EA}$

B. $\dfrac{3Fa}{EA}$

C. $\dfrac{4Fa}{EA}$

D. $\dfrac{5Fa}{EA}$

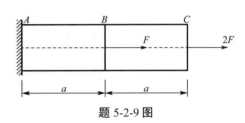

题 5-2-9 图

5-2-10 已知图示等直杆的轴力图（*N*图），则该杆相应的荷载图如哪个图所示？（图中集中荷载单位均为 kN，分布荷载单位均为kN/m）

A. 图 a)　　　　　B. 图 b)　　　　　C. 图 c)　　　　　D. 图 d)

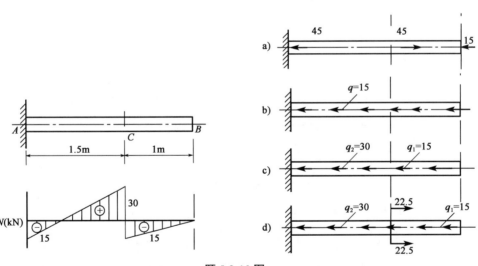

题 5-2-10 图

5-2-11 有一横截面面积为*A*的圆截面杆件受轴向拉力作用，在其他条件不变时，若将其横截面改为面积仍为*A*的空心圆，则杆：

A. 内力、应力、轴向变形均增大　　　　B. 内力、应力、轴向变形均减小

C. 内力、应力、轴向变形均不变　　　　D. 内力、应力不变，轴向变形增大

5-2-12 图示桁架，在节点*C*处沿水平方向受*P*力作用。各杆的抗拉刚度相等。若节点*C*的铅垂位移以V_C表示，*BC*杆的轴力以N_{BC}表示，则：

A. $N_{BC} = 0$, $V_C = 0$　　　　　　B. $N_{BC} = 0$, $V_C \neq 0$

C. $N_{BC} \neq 0$, $V_C = 0$　　　　　　D. $N_{BC} \neq 0$, $V_C \neq 0$

5-2-13 轴向受拉压杆横截面面积为A，受荷载如图所示，则m-m截面上的正应力σ为：

A. $-6\dfrac{P}{A}$ 　　　 B. $-3\dfrac{P}{A}$ 　　　 C. $2\dfrac{P}{A}$ 　　　 D. $-2\dfrac{P}{A}$

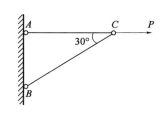

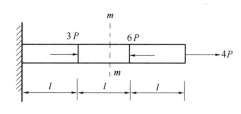

题 5-2-12 图 　　　　　　　　　　　　　 题 5-2-13 图

5-2-14 如图所示两杆AB、BC的横截面面积均为A，弹性模量均为E，夹角$\alpha = 30°$。设在外力P作用下，变形微小，则B点的位移为：

A. $\delta_B = \dfrac{Pl}{EA}$ 　　　　　　　　　　　 B. $\delta_B = \dfrac{\sqrt{3}Pl}{EA}$

C. $\delta_B = \dfrac{2Pl}{EA}$ 　　　　　　　　　　 D. $\delta_B = \dfrac{Pl}{EA}\left(\sqrt{3}+l\right)$

5-2-15 如图所示结构中，圆截面拉杆BD的直径为d，不计该杆的自重，则其横截面上的应力为：

A. $\dfrac{ql}{2\pi d^2}$ 　　　 B. $\dfrac{2ql}{\pi d^2}$ 　　　 C. $\dfrac{8ql}{\pi d^2}$ 　　　 D. $\dfrac{4ql}{\pi d^2}$

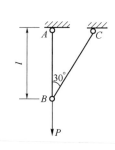

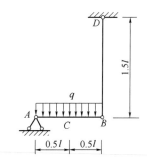

题 5-2-14 图 　　　　　　　　　　　　　 题 5-2-15 图

5-2-16 如图所示受力杆件中，下列说法中正确的是：

　　A. AB段内任一横截面均无位移 　　　 B. BC段内任一点均无应力

　　C. AB段内任一点处均无应变 　　　　 D. BC段内任一横截面均无位移

5-2-17 如图所示受力杆件中，n-n截面上的轴力为：

　　A. P 　　　　 B. $2P$ 　　　　 C. $3P$ 　　　　 D. $6P$

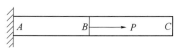
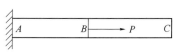

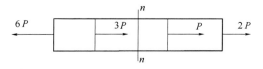

题 5-2-16 图 　　　　　　　　　　　　　 题 5-2-17 图

5-2-18 低碳钢试件受拉时，下列叙述正确的是：

　　A. $\sigma < \sigma_s$时，$\sigma = E\varepsilon$成立 　　　 B. $\sigma < \sigma_b$时，$\sigma = E\varepsilon$成立

　　C. $\sigma < \sigma_p$时，$\sigma = E\varepsilon$成立 　　　 D. $\sigma < \sigma_{0.2}$时，$\sigma = E\varepsilon$成立

5-2-19 Q235 钢的 $\sigma_p = 200\text{MPa}$，$\sigma_s = 235\text{MPa}$，$\sigma_b = 450\text{MPa}$，弹性模量 $E = 2 \times 10^5\text{MPa}$。在单向拉伸时，若测得拉伸方向的线应变 $\varepsilon = 2000 \times 10^{-6}$，此时杆横截面上正应力 σ 约为：

A. 200MPa B. 235MPa C. 400MPa D. 450MPa

5-2-20 杆件受力情况如图所示。若用 $N_{\max}$ 和 $N_{\min}$ 分别表示杆内的最大轴力和最小轴力，则下列结论中正确的是：

A. $N_{\max} = 50\text{kN}$，$N_{\min} = -5\text{kN}$ B. $N_{\max} = 55\text{kN}$，$N_{\min} = -40\text{kN}$

C. $N_{\max} = 55\text{kN}$，$N_{\min} = -25\text{kN}$ D. $N_{\max} = 20\text{kN}$，$N_{\min} = -5\text{kN}$

题 5-2-20 图

5-2-21 材料相同的两根杆件受力如图所示。若杆①的伸长量为 Δl_1，杆②的伸长量为 Δl_2，则下列结论中正确的是：

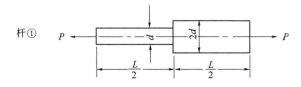

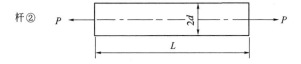

题 5-2-21 图

A. $\Delta l_1 = \Delta l_2$ B. $\Delta l_1 = 1.5\Delta l_2$ C. $\Delta l_1 = 2\Delta l_2$ D. $\Delta l_1 = 2.5\Delta l_2$

题解及参考答案

5-2-1 解： 轴向受力杆左段轴力是-3kN，右段轴力是 5kN。

答案： B

5-2-2 解：

$$\varepsilon' = -\mu\varepsilon = -\mu\frac{\sigma}{E} = -\mu\frac{F_N}{AE}$$

$$= -0.3 \times \frac{20 \times 10^3 \text{N}}{100\text{mm}^2 \times 200 \times 10^3\text{MPa}} = -0.3 \times 10^{-3}$$

答案： B

5-2-3 解： 由于 A 是斜截面 m-m 的面积，轴向拉力 $\boldsymbol{P}$ 沿斜截面是均匀分布的，所以 $\sigma = \frac{P}{A}$ 应为力斜截面上沿轴线方向的总应力，而不是垂直于斜截面的正应力。

答案： C

5-2-4 解： $\Delta l_1 = \frac{F_N l}{EA_1}$，$\Delta l_2 = \frac{F_N l}{EA_2}$，因为 $A_1 > A_2$，所以 $\Delta l_1 < \Delta l_2$。又 $\varepsilon_1 = \frac{\Delta l_1}{l}$，$\varepsilon_2 = \frac{\Delta l_2}{l}$，故

$\varepsilon_1 < \varepsilon_2$。

答案： C

5-2-5 解： 用直接法求轴力可得 $N_{AB} = -30\text{kN}$，$N_{BC} = 30\text{kN}$，$N_{CD} = -15\text{kN}$，$N_{DE} = 15\text{kN}$。

答案： C

5-2-6 解： $N_1 = N_2 = \frac{P}{2}$ 若使刚梁平行下移，则应使两杆位移相同：

$$\Delta l_2 = \frac{\frac{P}{2}}{E} \frac{l_1}{A_1} = \Delta l_2 \frac{\frac{P}{2} l_2}{E A_2}$$

即 $\frac{A_1}{A_2} = \frac{l_1}{l_2} > 1$

答案： C

5-2-7 解： 用直接法求轴力，可得 $N_{AB} = -6\text{kN}$，$N_{BC} = 4\text{kN}$。

答案： C

5-2-8 解： 用直接法求内力，可得 AB 段轴力为 $\boldsymbol{F}$，既有变形，又有位移；BC 段没有轴力，所以没有变形，但是由于 AB 段的位移带动 BC 段有一个向右的位移。

答案： A

5-2-9 解： AB 段轴力是 $3F$，$\Delta l_{AB} = \frac{3Fa}{EA}$，$BC$ 段轴力是 $2F$，$\Delta l_{BC} = \frac{2Fa}{EA}$，杆的总伸长为：

$$\Delta l = \Delta l_{AB} + \Delta l_{BC} = \frac{3Fa}{EA} + \frac{2Fa}{EA} = \frac{5Fa}{EA}$$

答案： D

5-2-10 解： 由轴力图（N 图）可见，轴力沿轴线是线性渐变的，所以杆上必有沿轴线分布的均布荷载，同时在 C 截面两侧轴力的突变值是 45kN，故在 C 截面上一定对应有集中力 45kN。

答案： D

5-2-11 解： 受轴向拉力杆件的内力 $F_N = \sum F_x$（截面一侧轴向外力代数和），应力 $\sigma = \frac{F_N}{A}$，轴向变形 $\Delta l = \frac{F_N l}{EA}$，若横截面面积 A 和其他条件不变，则内力、应力、轴向变形均不变。

答案： C

5-2-12 解： 由零杆判别法可知 BC 杆为零杆，$N_{BC} = 0$。但是 AC 杆受拉伸长后与 BC 杆仍然相连，由杆的小变形的威利沃特法（Williot）可知变形后 C 点位移到 C' 点，如解图所示。

答案： B

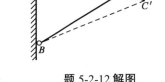

题 5-2-12 解图

5-2-13 解： 由截面法可求出 $m\text{-}m$ 截面上的轴力为 $-2P$，正应力为：

$$\sigma = \frac{N}{A} = -2\frac{P}{A}$$

答案： D

5-2-14 解： 由 B 点的受力分析可知 BA 杆受拉力 $N = P$，伸长 $\Delta l = \frac{Pl}{EA}$；而 BC 杆受力为零，$\Delta l' = 0$；但变形后两杆仍连在一起。由于是小变形，可以用切线代替圆弧的方法找出变形后的位置 B'，则：

$$BB' = \frac{\Delta l}{\sin 30°} \frac{2Pl}{EA}$$

答案： C

5-2-15 解： 拉杆 BD 受拉力 $N = \frac{ql}{2}$，而应力：

$$\sigma = \frac{N}{A} = \frac{\frac{ql}{2}}{\frac{\pi}{4} d^2} = \frac{2ql}{\pi d^2}$$

答案： B

5-2-16 解： 由截面法可知，AB 段内各横截面均有轴力，而 BC 段内各横截面均无轴力，故无应力。

答案： B

5-2-17 解： 由截面法可知，n-n 截面上的轴力 $N = 6P - 3P = 3P$。

答案： C

5-2-18 解： 只有当应力小于比例极限 σ_p 时，虎克定律才成立。

答案： C

5-2-19 解： 当正应力 $\sigma \leqslant \sigma_\text{P}$ 时，胡克定律才成立，此时的最大应变为 $\varepsilon_\text{P} = \dfrac{\sigma_\text{P}}{E} = \dfrac{200}{2\times10^5} = 0.001$，当 $\varepsilon = 2000\times10^{-6} = 0.002$ 时已经进入屈服阶段，此时的正应力 σ 约等于 σ_s 的值。

答案： B

5-2-20 解： 从左至右四段杆中的轴力分别为 10kN、50kN、−5kN、20kN。

答案： A

5-2-21 解： 由公式 $\Delta l = \dfrac{N_1 l_1}{EA_1} + \dfrac{N_2 l_2}{EA_2}$ 分别计算杆①和杆②的伸长量，再加以比较，可以得到选项 D 是正确的。

答案： D

（三）剪切和挤压

5-3-1 钢板用两个铆钉固定在支座上，铆钉直径为 d，在图示荷载下，铆钉的最大切应力是：

A. $\tau_\text{max} = \dfrac{4F}{\pi d^2}$ 　　B. $\tau_\text{max} = \dfrac{8F}{\pi d^2}$ 　　C. $\tau_\text{max} = \dfrac{12F}{\pi d^2}$ 　　D. $\tau_\text{max} = \dfrac{2F}{\pi d^2}$

5-3-2 螺钉受力如图所示，已知螺钉和钢板的材料相同，拉伸许用应力 $[\sigma]$ 是剪切许用应力 $[\tau]$ 的 2 倍，即 $[\sigma] = 2[\tau]$，钢板厚度 t 是螺钉头高度 h 的 1.5 倍，则螺钉直径 d 的合理值为：

A. $d = 2h$ 　　B. $d = 0.5h$ 　　C. $d^2 = 2Dt$ 　　D. $d^2 = Dt$

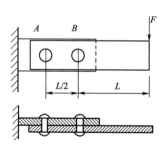

题 5-3-1 图

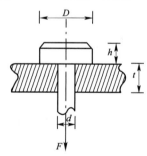

题 5-3-2 图

5-3-3 图示连接件，两端受拉力 $\boldsymbol{P}$ 作用，接头的挤压面积为：

A. ab 　　B. cb 　　C. lb 　　D. lc

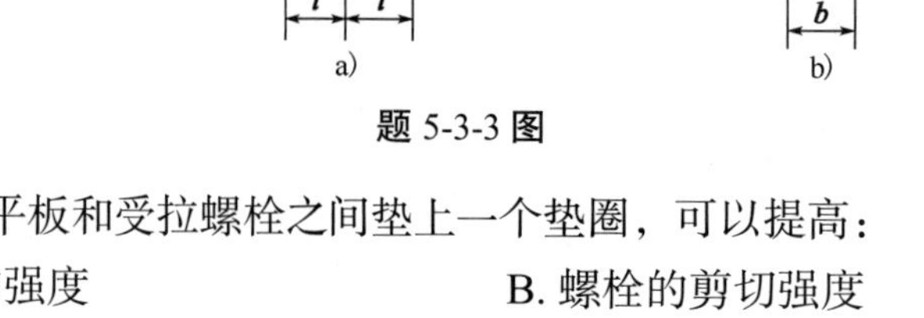

题 5-3-3 图

5-3-4 如图所示，在平板和受拉螺栓之间垫上一个垫圈，可以提高：

A. 螺栓的拉伸强度　　　　　　　　B. 螺栓的剪切强度

C.螺栓的挤压强度　　　　　　　　　　D.平板的挤压强度

5-3-5 图示铆接件，设钢板和铝铆钉的挤压应力分别为$\sigma_{jy,1}$、$\sigma_{jy,2}$，则二者的大小关系是：

A. $\sigma_{jy,1} < \sigma_{jy,2}$　　　B. $\sigma_{jy,1} = \sigma_{jy,2}$　　　C. $\sigma_{jy,1} > \sigma_{jy,2}$　　　D. 不确定的

5-3-6 如图所示，插销穿过水平放置平板上的圆孔，在其下端受有一拉力P，该插销的剪切面积和挤压面积分别为：

A. $\pi dh,\ \dfrac{1}{4}\pi D^2$　　　　　　　　　　　B. $\pi dh,\ \dfrac{1}{4}\pi(D^2 - d^2)$

C. $\pi Dh,\ \dfrac{1}{4}\pi D^2$　　　　　　　　　　　D. $\pi Dh,\ \dfrac{1}{4}\pi(D^2 - d^2)$

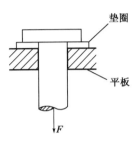

题 5-3-4 图

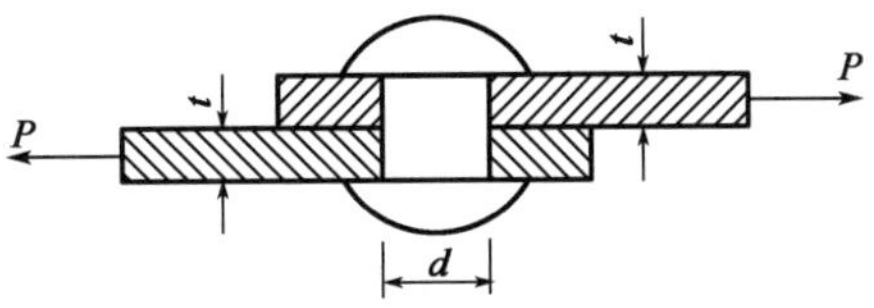

题 5-3-5 图

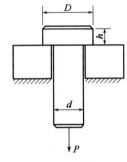

题 5-3-6 图

5-3-7 要用冲床在厚度为t的钢板上冲出一个圆孔，则冲力大小：

A. 与圆孔直径的平方成正比　　　　　B. 与圆孔直径的平方根成正比

C. 与圆孔直径成正比　　　　　　　　D. 与圆孔直径的三次方成正比

5-3-8 已知图示杆件的许用拉应力$[\sigma] = 120\text{MPa}$，许用剪应力$[\tau] = 90\text{MPa}$，许用挤压应力$[\sigma_{bs}] = 240\text{MPa}$，则杆件的许用拉力$[P]$等于：

A. 18.8kN　　　　B. 67.86kN　　　　C. 117.6kN　　　　D. 37.7kN

5-3-9 用夹剪剪直径 3mm 的钢丝（如图所示），设钢丝的剪切强度极限$\tau_0 = 100\text{MPa}$，剪子销钉的剪切许用应力为$[\tau] = 90\text{MPa}$，要求剪断钢丝，销钉满足剪切强度条件，则销钉的最小直径应为：

A. 3.5mm　　　　B. 1.8mm　　　　C. 2.7mm　　　　D. 1.4mm

5-3-10 如图所示，钢板用钢轴连接在铰支座上，下端受轴向拉力F，已知钢板和钢轴的许用挤压应力均为$[\sigma_{bs}]$，则钢轴的合理直径d是：

A. $d \geqslant \dfrac{F}{t[\sigma_{bs}]}$　　　　　　　　　　　B. $d \geqslant \dfrac{F}{b[\sigma_{bs}]}$

C. $d \geqslant \dfrac{F}{2t[\sigma_{bs}]}$　　　　　　　　　　　D. $d \geqslant \dfrac{F}{2b[\sigma_{bs}]}$

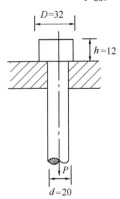

题 5-3-8 图

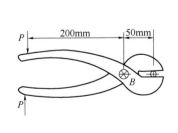

题 5-3-9 图

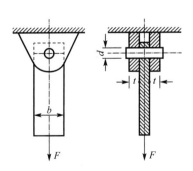

题 5-3-10 图

5-3-11 如图所示连接件中，螺栓直径为d，材料剪切容许应力为$[\tau]$，则螺栓的剪切强度条件为：

A. $\tau = \dfrac{P}{\pi d^2} \leqslant [\tau]$

B. $\tau = \dfrac{4P}{3\pi d^2} \leqslant [\tau]$

C. $\tau = \dfrac{4P}{\pi d^2} \leqslant [\tau]$

D. $\tau = \dfrac{2P}{\pi d^2} \leqslant [\tau]$

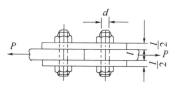

题 5-3-11 图

题解及参考答案

5-3-1 **解**：把F力平移到铆钉群中心O，并附加一个力偶$m = F \cdot \dfrac{5}{4}L$，在铆钉上将产生剪力$Q_1$和$Q_2$，其中$Q_1 = \dfrac{F}{2}$，而$Q_2$计算方法如下。

$$\sum M_O = 0, \quad Q_2 \cdot \dfrac{L}{2} = F \cdot \dfrac{5}{4}L \Rightarrow Q_2 = \dfrac{5}{2}F$$

所以

$$Q = Q_1 + Q_2 = 3F, \quad \tau_{\max} = \dfrac{Q}{\frac{\pi}{4}d^2} = \dfrac{12F}{\pi d^2}$$

答案：C

5-3-2 **解**：把螺钉杆拉伸强度条件$\sigma = \dfrac{F}{\frac{\pi}{4}d^2} = [\sigma]$和螺母的剪切强度条件$\tau = \dfrac{F}{\pi dh} = [\tau]$代入$[\sigma] = 2[\tau]$，即得$d = 2h$。

答案：A

5-3-3 **解**：当挤压的接触面为平面时，接触面面积cb就是挤压面积。

答案：B

5-3-4 **解**：加垫圈后，螺栓的剪切面、挤压面、拉伸面积都无改变，只有平板的挤压面积增加了，平板的挤压强度提高了。

答案：D

5-3-5 **解**：挤压应力等于挤压力除以挤压面积。钢板和铝铆钉的挤压力互为作用力和反作用力，大小相等、方向相反；而挤压面积就是相互接触面的正投影面积，也相同。

答案：B

5-3-6 **解**：插销中心部分有向下的趋势，插销帽周边部分受平板支撑有向上的趋势，故插销的剪切面积是一个圆柱面积πdh，而插销帽与平板的接触面积就是挤压面积，为一个圆环面积$\dfrac{\pi}{4}(D^2 - d^2)$。

答案：B

5-3-7 **解**：在钢板上冲断的圆孔板，如解图所示。设冲力为F，剪力为Q，钢板的剪切强度极限为τ_b，圆孔直径为d，则有$\tau = \dfrac{Q}{\pi dt} = \tau_b$，故冲力$F = Q = \pi d \tau_b$。

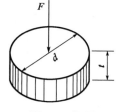

题 5-3-7 解图

答案：C

5-3-8 **解**：由$\sigma = \dfrac{P}{\frac{1}{4}\pi d^2} \leqslant [\sigma]$，$\tau = \dfrac{P}{\pi dh} \leqslant [\tau]$，$\sigma_{bs} = \dfrac{P}{\frac{\pi}{4}(D^2 - d^2)} \leqslant [\sigma_{bs}]$分别求出$[P]$，然后取最小值即为杆件的许用拉力。

答案：D

5-3-9 **解**：剪断钢丝所需剪力$Q = \tau_0 A_0 = 100 \times \dfrac{\pi}{4} \times 3^2$，而销钉承受的力$R = [\tau]A = 90 \times \dfrac{\pi}{4}d^2$；取夹剪的一半研究其平衡，即可求得销钉的最小直径$d$的值。

答案： A

5-3-10 解： 钢板和钢轴的计算挤压面积是 dt，由钢轴的挤压强度条件 $\sigma_{bs} = \frac{F}{dt} \leq [\sigma_{bs}]$，得 $d \geq \frac{F}{t[\sigma_{bs}]}$。

答案： A

5-3-11 解： $\tau = \frac{Q}{A} = \frac{\frac{P}{2}}{\frac{\pi}{4}d^2} = \frac{2P}{\pi d^2}$，此题中每个螺栓有两个剪切面。

答案： D

（四）扭转

5-4-1 圆轴直径为 d，剪切弹性模量为 G，在外力作用下发生扭转变形，现测得单位长度扭转角为 θ，圆轴的最大切应力是：

    A. $\tau = \frac{16\theta G}{\pi d^3}$ B. $\tau = \theta G \frac{\pi d^3}{16}$ C. $\tau = \theta Gd$ D. $\tau = \frac{\theta Gd}{2}$

5-4-2 直径为 d 的实心圆轴受扭，为使扭转最大切应力减小一半，圆轴的直径应改为：

    A. $2d$ B. $0.5d$ C. $\sqrt{2}d$ D. $\sqrt[3]{2}d$

5-4-3 直径为 d 的实心圆轴受扭，若使扭转角减小一半，圆轴的直径需变为：

    A. $\sqrt[4]{2}d$ B. $\sqrt[3]{\sqrt{2}}d$ C. $0.5d$ D. $2d$

5-4-4 图示圆轴抗扭截面模量为 W_t，剪切模量为 G，扭转变形后，圆轴表面 A 点处截取的单元体互相垂直的相邻边线改变了 γ 角，如图所示。圆轴承受的扭矩 T 为：

    A. $T = G\gamma W_t$ B. $T = \frac{G\gamma}{W_t}$ C. $T = \frac{\gamma}{G}W_t$ D. $T = \frac{W_t}{G\gamma}$

5-4-5 如图所示，左端固定的直杆受扭转力偶作用，在截面 1-1 和 2-2 处的扭矩为：

    A. 12.5kN·m，−3kN·m   B. −2.5kN·m，−3kN·m

    C. −2.5kN·m，3kN·m   D. 2.5kN·m，−3kN·m

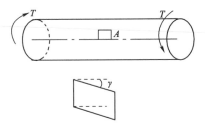   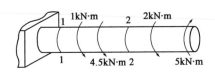

题 5-4-4 图   题 5-4-5 图

5-4-6 直径为 D 的实心圆轴，两端受扭转力矩作用，轴内最大剪应力为 τ。若轴的直径改为 $D/2$，则轴内的最大剪应力应为：

    A. 2τ B. 4τ C. 8τ D. 16τ

5-4-7 如图所示，圆轴的扭矩图为：

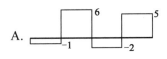   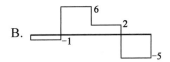

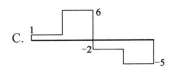   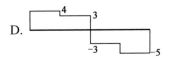

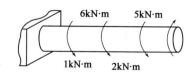

题 5-4-7 图

5-4-8 两端受扭转力偶矩作用的实心圆轴，不发生屈服的最大许可荷载为M_0，若将其横截面面积增加 1 倍，则最大许可荷载为：

A. $\sqrt{2}M_0$ B. $2M_0$ C. $2\sqrt{2}M_0$ D. $4M_0$

5-4-9 如图所示，直杆受扭转力偶作用，在截面 1-1 和 2-2 处的扭矩为：

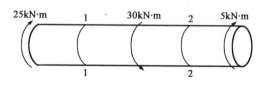

题 5-4-9 图

A. 5kN·m，5kN·m

B. 25kN·m，−5kN·m

C. 35kN·m，−5kN·m

D. −25kN·m，25kN·m

5-4-10 受扭实心等直圆轴，当直径增大一倍时，其最大剪应力$\tau_{2\max}$和两端相对扭转角φ_2与原来的$\tau_{1\max}$和φ_1的比值为：

A. $\tau_{2\max}:\tau_{1\max}=1:2$，$\varphi_2:\varphi_1=1:4$

B. $\tau_{2\max}:\tau_{1\max}=1:4$，$\varphi_2:\varphi_1=1:8$

C. $\tau_{2\max}:\tau_{1\max}=1:8$，$\varphi_2:\varphi_1=1:16$

D. $\tau_{2\max}:\tau_{1\max}=1:4$，$\varphi_2:\varphi_1=1:16$

5-4-11 空心圆轴和实心圆轴的外径相同时，截面的抗扭截面模量较大的是：

A. 空心轴

B. 实心轴

C. 一样大

D. 不能确定

5-4-12 阶梯轴如图 a) 所示，已知轮 1、2、3 所传递的功率分别为$N_1=21\text{kW}$，$N_2=84\text{kW}$，$N_3=63\text{kW}$，轴的转速$n=200\text{rad/min}$，图示该轴的扭矩图中哪个正确？

A. 图 d)

B. 图 e)

C. 图 b)

D. 图 c)

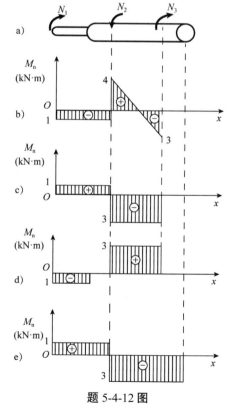

题 5-4-12 图

5-4-13 等截面传动轴，轴上安装a、b、c三个齿轮，其上的外力偶矩的大小和转向一定，如图所示。但齿轮的位置可以调换。从受力的观点来看，齿轮a的位置应放置在下列中何处?

A. 任意处   B. 轴的最左端

C. 轴的最右端   D. 齿轮b与c之间

5-4-14 已知轴两端作用外力偶转向相反、大小相等，如图所示，其值为T。则该轴离开两端较远处横截面上剪应力的正确分布图是:

A. 图 a)   B. 图 b)   C. 图 c)   D. 图 d)

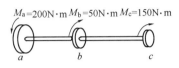

题 5-4-13 图   题 5-4-14 图

5-4-15 如图所示空心轴的抗扭截面模量为:

A. $W_p = \dfrac{\pi d^3}{16}$

B. $W_p = \dfrac{\pi D^3}{16}$

C. $W_p = \dfrac{\pi D^3}{16}\left[1 - \left(\dfrac{d}{D}\right)^4\right]$

D. $W_p = \dfrac{\pi}{16}(D^3 - d^3)$

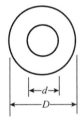

题 5-4-15 图

5-4-16 空心截面圆轴，其外径为D，内径为d，某横截面上的扭矩为M_n，则该截面上的最大剪应力为:

A. $\tau_{max} = \dfrac{M_n}{\frac{\pi}{16}(D^3 - d^3)}$ B. $\tau_{max} = \dfrac{M_n}{\frac{\pi D^3}{32}\left(1 - \frac{d^4}{D^4}\right)}$

C. $\tau_{max} = \dfrac{M_n}{\frac{\pi D^3}{16}\left(1 - \frac{d^4}{D^4}\right)}$ D. $\tau_{max} = \dfrac{M_n}{\frac{\pi}{16}D^3}$

5-4-17 有两根圆轴，一根是实心轴，一根是空心轴。它们的长度、横截面面积、所用材料、所受转矩m均相同。若用$\varphi_{实}$和$\varphi_{空}$分别表示实心轴和空心轴的扭转角，则二者间的关系是:

A. $\varphi_{实} = \varphi_{空}$ B. $\varphi_{实} < \varphi_{空}$

C. $\varphi_{实} > \varphi_{空}$ D. $\varphi_{实}$与$\varphi_{空}$的大小无法比较

题解及参考答案

5-4-1 **解:** 由 $\theta = \dfrac{T}{GI_p}$，得 $\dfrac{T}{I_p} = \theta G$，故 $\tau_{max} = \dfrac{T}{I_p} \cdot \dfrac{d}{2} = \dfrac{\theta G d}{2}$。

      答案: D

5-4-2 **解:** 为使 $\tau_1 = \dfrac{1}{2}\tau$，应使 $\dfrac{T}{\frac{\pi}{16}d_1^3} = \dfrac{1}{2}\dfrac{T}{\frac{\pi}{16}d^3}$，即 $d_1^3 = 2d^3$，故 $d_1 = \sqrt[3]{2}d$。

      答案: D

5-4-3 **解:** 使 $\varphi_1 = \dfrac{\varphi}{2}$，即 $\dfrac{T}{GI_{p1}} = \dfrac{1}{2}\dfrac{T}{GI_p}$，所以 $I_{p1} = 2I_p$，$\dfrac{\pi}{32}d_1^4 = 2\dfrac{\pi}{32}d^4$，得 $d_1 = \sqrt[4]{2}d$。

答案： A

5-4-4　解： 圆轴表面$\tau = \dfrac{T}{W_t}$，又$\tau = G\gamma$，所以$T = \tau W_t = G\gamma W_t$。

答案： A

5-4-5　解： 首先考虑整体平衡，设左端反力偶m由外向里转，则有$\sum M_x = 0$，$m - 1 - 4.5 - 2 + 5 = 0$，得$m = 2.5\text{kN}\cdot\text{m}$。再由截面法平衡求出：$T_1 = m = 2.5\text{kN}\cdot\text{m}$，$T_2 = 2 - 5 = -3\text{kN}\cdot\text{m}$。

答案： D

5-4-6　解： 设直径为D的实心圆轴最大剪应力$\tau = \dfrac{T}{\frac{\pi}{16}D^3}$，则直径为$\dfrac{D}{2}$的实心圆轴最大剪应力为：

$$\tau_1 = \frac{T}{\frac{\pi}{16}\left(\frac{D}{2}\right)^3} = 8\frac{T}{\frac{\pi}{16}D^3} = 8\tau$$

答案： C

5-4-7　解： 首先考虑整体平衡，设左端反力偶m在外表面由外向里转，则有$\sum M_x = 0$，即$m - 1 - 6 - 2 + 5 = 0$，所以$m = 4\text{kN}\cdot\text{m}$。

再由直接法求出各段扭矩，从左至右各段扭矩分别为 4kN·m、3kN·m、−3kN·m、−5kN·m，在各集中力偶两侧截面上扭矩的变化量就等于集中偶矩的大小。显然符合这些规律的扭矩图只有 D 图。

答案： D

5-4-8　解： 设实心圆轴原来横截面面积为$A = \dfrac{\pi}{4}d^2$，增大后面积$A_1 = \dfrac{\pi}{4}d_1^2$，则有：$A_1 = 2A$，即$\dfrac{\pi}{4}d_1^2 = 2\dfrac{\pi}{4}d^2$，所以$d_1 = \sqrt{2}d$。原面积不发生屈服时，$\tau_{\max} = \dfrac{M_0}{W_p} = \dfrac{M_0}{\frac{\pi}{16}d^3} \leqslant \tau_s$，$M_0 \leqslant \dfrac{\pi}{16}d^3\tau_s$，将面积增大后，$\tau_{\max 1} = \dfrac{M_1}{W_{p1}} = \dfrac{M_1}{\frac{\pi}{16}d_1^3} \leqslant \tau_s$，最大许可荷载$M_1 \leqslant \dfrac{\pi}{16}d_1^3\tau_s = 2\sqrt{2}\dfrac{\pi}{16}d^3\tau_s = 2\sqrt{2}M_0$。

答案： C

5-4-9　解： 用截面法（或直接法）可求出截面 1-1 处扭矩为 25kN·m，截面 2-2 处的扭矩为 −5kN·m。

答案： B

5-4-10　解：

$$\tau_{2\max} = \frac{T}{\frac{\pi}{16}(2d)^3} = \frac{1}{8} \cdot \frac{T}{\frac{\pi}{16}d^3} = \frac{1}{8}\tau_{1\max}$$

$$\varphi_2 = \frac{Tl}{G\frac{\pi}{32}(2d)^4} = \frac{1}{16}\frac{Tl}{G\frac{\pi}{32}d^4} = \frac{1}{16}\varphi_1$$

答案： C

5-4-11　解： 实心圆轴截面的抗扭截面模量$W_{p1} = \dfrac{\pi}{16}D^3$，空心圆轴截面的抗扭截面模量$W_{p2} = \dfrac{\pi}{16}D^3\left(1 - \dfrac{d^4}{D^4}\right)$，当外径$D$相同时，显然$W_{p1} > W_{p2}$。

答案： B

5-4-12　解： 图 b）中的斜线不对，图 d）、e）中扭矩的变化与荷载的分段不对应，只有图 c）无错。

答案： D

5-4-13　解： 由于a轮上的外力偶矩M_a最大，当a轮放在两端时轴内将产生较大扭矩；只有当a轮放在中间时，轴内扭矩才较小。

答案：D

5-4-14 解：扭转轴横截面上剪应力沿直径呈线性分布，而且与扭矩T的转向相同。

　　　　答案：A

5-4-15 解：由抗扭截面模量的定义可知：

$$W_{\mathrm{p}} = \frac{I_{\mathrm{p}}}{\rho_{\max}} = \frac{\frac{\pi}{32}(D^4 - d^4)}{\frac{D}{2}} = \frac{\pi D^3}{16}\left(1 - \frac{d^4}{D^4}\right)$$

　　　　答案：C

5-4-16 解：$\tau_{\max} = \dfrac{T}{W_{\mathrm{p}}}$，而由上题可知$W_{\mathrm{p}} = \dfrac{\pi D^3}{16}\left(1 - \dfrac{d^4}{D^4}\right)$，故只有选项C是正确的。

　　　　答案：C

5-4-17 解：由实心轴和空心轴截面极惯性矩I_{p}的计算公式可以推导出，如果它们的横截面面积相同，则空心轴的极惯性矩$I_{\mathrm{p空}}$必大于实心轴的极惯性矩$I_{\mathrm{p实}}$。根据扭转角的计算公式$\varphi = \dfrac{Tl}{GI_{\mathrm{p}}}$可知，$\varphi_{实} > \varphi_{空}$。

　　　　答案：C

（五）截面图形的几何性质

5-5-1 图示矩形截面对z_1轴的惯性矩I_{z1}为：

A. $I_{z1} = \dfrac{bh^3}{12}$ 　　　　　　　　　　　B. $I_{z1} = \dfrac{bh^3}{3}$

C. $I_{z1} = \dfrac{7bh^3}{6}$ 　　　　　　　　　　　D. $I_{z1} = \dfrac{13bh^3}{12}$

5-5-2 矩形截面挖去一个边长为a的正方形，如图所示，该截面对z轴的惯性矩I_z为：

A. $I_z = \dfrac{bh^3}{12} - \dfrac{a^4}{12}$ 　　　　　　　　B. $I_z = \dfrac{bh^3}{12} - \dfrac{13a^4}{12}$

C. $I_z = \dfrac{bh^3}{12} - \dfrac{a^4}{3}$ 　　　　　　　　D. $I_z = \dfrac{bh^3}{12} - \dfrac{7a^4}{12}$

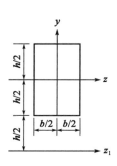

题 5-5-1 图　　　　　　　　　　　　　　题 5-5-2 图

5-5-3 在yOz正交坐标系中，设图形对y、z轴的惯性矩分别为I_y和I_z，则图形对坐标原点的极惯性矩为：

A. $I_{\mathrm{P}} = 0$ 　　　　　　　　　　　　B. $I_{\mathrm{P}} = I_z + I_y$

C. $I_{\mathrm{P}} = \sqrt{I_z^2 + I_y^2}$ 　　　　　　　　　D. $I_{\mathrm{P}} = I_z^2 + I_y^2$

5-5-4 面积相等的两个图形分别如图 a）和图 b）所示。它们对对称轴y、z轴的惯性矩之间的关系为：

A. $I_z^a < I_z^b$，$I_y^a = I_y^b$ B. $I_z^a > I_z^b$，$I_y^a = I_y^b$

C. $I_z^a = I_z^b$，$I_y^a = I_y^b$ D. $I_z^a = I_z^b$，$I_y^a > I_y^b$

5-5-5 图示矩形截面，m-m线以上部分和以下部分对形心轴z的两个静矩：

    A. 绝对值相等，正负号相同   B. 绝地值相等，正负号不同

    C. 绝地值不等，正负号相同   D. 绝对值不等，正负号不同

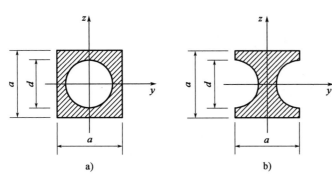 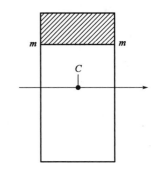

题 5-5-4 图   题 5-5-5 图

5-5-6 直径为d的圆形对其形心轴的惯性半径i等于：

    A. $d/2$ B. $d/4$ C. $d/6$ D. $d/8$

5-5-7 图示的矩形截面和正方形截面具有相同的面积。设它们对对称轴y的惯性矩分别为I_y^a、I_y^b，对对称轴z的惯性矩分别为I_z^a、I_z^b，则：

    A. $I_z^a > I_z^b$，$I_y^a < I_y^b$ B. $I_z^a > I_z^b$，$I_y^a > I_y^b$

    C. $I_z^a < I_z^b$，$I_y^a > I_y^b$ D. $I_z^a < I_z^b$，$I_y^a < I_y^b$

5-5-8 在图形对通过某点的所有轴的惯性矩中，图形对主惯性轴的惯性矩一定：

    A. 最大   B. 最小   C. 最大或最小   D. 为零

5-5-9 图示截面，其轴惯性矩的关系为：

    A. $I_{Z_1} = I_{Z_2}$ B. $I_{Z_1} > I_{Z_2}$ C. $I_{Z_1} < I_{Z_2}$ D. 不能确定

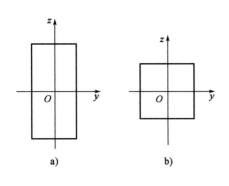 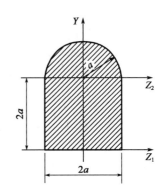

题 5-5-7 图   题 5-5-9 图

5-5-10 图示 a）、b）两截面，其惯性矩关系应为：

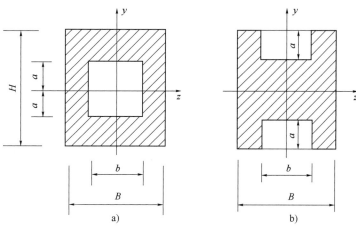

题 5-5-10 图

A. $\left(I_y\right)_1 > \left(I_y\right)_2$，$\left(I_z\right)_1 = \left(I_z\right)_2$　　　　B. $\left(I_y\right)_1 = \left(I_y\right)_2$，$\left(I_z\right)_1 > \left(I_z\right)_2$

C. $\left(I_y\right)_1 = \left(I_y\right)_2$，$\left(I_z\right)_1 < \left(I_z\right)_2$　　　　D. $\left(I_y\right)_1 < \left(I_y\right)_2$，$\left(I_z\right)_1 = \left(I_z\right)_2$

5-5-11 下面关于截面的形心主惯性轴 y、z 的定义，正确的是：

A. $S_y = S_z = 0$　　　　　　　　　　B. $I_{yz} = 0$

C. $I_y = I_z = 0$　　　　　　　　　　D. $S_y = S_z = 0$，$I_{yz} = 0$

5-5-12 如图所示圆截面直径为 d，则截面对 O 点的极惯性矩为：

A. $I_p = \dfrac{3\pi d^4}{32}$　　　　B. $I_p = \dfrac{\pi d^4}{64}$　　　　C. $I_p = 0$　　　　D. $I_p = -\dfrac{\pi d^3}{16}$

5-5-13 如图所示正方形截面对 z_1 轴的惯性矩与对 z 轴惯性矩的关系是：

A. $I_{z_1} = \sqrt{2}I_z$　　　　B. $I_{z_1} > I_z$　　　　C. $I_{z_1} < I_z$　　　　D. $I_{z_1} = I_z$

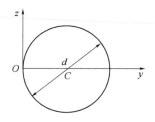

题 5-5-12 图

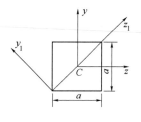

题 5-5-13 图

5-5-14 上题图所示正方形截面对 y_1 轴的惯性矩应为：

A. $I_{y_1} = \dfrac{6+\sqrt{2}}{12}a^4$　　　　　　　　B. $I_{y_1} = \dfrac{a^4}{12}\left(6 - \sqrt{2}\right)$

C. $I_{y_1} = \dfrac{7}{12}a^4$　　　　　　　　　　D. $I_{y_1} = -\dfrac{5}{12}a^4$

5-5-15 如图所示一矩形截面，面积为 A，高度为 b，对称轴为 z，z_1 和 z_2 均平行于 z，下列计算式中正确的是：

A. $I_{z_1} = I_{z_2} + b^2 A$　　　　　　　　B. $I_{z_2} = I_z + \dfrac{b^2}{4}A$

C. $I_z = I_{z_2} + \dfrac{b^2}{4}A$　　　　　　　　D. $I_{z_2} = I_{z_1} + b^2 A$

5-5-16 若三对直角坐标轴的原点均通过正方形的形心 C（如图所示），则下列结论正确的是：

A. $I_{z_1y_1} = I_{z_2y_2} \neq I_{z_3y_3}$ B. $I_{z_1} = I_{y_1} \neq I_{z_2}$

C. $I_{z_1} = I_{z_2} = I_{z_3} = I_{y_1}$ D. $I_{z_1} = I_{z_2} \neq I_{z_3}$

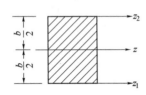 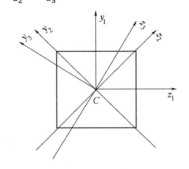

题 5-5-15 图   题 5-5-16 图

5-5-17 对如图所示平面图形来说，下列结论中错误的是：

A. $I_{zy} = 0$

B. y轴和z轴均为形心主惯性轴

C. y轴是形心主惯性轴，z轴不是形心主惯性轴

D. y轴和z轴均是主惯性轴

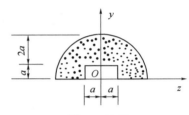

题 5-5-17 图

题解及参考答案

5-5-1 **解：** $I_{z1} = I_z + a^2 A = \dfrac{bh^3}{12} + h^2 \cdot bh = \dfrac{13}{12}bh^3$

答案： D

5-5-2 **解：** 图中正方形截面$I_z^{方} = \dfrac{a^4}{12} + \left(\dfrac{a}{2}\right)^2 \cdot a^2 = \dfrac{a^4}{3}$，整个截面$I_z = I_z^{矩} - I_z^{方} = \dfrac{bh^3}{12} - \dfrac{a^4}{3}$。

答案： C

5-5-3 **解：** 由定义$I_P = \int_A \rho^2 \mathrm{d}A$，$I_z = \int_A y^2 \mathrm{d}A$，$I_y = \int_A z^2 \mathrm{d}A$，以及勾股定理$\rho^2 = y^2 + z^2$，两边积分就可得$I_P = I_z + I_y$。

答案： B

5-5-4 **解：** 由定义$I_z = \int_A y^2 \mathrm{d}A$可知，a）、b）两图形面积相同，但图 a）中的面积距离z轴较远，因此$I_z^a > I_z^b$；而两图面积距离y轴远近相同，故$I_y^a = I_y^b$。

答案： B

5-5-5 **解：** 根据静矩定义$S_z = \int_A y \mathrm{d}A$，图示矩形截面的静矩等于$m$-$m$线以上部分和以下部分静矩之和，即$S_z = S_z^{\perp} + S_z^{\top}$，又由于$z$轴是形心轴，$S_z = 0$，故$S_z^{\perp} + S_z^{\top} = 0$，$S_z^{\perp} = -S_z^{\top}$。

答案： B

5-5-6 **解：** $i = i_y = i_z = \sqrt{\dfrac{I_z}{A}} = \sqrt{\dfrac{\pi}{64}d^4 / \left(\dfrac{\pi}{4}d^2\right)} = \dfrac{d}{4}$

答案： B

5-5-7 **解：** 根据矩的定义$I_z = \int_A y^2 \mathrm{d}A$，$I_y = \int_a z^2 \mathrm{d}A$，可知惯性矩的大小与面积到轴的距离有关。面积分布离轴越远，其惯性矩越大；面积分布离轴越近，其惯性矩越小。可见I_y^a最大，I_z^a最小。

答案： C

5-5-8 **解：** 图形对主惯性轴的惯性积为零，对主惯性轴的惯性矩是对通过某点的所有轴的惯性矩

中的极值，也就是最大或最小的惯性矩。

答案：C

5-5-9　解：由移轴定理 $I_z = I_{zc} + a^2A$ 可知，在所有与形心轴平行的轴中，距离形心轴越远，其惯性矩越大。图示截面为一个正方形与一半圆形的组合截面，其形心轴应在正方形形心和半圆形形心之间。所以 z_1 轴距离截面形心轴较远，其惯性矩较大。

答案：B

5-5-10　解：两截面面积相同，但图 a）截面分布离 z 轴较远，故 I_z 较大。对 y 轴惯性矩相同。

答案：B

5-5-11　解：形心主惯性轴 y、z 都过形心，故 $S_z = S_y = 0$；又都是主惯性轴，故 $I_{yz} = 0$。两条必须同时满足。

答案：D

5-5-12　解：$I_p = I_y + I_z$，$I_z = I_{zc} + a^2A$（平行移轴公式）。

答案：A

5-5-13　解：正方形截面的任何一条形心轴均为形心主轴，其形心主惯性矩都相等。

答案：D

5-5-14　解：过 C 点作形心轴 y_C 与 y_1 轴平行，则 $I_{y_1} = I_{yC} + b^2A$。

答案：C

5-5-15　解：平行移轴公式 $I_{z_1} = I_z + a^2A$ 中，I_z 必须是形心轴，因此只有选项 B 是正确的。

答案：B

5-5-16　解：正方形截面的任一形心轴均为形心主轴，其惯性矩均为形心主矩，其值都相等。

答案：C

5-5-17　解：z 轴未过此平面图形的形心，不是形心主惯性轴。

答案：C

（六）弯曲梁的内力、应力和变形

5-6-1　图示外伸梁，在 C、D 处作用相同的集中力 F，截面 A 的剪力和截面 C 的弯矩分别是：

    A. $F_{SA} = 0$，$M_C = 0$　　　　　　　　　　B. $F_{SA} = F$，$M_C = FL$

    C. $F_{SA} = F/2$，$M_C = FL/2$　　　　　　　D. $F_{SA} = 0$，$M_C = 2FL$

5-6-2　图示悬臂梁 AB，由三根相同的矩形截面直杆胶合而成，材料的许可应力为 $[\sigma]$。若胶合面开裂，假设开裂后三根杆的挠曲线相同，接触面之间无摩擦力，则开裂后的梁承载能力是原来的：

    A. 1/9　　　　　　B. 1/3　　　　　　C. 两者相同　　　　　　D. 3 倍

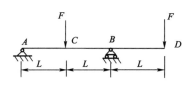

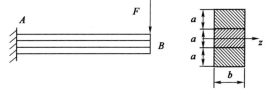

题 5-6-1 图　　　　　　　　　　　　　　　　　题 5-6-2 图

5-6-3　悬臂梁 AB 由两根相同的矩形截面梁胶合而成（如图所示）。若胶合面全部开裂，假设开裂后两杆的弯曲变形相同，接触面之间无摩擦力，则开裂后梁的最大挠度是原来的：

A. 两者相同　　B. 2 倍　　　　C. 4 倍　　　　D. 8 倍

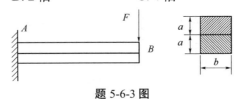

题 5-6-3 图

5-6-4 图示悬臂梁自由端承受集中力偶矩 M。若梁的长度减小一半，梁的最大挠度是原来的：

A. 1/2　　　　B. 1/4　　　　C. 1/8　　　　D. 1/16

5-6-5 图示外伸梁，A 截面的剪力为：

A. 0　　　　B. $\dfrac{3m}{2L}$　　　　C. $\dfrac{m}{L}$　　　　D. $-\dfrac{m}{L}$

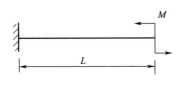

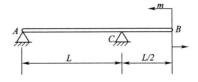

题 5-6-4 图　　　　　　　　　　　　　题 5-6-5 图

5-6-6 两根梁长度、截面形状和约束条件完全相同，一根材料为钢，另一根为铝。在相同的外力作用下发生弯曲形变，两者不同之处为：

A. 弯曲内力　　　　　　　　B. 弯曲正应力

C. 弯曲切应力　　　　　　　D. 挠曲线

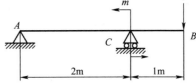

5-6-7 梁 AB 的弯矩图如图所示，则梁上荷载 F、m 的值为：

A. $F = 8\text{kN}$，$m = 14\text{kN} \cdot \text{m}$

B. $F = 8\text{kN}$，$m = 6\text{kN} \cdot \text{m}$

C. $F = 6\text{kN}$，$m = 8\text{kN} \cdot \text{m}$

D. $F = 6\text{kN}$，$m = 14\text{kN} \cdot \text{m}$

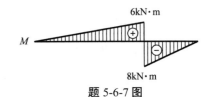

题 5-6-7 图

5-6-8 图示四个悬臂梁中挠曲线是圆弧的为：

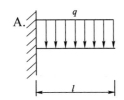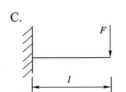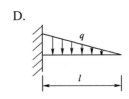

5-6-9 带有中间铰的静定梁受载情况如图所示，则：

A. a 越大，则 M_A 越大　　　　　　B. l 越大，则 M_A 越大

C. a 越大，则 R_A 越大　　　　　　D. l 越大，则 R_A 越大

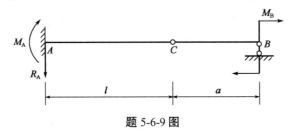

题 5-6-9 图

5-6-10 设图示两根圆截面梁的直径分别为d和$2d$，许可荷载分别为$[P_1]$和$[P_2]$。若两梁的材料相同，则$[P_2]/[P_1]=$

    A. 2   B. 4   C. 8   D. 16

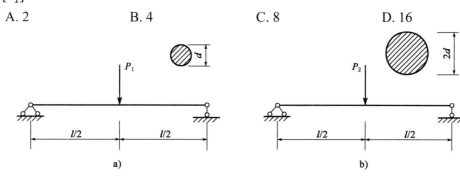

题 5-6-10 图

5-6-11 悬臂梁受载情况如图所示，在截面C上：

    A. 剪力为零，弯矩不为零   B. 剪力不为零，弯矩为零

    C. 剪力和弯矩均为零   D. 剪力和弯矩均不为零

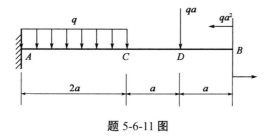

题 5-6-11 图

5-6-12 已知图示两个梁的抗弯截面刚度EI相同，若二者自由端的挠度相等，则P_1/P_2为：

    A. 2   B. 4   C. 8   D. 16

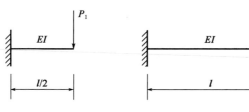

题 5-6-12 图

5-6-13 一跨度为l的简支架，若仅承受一个集中力P，当P在梁上任意移动时，梁内产生的最大剪力Q_{max}和最大弯矩M_{max}分别满足：

    A. $Q_{max} \leqslant P$，$M_{max} = Pl/4$ B. $Q_{max} \leqslant P/2$，$M_{max} = Pl/4$

    C. $Q_{max} \leqslant P$，$M_{max} = Pl/2$ D. $Q_{max} \leqslant P/2$，$M_{max} = Pl/2$

5-6-14 矩形截面梁横力弯曲时，在横截面的中性轴处：

    A. 正应力最大，剪应力为零   B. 正应力为零，剪应力最大

    C. 正应力和剪应力均最大   D. 正应力和剪应力均为零

5-6-15 梁的横截面形状如图所示，则截面对Z轴的抗弯截面模量W_z为：

    A. $\frac{1}{12}(BH^3 - bh^3)$ B. $\frac{1}{6}(BH^2 - bh^2)$

    C. $\frac{1}{6H}(BH^3 - bh^3)$ D. $\frac{1}{6h}(BH^3 - bh^3)$

5-6-16 如图所示梁，剪力等于零的截面位置x之值为：

A. $\dfrac{5a}{6}$　　　　　　B. $\dfrac{6a}{5}$　　　　　　C. $\dfrac{6a}{7}$　　　　　　D. $\dfrac{7a}{6}$

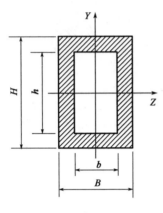

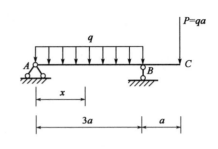

题 5-6-15 图　　　　　　　　　　　　　题 5-6-16 图

5-6-17 就正应力强度而言，如图所示的梁，以下列哪个图所示的加载方式最好？

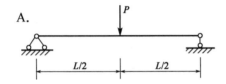

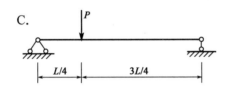

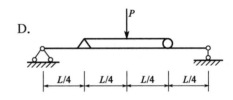

5-6-18 在等直梁平面弯曲的挠曲线上，曲率最大值发生在下面哪个值最大的截面上？

A. 挠度最大　　　　　B. 转角最大　　　　　D. 弯矩最大　　　　　D. 剪力最大

5-6-19 若梁的荷载及支承情况对称于梁的中央截面C，如图所示，则下列结论中哪一个是正确的？

A. Q图对称，M图对称，且$Q_C = 0$　　　　　B. Q图对称，M图反对称，且$M_C = 0$

C. Q图反对称，M图对称，且$Q_C = 0$　　　　　D. Q图反对称，M图反对称，且$M_C = 0$

5-6-20 已知简支梁受如图所示荷载，则跨中点C截面上的弯矩为：

A. 0　　　　　　B. $\dfrac{1}{2}ql^2$　　　　　　C. $\dfrac{1}{4}ql^2$　　　　　　D. $\dfrac{1}{8}ql^2$

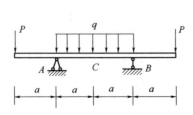

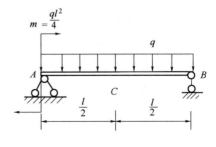

题 5-6-19 图　　　　　　　　　　　　　题 5-6-20 图

5-6-21 当力P直接作用在简支梁AB的中点时，梁内的σ_{max}超过许用应力值 30%。为了消除过载现象，配置了如图所示的辅助梁CD，则此辅助梁的跨度a的长度应为：

A. 1.385m   B. 2.77m   C. 5.54m   D. 3m

5-6-22 已知图示梁抗弯刚度EI为常数，则用叠加法可得自由端C点的挠度为：

A. $\dfrac{55ql^4}{24EI}$ B. $\dfrac{15ql^4}{8EI}$ C. $\dfrac{2ql^4}{EI}$ D. $\dfrac{41ql^4}{24EI}$

5-6-23 已知图示梁抗弯刚度EI为常数，则用叠加法可得跨中点C的挠度为：

A. $\dfrac{5ql^4}{384EI}$ B. $\dfrac{5ql^4}{576EI}$ C. $\dfrac{5ql^4}{768EI}$ D. $\dfrac{5ql^4}{1152EI}$

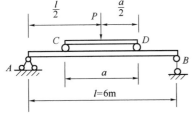
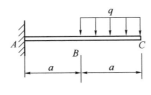
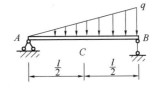

题 5-6-21 图   题 5-6-22 图   题 5-6-23 图

5-6-24 如图所示悬臂梁，其正确的弯矩图应是：

A. 图 a）

B. 图 b）

C. 图 c）

D. 图 d）

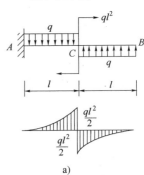

a)

5-6-25 图示悬臂梁和简支梁长度相同，关于两梁的Q图和M图有下述哪种关系？

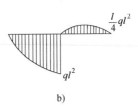

b)

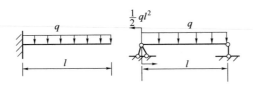

题 5-6-25 图

A. Q图和M图均相同

B. Q图和M图均不同

C. Q图相同，M图不同

D. Q图不同，M图相同

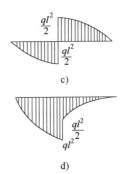

c)

d)

题 5-6-24 图

5-6-26 如图所示两跨等截面梁，受移动荷载P作用，截面相同，为使梁充分发挥强度，尺寸a应为：

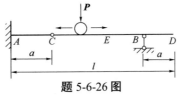

题 5-6-26 图

A. $a = \dfrac{l}{2}$ 　　　　 B. $a = \dfrac{l}{6}$ 　　　　 C. $a = \dfrac{l}{3}$ 　　　　 D. $a = \dfrac{l}{4}$

5-6-27 悬臂梁的自由端作用横向力P，若各梁的横截面分别如图 a）~h）所示，该力P的作用线为各图中的虚线，则梁发生平面弯曲的是：

A. 图 a）、图 g）所示截面梁　　　　 B. 图 c）、图 e）所示截面梁

C. 图 b）、图 d）所示截面　　　　 D. 图 f）、图 h）所示截面

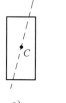 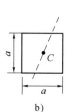 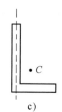 

a)　　　　　　b)　　　　　　c)　　　　　　d)

 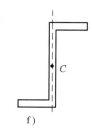 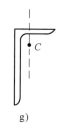 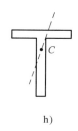

e)　　　　　　f)　　　　　　g)　　　　　　h)

题 5-6-27 图

5-6-28 一铸铁梁如图所示，已知抗拉的许用应力$[\sigma_t]$ <抗压许用应力$[\sigma_c]$，则该梁截面的摆放方式应如何图所示？

A. 图 a）　　　　 B. 图 b）　　　　 C. 图 c）　　　　 D. 图 d）

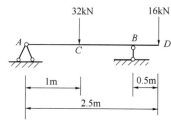 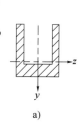 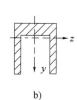 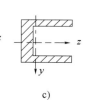

a)　　　　　　b)　　　　　　c)　　　　　　d)

题 5-6-28 图

5-6-29 图示薄壁截面受竖向荷载作用，发生平面弯曲的只有何图所示截面？

A. 图 a）　　　　 B. 图 b）　　　　 C. 图 c）　　　　 D. 图 d）

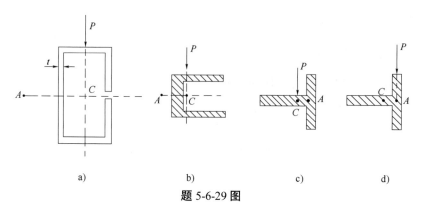

a)　　　　　　b)　　　　　　c)　　　　　　d)

题 5-6-29 图

5-6-30 矩形截面简支梁中点承受集中力F。若$h = 2b$，分别采用图 a）、图 b）两种方式放置，图a）梁的最大挠度是图 b）梁的：

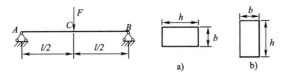

题 5-6-30 图

A. 1/2 B. 2 倍 C. 4 倍 D. 8 倍

5-6-31 如图所示两根梁中的l、b和P均相同，若梁的横截面高度h减小为$\frac{h}{2}$，则梁中的最大正应力是原梁的多少倍？

A. 2 B. 4 C. 6 D. 8

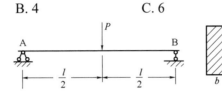

题 5-6-31 图

5-6-32 如图所示梁的剪力方程应分几段来表述？

A. 4 B. 3 C. 2 D. 5

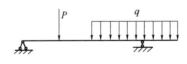

题 5-6-32 图

5-6-33 梁的截面尺寸扩大一倍，在其他条件不变的情况下，梁的强度是原来的多少倍？

A. 2 B. 4 C. 8 D. 16

题解及参考答案

5-6-1 解： 考虑梁的整体平衡：$\sum M_B = 0$，$F_A = 0$，应用直接法求剪力和弯矩，得$F_{SA} = 0$，$M_C = 0$。

答案： A

5-6-2 解：

$$开裂前 \quad \sigma_{max} = \frac{M}{W_z} = \frac{M}{\frac{b}{6}(3a)^2} = \frac{2M}{3ba^2}$$

$$开裂后 \quad \sigma_{1max} = \frac{\frac{M}{3}}{W_{z1}} = \frac{\frac{M}{3}}{\frac{ba^2}{6}} = \frac{2M}{ba^2}$$

开裂后最大正应力是原来的 3 倍，故梁承载能力是原来的 1/3。

答案：B

5-6-3 解：

$$开裂前 \quad f = \frac{Fl^3}{3EI}, \quad 其中 I = \frac{b(2a)^3}{12} = 8\frac{ba^3}{12} = 8I_1$$

$$开裂后 \quad f_1 = \frac{\frac{F}{2}l^3}{3EI_1} = \frac{\frac{1}{2}Fl^3}{3E\frac{I}{8}} = 4\frac{Fl^3}{3EI} = 4f$$

答案：C

5-6-4 解： 原来，$f = \frac{Ml^2}{2EI}$；梁长减半后，$f_1 = \frac{M\left(\frac{l}{2}\right)^2}{2EI} = \frac{1}{4}f$。

答案：B

5-6-5 解： 设 F_A 向上，$\sum M_C = 0$，$m - F_A L = 0$，则 $F_A = \frac{m}{L}$，再用直接法求 A 截面的剪力 $F_S = F_A = \frac{m}{L}$。

答案：C

5-6-6 解： 因为钢和铝的弹性模量不同，而 4 个选项之中只有挠曲线与弹性模量有关，所以选挠曲线。

答案：D

5-6-7 解： 由最大负弯矩为 8kN·m，可以反推：$M_{max} = F \times 1\text{m}$，故 $F = 8\text{kN}$。

再由支座 C 处（即外力偶矩 M 作用处）两侧的弯矩的突变值是 14kN·m，可知外力偶矩 = 14kN·m。

答案：A

5-6-8 解： 由集中力偶 M 产生的挠曲线方程 $f = \frac{Mx^2}{2EI}$ 是 x 的二次曲线可知，挠曲线是圆弧的为选项 B。

答案：B

5-6-9 解： 由中间铰链 C 处断开，分别画出 AC 和 BC 的受力图（见解图）。

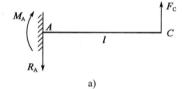

先取 BC 杆：$\sum M_B = 0$，$F_C \cdot a = M_O$，即 $F_C = \frac{M_O}{a}$

再取 AC 杆：$\sum F_y = 0$，$R_A = F_C = \frac{M_O}{a}$

$$\sum M_A = 0, \quad M_A = F_C l = \frac{M_O}{a}l$$

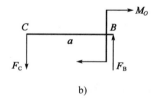

b)

题 5-6-9 解图

可见只有选项 B 是正确的。

答案：B

5-6-10 解： 对图 a），$M_{max} = \frac{P_1 l}{4}$，$\sigma_{max} = \frac{M_{max}}{W_z} = \frac{\frac{P_1 l}{4}}{\frac{\pi}{32}d^3} = \frac{8P_1 l}{\pi d^3} \leq [\sigma]$，所以 $P_1 \leq \frac{\pi d^3 [\sigma]}{8l}$；对图 b），$M_{max} = \frac{P_2 l}{4}$，同理 $P_2 \leq \frac{\pi(2d^3)[\sigma]}{8l}$，可见 $\frac{P_2}{P_1} = \frac{(2d)^3}{d^3} = 8$。

答案：C

5-6-11 解： 用直接法，取截面 C 右侧计算比较简单：$F_{CD} = qa$，$M_C = qa^2 - qa \cdot a = 0$。

答案：B

5-6-12 解： 设 $f_1 = \frac{P_1\left(\frac{l}{2}\right)^3}{3EI}$，$f_2 = \frac{P_2 l^3}{3EI}$，令 $f_1 = f_2$，则有 $P_1\left(\frac{l}{2}\right)^3 = P_2 l^3$，$\frac{P_1}{P_2} = 8$。

答案： C

5-6-13　解： 经分析可知，移动荷载作用在跨中 $\frac{l}{2}$ 处时，有最大弯矩 $M_{\max} = \frac{Pl}{4}$，支反力和弯矩图如解力 a）所示。当移动荷载作用在支座附近、无限接近支座时，有最大剪力 $Q_{\max}$ 趋近于 P 值，如解图 b）所示。

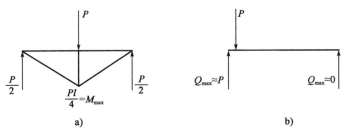

题 5-6-13 解图

答案： A

5-6-14　解： 矩形截面梁横力弯曲时，横截面上的正应力 σ 沿截面高度线性分布，如解图 a）所示。在上下边缘 σ 最大，在中性轴上正应力为零。横截面上的剪应力 τ 沿截面高度呈抛物线分布，如解图 b）所示。在上下边缘 τ 为零，在中性轴处剪应力最大。

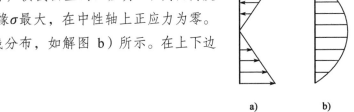

题 5-6-14 解图

答案： B

5-6-15　解： 根据定义：

$$W_z = \frac{I_z}{y_{\max}} = \frac{\dfrac{BH^3}{12} - \dfrac{bh^3}{12}}{\dfrac{H}{2}} = \frac{BH^3 - bh^3}{6H}$$

答案： C

5-6-16　解： 首先求支反力，设 F_A 向上，取整体平衡：

$$\sum M_B = 0, \quad F_A \cdot 3a + qa \cdot a = 3qa \cdot \frac{3}{2}a$$

所以 $F_A = \frac{7}{6}qa$。由 $F_s(x) = F_A - qx = 0$，得 $x = \frac{F_A}{q} = \frac{7}{6}a$。

答案： D

5-6-17　解： 题图所示四个梁，其支反力和弯矩图如下（见解图）：

A.

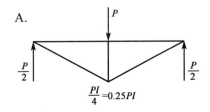

B.

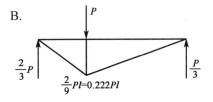

C.

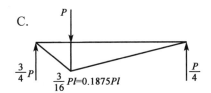

D.

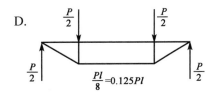

题 5-6-17 解图

就梁的正应力强度条件而言，$\sigma_{max} = \frac{M_{max}}{W_z} \leqslant [\sigma]$，$M_{max}$越小，$\sigma_{max}$越小，梁就越安全。上述四个弯矩图中显然 D 图$M_{max}$最小。

答案： D

5-6-18 解： 根据公式梁的弯曲曲率$\frac{1}{\rho} = \frac{M}{EI}$与弯矩成正比，故曲率的最大值发生在弯矩最大的截面上。

答案： C

5-6-19 解： 结构对称、荷载对称，则剪力图反对称，弯矩图对称，对称轴上C点剪力为零。

答案： C

5-6-20 解： 此题用叠加法最简单，C截面弯矩等于均布荷载产生的中点弯矩和集中力偶m产生的中点弯矩的代数和。

答案： C

5-6-21 解： 分别求出配置辅助梁前后的最大弯矩，代入配置辅助梁前后的强度条件，加以比较，即可确定a的长度。

答案： A

5-6-22 解： 为了查表方便，先求整个梁布满向下均布荷载时C点的挠度，再减去AB段承受向上均布荷载时C点的挠度。

答案： D

5-6-23 解： 图示梁荷载为均布荷载q的一半，中点挠度也是均布荷载简支梁的一半。

答案： C

5-6-24 解： 计算C截面左、右两侧的弯矩值，可知图 a）是正确的。

答案： A

5-6-25 解： 求出两梁的支反力和反力偶，可见两梁的荷载与反力均相同，故Q图和M图均相同。

答案： A

5-6-26 解： 考虑两种危险情况，一是移动荷载P位于右端点D，一是P位于BC段中点E，分别求出这两种情况的最大弯矩并使两者相等，则可使梁充分发挥强度。

答案： B

5-6-27 解： 图 b）正方形和图 d）正三角形的任一形心轴均为形心主轴，P作用线过形心即可产生平面弯曲。其他图P作用线均不是形心主轴。

答案： C

5-6-28 解： 经作弯矩图可知，此梁的最大弯矩在C截面处，为$+12kN\cdot m$，下边缘受拉。为保证最大拉应力最小，摆放方式应如图 a）所示。

答案： A

5-6-29 解： 发生平面弯曲时，竖向荷载必须过弯心A。

答案： D

5-6-30 解： 由跨中受集中力F作用的简支梁最大挠度的公式$f_c = \frac{Fl^3}{48EI}$，可知最大挠度与截面对中性轴的惯性矩成反比。

因为$I_a = \frac{hb^2}{12} = \frac{b^3}{6}$，而$I_b = \frac{bh^2}{12} = \frac{2b^3}{3}$，所以$\frac{f_a}{f_b} = \frac{I_b}{I_a} = \frac{\frac{2}{3}b^3}{\frac{b^3}{6}} = 4$

答案： C

5-6-31 **解：**$\sigma_{\max} = \frac{M_{\max}}{W_z}$，原梁的 $W_z = \frac{bh^2}{6}$，h 减小为 $\frac{h}{2}$ 后 $W_z' = \frac{b}{6}\left(\frac{h}{2}\right)^2 = \frac{1}{4}W_z$，故最大正应力是原梁的 4 倍。

　　　　答案： B

5-6-32 **解：**在外力有变化处、有支座反力处均应分段表述。

　　　　答案： A

5-6-33 **解：**以矩形截面为例，$W_z' = \frac{(2b)}{6}(2h)^2 = 8 \cdot \frac{bh^2}{6} = 8W_z$，梁的最大正应力相应减少为原来的 $\frac{1}{8}$，强度是原来的 8 倍。

　　　　答案： C

（七）应力状态与强度理论

5-7-1 在图示 4 种应力状态中，切应力值最大的应力状态是：

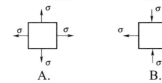

A.　　　　　　　　B.　　　　　　　　C.　　　　　　　　D.

5-7-2 受力体一点处的应力状态如图所示，该点的最大主应力 σ_1 为：

A. 70MPa　　　　　　　　　　　　　　B. 10MPa

C. 40MPa　　　　　　　　　　　　　　D. 50MPa

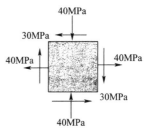

5-7-3 设受扭圆轴中的最大剪应力为 τ，则最大正应力：

　　A. 出现在横截面上，其值为 τ

　　B. 出现在 45°斜截面上，其值为 2τ

　　C. 出现在横截面上，其值为 2τ

　　D. 出现在 45°斜截面上，其值为 τ

题 5-7-2 图

5-7-4 图示为三角形单元体，已知 ab、ca 两斜面上的正应力为 σ，剪应力为零。在竖正面 bc 上有：

　　A. $\sigma_x = \sigma$，$\tau_{xy} = 0$

　　B. $\sigma_x = \sigma$，$\tau_{xy} = \sin 60° - \sigma \sin 45°$

　　C. $\sigma_x = \sigma \cos 60° + \sigma \cos 45°$，$\tau_{xy} = 0$

　　D. $\sigma_x = \sigma \cos 60° + \sigma \cos 45°$，$\tau_{xy} = \sigma \sin 60° - \sigma \sin 45°$

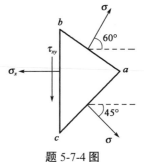

题 5-7-4 图

5-7-5 四种应力状态分别如图所示，按照第三强度理论，其相当应力最大的是：

A. 状态（1）　　　B. 状态（2）　　　C. 状态（3）　　　D. 状态（4）

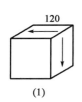 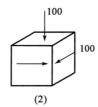 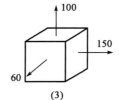 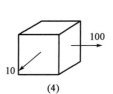

（1）　　　　　　　（2）　　　　　　　（3）　　　　　　　（4）

题 5-7-5 图

5-7-6 图示为等腰直角三角形单元体，已知两直角边表示的截面上只有剪应力，且等于 τ_0，则底边表示截面上的正应力 σ 和剪应力 τ 分别为：

　　A. $\sigma = \tau_0$，$\tau = \tau_0$　　　　　　　　　　B. $\sigma = \tau_0$，$\tau = 0$

C. $\sigma = \sqrt{2}\tau_0$，$\tau = \tau_0$　　　　　　　D. $\sigma = \sqrt{2}\tau_0$，$\tau = 0$

5-7-7　单元体的应力状态如图所示，若已知其中一个主应力为 5MPa，则另一个主应力为：

A. −85MPa　　　　　B. 85MPa　　　　　C. −75MPa　　　　　D. 75MPa

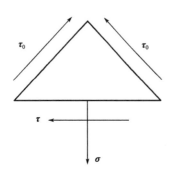　　　　　　　　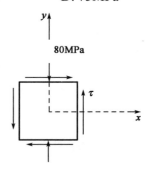

题 5-7-6 图　　　　　　　　　　　　　　题 5-7-7 图

5-7-8　如图 a）所示悬臂梁，给出了 1、2、3、4 点处的应力状态如图 b）所示，其中应力状态错误的位置点是：

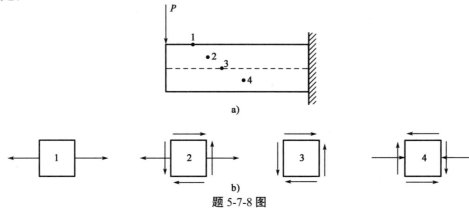

题 5-7-8 图

A. 1 点　　　　　B. 2 点　　　　　C. 3 点　　　　　D. 4 点

5-7-9　单元体的应力状态如图所示，其 σ_1 的方向：

A. 在第一、三象限内，且与 x 轴成小于 45°的夹角

B. 在第一、三象限内，且与 y 轴成小于 45°的夹角

C. 在第二、四象限内，且与 x 轴成小于 45°的夹角

D. 在第二、四象限内，且与 y 轴成小于 45°的夹角

5-7-10　三种平面应力状态如图所示（图中用 n 和 s 分别表示正应力和剪应力），它们之间的关系是：

A. 全部等价　　　　　　　　　　B. a）与 b）等价

C. a）与 c）等价　　　　　　　　D. 都不等价

题 5-7-9 图

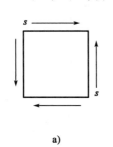　　　　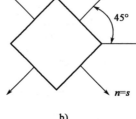　　　　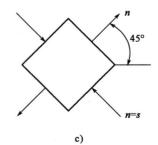

a)　　　　　　　　　b)　　　　　　　　　c)

题 5-7-10 图

5-7-11 对于平面应力状态，以下说法正确的是：

A. 主应力就是最大正应力

B. 主平面上无剪应力

C. 最大剪力作用的平面上正应力必为零

D. 主应力必不为零

5-7-12 某点的应力状态如图所示，则过该点垂直于纸面的任意截面均为主平面。如何判断此结论？

A. 此结论正确

B. 此结论有时正确

C. 此结论不正确

D. 论据不足

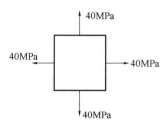

题 5-7-12 图

5-7-13 已知某点的应力状态如图所示，则该点的主应力方位应为四个选项中哪一个图所示？

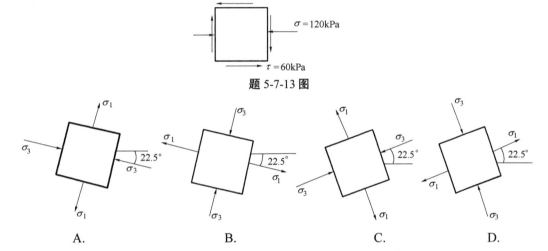

题 5-7-13 图

A.   B.   C.   D.

5-7-14 已知图示单元体上的 $\sigma > \tau$，则按第三强度理论其强度条件为：

A. $\sigma - \tau \leqslant [\sigma]$ B. $\sigma + \tau \leqslant [\sigma]$

C. $\sqrt{\sigma^2 + 4\tau^2} \leqslant [\sigma]$ D. $\sqrt{\left(\dfrac{\sigma}{2}\right)^2 + \tau^2} \leqslant [\sigma]$

5-7-15 图示单元体中应力单位为 MPa，则其最大剪应力为：

A. 60   B. -60 C. 20   D. -20

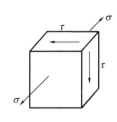

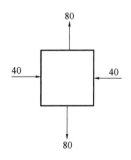

题 5-7-14 图   题 5-7-15 图

5-7-16 如图所示构件上 a 点处，原始单元体的应力状态应为下列何图所示？

A. 图 b)   B. 图 c)   C. 图 d)   D. 图 e)

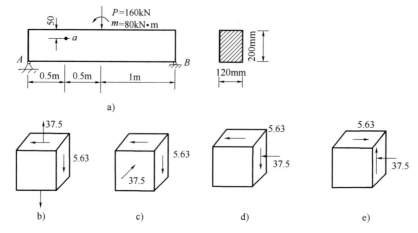

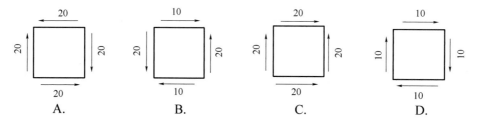

题 5-7-16 图

5-7-17 受力物体内一点处，其最大剪应力所在平面上的正应力应：

    A. 一定为最大   B. 一定为零

    C. 不一定为零   D. 一定不为零

5-7-18 如图所示诸单元体中，标示正确的是：（应力单位：MPa）

    A.   B.   C.   D.

5-7-19 一个二向应力状态与另一个单向应力状态相叠加，其结果是下列中的哪种状态？

    A. 一定为二向应力状态

    B. 一定为二向应力状态或三向应力状态

    C. 可能是单向、二向或三向应力状态

    D. 可能是单向、二向、三向应力状态，也可能为零应力状态

5-7-20 单元体处于纯剪应力状态，其主应力特点为：

    A. $\sigma_1 = \sigma_2 > 0$，$\sigma_3 = 0$

    B. $\sigma_1 = 0$，$\sigma_2 = \sigma_3 < 0$

    C. $\sigma_1 > 0$，$\sigma_2 = 0$，$\sigma_3 < 0$，$|\sigma_1| = |\sigma_3|$

    D. $\sigma_1 > 0$，$\sigma_2 = 0$，$\sigma_3 < 0$，$|\sigma_1| > |\sigma_3|$

5-7-21 某点平面应力状态如图所示，则该点的应力圆为：

    A. 一个点圆

    B. 圆心在原点的点圆

    C. 圆心在（5MPa，0）点的点圆

    D. 圆心在原点、半径为 5MPa 的圆

5-7-22 如图所示单元体取自梁上哪一点？

    A. a B. b

    C. c D. d

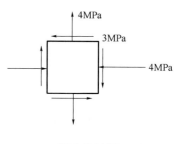

题 5-7-21 图

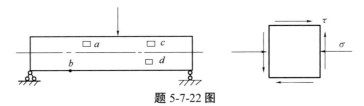

题 5-7-22 图

5-7-23 平面应力状态如图所示，下列结论中正确的是：

A. $\sigma_\alpha = \dfrac{\sigma}{2} + \tau$, $\varepsilon_\alpha = \dfrac{\frac{\sigma}{2} + \tau}{E}$ 　　　　　　　 B. $\sigma_\alpha = \dfrac{\sigma}{2} - \tau$, $\varepsilon_\alpha = \dfrac{\frac{\sigma}{2} - \tau}{E}$

C. $\sigma_\alpha = \dfrac{\sigma}{2} + \tau$, $\varepsilon_\alpha = \dfrac{(1-\mu)\sigma}{2E} + \dfrac{(1+\mu)\tau}{E}$ 　　　 D. $\sigma_\alpha = \dfrac{\sigma}{2} - \tau$, $\varepsilon_\alpha = \dfrac{(1-\mu)\sigma}{2E} - \dfrac{(1+\mu)\tau}{E}$

5-7-24 如图所示的应力状态单元体若按第四强度理论进行强度计算，则其相当应力 σ_{r4} 等于：

A. $\dfrac{3}{2}\sigma$ 　　　　　 B. 2σ 　　　　　 C. $\dfrac{\sqrt{7}}{2}\sigma$ 　　　　　 D. $\dfrac{\sqrt{5}}{2}\sigma$

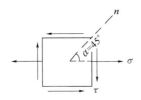

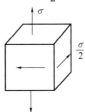

题 5-7-23 图 　　　　　　　　　　　　 题 5-7-24 图

题解及参考答案

5-7-1 **解：**图 c）中 σ_1 和 σ_3 的差值最大。

$$\tau_{max} = \frac{\sigma_1 - \sigma_3}{2} = \frac{2\sigma - (-2\sigma)}{2} = 2\sigma$$

答案： C

5-7-2 **解：**

$$\sigma_1 = \frac{\sigma_x + \sigma_y}{2} + \sqrt{\left(\frac{\sigma_x - \sigma_y}{2}\right)^2 + \tau_x^2} = \frac{40 + (-40)}{2} + \sqrt{\left[\frac{40 - (-40)}{2}\right]^2 + 30^2} = 50\text{MPa}$$

答案： D

5-7-3 **解：**受扭圆轴最大剪应力 τ 发生在圆轴表面，是剪切应力状态（见解图 a），而其主应力 $\sigma_1 = \tau$ 出现在 45° 斜截面上（见解图 b），其值为 τ。

答案： D

5-7-4 **解：**设单元体厚度为 1，则 ab、bc、ac 三个面的面积就等于 ab、bc、ac；在单元体图上作辅助线 ad，则从图中可以看出如下几何关系：

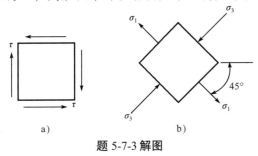

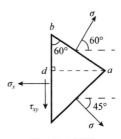

a)　　　　　　　　　　　b)

题 5-7-3 解图 　　　　　　　　　　　 题 5-7-4 解图

$ad = ab \sin 60° = ac \sin 45°$

$bc = bd + dc = ac \cos 60° + ac \cos 45°$

由单元体的整体平衡方程，可得：

$\sum F_x = 0,\ \sigma_x \cdot bc = \sigma \cos 60° \cdot ab + \sigma \cos 45° \cdot ac$

$\qquad\qquad = \sigma(bd + dc) = \sigma \cdot bc$

$\sigma_x = \sigma$

$\sum F_y = 0,\ \tau_{xy} \cdot bc = \sigma \sin 60° \cdot ab - \sigma \sin 45° \cdot ac$

$\qquad\qquad = \sigma(ad - ad) = 0$

$\tau_{xy} = 0$

答案：A

5-7-5　解：状态（1）：$\sigma_{r3} = \sigma_1 - \sigma_3 = 120 - (-120) = 240$；

　　　　　　状态（2）：$\sigma_{r3} = \sigma_1 - \sigma_3 = 100 - (-100) = 200$；

　　　　　　状态（3）：$\sigma_{r3} = \sigma_1 - \sigma_3 = 150 - 60 = 90$；

　　　　　　状态（4）：$\sigma_{r3} = \sigma_1 - \sigma_3 = 100 - 0 = 100$；

显然状态（1）相当应力σ_{r3}最大。

答案：A

5-7-6　解：该题有两种解法。

方法1，对比法

把图示等腰三角形单元体与纯剪切应力状态对比。把两个直角边看作是纯剪切应力状态中单元体的两个边，则σ和τ所在截面就相当于纯剪切单元体的主平面，故$\sigma = \tau_0$，$\tau = 0$。

方法2，小块平衡法

设两个直角边截面面积为A，则底边截面面积为$\sqrt{2}A$。由平衡方程：

$\sum F_y = 0,\ \sigma \cdot \sqrt{2}A = 2\tau_0 A \cdot \sin 45°$，所以$\sigma = \tau_0$；

$\sum F_x = 0,\ \tau \cdot \sqrt{2}A + \tau_0 A \cos 45° = \tau_0 A \cdot \cos 45°$，所以$\tau = 0$。

答案：B

5-7-7　解：图示单元体应力状态类同于梁的应力状态：$\sigma_2 = 0$且$\sigma_x = 0$（或$\sigma_y = 0$），故其主应力的特点与梁相同，即有如下规律

$$\sigma_1 = \frac{\sigma}{2} + \sqrt{\left(\frac{\sigma}{2}\right)^2 + \tau^2} > 0;\ \sigma_3 = \frac{\sigma}{2} - \sqrt{\left(\frac{\sigma}{2}\right)^2 + \tau^2} < 0$$

已知其中一个主应力为5MPa>0，即$\sigma_1 = \frac{-80}{2} + \sqrt{\left(\frac{-80}{2}\right)^2 + \tau^2} = 5$MPa，所以$\sqrt{\left(\frac{-80}{2}\right)^2 + \tau^2}=45$MPa，

则另一个主应力必为$\sigma_3 = \frac{-80}{2} - \sqrt{\left(\frac{-80}{2}\right)^2 + \tau^2} = -85$MPa。

答案：A

5-7-8　解：首先分析各横截面上的内力——剪力Q和弯矩M，如解图 a）所示。再分析各横面上的正应力σ和剪应力τ沿高度的分布，如解图 b）和 c）所示。可见4点的剪应力方向不对。

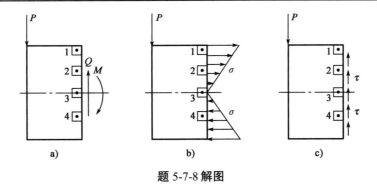

题 5-7-8 解图

答案：D

5-7-9 解：题图单元体的主方向可用叠加法判断。把图中单元体看成是单向压缩和纯剪切两种应力状态的叠加，如解图 a）和 b）所示。

其中，图 a）主压应力 σ_3' 的方向即为 σ_y 的方向（沿 y 轴），而图 b）与图 c）等价，其主应压力 σ_3'' 的方向沿与 y 轴成 45° 的方向。因此题中单元体主力主应力 σ_3 的方向应为 σ_3' 和 σ_3'' 的合力方向。根据求合力的平行四边形法则，σ_3 与 y 轴的夹角 σ 必小于 45°，而 σ_1 与 σ_3 相互垂直，故 σ_1 与 x 轴夹角也是 $\alpha < 45°$，如图 d）所示。

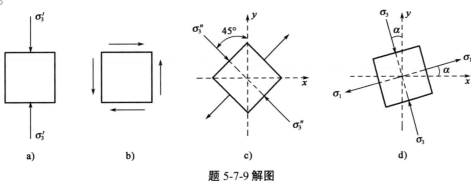

题 5-7-9 解图

答案：A

5-7-10 解：图 a）为纯剪切应力状态，经分析可知其主应力为 $\sigma_1 = s$，$\sigma_2 = 0$，$\sigma_3 = -s$，方向如图 c）所示。

答案：C

5-7-11 解：根据定义，剪应力等于零的平面为主平面，主平面上的正应力为主应力。可以证明，主应力为该点平面中的最大或最小正应力。主应力可以是零。

答案：B

5-7-12 解：斜截面上剪应力 $\tau_\alpha = \frac{\sigma_x - \sigma_y}{2}\sin 2\alpha + \tau_x \cos 2\alpha$，在本题中 $\sigma_x - \sigma_y = 0$，$\tau_x = 0$，故任意斜截面上都有 $\tau_\alpha = 0$，即任意斜截面均为主平面。

答案：A

5-7-13 解：根据主平面方位角 α_0 的公式 $\tan 2\alpha_0 = \frac{-2\tau_x}{\sigma_x - \sigma_y}$ 和三角函数的定义，可知 $2\alpha_0$ 在第三象限，α_0 在第二象限。

答案：C

5-7-14 解：首先求出三个主应力：$\sigma_1 = \sigma$，$\sigma_2 = \tau$，$\sigma_3 = -\tau$，再由第三强度理论得 $\sigma_{r3} = \sigma_1 - \sigma_3 = \sigma + \tau \leqslant [\sigma]$。

答案：B

5-7-15 **解：** 根据主应力的定义，显然 $\sigma_1 = 80\text{MPa}$，$\sigma_2 = 0$，$\sigma_3 = -40\text{MPa}$，$\tau_{\max} = \frac{\sigma_1 - \sigma_3}{2} = 60\text{MPa}$。

　　　　答案： A

5-7-16 **解：** 由受力分析可知，A端支座反力向上，故a点剪力为正，弯矩也为正，又a点在中性轴的上方，故受压力；因此横截面上σ为压应力，τ为顺时针方向。

　　　　答案： C

5-7-17 **解：** 最大正应力所在平面上剪应力一定为零，而最大剪应力所在平面上正应力不一定为零。

　　　　答案： C

5-7-18 **解：** 根据剪应力互等定理，只有选项 A 是正确的。

　　　　答案： A

5-7-19 **解：** 二向应力状态有 2 个主应力不为零，单向应力状态有 1 个主应力不为零。

　　　　答案： C

5-7-20 **解：** 设纯剪切应力状态的剪应力为τ，则根据主应力公式计算可知，$\sigma_1 = \tau$，$\sigma_2 = 0$，$\sigma_3 = -\tau$。

　　　　答案： C

5-7-21 **解：** 根据应力圆的做法，两个基准面所对应的应力圆上点的坐标分别为$(-4,3)$和$(4,-3)$，以这两点连线为直径作出的是圆心在原点、半径为 5MPa 的圆。

　　　　答案： D

5-7-22 **解：** 梁上a、b、c、d四点中只有c点横截面上的剪应力为负，同时正应力又为压应力。

　　　　答案： C

5-7-23 **解：** 由公式$\sigma_\alpha = \frac{\sigma_x + \sigma_y}{2} + \frac{\sigma_x - \sigma_y}{2}\cos 2\alpha - \tau_x \sin 2\alpha$，可求得$\sigma_{45°} = \frac{\sigma}{2} - \tau$，$\sigma_{-45°} = \frac{\sigma}{2} + \tau$；再由广义胡克定律$\varepsilon_{45°} = \frac{1}{E}(\sigma_{45°} - \mu\sigma_{-45°})$，可求出$\varepsilon_\alpha$值。

　　　　答案： D

5-7-24 **解：** 三个主应力为$\sigma_1 = \sigma$，$\sigma_2 = \frac{\sigma}{2}$，$\sigma_3 = -\frac{\sigma}{2}$，代入$\sigma_{r4}$的公式即得结果。

　　　　答案： C

（八）组合变形

5-8-1 图示矩形截面杆AB，A端固定，B端自由。B端右下角处承受与轴线平行的集中力F，杆的最大正应力是：

  A. $\sigma = \frac{3F}{bh}$ B. $\sigma = \frac{4F}{bh}$ C. $\sigma = \frac{7F}{bh}$ D. $\sigma = \frac{13F}{bh}$

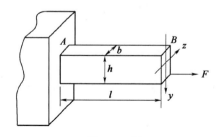

题 5-8-1 图

5-8-2　图示圆轴固定端最上缘 A 点的单元体的应力状态是：

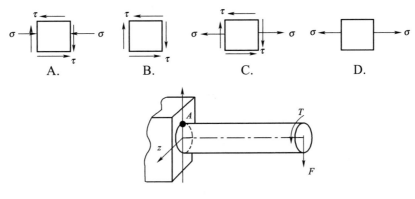

题 5-8-2 图

5-8-3　图示 T 形截面杆，一端固定一端自由，自由端的集中力 F 作用在截面的左下角点，并与杆件的轴线平行。该杆发生的变形为：

A. 绕 y 和 z 轴的双向弯曲　　　　　　B. 轴向拉伸和绕 y、z 轴的双向弯曲

C. 轴向拉伸和绕 z 轴弯曲　　　　　　D. 轴向拉伸和绕 y 轴弯曲

5-8-4　图示圆轴，在自由端圆周边界承受竖直向下的集中 F，按第三强度理论，危险截面的相当应力 σ_{eq3} 为：

A. $\sigma_{eq3} = \dfrac{16}{\pi d^3}\sqrt{(FL)^2 + 4\left(\dfrac{Fd}{2}\right)^2}$　　　　B. $\sigma_{eq3} = \dfrac{16}{\pi d^3}\sqrt{(FL)^2 + \left(\dfrac{Fd}{2}\right)^2}$

C. $\sigma_{eq3} = \dfrac{32}{\pi d^3}\sqrt{(FL)^2 + 4\left(\dfrac{Fd}{2}\right)^2}$　　　　D. $\sigma_{eq3} = \dfrac{32}{\pi d^3}\sqrt{(FL)^2 + \left(\dfrac{Fd}{2}\right)^2}$

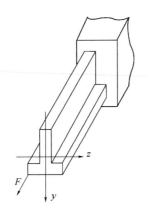

题 5-8-3 图

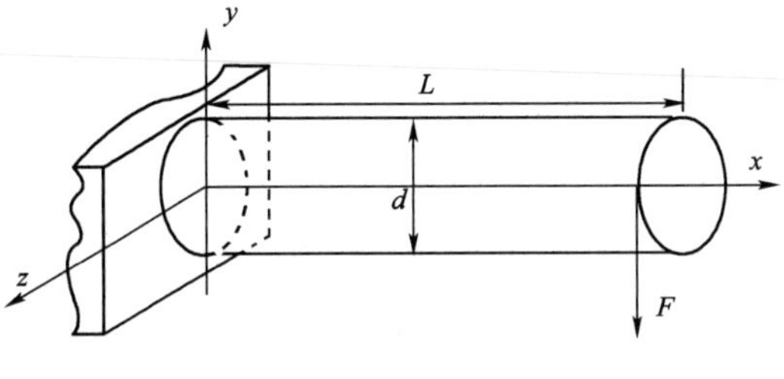

题 5-8-4 图

5-8-5　图示为正方形截面等直杆，抗弯截面模量为 W，在危险截面上，弯矩为 M，扭矩为 M_n，A 点处有最大正应力 σ 和最大剪应力 γ。若材料为低碳钢，则其强度条件为：

A. $\sigma \leqslant [\sigma]$，$\tau < [\tau]$

B. $\dfrac{1}{W}\sqrt{M^2 + 0.75 M_n^2} \leqslant [\sigma]$

C. $\dfrac{1}{W}\sqrt{M^2 + M_n^2} \leqslant [\sigma]$

D. $\sqrt{\sigma + 4\tau^2} \leqslant [\sigma]$

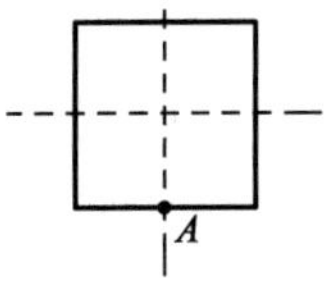

题 5-8-5 图

5-8-6 工字形截面梁在图示荷载作用上，截面m-m上的正应力分布为：

A. 图（1）　　　　　　　　　　B. 图（2）

C. 图（3）　　　　　　　　　　D. 图（4）

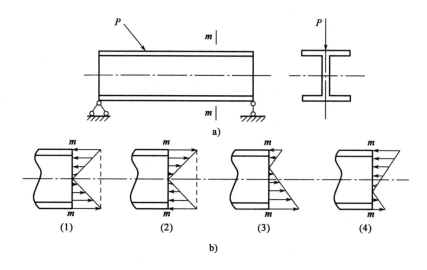

题 5-8-6 图

5-8-7 矩形截面杆的截面宽度沿杆长不变，杆的中段高度为$2a$，左、右高度为$3a$，在图示三角形分布荷载作用下，杆的截面m-m和截面n-n分别发生：

A. 单向拉伸、拉弯组合变形　　　　　B. 单向拉伸、单向拉伸变形

C. 拉弯组合、单向拉伸变形　　　　　D. 拉弯组合，拉弯组合变形

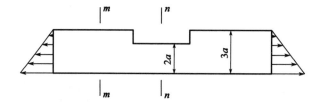

题 5-8-7 图

5-8-8 一正方形截面短粗立柱（见图a），若将其底面加宽一倍（见图b），原厚度不变，则该立柱的强度：

A. 提高一倍　　　　　　　　　　B. 提高不到一倍

C. 不变　　　　　　　　　　　　D. 降低

5-8-9 图示应力状态为其危险点的应力状态，则杆件为：

A. 斜弯曲变形　　　　　　　　　B. 偏心拉弯变形

C. 拉弯组合变形　　　　　　　　D. 弯扭组合变形

5-8-10 折杆受力如图所示，以下结论中错误的为：

A. 点B和D处于纯剪状态

B. 点A和C处为二向应力状态，两点处$\sigma_1 > 0$，$\sigma_1 = 0$，$\sigma_3 < 0$

C. 按照第三强度理论，点A及C比点B及D危险

D. 点A及C的最大主应力σ_1数值相同

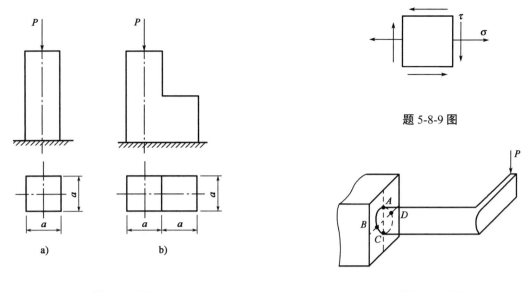

题 5-8-8 图　　　　　　　　　　　　题 5-8-10 图

5-8-11 图示两根相同的脆性材料等截面直杆，其中一根有沿横截面的微小裂纹。在承受图示拉伸荷载时，有微小裂纹的杆件的承载能力比没有裂纹杆件的承载能力明显降低，其主要原因是：

　　A. 横截面积小　　　　　　　　　　　B. 偏心拉伸

　　C. 应力集中　　　　　　　　　　　　D. 稳定性差

5-8-12 如图所示，正方形截面悬臂梁AB，在自由端B截面形心作用有轴向力F，若将轴向力F平移到B截面下缘中点，则梁的最大正应力是原来的：

　　A. 1 倍　　　　　　B. 2 倍　　　　　　C. 3 倍　　　　　　D. 4 倍

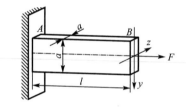

题 5-8-11 解图　　　　　　　　　　　　题 5-8-12 解图

5-8-13 矩形截面拉杆中间开一深为$\frac{h}{2}$的缺口（见图），与不开缺口时的拉杆相比（不计应力集中影响），杆内最大正应力是不开口时正应力的多少倍？

　　A. 2　　　　　　　B. 4　　　　　　　C. 8　　　　　　　D. 16

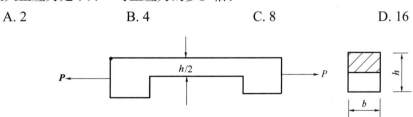

题 5-8-13 图

5-8-14 结构如图，折杆AB与直杆BC的横截面面积为$A = 42\text{cm}^2$，$W_y = W_z = 420\text{cm}^3$，$[\sigma] = 100\text{MPa}$，则此结构的许可荷载$[P]$为：

　　A. 15kN　　　　　　B. 30kN　　　　　　C. 45kN　　　　　　D. 60kN

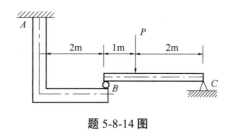

题 5-8-14 图

5-8-15 矩形截面拉杆两端受线性荷载作用，最大线荷载为q（N/m），中间开一深为a的缺口（见图），则其最大拉应力为：

A. $2\dfrac{q}{a}$　　　　B. $\dfrac{q}{a}$　　　　C. $\dfrac{3q}{4a}$　　　　D. $\dfrac{q}{2a}$

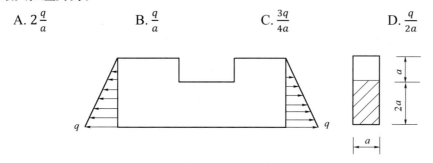

题 5-8-15 图

5-8-16 图示矩形截面梁，高度$h=120\text{mm}$，跨度$l=1\text{m}$，梁中点受集中力$\boldsymbol{P}$，两端受拉力$S=50\text{kN}$，此拉力作用在横截面的对称轴y上，距上表面$a=50\text{mm}$，若横截面内最大正应力与最小正应力之比为5/3，则P为：

A. 5kN　　　　B. 4kN　　　　C. 3kN　　　　D. 2kN

5-8-17 图示钢制竖直杆DB与水平杆AC刚接于B，A端固定，$\boldsymbol{P}$、l、a与圆截面杆直径d为已知。按第三强度理论，相当应力σ_{r3}为：

A. $-\dfrac{4P}{\pi d^2}+\dfrac{32\sqrt{(2Pl)^2+(Pl)^2+(Pa)^2}}{\pi d^3}$

B. $\dfrac{4P}{\pi d^2}+\dfrac{32\sqrt{(2Pl)^2+(Pl)^2+(Pa)^2}}{\pi d^3}$

C. $\sqrt{\sigma^2+3\tau^2}$，其中$\sigma=-\dfrac{4P}{\pi d^2}-\dfrac{32\sqrt{(2Pl)^2+(Pl)^2}}{\pi d^3}$，$\tau=\dfrac{16Pa}{\pi d^3}$

D. $\sqrt{\sigma^2+4\tau^2}$，其中$\sigma=-\dfrac{4P}{\pi d^2}-\dfrac{32\sqrt{(2Pl)^2+(Pl)^2}}{\pi d^3}$，$\tau=\dfrac{16Pa}{\pi d^3}$

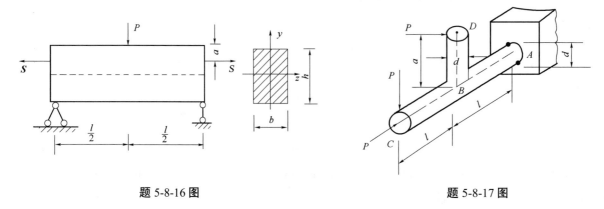

题 5-8-16 图　　　　　　　　　　　　　题 5-8-17 图

5-8-18 矩形截面梁在形心主惯性平面（xy平面、xz平面）内分别发生平面弯曲，若梁中某截面上

的弯矩分别为 M_z 和 M_y，则该截面上的最大正应力为：

A. $\sigma_{\max} = \left|\frac{M_y}{W_y}\right| + \left|\frac{M_z}{W_z}\right|$　　　　B. $\sigma_{\max} = \left|\frac{M_y}{W_y} + \frac{M_z}{W_z}\right|$

C. $\sigma_{\max} = \frac{M_y + M_z}{W}$　　　　D. $\sigma_{\max} = \frac{\sqrt{M_y^2 + M_z^2}}{W}$

5-8-19 槽形截面梁受力如图所示，该梁的变形为下述中哪种变形？

A. 平面弯曲　　　　　　　　B. 斜弯曲

C. 平面弯曲与扭转的组合　　　　D. 斜弯曲与扭转的组合

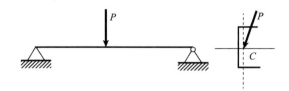

题 5-8-19 图

5-8-20 槽钢梁一端固定，一端自由，自由端受集中力 P 作用，梁的横截面和力 P 作用线如图所示（C 点为横截面形心），其变形状态为：

A. 平面弯曲　　　　　　　　B. 斜弯曲

C. 平面弯曲加扭转　　　　　　D. 斜弯曲加扭转

5-8-21 如图所示梁（等边角钢构成）发生的变形是下述中的哪种变形？

A. 平面弯曲　　　　　　　　B. 斜弯曲

C. 扭转和平面弯曲　　　　　　D. 扭转和斜弯曲

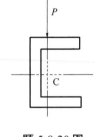
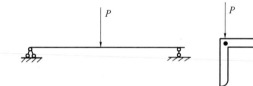

题 5-8-20 图　　　　　　　　题 5-8-21 图

5-8-22 悬臂梁在自由端受集中力 P 作用，横截面形状和力 P 的作用线如图所示，其中产生斜弯曲与扭转组合变形的是哪种截面？

A. 矩形　　　　B. 槽钢　　　　C. 工字钢　　　　D. 等边角钢

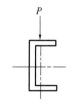

题 5-8-22 图

5-8-23 如图所示悬臂梁受力 P 作用。在图示四种截面的情况下，其最大正应力（绝对值）不能用公式 $\sigma_{\max} = \frac{M_y}{W_y} + \frac{M_z}{W_z}$ 计算的是哪种截面？

A. 圆形　　　　　　　B. 槽形　　　　　　　C. T 形　　　　　　　D. 等边角钢

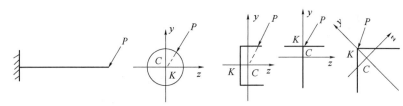

题 5-8-23 图（图中 C 为形心，K 为弯曲中心）

5-8-24 三种受压杆如图所示。若用 $\sigma_{\max 1}$、$\sigma_{\max 2}$、$\sigma_{\max 3}$ 分别表示杆①、杆②、杆③中横截面上的最大压应力，则下列四个结论中正确的结论是：

A. $\sigma_{\max 1} = \sigma_{\max 2} = \sigma_{\max 3}$　　　　　　　　B. $\sigma_{\max 1} > \sigma_{\max 2} = \sigma_{\max 3}$

C. $\sigma_{\max 2} > \sigma_{\max 1} = \sigma_{\max 3}$　　　　　　　　D. $\sigma_{\max 2} > \sigma_{\max 1} > \sigma_{\max 3}$

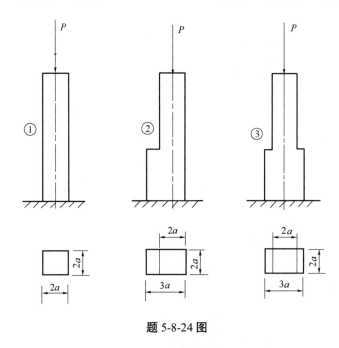

题 5-8-24 图

题解及参考答案

5-8-1　解： 图示杆是偏心拉伸，等价于轴向拉伸和两个方向弯曲的组合变形。

$$\sigma_{\max}^{+} = \frac{F_N}{bh} + \frac{M_g}{W_g} + \frac{M_y}{W_y} = \frac{F}{bh} + \frac{F\dfrac{h}{2}}{\dfrac{bh^2}{6}} + \frac{F\dfrac{b}{2}}{\dfrac{hb^2}{6}} = 7\frac{F}{bh}$$

答案： C

5-8-2　解： 力 F 产生的弯矩引起 A 点的拉应力，力偶 T 产生的扭矩引起 A 点的切应力 τ，故 A 点应为既有拉应力 σ 又有 τ 的复杂应力状态。

答案： C

5-8-3　解： 这显然是偏心拉伸，而且对 y、z 轴都有偏心。把力 F 平移到截面形心，要加两个附加力偶矩，该杆将发生轴向拉伸和绕 y、z 轴的双向弯曲。

答案： B

5-8-4 解： 把力F沿轴线z平移至圆轴截面中心，并加一个附加力偶，则使圆轴产生弯曲和扭转组合变形。最大弯矩$M = Fl$，最大扭矩$T = F\frac{d}{2}$，$\sigma_{eq3} = \frac{\sqrt{M^2 + T^2}}{W_z} = \frac{32}{\pi d^3}\sqrt{(FL)^2 + \left(\frac{Fd}{2}\right)^2}$。

答案： D

5-8-5 解： 在弯扭组合变形情况下，A点属于复杂应力状态，既有最大正应力，又有最大剪应力τ（见解图）。和梁的应力状态相同：$\sigma_y = 0$，$\sigma_2 = 0$，$\sigma_1 = \frac{\sigma}{2} + \sqrt{\left(\frac{\sigma}{2}\right)^2 + \tau^2}$，$\sigma_3 = \frac{\sigma}{2} - \sqrt{\left(\frac{\sigma}{2}\right)^2 + \tau^2}$，$\sigma_{r3} = \sigma_1 - \sigma_3 = \sqrt{\sigma^2 + 4\tau^2}$。

选项中，A为单向应力状态，B、C只适用于圆截面。

题 5-8-5 解图

答案： D

5-8-6 解： 从截面m-m截开后取右侧部分分析可知，右边只有一个铅垂的反力，只能在m-m截面上产生图（1）所示的弯曲正应力。

答案： A

5-8-7 解： 图中三角形分布荷载可简化为一个合力，其作用线距杆的截面下边缘的距离为$\frac{3a}{3} = a$，所以这个合力对m-m截面是一个偏心拉力，m-m截面要发生拉弯组合变形；而这个合力作用线正好通过n-n截面的形心，n-n截面要发生单向拉伸变形。

答案： C

5-8-8 解： 图 a）是轴向受压变形，最大压应力$\sigma_{max}^a = -\frac{P}{a^2}$；图 b）底部是偏心受压力变形，偏心矩为$\frac{a}{2}$，最大压应力$\sigma_{max}^b = \frac{F_N}{A} - \frac{M_z}{W_z} = -\frac{P}{2a^2} - \frac{P \cdot \frac{a}{2}}{\frac{a}{6}(2a)^2} = -\frac{5P}{4a^2}$。显然图 b）最大压应力数值大于图 a），该立柱的强度降低了。

答案： D

5-8-9 解： 斜弯曲、偏心拉弯和拉弯组合变形中单元体上只有正应力没有剪应力，只有弯扭组合变形中才既有正应力σ，又有剪应力τ。

答案： D

5-8-10 解： 把P力平移到圆轴线上，再加一个附加力偶。可见圆轴为弯扭组合变形。其中A点的应力状态如解图 a）所示，C点的应力状态如解图 b）所示。A、C两点的应力状态与梁中各点相同，而B、D两点位于中性轴上，为纯剪应力状态。但由于A点的正应力为拉应力，而C点的正应力为压应力，所以最大拉力$\sigma_1 = \frac{\sigma}{2} + \sqrt{\left(\frac{\sigma}{2}\right)^2 + \tau^2}$，计算中，$\sigma$的正负号不同，$\sigma_1$的数值也不相同。

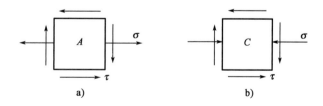

a)   b)

题 5-8-10 解图

答案： D

5-8-11 解： 由于沿横截面有微小裂纹，使得横截面的形心有变化，杆件由原来的轴向拉伸变成了偏心拉伸，其应力$\sigma = \frac{F_N}{A} + \frac{M_z}{W_z}$明显变大，故有裂纹的杆件比没有裂纹杆件的承载能力明显降低。

答案：B

5-8-12　解：移动前杆是轴向受拉：

$$\sigma_{\max} = \frac{F}{A} = \frac{F}{a^2}$$

移动后杆是偏心受拉，属于拉伸与弯曲的组合受力与变形：

$$\sigma_{\max} = \frac{F}{A} + \frac{0.5aF}{\frac{a^3}{6}} = \frac{F}{a^2} + \frac{3F}{a^2} = \frac{4F}{a^2}$$

答案：D

5-8-13　解：开缺口的截面是偏心受拉，偏心距为$\frac{h}{4}$，由公式$\sigma_{\max} = \frac{P}{A} + \frac{P \cdot \frac{h}{4}}{W_z}$可求得结果。

答案：C

5-8-14　解：首先从中间铰链B处断开，选取BC杆研究，求出B点的相互作用力。显然AB杆比BC杆受的弯矩大，而且AB杆中的竖杆受到偏心拉伸，$\sigma_{\max} = \frac{N}{A} + \frac{M}{W}$，由强度条件$\sigma_{\max} \leqslant [\sigma]$即可求出许可荷载$[P]$的值。

答案：B

5-8-15　解：先求出线性荷载的合力，它作用在距底边为a的水平线上，因而中间开缺口的截面受轴向拉伸，而未开缺口部分受偏心拉伸。分别计算两部分的最大拉应力，取最大者即可。

答案：B

5-8-16　解：此题为拉伸与弯曲的组合变形问题，最大正应力与最小正应力发生在跨中截面上下边缘。$\frac{\sigma_{\max}}{\sigma_{\min}} = \frac{P}{A} \pm \frac{M_z}{W_z}$，其中$M_z$应包含两项，一项是由力$P$引起的弯矩，一项是由偏心拉力$S$引起的弯矩，两者引起的正应力符号相反。根据$\frac{\sigma_{\max}}{\sigma_{\min}} = \frac{5}{3}$，可求出$P$的值。

答案：C

5-8-17　解：这是压缩、双向弯曲和扭转的组合变形问题，危险点在A截面的右下部。

答案：D

5-8-18　解：对于矩形截面梁这种带棱角的截面，其最大正应力应该用 A 式计算。

答案：A

5-8-19　解：槽形截面的弯心在水平对称轴上槽形的外侧。受力没有过弯心，又与形心主轴不平行，故既有扭转又有斜弯曲。

答案：D

5-8-20　解：槽钢截面的弯曲中心在水平对称轴的外侧。力P不通过弯心，但通过形心主轴，故产生平面弯曲加扭转。

答案：C

5-8-21　解：外力通过截面弯曲中心，无扭转变形；但外力不与形心主轴（45°方向）平行，故产生斜弯曲。

答案：B

5-8-22　解：D 图中的外力P不通过弯曲中心又不与形心主轴平行，将产生扭转和斜弯曲的组合变形。

答案：D

5-8-23　解：公式$\sigma_{\max} = \frac{M_y}{W_y} + \frac{M_z}{W_z}$只适用于有棱角的截面，不适用于圆截面。

答案：A

5-8-24 解：杆①、杆③均为轴向压缩，其最大压应力是$\frac{P}{4a^2}$；而杆②下部是偏心压缩，最大压应力 $\sigma_{\max 2} = \frac{P}{A} + \frac{P \cdot e}{W_z} = \frac{P}{3a^2}$。

答案：C

（九）压杆稳定

5-9-1 一端固定另一端自由的细长（大柔度）压杆，长度为L（图 a），当杆的长度减少一半时（图 b），其临界载荷是原来的：

A. 4 倍   B. 3 倍   C. 2 倍   D. 1 倍

5-9-2 图示三根压杆均为细长（大柔度）压杆，且弯曲刚度均为EI。三根压杆的临界荷载F_{cr}的关系为：

A. $F_{cra} > F_{crb} > F_{crc}$ B. $F_{crb} > F_{cra} > F_{crc}$

C. $F_{crc} > F_{cra} > F_{crb}$ D. $F_{crb} > F_{crc} > F_{cra}$

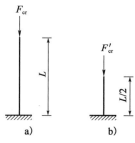

题 5-9-1 图

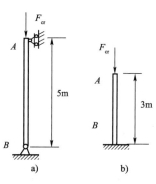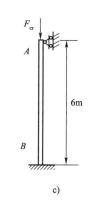

题 5-9-2 图

5-9-3 两根完全相同的细长（大柔度）压杆AB和CD如图所示，杆的下端为固定铰链约束，上端与刚性水平杆固结。两杆的弯曲刚度均为EI，其临界荷载F_a为：

A. $2.04 \times \frac{\pi^2 EI}{L^2}$ B. $4.08 \times \frac{\pi^2 EI}{L^2}$ C. $8 \times \frac{\pi^2 EI}{L^2}$ D. $2 \times \frac{\pi^2 EI}{L^2}$

5-9-4 圆截面细长压杆的材料和杆端约束保持不变，若将其直径缩小一半，则压杆的临界压力为原压杆的：

A. 1/2   B. 1/4   C. 1/8   D. 1/16

5-9-5 压杆下端固定，上端与水平弹簧相连，如图所示，该杆长度系数μ值为：

A. $\mu < 0.5$ B. $0.5 < \mu < 0.7$

C. $0.7 < \mu < 2$ D. $\mu > 2$

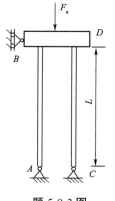

题 5-9-3 图   题 5-9-5 图

5-9-6 压杆失衡是指压杆在轴向压力的作用下：

　　A. 局部横截面的面积迅速变化

　　B. 危险截面发生屈服或断裂

　　C. 不能维持平衡状态而突然发生运动

　　D. 不能维持直线平衡而突然变弯

5-9-7 假设图示三个受压结构失稳时临界压力分别为P_{cr}^a、P_{cr}^b、P_{cr}^c，比较三者的大小，则：

　　A. P_{cr}^a最小　　　　B. P_{cr}^b最小　　　　C. P_{cr}^c最小　　　　D. $P_{cr}^a = P_{cr}^b = P_{cr}^c$

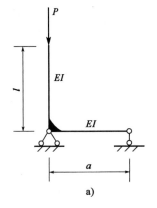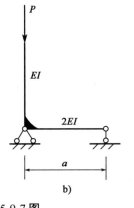

题 5-9-7 图

5-9-8 图示两端铰支压杆的截面为矩形，当其失稳时：

　　A. 临界压力$P_{cr} = \pi^2 E I_y / l^2$，挠曲线位于$xy$面内

　　B. 临界压力$P_{cr} = \pi^2 E I_z / l^2$，挠曲线位于$xz$面内

　　C. 临界压力$P_{cr} = \pi^2 E I_z / l^2$，挠曲线位于$xy$面内

　　D. 临界压力$P_{cr} = \pi^2 E I_z / l^2$，挠曲线位于$xz$面内

5-9-9 在材料相同的条件下，随着柔度的增大：

　　A. 细长杆的临界应力是减小的，中长杆不是

　　B. 中长杆的临界应力是减小的，细长杆不是

　　C. 细长杆和中长杆的临界应力均是减小的

　　D. 细长杆和中长杆的临界应力均不是减小的

5-9-10 一端固定，一端为球形铰的大柔度压杆，横截面为矩形（如图所示），则该杆临界力P_{cr}为：

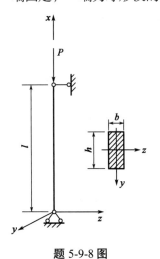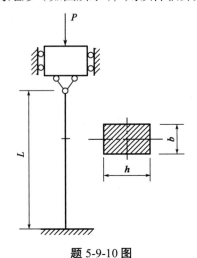

题 5-9-8 图　　　　　　　　　　　　　题 5-9-10 图

A. $1.68\dfrac{Ebh^3}{L^2}$

B. $3.29\dfrac{Ebh^3}{L^2}$

C. $1.68\dfrac{Eb^3h}{L^2}$

D. $0.82\dfrac{Eb^3h}{L^2}$

5-9-11 图示矩形截面细长压杆，$h=2b$（图 a），如果将宽度 b 改为 h 后（图 b，仍为细长压杆），临界力 F_{cr} 是原来的：

A. 16 倍

B. 8 倍

C. 4 倍

D. 2 倍

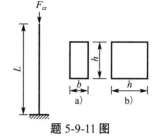

题 5-9-11 图

5-9-12 图示结构，由细长压杆组成，各杆的刚度均为 EI，则 P 的临界值为：

A. $\dfrac{\pi^2 EI}{a^2}$

B. $\dfrac{\sqrt{2}\pi^2 EI}{a^2}$

C. $\dfrac{2\pi^2 EI}{a^2}$

D. $\dfrac{2\sqrt{2}\pi^2 EI}{a^2}$

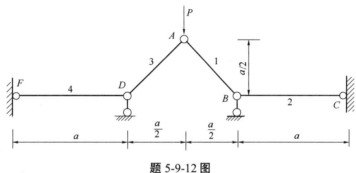

题 5-9-12 图

5-9-13 细长压杆常用普通碳素钢制造，而不用高强度优质钢制造，这是因为：

A. 普通碳素钢价格便宜

B. 普通碳素钢的强度极限高

C. 普通碳素钢价格便宜，而弹性模量与高强度优质钢差不多

D. 高强度优质钢的比例极限低

5-9-14 如图所示平面杆系结构，设三杆均为细长压杆，长度均为 l，截面形状和尺寸相同，但三杆约束情况不完全相同，则杆系丧失承载能力的情况应是下述中哪一种？

A. 当 AC 杆的压力达到其临界压力时，杆系丧失承载力

B. 当三杆所承受的压力都达到各自的临界压力时，杆系才丧失承载力

C. 当 AB 杆和 AD 杆的压力达到其临界压力时，杆系则丧失承载力

D. 三杆中，有一根杆的应力达到强度极限，杆系则丧失承载能力

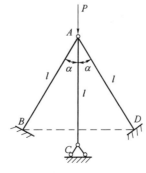

题 5-9-14 图

5-9-15 若用σ_{cr}表示细长压杆的临界应力，则下列结论中正确的是：

A. σ_{cr}与压杆的长度、压杆的横截面面积有关，而与压杆的材料无关

B. σ_{cr}与压杆的材料和柔度λ有关，而与压杆的横截面面积无关

C. σ_{cr}与压杆的材料和横截面的形状尺寸有关，而与其他因素无关

D. σ_{cr}的值不应大于压杆材料的比例极限σ_p

题解及参考答案

5-9-1 解： 由一端固定、另一端自由的细长压杆的临界力计算公式$F_{cr} = \dfrac{\pi^2 EI}{(2L)^2}$，可知$F_{cr}$与$L^2$成反比，故有

$$F'_{cr} = \frac{\pi^2 EI}{\left(2 \cdot \dfrac{L}{2}\right)^2} = 4\frac{\pi^2 EI}{(2L)^2} = 4F_{cr}$$

答案： A

5-9-2 解： 图 a）$\mu l = 1 \times 5 = 5m$，图 b）$\mu l = 2 \times 3 = 6m$，图 c）$\mu l = 0.7 \times 6 = 4.2m$。由公式$F_{cr} = \dfrac{\pi^2 EI}{(\mu l)^2}$，可知图 b）$F_{crb}$最小，图 c）$F_{crc}$最大。

答案： C

5-9-3 解： 当压杆AB和CD同时达到临界荷载时，结构的临界荷载$F_a = 2F_{cr} = 2 \times \dfrac{\pi^2 EI}{(0.7l)^2} = 4.08\dfrac{\pi^2 EI}{l^2}$。

答案： B

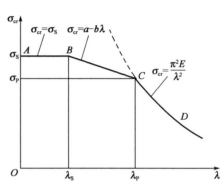

题 5-9-9 解图

5-9-4 解： 细长压杆临界力：$P_{cr} = \dfrac{\pi EL}{(\mu l)^2}$，对圆截面：$I = \dfrac{\pi}{64}d^4$，当直径$d$缩小一半变为$\dfrac{d}{2}$时，压杆的临界压力$P_{cr}$为压杆的$\left(\dfrac{1}{2}\right)^4 = \dfrac{1}{16}$。

答案： D

5-9-5 解： 从常用的四种杆端约束压杆的长度系数μ的值变化规律中可看出，杆端约束越强，μ值越小（压杆的临界力越大）。图示压杆的杆端约束一端固定、一端弹性支承，比一端固定、一端自由时（$\mu = 2$）强，但又比一端固定、一端支铰支进（$\mu = 0.7$）弱，故$0.7 < \mu < 2$，即为 C 的范围内。

答案： C

5-9-6 解： 根据压杆稳定的概念，压杆稳定是指压杆直线平衡的状态在微小外力干扰去除后自我恢复的能力。因此只有选项 D 正确。

答案： D

5-9-7 解： 根据压杆临界压力的公式P_{cr}可知，当EI相同时，杆端约束超强，μ值越小，压杆的临界压力越大，图 a）中压杆下边杆端约束最弱（刚度为EI），图 c）中杆端约束最强（刚度为无穷大），故P_{cr}^a最小。

答案： A

5-9-8 解： 根据临界压力的概念，临界压力是指压杆由稳定开始转化为不稳定的最小轴向压力。由公式$P_{cr} = \dfrac{\pi EL}{(\mu l)^2}$可知，当压杆截面对某轴惯性矩最小时，则压杆截面绕该轴转动并发生弯曲最省力，即这时的轴向压力最小。显然图示矩形截面中I_y是最小惯性矩，且挠曲线应位于xz面内。

答案： B

5-9-9　解： 不同压杆的临界应力如解图所示。图中 AB 段表示短杆的临界应力，BC 段表示中长杆的临界应力，CD 段表示细长杆的临界应力。从图中可以看出，在材料相同的条件下，随着柔度的增大，细长杆和中长杆的临界应力均是减小的。

答案： C

5-9-10　解： 压杆临界力公式中的惯性矩应取压杆横截面上的最小惯性矩 $I_{\min}$，故

$$P_{\mathrm{cr}} = \frac{\pi E I_{\min}}{(\mu l)^2} = \frac{\pi^2 E \frac{1}{12} h b^3}{(0.7L)^2} = 1.68 \frac{E b^3 h}{L^2}$$

答案： C

5-9-11　解： 压杆总是在惯性矩最小的方向失稳，对图 a）：$I_{\mathrm{a}} = \frac{h b^3}{12}$；对图 b）：$I_{\mathrm{b}} = \frac{h^4}{12}$。

$$F_{\mathrm{cr}}^{\mathrm{a}} = \frac{\pi^2 E I_{\mathrm{a}}}{(\mu L)^2} = \frac{\pi^2 E \frac{h b^3}{12}}{(2L)^2} = \frac{\pi^2 E \frac{2b \times b^3}{12}}{(2L)^2} = \frac{\pi^2 E b^4}{24 L^2}$$

$$F_{\mathrm{cr}}^{\mathrm{b}} = \frac{\pi^2 E I_{\mathrm{b}}}{(\mu L)^2} = \frac{\pi^2 E \frac{2b \times (2b)^3}{12}}{(2L)^2} = \frac{\pi^2 E b^4}{3 L^2} = 8 F_{\mathrm{cr}}^{\mathrm{a}}$$

故临界力是原来的 8 倍。

答案： B

5-9-12　解： 由静力平衡可知 B、D 两点的支座反力为 $\frac{P}{2}$，方向向上。首先求出 1、3 杆的临界力 P_{cr1}，由节点 A 的平衡求出 $[P]_1$ 的临界值；再求出 2、4 杆的临界力 P_{cr2}，由节点 B 的平衡求出 $[P]_2$ 的临界值。比较两者取小的即可。

答案： C

5-9-13　解： 由欧拉公式 $P_{\mathrm{cr}} = \frac{\pi^2 EI}{(\mu l)^2}$ 可知，细长压杆的临界力与材料的比例极限和强度极限无关，而与材料的弹性模量有关。

答案： C

5-9-14　解： AC 杆失稳时，AB、AD 杆可承受荷载；AB、AD 杆失稳时，AC 杆可承受荷载；只有当 3 杆同时失稳，杆系才丧失承载力。

答案： B

5-9-15　解： 欧拉公式 $\sigma_{\mathrm{cr}} = \frac{\pi^2 E}{\lambda^2}$。其中，$E$ 与压杆的材料有关，而 λ 为压杆的柔度，与其他因素无关。

答案： B

第六章　流体力学

复习指导

　　本考试的特点是题型固定（均为单项选择题），做题时间短（平均每 2 分钟应做完一道题），知识覆盖面宽且侧重于基本概念、基本理论、基本公式的应用，较少涉及艰深复杂的理论和繁琐的计算。根据以上特点，在复习时应注意对基本概念的准确理解以提高分析判断能力。例如，复习题中的 6-2-2 题，其中的 B 项中有"剪切变形"，而 D 项中有"剪切变形速度"，二者只差"速度"两字。如果对牛顿内摩擦定律有准确的理解，可立刻判断出 D 项为正确答案。在单选题中，有一部分是数字答案提供选择，这部分题是需要经过计算后确定的，所以在复习时应记住重要的基本公式，并掌握其运用方法，结合复习题灵活运用，勤加练习。例如，复习题 6-3-8，就是应用静水压强基本方程和压强的三种表示方法解答的。在单选题中，有一部分题是要靠记住一些基本结论来回答的。例如，复习题 6-5-25、题 6-5-27，只有记住层流与紊流核心区的流速分布图才能正确选择。所以，复习时对一些重要结论应该加强记忆。在单选题中，还有一部分要用基本原理或基本方程去分析的题。例如，圆柱形外管嘴流量增加的原因，就要用能量方程去分析，证明管内收缩断面处存在真空值，产生吸力，增加了作用水头，从而使流量增加。如果理解了能量方程的物理意义，就能解释在位能不变的条件下，流速增加的地方，压强将减少。所以在复习基本方程时，不仅要记住其表达式，更重要的是应理解其物理意义，并学会应用这些方程分析问题。

　　下面按考试大纲的顺序列出一部分需要准确理解、熟练掌握、灵活运用的基本概念，基本理论和基本方程，供复习时参考。

　　连续介质、流体的黏性及牛顿内摩擦定律，$\tau = \mu \dfrac{\mathrm{d}u}{\mathrm{d}y}$。

　　静水压强及其特性；静水压强的基本方程：$p = p_0 + \rho g h$；压强分布图；测管水头 $Z + \dfrac{p}{\rho g}$ 的物理意义；等压面的性质和画法以及运用等压面求解压力计算题的方法；平面总压力的大小、方向和作用点（公式 $P = \gamma h_c A$，$y_d = y_c + \dfrac{J_c}{y_c A}$，或图解法公式 $P = \Omega b$）；曲面总压力水平分力和垂直分力的计算公式：$P_x = \gamma h_c A_z$，$P_z = \gamma V$，$\theta = \arctan \dfrac{P_z}{P_x}$。

　　流线、元流、总流的性质，过流断面及水力要素；流量、平均流速关系式：$Q = vA$，连续性方程：$v_1 A_1 = v_2 A_2$；能量方程：$Z_1 + \dfrac{p_1}{\gamma} + \dfrac{\alpha_1 v_1^2}{2g} = Z_2 + \dfrac{p_2}{\gamma} + \dfrac{\alpha_2 v_2^2}{2g} + h_{w1\text{-}2}$ 的物理意义、应用范围和应用方法（选断面、基准面、选点）；动量方程 $\sum F = \rho Q(\alpha_{02} v_2 - \alpha_{01} v_1)$ 的物理意义、应用范围和应用方法（选控制体、选坐标），总水头线、测压管水头线的画法和变化规律。

　　层流与紊流的判别标准；圆管层流的流速分布和沿程损失的基本公式 $\left(h_f = \lambda \dfrac{L}{d} \dfrac{v^2}{2g}\right)$；紊流的流速分布和紊流沿程阻力系数的变化规律（尼古拉兹图）；局部水头损失产生原因及计算公式 $\left(h_m = \zeta \dfrac{v^2}{2g}\right)$；突然放大局部阻力系数公式；边界层及边界层的分离现象、绕流阻力。

　　孔口及管嘴出流的流速、流量公式（$v = \phi \sqrt{2gH_0}$；$Q = \mu A \sqrt{2gH_0}$）；流速系数、收缩系数、流量

系数的相互关系；圆柱形外管嘴流量增加的原因；串联管路总水头；并联管路水头损失相等、流量与阻抗平方根成反比等概念。

明渠均匀流水力坡度、水面坡度、渠底坡度相等的概念；发生明渠均匀流的条件；谢才公式（$v = C\sqrt{Ri}$）与曼宁公式（$C = \frac{1}{n}R^{1/6}$）公式的联合运用；梯形断面水力要素的计算；水力最佳断面的概念。

渗流模型必须遵循的条件；达西定律（$v = KJ$，$Q = KAJ$）的物理意义，应用范围，潜水井、承压井、廊道的流量计算。

基本量纲与导出量纲、量纲和谐原理的应用，无量纲量的组合方法，π定理；两个流动力学相似的条件；重力、黏性力、压力相似准则的物理意义；在何种情况下选用何种相似准则。

流速、压强、流量的量测仪器和量测方法。

练习题、题解及参考答案

（一）流体力学定义及连续介质假设

6-1-1 连续介质模型既可摆脱研究流体分子运动的复杂性，又可：

A. 不考虑流体的压缩性

B. 不考虑流体的黏性

C. 运用高等数学中连续函数理论分析流体运动

D. 不计及流体的内摩擦力

题解及参考答案

6-1-1 **解：** 运用高等数学中连续函数理论分析流体运动。

答案： C

（二）流体的主要物理性质

6-2-1 已知空气的密度ρ为1.205kg/m³，动力黏度（动力黏滞系数）μ为1.83×10^{-5}Pa·s，那么它的运动黏性（运动黏滞系数）ν为：

A. 2.2×10^{-5}s/m²   B. 2.2×10^{-5}m²/s

C. 15.2×10^{-6}s/m²   D. 15.2×10^{-6}m²/s

6-2-2 与牛顿内摩擦定律直接有关的因素是：

A. 压强、速度和黏度   B. 压强、速度和剪切变形

C. 切应力、温度和速度   D. 黏度、切应力与剪切变形速度

6-2-3 某平面流动的流速分布方程为$u_x = 2y - y^2$，流体的动力黏度为$\mu = 0.8 \times 10^{-3}$Pa·s，在固壁处$y = 0$。距壁面y=7.5cm处的黏性切应力τ为：

A. 2×10^3Pa   B. -32×10^{-3}Pa   C. 1.48×10^{-3}Pa   D. 3.3×10^{-3}Pa

6-2-4 水的动力黏度随温度的升高如何变化？

A. 增大   B. 减少   C. 不变   D. 不定

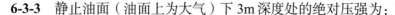

题解及参考答案

6-2-1　解：

$$\nu = \frac{\mu}{\rho} = \frac{1.83 \times 10^{-5} \text{Pa} \cdot \text{s}}{1.205 \text{kg/m}^3} = 15.2 \times 10^{-6} \text{m/s}^2$$

答案： D

6-2-2　解： 内摩擦力与压强无关，与速度梯度 $\dfrac{\mathrm{d}u}{\mathrm{d}y} = \dfrac{\mathrm{d}\alpha}{\mathrm{d}t}$ 即剪切变形速度有关。

答案： D

6-2-3　解： $\tau = \mu \dfrac{\mathrm{d}u}{\mathrm{d}y} = \mu(2 - 2y) = 0.8 \times 10^{-3} \times (2 - 2 \times 0.075) = 1.48 \times 10^{-3} \text{Pa}$

答案： C

6-2-4　解： 水的动力黏度随温度的升高而减少。

答案： B

（三）流体静力学

6-3-1 如图，上部为气体下部为水的封闭容器装有 U 形水银测压计，其中 1、2、3 点位于同一平面上，其压强的关系为：

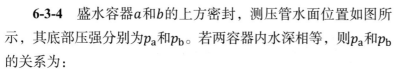

  A. $p_1 < p_2 < p_3$ B. $p_1 > p_2 > p_3$

  C. $p_2 < p_1 < p_3$ D. $p_2 = p_1 = p_3$

题 6-3-1 图

6-3-2 静止的流体中，任一点压强的大小与下列哪一项无关？

  A. 当地重力加速度   B. 受压面的方向

  C. 该点的位置   D. 流体的种类

6-3-3 静止油面（油面上为大气）下 3m 深度处的绝对压强为：

（油的密度为 800kg/m^3，当地大气压为 100kPa）

  A. 3kPa   B. 23.5kPa   C. 102.4kPa   D. 123.5kPa

6-3-4 盛水容器 a 和 b 的上方密封，测压管水面位置如图所示，其底部压强分别为 p_a 和 p_b。若两容器内水深相等，则 p_a 和 p_b 的关系为：

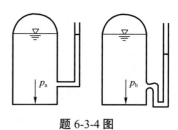

  A. $p_a > p_b$ B. $p_a < p_b$

  C. $p_a = p_b$ D. 无法确定

题 6-3-4 图

6-3-5 根据静水压强的特性，静止液体中同一点各方向的压强：

  A. 数值相等   B. 数值不等

  C. 仅水平方向数值相等   D. 铅直方向数值最大

6-3-6 液体中某点的绝对压强为 100kN/m^2，则该点的相对压强为：

（注：当地大气压强为 1 个工程大气压，98kN/m^2）

  A. 1kN/m^2 B. 2kN/m^2 C. 5kN/m^2 D. 10kN/m^2

6-3-7 金属压力表的读值是：

  A. 相对压强   B. 相对压强加当地大气压

C. 绝对压强　　　　　　　　　　D. 绝对压强加当地大气压

6-3-8 已知油的密度 ρ 为 850kg/m³，在露天油池油面下 5m 处相对压强为：

A. 4.25Pa　　　　B. 4.25kPa　　　　C. 41.68Pa　　　　D. 41.68kPa

6-3-9 与大气相连通的自由水面下 5m 处的相对压强为：

A. 5at　　　　B. 0.5at　　　　C. 98kPa　　　　D. 40kPa

6-3-10 某点的相对压强为 −39.2kPa，则该点的真空高度为：

A. 4mH₂O　　　　B. 6mH₂O　　　　C. 3.5mH₂O　　　　D. 2mH₂O

6-3-11 相对压强的起点是指：

A. 绝对真空　　　　　　　　　　B. 一个标准大气压

C. 当地大气压　　　　　　　　　D. 液面压强

6-3-12 绝对压强 p_{abs} 与相对压强 p、当地大气压 p_{a}、真空度 p_{v} 之间的关系是：

A. $p_{\mathrm{abs}} = p + p_{\mathrm{v}}$　　　　　　　　B. $p = p_{\mathrm{abs}} + p_{\mathrm{a}}$

C. $p_{\mathrm{v}} = p_{\mathrm{a}} - p_{\mathrm{abs}}$　　　　　　　　D. $p = p_{\mathrm{v}} + p_{\mathrm{a}}$

6-3-13 图示垂直放置的矩形平板，一侧挡水，该平板由置于上、下边缘的拉杆固定，则拉力之比 T_1/T_2 应为：

A. 1/4　　　　B. 1/3　　　　C. 1/2　　　　D. 1

6-3-14 图示容器，面积 A_1=1cm²，A_2=100cm²，容器中水对底面积 A_2 上的作用力为：

A. 98N　　　　B. 24.5N　　　　C. 9.8N　　　　D. 1.85N

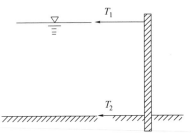

题 6-3-13 图　　　　　　　　　　题 6-3-14 图

6-3-15 图示垂直置于水中的矩形平板闸门，宽度 b=1m，闸门高 h=3m，闸门两侧水深分别为 H_1=5m，H_2=4m，闸门所受总压力为：

A. 29.4kN

B. 132.3kN

C. 58.8kN

D. 73.5kN

题 6-3-15 图

6-3-16 资料同上题，总压力作用点距闸门底部的铅直距离为：

A. 2.5m　　　　　　　　　　B. 1.5m

C. 2m　　　　　　　　　　D. 1m

6-3-17 如图所示桌面上三个容器，容器中水深相等，底面积相等（容器自重不计），但容器中水体积不相等。下列哪种结论是正确的？

A. 容器底部总压力相等，桌面的支撑力也相等

B. 容器底部的总压力相等，桌面的支撑力不等

C. 容器底部的总压力不等，桌面的支撑力相等

D. 容器底部的总压力不等，桌面的支撑力不等

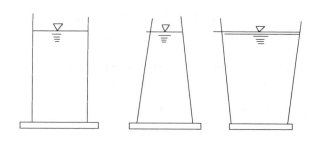

题 6-3-17 图

6-3-18 图示有压水管，断面 1 及 2 与水银压差计相连，水管水平，压差计水银面高差 $\Delta h = 30\text{cm}$，该两断面之压差为：

    A. 37.04kPa   B. 39.98kPa   C. 46.3kPa   D. 28.65kPa

6-3-19 图示空气管道横断面上的压力计液面高差 $h=0.8\text{m}$，该断面的空气相对压强为：

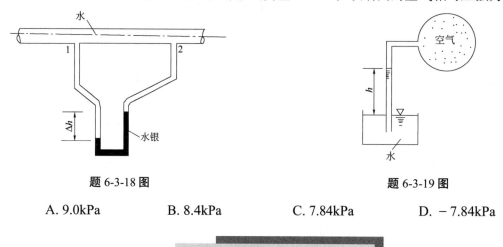

题 6-3-18 图   题 6-3-19 图

    A. 9.0kPa   B. 8.4kPa   C. 7.84kPa   D. -7.84kPa

题解及参考答案

6-3-1 **解：** 静止流体等压面应是一水平面，且应绘出于连通、连续同一种流体中，据此可绘出两个等压面以判断压强 p_1、p_2、p_3 的大小。

    答案： A

6-3-2 **解：** 静压强特性为流体静压强的大小与受压面的方向无关。

    答案： B

6-3-3 **解：** 绝对压强要计及液面大气压强，即 $p = p_0 + \rho gh$，已知 $p_0=100$kPa，则代入题设数据后有：

$$p = 100 + 0.8 \times 9.8 \times 3 = 123.52\text{kPa}$$

    答案： D

6-3-4 **解：** 静止流体中，仅受重力作用的等压面是水平面（小范围）。

    答案： A

6-3-5 **解：** 静止流体中同一点压强，各方向数值相等。

    答案： A

6-3-6 **解：** 相对压强等于绝对压强减去当地大气压强，即 $p = 100 - 98 = 2\text{kN/m}^2$。

答案： B

6-3-7 解： 参见压强的测量相关内容。金属压力表的读值为相对压强。

答案： A

6-3-8 解： $p = \rho g h = 0.85 \times 9.8 \times 5 = 41.68\text{kPa}$。

答案： D

6-3-9 解： $p = \rho g h = 9.8 \times 5 = 49\text{kPa} = 0.5\text{atm}$。

答案： B

6-3-10 解： 真空高度为：

$$h_V = \frac{p_V}{\rho_g} = \frac{39.2\text{kPa}}{9.8\text{kN/m}^3} = 4\text{mH}_2\text{O}$$

答案： A

6-3-11 解： 相对压强的起点为当地大气压。

答案： C

6-3-12 解： 参见压强的两种基准及真空概念。真空度 $p_V = p_a - p_{\text{abs}}$。

答案： C

6-3-13 解： 总压力 P 作用在距水面 2/3 水深处。对 P 的作用点取矩得：

$$T_1 \times \frac{2}{3}H = T_2 \times \frac{1}{3}H, \quad T_1/T_2 = \frac{1}{2}$$

答案： C

6-3-14 解： 底部总压力 $P = \rho g h_c A = 9800\text{N/m}^3 \times 1\text{m} \times 0.01\text{m}^2 = 98\text{N}$。

答案： A

6-3-15 解： 用图解法求闸门总压力：

$$P = \Omega \cdot b = (5\text{m} - 4\text{m}) \times 9.8\text{kN/m}^3 \times 3\text{m} \times 1\text{m} = 29.4\text{kN}$$

答案： A

6-3-16 解： 压强分布为矩形，如解图所示。总压力作用点过压强分布图的形心，距底部 1.5m。

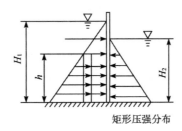

矩形压强分布

题 6-3-16 解图

答案： B

6-3-17 解： 桌面支撑力是容器中水体的质量，不是底部总压力。

答案： B

6-3-18 解： 压差为

$$\Delta P = (\gamma_{水银} - \gamma_{水})\Delta h = (13.6\gamma - \gamma)\Delta h = 12.6\gamma\Delta h = 12.6 \times 9.8 \times 0.3 = 37.04\text{kPa}$$

答案： A

6-3-19 解： 空气柱重量可不计，内部为真空即负压，$P = P' - P_a = -\gamma_{水}h = -7.84\text{kPa}$。

答案： D

（四）流体动力学

6-4-1 图示，下列说法中，错误的是：

A. 对理想流体，该测压管水头线（H_p线）应该沿程无变化

B. 该图是理想流体流动的水头线

C. 对理想流体，该总水头线（H_0线）沿程无变化

D. 该图不适用于描述实际流体的水头线

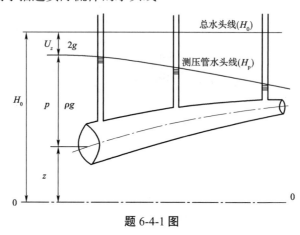

题 6-4-1 图

6-4-2 根据恒定流的定义，下列说法中正确的是：

A. 各断面流速分布相同

B. 各空间点上所有运动要素均不随时间变化

C. 流线是相互平行的直线

D. 流动随时间按一定规律变化

6-4-3 欧拉法描述液体运动时，表示同一时刻因位置变化而形成的加速度称为：

A. 当地加速度
B. 迁移加速度

C. 液体质点加速度
D. 加速度

6-4-4 图中相互之间可以列总流伯努利方程的断面是：

A. 1-1 断面和 2-2 断面
B. 2-2 断面和 3-3 断面

C. 1-1 断面和 3-3 断面
D. 3-3 断面和 4-4 断面

6-4-5 如图所示，一倒置 U 形管，上部为油，其密度$\rho_油 = 800kg/m^3$，用来测定水管中的A点流速u_A，若读数$\Delta h = 200mm$，则该点流速u_A为：

A. 0.885m/s
B. 1.980m/s
C. 1.770m/s
D. 2.000m/s

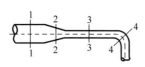

题 6-4-4 图

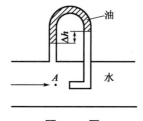

题 6-4-5 图

6-4-6 理想流体的基本特征是：

A. 黏性系数是常数
B. 不可压缩

C. 无黏性
D. 符合牛顿内摩擦定律

6-4-7 描述液体运动有迹线和流线的概念：

A. 流线上质点不沿迹线运动

B. 质点运动的轨迹称为流线

C. 流线上质点的流速矢量与流线相切

D. 质点的迹线和流线都重合

6-4-8 黏性流体总水头线沿程的变化是：

A. 沿程下降　　　　　　　　B. 沿程上升

C. 保持水平　　　　　　　　D. 前三种情况都有可能

6-4-9 理想液体与实际液体的主要差别在于：

A. 密度　　　　　　　　　　B. 黏性

C. 压缩性　　　　　　　　　D. 表面张力

6-4-10 非恒定均匀流是：

A. 当地加速度为零，迁移加速度不为零

B. 当地加速度不为零，迁移加速度为零

C. 当地加速度与迁移加速度均不为零

D. 当地加速度与迁移加速度均不为零，但合加速度为零

6-4-11 有一引水虹吸管，出口通大气（如图所示）。已知 $h_1 =$ 1.5m，$h_2 = 3$m，不计水头损失，取动能修正系数 $\alpha = 1$。则断面 c-c 中心处的压强 p_c 为：

A. 14.7kPa　　　　　　　　B. -14.7kPa

C. 44.1kPa　　　　　　　　D. -44.1kPa

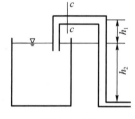

题 6-4-11 图

6-4-12 输水管道的直径为 200mm，输水量为 1177kN/h（重力流量），其断面平均流速为：

A. 1.06m/s　　B. 2.06m/s　　C. 3.06m/s　　D. 4.06m/s

6-4-13 有一垂直放置的渐缩管，内径由 $d_1 = 300$mm 渐缩至 $d_2 = 150$mm（见图），水从下而上自粗管流入细管。测得水在粗管 1-1 断面和细管 2-2 断面处的相对压强分别为 98kPa 和 60kPa，两断面间垂直距离为 1.5m，若忽略摩擦阻力，则通过渐缩管的流量为：

A. 0.125m³/s　　B. 0.25m³/s　　C. 0.50m³/s　　D. 1.00m³/s

6-4-14 如图所示，一压力水管渐变段，水平放置，已知 $d_1 = 1.5$m，$d_2 = 1$m，渐变段开始断面相对压强 $p_1 = 388$kPa，管中通过流量 $Q = 2.2$m³/s，忽略水头损失，渐变段支座所受的轴心力为：

A. 320kN　　　B. 340kN　　　C. 360kN　　　D. 380kN

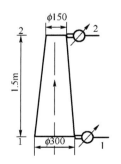

题 6-4-13 图

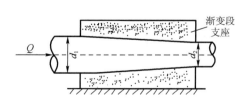

题 6-4-14 图

6-4-15 圆管层流运动过流断面上速度分布为（式中r_0为圆管半径）：

A. $u = u_{\max}\left[1 - \left(\dfrac{r}{r_0}\right)^2\right]$

B. $u = u_{\max}\left[1 - \left(\dfrac{r}{r_0}\right)\right]^n$

C. $u = v_0\left(5.75\lg\dfrac{yv_0}{v} + 5.5\right)$

D. $u = v_0\left(5.75\lg\dfrac{y}{k_s} + 8.48\right)$

6-4-16 恒定流具有下述哪种性质？

A. 当地加速度$\dfrac{\partial u}{\partial t} = 0$

B. 迁移加速度$\dfrac{\partial u}{\partial s} = 0$

C. 当地加速度$\dfrac{\partial u}{\partial t} \neq 0$

D. 迁移加速度$\dfrac{\partial u}{\partial s} \neq 0$

6-4-17 实践中，均匀流可用下述哪个说法来定义？

A. 流线夹角很小，曲率也很小的流动

B. 流线为平行直线的流动

C. 流线为平行曲线的流动

D. 流线夹角很小的直线流动

6-4-18 空气以断面平均速度$v = 2\text{m/s}$流过断面为 40cm×40cm 的送风管，然后全部经 4 个断面为10cm×10cm 的排气孔流出。假定每孔出流速度相等，则排气孔的平均流速为：

A. 8m/s   B. 4m/s   C. 2m/s   D. 1m/s

6-4-19 密度$\rho = 1.2\text{kg/m}^3$的空气，经直径$d = 1000\text{mm}$的风管流入下游两支管中如图所示，支管 1 的直径$d_1 = 500\text{mm}$，支管 2 的直径$d_2 = 300\text{mm}$，支管的断面流速分别为$v_1 = 6\text{m/s}$，$v_2 = 4\text{m/s}$，则上游干管的质量流量为：

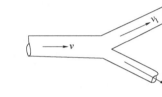

A. 1.95kg/s

B. 1.75kg/s

C. 1.65kg/s

D. 1.45kg/s

题 6-4-19 图

6-4-20 资料同上题，干管的断面平均流速v为：

A. 2.20m/s

B. 1.68m/s

C. 1.86m/s

D. 1.95m/s

6-4-21 能量方程中$z + \dfrac{p}{\gamma} + \dfrac{\alpha v^2}{2g}$表示下述哪种能量？

A. 单位重量流体的势能

B. 单位重量流体的动能

C. 单位重量流体的机械能

D. 单位质量流体的机械能

6-4-22 用毕托管测流速，其比压计中的水头差为：

A. 单位动能与单位压能之差

B. 单位动能与单位势能之差

C. 测压管水头与流速水头之差

D. 总水头与测压管水头之差

6-4-23 黏性流体测压管水头线的沿程变化是：

A. 沿程下降

B. 沿程上升

C. 保持水平

D. 前三种情况均有可能

6-4-24 黏性流体总水头线的沿程变化是：

A. 沿程上升

B. 沿程下降

C. 保持水平

D. 前三种情况均有可能

6-4-25 实际流体一维总流中，判别流动方向的正确表述是：

A. 流体从高处向低处流动

B. 流体从压力大的地方向压力小的地方流动

C. 流体从单位机械能大的地方向单位机械能小的地方流动

D. 流体从速度快的地方向速度慢的地方流动

6-4-26 在应用实际流体总流能量方程时，过流断面应选择：

A. 水平面　　　　　　　　　　　B. 任意断面

C. 垂直面　　　　　　　　　　　D. 渐变流断面

6-4-27 图示一流线夹角很小、曲率很小的渐变流管道，A-A为过流断面，B-B为水平面，1、2 为过流断面上的点，3、4 为水平面上的点，各点的运动物理量有以下哪种关系？

A. $p_1 = p_2$　　　　　　　　　　B. $p_3 = p_4$

C. $z_1 + \dfrac{p_1}{\gamma} = Z_2 + \dfrac{p_2}{\gamma}$　　　　　　D. $z_3 + \dfrac{p_3}{\gamma} = z_4 + \dfrac{p_4}{\gamma}$

6-4-28 铅直有压圆管如图所示，其中流动的流体密度$\rho = 800\text{kg/m}^3$，上、下游两断面压力表读数分别为$p_1 = 196\text{kPa}$，$p_2 = 392\text{kPa}$，管道直径及断面平均流速均不变，不计水头损失，则两断面的高差H为：

A. 10m　　　　　B. 15m　　　　　C. 20m　　　　　D. 25m

6-4-29 如图所示等径有压圆管断面 1 的压强水头$p_1/\gamma = 20\text{mH}_2\text{O}$，两断面中心点高差$H = 1\text{m}$，断面 1-2 的水头损失$h_{\text{w}_{1\text{-}2}} = 3\text{mH}_2\text{O}$，则断面 2 的压强水头$p_2/\gamma$为：

A. $18\text{mH}_2\text{O}$　　　B. $24\text{mH}_2\text{O}$　　　C. $20\text{mH}_2\text{O}$　　　D. $23\text{mH}_2\text{O}$

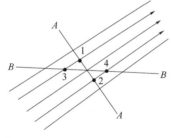 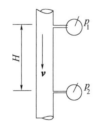 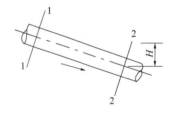

题 6-4-27 图　　　　　　　　　题 6-4-28 图　　　　　　　　　题 6-4-29 图

6-4-30 图示有压管路，水箱液面与管道出口断面的高差$H = 6\text{m}$，水箱至管道出口断面的水头损失$h_{\text{w}} = 2\text{mH}_2\text{O}$，则出口断面水流平均流速$v$为：

A. 10.84m/s　　　B. 8.85m/s　　　C. 7.83m/s　　　D. 6.25m/s

6-4-31 图示有压恒定流水管直径$d = 50\text{mm}$，末端阀门关闭时压力表读数为 21kPa，阀门打开后读值降至 5.5kPa，如不计水头损失，则该管的通过流量Q为：

A. 15L/s　　　B. 18L/s　　　C. 10.9L/s　　　D. 9L/s

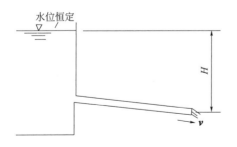 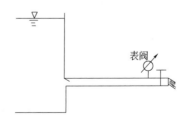

题 6-4-30 图　　　　　　　　　　　　题 6-4-31 图

6-4-32 用图示的毕托管测水管中某点流速u，与毕托管相连的水银压差计液面高差$\Delta h = 1\text{mHg}$，则该点流速u的大小为：

　　　　A. 16.32m/s　　　　　B. 4.43m/s　　　　　C. 9.81m/s　　　　　D. 15.71m/s

6-4-33 如图所示恒定流水箱，水头$H = 5$m，直径$d_1 = 200$mm，直径$d_2 = 100$mm，不计水头损失。则粗管中断面平均流速v_1为：

　　　　A. 2.47m/s　　　　　B. 3.52m/s　　　　　C. 4.95m/s　　　　　D. 4.35m/s

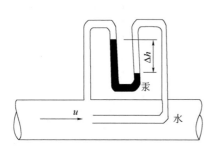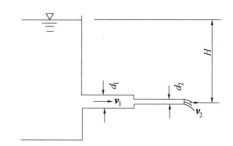

题 6-4-32 图　　　　　　　　　　　　　　　　题 6-4-33 图

6-4-34 图示一高压喷水入大气的喷嘴，喷嘴出口断面 1-1 的平均流速v_1为 30m/s，喷至 2-2 断面的平均流速v_2减少为 1m/s，不计水头损失，则喷射高度H为：

　　　　A. 45.86m　　　　　B. 3.25m　　　　　C. 5.81m　　　　　D. 6.22m

6-4-35 如图所示水泵吸水系统，水箱与水池液面高差$Z = 30$m，断面 1-1 至 2-2 的总水头损失$h_w = 3$mH$_2$O，则水泵的扬程H至少应为：

　　　　A. 30mH$_2$O　　　　　　　　　　　B. 33mH$_2$O

　　　　C. 29mH$_2$O　　　　　　　　　　　D. 40mH$_2$O

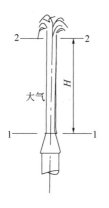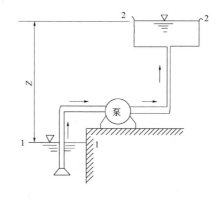

题 6-4-34 图　　　　　　　　　　　　　　　　题 6-4-35 图

6-4-36 利用文丘里管喉部的负压抽取基坑中的积水，如图所示，若喉部流速$v_1 = 10$m/s，出口速度$v_2 = 1$m/s，不计损失，吸水高度h最多为：

　　　　A. 4.5mH$_2$O　　　　　B. 6.05mH$_2$O　　　　　C. 5.05mH$_2$O　　　　　D. 5.82mH$_2$O

6-4-37 图示平底单宽渠道闸下出流，闸前水深$H = 2$m，闸后水深$h = 0.8$m，不计水头损失，则闸后流速v_2为：

　　　　A. 4.14m/s　　　　　B. 3.87m/s　　　　　C. 6.11m/s　　　　　D. 5.29m/s

6-4-38 水由图示喷嘴射出，流量$Q = 0.4$m³/s，喷嘴出口流速$v_2 = 50.93$m/s，喷嘴前粗管断面流速$v_1 = 3.18$m/s，总压力$P_1 = 162.33$kN，喷嘴所受到的反力大小R_x为：

　　　　A. 143.23kN　　　　　B. 110.5kN　　　　　C. 121.41kN　　　　　D. 150.52kN

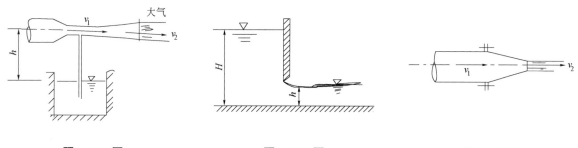

题 6-4-36 图　　　　　　题 6-4-37 图　　　　　　题 6-4-38 图

6-4-39 图示流量 $Q = 36L/s$ 的水平射流，被垂直于流向的水平平板阻挡，截去流量 $Q_1 = 12L/s$，并引起其余部分射流向左偏转，不计阻力，则偏转角 θ 为：

　　　　A. 20°　　　　　　B. 30°　　　　　　C. 40°　　　　　　D. 45°

6-4-40 图示射流流量 $Q = 100L/s$，出口流速 $v = 20m/s$，不计水头损失和摩擦阻力，则水射流对垂直壁面的冲力 F_x 为：

　　　　A. 1600N　　　　B. 2×10^6N　　　C. 2000N　　　　D. 2×10^5N

6-4-41 如图所示，设水在闸门下流过的流量 $Q = 4.24m^3/s$，门前断面 1 的总水压力为 $P_1 = 19.6kN$，门后断面 2 的总水压力为 $P_2 = 3.13kN$，闸门前、后的断面平均流速分别为 $v_1 = 2.12m/s$，$v_2 = 5.29m/s$，不计水头损失和摩擦阻力，则作用于单位宽度（1m）上闸门的推力 F 的大小为：

　　　　A. 2506N　　　　B. 3517N　　　　C. 2938N　　　　D. 3029N

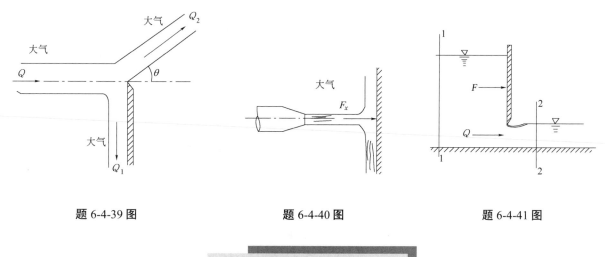

题 6-4-39 图　　　　　　题 6-4-40 图　　　　　　题 6-4-41 图

题解及参考答案

6-4-1 **解**：测压管水头线的变化是由于过流断面面积的变化引起流速水头的变化，进而引起压强水头的变化，而与是否理想流体无关，故说法 A 是错误的。

答案：A

6-4-2 **解**：各空间点上所有运动要素均不随时间变化的流动为恒定流。

答案：B

6-4-3 **解**：参见描述流体运动的欧拉方法中关于加速度的定义。按题意，应为迁移加速度。

答案：B

6-4-4 **解**：伯努利方程只能用于流线近于平行直线的渐变流。

答案：C

6-4-5　解：参见毕托管求流速公式$u_A = C\sqrt{2g\Delta h_u}$，并由压差计公式知，$\Delta h_u = \left(\dfrac{\rho_水 - \rho_油}{\rho_水}\right)\Delta h$。

代入题设数据有

$$\Delta h_u = \left(\frac{1000 - 800}{1000}\right) \times 0.02\text{m} = 0.04\text{m}$$

$$u_A = \sqrt{2 \times 9.8 \times 0.04} = 0.885\text{m/s}$$

答案：A

6-4-6　解：理想流体为无黏性流体。

答案：C

6-4-7　解：流线上质点的流速矢量与流线相切。

答案：C

6-4-8　解：参看黏性流体总水头线的图示。总水头线沿程下降。

答案：A

6-4-9　解：参见理想流体元流能量方程相关内容（理想流体与实体流体的主要区别在于黏性）。

答案：B

6-4-10　解：非恒定流当地加速度不为零，均匀流迁移加速度为零。

答案：B

6-4-11　解：运用能量方程求解。对c-c断面与管道出口断面写能量方程：

$$h_1 + h_2 + \frac{p_c}{\rho g} + \frac{v_c^2}{2g} = 0 + 0 + \frac{v_c^2}{2g}$$

$$p_c = -\rho(h_1 + h_2) = -9.8 \times (1.5 + 3) = -44.1\text{kPa}$$

答案：D

6-4-12　解：

$$v = \frac{Q_G}{\rho g A} = \frac{1177}{1 \times 9.8 \times \frac{\pi}{4} \times 0.2^2 \times 3600} = 1.06\text{m/s}$$

答案：A

6-4-13　解：对过流断面1-1及2-2写能量方程：

$$0 + \frac{p_1}{\rho g} + \frac{\alpha_1 v_1^2}{2g} = 1.5 + \frac{p_2}{\rho g} + \frac{\alpha_2 v_2^2}{2g} + 0$$

代入数据：

$$\frac{98}{9.8} + \frac{v_1^2}{2g} = 1.5 + \frac{60}{9.8} + \frac{v_2^2}{2g}$$

由连续方程得：$v_2 = v_1\left(\dfrac{d_1}{d_2}\right)^2 = 4v_1$，代入上式，即$10 - 1.5 - 6.122 = 15\dfrac{v_1^2}{2g}$，得$v_1 = 1.672\text{m/s}$

则流量$Q = v_1 \times \dfrac{\pi}{4}d_1^2 = 1.672 \times \dfrac{\pi}{4} \times 0.3^2 = 0.125\text{m}^3/\text{s}$

答案：A

6-4-14　解：管中断面平均流速：

$$v_1 = \frac{2.2}{\frac{\pi}{4} \times 1.5^2} = 1.245\text{m/s}, \quad v_2 = \frac{2.2}{\frac{\pi}{4} \times 1^2} = 2.801\text{m/s}$$

对断面1-1及2-2写能量方程：

$$\frac{p_2}{\rho g} = \frac{p_1}{\rho g} + \frac{v_1^2 - v_2^2}{2g} = 39.27\text{m}$$

$$p_2 = \rho g \times 39.27 = 384.85\text{kPa}$$

由动量方程得：$\sum F_x = \rho Q(v_{2x} - v_{1x})$，即 $p_1 A_1 - p_2 A_2 - R = \rho Q(v_2 - v_1)$

解出反力

$$R = p_1 A_1 - p_2 A_2 - \rho Q(v_2 - v_1)$$

$$= 388 \times \frac{\pi}{4} \times 1.5^2 - 384.85 \times \frac{\pi}{4} \times 1^2 - 1 \times 2.2 \times (2.801 - 1.248)$$

$$= 380\text{kN}$$

支座所受轴心力与 R 大小相等、方向相反，即 $P = -R$。

答案：D

6-4-15 解：圆管层流流速分布曲线为二次抛物线。

答案：A

6-4-16 解：恒定流运动要素不随时间而变化。

答案：A

6-4-17 解：区别均匀流与渐变流的流动。均匀流流线为平行直线的流动。

答案：B

6-4-18 解：流量 $= v \cdot A = 2 \times 0.4 \times 0.4 = 0.32\text{m}^3/\text{s}$，每孔流速 $v = \frac{Q}{A} = \frac{0.32}{4 \times 0.1 \times 0.1} = 8\text{m/s}$。

答案：A

6-4-19 解：干管质量流量为：

$$Q_m = \rho(v_1 A_1 + v_2 A_2) = \rho\left(v_1 \frac{\pi}{4} d_1^2 + v_2 \frac{\pi}{4} d_2^2\right) = 1.2 \times \left(6 \times \frac{\pi}{4} \times 0.5^2 + 4 \times \frac{\pi}{4} \times 0.3^2\right) = 1.752\text{kg/s}$$

答案：B

6-4-20 解：

$$v = \frac{Q_m}{\rho A} = \frac{1.752}{1.2 \times \frac{\pi}{4} \times 1^2} = 1.86\text{m/s}$$

答案：C

6-4-21 解：参见能量方程的物理意义，应选择单位重量流体的机械能。

答案：C

6-4-22 解：参见元流能量方程的应用，比压计中的水头差为总水头与测压管水头差。

答案：D

6-4-23 解：测压管水头线升降与流速水头有关，可升、可降、可水平。

答案：D

6-4-24 解：黏性流体的阻力始终存在，克服阻力使机械能沿程减少，水头线沿程下降。

答案：B

6-4-25 解：根据一维总流能量方程判断，从单位机械能大的地方向单位机械能小的地方流动。

答案：C

6-4-26 解：参见能量方程应用条件，应选择应用范围更广泛的渐变流，因均匀流是渐变流的极限情况，即当渐变流的流线夹角为零、曲率也为零时的极限。

答案：D

6-4-27 **解：** 渐变流性质为同一过流断面各点测压管水头相等。

答案： C

6-4-28 **解：** 对两压力表所在断面写能量方程：

$$H + \frac{p_1}{\rho g} + \frac{\alpha_1 v_1^2}{2g} = 0 + \frac{p_2}{\rho g} + \frac{\alpha_2 v_2^2}{2g} + 0$$

因 $v_1 = v_2$，所以 $H = \frac{p_2 - p_1}{\rho g} = \frac{392 - 196}{0.8 \times 9.8} = 25\text{m}$

答案： D

6-4-29 **解：** 对断面 1-1 及 2-2 写能量方程有：

$$H + \frac{p_1}{\gamma} = 0 + \frac{p_2}{\gamma} + h_{w1\text{-}2}$$

因 $v_1 = v_2$，所以 $\frac{p_2}{\gamma} = H + \frac{p_1}{\gamma} - h_{w1\text{-}2} = 1 + 20 - 3 = 18\text{m}$

答案： A

6-4-30 **解：** 对自由液面与出口断面写能量方程：

$$H + 0 + 0 = 0 + 0 + \frac{\alpha^2 v_2^2}{2g} + h_{w1\text{-}2}$$

$$v_2 = \sqrt{2g(H - h_w)} = \sqrt{2 \times 9.8 \times (6 - 2)} = 8.85\text{m/s}$$

答案： B

6-4-31 **解：** 阀门关闭时的静水头 $H = \frac{p}{\gamma} = \frac{21}{9.8} = 2.143\text{m}$

对自由液面及压力表所在断面写能量方程：

$$H + 0 + 0 = 0 + \frac{p_2}{\gamma} + \frac{\alpha v_2^2}{2g} + 0$$

$$v_2 = \sqrt{\left(H - \frac{p_2}{\gamma}\right) 2g} = \sqrt{2 \times 9.8 \times \left(2.143 - \frac{5.5}{9.8}\right)} = 5.568\text{m/s}$$

$$Q = v_2 \times \frac{\pi}{4} d_2^2 = 5.568 \times \frac{\pi}{4} \times 0.05^2 = 0.0109\text{m}^3/\text{s} = 10.9\text{L/s}$$

答案： C

6-4-32 **解：** 点流速 $u = c\sqrt{2gh_u}$，$h_u = \left(\frac{p'}{\rho} - 1\right)\Delta h$

$$u = \sqrt{2g\left(\frac{p'}{p} - 1\right)\Delta h} = \sqrt{2 \times 9.8 \times \left(\frac{13.6}{1} - 1\right) \times 1} = 15.71\text{m/s}$$

答案： D

6-4-33 **解：** 对自由液面及出口断面写能量方程：

$$H + 0 + 0 = 0 + 0 + \frac{v_2^2}{2g} + 0$$

$$v_2 = \sqrt{2gH} = \sqrt{2 \times 9.8 \times 5} = 9.9\text{m/s}$$

$$v_1 = v_2 \left(\frac{d_2}{d_1}\right)^2 = 9.9 \times \left(\frac{100}{200}\right)^2 = 2.47\text{m/s}$$

答案： A

6-4-34 **解：** 对断面 1-1 及 2-2 写能量方程：

$$\frac{v_1^2}{2g} = H + \frac{v_2^2}{2g}$$

$$H = \frac{v_1^2 - v_2^2}{2g} = \frac{30^2 - 1^2}{2 \times 9.8} = 45.86\text{m}$$

答案：A

6-4-35 解： 设水泵扬程为H，对断面 1-1 及 2-2 写能量方程：

$$H = Z + h_\text{w} = 30 + 3 = 33\text{m}$$

答案：B

6-4-36 解： 对断面 1-1 及 2-2 写能量方程：

$$\frac{p_1}{\gamma} + \frac{v_1^2}{2g} = \frac{v_2^2}{2g}$$

则$\frac{p_1}{\gamma} = \frac{v_2^2 - v_1^2}{2g} = \frac{1^2 - 10^2}{2 \times 9.8} = -5.05\text{m}$（负压长吸力）

吸水高度$h \leqslant 5.05\text{m}$

答案：C

6-4-37 解： 对上、下游水面点写能量方程：

$$H + \frac{\alpha_1 v_1^2}{2g} = h + \frac{\alpha_2 v_2^2}{2g}$$

即$H - h = \frac{v_2^2 - v_1^2}{2g}$

又由连续方程$v_1 H = v_2 h$，则

$$v_1 = v_2 \frac{h}{H} = \frac{0.8}{2} v_2 = 0.4 v_2$$

代入数据：$2 - 0.8 = \frac{v_2^2 - (0.4v_2)^2}{2 \times 9.8}$

得$v_2 = 5.29\text{m/s}$

答案：D

6-4-38 解： 由动量方程求解反力$R_x = p_1 - \rho Q(v_2 - v_1)$

代入数据得$R_x = 162.33 - 1 \times 0.4 \times (50.93 - 3.18) = 143.23\text{kN}$

答案：A

6-4-39 解： 由于反力在铅直坐标y方向的投影为零，所以$\sum F_y = 0$。

则由动量方程可写出$\sum F_y = 0 = \rho Q_2 v_2 \sin\theta - \rho Q_1 v_1$，则$\sin\theta = \frac{\rho Q_1 v_1}{\rho Q_2 v_2}$

又由能量方程知$v_1 = v_2$

所以$\sin\theta = \frac{Q_1}{Q_2} = \frac{12}{36 - 12} = \frac{1}{2}$，即$\theta = 30°$

答案：B

6-4-40 解： 由动量方程求解反力$R_x = \rho Q(v_{2x} - v_{1x})$

代入数据得$R_x = -\rho Q v_1 = -(1000 \times 0.1 \times 20) = -2000\text{N}$

则平板所受冲力$F_x = -R_x = 2000\text{N}$

答案：C

6-4-41 解： 用动量方程求闸门对水流的反力R_x，推力F与R_x大小相等、方向相反。

$$\sum F_x = p_1 - p_2 - R_x = \rho Q(v_2 - v_1)$$

代入数据，得

$$R_x = p_1 - p_2 - \rho Q(v_2 - v_1)$$

$$= 19.6 - 3.13 - 1 \times 4.24 \times (5.29 - 2.12) = 3.029\text{kN} = 3029\text{N}$$

$$F = -R_x = -3029\text{N}$$

答案： D

（五）流动阻力和能量损失

6-5-1　一管径 $d = 50\text{mm}$ 的水管，在水温 $t = 10℃$ 时，管内要保持层流的最大流速是：（10℃时水的运动黏滞系数 $\nu = 1.31 \times 10^{-6}\text{m}^2/\text{s}$）

　　A. 0.21m/s　　　　　　　　　　　　B. 0.115m/s

　　C. 0.105m/s　　　　　　　　　　　　D. 0.0525m/s

6-5-2　管道长度不变，管中流动为层流，允许的水头损失不变，当直径变为原来 2 倍时，若不计局部损失，流量将变为原来的多少倍？

　　A. 2　　　　　　B. 4　　　　　　C. 8　　　　　　D. 16

6-5-3　A、B 两根圆形输水管，管径相同，雷诺数相同，A 管为热水，B 管为冷水，则两管流量 q_{V_A}、q_{V_B} 的关系为：

　　A. $q_{V_A} > q_{V_B}$　　　　　　　　　　　　B. $q_{V_A} = q_{V_B}$

　　C. $q_{V_A} < q_{V_B}$　　　　　　　　　　　　D. 不能确定大小

6-5-4　紊流附加切应力 $\overline{\tau_2}$ 等于：

　　A. $\rho\overline{u_x' u_y'}$　　　　B. $-\rho\overline{u_x' u_y'}$　　　　C. $\overline{u_x' u_y'}$　　　　D. $-\overline{u_x' u_y'}$

6-5-5　边界层分离的必要条件是：

　　A. 来流流速分布均匀　　　　　　　B. 有逆压梯度和物面黏性阻滞作用

　　C. 物面形状不规则　　　　　　　　D. 物面粗糙

6-5-6　变直径圆管流，细断面直径 d_1，粗断面直径 $d_2 = 2d_1$，粗细断面雷诺数的关系是：

　　A. $\text{Re}_1 = 0.5\text{Re}_2$　　　　　　　　　　B. $\text{Re}_1 = \text{Re}_2$

　　C. $\text{Re}_1 = 1.5\text{Re}_2$　　　　　　　　　　D. $\text{Re}_1 = 2\text{Re}_2$

6-5-7　层流沿程阻力系数 λ：

　　A. 只与雷诺数有关　　　　　　　　B. 只与相对粗糙度有关

　　C. 只与流程长度和水力半径有关　　D. 既与雷诺数有关又与相对粗糙度有关

6-5-8　如图所示，两个水箱用两段不同直径的管道连接，1~3 管段长 $l_1 = 10\text{m}$，直径 $d_1 = 200\text{mm}$，$\lambda_1 = 0.019$；3~6 管段长 $l_2 = 10\text{m}$，直径 $d_2 = 100\text{mm}$，$\lambda_2 = 0.018$。管道中的局部管件：1 为入口（$\zeta_1 = 0.5$）；2 和 5 为 90°弯头（$\zeta_2 = \zeta_5 = 0.5$）；3 为渐缩管（$\zeta_3 = 0.024$）；4 为闸阀（$\zeta_4 = 0.5$）；6 为管道出口（$\zeta_6 = 1$）。若输送流量为 40L/s，两水箱水面高度差为：

　　A. 3.501m　　　　B. 4.312m　　　　C. 5.204m　　　　D. 6.123m

6-5-9　两水箱水位恒定，水面高差 $H = 10\text{m}$，管道直径 $d = 10\text{cm}$，总长度 $l = 20\text{m}$，沿程阻力系数 $\lambda = 0.042$，已知所有的转弯、阀门、进、出口局部水头损失合计为 $h_i = 3.2\text{m}$，如图所示。则通过管道的平均流速为：

　　A. 3.98m/s　　　　B. 4.38m/s　　　　C. 2.73m/s　　　　D. 15.8m/s

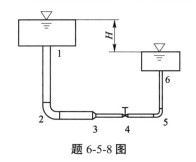

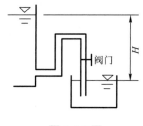

题 6-5-8 图　　　　　　　　　　　　　　　题 6-5-9 图

6-5-10 温度为 10℃时水的运动黏性系数为 $1.31 \times 10^{-6} m^2/s$，要保持直径 25mm 的水管管中水流为层流，允许的最大流速为：

　　　　A. 1.00m/s　　　　　B. 0.02m/s　　　　　C. 2.00m/s　　　　　D. 0.1m/s

6-5-11 在附壁紊流中，黏性底层厚度 δ 比绝对粗糙高度 Δ 大得多的壁面称为：

　　　　A. 水力光滑面　　　　　　　　　　　B. 水力过渡粗糙面

　　　　C. 水力粗糙面　　　　　　　　　　　D. 以上答案均不对

6-5-12 图示两水箱水位恒定，水面高差 $H = 10m$，已知管道沿程水头损失 $h_f = 6.8m$，局部阻力系数：转弯 0.8、阀门 0.26、进口 0.5、出口 0.8，则通过管道的平均流速为：

　　　　A. 3.98m/s　　　　　　　　　　　B. 5.16m/s

　　　　C. 7.04m/s　　　　　　　　　　　D. 5.80m/s

题 6-5-12 图

6-5-13 边界层分离不会：

　　　　A. 产生漩涡　　　　　　　　　　　B. 减小摩擦阻力

　　　　C. 产生压强阻力　　　　　　　　　D. 增加能量损失

6-5-14 一圆断面风道，直径为 250mm，输送 10℃的空气，其运动黏度为 $14.7 \times 10^{-6} m^2/s$，若临界雷诺数为 2000，则保持层流流态的最大流量为：

　　　　A. $12m^3/h$　　　　　B. $18m^3/h$　　　　　C. $21m^3/h$　　　　　D. $30m^3/h$

6-5-15 有压圆管恒定流，若断面 1 的直径是其下游断面 2 直径的 2 倍，则断面 1 的雷诺数 Re_1 与断面 2 的雷诺数 Re_2 的关系是：

　　　　A. $Re_1 = Re_2$　　　B. $Re_1 = 0.5Re_2$　　　C. $Re_1 = 1.5Re_2$　　　D. $Re_1 = 2Re_2$

6-5-16 有压圆管均匀流的切应力 τ 沿断面的分布是：

　　　　A. 均匀分布　　　　　　　　　　　B. 管壁处是零，向管轴线性增大

　　　　C. 管轴处是零，与半径成正比　　　D. 按抛物线分布

6-5-17 圆管层流的流速是如何分布的？

　　　　A. 直线分布　　　　　　　　　　　B. 抛物线分布

　　　　C. 对数曲线分布　　　　　　　　　D. 双曲线分布

6-5-18 圆管层流运动，轴心处最大流速与断面平均流速的比值是：

　　　　A. 1.2　　　　　　B. 1.5　　　　　　C. 2.5　　　　　　D. 2

6-5-19 圆管紊流核心区的流速是如何分布的？

　　　　A. 直线分布　　　　　B. 抛物线分布　　　　　C. 对数曲线分布　　　　　D. 双曲线分布

6-5-20 圆管有压流中紊流粗糙区的沿程阻力系数 λ 与下述哪些因素有关？

　　　　A. 与相对粗糙度 Δ/d 有关　　　　　　B. 与雷诺数 Re 有关

C. 与相对粗糙度及雷诺数均有关   D. 与雷诺数及管长有关

6-5-21 圆管有压流中紊流过渡区的沿程阻力系数λ与下述哪些因素有关？

A. 仅与相对粗糙度有关   B. 仅与雷诺数有关

C. 与相对粗糙度及雷诺数均有关   D. 仅与管长有关

6-5-22 谢才公式$v = c\sqrt{RJ}$仅适用于什么区？

A. 紊流粗糙区（即阻力平方区）   B. 紊流光滑区

C. 紊流过渡区   D. 流态过渡区

6-5-23 水管直径$d = 100$mm，管中流速$v = 1$m/s，运动黏度$\nu = 1.31 \times 10^{-6} \text{m}^2/\text{s}$，管中雷诺数为：

A. 54632   B. 67653

C. 76335   D. 84892

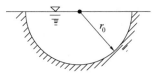

6-5-24 半圆形明渠如图所示，半径$r_0 = 4$m，其水力半径R为：

A. 4m   B. 3m

C. 2.5m   D. 2m

题 6-5-24 图

6-5-25 某一圆形有压油管的直径为$d = 150$mm，流速$v = 0.256$m/s，长 1km，雷诺数 Re=1921，其沿程损失h_f为：

A. 74.25cm 油柱   B. 74.25mH_2O

C. 95.26cm 油柱   D. 62.26m 油柱

6-5-26 有一圆形压力水管，直径$d = 6$mm，在长为 2m 的流程上，沿程水头损失$h_f = 4.228$mH_2O，管中流速$v = 2.723$m/s，其沿程阻力系数λ为：

A. 0.025   B. 0.0335   C. 0.0262   D. 0.041

6-5-27 图示一矩形断面通风管道，断面尺寸为$1.2\text{m} \times 0.6\text{m}$，空气密度$\rho = 1.20 \text{kg/m}^3$，流速$v = 16.2$m/s，沿程阻力系数$\lambda = 0.0145$，流程长度$L = 12$m的沿程压强损失为：

A. 31N/m^2 B. 28.14N/m^2

C. 34.25N/m^2 D. 45.51N/m^2

6-5-28 矩形排水沟，底宽5m，水深3m，则水力半径为：

A. 5m   B. 3m   C. 1.36m   D. 0.94m

6-5-29 矩形断面输水明渠如图所示，断面尺寸为$2\text{m} \times 1\text{m}$，渠道的谢才系数$C = 48.5\text{m}^{\frac{1}{2}}/\text{s}$，输水 1000m 长度后水头损失为 1m，则断面平均流速v为：

A. 1.511m/s   B. 1.203m/s

C. 0.952m/s   D. 1.084m/s

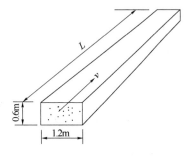

题 6-5-27 图

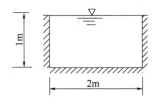

题 6-5-29 图

6-5-30 若某明渠均匀流渠壁粗糙系数$n = 0.025$，水力半径$R = 0.5$m，则其沿程阻力系数λ为：

    A. 0.0261   B. 0.0617   C. 0.0452   D. 0.0551

6-5-31 如图所示突然放大有压管流，放大前细管直径$d_1 = 100$mm，放大后粗管直径$d_2 = 200$mm，若放大后断面平均流速$v_2 = 1$m/s，则局部水头损失h_{m}为：

    A. 0.613m   B. 0.556m   C. 0.459m   D. 0.343m

6-5-32 突然放大管道尺寸同上题，若已知放大前断面平均流速$v_1 = 4$m/s，则局部水头损失h_{m}为：

    A. 0.256m   B. 0.347m   C. 0.612m   D. 0.459m

6-5-33 图示某半开的阀门，阀门前后测压管水头差$\Delta h = 1$m水柱，管径不变，管中平均流速$v = 2$m/s，则该阀门的局部阻力系数ζ为：

    A. 4.9   B. 6.1   C. 3.4   D. 4.2

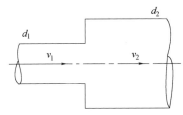
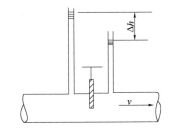

题 6-5-31 图   题 6-5-33 图

6-5-34 具有任意断面形状的均匀流的沿程水头损失h_{f}有以下哪些特性？

    A. 与流程长度成正比，与壁面平均切应力、水力半径成反比

    B. 与壁面平均切应力成正比，与流路长度、水力半径成反比

    C. 与流路长度、水力半径成正比，与壁面平均切应力成反比

    D. 与流路长度、平均切应力成正比，与水力半径成反比

6-5-35 边界层分离现象的重要后果是下述哪一条？

    A. 减少了边壁与液流的摩擦力

    B. 仅仅增加了流体的紊动性

    C. 产生了有大量涡流的尾流区，增加绕流运动的压差阻力

    D. 增加了绕流运动的摩擦阻力

6-5-36 减少绕流阻力的物体形状应为：

    A. 圆形   B. 流线形   C. 三角形   D. 矩形

6-5-37 流体绕固体流动时所形成的绕流阻力，除了黏性摩擦力外，更主要的是因为下述哪种原因形成的形状阻力（或压差阻力）？

    A. 流速和密度的加大

    B. 固体表面粗糙

    C. 雷诺数加大，表面积加大

    D. 有尖锐边缘的非流线型物体，产生边界层的分离和旋涡区

6-5-38 某压力水管，直径$d = 250$mm，流量$Q = 3.12 \times 10^{-1}$m³/s，沿程阻力系数$\lambda = 0.02$，则管道的壁面处水流切应力τ_0为：

    A. 101.1N/m²   B. 110N/m²   C. 95.1N/m²   D. 86.2N/m²

题解及参考答案

6-5-1 **解：** 由判别流态的下临界雷诺数 $\mathrm{Re_k} = \frac{v_k d}{\nu}$ 解出下临界流速 v_k 即可，$v_k = \frac{\mathrm{Re_k}\nu}{d}$，而 $\mathrm{Re_k} = 2000$。代入题设数据后有：$v_k = \frac{2000 \times 1.31 \times 10^{-6}}{0.05} = 0.0524\mathrm{m/s}$。

　　答案： D

6-5-2 **解：** 根据沿程损失计算公式 $h_f = \lambda \frac{L}{d}\frac{v^2}{2g}$ 及层流阻力系数计算公式 $\lambda = \frac{64}{\mathrm{Re}}$ 和雷诺数 $\mathrm{Re} = \frac{vd}{\nu}$ 联立求解可得：$\frac{v_1}{d_1^2} = \frac{v_2}{d_2^2}$。

　　代入题设条件后有：$\frac{v_1}{d_1^2} = \frac{v_2}{d_2^2}$，而 $v_2 = v_1\left(\frac{d_2}{d_1}\right)^2 = v_1(2)^2 = 4v_1$，则 $\frac{Q_2}{Q_1} = \frac{v_2}{v_1}\left(\frac{d_2}{d_1}\right)^2 = 4 \times 2^2 = 16$。

　　答案： D

6-5-3 **解：** 热水的运动黏度小于冷水的运动黏度，即 $\nu_A < \nu_B$，又因 $\mathrm{Re_A} = \mathrm{Re_B}$，即 $\frac{v_A d}{\nu_A} = \frac{v_B d}{\nu_B}$，得 $v_A < v_B$，因此 $q_{v_A} < q_{v_B}$。

　　答案： C

6-5-4 **解：** 紊流附加切应力 $\overline{\tau_2}$ 即为紊流的惯性切应力。$\overline{\tau_2} = -\rho\overline{u_x' u_y'}$。

　　答案： B

6-5-5 **解：** 参见边界层分离相关内容（由于逆压梯度与边界上的黏性阻力而形成）。

　　答案： B

6-5-6 **解：** $\mathrm{Re} = \frac{vd}{\nu}$，$v_2 = v_1\frac{d_1^2}{d_2^2}$，因 $d_2 = 2d_1$，则 $v_2 = \frac{v_1}{4}$，$\mathrm{Re_1} = \frac{v_1 d_1}{\nu} = 2\frac{v_2 d_2}{\nu} = 2\mathrm{Re_2}$。

　　答案： D

6-5-7 **解：** 参见沿程阻力系数相关内容（层流沿程阻力系数与雷诺数有关），$\lambda = \frac{64}{\mathrm{Re}}$。

　　答案： A

6-5-8 **解：** 对两水箱水面写能量方程可得：$H = h_w = h_{w_1} + h_{w_2}$

$1\sim3$ 管段中的流速 $v_1 = \frac{Q}{\frac{\pi}{4}d_1^2} = \frac{0.04}{\frac{\pi}{4} \times 0.2^2} = 1.27\mathrm{m/s}$

$h_{w_1} = \left(\lambda_1\frac{l_1}{d_1} + \sum\zeta_1\right)\frac{v_1^2}{2g} = \left(0.019 \times \frac{10}{0.2} + 0.5 + 0.5 + 0.024\right) \times \frac{1.27^2}{2 \times 9.8} = 0.162\mathrm{m}$

$4\sim6$ 管段中的流速 $v_2 = \frac{Q}{\frac{\pi}{4}d_2^2} = \frac{0.04}{\frac{\pi}{4} \times 0.1^2} = 5.1\mathrm{m/s}$

$h_{w_2} = \left(\lambda_2\frac{l_2}{d_2} + \sum\zeta_2\right)\frac{v_2^2}{2g} = \left(0.018 \times \frac{10}{0.1} + 0.5 + 0.05 + 1\right) \times \frac{5.1^2}{2 \times 9.8} = 5.042\mathrm{m}$

$H = h_{w_1} + h_{w_2} = 0.162 + 5.042 = 5.2042\mathrm{m}$

　　答案： C

6-5-9 **解：** 对水箱自由液面与管道出口水池自由液面写能量方程：

$$H = h_w = h_f + h_j = \lambda\frac{L}{d}\frac{v^2}{2g} + h_j$$

$$v = \sqrt{\frac{2gd(H - h_j)}{\lambda L}} = \sqrt{\frac{2 \times 9.8 \times 0.1 \times (10 - 3.2)}{0.042 \times 20}} = 3.98\mathrm{m/s}$$

　　答案： A

6-5-10 解： 临界雷诺数 $\mathrm{Re}_k = 2000$，而 $\mathrm{Re}_k = \dfrac{v_k d}{\nu}$，则：

$$v_k = \frac{\mathrm{Re}_k \nu}{d} = \frac{2000 \times 1.31 \times 10^{-6}}{0.025} = 0.10\mathrm{m/s}$$

答案： D

6-5-11 解： 黏性底层厚度 δ 比绝对粗糙度 Δ 大得多的壁面称为水力光滑壁面。

答案： A

6-5-12 解： 短管淹没出流，平均流速为：

$$v = \sqrt{\frac{2g(H - h_f)}{\sum \zeta}} = \sqrt{\frac{2 \times 9.8 \times (10 - 6.8)}{0.5 + 3 \times 0.8 + 0.26 + 0.8}} = 3.98\mathrm{m/s}$$

答案： A

6-5-13 解： 边界层分离不会减小摩擦阻力。

答案： B

6-5-14 解： 由临界雷诺数公式 $\mathrm{Re}_k = \dfrac{v_k d}{\nu}$，解出临界流速 $v_k = \dfrac{\mathrm{Re}_k \nu}{d} = \dfrac{2000 \times 14.7 \times 10^{-6}}{0.25} = 0.117\mathrm{m/s}$，流量 $Q = v_k A = 0.135 \times \dfrac{\pi}{4} \times 0.25^2 = 6.64 \times 10^{-3}\mathrm{m^3/s} = 21\mathrm{m^3/h}$。

答案： C

6-5-15 解： 本题考查内容同题 6-5-6。$\mathrm{Re}_1 = \dfrac{vd}{\nu}$，直径减小一半，流速增加 4 倍。Re 随 d 减少而增加。

答案： B

6-5-16 解： 均匀流基本方程 $\tau = \gamma \dfrac{r}{2} J$，表明切应力 τ 随圆管半径增大而增大，管轴处 $r = 0$，$\tau = 0$。

答案： C

6-5-17 解： 圆管层流流速分布为抛物线分布。

答案： B

6-5-18 解： 圆管层流最大流速是断面平均流速的 2 倍。

答案： D

6-5-19 解： 圆管紊流核心区的流速分布为对数分布曲线。

答案： C

6-5-20 解： 圆管紊流粗糙区的沿程阻力系数 λ 与相对粗糙度 $\dfrac{\Delta}{d}$ 有关。

答案： A

6-5-21 解： 圆管紊流过渡区的沿程阻力系数 λ 与相对粗糙度及雷诺数有关。

答案： C

6-5-22 解： 谢才公式仅适用于紊流粗糙区。

答案： A

6-5-23 解： 雷诺数 $\mathrm{Re} = \dfrac{v \cdot d}{\nu} = \dfrac{1 \times 0.1}{1.31 \times 10^{-6}} = 76335$。

答案： C

6-5-24 解： 水力半径 $R = \dfrac{A}{\chi} = \dfrac{\frac{1}{2}\pi r_0^2}{\frac{1}{2} \times 2r_0 \pi} = \dfrac{r_0}{2} = \dfrac{4}{2} = 2\mathrm{m}$。

答案： D

6-5-25　**解：** $h_f = \frac{64}{\text{Re}} \cdot \frac{L}{d} \cdot \frac{v^2}{2g} = \frac{64}{1921} \times \frac{1000}{0.15} \times \frac{0.256^2}{2 \times 9.8} = 0.7425\text{m}$ 油柱 $= 74.25\text{cm}$ 油柱

　　答案： A

6-5-26　**解：** 沿程阻力系数 $\lambda = \frac{2gd \cdot h_f}{L \cdot v^2} = \frac{2 \times 9.8 \times 0.006 \times 4.228}{2 \times 2.723^2} = 0.0335$

　　答案： B

6-5-27　**解：** 水力半径 $R = \frac{A}{\chi} = \frac{1.2 \times 0.6}{2 \times (1.2 + 0.6)} = 0.2\text{m}$

　　压强损失 $p_f = \lambda \frac{L}{4R} \cdot \frac{\rho v^2}{2} = 0.0145 \times \frac{12}{4 \times 0.2} \times \frac{1.2 \times 16.2^2}{2} = 34.25\text{N/m}^2$

　　答案： C

6-5-28　**解：** 矩形排水管水力半径 $R = \frac{A}{\chi} = \frac{5 \times 3}{5 + 2 \times 3} = 1.36\text{m}$。

　　答案： C

6-5-29　**解：** 水力半径 $R = \frac{A}{\chi} = \frac{2 \times 1}{2 + 2 \times 1} \times \frac{1}{2} = 0.5\text{m}$, $J = \frac{h_f}{L} = \frac{1}{1000} = 0.001$

　　流速 $v = C\sqrt{RJ} = 48.5 \times \sqrt{0.5 \times 0.001} = 1.084\text{m/s}$

　　答案： D

6-5-30　**解：** 谢才系数 $C = \frac{1}{n} R^{\frac{1}{6}} = \frac{1}{0.025} \times (0.5)^{\frac{1}{6}} = 35.64\text{m}^{\frac{1}{2}}/\text{s}$

　　阻力系数 $\lambda = \frac{8g}{C^2} = \frac{8 \times 9.8}{35.64^2} = 0.0617$

　　答案： B

6-5-31　**解：** 局部阻力系数 $\zeta_2 = \left(\frac{A_2}{A_1} - 1\right)^2 = \left[\left(\frac{d_2}{d_1}\right)^2 - 1\right]^2 = (2^2 - 1)^2 = 9$

　　局部水头损失 $h_m = \zeta_2 \frac{v_2^2}{2g} = 9 \times \frac{1}{2 \times 9.8} = 0.459\text{m}$

　　答案： C

6-5-32　**解：** 局部阻力系数 $\zeta_1 = \left(1 - \frac{A_1}{A_2}\right)^2 = \left[1 - \left(\frac{d_1}{d_2}\right)^2\right]^2 = \left[1 - \left(\frac{1}{2}\right)^2\right] = 0.563$

　　局部水头损失 $h_m = \zeta_1 \frac{v_1^2}{2g} = 0.563 \times \frac{4^2}{2 \times 9.8} = 0.459\text{m}$

　　答案： D

6-5-33　**解：** 局部阻力系数 $\zeta = \frac{2gh_m}{v^2} = \frac{2 \times 9.8 \times 1}{2^2} = 4.9$

　　答案： A

6-5-34　**解：** 根据均匀流基本方程 $h_f = \frac{\tau L}{\gamma R}$ 来判断。

　　答案： D

6-5-35　**解：** 边界层分离会增加绕流运动的压差阻力。

　　答案： C

6-5-36　**解：** 减少绕流阻力的物体形状应为流线形。

　　答案： B

6-5-37　**解：** 有尖锐边缘的非流线形物体是形成压差阻力的主要原因。

　　答案： D

6-5-38　**解：** 断面平均流速 $v = \frac{Q}{\frac{\pi}{4}d^2} = \frac{3.12 \times 10^{-1}}{\frac{\pi}{4} \times 0.25^2} = 6.357\text{m/s}$

　　切应力 $\tau_0 = \frac{\lambda}{8}\rho v^2 = \frac{0.02}{8} \times 1000 \times 6.357^2 = 101.1\text{N/m}^2$

　　答案： A

（六）孔口、管嘴及有压管流

6-6-1 圆柱形管嘴的长度为l，直径为d，管嘴作用水头为H_0，则其正常工作条件为：

A. $l = (3\sim4)d$，$H_0 > 9$m

B. $l = (3\sim4)d$，$H_0 < 9$m

C. $l > (7\sim8)d$，$H_0 > 9$m

D. $l > (7\sim8)d$，$H_0 < 9$m

6-6-2 如图所示，当阀门的开度变小时，流量将：

A. 增大

B. 减小

C. 不变

D. 条件不足，无法确定

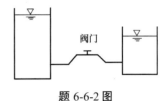

题 6-6-2 图

6-6-3 正常工作条件下的薄壁小孔口与圆柱形外管嘴，直径d相等，作用水头H相等，则孔口流量Q_1和孔口收缩断面流速v_1与管嘴流量Q_2和管嘴出口流速v_2的关系是：

A. $v_1 < v_2$，$Q_1 < Q_2$

B. $v_1 < v_2$，$Q_1 > Q_2$

C. $v_1 > v_2$，$Q_1 < Q_2$

D. $v_1 > v_2$，$Q_1 > Q_2$

6-6-4 图示直径为 20mm、长 5m 的管道自水池取水并泄入大气中，出口比水池水面低 2m，已知沿程水头损失系数$\lambda = 0.02$，进口局部水头损失系数$\zeta = 0.5$，则泄流量Q为：

A. 0.88L/s

B. 1.90L/s

C. 0.77L/s

D. 0.39L/s

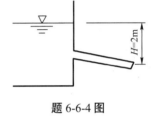

题 6-6-4 图

6-6-5 作用水头相同时，孔口的过流量要比相同直径的管嘴过流量：

A. 大　　　　B. 小　　　　C. 相同　　　　D. 无法确定

6-6-6 长管并联管段 1、2，两管段长度l相等（见图），直径$d_1 = 2d_2$，沿程阻力系数相等，则两管段的流量比Q_1/Q_2为：

A. 8.00

B. 5.66

C. 2.83

D. 2.00

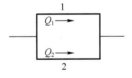

题 6-6-6 图

6-6-7 如上题图所示，长管并联管段 1、2，两管段直径相等$d_1 = d_2$，沿程阻力系数相等，长度$l_1 = 2l_2$。两管段的流量比Q_1/Q_2为：

A. 0.71　　　B. 0.50　　　C. 1.41　　　D. 2.00

6-6-8 A、B两点之间并联了三根管道，则AB之间的水头损失h_{fAB}等于：

A. $h_{f1} + h_{f2}$

B. $h_{f2} + h_{f3}$

C. $f_{f1} + h_{f2} + h_{f3}$

D. $h_{f1} = h_{f2} = h_{f3}$

6-6-9 如图所示，两水箱间用一简单管道相连接，在计算该管道的流量时，其作用水头H_0为：

A. $h_1 + h_2$　　B. $h_1 + \frac{p_1}{\gamma}$　　C. $h_2 + \frac{p_1}{\gamma}$　　D. $h_1 + h_2 + \frac{p_1}{\gamma}$

6-6-10 如图所示，用一附有水压差计的毕托管测定某风道中空气流速。已知压差计的读数$\Delta h = 185$mm，水的密度$\rho = 1000$kg/m³，空气的密度$\rho_a = 1.20$kg/m³，测得的气流速度u约为：

A. 50m/s　　　B. 55m/s　　　C. 60m/s　　　D. 65m/s

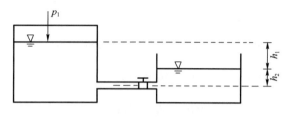

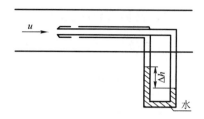

題 6-6-9 图　　　　　　　　　　　　　　　　題 6-6-10 图

6-6-11 孔口出流试验中测得孔口出流的局部阻力系数 $\zeta = 0.06$，则其流速系数 ϕ 为：

A. 0.91　　　　　　B. 0.93　　　　　　C. 0.95　　　　　　D. 0.97

6-6-12 已知孔口出流的流速系数 $\phi = 0.97$，收缩系数 $\varepsilon = 0.64$，则其流量系数 μ 为：

A. 0.62　　　　　　B. 0.66　　　　　　C. 1.51　　　　　　D. 1.61

6-6-13 在满足正常工作条件下的圆柱形外管嘴出流流量为 Q_1，与相同直径、相同作用水头的圆形孔口出流流量 Q_2 相比较，两者关系为：

A. $Q_1 < Q_2$　　　　　　　　　　B. $Q_1 > Q_2$
C. $Q_1 = Q_2$　　　　　　　　　　D. $Q_1 = 1.5Q_2$

6-6-14 相同直径和作用水头的圆柱形外管嘴和孔口，前者比后者出流流量增加的原因是下述哪一条？

A. 阻力减少了　　　　　　　　　　B. 收缩系数减少了

C. 收缩断面处有真空　　　　　　　D. 水头损失减少了

6-6-15 有一恒定出流的薄壁小孔口如图所示，作用水头 $H_0 = 4\mathrm{m}$，孔口直径 $d = 2\mathrm{cm}$，则其出流量 Q 为：

A. $1.82 \times 10^{-3}\mathrm{m}^3/\mathrm{s}$　　　　　　　B. $1.63 \times 10^{-3}\mathrm{m}^3/\mathrm{s}$

C. $1.54 \times 10^{-3}\mathrm{m}^3/\mathrm{s}$　　　　　　　D. $1.72 \times 10^{-3}\mathrm{m}^3/\mathrm{s}$

6-6-16 直径及作用水头与上题相同的圆柱形外管嘴（见图）的出流流量为：

A. $2.28 \times 10^{-3}\mathrm{m}^3/\mathrm{s}$　　　　　　　B. $2.00 \times 10^{-3}\mathrm{m}^3/\mathrm{s}$
C. $3.15 \times 10^{-3}\mathrm{m}^3/\mathrm{s}$　　　　　　　D. $2.55 \times 10^{-3}\mathrm{m}^3/\mathrm{s}$

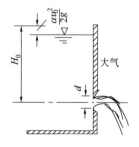

題 6-6-15 图　　　　　　　　　　　　　題 6-6-16 图

6-6-17 两根完全相同的长管道如图所示，只是 2 管安装位置低于 1 管，两管的流量关系为：

A. $Q_1 < Q_2$
B. $Q_1 > Q_2$
C. $Q_1 = Q_2$
D. 不定

6-6-18 长管并联管道，若管长、管径、粗糙度均不相等，但其下述哪个因素相等？

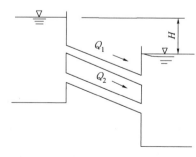

題 6-6-17 图

      A. 水头损失相等   B. 通过流量相等

      C. 总的能量损失相等   D. 水力坡度相等

6-6-19 某并联长管如图所示，已知分流点前干管流量 $Q = 100\text{L/s}$，并联管阻抗分别为 $S_1 = 2092\text{s}^2/\text{m}^5$，$S_2 = 8370\text{s}^2/\text{m}^5$，则并联管之一的流量 Q_1 为：

      A. 33.35L/s   B. 66.7L/s   C. 42.7L/s   D. 77.25L/s

6-6-20 串联长管如图所示。通过流量为 $Q = 50\text{L/s}$，管道阻抗分别为 $S_1 = 902.9\text{s}^2/\text{m}^5$，$S_2 = 4185\text{s}^2/\text{m}^5$，则水头 H 为：

      A. 15.64m   B. 13.53m   C. 12.72m   D. 14.71m

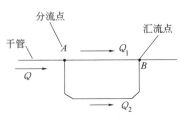

题 6-6-19 图   题 6-6-20 图

题解及参考答案

6-6-1 **解：**圆柱形外管嘴正常工作的条件：$L = (3{\sim}4)d$，$H_0 < 9\text{m}$。

      答案：B

6-6-2 **解：**根据有压管基本公式 $H = SQ^2$，可解出流量 $Q = \sqrt{\dfrac{H}{S}}$。H 不变，阀门关小，阻抗 S 增加，流量应减小。

      答案：B

6-6-3 **解：**孔口流速系数 $\varphi = 0.97$，流量系数 $\mu = 0.62$；管嘴的 $\varphi = 0.82$，$\mu = 0.82$。相同直径、相同水头的孔口流速大于圆柱形外管嘴流速，但流量小于后者。

      答案：C

6-6-4 **解：**可按自由出流短管计算，$H = \dfrac{\alpha v^2}{2g} + h_w = \dfrac{\alpha v^2}{2g} + \left(\lambda\dfrac{L}{d} + \zeta\right)\dfrac{v^2}{2g}$。

代入题设数据后有：

$$2 = \left(1 + 0.02 \times \frac{5}{0.02} + 0.5\right)\frac{v^2}{2g} = 6.5\frac{v^2}{2g}$$

得 $v = \sqrt{\dfrac{2\times 2g}{6.5}} = \sqrt{\dfrac{2\times 2\times 9.8}{6.5}} = 2.456\text{m/s}$

$$Q = v \times \frac{\pi}{4}d^2 = 2.456 \times \frac{\pi}{4} \times (0.02)^2 = 7.7 \times 10^{-4}\text{m}^3/\text{s} = 0.77\text{L/s}$$

      答案：C

6-6-5 **解：**由于圆柱形外管嘴收缩断面处有真空，故流量大于同水头、同直径的孔口。

      答案：B

6-6-6 **解：**并联管，$\dfrac{Q_1}{Q_2} = \sqrt{\dfrac{S_2}{S_1}}$，$S = \dfrac{8\lambda L}{\pi^2 g d^5}$。代入题设数据有：

$$\frac{Q_1}{Q_2} = \sqrt{\frac{8\lambda L}{\pi^2 g d_2^5} \bigg/ \frac{8\lambda L}{\pi^2 g d_1^5}} = \sqrt{\left(\frac{d_1}{d_2}\right)^5} = \sqrt{2^5} = 5.66$$

答案： B

6-6-7 解： 并联管道流量与阻抗平方根成反比即：

$$\frac{Q_1}{Q_2} = \sqrt{\frac{S_2}{S_1}} = \sqrt{\frac{8\lambda L_2}{\pi^2 g d^5} \bigg/ \frac{8\lambda L_1}{\pi^2 g d^5}} = \sqrt{\frac{L_2}{L_1}} = \sqrt{0.5} = 0.707$$

答案： A

6-6-8 解： 参见并联管道相关内容，并联管道分流点与汇流间管道水头损失相等。

答案： D

6-6-9 解： 参见淹没或短管出流相关内容。本题作用水头 $H = h_1 + \frac{p_1}{\gamma}$。

答案： B

6-6-10 解： 参见元流能量方程的应用——毕托管测流速相关内容。

点流速 $u = C\sqrt{2gh_u}$，$h_u = \left(\frac{\rho}{\rho_a} - 1\right)\Delta h$，$C \approx 1$，则

$$u = C\sqrt{2g\left(\frac{\rho}{\rho_a} - 1\right)\Delta h} = \sqrt{2 \times 9.8 \times \left(\frac{1000}{1.2} - 1\right) \times 0.185} = 55\text{m/s}$$

答案： B

6-6-11 解： 流速系数 $\phi = \frac{1}{\sqrt{1+\zeta}} = \frac{1}{\sqrt{1+0.06}} = 0.97$

答案： D

6-6-12 解： $\mu = \varepsilon\phi = 0.64 \times 0.97 = 0.62$

答案： A

6-6-13 解： 圆柱形外管嘴出流流量大于同直径、同作用水头的孔口出流流量。

答案： B

6-6-14 解： 对收缩断面及出口断面写能量方程，可证明收缩断面处有真空。

答案： C

6-6-15 解： 孔口出流量 $Q = \mu A\sqrt{2gH_0} = 0.62 \times \frac{\pi}{4} \times 0.02^2 \times \sqrt{2 \times 9.8 \times 4} = 1.72 \times 10^{-3}\text{m}^3/\text{s}$

答案： D

6-6-16 解： 管嘴出流量 $Q = \mu A\sqrt{2gH_0} = 0.82 \times \frac{\pi}{4} \times 0.02^2 \times \sqrt{2 \times 9.8 \times 4} = 2.28 \times 10^{-3}\text{m}^3/\text{s}$

答案： A

6-6-17 解： 两管道水头差 H 相等，两完全相同管道的阻抗应一样，则由 $S_1 Q_1^2 = S_2 Q_2^2$，可判断出 $Q_1 = Q_2$。

答案： C

6-6-18 解： 并联长管道水头损失相等。

答案： A

6-6-19 解： $\frac{Q_1}{Q_2} = \sqrt{\frac{S_2}{S_1}} = \sqrt{\frac{8370}{2092}} = 2$，即 $Q_1 = 2Q_2$

干管流量 $Q = Q_1 + Q_2 = 2Q_2 + Q_2 = 3Q_2$

即 $Q_2 = \frac{Q}{3}$，$Q_1 = \frac{2}{3}Q = \frac{2}{3} \times 100 = 66.7\text{L/s}$

答案：B

6-6-20 解： 总水头 $H = (S_1 + S_2)Q^2 = (902.9 + 4185) \times 0.05^2 = 12.72\text{m}$

答案：C

（七）明渠恒定流

6-7-1 明渠均匀流只能发生在：

    A. 顺坡棱柱形渠道   B. 平坡棱柱形渠道

    C. 逆坡棱柱形渠道   D. 变坡棱柱形渠道

6-7-2 在流量、渠道断面形状和尺寸、壁面粗糙系数一定时，随底坡的增大，正常水深将会：

    A. 减小   B. 不变   C. 增大   D. 随机变化

6-7-3 明渠均匀流的流量一定，当渠道断面形状、尺寸和壁面粗糙程度一定时，正常水深随底坡增大而：

    A. 增大   B. 减小   C. 不变   D. 不确定

6-7-4 梯形断面水渠按均匀流设计，已知过水断面 $A = 5.04\text{m}^2$，湿周 $\chi = 6.73\text{m}$，粗糙系数 $n = 0.025$，按曼宁公式计算谢才系数 C 为：

    A. $30.80\text{m}^{\frac{1}{2}}/\text{s}$ B. $30.13\text{m}^{\frac{1}{2}}/\text{s}$ C. $38.80\text{m}^{\frac{1}{2}}/\text{s}$ D. $38.13\text{m}^{\frac{1}{2}}/\text{s}$

6-7-5 对明渠恒定均匀流，在已知通过流量 Q、渠道底坡 i、边坡系数 m 及粗糙系数 n 的条件下，计算梯形断面渠道尺寸的补充条件及设问不能是：

    A. 给定水深 h，求底宽 b

    B. 给定宽深比 β，求水深 h 与底宽 b

    C. 给定最大允许流速 $[v]_{max}$，求水深与底宽 b

    D. 给定水力坡度 J，求水深 h 与底宽 b

6-7-6 明渠均匀流的特征是：

    A. 断面面积沿程不变   B. 壁面粗糙度及流量沿程不变

    C. 底坡不变的长渠   D. 水力坡度、水面坡度、渠底坡度皆相等

6-7-7 方形和矩形断面的渠道断面 1 及 2 如图所示。若两渠道的过水断面面积相等，底坡 i 及壁面的粗糙系数 n 皆相同，均匀流的流量关系是：

    A. $Q_1 = Q_2$ B. $Q_1 > Q_2$ C. $Q_1 < Q_2$ D. 不确定

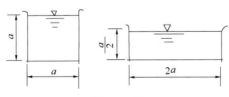

题 6-7-7 图

6-7-8 一梯形断面的明渠，水力半径 $R = 0.8\text{m}$，底坡 $i = 0.0006$，粗糙系数 $n = 0.025$，作均匀流时该渠的断面平均流速为：

    A. 0.96m/s   B. 1.0m/s   C. 0.84m/s   D. 1.2m/s

6-7-9 明渠水力最优矩形断面的宽深比是：

    A. 0.5   B. 1.0   C. 3   D. 2

题解及参考答案

6-7-1 **解：** 根据明渠均匀流发生的条件可得（明渠均匀流只能发生在顺坡渠道中）。

答案： A

6-7-2 **解：** 根据谢才公式 $v = C\sqrt{Ri}$，当底坡 i 增大时，流速增大，在题设条件下，水深应减小。

答案： A

6-7-3 **解：** 可用谢才公式分析，$Q = CA\sqrt{Ri}$，$C = \frac{1}{n}R^{\frac{1}{6}}$，在题设条件下，随底坡 i 增大，流速增大，水深应减小。

答案： B

6-7-4 **解：** $C = \frac{1}{n}R^{\frac{1}{6}}$，$R = \frac{A}{\chi}$，$C = \frac{1}{0.025} \times \left(\frac{5.04}{6.73}\right)^{1/6} = 38.13\text{m}^{\frac{1}{2}}/\text{s}$。

答案： D

6-7-5 **解：** 明渠均匀流的水力坡度 J 与河底坡度 i 相等，题中已经给定上底坡 i，补充条件就不能再给定 J。

答案： D

6-7-6 **解：** 明渠均匀流为等深、等速无压流，水头线、水面线、河底线平行。

答案： D

6-7-7 **解：** 谢才、曼宁公式：$Q = \frac{1}{n}R^{\frac{2}{3}}i^{\frac{1}{2}}A$，当 i、n、A 相同时，Q 取决于水力半径 R，而 $R = \frac{面积}{湿周}$。按题设条件知两断面 R 相等，故流量相等。

答案： A

6-7-8 **解：** 平均流速 $v = \frac{1}{n}R^{\frac{2}{3}}i^{\frac{1}{2}} = \frac{1}{0.025} \times 0.8^{\frac{2}{3}} \times 0.0006^{\frac{1}{2}} = 40. \times 0.8617 \times 0.0245 = 0.84\text{m/s}$

答案： C

6-7-9 **解：** 矩形渠道水力最优宽深比 $\beta = 2$。

答案： D

（八）渗流定律、井和集水廊道

6-8-1 在实验室中，根据达西定律测定某种土壤的渗透系数，将土样装在直径 $d = 30\text{cm}$ 的圆筒中，在 90cm 水头差作用下，8h 的渗透水量为 100L，两测压管的距离为 40cm，该土壤的渗透系数为：

    A. 0.9m/d   B. 1.9m/d   C. 2.9m/d   D. 3.9m/d

6-8-2 均匀砂质土填装在容器中，已知水力坡度 $J = 0.5$，渗透系数 k 为 0.005cm/s，则渗流速度为：

    A. 0.0025cm/s   B. 0.0001cm/s   C. 0.001cm/s   D. 0.015cm/s

6-8-3 有一个普通完全井，其直径为 1m，含水层厚度为 $H = 11\text{m}$，土壤渗透系数 $k = 2\text{m/h}$。抽水稳定后的井中水深 $h_0 = 8\text{m}$，估算井的出水量：

    A. 0.084m³/s   B. 0.016m³/s   C. 0.17m³/s   D. 0.84m³/s

6-8-4 图示承压含水层的厚度 $t = 7.5\text{m}$，用完全井进行抽水试验，在半径 $r_1 = 6\text{m}$、$r_2 = 24\text{m}$ 处，测得相应的水头降落 $s_1 = 0.76\text{m}$、$s_2 = 0.44\text{m}$，井的出流量 $Q = 0.01\text{m}^3/\text{s}$，则承压含水层的渗流系数 k 为：

［注：$s = \dfrac{Q}{2\pi kt}(\ln R - \ln r)$，$R$为影响半径］

　　A. 9.2×10^{-3}m/s　　　　　　　　　　　B. 8.2×10^{-4}m/s

　　C. 9.2×10^{-4}m/s　　　　　　　　　　　D. 8.2×10^{-3}m/s

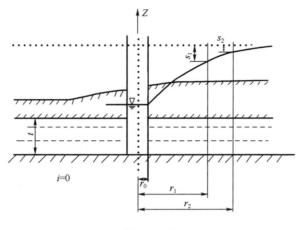

题 6-8-4 图

6-8-5　潜水完全井抽水量大小与相关物理量的关系是：

　　A. 与井半径成正比　　　　　　　　　　B. 与井的影响半径成正比

　　C. 与含水层厚度成正比　　　　　　　　D. 与土体渗透系数成正比

6-8-6　用完全潜水井进行抽水试验计算渗透系数k，两位工程师各按一种经验公式选取影响半径R，分别为$R_1 = 3000r_0$，$R_2 = 2000r_0$，其他条件相同，则计算结构k_1/k_2为：

　　A. 1.50　　　　　　B. 0.95　　　　　　C. 0.67　　　　　　D. 1.05

6-8-7　对一维渐变渗流，完全潜水井的含水层厚度H为 8m，井的半径r_0为 0.2m，抽水对井的涌水量Q为 0.03m³/s，井中水深h为 5m，若取影响半径$R = 400$m，计算渗流系数k为：

　　A. 0.0025m/s　　　B. 0.0018m/s　　　C. 0.018m/s　　　D. 0.025m/s

6-8-8　渗流速度v正比于水力坡度J的多少次幂？

　　A. 1　　　　　　　B. 0.5　　　　　　C. 1.5　　　　　　D. 2

6-8-9　一普通完全井，半径$r_0 = 0.2$m，含水层水头$H = 10$m，渗透系数$k = 0.0006$m/s，影响半径$R = 294$m，抽水稳定后井中水深$h = 6$m，此时该井的出水流量Q为：

　　A. 20.53L/s　　　B. 18.52L/s　　　C. 14.54L/s　　　D. 16.56L/s

题解及参考答案

6-8-1　**解：**按达西公式$Q = kAJ$，可解出渗流系数：

$$k = \frac{Q}{AJ} = \frac{0.1}{\dfrac{\pi}{4} \times 0.3^2 \times \dfrac{90}{40} \times 8 \times 3600} = 2.183 \times 10^{-5}\text{m/s} = 1.886\text{m/d}$$

答案：B

6-8-2　**解：**均匀砂质土壤适用达西渗透定律：$v = kJ$，代入题设数据，则渗流速度$v = 0.005 \times 0.5 = 0.0025$cm/s。

答案：A

6-8-3　**解：**先用经验公式$R = 3000S\sqrt{k}$求影响半径R，再用普通完全井公式求Q：

$$Q = 1.366 \frac{k(H^2 - h^2)}{\lg \frac{R}{r_0}}$$

代入题设数据后有：

$$R = 3000 \times (11 - 8) \times \sqrt{2/3600} = 212.1 \text{m}$$

则流量：

$$Q = 1.366 \times \frac{2}{3600} \times \frac{11^2 - 8^2}{\lg \frac{212.1}{0.5}} = 0.0164 \text{m}^3/\text{s}$$

答案：B

6-8-4 **解**：先由 $\frac{s_1}{s_2} = \frac{\ln R - \ln r_1}{\ln R - \ln r_2}$，则 $\ln R = \frac{s_1 \ln r_2 - s_2 \ln r_1}{s_1 - s_2}$，求得影响半径 R，再由承压井流量公式 $Q = \frac{2\pi kts}{\ln \frac{R}{r}}$，反求渗流系数 $k = \frac{Q}{2\pi st}(\ln R - \ln r)$，式中的 s 和 r 应该对应代入，例如可用 s_1、r_1 代入，$k = \frac{0.01}{2\pi \times 0.76 \times 0.75}(\ln 161.277 - \ln 6) = 9.2 \times 10^{-4} \text{m/s}$。

答案：C

6-8-5 **解**：潜水完全井流量 $Q = 1.36k \frac{H^2 - h^2}{\lg \frac{R}{r}}$，因此 Q 与土体渗透数 k 成正比。

答案：D

6-8-6 **解**：由完全潜水井公式 $Q = 1.366 \frac{k(H^2 - h^2)}{\lg \frac{R}{r_0}}$，反求 k。代入题设数据后有：

$$\frac{k_1}{k_2} = \lg \frac{3000}{2000} = 1.053$$

答案：D

6-8-7 **解**：由完全潜水井流量公式 $Q = 1.366 \frac{k(H^2 - h^2)}{\lg \frac{R}{r_0}}$，反求 k。代入题设数据后有：

$$k = \frac{Q \lg \frac{R}{r_0}}{1.366(H^2 - h^2)} = \frac{0.03 \times \lg \frac{400}{0.2}}{1.366 \times (8^2 - 5^2)} = 0.00185 \text{m/s}$$

答案：B

6-8-8 **解**：参见达西渗透定律，流速 $v = kJ$。

答案：A

6-8-9 **解**：普通井流量

$$Q = 1.366 \frac{k(H^2 - h^2)}{\lg \frac{R}{r_0}}$$

$$= 1.366 \times \frac{0.0006 \times (10^2 - 6^2)}{\lg \frac{294}{0.2}} = 0.01656 \text{m}^3/\text{s} = 16.56 \text{L/s}$$

答案：D

（九）量纲分析和相似原理

6-9-1 合力 F、密度 ρ、长度 l、速度 v 组合的无量纲数是：

A. $\frac{F}{\rho vl}$ 　　　　B. $\frac{F}{\rho v^2 l}$ 　　　　C. $\frac{F}{\rho v^2 l^2}$ 　　　　D. $\frac{F}{\rho vl^2}$

6-9-2 流体的压强 p、速度 v、密度 ρ，正确的无量纲数组合是：

A. $\dfrac{p}{\rho v^2}$　　　　B. $\dfrac{\rho p}{v^2}$　　　　C. $\dfrac{\rho}{\rho v^2}$　　　　D. $\dfrac{p}{\rho v}$

6-9-3 进行水力模型试验，要实现有压管流的相似，应选用的相似准则是：

A. 雷诺准则　　　　B. 弗劳德准则　　　　C. 欧拉准则　　　　D. 马赫数

6-9-4 速度 v、长度 l、运动黏度 ν 的无量纲组合是：

A. $\dfrac{vl^2}{\nu}$　　　　B. $\dfrac{v^2 l}{\nu}$　　　　C. $\dfrac{v^2 l^2}{\nu}$　　　　D. $\dfrac{vl}{\nu}$

6-9-5 速度 v、长度 L、重力加速度 g 的无量纲组合是：

A. $\dfrac{Lv}{g}$　　　　B. $\dfrac{v}{gL}$　　　　C. $\dfrac{L}{gv}$　　　　D. $\dfrac{v^2}{gL}$

6-9-6 研究船体在水中航行的受力试验，其模型设计应采用：

A. 雷诺准则　　　　B. 弗劳德准则　　　　C. 韦伯准则　　　　D. 马赫准则

6-9-7 模型与原形采用相同介质，为满足黏性阻力相似，若原形与模型的几何比尺为 10，设计模型应使流速比尺为：

A. 10　　　　B. 1　　　　C. 0.1　　　　D. 5

6-9-8 物理量的单位指的是：

A. 物理量的量纲

B. 物理量的类别和性质的标志

C. 度量同一类物理量大小所选用的标准量

D. 物理量的大小

6-9-9 量纲和谐原理是指：

A. 不同性质的物理量不能作加、减运算

B. 不同性质的物理量可作乘、除运算

C. 物理方程式中，各项量纲必须一致

D. 以上答案均不对

6-9-10 雷诺数的物理意义是指：

A. 黏性力与重力之比　　　　　　　　B. 黏性力与压力之比

C. 重力与惯性力之比　　　　　　　　D. 惯性力与黏性力之比

6-9-11 弗劳德数的物理意义是指：

A. 黏性力与重力之比　　　　　　　　B. 重力与压力之比

C. 惯性力与重力之比　　　　　　　　D. 惯性力与黏性力之比

6-9-12 对于明渠重力流中的水工建筑物进行模型试验时，应选用的相似准则为：

A. 弗劳德准则　　　　B. 雷诺准则　　　　C. 欧拉准则　　　　D. 韦伯准则

6-9-13 明渠水流中建筑物模型试验，已知长度比尺 $\lambda_L = 4$，则模型流量应为原型流的：

A. 1/2　　　　B. 1/32　　　　C. 1/8　　　　D. 1/4

6-9-14 模型设计中的自动模型区是指下述的哪种区域？

A. 只要原型与模型雷诺数相等，即自动相似的区域

B. 只要原型与模型弗劳德数相等，即自动相似的区域

C. 处于紊流光滑区时，两个流场的雷诺数不需要相等即自动相似的区域

D. 在紊流粗糙区，只要满足几何相似及边界粗糙度相似，即可自动满足力学相似的区域

题解及参考答案

6-9-1 **解：**无量纲量即量纲为 1 的量，$\dim \frac{F}{\rho v^2 l^2} = \frac{\rho v^2 l^2}{\rho v^2 l^2} = 1$。

答案：C

6-9-2 **解：**无量纲量即量纲为 1 的量，$\dim \frac{p}{\rho v^2} = \frac{ML^{-1}T^{-2}}{ML^{-3}(LT^{-1})^2} = 1$。

答案：A

6-9-3 **解：**压力管流的模型试验应选择雷诺准则。

答案：A

6-9-4 **解：**无量纲组合应是量纲为 1 的量，$\dim \frac{vL}{\nu} = \frac{LT^{-1} \cdot L}{L^2 T^{-1}} = 1$。

答案：D

6-9-5 **解：**无量纲组合应是量纲为 1 的量，$\dim \frac{v^2}{gL} = \frac{(LT^{-1})^2}{LT^{-1} \cdot L} = 1$。

答案：D

6-9-6 **解：**船在明渠中航行试验，属于明渠重力流性质，应选用弗劳德准则。

答案：B

6-9-7 **解：**应使用雷诺准则设计该模型，其比尺公式为 $\frac{\lambda_v \lambda_L}{\lambda_\nu} = 1$。因为用相同介质，故 $\lambda_\nu = 1$，所以流速比尺 $\lambda_v = \frac{1}{\lambda_L} = \frac{1}{10} = 0.1$。

答案：C

6-9-8 **解：**物理量的单位是指度量同一类物理量的大小所选用的标准量。

答案：C

6-9-9 **解：**参见量纲和谐原理相关内容。

答案：C

6-9-10 **解：**雷诺数的物理意义是惯性力与黏性力之比。

答案：D

6-9-11 **解：**弗劳德数的物理意义是惯性力与重力之比。

答案：C

6-9-12 **解：**对明渠重力流的水工模型试验应选用弗劳德准则。

答案：A

6-9-13 **解：**采用弗劳德准则，比尺关系为 $\lambda_Q = \lambda_L^{2.5} = 4^{2.5} = 32$，$Q_m = \frac{Q_p}{\lambda_Q} = \frac{1}{32} Q_p$。

答案：B

6-9-14 **解：**自动模型区在紊流粗糙区。

答案：D

第七章　电工电子技术

复习指导

　　电工电子技术内容可以分为电场与磁场、电路分析方法、电机及拖动基础、模拟电子技术、数字电子技术五个部分。复习重点及要点如下。

　　1.电场与磁场

　　该部分属于物理学中电学部分的内容，是分析电学现象的基础，主要包括：库仑定律、高斯定律、安培环路定律、电磁感应定律。利用这些定理分析电磁场问题时物理概念一定要清楚，要注意所用公式、定律的使用条件和公式中各物理量的意义。

　　2.电路分析方法

　　（1）直流电路重点

　　重点内容包括：电路的基本元件、欧姆定律、基尔霍夫定律、叠加原理、戴维南定理。

　　电路分析的任务是分析线性电路的电压、电流及功率关系。重点是要弄清有源原件（电压源和电流源）和无源元件（电阻、电感和电容）在电路中的作用；电路中电压、电流受基尔霍夫电压定律和电流定律约束，欧姆定律控制了电路元件中的电压电流关系；使用公式时必须注意电路图中电压、电流正方向和实际方向的关系。叠加原理和戴维南定理是分析线性电路的重要定理，必须通过大量的练习灵活地处理电路问题。

　　（2）正弦交流电路重点

　　重点内容包括：正弦量三要素的表示方法、单相和三相电路计算、功率及功率因数、串联与并联谐振的概念。

　　交流电路与直流电路的分析方法相同，关键是建立正弦交流电路大小、相位和频率的概念和正确地表示正弦量的最大值、有效值、初相位、相位差和角频率，熟悉各种表示方法间的关系并进行转换，能用相量法和复数法计算正弦交流电路。

　　交流电路的无功功率反映电路中储能元件与电源进行能量交换的规模，有功功率才是电路中真正消耗掉的功率，它不仅与电路中电压和电流的大小有关，还与功率因数$\cos\varphi$有关。

　　谐振是交流电路中电压的相位与电流的相位相同时的特殊现象。此时电路对外呈电阻性质，注意掌握串联谐振、并联谐振的条件和电压电流特征。

　　三相电路中负载连接的原则是保证负载上得到额定电压，分清对称性负载和非对称性负载的条件，并会计算对称性负载三相电路中电压、电流和有功功率的大小，注意星形接法中中线的作用。

　　（3）一阶电路的暂态过程

　　理解暂态过程出现的条件和物理意义。含有储能元件 C、L 的电路中，电容电压和电感电流不会发生跃变。电路换路（如开关动作）时必须经过一段时间，各物理量才会从旧的稳态过渡到新的稳态。重点是建立电路暂态的概念，用一阶电路三要素法分析电路换路时，电路的电压电流的变化规律。关键在于确定电压电流的初始值、稳态值和时间常数，并用典型公式计算。

3. 电机及拖动基础

主要内容：变压器、三相异步电动机的基本工作原理和使用方法、常用继电器——接触器控制电路、安全用电常识。

了解变压器的基本结构、工作原理，单相变压器原副边电压、电流、阻抗关系及变压器额定值的意义，经济运行条件。了解三相交流异步电动机转速、转矩、功率关系、名牌数据的意义，特别是电动机的常规使用方法。例如：对三相交流异步电动机启动进行控制的目的是限制电动机的起动电流。正常运行为三角形接法的电动机，起动时采用星形接法，起动电流减少的程度可根据三相电路理论，将三相电动机视为一个三相对称形负载便可确定。

掌握常用低压电气控制电路的绘图方法。必须明确，控制电路图中控制电器符号是按照电器未动作的状态表示的。阅读继电接触器控制电路图时要特别要注意自锁、联锁的作用，了解过载，短路和失压保护的方法。

安全用电属于基本用电知识，重点是了解接零、接地的区别和应用场合。

4. 模拟电子技术

主要内容：二极管及二极管整流电路、电容电感滤波原理、稳压电路的基本结构；三极管及单管电压放大电路，能够确定三极管电压放大器的主要技术指标。

了解半导体器件结构、原理、伏安特性、主要参数及使用方法。学习半导体器件的重点是要掌握PN结的单向导电性，难点是正确理解和应用二极管的非线性、三极管的电流分配关系。

能正确计算二极管整流电路中输入电压的有效值和整流输出电压平均值的大小关系，理解电容滤波电路的滤波原理和稳压管稳压电路的原理和对电路输出电压的影响。

分析分离元件放大电路的基础在于正确读懂放大电路图（静态偏置、交流耦合、反馈环节的主要特点），正确计算放大电路的静态参数，并会用微变等效电路分析放大器的动态指标（放大倍数、输入电阻、输出电阻）。

分析理想运算放大器组成的线性运算电路（比例、加法、减法和积分运算电路）的基础是正确理解应用运算放大器的理想条件（虚短路——同相输入端和反向输入端的电位相同，虚断路——运放的输入电流为零，输出电阻很小——恒压输出），然后根据线性电流理论分析输出电压（电流）与输入电压（电流）的关系。

5. 数字电子技术

数字电路是利用晶体管的开关特性工作的，分析数字电路时要注意输入和输出信号的逻辑关系，而不是大小关系。复习要点是正确对电路进行化简，并会用波形图和逻辑代数式表示电路输出和输入逻辑关系。基础元件是与门、或门、与非门和异或门电路。考生必需熟练地应用这些器件的逻辑功能，组合逻辑电路就是这些元件的逻辑组合，组合电路没有存储和记忆功能，输出只与当前的输入逻辑有关。

时序逻辑电路有保持、记忆和计数功能，这种触发器主要有三种：R-S、D、J-K 型触发器。分析时序电路时必须注意时钟作用，复习时必须记住这三种触发器的逻辑状态表，会分析时序电路输入、输出信号的时序关系。

练习题、题解及参考答案

（一）电场与磁场

7-1-1　在图中，线圈 a 的电阻为 R_a，线圈 b 的电阻为 R_b，两者彼此靠近如图所示，若外加激励 $u = U_M \sin \omega t$，则：

A. $i_a = \dfrac{u}{R_a}$, $i_b = 0$　　　　　　　　B. $i_a \neq \dfrac{u}{R_a}$, $i_b \neq 0$

C. $i_a = \dfrac{u}{R_a}$, $i_b \neq 0$　　　　　　　　D. $i_a \neq \dfrac{u}{R_a}$, $i_b = 0$

7-1-2　由图示长直导线上的电流产生的磁场：

A. 方向与电流方向相同

B. 方向与电流方向相反

C. 顺时针方向环绕长直导线（自上向下俯视）

D. 逆时针方向环绕长直导线（自上向下俯视）

7-1-3　在静电场中，有一个带电体在电场力的作用下移动，由此所做的功的能量来源是：

A. 电场能　　　　　　　　　　　　　B. 带电体自身的能量

C. 电场能和带电体自身的能量　　　　D. 电场外部能量

7-1-4　图示电路中，磁性材料上绕有两个导电线圈，若上方线圈加的是 100V 的直流电压，则：

A. 下方线圈两端不会产生磁感应电动势

B. 下方线圈两端产生方向为左"−"右"+"的磁感应电动势

C. 下方线圈两端产生方向为左"+"右"−"的磁感应电动势

D. 磁性材料内部的磁通取逆时针方向

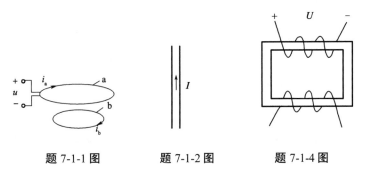

题 7-1-1 图　　　　题 7-1-2 图　　　　题 7-1-4 图

7-1-5　设真空中点电荷 $+q_1$ 和点电荷 $+q_2$ 相距 $2a$，以 $+q_1$ 为中心、a 为半径形成封闭球面，则通过该球面的电通量为：

A. $3q_1$　　　　　B. $2q_1$　　　　　C. q_1　　　　　D. 0

7-1-6　两个电量都是 $+q$ 的点电荷，在真空中相距 a，如果在这两个点电荷连线的中点放上另一个点电荷 $+q'$，则点电荷 $+q'$ 受力为：

A. 0　　　　　B. $\dfrac{qq'}{4\pi\varepsilon_0 a^2}$　　　　　C. $\dfrac{qq'}{\pi\varepsilon_0 a^2}$　　　　　D. $\dfrac{2qq'}{4\pi\varepsilon_0 a^2}$

7-1-7　以点电荷 q 所在点为球心，距点电荷 q 的距离为 r 处的电场强度应为：

A. $\dfrac{q\varepsilon_0}{4\pi r^2}$　　　　　B. $\dfrac{q}{4\pi r^2 \varepsilon_0}$　　　　　C. $\dfrac{4\pi r^2 \varepsilon}{q}$　　　　　D. $\dfrac{4\pi q\varepsilon_0}{r^2}$

7-1-8　同心球形电容器，两极的半径分别为R_1和$R_2(R_2 > R_1)$，中间充满相对介电系数为ε_r的均匀介质，则两极间场强的分布曲线为下列哪个图所示？

A.
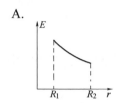

B.
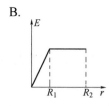

C.
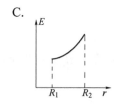

D.
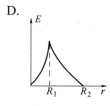

7-1-9　无限大平行板电容器，两极板相隔 5cm，板上均匀带电，$\sigma = 3 \times 10^{-6}C/m^2$，若将负极板接地，则正极板的电势为：

A. $\dfrac{7.5}{\varepsilon_0} \times 10^{-8}V$　　　B. $\dfrac{15}{\varepsilon_0} \times 10^{-8}V$　　　C. $\dfrac{30}{\varepsilon_0} \times 10^{-6}V$　　　D. $\dfrac{7.5}{\varepsilon_0} \times 10^{-6}V$

7-1-10　应用安培环路定律$\oint H \cdot dL = \sum I$对半径为$R$的无限长载流圆柱导体的磁场计算，计算结果应为：

A. 在其外部，即$r > R$处的磁场与载同等电流的长直导线的磁场相同

B. $r > R$处任一点的磁场强度大于载流长直导线在该点的磁场强度

C. $r > R$处任一点的磁场强度小于载流长直导线在该点的磁场强度

D. 在其内部，即$r < R$处的磁场强度与r成反比

7-1-11　真空中有两根互相平行的无限长直导线L_1和L_2，相距 0.1m。通有方向相反的电流，$I_1 = 20A$，$I_2 = 10A$，a点位于L_1、L_2之间的中点，且与两导线在同一平面内，如图所示，a点的磁感应强度T为：

A. $\dfrac{300}{\pi} \mu_0$　　　　B. $\dfrac{100}{\pi} \mu_0$　　　　C. $\dfrac{200}{\pi} \mu_0$　　　　D. 0

7-1-12　如图所示，两长直导线的电流$I_1 = I_2$，L是包围I_1、I_2的闭合曲线，以下说法中正确的是哪一个？

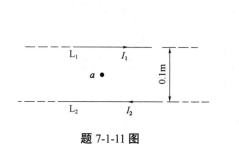

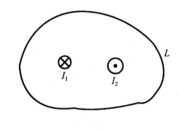

题 7-1-11 图　　　　　　　　　　　题 7-1-12 图

A. L上各点的磁场强度H的量值相等，不等于 0

B. L上各点的H等于 0

C. L上任一点的H等于I_1、I_2在该点的磁场强度的叠加

D. L上各点的H无法确定

7-1-13　如图所示，导体回路处在一均匀磁场中，$B = 0.5T$，$R = 2\Omega$，ab边长$L = 0.5m$，可以滑动，$\alpha = 60°$，现以速度$v = 4m/s$将ab边向右匀速平行移动，通过 R 的感应电流为：

A. 0.5A　　　　　B. $-1A$　　　　　C. $-0.86A$　　　　　D. 0.43A

7-1-14　用一根硬导线弯成半径为R的半圆形，将其置于磁感应强度为B的均匀磁场中，以频率f旋

转，如图所示，这个导体回路中产生的感应电动势ε等于：

A. $\left(6R^2 + \frac{1}{2}\pi R^2\right) 2\pi fB \sin(2\pi ft)$ B. $\left(6R^2 + \frac{1}{2}\pi R^2\right) fB \sin(2\pi ft)$

C. $\frac{1}{2}\pi R^2 fB \sin(2\pi ft)$ D. $(\pi R)^2 fB \sin(2\pi ft)$

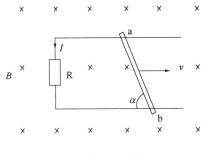

题 7-1-13 图

题 7-1-14 图

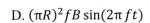

题解及参考答案

7-1-1　**解**：根据电磁感应定律，线圈 a 中是变化的电源，将产生变化的电流，考虑电磁作用$i_a \neq \frac{u}{R_a}$；变化磁通将与线圈 b 交链，由此产生感应电流$i_b \neq 0$。

　　答案：B

7-1-2　**解**：电流与磁场的方向可以根据右手螺旋定则确定，即让右手大拇指指向电流的方向，则四指的指向就是磁感线的环境方向。

　　答案：D

7-1-3　**解**：带电体是在电场力的作用下做功，其能量来自电场和自身的能量。

　　答案：C

7-1-4　**解**：根据电磁感应定律$e = -\frac{d\phi}{dt}$，当外加压U为直流量时，$e = \frac{d\phi}{dt} = 0$，且$e = 0$，因此下方的线圈中不会产生感应电动势。

　　答案：A

7-1-5　**解**：根据电场高斯定理，真空中通过任意闭合曲面的电通量为所包围自由电荷的代数和。

　　答案：C

7-1-6　**解**：根据静电场的叠加定理可见，两个正电荷$+q$对于$+q'$的作用力大小相等，方向相反（见解图）。可见$+q'$所受的合力为 0。

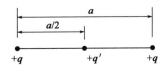

　　答案：A

题 7-1-6 解图

7-1-7　**解**：电场强度公式$E = \frac{q}{4\pi\varepsilon_0 r^3} r$，取绝对值$E = \frac{q}{4\pi\varepsilon_0 r^2}$。

　　答案：B

7-1-8　**解**：根据电场强度与电荷关系：$E = \frac{g}{4\pi\varepsilon_0 r^2}$

由题意可知，$r < R_1$时，$E = 0$；当$R_1 < r < R_2$，$E \propto r^2$；当$r > R_2$时，$E = 0$。

　　答案：A

7-1-9　**解**：复习平板电容器与电势关系，其中σ为电荷密度参数，利用公式即可求出。

　　答案：B

7-1-10 解： 长直导线中的电流I与距离导线r远处产生的磁场B符合关系：$B = KI/r$，其中K是常量，与导线粗细无关。

答案： A

7-1-11 解： 无限长载流导体外r处的磁感应强度的大小为$B = KI/r$，双向电流相反的导体r处产生的磁场方向相同。

答案： A

7-1-12 解： 用安培环路定律$\oint H\mathrm{d}L = \sum I$，这里电流是代数和，注意它们的方向。

答案： C

7-1-13 解： 载流导体在均匀磁场中均速运动，产生的感应电动热$E \propto BIv$，再利用欧姆定律即可求出结果。

答案： D

7-1-14 解： 用电磁感应定律，当通过线圈的磁通量变化时，在线圈中产生感应电动势ε。

答案： D

（二）电路的基本概念和基本定律

7-2-1 图示电路中，电流源的端电压U等于：

A. 20V　　　　　　　　　　　　　B. 10V

C. 5V　　　　　　　　　　　　　D. 0V

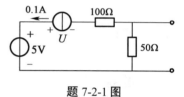

题 7-2-1 图

7-2-2 图示电路中，$u_C = 10\text{V}, i = 1\text{mA}$，则：

A. 因为$i_2 = 0$，使电流$i_1 = 1\text{mA}$

B. 因为参数C未知，无法求出电流i

C. 虽然电流i_2未知，但是$i > i_1$成立

D. 电容存储的能量为 0

7-2-3 图示电路中，I_{s1}、I_{s2}、U_s均为已知的恒定直流量，设流过电阻上的电流I_R如图所示，则以下说法正确的是：

A. 按照基尔霍夫定律可求得$I_R = I_{s1} + I_{s2}$

B. $I_R = I_{s1} - I_{s2}$

C. 因为电感元件的直流电路模型是短接线，所以$I_R = \dfrac{U_s}{R}$

D. 因为电感元件的直流电路模型是断路，所以$I_R = I_{s2}$

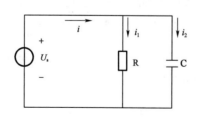

题 7-2-2 图

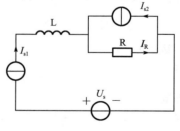

题 7-2-3 图

7-2-4 RLC 串联电路如图所示，其中，$R = 1\text{k}\Omega$，$L = 1\text{mH}$，$C = 1\mu\text{F}$。如果用一个 100V 的直流电压加在该电路的 A-B 端口，则电路电流i为：

A. 0A　　　　　B. 0.1A　　　　　C. -0.1A　　　　　D. 100A

7-2-5 观察图示的直流电路。可知在该电路中：

A. I_s 和 R_1 形成一个电流源模型，U_s 和 R_2 形成一个电压源模型

B. 理想电流源 I_s 的端电压为 0

C. 理想电流源 I_s 的端电压由 U_1 和 U_s 共同决定

D. 流过理想电压源的电流与 I_s 无关

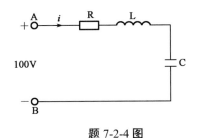
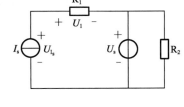

题 7-2-4 图　　　　　　　　题 7-2-5 图

7-2-6 如图所示电路，$U = 12V$，$U_E = 10V$，$R = 0.4k\Omega$，则电流 I 等于：

A. 0.055A　　　　B. 0.03A　　　　C. 0.025A　　　　D. 0.005A

7-2-7 电路如图所示，若 R、U_s、I_s 均大于零，则电路的功率情况为下述中哪种？

A. 电阻吸收功率，电压源与电流源供出功率

B. 电阻与电压源吸收功率，电流源供出功率

C. 电阻与电流源吸收功率，电压源供出功率

D. 电阻吸收功率，电流源供出功率，电压源无法确定

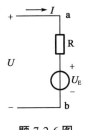
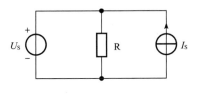

题 7-2-6 图　　　　　　　　题 7-2-7 图

7-2-8 电路如图所示，U_s 为独立电压源，若外电路不变，仅电阻 R 变化时，将会引起下述哪种变化？

A. 端电压 U 的变化　　　　　　B. 输出电流 I 的变化

C. 电阻 R 支路电流的变化　　　D. 上述三者同时变化

7-2-9 已知图示电路中 $U_s = 2V$，$I_s = 2A$。电阻 R_1 和 R_2 消耗的功率由何处供给？

A. 电压源　　　　　　　　　　B. 电流源

C. 电压源和电流源　　　　　　D. 不一定

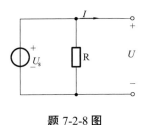
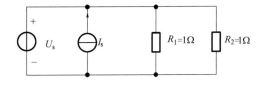

题 7-2-8 图　　　　　　　　题 7-2-9 图

7-2-10 某电热器的额定功率为 2W，额定电压为 100V。拟将它串联一电阻后接在额定电压为 200V 的直流电源上使用，则该串联电阻 R 的阻值和额定功率 P_N 应为：

A. $R = 5\text{k}\Omega$, $P_\text{N} = 1\text{W}$　　　　　　B. $R = 5\text{k}\Omega$, $P_\text{N} = 2\text{W}$

C. $R = 10\text{k}\Omega$, $P_\text{N} = 2\text{W}$　　　　　　D. $R = 10\text{k}\Omega$, $P_\text{N} = 1\text{W}$

7-2-11 在图示的电路中，用量程为 10V、内阻为20kΩ/V级的直流电压表，测得A、B两点间的电压U_{AB}为：

A. 6V　　　　　　B. 5V　　　　　　C. 4V　　　　　　D. 3V

7-2-12 在图示的电路中，当开关 S 闭合后，流过开关 S 的电流I为：

A. 1mA　　　　　B. 0mA　　　　　C. −1mA　　　　　D. 无法判定

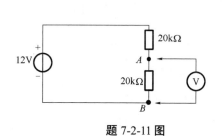

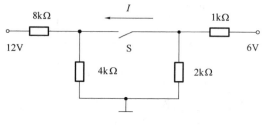

题 7-2-11 图　　　　　　　　　　　题 7-2-12 图

7-2-13 图示电路中，已知：$U_1 = U_2 = 12\text{V}$, $R_1 = R_2 = 4\text{k}\Omega$, $R_3 = 16\text{k}\Omega$。S 断开后A点电位V_{A0}和 S 闭合后A点电位V_{AS}分别是：

A. −4V, 3.6V

B. 6V, 0V

C. 4V, −2.4V

D. −4V, 2.4V

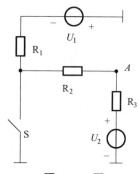

题 7-2-13 图

7-2-14 某二端网络的端口u–i特性曲线如图所示，则该二端网络的等效电路为：

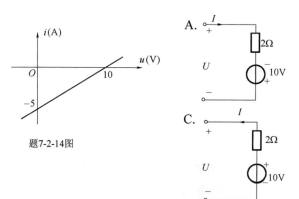

题7-2-14图

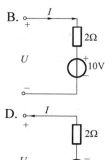

题解及参考答案

7-2-1　**解**：电流源的端电压由外电路决定：$U = 5 + 0.1 \times (100 + 50) = 20\text{V}$。

　　　答案：A

7-2-2　**解**：在直流电源的作用下电容相当于断路，$i_2 = 0$，$i = i_1 + i_2 = i_1$，电容元件存储的能量与电压的平方成正比。此题中电容电压为$u_c \neq 0$，电容存储能量不为 0，并且可知$i = i_1 + i_2 = i_1$。

　　　答案：A

7-2-3　解：因为此题中的电源均为直流量，则电感线圈可用作短路处理，原电路图等效图见解图，但该电路符合节点电流关系。因此在电路的节点a有$I_{s1} + I_{s2} = I_R$。

　　答案：A

7-2-4　解：直流电源的频率为0，则感抗$X_L = 0\Omega$，容抗$X_C \to \infty$（电容开路），因此电路电流$I = 0A$。

　　答案：A

7-2-5　解：实际的电压源模型内阻与电压源串联，实际的电流源模型内阻与电流源并联。此题中电阻R_1和R_2均不属于电源内阻。另外，电流源的端电压由外电路U_1和U_s决定，即$U_{I_s} = U_1 + U_s$。

　　答案：C

7-2-6　解：设参考点为b点，如题图所示。$I = \dfrac{U - U_s}{R} = \dfrac{12 - 10}{400} = 0.005A$。

　　答案：D

7-2-7　解：电路元件是否做功的判断是依据功率计算的结果。在元件电压、电流正方向一致的条件下，根据公式$P = UI$计算元件的功率。当P大于零时，该元件消耗电功率；当P小于零时，该元件发出电功率。

　　答案：D

7-2-8　解：注意理想电压源和实际电压源的区别，该题是理想电压源，$U_s = U$。

　　答案：C

7-2-9　解：首先求电压源和电流源的电压、电流大小（必须采用关联方向），然后计算功率$P = UI$。如果$P > 0$，为负载；如果$P < 0$，为电源。即：

$$P_{I_s} = -U_s I_s = -4W < 0；\quad P_{U_s} = U_s \times \left(I_s - \frac{U_s}{R_1} - \frac{U_s}{R_2} \right) = -4W < 0$$

　　答案：C

7-2-10　解：利用串联电路中电流相同、电压分压的特点。

　　答案：B

7-2-11　解：当电压表接在电路的A、B两点之间时，电压表内阻与电流下方电阻并联：

$$U_{AB} = \frac{20 /\!/ 20}{20 + 20 /\!/ 20} \times 12 = 4V$$

　　答案：C

7-2-12　解：求开关 S 断开时其左右两端的电位差V_S：

$$V_{SL} = 12 \times \frac{4}{4 + 8} = 4V, \quad V_{SR} = 6 \times \frac{2}{1 + 2} = 4V, \quad V_S = V_{SL} - V_{SR} = 0$$

无电位差，当 S 闭合后无电流，$I = 0$。

　　答案：B

7-2-13　解：当 S 分开时，电路元件U_1、U_2、R_1、R_2、R_3构成串联电路，则：

$$V_{A0} = U_2 + [(-U_1) - U_2] \frac{R_3}{R_1 + R_2 + R_3} = -4V$$

当 S 闭合时，A点电位U_A为电阻R_2上的电压，则：

$$V_{AS} = \frac{R_2}{R_2 + R_3} U_2 = \frac{4}{4 + 16} \times 12 = 2.4V$$

　　答案：D

7-2-14　解：二端网络伏安特性中，与电压轴交点的坐标为开路电压点，与电流轴交点的坐标为短路电流点。

　　答案：B

（三）直流电路的解题方法

7-3-1 已知电路如图所示，若使用叠加原理求解图中电流源的端电压U，正确的方法是：

A. $U' = (R_2 /\!/ R_3 + R_1)I_s$，$U'' = 0$，$U = U'$

B. $U' = (R_1 + R_2)I_s$，$U'' = 0$，$U = U'$

C. $U' = (R_2 /\!/ R_3 + R_1)I_s$，$U'' = \dfrac{R_2}{R_2 + R_3}U_s$，$U = U' - U''$

D. $U' = (R_2 /\!/ R_3 + R_1)I_s$，$U'' = \dfrac{R_2}{R_2 + R_3}U_s$，$U = U' + U''$

7-3-2 图示电路中，A_1、A_2、V_1、V_2均为交流表，用于测量电压或电流的有效值I_1、I_2、U_1、U_2，若$I_1 = 4A$，$I_2 = 2A$，$U_1 = 10V$，则电压表V_2的读数应为：

A. 40V　　　　　B. 14.14V　　　　　C. 31.62V　　　　　D. 20V

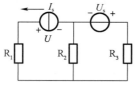
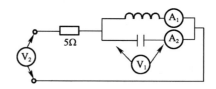

題 7-3-1 图　　　　　　　　　　　題 7-3-2 图

7-3-3 图示电路中，电流I_1和电流I_2分别为：

A. 2.5A 和 1.5A　　　　　　　　　　B. 1A 和 0A

C. 2.5A 和 0A　　　　　　　　　　D. 1A 和 1.5A

7-3-4 图 a）电路按戴维南定理等效成图 b）所示电压源时，计算R_0的正确算式为：

A. $R_0 = R_1 /\!/ R_2$　　　　　　　　B. $R_0 = R_1 + R_2$

C. $R_0 = R_1$　　　　　　　　　　D. $R_0 = R_2$

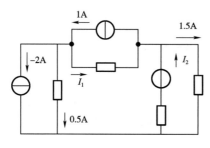
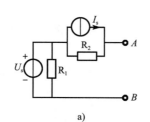

題 7-3-3 图　　　　　　　　　題 7-3-4 图

7-3-5 如图 b）所示电源与图 a）所示电路等效，则计算U'_s和R_0的正确算式为：

A. $U'_s = U_s + I_s R_1$，$R_0 = R_1 /\!/ R_2 + R_3$

B. $U'_s = U_s - I_s R_1$，$R_0 = R_1 /\!/ R_2 + R_3$

C. $U'_s = U_s - I_s R_1$，$R_0 = R_1 + R_3$

D. $U'_s = U_s + I_s R_1$，$R_0 = R_1 + R_3$

7-3-6 已知电路如图所示，其中响应电流I在电流源单独作用时的分量为：

A. 因电阻R未知，故无法求出　　　　B. 3A

C. 2A　　　　　　　　　　　　　　D. -2A

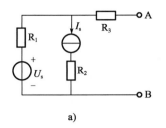
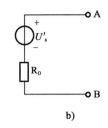
a)   b)

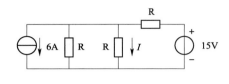

题 7-3-5 图   题 7-3-6 图

7-3-7 图示电路中，电压源 U_{s2} 单独作用时，电流源端电压分量 U'_{I_s} 为：

A. $U_{s2} - I_s R_2$ B. U_{s2}

C. 0   D. $I_s R_2$

7-3-8 叠加原理只适用于分析哪种电压、电流问题？

A. 无源电路   B. 线路电路

C. 非线性电路   D. 不含电感、电容元件的电路

题 7-3-7 图

7-3-9 图示电路中，N 为含源线性电阻网络，其端口伏安特性曲线如图 b）所示，其戴维南等效电路参数应为：

A. $\begin{cases} U_{0C} = -12V \\ R_0 = -3\Omega \end{cases}$ B. $\begin{cases} U_{0C} = -12V \\ R_0 = 3\Omega \end{cases}$

C. $\begin{cases} U_{0C} = 12V \\ R_0 = 3\Omega \end{cases}$ D. $\begin{cases} U_{0C} = 12V \\ R_0 = -3\Omega \end{cases}$

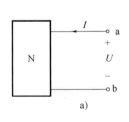
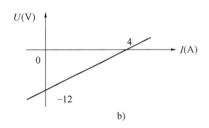

a)   b)

题 7-3-9 图

7-3-10 在图示电路中，当开关 S 断开时，电压 $U = 10V$，当 S 闭合后，电流 $I = 1A$，则该有源二端线性网络的等效电压源的内阻值为：

A. 16Ω B. 8Ω C. 4Ω D. 2Ω

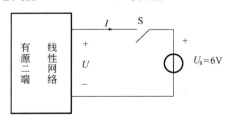

题 7-3-10 图

7-3-11 图示左侧电路的等效电路是哪个电路？

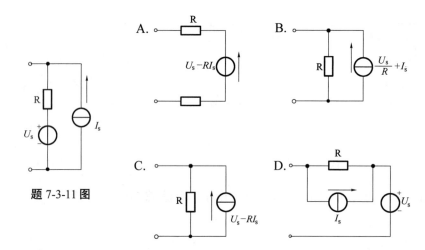

题 7-3-11 图

7-3-12 在图示的电路中，$I_{s1} = 3$A，$I_{s2} = 6$A。当电流源I_{s1}单独作用时，流过$R = 1\Omega$电阻的电流$I = 1$A，则流过电阻R的实际电流I值为：

A. -1A　　　　　B. $+1$A　　　　　C. -2A　　　　　D. $+2$A

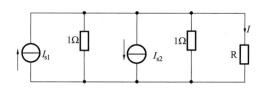

题 7-3-12 图

7-3-13 在图 a）电路中有电流I时，可将图 a）等效为图 b），其中等效电压源电动势E_s和等效电源内阻R_0为：

A. -1V，5.143Ω　　B. 1V，5Ω　　　C. -1V，5Ω　　　D. 1V，5.143Ω

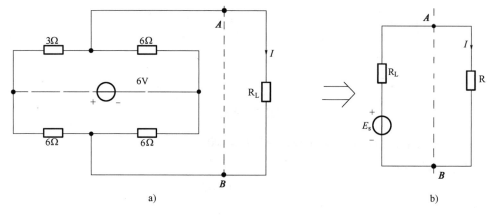

题 7-3-13 图

7-3-14 电路如图所示，用叠加定理求电阻R_L消耗的功率为：

A. 1/24W

B. 3/8W

C. 1/8W

D. 12W

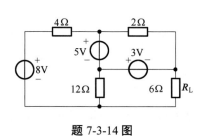

题 7-3-14 图

题解及参考答案

7-3-1　**解**：用叠加原理分析，将电路分解为各个电源单独作用的电路。不作用的电压源短路，不作用的电流源断路。

$$U = U' + U''$$

U'为电流源作用：$U' = I_s(R_1 + R_2 /\!/ R_3)$；

U''为电压源作用：$U'' = \dfrac{R_2}{R_2 + R_3} U_s$。

　　答案：D

7-3-2　**解**：交流电路中电压电流符合相量关系，画出相量模型如解图所示。

$$\dot{I}_R = \dot{I}_L + \dot{I}_C, \quad \dot{U}_2 = \dot{U}_R + \dot{U}_1$$

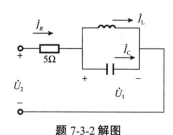

题 7-3-2 解图

$\dot{I}_L$与$\dot{I}_C$相量反向，$I_R = 2A$，$U_R = 10V$，又知$\dot{U}_R$与$\dot{U}_1$的相位差$90°$，可得$U_2 = \sqrt{U_R^2 + U_1^2} = 10\sqrt{2}V$。

　　答案：B

7-3-3　**解**：根据节电的电流关系KCL分析，$I_1 = 1 - (-2) - 0.5 = 2.5A$，$I_2 = 1 + 1.5 - I_1 = 0A$。

　　答案：C

7-3-4　**解**：图 b）中的R_0等效于图 a）的端口AB间除源电阻（电源作用为零：将电压源短路，电流源断路），即$R_0 = R_2$。

　　答案：D

7-3-5　**解**：根据戴维南定理，图 b）中的电压源U_s'为图 a）的开路电压，电阻R_0的数值为图 a）的除源电阻。

$$U_s' = U_s + R_1(-I_s)$$
$$R_0 = R_1 + R_3$$

　　答案：C

7-3-6　**解**：见图解，电流源单独作用时，15V 的电压源做短路处理，则

$$I = \frac{1}{3} \times (-6) = -2A$$

　　答案：D

7-3-7　**解**：电压源U_{s2}单独作用时需将U_{s1}短路，电流源I_s断路处理。题图的电路应等效为解图所示电路，即$U'_{I_s} = U_{s2}$。

　　答案：B

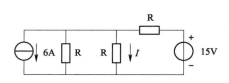

题 7-3-6 解图

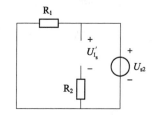

题 7-3-7 解图

7-3-8　解： 叠加原理只适用于分析线性电路的电压、电流问题（线性电路是指由独立电源和线性元件构成的电路）。

答案： B

7-3-9　解： 二端线性有源电路的端口伏安特性为一直线。直线与电压轴的交点是电路的开路电压U_{OC}；与电流轴的交点为电路短路电流I_{SC}；直线的斜率为电源内部电阻R_0。即$R_0=\dfrac{U_{\mathrm{OC}}}{I_{\mathrm{SC}}}=3\Omega$，$U_{\mathrm{OC}}=-12\mathrm{V}$。

答案： B

7-3-10　解： 将有源二端线网络等效为电压源与电阻的串联结构。电源电压$U_{\mathrm{OC}}=U=10\mathrm{V}$；电源内阻$R_0=\dfrac{U-U_\mathrm{s}}{I}=4\Omega$。

答案： C

7-3-11　解： ①应用戴维南定理，求等效电源电压：$U=U_\mathrm{s}+I_\mathrm{s}R$，等效电源电阻为$R$。②利用电源变换得B图。

答案： B

7-3-12　解： 利用叠加原理分析，不作用的电流源断路处理，分析时注意电流的正方向。

画出$I_{\mathrm{s}2}$单独作用的电路图（见解图），求I''。电流源$I_{\mathrm{s}2}$为电流源$I_{\mathrm{s}1}$的 2 倍，方向相反，则I''为电流源$I_{\mathrm{s}1}$作用时电流量I'的"-2"倍，即$I''=-2\mathrm{A}$。利用叠加原理，计算电路实际电流：

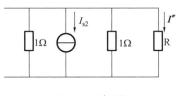

图 7-3-12 解图

$$I=I'+I''=1+(-2)=-1\mathrm{A}。$$

答案： A

7-3-13　解： 利用等效电压源定理。在求等效电压源电动势时，将 A、B 两点开路后，电压源上方的两个电阻和下方两个电阻均为串联。

$$E_\mathrm{s}=U_{\mathrm{AB0}}=6\times\frac{6}{6+3}-6\times\frac{6}{6+6}=1\mathrm{V}$$

$$R_0=6/\!/3+6/\!/6=5\Omega$$

答案： B

7-3-14　解： 先将R_L以外电路化为电压源后，再求R_L消耗的功率等效电源电压：

$$V_{\mathrm{OC}}=-3+U_{12\Omega}=-3+(8-5)\times\frac{12}{12+4}=-0.75\mathrm{V}$$

等效电源内阻$R_0=4/\!/12=3\Omega$

R_L中电流$I_\mathrm{L}=\dfrac{0.75}{R_\mathrm{L}+R_0}\mathrm{A}$，则$P_\mathrm{L}=I_\mathrm{L}{}^2R_\mathrm{L}=\dfrac{1}{24}\mathrm{W}$

答案： A

（四）正弦交流电路的解题方法

7-4-1　某滤波器的幅频特性波特图如图所示，该电路的传递函数为：

A. $\dfrac{j\omega/10}{1+j\omega/10}$

B. $\dfrac{j\omega/20\pi}{1+j\omega/20\pi}$

C. $\dfrac{j\omega/2\pi}{1+j\omega/2\pi}$

D. $\dfrac{1}{1+j\omega/20\pi}$

7-4-2　正弦交流电压的波形图如图所示，该电压的时域解析表达式为：

A. $u(t) = 155.56 \sin(\omega t - 5°) \text{ V}$ B. $u(t) = 110\sqrt{2} \sin(314t - 90°) \text{ V}$

C. $u(t) = 110\sqrt{2} \sin(50t + 60°) \text{ V}$ D. $u(t) = 155.6 \sin(314t - 60°) \text{ V}$

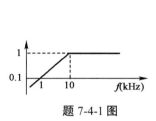

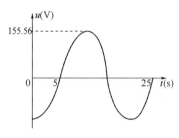

题 7-4-1 图   题 7-4-2 图

7-4-3 图示电路中，若 $u = U_M \sin(\omega t + \psi_u)$，则下列表达式中一定成立的是：

式 1：$u = u_R + u_L + u_C$

式 2：$u_X = u_L - u_C$

式 3：$U_X < U_L$ 及 $U_X < U_C$

式 4：$U^2 = U_R^2 + (U_L + U_C)^2$

A. 式 1 和式 3

B. 式 2 和式 4

C. 式 1，式 3 和式 4

D. 式 2 和式 3

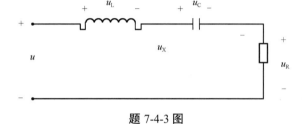

题 7-4-3 图

7-4-4 有三个 100Ω 的线性电阻接成△三相对称负载，然后挂接在电压为 220V 的三相对称电源上，这时供电线路上的电流为：

A. 6.6A   B. 3.8A   C. 2.2A   D. 1.3A

7-4-5 某 $\cos\varphi$ 为 0.4 的感性负载，外加 100V 的直流电压时，消耗功率 100W，则该感性负载的感抗为：

A. 100Ω B. 229Ω C. 0.73Ω D. 329Ω

7-4-6 当 RLC 串联电路发生谐振时，一定有：

A. $L = C$ B. $\omega L = \omega C$ C. $\omega L = \dfrac{1}{\omega C}$ D. $U_L + U_C = 0$

7-4-7 当图示电路的激励电压 $u_i = \sqrt{3} U_i \sin(\omega t + \varphi)$ 时，电感元件上的响应电压 u_L 的初相位为：

A. $90° - \arctan\dfrac{\omega L}{R}$

B. $90° - \arctan\dfrac{\omega L}{R} + \varphi$

C. $\arctan\dfrac{\omega L}{R}$

D. $\varphi - \arctan\dfrac{\omega L}{R}$

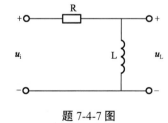

题 7-4-7 图

7-4-8 图示某正弦电压的波形图，由图可知，该正弦量的：

A. 有效值为 10V   B. 角频率为 314rad/s

C. 初相位为 60°   D. 周期为 5~20ms

7-4-9 当上题图所示电路的激励电压 $u_1 = \sqrt{2} U_1 \sin(\omega t + \varphi)$ 时，电感元件上的响应电压 u_L 为：

A. $\frac{L}{R+L}U_i$ B. $\frac{\omega L}{R+\omega L}U_i$ C. $\frac{\omega L}{|R+j\omega L|}U_i$ D. $\frac{j\omega L}{R+j\omega L}U_i$

7-4-10 图示电路，正弦电流i_2的有效值$I_2 = 1A$，电流i_3的有效值$I_3 = 2A$，因此电流i_1的有效值I_1等于：

A. $\sqrt{1 + 2^2} \approx 2.24A$ B. $1 + 2 = 3A$
C. $2 - 1 = 1A$ D. 不能确定

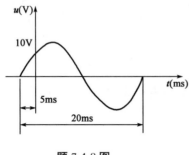
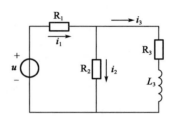

题 7-4-8 图 题 7-4-10 图

7-4-11 用电压表测量图示电路$u(t)$和$i(t)$的结果是 10V 和 0.2A，设电流$i(t)$的初相位为 10°，电压与电流呈反相关系，则如下关系成立的是：

A. $\dot{U} = 10\angle -10°V$ B. $\dot{U} = -10\angle -10°V$
C. $\dot{U} = 10\sqrt{2}\angle -170°V$ D. $\dot{U} = 10\angle -170°V$

7-4-12 图示电路中，$u = 141\sin(314t - 30°)V$，$i = 14.1\sin(314t - 60°)A$，这个电路的有功功率$P$等于：

A. 500W B. 866W C. 1000W D. 1988W

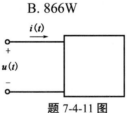

题 7-4-11 图 题 7-4-12 图

7-4-13 已知某正弦交流电压的周期为 10ms，有效值 220V，在$t = 0$时，正处在由正值过渡为负值的零值，则其表达式可写作：

A. $u = 380\sin(100t + 180°)(V)$ B. $u = -311\sin 200\pi t(V)$
C. $u = 220\sin(628t + 180°)(V)$ D. $u = 220\sin(100t + 180°)(V)$

7-4-14 在 R、L、C 元件串联电路中（见图），施加正弦电压u，当$X_C > X_L$时，电压u与i的相位关系应是：

A. u超前于i B. u滞后于i
C. u与i反相 D. 无法判定

7-4-15 图示电路中，电流有效值$I_1 = 10A$，$I_C = 8A$，总功率因数$\cos\varphi$为 1，则电流I是：

A. 2A B. 6A C. 不能确定 D. 18A

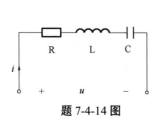
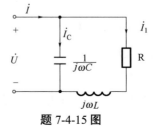

题 7-4-14 图 题 7-4-15 图

7-4-16 图示正弦交流电路中，各电压表读数均为有效值。已知电压表 V、V_1 和 V_2 的读数分别为 10V、6V 和 3V，则电压表 V_3 读数为：

    A. 1V　　　　　　B. 5V　　　　　　C. 4V　　　　　　D. 11V

7-4-17 图示正弦电路中，$Z = (40 + j30)\Omega$，$X_L = 10\Omega$，有效值 $U_2 = 200V$，则总电压有效值 U 为：

    A. 178.9V　　　　B. 226V　　　　　C. 120V　　　　　D. 60V

7-4-18 图示电路中，已知 Z_1 是纯电阻负载，电流表 A、A_1、A_2 的读数分别为 5A、4A、3A，那么 Z_2 负载一定是：

    A. 电阻性的　　　　　　　　　　B. 纯电感性或纯电容性质

    C. 电感性的　　　　　　　　　　D. 电容性的

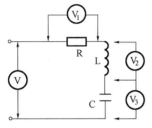 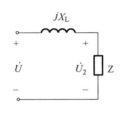 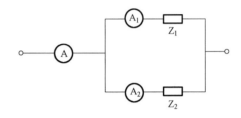

   题 7-4-16 图　　　　　　　　　题 7-4-17 图　　　　　　　　　题 7-4-18 图

7-4-19 已知无源二端网络如图所示，输入电压和电流为：$u(t) = 220\sqrt{2}\sin(314t + 30°)\,(V)$，$i(t) = 4\sqrt{2}\sin(314t - 25°)\,(A)$。则该网络消耗的电功率为：

    A. 721W　　　　　B. 880W　　　　　C. 505W　　　　　D. 850W

7-4-20 图示正弦交流电路中，已知 $u = 100\sin(10t + 45°)(V)$，$i_1 = i = 10\sin(10t + 45°)(A)$，$i_2 = 20\sin(10t + 135°)(A)$，元件 1、2、3 的等效参数值为：

    A. $R = 5\Omega$，$L = 0.5H$，$C = 0.02F$　　　B. $L = 0.5H$，$C = 0.02F$，$R = 20\Omega$

    C. $R_1 = 10\Omega$，$R_2 = 10H$，$C = 5F$　　　D. $R = 10\Omega$，$C = 0.02F$，$L = 0.5H$

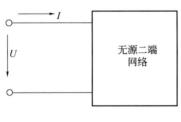 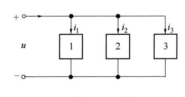

      题 7-4-19 图　　　　　　　　　　　题 7-4-20 图

7-4-21 在如图 a）所示的电路中，已知 $U_{1m} = 100\sqrt{3}V$，$U_{2m} = 100V$，给定 $\dot{U}_1$、$\dot{U}_2$ 的向量图如图 b）所示，则 U 为：

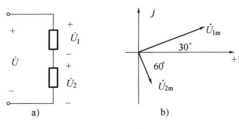

                 题 7-4-21 图

A. $200 \sin \omega t (\text{V})$　　　　　　　　B. $200\sqrt{2} \sin \omega t (\text{V})$

C. $200\sqrt{2} \sin(\omega t - 30°)(\text{V})$　　　D. $200\sqrt{2} \sin(\omega t + 30°)(\text{V})$

7-4-22 供电电路提高功率因数的目的在于：

A. 减少用电设备的有功功率

B. 减少用电设备的无功功率

C. 减少电源向用电设备提供的视在功率

D. 提高电源向用电设备提供的视在功率

7-4-23 某三相电路中，三个线电流分别为

$i_A = 18 \sin(314t + 23°)\,(\text{A})$

$i_B = 18 \sin(314t - 97°)\,(\text{A})$

$i_C = 18 \sin(314t + 143°)\,(\text{A})$

当 $t = 10s$ 时，三个电流之和为：

A. 18A　　　　B. 0A　　　　C. $18\sqrt{2}\text{A}$　　　　D. $18\sqrt{3}\text{A}$

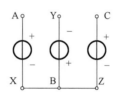

题 7-4-24 图

7-4-24 对称三相电压源作星形连接，每相电压有效值均为 220V，但其中 BY 相连反了，如图所示，则电压 U_{AY} 有效值等于：

A. 220V　　　　B. 380V　　　　C. 127V　　　　D. 0

7-4-25 星形连接对称三相负载，每相电阻为 11Ω、电流为 20A，则三相负载的线电压为：

A. 20×11（V）　　　　　　　B. $2 \times 20 \times 11$（V）

C. $\sqrt{2} \times 20 \times 11$（V）　　　D. $\sqrt{3} \times 20 \times 11$（V）

7-4-26 图示 RLC 串联电路原处于感性状态，今保持频率不变欲调节可变电容使其进入谐振状态，则电容 C 值的变化应：

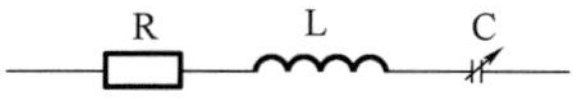

A. 必须增大　　　　　　　B. 必须减小

C. 不能预知其增减　　　　D. 先增大后减小

题 7-4-26 图

7-4-27 将一个直流电源通过电阻 R 接在电感线圈两端，如图所示。如果 $U = 10$V，$I = 1$A，那么，将直流电源换成交流电源后，该电路的等效模型为：

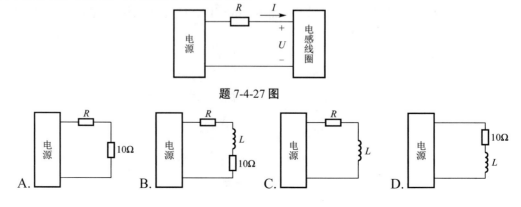

题 7-4-27 图

7-4-28 今拟用电阻丝制作一三相电炉，功率为 20kW，电源线电压为 380V。若三相电阻接成对称星形，则每相电阻等于：

    A. 12.5Ω   B. 7.22Ω   C. 17.52Ω   D. 4.18Ω

7-4-29 在三相对称电路中，负载每相的复阻抗为Z，且电源电压保持不变。若负载接成 Y 形时消耗的有功功率为P_Y，接成△形时消耗的功率为$P_\triangle$，则两种连接法的有功功率关系为：

    A. $P_\triangle = 3P_Y$ B. $P_\triangle = 1/3P_Y$ C. $P_\triangle = P_Y$ D. $P_\triangle = 1/2P_Y$

7-4-30 图示为刀闸、熔断器与电源的三种连接方法，其中正确的接法是下列哪个图所示？

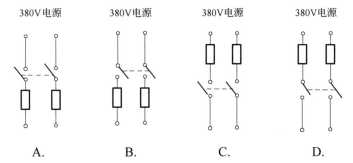

    A.   B.   C.   D.

7-4-31 中性点接地的三相五线制电路中，所有单相电气设备电源插座的正确接线是图中的哪个图示接线？

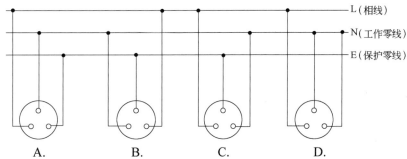

    A.   B.   C.   D.

7-4-32 在图示的三相四线制低压供电系统中，如果电动机M_1采用保护接中线，电动机M_2采用保护接地。当电动机M_2的一相绕组的绝缘破坏导致外壳带电，则电动机M_1的外壳与地的电位应：

    A. 相等或不等   B. 不相等   C. 不能确定   D. 相等

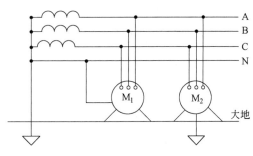

题 7-4-32 图

7-4-33 一台三相电动机运行于中性点接地的低压电力系统中，操作员碰及外壳导致意外触电事故。事故原因是：

    A. 输入电机的两相电源线短路，导致机壳带电

    B. 输入电机的某相电源线碰壳，而电机未采取过载保护

    C. 电机某相绝缘损坏碰壳，而电机未采取接地保护

    D. 电机某相绝缘损坏碰壳，而电机未采取接零保护

题解及参考答案

7-4-1 解：从图形判断这是一个高通滤波器的频率特性图。它反映了电路的输出电压和输入电压对于不同频率信号的响应关系，利用高通滤波器的传递函数分析如下。

高通滤波器的传递函数为：

$$H(jw) = \frac{j\omega/\omega_c}{1 + j\omega/\omega_c}$$

$\omega_c = 2\pi f_c$，f_c为截止频率，取 10kHz，代入公式可得：

$$H(jw) = \frac{j\omega/20\pi}{1 + j\omega/20\pi}$$

答案：B

7-4-2 解：对正弦交流电路的三要素在函数式和波形图表达式的关系分析可知：

$$U_m = 155.56\text{V}; \quad \psi_u = -90°; \quad \omega = 2\pi/T = 314\text{rad/s}$$

答案：B

7-4-3 解：在正弦交流电路中，分电压与总电压的大小符合相量关系，电感电压超前电流 90°，电容电流落后电流 90°。

式 2 应该为：$u_X = u_L + u_C$

式 4 应该为：$U^2 = U_R^2 + (U_L - U_C)^2$。

答案：A

7-4-4 解：根据题意可画出三相电路图（见解图），它是一个三角形接法的对称电路，各线电线I_A、I_B、I_C相同，即

$$I_A = I_B = I_C = I_{线} = \sqrt{3}I_{相}$$

$$I_{相} = \frac{U_{相}}{R} = \frac{220}{100} = 2.2\text{A}$$

$$I_{线} = \sqrt{3} \times 2.2 = 3.8\text{A}$$

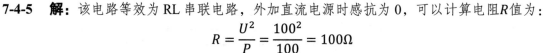

题 7-4-4 解图

答案：B

7-4-5 解：该电路等效为 RL 串联电路，外加直流电源时感抗为 0，可以计算电阻R值为：

$$R = \frac{U^2}{P} = \frac{100^2}{100} = 100\Omega$$

由$\cos\varphi = 0.4$，得$\varphi = \arccos 0.4 = 66.42°$，电路中电阻和感抗数值可以用三角形说明。$\tan\varphi = \frac{X_L}{R}$。则$X_L = R\tan\varphi = 100\tan 66.42° = 229\Omega$。

答案：B

7-4-6 解：交流电路中如果有储能元件 L、C 同时存在，且总电压与电流同相，则称"谐振"。RLC 串联电路谐振条件$X_L = X_C$，且$\begin{cases} X_L = \omega L \\ X_C = 1/(\omega C) \end{cases}$，可知选项 C 正确。

答案：C

7-4-7 解：用复数符号法分析。

$$\dot{U}_L = \frac{j\omega L}{R + j\omega L}\dot{U}_i = |U_L|\angle\psi_L$$

$$\psi_L = 90° - \arctan\frac{\omega L}{R} + \psi$$

答案：B

7-4-8　**解：**由图观察交流电的三要素。

最大值：$U_m = 10V$，有效值$U = 10/\sqrt{2} = 7.07V$

初相位：$\psi = \frac{5}{20} \times 360° = 90°$

角频率：$\omega = 2\pi f = 2\pi\frac{1}{T} = \frac{2\pi}{20 \times 10^{-3}} = 3.14rad/s$，符合题意。

　　答案： B

7-4-9　**解：**该题可以用复数符号法分析，画出电路的复电路模型如解图所示，计算如下：

$$\dot{U}_L = \frac{jX_L}{R + jX_L}\dot{U}_i$$

$$U_L = |\dot{U}_L| = \frac{|jX_L\dot{U}_i|}{|R + jX_L|}$$

$$= \frac{X_LU_i}{|R + jX_L|} = \frac{\omega LU_i}{|R + j\omega L|}$$

题 7-4-9 解图

　　答案： C

7-4-10　**解：**首先画出该电路的复数电路图如解图 a）所示，然后画相量图分析（见解图 b），可见，由于电参数未定，各相量之间的关系不定。

注意此题可以用"排除法"完成，分析会简单些。

　　答案： D

7-4-11　**解：**画相量图分析（见解图），电压表和电流表读数为有效值。

　　答案： D

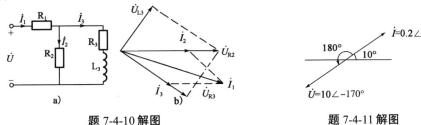

题 7-4-10 解图　　　　　　　　题 7-4-11 解图

7-4-12　**解：**交流电路中有功功率的计算公式：

$$P = UI\cos\varphi = \frac{141}{\sqrt{2}} \times \frac{14.1}{\sqrt{2}}\cos[-30° - (-60°)]$$

$$= 100 \times 10 \times \cos 30° = 866W$$

　　答案： B

7-4-13　**解：**正弦交流电压的瞬时值表达式：$u(t) = U_m\sin(\omega t + \varphi_u)$V。其中，$U_m$为最大值；$\omega$为角频率；$\varphi_u$为电压初相位。

　　答案： B

7-4-14　**解：**注意交流电路中电感元件感抗大小与电源频率成正比，$X_L = \omega L$；电容元件的容抗与电源的频率成反比，$X_C = \frac{1}{\omega C}$。当电源频率提高时，感抗增加，容抗减小。$X_C > X$电路显示容抗性质。

　　答案： B

7-4-15　**解：**该电路中，$\dot{I} = \dot{I}_C + \dot{I}_{RL}$，$\dot{U} = \dot{U}_R + \dot{U}_L$。画如图所示相量图。

　　答案： B

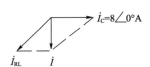

题 7-4-15 解图

7-4-16　**解：**在 RLC 串联电流中施加正弦交流电压时，各元件上电压有效值的关系为：$U^2 = U_R^2 + (U_L - U_C)^2 = V_1^2 + (V_2 - V_3)^2$，求解$V_3 = 11V$。

答案：D

7-4-17 解：在串联交流电路中，各元件的电流相等，由：

$$\frac{U}{U_2} = \frac{|Z + jX_L|}{|Z|} = \frac{\sqrt{40^2 + (30 + 10)^2}}{50}$$

知$U = 226V$。

答案：B

7-4-18 解：利用交流电流的节点电流关系判断：$\dot{I}_A = \dot{I}_{A1} + \dot{I}_{A2}$。

答案：B

7-4-19 解：电路消耗的功率为$P = UI\cos\varphi$。其中，$\cos\varphi$为电路的功率因数，$\varphi = \varphi_u - \varphi_i$。

答案：C

7-4-20 解：由电压电流的相位关系可知，该电路为纯电阻性电路，2、3 两部分电路处于谐振状态。因为$\omega L = \frac{1}{\omega C}$，$\omega = \frac{1}{\sqrt{LC}} = 10$，所以$L \cdot C = 0.01$，且$R = \frac{U}{I} = \frac{100}{10} = 10\Omega$。

答案：D

7-4-21 解：利用串联电流电压的复数关系$\dot{U} = \dot{U}_1 + \dot{U}_2$，然后将结果改写为瞬时电压表达式。

答案：A

7-4-22 解：负载的功率因素由负载的性质决定，通常电网电压不变，电源向用电设备提供的有功功率为$P = UI\cos\varphi$，$\cos\varphi$提高后供电电流减少，从而电源的视在功率（$S = UI$）减少。

答案：C

7-4-23 解：对称三相交流电路中，任何时刻三相电流之和为零。

答案：B

7-4-24 解：本题中BY相电源首尾线接错（应是B、Y点对调），使得B相电源反相 180°。电源U_{AY}有效值计算过程如下：根据相量图，$U_{AY} = |\dot{U}_{AX} + \dot{U}_{BY}| = 220V$。

答案：A

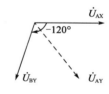

题 7-4-24 解图

7-4-25 解：三相星形连接的对称负载电压关系是$U_{线} = \sqrt{3}U_{相}$，由给定条件可知每相负载电压$U_{相} = 11 \times 20 = 220(V)$，则三相负载的线电压$U_{线} = \sqrt{3}U_{相} = \sqrt{3} \times 11 \times 20V$。

答案：D

7-4-26 解：RLC 串联电路阻抗$Z = R + j\left(\omega L - \frac{1}{wC}\right) = |Z|\angle\varphi$，则$\varphi = \arctan\left(\frac{\omega L - \frac{1}{\omega C}}{R}\right)$，其中$-90° < \varphi < 90°$。

感性电路：$0° < \varphi < 90°$，即$\omega L > \frac{1}{\omega C}$；谐振电路：$\varphi = 0°$，即$\omega L = \frac{1}{\omega C}$

只有电容C减小时才可以满足电路的谐振条件。

答案：B

7-4-27 解：通常电感线圈的等效电路是 R-L 串联电路。当线圈通入直流电时，电感线圈的感应电压为 0，可以计算线圈电阻为$R' = \frac{U}{I} = \frac{10}{1} = 10\Omega$。在交流电源作用下线圈的感应电压不为 0，要考虑线圈中感应电压的影响必须将电感线圈等效为 R-L 串联电路。因此，该电路的等效模型为：10Ω 电阻与电感 L 串联后再与传输线电阻 R 串联。

答案：B

7-4-28 解： 三相电炉电路的功率计算公式为 $P = \dfrac{3U_{相}^2}{R_{相}}$，其中 $U_{相} = \dfrac{U_{线}}{\sqrt{3}} = 220\text{V}$，则 $R_{相} = \dfrac{3U_{相}^2}{P} = 7.22\Omega$。

答案： B

7-4-29 解： 三相对称电路中电源的线、相电压关系是 $U_{线} = \sqrt{3}U_{相}$，每一相负载消耗的功率分别是 P'_Δ、P'_Y。其中，$P'_\Delta = \dfrac{U_{线}^2}{R}$，$P'_Y = \dfrac{U_{相}^2}{R} = \dfrac{\left(U_{线}/\sqrt{3}\right)^2}{R}$。则有 $\dfrac{P_\Delta}{P_Y} = 3$。

答案： A

7-4-30 解： 从用电安全的规范考虑，刀闸的刀柄和保险丝均应连接在负载方。

答案： A

7-4-31 解： 解答此题应首先了解设备插头的规范（见解图），其中 L 为电源火线，N 为电源中线。

答案： B

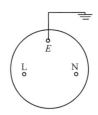

题 7-4-31 解图

7-4-32 解： 将事故状态下的实际电路整理为简单电路模型，电动机的机壳电位是电源的中点电位，接地电阻大约是 4Ω。

答案： B

7-4-33 解： 中性点接地的低压电力系统中，负载应采用接地保护。

答案： C

（五）电路的暂态过程

7-5-1 如图 a）所示电路的激励电压如图 b）所示，那么，从 $t = 0$ 时刻开始，电路出现暂态过程的次数和在换路时刻发生突变的量分别是：

    A. 3 次，电感电压   B. 4 次，电感电压和电容电流

    C. 3 次，电容电流   D. 4 次，电阻电压和电感电压

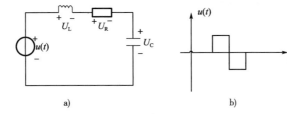

题 7-5-1 图

7-5-2 已知电路如图所示，设开关在 $t = 0$ 时刻断开，那么：

    A. 电流 i_C 从 0 逐渐增长，再逐渐衰减为 0

    B. 电压从 3V 逐渐衰减到 2V

    C. 电压从 2V 逐渐增长到 3V

    D. 时间常数 $\tau = 4C$

7-5-3 图示电路中，电容的初始能量为 0，设开关 S 在 $t = 0$ 时刻闭合，此后电路将发生过渡过程，那么，决定该过渡过程的时间常数 τ 为：

    A. $\tau = (R_1 + R_2)C$ B. $\tau = (R_1 /\!/ R_2)C$

    C. $\tau = R_2 C$ D. 与电路的外加激励 U_i 有关

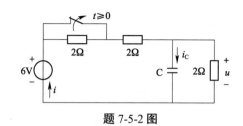
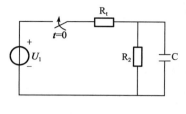

题 7-5-2 图   题 7-5-3 图

7-5-4 如图所示电路中，$R = 1\text{k}\Omega$，$C = 1\mu\text{F}$，$U_1 = 1\text{V}$，电容无初始储能，如果开关 S 在$t = 0$时刻闭合，则给出输出电压波形的是：

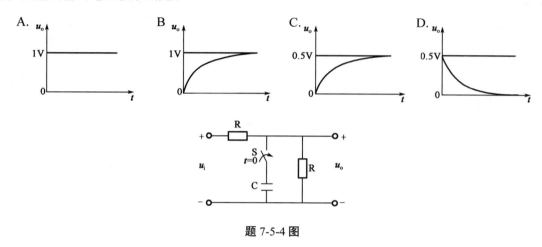

题 7-5-4 图

7-5-5 图 a）所示电路中，$R_1 = 500\Omega$，$R_2 = 500\Omega$，$L = 1\text{H}$，电路激励u_i如图 b）所示，如果用三要素法求解电压u_o，$t \geqslant 0$，则：

    A. $u_{\text{o}(1+)} = u_{\text{o}(1-)}$ B. $u_{\text{o}(1+)} = 0.5\text{V}$

    C. $u_{\text{o}(1+)} = 0\text{V}$ D. $u_{\text{o}(1+)} = I_{\text{L}(1-)}R_2$

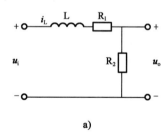
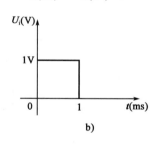

a)   b)

题 7-5-5 图

7-5-6 图示电路中，换路前$U_{\text{C}(0-)} = 0.2U_i$，$U_{\text{R}(0-)} = 0$，电路换路后$U_{\text{C}(0+)}$和$U_{\text{R}(0+)}$分别为：

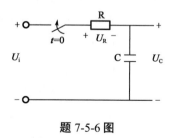

    A. $U_{\text{C}(0+)} = 0.2U_i$，$U_{\text{R}(0+)} = 0$

    B. $U_{\text{C}(0+)} = 02U_i$，$U_{\text{R}(0+)} = 0.2U_i$

    C. $U_{\text{C}(0-)} = 0.2U_i$，$U_{\text{R}(0+)} = 0.8U_i$

题 7-5-6 图

    D. $U_{\text{C}(0+)} = 0.2U_1$，$U_{\text{R}(0+)} = U_i$

7-5-7 电路如图 a）所示，$i_{\text{L}}(t)$的波形为图 b）中的哪个图所示？

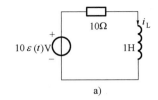

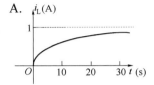
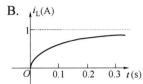
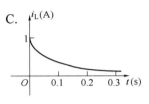
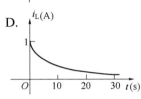

b)

题 7-5-7 图

7-5-8 在开关 S 闭合瞬间，图示电路中的 i_R、i_L、i_C 和 i 这四个量中，发生跃变的量是：

A. i_R 和 i_C 　　　　 B. i_C 和 i 　　　　 C. i_C 和 i_L 　　　　 D. i_R 和 i

7-5-9 电路如图所示，则电路的时间常数为：

A. $\dfrac{5}{16}$s 　　　　 B. $\dfrac{1}{3}$s 　　　　 C. 3s 　　　　 D. 2s

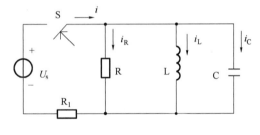
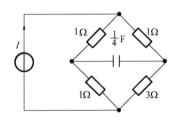

题 7-5-8 图　　　　　　　　题 7-5-9 图

7-5-10 电路如图所示，电容初始电压为零，开关在 $t=0$ 时闭合，则 $t \geq 0$ 时 $u(t)$ 为：

A. $(1-e^{-0.5t})$V 　　　　　　 B. $(1+e^{-0.5t})$V

C. $(1-e^{-2t})$V 　　　　　　 D. $(1+e^{-2t})$V

7-5-11 图示电路在 $t=0$ 时开关闭合，$t \geq 0$ 时 $u_C(t)$ 为：

A. $-100(1-e^{-100t})$V 　　　　　　 B. $(-50+50e^{-50t})$V

C. $-100e^{-100t}$V 　　　　　　 D. $-50(1-e^{-100t})$V

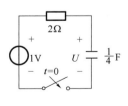
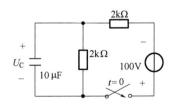

题 7-5-10 图　　　　　　　　题 7-5-11 图

7-5-12 图示电路在开关 S 闭合后的时间常数 τ 值为：

A. 0.1s 　　　　 B. 0.2s 　　　　 C. 0.3s 　　　　 D. 0.5s

7-5-13 图示电路当开关S在位置"1"时已达稳定状态。在$t=0$时刻将开关S瞬间合到位置"2"，则在$t>0$后电流i_C应：

A. 与图示方向相同且逐渐增大　　　B. 与图示方向相反且逐渐衰减到零

C. 与图示方向相同且逐渐减少　　　D. 与图示方向相同且逐渐衰减到零

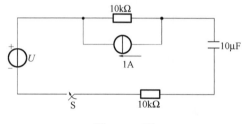

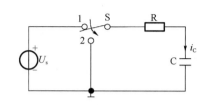

题 7-5-12 图　　　　　　　　　　　题 7-5-13 图

7-5-14 电路如图所示，当$t=0$时开关 S 闭合，开关 S 闭合前电路已处于稳态，电流$i(t)$在$t \geqslant 0$以后的变化规律是：

A. $4.5 - 0.5e^{-6.7t}(A)$

B. $4.5 - 4.5e^{-6.7t}(A)$

C. $3 + 0.5e^{-6.7t}(A)$

D. $4.5 - 0.5e^{-5t}(A)$

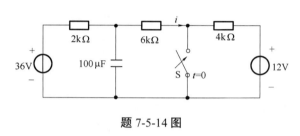

题 7-5-14 图

题解及参考答案

7-5-1 **解：** 在有储能原件存在的电路中，电感电流和电容电压不能跃变。本电路的输入电压发生了三次跃变。在图示的 RLC 串联电路中，因为电感电流不改变，电阻的电流、电压和电容的电流不会发生跃变。

答案： A

7-5-2 **解：** 开关未动作前，$u = U_{C(0-)}$

在直流稳态电路中，电容为开路状态时，

$$U_{C(0-)} = \frac{1}{2} \times 6 = 3V$$

电源充电进入新的稳压时，

$$U_{C(\infty)} = \frac{1}{3} \times 6 = 2V$$

因此换路电容电压逐步衰减到2V。

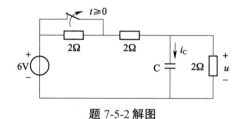

题 7-5-2 解图

答案： B

7-5-3 **解：** RC 一阶电路的时间常数为：$\tau = R \cdot C$，$R = R_1 /\!/ R_2$，$\tau = (R_1 /\!/ R_2) \cdot C$。

答案： B

7-5-4 **解：** 电容无初始储能，即$U_{C(0-)} = 0$。由换路定则可知

$$U_{C(0+)} = U_{C(0-)} = 0V$$

开关闭合后，经过一定时间，电路重新进入稳态，电容开路

$$U_o = U_{C(\infty)} = U_i \frac{R}{R+R} = \frac{1}{2}U_i = 0.5V$$

根据初始值$U_{C(0+)}$和稳态值$U_{C(\infty)}$，即可判断。

答案： C

7-5-5 **解：** 根据$u_o = R_2 i_L$，我们用一阶暂态电路的三要素公式先来分析电感电流$i_{L(t)}$的关系。

$$i_{L(t)} = I_{L(\infty)} + \left[I_{L(t_0^+)} - I_{L(\infty)}\right]e^{-\frac{1}{\tau}}$$

当$0 < t < 1$ms时

$$I_{L(0_+)} = I_{L(0_-)} = \frac{0}{R_1 + R_2} = 0A$$

$$I_{L(\infty)} = \frac{1}{2 \times 500} = 0.001A$$

$$\tau = \frac{L}{(R_1 + R_2)} = 1/2 \times 500 = 1\text{ms}$$

$$i_{L(\tau)} = 0.001 - 0.001 \times e^{-1000t} \qquad (0 \leq t < 1)$$

$$U_{o(1+)} = I_{L(1+)} \times R_2 = (0.001 - 0.001e^{-1}) \times 500 = 0.316V$$

所以选项B、C、D错误。

$$U_{o(1+)} = I_{L(1+)}R_2 = I_{L(1-)}R_2 = U_{o(1-)}$$

答案： A

7-5-6 **解：** 根据换路定则

$$U_{C(0+)} = U_{C(0-)} = 0.2U_1$$

$$U_{R(0+)} = U_i - U_{C(0+)} = 0.8U_1$$

答案： C

7-5-7 **解：** 电路为RL一阶暂态电路，电感电流$i_L(t)$可用下述公式计算：
$i_L(t) = I_{L(\infty)} + \left(I_{L(0+)} - I_{L(\infty)}\right)e^{-t/\tau}$，其中，$I_{L(0+)} = I_{L(0-)} = 0A$，$I_{L(\infty)} = 1A$，$\tau = \frac{L}{R} = 0.1s$。
因此，$i_L(t) = 1 - e^{-10t}$(A)，绘制波形与选项B一致。

答案： B

7-5-8 **解：** 含有储能元件的电路，电容电压和电感电流受换路定则控制，不会发生跃变。其余各个电压、电流是否发生跃变由基尔霍夫定律决定，可能发生跃变，也可能不发生跃变。由u_c不跃变可知u_R、i_R不跃变，且i_L不跃变。

答案： B

7-5-9 **解：** R-C电路暂态分析的时间常数公式为$\tau = RC$。计算等效电阻R时，应先取消独立电流源的作用（断开），然后分析电路C两端点间的并联电阻。电阻$R = (1+1)//(1+3) = \frac{4}{3}\Omega$，则$\tau = \frac{4}{3} \times \frac{1}{4} = \frac{1}{3}s$。

答案： B

7-5-10 **解：** 该电路为线性一阶电路，电压依据下述公式计算：$u(t) = U_{(\infty)} + \left(U_{(0+)} - U_{(\infty)}\right)e^{-t/\tau}$，其中，$U_{(0+)} = U_{(0-)} = 0V$，$U_{(\infty)} = 1V$，$\tau = RC = 0.5s$。因此，$u(t) = 1 - e^{-2t}$(V)。

答案： C

7-5-11 **解：** 与上题分析方法类似，$u_C(t) = U_{C(\infty)} + \left(U_{C(0+)} - U_{C(\infty)}\right)e^{-t/\tau}$，其中，$U_{C(0+)} = U_{C(0-)} = 0V$，$U_{C(\infty)} = -100 \times \frac{1}{2+2} = -50V$，$\tau = RC = 10 \times (2//2) \times 10^{-6+3} = 10\text{ms}$。因此，$u_C(t) = -50(1 - e^{-100t})$(V)。

答案： D

7-5-12 解： RC 暂态电路时间常数公式 $\tau = RC$，去掉独立电源后的电路模型如解图所示。$\tau = (10 + 10) \times 10 \times 10^{3-6} = 0.2s$。

答案： B

7-5-13 解： 开关由 1 合到 2 的瞬间：$I_{C(0+)} = -\dfrac{U_{C(0+)}}{R} = -\dfrac{U_s}{R}$，开关继续在 2 位，达到稳态时：$I_{(\infty)} = 0$ 电流的变化过程见解图。

答案： B

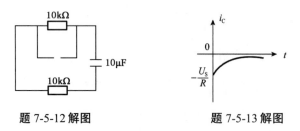

题 7-5-12 解图　　　　题 7-5-13 解图

7-5-14 解： 利用一阶暂态电路公式计算：$I_{(t)} = I_{(\infty)} + \left[I_{(t0+)} - I_{(\infty)}\right]e^{-t/\tau}$。

答案： A

（六）变压器、电动机及继电接触控制

7-6-1 三相五线供电机制下，单相负载 A 的外壳引出线应：

　A. 保护接地　　　B. 保护接中　　　C. 悬空　　　D. 保护接 PE 线

7-6-2 若希望实现三相异步电动机的向上向下平滑调速，则应采用：

　A. 串转子电阻调速方案　　　　　B. 串定子电阻调速方案

　C. 调频调速方案　　　　　　　　D. 变磁极对数调速方案

7-6-3 为实现对电动机的过载保护，除了将热继电器的热元件串接在电动机的供电电路中外，还应将其：

　A. 常开触点串接在控制电路中　　B. 常闭触点串接在控制电路中

　C. 常开触点串接在主电路中　　　D. 常闭触点串接在主电路中

7-6-4 在电动机的继电接触控制电路中，具有短路保护、过载保护、欠压保护和行程保护，其中，需要同时接在主电路和控制电路中的保护电器是：

　A. 热继电器和行程开关　　　　　B. 熔断器和行程开关

　C. 接触器和行程开关　　　　　　D. 接触器和热继电器

7-6-5 在信号源（u_s，R_s）和电阻 R_L 之间插入一个理想变压器，如图所示，若电压表和电流表的读数分别为 100V 和 2A，则信号源供出电流的有效值为：

　A. 0.4A　　　　　　　　　　　B. 10A

　C. 0.28A　　　　　　　　　　D. 7.07A

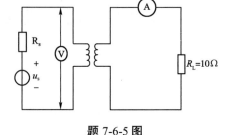

题 7-6-5 图

7-6-6 三相异步电动机的工作效率与功率因素随负载的变化规律是：

　A. 空载时，工作效率为 0，负载越大功率越高

　B. 空载时，功率因素较小，接近满负荷时达到最大值

　C. 功率因素与电动机的结构和参数有关，和负载无关

　D. 负载越大，功率因素越大

7-6-7 实际变压器工作时：

　　A. 存在铁损，不存在铜损　　　　　　　B. 存在铜损，不存在铁损

　　C. 铁损、铜损均存在　　　　　　　　　D. 铁损、铜损均不存在

7-6-8 在电动机的断电接触控制电路中，实现零压保护的电器是：

　　A. 停止按钮　　　　　　　　　　　　　B. 热继电器

　　C. 时间继电器　　　　　　　　　　　　D. 交流接触器

7-6-9 图示变压器为理想变压器，且 $N_1 = 100$ 匝，若希望 $I_1 = 1A$ 时，$P_{R2} = 40W$，则 N_2 应为：

　　A. 50 匝　　　　　　B. 200 匝　　　　　　C. 25 匝　　　　　　D. 400 匝

7-6-10 如果把图示电路中的变压器视为理想器件，则当 $U_1 = 110\sqrt{2}\sin(\omega t)\,V$ 时，有：

　　A. $U_2 = \dfrac{N_1}{N_2}U_1$　　　　B. $I_2 = \dfrac{N_1}{N_2}I_1$　　　　C. $P_2 = \dfrac{N_1}{N_2}P_1$　　　　D. 以上均不成立

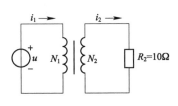　　　　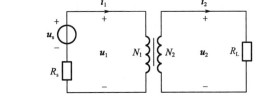

　　　　　　题 7-6-9 图　　　　　　　　　　　　　　题 7-6-10 图

7-6-11 有一台 6kW 的三相异步电动机，其额定运行转速为 1480r/min，额定电压为 380V，全压启动转矩是额定运行转矩的 1.2 倍，现采用 △-Y 启动以降低其启动电流，此时的启动转矩为：

　　A. 15.49N·m　　　　B. 26.82N·m　　　　C. 38.7N·m　　　　D. 46.44N·m

7-6-12 图示电路中，$u_1 = 220\sqrt{2}\sin(ax)$，变压器视为理想的，$\dfrac{N_1}{N_2} = 2$，$R_2 = R_1$，则输出电压与输入电压的有效值之比 $\dfrac{U_1}{U_2}$ 为：

　　A. 1/4　　　　　　B. 1　　　　　　C. 4　　　　　　D. 1/2

7-6-13 额定转速为 1450r/min 的三相异步电动机，空载运行时转差率为：

　　A. $s = \dfrac{1500-1450}{1500} = 0.033$　　　　　　B. $s = \dfrac{1500-1450}{1450} = 0.035$

　　C. $0.033 < s < 0.035$　　　　　　　　　　D. $s < 0.033$

7-6-14 图示变压器，一次额定电压 $U_{1N} = 220V$，一次额定电流 $I_{1N} = 11A$，二次额定电压 $U_{2N} = 600V$。该变压器二次额定值 I_{2N} 约为：

　　A. 1A　　　　　　B. 4A　　　　　　C. 7A　　　　　　D. 11A

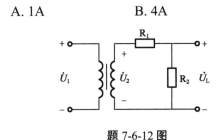　　　　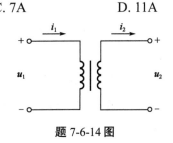

　　　　　　题 7-6-12 图　　　　　　　　　　　　　　题 7-6-14 图

7-6-15 三相交流异步电动机可带负载起动，也可空载起动，比较两种情况下，电动机的起动电流 I_{st} 的大小：

　　A. 有载>空载　　　　　　　　　　　　B. 有载<空载

　　C. 两种情况下起动电流值相同　　　　　D. 不好确定

7-6-16 有一容量为 10kV·A 的单相变压器，电压为3300/220V，变压器在额定状态下运行。在理想的情况下副边可接 40W、220V、功率因数$\cos\varphi = 0.44$的日光灯多少盏？

        A. 110   B. 200   C. 250   D. 125

7-6-17 某理想变压器的变化$k = 10$，其副边负载的电阻$R_L = 8\Omega$。若将此负载电阻折到原边，其阻值R'_L为：

        A. 80Ω B. 8Ω C. 0.8Ω D. 800Ω

7-6-18 三相异步电动机的转动方向由下列中哪个因素决定？

    A. 电源电压的大小   B. 电源频率

    C. 定子电流相序   D. 起动瞬间定转子相对位置

7-6-19 三相异步电动机的接线盒中有六个接线端，可以改变三相定子绕组的接线方法，某电动机铭牌上标有"额定电压380/220V，接法 Y-△"，其含义是下列中的哪一条？

    A. 当电源相电压为 220V 时，将定子绕组接成三角形；相电压为 380V 时，接成星形

    B. 当电源相电压为 220V，线电压为 380V 时，采用 Y-△换接

    C. 当电源线电压为 380V 时，将定子绕组接成星形；线电压为 220V 时，接成三角形

    D. 当电源线电压为 380V 时，将定子绕组接成三角形；线电压为 220V 时，接成星形

7-6-20 2.2kW 的异步电动机，运行于相电压为 220V 的三相电路。已知电动机效率为 81%，功率因数为 0.82，则电动机的额定电流为：

        A. 4A   B. 5A   C. 8.7A   D. 15A

7-6-21 设三相交流异步电动机的空载功率因数为λ_1，20%的额定负载时的功率因数为λ_2，满载时功率因数为λ_3，那么以下关系成立的是：

    A. $\lambda_1 > \lambda_2 > \lambda_3$ B. $\lambda_3 > \lambda_2 > \lambda_1$

    C. $\lambda_2 > \lambda_1 > \lambda_3$ D. $\lambda_3 > \lambda_1 > \lambda_2$

7-6-22 三相异步电动机空载起动与满载起动时的起动转矩关系是：

    A. 两者相等   B. 满载起动转矩

    C. 空载起动转矩大   D. 无法估计

7-6-23 针对三相异步电动机起动的特点，采用 Y-△换接起动可减小起动电流和起动转矩，下列中哪个说法是正确的？

    A. Y 连接的电动机采用 Y-△换接起动，起动电流和起动转矩都是直接起动的1/3

    B. Y 连接的电动机采用 Y-△换接起动，起动电流是直接起动的1/3，起动转矩是直接起动的$1/\sqrt{3}$

    C. △连接的电动机采用 Y-△换接起动，起动电流是直接起动的$1/\sqrt{3}$，起动转矩是直接起动的1/3

    D. △连接的电动机采用 Y-△换接起动，起动电流和起动转矩均是直接起动的1/3

7-6-24 三相异步电动机在额定负载下，欠压运行，定子电流将：

    A. 小于额定电流   B. 大于额定电流

    C. 等于额定电流   D. 不变

7-6-25 在继电器接触器控制电路中，自锁环节的功能是：

    A. 保证可靠停车

    B. 保证起动后持续运行

C. 兼有点动功能

D. 保证安全启动

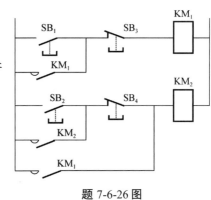

7-6-26 图示的控制电路中，SB为按钮，KM为接触器，若按动SB$_2$，试判断下列哪个结论正确？

A. 接触器KM$_2$通电动作后KM$_1$跟着动作

B. 只有接触器KM$_2$动作

C. 只有接触器KM$_1$动作

D. 以上答案都不对

题 7-6-26 图

7-6-27 能够实现用电设备连续工作的控制电路：

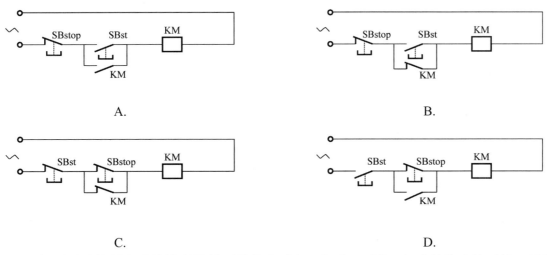

A.   B.

C.   D.

7-6-28 如图所示控制电路的错误接线不能使电动机M起动。要使M起动并能连续运转，且具备过载保护、失压保护、短路保护的功能，正确的接线是：

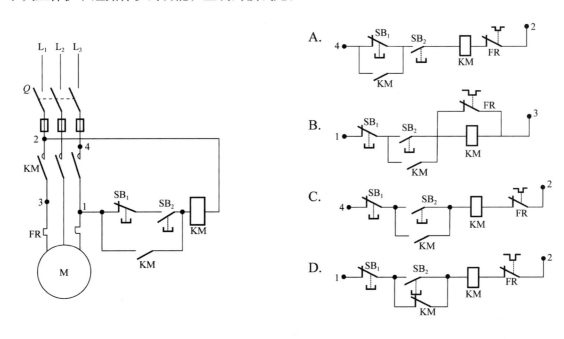

题 7-6-28 图

7-6-29 图示为两台电动机M$_1$、M$_2$的控制电路，两个交流接触器KM$_1$、KM$_2$的主常开触头分别接入M$_1$、M$_2$的主电路，该控制电路所起的作用是：

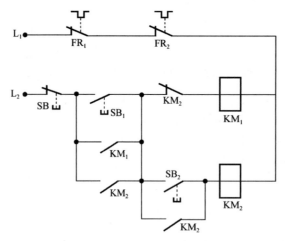

题 7-6-29 图

A. 必须M₁先起动，M₂才能起动，然后两机连续运转

B. M₁、M₂可同时起动，必须M₁先停机，M₂才能停机

C. 必须M₁先起动、M₂才能起动，M₂起动后，M₁自动停机

D. 必须M₂先起动，M₁才能起动，M₁起动后，M₂自动停机

题解及参考答案

7-6-1　**解**：三相五线制供电系统中单相负载的外壳引出线应该与"PE线"（保护零线）连接。

答案：D

7-6-2　**解**：三相交流异步电动机的转速关系公式为$n \approx n_0 = \frac{60f}{p}$，可以看到电动机的转速$n$取决于电源的频率$f$和电机的极对数$p$，要想实现平滑调速应该使用改变频率$f$的方法。

另外，电动机转子串电阻的方法调速只能用于向下平滑调速。只有选用调频调速的方法才能满足题目要求。

答案：C

7-6-3　**解**：实现对电动机的过载保护，除了将热继电器的热元件串联在电动机的主电路外，还应将热继电器的常闭触点串接在控制电路中。

当电机过载时，这个常闭触点断开，控制电路供电通路断开。

答案：B

7-6-4　**解**：在电动机的继电接触控制电路中，熔断器对电路实现短路保护，热继电器对电路实现过载保护，交流接触器起欠压保护的作用，需同时接在主电路和控制电路中；行程开关一般只连接在电机的控制回路中。

答案：D

7-6-5　**解**：理想变压器的内部损耗为零，$U_1 I_1 = U_2 I_2$，$U_2 = I_2 R_L$。

答案：A

7-6-6　**解**：三相交流电动机的功率因数和效率均与负载的大小有关，电动机接近空载时，功率因数和效率都较低，只有当电动机接近满载工作时，电动机的功率因数和效率才达到较大的数值。

答案：B

7-6-7　解： 变压器铁损（P_{Fe}）与铁芯磁通量的大小有关，磁通量中与电流电压成正比，与负载变化无关，而铜损（P_{Cu}）的大小与变压器工作用状态（I_1、I_2）的情况有关，变压器有载工作时两种损耗都存在。

答案： C

7-6-8　解： 在电动机的继电接触控制电路中，交流接触器具有零压保护作用，热继电器具有过载保护功能，停止按钮的作用是切断或接通电源。

答案： D

7-6-9　解： 如解图所示，根据理想变压器关系有

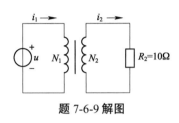

$$I_2 = \sqrt{\frac{P_2}{R_2}} = \sqrt{\frac{40}{10}} = 2\text{A}$$

$$K = \frac{I_2}{I_1} = 2$$

$$N_2 = \frac{N_1}{K} = \frac{100}{2} = 50 \text{ 匝}$$

题 7-6-9 解图

答案： A

7-6-10　解： 根据变压器基本关系式，得

$$k = \frac{N_1}{N_2} = \frac{U_1}{U_2} = \frac{I_2}{I_1}$$

可以写出

$$l_2 = l_1 \frac{N_1}{N_2}$$

答案： B

7-6-11　解： 电动机采用△-Y 起动时，电动机的起动转矩是额定力矩的 1/3，则三角形接法时额定转矩和起动转矩分别是

$$T_{\text{N}\triangle} = 9550 \times \frac{P_{\text{N}}}{n_{\text{N}}} = 9550 \times \frac{6}{1480} = 38.72\text{N} \cdot \text{m}$$

$$T_{\text{N}\triangle \text{st}} = 1.2 T_{\text{N}\triangle} = 46.46\text{N} \cdot \text{m}$$

当采用△-Y 起动时，起动转矩时

$$T_{\text{NYst}} = \frac{1}{3} T_{\text{N}\triangle \text{st}} = \frac{46.46}{3} = 15.49\text{N} \cdot \text{m}$$

答案： A

7-6-12　解： 根据变压器的变化关系，得

$$k = \frac{N_1}{N_2} = \frac{U_1}{U_2} = 2$$

$$\frac{U_{\text{L}}}{U_1} = \frac{U_{\text{L}}}{U_2} \cdot \frac{U_2}{U_1} = \frac{1}{2} \times \frac{1}{2} = \frac{1}{4}$$

答案： A

7-6-13　解： ①电动机的自然机械特性如解图所示。

电动机正常工作时转速运行在Ⓐ Ⓑ段。电动机空载转速接近Ⓐ点，当负载增加时转速下降。

②电动机的转差率公式为

$$s_{\text{N}} = \frac{n_0 - n_{\text{N}}}{n_0} \times 100\%$$

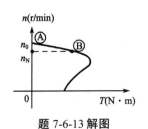

题 7-6-13 解图

通常s为 1%~9%，当电动机的额定转速$n_N = 1450r/min$时，可判定空载转速$n_0 = 1500r/min$。

因此$s_N = \frac{1500-1450}{1500} \times 100\% = 0.033 \times 100\% = 3.3\%$

电动机的空载转差率s_0小于额定转差率s_N。

答案： D

7-6-14 解： 该题可以按理想变压器分析（即变压器内部的损耗为 0），则

$$I_{1N}U_{1N} = I_{2N}U_{2N}$$

$$I_{2N} = \frac{U_{1N}I_{1N}}{U_{2N}} = \frac{220 \times 11}{600} = 4.03A \approx 4A$$

答案： B

7-6-15 解： 三相交流异步电动机的起动电流与定子电压和转子的电阻和电抗有关，与负载大小无关。

答案： C

7-6-16 解： 理想变压器原副边容量可以表示为$S_{1N} = S_{2N} = 10kV \cdot A$，又$P_{2N} = S_{2N} \times \cos\varphi = 4400W$，则接入日光灯盏数$n = \frac{P_{2N}}{40} = 110$盏。

答案： A

7-6-17 解： 理想变压器的原边折合电阻$R'_L = k^2 R_L$，其中k是变压器的变比。

答案： D

7-6-18 解： 三是异步电动机的转动方向由定子电流的相序决定。

答案： C

7-6-19 解： 电动机铭牌所标为电源线电压和对应定子绕组的接线方式。本题意为，对 380V 的电源电压，定子绕组为星形接法；对于 220V 电源电压，定子绕组为△形接法。

答案： C

7-6-20 解： 三相异步电动机属于对称性三相负载，额定功率指的是转子输出的机械功率P_{2N}，定子吸收的电源功率，因此电动机额定电流为$P_{1N} = \frac{P_{2N}}{\eta_N} = \sqrt{3}U_线 I_线 \cos\varphi_N$，则$I_{1N} = I_线 = \frac{P_{2N}/\eta_N}{\sqrt{3}U_线 \cos\varphi_N} = 5A$。

答案： B

7-6-21 解： 三相交流异步电动机的空载功率因数较小，为 0.2~0.3，随着负载的增加，功率因数增加，当电机达到满载时功率因数最大，可以达到 0.9 以上。

答案： B

7-6-22 解： 三相异步电动机的起动力矩由定子电源、转子电阻等参数决定，与负载无关。

答案： A

7-6-23 解： 正常运行时为三角形接法的电动机，在起动时暂时接成星形，电动机的起动电流和起动转矩将为正常接法时的1/3。

答案： D

7-6-24 解： 三相异步电动机在额定负载时输入定子的功率确定，根据$P \propto UI$关系，当电压下降时，定子电流增加到大于额定的定子电流。

答案： B

7-6-25 解： 继电接触控制电路中自锁环节的功能是利用电器自身的接触点接通，保持接触器线圈

的通电状态。

答案： B

7-6-26　解： 控制电路图中各个控制电器的符号均为电器未动作时的状态。当有启动按钮按下时，相关电器通电动作，各个控制触点顺序动作。读图可见，按下 SB$_2$ 后 KM$_2$ 线圈通电，同时 KM$_2$ 常开触点闭合，保持 KM$_2$ 的通电状态。

答案： B

7-6-27　解： 控制电路图中所有控制元件均是未工作的状态，同一电器用同一符号注明。要保持电气设备连续工作必须有自锁环节。

选项 B 图的自锁环节使用了 KM 接触器的常闭触点，选项 C 图、D 图中的停止按钮 SBstop 两端不能并入 KM 接触器的常闭触点或常开触点，因此选项 B、C、D 图都是错误的。

选项 A 图的电路符合设备连续工作的要求：按启动按钮 SBst（动合）后，接触器 KM 线圈通电，KM 常开触点闭合（实现自锁）；按停止按钮 SBstop（动断）后，接触器 KM 线圈断电，用电设备停止工作。可见四个选项中选项 A 图符合电气设备连续工作的要求。

答案： A

7-6-28　解： 电动机连续运行的要求之一是有正确的自锁环节，并且控制电路能正常供电。SB$_1$ 为停止按钮，SB$_2$ 是启动按钮。

答案： C

7-6-29　解： 分析本题时注意线圈 KM 通电，表示电机的主回路接通电机运转，注意各开关的制约关系。其中 FR$_1$ 和 FR$_2$ 是两台电机的保护环节。按下开关 SB$_1$ 后 KM$_1$ 线圈通电，同时 KM$_1$ 的常开触点闭合后，再按下 SB$_2$ 按钮，KM$_2$ 线圈方可通电，这时 KM$_2$ 常闭触点打开，KM$_1$ 失电。

答案： C

（七）二极管及其应用

7-7-1　电路如图所示，D 为理想二极管，$u_i = 6\sin(\omega t)\,\text{V}$，则输出电压的最大值 U_{oM} 为：

　　A. 6V　　　　　　B. 3V　　　　　　C. −3V　　　　　　D. −6V

7-7-2　图示电路中，若输入电压 $u_i = 10\sin(\omega t + 30°)\,\text{V}$，则输出直电压数值 U_L 为：

　　A. 3.18V　　　　　B. 5V　　　　　　C. 6.36V　　　　　D. 10V

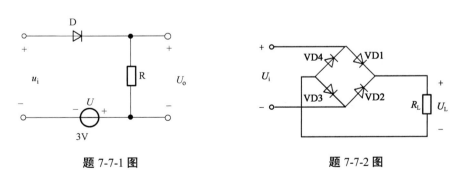

题 7-7-1 图　　　　　　　　　　　　题 7-7-2 图

7-7-3　全波整流、滤波电路如图所示，如果输入信号 $u_i = 10\sin(\omega t + 30°)\,\text{V}$，则开关 S 闭合前输出端有直流电压 u_o 为：

　　A. 0V　　　　　　B. 7.64V　　　　　C. 10V　　　　　　D. 12V

7-7-4 图示电路中，设 VD 为理想二极管，输入电压u_i按正弦规律变化，则在输入电压的负半周，输出电压为：

A. $u_o = u_i$ B. $u_o = 0$

C. $u_o = -u_i$ D. $u_o = \frac{1}{2}u_i$

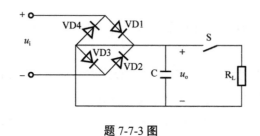

题 7-7-3 图   题 7-7-4 图

7-7-5 半导体二极管的正向伏安（V-A）特性是一条：

A. 过坐标轴零点的直线

B. 过坐标轴零点，I随U按指数规律变化的曲线

C. 正向电压超过某一数值后才有电流的直线

D. 正向电压超过某一数值后I随U按指数规律变化的曲线

7-7-6 如果把一个小功率二极管直接同一个电源电压为 1.5V、内阻为零的电池实行正向连接，电路如图所示，则后果是该管：

A. 击穿   B. 电流为零

C. 电流正常   D. 电流过大使管子烧坏

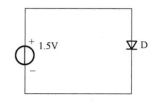

题 7-7-6 图

7-7-7 在图示的二极管电路中，设二极管 D 是理想的（正向电压为 0V，反向电流为 0A），且电压表内阻为无限大，则电压表的读数为：

A. 15V   B. 3V   C. −18V   D. −15V

7-7-8 图示电路中，A点和B点的电位分别是：

A. 2V，−1V   B. −2V，1V

C. 2V，1V   D. 1V，2V

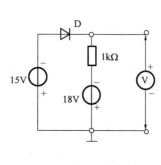

题 7-7-7 图   题 7-7-8 图

7-7-9 单相桥式整流电路如图 a）所示，变压器副边电压U_2的波形如图 b）所示，设 4 个二极管均为理想元件，则二极管D_1两端的电压u_{D1}的波形是图 c）中哪个图所示？

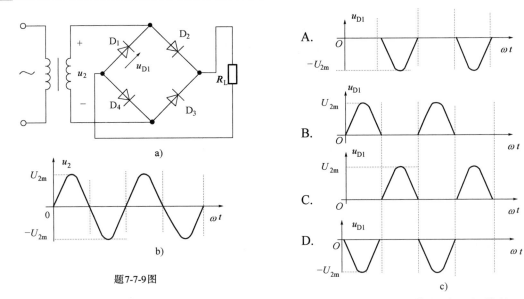

题 7-7-9 图

7-7-10 图示的桥式整流电路中，已知$u_i = 100 \sin(\omega t)V$，$R_i = 1k\Omega$，若忽略二极管的正压降和反相电流，负载电阻$R_L$两端的电压平均值和电流平均值分别为：

A. 90V，90mA

B. 50V，100mA

C. 100V，100mA

D. 63.64V，63.64mA

7-7-11 稳压管电路如图所示，稳压管D_{Z1}的稳定电压$U_{Z1} = 12V$，D_{Z2}的稳定电压为$U_{Z2} = 6V$，则电压U_o等于：

A. 12V   B. 20V   C. 6V   D. 18V

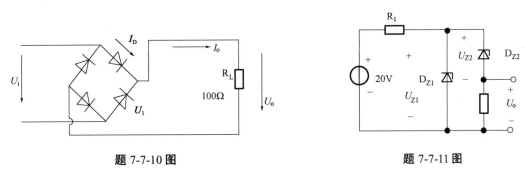

题 7-7-10 图   题 7-7-11 图

7-7-12 整流滤波电路如图所示，已知$U_1 = 30V$，$U_o = 12V$，$R = 2k\Omega$，$R_L = 4k\Omega$，稳压管的稳定电流$I_{Zmin} = 5mA$与$I_{Zmax} = 18mA$。通过稳压管的电流和通过二极管的平均电流分别是：

A. 5mA，2.5mA

B. 8mA，8mA

C. 6mA，2.5mA

D. 6mA，4.5mA

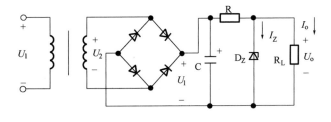

题 7-7-12 图

题解及参考答案

7-7-1 **解：** 分析二极管电路的方法，是先将二极管视为断路，判断二极管的端部电压。如果二极管处于正向偏置状态，可将二极管视为短路；如果二极管处于反向偏置状态，可将二极管视为断路。简化后含有二极管的电路已经成为线性电路，用线性电路理论分析可得结果。

　　答案： B

7-7-2 **解：** 该电路为桥式整流电路：$U_L = 0.9U_i = 0.9 \times \dfrac{10}{\sqrt{2}} = 6.36\text{V}$。

其中，U_L 为输出电压平均值，U_i 为输入交流电压有效值。

　　答案： C

7-7-3 **解：** 该电路为全波整流电容滤波电路，当开关 S 闭合前输出端有直流电压 u_o 与输入交流电压 u_i 的有效值 U_i 关系为

$$U_o = \sqrt{2}U_i$$

因此

$$U_o = \sqrt{2} \times \frac{10}{\sqrt{2}} = 10\text{V}$$

　　答案： C

7-7-4 **解：** 分析理想二极管电路的电压电流关系时，通常的做法是首先设二极管截止，然后判断二极管的偏置电压。如二极管是正向偏置，可以按二极管短路分析；如果二极管是反偏的，则将二极管用断路模型代替。

此题中，$u_i < 0$，则二极管反向偏置，将其断开，则横向连接的电阻 R 上无压降，$u_o = u_i$。

　　答案： A

7-7-5 **解：** 二极管是非线性元件，伏安特性如解图所示。由于半导体性质决定当外辊正向电压高于某一数值（死区电压 U_{on}）以后，电流随电压按指数规律变化。因此，只有选项 D 正确。

　　答案： D

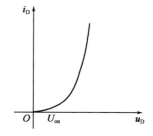

7-7-6 **解：** 由半导体二极管的单向导电性可知，正常工作时硅材料二极管的正向导通电压是 0.7V，锗材料二极管的导通电压是 0.3V，此题中二极管有 1.5V 的电压，将引起过大的工作电流使二极管损坏。

　　答案： D

题 7-7-5 解图

7-7-7 **解：** 分析理想二极管电路时通常的做法是，首先假设二极管截止，计算二极管阳极和阴极电位，确定二极管偏置后，用等效的电路模型置换（开路或短路）。此题中的二极管判断结果为导通状态。

　　答案： D

7-7-8 **解：** 参考上题做法，判断二极管为开路状态，求二极管两端电位，$V_R = 6 \times \dfrac{10}{10+50} = 1\text{V}$，$V_A = 6 \times \dfrac{5}{5+25} + 10 \times \dfrac{2}{18+2} = 2\text{V}$，则 $V_A > V_B$，二极管截止，所以上述计算与假设一致。

　　答案： C

7-7-9 **解：** 桥式整流电路中的四个二极管是两两交替工作的，当二极管导通时，其两端电压为 0。

分析此题时，需要注意处于截止状态的二极管的电压大小及其方向。

　　　　答案：B

7-7-10　**解**：复习二极管整流电路的电压、电流关系，公式：$U_o = 0.9U_i$，其中 U_o 是直流电压有效值，U_i 是交流电压有效值。

　　　　答案：D

7-7-11　**解**：经分析可知，图中两个稳压管在 20V 直流电源作用下，均工作在反向击穿状态，$U_{Z1} = 12V$，$U_{Z2} = 6V$，$U_o = U_{Z1} - U_{Z2}$。

　　　　答案：C

7-7-12　**解**：该电路为直流稳压电源电路。对于输出的直流信号，电容在电路中可视为断路。桥式整流电路中的二极管通过的电流平均值是电阻 R 中通过电流的一半。

$$I_R = \frac{U_I - U_o}{R} = \frac{30 - 12}{2} = 9mA，\quad I_o = \frac{U_o}{R_L} = 3mA，\text{则} I_Z = I_R - I_o = 6mA，\text{流过二极管的电流} I_D = I_R/2 = 4.5mA。$$

　　　　答案：D

（八）三极管及其基本放大电路

7-8-1　某晶体管放大电路的空载放大倍数 $A_k = -80$、输入电阻 $r_i = 1k\Omega$ 和输出电阻 $r_o = 3k\Omega$，将信号源 $[u_s = 10\sin(\omega t)\,mV，R_s = 1k\Omega]$ 和负载（$R_L = 5k\Omega$）接于该放大电路之后（见图），负载电压 u_o 将为：

　　A. $-0.8\sin(\omega t)V$　　　　　　　　　　B. $-0.5\sin(\omega t)V$

　　C. $-0.4\sin(\omega t)V$　　　　　　　　　　D. $-0.25\sin(\omega t)V$

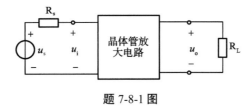

题 7-8-1 图

7-8-2　将放大倍数为 1，输入电阻为 100Ω，输出电阻为 50Ω 的射极输出器插接在信号源（u_s，R_s）与负载（R_L）之间，形成图 b）电路，与图 a）电路相比，负载电压的有效值：

　　A. $U_{L2} > U_{L1}$　　　　　　　　　　　B. $U_{L2} = U_{L1}$

　　C. $U_{L2} < U_{L1}$　　　　　　　　　　　D. 因为 u_s 未知，不能确定 U_{L1} 和 U_{L2} 之间的关系

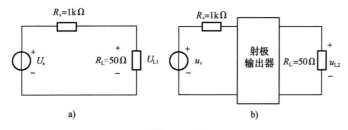

题 7-8-2 图

7-8-3　晶体管单管放大电路如图所示，当晶体管工作于线性区时，晶体管的输入电阻为 R_{be}，那么，该放大电路的输入电阻为：

A. R_{be}

B. $R_{B1} /\!/ R_{B2} /\!/ R_{be}$

C. $R_{B1} /\!/ R_{B2} /\!/ (R_E + R_{be})$

D. $R_{B1} /\!/ R_{B2} /\!/ [R_E + (1 + \beta)R_{be}]$

7-8-4　晶体管单管放大电路如图 a）所示时，其中电阻R_B可调，当输入U_i、输出U_o的波形如图 b）所示，输出波形：

A. 出现了饱和失真，应调大R_B

B. 出现了饱和失真，应调小R_B

C. 出现了截止失真，应调大R_B

D. 出现了截止失真，应调小R_B

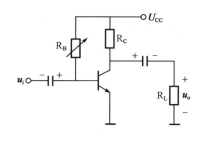

题 7-8-3 图

7-8-5　图示单管放大电路中，设晶体工作于线性区，此时，该电路的电压放大倍数为：

A. $A_u = \dfrac{\beta R_C}{r_{be}}$

B. $A_u = \dfrac{\beta R_C}{r_{be} /\!/ R_B}$

C. $A_u = \dfrac{-\beta (R_C /\!/ R_L)}{r_{be}}$

D. $A_u = \dfrac{\beta (R_C /\!/ R_L)}{r_{be} /\!/ R_B}$

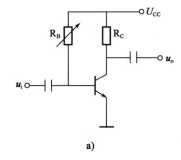

a)

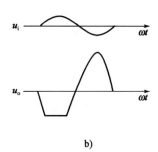

b)

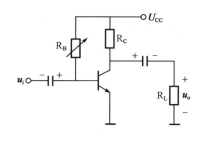

题 7-8-4 图

题 7-8-5 图

7-8-6　如图所示电路中，$R_1 = 50\text{k}\Omega$，$R_2 = 10\text{k}\Omega$，$R_E = 1\text{k}\Omega$，$R_C = 5\text{k}\Omega$，晶体管的$\beta = 60$，静态$U_{BE} = 0.7\text{V}$。静态基极电流I_B等于：

A. 0.0152mA　　　　B. 0.0213mA　　　　C. 0.0286mA　　　　D. 0.0328mA

7-8-7　晶体管非门电路如图所示，已知$U_{CC} = 15\text{V}$，$U_B = -9\text{V}$，$R_C = 3\text{k}\Omega$，$R_B = 20\text{k}\Omega$，$\beta = 40$，当输入电压$U_1 = 5\text{V}$时，要使晶体管饱和导通，R_X值不得大于多少？

（设$U_{BE} = 0.7\text{V}$，集电极和发射极之间的饱和电压$U_{CES} = 0.3\text{V}$）

A. 7.1kΩ　　　　B. 35kΩ　　　　C. 3.55kΩ　　　　D. 17.5kΩ

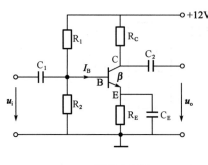

题 7-8-6 图

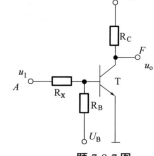

题 7-8-7 图

7-8-8　图中的晶体管均为硅管，测量的静态电位如图所示，处于放大状态的晶体管是哪个图所示？

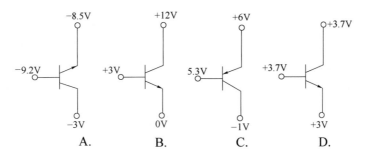

A.　　　　B.　　　　C.　　　　D.

7-8-9 图示电路中的晶体管，当输入信号为 3V 时，工作状态是：

A. 饱和　　　　B. 截止　　　　C. 放大　　　　D. 不确定

7-8-10 图示为共发射极单管电压放大电路（$U_{BE} = 0.7V$），估算静态工作点 I_B、I_C、V_{CE} 分别为：

A. 56.5μA，2.26mA，5.22V　　　　B. 57μA，2.8mA，8V

C. 57μA，4mA，0V　　　　D. 30μA，2.8mA，3.5V

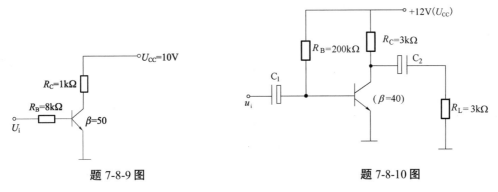

题 7-8-9 图　　　　题 7-8-10 图

7-8-11 如上题图所示，晶体管输入电阻 $r_{be} = 1.25kΩ$，放大器的输入电阻 R_i、输出电阻 R_o 和电压放大倍数 A_u 分别为：

A. 200kΩ，3kΩ，47.5 倍　　　　B. 1.25kΩ，3kΩ，47.5 倍

C. 1.25kΩ，3kΩ，−47.5 倍　　　　D. 1.25kΩ，1.5kΩ，−47.5 倍

7-8-12 下列电路中能实现交流放大的是哪个图所示？

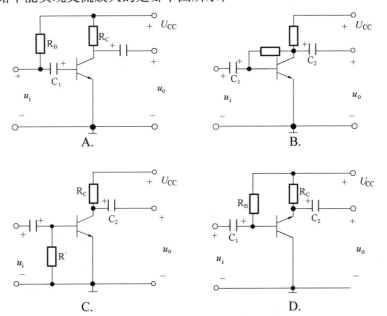

A.　　　　B.

C.　　　　D.

7-8-13 分压偏置单管放大电路如图所示，图中发射极旁路电容 C_E 因损坏而断开，则该电路的电压

放大倍数将：

    A. 增大　　　　　　B. 减小　　　　　　C. 不变　　　　　　D. 无法判断

7-8-14 共集电极放大电路如图所示，三极管的输入电阻R_{be}和电流放大倍数β为已知数，该放大器的电压放大倍数表达式为：

A. $-\dfrac{\beta(R_E /\!/ R_L)}{R_{be}}$　　　　　　　B. $\dfrac{(1+\beta)R_E}{R_{be}+(1+\beta)R_E}$

C. $\dfrac{(1+\beta)(R_E /\!/ R_L)}{R_{be}}$　　　　　　　D. $\dfrac{(1+\beta)(R_E /\!/ R_L)}{R_{be}+(1+\beta)(R_E /\!/ R_L)}$

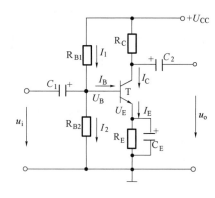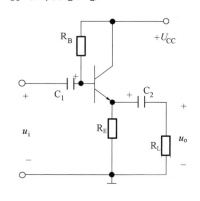

题 7-8-13 图　　　　　　　　　题 7-8-14 图

题解及参考答案

7-8-1　解： 首先应清楚放大电路中输入电阻和输出电阻的概念，然后将放大电路的输入端等效成一个输入电阻，输出端等效成一个等效电压源，如解图所示，最后用电路理论计算可得结果。

    其中：$u_i = \dfrac{r_i}{R_s+r_i}u_s$；$u_{os}=A_k u_i$；$u_o=\dfrac{R_L}{r_o+R_L}u_{os}$。

    答案： D

7-8-2　解： 理解放大电路输入电阻和输出电阻的概念，利用其等效电路计算可得结果。

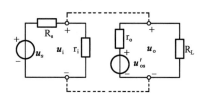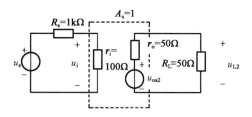

题 7-8-1 解图　　　　　　　　　题 7-8-2 解图

图 a）：$U_{L1}=\dfrac{R_L}{R_s+R_L}U_s=\dfrac{50}{1000+50}U_s=\dfrac{U_s}{21}$

图 b）：等效电路图（见解图）

$u_i=\dfrac{r_i \cdot u_s}{r_i+R_s}=\dfrac{u_s}{11}$，$u_{os2}=A_u u_i=\dfrac{u_s}{11}$，$u_{L2}=\dfrac{R_L}{R_L+r_o}u_{os2}=\dfrac{u_s}{22}$，

所以取有效值后$U_{os2}=\dfrac{U_s}{22}$，$U_{L2}<U_{L1}$。

    答案： C

7-8-3　解： 画出放大电路的微变等效电路如解图所示。

    可见该电路的输入电阻为：$r_i=R_{be} /\!/ R_{B1} /\!/ R_{B2}$。

    答案： B

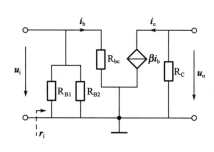

题 7-8-3 解图

7-8-4　解： 根据放大电路的输出特征曲线分析可知，该反相放大电路出现了饱和失真，原因是静态工作点对应的基极电流 I_{BQ} 过大，可以通过加大 R_B 电阻的数值来调整。

答案： A

7-8-5　解： 该电路为固定偏置放在电路，放大倍数为 $A_u = \dfrac{-\beta(R_C /\!/ R_L)}{\gamma_{be}}$。

答案： C

7-8-6　解： 根据放大电路的直流通道分析，直流通道如解图所示。

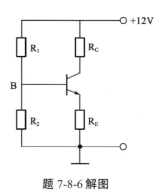

$$U_B = \frac{R_2}{R_1 + R_2} \times 12 = \frac{10}{50 + 10} \times 12 = 2V$$

$$I_E = \frac{U_B - U_{BE}}{R_E} = \frac{2 - 0.7}{1} = 1.3mA$$

$$I_B = \frac{I_E}{1 + \beta} = \frac{1.3}{61} = 0.0213mA$$

题 7-8-6 解图

答案： B

7-8-7　解： 晶体管非门电路必须工作在饱和或截止状态。根据晶体三极管工作状态的判断条件，当晶体管处于饱和状态时，基极电流与集电极电流的关系是：

$$I_B > I_{BS} = \frac{1}{\beta} I_{CS} = \frac{1}{\beta}\left(\frac{U_{CC} - U_{CES}}{R_C}\right), \quad I_B = \frac{U_1 - U_{BE}}{R_X} - \frac{U_{BE} - U_B}{R_B}$$

答案： A

7-8-8　解： 判断三极管是否工作在放大状态的依据共有两点：发射结正偏，集电结反偏。对于 NPN 型三极管来说，基极电位高于发射极电位（硅材料管的电压 U_{BE} 大约为 0.7V，锗材料管的电压 U_{BE} 大约为 0.3V），集电极电位高于基极电位。对于 PNP 型三极管来说，基极电位低于发射极电位，集电极电位低于基极电位。

答案： C

7-8-9　解： 由图计算 $I_B = \frac{U_i - U_{BE}}{R_B} = 0.288A$（实际值），$I_{Bmax} = \frac{I_{Cmax}}{\beta} \approx \frac{V_{CC}}{R_C \beta} 0.2A$（最大值），可见 $I_B > I_{Bmax}$，三极管处于饱和状态。

答案： A

7-8-10　解： 根据等效的直流通道计算，在直流等效电路中电容断路，$I_B = \frac{V_{CC} - V_{BE}}{R_B}$；$I_C = \beta I_B$；$U_{CE} = V_{CC} - I_C R_C$。

答案： A

7-8-11　解： 根据微变等效电路计算，见解图，在微变等效电路中电容短路，$R_i = R_B /\!/ r_{be}$；$R_o = R_C$；$A_u = -\dfrac{\beta(R_C /\!/ R_L)}{r_{be}}$。

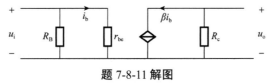

题 7-8-11 解图

答案： C

7-8-12　解： 分析交流放大器的结构图主要有两步：首先判断晶体管是否工作在放大区；然后检查交流信号是否畅通地到达输出端。对于放大中频信号的交流放大器来讲，电容元件在直流通道中等效为断路，对中频交流信号电容可以视为短路。A 图输入端电容 C_1，将直流偏置电流 I_B 阻断；C 图缺少

R_B偏置电阻；D 图中晶体管集电极和发射极管脚接错了。

答案： B

7-8-13 解： 图示分压偏置放大电路的电压放大倍数公式，当没有电容作用时：

$$A_u = \frac{-\beta R_C}{R_{be} + (1+\beta)R_E}$$

如果接入电容 C：$A_u = \frac{-\beta R_C}{R_{bc}}$

说明：放大器的耦合电容在交流信号源作用下可作为短路。

答案： B

7-8-14 解： 根据放大电路的微变等效电路分析，电压放大倍数 $A_u = \frac{(1+\beta)R_L'}{r_{be}+(1+\beta)R_L'}$；$R'_L = R_E /\!/ R_L$。

答案： D

（九）集成运算放大器

7-9-1 将运算放大器直接用于两信号的比较，如图 a）所示，其中，$u_a = -1V$，u_a 的波形由图 b）给出，则输出电压 u_o 等于：

A. u_a　　　　　　B. $-u_a$　　　　　　C. 正的饱和值　　　D. 负的饱和值

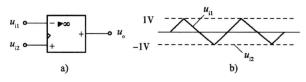

题 7-9-1 图

7-9-2 运算放大器应用电路如图所示，在运算放大器线性工作区，输出电压与输入电压之间的运算关系是：

A. $u_o = -\frac{1}{R_1 C} \int u_i \mathrm{d}t$ 　　　　　　B. $u_o = \frac{1}{R_1 C} \int u_i \mathrm{d}t$

C. $u_o = -\frac{1}{(R_1+R_2)C} \int u_i \mathrm{d}t$ 　　　　　　D. $u_o = \frac{1}{(R_1+R_2)C} \int u_i \mathrm{d}t$

7-9-3 运算放大器应用电路如图所示，在运算放大器线性工作区，输出电压与输入电压之间的运算的关系是：

A. $u_o = 10(u_1 - u_2)$ 　　　　　　B. $u_o = 10(u_2 - u_1)$

C. $u_o = -10u_1 + 11u_2$ 　　　　　　D. $u_o = 10u_1 - 11u_2$

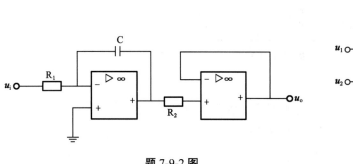

题 7-9-2 图

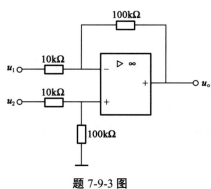

题 7-9-3 图

7-9-4　运算放大器应用电路如图所示，在运算放大器线性工作区，输出电压与输入电压之间的运算关系是：

A. $u_o = -10u_i$　　　B. $u_o = 10u_i$　　　C. $u_o = 11u_i$　　　D. $u_o = +5.5u_i$

7-9-5　图示电路中，输出电压U_o与输入电压U_{i1}、U_{i2}的关系式为：

A. $\dfrac{R_F}{R_f}(U_{i1} + U_{i2})$　　　　　　　B. $\left(1 + \dfrac{R_F}{R_f}\right)(U_{i1} + U_{i2})$

C. $\dfrac{R_F}{2R_f}(U_{i1} + U_{i2})$　　　　　　　D. $\dfrac{1}{2}\left(1 + \dfrac{R_F}{R_f}\right)(U_{i1} + U_{i2})$

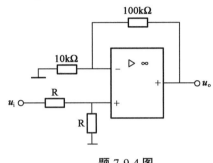　　　　　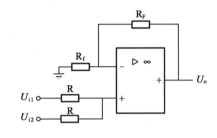

题 7-9-4 图　　　　　　　　　　　题 7-9-5 图

7-9-6　图示电路中，运算放大器输出电压的极限值$\pm U_{oM}$，输入电压$u_i = U_m \sin \omega t$，现将信号电压u_i从电路的"A"端送入，电路的"B"端接地，得到输出电压u_{o1}。而将信号电压u_i从电路的"B"端输入，电路的"A"接地，得到输出电压u_{o2}。则以下正确的是：

A. 图 a）　　　　B. 图 b）　　　　C. 图 c）　　　　D. 图 d）

题 7-9-6 图

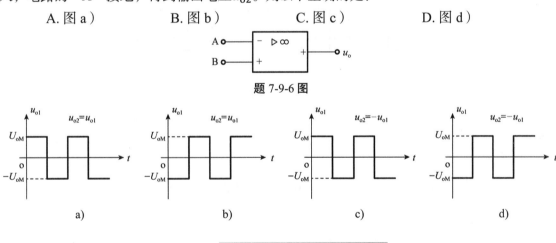

a)　　　　　　　b)　　　　　　　c)　　　　　　　d)

题解及参考答案

7-9-1　**解：**该电路是电压比较电路。当反向输入信号u_{i1}大于基准信号u_{i2}时，输出为负的饱和值；当反向输入信号u_{i1}小于基准信号u_{i2}时，输出为正的饱和值。

答案： D

7-9-2　**解：**该题为两级放大电路，第一级为积分器，$u_{o1} = -\dfrac{1}{R_1 C} \int u_i \mathrm{d}t$，第二级是电压跟随电路$u_o = u_{o1}$，因此$u_o = -\dfrac{1}{R_1 C} \int u_i \mathrm{d}t$。

答案： A

7-9-3　**解：**

$$u_o = u_{o1} + u_{o2} = -\frac{100}{10}u_1 + \left(\frac{10+100}{10}\right)\frac{100}{10+100}, \quad u_2 = -10u_1 + \frac{110}{10} \times \frac{100}{110}u_2 = -10(u_1 - u_2)$$

答案：B

7-9-4 解：该电路是同相比例放大电路，分析时注意同相端电阻的作用。

$$u_+ = \frac{R}{R+R}u_i = \frac{1}{2}u_i$$

$$u_o = \left(1+\frac{100}{10}\right)\frac{R}{R+R}u_i = 11\times\frac{1}{2}u_i = 5.5u_i$$

答案：D

7-9-5 解：因为
$$U_o = \left(1+\frac{R_F}{R_f}\right)u_+$$

$$U_+ = \frac{R}{R+R}u_{i1} + \frac{R}{R+R}u_{i2} = \frac{1}{2}(u_{i1}+u_{i2})$$

所以
$$U_o = \left(1+\frac{R_F}{R_f}\right)\frac{u_{i1}+u_{i2}}{2}$$

答案：D

7-9-6 解：本电路属于运算放大器非线性应用，是一个电压比较电路。A 点是反相输入端，B 点是同相输入端。当 B 点电位高于 A 点电位时，输出电压有正的最大值U_{oM}。当 B 点电位低于 A 点电位时，输出电压有负的最大值$-U_{oM}$。

解图 a）、b）表示输出端u_{o1}和u_{o2}的波形正确关系。

选项 D 的u_{o1}波形分析正确，并且$u_{o1} = -u_{o2}$，符合题意。

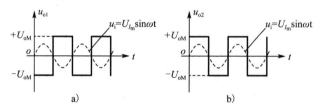

题 7-9-6 解图

答案：D

（十）数字电路

7-10-1 D 触发器的应用电路如图所示，设输出 Q 的初值为 0，那么，在时钟脉冲cp的作用下，输出 Q 为：

A. 1

B. cp

C. 脉冲信号，频率为时钟脉冲频率的1/2

D. 0

7-10-2 由 JK 触发器组成的应用电器如图所示，设触发器的初值都为 0，经分析可知是一个：

A. 同步二进制加法计数器　　　　B. 同步四进制加法计数器

C. 同步三进制加法计数器　　　　D. 同步三进制减法计数器

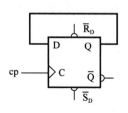

题 7-10-1 图

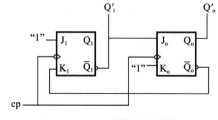

题 7-10-2 图

7-10-3 数字信号 B=1 时，图示两种基本门的输出分别为：

A. $F_1 = A$，$F_2 = 1$

B. $F_1 = 1$，$F_2 = A$

C. $F_1 = 1$，$F_2 = 0$

D. $F_1 = 0$，$F_2 = A$

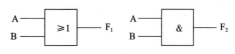

题 7-10-3 图

7-10-4 JK 触发器及其输入信号波形图如图所示，该触发器的初值为 0，则它的输出 Q 为：

A.

B.

C.

D.

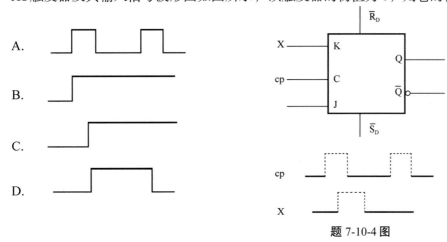

题 7-10-4 图

7-10-5 如图所示电路中，Q_1、Q_0 的原始状态为"1 1"，当送入两个脉冲后的新状态为：

A. "0 0"　　　　B. "0 1"　　　　C. "1 1"　　　　D. "1 0"

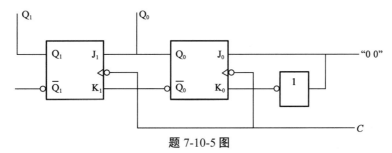

题 7-10-5 图

7-10-6 图示电路具有：

A. 保持功能　　　B. 置"0"功能　　　C. 置"1"功能　　　D. 计数功能

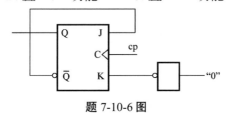

题 7-10-6 图

7-10-7 逻辑图和输入 A、B 的波形如图所示，分析当输出 F 为"1"时刻应是：

A. t_1　　　　B. t_2　　　　C. t_3　　　　D. t_4

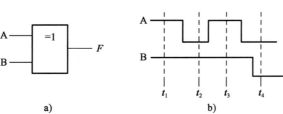

a)　　　　　b)

题 7-10-7 图

7-10-8 图示电路中，二极管视为理想元件，即正向电压降为零，反向电阻为无穷大。三极管的 $\beta = 100$。输入信号 U_A、U_B 的高电平是 3.5V（逻辑 1），低电平是 0.3V（逻辑 0），若该电路的输出电压 U_o 高电平时定为逻辑 1，如图所示电路应为：

A. 与门   B. 与非门

C. 或门   D. 或非门

7-10-9 图为三个二极管和电阻 R 组成一个基本逻辑门电路，输入二极管的高电平和低电平分别是 3V 和 0V，电路的逻辑关系式是：

A. $Y = ABC$ B. $Y = A + B + C$

C. $Y = AB + C$ D. $Y = (A + B)C$

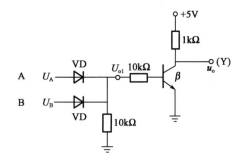 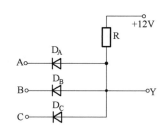

题 7-10-8 图   题 7-10-9 图

7-10-10 现有一个三输入端与非门，需要把它用作反相器（非门），请问图示电路中哪种接法正确？

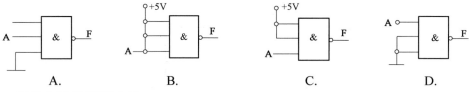

A.   B.   C.   D.

7-10-11 图示电路的逻辑式是：

A. $Y = AB(\overline{A} + \overline{B})$ B. $Y = A\overline{B} + \overline{A}B$

C. $Y = (A + B)\overline{A}\,\overline{B}$ D. $Y = AB + \overline{A}\,\overline{B}$

7-10-12 逻辑电路如图所示，A="1" 时，C 脉冲来到后，D 触发器应：

A. 具有计数器功能   B. 置 "0"

C. 置 "1"   D. 无法确定

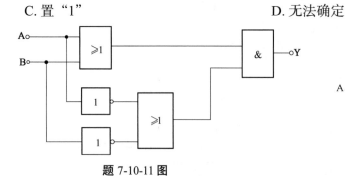 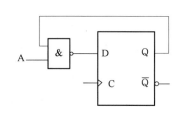

题 7-10-11 图   题 7-10-12 图

7-10-13 D 触发器组成的电路如图 a）所示。设 Q_1、Q_2 的初始态是 0、0，已知 cp 脉冲波形，Q_2 的波形是图 b）中哪个图形？

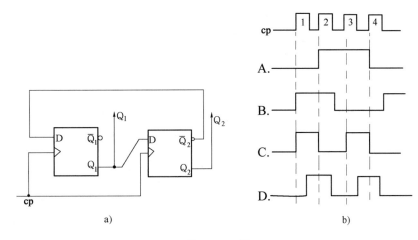

题 7-10-13 图

7-10-14 由两个主从型 JK 触发器组成的逻辑电路如图 a）所示，设 Q_1、Q_2 的初始态是 0、0，已知输入信号 A 和脉冲信号 cp 的波形，如图 b）所示，当第二个 cp 脉冲作用后，Q_1、Q_2 将变为：

A. 1、1   B. 1、0

C. 0、1   D. 保持 0、0 不变

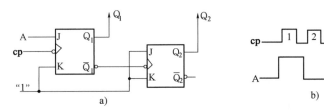

题 7-10-14 图

7-10-15 逻辑电路如图所示，A=“0”时，C 脉冲来到后，JK 触发器应：

A. 具有计数功能   B. 置“0”

C. 置“1”   D. 保持不变

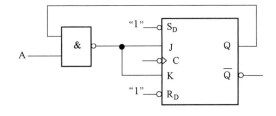

题 7-10-15 图

题解及参考答案

7-10-1 解： 该电路是 D 触发器，这种连接方法构成保持状态：$Q_{n+1} = D = Q_n$。

答案： D

7-10-2 解： 本题为两个 JK 触发器构成的时序逻辑电路。时钟信号同时接在两个触发器上，为同步触发方式。初始状态，$Q_1 = Q_0 = 0$，时序分析见解表。

cp	Q_1	Q_0	$J_1 = 1$	$K_1 = \overline{Q_0}$	$J_0 = \overline{Q_1}$	$K_0 = 1$	$Q_1' = \overline{Q_1}$	$Q_0' = Q_0$
0	0	0	1	1	1	1	1	0
1	1	1	1	0	0	1	0	1
2	1	0	1	1	0	1	0	0
3	0	0	1	1	1	1	1	0

可见三个时钟后完成一次循环，顺序为 $\boxed{10} \rightarrow \boxed{01} \rightarrow \boxed{00}$ ，即电路为三进制减法计数器。

答案： D

7-10-3 解： 左边电路是或门 $F_1 = A + B$，右边电路是与门 $F_2 = A \cdot B$。根据逻辑电路的基本关系即可得到答案 B。

答案： B

7-10-4 解： 图示电路是电位触发的 JK 触发器。当 cp 在上升沿时，触发器取输入信号 JK。触发器的状态由 JK 触发器的功能表（略）确定。

答案： B

7-10-5 解： 该电路为时序逻辑电路，具有移位、存储功能，两个脉冲过后的新状态为 $Q_1Q_0 = 00$。

答案： A

7-10-6 解： JK 触发器的功能表分析，该电路 $K = 1$，$J = \overline{Q}$。

当 $Q = 0$，$\overline{Q} = 1 = J$ 时，输出端 Q 的下一个状态为 1；当 $Q = 1$，$\overline{Q} = 0 = J$ 时，输出端 Q 的状态为 0，即 $Q_{n+1} = \overline{Q_n}$，所以该电路有计数功能。

答案： D

7-10-7 解： 该电路为异或门电路，逻辑关系为

$$F = A\overline{B} + \overline{A}B$$

当 $t = t_2$ 时，A=0，B=1，F=1，其余时刻 F 均为 0。

答案： B

7-10-8 解： 当 U_A 或 U_B 中有高电位时，u_{o1} 输出高电位，u_{o1} 与 U_A、U_B 符合或门逻辑电路。u_o 与 u_{o1} 的电位关系符合非门逻辑，因此，该电路的输出与输入之间有或非逻辑。电位分析见解表 1 和解表 2。

题 7-10-8 解表 1

U_A	U_B	U_o
0.3V	0.3V	5V
0.3V	3.5V	0.3V
3.5V	0.3V	0.3V
3.5V	3.5V	0.3V

题 7-10-8 解表 2

A	B	Y
0	0	1
0	1	0
1	0	0
1	1	0

答案： D

7-10-9 解： 首先确定在不同输入电压下三个二极管的工作状态，依此确定输出端的电位 U_Y；然后判断各电位之间的逻辑关系，当点电位高于 2.4V 时视为逻辑状态"1"，电位低于 0.4V 时视为逻辑"0"状态。该电路输入信号 A、B、C 与输入端 Y 的电位有与逻辑关系，Y=ABC。

答案：A

7-10-10 解：处于悬空状态的逻辑输入端可以按逻辑"1"处理，接地为"0"状态，$F_A = \overline{1 \cdot A \cdot 0} = 1$；B图输入端接线错误；$F_C = \overline{1 \cdot 1 \cdot A} = \overline{A}$；$F_D = \overline{A \cdot 0 \cdot 0} = 1$。

答案：C

7-10-11 解：用逻辑代数分析并化简。$Y = (A + B) \cdot (\overline{A} + \overline{B}) = A\overline{A} + B\overline{A} + A\overline{B} + B\overline{B} = \overline{A}B + A\overline{B}$。

答案：B

7-10-12 解：复习D触发器的关系$Q_{n+1} = D_n$。本题，当A="1"时，$D = \overline{Q}$，因此$Q_{n+1} = \overline{Q_n}$为计数状态。

答案：A

7-10-13 解：从时钟输入端的符号可见，该触发器同步触发，且为正边沿触发方式。即：当时钟信号由低电平上升为高电平时刻，输出端的状态可能发生改变，变化的逻辑结果由触发器的逻辑表决定。

答案：A

7-10-14 解：该触发器为负边沿触发方式，即当时钟信号由高电平下降为低电平时刻输出端的状态可能发生改变。

答案：C

7-10-15 解：复习JK触发器的功能表，当A="0"时，$J = K = 1$，$Q_{n+1} = \overline{Q_n}$为计数状态。

答案：A

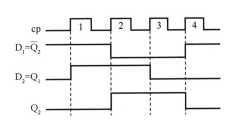

题 7-10-13 解图

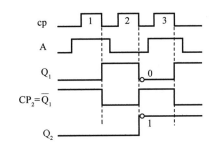

题 7-10-14 解图

第八章　信号与信息技术

复习指导

目前，信号与信息技术快速发展，内容涉及面广，主要包括计算机基础知识、电路电子技术、信息通信技术等。但是，具体来讲，该部分内容正是目前工程技术人员在工作中经常用到的知识。复习的重点是信息技术应用的系统化、规范化。

根据"考试大纲"的要求，本次复习应该注意以下几项内容：

1. 信息、消息与信号的概念

信息、消息和信号之间的关系，是借助于信号形式，传送信息，使受信者从所得到的消息中获取信息。

2. 信号的分类

要搞清楚信号的概念：什么是确定性信号和随机信号、连续信号和离散信号，特别要搞清楚模拟信号和数字信号形式上的不同，并区别它们的不同表示方法。

3. 模拟信号的描述

在信号分析中不仅可以从时域考虑问题，而且还可以从频域考虑问题。在复习本部分内容时，一般是以正弦函数为基本信号，分析常用的周期和非周期信号的一些基本特性以及信号在系统中的传输问题。抓住基本概念，即周期信号频谱的离散性、谐波性和收敛性。

频谱分析是模拟信号分析的重要方法，也是模拟信号处理的基础，在工程中有着重要的应用。

要了解模拟信号滤波、模拟信号变换、模拟信号识别的知识。

数字电子信号的处理采用了与模拟信号不同的方式，电子器件的工作状态也不同。数字电路的工作信号是二值信号，要用它来表示数并进行数的运算，就必须采取二进制形式表示。复习内容主要包括：

（1）了解数字信号的数制和代码，掌握几种常用进制表示，数制转换、数字信号的常用代码。

（2）搞清楚算术运算和逻辑运算的特点和区别，逻辑函数化简处理后能突显其内在的逻辑关系，通常还可以使硬件电路结构简单。

（3）了解数字信号的符号信息处理方法，数字信号的存储技术，模拟信号与数字信号的互换知识。

数字信号是信息的编码形式，可以用电子电路或电子计算机方便、快速地对它进行传输、存储和处理。因此，将模拟信号转换为数字信号，或者说用数字信号对模拟信号进行编码，从而将模拟信号问题转化为数字信号问题加以处理，是现代信息技术中的重要内容。

练习题、题解及参考答案

（一）基本概念

8-1-1 设周期信号$u(t)$的幅值频谱如图所示，则该信号：

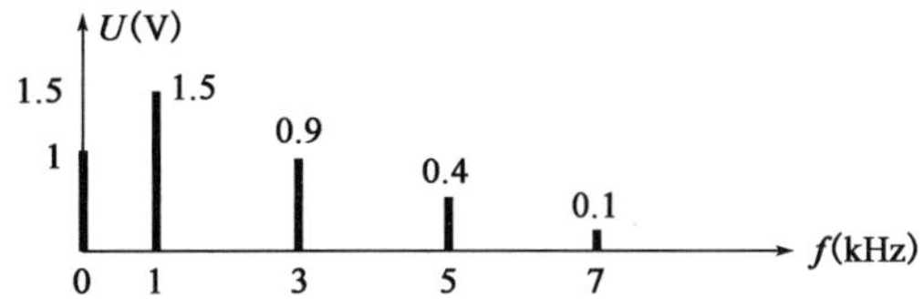

A. 是一个离散时间信号

B. 是一个连续时间信号

C. 在任意瞬间均取正值

D. 最大瞬时值为 1.5V

题 8-1-1 图

8-1-2 信息可以以编码的方式载入：

A. 数字信号之中　　　　　　　　B. 模拟信号之中

C. 离散信号之中　　　　　　　　D. 采样保持信号之中

8-1-3 某电压信号随时间变化的波形图如图所示，该信号应归类于：

A. 周期信号　　　B. 数字信号　　　C. 离散信号　　　D. 连续时间信号

题 8-1-3 图

8-1-4 非周期信号的幅度频谱是：

A. 连续的　　　　　　　　　　　B. 离散的，谱线正负对称排列

C. 跳变的　　　　　　　　　　　D. 离散的，谱线均匀排列

8-1-5 图 a）所示电压信号波形经电路 A 变换成图 b）波形，再经电路 B 变换成图 c）波形，那么，电路 A 和电路 B 应依次选用：

A. 低通滤波器和高通滤波器

B. 高通滤波器和低通滤波器

C. 低通滤波器和带通滤波器

D. 高通滤波器和带通滤波器

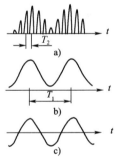

题 8-1-5 图

8-1-6 以下几种说法中正确的是：

A. 滤波器会改变正弦波信号的频率

B. 滤波器会改变正弦波信号的波形形状

C. 滤波器会改变非正弦周期信号的频率

D. 滤波器会改变非正弦周期信号的波形形状

8-1-7 在如下关系信号和信息的说法中，正确的是：

A. 信息含于信号之中

B. 信号含于信息之中

C. 信息是一种特殊的信号

D. 同一信息只能承载在一种信号之中

8-1-8 信息与消息和信号意义不同，但三者又是互相关联的概念，信息指受信者预先不知道的新内容。下列对于信息的描述正确的是：

337

A. 信号用来表示信息的物理形式，消息是运载消息的工具

B. 信息用来表示消息的物理形式，信号是运载消息的工具

C. 消息用来表示信号的物理形式，信息是运载消息的工具

D. 消息用来表示信息的物理形式，信号是运载消息的工具

8-1-9 信号、信息和媒体三者的关系可以比喻为：

A. 信息是货，信号是路，媒体是车　　　B. 信息是车，信号是货，媒体是路

C. 信息是货，信号是车，媒体是路　　　D. 信息是路，信号是车，媒体是货

题解及参考答案

8-1-1　解： 周期信号的幅值频谱是离散且收敛的。这个周期信号一定是时间上的连续信号。

答案： B

8-1-2　解： 信息通常是以编码的方式载入数字信号中的。

答案： A

8-1-3　解： 图示电压信号是连续的时间信号，在各个时间点的数值确定；对其他的周期信号、数字信号、离散信号的定义均不符合。

答案： D

8-1-4　解： 根据对模拟信号的频谱分析可知：周期信号的频谱是离散的，非周期信号的频谱是连续的。

答案： A

8-1-5　解： 该电路是利用滤波技术进行信号处理，从图 a）到图 b）经过了低通滤波，从图 b）到图 c）利用了高通滤波技术（消去了直流分量）。

答案： A

8-1-6　解： 滤波器是频率筛选器，通常根据信号的频率不同进行处理。它不改变正弦波信号的形状，而是通过正弦波信号的频率来识别，保留有用信号，滤除干扰信号。而非正弦周期信号可以分解为多个不同频率正弦波信号的合成，它的频率特性是收敛的。对非正弦周期信号滤波时要保留基波和低频部分的信号，滤除高频部分的信号。这样做虽然不会改变原信号的频率，但是滤除高频分量以后会影响非正弦周期信号波形的形状。

答案： D

8-1-7　解： "信息"指的是人们通过感官接收到的关于客观事物的变化情况；"信号"是信息的表示形式，是传递信息的工具，如声、光、电等。信息是存在于信号之中的。

答案： A

8-1-8　解： 必须了解信息、消息和信号的意义。信息是指受信者预先不知道的新内容；消息是表示信息的物理形式（如声音、文字、图像等）；信号是运载消息的工具（如声、光、电）。

答案： D

8-1-9　解： 信息是抽象的，信号是物理的。信息必须以信号为载体，才能通过物理媒体进行传输和处理。所以，信号是载体，信息是内容，媒体是传输介质。

答案： C

（二）数字信号与信息

8-2-1 七段显示器的各段符号如图所示，那么，字母"E"的共阴极七段显示
器的显示码 abcdefg 应该是：

A. 1001111   B. 0110000

C. 10110111   D. 10001001

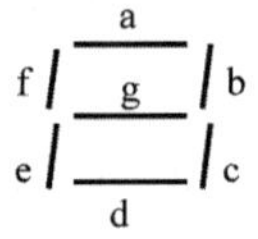

题 8-2-1 图

8-2-2 已知数字信号 A 和数字信号 B 的波形如图所示，则数字信号 F= $\overline{A+B}$
的波形为：

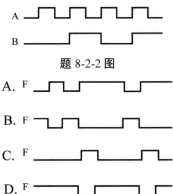

题 8-2-2 图

A. F

B. F

C. F

D. F

8-2-3 由图示数字逻辑信号的波形可知，三者的函数关系是：

A. $F = \overline{A}\,\overline{B}$ B. $F = \overline{A+B}$

C. $F = AB + \overline{A}\,\overline{B}$ D. $F = \overline{A}B + A\overline{B}$

8-2-4 数字信号如图所示，如果用其表示数值，那么，该数字信号表示的数量是：

A. 3 个 0 和 3 个 1   B. 一万零一十一   C. 3   D. 19

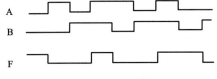

题 8-2-3 图   题 8-2-4 图

8-2-5 用传感器对某管道中流动的液体流量$x(t)$进行测量，测量结果为$u(t)$，用采样器对$u(t)$采
样后得到信号$u^*(t)$，那么：

     A. $x(t)$和$u(t)$均随时间连续变化，因此均是模拟信号

     B. $u^*(t)$仅在采样点上有定义，因此是离散信号

     C. $u^*(t)$仅在采样点上有定义，因此是数字信号

     D. $u^*(t)$是$x(t)$的模拟信号

8-2-6 模拟信号$u(t)$的波形图如图所示，它的时间域描述形式是：

     A. $u(t) = 2(1 - e^{-10t}) \cdot 1(t)$

     B. $u(t) = 2(1 - e^{-0.1t}) \cdot 1(t)$

     C. $u(t) = [2(1 - e^{-10t}) - 2] \cdot 1(t)$

     D. $u(t) = 2(1 - e^{-10t}) \cdot 1(t) - 2 \cdot 1(t-2)$

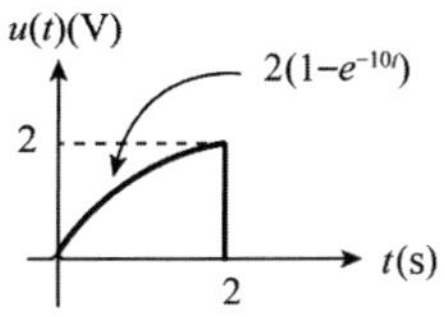

题 8-2-6 图

8-2-7 模拟信号放大器是完成对输入模拟量：

     A. 幅度的放大   B. 频率的放大

C. 幅度和频率的放大　　　　　　　　D. 低频成分的放大

8-2-8 对逻辑表达式$AC + DC + \overline{A}\,\overline{D}C$的化简结果是：

A. C　　　　　　B. A+D+C　　　　　　C. AC+DC　　　　　　D. $\overline{A} + \overline{C}$

8-2-9 某逻辑问题的真值表如表所示，由此可以得到，该逻辑问题的输入输出之间的关系为：

题 8-2-9 表

C	A	B	F
0	0	0	0
0	0	1	0
0	1	0	0
0	1	1	0
1	0	0	1
1	0	1	1
1	1	0	0
1	1	1	1

A. $F = 0 + 1 = 1$　　　　　　　　　　B. $F = \overline{A}\,\overline{B}C + ABC$

C. $F = A\overline{B}C + ABC$　　　　　　　D. $F = \overline{A}\,\overline{B} + AB$

8-2-10 逻辑函数$F = f(A, B, C)$的真值表如下，由此可知：

题 8-2-10 表

A	B	C	F
0	0	0	0
0	0	1	0
0	1	0	0
0	1	1	1
1	0	0	0
1	0	1	0
1	1	0	1
1	1	1	1

A. $F = BC + AB + \overline{A}\,\overline{B}C + B\overline{C}$　　　　　B. $F = \overline{A}\,\overline{B}\,\overline{C} + AB\overline{C} + AC + ABC$

C. $F = AB + BC + AC$　　　　　　　　　D. $F = \overline{A}BC + AB\overline{C} + ABC$

8-2-11 下述信号中哪一种属于时间信号？

A. 数字信号　　　　　　　　　　　B. 模拟信号

C. 数字信号和模拟信号　　　　　　D. 数字信号和采样信号

8-2-12 模拟信号是：

A. 从对象发出的原始信号

B. 从对象发出并由人的感官所接收的信号

C. 从对象发出的原始信号的采样信号

D. 从对象发出的原始信号的电模拟信号

8-2-13 下列信号中哪一种是代码信号？

A. 模拟信号　　　　　　　　　　　B. 模拟信号的采样信号

C. 采样保持信号　　　　　　　　　D. 数字信号

8-2-14 下述哪种说法是错误的？

A. 在时间域中，模拟信号是信息的表现形式，信息装载于模拟信号的大小和变化之中

B. 在频率域中，信息装载于模拟信号特定的频谱结构之中

C. 模拟信号既可描述为时间的函数，又可以描述为频率的函数

D. 信息装载于模拟信号的传输媒体之中

8-2-15 周期信号中的谐波信号频率是：

    A. 固定不变的　　　　　　　　　　　B. 连续变化的

    C. 按周期信号频率的整倍数变化　　　D. 按指数规律变化

8-2-16 非周期信号的频谱是：

    A. 离散的

    B. 连续的

    C. 高频谐波部分是离散的，低频谐波部分是连续的

    D. 有离散的也有连续的，无规律可循

8-2-17 图示为电报信号、温度信号、触发脉冲信号和高频脉冲信号的波形，其中是连续信号的是：

    A. a）、c）、d）　　　B. b）、c）、d）　　　C. a）、b）、c）　　　D. a）、b）、d）

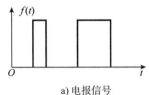
a) 电报信号

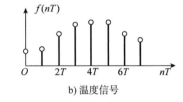
b) 温度信号

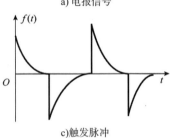
c)触发脉冲

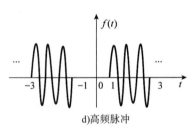
d)高频脉冲

题 8-2-17 图

8-2-18 模拟信号经过下列哪种转换，才能转化为数字信号？

    A. 信号幅度的量化　　　　　　　　　B. 信号时间上的量化

    C. 幅度和时间的量化　　　　　　　　D. 抽样

8-2-19 连续时间信号与通常所说的模拟信号的关系是：

    A. 完全不同　　　B. 是同一个概念　　　C. 不完全相同　　　D. 无法回答

8-2-20 根据如图所示信号 $f(t)$ 画出的 $f(2t)$ 波形是：

    A. a）　　　　　　　B. b）　　　　　　　C. c）　　　　　　　D. 均不正确

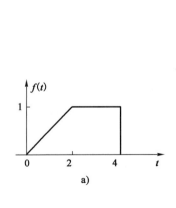
a)

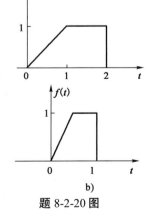
b)

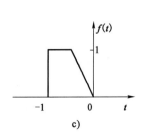
c)

题 8-2-20 图

8-2-21 单位冲激信号 $\delta(t)$ 是：

A. 奇函数 B. 偶函数

C. 非奇非偶函数 D. 奇异函数，无奇偶性

8-2-22 单位阶跃函数信号$\varepsilon(t)$具有：

A. 周期性 B. 抽样性 C. 单边性 D. 截断性

8-2-23 单位阶跃信号$\varepsilon(t)$是物理量单位跃变现象，而单位冲激信号$\delta(t)$是物理量产生单位跃变什么的现象？

A. 速度 B. 幅度 C. 加速度 D. 高度

8-2-24 如图所示的周期为T的三角波信号，在用傅氏级数分析周期信号时，系数a_0、a_n和b_n判断正确的是：

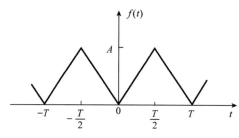

题 8-2-24 图

A. 该信号是奇函数且在一个周期的平均值为零，所以傅里叶系数a_0和b_n是零

B. 该信号是偶函数且在一个周期的平均值不为零，所以傅里叶系数a_0和a_n不是零

C. 该信号是奇函数且在一个周期的平均值不为零，所以傅里叶系数a_0和b_n不是零

D. 该信号是偶函数且在一个周期的平均值为零，所以傅里叶系数a_0和b_n是零

8-2-25 $(70)_{10}$的二进制数是：

A. $(0011100)_2$ B. $(1000110)_2$ C. $(1110000)_2$ D. $(0111001)_2$

8-2-26 将$(10010.0101)_2$转换成十进制数是：

A. 36.1875 B. 18.1875 C. 18.3125 D. 36.3125

8-2-27 将$(11010010.01010100)_2$表示成十六进制数是：

A. $(D2.54)_H$ B. D2.54 C. $(D2.A8)_H$ D. $(D2.54)_B$

8-2-28 数-4的二进制补码是：

A. 10100 B. 00110 C. 11100 D. 11011

8-2-29 使用四位二进制补码运算，$7-4=?$的运算式是：

A. $0111+1011=?$ B. $1001+0110=?$

C. $1001+1100=?$ D. $0111+1100=?$

8-2-30 实现 AD 转换的核心环节是：

A. 信号采样、量化和编码 B. 信号放大和滤波

C. 信号调制和解调 D. 信号发送和接收

8-2-31 为保证模拟信号经过采样而不丢失信号，采样频率必须不低于信号频带宽度的：

A. 4 倍 B. 8 倍 C. 10 倍 D. 2 倍

8-2-32 用一个8位逐次比较型AD转换器组成一个5V量程的直流数字电压表，该电压表测量误差是：

A. 313mV B. 9.80mV C. 39.2mV D. 19.6mV

题解及参考答案

8-2-1　**解：** 七段显示器的各段符号是用发光二极管制作的，各段符号如图所示。在共阴极七段显示器电路中，高电平"1"字段发光，"0"熄灭。显示字母"E"的共阴极七段显示器显示时 b、c 段熄灭，显示码 abcdefg 应该是 1001111。

　　　　答案： A

8-2-2　**解：** $\overline{A+B}=F$，F 是个或非关系，可以用"有 1 则 0"的口诀处理。

　　　　答案： B

8-2-3　**解：** 此题的分析方法是先根据给定的波形图写输出和输入之间的真值表，然后观察输出与输入的逻辑关系，写出逻辑表达式即可。观察 $F=AB+\overline{A}\,\overline{B}$，属同或门关系。

　　　　答案： C

8-2-4　**解：** 图示信号是用电位高低表示的二进制数 010011，将其转换为十进制的数值是 19。即：

$$(010011)_B = 1\times 2^4 + 1\times 2^1 + 1\times 2^0 = 16+2+1 = 19$$

　　　　答案： D

8-2-5　**解：** $x(t)$ 是原始信号，$u(t)$ 是模拟信号，它们都是时间的连续信号；而 $u^*(t)$ 是经过采样器以后的采样信号，是离散信号。

　　　　答案： B

8-2-6　**解：** 此题可以用叠加原理分析，将信号分解为一个指数信号和一个阶跃信号的叠加（见解图）。

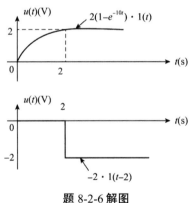

题 8-2-6 解图

　　　　答案： D

8-2-7　**解：** 模拟信号放大器的基本要求是不能失真，即要求放大信号的幅度，不可以改变信号的频率。

　　　　答案： A

8-2-8　**解：** $AC+DC+\overline{A}\,\overline{D}\cdot C$

$$= \left(A+D+\overline{A}\,\overline{D}\right)\cdot C = \left(A+D+\overline{A}+\overline{D}\right)\cdot C$$

$$= 1\cdot C = C$$

　　　　答案： A

8-2-9　**解：** 此题要求掌握如何将真值表转换成逻辑表达式，简单说：真值表中的输出量 F 是在输入变量A、B、C与逻辑组合下的或逻辑。做法上分两步进行：第一步，根据真值表写出对应F为1所对应输入变量A、B、C与逻辑，某个变量为 1 时写原变量，否则写反变量；第二步，将写出的与项用或式连接。本题写出的结果为$F = \overline{A}\,\overline{B}C + ABC$。

答案：B

8-2-10 解：根据真值表写出逻辑表达式的方法是：找出真值表输出信号$F = 1$对应的输入变量取值组合，每组输入变量取值为一个乘积项（与），输入变量值为 1 的写原变量，输入变量值为 0 的写反变量。最后将这些变量相加（或），即可得输出函数F的逻辑表达式。

根据该给定的真值表可以写出：$F = \overline{A}BC + AB\overline{C} + ABC$。

答案：D

8-2-11 解：数字信号是代码信号不是时间信号，所以只有选项B正确。

答案：B

8-2-12 解：从对象发出信号是物理形态各异的信号，它必须转换为统一的电信号，即模拟信号的形式，以便于传输和处理。

答案：D

8-2-13 解：模拟信号是连续时间信号，它的采样信号是离散时间信号，而采样保持信号是采样信号的一种特殊形式，仍然是时间信号，数字信号是代码表示的信号。

答案：D

8-2-14 解：传输媒体只是一种物理介质，它传送信号但不表示信息。

答案：D

8-2-15 解：周期信号中的谐波信号是从傅里叶级数分解中得到的，它的频率是周期信号频率的整倍数。

答案：C

8-2-16 解：非周期信号的傅里叶变换形式是频率的连续函数，它的频谱是连续频谱。

答案：B

8-2-17 解：参见信号的分类，连续信号和离散信号部分；连续信号是在全部时间范围内均有定义的。

答案：A

8-2-18 解：模拟信号与数字信号的区别：模拟信号是在时间上和数值上都连续的信号，而数字信号是在时间和数值上均离散且用二进制编码表示的信号。

答案：C

8-2-19 解：模拟信号是指连续变化的物理信号，信号的时间连续且幅值随时间连续变化。简单说，模拟信号是在时间和数值上都是连续的物理信号，连续时间信号与模拟信号是不完全相同的。

答案：C

8-2-20 解：本题考查信号的处理知识：压缩与扩展、反转。选项C对信号反转了，本题不涉及。关于对信号的压缩和扩展关系，可以把信号$f(t)$的自变量换为at（a为正实数），当$a > 1$时，信号在时间轴上压缩，否则扩展。其中选项B是$a = 2$情况。

答案：B

8-2-21 解：单位冲激信号$\delta(t)$定义为一个"面积"等于 1 的理想化窄脉冲，通常是对称于时间轴，是偶函数。这个脉冲的幅度等于它的宽度的倒数。当脉冲的宽度愈小时，它的幅度就愈大。当它的宽度趋近于零时，幅度就趋近于无限大。

答案： B

8-2-22　解： 单位阶跃函数信号$\varepsilon(t)$是常用于模拟信号的描述，定义为：$\varepsilon(t)$在负时间域幅值恒定为 0，而在$t=0$发生跃变到 1，所以具有单边性。

答案： C

8-2-23　解： 在信号分析中常用单位阶跃信号$\varepsilon(t)$描述物理量单位跃变现象，单位冲激信号$\delta(t)$是单位阶跃函数信号$\varepsilon(t)$的变化率。单位冲激信号$\delta(t)$的物理意义，是指单位阶跃信号$\varepsilon(t)$产生跃变的速度。

答案： A

8-2-24　解： 周期信号的傅氏级数分析，利用周期函数的分解公式考虑：

$$f(\omega t) = a_0 + \sum_{k=1}^{\infty} [a_k \cos(k\omega t) + b_k \sin(k\omega t)]$$

答案： B

8-2-25　解： $(70)_{10}$中的角标 10 说明数字的数制，这是一个十进制数的 70，将其转换为二进制数，必须用角标 2 表示。根据二-十进制的变换公式$D = \sum k_i \times 2^i$计算：

$$
\begin{aligned}
(70)_{10} &= (64 + 4 + 2)_{10} \\
&= (2^6 + 2^2 + 2^1)_{10} \\
&= (1000\,110)_2
\end{aligned}
$$

答案： B

8-2-26　解： 根据二-十进制的变换公式$D = \sum k_i \times 2^i$计算，将二进制数展开为十进制数即可，十进制的下角标可以省略。

$$
\begin{aligned}
(10010.0101)_2 &= 2^4 + 2^1 + 2^{-2} + 2^{-4} \\
&= 16 + 2 + 0.25 + 0.0625 \\
&= 18.3125
\end{aligned}
$$

答案： C

8-2-27　解： 根据二-十六进制的关系转换，通常将四位二进制放在一起来表示一位十六进制的数，以小数点为界，将整数部分和小数部分分开写出。十六进制的书写中下标"H"不能省去。即$(11010010.01010100)_2$写为$(1101\,0010.0101\,0100)_2 = (D2.54)_H$。

答案： A

8-2-28　解： 数-4的二进制有符号代码是 10100，其反码是 11011。则补码为 11011+1=11100。

答案： C

8-2-29　解： $7-4 = 7+(-4)$，数 7 的二进制代码是 0111，-4用二进制补码 1100 表示。则运算式是：$0111 + 1100 = ?$。

答案： D

8-2-30　解： 模拟信号先经过采样处理转换为离散信号，再将每个瞬间的数值与基准的单位电压进行比较取得该数值的量化值，然后对这个量化值进行数字编码，最终完成模拟信号到数字信号的转换。

答案： A

8-2-31　解： 根据采样定理，这个数值是 2 倍。

答案：D

8-2-32　解：因为直流数字电压表存在一个字的误差，即一个量化单位的误差。8 位逐次比较型 AD 转换器可以产生 255 个阶梯形逐次增长的电压，并与被测电压进行比较。对于 5V 量程而言，要求经过 255 次的比较完成对 5V 电压的测量，每一个阶梯的电压值就是量化单位：$\Delta u = \dfrac{5V}{255} \approx 19.6\text{mV}$。

答案：D

第九章　计算机应用基础

复习指导

计算机应用基础这一部分在考试中共有 10 道题，每题 1 分。其涉及的面较广，主要包含以下几个部分的内容：计算机系统的组成，数制，Windows 操作系统，计算机程序设计语言，计算机网络及网络安全。在复习时，考生应将重点放在计算机基本操作、常见概念、网络基础知识及计算机系统的组成与功能上。从 2009~2021 年的考题来看，没涉及 FORTRAN 程序设计语言这部分，因此该部分取消。

练习题、题解及参考答案

（一）计算机基础知识

9-1-1 总线能为多个部件服务，它可分时地发送与接收各部件的信息。所以，可以把总线看成是：

A. 一组公共信息传输线路

B. 微机系统的控制信息传输线路

C. 操作系统和计算机硬件之间的控制线

D. 输入/输出的控制线

9-1-2 计算机系统的内存储器是：

A. 计算机软件系统的一个组成部分

B. 计算机硬件系统的一个组成部分

C. 隶属于外围设备的一个组成部分

D. 隶属于控制部件的一个组成部分

9-1-3 存储器的主要功能是：

A. 自动计算 　　　　　　　　　　　B. 进行输入输出

C. 存放程序和数据 　　　　　　　　D. 进行数值计算

9-1-4 按照应用和虚拟机的观点，软件可分为：

A. 系统软件，多媒体软件，管理软件

B. 操作系统，硬件管理软件和网络软件

C. 网络系统，应用软件和程序设计语言

D. 系统软件，支撑软件和应用类软件

9-1-5 在 Windows 中，对存储器采用分页存储管理技术时，规定一个页的大小为：

A. 4G 字节　　　　B. 4K 字节　　　　C. 128M 字节　　　　D. 16K 字节

9-1-6 在微机组成系统中用于传输信息的总线指的是：

A. 数据总线，连接硬盘的总线，连接软盘的总线

B. 地址线，与网络连接的总线，与打印机连接的总线

C. 数据总线，地址总线，控制总线

D. 控制总线，光盘的连接总线，U 盘的连接总线

9-1-7 一个完整的计算机系统应该指的是：

A. 硬件系统和软件系统　　　　　　B. 主机与外部设备

C. 运算器、控制器和寄存器　　　　D. 操作系统与应用程序系统

9-1-8 计算机软件系统包括：

A. 系统软件和工程软件　　　　　　B. 系统软件和应用软件

C. 字处理和图形软件　　　　　　　D. 多媒体和系统软件

9-1-9 在微机系统中，对输入输出进行管理的基本程序放在何处？

A. RAM 中　　　　　　　　　　　B. ROM 中

C. 硬盘上　　　　　　　　　　　　D. 虚拟存储器中

9-1-10 在内存中，每个基本单位都被赋予一个唯一的序号，这个序号称之为：

A. 字节　　　　　B. 编号　　　　　C. 地址　　　　　D. 容量

9-1-11 系统软件包括下述哪些部分？

A. 操作系统、语言处理程序、数据库管理系统

B. 文件管理系统、网络系统、文字处理系统

C. 语言处理程序、文字处理系统、操作系统

D. WPS、DOS、dBASE

9-1-12 多媒体计算机的 CD-ROM 作为外存储器，它是：

A. 只读存储器　　　　　　　　　　B. 只读光盘存储器

C. 只读硬磁盘　　　　　　　　　　D. 只读大容量软磁盘

9-1-13 如果电源突然中断，哪种存储器中的信息会丢失而无法恢复？

A. ROM　　　　B. ROM 和 RAM　　　C. RAM　　　　D. 软盘

9-1-14 当前计算机的发展趋势向多个方向发展，下面四条叙述中，正确的一条是：

A. 高性能、人性化、网络化　　　　B. 多极化、多媒体、智能化

C. 高性能、多媒体、智能化　　　　D. 高集成、低噪声、低成本

9-1-15 Windows XP 中，不能在"任务栏"内进行的操作是：

A. 设置系统日期的时间　　　　　　B. 排列桌面图标

C. 排列和切换窗口　　　　　　　　D. 启动"开始"菜单

9-1-16 第一台电子计算机使用的逻辑部件是：

A. 集成电路　　　　　　　　　　　B. 大规模集成电路

C. 晶体管　　　　　　　　　　　　D. 电子管

9-1-17 在 Windows 操作系统中，"回收站"可以恢复什么设备上使用〈Del〉键删除的文件或文件夹？

A. 软盘　　　　　B. 硬盘　　　　　C. U 盘　　　　　D. 软盘和硬盘

9-1-18 使用"资源管理器"时，下列哪项不能删除文件或文件夹？

A. 在驱动器或文件夹窗口中，选择要删除的文件并单击退格键

B. 在驱动器或文件夹窗口中，选择要删除的文件同时按下〈Shift〉+〈Del〉键

C. 在要删除的文件或文件夹上单击鼠标右键，选择"删除"

D. 用鼠标直接拖曳选中的文件夹到"回收站"

9-1-19 在计算机系统的日常维护工作中，应当注意硬盘工作时不能：

A. 大声喧哗　　　　B. 有强烈震动　　　　C. 装入程序　　　　D. 有日光照射

题解及参考答案

9-1-1　解： 总线是计算机各种功能部件之间传送信息的公共通信干线，它是由导线组成的传输线路。

答案： A

9-1-2　解： 计算机硬件的组成包括输入/输出设备、存储器、运算器、控制器。内存储器是主机的一部分，属于计算机的硬件系统。

答案： B

9-1-3　解： 存放正在执行的程序和当前使用的数据，它具有一定的运算能力。

答案： C

9-1-4　解： 按照应用和虚拟机的观点，计算机软件可分为系统软件、支撑软件、应用软件三类。

答案： D

9-1-5　解： Windows 中，对存储器的管理采取分段存储、分页存储管理技术。一个存储段可以小至 1 个字节，大至 4G 字节，而一个页的大小规定为 4K 字节。

答案： B

9-1-6　解： 在计算机内部，每个有效信息必须具有 3 个基本属性：内容、指向和行为，这 3 个属性要通过 3 个总线实现：数据总线、地址总线、控制总线。

答案： C

9-1-7　解： 计算机系统包括硬件系统和软件系统。

答案： A

9-1-8　解： 计算机系统包括硬件和软件部分，而计算机软件系统包括系统软件和应用软件两大类。

答案： B

9-1-9　解： 因为输入输出基本程序是放在只读存储器中的。

答案： B

9-1-10　解： 在计算机中，所有信息都被数字化为二进制的 0 和 1，一个数据、一条命令记到内存中的一个位置。每一个位置都有序号，就像门牌号码一样，这个序号就称为地址。

答案： C

9-1-11　解： 计算机软件包括系统软件和应用软件，而系统软件包括操作系统、语言处理程序、和数据库管理系统。

答案： A

9-1-12 解： CD-RAM 是随机存取存储器，而 CD-ROM 是只读光盘存储器。

答案： B

9-1-13 解： RAM 是随机存取存储器，它上面的内容会随着电源的中断而丢失，并且无法恢复。

答案： C

9-1-14 解： 当前计算机的发展趋势是高性能、人性化、网络化、多极化、多媒体和智能化。不在此范围的叙述均属不当表述。

答案： D

9-1-15 解： Windows XP 中，不能在任务栏内进行的操作是排列桌面图标。

答案： B

9-1-16 解： 第一台电子计算机使用的逻辑部件是电子管。

答案： D

9-1-17 解： 在 Windows 操作系统中，"回收站"可以恢复硬盘上使用〈Del〉键删除的文件或文件夹。"回收站"只能回收硬盘上被删除的文件或文件夹，不能回收软盘、U 盘上被删除的文件或文件夹。也就是说，软盘、U 盘上被删除的文件或文件夹，是不能从"回收站"恢复的，因为它根本就没有存放在"回收站"中。如果选择〈Shift〉+〈Del〉键删除，删除的文件或文件夹将不移入回收站，而是将文件或文件夹彻底删除，这样被删除的文件就不能被恢复了。

答案： B

9-1-18 解： Windows 的资源管理器可以对计算机的所有资源进行管理。利用"资源管理器"删除文件或文件夹的主要方法有：

①在"资源管理器"中选择要删除的文件或文件夹，打开窗口的"文件"菜单，单击"删除"命令，即可删除文件或文件夹。

②在驱动器或文件夹的窗口中选择要删除的文件或文件夹，直接按〈Del〉键。

③在"资源管理器"中选择要删除的文件或文件夹，用鼠标直接拖曳选中的文件夹到"回收站"。

④在要删除的文件或文件夹图标上单击鼠标右键，选择"删除"命令。

⑤在驱动器或文件夹窗口中，选择要删除的文件同时按下〈Shift〉+〈Del〉键。

答案： A

9-1-19 解： 计算机系统的日常维护工作中，硬盘运行时应该尽量避免有强烈的震动，这是显而易见的。

答案： B

（二）计算机程序设计语言

9-2-1 编译程序的作用是：

A. 将高级语言源程序翻译成目标程序

B. 将汇编语言源程序翻译成目标程序

C. 对源程序边扫描边翻译执行

D. 对目标程序装配连接

9-2-2 在计算机内部，不需要编译计算机就能够直接执行的语言是：

A. 汇编语言　　　B. 自然语言　　　C. 机器语言　　　D. 高级语言

9-2-3　一般使用高级程序设计语言编写的应用程序称为源程序，这种程序不能直接在计算机中运行，需要有相应的语言处理程序翻译成以下什么程序后才能运行？

　　　　A. C 语言　　　　　　B. 汇编语言　　　　　C. PASCAL 语言　　　　D. 机器语言

9-2-4　机器语言程序在机器内是以什么形式表示的？

　　　　A. BCD 码　　　　　　B. 二进制编码　　　　C. ASCII码　　　　　　D. 汉字编码

题解及参考答案

9-2-1　**解：**编译程序一般是编译器公司（如微软）做的，它将源代码转化为机器可识别的文件，经过链接，生成可执行程序。

　　　　答案： A

9-2-2　**解：**计算机只识别二进制码，因此在计算机内部，不需要编译计算机就能够直接执行的语言是机器语言。

　　　　答案： C

9-2-3　**解：**计算机高级程序设计语言编写的应用程序不是用二进制码编写的，因此要翻译成二进制码编写的程序后才能运行。

　　　　答案： D

9-2-4　**解：**计算机只识别二进制码，因此机器语言在机器内是以二进制编码形式表示的。

　　　　答案： B

（三）信息表示

9-3-1　计算机的信息数量的单位常用 KB、MB、GB、TB 表示，它们中表示信息数量最大的一个是：

　　　　A. KB　　　　　　　　B. MB　　　　　　　　C. GB　　　　　　　　D. TB

9-3-2　计算机内的数字信息、文字信息、图像信息、视频信息、音频信息等所有信息，都是用：

　　　　A. 不同位数的八进制数来表示的

　　　　B. 不同位数的十进制数来表示的

　　　　C. 不同位数的二进制数来表示的

　　　　D. 不同位数的十六进制数来表示的

9-3-3　将二进制小数 0.101 010 1111 转换成相应的八进制数，其正确结果是：

　　　　A. 0.2536　　　　　　B. 0.5274　　　　　　C. 0.5236　　　　　　D. 0.5281

9-3-4　影响计算机图像质量的主要参数有：

　　　　A. 颜色深度、显示器质量、存储器大小

　　　　B. 分辨率、颜色深度、存储空间大小

　　　　C. 分辨率、存储器大小、图像加工处理工艺

　　　　D. 分辨率、颜色深度、图像文件的尺寸

9-3-5　信息化社会是信息革命的产物，它包含多种信息技术的综合应用。构成信息化社会的三个主要技术支柱是：

　　　　A. 计算机技术、信息技术、网络技术

　　B. 计算机技术、通信技术、网络技术

　　C. 存储器技术、航空航天技术、网络技术

　　D. 半导体工艺技术、网络技术、信息加工处理技术

9-3-6 信息有多个特征，下列四条关于信息特征的叙述中，有错误的一条是：

　　A. 信息的可识别性，信息的可变性，信息的可流动性

　　B. 信息的可处理性，信息的可存储性，信息的属性

　　C. 信息的可再生性，信息的有效和无效性，信息的可使用性

　　D. 信息的可再生性，信息的存在独立性，信息的不可失性

9-3-7 将八进制数 763 转换成相应的二进制数，其正确的结果是：

　　A. 110 101 110　　　　　　　　　　B. 110 111 100

　　C. 100 110 101　　　　　　　　　　D. 111 110 011

9-3-8 计算机的内存储器以及外存储器的容量通常是：

　　A. 以字节即 8 位二进制数为单位来表示

　　B. 以字节即 16 位二进制数为单位来表示

　　C. 以二进制数为单位来表示

　　D. 以双字即 32 位二进制数为单位来表示

9-3-9 与二进制数 11011101.1101 等值的八进制数是：

　　A. 135.61　　　　B. 335.64　　　　C. 235.61　　　　D. 235.64

9-3-10 在不同进制的数中，下列最小的数是：

　　A. $(125)_{10}$　　　　B. $(1101011)_2$　　　　C. $(347)_8$　　　　D. $(FF)_{16}$

9-3-11 与二进制数 11110100 等值的八进制数是：

　　A. 364　　　　B. 750　　　　C. 3310　　　　D. 154

9-3-12 与十进制数 254 等值的二进制数是：

　　A. 11111110　　　　　　　　　　B. 11011111

　　C. 11110111　　　　　　　　　　D. 11011101

9-3-13 十进制数 256.625，用八进制表示则是：

　　A. 412.5　　　　B. 326.5　　　　C. 418.8　　　　D. 400.5

9-3-14 十进制数 122 转换成八进制数和转换成十六进制数分别是：

　　A. 144，8B　　　B. 136，6A　　　C. 336，6B　　　D. 172，7A

9-3-15 在计算机中采用二进制，是因为：

　　A. 可降低硬件成本　　　　　　　B. 两个状态的系统具有稳定性

　　C. 二进制的运算法则简单　　　　D. 上述三个原因

9-3-16 堆栈操作中，保持不变的是：

　　A. 堆栈的顶　　　　　　　　　　B. 堆栈中的数据

　　C. 堆栈指针　　　　　　　　　　D. 堆栈的底

9-3-17 执行指令时，以寄存器的内容作为操作数的地址，这种寻址方式称为什么寻址？

　　A. 寄存器　　　　B. 相对　　　　C. 基址变址　　　　D. 寄存器间接

9-3-18 在下列四种码中，不能用于表示机器数的一种是：

　　A. 原码　　　　B. ASCII 码　　　C. 反码　　　　D. 补码

题解及参考答案

9-3-1 **解**：$1KB = 2^{10}B = 1024B$，$1MB = 2^{20}B = 1024KB$

$1GB = 2^{30}B = 1024MB = 1024 \times 1024KB$，$1TB = 2^{40}B = 1024GB = 1024 \times 1024MB$。

答案：D

9-3-2 **解**：信息可采用某种度量单位进行度量，并进行信息编码。现代计算机使用的是二进制。

答案：C

9-3-3 **解**：三位二进制对应一位八进制，将小数点后每三位二进制分成一组，101 对应 5，010 对应 2，111 对应 7，100 对应 4。

答案：B

9-3-4 **解**：图像的主要参数有分辨率（包括屏幕分辨率、图像分辨率、像素分辨率）、颜色深度、图像文件的大小。

答案：B

9-3-5 **解**：构成信息化社会的三个主要技术支柱是计算机技术、通信技术和网络技术。

答案：B

9-3-6 **解**：信息有以下主要特征：可识别性、可变性、可流动性、可存储性、可处理性、可再生性、有效性和无效性、属性和可使用性。

答案：D

9-3-7 **解**：一位八进制对应三位二进制，7 对应 111，6 对应 110，3 对应 011。

答案：D

9-3-8 **解**：内存储器容量是指内存存储容量，即内容储存器能够存储信息的字节数。外储器是可将程序和数据永久保存的存储介质，可以说其容量是无限的。字节是信息存储中常用的基本单位。

答案：A

9-3-9 **解**：三位二进制数对应一位八进制数，小数点向后每三位为一组，110 对应 6，100 对应 4，小数点向前每三位为一组 101 对应 5，011 对应 3，011 对应 3。

答案：B

9-3-10 **解**：125 十进制数转换为二进制数为 1111101，347 八进制数转换为二进制数为 011100111，FF 十六进制数转换为二进制数为 11111111。

答案：B

9-3-11 **解**：三位二进制数对应一位八进制数，从最后一位开始向前每三位为一组，100 对应 4，110 对应 6，011 对应 3。

答案：A

9-3-12 **解**：十进制的偶数对应的二进制整数的尾数一定是 0。

答案：A

9-3-13 **解**：先将十进制数转换为二进制数（100000000+0.101=100000000.101），而后三位二进制数对应于一位八进制数。

答案：D

9-3-14　解： 此题可先将 122 转换成二进制数（1111010），而后根据二进制数与八进制数及十六进制数的对应关系得出运算结果。

答案： D

9-3-15　解： 因为二进制只有 0 和 1 两个数码，所以只有两个状态，这使得系统具有稳定性，用逻辑部件容易实现，成本低，运算简单。

答案： D

9-3-16　解： 在 CPU 执行程序的过程中，会执行有关的堆栈操作指令。执行这样的指令，无论是压入堆栈还是弹出堆栈，堆栈指针和栈顶肯定随着指令的执行而发生改变。同时，堆栈中的数据也会随着压入数据的不同而改变。唯一不会改变的就是在堆栈初始化时设置的堆栈的底。

答案： D

9-3-17　解： 根据题目中所描述，操作数的地址是存放在寄存器中，指令执行时，是以该寄存器的内容作为操作数的地址。这是典型的寄存器间接寻址方式。

答案： D

9-3-18　解： 机器数的表示有原码表示法、反码表示法、补码表示法。

答案： B

（四）常用操作系统

9-4-1　在 Windows 中，对存储器采用分页存储管理时，每一个存储器段可以小至 1 个字节，大至：
A. 4K 字节　　　　B. 16K 字节　　　　C. 4G 字节　　　　D. 128M 字节

9-4-2　Windows 的设备管理功能部分支持即插即用功能，下面四条后续说明中有错误的一条是：
A. 这意味着当将某个设备连接到计算机上后即可立刻使用
B. Windows 自动安装有即插即用设备及其设备驱动程序
C. 无需在系统中重新配置该设备或安装相应软件
D. 无需在系统中重新配置该设备但需安装相应软件才可立刻使用

9-4-3　操作系统是一个庞大的管理系统控制程序，通常包括几大功能模块，下列不属于其功能模块的是：
A. 作业管理，存储器管理　　　　B. 设备管理，文件管理
C. 进程管理，存储器管理　　　　D. 中断管理，电源管理

9-4-4　为解决主机与外围设备操作速度不匹配的问题，Windows 采用了：
A. 缓冲技术　　B. 流水线技术　　C. 中断技术　　D. 分段分页技术

9-4-5　Windows 2000 以及以后更新的操作系统版本是：
A. 一种单用户单任务的操作系统
B. 一种多任务的操作系统
C. 一种不支持虚拟存储器管理的操作系统
D. 一种不适用于商业用户的营组系统

9-4-6　处理器执行的指令被分为两类，其中有一类称为特权指令，这类指令由谁来完成？
A. 操作员　　　　B. 联机用户　　　　C. 操作系统　　　　D. 目标程序

9-4-7　在 Windows 的窗口菜单中，若某命令项后面有向右的黑三角，则表示该命令项为：

　　　　A. 有下级子菜单　　　　　　　　　　　B. 单击鼠标可直接执行

　　　　C. 双击鼠标可直接执行　　　　　　　　D. 右击鼠标可直接执行

9-4-8 在 Windows 操作下，要获取屏幕上的显示内容，把它复制在剪贴板上可以通过下列哪个按键来实现？

　　　　A. Home　　　　　　B. Ctrl+C　　　　　　C. Shift+C　　　　　　D. Print Screen

9-4-9 Windows 系统下可执行的文件名是：

　　　　A. *. doc　　　　　　B. *. bmp　　　　　　C. *. exp　　　　　　D. *. exe

9-4-10 在 Windows 中，文件系统目录的组织形式属于：

　　　　A. 关系型结构　　　　B. 网络型结构　　　　C. 树型结构　　　　D. 直线型结构

9-4-11 在 Windows 中，有的对话框右上角有"?"按钮，它的功能是：

　　　　A. 关闭对话框　　　　　　　　　　　　B. 获取帮助信息

　　　　C. 便于用户输入问号（？）　　　　　　D. 将对话框最小化

9-4-12 操作系统是一种：

　　　　A. 应用软件　　　　　B. 系统软件　　　　C. 工具软件　　　　D. 杀毒软件

9-4-13 允许多个用户以交互方式使用计算机的操作系统是：

　　　　A. 批处理单道系统　　　　　　　　　　B. 分时操作系统

　　　　C. 实时操作系统　　　　　　　　　　　D. 批处理多道系统

9-4-14 在进程管理中，当下列哪种情况发生时，进程从阻塞状态变为就绪状态？

　　　　A. 进程被进程调度程序选中　　　　　　B. 等待某一事件

　　　　C. 等待的事件发生　　　　　　　　　　D. 时间片用完

题解及参考答案

　　9-4-1　**解：**一个存储器段可以小至一个字节，可大至 4G 字节。而一个页的大小则规定为 4K 字节。

　　　　答案：C

　　9-4-2　**解：**Windows 的设备管理功能部分支持即插即用功能，Windows 自动安装有即插即用设备及其设备驱动程序。即插即用就是在加上新的硬件以后不用为此硬件再安装驱动程序了，而 D 项说需安装相应软件才可立刻使用是错误的。

　　　　答案：D

　　9-4-3　**解：**操作系统通常包括处理器管理、作业管理、存储器管理、设备管理、文件管理、进程管理等功能模块。

　　　　答案：D

　　9-4-4　**解：**Windows 采用了缓冲技术来解决主机与外设的速度不匹配问题，如使用磁盘高速缓冲存储器，以提高磁盘存储速率，改善系统整体功能。

　　　　答案：A

　　9-4-5　**解：**多任务操作系统是指可以同时运行多个应用程序。比如：在操作系统下，在打开网页的同时还可以打开 QQ 进行聊天，可以打开播放器看视频等。目前的操作系统都是多任务的操作系统。

答案：B

9-4-6　解：所谓特权指令，是指具有特殊权限的指令，由于这类指令的权限最大，所以如果使用不当，就会破坏系统中或其他用户信息。因此，为了安全，这类指令只能由操作系统完成。

答案：C

9-4-7　解：若在 Windows 的窗口菜单中，某项命令后有向右的黑三角则表示有下级子菜单。

答案：A

9-4-8　解：获取屏幕上显示的内容，是指全屏幕拷贝，而 Print Screen 键是用来完成全屏幕拷贝的。

答案：D

9-4-9　解：Windows 系统下可执行的文件名有*.exe，*.bat。

答案：D

9-4-10　解：在 Windows 中资源管理器的文件栏中，文件夹是按照树型组织的。

答案：C

9-4-11　解：在 Windows 中，有的对话框右上角有"？"按钮，表示单击此按钮可以获取帮助。

答案：B

9-4-12　解：计算机系统中的软件极为丰富，通常分为系统软件和应用软件两大类。

应用软件是指计算机用户利用计算机的软件、硬件资源为某一专门的应用目的而开发的软件。例如，科学计算、工程设计、数据处理、事务处理、过程控制等方面的程序，以及文字处理软件、表格处理软件、辅助设计软件（CAD）、实时处理软件等。

系统软件是计算机系统的一部分，由它支持应用软件的运行。它为用户开发应用系统提供一个平台，用户可以使用它，但不能随意修改它。一般常用的系统软件有操作系统、语言处理程序、链接程序、诊断程序、数据库管理系统等。操作系统是计算机系统中的核心软件，其他软件建立在操作系统的基础上，并在操作系统的统一管理和支持下运行。

答案：B

9-4-13　解：允许多个用户以交互方式使用计算机的操作系统是分时操作系统。分时操作系统是使一台计算机同时为几个、几十个甚至几百个用户服务的一种操作系统。它将系统处理机时间与内存空间按一定的时间间隔，轮流地切换给各终端用户。

答案：B

9-4-14　解：在多道程序系统中，多个进程在处理器上交替运行，状态也不断地发生变化，因此进程一般有三种基本状态：运行、就绪和阻塞。当一个就绪进程被调度程序选中时，该进程的状态从就绪变为运行；当正在运行的进程等待某事件或申请的资源得不到满足时，该进程的状态从运行变为阻塞；当一个阻塞进程等待的事件发生时，该进程的状态从阻塞变为就绪；当一个运行进程时间片用完时，该进程的状态从运行变为就绪。

答案：C

（五）计算机网络

9-5-1　数字签名是最普遍、技术最成熟、可操作性最强的一种电子签名技术，当前已得到实际应用的是在：

　　　　A.电子商务、电子政务中　　　　　　　B.票务管理、股票交易中

C. 股票交易、电子政务中　　　　　　　　D. 电子商务、票务管理中

9-5-2 网络软件是实现网络功能不可缺少的软件环境。网络软件主要包括：

A. 网络协议和网络操作系统　　　　　　B. 网络互联设备和网络协议

C. 网络协议和计算机系统　　　　　　　D. 网络操作系统和传输介质

9-5-3 因特网是一个联结了无数个小网而形成的大网，也就是说：

A. 因特网是一个城域网　　　　　　　　B. 因特网是一个网际网

C. 因特网是一个局域网　　　　　　　　D. 因特网是一个广域网

9-5-4 计算机网络技术涉及：

A. 通信技术和半导体工艺技术　　　　　B. 网络技术和计算机技术

C. 通信技术和计算机技术　　　　　　　D. 航天技术和计算机技术

9-5-5 计算机网络是一个复合系统，共同遵守的规则称为网络协议，网络协议主要由：

A. 语句、语义和同步三个要素构成

B. 语法、语句和同步三个要素构成

C. 语法、语义和同步三个要素构成

D. 语句、语义和异步三个要素构成

9-5-6 Internet 网使用的协议是：

A. Token　　　　　B. x .25/x .75　　　　C. CSMA/CD　　　　D. TCP/IP

9-5-7 TCP/IP体系结构中的 TCP 和 IP 所提供的服务分别为：

A. 链路层服务和网络层服务　　　　　　B. 网络层服务和运输层服务

C. 运输层服务和应用层服务　　　　　　D. 运输层服务和网络层服务

9-5-8 关于网络协议，下列选项中正确的是：

A. 它是网民们签订的合同

B. 协议，简单地说就是为了网络信息传递，共同遵守的约定

C. TCP/IP协议只能用于 Internet，不能用于局域网

D. 拨号网络对应的协议是IPX/SPX

9-5-9 提供不可靠传输的传输层协议是：

A. TCP　　　　　　B. IP　　　　　　　C. UDP　　　　　　D. PPP

9-5-10 传输控制协议/网际协议即为下列哪一项，属工业标准协议，是 Internet 采用的主要协议？

A. Telnet　　　　　B. TCP/IP　　　　　C. HTTP　　　　　D. FTP

9-5-11 配置TCP/IP参数的操作主要包括三个方面：指定网关、指定域名服务器地址和：

A. 指定本地机的 IP 地址及子网掩码

B. 指定本地机的主机名

C. 指定代理服务器

D. 指定服务器的 IP 地址

9-5-12 TCP/IP协议是 Internet 中计算机之间通信所必须共同遵循的一种：

A. 信息资源　　　　B. 通信规定　　　　C. 软件　　　　　　D. 硬件

9-5-13 TCP 协议称为：

A. 网际协议　　　　　　　　　　　　　B. 传输控制协议

C. Network 内部协议　　　　　　　　　D. 中转控制协议

9-5-14 按照网络分布和覆盖的地理范围，可以将计算机网络划分为：

A. Internet 网　　　　　　　　　　　B. 广域网、互联网和城域网

C. 局域网、互联网和 Internet 网　　　D. 广域网、局域网和城域网

9-5-15 当个人计算机以拨号方式接入因特网时，使用的专门接入设备是：

A. 网卡　　　　　B. 调制解调器　　　　C. 浏览器软件　　　　D. 传真卡

9-5-16 下述电子邮件地址正确的是（其中□表示空格）：

A. MALIN&NS.CNC. AC. CN　　　　　B. MALIN@NS.CNC. AC. CN

C. LIN□MA&NS.CNC. AC. CN　　　　　D. LIN□MANS.CNC. AC. CN

9-5-17 OSI 参考模型中的第二层是：

A. 网络层　　　　B. 数据链路层　　　　C. 传输层　　　　D. 物理层

9-5-18 决定网络使用性能的关键是：

A. 传输介质　　　　B. 网络硬件　　　　C. 网络软件　　　　D. 网络操作系统

9-5-19 WWW 的中文名称为：

A. 因特网　　　　B. 环球信息网　　　　C. 综合服务数据网　　　D. 电子数据交换

9-5-20 在电子邮件中所包含的信息是什么？

A. 只能是文字　　　　　　　　　　　B. 只能是文字与图形、图像信息

C. 只能是文字与声音信息　　　　　　D. 可以是文字、声音、图形、图像信息

9-5-21 下列选项中不属于局域网拓扑结构的是：

A. 星形　　　　B. 互联形　　　　C. 环形　　　　D. 总线型

9-5-22 在局域网中，运行网络操作系统的设备是：

A. 网络工作站　　　　B. 网络服务器　　　　C. 网卡　　　　D. 网桥

9-5-23 在以下关于电子邮件的叙述中，不正确的是：

A. 打开来历不明的电子邮件附件可能会传染计算机病毒

B. 在网络拥塞的情况下，发送电子邮件后，接收者可能过几个小时后才能收到

C. 在试发电子邮件时，可向自己的 Email 邮箱发送一封邮件

D. 电子邮箱的容量指的是用户当前使用的计算机上，分配给电子邮箱的硬盘容量

9-5-24 需要注意防范病毒，而不会被感染病毒的是：

A. 电子邮件　　　　B. 硬盘　　　　C. 软盘　　　　D. ROM

9-5-25 计算机网络的主要功能包括：

A. 软、硬件资源共享、数据通信、提高可靠性、增强系统处理功能

B. 计算机计算功能、通信功能和网络功能

C. 信息查询功能、快速通信功能、修复系统软件功能

D. 发送电报、拨打电话、进行微波通信等功能

9-5-26 一台 PC 机调制解调器属于：

A. 输入和输出设备　　　　　　　　　B. 数据复用设备

C. 数据终端设备 DTE　　　　　　　　D. 数据通信设备 DCE

9-5-27 一台 PC 机调制解调器的数据传送方式为：

A. 频带传输　　　　B. 数字传输　　　　C. 基带传输　　　　D. IP 传输

9-5-28 在 Windows 的网络属性配置中，"默认网关"应该设置为下列哪项的地址？

A. DNS 服务器　　　B. Web 服务器　　　C. 路由器　　　　D. 交换机

9-5-29 在 Internet 中，主机的 IP 地址与域名的关系是：

A. IP 地址是域名中部分信息的表示

B. 域名是 IP 地址中部分信息的表示

C. IP 地址和域名是等价的

D. IP 地址和域名分别表达不同含义

9-5-30 计算机网络最突出的优点是：

A. 运算速度快　　　　　　　　　　B. 联网的计算机能够相互共享资源

C. 计算精度高　　　　　　　　　　D. 内存容量大

9-5-31 关于 Internet，下列说法不正确的是：

A. Internet 是全球性的国际网络　　　B. Internet 起源于美国

C. 通过 Internet 可以实现资源共享　　D. Internet 不存在网络安全问题

9-5-32 当前我国的什么网络主要以科研和教育为目的，从事非经营性的活动？

A. 金桥信息网（GBN）　　　　　　B. 中国公用计算机网（ChinaNet）

C. 中科院网络（CSTNET）　　　　　D. 中国教育和科研网（CERNET）

9-5-33 在网络连接设备中，交换机工作于：

A. 物理层　　　　B. 数据链路层　　　C. 网络层　　　　D. 表示层

9-5-34 Internet 是由什么发展而来的？

A. 局域网　　　　B. ARPANET　　　　C. 标准网　　　　D. WAN

9-5-35 计算机网络按使用范围划分为：

A. 广域网和局域网　　　　　　　　B. 专用网和公用网

C. 低速网和高速网　　　　　　　　D. 部门网和公用网

9-5-36 网上共享的资源有：

A. 硬件、软件和数据　　　　　　　B. 软件、数据和信道

C. 通信子网、资源子网和信道　　　D. 硬件、软件和服务

9-5-37 调制调解器（modem）的功能是实现：

A. 数字信号的编码　　　　　　　　B. 数字信号的整形

C. 模拟信号的放大　　　　　　　　D. 模拟信号与数字信号的转换

9-5-38 LAN 通常是指：

A. 广域网　　　　B. 局域网　　　　C. 资源子网　　　　D. 城域网

9-5-39 Internet 是全球最具影响力的计算机互联网，也是世界范围的重要：

A. 信息资源网　　B. 多媒体网络　　C. 办公网络　　　D. 销售网络

9-5-40 Internet 主要由四大部分组成，其中包括路由器、主机、信息资源与：

A. 数据库　　　　B. 管理员　　　　C. 销售商　　　　D. 通信线路

9-5-41 网址 www.zzu.edu.cn 中 zzu 是在 Internet 中注册的：

A. 硬件编码   B. 密码   C. 软件编码   D. 域名

9-5-42 域名服务 DNS 的主要功能为：

A. 通过请求及回答获取主机和网络相关信息

B. 查询主机的 MAC 地址

C. 为主机自动命名

D. 合理分配 IP 地址

9-5-43 域名服务器的作用是：

A. 为连入 Internet 网的主机分配域名

B. 为连入 Internet 网的主机分配 IP 地址

C. 为连入 Internet 网的一个主机域名寻找所对应的 IP 地址

D. 将主机的 IP 地址转换为域名

9-5-44 下列对 Internet 叙述正确的是：

A. Internet 就是 WWW

B. Internet 就是"信息高速公路"

C. Internet 是众多自治子网和终端用户机的互联

D. Internet 就是局域网互联

9-5-45 下列选项中属于 Internet 专有的特点为：

A. 采用TCP/IP协议

B. 采用ISO/OSI 7 层协议

C. 用户和应用程序不必了解硬件连接的细节

D. 采用 IEEE 802 协议

9-5-46 中国的顶级域名是：

A. cn   B. ch   C. chn   D. china

9-5-47 局域网常用的设备是：

A. 路由器   B. 程控交换机

C. 以太网交换机   D. 调制解调器

9-5-48 网站向网民提供信息服务，网络运营商向用户提供接入服务，因此，分别称它们为：

A. ICP、IP   B. ICP、ISP   C. ISP、IP   D. UDP、TCP

9-5-49 在一幢大楼内的一个计算机网络系统，是属于：

A. 局域网（LAN）   B. 因特网（Internet）

C. 城域网（MAN）   D. 广域网（WAN）

9-5-50 IP 地址能唯一地确定 Internet 上每台计算机与每个用户的：

A. 距离   B. 费用   C. 位置   D. 时间

9-5-51 将文件从 FTP 服务器传输到客户机的过程称为：

A. 上传   B. 下载   C. 浏览   D. 计费

9-5-52 保护信息机密性的手段有两种，一是信息隐藏，二是数据加密。下面四条表述中，有错误的一条是：

A. 数据加密的基本方法是编码，通过编码将明文变换为密文

B. 信息隐藏是使非法者难以找到秘密信息而采用"隐藏"的手段

C. 信息隐藏与数据加密所采用的技术手段不同

D. 信息隐藏与数字加密所采用的技术手段是一样的

题解及参考答案

9-5-1　**解：** 在网上正式传输的书信或文件常常要根据亲笔签名或印章来证明真实性，数字签名就是用来解决这类问题的，目前在电子商务、电子政务中应用最为普遍，也是技术最成熟、可操作性最强的一种电子签名方法。

答案： A

9-5-2　**解：** 网络软件是实现网络功能不可缺少的软件环境，主要包括网络传输协议和网络操作系统。

答案： A

9-5-3　**解：** 因特网是多个不同的网络通过网络互连设备互联而成的大型网络。因特网是一个网际网，也就是说，因特网是一个连接了无数个小网而形成的大网。

答案： B

9-5-4　**解：** 计算机网络是计算机技术和通信技术的结合产物。

答案： C

9-5-5　**解：** 计算机网络协议的三要素：语法、语义、同步。

答案： C

9-5-6　**解：** TCP/IP是运行在 Internet 上的一个网络通信协议。

答案： D

9-5-7　**解：** TCP 是传输层的协议，和 UDP 同属传输层。IP 是网络层的协议，它包括 ICMP、IMGP、RIP、RSVP、X.25、BGP、ARP、NAPP 等协议。

答案： D

9-5-8　**解：** 网络协议就是在网络传输中的一项规则，只有遵循规则，网络才能实现通信。就像是交通规则一样，什么时候汽车走，什么时候汽车停。在网络中它被用来规范网络数据包的传输与暂停。

答案： B

9-5-9　**解：** 传输层/运输层的两个重要协议是：用户数据报协议 UDP（User Datagram Protocol）和传输控制协议 TCP（Transmission Control Protocol），而其中提供不可靠传输的是 UDP，相反，TCP 提供的服务就是可靠的了。

答案： C

9-5-10　**解：** TCP/IP协议是 Internet 中计算机之间进行通信时必须共同遵循的一种信息规则，包括传输控制协议/网际协议。

答案： B

9-5-11　**解：** 配置TCP/IP参数，本地机的 IP 地址及子网掩码是必不可少的，同时还要指定网关和域名服务器地址。

答案： A

9-5-12　解： TCP/IP属于网络协议的一种，可以认为是通信设备之间的语言，通信双方定义一下通信的规则、通信的地址、封转等，跟人说话的语法是一样的。

　　答案： B

9-5-13　解： TCP 为 Transmission Control Protocol 的简写，译为传输控制协议，又名网络通信协议，是 Internet 最基本的协议。

　　答案： B

9-5-14　解： 按照地理范围划分可以把各种网络类型划分为局域网、城域网、广域网。

　　答案： D

9-5-15　解： 一台计算机、一个 Modem 和可通话的电话。将电话线从电话机上拔下来，插在 Modem 的接口就可以拨号上网了。

　　答案： B

9-5-16　解： Email 地址由三个部分组成：用户名、分隔符@、域名。

　　答案： B

9-5-17　解： OSI 参考模型共有 7 层，分别是：①物理层；②数据链路层；③网络层；④传输层；⑤会话层；⑥表示层；⑦应用层。

　　答案： B

9-5-18　解： 网络操作系统决定了网络的使用性能。

　　答案： D

9-5-19　解： WWW 的中文名称是环球信息网。

　　答案： B

9-5-20　解： 在电子邮件中可包含的信息可以是文字、声音、图形、图像信息。

　　答案： D

9-5-21　解： 常见的局域网拓扑结构分为星形网、环形网、总线型网，以及它们的混合型。

　　答案： B

9-5-22　解： 局域网中，用户是通过服务器访问网站，运行操作系统的设备是服务器。

　　答案： B

9-5-23　解： 电子邮件附件可以是文本文件、图像、程序、软件等，有可能携带或被感染计算机病毒，如果打开携带或被感染计算机病毒的电子邮件附件（来历不明的电子邮件附件有可能携带计算机病毒）就可能会使所使用的计算机系统传染上计算机病毒。

当发送者发送电子邮件成功后，由于接收者端与接收端邮件服务器间网络拥塞，接收者可能需要很长时间后才能收到邮件。

当我们通过申请（注册）获得邮箱或收邮件者收不到邮件时（原因很多，如邮箱、邮件服务器、线路等），往往需要对邮箱进行测试，判别邮箱是否有问题。用户对邮箱进行测试，最简单的方法是向自己的邮箱发送一封邮件，判别邮箱是否正常。

电子邮箱通常由 Internet 服务提供商或局域网（企业网、校园网等）网管中心提供，电子邮件一般存放在邮件服务器、邮件数据库中。因此，电子邮箱的容量由 Internet 服务提供商或局域网（企业网、校园网）网管中心提供，而不是在用户当前使用的计算机上给电子邮箱分配硬盘容量。

　　答案： D

9-5-24　解： 相比电子邮件、硬盘、软盘而言，ROM 是只读器件，因此能够抵抗病毒的恶意窜改，是不会感染病毒的。

　　答案： D

9-5-25　解： 计算机网络的主要功能包括软、硬件资源共享、数据通信、提高可靠性、增强系统处理功能。

　　答案： A

9-5-26　解： 用户的数据终端或计算机叫作数据终端设备 DTE（Data Terminal Equipment），这些设备代表数据链路的端结点。在通信网络的一边，有一个设备管理网络的接口，这个设备叫作数据终端设备 DCE（Data Circuit Equipment），如调制解调器、数传机、基带传输器、信号变换器、自动呼叫和应答设备等。

　　答案： D

9-5-27　解： 调制解调器（Modem）的功能是将数字信号变成模拟信号、并把模拟信号变成数字信号的设备。它通常由电源、发送电路和接收电路组成。因此调制解调器的数据传送方式为频带传输。

　　答案： A

9-5-28　解： 只有在计算机上正确安装网卡驱动程序和网络协议，并正确设置 IP 地址信息之后，服务器才能与网络内的计算机进行正常通信。

　　在正确安装了网卡等网络设备，系统可自动安装TCP/IP协议。主要配置的属性有 IP 地址、子网掩码、默认网关以及 DNS 服务器的 IP 地址等信息。在 Windows 的网络属性配置中，"默认网关"应该设置为路由器的地址。

　　答案： C

9-5-29　解： 简单地说，IP 就是门牌号码，域名就是房子的主人名字。IP 地址是 Internet 网中主机地址的一种数字标志，IP 就使用这个地址在主机之间传递信息。所谓域名，是互联网中用于解决地址对应问题的一种方法。域名的功能是映射互联网上服务器的 IP 地址，从而使人们能够与这些服务器连通。

　　答案： C

9-5-30　解： 计算机网络最突出的优点就是资源共享。

　　答案： B

9-5-31　解： 众所周知，Internet 是存在网络安全问题的。

　　答案： D

9-5-32　解： 中国教育和科研计算机网（CERNET）是由国家投资建设，教育部负责管理，清华大学等高等学校承担建设和管理运行的全国性学术计算机互联网络。它主要面向教育和科研单位，是全国最大的公益性互联网络。

　　答案： D

9-5-33　解： 交换机是一种工作在数据链路层上的、基于 MAC 识别、能完成封装转发数据包功能的网络设备。

　　答案： B

9-5-34　解： Internet 始于 1969 年，是在 ARPANET（美国国防部研究计划署）制定的协定下将美国西南部的大学——UCLA（加利福尼亚大学洛杉矶分校）、Stanford Research Institute（史坦福大学研究学院）、UCSB（加利福尼亚大学）和 University of Utah（犹他州大学）的四台主要的计算机连接起来。此后经历了文本、图片，以及现在的语音、视频等阶段，带宽越来越快，功能越来越强。

　　答案： B

　　9-5-35　解： 计算机网络按使用范围划分为公用网和专用网。公用网由电信部门或其他提供通信服务的经营部门组建、管理和控制，网络内的传输和转接装置可供任何部门和个人使用；公用网常用于广域网络的构造，支持用户的远程通信。如我国的电信网、广电网、联通网等。专用网是由用户部门组建经营的网络，不容许其他用户和部门使用；由于投资的因素，专用网常为局域网或者是通过租借电信部门的线路而组建的广域网络。如由学校组建的校园网、由企业组建的企业网等。

　　答案： B

　　9-5-36　解： 资源共享是现代计算机网络最主要的作用，它包括软件共享、硬件共享及数据共享。软件共享是指计算机网络内的用户可以共享计算机网络中的软件资源，包括各种语言处理程序、应用程序和服务程序。硬件共享是指可在网络范围内提供对处理资源、存储资源、输入输出资源等硬件资源的共享，特别是对一些高级和昂贵的设备，如巨型计算机、大容量存储器、绘图仪、高分辨率的激光打印机等。数据共享是对网络范围内的数据共享。网上信息包罗万象，无所不有，可以供每一个上网者浏览、咨询、下载。

　　答案： A

　　9-5-37　解： 调制调解器（modem）的功能是在计算机与电话线之间进行信号转换，也就是实现模拟信号和数字信号之间的相互转换。

　　答案： D

　　9-5-38　解： 按计算机联网的区域大小，我们可以把网络分为局域网（LAN，Local Area Network）和广域网（WAN，Wide Area Network）。局域网（LAN）是指在一个较小地理范围内的各种计算机网络设备互联在一起的通信网络，可以包含一个或多个子网，通常局限在几千米的范围之内。如在一个房间、一座大楼，或是在一个校园内的网络就称为局域网。

　　答案： B

　　9-5-39　解： 资源共享是现代计算机网络的最主要的作用。

　　答案： A

　　9-5-40　解： Internet 主要由四大部分组成，其中包括路由器、主机、信息资源与通信线路。

　　答案： D

　　9-5-41　解： 网址 www.zzu.edu.cn 中 zzu 是在 Internet 中注册的域名。

　　答案： D

　　9-5-42　解： DNS 就是将各个网页的 IP 地址转换成人们常见的网址。

　　答案： A

　　9-5-43　解： 如果要寻找一个主机名所对应的 IP 地址，则需要借助域名服务器来完成。当 Internet 应用程序收到一个主机域名时，它向本地域名服务器查询该主机域名对应的 IP 地址。如果在本地域名服务器中找不到该主机域名对应的 IP 地址，则本地域名服务器向其他域名服务器发出请求，要求其他域名服务器协助查找，并将找到的 IP 地址返回给发出请求的应用程序。

　　答案： C

　　9-5-44　解： Internet 是一个计算机交互网络，又称网间网。它是一个全球性的巨大的计算机网络体系，它把全球数万个计算机网络，数千万台主机连接起来，包含了难以计数的信息资源，向全世界提供信息服务。Internet 是一个以TCP/IP网络协议连接各个国家、各个地区、各个机构的计算机网络的数据通信网。

答案： C

9-5-45 解： Internet 专有的特点是采用TCP/IP协议。

答案： A

9-5-46 解： 中国的顶级域名是 cn。

答案： A

9-5-47 解： 局域网常用设备有网卡（NIC）、集线器（Hub）、以太网交换机（Switch）。

答案： C

9-5-48 解： ICP 是电信与信息服务业务经营许可证，ISP 是互联网接入服务商的许可。

答案： B

9-5-49 解： 按照计算机网络作用范围的大小，将其分为局域网、城域网和广域网。局域网是将小区域内的各种通信设备互连在一起的网络，其分布范围局限在一个办公室、一幢大楼或一个校园内，用于连接个人计算机、工作站和各类外围设备，以实现资源共享和信息交换。

答案： A

9-5-50 解： IP 地址能唯一地确定 Internet 上每台计算机与每个用户的位置。

答案： C

9-5-51 解： 将文件从 FTP 服务器传输到客户机的过程称为文件的下载。

答案： B

9-5-52 解： 给数据加密，是隐藏信息的可读性，将可读的信息数据转换为不可读的信息数据，称为密文。把信息隐藏起来，即隐藏信息的存在性，将信息隐藏在一个容量更大的信息载体之中，形成隐秘载体。信息隐藏和数据加密的方法是不一样的。

答案： D

第十章 工程经济

复习指导

1. 资金的时间价值

掌握资金时间价值的概念，熟悉现金流量和现金流量图，重点掌握资金等值计算，应会利用公式和复利系数表进行计算，掌握实际利率和名义利率的概念及计算公式。

对于资金等值计算公式，应该注意等额系列计算公式中 F、P、A 发生的时点，应用时注意它的应用条件。应熟悉复利系数表的应用。

2. 财务效益与费用估算

了解项目的分类和项目的计算期，熟悉财务效益与费用所包含的内容，重点掌握建设投资的构成、建设期利息的计算、经营成本的概念、项目评价涉及的税费以及总投资形成的资产。

3. 资金来源与融资方案

了解资金筹措的主要方式，掌握资金成本的概念及计算，熟悉债务偿还的主要方式。

4. 财务分析

应熟练掌握盈利能力分析的相关指标的概念和计算，重点掌握净现值、内部收益率、净年值、费用现值、费用年值、投资回收期的含义和计算方法，熟悉利用这些指标评价方案盈利能力时的判别标准。熟悉偿债能力分析、财务生存能力的概念，熟悉相关财务分析报表。

5. 经济费用效益分析

应理解社会折现率、影子价格、影子汇率、影子工资的概念，复习时应注意经济净现值、经济内部收益率指标与财务净现值、财务内部收益率的区别。了解效益费用比的概念。掌握经济净现值、经济内部收益率、效益费用比的判别标准。

6. 不确定性分析

对于盈亏平衡分析，应熟悉固定成本、可变成本的概念，熟练掌握盈亏平衡分析的计算，了解盈亏平衡点的含义。

对于单因素敏感性分析，应了解该方法的概念、敏感度系数和临界点的含义，熟悉敏感性分析图。

7. 方案经济比选

应熟悉独立型方案与互斥型方案的区别，掌握互斥方案比选的效益比选法、费用比选法和判别标准，了解最低价格法的概念；熟悉计算期不同的互斥方案的比选可采用的方法和指标。

8. 项目经济评价特点

对于改扩建项目，应了解其与新建项目在经济评价上的不同特点。

9. 价值工程

重点掌握价值工程的基本概念，包括价值工程中价值、功能及成本的概念，掌握价值的公式，根据公式可知提高价值的途径。

了解价值工程的实施步骤，掌握价值工程的核心。

本章的复习，应注重掌握相关的基本概念、基本公式和计算方法。在复习的同时，应该通过做习题训练，进一步巩固考试大纲要求掌握的内容。做习题时，应注意掌握习题考核的知识点。

练习题、题解及参考答案

（一）资金的时间价值

10-1-1　某公司拟向银行贷款 100 万元，贷款期为 3 年，甲银行的贷款利率为 6%（按季计息），乙银行的贷款利率为 7%，该公司向哪家银行贷款付出的利息较少：

  A. 甲银行　　　　　　　　　　　　B. 乙银行

  C. 两家银行的利息相等　　　　　　D. 不能确定

10-1-2　关于现金流量的下列说法中，正确的是：

  A. 同一时间点上现金流入和现金流出之和，称为净现金流量

  B. 现金流量图表示现金流入、现金流出及其与时间的对应关系

  C. 现金流量图的零点表示时间序列的起点，同时也是第一个现金流量的时间点

  D. 垂直线的箭头表示现金流动的方向，箭头向上表示现金流出，即表示费用

10-1-3　某人第 1 年年初向银行借款 10 万元，第 1 年年末又借款 10 万元，第 3 年年初再次借 10 万元，年利率为 10%，到第 4 年末连本带利一次还清，应付的本利和为：

  A. 31.00 万元　　　　　　　　　　B. 76.20 万元

  C. 52.00 万元　　　　　　　　　　D. 40.05 万元

10-1-4　某投资项目原始投资额为 200 万元，使用寿命为 10 年，预计净残值为零，已知该项目第 10 年的经营净现金流量为 25 万元，回收营运资金 20 万元，则该项目第 10 年的净现金流量为：

  A. 20 万元　　　　B. 25 万元　　　　C. 45 万元　　　　D. 65 万元

10-1-5　某公司准备建立一项为期 10 年的奖励基金，用于奖励有突出贡献的员工，每年计划颁发 100000 元奖金，从第 1 年开始至第 10 年正好用完账户中的所有款项，若利率为 6%，则第 1 年初存入的奖励基金应为：

  A. 1318079 元　　　　　　　　　　B. 1243471 元

  C. 780169 元　　　　　　　　　　D. 736009 元

10-1-6　在下面的现金流量图（见图）中，若横轴时间单位为年，则大小为 40 的现金流量的发生时点为：

  A. 第 2 年年末　　　　　　　　　　B. 第 3 年年初

  C. 第 3 年年中　　　　　　　　　　D. 第 3 年年末

10-1-7　某现金流量如图所示，如果利率为 i，则下面的 4 个表达式中，正确的是：

  A. $P(P/F,i,l) = A(P/A,i,n-m)(P/F,i,m)$

  B. $P(F/P,i,m-l) = A(P/A,i,n-m)$

  C. $P = A(P/A,i,n-m)(P/F,i,m-l)$

  D. $P(F/P,i,n-l) = A(F/A,i,n-m+1)$

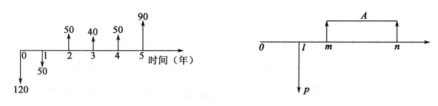

题 10-1-6 图　　　　　　　　　　　题 10-1-7 图

10-1-8 某项贷款年利率 12%，每季计息一次，则年实际利率为：

A. 12%　　　　　B. 12.48%　　　　　C. 12.55%　　　　　D. 12.68%

10-1-9 某公司年初从银行得到一笔贷款，原约定连续 5 年每年年末还款 10 万元，年利率 11%，按复利计息。后与银行协商，还款计划改为到第 5 年年末一次偿还本利，利率不变，则第 5 年年末应偿还本利和：

A. 54.400 万元　　　B. 55.500 万元　　　C. 61.051 万元　　　D. 62.278 万元

10-1-10 某公司从银行贷款，年利率 8%，按复利计息，借贷期限 5 年，每年年末偿还等额本息 50 万元。到第 3 年年初，企业已经按期偿还 2 年本息，现在企业有较充裕资金，与银行协商，计划第 3 年年初一次偿还贷款，需还款金额为：

A. 89.2 万元　　　B. 128.9 万元　　　C. 150 万元　　　D. 199.6 万元

10-1-11 某学生从银行贷款上学，贷款年利率 5%，上学期限 3 年，与银行约定从毕业工作的第 1 年年末开始，连续 5 年以等额本息还款方式还清全部贷款，预计该生每年还款能力为 6000 元。该学生上学期间每年年初可从银行得到等额贷款：

A. 7848 元　　　B. 8240 元　　　C. 9508 元　　　D. 9539 元

题解及参考答案

10-1-1 **解：** 比较两家银行的年实际利率，其中较低者利息较少。

甲银行的年实际利率：$i_甲 = \left(1 + \dfrac{r}{m}\right)^m - 1 = \left(1 + \dfrac{6\%}{4}\right)^4 - 1 = 6.14\%$；乙银行的年实际利率为 7%，故向甲银行贷款付出的利息较少。

答案： A

10-1-2 **解：** 现金流量图表示的是现金流入、现金流出与时间的对应关系。同一时间点上的现金流入和现金流出之差，称为净现金流量。箭头向上表示现金流入，向下表示现金流出。现金流量图的零点表示时间序列的起点，但第一个现金流量不一定发生在零点。

答案： B

10-1-3 **解：** ①应用资金等值公式计算：$F = A(P/A, 10\%, 3)(F/P, 10\%, 5)$。

②按 $F = A(F/A, 10\%, 3)(F/P, 10\%, 2)$ 计算。

③按复利公式计算：$F = 10(1 + 10\%)^4 + 10(1 + 10\%)^3 + 10(1 + 10\%)^2 = 40.05$ 万元。

答案： D

10-1-4 **解：** 回收营运资金为现金流入，故项目第 10 年的净现金流量为 25+20=45 万元。

答案： C

10-1-5 **解：** 根据等额支付现值公式计算：

$$P = 100000(P/A, 6\%, 10) = 100000 \times 7.36009 = 736009 \text{ 元}$$

答案： D

10-1-6　解： 在现金流量图中，横轴上任意一时点 t 表示第 t 期期末，同时也是第 $t+1$ 期的期初。

答案： D

10-1-7　解： 根据安全等值计算公式，将现金流入和现金流出折算到同一年进行比较判断。根据资金等值计算公式，选项 D 的方程两边是分别将现金流出和现金流入折算到 n 年末，等式成立。

答案： D

10-1-8　解： 利用名义利率与实际利率换算公式计算。

$$i = \left(1 + \frac{r}{m}\right)^m - 1 = \left(1 + \frac{12\%}{4}\right)^4 - 1 = 12.55\%$$

答案： C

10-1-9　解： 已知 A 求 F，用等额支付系列终值公式计算。

$$F = A\frac{(1+i)^n - 1}{i} = A(F/A, 11\%, 5) = 10 \times 6.2278 = 62.278 \text{ 万元}$$

答案： D

10-1-10　解： 已知 A 求 P，用等额支付系列现值公式计算。第 3 年年初已经偿还 2 年等额本息，还有 3 年等额本息没有偿还。所以 $n=3$，$A=50$，$P = 50(P/A, 8\%, 3) = 128.9$ 万元。

答案： B

10-1-11　解： 可绘出现金流量图（见解图），利用资金等值计算公式，将借款和还款等值计算折算到同一年，求 A。

$$A(P/A, 5\%, 3)(1 + i) = 6\,000(P/A, 5\%, 5)(P/F, 5\%, 3)$$

$$A \times 2.7232 \times 1.05 = 6000 \times 4.3295 \times 0.8638$$

或：$A(P/A, 5\%, 3)(F/P, 5\%, 4) = 6000(P/A, 5\%, 5)$

$$A \times 2.7232 \times 1.2155 = 6000 \times 4.3295$$

解得：$A = 7848$

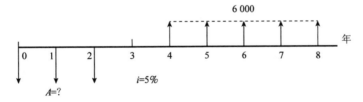

题 10-1-11 解图

答案： A

（二）财务效益与费用估算

10-2-1 以下关于项目总投资中流动资金的说法正确的是：

A. 是指工程建设其他费用和预备费之和

B. 是指投产后形成的流动资产和流动负债之和

C. 是指投产后形成的流动资产和流动负债的差额

D. 是指投产后形成的流动资产占用的资金

10-2-2 关于总成本费用的计算公式，下列正确的是：

A. 总成本费用=生产成本+期间费用

B. 总成本费用=外购原材料、燃料和动力费+工资及福利费+折旧费

C. 总成本费用=外购原材料、燃料和动力费+工资及福利费+折旧费+摊销费

D. 总成本费用=外购原材料、燃料和动力费+工资及福利费+折旧费+摊销费+修理费

10-2-3 某项目建设期 3 年，共贷款 1000 万元，第一年贷款 200 万元，第二年贷款 500 万元，第三年贷款 300 万元，贷款在各年内均衡发生，贷款年利率为 7%，建设期内不支付利息，建设期利息为：

A. 98.00 万元　　　　　　　　　　　B. 101.22 万元

C. 138.46 万元　　　　　　　　　　　D. 62.33 万元

10-2-4 下面不属于工程建设其他投资的是：

A. 土地使用费　　　　　　　　　　　B. 与项目建设有关的其他费用

C. 预备费　　　　　　　　　　　　　D. 联合试运转费

10-2-5 下面不属于产品销售收入的是：

A. 材料销售收入　　　　　　　　　　B. 工业性劳务收入

C. 自制半成品销售收入　　　　　　　D. 产成品销售收入

10-2-6 下面属于变动成本的是：

A. 折旧费　　　　　　　　　　　　　B. 无形资产摊销费

C. 管理费　　　　　　　　　　　　　D. 包装费

10-2-7 生产性项目总投资包括铺底流动资金和：

A. 设备工器具投资　　　　　　　　　B. 建筑安装工程投资

C. 流动资金　　　　　　　　　　　　D. 建设投资

10-2-8 销售收入的决定因素不包括：

A. 生产负荷　　　B. 销售价格　　　C. 销售量　　　D. 所得税

10-2-9 经营成本中包括：

A. 工资及福利费　　　　　　　　　　B. 固定资产折旧费

C. 贷款利息支出　　　　　　　　　　D. 无形资产摊销费

10-2-10 固定成本是总成本费用的一部分，它是指其中的：

A. 不随产量变动而变动的费用

B. 不随生产规模变动而变动的费用

C. 不随人员变动而变动的费用

D. 在一定生产规模限度内不随产量变动而变动的费用

10-2-11 某企业预计明年销售收入将达到 6000 万元，总成本费用将为 5600 万元，该企业明年应缴纳：

A. 销售税金　　　　　　　　　　　　B. 所得税

C. 固定资产投资方向调节税　　　　　D. 所得税和销售税金

10-2-12 无形资产是企业资产的重要组成部分，它的特点是会遭受：

A. 有形磨损和无形磨损　　　　　　　B. 有形磨损

C. 无形磨损　　　　　　　　　　　　D. 物理磨损

10-2-13 建设投资的全部组成包括：

A.建筑安装工程费、预备费、流动资金

B.工程费用、建设期利息、预备费

C.工程费用、工程建设其他费用、预备费

D.建筑工程费、设备购置费、安装工程费

10-2-14 构成建设项目总投资的三部分费用是:

A.工程费用、预备费、流动资金

B.建设投资、建设期利息、流动资金

C.建设投资、建设期利息、预备费

D.建筑安装工程费、工程建设其他费用、预备费

10-2-15 某新建项目,建设期2年,第1年年初借款1500万元,第2年年初借款1000万元,借款按年计息,利率为7%,建设期内不支付利息,第2年借款利息为:

A.70万元　　　　B.77.35万元　　　　C.175万元　　　　D.182.35万元

10-2-16 某公司购买一台计算机放置一年未用,一年期间又有新型号计算机出现,原购买的计算机的损耗为:

A.有形损耗　　　B.物理损耗　　　C.自然损耗　　　D.无形损耗

10-2-17 某建设项目固定资产投资1140万元,建设期贷款利息为150万元,折旧年限20年,预计净残值80万元,则该项目按直线折旧的年折旧额为:

A.48.5万元　　　B.50.5万元　　　C.53.0万元　　　D.60.5万元

10-2-18 某企业购置一台设备,固定资产原值为20万元,采用双倍余额递减法折旧,折旧年限为10年,则该设备第2年折旧额为:

A.2万元　　　　B.2.4万元　　　　C.3.2万元　　　　D.4.0万元

10-2-19 某工业企业预计今年销售收入可达8000万元,总成本费用为8200万元,则该企业今年可以不缴纳:

A.企业所得税　　　　　　　　B.营业税金及附加

C.企业自有车辆的车船税　　　D.企业自有房产的房产税

10-2-20 在建设项目总投资中,以下应计入固定资产原值的是:

A.建设期利息　　B.外购专利权　　C.土地使用权　　D.开办费

题解及参考答案

10-2-1　解: 项目总投资中的流动资金是指运营期内长期占用并周转使用的营运资金。估算流动资金的方法有扩大指标法或分项详细估算法。采用分项详细估算法估算时,流动资金是流动资产与流动负债的差额。

答案: C

10-2-2　解: 总成本费用有生产成本加期间费用和按生产要素两种估算方法。生产成本加期间费用计算公式为:总成本费用=生产成本+期间费用。

答案: A

10-2-3　解: 根据题意,贷款在各年内均衡发生,建设期内不支付利息,则

第一年利息：$(200/2) \times 7\% = 7$万元

第二年利息：$(200 + 500/2 + 7) \times 7\% = 31.99$万元

第三年利息：$(200 + 500 + 300/2 + 7 + 31.99) \times 7\% = 62.23$万元

建设期贷款利息：$7 + 31.99 + 62.23 = 101.22$万元

答案： B

10-2-4 解： 建设投资由工程费用（包括建筑工程费、设备购置费、安装工程费），工程建设其他费用和预备费（包括基本预备费和涨价预备费）所组成。工程建设其他费用包括土地使用费、与项目建设有关的其他费用（包括建设单位管理费、研究试验费、勘察设计费、工程监理费、工程保险费、建设单位临时设施费、引进技术和设备进口项目的其他费用、环境影响评价费、劳动安全卫生评价费、特殊设备安全监督检验费、市政公用设施费）和与未来企业生产经营有关的费用（包括联合试运转费、生产准备费、办公和生活家具购置费）。

答案： C

10-2-5 解： 产品销售收入包括企业销售的产成品、自制半成品及工业性劳务所获得的收入。

答案： A

10-2-6 解： 固定成本一般包括折旧费、摊销费、管理费、工资及福利费（计件工资除外）和其他费用等。通常把运营期间发生的全部利息也作为固定成本。包装费随产量变动而变动，属于变动成本。

答案： D

10-2-7 解： 生产性项目总投资包括建设投资、建设期贷款利息和铺底流动资金（粗略计算时，建设期贷款利息可并入建设投资）。

答案： D

10-2-8 解： 销售收入的多少与生产负荷大小、销售价格高低以及销售量的多少有关，但与所得税无关。

答案： D

10-2-9 解： 经营成本中不包括折旧费、摊销费和贷款利息支出。经营成本是指建设项目总成本费用扣除折旧费、摊销费和财务费用以后的全部费用。

答案： A

10-2-10 解： 总成本费用可分为固定成本和变动成本（可变成本），固定成本是指在一定生产规模限度内不随产量变动而变动的费用。

答案： D

10-2-11 解： 根据所得税法，企业每一纳税年度的收入总额，减除不征税收入、免税收入、各项扣除以及允许弥补的以前年度亏损后的余额，为应纳税所得额。该企业有利润，所以应缴纳所得税。企业有销售收入，就应缴纳销售税金。

答案： D

10-2-12 解： 无形资产的损耗是由于无形损耗（无形磨损）形成的，即由于社会科学技术进步而引起无形资产价值减少。

答案： C

10-2-13 解： 建设投资由工程费用、工程建设其他费用、预备费所组成。

答案： C

10-2-14 解： 建设项目总投资由建设投资、建设期利息、流动资金三部分构成。

答案： B

10-2-15 解： 按借款在年初发生的建设利息计算公式计算。第 1 年利息：$1500 \times 7\% = 105$ 万元，第 2 年利息：$(1500 + 105 + 1000) \times 7\% = 182.35$ 万元

答案： D

10-2-16 解： 根据损耗的概念判断。

答案： D

10-2-17 解： 利用年限平均法折旧公式计算。

答案： D

10-2-18 解： 用双倍余额递减法公式计算，注意计算第 2 年折旧额时，要用固定资产净值计算。第 1 年折旧额：$20 \times \frac{2}{10} = 4$ 万元。第 2 年折旧额：$(20 - 4) \times \frac{2}{10} = 3.2$ 万元。

答案： C

10-2-19 解： 无营业利润可以不缴纳所得税。

答案： A

10-2-20 解： 按规定，建设期利息应计入固定资产原值。

答案： A

（三）资金来源与融资方案

10-3-1 下列筹资方式中，属于项目债务资金的筹集方式是：

A. 优先股　　　　　　　　　　B. 政府投资

C. 融资租赁　　　　　　　　　D. 可转换债券

10-3-2 关于准股本资金的下列说法中，正确的是：

A. 准股本资金具有资本金性质，不具有债务资金性质

B. 准股本资金主要包括优先股股票和可转换债券

C. 优先股股票在项目评价中应视为项目债务资金

D. 可转换债券在项目评价中应视为项目资本金

10-3-3 下列不属于股票融资特点的是：

A. 股票融资所筹备的资金是项目的股本资金，可作为其他方式筹资的基础

B. 股票融资所筹资金没有到期偿还问题

C. 普通股票的股利支付，可视融资主体的经营好坏和经营需要而定

D. 股票融资的资金成本较低

10-3-4 融资前分析和融资后分析的关系，下列说法中正确的是：

A. 融资前分析是考虑债务融资条件下进行的财务分析

B. 融资后分析应广泛应用于各阶段的财务分析

C. 在规划和机会研究阶段，可以只进行融资前分析

D. 一个项目财务分析中融资前分析和融资后分析两者必不可少

10-3-5 现代主要的权益投资方式不包括：

A. 股权式合资结构　　　　　　B. 契约式合资式结构

C. 合资式结构　　　　　　　　D. 合伙制结构

10-3-6 某投资项目全投资的净现金流量见表：

年 份	0	1~10
净现金流量（万元）	−5000	600

若该项目初始投资中借款比例为 50%，贷款年利率为 8%，初始投资中自有资金的筹资成本为 12%，则当计算该项目自有资金的净现值时，基准折现率至少应取：

        A. 10%   B. 12%   C. 8%   D. 20%

10-3-7 某公司发行普通股筹资 8000 万元，筹资费率为 3%，第一年股利率为 10%，以后每年增长 5%，所得税率为 25%，则普通股资金成本为：

        A. 7.73%   B. 10.31%   C. 11.48%   D. 15.31%

10-3-8 某项目有一项融资，税后资金成本为 6.5%，若通货膨胀率为 2%，则考虑通货膨胀的资金成本为：

        A. 4.4%   B. 5.4%   C. 6.4%   D. 8.7%

10-3-9 某扩建项目总投资 1000 万元，筹集资金的来源为：原有股东增资 400 万元，资金成本为 15%；银行长期借款 600 万元，年实际利率为 6%。该项目年初投资当年获利，所得税税率 25%，该项目所得税后加权平均资金成本为：

        A. 7.2%   B. 8.7%   C. 9.6%   D. 10.5%

10-3-10 某项目总投资 13000 万元，融资方案为：普通股 5000 万元，资金成本为 16%；银行长期借款 8000 万元，税后资金成本为 8%。该项目的加权平均资金成本为：

        A. 10%   B. 11%   C. 12%   D. 13%

10-3-11 某项目从银行借款 1000 万元，年利率为 6%，期限 10 年，按年度还款，每年年末偿还本金 100 万元，并偿还相应未还本金的利息。该偿还债务方式为：

        A. 等额利息法   B. 等额本息法

        C. 等额本金法   D. 偿债基金法

10-3-12 某项目从银行贷款 500 万元，期限 5 年，年利率 5%，采取等额还本利息照付方式还本付息，每年年末还本付息一次，第二年应付利息是：

        A. 5 万元   B. 20 万元   C. 23 万元   D. 25 万元

10-3-13 某公司发行普通股筹资 10000 万元，筹资费率为 3%，第一年股利率为 8%，以后每年增长 6%，所得税率为 25%，则普通股资金成本为：

        A. 8.25%   B. 10.69%   C. 14.00%   D. 14.25%

10-3-14 某公司向银行借款 150 万元，期限为 5 年，年利率为 8%，每年年末等额还本付息一次（即等额本息法），到第五年年末还完本息。则该公司第二年年末偿还的利息为：

        ［已知：$(A/P, 8\%, 5) = 0.2505$］

        A. 9.954 万元   B. 12 万元   C. 25.575 万元   D. 37.575 万元

10-3-15 某公司向银行借款 2400 万元，期限为 6 年，年利率为 8%，每年年末付息一次，每年等额还本，到第六年年末还完本息。请问该公司第四年年末应还的本息和是：

        A. 432 万元   B. 464 万元   C. 496 万元   D. 592 万元

10-3-1 解： 资本金（权益资金）的筹措方式有股东直接投资、发行股票、政府投资等，债务资金的筹措方式有商业银行贷款、政策性银行贷款、外国政府贷款、国际金融组织贷款、出口信贷、银团贷款、企业债券、国际债券和融资租赁等。

优先股股票和可转换债券属于准股本资金，是一种既具有资本金性质又具有债务资金性质的资金。

答案： C

10-3-2 解： 准股本资金是一种既具有资本金性质、又具有债务资金性质的资金，主要包括优先股股票和可转换债券。

答案： B

10-3-3 解： 股票融资（权益融资）的资金成本一般要高于债权融资的资金成本。

答案： D

10-3-4 解： 融资前分析不考虑融资方案，在规划和机会研究阶段，一般只进行融资前分析。

答案： C

10-3-5 解： 现代主要的权益投资有股权式合资结构、契约式合资式结构和合伙制结构3种方式。

答案： C

10-3-6 解： 自有资金现金流量表中包括借款还本付息。计算自有资金的净现金流量时，借款还本付息要计入现金流出，也就是说计算自有资金净现金流量时，已经扣除了借款还本付息，因此计算该项目自有资金的净现值时，基准折现率应至少不低于自有资金的筹资成本。

答案： B

10-3-7 解： 普通股资金成本为：

$$K_s = \frac{8000 \times 10\%}{8000 \times (1 - 3\%)} + 5\% = 15.31\%$$

答案： D

10-3-8 解： 按考虑通货膨胀率资金成本计算公式计算：

$$\frac{1 + 6.5\%}{1 + 2\%} - 1 = 4.4\%$$

答案： A

10-3-9 解： 权益资金成本不能抵减所得税。

$$15\% \times \frac{400}{1000} + 6\% \times \frac{600}{1000} \times (1 - 25\%) = 8.7\%$$

答案： B

10-3-10 解： 按加权资金成本公式计算：

$$16\% \times \frac{5000}{13000} + 8\% \times \frac{8000}{13000} = 11\%$$

答案： B

10-3-11 解： 等额本金法的还款方式为每年偿还相等的本金和相应的利息。

答案： C

10-3-12 解： 等额还本，则每年还本100万元，次年以未还本金为基数计算利息。

第一年应还本金$= 500/5 = 100$万元，应付利息$= 500 \times 5\% = 25$万元；

第二年应还本金$= 500/5 = 100$万元，应付利息$= (500 - 100) \times 5\% = 20$万元。

答案： B

10-3-13 解： 根据股利增长模型法，普通股资金成本为：

$$K_s = \frac{D_i}{P_0 \times (1 - f)} + g$$

$$= \frac{10000 \times 8\%}{10000 \times (1 - 3\%)} + 6\% = 14.25\%$$

由于股利必须在企业税后利润中支付，所以不能抵减所得税的缴纳。

答案： D

10-3-14 解： 绘出现金流量图（见解图）。

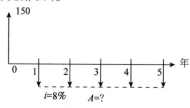

题 10-3-14 解图

注意题目所问的是第二年年末偿还的利息（不包括本金）。等额本息法每年还款的本利和相等，根据等额支付资金回收公式（已知P求A），每年年末还本付息金额为：

$$A = P\left[\frac{i(1 + i)^n}{(1 + i)^n - 1}\right]$$

$$= P(A/P, 8\%, 5) = 150 \times 0.2505 = 37.575 \text{ 万元}$$

注意 37.575 万元为每年偿还的本金与利息之和。

则第一年年末应偿还的利息为：$150 \times 8\% = 12$万元，偿还本金为：$37.575 - 12 = 25.575$万元

第一年已经偿还本金 25.575 万元，尚未偿还本金为：$(150 - 25.575) = 124.425$万元

第二年末应偿还的利息为：$(150 - 25.575) \times 8\% = 9.954$万元

答案： A

10-3-15 解： 该公司借款偿还方式为等额本金法。每年应偿还的本金均为：$2400/6 = 400$万元

前三年已经偿还本金为：$400 \times 3 = 1200$万元；尚未还款本金：$2400 - 1200 = 1200$万元

第四年应还利息为：$I_4 = 1200 \times 8\% = 96$万元

则第四年年末应还本息和为：$A_4 = 400 + 96 = 496$万元

或按等额本金法公式计算：

$$A_t = \frac{I_c}{n} + I_c \cdot \left(1 - \frac{t - 1}{n}\right) \cdot i$$

$$= \frac{2400}{6} + 2400 \times \left(1 - \frac{4 - 1}{6}\right) \times 8\% = 496 \text{ 万元}$$

答案： C

（四）财务分析

10-4-1 某项目建设工期为两年，第一年初投资 200 万元，第二年初投资 300 万元，投产后每年净现金流量为 150 万元，项目计算期为 10 年，基准收益率 10%，则此项目的财务净现值为：

A. 331.97 万元   B. 188.63 万元   C. 171.18 万元   D. 231.60 万元

10-4-2 某项目初期投资 150 万元，年运营成本 90 万元，寿命期 5 年，寿命期末回收残值 20 万元，企业基准折现率 10%，则该项目的费用现值为：

    A. 478.75 万元   B. 503.59 万元   C. 511.63 万元   D. 538.95 万元

10-4-3 当社会通货膨胀率趋于上升，其他因素没有变化时，基准折现率应：

    A. 降低   B. 提高   C. 保持不变   D. 无法确定

10-4-4 全投资财务现金流量表中不包括：

    A. 销售收入   B. 贷款成本   C. 经营成本   D. 资产回收

10-4-5 以下有关现金流量表的描述中，说法不正确的是：

    A. 财务现金流量表主要用于财务评价

    B. 自有资金现金流量表反映投资者各方权益投资的获得能力

    C. 通过全投资财务现金流量表可计算项目财务内部收益率、财务净现值和投资回收期等评价指标

    D. 全投资财务现金流量表是以项目为一独立系统，从融资前的角度进行设置的

10-4-6 某项目的净年值小于零，则：

    A. 该项目是可行的

    B. 该项目的内部收益率小于基准折现率

    C. 该项目的动态投资回收期小于寿命期

    D. 该项目的内部收益率大于基准折现率

10-4-7 与静态投资回收期计算无关的量是：

    A. 现金流入   B. 现金流出   C. 净现金流量   D. 基准收益率

10-4-8 在投资项目盈利能力分析中，若选取的基准年发生变动，则该项目的净现值（NPV）的内部收益率（IRR）的数值将是：

    A. NPV 变 IRR 不变   B. NPV 和 IRR 均变

    C. NPV 不变 IRR 变   D. NPV 和 IRR 均不变

10-4-9 投资项目 W 的净现金流量见表：

题 10-4-9 表

年 份	0	1	2	3	4	5	6
净现金流量（万元）	−3000	900	1000	1100	1100	1100	1100

则项目 W 的静态投资回收期为：

    A. 3.65 年   B. 3.87 年   C. 3 年   D. 3.55 年

10-4-10 某投资项目，当基准折现率取 15% 时，项目的净现值等于零，则该项目的内部收益率：

    A. 等于 15%   B. 大于 15%   C. 等于 0   D. 小于 15%

10-4-11 采用净现值指标对某项目进行财务盈利能力分析，设定的折现率为 i，该项目财务上可行的条件是：

    A. NPV≤企业可接受的水平   B. NPV<折现率

    C. NPV≥0   D. NPV>i

10-4-12 某项目第一年年初投资 100 万元，当年年末开始收益，每年年末净收益 25 万元，项目计算期 5 年，设定的折现率为 10%，该项目的净现值为：

    A. 0　　　　　　　B. －5.23　　　　　C. 5.23　　　　　D. 25

10-4-13 对建设项目进行财务现金流量分析时，若采用的折现率提高，则该项目：

    A.净现金流量减少，财务净现值减小　　B.净现金流量增加，财务净现值增加

    C.净现金流量减少，财务净现值增加　　D.净现金流量不变，财务净现值减小

10-4-14 在对独立方案的财务评价中，若采用内部收益率评价指标，则项目可行的标准是：

    A.IRR<基准收益率　　　　　　　　B.IRR≥基准收益率

    C.IRR<0　　　　　　　　　　　　D.IRR≥0

10-4-15 某投资项目一次性投资 200 万元，当年投产并收益，评价该项目的财务盈利能力时，计算财务净现值选取的基准收益率为i_c，若财务内部收益率小于i_c，则有：

    A.i_c低于贷款利率　　　　　　　　B.内部收益率低于贷款利率

    C.净现值大于零　　　　　　　　　　D.净现值小于零

10-4-16 设选取的基准收益率为i_c，如果某投资方案在财务上可行，则有：

    A.财务净现值小于零，财务内部收益率大于i_c

    B.财务净现值小于零，财务内部收益率小于i_c

    C.财务净现值不小于零，财务内部收益率不小于i_c

    D.财务净现值不小于零，财务内部收益率小于i_c

10-4-17 某小区建设一块绿地，需一次性投资 20 万元，每年维护费用 5 万元，设基准折现率 10%，绿地使用 10 年，则费用年值为：

    A.4.750 万元　　B.5 万元　　　C.7.250 万元　　D.8.255 万元

10-4-18 某项目总投资为 2000 万元，投产后正常年份运营期每年利息支出为 150 万元，若使总投资收益率不低于 20%，则年利润总额至少为：

    A.250 万元　　　B.370 万元　　　C.400 万元　　　D.550 万元

10-4-19 某项目建设投资 400 万元，建设期贷款利息 40 万元，流动资金 60 万元。投产后正常运营期每年净利润为 60 万元，所得税为 20 万元，利息支出为 10 万元。则该项目的总投资收益率为：

    A.19.6%　　　　B.18%　　　　　C.16%　　　　　D.12%

10-4-20 某项目总投资 16000 万元，资本金 5000 万元。预计项目运营期总投资收益率为 20%，年利息支出为 900 万元，所得税率为 25%，则该项目的资本金利润率为：

    A.30%　　　　　B.32.4%　　　　C.34.5%　　　　D.48%

10-4-21 某企业去年利润总额 300 万元，上缴所得税 75 万元，在成本中列支的利息 100 万元，折旧和摊销费 30 万元，还本金额 120 万元，该企业去年的偿债备付率为：

    A.1.34　　　　　B.1.55　　　　　C.1.61　　　　　D.2.02

10-4-22 判断投资项目在财务上的生存能力所依据的指标是：

    A.内部收益率和净现值

    B.利息备付率和偿债备付率

    C.投资利润率和资本金利润率

    D.各年净现金流量和累计盈余资金

10-4-23 下列关于现金流量表的表述中，说法不正确的是：

A. 项目资本金现金流量表反映投资者各方权益投资的获利能力

B. 项目资本金现金流量表考虑了融资，属于融资后分析

C. 通过项目投资现金流量表可计算项目财务内部收益、财务净现值等评价指标

D. 项目投资现金流量表以项目所需总投资为计算基础，不考虑融资方案影响

10-4-24 下列关于现金流量表的表述中，正确的是：

A. 项目资本金现金流量表排除了融资方案的影响

B. 通过项目投资现金流量表计算的评价指标反映投资者各方权益投资的获利能力

C. 通过项目投资现金流量表可计算财务内部收益、财务净现值和投资回收期等评价指标

D. 通过项目资本金现金流量表进行的分析反映了项目投资总体的获利能力

10-4-25 项目投资现金流量表中的现金流出不包括：

A. 所得税　　　　　　B. 营业税金　　　　　C. 利息支出　　　　　D. 经营成本

10-4-26 投资项目的现金流量表可分为项目投资和项目资本金现金流量表，以下说法正确的是：

A. 项目投资现金流量表中包括借款本金偿还

B. 项目资本金现金流量表将折旧作为支出列出

C. 项目投资现金流量表考察的是项目本身的财务盈利能力

D. 项目资本金现金流量表中不包括借款利息支付

10-4-27 为了从项目权益投资者整体角度考察盈利能力，应编制：

A. 项目资本金现金流量表　　　　　　　B. 项目投资现金流量表

C. 借款还本付息计划表　　　　　　　　D. 资产负债表

题解及参考答案

10-4-1 **解：**按计算财务净现值的公式计算。项目建设期 2 年，生产经营年限为 $(10-2)=8$ 年。

$$FNPV = -200 - 300(P/F,10\%,1) + 150(P/A,10\%,8)(P/F,10\%,2)$$
$$= -200 - 300 \times 0.90909 + 150 \times 5.33493 \times 0.82645 = 188.63 \text{ 万元}$$

答案：B

10-4-2 **解：**由于残值可以回收，未形成费用消耗，故应从费用中扣除。根据资金等值公式计算：

$$90 \times (P/A,10\%,5) + 150 - 20/(1+10\%)^5 = 487.75 \text{ 万元}$$

答案：A

10-4-3 **解：**基准收益率的计算公式为：

$$i_c = (1+i_1)(1+i_2)(1+i_3) - 1$$

式中，i_c 为基准收益率；i_1 为年资金费用率与机会成本中较高者；i_2 为年风险贴补率；i_3 为年通货膨胀率。在 i_1、i_2、i_3 都很小的情况下，公式可简化为：$i_c = i_1 + i_2 + i_3$。因此当通货膨胀率上升，则基准折现率应提高。

答案：B

10-4-4 **解：**全投资财务现金流量表（现称为项目投资现金流量表）属于融资前分析，不考虑融

资方案，表中不包括贷款成本。

答案： B

10-4-5 解： 自有资金现金流量表（资本金现金流量表）反映自有资金投资的获得能力，投资者各方权益投资的获得能力采用投资各方现金流量表。项目资本现金流量表是从项目法人（或投资者整体）角度出发，以项目资本金作为计算的基础，用以计算资本金内部收益率，反映投资者权益投资的获得能力。投资各方现金流量表是分别从各个投资者的角度出发，以投资者的出资额作为计算的基础，用以计算投资各方收益率。

答案： B

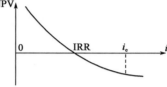

10-4-6 解： 从解图的净现值函数曲线中可以看出，当某项目的净现值小于零时，该项目的内部收益率 IRR 小于基准折现率 i_e。

答案： B

题 10-4-6 解图

10-4-7 解： 计算静态投资回收期仅考虑各年的现金流入、现金流出和净现金流量，不考虑资金的时间价值，基准收益率是反映资金时间价值的参数，因此基准收益率是与静态投资回收期计算无关的量。

答案： D

10-4-8 解： 由 NPV 公式或 $P = F/(1+i)^n$，显然在不同基准年，净现值不同。由求 IRR 的公式 $\sum(CI-CO)_t(1+IRR)^{-t} = 0$，方程两边同乘以 $(1+IRR)^{-m}$，公式不变。或者说折算到基准年的 NPV 为零，将其再折算到其他年（基准年），净现值还是零。

答案： A

10-4-9 解： 投资项目 W 的累计净现金流量见解表：

题 10-4-9 解表

年 份	0	1	2	3	4	5	6
净现金流量（万元）	−3000	900	1000	1100	1100	1100	1100
累计净现金流量（万元）	−3000	−2100	−1100	0	1100	2200	3300

计算累计净现金流量，到第 3 年累计现金流量正好为 0，故项目投资回收期为 3 年。

答案： C

10-4-10 解： 内部收益率是指使一个项目在整个计算期内各年净现金流量的现值累计为零时的利率，基准折现率取 15% 时，项目的净现值等于零，故该项目的内部收益率为 15%。

答案： A

10-4-11 解： 采用净现值指标的判定依据是净现值是否大于或等于 0。

答案： C

10-4-12 解： 利用资金等值公式计算：

$$净现值 NPV = 25 \times (P/A, 10\%, 5) - 100 = -5.23$$

答案： B

10-4-13 解： 净现金流量与采用的折现率无关，根据净现金流量函数曲线可以判断折现率与净现值的变化规律。

答案： D

10-4-14 解：采用内部收益率指标的判定依据是内部收益率是否不小于基准收益率。

　　答案：B

10-4-15 解：根据净现值函数曲线可判断。

　　答案：D

10-4-16 解：根据财务净现值和财务内部收益率的判定标准和净现值函数曲线进行判断。

　　答案：C

10-4-17 解：费用年值AC $= 5 + 20(A/P,10\%,10) = 8.255$万元。

　　答案：D

10-4-18 解：根据总投资收益率公式计算。

　　答案：A

10-4-19 解：项目总投资为建设投资、建设期利息和流动资金之和，计算总投资收益率要用息税前利润。

项目总投资 $= 400 + 40 + 60 = 500$万元，息税前利润 $= 60 + 20 + 10 = 90$万元

$$总投资收益率 = \frac{90}{500} = 18\%$$

　　答案：B

10-4-20 解：先根据总投资收益率计算息税前利润，然后计算总利润、净利润，最后计算资本金利润率。

息税前利润＝总投资×总投资收益率 $= 16000 \times 20\% = 3200$万元

总利润 $= 3200 - 900 = 2300$万元，净利润 $= 2300 \times (1 - 25\%) = 1725$万元

资本金净利润率 $= \frac{1725}{5000} = 34.5\%$

　　答案：C

10-4-21 解：按偿债备付率公式计算：

用于计算还本付息的资金＝息税前利润＋折旧和摊销－所得税 $= 300 + 100 + 30 - 75 = 355$万元

偿债备付率 $= 355/(120 + 100) = 1.61$

　　答案：C

10-4-22 解：根据投资项目在计算期内的净现金流量和累计盈余资金，判断项目在财务上的生存能力。

　　答案：D

10-4-23 解：项目资本金现金流量表反映项目权益投资者整体在该项目上的盈利能力分析。投资各方现金流量表反映投资各方权益投资的获利能力。

　　答案：A

10-4-24 解：项目投资现金流量表反映了项目投资总体的获利能力，主要用来计算财务内部收益、财务净现值和投资回收期等评价指标。

　　答案：C

10-4-25 解：项目投资现金流量分析属于融资前分析，表中的现金流出不包括利息支出。

　　答案：C

10-4-26 解：项目投资现金流量表考查的是项目投资的总体获利能力，不考虑融资方案，属于融资前分析。

答案： C

10-4-27 解： 项目资本金现金流量表从项目权益投资者的整体角度考查盈利能力。

答案： A

（五）经济费用效益分析

10-5-1　某项目的产出物为可外贸货物，其离岸价格为 100 美元，影子汇率为 6 元人民币/美元，出口费用为每件 100 元人民币，则该货物的影子价格为：

　　　　A. 500 元人民币　　　B. 600 元人民币　　　C. 700 元人民币　　　D. 800 元人民币

10-5-2　可外贸货物的投入或产出的影子价格应根据口岸价格计算，下列公式正确的是：

　　　　A. 出口产出的影子价格（出厂价）=离岸价（FOB）×影子汇率+出口费用

　　　　B. 出口产出的影子价格（出厂价）=到岸价（CIF）×影子汇率−出口费用

　　　　C. 进口投入的影子价格（到厂价）=到岸价（CIF）×影子汇率+进口费用

　　　　D. 进口投入的影子价格（到厂价）=离岸价（FOB）×影子汇率−进口费用

10-5-3　经济效益计算的原则是：

　　　　A. 增量分析的原则　　　　　　　　　B. 考虑关联效果的原则

　　　　C. 以全国居民作为分析对象的原则　　D. 支付意愿原则

10-5-4　某项目财务现金流量见表，则该项目的静态投资回收期为多少年?

　　　　A. 5.4　　　　　　B. 5.6　　　　　　C. 7.4　　　　　　D. 7.6

题 10-5-4 表

时　　间	1	2	3	4	5	6	7	8	9	10
净现金流量（万元）	−1200	−1000	200	300	500	500	500	500	500	500

10-5-5　下列关于经济效益和经济费用的表述中，正确的是：

　　　　A. 经济效益只考虑项目的直接效益

　　　　B. 项目对提高社会福利和社会经济所作的贡献都记为经济效益

　　　　C. 计算经济费用效益指标采用企业设定的折现率

　　　　D. 影子价格是项目投入物和产出物的市场平均价格

10-5-6　对建设项目进行经济费用效益分析所使用的影子价格的正确含义是：

　　　　A. 政府为保证国计民生为项目核定的指导价格

　　　　B. 使项目产出品具有竞争力的价格

　　　　C. 项目投入物和产出物的市场最低价格

　　　　D. 反映项目投入物和产出物真实经济价值的价格

10-5-7　计算经济效益净现值采用的折现率应是：

　　　　A. 企业设定的折现率　　　　　　　　B. 国债平均利率

　　　　C. 社会折现率　　　　　　　　　　　D. 银行贷款利率

10-5-8　从经济资源配置的角度判断建设项目可以被接受的条件是：

　　　　A. 财务净现值大于或等于零

　　　　B. 经济内部收益率小于或等于社会折现率

　　　　C. 财务内部收益率大于或等于基准收益率

D. 经济净现值大于或等于零

10-5-9 进行经济费用效益分析时，评价指标效益费用比是指在项目计算期内：

A. 经济净现值与财务净现值之比

B. 经济内部收益率与社会折现率之比

C. 效益流量的现值与费用流量的现值之比

D. 效益流量的累计值与费用流量的累计值之比

10-5-10 某地区为减少水灾损失，拟建水利工程。项目投资预计 500 万元，计算期按无限年考虑，年维护费 20 万元。项目建设前每年平均损失 300 万元。若利率 5%，则该项目的费用效益比为：

A. 6.11   B. 6.67   C. 7.11   D. 7.22

题解及参考答案

10-5-1 **解：** 该货物的影子价格为：

直接出口产出物的影子价格（出厂价）＝离岸价（FOB）×影子汇率－出口费用

$$= 100 \times 6 - 100 = 500 \text{ 元人民币}$$

答案： A

10-5-2 **解：** 可外贸货物影子价格：

直接进口投入物的影子价格（到厂价）＝到岸价（CIF）×影子汇率＋进口费用

答案： C

10-5-3 **解：** 经济效益的计算应遵循支付意愿原则和接受补偿原则（受偿意愿原则）。

答案： D

10-5-4 **解：** 计算项目的累积净现金流量，见解表：

题 10-5-4 解表

时　　间	1	2	3	4	5	6	7	8	9	10
净现金流量（万元）	－1200	－1000	200	300	500	500	500	500	500	500
累计净现金流量（万元）	－1200	－2200	－2000	－1700	－1200	－700	－200	300	800	1300

静态投资回收期：$T = 8 - 1 + |-200|/500 = 7.4$ 年

答案： C

10-5-5 **解：** 项目对提高社会福利和社会经济所作的贡献都应记为经济效益，包括直接效益和间接效益。

答案： B

10-5-6 **解：** 影子价格反映项目投入物和产出物的真实经济价值。

答案： D

10-5-7 **解：** 进行经济费用效益分析采用社会折现率参数。

答案： C

10-5-8 **解：** 经济净现值大于或等于零，表明项目的经济盈利性达到或超过了社会折现率的基本要求。

答案： D

10-5-9 解：根据效益费用比的定义。

答案：C

10-5-10 解：项目建成每年减少损失，视为经济效益。若$n \to \infty$，则$(P/A,i,n) = 1/i$。按效益费用比公式计算。

$$B = 300 \times \frac{1}{i} = 6000, C = 500 + 20 \times \frac{1}{i} = 900$$

$$R_{BC} = 6000/90 = 6.67$$

答案：B

（六）不确定性分析

10-6-1 关于盈亏平衡点的下列说法中，错误的是：

    A. 盈亏平衡点是项目的盈利与亏损的转折点

    B. 盈亏平衡点上，销售（营业、服务）收入等于总成本费用

    C. 盈亏平衡点越低，表明项目抗风险能力越弱

    D. 盈亏平衡分析只用于财务分析

10-6-2 某建设项目年设计生产能力为 8 万台，年固定成本为 1200 万元，产品单台售价为 1000 元，单台产品可变成本为 600 元，单台产品销售税金及附加为 150 元，则该项目的盈亏平衡点的产销量为：

    A. 48000 台   B. 12000 台   C. 30000 台   D. 21819 台

10-6-3 在单因素敏感分析图中，下列哪一项影响因素说明该因素越敏感？

    A. 直线的斜率为负   B. 直线的斜率为正

    C. 直线的斜率绝对值越大   D. 直线的斜率绝对值越小

10-6-4 盈亏平衡分析是一种特殊形式的临界点分析，它适用于财务评价，其计算应按项目投产后以下哪项计算？

    A. 正常年份的销售收入和成本费用数据利润总额

    B. 计算期内的平均值

    C. 年产量

    D. 单位产品销售价格

10-6-5 成本可分为固定成本和可变成本，假设生产规模一定，以下说法中正确的是：

    A. 产量增加，但固定成本在单位产品中的成本不变

    B. 单位产品中固定成本部分随产量增加而减少

    C. 固定成本低于可变成本时才能盈利

    D. 固定成本与可变成本相等时利润为零

10-6-6 某吊车生产企业，以产量表示的盈亏平衡点为600台。预计今年的固定成本将增加20%，若其他条件不变，则盈亏平衡点将变为：

    A. 720 台   B. 600 台   C. 500 台   D. 480 台

10-6-7 某项目设计生产能力为年产 5000 台，每台销售价格 500 元，单位产品可变成本 350 元，每台产品税金 50 元，年固定成本 265000 元，则该项目的盈亏平衡产量为：

    A. 2650 台   B. 3500 台   C. 4500 台   D. 5000 台

10-6-8 某企业拟投资生产一种产品,设计生产能力为 15万件/年,单位产品可变成本 120 元,总固定成本 1500 万元,达到设计生产能力时,保证企业不亏损的单位产品售价最低为:

    A. 150 元   B. 200 元   C. 220 元   D. 250 元

10-6-9 对项目进行单因素敏感性分析时,以下各项中,可作为敏感性分析因素的是:

    A. 净现值   B. 年值   C. 内部收益率   D. 折现率

10-6-10 为了判断某种因素对财务或经济评价指标的影响,敏感性分析采取的分析方法是:

    A. 对不同评价指标进行比较

    B. 考察不确定性因素的变化导致评价指标的变化幅度

    C. 考察盈亏平衡点的变化对评价指标的影响

    D. 计算不确定因素变动的概率分布并分析对方案的影响

10-6-11 对某项目进行敏感性分析,采用的评价指标为内部收益,基本方案的内部收益率为 15%,当不确定性因素原材料价格增加 10%时,内部收益率为 13%,则原材料的敏感度系数为:

    A. −1.54   B. −1.33   C. 1.33   D. 1.54

10-6-12 对某项目投资方案进行单因素敏感性分析,基准收益率 15%,采用内部收益率作为评价指标,投资额、经营成本、销售收入为不确定性因素,计算其变化对 IRR 的影响如表所示。则敏感性因素按对评价指标影响的程度从大到小排列依次为:

    A. 投资额、经营成本、销售收入   B. 销售收入、经营成本、投资额

    C. 经营成本、投资额、销售收入   D. 销售收入、投资额、经营成本

不确定性因素变化对 IRR 的影响   题 10-6-12 表

不确定性因素	变化幅度		
	−20%	0	+20%
投资额	22.4	18.2	14
经营成本	23.2	18.2	13.2
销售收入	4.6	18.2	31.8

10-6-13 对某投资方案进行单因素敏感性分析,选取的分析指标为净现值 NPV,考虑投资额、产品价格、经营成本为不确定性因素,计算结果如图所示,则敏感性大小依次为:

    A. 经营成本、投资额、产品价格   B. 投资额、经营成本、产品价格

    C. 产品价格、投资额、经营成本   D. 产品价格、经营成本、投资额

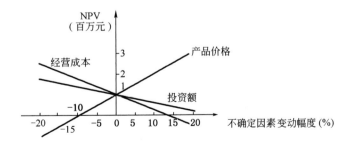

题 10-6-13 图 敏感性分析图

10-6-14 对某投资方案进行单因素敏感性分析,选取的分析指标为净现值NPV,考虑投资额、产品价格、经营成本为不确定性因素,计算结果如上题图所示,不确定性因素产品价格变化的临界点

约为：

    A. −10%   B. 0   C. 10%   D. 20%

10-6-15 对某投资项目进行敏感性分析，采用的评价指标为内部收益率，基准收益率为 15%，基本方案的内部收益率为 18%，对于不确定性因素销售收入，当销售收入降低 10%，内部收益率为 15% 时，销售收入变化的临界点为：

    A. −10%   B. 3%   C. 10%   D. 15%

题解及参考答案

10-6-1 **解：**盈亏平衡点越低，说明项目盈利的可能性越大，项目抵抗风险的能力越强。

    答案： C

10-6-2 **解：**盈亏平衡点产销量 $= \dfrac{1200 \times 10^4}{1000 - 600 - 150} = 48000$ 台

    答案： A

10-6-3 **解：**在单因素敏感性分析图中，直线斜率的绝对值越大，较小的不确定性因素变化幅度会引起敏感性分析评价指标较大的变化，即该因素越敏感。

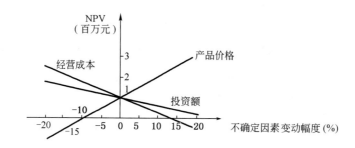

题 10-6-3 解图

    答案： C

10-6-4 **解：**盈亏平衡分析应按项目投产后，正常年份的销售收入和成本费用数据利润总额进行计算。

    答案： A

10-6-5 **解：**固定成本不随产量变化。单位产品固定成本是固定成本与产量的商，产量增加时，成本减少。

    答案： B

10-6-6 **解：**根据盈亏平衡分析计算公式，若其他条件不变，以产量表示的盈亏平衡点与固定成本成正比。

    答案： A

10-6-7 **解：**用盈亏平衡分析公式计算，考虑每台产品的税金。

$$盈亏平衡产量 = \frac{265000}{500 - 350 - 50} = 2650 \text{ 台}$$

    答案： A

10-6-8 **解：**用盈亏平衡分析公式计算。

$$单位产品最低售价 = \frac{年固定成本}{设计生产能力} + 单位产品可变成本$$

$$= \frac{1500}{15} + 120 = 220\ 元$$

答案：C

10-6-9 解： 注意评价指标和敏感性因素的区别。

答案：D

10-6-10 解： 根据敏感性分析的含义。

答案：B

10-6-11 解： 按敏感度系数公式计算：

$$\Delta A = (13\% - 15\%)/15\% = -0.133, \quad S_{AF} = \frac{-0.133}{10\%} = -1.33$$

答案：B

10-6-12 解： 变化幅度的绝对值相同时（如变化幅度为±20%），敏感性系数较大者对应的因素较敏感。

答案：B

10-6-13 解： 图中与水平线夹角较大的因素较敏感。

答案：D

10-6-14 解： 当不确定性因素产品价格降低10%时，净现值变为0。

答案：A

10-6-15 解： 依据临界点的含义确定。

答案：A

（七）方案经济比选

10-7-1 现有两个寿命期相同的互斥投资方案 A 和 B，B 方案的投资额和净现值都大于 A 方案，A 方案的内部收益率为 14%，B 方案的内部收益率为 15%，差额的内部收益率为 13%，则使 A、B 两方案优劣相等时的基准收益率应为：

A. 13%　　　　B. 14%　　　　C. 15%　　　　D. 13%至 15%之间

10-7-2 在进行互斥方案选优时，若备选方案的收益基本相同，且难于估计时，比选计算应考虑采用：

A. 内部收益率　　B. 净现值　　　C. 投资回收期　　D. 费用现值

10-7-3 采用净现值（NPV）、内部收益率（IRR）和差额内部收益率（ΔIRR）进行互斥方案比选，它们的评价结论是：

A. NPV 和 ΔIRR 总是不一致的

B. IRR 和 ΔIRR 总是一致的

C. NPV 和 ΔIRR 总是一致的

D. NPV、IRR 和 ΔIRR 总是不一致的

10-7-4 两个初始投资相同、寿命期相同的投资方案，下列说法中正确的是：

A. $NPV_1 = NPV_2$，则 $IRR_1 = IRR_2$

B. $NPV_1 > NPV_2$，则 $IRR_1 > IRR_2$

C. $NPV_1 > NPV_2$，则$IRR_1 < IRR_2$

D. $NPV_1 > NPV_2 \geq 0$，则方案1较优

10-7-5 某项目有甲乙丙丁 4 个投资方案，寿命期都是 8 年，设定的折现率 8%，$(A/P,8\%,8) = 0.1740$，各方案各年的净现金流量如表所示，采用年值法应选用：

A. 甲方案　　　　B. 乙方案　　　　C. 丙方案　　　　D. 丁方案

各方案各年的净现金流量表（单位：万元）　　　　　　　　　　题 10-7-5 表

方　案	年　份		方　案	年　份	
	0	1~8		0	1~8
甲	−500	92	丙	−420	76
乙	−500	90	丁	−400	77

10-7-6 若两个互斥方案的计算期相同，每年的收益基本相同但无法准确估计，应采用的财务评价指标是：

A. 内部收益率　　B. 净现值　　　C. 投资回收期　　D. 费用年值

10-7-7 某项目有三个产出相同的方案，方案寿命期均为 10 年，期初投资和各年运营费用如表所示，设基准折现率为 7%，已知$(P/A,7\%,10) = 7.204$。则方案优劣的排序为：

A. 甲乙丙　　　　B. 甲丙乙　　　　C. 乙甲丙　　　　D. 丙乙甲

期初投资和各年运营费用（单位：万元）　　　　　　　　题 10-7-7 表

方　案	期初投资	1~10年每年运营费用	方　案	期初投资	1~10年每年运营费用
甲	100	15	丙	60	21
乙	80	17			

10-7-8 有甲乙丙丁四个互斥方案，投资额分别为 1000 万元、800 万元、700 万元、600 万元，方案计算期均为 10 年，基准收益率为 15%，计算差额内部收益率结果$\Delta IRR_{甲-乙}$、$\Delta IRR_{乙-丙}$、$\Delta IRR_{丙-丁}$分别为 14.2%、16%、15.1%，应选择：

A. 甲方案　　　　B. 乙方案　　　　C. 丙方案　　　　D. 丁方案

10-7-9 有甲乙丙丁四个投资方案，设定的基准折现率为 12%，已知$(A/P,12\%,8) = 0.2013$，$(A/P,12\%,9) = 0.1877$，$(A/P,12\%,10) = 0.1770$。各方案寿命期及各年净现金流量如表所示，用年值法评价方案，应选择：

A. 甲方案　　　　B. 乙方案　　　　C. 丙方案　　　　D. 丁方案

各年的净现金流量（单位：万元）　　　　　　　　　题 10-7-9 表

方　案	寿命期（年）	年　份			
		0	1~8	9	10
甲	8	−5000	980	—	—
乙	8	−4800	980	—	—
丙	9	−4800	900	900	—
丁	10	−5000	900	900	900

10-7-10 在几个产品相同的备选方案比选中，最低价格法是：

A. 按主要原材料推算成本，其中原材料价格较低的方案为优

B. 按净现值为 0 计算方案的产品价格，其中产品价格较低的方案为优

C. 按市场风险最低推算产品价格，其中产品价格较低的方案为优

D. 按市场需求推算产品价格，其中产品价格较低的方案为优

10-7-11 两个计算期不等的互斥方案比较，可直接采用的方法是：

A. 净现值法　　　　　　　　　　B. 内部收益率法

C. 差额内部收益率法　　　　　　D. 年值法

题解及参考答案

10-7-1　解： 差额投资内部收益率是两个方案各年净现金流量差额的现值之和等于零时的折现率。差额内部收益率等于基准收益率时，两方案的净现值相等，即两方案的优劣相等。

答案： A

10-7-2　解： 在进行互斥方案选优时，若备选方案的收益基本相同，可计算方案的费用现值或费用年值进行方案比选。

答案： D

10-7-3　解： 采用净现值（NPV）、内部收益率（IRR）进行互斥方案比选，其结论可能不一致；采用净现值（NPV）和差额内部收益率（ΔIRR）进行互斥方案比选的评价结论的总是一致的。

答案： C

10-7-4　解： $\text{NPV}_1 > \text{NPV}_2$，不一定 $\text{IRR}_1 > \text{IRR}_2$，不能直接用内部收益率比较两个方案的优劣。

答案： D

10-7-5　解： 甲乙年投资相等，但甲方案年收益较大，所以淘汰乙方案；丙乙方案比较，丙方案投资大但年收益值较小，淘汰丙方案，比较甲丁方案净年值。

答案： D

10-7-6　解： 互斥方案的收益相同时，可用费用年值进行方案的比选。

答案： D

10-7-7解： 由于产出相同，可以只计算费用现值。分别计算费用现值，费用现值较低的方案较优。

答案： C

10-7-8　解： ΔIRR 大于基准收益率时，应选投资额较大的方案，反之应选投资额较小的方案。

答案： B

10-7-9　解： 甲乙方案寿命期、年收益值相同，但甲方案投资额大，应先淘汰，分别计算乙丙丁方案的年值。

答案： D

10-7-10　解： 最低价格法是在相同产品方案比选中，按净现值为 0 推算备选方案的产品价格，以最低产品价格较低的方案为优。

答案： B

10-7-11　解： 计算期不等的方案比较可以用年值法。

答案： D

（八）改扩建项目的经济评价特点

10-8-1 以下关于社会折现率的说法中，不正确的是：

    A. 社会折现率可用作经济内部收益率的判别基准

    B. 社会折现率可用作衡量资金时间经济价值

    C. 社会折现率可用作不同年份之间资金价值转化的折现率

    D. 社会折现率不能反映资金占用的机会成本

10-8-2 属于改扩建项目经济评价中使用的五种数据之一的是：

    A. 资产   B. 资源   C. 效益   D. 增量

10-8-3 对于改扩建项目的经济评价，以下表述中正确的是：

    A. 仅需要估算"有项目""无项目""增量"三种状态下的效益和费用

    B. 只对项目本身进行经济性评价，不考虑对既有企业的影响

    C. 财务分析一般只按项目一个层次进行财务分析

    D. 需要合理确定原有资产利用、停产损失和沉没成本

题解及参考答案

10-8-1 **解：** 社会折现率是用以衡量资金时间经济价值的重要参数，代表资金占用的机会成本，并且用作不同年份之间资金价值换算的折现率。

    答案： D

10-8-2 **解：** 改扩建项目盈利能力分析可能涉及的五套数据，包括：①"现状"数据；②"无项目"数据；③"有项目"数据；④新增数据；⑤增量数据。

    答案： D

10-8-3 **解：** 改扩建项目的经济评价应考虑原有资产的利用、停产损失和沉没成本等问题。

    答案： D

（九）价值工程

10-9-1 ABC分类法中，部件数量占60%~80%、成本占5%~10%的为：

    A. A类   B. B类   C. C类   D. 以上都不对

10-9-2 下列可以提高产品价值的是：

    A. 功能不变，提高成本

    B. 成本不变，降低功能

    C. 成本增加一些，功能有很大提高

    D. 功能很大降低，成本降低一些

10-9-3 价值工程的价值是：

    A. 研究对象的使用价值

    B. 研究对象的交换价值

    C. 研究对象的使用和交换价值

    D. 研究对象所具有的功能与获得该功能的全部费用的比值

10-9-4 开展价值工程活动的目的是：

    A. 思想方法的更新和技术管理

    B. 对功能和成本进行系统分析和不断创新

    C. 提高功能对成本的比值

    D. 多领域协作降低产品成本

10-9-5 价值工程的"价值（V）"对于产品来说，可以表示为$V = F/C$，F指产品的功能，而C则是指：

    A. 产品的制造成本　　　　　　　　B. 产品的寿命周期成本

    C. 产品的使用成本　　　　　　　　D. 产品的研发成本

10-9-6 价值工程的"价值V"对于产品来说，可以表示为$V = F/C$，式中C是指：

    A. 产品的寿命周期成本　　　　　　B. 产品的开发成本

    C. 产品的制造成本　　　　　　　　D. 产品的销售成本

10-9-7 价值工程的核心是：

    A. 尽可能降低产品成本　　　　　　B. 降低成本提高产品价格

    C. 功能分析　　　　　　　　　　　D. 有组织的活动

10-9-8 某企业原采用甲工艺生产某种产品，现采用新技术乙工艺生产，不仅达到甲工艺相同的质量，而且成本降低了 15%。根据价值工程原理，该企业提高产品价值的途径是：

    A. 功能不变，成本降低

    B. 功能和成本都降低，但成本降幅较大

    C. 功能提高，成本降低

    D. 功能提高，成本不变

10-9-9 已知某产品的零件甲的功能评分为 5，成本为 20 元，该产品各零件功能积分之和为 40，产品成本为 100 元，则零件甲的价值系数为：

    A. 0.2　　　　　B. 0.625　　　　　C. 0.8　　　　　D. 1.6

10-9-10 某企业价值工程工作人员对某产品分析，计算得到 4 个部件的价值系数如表所示，应选择作为价值工程分析对象的部件是：

    A. 甲　　　　　B. 乙　　　　　C. 丙　　　　　D. 丁

各部件价值系数　　　　　　　　　　　　　　　　　　　　　题 10-9-10 表

部件	甲	乙	丙	丁
价值系数	1.12	1.08	0.92	0.51

10-9-11 某产品的实际成本为 8000 元，该产品由多个零部件组成，其中一个零部件的实际成本为 850 元，功能评价系数为 0.095，则该零部件的价值指数为：

    A. 0.106　　　　　B. 0.896　　　　　C. 0.95　　　　　D. 1.116

题解及参考答案

10-9-1 **解：** ABC 分类法中，A 类部件占部件总数的比例较小，但占总成本的比重较大；C 类部件占部件总数的比例较大，为60%~80%，但占总成本的比例较小，为5%~10%。

答案： C

10-9-2 解： 根据价值公式进行判断：价值(V) = 功能(F)/成本(C)。

答案： C

10-9-3 解： 价值工程中的"价值"，是指产品或作业的功能与实现其功能的总成本（寿命周期成本）的比值。

答案： D

10-9-4 解： 开展价值工程活动的目的是提高产品的价值，即提高功能对成本的比值。

答案： C

10-9-5 解： 价值工程中的价值可以表示为 $V = F/C$，其中 C 是指产品的寿命周期成本。

答案： B

10-9-6 解： 依据价值工程定义。

答案： A

10-9-7 解： 价值工程的核心是功能分析。

答案： C

10-9-8 解： 质量相同，功能上没有变化。

答案： A

10-9-9 解： 利用价值公式计算，$\frac{5/40}{20/100} = 0.625$。

答案： B

10-9-10 解： 应选择价值系数远小于1的部件作为分析对象。

答案： D

10-9-11 解： 该零部件的成本系数 C 为该零部件实际成本/所有零部件实际成本，即

$$C = 850 \div 8000 = 0.106$$

该零部件的价值指数 V 为该零部件的功能评价系数/该零部件的成本系数，即

$$V = 0.095 \div 0.106 = 0.896$$

答案： B

第十一章　法律法规

复习指导

本章包括上午段考试"法律法规"和下午段考试"职业法规"的内容。

与工程建设有关的法规应当是重点复习的内容，尤其是建筑法、招标投标法中的内容。

各种法规中与设计工作有关的规定要给予重点关注。房地产开发、工程监理及职业道德准则等方面的内容可作一般了解。

练习题、题解及参考答案

（二）《建筑法》

11-2-1　实行强制监理的建筑工程的范围由：

A. 国务院规定

B. 省自治区直辖市人民政府规定

C. 县级以上人民政府规定

D. 建筑工程所在地人民政府规定

11-2-2　按照《建筑法》的规定，建筑单位申领施工许可证，应该具备的条件之一是：

A. 拆迁工作已经完成

B. 已经确定监理企业

C. 有保证工程质量和安全的具体措施

D. 建设资金全部到位

11-2-3　根据《建筑法》的规定，建设单位应当自领取施工许可证之日起多长时间内开工？在建的建筑工程，因故终止施工的，建设单位应自终止施工之日起多长时间内向发证机关报告，并按规定做好建筑工程的维护工作。

A. 1个月，1个月　　　　　　　　　B. 3个月，3个月

C. 3个月，1个月　　　　　　　　　D. 1个月，3个月

11-2-4　建筑工程开工前，建筑单位应当按照国家有关规定向工程所在地以下何部门申请领取施工许可证？

A. 市级以上政府建设行政主管　　　B. 县级以上城市规划

C. 县级以上政府建设行政主管　　　D. 乡、镇级以上政府主管

11-2-5　《建筑法》中所指的建筑活动是：

①各类房屋建筑；②高速公路；③铁路；④水库大坝等。

A.①　　　　　　B.①②　　　　　　C.①②③　　　　　　D.①②③④

11-2-6　建设单位在领取开工证之后，应当在几个月内开工？

A. 3　　　　　　　B. 6　　　　　　　C. 9　　　　　　　D. 12

11-2-7　关于建筑工程监理，下列哪种描述是正确的？

A. 所有国内的工程都应监理

B. 由业主决定是否要监理

C. 国务院可以规定实行强制监理的工程范围

D. 监理是一种服务，所以不能强迫业主接受监理服务

11-2-8　施工许可证的申请者是：

A. 监理单位　　　　B. 设计单位　　　　C. 施工单位　　　　D. 建设单位

11-2-9　根据《建筑法》规定，施工企业可以将部分工程分包给其他具有相应资质的分包单位施工，下列情形中不违反有关承包的禁止性规定的是：

A. 建筑施工企业超越本企业资质等级许可的业务范围或者以任何形式用其他建筑施工企业的名义承揽工程

B. 承包单位将其承包的全部建筑工程转包给他人

C. 承包单位将其承包的全部建筑工程肢解以后以分包的名义分别转包给他人

D. 两个不同资质等级的承包单位联合共同承包

11-2-10　监理与工程施工的关系，下列表述中哪一项不合适？

A. 工程施工不符合设计要求的，监理人员有权要求施工企业改正

B. 工程施工不符技术标准要求的，监理人员有权要求施工企业改正

C. 工程施工不符合合同约定要求的，监理人员有权要求施工企业改正

D. 监理人员人为设计不符合质量标准的，有权要求设计人员改正

11-2-11　违法分包是指下列中的哪几项？

①总承包单位将建设工程分包给不具备相应资质条件的单位；

②总承包单位将建设工程主体分包给其他单位；

③分包单位将其承包的工程再分包的；

④分包单位多于 3 个以上的。

A. ①　　　　　　B. ①②③④　　　　C. ①②③　　　　D. ②③④

11-2-12　关于工程建设的承发包问题，下列论述中正确的组合是：

①发包人可以与总承包人订立建设工程合同，也可以分别与勘察人、设计人、施工人订立勘察、设计、施工承包合同；

②发包人不得将应当由一个承包人完成的建设工程肢解成若干部分发包给几个承包人；

③总承包人或者勘察、设计、施工承包人经发包人同意，可以将自己承包的部分工作交由第三人完成，第三人就其完成的工作成果与总承包人或者勘察、设计、施工承包人向发包人承担连带责任；

④分包单位可以并只能将其承包的工程再分包一次。

A. ①　　　　　　B. ①②③④　　　　C. ①②③　　　　D. ②③④

11-2-13　《建筑法》中所指的建筑活动是：

A. 各类房屋建筑

B. 各类房屋建筑及其附属设施的建造和与其配套的线路、管道、设备的安装活动

C.国内的所有建筑工程

D.国内所有工程，包括中国企业在境外承包的工程

11-2-14 监理的依据是以下哪几项？

①法规；②技术标准；③设计文件；④工程承包合同。

A.①②③④　　　B.①　　　　C.①②③　　　　D.④

11-2-15 两个以上不同资质等级的单位如何联合共同承包工程？

A.应当按照资质等级低的单位的业务许可范围承揽工程

B.按任何一个单位的资质承包均可

C.应当按照资质等级高的单位的业务许可范围承揽工程

D.不允许联合承包

11-2-16 《建筑法》规定了申领开工证的必备条件，下列条件中不符合《建筑法》要求的是：

A.已办理用地手续材料　　　　　B.已确定施工企业

C.已有了方案设计图　　　　　　D.资金已有安排

11-2-17 我国推行建筑工程监理制度的项目范围应该是：

A.由国务院规定实行强制监理的建筑工程的范围

B.所有工程必须强制接受监理

C.由业主自行决定是否聘请监理

D.只有国家投资的项目才需要监理

11-2-18 工程监理人员发现工程设计不符合建筑工程质量标准或者合同约定的质量要求的应当：

A.报告建设单位要求设计单位改正

B.书面要求设计单位改正

C.报告上级主管部门

D.要求施工单位改正

11-2-19 监理工程师不得在以下哪些单位兼职？

①工程设计；②工程施工；③材料供应；④政府机构；⑤科学研究；⑥设备厂家。

A.①②③④　　　　　　　　　　B.②③④⑤

C.②③④⑥　　　　　　　　　　D.①②③④⑥

11-2-20 下列分包情形中，不属于非法分包的是：

A.总承包合同中未有约定，承包单位又未经建设单位许可，就将其全部劳务作业交由劳务单位完成

B.总承包单位将工程分包给不具备相应资质条件的单位

C.施工总承包单位将工程主体结构的施工分包给其他单位

D.分包单位将其承包的建设工程再分包的

11-2-21 依据《建筑法》规定，下列说法正确的是：

A.承包人可以将其承包的全部建设工程转包给第三人

B.承包人经发包人同意，可以将其承包的部分工程交由相应资质的第三人完成

C.承包人可以将其承包的全部建设工程分解以后以分包的名义转包给第三方完成

D.分包单位可以将其承包的工程再分包

11-2-22 根据《建筑法》，建筑设计单位不按照建筑工程质量、安全标准进行设计的，应：

A. 降低资质等级　　　　　　　B. 承担赔偿责任

C. 吊销资质证书　　　　　　　D. 责令改正，处以罚款

题解及参考答案

11-2-1 **解：**《建筑法》第三十条规定，国家推行建筑工程监理制度。国务院可以规定实行强制监理的建筑工程的范围。

答案： A

11-2-2 **解：**《建筑法》第八条规定，申请领取施工许可证，应当具备下列条件：

（一）已经办理该建筑工程用地批准手续；

（二）依法应当办理建设工程规划许可证的，已经取得规划许可证；

（三）需要拆迁的，其拆迁进度符合施工要求；

（四）已经确定建筑施工企业；

（五）有满足施工需要的资金安排、施工图纸及技术资料；

（六）有保证工程质量和安全的具体措施。

拆迁进度符合施工要求即可，不是拆迁全部完成，所以 A 项错；并非所有工程都需要监理，所以 B 项错；建设资金有安排即可，不是资金全部到位，所以 D 项错。

答案： C

11-2-3 **解：** 见《建筑法》第九条、第十条。

第九条：建设单位应当自领取施工许可证之日起三个月内开工。因故不能按期开工的，应当向发证机关申请延期；延期以两次为限，每次不超过三个月。既不开工又不申请延期或者超过延期时限的，施工许可证自行废止。

第十条：在建的建筑工程因故中止施工的，建设单位应当自中止施工之日起一个月内，向发证机关报告，并按照规定做好建筑工程的维护管理工作。

答案： C

11-2-4 **解：**《建筑法》第七条规定，建筑工程开工前，建设单位应当按照国家有关规定向工程所在地县级以上人民政府建设行政主管部门申请领取施工许可证；但是，国务院建设行政主管部门确定的限额以下的小型工程除外。

答案： C

11-2-5 **解：**《建筑法》第二条规定，在中华人民共和国境内从事建筑活动，实施对建筑活动的监督管理，应当遵守本法。本法所称建筑活动，是指各类房屋建筑及其附属设施的建造和与其配套的线路、管道、设备的安装活动。

答案： A

11-2-6 **解：**《建筑法》第九条规定，建设单位应当自领取施工许可证之日起三个月内开工。因故不能按期开工的，应当向发放机关申请延期；延期以两次为限，每次不超过三个月。既不开工又不申请延期或者超过延期时限的，施工许可证自行废止。

答案： A

11-2-7　解：《建筑法》第三十条规定，国家推行建筑工程监理制度。国务院可以规定实行强制监理的建筑工程的范围。

答案：C

11-2-8　解：《建筑法》第七条规定，建筑工程开工前，建设单位应当按照国家有关规定向工程所在地县级以上人民政府建设行政主管部门申请领取施工许可证；但是，国务院建设行政主管部门确定的限额以下的小型工程除外。按照国务院规定的权限和程序批准开工报告的建筑工程，不再领取施工许可证。

答案：D

11-2-9　解：《建筑法》第二十七条规定，大型建筑工程或者结构复杂的建筑工程，可以由两个以上的承包单位联合共同承包。共同承包的各方对承包合同的履行承担连带责任。

两个以上不同资质等级的单位实行联合共同承包的，应当按照资质等级低的单位的业务许可范围承揽工程。

答案：D

11-2-10　解：《建筑法》第三十条规定，建筑工程监理应当依照法律、行政法规及有关的技术标准、设计文件和建筑工程承包合同，对承包单位在施工质量、建设工期和建设资金使用等方面，代表建设单位实施监督。工程监理人员认为工程施工不符合工程设计要求、施工技术标准和合同约定的，有权要求建筑施工企业改正。工程监理人员发现工程设计不符合建筑工程质量标准或者合同约定的质量要求的，应当报告建设单位要求设计单位改正。

答案：D

11-2-11　解：见《建筑法》第二十八条和第二十九条。

第二十八条：禁止承包单位将其承包的全部建筑工程转包给他人，禁止承包单位将其承包的全部建筑工程肢解以后以分包的名义分别转包给他人。

第二十九条：建筑工程总承包单位可以将承包工程中的部分工程发包给具有相应资质条件的分包单位；但是，除总承包合同中约定的分包外，必须经建设单位认可。施工总承包的，建筑工程主体结构的施工必须由总承包单位自行完成。

建筑工程总承包单位按照总承包合同的约定对建设单位负责；分包单位按照分包合同的约定对总承包单位负责。总承包单位和分包单位就分包工程对建设单位承担连带责任。

禁止总承包单位将工程分包给不具备相应资质条件的单位。禁止分包单位将其承包的工程再分包。

答案：C

11-2-12　解：《建筑法》第二十九条及《合同法》第二百七十二条均规定，分包单位不能再将工程分包出去。

答案：C

11-2-13　解：《建筑法》第二条规定，在中华人民共和国境内从事建筑活动，实施对建筑活动的监督管理，应当遵守本法。本法所称建筑活动，是指各类房屋建筑及其附属设施的建造和与其配套的线路、管道、设备的安装活动。

答案：B

11-2-14　解：《建筑法》第三十二条规定，建筑工程监理应当依照法律、行政法规及有关的技术标准、设计文件和建筑工程承包合同，对承包单位在施工质量、建设工期和建设资金使用等方面，代表建设单位实施监督。

答案： A

11-2-15 解：《建筑法》第二十七条规定，大型建筑工程或者结构复杂的建筑工程，可以由两个以上的承包单位联合共同承包。共同承包的各方对承包合同的履行承担连带责任。两个以上不同资质等级的单位实行联合共同承包的，应当按照资质等级低的单位的业务许可范围承揽工程。

答案： A

11-2-16 解： 依据《建筑法》第八条，选项 A、B、D 均符合，关于施工图纸是要求有满足施工需要的图纸及技术资料，仅方案设计图显然不行。

答案： C

11-2-17 解： 依据《建筑法》第三十条，国务院可以规定实行强制监理的建筑工程的范围。

答案： A

11-2-18 解： 依据《建筑法》第三十二条，应当报告建设单位要求设计单位改正。

答案： A

11-2-19 解：《建筑法》第三十四条规定，工程监理单位与被监理工程的承包单位以及建筑材料、建筑配件和设备供应单位不得有隶属关系或者其他利害关系。

答案： C

11-2-20 解：《建筑法》第二十九条规定，建筑工程总承包单位可以将承包工程中的部分工程发包给具有相应资质条件的分包单位；但是，除总承包合同中约定的分包外，必须经建设单位认可。施工总承包的，建筑工程主体结构的施工必须由总承包单位自行完成。

建筑工程总承包单位按照总承包合同的约定对建设单位负责，分包单位按照分包合同的约定对总承包单位负责。总承包单位和分包单位就分包工程对建设单位承担连带责任。

禁止总承包单位将工程分包给不具备相应资质条件的单位。禁止分包单位将其承包的工程再分包。

按照上述条文，选项 B、C、D 均属于非法分包。

答案： A

11-2-21 解： 根据《建筑法》第二十八条，禁止承包单位将其承包的全部建筑工程转包给他人，禁止承包单位将其承包的全部建筑工程肢解以后以分包的名义分别转包给他人。

第二十九条，建筑工程总承包单位可以将承包工程中的部分工程发包给具有相应资质条件的分包单位；但是，除总承包合同中约定的分包外，必须经建设单位认可。施工总承包的，建筑工程主体结构的施工必须由总承包单位自行完成。

禁止总承包单位将工程分包给不具备相应资质条件的单位。禁止分包单位将其承包的工程再分包。

答案： B

11-2-22 解：《建筑法》第七十三条规定，建筑设计单位不按照建筑工程质量、安全标准进行设计的，责令改正，处以罚款；造成工程质量事故的，责令停业整顿，降低资质等级或者吊销资质证书，没收违法所得，并处罚款；造成损失的，承担赔偿责任；构成犯罪的，依法追究刑事责任。

选项 D 是对的，选项 A、B、C 是当造成工程质量事故时，才采用的处罚。

答案： D

（三）《安全生产法》

11-3-1 根据《安全生产法》的规定，生产经营单位使用的涉及生命安全、危险性较大的特种设备，以及危险物品的容器、运输工具，必须按照国家有关规定，由专业生产单位生产，并经取得专业资质的检测，检验机构检测、检验合格，取得：

    A. 安全使用证和安全标志，方可投入使用

    B. 安全使用证或安全标志，方可投入使用

    C. 生产许可证和安全使用证，方可投入使用

    D. 生产许可证或安全使用证，方可投入使用

11-3-2 重点工程建设项目应当坚持：

    A. 安全第一的原则

    B. 为保证工程质量不怕牺牲

    C. 确保进度不变的原则

    D. 投资不超过预算的原则

11-3-3 根据《安全生产法》规定，从业人员享有权利并承担义务，下列情形中属于从业人员履行义务的是：

    A. 张某发现直接危及人身安全的紧急情况时禁止作业撤离现场

    B. 李某发现事故隐患或者其他不安全因素，立即向现场安全生产管理人员或者本单位负责人报告

    C. 王某对本单位安全生产工作中存在的问题提出批评、检举、控告

    D. 赵某对本单位的安全生产工作提出建议

11-3-4 对本单位的安全生产工作全面负责的人员应当是：

A. 生产经营单位的主要负责人	B. 主管安全生产工作的副手
C. 项目经理	D. 专职安全员

题解及参考答案

11-3-1 **解：**《安全生产法》第三十四条规定，生产经营单位使用的危险物品的容器、运输工具，以及涉及人身安全、危险性较大的海洋石油开采特种设备和矿山井下特种设备，必须按照国家有关规定，由专业生产单位生产，并经具有专业资质的检测、检验机构检测、检验合格，取得安全使用证或者安全标志，方可投入使用。检测、检验机构对检测、检验结果负责。

    答案：B

11-3-2 **解：**《安全生产法》第三条规定，安全生产工作应当以人为本，坚持安全发展，坚持安全第一、预防为主、综合治理的方针，强化和落实生产经营单位的主体责任，建立生产经营单位负责、职工参与、政府监管、行业自律和社会监督的机制。

    答案：A

11-3-3 **解：**选项B属于义务，其他几条属于权利。

    答案：B

11-3-4 **解：**《安全生产法》第五条规定，生产经营单位的主要负责人对本单位的安全生产工作全面负责。

    答案：A

（四）《招标投标法》

11-4-1　根据《招标投标法》的规定，招标人和中标人按照招标文件和中标人的投标文件，订立书面合同的时间要求是：

　　A. 自中标通知书发出之日起 15 日内

　　B. 自中标通知书发出之日起 30 日内

　　C. 自中标单位收到中标通知书之日起 15 日内

　　D. 自中标单位收到中标通知书之日起 30 日内

11-4-2　根据《招标投标法》的规定，下列包括在招标公告中的是：

　　A. 招标项目的性质、数量　　　　　　B. 招标项目的技术要求

　　C. 对投标人员资格的审查的标准　　　D. 拟签订合同的主要条款

11-4-3　根据《招标投标法》的规定，关于投标下列表述错误的是：

　　A. 投标人在招标文件要求提交投标文件的截止时间内，可以补充修改或者撤回已投标的文件，并书面通知招标人

　　B. 投标人根据招标文件载明的项目实际情况，拟在中标后将中标项目的部分进行分包的，应当在投标文件中载明

　　C. 投标人根据招标文件载明的项目实际情况，拟在中标后将中标项目的部分非主体、非关键性工作进行分包的，应当在投标文件中载明

　　D. 投标人不得以低于成本的报价竞标，也不得以他人名义投标

11-4-4　有关评标方法的描述，下列说法错误的是：

　　A. 最低投标价法适合没有特殊要求的招标项目

　　B. 综合评估法适合没有特殊要求的招标项目

　　C. 最低投标价法通常带来恶性削价竞争，工程质量不容乐观

　　D. 综合评估法可用打分的方法或货币的方法评估各项标准

11-4-5　招标人应当确定投标人编制投标文件所需要的合理时间，自招标文件开始发出之日起至投标人提交投标文件截止之日止的时间应该为：

　　A. 最短不得少于 45 天　　　　　　　B. 最短不得少于 30 天

　　C. 最短不得少于 20 天　　　　　　　D. 最短不得少于 15 天

11-4-6　建设单位工程招标应具备下列条件：

　　①有与招标工程相适应的经济技术管理人员；

　　②必须是一个经济实体，注册资金不少于一百万元人民币；

　　③有编制招标文件的能力；

　　④有审查投标单位资质的能力；

　　⑤具有组织开标、评标、定标的能力。

　　A. ①②③④⑤　　　　　　　　　　　B. ①②③④

　　C. ①②④⑤　　　　　　　　　　　　D. ①③④⑤

11-4-7　施工招标的形式有以下几种：

　　①公开招标；②邀请招标；③议标；④指定招标。

　　A. ①②　　　　　B. ①②④　　　　　C. ①④　　　　　D. ①②③

11-4-8 开标应由什么人主持，邀请所有投标人参加？

A. 招标人　　　　　　　　　　　B. 招标人代表

C. 公证人员　　　　　　　　　　D. 贷款人

11-4-9 下列关于开标流程的叙述正确的是：

A. 开标时间应定于提交投标文件后 15 日

B. 招标人应邀请最有竞争力的投标人参加开标

C. 开标时，由推选代表确认每一投标文件为密封，由工作人员当场拆封

D. 投标文件拆封后即可立即进入评标程序

11-4-10 招标委员会的成员中，技术、经济等方面的专家不得少于：

A. 3 人　　　　　　　　　　　　B. 5 人

C. 成员总数的2/3　　　　　　　D. 成员总数的1/2

11-4-11 在中华人民共和国境内进行下列工程建设项目必须要招标的条件，下面哪一条是不准确的说法？

A. 大型基础设施、公用事业等关系社会公共利益、公众安全的项目

B. 全部或者部分使用国有资金投资或者国家融资的项目

C. 使用国际组织或者外国政府贷款、援助资金的项目

D. 所有住宅项目

11-4-12 招标人和中标人应当自中标通知书发出之日起多少天之内，按照招标文件和中标人的投标文件订立书面合同？

A. 15　　　　　　B. 30　　　　　　C. 60　　　　　　D. 90

11-4-13 建筑工程的评标活动应当由何人负责？

A. 建设单位　　　　　　　　　　B. 市招标办公室

C. 监理单位　　　　　　　　　　D. 评标委员会

11-4-14 下列说法符合《招标投标法》规定的是：

A. 招标人自行招标，应当具有编制招标文件和组织评标的能力

B. 招标人必须自行办理招标事宜

C. 招标人委托招标代理机构办理招标事宜，应当向有关行政监督部门备案

D. 有关行政监督部门有权强制招标人委托招标代理机构办理招标事宜

11-4-15 招标代理机构若违反《招标投标法》，损害他人合法利益，应对其进行处罚，下列处罚中不正确的是：

A. 处 5 万元以上 25 万元以下的罚款

B. 有违法所得的，应没收违法所得

C. 情节严重的，暂停甚至取消招标代理资格

D. 对单位直接负责人处单位罚款 10%以上 15%以下的罚款

题解及参考答案

11-4-1 **解：**《招标投标法》第四十六条规定，招标人和中标人应当自中标通知书发出之日起三十

日内，按照招标文件和中标人的投标文件订立书面合同。招标人和中标人不得再行订立背离合同实质性内容的其他协议。

答案：B

11-4-2　解：《招标投标法》第十六条规定，招标人采用公开招标方式的，应当发布招标公告。依法必须进行招标的项目的招标公告，应当通过国家指定的报刊、信息网络或者其他媒介发布。招标公告应当载明招标人的名称的地址、招标项目的性质、数量、实施地点和时间以及获取招标文件的办法等事项。所以选项 A 对。

其他几项内容应在招标文件中载明，而不是招标公告中。

答案：A

11-4-3　解：见《招标投标法》第二十九条、第三十条、第三十三条。

第二十九条：投标人在招标文件要求提交投标文件的截止时间前，可以补充、修改或者撤回已提交的投标文件，并书面通知招标人。补充、修改的内容为投标文件的组成部分。所以选项 A 对。

第三十条：投标人根据招标文件载明的项目实际情况，拟在中标后将中标项目的部分非主体、非关键性工作进行分包的，应当在投标文件中载明。所以选项 C 对。

第三十三条：投标人不得以低于成本的报价竞标，也不得以他人名义投标或者以其他方式弄虚作假，骗取中标。所以选项 D 也对。

答案：B

11-4-4　解：2018 年 9 月 28 日，住房和城乡建设部决定对《房屋建筑和市政基础设施工程施工招标投标管理办法》作出修改后公布。其中，第四十条规定，评标可以采用综合评估法、经评审的最低投标标价法或者法律法规允许的其他评标方法。

采用综合评估法的，应当对投标文件提出的工程质量、施工工期、投标价格、施工组织设计或者施工方案、投标人及项目经理业绩等，能否最大限度地满足招标文件中规定的各项要求和评价标准进行评审和比较。以评分方式进行评估的，对于各种评比奖项不得额外计分。

采用经评审的最低投标价法的，应当在投标文件能够满足招标文件实质性要求的投标人中，评审出投标价格最低的投标人，但投标价格低于其企业成本的除外。

由此可以看出，采用经评审的最低投标价法的前提是在能够满足招标文件实质性要求的投标人中，评审出投标价格最低的投标人中标。如果有人恶性竞争，报价低于成本价，而不能满足招标文件的实质性要求是不能中标的。选项 C 完全否定了最低投标价法，是不符合文件精神的。

答案：C

11-4-5　解：《招标投标法》第二十四条规定，招标人应当确定投标人编制投标文件所需要的合理时间；但是，依法必须进行招标的项目，自招标文件开始发出之日起至投标人提交投标文件截止之日止，最短不得少于二十日。

答案：C

11-4-6　解：《招标投标法》第十二条规定，投标人具有编制招标文件和组织评标能力的，可以自行办理招标事宜。任何单位和个人不得强制其委托招标代理机构办理招标事宜。

答案：D

11-4-7　解：《招标投标法》第十条规定，招标分为公开招标和邀请招标。

公开招标，是指招标人以招标公告的方式邀请不特定的法人或者其他组织投标。

邀请招标，是指招标人以投标邀请书的方式邀请特定的法人或者其他组织投标。

答案：A

11-4-8　解：《招标投标法》第三十五条规定，开标由招标人主持，邀请所有投标人参加。

答案：A

11-4-9　解：《招标投标法》第三十四条规定，开标应当在招标文件确定的提交投标文件截止时间的同一时间公开进行。所以选项 A 错误。

第三十五条规定，开标由招标人主持，邀请所有投标人参加。所以选项 B 错误。

选项 C 没有明确是谁来推举代表，所以表述也是不准确的，按照第三十六条的规定：开标时，由投标人或者其推选的代表检查投标文件的密封情况，也可以由招标人委托的公证机构检查并公证；经确认无误后，由工作人员当众拆封，宣读投标人名称、投标价格和投标文件的其他主要内容。

评标要在保密的情况下进行，开标后尽快评标有利于保密，所以选项 D 正确。

答案：D

11-4-10　解：《招标投标法》第三十七条规定，评标由招标人依法组建的评标委员会负责。

依法必须进行招标的项目，其评标委员会由招标人的代表和有关技术、经济等方面的专家组成，成员人数为五人以上单数，其中技术、经济等方面的专家不得少于成员总数的三分之二。

前款专家应当从事相关领域工作满八年并具有高级职称或者具有同等专业水平，由招标人从国务院有关部门或者省、自治区、直辖市人民政府有关部门提供的专家名册或者招标代理机构的专家库内的相关专业的专家名单中确定；一般招标项目可以采取随机抽取方式，特殊招标项目可以由招标人直接确定。

与投标人有利害关系的人不得进入相关项目的评标委员会，已经进入的应当更换。

评标委员会成员的名单在中标结果确定前应当保密。

答案：C

11-4-11　解：见《招标投标法》第三条，可知 A、B、C 项工程均必须招标。另，不是所有住宅项目都要招标。

答案：D

11-4-12　解：见《招标投标法》第四十六条，应为 30 天内。

答案：B

11-4-13　解：见《招标投标法》第三十七条，评标由招标人依法组建的评委会负责。

答案：D

11-4-14　解：《招标投标法》第十二条规定，招标人有权自行选择招标代理机构，委托其办理招标事宜。任何单位和个人不得以任何方式为招标人指定招标代理机构。招标人具有编制招标文件和组织评标能力的，可以自行办理招标事宜。任何单位和个人不得强制其委托招标代理机构办理招标事宜。依法必须进行招标的项目，招标人自行办理招标事宜的，应当向有关行政监督部门备案。

从上述条文可以看出选项 A 正确，选项 B 错误，因为招标人可以委托代理机构办理招标事宜。选项 C 错误，招标人自行招标时才需要备案，不是委托代理人才需要备案。选项 D 明显不符合第十二条的规定。

答案：A

11-4-15　解：《招标投标法》第五十条规定，招标代理机构违反本法规定，泄露应当保密的与招标投标活动有关的情况和资料的，或者与招标人、投标人串通损害国家利益、社会公共利益或者他人合法权益的，处五万元以上二十五万元以下的罚款，对单位直接负责的主管人员和其他直接责任人员处单位罚款数额百分之五以上百分之十以下的罚款；有违法所得的，并处没收违法所得；情节严重的，禁止其一年至二年内代理依法必须进行招标的项目并予以公告，直至由工商行政管理机关吊销营业执照；构成犯罪的，依法追究刑事责任。给他人造成损失的，依法承担赔偿责任。

答案： D

（五）《民法典》（合同编）

11-5-1 按照《民法典》的规定，招标人在招标时，招标公告属于合同订立过程中的：

A. 邀约 　　　　B. 承诺 　　　　C. 要约邀请 　　　　D. 以上都不是

11-5-2 《民法典》规定了无效合同的一些条件，下列哪几种情况符合无效合同的条件？

①违反法律和行政法规的合同；

②采取欺诈、胁迫等手段所签订的合同；

③代理人签订的合同；

④违反国家利益或社会公共利益的经济合同。

A. ①②③ 　　　　B. ②③④ 　　　　C. ①②③④ 　　　　D. ①②④

11-5-3 隐蔽工程在隐蔽以前，承包人应当通知发包人检查。发包人没有及时检查的，承包人可以：

A. 顺延工程日期，并有权要求赔偿停工、窝工等损失

B. 顺延工程日期，但应放弃其他要求

C. 发包人默认隐蔽工程质量，可继续施工

D. 工期不变，建设单位承担停工、窝工等损失

11-5-4 建设工程合同包括：

①工程勘察合同；②工程设计合同；③工程监理合同；④工程施工合同；

⑤工程检测合同。

A. ①②③④⑤ 　　　B. ①②③④ 　　　C. ①②③ 　　　D. ①②④

11-5-5 设计合同的主要内容应包括：

①工程范围；②质量要求；③费用；

④提交有关基础资料和文件（包括概预算）的期限；⑤工程造价。

A. ①②③④⑤ 　　　B. ①②③ 　　　C. ②③④ 　　　D. ③④⑤

11-5-6 撤销要约时，撤销要约的通知应当在受要约人发出承诺通知（　　　）到达受要约人。

A. 之前 　　　　B. 当日 　　　　C. 后五天 　　　　D. 后十日

11-5-7 有关合同标的数量、质量、价款或者报酬、履行期限、履行地点和方式、违约责任和解决争议方法等的变更，是对要约内容什么性质的变更？

A. 重要性 　　　　B. 必要性 　　　　C. 实质性 　　　　D. 一般性

11-5-8 承诺通知到达要约人时生效。承诺不需要通知的，根据什么行为生效？

A. 通常习惯或者要约的要求

B. 交易习惯或者要约的要求作出承诺行为

C. 要约的要求

D. 通常习惯

11-5-9　签订建筑工程合同如何有效?

A. 必须同时盖章和签字才有效　　　　B. 签字或盖章均可有效

C. 只有盖章才有效　　　　　　　　　D. 必须签字才有效

11-5-10　确认经济合同无效与否的是:

A. 人民政府　　　　　　　　　　　　B. 公安机关

C. 人民检察院　　　　　　　　　　　D. 人民法院或仲裁机构

11-5-11　《民法典》规定,当事人一方可向对方给付定金,给付定金的一方不履行合同的,无权请求返回定金,接受定金的一方不履行合同的应当返还定金的:

A. 2 倍　　　　　B. 5 倍　　　　　C. 8 倍　　　　　D. 10 倍

11-5-12　当事人的什么文件即是要约邀请?

A. 招标公告　　　B. 投诉书　　　　C. 投标担保书　　D. 中标函

11-5-13　某学校与某建筑公司签订一份学生公寓建设合同,其中约定:采用总价合同形式,工程全部费用于验收合格后一次付清,保修期限为 6 个月等。而竣工验收时,学校发现承重墙体有较多裂缝,但建筑公司认为不影响使用而拒绝修复。8 个月后,该学生公寓内的承重墙倒塌造成 1 人死亡 3 人受伤致残。基于法律规定,下列合同条款认定与后续处理选项正确的是:

A. 双方的质量期限条款无效,故建筑公司无须赔偿受害者

B. 事故发生时已超过合同质量期限条款,故建筑公司无须赔偿受害者

C. 双方质量期限条款无效,建筑公司应当向受害者承担赔偿责任

D. 虽然事故发生时已超过合同质量管理期限,但人命关天,故建筑公司必须赔偿死者而非伤者

11-5-14　甲乙双方于 4 月 1 日约定采用数据电文的方式订立合同,但双方没有指定特定系统,乙方于 4 月 8 日下午收到甲方以电子邮件方式发出的要约,于 4 月 9 日上午又收到甲方发出同样内容的传真,甲于 4 月 9 日下午给乙方打电话通知对方,邀约已经发出,请对方尽快做出承诺,则该要约生效的时间是:

A. 4 月 8 日下午　　　　　　　　　　B. 4 月 9 日上午

C. 4 月 9 日下午　　　　　　　　　　D. 4 月 1 日

题解及参考答案

11-5-1　**解:**《民法典》第四百七十三条规定,要约邀请是希望他人向自己发出要约的意思表示。寄送的价目表、拍卖广告、招标广告、招股说明书、商业广告等为要约邀请。

答案: C

11-5-2　**解:**《民法典》第一百六十一条规定,可以委托代理人实施民事法律行为。

答案: D

11-5-3　**解:**《民法典》第七百九十八条规定,隐蔽工程在隐蔽以前,承包人应当通知发包人检查。发包人没有及时检查的,承包人可以顺延工程日期,并有权要求赔偿停工、窝工等损失。

答案: A

11-5-4　解：《民法典》第七百八十八条规定，建设工程合同是承包人进行工程建设，发包人支付价款的合同。建设工程合同包括工程勘察、设计、施工合同。

答案：D

11-5-5　解：《民法典》第七百九十四条规定，勘察、设计合同的内容包括提交有关基础资料和文件（包括概预算）的期限、质量要求、费用以及其他协作条件等条款。

答案：C

11-5-6　解：《民法典》第一百四十一条规定，要约可以撤销，撤销要约的通知应当在受要约人发出通知之前到达受约人。

答案：A

11-5-7　解：《民法典》第四百八十八条规定，承诺的内容应当与要约的内容一致。受要约人对要约的内容作出实质性变更的，为新要约。有关合同标的、数量、质量、价款或者报酬、履行期限、履行地点和方式、违约责任和解决争议方法等的变更，是对要约内容的实质性变更。

答案：C

11-5-8　解：《民法典》第四百八十条规定，承诺通知到达要约人时生效。承诺不需要通告的，根据交易习惯或者要约的要求作出承诺的行为时生效。

答案：B

11-5-9　解：《民法典》第四百九十条规定，当事人采用合同书形式订立合同的，自双方当事人签字或者盖章时合同成立。

答案：B

11-5-10　解：《民法典》第一百四十七条、一百四十八条等规定，一方以欺诈、胁迫的手段或者乘人之危，使对方在违背真实意思的情况下订立的合同，受损害有权请求人民法院或者仲裁机构变更或者撤销。

答案：D

11-5-11　解：《民法典》第五百八十七条规定，给付定金的一方不履行约定的债务的，无权要求返还定金；收受定金的一方不履行约定的债务的，应当双倍返还定金。

答案：A

11-5-12　解：《民法典》第四百七十三条规定，要约邀请是希望他人向自己发出要约的意思表示。寄送的价目表、拍卖公告、招标公告、招股说明书、商业广告等为要约邀请。

答案：A

11-5-13　解：《民法典》第八百零二条规定，因承包人的原因致使建设工程在合理使用期限内造成人身和财产损害的，承包人应当承担损害赔偿责任。

保修期限是国务院规定的，企业自定期限不能小于国家规定。

答案：C

11-5-14　解：《民法典》第一百三十七条规定，以对话方式作出的意思表示，相对人知道其内容时生效。

以非对话方式作出的意思表示，到达相对人时生效。以非对话方式作出的采用数据电文形式的意思表示，相对人指定特定系统接收数据电文的，该数据电文进入该特定系统时生效；未指定特定系统的，相对人知道或者应当知道该数据电文进入其系统时生效。当事人对采用数据电文形式的意思表示的生效时间另有约定的，按照其约定。

答案： A

（六）《行政许可法》

11-6-1 根据《行政许可法》的规定，下列可以不设行政许可事项的是：

A. 有限自然资源开发利用等需要赋予特定权利的事项

B. 提供公众服务等需要确定资质的事项

C. 企业或者其他组织的设立等，需要确定主体资格的事项

D. 行政机关采用事后监督等其他行政管理方式能够解决的事项

11-6-2 行政机关实施行政许可和对行政许可事项进行监督检查：

A. 不得收取任何费用　　　　　　　B. 应当收取适当费用

C. 收费必须上缴　　　　　　　　　D. 收费必须开收据

11-6-3 行政机关应当自受理行政许可申请之日起多少日内作出行政许可决定。

A. 二十日内　　　　　　　　　　　B. 三十日内

C. 十五日内　　　　　　　　　　　D. 四十五日内

11-6-4 根据《行政许可法》规定，行政许可采取统一办理或者联合办理的，办理的时间不得超过：

A. 10 日　　　　B. 15 日　　　　C. 30 日　　　　D. 45 日

题解及参考答案

11-6-1　解：《行政许可法》第十三条规定，本法第十二条所列事项，通过下列方式能够予以规范的，可以不设行政许可：

（一）公民、法人或者其他组织能够自主决定的；

（二）市场竞争机制能够有效调节的；

（三）行业组织或者中介机构能够自律管理的；

（四）行政机关采用事后监督等其他行政管理方式能够解决的。

答案： D

11-6-2　解：《行政许可法》第五十八条规定，行政机关实施行政许可和对行政许可事项进行监督检查，不得收取任何费用。但是，法律、行政法规另有规定的，依照其规定。

答案： A

11-6-3　解：《行政许可法》第四十二条规定，除可以当场作出行政许可决定的外，行政机关应当自受理行政许可申请之日起二十日内作出行政许可决定。二十日内不能作出决定的，经本行政机关负责人批准，可以延长十日，并应当将延长期限的理由告知申请人。但是，法律、法规另有规定的，依照其规定。

答案： A

11-6-4　解：依照《行政许可法》第二十六条的规定，行政许可采取统一办理或者联合办理、集中办理的，办理的时间不得超过四十五日；四十五日内不能办结的，经本级人民政府负责人批准，可

以延长十五日，并应当将延长期限的理由告知申请人。

答案： D

（七）《节约能源法》

11-7-1 根据《节约能源法》的规定，对固定资产投资项目国家实行：

　　A. 节能目标责任制和节能考核评价制度

　　B. 节能审查和监管制度

　　C. 节能评估和审查制度

　　D. 能源统计制度

11-7-2 根据《节约能源法》的规定，为了引导用能单位和个人使用先进的节能技术、节能产品，国务院管理节能工作的部门会同国务院有关部门：

　　A. 发布节能的技术政策大纲

　　B. 公布节能技术，节能产品的推广目录

　　C. 支持科研单位和企业开展节能技术的应用研究

　　D. 开展节能共性和关键技术，促进节能技术创新和成果转化

11-7-3 我国《节约能源法》规定，对直接负责的主管人员和其他直接责任人员依法给予处分，是因为批准或者核准的项目建设不符合：

　　A. 推荐性节能标准　　　　　　　　　　B. 设备能效标准

　　C. 设备经济运行标准　　　　　　　　　D. 强制性节能标准

11-7-4 用能产品的生产者、销售者，提出节能产品认证申请：

　　A. 可以根据自愿原则　　　　　　　　　B. 必须在产品上市前申请

　　C. 不贴节能标志不能生产销售　　　　　D. 必须取得节能证书后销售

11-7-5 建筑工程的建设、设计、施工和监理单位应当遵守建筑工节能标准，对于：

　　A. 不符合建筑节能标准的建筑工程，建设主管部门不得批准开工建设

　　B. 已经开工建设的除外

　　C. 已经售出的房屋除外

　　D. 不符合建筑节能标准的建筑工程必须降价出售

题解及参考答案

11-7-1 **解：**《节约能源法》第十五条规定，国家实行固定资产投资项目节能评估和审查制度。不符合强制性节能标准的项目，依法负责项目审批或者核准的机关不得批准或者核准建设；建设单位不得开工建设；已经建成的，不得投入生产、使用。具体办法由国务院管理节能工作的部门会同国务院有关部门制定。

答案： C

11-7-2 **解：**《节约能源法》五十八条规定，国务院管理节能工作的部门会同国务院有关部门制定并公布节能技术、节能产品的推广目录，引导用能单位和个人使用先进的节能技术、节能产品。

答案： B

11-7-3　解: 《节约能源法》第六十八条规定，负责审批或者核准固定资产投资项目的机关违反本法规定，对不符合强制性节能标准的项目予以批准或者核准建设的，对直接负责的主管人员和其他直接责任人员依法给予处分。

答案: D

11-7-4　解: 《节约能源法》第二十条规定，用能产品的生产者、销售者，可以根据自愿原则，按照国家有关节能产品认证的规定，向经国务院认证认可监督管理部门认可的从事节能产品认证的机构提出节能产品认证申请；经认证合格后，取得节能认证证书，可以在用能产品或者其包装物上使用节能产品认证标志。

答案: A

11-7-5　解: 《节约能源法》第三十条规定，建筑工程的建设、设计、施工和监理单位应当遵守建筑节能标准。

不符合建筑节能标准的建筑工程，建设主管部门不得批准开工建设；已经开工建设的，应当责令停止施工、限期改正；已经建成的，不得销售或者使用。

答案: A

(八)《环境保护法》

11-8-1 根据《环境保护法》的规定，对建设项目中的防治污染的设施实行"三同时"制度，下列各选项中哪些不属于"三同时"的内容?
　　　　A. 同时设计　　　B. 同时施工　　　C. 同时投产使用　　D. 同时拆除

11-8-2 根据《建设项目环境保护设计规定》，环保设施与主体工程的关系为:
　　　　A. 先后设计、施工、投产　　　　　　B. 同时设计，先后施工、投产
　　　　C. 同时设计、施工，先后投产　　　　D. 同时设计、施工、投产

11-8-3 建设项目的环境影响报告书应当包括:
　　　　①建设项目概况及其周围环境现状；
　　　　②建设项目对环境可能造成的影响的分析、预测和评估；
　　　　③建设项目对环境保护措施及其技术、经济论证；
　　　　④建设项目对环境影响的经济损益分析；
　　　　⑤对建设项目实施环境监测的建议；
　　　　⑥环境影响评价的结论。
　　　　A. ①②③④⑤⑥　　B. ①②③⑤⑥　　C. ①②③④⑥　　D. ①②④⑤⑥

11-8-4 设计单位必须严格按国家有关环境保护规定做好各项工作，以下选项错误的是:
　　　　A. 承担或参与建设项目的环境影响评价
　　　　B. 接受设计任务书后，按环境影响报告书（表）及其审批意见所确定的各种措施开展初步设计，认真编制环境保护篇（章）
　　　　C. 严格执行"三同时"制度，做好防治污染及其他公害的设施与主体工程同时设计
　　　　D. 未经有关部门批准环境影响报告书（表）的建设项目，必须经市（县）长特批后才可以进行设计

11-8-5 建设项目防治污染的设施必须与主体工程做到几个同时，下列说法中不必要的是:
　　　　A. 同时设计　　　B. 同时施工　　　C. 同时投产使用　　D. 同时备案登记

11-8-6 在环境保护严格地区，企业的排污量大大超过规定值，该如何处理？

A.立即拆除　　　　B.限期搬迁　　　　C.停业整治　　　　D.经济罚款

题解及参考答案

11-8-1 **解:**《环境保护法》第四十一条规定，建设项目中防治污染的设施，应当与主体工程同时设计、同时施工、同时投产使用。防治污染的设施应当符合经批准的环境影响评价文件的要求，不得擅自拆除或者闲置。

答案: D

11-8-2 **解:**《建设项目环境保护设计规定》第六十五条规定，设计单位必须严格按国家有关环境保护规定做好以下工作:

"……

三、严格执行'三同时'制度，做到防治污染及其他公害的设施与主体工程同时设计。"

答案: D

11-8-3 **解:**《环境影响评价法》第十七条规定，建设项目的环境影响报告书应当包括下列内容:

（一）建设项目概况;

（二）建设项目周围环境现状;

（三）建设项目对环境可能造成影响的分析、预测和评估;

（四）建设项目环境保护措施及其技术、经济论证;

（五）建设项目对环境影响的经济损益分析;

（六）对建设项目实施环境监测的建议;

（七）环境影响评价的结论。

答案: A

11-8-4 **答案:** D

11-8-5 **解:**《环境保护法》第四十一条规定，建设项目中防治污染的设施，应当与主体工程同时设计、同时施工、同时投产使用。防治污染的设施应当符合经批准的环境影响评价文件的要求，不得擅自拆除或者闲置。

答案: D

11-8-6 **解:** 依据《中华人民共和国环境保护法》（2014 年修订版）第六十条，企业事业单位和其他生产经营者超过污染物排放标准或者超过重点污染物排放总量控制指标排放污染物的，县级以上人民政府环境保护主管部门可以责令其采取限制生产、停产整治等措施;情节严重的，报经有批准权的人民政府批准，责令停业、关闭。

答案: C

（九）《建设工程勘察设计管理条例等》

11-9-1 根据《建设工程勘察设计管理条例》的规定，编辑初步设计文件应当:

A.满足编制方案设计文件和控制概算的需要

B.满足编制施工招标文件，主要设备材料订货和编制施工图设计文件的需要

C.满足非标准设备制作，并说明建筑工程合理使用年限

D.满足设备材料采购和施工的需要

11-9-2 下列行为违反了《建设工程勘察设计管理条例》的是：

A.将建筑艺术造型有特定要求项目的勘察设计任务直接发包

B.业主将一个工程建设项目的勘察设计分别发包给几个勘察设计单位

C.勘察设计单位将所承揽的勘察设计任务进行转包

D.经发包方同意，勘察设计单位将所承揽的勘察设计任务的非主体部分进行分包

11-9-3 工程建设标准强制性标准是设计或施工时：

A.重要的参考指标　　　　　　　　B.必须绝对遵守的技术法规

C.必须绝对遵守的管理标准　　　　D.必须绝对遵守的工作标准

11-9-4 建设工程勘察，设计单位将所承揽的建设工程勘察、设计转包的，责令改正，没收违法所得，处罚款为：

A.合同约定的勘察费、设计费25%以上50%以下

B.合同约定的勘察费、设计费50%以上75%以下

C.合同约定的勘察费、设计费75%以上100%以下

D.合同约定的勘察费、设计费50%以上100%以下

题解及参考答案

11-9-1 **解：**《建设工程勘察设计管理条例》第二十六条规定，编制建设工程勘察文件，应当真实、准确，满足建设工程规划、选址、设计、岩土治理和施工的需要。编制方案设计文件，应当满足编制初步设计文件和控制概算的需要。编制初步设计文件，应当满足编制施工招标文件、主要设备材料订货和编制施工图设计文件的需要。编制施工图设计文件，应当满足设备材料采购、非标准设备制作和施工的需要，并注明建设工程合理使用年限。

答案：B

11-9-2 **解：**《建设工程勘察设计管理条例》第二十条规定，建设工程勘察、设计单位不得将所承揽的建设工程勘察、设计转包。

答案：C

11-9-3 **解：**《建设工程勘察设计管理条例》第二十五条规定，编制建设工程勘察、设计文件，应当以下列规定为依据：

（一）项目批准文件；

（二）城乡规划；

（三）工程建设强制性标准；

（四）国家规定的建设工程勘察、设计深度要求。

铁路、交通、水利等专业建设工程，还应当以专业规划的要求为依据。

答案：B

11-9-4 **解：**《建设工程勘察设计管理条例》第三十九条规定，违反本条例规定，建设工程勘察、设计单位将所承揽的建设工程勘察、设计转包的，责令改正，没收违法所得，处合同约定的勘察费、

设计费 25%以上 50%以下的罚款，可以责令停业整顿，降低资质等级；情节严重的，吊销资质证书。

答案： A

（十）《建设工程质量管理条例》

11-10-1 按照《建设工程质量管理条例》规定，施工人员对涉及结构安全的试块、试件以及有关材料进行现场取样时应当：

    A. 在设计单位监督现场取样

    B. 在监督单位或监理单位监督下现场取样

    C. 在施工单位质量管理人员监督下现场取样

    D. 在建设单位或监理单位监督下现场取样

11-10-2 根据《建设工程质量管理条例》，下列表述中，哪项不符合施工单位的质量责任和义务的规定：

    A. 施工单位在施工过程中发现设计文件和图纸有差错的，应当及时提出意见和建议

    B. 施工单位必须按照工程设计要求、施工技术标准和合同约定对建筑材料建筑构配件设备和商品混凝土进行试验，并有书面记录和专人签字

    C. 施工单位对建设工程的质量负责

    D. 施工单位对建设工程的施工质量负责

11-10-3 在正常使用条件下，建设工程的最低保修期限，对屋面防水工程，有防水要求的卫生间、房间和外墙面的防渗为：

    A. 2 年   B. 3 年   C. 4 年   D. 5 年

11-10-4 建设单位应在竣工验收合格后多长时间内，向工程所在地的县级以上的地方人民政府行政主管部门备案报送有关竣工资料？

    A. 1 个月   B. 3 个月   C. 15 天   D. 1 年

11-10-5 工程完工后必须履行下面的哪项手续才能使用？

    A. 由建设单位组织设计、施工、监理四方联合竣工验收

    B. 由质量监督站开具使用通知单

    C. 由备案机关认可后下达使用通知书

    D. 由建设单位上级机关批准认可后即可

11-10-6 《建筑工程质量管理条例》规定，建设单位拨付工程款必须经何人签字？

    A. 总经理   B. 总经济师

    C. 总工程师   D. 总监理工程师

11-10-7 工程勘察设计单位超越其资质等级许可的范围承揽建设工程勘察设计业务的，将责令停止违法行为，处罚款额为合同约定的勘察费、设计费：

    A. 1 倍以下   B. 1 倍以上，2 倍以下

    C. 2 倍以上，5 倍以下   D. 5 倍以上，10 倍以下

11-10-8 设计单位未按照工程建设强制性进行设计的，责令改正，并处罚款：

    A. 5 万元以下   B. 5 万~10 万元

    C. 10 万~30 万元   D. 30 万元以上

11-10-9 某监理人员对不合格的工程按合格工程验收后造成了经济损失，则：

A. 应撤销该责任人员的监理资质　　　B. 应由该责任人员承担赔偿责任

C. 应追究该责任人员的刑事责任　　　D. 应给予该责任人员行政处分

11-10-10 下列说法中符合《建设工程质量管理条例》的是：

A. 成片开发的住宅小区工程必须实行监理

B. 隐蔽工程在实施隐蔽前，施工单位必须通知建设单位及工程质量监督机构

C. 建设工程的保修期自竣工验收合格之日起算，具体期限可由建设方与承包方商定

D. 总包方对按合同分包的工程质量承担连带责任

题解及参考答案

11-10-1 解：《建设工程质量管理条例》第三十一条规定，施工人员对涉及结构安全的试块、试件以及有关材料，应当在建设单位或者工程监理单位监督下现场取样，并送具有相应资质等级的质量检测单位进行检测。

答案： D

11-10-2 解：《建设工程质量管理条例》第二十六条：施工单位对建设工程的施工质量负责。

答案： C

11-10-3 解： 见《建设工程质量管理条例》第四十条，在正常使用条件下，建设工程的最低保修期限为：

（一）基础设施工程、房屋建筑的地基基础工程和主体结构工程，为设计文件规定的该工程的合理使用年限；

（二）屋面防水工程、有防水要求的卫生间、房间和外墙面的防渗漏，为 5 年；

（三）供热与供冷系统，为 2 个采暖期、供冷期；

（四）电气管线、给排水管道、设备安装和装修工程，为 2 年。

其他项目的保修期限由发包方与承包方约定。

建设工程的保修期，自竣工验收合格之日起计算。

答案： D

11-10-4 解：《建筑工程质量管理条例》第四十九条规定，建设单位应当自建设工程竣工验收合格之日起 15 日内，将建设工程竣工验收报告和规划、公安消防、环保等部门出具的认可文件或者准许使用文件报建设行政主管部门或者其他有关部门备案。

答案： C

11-10-5 解：《建筑工程质量管理条例》第十六条规定，建设单位收到建设工程竣工报告后，应当组织设计、施工、工程监理等有关单位进行竣工验收。建设工程竣工验收应当具备以下条件：（注：按最新规定，竣工验收还应有勘察单位参加，共五方验收）

（一）完成建设工程设计和合同约定的各项内容；

（二）有完整的技术档案和施工管理资料；

（三）有工程使用的主要建筑材料、建筑构配件和设备的进场试验报告；

（四）有勘察、设计、施工、工程监理等单位分别签署的质量合格文件；

（五）有施工单位签署的工程保修书。建设工程经验收合格的，方可交付使用。

答案： A

11-10-6　解：《建设工程质量管理条例》第三十七条规定，工程监理单位应当选派具备相应资格的总监理工程师和监理工程师进驻施工现场。未经监理工程师签字，建筑材料、建筑构配件和设备不得在工程上使用或者安装，施工单位不得进行下一道工序的施工。未经总监理工程师签字，建设单位不拨付工程款，不进行竣工验收。

答案： D

11-10-7　解：《建筑工程质量管理条例》第六十条规定，违反本条例规定，勘察、设计、施工、工程监理单位超越本单位资质等级承揽工程的，责令停止违法行为，对勘察、设计单位或者工程监理单位处合同约定的勘察费、设计费或者监理酬金 1 倍以上 2 倍以下的罚款；对施工单位处工程合同价款 2%以上 4%以下的罚款，可以责令停业整顿，降低资质等级；情节严重的，吊销资质证书；有违法所得的，予以没收。未取得资质证书的承揽工程的，予以取缔，依照前款规定处以罚款；有违法所得的，予以没收。

答案： B

11-10-8　解：《建设工程质量管理条例》第六十三条规定，违反本条例规定，有下列行为之一的，责令改正，处 10 万元以上 30 万元以下的罚款：

（一）勘察单位未按照工程建设强制性标准进行勘察的；

（二）设计单位未根据勘察成果文件进行工程设计的；

（三）设计单位指定建筑材料、建筑构配件的生产厂、供应商的；

（四）设计单位未按照工程建设强制性标准进行设计的。

有前款所列行为，造成重大工程质量事故的，责令停业整顿，降低资质等级；情节严重的，吊销资质证书；造成损失的，依法承担赔偿责任。

答案： C

11-10-9　解：《建筑工程质量管理条例》第六十七条规定，工程监理单位有下列行为之一的，责令改正，处 50 万元以上 100 万元以下的罚款，降低资质等级或者吊销资质证书；有违法所得的，予以没收；造成损失的，承担连带赔偿责任：

（一）与建设单位或者施工单位串通，弄虚作假、降低工程质量的；

（二）将不合格的建设工程、建筑材料、建筑构配件和设备按照合格签字的。

第七十二条　违反本条例规定，注册建筑师、注册结构工程师、监理工程师等注册执业人员因过错造成质量事故的，责令停止执业 1 年；造成重大质量事故的，吊销执业资格证书，5 年以内不予注册；情节特别恶劣的，终身不予注册。

第七十三条　依照本条例规定，给予单位罚款处罚的，对单位直接负责的主管人员和其他直接责任人员处单位罚款数额 5%以上 10%以下的罚款。

第七十四条　建设单位、设计单位、施工单位、工程监理单位违反国家规定，降低工程质量标准，造成重大安全事故，构成犯罪的，对直接责任人员依法追究刑事责任。

答案： B

11-10-10　解：《建筑工程质量管理条例》第二十七条规定，总承包单位与分包单位对分包工程的质量承担连带责任。所以选项 D 是对的。

选项 A 错，不是所有成片开发的住宅都一定需要监理，还有面积大小的要求。

选项 B 错，不是每一项隐蔽工程隐蔽之前都要通知质量监督机构，有监理单位验收即可。

选项 C 错，保修期限是国务院规定的。

答案： D

（十一）《建设工程安全生产管理条例》

11-11-1 根据《建设工程安全生产管理条例》规定，建设单位确定建设工程安全作业环境及安全施工措施所需费用的时间是：

  A.编制工程概算时   B.编制设计预算时

  C.编制施工预算时   D.编制投资估算时

11-11-2 根据《建设工程安全生产管理条例》，不属于建设单位的责任和义务是：

  A.向施工单位提供施工现场毗邻地区地下管线资料

  B.及时报告安全生产责任事故

  C.保证安全生产投入

  D.将拆除工程发包给具有相应资质的施工单位

11-11-3 按照《建设工程安全生产管理条例》规定，工程监理单位在实施监理过程中，发现存在安全事故隐患的，应当要求施工单位整改；情况严重的，应当要求施工单位暂时停止施工，并及时报告：

  A.施工单位   B.监理单位   C.有关主管部门   D.建设单位

11-11-4 施工现场及毗邻区域内的各种管线及地下工程的有关资料：

  A.应由建设单位向施工单位提供

  B.施工单位必须在开工前自行查清

  C.应由监理单位提供

  D.应由政府有关部门提供

11-11-5 深基坑支护与降水工程、模板工程、脚手架工程的施工专项方案必须经下列哪些人员签字后实施？

  ①经施工单位技术负责人；②总监理工程师；③结构设计人；④施工方法人代表。

  A.①②   B.①②③   C.①②③④   D.①④

11-11-6 下列说法中，不适用《建设工程安全生产管理条例》的是：

  A.线路管道和设备安装工程

  B.土木工程和建筑工程

  C.设备安装工程及装修工程

  D.抢险救灾和农民自建低层住宅

题解及参考答案

11-11-1 解： 《建设工程安全生产管理条例》第八条规定，建设单位在编制工程概算时，应当确定建设工程安全作业环境及安全施工措施所需费用。

  答案： A

11-11-2 解：根据《建设工程安全生产管理条例》：

第六条　建设单位应当向施工单位提供施工现场及毗邻区域内供水、排水、供电、供气、供热、通信、广播电视等地下管线资料，气象和水文观测资料，相邻建筑物和构筑物、地下工程的有关资料，并保证资料的真实、准确、完整。（据此知选项 A 是属于建设单位的责任和义务）

第五十条　施工单位发生生产安全事故，应当按照国家有关伤亡事故报告和调查处理的规定，及时、如实地向负责安全生产监督管理的部门、建设行政主管部门或者其他有关部门报告；特种设备发生事故的，还应当同时向特种设备安全监督管理部门报告。接到报告的部门应当按照国家有关规定，如实上报。实行施工总承包的建设工程，由总承包单位负责上报事故。（据此知选项 B 不属于建设单位的责任和义务。及时报告安全生产责任事故是施工单位的责任）

第八条　建设单位在编制工程概算时，应当确定建设工程安全作业环境及安全施工措施所需费用。（据此知选项 C 也应属于建设单位的责任）

第十一条　建设单位应当将拆除工程发包给具有相应资质等级的施工单位。（据此知选项 D 也是建设单位的责任）

答案： B

11-11-3 解：《建设工程安全生产管理条例》第十四条规定，工程监理单位应当审查施工组织设计中的安全技术措施或者专项施工方案是否符合工程建设强制性标准。

工程监理单位在实施监理过程中，发现存在安全事故隐患的，应当要求施工单位整改；情况严重的，应当要求施工单位暂时停止施工，并及时报告建设单位。施工单位拒不整改或者不停止施工的，工程监理单位应当及时向有关主管部门报告。

答案： D

11-11-4 解：《建设工程安全生产管理条例》第六条规定，建设单位应当向施工单位提供施工现场及毗邻区域内供水、排水、供电、供气、供热、通信、广播电视等地下管线资料，气象和水文观测资料，相邻建筑物和构筑物、地下工程的有关资料，并保证资料的真实、准确、完整。

答案： A

11-11-5 解：《建设工程安全生产管理条例》第二十六条规定，施工单位应当在施工组织设计中编制安全技术措施和施工现场临时用电方案；对下列达到一定规模的危险性较大的分部分项工程编制专项施工方案，并附具安全验算结果，经施工单位技术负责人、总监理工程师签字后实施，由专职安全生产管理人员进行现场监督：

（一）基坑支护与降水工程；

（二）土方开挖工程；

（三）模板工程；

（四）起重吊装工程；

（五）脚手架工程；

（六）拆除、爆破工程。

答案： A

11-11-6 解：《建设工程安全生产管理条例》第二条规定，在中华人民共和国境内从事建设工程的新建、扩建、改建和拆除等有关活动及实施对建设工程安全生产的监督管理，必须遵守本条例。

本条例所称建设工程，是指土木工程、建筑工程、线路管道和设备安装工程及装修工程。

答案： D

（十二）设计文件编制的有关规定

11-12-1 建筑工程设计文件编制深度的规定中，施工图设计文件的深度应满足下列哪几项要求？

①能据以编制预算；

②能据以安排材料、设备订货和非标准设备的制作；

③能据以进行施工和安装；

④能据以进行工程验收。

A.①②③④　　　　B.②③④　　　　C.①②④　　　　D.③④

11-12-2 工程初步设计，说明书中总指标应包括：

①总用地面积、总建筑面积、总建筑占地面积；

②总概算及单项建筑工程概算；

③水、电、气、燃料等能源消耗量与单位消耗量；主要建筑材料（三材）总消耗量；

④其他相关的技术经济指标及分析；

⑤总建筑面积、总概算（投资）存在的问题。

A.①②③⑤　　　　B.①②④⑤　　　　C.①③④⑤　　　　D.①②③④

11-12-3 结构初步设计说明书中应包括：

A.设计依据、设计要求、结构设计、需提请在设计审批时解决或确定的主要问题

B.自然条件、设计要求、对施工条件的要求

C.设计依据、设计要求、结构选型

D.自然条件、结构设计、需提请在设计审批时解决或确定的主要问题

11-12-4 民用建筑设计项目一般应包括哪几个设计阶段？

①方案设计阶段；②初步设计阶段；③技术设计阶段；④施工图设计阶段。

A.①②③④　　　　B.①②④　　　　C.②③④　　　　D.①③④

题解及参考答案

11-12-1 解： 见《建筑工程设计文件编制深度规定》第 1.0.5 条，施工图设计文件应满足设备材料采购、非标准设备制造和施工的需要。另外，该文件的施工图设计的最后一项，4.9 条即是预算。

答案： A

11-12-2 解： 见《建筑工程设计文件编制深度规定》第 3.2.3 条。

3.2.3 总指标：

1 总用地面积、总建筑面积和反映建筑功能规模的技术指标；

2 其他有关的技术经济指标。

答案： D

11-12-3 解： 见《建筑工程设计文件编制深度规定》第 3.5.2 条。

答案： D

11-12-4 解： 见《建筑工程设计文件编制深度规定》第 1.0.4 条。民用建筑工程一般应分为方案设计、初步设计和施工图设计三个阶段。

答案： B

（十四）房地产开发程序

11-14-1　《城市房地产管理法》中所称房地产交易不包括：

A. 房产中介　　　　　　　　　　B. 房地产抵押

C. 房屋租赁　　　　　　　　　　D. 房地产转让

11-14-2　房地产开发企业销售商品房不得采取的方式是：

A. 分期付款　　　　　　　　　　B. 收取预售款

C. 收取定金　　　　　　　　　　D. 返本销售

11-14-3　《城市房地产管理法》规定，下列哪项所列房地产不得转让？

①共有房地产，经其他共有人书面同意的；

②依法收回土地使用权的；

③权属有争议的；

④未依法登记领取权属证书的。

A. ①②④　　　　B. ①②③　　　　C. ②③④　　　　D. ①③④

11-14-4　房地产开发企业应向工商行政部门申请登记，并获得什么证件后才允许经营？

A. 营业执照　　　　　　　　　　B. 土地使用权证

C. 商品预售许可证　　　　　　　D. 建设规划许可证

11-14-5　商品房在预售前应具备下列哪些条件？

①已交付全部土地使用权出让金，取得土地使用权证书；

②持有建设工程规划许可证；

③按提供预售的商品房计算，投入开发建设的资金达到工程建设总投资的百分之十五以上，并已确定施工进度和竣工交付日期；

④向县级以上人民政府房地产管理部门办理预售登记，取得商品房预售许可证明。

A. ①②③　　　　B. ②③④　　　　C. ①②④　　　　D. ③④

题解及参考答案

11-14-1 解：见《城市房地产管理法》第二条，所称房地产交易，包括房地产转让、房地产抵押和房屋租赁。

答案：A

11-14-2 解：《商品房销售管理办法》第四十二条规定，房地产开发企业在销售商品房中有下列行为之一的，处以警告，责令限期改正，并可处以 1 万元以上 3 万元以下罚款。其中第（三）款为：返本销售或者变相返本销售商品房的。

答案：D

11-14-3 解：《城市房地产管理法》第三十八条规定，下列房地产，不得转让：

（一）以出让方式取得土地使用权的，不符合本法第三十九条规定的条件的；

（二）司法机关和行政机关依法裁定、决定查封或者以其他形式限制房地产权利的；

（三）依法收回土地使用权的；

（四）共有房地产，未经其他共有人书面同意的；

（五）权属有争议的；

（六）未依法登记领取权属证书的；

（七）法律、行政法规规定禁止转让的其他情形。

从以上规定可知②③④项不得转让。

答案：C

11-14-4 解：《城市房地产管理法》第三十条规定，房地产开发企业是以营利为目的，从事房地产开发和经营的企业。设立房地产开发企业，应当具备下列条件：

（一）有自己的名称和组织机构；

（二）有固定的经营场所；

（三）有符合国务院规定的注册资本；

（四）有足够的专业技术人员，

（五）法律、行政法规规定的其他条件。

设立房地产开发企业，应当向工商行政管理部门申请设立登记。工商行政管理部门对符合本法规定条件的，应当予以登记，发给营业执照；对不符合本法规定条件的，不予登记。

设立有限责任公司、股份有限公司，从事房地产开发经营的，还应当执行公司法的有关规定。

房地产开发企业在领取营业执照后的一个月内，应当到登记机关所在地的县级以上地方人民政府规定的部门备案。

答案：A

11-14-5 解：其中③是错误的，投入开发建设的资金应达到工程建设总投资的25%以上。

答案：C

（十五）工程监理的有关规定

11-15-1 从事工程建设监理活动的原则是：

  A. 为业主负责   B. 为承包商负责

  C. 全面贯彻设计意图原则   D. 公平、独立、诚信、科学的准则

11-15-2 监理单位与项目业主的关系是：

  A. 雇佣与被雇佣关系

  B. 平等主体间的委托与被委托关系

  C. 监理单位是项目业主的代理人

  D. 监理单位是业主的代表

题解及参考答案

11-15-1 解：《建设工程监理规范》（GB/T 50319—2013）第 1.0.9 条规定，工程监理单位应公平、独立、诚信、科学地开展建设工程监理与相关服务活动。

答案：D

11-15-2 解：《建设法》第三十一条规定，实行监理的建筑工程，由建设单位委托具有相应资质条件的工程监理单位监理，建设单位与其委托的工程监理单位应当订立书面委托监理合同。

答案：B

附录一

全国勘察设计注册工程师执业资格考试
公共基础考试大纲

I.工程科学基础

一、数学

1.1 空间解析几何

向量的线性运算；向量的数量积、向量积及混合积；两向量垂直、平行的条件；直线方程；平面方程；平面与平面、直线与直线、平面与直线之间的位置关系；点到平面、直线的距离；球面、母线平行于坐标轴的柱面、旋转轴为坐标轴的旋转曲面的方程；常用的二次曲面方程；空间曲线在坐标面上的投影曲线方程。

1.2 微分学

函数的有界性、单调性、周期性和奇偶性；数列极限与函数极限的定义及其性质；无穷小和无穷大的概念及其关系；无穷小的性质及无穷小的比较极限的四则运算；函数连续的概念；函数间断点及其类型；导数与微分的概念；导数的几何意义和物理意义；平面曲线的切线和法线；导数和微分的四则运算；高阶导数；微分中值定理；洛必达法则；函数的切线及法平面和切平面及法线；函数单调性的判别；函数的极值；函数曲线的凹凸性、拐点；偏导数与全微分的概念；二阶偏导数；多元函数的极值和条件极值；多元函数的最大、最小值及其简单应用。

1.3 积分学

原函数与不定积分的概念；不定积分的基本性质；基本积分公式；定积分的基本概念和性质（包括定积分中值定理）；积分上限的函数及其导数；牛顿-莱布尼兹公式；不定积分和定积分的换元积分法与分部积分法；有理函数、三角函数的有理式和简单无理函数的积分；广义积分；二重积分与三重积分的概念、性质、计算和应用；两类曲线积分的概念、性质和计算；求平面图形的面积、平面曲线的弧长和旋转体的体积。

1.4 无穷级数

数项级数的敛散性概念；收敛级数的和；级数的基本性质与级数收敛的必要条件；几何级数与p级数及其收敛性；正项级数敛散性的判别法；任意项级数的绝对收敛与条件收敛；幂级数及其收敛半径、收敛区间和收敛域；幂级数的和函数；函数的泰勒级数展开；函数的傅里叶系数与傅里叶级数。

1.5 常微分方程

常微分方程的基本概念；变量可分离的微分方程；齐次微分方程；一阶线性微分方程；全微分方程；可降阶的高阶微分方程；线性微分方程解的性质及解的结构定理；二阶常系数齐次线性微分方程。

1.6 线性代数

行列式的性质及计算；行列式按行展开定理的应用；矩阵的运算；逆矩阵的概念、性质及求法；矩阵的初等变换和初等矩阵；矩阵的秩；等价矩阵的概念和性质；向量的线性表示；向量组的线性相关和线性无关；线性方程组有解的判定；线性方程组求解；矩阵的特征值和特征向量的概念与性质；相似矩阵的概念和性质；矩阵的相似对角化；二次型及其矩阵表示；合同矩阵的概念和性质；二次型的秩；惯性定理；二次型及其矩阵的正定性。

1.7 概率与数理统计

随机事件与样本空间；事件的关系与运算；概率的基本性质；古典型概率；条件概率；概率的基本公式；事件的独立性；独立重复试验；随机变量；随机变量的分布函数；离散型随机变量的概率分布；连续型随机变量的概率密度；常见随机变量的分布；随机变量的数学期望、方差、标准差及其性质；随机变量函数的数学期望；矩、协方差、相关系数及其性质；总体；个体；简单随机样本；统计量；样本均值；样本方差和样本矩；χ^2分布；t分布；F分布；点估计的概念；估计量与估计值；矩估计法；最大似然估计法；估计量的评选标准；区间估计的概念；单个正态总体的均值和方差的区间估计；两个正态总体的均值差和方差比的区间估计；显著性检验；单个正态总体的均值和方差的假设检验。

二、物理学

2.1 热学

气体状态参量；平衡态；理想气体状态方程；理想气体的压强和温度的统计解释；自由度；能量按自由度均分原理；理想气体内能；平均碰撞频率和平均自由程；麦克斯韦速率分布律；方均根速率；平均速率；最概然速率；功；热量；内能；热力学第一定律及其对理想气体等值过程的应用；绝热过程；气体的摩尔热容量；循环过程；卡诺循环；热机效率；净功；制冷系数；热力学第二定律及其统计意义；可逆过程和不可逆过程。

2.2 波动学

机械波的产生和传播；一维简谐波表达式；描述波的特征量；波面，波前，波线；波的能量、能流、能流密度；波的衍射；波的干涉；驻波；自由端反射与固定端反射；声波；声强级；多普勒效应。

2.3 光学

相干光的获得；杨氏双缝干涉；光程和光程差；薄膜干涉；光疏介质；光密介质；迈克尔逊干涉仪；惠更斯-菲涅尔原理；单缝衍射；光学仪器分辨本领；衍射光栅与光谱分析；X 射线衍射；布拉格公式；自然光和偏振光；布儒斯特定律；马吕斯定律；双折射现象。

三、化学

3.1 物质的结构和物质状态

原子结构的近代概念；原子轨道和电子云；原子核外电子分布；原子和离子的电子结构；原子结构和元素周期律；元素周期表；周期族；元素性质及氧化物及其酸碱性。离子键的特征；共价键的特征和类型；杂化轨道与分子空间构型；分子结构式；键的极性和分子的极性；分子间力与氢键；晶体与非晶体；晶体类型与物质性质。

3.2 溶液

溶液的浓度；非电解质稀溶液通性；渗透压；弱电解质溶液的解离平衡；分压定律；解离常数；同离子效应；缓冲溶液；水的离子积及溶液的 pH 值；盐类的水解及溶液的酸碱性；溶度积常数；溶度积规则。

3.3 化学反应速率及化学平衡

反应热与热化学方程式；化学反应速率；温度和反应物浓度对反应速率的影响；活化能的物理意义；催化剂；化学反应方向的判断；化学平衡的特征；化学平衡移动原理。

3.4 氧化还原反应与电化学

氧化还原的概念；氧化剂与还原剂；氧化还原电对；氧化还原反应方程式的配平；原电池的组成和符号；电极反应与电池反应；标准电极电势；电极电势的影响因素及应用；金属腐蚀与防护。

3.5 有机化学

有机物特点、分类及命名；官能团及分子构造式；同分异构；有机物的重要反应：加成、取代、消除、氧化、催化加氢、聚合反应、加聚与缩聚；基本有机物的结构、基本性质及用途：烷烃、烯烃、炔烃、芳烃、卤代烃、醇、苯酚、醛和酮、羧酸、酯；合成材料：高分子化合物、塑料、合成橡胶、合成纤维、工程塑料。

四、理论力学

4.1 静力学

平衡；刚体；力；约束及约束力；受力图；力矩；力偶及力偶矩；力系的等效和简化；力的平移定理；平面力系的简化；主矢；主矩；平面力系的平衡条件和平衡方程式；物体系统（含平面静定桁架）的平衡；摩擦力；摩擦定律；摩擦角；摩擦自锁。

4.2 运动学

点的运动方程；轨迹；速度；加速度；切向加速度和法向加速度；平动和绕定轴转动；角速度；角加速度；刚体内任一点的速度和加速度。

4.3 动力学

牛顿定律；质点的直线振动；自由振动微分方程；固有频率；周期；振幅；衰减振动；阻尼对自由振动振幅的影响——振幅衰减曲线；受迫振动；受迫振动频率；幅频特性；共振；动力学普遍定理；动量；质心；动量定理及质心运动定理；动量及质心运动守恒；动量矩；动量矩定理；动量矩守恒；刚体定轴转动微分方程；转动惯量；回转半径；平行轴定理；功；动能；势能；动能定理及机械能守恒；达朗贝尔原理；惯性力；刚体作平动和绕定轴转动（转轴垂直于刚体的对称面）时惯性力系的简化；动静法。

五、材料力学

5.1 材料在拉伸、压缩时的力学性能

低碳钢、铸铁拉伸、压缩试验的应力—应变曲线；力学性能指标。

5.2 拉伸和压缩

轴力和轴力图；杆件横截面和斜截面上的应力；强度条件；虎克定律；变形计算。

5.3 剪切和挤压

剪切和挤压的实用计算；剪切面；挤压面；剪切强度；挤压强度。

5.4 扭转

扭矩和扭矩图；圆轴扭转切应力；切应力互等定理；剪切虎克定律；圆轴扭转的强度条件；扭转角计算及刚度条件。

5.5 截面几何性质

静矩和形心；惯性矩和惯性积；平行轴公式；形心主轴及形心主惯性矩概念。

5.6 弯曲

梁的内力方程；剪力图和弯矩图；分布荷载、剪力、弯矩之间的微分关系；正应力强度条件；切应力强度条件；梁的合理截面；弯曲中心概念；求梁变形的积分法、叠加法。

5.7 应力状态

平面应力状态分析的解析法和应力圆法；主应力和最大切应力；广义虎克定律；四个常用的强度理论。

5.8 组合变形

拉/压-弯组合、弯-扭组合情况下杆件的强度校核；斜弯曲。

5.9 压杆稳定

压杆的临界荷载；欧拉公式；柔度；临界应力总图；压杆的稳定校核。

六、流体力学

6.1 流体的主要物性与流体静力学

流体的压缩性与膨胀性；流体的黏性与牛顿内摩擦定律；流体静压强及其特性；重力作用下静水压强的分布规律；作用于平面的液体总压力的计算。

6.2 流体动力学基础

以流场为对象描述流动的概念；流体运动的总流分析；恒定总流连续性方程、能量方程和动量方程的运用。

6.3 流动阻力和能量损失

沿程阻力损失和局部阻力损失；实际流体的两种流态——层流和紊流；圆管中层流运动；紊流运动的特征；减小阻力的措施。

6.4 孔口管嘴管道流动

孔口自由出流、孔口淹没出流；管嘴出流；有压管道恒定流；管道的串联和并联。

6.5 明渠恒定流

明渠均匀水流特性；产生均匀流的条件；明渠恒定非均匀流的流动状态；明渠恒定均匀流的水力计算。

6.6 渗流、井和集水廊道

土壤的渗流特性；达西定律；井和集水廊道。

6.7 相似原理和量纲分析

力学相似原理；相似准数；量纲分析法。

II.现代技术基础

七、电气与信息

7.1 电磁学概念

电荷与电场；库仑定律；高斯定理；电流与磁场；安培环路定律；电磁感应定律；洛仑兹力。

7.2 电路知识

电路组成；电路的基本物理过程；理想电路元件及其约束关系；电路模型；欧姆定律；基尔霍夫定律；支路电流法；等效电源定理；叠加原理；正弦交流电的时间函数描述；阻抗；正弦交流电的相量描述；复数阻抗；交流电路稳态分析的相量法；交流电路功率；功率因数；三相配电电路及用电安全；电路暂态；R-C、R-L 电路暂态特性；电路频率特性；R-C、R-L 电路频率特性。

7.3 电动机与变压器

理想变压器；变压器的电压变换、电流变换和阻抗变换原理；三相异步电动机接线、启动、反转及调速方法；三相异步电动机运行特性；简单继电-接触控制电路。

7.4 信号与信息

信号；信息；信号的分类；模拟信号与信息；模拟信号描述方法；模拟信号的频谱；模拟信号增强；模拟信号滤波；模拟信号变换；数字信号与信息；数字信号的逻辑编码与逻辑演算；数字信号的数值编码与数值运算。

7.5 模拟电子技术

晶体二极管；极型晶体三极管；共射极放大电路；输入阻抗与输出阻抗；射极跟随器与阻抗变换；运算放大器；反相运算放大电路；同相运算放大电路；基于运算放大器的比较器电路；二极管单相半波整流电路；二极管单相桥式整流电路。

7.6 数字电子技术

与、或、非门的逻辑功能；简单组合逻辑电路；D 触发器；JK 触发器数字寄存器；脉冲计数器。

7.7 计算机系统

计算机系统组成；计算机的发展；计算机的分类；计算机系统特点；计算机硬件系统组成；CPU；存储器；输入/输出设备及控制系统；总线；数模/模数转换；计算机软件系统组成；系统软件；操作系统；操作系统定义；操作系统特征；操作系统功能；操作系统分类；支撑软件；应用软件；计算机程序设计语言。

7.8 信息表示

信息在计算机内的表示；二进制编码；数据单位；计算机内数值数据的表示；计算机内非数值数据的表示；信息及其主要特征。

7.9 常用操作系统

Windows 发展；进程和处理器管理；存储管理；文件管理；输入/输出管理；设备管理；网络服务。

7.10 计算机网络

计算机与计算机网络；网络概念；网络功能；网络组成；网络分类；局域网；广域网；因特网；网络管理；网络安全；Windows 系统中的网络应用；信息安全；信息保密。

III.工程管理基础

八、法律法规

8.1 中华人民共和国建筑法

总则；建筑许可；建筑工程发包与承包；建筑工程监理；建筑安全生产管理；建筑工程质量管理；法律责任。

8.2 中华人民共和国安全生产法

总则；生产经营单位的安全生产保障；从业人员的权利和义务；安全生产的监督管理；生产安全事故的应急救援与调查处理。

8.3 中华人民共和国招标投标法

总则；招标；投标；开标；评标和中标；法律责任。

8.4 中华人民共和国合同法

一般规定；合同的订立；合同的效力；合同的履行；合同的变更和转让；合同的权利义务终止；违约责任；其他规定。

8.5 中华人民共和国行政许可法

总则；行政许可的设定；行政许可的实施机关；行政许可的实施程序；行政许可的费用。

8.6 中华人民共和国节约能源法

总则；节能管理；合理使用与节约能源；节能技术进步；激励措施；法律责任。

8.7 中华人民共和国环境保护法

总则；环境监督管理；保护和改善环境；防治环境污染和其他公害；法律责任。

8.8 建设工程勘察设计管理条例

总则；资质资格管理；建设工程勘察设计发包与承包；建设工程勘察设计文件的编制与实施；监督管理。

8.9 建设工程质量管理条例

总则；建设单位的质量责任和义务；勘察设计单位的质量责任和义务；施工单位的质量责任和义务；工程监理单位的质量责任和义务；建设工程质量保修。

8.10 建设工程安全生产管理条例

总则；建设单位的安全责任；勘察设计工程监理及其他有关单位的安全责任；施工单位的安全责任；监督管理；生产安全事故的应急救援和调查处理。

九、工程经济

9.1 资金的时间价值

资金时间价值的概念；利息及计算；实际利率和名义利率；现金流量及现金流量图；资金等值计算的常用公式及应用；复利系数表的应用。

9.2 财务效益与费用估算

项目的分类；项目计算期；财务效益与费用；营业收入；补贴收入；建设投资；建设期利息；流动资金；总成本费用；经营成本；项目评价涉及的税费；总投资形成的资产。

9.3 资金来源与融资方案

资金筹措的主要方式；资金成本；债务偿还的主要方式。

9.4 财务分析

财务评价的内容；盈利能力分析（财务净现值、财务内部收益率、项目投资回收期、总投资收益率、项目资本金净利润率）；偿债能力分析（利息备付率、偿债备付率、资产负债率）；财务生存能力分析；财务分析报表（项目投资现金流量表、项目资本金现金流量表、利润与利润分配表、财务计划现金流量表）；基准收益率。

9.5 经济费用效益分析

经济费用和效益；社会折现率；影子价格；影子汇率；影子工资；经济净现值；经济内部收益率；经济效益费用比。

9.6 不确定性分析

盈亏平衡分析（盈亏平衡点、盈亏平衡分析图）；敏感性分析（敏感度系数、临界点、敏感性分析图）。

9.7 方案经济比选

方案比选的类型；方案经济比选的方法（效益比选法、费用比选法、最低价格法）；计算期不同的互斥方案的比选。

9.8 改扩建项目经济评价特点

改扩建项目经济评价特点。

9.9 价值工程

价值工程原理；实施步骤。

全国勘察设计注册工程师执业资格考试
公共基础试题配置说明

I.工程科学基础（共 78 题）

数学基础	24 题	理论力学基础	12 题
物理基础	12 题	材料力学基础	12 题
化学基础	10 题	流体力学基础	8 题

II.现代技术基础（共 28 题）

电气技术基础	12 题	计算机基础	10 题
信号与信息基础	6 题		

III.工程管理基础（共 14 题）

工程经济基础	8 题	法律法规	6 题

注：试卷题目数量合计 120 题，每题 1 分，满分为 120 分。考试时间为 4 小时。

2022 全国勘察设计注册工程师
考试辅导用书

Zhuce Daolu Gongchengshi Zhiye Zige
Jichu Kaoshi Fuxi Tiji

注册道路工程师执业资格
基础考试复习题集

下册

注册工程师考试辅导用书编委会◇编

张　铭　曹纬浚◇主编

人民交通出版社股份有限公司
北　京

内 容 提 要

本书由多位从事道路工程教学、设计和考试培训工作的教授、资深专家共同编写,内容以新版考试大纲和2019—2021年考试真题为依据,吸收了新版标准、规范和教材的精华内容,并参考了同类注册工程师考试真题。上册对应公共基础考试,下册对应专业基础考试,均包含复习指导和大量习题(含考试真题),习题配有详尽的解答。内容涵盖考试大纲要求的知识点,贴合考试,针对性和指导性强,适合模拟练习。配有电子题库,可登录"注考大师"微信号获取。

本书是2022版《基础考试应试辅导》的配套题集,适合参加注册道路工程师基础考试的考生使用,也可供道路工程从业人员参考。

图书在版编目(CIP)数据

2022注册道路工程师执业资格基础考试复习题集 / 张铭, 曹纬浚主编.—北京:人民交通出版社股份有限公司, 2022.5

ISBN 978-7-114-17958-7

Ⅰ.①2… Ⅱ.①张… ②曹… Ⅲ.①道路工程—资格考试—习题集 Ⅳ.①U41-44

中国版本图书馆 CIP 数据核字(2022)第 078610 号

书　　　名:**2022注册道路工程师执业资格基础考试复习题集**
著 作 者:张　铭　曹纬浚
责任编辑:李　坤　刘彩云
责任校对:席少楠
责任印制:刘高彤
出版发行:人民交通出版社股份有限公司
地　　　址:(100011)北京市朝阳区安定门外外馆斜街 3 号
网　　　址:http://www.ccpcl.com.cn
销售电话:(010)59757973
总 经 销:人民交通出版社股份有限公司发行部
经　　　销:各地新华书店
印　　　刷:北京印匠彩色印刷有限公司
开　　　本:889×1194　1/16
印　　　张:42
字　　　数:1080 千
版　　　次:2022 年 5 月　第 1 版
印　　　次:2022 年 5 月　第 1 次印刷
书　　　号:ISBN 978-7-114-17958-7
定　　　价:148.00 元(含上、下两册)

(有印刷、装订质量问题的图书,由本公司负责调换)

版权声明

前　言

注册土木工程师（道路工程）考试于 2019 年 10 月首次举办，就此拉开了道路工程领域勘察设计工程师考试、注册、执业的序幕。考试的举办，对从事道路工程规划、勘察、设计等工作的工程技术人员，大有裨益。复习备考的过程，是道路工程技术人员重新学习、梳理、拓展自己专业知识的过程，也是提升专业素养的过程。通过考试的筛选，让合格的工程师承担相应的技术工作，有助于提升工程建设质量和效率，对整个道路工程行业的良性发展具有重大意义。

为帮助广大考生有效复习，人民交通出版社股份有限公司特组织相关高校和工程单位的专家编写了一套复习辅导用书，主要包括：《基础考试应试辅导》《基础考试复习题集》《专业考试应试辅导》《专业考试复习题集》《专业考试案例一本通》。后续将根据考生实际需求开发新的辅导资料。

本书《基础考试复习题集》，是在 2021 版题集的基础上修订而成，分上、下两册，分别对应公共基础考试和专业基础考试。上册内容包含：数学、普通物理、普通化学、理论力学、材料力学、流体力学、电工电子技术、信号与信息技术、计算机应用基础、工程经济、法律法规共 11 章。下册内容包含：建筑材料、土质学与土力学、工程地质、工程勘测、结构设计原理、职业法规共 6 章。

本书具有以下特色：

（1）每章设置"复习指导"，梳理考试大纲要求，给出具体复习建议。

（2）根据考试大纲和各科目的特点，精心编写习题，并给出详尽解答。

（3）收录近三年部分考试真题，使考生把握考试难度并进行模拟演练。

（4）配套电子题库，扫描本书上册封面上的红色资源码，免费使用一年。

上册编写人员来自北京工业大学、北京交通大学、北京建筑大学和北京市建筑设计研究院，具体如下：刘明惠、吴昌泽（第一章第一节至第七节）；刘明惠、范元玮（第一章第八节、第九节）；魏京花（第二章）；谢亚勃（第三章）；刘燕（第四章）；钱民刚（第五章）；毛军、李兆年（第六章）；许怡生（第七章、第八章）；许小重（第九章）；陈向东（第十章）；李魁元（第十一章）。上册由曹纬浚负责统稿。

下册编写人员来自重庆交通大学，具体如下：黄维蓉、易文豪、张奇奇、梁一星（第一章）；高传东、代科、董天威、程雨恒（第二章）；唐良琴、毛添、周成龙、徐海深（第三章）；高传东、顿暑杰、唐山林、阳敏、陈言（第四章）；张江涛、吴海军、刘浪、向南、李坤（第五章）；魏道升、李燕、李圆浩（第六章）。下册由张铭负责统稿。

参与或协助本书编写的人员还有：李钦、李汉明、代玉华、贾玲华、毛怀珍、朋改非、刘宝生、张翠兰、毛元钰、李平、邓华、陈庆年、李广秋、郭虹、楼香林、杨守俊、王志刚、何承奎、曹铎、吴莎莎、张文革、徐华萍、栾彩虹、张炳珍。

本书可与 2022 版《基础考试应试辅导》配套使用。多做习题，将对考生巩固、检验复习效果和准备考试大有帮助。

考生在使用本书及相关数字资源备考时，还应注意参阅考试指定的各类标准、规范、大纲及教材，真正做到：考前胸中有丘壑，临场下笔如有神。

如对本书内容和编排有好的建议，请加入 QQ 群（470950250、920873460）交流。

预祝各位考生取得好成绩！

注册工程师考试辅导用书编委会

2022 年 3 月

目　录 （下册）

I

第一章　建筑材料

复习指导

本章应重点掌握的内容主要包括：

（1）掌握砂石材料的技术性质及测定方法；物理性质：真实密度、表观密度、毛体积密度、孔隙率、空隙率、吸水性等相关定义和计算方法；力学性质、化学性质；掌握矿质混合料的组成设计方法。

（2）掌握硅酸盐水泥的矿物熟料的水化速度、放热量、硬化速度、强度、干缩等水化特性，水泥细度、凝结时间、安定性、强度的含义、技术要求与检测评价方法。六大通用水泥（硅酸盐水泥、普通硅酸盐水泥、矿渣硅酸盐水泥、火山灰硅酸盐水泥、粉煤灰硅酸盐水泥和复合硅酸盐水泥）的特性与工程应用。

（3）掌握石灰的主要成分，熟悉石灰的消化与硬化工程、过火石灰的危害与陈伏的作用，建筑石灰的技术要求。

（4）掌握水泥稳定材料、石灰稳定材料、石灰粉煤灰稳定材料的技术性质；无机稳定材料配合比设计方法和石灰粉煤灰稳定粒料的强度形成机理。

（5）掌握普通混凝土的技术性质（和易性、力学性能、耐久性）及影响因素；普通混凝土配合比设计方法与质量评定方法；掌握减水剂、引气剂、速凝剂、缓凝剂与早强剂的作用。

（6）掌握砂浆的主要特性。

（7）掌握石油沥青的沥青主要技术性质（黏滞性、塑性、温度稳定性、大气稳定性）的含义与测定方法；熟悉石油沥青的组成结构；掌握改性沥青、乳化沥青的含义，主要技术性质及工程应用。

（8）掌握热拌沥青混合料的技术性质、影响因素及评价方法，热拌沥青混合料的组成设计方法；熟悉热拌沥青混合料的组成结构与强度形成原理。

（9）掌握钢材的力学性能、工艺性能及指标，注意屈服强度、屈强比、伸长率、冷弯性能等含义，了解钢材牌号的表达方法与含义，常见钢材的技术要求及应用。

练习题、题解及参考答案

（一）砂石材料

1-1-1 集料的毛体积密度是指单位集料实体体积和（　　）的质量。

　　A. 全部孔隙体积　　B. 闭口孔隙体积　　C. 开口孔隙体积　　D. 集料间隙体积

1-1-2 不能用来评价粗集料力学性能的指标是（　　）。

　　A. 磨光值　　　　B. 压碎值　　　　C. 吸水率　　　　D. 磨耗值

1-1-3 评价粗集料力学性能的指标是（　　）。

A. 抗压强度　　　　　B. 压碎值　　　　　C. 坚固性　　　　　D. 磨耗率

1-1-4 石料磨光值越高，表示其（　　）越好；石料磨耗率越高，表示其耐磨耗性（　　）。

A. 抗滑性，好　　　B. 抗压性，好　　　C. 抗滑性，差　　　D. 抗压性，差

1-1-5 AC沥青混合料中，细集料是指粒径小于（　　）的天然砂、人工砂及石屑。

A. 5mm　　　　　　B. 2.36mm　　　　　C. 4.75mm　　　　　D. 1.18mm

1-1-6 石料的酸碱性是根据石料的（　　）来判定。

A. SiO_2含量　　　B. 石料的pH值　　　C. 坚固性　　　　　D. 抗压强度

1-1-7 集料的几种密度中，最小的是（　　）。（注：2019年考题1与本题类似）

A. 表观密度　　　B. 真实密度　　　C. 毛体积密度　　　D. 堆积密度

1-1-8 含水率为5%的湿砂质量是220g，将其干燥后的质量是（　　）g。

A. 209.00　　　　B. 209.52　　　　C. 210.00　　　　D. 210.52

1-1-9 集料的冲击值试验需将集料过（　　）mm的标准筛，称取石屑质量。

A. 1.18　　　　　B. 2.36　　　　　C. 4.75　　　　　D. 0.6

1-1-10 通过压碎试验得到的压碎值表示集料的（　　）。

A. 承载能力　　　B. 抗压强度　　　C. 坚固性　　　　D. 综合性能

1-1-11 砂的细度模数越大表示砂（　　）。

A. 越粗　　　　　B. 越细　　　　　C. 级配越好　　　　D. 级配越差

1-1-12 关于砂的细度模数表述正确的是（　　）。

A. 细度模数适中的砂具有更好的级配

B. 可以通过改变砂的细度模数来改善集料的级配情况

C. 水泥混凝土和沥青混合料用砂具有相同级配时，相应砂的细度模数也相同

D. 当两种砂的细度模数相同时，二者具有相同的级配

1-1-13 细度模数是以细集料筛分试验中各号筛上的（　　）进行计算。

A. 分计筛余量　　　　　　　　　B. 分计筛余百分率

C. 累计筛余量　　　　　　　　　D. 累计筛余百分率

1-1-14 细度模数的数值大小与（　　）筛孔上的颗粒含量无关。

A. 0.075mm　　　B. 0.15mm　　　C. 0.6mm　　　D. 2.36mm

1-1-15 矿质集料级配曲线按形状划分不包括（　　）。

A. 连续级配　　　B. 间断级配　　　C. 密级配　　　　D. 开级配

1-1-16 集料级配曲线的横坐标是颗粒粒径，通常采用（　　）。

A. 等坐标　　　　　　　　　　　B. 对数坐标

C. 指数坐标　　　　　　　　　　D. 以上均不对

1-1-17 划分岩石等级的单轴抗压强度一般是在（　　）状态下测定的。

A. 干燥　　　　　B. 潮湿　　　　　C. 吸水饱和　　　　D. 冻结

1-1-18 划分岩石等级的强度测试方法采用（　　）。

A. 抗折强度　　　B. 疲劳强度　　　C. 抗冻强度　　　D. 抗压强度

1-1-19 岩石的吸水率、含水率、饱和吸水率三者在数值上的关系为（　　）。

A. 吸水率>含水率>饱和吸水率

B. 吸水率＞含水率＝饱和吸水率

C. 含水率＞吸水率＞饱和吸水率

D. 饱和吸水率＞吸水率＞含水率

1-1-20 硫酸钠浸蚀法用于评价石料的（　　）性能。

A. 抗压　　　　　B. 抗冻　　　　　C. 抗折　　　　　D. 抗疲劳

1-1-21 以下指标中不属于路用集料外观要求的是（　　）。

A. 形状　　　　　　　　　　B. 颗粒粒径

C. 表面的棱角性　　　　　　D. 级配

1-1-22 以下指标中，不属于评价沥青与集料黏附性的试验方法是（　　）。

A. 水煮法　　　　　　　　　B. 水浸法

C. 光电分光光度法　　　　　D. 亚甲蓝法

1-1-23 不会影响砂石材料取样数量的因素是（　　）。

A. 公称最大粒径　　　　　　B. 试验项目

C. 试验内容　　　　　　　　D. 试验时间

1-1-24 决定砂石筛分试验每次试样用量的因素是（　　）。

A. 砂石材料的化学组成　　　　　B. 砂石材料的公称粒径

C. 砂石材料的含水率　　　　　　D. 筛分结果精度要求

1-1-25 下列有关砂石材料试验结果越高表示该砂石材料性能品质越差的指标是（　　）。

A. 集料与沥青的黏附等级　　　　B. 洛杉矶磨耗值

C. 磨光值　　　　　　　　　　　D. 细集料的细度模数

1-1-26 下列有关砂石材料试验结果越高表示该砂石材料性能品质越好的指标是（　　）。

A. 集料与沥青的黏附等级　　　　B. 洛杉矶磨耗值

C. 冲击值　　　　　　　　　　　D. 吸水率

1-1-27 正确定义沥青与石料黏附性试验的描述是（　　）。

A. 偏粗颗粒采用水浸法

B. 偏细颗粒采用水煮法

C. 偏粗颗粒采用水煮法，偏细颗粒采用水浸法

D. 以上说法均不对

1-1-28 石料真密度的测定方法为（　　）。

A. 真空排水法　　　　　　　B. 静水称重法

C. 封蜡法　　　　　　　　　D. 密度瓶法

1-1-29 粗集料密度试验中，测定水温的原因是（　　）。

A. 修正不同温度下石料热胀冷缩的影响

B. 修正不同温度下水密度变化产生的影响

C. 不同水温下密度的计算公式不同

D. 在规定的温度条件下试验相对简单

1-1-30 两种砂子的细度模数相同时，它们的级配（　　）。

A. 相同　　　　　　　　　　B. 不相同

C. 不一定相同 D. 以上说法均不对

1-1-31 粗集料压碎试验后需称量通过（ ）筛孔的细料质量来计算压碎值。

A. 9.5mm B. 4.75mm C. 1.7mm D. 2.36mm

1-1-32 一般来说，同一组成、不同表观密度的无机非金属材料，表观密度大者的，其（ ）。

A. 强度高 B. 强度低 C. 孔隙率大 D. 空隙率大

1-1-33 细集料砂当量试验中，砂当量结果描述正确的是（ ）。

A. 砂当量值越高，表示集料越洁净

B. 砂当量值越低，表示集料越洁净

C. 砂当量值与集料清洁度无关

D. 砂当量值越高，表示集料越粗

1-1-34 对集料取样数量无实质性影响的因素是（ ）。

A. 公称最大粒径 B. 试验项目 C. 试验内容 D. 试验时间

1-1-35 （ ）是判断一种集料能否用于沥青路面抗滑磨耗层的定性指标。

A. 集料最大粒径 B. 集料压碎值 C. 集料磨耗值 D. 集料磨光值

1-1-36 ［2021年考题］洛杉矶磨耗试验中，磨耗机的转动速率是（ ）。

A. 25～28r/min B. 28～32r/min C. 30～33r/min D. 33～35r/min

1-1-37 ［2021年考题］细集料试验中，各筛的累计筛余用A_i来表示。现有一细集料，各筛孔累计筛余分别为：$A_{4.75} = 3.6$，$A_{2.36} = 15.6$，$A_{1.18} = 34.2$，$A_{0.6} = 63.6$，$A_{0.3} = 90.1$，$A_{0.15} = 97.2$，则该细集料是（ ）。

A. 粗砂 B. 中砂 C. 细砂 D. 粉砂

题解及参考答案

1-1-1 **解：** 集料毛体积密度和石料相同，都是指在规定条件下，烘干料矿质实体包括孔隙（闭口、开口孔隙）体积在内的单位体积的质量。

答案： A

考点：集料的物理性质

1-1-2 **解：** 磨光值是反映石料抵抗轮胎磨光作用能力的指标；压碎值是用于衡量石料在逐渐增加的荷载下抵抗压碎的能力，是衡量石料力学性能的指标；磨耗值用于确定石料抵抗表面磨损的能力。

答案： C

考点：石料的物理性质及检测方法

1-1-3 **解：** 压碎值是用于衡量石料在逐渐增加的荷载下抵抗压碎的能力，是衡量力学性能的指标。

答案： B

考点：石料的物理性质及检测方法

1-1-4 **解：** 磨光值反映粗集料抗滑性能，磨光值越高，表示其抗滑能力越强。磨耗率反映粗集料的磨耗性，磨耗率越高，表示其耐磨性越差。

答案： C

考点：石料的物理性质

1-1-5 **解**：AC沥青混合料中细集料是指粒径小于2.36mm的天然砂、人工砂（包括机制砂）及石屑。水泥混凝土中，细集料是指粒径小于4.75mm的天然砂、人工砂。

答案：B

考点：集料的物理性质

1-1-6 **解**：石料的酸碱性通常是根据石料中的SiO_2含量来确定的，SiO_2含量大于65%为酸性材料，SiO_2含量小于52%为碱性材料，SiO_2含量在52%~65%之间为中性材料。

答案：A

考点：集料的性质

1-1-7 **解**：集料的几种密度从大到小为：真实密度>表观密度>毛体积密度>堆积密度。计算集料真实密度时，质量取m_s，体积取V_s；计算集料表观密度时，质量取m_s，体积取V_s与V_n（集料矿物实体中闭口孔隙体积）之和；计算集料毛体积密度时，质量取m_s，体积取V_s、V_n与V_i（集料矿物实体中开口孔隙体积）之和；计算集料堆积密度时，质量取m_s，体积取V_s、V_n、V_i与V_v（集料颗粒间空隙体积）之和。

答案：D

考点：集料的物理性质

1-1-8 **解**：含水率$= m_水/m_{干土} \times 100\%$，代入数据解得。

答案：B

考点：石料的物理性质

1-1-9 **解**：集料的冲击值试验需将集料过2.36mm的标准筛。

答案：B

考点：集料的力学性质及检测方法

1-1-10 **解**：集料压碎值是集料在连续增加的荷载下，抵抗压碎的能力，是评价集料承载能力的一个力学指标。

答案：A

考点：集料的力学性质及检测方法

1-1-11 **解**：砂子的细度模数越大表示砂子越粗。

答案：A

考点：细集料的细度模数

1-1-12 **解**：细度模数在一定程度上能反映砂的粗细程度，但未能全面反映砂的级配情况；水泥混凝土的细集料是粒径小于4.75mm的集料颗粒，而沥青混合料中的细集料是粒径小于2.36mm的集料颗粒；不同级配的砂可以具有相同的细度模数。

答案：B

考点：细集料的细度模数

1-1-13 **解**：细度模数是以细集料筛分试验中各号筛上的累计筛余百分率进行计算。

答案：D

考点：细集料的细度模数

1-1-14 **解**：细度模数的数值主要决定于0.15mm筛到2.36mm筛5个粒径的累积筛余量，与小于0.15mm的颗粒含量无关。

答案：A

考点：细集料的细度模数

1-1-15 解：矿质集料级配曲线按形状划分为连续级配、间断级配、开级配三种。

答案：C

考点：矿质集料级配曲线

1-1-16 解：级配曲线图通常采用半对数坐标，即纵坐标的通过率为算数坐标，横坐标的粒径为对数坐标。

答案：B

考点：矿质混合料的级配曲线绘制方法

1-1-17 解：石料的单轴抗压强度是将石料制备成规定的标准试件，经饱水处理受压并按规定的加载条件下，达到极限破坏时单位承压面积的强度。

答案：C

考点：石料单轴抗压强度的测定方法

1-1-18 解：岩石按其物理力学性质（主要为饱水状态下的抗压强度和磨耗率）分为四个等级：1级-最坚强岩石，2级-坚强岩石，3级-中等强度岩石，4级-较软岩石。

答案：D

考点：岩石等级划分标准

1-1-19 解：岩石的含水率是指岩石在天然状态下所含水分占其烘干质量的百分比；吸水率是指在规定条件下，试件最大吸水质量占烘干石料试件质量百分比；饱和吸水率是指在强制条件下，石料试件的最大吸水质量占烘干试件质量的百分比。

答案：D

考点：岩石吸水性不同指标的含义

1-1-20 解：硫酸钠浸蚀法又称石料的坚固性试验，将石料试样经饱和硫酸钠溶液多次浸泡与烘干循环后，模拟强化冻融状态，评价其强度降低的性能，因而是评价石料抗冻性能的一种方法。

答案：B

考点：石料耐久性测试方法

1-1-21 解：集料的外观是指集料的颗粒形状、颗粒大小、表面棱角性等；而级配是指集料中各组成颗粒的分级和搭配，与集料颗粒粒径大小和不同粒径颗粒含量有关，而与集料外观无关。

答案：D

考点：集料的外观要求

1-1-22 解：测定沥青与石料黏附性的方法是水煮法或水浸法，但都是定性测量，结果往往因人而异；目前研究中也有人采用光电分光光度法，这是一种定量测试，但测试过程较复杂。亚甲蓝法是用于确定集料中是否存在膨胀性黏土矿物，并测其含量的试验方法，用以评定集料的洁净程度。

答案：D

考点：沥青与集料黏附性测定方法

1-1-23 解：不同的试验项目、试验内容以及公称最大粒径所对应的试样的最小取样数量都不相同。

答案：D

考点：砂石材料取样数量

1-1-24　解：不同公称最大粒径的集料筛分时所用试样质量不同。

答案：B

考点：砂石材料筛分试验方法

1-1-25　解：集料与沥青的黏附等级、磨光值越高，说明集料与沥青的黏附性越好，集料的抗磨光能力越强；细集料的细度模数是评价细集料粗细程度的一个指标，与集料品质无关。而洛杉矶磨耗值越高，则说明集料的耐磨耗性能越差，即集料品质越差。

答案：B

考点：砂石材料的技术性质

1-1-26　解：集料与沥青的黏附等级越高，说明集料与沥青的黏附性越好，即集料的品质越好。而洛杉矶磨耗值、冲击值越高，则说明集料的耐磨耗性能与抗冲击性能越差；吸水率越高，则说明集料内的空隙和缺陷越多，集料的强度也就越低。

答案：A

考点：砂石材料的技术性质

1-1-27　解：沥青与集料的黏附性试验采用水煮法或水浸法进行测定。前者适用于最大粒径大于13.2mm 的集料，后者适用于最大粒径小于或等于 13.2mm 的集料。

答案：C

考点：沥青与石料黏附性试验方法

1-1-28　解：石料真密度是指在规定条件下烘干石料矿质单位真实体积（不包括开口体积与闭口孔隙体积）的质量。测定时须将石料试样粉碎成能通过 0.315mm 筛孔的岩粉并烘干至恒重，将已知质量岩粉灌入密度瓶中并注入试液（洁净水或煤油），采用煮沸法或真空抽气法排除气体，根据置换原理测定其真实体积，并计算得到的真实密度。

答案：D

考点：石料真密度的测定方法

1-1-29　解：根据集料密度测试方法，直接测试得到的均为集料与水的相对密度，而水在不同温度时密度也是不相同的，因此需要测定水温以确定试验时水的密度从而换算得到准确的集料密度。

答案：B

考点：粗集料密度测定方法

1-1-30　解：细集料的细度模数是指各级筛孔尺寸的累计筛余百分率之和与 100 的比值，即使不同级配的细集料，其各筛孔累积筛余百分率之和也可以相同，即具有相同的细度模数。

答案：C

考点：细集料细度模数的定义

1-1-31　解：粗集料压碎试验后需称量通过 1.7mm 筛孔的细料质量来计算压碎值。

答案：C

考点：集料的力学性能检测方法

1-1-32　解：同一组成、不同表观密度的无机非金属材料，表观密度越大，材料越密实，孔隙率越小，强度越高。

答案：A

考点：集料的物理力学性能

1-1-33　解： 细集料砂当量反映集料的洁净程度，砂当量值越大，表明细集料越洁净。

答案： A

考点：集料的物理性能

1-1-34　解： 集料试验取样数量与公称最大粒径、试验项目、试验内容等有关。

答案： D

考点：集料检测方法

1-1-35　解： 沥青路面抗滑磨耗层用集料需测试其冲击值、道瑞磨耗值和磨光值。

答案： A

考点：集料的力学性能

1-1-36　解： 磨耗试验是将一定质量且有一定级配的石料试样和钢球置于洛杉矶磨耗试验机中，以 $30 \sim 33 \text{r/min}$ 的转速转动至要求次数后停止，取出试样过筛并称量。

答案： C

考点：石料的力学性能

1-1-37　解： 按公式计算细度模数 M_f，该砂的细度模数为 2.93，属于中砂。粗砂 $M_f = 3.7 \sim 3.1$；中砂 $M_f = 3.0 \sim 2.3$；细砂 $M_f = 2.2 \sim 1.6$。

答案： B

考点：细集料细度模数计算公式

（二）水泥和石灰

1-2-1 硅酸盐水泥是（　　）胶凝材料。

A. 水硬性有机　　　　　　　　　　B. 气硬性有机

C. 水硬性无机　　　　　　　　　　D. 气硬性无机

1-2-2 硅酸盐水泥水化反应的主要产物为（　　）。

A. 硅酸钙与水化硅酸钙　　　　　　B. 水化硅酸钙与氢氧化钙

C. 水化硅酸钙与水化铁酸钙　　　　D. 水化硅酸钙与水化铝酸钙

1-2-3 硅酸盐水泥的强度主要来自矿物成分（　　）。

A. $C_3S + C_2S$　　　　　　　　　　B. $C_3S + C_3A$

C. $C_2S + C_3A$　　　　　　　　　　D. $C_3S + C_4AF$

1-2-4 ［2019 年考题］改变水泥熟料矿物的含量，可使水泥性质发生相应的变化。要使水泥具有比较低的水化热，应降低（　　）的含量。

A. C_3S　　　　　B. C_2S　　　　　C. C_3A　　　　　D. C_4AF

1-2-5 ［2020 年考题］水泥熟料中掺加适量石膏的目的是（　　）。

A. 降低发热量　　　　　　　　　　B. 增加产量

C. 减少收缩　　　　　　　　　　　D. 调节水泥凝结速度

1-2-6 引起硅酸盐水泥体积安定性不良的原因之一是水泥熟料中（　　）含量过多。

A. $CaCO_3$　　　　B. $Ca(OH)_2$　　　　C. 游离 CaO　　　　D. H_2O

1-2-7 用沸煮法检验水泥体积安定性，能检查出（　　）的影响。

A. 游离 CaO　　　　　　　　　　B. 游离 MgO

C. 石膏　　　　　　　　　　　　　D. 游离 CaO 和游离 MgO

1-2-8 下列材料会使材料凝结硬化后发生体积膨胀而造成危害的为（　　　）。

    A. 欠火石灰　　　　　　　　　　　　B. 膨胀水泥

    C. 安定性不良的水泥　　　　　　　　D. 膨胀剂

1-2-9 水泥强度试件，水灰比为（　　　），水泥与标准砂的比例为（　　　）。

    A. 0.5，1 : 3　　　B. 2，1 : 2　　　C. 0.5，1 : 2　　　D. 2，1 : 3

1-2-10 用试饼法判别水泥是否安定的依据是沸煮后目测试饼是否有（　　　）。

    A. 弯曲　　　　　　B. 剥落　　　　　　C. 裂缝　　　　　　D. 弯曲和裂缝

1-2-11 关于石灰材料的叙述，不正确的为（　　　）。

    A. 陈伏是为了消除欠火石灰的危害

    B. 过火石灰在使用中易引起体积膨胀

    C. 石灰浆的硬化包括结晶作用和碳化作用

    D. 石灰原料的主要成分为碳酸钙和碳酸镁

1-2-12 石灰是（　　　）胶凝材料。

    A. 水硬性有机　　　　　　　　　　　B. 气硬性有机

    C. 水硬性无机　　　　　　　　　　　D. 气硬性无机

1-2-13 水泥现已成为道路工程中重要的建筑材料，按组成成分划分，使用最多的水泥为（　　　）。

    A. 矿渣水泥　　　　　　　　　　　　B. 火山灰水泥

    C. 粉煤灰水泥　　　　　　　　　　　D. 普通硅酸盐水泥

1-2-14 要使水泥具有硬化快的性能，必须提高（　　　）含量。

    A. C_3S　　　　　B. C_2S　　　　　C. C_3A　　　　　D. C_4AF

1-2-15 以下水泥熟料矿物中，早期强度及后期强度都比较高的是（　　　）。

    A. C_3S　　　　　B. C_2S　　　　　C. C_3A　　　　　D. C_4AF

1-2-16 为了提高水泥混凝土的抗折强度，必须提高（　　　）含量。

    A. C_3S　　　　　B. C_2S　　　　　C. C_3A　　　　　D. C_4AF

1-2-17 为提高水泥混凝土的后期强度，配制高强水泥混凝土，必须提高（　　　）含量。

    A. C_3S　　　　　B. C_2S　　　　　C. C_3A　　　　　D. C_4AF

1-2-18 硅酸盐水泥的运输和储存应按国家标准规定进行，超过（　　　）的水泥须重新试验。

    A. 1个月　　　　　B. 3个月　　　　　C. 6个月　　　　　D. 1年

1-2-19 石灰是在（　　　）中硬化的。

    A. 干燥空气　　　　　　　　　　　　B. 水蒸气

    C. 水　　　　　　　　　　　　　　　D. 与空气隔绝的环境

1-2-20 大体积混凝土不宜选用的水泥类型为（　　　）。

    A. P·I　　　　　　B. P·P　　　　　　C. P·F　　　　　　D. P·C

1-2-21 ［2019 年考题］消石灰的主要化学成分为（　　　）。

    A. 氧化钙　　　　B. 氧化镁　　　　C. 氢氧化钙　　　　D. 硫酸钙

1-2-22 ［2021 年考题］石灰可用于道路与桥梁工程，下列技术要求中，不属于石灰的技术要求的是（　　　）。

    A. 氧化铝的含量　　　　　　　　　　B. 氧化镁和氧化钙的含量

  C. 二氧化碳的含量   D. 细度

1-2-23 ［2021年考题］我国现行标准中规定，硅酸盐水泥细度的测定方法是（   ）。

  A. 负压筛析法   B. 手工筛析法   C. 水筛法   D. 比表面积法

1-2-24 初凝时间是指水泥全部加入水中至初凝状态的时间，用"min"计；当试针沉至距底板（   ）时，为水泥达到初凝状态。

  A. (4 ± 1)mm   B. (5 ± 1)mm   C. (6 ± 1)mm   D. (7 ± 1)mm

1-2-25 按规定方法制备的水泥胶砂强度试件尺寸为（   ）。

  A. 40mm×40mm×160mm   B. 100mm×100mm×100mm

  C. 100mm×100mm×300mm   D. 100mm×100mm×400mm

1-2-26 水泥中掺入的活性混合材料能够与水泥水化产生的氢氧化钙发生反应，生成水化硅酸钙的水化产物，该反应被称为（   ）。

  A. 火山灰反应   B. 沉淀反应

  C. 碳化反应   D. 钙矾石延迟生成反应

1-2-27 水泥胶砂强度试验三个试件28d抗折强度分别为7.0MPa、9.0MPa、7.0MPa，则抗折强度试验结果为（   ）。

  A. 7.0MPa   B. 7.7MPa   C. 9.0MPa   D. 8.0MPa

题解及参考答案

1-2-1 **解**：硅酸盐水泥是由硅酸盐水泥熟料、0~5%石灰石或粒化高炉矿渣、适量石膏磨细制成的水硬性胶凝材料，且属于无机胶凝材料。

  答案：C

考点：水泥矿物成分及其特性

1-2-2 **解**：硅酸盐水泥水化后的产物主要为水化硅酸钙和氢氧化钙。

  答案：B

考点：水泥的水化过程

1-2-3 **解**：硅酸盐水泥的强度主要来源于矿物成分硅酸三钙与硅酸二钙。

  答案：A

考点：水泥的水化过程

1-2-4 **解**：硅酸盐水泥水化时，放热量最大且放热速度最快的是C_3A。

  答案：C

考点：水泥的水化过程

1-2-5 **解**：石膏的主要作用是作为缓凝剂。在没有石膏的情况下，水泥熟料磨细后加水会很快凝结，影响施工和检验，添加适量石膏后，石膏中的硫酸钙与水泥熟料中的铝酸三钙反应生成钙矾石，减少水泥的水化速度，从而起到缓凝的作用。

  答案：D

考点：水泥熟料的成分特性

1-2-6 **解**：引起水泥安定性不良的因素主要有熟料中所含的游离氧化钙、游离氧化镁过多或掺入的石膏过多。

答案： C

考点：水泥的检定方法

1-2-7　解： 用沸煮法测游离 CaO 的含量。

答案： A

考点：水泥的检定方法

1-2-8　解： 欠火石灰主要是使用时缺乏黏结力，降低石灰利用率；膨胀水泥在硬化过程中体积不会发生收缩，还略有膨胀，可以解决由于收缩带来的不利后果；混凝土膨胀剂用来配制膨胀混凝土，补偿收缩混凝土具有补偿混凝土干缩和密实混凝土、提高混凝土抗渗性作用；水泥安定性不良对混凝土的影响主要是体积膨胀引起水泥石开裂，导致混凝土结构破坏。

答案： C

考点：石灰的消化

1-2-9　解： 采用水泥胶砂法测定水泥强度，采用水泥、标准砂和水以 1:3:0.5 的比例拌和。

答案： A

考点：水泥的检定方法

1-2-10　解： 试饼法测定水泥安定性，观察外形是否有弯曲和裂缝等变化。

答案： D

考点：水泥的检定方法

1-2-11　解： 陈伏是为了消除过火石灰的危害。

答案： A

考点：石灰的消化和硬化

1-2-12　解： 石灰是气硬性胶凝材料，且属于无机胶凝材料，其只能在空气中硬化，且只能在空气中保持和连续增长的强度。一般只适用于干燥环境中，而不宜用于潮湿环境，更不可用于水中。

答案： D

考点：石灰的特性

1-2-13　解： 按矿物组成成分，水泥分为硅酸盐水泥、铝酸盐水泥、硫酸盐水泥、磷酸盐水泥等，其中应用最多的就是普通硅酸盐水泥，而矿渣水泥、火山灰水泥、粉煤灰水泥其实质也都是硅酸盐水泥，只不过是添加了一些可以改善水泥性能的活性材料。

答案： D

考点：水泥的种类

1-2-14　解： C_3A 是水泥矿物组成四组分中遇水反应速度最快、水化热最高的组分。钙的含量决定水泥的凝结速度和释放热量，因此要使水泥硬化快，就应提高 C_3A 的含量。

答案： C

考点：水泥矿物成分及其特性

1-2-15　解： C_3S 是硅酸盐水泥中最主要的矿物组分，其含量通常在 50% 左右，它对硅酸盐水泥性质有重要影响。C_3S 遇水，反应速度较快，水化热高，水化产物对水泥早期强度和后期强度起主要作用。

答案： A

考点：水泥矿物成分及其特性

1-2-16 解： C_4AF 对提高水泥的抗折强度起到重要作用，为了提高水泥混凝土的抗折强度，应提高其在水泥中的含量。道路硅酸盐水泥对 C_4AF 的最低含量有一定的要求。

答案： D

考点：水泥矿物成分及其特性

1-2-17 解： C_2S 在硅酸盐水泥中的含量为 10%~40%，亦为主要的矿物组分，遇水时反应速度较慢，水化热很低，它的水化产物对水泥早期强度贡献较小，但对水泥后期强度起重要作用。

答案： B

考点：水泥矿物成分及其特性

1-2-18 解： 水泥是一种细粉状的活性材料，因此在运输或储存时，一定要注意防潮。因为受潮后，水泥发生水化作用，凝结成块，严重时全部凝结就不能使用。尽管如此，在其运输与储存过程中也会吸收空气中的水分和碳酸气，使得表面缓慢水化而降低强度。一般水泥储存 3 个月后，其强度就会降低 10%~20%，因此，水泥在运输和储存超过 3 个月时就应该重新试验。

答案： B

考点：水泥的技术性质

1-2-19 解： 石灰气硬性胶凝材料，只能在空气中硬化、保持或继续提高强度。

答案： A

考点：石灰的技术特性

1-2-20 解： 硅酸盐水泥（P·I）水化热高，应用于大体积混凝土易产生温度裂缝。

答案： A

考点：水泥的适用范围

1-2-21 解： 生石灰（CaO）加水反应生成氢氧化钙的过程，称为石灰的消化或熟化。反应生成的产物氢氧化钙称为熟石灰或消石灰。

答案： C

考点：石灰的消化和硬化

1-2-22 解： 生石灰的技术要求有氧化镁和氧化钙、二氧化碳、氧化镁、三氧化硫的含量，细度和产浆量；消石灰的技术要求有氧化镁和氧化钙、氧化镁、三氧化硫的含量，游离水（含水率）、细度和安定性。

答案： A

考点：石灰的性质及技术要求

1-2-23 解：《通用硅酸盐水泥》（GB 175—2007）规定：硅酸盐水泥和普通硅酸盐水泥的细度用比表面积表示，其比表面积不小于 $300m^2/kg$。其他通用硅酸盐水泥的细度用筛余表示，其 $80\mu m$ 方孔筛筛余不大于 10%或 $45\mu m$ 方孔筛筛余不大于 30%。

《公路工程水泥及水泥混凝土试验规程》（JTG 3420—2020）规定：水泥细度试验方法为筛析法（包括负压筛析法、水筛法和手工筛法）；负压筛法与水筛法测定的结果发生争议时，以负压筛法为准。

答案： A

考点：硅酸盐水泥的技术性质及检定方法

1-2-24 解： 水泥的初凝时间是指水泥全部加入水中至初凝状态的时间，用"min"计；当试针沉至距底板(4±1)mm 时，为水泥达到初凝状态。

答案： A

1-2-25 解： 按规定方法制成的水泥胶砂强度试件尺寸为 40mm×40mm×160mm。

答案： A

1-2-26 解： 活性混合材料与水泥水化产生的氢氧化钙发生反应，生成水化硅酸钙，该反应称为火山灰反应。

答案： A

1-2-27 解： 水泥胶砂的抗折强度试验结果取三个试件的平均值。当三个强度值中有超过平均值±10%的，应剔除后再平均，以平均值作为抗折强度试验结果。

答案： A

（三）无机结合料稳定材料

1-3-1 无机结合料稳定材料是一种（　　　）材料。

    A. 柔性　　　　　　　B. 刚性　　　　　　　C. 半刚性　　　　　　　D. 脆性

1-3-2 无机结合料稳定材料的配合比设计与施工质量控制的主要指标是（　　　）。

    A. 1d 无侧限抗压强度　　　　　　　B. 3d 无侧限抗压强度

    C. 7d 无侧限抗压强度　　　　　　　D. 28d 无侧限抗压强度

1-3-3 无机结合料稳定材料无侧限抗压强度试验试样采用径高比为（　　　）的圆柱体。

    A. 2∶1　　　　　　　B. 1∶1　　　　　　　C. 1∶1.5　　　　　　　D. 1∶2

1-3-4 无机结合料稳定材料无侧限抗压强度试件的标准养护温度为（　　　），湿度≥95%，此条件下养护 6d，然后试件浸水 1d。（注：2020 年考题 1 与本题类似）

    A. 20℃±1℃　　　　B. 20℃±2℃　　　　C. 室温　　　　D. 20℃±5℃

1-3-5 无机结合料稳定材料的最佳含水率和最大干密度采用（　　　）确定。

    A. 重型击实方法　　　B. 经验法　　　　C. 计算法　　　　D. 称重法

1-3-6 无机结合料稳定材料组成设计时，需选择不少于（　　　）个不同结合料剂量制备混合料试件。

    A. 3　　　　　　　　B. 4　　　　　　　　C. 5　　　　　　　　D. 6

1-3-7 水泥稳定材料劈裂强度试验，试件正确的养护方法应是（　　　）。

    A. 先标准养护 2d，再浸水养护 1d

    B. 先标准养护 6d，再浸水养护 1d

    C. 先标准养护 27d，再浸水养护 1d

    D. 先标准养护 89d，再浸水养护 1d

1-3-8 测量半刚性材料的抗拉强度采用的方法有（　　　）。

    A. 利用梁式试件，采用三分点加载，进行弯拉试验，测得抗拉强度为抗弯拉强度

    B. 采用圆柱体试件直接拉伸测得的直接抗拉强度

    C. 用圆柱体试件沿其直径方向用线压力进行试验，直到被破坏，该强度称为间接抗拉强度或劈裂强度

D. 以上三种都是

1-3-9 低限用于塑性指数小于（ ）的黏性土，且低限值宜仅用于（ ）以下公路，高限用于塑性指数大于（ ）的黏性土。

  A. 7，二级，7 B. 7，三级，7 C. 6，二级，6 D. 6，三级，6

1-3-10 下列说法错误的是（ ）。

  A. 采用三轴压缩试验方法测定应力应变特性关系，无机结合料稳定材料的应力应变关系曲线呈现出线性形状

  B. 疲劳破坏是在小于材料极限强度的应力反复作用下所产生的累积破坏

  C. 半刚性基层的收缩主要表现为干燥收缩和温度收缩

  D. 收缩裂缝的危害主要表现在以下两个方面：外界水分通过裂缝渗入会引起面层的冲刷剥落或基层的冲刷唧泥；过小的裂缝间距破坏了路面结构的整体性，改变了受力状态

1-3-11 石灰稳定材料强度的形成与发展通过（ ）形成。

  A. 离子交换作用 B. 结晶作用 C. 火山灰作用 D. 以上都是

1-3-12 以下材料中，不属于无机结合料稳定类材料的是（ ）。

  A. 石灰土 B. 二灰砂砾 C. 级配碎石 D. 二灰碎石

1-3-13 采用石灰稳定类比较理想的土质类型是（ ）。

  A. 粉土 B. 黏土 C. 砂土 D. 砂

1-3-14 无机结合料稳定土标准重型击实试验分 3 层击实，每层击实次数是（ ）次。

  A. 27 B. 59 C. 98 D. 120

1-3-15 无机结合料稳定土间接拉伸试验（劈裂试验）时，试件的径高比是（ ）。

  A. 2∶1 B. 1∶1 C. 2∶3 D. 1∶2

1-3-16 随着黏土矿物含量的增多，石灰稳定土的强度（ ）。

  A. 增大   B. 减小

  C. 无变化   D. 先变大后减小

1-3-17 随着土塑性指数的增加，石灰稳定土的强度（ ）。

  A. 增大   B. 减小

  C. 无变化   D. 先变大后减小

1-3-18 随着击实功的增加，石灰稳定土的最佳含水率（ ）。

  A. 增大   B. 减小

  C. 无变化   D. 先变大后减小

1-3-19 随着击实功的增加，石灰稳定土的最大密度（ ）。

  A. 增大   B. 减小

  C. 无变化   D. 先变大后减小

1-3-20 随着砂砾含量的增加，石灰稳定砂砾的干缩系数将（ ）。

  A. 增大   B. 减小

  C. 无变化   D. 先变大后减小

1-3-21 ［2019 年考题］随着水泥剂量的增加，水泥稳定土的强度将（ ）。

  A. 增大 B. 减小 C. 无变化 D. 不确定

1-3-22 ［2019年考题］下列说法中，不属于水泥稳定土混合料组成设计目的的是（　　）。

A.确定水泥剂量　　　　　　　　B.确定最佳含水率

C.确定抗压强度　　　　　　　　D.确定最大干密度

1-3-23 ［2020年考题］下列因素中，不属于影响石灰稳定土强度的因素是（　　）。

A.土质　　　　B.灰质　　　　C.含水率　　　　D.和易性

1-3-24 ［2020年考题］二灰土的主要组成材料是（　　）。

A.石灰、水泥、土　　　　　　　B.石灰、煤渣、土

C.石灰、粉煤灰、土　　　　　　D.粉煤灰、水泥、土

1-3-25 ［2021年考题］拌和好的灰土1100g，经检测，该灰土含水率为10%，石灰剂量为4.2%，则该石灰土中石灰质量为（　　）。

A.42.0g　　　　B.41.6g　　　　C.40.3g　　　　D.39.3g

题解及参考答案

1-3-1 **解：** 无机结合料稳定材料的刚性介于柔性与刚性材料之间，是一种半刚性材料，具有一定的抗拉强度。

答案： C

考点：无机结合料稳定材料的技术性质

1-3-2 **解：** 7d无侧限抗压强度是无机结合料稳定材料配合比设计与施工质量控制的主要指标。

答案： C

考点：无机结合料稳定材料的技术指标

1-3-3 **解：** 无机结合料稳定材料抗压强度试件采用高径比1:1的圆柱体试件，在规定温度保湿养护6d，然后浸水1d，标准养护温度为20℃±2℃。

答案： B

考点：无机结合料稳定材料的试验方法

1-3-4 **解：** 参考题1-3-3的解答。

答案： B

考点：无机结合料稳定材料的试验方法

1-3-5 **解：** 采用重型击实方法或振动压实法确定不同结合料剂量混合料的最佳含水率和最大干（压实）密度，至少应做三个不同结合料剂量混合料的击实试验，即最小剂量、中间剂量和最大剂量，其余两个混合料的最佳含水率和最大干密度用内插法确定。

答案： A

考点：无机结合料稳定材料的试验方法

1-3-6 **解：** 无机结合料稳定材料的组成设计过程中需选择不少于5个不同结合料剂量制备混合料试件。

答案： C

考点：无机结合料稳定材料的组成设计方法

1-3-7　解： 水泥稳定材料劈裂强度试验，试件养护方法为：先标准养护 89d，再浸水养护 1d。

　　　答案： D

考点：无机结合料稳定材料的试验方法

1-3-8　解： 测量半刚性材料的抗拉强度采用的方法有：第一种方法是利用梁式试件，采用三分点加载，进行弯拉试验，测得的抗拉强度为抗弯拉强度；第二种方法是用圆柱体试件直接拉伸测得的直接抗拉强度；第三种方法是用圆柱体试件沿其直径方向用线压力进行试验，直到被破坏，该强度称为间接抗拉强度或劈裂强度。

　　　答案： D

考点：无机结合料稳定材料的试验方法

1-3-9　解： 低限用于塑性指数小于 7 的黏性土，且低限值宜仅用于二级以下公路，高限用于塑性指数大于 7 的黏性土。

　　　答案： A

考点：无机结合料稳定材料的技术指标

1-3-10　解： 采用三轴压缩试验方法测定应力应变特性关系，无机结合料稳定材料的应力应变关系曲线呈现出非线性形状。

　　　答案： A

考点：无机结合料稳定材料的试验方法

1-3-11　解： 石灰稳定材料强度的形成与发展是通过机械压实、离子交换反应、氢氧化钙结晶和碳酸化反应以及火山灰反应等一系列复杂的物理与化学作用过程完成的。

　　　答案： D

考点：石灰稳定材料强度的形成机理

1-3-12　解： 无机结合料稳定材料是指将一定剂量的水泥、石灰等无机结合料或其他固化剂掺入各种经过粉碎、原来松散的土或碎（砾）石中，加水拌和后得到的混合料。常用的无机结合料稳定类材料主要包括水泥稳定类、石灰稳定类、石灰粉煤灰（二灰）稳定类。

　　　答案： C

考点：无机结合料稳定材料的概念

1-3-13　解： 石灰的稳定效果与土中黏土矿物成分及含量有显著关系。一般来说，黏土矿物化学活性强，比表面积大，当掺入石灰等活性材料后，所形成的离子交换、结晶作用和火山灰反应都比较活跃，稳定效果好。

　　　答案： B

考点：石灰稳定材料强度的形成机理

1-3-14　解： 无机结合料稳定材料的击实试验按击实功大小不同分成两种方法，一种是重型击实，另一种是轻型击实，两种方法击实筒大小、击实锤重量与落距都不相同，不过击实时材料都是分三层填装依次击实，不同的是重型每层击实 98 次，轻型每层击实 27 次。

　　　答案： C

考点：无机结合料稳定土击实试验方法

1-3-15　解： 无机结合料稳定土间接拉伸试验试件采用高径比为 1:1 的圆柱体。细粒土为 $\phi 50 \times 50mm$，中粒土为 $\phi 100 \times 100mm$，粗粒土为 $\phi 150 \times 150mm$。

答案： B

考点：无机结合料稳定土间接拉伸试验方法

1-3-16　解： 石灰土的强度随土中黏土矿物含量的增多和塑性指数的增大而提高。

答案： A

考点：石灰稳定土的技术性质

1-3-17　解： 参考题 1-3-16 的解答。

答案： A

考点：石灰稳定土的技术性质

1-3-18　解： 石灰土的最佳含水率为素土的最佳含水率、拌和过程中蒸发所需的水量与石灰反应过程所需的水量三者之和。其中，素土的最佳含水率由土质（塑性指数）决定，石灰反应所需水量则由石灰土的石灰剂量确定，可见与击实功无关。

答案： C

考点：石灰稳定土最佳含水率

1-3-19　解： 石灰土的击实试验就是指石灰土在一定的击实功作用下，石灰土颗粒克服粒间阻力，产生位移，重新排列，使其中的孔隙减小，密实度增大的过程。击实功是指每单位体积石灰土所消耗的能量，因此，击实功越大，相应的最大干密度就越高。

答案： A

考点：石灰稳定土最大干密度

1-3-20　解： 石灰稳定材料的干燥收缩，主要是由于水分蒸发而产生的。石灰稳定类材料中粒料增加时，将降低整体材料的比表面积和需水量，并对水化凝胶物的收缩产生一定的抑制作用，从而可较大幅度降低干燥收缩性。

答案： B

考点：石灰稳定砂砾的干燥收缩特性

1-3-21　解： 水泥稳定材料的强度随着水泥剂量的增加而增长。但是过多的水泥用量，在获得较高强度的同时，可能会增加其收缩性。

答案： A

考点：水泥稳定材料强度

1-3-22　解： 水泥稳定材料组成设计的目的是确定水泥剂量、混合料的最佳含水率和最大干密度。

答案： C

考点：水泥稳定材料组成设计

1-3-23　解： 石灰稳定土强度的影响因素包括土质、含水率、灰质。和易性通常用于水泥混凝土和水泥砂浆。

答案： D

考点：石灰稳定土强度

1-3-24　解： 二灰土是以石灰、粉煤灰与土按一定的配比混合，加水拌匀碾压而成的一种基层结构。二灰即石灰和粉煤灰。

答案： C

考点：无机结合料稳定材料类型

1-3-25 解： 干灰土质量 = 1100/(1 + 含水率) = 1000g;

干石灰质量 = 干灰土质量 - 干土质量;

石灰剂量 = 干石灰质量/干土质量 = (干灰土质量 - 干土质量)/干土质量

= 1000/干土质量 - 1 = 4.2%;

解得：干土质量 = 959.7g; 则：干石灰质量 = 1000 - 959.7 = 40.3g。

答案： C

考点：石灰剂量的含义

（四）水泥混凝土和砂浆

1-4-1 水泥混凝土中的水泥浆，在混凝土硬化前和硬化后起（　　）作用。

A. 胶结
B. 润滑、填充和胶结
C. 润滑和胶结
D. 填充和胶结

1-4-2 坍落度是表示水泥混凝土（　　）的指标。

A. 流动性
B. 黏聚性
C. 保水性
D. 含砂情况

1-4-3 坍落度试验适用于集料公称最大粒径不大于（　　）mm 和坍落度不小于（　　）mm 的水泥混凝土施工和易性检测。

A. 31.5，20
B. 26.5，20
C. 26.5，10
D. 31.5，10

1-4-4 维勃稠度试验适用于集料公称粒径不大于（　　）mm 和坍落度小于（　　）mm 的水泥混凝土施工和易性检测。

A. 31.5，20
B. 37.5，20
C. 31.5，10
D. 37.5，10

1-4-5 提高混凝土拌合物流动性的合理措施有（　　）。

A. 加水
B. 减少水泥浆用量
C. 增大砂率
D. 加减水剂

1-4-6 试拌混凝土时，当混凝土拌合物的流动性偏小时，应采取（　　）的办法来调整。

A. 加入适量水
B. 延长搅拌时间
C. 加入氯化钙
D. 保持水灰比不变，增加水泥浆

1-4-7 水泥混凝土配合比设计中的耐久性校核，是对（　　）进行校核。

A. 配制强度
B. 粗集料的最大粒径
C. 最大 W/C 和最小水泥用量
D. 以上三项

1-4-8 条件允许时应尽量选用最大粒径的粗集料是为了（　　）。

A. 节省集料
B. 节约水泥
C. 减少混凝土干缩
D. 节约水泥并减少干缩

1-4-9 下列不属于碱集料反应需具备的条件是（　　）。

A. 水泥中含超量的碱
B. 充分的水
C. 集料中含有碱活性颗粒
D. 合适的温度

1-4-10 水泥混凝土的强度等级是按照（　　）来划分的。

A. 立方体抗压强度的平均值

B. 轴心抗压强度的标准值

C. 立方体抗压强度的最大值

D. 立方体抗压强度的标准值

1-4-11 普通混凝土强度等级由（　　）保证率和（　　）龄期的标准尺寸立方体抗压强度代表值来确定的。

　　A. 90%，28d　　　　B. 95%，7d　　　　C. 95%，3d　　　　D. 95%，28d

1-4-12 反映水泥混凝土在持续荷载作用下变形特征的变形量是（　　）。

　　A. 弹性变形　　　　　　　　　　　B. 徐变

　　C. 温度变形　　　　　　　　　　　D. 干燥收缩变形

1-4-13 对于水泥混凝土的粗集料，采用连续级配与间断级配相比较，其最明显的缺点是（　　）。

　　A. 单位用水量大　　　　　　　　　B. 拌合物流动性差

　　C. 拌合物易离析　　　　　　　　　D. 单位水泥用量大

1-4-14 道路混凝土配合比设计与普通混凝土相比，最明显的差别是（　　）。（注：2020年考题11与本题类似）

　　A. 设计指标　　　　B. 设计步骤　　　　C. 设计过程　　　　D. 设计思路

1-4-15 在确定水泥混凝土的砂率时，未予考虑的因素是（　　）。

　　A. 耐久性　　　　　　　　　　　　B. 水灰比

　　C. 集料最大粒径　　　　　　　　　D. 集料的品种（碎石、卵石）

1-4-16 水泥混凝土工作性试验中得到的定量结果是（　　）。

　　A. 黏聚性　　　　B. 坍落度　　　　C. 保水性　　　　D. 易捣实性

1-4-17 在计算水泥混凝土初步配合比时，混凝土的耐久性通过限制（　　）来保证。

　　A. 单位用水量　　　　　　　　　　B. 砂率

　　C. 最小水泥用量与最大水灰比　　　D. 浆集比

1-4-18 对水泥混凝土力学强度试验结果不会产生影响的因素是（　　）。

　　A. 混凝土强度等级　　　　　　　　B. 混凝土试件的龄期

　　C. 加载方式　　　　　　　　　　　D. 混凝土试件的养护温度和湿度

1-4-19 配制水泥混凝土首选（　　）的砂。

　　A. 比表面积大且密实度高　　　　　B. 比表面积小且密实度低

　　C. 比表面积大但密实度低　　　　　D. 比表面积小但密实度高

1-4-20 调整水泥混凝土的工作性应在（　　）阶段进行。（注：2020年考题4与本题类似）

　　A. 初步配合比　　　　　　　　　　B. 基准配合比

　　C. 试验室配合比　　　　　　　　　D. 工地配合比

1-4-21 水泥混凝土配合比设计时，实际单位用水量最终是在（　　）阶段确定的。

　　A. 基准配合比　　　　　　　　　　B. 初步配合比

　　C. 试验室配合比　　　　　　　　　D. 工地配合比

1-4-22 路面水泥混凝土的抗弯拉强度是以（　　）方式测定。

　　A. 小简支梁模型　　　　　　　　　B. 三分点单点加载

　　C. 三分点双点加载　　　　　　　　D. 劈裂试验

1-4-23 粗集料中针片状颗粒含量的大小将会影响到（　　　）。

A. 混凝土的抗冻性　　　　　　　　B. 集料与水泥的黏结效果

C. 混凝土的力学性能　　　　　　　D. 集料的级配

1-4-24 水泥胶砂的抗折强度是以（　　　）方式来测定的。

A. 小简支梁模型　　　　　　　　　B. 三分点单点加载

C. 三分点双点加载　　　　　　　　D. 以上均可

1-4-25 普通水泥混凝土的强度等级是以具有95%保证率（　　）龄期立方体抗压强度的代表值来确定的。

A. 3d　　　　　B. 7d　　　　　C. 28d　　　　　D. 90d

1-4-26 混凝土的坍落度试验不能检测混凝土的（　　　）。

A. 黏聚性　　　　B. 保水性　　　　C. 含砂情况　　　　D. 耐久性

1-4-27 水泥混凝土配合比设计时，对强度的检验是在（　　　）阶段进行。

A. 基准配合比　　　　　　　　　　B. 初步配合比

C. 试验室配合比　　　　　　　　　D. 工地配合比

1-4-28 水泥混凝土抗折强度试验，试件断裂面在规定范围之外时，该试件试验结果作废。是否在规定范围内，其判断依据是以（　　　）为准。

A. 两加荷点界限

B. 两加荷点与底面中轴线交点范围

C. 两加荷点与顶面中轴线交点范围

D. 两加荷点与侧面中轴线交点范围

1-4-29 在混凝土组成材料方面，不会显著影响混凝土强度的因素是（　　　）。

A. 水灰比　　　　　　　　　　　　B. 粗集料岩性

C. 水泥品种　　　　　　　　　　　D. 水泥强度

1-4-30 当采用同一种水泥时，决定混凝土强度的主要因素是（　　　）。

A. 水泥用量　　　B. 砂率　　　C. 用水量　　　D. 水灰比

1-4-31 在混凝土中加入引气剂的主要目的是提高混凝土的（　　　）。

A. 抗冻性　　　　B. 耐水性　　　　C. 早期强度　　　　D. 抗蚀性

1-4-32 选择混凝土集料时，应使其（　　　）。

A. 总表面积大，空隙率大　　　　　B. 总表面积小，空隙率大

C. 总表面积小，空隙率小　　　　　D. 总表面积大，空隙率小

1-4-33 水泥混凝土抗压强度的试件标准尺寸是（　　　）。

A. 40mm×40mm×160mm　　　　　　B. 100mm×100mm×100mm

C. 150mm×150mm×150mm　　　　　D. 200mm×200mm×200mm

1-4-34 路面水泥混凝土抗弯拉强度的试件标准尺寸是（　　　）。

A. 120mm×120mm×460mm　　　　　B. 100mm×100mm×400mm

C. 150mm×150mm×550mm　　　　　D. 200mm×200mm×650mm

1-4-35 某组三块混凝土试件抗压强度测定结果分别为 34.7MPa、41.6MPa、43.2MPa，则该组试件抗压强度代表值为（　　　）MPa。

A. 40.0　　　　　　B. 38.2　　　　　　C. 41.6　　　　　　D. 42.4

1-4-36 密实基底用水泥砂浆的强度主要取决于（　　）。

A. 水灰比与水泥强度等级　　　　　　B. 水灰比与水泥用量

C. 用水量与水泥强度等级　　　　　　D. 水泥用量与水泥强度等级

1-4-37 为便于混凝土施工过程中拌和、振捣，要求混凝土有良好的（　　）。

A. 耐久性　　　　　　B. 抗侵蚀性　　　　　　C. 抗渗性　　　　　　D. 和易性

1-4-38 混凝土配合比的设计中，"砂率"是指（　　）的百分比。

A. 砂的质量占混凝土质量　　　　　　B. 砂的质量占砂、石总质量

C. 砂的质量占水泥质量　　　　　　D. 砂的质量占水质量

1-4-39 以下措施中不能提高水泥混凝土强度的是（　　）。

A. 加大水灰比

B. 提高水泥强度

C. 选用碎石集料

D. 养护时温度提高并使湿度适当提高

1-4-40 试拌调整混凝土时，发现拌合物的保水性较差，应采用（　　）的措施来改善。

A. 增加砂率　　　　B. 减小砂率　　　　C. 增加水泥　　　　D. 减小水灰比

1-4-41 混凝土的碱—集料反应是内部碱性孔隙溶液和集料中的活性成分发生了反应，因此以下措施中对于控制工程中碱—集料反应最为有效的是（　　）。

A. 控制环境温度　　　　　　B. 控制环境湿度

C. 降低混凝土含碱量　　　　　　D. 改善集料级配

1-4-42 某钢筋混凝土结构的截面最小尺寸为 300mm，钢筋直径为 30mm，钢筋的中心间距为 70mm，则该混凝土中集料最大公称粒径是（　　）。

A. 10mm　　　　B. 20mm　　　　C. 30mm　　　　D. 40mm

1-4-43 在设计坍落度相同条件下，一般而言，水泥混凝土中粗集料粒径越大，混凝土的单位用水量（　　）。

A. 越大　　　　　　B. 越小

C. 无变化　　　　　　D. 以上说法都对

1-4-44 水泥混凝土抗压强度测试时，若试件尺寸大于标准尺寸，则抗压强度的测试结果较标准件（　　）。

A. 偏大　　　　　　B. 偏小

C. 无变化　　　　　　D. 以上说法均不对

1-4-45 当水泥混凝土流动性小时，可采用（　　）。

A. 增加用水量

B. 增加水泥用量

C. 在 W/C 不变的条件下，增加水泥浆的用量

D. 增加砂用量

1-4-46 以下因素中，不会对水泥混凝土工作性试验有显著影响的是（　　）。

A. 水灰比　　　　B. 砂率　　　　C. 单位用水量　　　　D. 水泥强度

1-4-47 在水泥、集料用量一定的情况下，随着水灰比增大，则水泥混凝土的流动性（　　）。

A.增加

B.降低

C.先增加后降低

D.先降低后增加

1-4-48 在水泥浆用量不变的情况下，随着砂率增大，则水泥混凝土的流动性（　　）。

A.增加

B.降低

C.先增加后降低

D.先降低后增加

1-4-49 在水泥强度相同的情况下，随着水灰比增大，则水泥混凝土的强度（　　）。

A.增加

B.降低

C.先增加后降低

D.先降低后增加

1-4-50 关于减水剂的功能，以下说法错误的是（　　）。

A.在水泥用量不变的情况下，减少用水量从而提高水泥混凝土的强度

B.在用水量及水泥用量不变的情况下，提高水泥混凝土拌合物的流动性

C.其目的主要是减少用水量

D.在流动性及水灰比不变的情况下，减少水泥用量，经济性好

1-4-51 道路混凝土的强度等级划分指标是（　　）。

A.抗压强度

B.抗弯拉强度

C.抗劈裂强度

D.疲劳强度

1-4-52 在进行水泥混凝土配合比设计时，若砂比较细，则采用的砂率应（　　）。

A.大些

B.小些

C.不变

D.以上说法均不对

1-4-53 建筑砂浆的施工和易性包括保水性与（　　）。（注：2020年考题5与本题类似）

A.坍落度　　　　B.维勃稠度　　　　C.流动性　　　　D.捣实性

1-4-54 建筑砂浆的流动性采用（　　）进行评价。

A.坍落度　　　　B.维勃稠度　　　　C.稠度　　　　D.分层度

1-4-55 混凝土抗渗性能等级为P4，表示其能抵抗（　　）的水压力而不渗漏。

A.0.4MPa　　　　B.4.0MPa　　　　C.40MPa　　　　D.400MPa

1-4-56 集料含泥量增高，混凝土的抗渗性能将（　　）。

A.提升　　　　B.降低　　　　C.不受影响　　　　D.不确定

1-4-57 水泥混凝土试件成型后、脱模前的养护环境条件应满足（　　）。

A.温度(20±2)℃，相对湿度大于50%

B.温度(20±2)℃，相对湿度大于90%

C.温度(20±5)℃，相对湿度大于50%

D.温度(20±5)℃，相对湿度大于90%

1-4-58 混凝土配合比设计通常需满足多项基本要求，这些基本要求不包括（　　）。

A.混凝土强度　　　B.混凝土和易性　　　C.混凝土用水量　　　D.混凝土成本

1-4-59 增大混凝土的集料含量，混凝土的徐变和干燥收缩的变化规律为（　　）。

A.都会增大

B.都会减小

C.徐变增大，干燥收缩减小

D.徐变减小，干燥收缩增大

1-4-60 ［2021 年考题］混凝土拌合物的稠度试验方法有坍落度与坍落扩展度试验和维勃稠度试验两种，其中坍落度与坍落扩展度试验要求新拌混凝土的坍落度不小于（ ）。

  A. 5mm   B. 10mm   C. 15mm   D. 20mm

1-4-61 ［2021 年考题］有一组边长为 150mm 的水泥混凝土立方体试块，各试块的极限荷载分别为929.25kN，963.08kN，789.75kN，则该混凝土抗压强度的测定值为（ ）。

  A. 35.1MPa   B. 39.7MPa   C. 41.3MPa   D. 42.8MPa

1-4-62 ［2021 年考题］确定砂浆抗压强度等级所采用的试件尺寸是（ ）。

  A. 40mm×40mm×160mm   B. 50mm×50mm×50mm

  C. 70.7mm×70.7mm×70.7mm   D. 100mm×100mm×100mm

1-4-63 ［2021 年考题］普通混凝土计算初步配合比为 1∶1.92∶2.66，水灰比为 0.42，为提高其流动性增加 5%水泥浆用量，此时该混凝土的水灰比为（ ）。

  A. 0.38   B. 0.4   C. 0.42   D. 0.44

1-4-64 某 C40 混凝土立方体抗压强度试验时加荷速率应选（ ）MPa/s。

  A. 0.3~0.5   B. 0.5~0.8   C. 0.8~1.0   D. 1.0~1.2

题解及参考答案

1-4-1 **解：** 水泥浆在混凝土材料中，硬化前和硬化后起填充、润滑和胶结作用。

  答案： B

考点：水泥浆的作用

1-4-2 **解：** 坍落度是混凝土和易性的测定方法与指标，在工地与试验室中，通常是做坍落度试验测定拌合物的流动性，并辅以直观经验评定黏聚性和保水性。

  答案： A

考点：混凝土和易性的测定方法

1-4-3 **解：** 坍落度试验适用于集料粒径最大不超过 31.5mm，最大坍落度不小于 10mm。

  答案： D

考点：混凝土和易性的测定方法

1-4-4 **解：** 对于坍落度小于 10mm 和粗集料最大粒径≤31.5mm 的干硬性混凝土，坍落度法已不能客观准确地反映其流动性大小，故一般采用维勃稠度法测定其工作性。

  答案： C

考点：混凝土和易性的测定方法

1-4-5 **解：** ①改善砂、石（特别是石子）的级配；②尽量采用较粗的砂石；③尽量降低砂率，通过试验，采用合理砂率，以提高混凝土的质量及节约水泥；④当混凝土拌合物坍落度太小时，保持水灰比不变，适当增加水泥浆用量；当坍落度太大，但黏聚性良好时，保持砂率比不变，适当增加砂、石用量；当拌合物黏聚性、保水性不良时，适当增大砂率；⑤有条件时尽量掺用减水剂、引气剂等外加剂。

  答案： D

考点：提高混凝土拌合物流动性的合理措施

1-4-6 **解：** 参考题 1-4-5 的解答。

答案：D

考点：提高混凝土拌合物流动性的合理措施

1-4-7　解：水泥混凝土配合比设计中的耐久性校核是对最大水灰比和最小水泥用量进行校核。

答案：C

考点：水泥混凝土配合比设计

1-4-8　解：选用最大粒径的粗集料是为了节约水泥用量和减少干缩。

答案：D

考点：水泥混凝土配合比设计

1-4-9　解：碱集料反应是指混凝土集料中某些活性矿物（活性氧化硅、活性氧化铝等）与混凝土微孔中的碱溶液产生的化学反应，其反应生成物体积增大，从而导致混凝土结构发生破坏。

答案：D

考点：碱集料反应

1-4-10　解：混凝土的强度等级应按照其立方体抗压强度标准值确定。

答案：D

考点：混凝土的强度等级

1-4-11　解：普通混凝土的强度等级是以具有95%保证率的28d龄期的立方体抗压强度标准值来确定的。

答案：D

考点：混凝土的强度等级

1-4-12　解：徐变是物体在荷载作用下，随时间增长而增加的变形，与荷载的大小关系不大。

答案：B

考点：徐变

1-4-13　解：水泥混凝土用的粗集料，采用连续级配或间断级配均可，但连续级配集料的比表面积较大，故配置相同的水泥混凝土，比间断级配单位水泥用量大。

答案：D

考点：水泥混凝土配合比设计

1-4-14　解：普通水泥混凝土配合比设计时以配制强度为指标，而道路水泥混凝土配合比设计时以抗弯拉强度为指标。

答案：A

考点：水泥混凝土配合比设计

1-4-15　解：水泥混凝土的砂率由集料品种、最大粒径及水灰比共同确定，故与耐久性无关。

答案：A

考点：水泥混凝土配合比设计

1-4-16　解：水泥混凝土工作性测试常用的试验方法有坍落度试验和维勃稠度试验，这两种方法都是定量评价方法。其中，坍落度试验得到的结果用坍落度值表示，维勃稠度试验得到的结果以维勃时间表示。

答案：B

考点：水泥混凝土工作性

1-4-17　解：水泥混凝土的耐久性很大程度上取决于它的密实程度；而就材料方面而言，混凝土的密实程度主要取决于混凝土的水灰比和水泥用量。因此，在混凝土配合比设计时，需对最大水灰比和最小水泥用量进行限制，以保证混凝土的耐久性。

答案：C

考点：水泥混凝土配合比设计

1-4-18　解：水泥混凝土的力学强度试验结果主要受混凝土组成材料、制备条件、养护条件（温度和湿度）、龄期以及试验条件（试件形状与尺寸、试件湿度、试件温度、支承条件和加载方式等）的影响。

答案：A

考点：水泥混凝土的力学强度试验

1-4-19　解：优质的水泥混凝土用砂具有高的密实度和小的比表面积，这样才能既保证新拌混凝土有适宜的工作性和硬化后混凝土有一定的强度、耐久性，同时又节约水泥。

答案：D

考点：水泥混凝土配合比设计

1-4-20　解：水泥混凝土配合比设计的主要内容包括：根据经验公式和试验参数确定各组成材料的比例，得出"初步配合比"；以初步配合比在试验室进行试拌，观察混凝土拌合物的和易性是否满足要求，调整后提出"基准配合比"；对混凝土进行强度复核，如有其他要求，也应做出相应的检验复核，以便确定出满足施工、强度和耐久性要求的"设计配合比"（或"试验室配合比"）；在施工现场，依据现场砂石材料的含水率对配合比进行修正，得出"施工配合比"。

答案：B

考点：水泥混凝土配合比设计流程

1-4-21　解：参考题 1-4-20 的解答。

答案：D

考点：水泥混凝土配合比设计流程

1-4-22　解：水泥混凝土的抗弯拉强度采用标准方法制备成 150mm×150mm×550mm 的梁形试件，在标准条件下养护 28d 后，按三分点双点加荷方式进行试验。

答案：C

考点：水泥混凝土的抗弯拉强度试验

1-4-23　解：粗集料的形状接近正立方体者为佳，不宜含有较多针状颗粒和片状颗粒，否则将显著降低水泥混凝土的抗折强度，同时影响新拌混凝土的和易性。

答案：C

考点：水泥混凝土用粗集料技术要求

1-4-24　解：水泥胶砂抗折强度试验采用棱柱体试件三分点单点加载模式。

答案：B

考点：水泥胶砂抗折强度试验

1-4-25　解：水泥混凝土的强度等级是根据立方体抗压强度标准来确定的。混凝土立方体抗压强度标准值是按照标准方法制作和养护的边长为 150mm 的立方体试件，在 28d 龄期用标准试验方法测定的抗压强度总体分布中的一个值，用 $f_{cu,k}$ 表示，强度低于该值的百分比不超过 5%（即具有 95%保证率的抗压强度），以 MPa 计。

答案： C

考点：水泥混凝土的强度等级

1-4-26　解： 在做混凝土的坍落度试验时，可用目测方法评定混凝土拌合物的黏聚性、保水性、稠度和含砂情况。

答案： D

考点：水泥混凝土的坍落度试验

1-4-27　解： 参考题 1-4-20 的解答。

答案： C

考点：水泥混凝土配合比设计流程

1-4-28　解： 水泥混凝土抗折强度试验，所测试件中如果断裂面位于两加荷点外侧（断面位置在试件断块短边一侧的底面中轴线上量得），则此试件测试结果作废。

答案： B

考点：水泥混凝土抗折强度试验

1-4-29　解： 材料组成是水泥混凝土形成强度的内因，主要取决于水泥、水、砂、石及外加剂等的质量和配合比。其中，水泥强度和水灰比是最主要影响因素，而影响混凝土强度的集料特性则包括集料的强度、粒形及粒径。

答案： B

考点：水泥混凝土的强度

1-4-30　解： 水泥混凝土的强度主要取决于在内部起胶结作用的水泥石的质量，水泥石的质量则取决于水泥的强度和水灰比。因此，当水泥的强度及其他特性一定时，混凝土的强度取决于水灰比。

答案： D

考点：水泥混凝土的强度

1-4-31　解： 引气剂是指掺入混凝土拌合物后，经搅拌能在混凝土拌合物中引入大量均匀分布稳定而封闭的微小气泡以改善工作性，并在混凝土硬化后保留微小气泡以改善其抗冻性的物质。

答案： A

考点：水泥混凝土的外加剂

1-4-32　解： 水泥混凝土在选择粗集料（骨料）时，应使混凝土具有较好的工作性及较高的密实性，且在较小的水泥用量下保证混凝土拌合物的和易性及强度，这就要求粗集料具有较小的比表面积，这样包裹集料所需的水泥浆用量减少，就节约了水泥；而要保证较高的密实度则粗集料还应具有良好的级配，以减小空隙率。

答案： C

考点：水泥混凝土的材料组成

1-4-33　解： 水泥混凝土抗压强度标准值是采用 150mm 的立方体试件，在标准养护条件下养护至 28d 龄期，按标准方法测定其受压极限破坏荷载再计算得到。

答案： C

考点：水泥混凝土抗压强度试验

1-4-34　解： 参考题 1-4-22 的解答。

答案： C

考点：水泥混凝土抗弯拉强度试验

1-4-35 解：水泥混凝土抗压强度，以三个试件测值的平均值为测定值。如任一个测值与中值的差值超过中值的15%时，则取中值为测定值；如有两个测值与中值的差值均超过上述规定时，该组试验结果无效。

答案：C

考点：水泥混凝土抗压强度试验

1-4-36 解：水泥砂浆的强度与混凝土的强度类似，主要取决于起胶结作用的水泥石的质量。水泥石的质量则取决于水泥的强度（标号）和水灰比。

答案：A

考点：水泥砂浆的强度

1-4-37 解：新拌混凝土的施工和易性，是指混凝土拌合物在现有施工条件下，易于施工操作（搅拌、运输、浇筑、振捣和表面处理）并获得质量均匀、成型密实的混凝土结构物的性能。

答案：D

考点：水泥混凝土的施工和易性

1-4-38 解：砂率是指混凝土中细集料（或砂）的质量占全部集料（砂、石）总质量的百分比，它反映了粗细集料的相对比例。

答案：B

考点：水泥混凝土的配合比设计

1-4-39 解：在水泥强度相同的情况下，水灰比越小，水泥石的强度越高，与集料的黏结力越大，混凝土的强度越高。

答案：A

考点：水泥混凝土的强度

1-4-40 解：如果砂率过小，砂浆用量不足会导致混凝土拌合物黏聚性和保水性降低，产生离析和流浆现象。

答案：A

考点：水泥混凝土的施工和易性

1-4-41 解：混凝土的碱—集料反应发生具备的3个条件为：混凝土中有一定数量的碱，集料具有碱活性，有一定的湿度。防止碱—集料反应最有效的措施是控制混凝土中的含碱量，不用碱活性集料。

答案：C

考点：混凝土的耐久性

1-4-42 解：为保证混凝土的施工质量，保证混凝土构件的完整性和密实性，最大粒径不得超过结构截面最小尺寸的1/4和钢筋间最小净距的3/4。

答案：C

考点：水泥混凝土的粗集料

1-4-43 解：集料在混凝土中所占体积最大，它的特性对混凝土拌合物和易性的影响较大。混凝土拌合物的和易性主要与集料的最大粒径、级配、颗粒形状、表面粗糙度和吸水性有关。一定质量的集料，其最大粒径增大会使比表面积减小。比表面积减小就需要更少的水泥浆来润滑，因此，用水量也就更小了。

答案： B

考点：水泥混凝土的组成材料

1-4-44　解： 水泥混凝土的抗压强度试验，标准尺寸试件为边长 150mm 的立方体试件，抗压强度为极限破坏荷载与试件承压面积的比值，若试件为非标准尺寸，则计算结果要乘以尺寸换算系数。当试件尺寸大于标准尺寸时，抗压强度计算值会偏小，因此要乘以一个大于 1 的换算系数；当试件尺寸小于标准尺寸时，抗压强度计算值会偏大，因此要乘以一个小于 1 的换算系数。

答案： B

考点：水泥混凝土的强度试验

1-4-45　解： 在组成材料确定的情况下，水泥混凝土拌合物的流动性随单位用水量的增加而增大，而单位用水量实际上决定了混凝土拌合物中的水泥浆用量。当水灰比一定时，若单位用水量过小，则水泥浆用量过少，集料颗粒间缺少足够的黏结材料，混凝土拌合物的流动性和黏结性都较差。但若单位用水量过多，在混凝土拌合物流动性增加的同时，黏聚性和保水性也将随之恶化。

答案： C

考点：水泥混凝土的流动性

1-4-46　解： 影响新拌混凝土和易性的主要因素分内因和外因。内因是指组成材料的影响，有水灰比、单位用水量、砂率、水泥的品种和细度、集料的性质、外加剂；外因是指外界因素的影响，有环境因素（温度、湿度、风速）和时间因素。

答案： D

考点：水泥混凝土的工作性影响因素

1-4-47　解： 在水泥、集料用量一定的情况下，水灰比的变化实际上是水泥浆稠度的变化，水灰比小则水泥浆稠度大，混凝土拌合物的流动性小；水灰比大则水泥浆稠度小，混凝土拌合物的流动性大。

答案： A

考点：水泥混凝土的流动性

1-4-48　解： 在水泥浆用量一定的情况下，随着砂率的增加，砂浆在粗集料间形成的润滑作用更明显，混凝土拌合物的流动性得以提高，而当砂率持续增大并超过一定范围时，集料的总表面积随之增大，此时需要润滑的水分增多，拌合物流动性随之又开始降低。

答案： C

考点：水泥混凝土的流动性

1-4-49　解： 在水泥强度相同的情况下，水灰比越小，水泥石的强度越高，与集料的黏结力越大，混凝土的强度越高。

答案： B

考点：水泥混凝土的强度

1-4-50　解： 减水剂的主要功能为：在保证混凝土工作性及强度不变的条件下，可节约水泥用量；在保证混凝土工作性及水泥用量不变的条件下，可减少用水量，提高混凝土的强度；在保证混凝土用水量及水泥用量不变的条件下，可增大混凝土的流动性。

答案： C

考点：水泥混凝土的减水剂

1-4-51　解： 道路路面或机场道面用水泥混凝土，以弯拉强度（或称抗折强度）为指标，抗压强度作为参考指标。

　　　　答案：B

　　1-4-52　解：水泥混凝土配合比设计时，若采用的砂比较细，则配制成的混凝土黏性略大，比较绵软，易插捣成型，而且由于粒径小、比表面积大，对新拌混凝土工作性影响较为敏感，因此应采用较小的砂率。

　　　　答案：B

　　1-4-53　解：新拌砂浆在硬化前应具有良好的和易性，和易性包括流动性和保水性。

　　　　答案：C

　　1-4-54　解：建筑砂浆的流动性是用稠度来表示的，稠度是采用测度仪测定。

　　　　答案：C

　　1-4-55　解：混凝土抗渗性能分为 P4、6、8、10、P12 和大于 P12 共六个等级，分别表示混凝土能抵抗 0.4MPa、0.6MPa、0.8MPa、1.0MPa、1.2MPa 和大于 1.2MPa 的水压力而不渗漏。

　　　　答案：A

　　1-4-56　解：集料含泥量越高，则总表面积增大，混凝土达到同样流动性所需用水量增加，毛细孔道增多，含泥量大的集料界面黏结强度低，降低混凝土的抗渗性能。

　　　　答案：B

　　1-4-57　解：水泥混凝土试件成型后、脱模前在温度为 $(20\pm5)℃$、相对湿度大于 50% 的空气中放置 1~2d 脱模，脱模后在温度为 $(20\pm2)℃$、相对湿度大于 95% 的空气［或不流动的 $Ca(OH)_2$ 饱和溶液］的标准养护条件下养护至规定龄期。

　　　　答案：C

　　1-4-58　解：混凝土配合比设计通常需满足混凝土强度、混凝土和易性、耐久性、经济性等多项基本要求。

　　　　答案：C

　　1-4-59　解：混凝土集料含量增大，混凝土的徐变和干燥收缩减小。

　　　　答案：B

　　1-4-60　解：坍落度法评定和易性通常适用于坍落度≥10mm和粗集料最大粒径≤31.5mm的塑性混凝土拌合物。

　　　　答案：B

1-4-61　解：抗压强度以三个试件测试值的平均值作为该组试件的代表值。若任一个测试值超过中值的 15%，则取中值为强度值；若有两个测值均超过上述规定，则该组试验结果无效。

由于 $(929.25 - 789.75)/929.25 \times 100\% = 15.01\%$，超过 15%，取中值 929.25kN，则强度为：$929.25 \times 1000/(150 \times 150) = 41.3\text{MPa}$。

答案：C

考点：普通混凝土力学性能。

1-4-62　解：砂浆的抗压强度是指三块边长为 70.7mm 的立方体试件，在标准养护条件下［温度为 $(20\pm2)℃$，相对湿度 90% 以上］养护 28d 的抗压强度平均值，以 MPa 计。

答案：C

考点：砂浆的力学性能

1-4-63　解：混凝土拌合物工作性调整原则是保持水胶比不变，当坍落度小于设计要求时，可在保持水胶比不变的情况下，增加用水量和相应的水泥用量（水泥浆）。

答案：C

考点：普通混凝土配合比设计工作性调整原则

1-4-64　解：混凝土抗压强度试验时，混凝土强度等级<C30 时加荷速率为 0.3~0.5MPa/s，C30≤混凝土强度等级<C60 时加荷速率为 0.5~0.8MPa/s，混凝土强度等级≥C60 时加荷速率为 0.8~1.0MPa/s。

答案：B

考点：混凝土强度测定方法

（五）沥青材料

1-5-1　石油沥青的黏性可用（　　）表示。

A. 针入度　　　　　B. 延度　　　　　C. 针入度指数　　　　D. 溶解度

1-5-2　可在冷态下施工的沥青是（　　）。

A. 石油沥青　　　　B. 煤沥青　　　　C. 乳化沥青　　　　D. 黏稠沥青

1-5-3　现代高级沥青路面所用沥青的胶体结构应属于（　　）。

A. 溶胶型　　　　　　　　　　　B. 凝胶型

C. 溶—凝胶型　　　　　　　　　D. 以上均不属于

1-5-4　沥青的针入度指数可作为沥青胶体结构的评价标准，当针入度指数值在（　　）区间时，其胶体结构属溶—凝胶型。

A. < -2　　　　　B. -2~ +2　　　　C. -3~ +3　　　　D. > +2

1-5-5　我国常用沥青针入度测定的试验条件是（　　）。

A. 25℃，200g，5s　　　　　　　B. 15℃，100g，5s

C. 25℃，100g，10s　　　　　　 D. 25℃，100g，5s

1-5-6　沥青针入度的单位为"°"，1°=（　　）mm。

A. 0.1　　　　　　B. 0.01　　　　　C. 1.0　　　　　D. 10

1-5-7　沥青黏滞性越大，其相应的（　　）。

A. 针入度越大　　　　　　　　　B. 高温稳定性越差

C. 抗车辙能力越弱　　　　　　　D. 稠度越高

1-5-8 道路石油沥青的标号按（　　）划分。

    A. 油分含量　　　　　B. 蒸发损失　　　　　C. 闪点　　　　　D. 针入度

1-5-9 进行沥青延度试验时，如果发现沥青丝沉入槽底或浮于水面，则应该向水中加入（　　）或（　　）调整水的密度后重新试验。

    A. 酒精，食盐　　　　B. 食盐，酒精　　　　C. 汽油，硫酸　　　　D. 硫酸，汽油

1-5-10 石油沥青的下列指标中，为施工安全而考虑的技术指标是（　　）。

    A. 延度　　　　　　　B. 溶解度　　　　　　C. 闪点和燃点　　　　D. 相对密度

1-5-11 沥青压力老化试验主要用来评价沥青的（　　）。

    A. 短期老化性能　　　　　　　　　　　　B. 长期老化性能

    C. 温度敏感性　　　　　　　　　　　　　D. 黏附性

1-5-12 关于沥青老化的叙述，不正确的是（　　）。

    A. 沥青老化后针入度会增加　　　　　　　B. 沥青老化后路用性能劣化

    C. 沥青老化后可以进行再生处理　　　　　D. 沥青老化后化学组分发生改变

1-5-13 评价沥青老化性能的试验方法是（　　）。

    A. 闪点试验　　　　　　　　　　　　　　B. 薄膜烘箱试验

    C. 软化点试验　　　　　　　　　　　　　D. 溶解度试验

1-5-14 如果已知某沥青标号为90，则在针入度试验中3次平行试验的最大值和最小值间的允许偏差为（　　）（0.1mm）。

    A. 4　　　　　　　　　B. 3　　　　　　　　　C. 2　　　　　　　　　D. 6

1-5-15 沥青的针入度越高，说明该沥青（　　）。

    A. 黏稠程度越大　　　　　　　　　　　　B. 标号越低

    C. 更适应环境温度较高的要求　　　　　　D. 更适应环境温度较低的要求

1-5-16 以下指标中，不属于沥青三大指标的是（　　）。

    A. 黏度　　　　　　　B. 针入度　　　　　　C. 软化点　　　　　　D. 延度

1-5-17 沥青的分级指标是（　　）。

    A. 黏度　　　　　　　B. 针入度　　　　　　C. 软化点　　　　　　D. 延度

1-5-18 某地区夏季气候凉爽，冬季寒冷，且年降雨量较少，则该地区气候分区可能是（　　）。

    A. 3-4-1　　　　　　B. 3-2-3　　　　　　C. 4-2-2　　　　　　D. 1-2-4

1-5-19 沥青的针入度指数是一种评价沥青（　　）的指标。（注：2019年考题7与本题类似）

    A. 感温性　　　　　　B. 耐久性　　　　　　C. 黏滞性　　　　　　D. 塑性

1-5-20 石油沥青老化后，其延度将（　　）。

    A. 保持不变　　　　　　　　　　　　　　B. 变小

    C. 变大　　　　　　　　　　　　　　　　D. 先变小后变大

1-5-21 沥青黏滞性越大，其相应的（　　）。

    A. 针入度越大　　　　　　　　　　　　　B. 高温稳定性越差

    C. 抗车辙能力越大　　　　　　　　　　　D. 稠度越高

1-5-22 软化点试验，若升温速度过快，则软化点测值（　　）。

　　　　A. 偏大　　　　　　　　　　　　　　　B. 偏小

　　　　C. 无影响　　　　　　　　　　　　　　D. 以上说法均不对

1-5-23 沥青溶解度试验最后的不溶物属于（　　　）。

　　　　A. 有机物　　　　B. 无机物　　　　C. 残留物　　　　D. 沥青质

1-5-24 表征沥青材料的使用安全性的指标是（　　　）。

　　　　A. 闪点　　　　　B. 软化点　　　　C. 抛点　　　　　D. 针入度

1-5-25 确定沥青施工应用时的拌和和碾压温度，需要测定沥青的（　　　）。

　　　　A. 动力黏度　　　B. 表观黏度　　　C. 条件黏度　　　D. 软和点

1-5-26 对日温差、年温差大的地区宜选用（　　　）沥青。

　　　　A. 针入度大　　　　　　　　　　　　B. 低温延度大

　　　　C. 软化点高　　　　　　　　　　　　D. 针入度指数大

1-5-27 乳化沥青不可用于以下（　　　）情况。

　　　　A. 沥青表面处理　　　　　　　　　　B. 修补裂缝

　　　　C. 黏层、透层和封层　　　　　　　　D. 热拌沥青混合料

1-5-28 改性沥青的延度试验温度为（　　　）。

　　　　A. 5℃　　　　　　B. 10℃　　　　　C. 15℃　　　　　D. 25℃

1-5-29 沥青的四组分中，赋予沥青温度稳定性和黏性的是（　　　）。

　　　　A. 沥青质　　　　B. 胶质　　　　　C. 芳香分　　　　D. 饱和分

1-5-30 下列不能表征沥青材料黏滞性的指标是（　　　）。

　　　　A. 沥青黏度　　　B. 延度　　　　　C. 针入度　　　　D. 软化点

1-5-31 沥青老化最显著的特征是针入度变小、软化点增大、延度减小、脆点（　　　）。

　　　　A. 不变　　　　　B. 升高　　　　　C. 降低　　　　　D. 不确定

1-5-32 寒冷地区不宜使用（　　　）。

　　　　A. SBS 改性沥青　　　　　　　　　　B. SBR 改性沥青

　　　　C. EVA 改性沥青　　　　　　　　　　D. 乳化沥青

1-5-33 ［2020 年考题］评价沥青与集料黏附性最常用的方法是（　　　）。

　　　　A. 水煮法　　　　B. 拉拔法　　　　C. 马歇尔法　　　D. 维姆法

1-5-34 ［2020 年考题］下列影响沥青耐久性因素中，可不予考虑的是（　　　）。

　　　　A. 热　　　　　　B. 氧　　　　　　C. 风　　　　　　D. 光

1-5-35 在测定沥青的延度和针入度时，需保持以下（　　　）条件恒定。

　　　　A. 室内温度　　　　　　　　　　　　B. 沥青试样的温度

　　　　C. 试件质量　　　　　　　　　　　　D. 试件的养护条件

1-5-36 ［2021 年考题］沥青的针入度值越大，则该沥青（　　　）。

　　　　A. 脆性越大　　　　　　　　　　　　B. 黏附性越好

　　　　C. 抗老化性能越好　　　　　　　　　D. 越软，稠度越小

1-5-37 以下（　　　）指标是聚合物改性沥青的特有指标。

　　　　A. 针入度　　　　B. 延度　　　　　C. 软化点　　　　D. 弹性恢复率

题解及参考答案

1-5-1 **解：** 沥青针入度是沥青的主要质量指标之一，是表示沥青软硬程度和稠度、抵抗剪切破坏的能力，反映在一定条件下沥青的相对黏度的指标。

　　答案： A

考点：沥青的主要质量指标

1-5-2 **解：** 乳化石油沥青优点很多，主要优点为可冷态施工、节约能源、利于施工、节约沥青、保护环境等。

　　答案： C

考点：乳化沥青的特点

1-5-3 **解：** 沥青被分为溶胶结构型、凝胶结构型、溶—凝胶结构型，在高级石油沥青路面中一般采用溶—凝胶结构型。

　　答案： C

考点：沥青的结构类型

1-5-4 **解：** 溶—凝胶型沥青针入度指数在−2～＋2之间。

　　答案： B

考点：沥青的结构类型

1-5-5 **解：** 针入度是指标准圆锥体（一般共载重150g，也有规定100g的）在5s内沉入保温在25℃时的润滑脂试样中的深度。

　　答案： D

考点：沥青的针入度试验

1-5-6 **解：** 针入度的单位是0.1mm，它的意思是指针入度的最小测量单位为0.1mm。

　　答案： A

考点：沥青的针入度

1-5-7 **解：** 沥青的黏滞性是指沥青在外力作用下抵抗变形的能力，是反映沥青内部材料阻碍其相对流动的特性。沥青的黏滞性越大，表明沥青的稠度越大。

　　答案： D

考点：沥青的黏滞性

1-5-8 **解：** 沥青标号是用针入度来划分的，根据《公路沥青路面施工技术规范》（JTG F40—2004）的规定，沥青的针入度共分为160、130、110、90、70、50、30等七个标号。

　　答案： D

考点：沥青标号

1-5-9 **解：** 沥青丝沉入槽底，说明沥青丝的密度比水的密度大，这个时候应该往水中加入食盐。细丝上浮的话需要加入酒精来降低水的密度，使沥青丝下沉。

　　答案： B

考点：沥青延度试验

1-5-10 **解：** 施工过程应考虑闪点与燃点，防止出现火灾。

答案： C

考点：沥青闪点与燃点

1-5-11　解： PAV压力老化试验模拟沥青的长期老化过程（气候和交通荷载对沥青的长期影响），提供性能试样用的老化沥青样品。

答案： B

考点：沥青的老化

1-5-12　解： 沥青老化后针入度降低。

答案： A

考点：沥青的老化

1-5-13　解： 对道路石油沥青，可采用薄膜加热试验（TFOT）、旋转薄膜加热试验（RTFOT）和压力老化试验评价沥青老化性能。

答案： B

考点：沥青老化试验

1-5-14　解： 沥青针入度试验时，同一试样3次平行试验结果在50~149（0.1mm）范围内时，测得的最大值和最小值之差应不大于4（0.1mm）。

答案： A

考点：沥青针入度试验

1-5-15　解： 针入度是划分沥青标号的主要指标。针入度值越大，表明沥青越软，越适应低温地区。

答案： D

考点：沥青的针入度指标

1-5-16　解： 沥青三大指标是指针入度、软化点、延度。

答案： A

考点：沥青三大指标

1-5-17　解： 针入度是划分沥青标号的主要指标。

答案： B

考点：沥青分级指标

1-5-18　解： 夏凉冬寒降雨量较少的地区属于3-2-3气候分区。

答案： B

考点：沥青路面使用性能气候分区

1-5-19　解： 沥青针入度指数是评价沥青感温性最常用的方法，也可采用针入度指数判别沥青的胶体结构状态。

答案： A

考点：沥青针入度指数

1-5-20　解： 沥青老化后，沥青中轻质组分变少，沥青黏稠性增大，黏度增加，针入度值减小，软化点升高，延度变差。

答案： B

考点：沥青延度指标

1-5-21　解： 沥青的黏滞性是指沥青在外力作用下抵抗变形的能力，是反映沥青内部材料阻碍其相对流动的特性。沥青的黏滞性越大，表明沥青的稠度越大。

答案： D

考点：沥青黏滞性

1-5-22　解： 软化点测定，是将沥青试样装入规定尺寸的铜环内，试样上放置标准钢球在水或甘油中，以规定的升温速度加热，使沥青软化下垂至规定距离时的温度，以℃表示。如果试验中升温速度太快，沥青试样因没有与水浴进行充分热交换，其温度低于水温，测定值会偏大。

答案： A

考点：沥青软化点试验

1-5-23　解： 沥青溶解度试验，通常采用的溶剂为三氯乙烯（有机溶剂），沥青中所有的有机成分都可以溶解，因此最后的不溶物只能是无机物。

答案： B

考点：沥青溶解度试验

1-5-24　解： 沥青材料在使用时必须加热，当加热至一定温度时，沥青材料中挥发的油分蒸汽与周围空气组成混合气体，此混合气体遇火焰则发生闪火。若继续加热，油分蒸汽的饱和度增加，此种蒸汽与空气组成的混合气体遇火焰极易燃烧，从而引起火灾或导致沥青烧坏。为此，必须测定沥青的闪点与燃点。

答案： A

考点：沥青安全性

1-5-25　解： 采用旋转黏度计测得沥青的表观黏度，该黏度可用来确定沥青施工应用时的拌和和碾压温度。

答案： B

考点：沥青的技术性质

1-5-26　解： 针入度指数（PI）是应用针入度和软化点的试验结果来表征沥青感温性的一种指标，PI值大表示沥青的感温性小。

答案： D

考点：沥青的技术性质

1-5-27　解： 乳化沥青适用于沥青表面处治路面、沥青贯入式路面、冷拌沥青混合料路面、修补裂缝、喷洒透层、黏层与封层等。

答案： D

考点：乳化沥青的应用

1-5-28　解： 改性沥青需要测定 5℃延度指标。

答案： A

考点：改性沥青的评价指标

1-5-29　解： 沥青的热稳定性、流变性和黏滞性主要受沥青质含量的影响。沥青质含量越高、软化点越高，黏度越大。

答案： A

考点：沥青的组成结构

1-5-30　解： 黏滞性是沥青在外力作用下沥青粒子产生相互位移时抵抗剪切变形的能力。针入度是在规定温度下测定的沥青黏度，而软化点则是沥青达到规定条件黏度时的温度。沥青的延性是指当其受外力的拉伸作用时，所能承受的塑性变形的总能力，是沥青内聚力的衡量，通常用延度作为条件延性指标来表征。

答案： B

考点：沥青的技术性质

1-5-31 解： 沥青老化最显著的特征是针入度变小、软化点增大、延度减小、脆点上升。沥青材料在低温下受到瞬时荷载作用时，常表现为脆性破坏。通常采用弗拉斯脆点试验方法求出沥青达到临界硬度发生开裂时的温度作为条件脆性指标。

答案： B

考点：沥青的技术性质

1-5-32 解： EVA 改性沥青除寒冷地区不宜使用外，炎热或一般温暖地区都可使用。

答案： C

考点：改性沥青的应用

1-5-33 解： 水煮法适用于粒径大于 13.2mm 的粗集料。水浸法适用于集料最大粒径小于 13.2mm 的粗集料。

答案： A

考点：石油沥青的技术性质

1-5-34 解： 沥青耐久性受热、氧、光、雨水、交通强度等因素的影响。风对沥青路面的影响极小。

答案： C

考点：沥青耐久性的影响因素

1-5-35 解： 测定沥青针入度时需控制沥青试样温度、荷载及标准针质量、贯入沥青试样的时间；测定延度时，需控制沥青试样的温度和拉伸速率。

答案： B

考点：石油沥青的技术性质及测定方法

1-5-36 解： 沥青的针入度值越大，标号越高，表示沥青越软，稠度越小；反之，针入度值越小，标号越低，表示沥青越硬，稠度越大。

答案： D

考点：石油沥青的技术性质

1-5-37 解： 聚合物改性沥青的特有指标包括：弹性恢复率、储存稳定性、黏韧性。

答案： D

考点：改性沥青的技术性质及评价指标

（六）沥青混合料

1-6-1 在沥青混合料中，既有较多数量的粗集料可形成空间骨架，同时又有相当数量的细集料可填充骨架的空隙，这种结构形式称之为（　　）结构。

  A.骨架—空隙   B.骨架—密实

  C.悬浮—密实   D.不能确定

1-6-2 根据马歇尔试验结果，沥青混合料中流值与沥青用量的关系为（　　）。

  A.随沥青用量增加而增加，达到峰值后随沥青用量增加而降低

B. 随沥青用量增加而增加

C. 随沥青用量增加而减少

D. 沥青用量的增减对流值影响不大

1-6-3 沥青混合料中空隙率与沥青用量的关系为（　　　）。（注：2020年考题9与本题类似）

A. 随沥青用量增加而增加，达到峰值后随沥青用量增加而降低

B. 随沥青用量增加而增加

C. 随沥青用量增加而减少

D. 沥青用量的增减对空隙率影响不大

1-6-4 以下试验中，（　　　）用于评价沥青混合料水稳定性。

A. 车辙试验　　　　　　　　　　　　B. 冻融劈裂试验

C. 弯曲试验　　　　　　　　　　　　D. 蠕变试验

1-6-5 沥青混合料稳定度和残留稳定度的单位分别是（　　　）。

A. MPa，mm　　　B. kN，%　　　C. %，kN　　　D. kN，mm

1-6-6 表征沥青混合料的耐久性的指标有（　　　）。

A. 空隙率、饱和度、残留稳定度　　　B. 稳定度、流值、马歇尔模数

C. 空隙率、含蜡量、含水率　　　　　D. 针入度、延度、软化点

1-6-7 若沥青混合料的油石比为5.0%，则沥青用量为（　　　）。

A. 4.76%　　　B. 4.56%　　　C. 5.00%　　　D. 5.26%

1-6-8 沥青混合料中矿质混合料配合比设计时，尤其应使（　　　）筛孔的通过量尽量接近设计级配范围中限。

A. 1.18mm，2.36mm，4.75mm　　　B. 0.075mm，2.36mm，4.75mm

C. 0.075mm，1.18mm，2.36mm　　　D. 0.075mm，2.36mm，9.5mm

1-6-9 沥青黏附性试验中水煮法的试验温度为（　　　），试验时间为（　　　）。

A. 100℃，3min　　　　　　　　　　B. 80℃，3min

C. 100℃，30min　　　　　　　　　　D. 80℃，30min

1-6-10 沥青混合料随沥青用量的增加而出现峰值的物理力学指标是（　　　）。

A. 马歇尔稳定度　　　　　　　　　　B. 流值

C. 空隙率　　　　　　　　　　　　　D. 饱和度

1-6-11 沥青混合料残留稳定度反映其（　　　）性能。

A. 高温稳定性　　　　　　　　　　　B. 低温抗裂性

C. 耐久性　　　　　　　　　　　　　D. 水稳定性

1-6-12 沥青混合料中掺加适量消石灰粉，可以有效提高沥青混合料（　　　）。

A. 黏附性　　　　　　　　　　　　　B. 抗疲劳性

C. 低温抗裂性　　　　　　　　　　　D. 抗车辙形成能力

1-6-13 评价沥青混合料高温稳定性的试验方法是（　　　）。

A. 车辙试验　　　　　　　　　　　　B. 间接拉伸试验

C. 小梁弯曲试验　　　　　　　　　　D. 残留稳定度试验

1-6-14 一个马歇尔试件的质量为1200g，高度为65.5mm，制作标准高度为63.5mm的试件，混合

料的用量应为（　　）。

  A. 1152g   B. 1182g   C. 1171g   D. 1163g

1-6-15 对沥青混合料生产配合比不会产生影响的因素是（　　）。

  A. 目标配合比   B. 冷料上料速度

  C. 集料加热温度   D. 除尘的方法

1-6-16 冻融劈裂试验表征沥青混合料的（　　）。

  A. 高温稳定性   B. 低温抗裂性

  C. 水稳定性   D. 疲劳性能

1-6-17 拌和沥青混合料时，一般矿料本身的温度应（　　）。

  A. 高于拌和温度   B. 低于拌和温度

  C. 与拌和温度相同   D. 以上说法均不对

1-6-18 拌和现场进行沥青混合料抽检的目的不是为了检验（　　）。（注：2019 年考题 10 与本题类似）

  A. 沥青混合料拌和的均匀性   B. 沥青用量的多少

  C. 马歇尔指标   D. 残留稳定度的高低

1-6-19 沥青混合料的结构类型不包括（　　）。

  A. 悬浮—密实结构   B. 悬浮—空隙结构

  C. 骨架—密实结构   D. 骨架—空隙结构

1-6-20 不能测得沥青混合料马歇尔试件的毛体积密度的试验方法是（　　）。

  A. 表干法   B. 水中重法   C. 蜡封法   D. 体积法

1-6-21 评价沥青混合料低温性能的试验方法是（　　）。

  A. 马歇尔稳定度试验   B. 车辙试验

  C. 小梁弯曲试验   D. 单轴压缩蠕变试验

1-6-22 在 SMA 混合料中，掺入纤维的作用不包括（　　）。

  A. 稳定沥青   B. 增加混合料抗裂能力

  C. 提高混合料抗剪强度   D. 增加抗滑能力

1-6-23 沥青混合料随沥青用量的增加而出现峰值的物理力学指标是（　　）。

  A. 表观密度   B. 流值   C. 空隙率   D. 饱和度

1-6-24 在进行沥青混合料配合比设计时，确定最佳沥青用量初始值 OAC_1 时，不会参与计算的指标是（　　）。

  A. 马歇尔稳定度最大值   B. 流值范围中值

  C. 目标空隙率范围中值   D. 目标沥青饱和度范围中值

1-6-25 沥青混合料类型可按其公称最大粒径进行分类中，不包括（　　）。

  A. 细粒式   B. 中粒式   C. 粗粒式   D. 巨粒式

1-6-26 结构为（　　）的沥青混合料具有良好低温抗裂性与耐久性，但高温性能较弱。

  A. 悬浮—密实结构   B. 骨架—空隙结构

  C. 骨架—密实结构   D. 悬浮—空隙结构

1-6-27 沥青路面产生车辙的主要原因是（　　）不足。

　　A. 抗拉强度　　　　　　　　　　　　　B. 抗剪强度

　　C. 弯拉强度　　　　　　　　　　　　　D. 抗疲劳强度

1-6-28 一般而言，随沥青黏度的增加，沥青混合料高温稳定性（　　）。

　　A. 减小　　　　　　　　　　　　　　　B. 增加

　　C. 先减小后增加　　　　　　　　　　　D. 先增加后减小

1-6-29 一般地，骨架型级配沥青混合料的高温稳定性较连续型级配（　　）。

　　A. 高　　　　　　　　　　　　　　　　B. 低

　　C. 无变化　　　　　　　　　　　　　　D. 以上说法均不对

1-6-30 对于高温易产生车辙路段，沥青混合料的空隙率应适当（　　）。

　　A. 增大　　　　　　　　　　　　　　　B. 减小

　　C. 无变化　　　　　　　　　　　　　　D. 以上说法均不对

1-6-31 在进行车辙试验时，若环境箱温度控制不准，高于标准试验温度，则沥青混合料动稳定度测试结果（　　）。

　　A. 变大　　　　　　　　　　　　　　　B. 变小

　　C. 无变化　　　　　　　　　　　　　　D. 以上说法均不对

1-6-32 若加载速率快于规范标准，则试验测得沥青混合料的劈裂强度（　　）。

　　A. 变大　　　　　　　　　　　　　　　B. 变小

　　C. 无变化　　　　　　　　　　　　　　D. 以上说法均不对

1-6-33 关于沥青路面气候分区，以下说法中错误的是（　　）。

　　A. 沥青路面气候分区考虑了最高气温、最低气温及降雨量 3 个因素

　　B. 根据工程所在地近 30 年最热月平均最高气温，分为 3 个区

　　C. 根据工程所在地近 30 年最冷月平均最低气温，分为 4 个区

　　D. 沥青路面气候分区中，分区的标号数字越小，表明气候越严酷

1-6-34 随沥青用量的增加，沥青混合料的饱和度会（　　）。

　　A. 减小　　　　　　　　　　　　　　　B. 增加

　　C. 先减小后增加　　　　　　　　　　　D. 先增加后减小

1-6-35 沥青混合料配合比设计三阶段中不包括（　　）。

　　A. 目标配合比设计阶段　　　　　　　　B. 生产配合比设计阶段

　　C. 生产配合比验证阶段　　　　　　　　D. 基准配合比设计阶段

1-6-36 在干旱地区，沥青混合料的冻融劈裂强度比要求可适当（　　）。

　　A. 提高　　　　　　　　　　　　　　　B. 降低

　　C. 不变　　　　　　　　　　　　　　　D. 以上说法均不对

1-6-37 以下特征中，不属于 SMA 沥青混合料的是（　　）。

　　A. 骨架—空隙结构　　　　　　　　　　B. 沥青用量大

　　C. 矿粉用量多　　　　　　　　　　　　D. 掺入纤维

1-6-38 与常规沥青混合料相比，以下试验专门针对 SMA 沥青混合料的是（　　）。

　　A. 车辙试验　　　　　　　　　　　　　B. 马歇尔试验

C. 析漏试验　　　　　　　　　　　　　D. 冻融劈裂试验

1-6-39 沥青混合料标准马歇尔试件的高度范围是（　　　）mm。

A. 62.5±1.3　　　B. 63.5±1.3　　　C. 62.5±1.5　　　D. 63.5±1.5

1-6-40 沥青混合料车辙试验中标准车辙板的尺寸是（　　　）。

A. 350mm×350mm×50mm　　　　　　B. 300mm×300mm×50mm

C. 350mm×350mm×60mm　　　　　　D. 300mm×300mm×60mm

1-6-41 沥青混合料车辙试验时的试验温度是（　　　）。

A. 50℃　　　　　B. 55℃　　　　　C. 60℃　　　　　D. 70℃

1-6-42 集料的公称最大粒径比其最大粒径（　　　）。

A. 小一个粒级　　　　　　　　　　　B. 大一个粒级

C. 相等　　　　　　　　　　　　　　D. 以上说法均不对

1-6-43 在沥青混合料 ATPB-30 中，ATPB 指的是（　　　）。

A. 半开级配沥青碎石混合料　　　　　B. 开级配沥青稳定碎石混合料

C. 密实式沥青混凝土混合料　　　　　D. 密实式沥青稳定碎石混合料

1-6-44 关于沥青混合料骨架—空隙结构的特点，下列说法错误的是（　　　）。

A. 粗集料比较多　　　　　　　　　　B. 空隙率大

C. 耐久性好　　　　　　　　　　　　D. 热稳定性好

1-6-45 在沥青混合料 ATB-40 中，ATB 指的是（　　　）。

A. 半开级配沥青碎石混合料　　　　　B. 开级配沥青混合料

C. 密级配沥青混凝土混合料　　　　　D. 密级配沥青稳定碎石混合料

1-6-46 特粗式沥青混合料是指（　　　）等于或大于 37.5mm 的沥青混合料。

A. 最大粒径　　　B. 平均粒径　　　C. 最小粒径　　　D. 公称最大粒径

1-6-47 在沥青混合料 OGFC-16 中，OGFC 指的是（　　　）。

A. 半开级配沥青碎石混合料　　　　　B. 开级配排水性磨耗层混合料

C. 密级配沥青混凝土混合料　　　　　D. 密级配沥青稳定碎石混合料

1-6-48 AC 型沥青混合料具有（　　　）结构，SMA 沥青混合料具有（　　　）结构。

A. 骨架—密实，骨架—空隙　　　　　B. 骨架—空隙，骨架—密实

C. 悬浮—密实，骨架—密实　　　　　D. 悬浮—密实，骨架—空隙

1-6-49 沥青饱和度是指压实沥青混合料中沥青实体体积占（　　　）的百分率。

A. 沥青混合料总体积　　　　　　　　B. 沥青以外的体积

C. 矿料体积　　　　　　　　　　　　D. 矿料部分以外的体积

1-6-50 已知沥青混合料的沥青用量为 4.6%，油石比为（　　　）。

A. 4.82%　　　　B. 4.40%　　　　C. 5.17%　　　　D. 4.67%

1-6-51 在密级配沥青混合料配合比设计时，以预估的油石比为中值，间隔（　　　）取不同的油石比进行马歇尔试验。

A. 0.1%　　　　　B. 0.2%　　　　　C. 0.3%　　　　　D. 0.5%

1-6-52 沥青混合料的目标配合比设计分两部分进行，即矿质混合料组成设计与（　　　）。

A. 确定最佳含水率　　　　　　　　　B. 确定最大干密度

C. 确定最佳沥青用量　　　　　　D. 确定最小空隙率

1-6-53 以下沥青混合料的空隙率计算公式，正确的是（　　）。

A.（1－真实密度/理论最大相对密度）×100

B.（1－表干相对密度/理论最大相对密度）×100

C.（1－表观相对密度/理论最大相对密度）×100

D.（1－毛体积相对密度/理论最大相对密度）×100

1-6-54 以下内容属于沥青混合料生产配合比设计阶段的是（　　）。

A. 确定最佳沥青用量　　　　　　B. 确定各热仓的配合比

C. 高温稳定性检验　　　　　　　D. 试拌试铺

1-6-55 沥青混合料的目标配合比设计阶段，需根据沥青混合料的各试验指标确定沥青用量范围，其中不包括（　　）指标。

A. 饱和度　　　B. 空隙率　　　C. 稳定度　　　D. 矿料间隙率

1-6-56 ［2020年考题］沥青路面的抗渗能力主要取决于沥青路面的（　　）。

A. 稳定度　　　　　　　　　　　B. 饱和度

C. 空隙率　　　　　　　　　　　D. 骨架间隙率

题解及参考答案

1-6-1 **解：** 骨架—密实结构沥青混合料的结构特点为：较多数量的断级配粗集料形成空间骨架，发挥嵌挤锁结作用，同时由适当数量的细集料和沥青填充骨架间的空隙形成既嵌紧又密实的结构。

答案： B

考点：骨架密实结构

1-6-2 **解：** 马歇尔试验中，流值随沥青用量增加而增大。

答案： B

考点：流值

1-6-3 **解：** 马歇尔试验中，空隙率随沥青用量增加而减小。

答案： C

考点：空隙率

1-6-4 **解：** 冻融劈裂强度就是沥青混合料试件在冻融循环后测定的劈裂强度，主要是进行冻融循环后，测定沥青混合料试件在受到水损害前后劈裂破坏的强度比，以评价沥青混合料的水稳定性。

答案： B

考点：冻融劈裂试验

1-6-5 **解：** 沥青混合料稳定度单位是kN，残留稳定度单位是%。

答案： B

考点：沥青混合料稳定度

1-6-6 **解：** 评价沥青混合料的耐久性的指标有空隙率、饱和度和残留稳定度等。

答案： A

1-6-7 **解：**沥青用量 ＝ 油石比/(1 ＋ 油石比)。

　　　答案：A

考点：沥青混合料的沥青用量和油石比

1-6-8 **解：**沥青混合料的关键筛孔一般为 0.075mm、2.36mm、4.75mm。

　　　答案：B

考点：混合料配合比设计

1-6-9 **解：**水煮法试验温度为 100℃，试验时间为 3min。

　　　答案：A

考点：水煮法试验

1-6-10 **解：**随沥青用量的增加而出现峰值的物理力学指标是马歇尔稳定度。

　　　答案：A

考点：混合料配合比设计

1-6-11 **解：**沥青混合料残留稳定度反映其水稳定性。

　　　答案：D

考点：沥青混合料残留稳定度

1-6-12 **解：**在沥青混合料中掺加适量消石灰粉，可以有效提高沥青混合料的黏附性。

　　　答案：A

考点：消石灰的作用

1-6-13 **解：**车辙试验是评价沥青混合料高温稳定性的重要试验方法。动稳定度（即车辙试验时 45~60min 内每产生 1mm 的车辙深度，试验轮行驶的次数）是评价沥青混合料抗车辙能力的指标。

　　　答案：A

考点：沥青混合料高温稳定性试验

1-6-14 **解：**马歇尔试件的体积与高度成正比，因此在密度不变时，试件的质量与高度也成正比。因此，标准高度马歇尔试件的质量为 $1200/65.5 \times 63.5 = 1163g$。

　　　答案：D

考点：马歇尔试验

1-6-15 **解：**沥青混合料配合比设计分三个阶段，依次是目标配合比、生产配合比、生产配合比验证。生产配合比阶段的混合料级配由目标配合比设计阶段的级配来确定，而集料除尘的方法不同，集料中的粉尘含量就不同，这对混合料级配中的粉料含量会造成一定影响，集料加热温度不够则会影响混合料拌和与压实温度，从而影响到混合料的空隙率与油石比。冷料上料速度虽然也由目标配合比确定，但是其影响的仅是热料仓各档料的供给平衡，进而影响混合料的生产效率，而对生产配合比本身并无影响。

　　　答案：B

考点：沥青混合料的配合比设计

1-6-16 **解：**评价沥青混合料水稳定性的试验方法为残留稳定度试验和冻融劈裂试验。

　　　答案：C

考点：沥青混合料的水稳定性试验

1-6-17 **解：**沥青混合料拌和过程中，矿料温度应该高于拌和温度，因为拌和过程中会有温度损失。

答案： A

1-6-18 解： 在拌和现场，沥青混合料抽检的目的主要是检查混合料的均匀性、沥青用量以及密度、空隙率等马歇尔试件体积指标。残留稳定度是在配合比设计中检验混合料水稳定性。

答案： D

1-6-19 解： 按照沥青混合料的矿料级配组成特点，可将沥青混合料分为悬浮—密实结构、骨架—空隙结构和骨架—密实结构三种类型。

答案： B

1-6-20 解： 在工程中，沥青混合料试件的毛体积密度，常根据试件空隙率的大小，选择用表干法、蜡封法或体积法测定。

答案： B

1-6-21 解： 采用低温弯曲试验的破坏应变作为评价沥青混合料低温抗裂性能的指标。

答案： C

1-6-22 解： SMA 混合料属于骨架—密实结构，其粗集料、细集料与矿粉用量较高，中间粒径集料用量较少，沥青用量大，因此需添加纤维以稳定沥青，同时提高沥青混合料高温抗剪切能力及低温抗裂性能。SMA 抗滑性能主要取决于构造深度，与纤维无关。

答案： D

1-6-23 解： 根据沥青混合料的材料组成特点，其表观密度随油石比的增加先增加后减小，空隙率随油石比增加逐渐减小，饱和度随油石比的增加而增加，流值随油石比的增加而增大。

答案： A

1-6-24 解： 采用马歇尔试验方法确定沥青混合料最佳沥青用量时，最佳沥青用量 OAC_1 为密度最大值、稳定度最大值、目标空隙率（或范围中值）、沥青饱和度范围中值所对应的沥青用量的平均值。

答案： B

1-6-25 解： 按照集料公称最大粒径，可分为特粗式、粗粒式、中粒式、细粒式和砂粒式。

答案： D

1-6-26 解： 沥青混合料按其组成结构分为悬浮—密实结构、骨架—空隙结构和骨架—密实结构三种类型。其中，悬浮—密实结构黏聚力较高，混合料的密实性和耐久性较好，低温抗裂性能也较好，但内摩阻力较小，高温稳定性较差；骨架—空隙结构内摩擦角较高，高温稳定性较好，但黏聚力较低，耐久性差；骨架—密实结构同时具有良好的高温稳定性和低温抗裂性，但是施工和易性较差。

答案： A

考点：沥青混合料的组成结构特点

1-6-27 解： 沥青混合料是典型的黏弹塑性材料，在高温及长时间荷载作用下会产生显著的剪切变形，其中不可恢复的部分称为永久变形，即为车辙变形。可见车辙产生的原因是沥青混合料抗剪性能不足。

答案： B

考点：沥青路面车辙病害

1-6-28 解： 沥青黏度越大，则其黏滞性越大，黏聚力越强，因此，沥青混合料的高温稳定性（主要取决于矿料颗粒间的内摩阻力和材料的黏聚力）也就越好。

答案： B

考点：沥青混合料的高温稳定性

1-6-29 解： 骨架型沥青混合料由于粗集料能够形成骨架，一般具有较高的内摩阻力，高温稳定性较好，连续型级配一般属于悬浮密实结构，粗集料悬浮于沥青胶浆中，黏聚力较高，但内摩阻力较小，高温稳定性较差。

答案： A

考点：沥青混合料的高温稳定性

1-6-30 解： 在沥青混合料材料组成相同的情况下，适当减小混合料的空隙率，更有利于粗集料形成空间骨架结构，从而提高沥青混合料的内摩阻力，改善高温抗车辙性能。

答案： B

考点：沥青混合料的高温性能

1-6-31 解： 车辙试验温度为60℃，若试验时实际温度高于规定温度，则沥青混合料中的沥青黏度会比规定温度条件时低，同时沥青与集料的黏结力也会下降，相应的沥青混合料的高温抗变形能力也会减弱。

答案： B

考点：车辙试验

1-6-32 解： 在沥青混合料试件劈裂试验时，如果加载速率大于标准速率，则由于沥青的黏滞性，沥青混合料的变形会滞后于实际受力状态，以至于所施加荷载达到标准速率的破坏荷载时，混合料变形还没有达到破坏程度，荷载只能继续增加直到试件完全破坏，因此测得的劈裂强度偏大。

答案： A

考点：劈裂试验

1-6-33 解： 沥青路面气候分区，高温指标为最近30年内年最热月的平均日最高气温的平均值，低温指标为最近30年内的极端最低气温，雨量指标为最近30年内的降水量平均值。分区标号中，数字越小表示气候因素越严重。

答案： C

考点：沥青路面气候分区

1-6-34 解： 沥青饱和度是指压实沥青混合料试件矿料间隙率中扣除被集料吸收的沥青以外的有效沥青实体体积，在矿料间隙中所占的百分率，随沥青用量的增加而增大。

答案： B

考点：沥青混合料饱和度指标

1-6-35　解：沥青混合料配合比设计包括三个阶段：目标配合比设计阶段、生产配合比设计阶段、生产配合比验证阶段。

答案：D

考点：沥青混合料配合比设计

1-6-36　解：沥青混合料的冻融劈裂强度是评价沥青混合料水稳定性的指标，在干旱地区，降水量较少，发生水损害的概率也较小，因此在配合比设计时可适当降低沥青混合料的冻融劈裂强度比要求。

答案：B

考点：沥青混合料的冻融劈裂强度指标

1-6-37　解：SMA 属于典型的骨架—密实结构，其材料结构组成可概括为"三多一少"，即粗集料用量多、矿粉含量多、沥青用量多、细集料用量少，还有少量的纤维。

答案：A

考点：SMA 沥青混合料材料组成特点

1-6-38　解：SMA 沥青混合料配合比设计流程与普通沥青混合料相同，只是在确定沥青混合料最佳油石比之后的性能检验阶段，增加了谢伦堡沥青析漏试验和肯塔堡飞散试验，主要用于检验确定的最佳油石比是否过大或过小。

答案：C

考点：SMA 沥青混合料配合比设计

1-6-39　解：沥青混合料标准马歇尔试件的高度是 63.5mm±1.3mm。

答案：B

考点：马歇尔试验

1-6-40　解：沥青混合料标准车辙板的尺寸是 300mm×300mm×50mm。

答案：B

考点：车辙试验

1-6-41　解：沥青混合料车辙试验标准温度为 60℃。

答案：C

考点：车辙试验

1-6-42　解：集料最大粒径是指集料 100%都要求通过的最小的标准筛筛孔尺寸；而公称最大粒径则是指集料可能全部通过或允许有少量不通过（一般容许值不超过 10%）的最小标准筛筛孔尺寸，通常比集料最大粒径小一个粒级。

答案：A

考点：集料粒径

1-6-43　解：在沥青混合料中,ATPB 指的是排水式沥青碎石基层,属于开级配沥青稳定碎石混合料。

答案：B

考点：沥青混合料级配类型

1-6-44　解：沥青混合料组成结构类型中，骨架—空隙结构的特点是，粗集料所占比例较高，细集料很少，混合料空隙率较大，高温稳定性较好，但黏聚力低，耐久性差。

答案：C

考点：沥青混合料组成结构特点

1-6-45　解： 在沥青混合料中，ATB是指连续密级配沥青稳定碎石。

答案： D

考点：沥青混合料级配类型

1-6-46　解： 特粗式沥青混合料是指集料公称最大粒径为37.5mm、最大粒径为53mm的混合料。

答案： D

考点：沥青混合料类型

1-6-47　解： 在沥青混合料中，OGFC是指开级配排水式沥青磨耗层。

答案： B

考点：沥青混合料类型

1-6-48　解： AC型沥青混合料是典型的悬浮—密实结构，沥青玛蹄脂碎石混合料（SMA）是典型的骨架—密实结构。

答案： C

考点：沥青混合料的组成结构

1-6-49　解： 沥青饱和度是指沥青混合料试件内沥青部分的体积占矿料部分以外的体积百分率。

答案： D

考点：沥青混合料的体积特征参数

1-6-50　解： 油石比（P_a）是沥青混合料中沥青质量与矿料质量的比例，以百分数计，沥青用量（P_b）是沥青混合料中沥青质量与沥青混合料总质量的比例，以百分数计。$P_a = P_b/(100 - P_b) = 4.6/(100 - 4.6) = 4.82\%$

答案： A

考点：沥青混合料的体积特征参数

1-6-51　解： 以预估的油石比为中值，按一定间隔（密级配沥青混合料通常为0.5%），取5个或5个以上不同的油石比分别成型马歇尔试件。

答案： D

考点：沥青混合料的配合比设计

1-6-52　解： 目标配合比设计分两部分进行，即矿质混合料组成设计与最佳沥青用量的确定。

答案： C

考点：沥青混合料的配合比设计

1-6-53　解： 沥青混合料的空隙率计算公式为：（1 − 毛体积相对密度/理论最大相对密度）× 100。

答案： D

考点：沥青混合料的体积特征参数

1-6-54　解： 在目标配合比确定之后，应利用实际施工的拌和机进行试拌以确定生产配合比。试验时，按试验室配合比设计的冷料比例上料、烘干、筛分，然后取样筛分，与目标配合比设计一样进行矿料级配计算，得出不同料仓及矿料用量比例。

答案： B

考点：沥青混合料的配合比设计

1-6-55　解： 在沥青混合料的目标配合比设计阶段，根据沥青混合料的稳定度、密度、空隙率、流值和饱和度等指标来确定沥青用量范围。

答案：D

考点：沥青混合料的配合比设计

1-6-56　解：沥青路面的抗渗能力主要取决于沥青路面的空隙率。空隙率越大，其抗渗能力越差。

　　　　　答案：C

考点：沥青的水稳定性

（七）建筑钢材

1-7-1　Q235 属于（　　）。

　　A. 桥梁用优质碳素钢　　　　　　　　B. 低合金高强度结构钢

　　C. 碳素结构钢　　　　　　　　　　　D. 沸腾钢

1-7-2　反映钢材韧性的指标为（　　）。

　　A. 冲击韧度　　　　　　　　　　　　B. 伸长率

　　C. 抗拉强度　　　　　　　　　　　　D. 洛氏硬度

1-7-3　钢材的冲击韧性用试件受冲击破坏时的（　　）表示。

　　A. 试件伸长率　　　　　　　　　　　B. 断面面积

　　C. 断面收缩率　　　　　　　　　　　D. 单位面积所消耗的能量

1-7-4　钢材拉伸试验选用万能试验机精度宜为（　　）。

　　A. 1%　　　　　　　　　　　　　　　B. 2%

　　C. 3%　　　　　　　　　　　　　　　D. 0.5%

1-7-5　牌号表示为 Q235AF 的钢材是（　　）。

　　A. 抗拉强度为 235MPa 的 A 级沸腾钢

　　B. 屈服点为 235MPa 的 A 级沸腾钢

　　C. 抗拉强度为 235MPa 的 A 级镇静钢

　　D. 屈服点为 235MPa 的 A 级半沸腾钢

1-7-6　钢材的主要力学性质包括（　　）。

　　A. 强度、变形、焊接性能、硬度　　　B. 强度、塑性、冷弯性能、硬度

　　C. 弹性、韧性、变形、硬性　　　　　D. 强度、塑性、韧性、硬度

1-7-7　伸长率（　　），断面收缩率（　　），钢材的塑性越好。

　　A. 越大，越大　　　　　　　　　　　B. 越大，越小

　　C. 越小，越大　　　　　　　　　　　D. 越小，越小

1-7-8　在低碳钢的应力—应变曲线中，有线性关系的是（　　）阶段。

　　A. 弹性阶段　　　　　　　　　　　　B. 屈服阶段

　　C. 强化阶段　　　　　　　　　　　　D. 颈缩阶段

1-7-9　关于钢筋的冷拉加工，说法不正确的是（　　）。

　　A. 提高钢筋的强度　　　　　　　　　B. 提高钢筋的塑性

　　C. 实现钢筋的调直　　　　　　　　　D. 实现钢筋的除锈

1-7-10　建筑钢材最重要的性质是（　　）。

　　A. 冷弯性能　　　　　　　　　　　　B. 抗拉性能

　　C. 耐疲劳性能　　　　　　　　　　　D. 焊接性能

1-7-11 预应力钢筋混凝土构件充分地发挥了（　　）。

    A. 混凝土的抗拉强度   B. 钢筋的抗拉强度

    C. 混凝土的抗压强度   D. 钢筋的抗压强度

1-7-12 碳素钢的含碳量越高，则（　　）越高。

    A. 强度   B. 塑性   C. 韧性   D. 弹性

1-7-13 钢材的含碳量高，则（　　）。

    A. 强度、硬度、塑性都提高   B. 强度提高，塑性降低

    C. 强度降低，塑性提高   D. 强度、塑性都降低

1-7-14 建筑钢材通常应属于（　　）。

    A. 优质钢   B. 低合金钢

    C. 结构钢   D. 高碳钢

1-7-15 钢材的屈强比是指（　　）的比值。

    A. 屈服上限强度与极限抗拉强度

    B. 屈服下限强度与极限抗拉强度

    C. 弹性极限强度与屈服下限强度

    D. 弹性极限强度与极限抗拉强度

1-7-16 钢材的冷弯性能表示钢材的（　　）。

    A. 塑性   B. 抗疲劳性能

    C. 低温性能   D. 内部结构的缺陷状况

1-7-17 中碳钢和高碳钢没有明显的屈服点，通常以残余变形（　　）的应力作为屈服强度。

    A. 0.1%   B. 0.2%   C. 0.5%   D. 1.0%

1-7-18 钢材的屈强比（　　），钢材的可靠性（　　）。

    A. 大，大   B. 小，小   C. 小，大   D. 两者无关联

1-7-19 在低碳钢受拉时的应力—应变曲线中的屈服阶段，存在屈服上限和屈服下限，一般以（　　）对应的应力为屈服强度。

    A. 屈服上限   B. 屈服下限

    C. 屈服上限和下限的平均值   D. 屈服上限和下限的差值

1-7-20 钢材随着钢号的增加，其碳、锰含量（　　），强度和硬度（　　），伸长率和冷弯性能（　　）。

    A. 增加，提高，降低   B. 增加，提高，提高

    C. 降低，降低，降低   D. 降低，降低，提高

1-7-21 ［2019 年考题］设计钢结构时，确定钢结构容许应力的主要依据是（　　）。

    A. 屈服强度   B. 抗拉强度

    C. 抗压强度   D. 弹性极限

题解及参考答案

1-7-1　**解：** Q235 普通碳素结构钢又称作 A3 钢。

答案：C

考点：钢材的牌号

1-7-2 解：冲击韧度反映钢材的韧性大小。

答案：A

考点：钢材的冲击韧度

1-7-3 解：冲击韧度一般是用一次摆锤冲击试验来测定，摆锤冲断试样所做的冲击吸收功与试样横截面积的比值，即单位面积所消耗的能量。

答案：D

考点：钢材的冲击韧度

1-7-4 解：钢材拉伸试验一般要求万能试验机精度为 1 级。

答案：A

考点：钢材拉伸试验

1-7-5 解：Q235AF 钢材是屈服点为 235MPa 的 A 级沸腾钢。

答案：B

考点：钢材的牌号

1-7-6 解：钢材的主要力学性质包括强度、塑性、韧性、硬度。

答案：D

考点：钢材的主要力学性质

1-7-7 解：伸长率越大，断面收缩率越大，钢材的塑性越好。

答案：A

考点：钢材的主要力学性质

1-7-8 解：在低碳钢的应力—应变曲线中，弹性阶段图像呈线性关系。

答案：A

考点：低碳钢的应力—应变曲线

1-7-9 解：冷拉钢筋是在常温下对钢筋进行强力拉伸，拉应力超过钢筋的屈服强度，使钢筋产生塑性变形，以达到调直钢筋、除锈、提高强度的目的。

答案：B

考点：冷拉钢筋

1-7-10 解：抗拉性能是建筑钢材最重要的技术性质。

答案：B

考点：钢材抗拉性能

1-7-11 解：预应力钢筋混凝土是为了弥补混凝土过早出现裂缝的现象，在构件使用（加载）以前，预先给混凝土一个预压力，即在混凝土的受拉区内，用人工加力的方法，将钢筋进行张拉，利用钢筋的回缩力，使混凝土受拉区预先受压力。因此，预应力钢筋混凝土构件利用的是钢筋的抗拉强度。

答案：B

考点：预应力钢筋混凝土构件特点

1-7-12 解：碳是决定钢材性能的最重要元素。碳素钢的含碳量越高，强度越高。

答案：A

考点：碳素钢性能

1-7-13 解：碳是决定钢材性能的最重要元素。在一定含碳量范围内（<0.8%），钢材的含碳量越高，钢材的强度和硬度越高，塑性（延性）和冲击韧性越低。

答案：B

考点：钢材的性能

1-7-14 解：钢材按用途不同可分为结构钢、工具钢、特殊钢。其中，用于建筑结构、机械制造等的均为结构钢。

答案：C

考点：钢材的分类

1-7-15 解：钢材的屈强比是指屈服下限强度和极限抗拉强度之比。

答案：B

考点：钢材的屈强比指标

1-7-16 解：冷弯性能是指钢材在常温条件下，承受弯曲变形的能力，是反映钢材缺陷的一种重要工艺性能。

答案：D

考点：钢材的冷弯性能

1-7-17 解：中碳钢和高碳钢屈服现象不明显，难以测定屈服点，通常以残余变形 0.2%的应力作为屈服强度。

答案：B

考点：钢材的拉伸性能

1-7-18 解：钢材的屈强比反映钢材的可靠性和利用率。屈强比小，钢材的可靠性大，结构安全。然而屈强比过小，则钢材利用率低。

答案：C

考点：钢材的力学性能

1-7-19 解：在低碳钢受拉时的应力—应变曲线中屈服下限对应的应力为屈服强度，钢材受力达到屈服强度后，变形迅速发展，已经不能满足使用要求，故一般用屈服点作为强度取值的依据。

答案：B

考点：钢材的力学性能

1-7-20 解：钢材随着钢号的增加，其含碳量、含锰量增加，强度和硬度逐步提高，但伸长率和冷弯性能则下降。

答案：A

考点：钢材的力学性能

1-7-21 解：设计中一般将钢材的屈服点作为强度的取值依据。钢结构的容许应力等于钢材的屈服强度除以材料分项系数。

答案：A

考点：钢材的力学性能

（八）其他建筑材料

1-8-1 土工织物撕裂强度采用的计量单位是（　　　）。

A. Pa　　　　　　　B. MPa　　　　　　C. N　　　　　　D. kN

1-8-2 土工织物与土相互作用的性能指标有（　　）。

A. 刺破强力　　　B. 等效孔径　　　C. 渗透系数　　　D. 梯度比

1-8-3 导致木材物理力学特性发生改变的临界含水率是（　　）。

A. 最大含水率　　B. 平衡含水率　　C. 纤维饱和点　　D. 最小含水率

1-8-4 干燥的木材吸水后，变形最大的是（　　）。

A. 纵向　　　　　B. 径向　　　　　C. 弦向　　　　　D. 不确定

1-8-5 影响木材强度的因素较多，但下列条件不产生影响的是（　　）。

A. 纤维饱和点以下的含水率变化　　　B. 纤维饱和点以上的含水率变化

C. 负荷时间　　　　　　　　　　　　D. 疵病

1-8-6 木材的含水率大于纤维饱和点时，随着含水率的增加，木材的（　　）。

A. 强度降低，体积膨胀　　　　　　　B. 强度降低，体积不变

C. 强度降低，体积收缩　　　　　　　D. 强度不变，体积不变

1-8-7 土工织物宽条拉伸试验时，试样宽度应该为（　　）。

A. 50mm　　　　　B. 100mm　　　　C. 200mm　　　　D. 80mm

1-8-8 木材的主要力学性质为各向异性，表现为（　　）。

A. 抗拉强度，顺纹方向最大　　　　　B. 抗拉强度，横纹方向最大

C. 抗剪强度，横纹方向最小　　　　　D. 抗弯强度，横纹与顺纹方向相近

1-8-9 木材中的水可分为（　　）。

A. 自由水与结合水　　　　　　　　　B. 自由水与吸附水

C. 自由水与毛细水　　　　　　　　　D. 毛细水与吸附水

1-8-10 下列说法错误的是（　　）。

A. 对于在干燥空气中的湿木材，首先是自由水的蒸发，当自由水恰好蒸发完毕而吸附水尚处于饱和状态时，即为纤维饱和点

B. 当含水率大于纤维饱和点含水率时，含水率变化对木材强度与体积有影响；当含水率小于纤维饱和点含水率时，含水率变化对木材强度与体积无影响

C. 平衡含水率是指木材与环境空气水分交换达到平衡时的含水率

D. 在纤维饱和点以下时，强度随水分的增多而下降

1-8-11 木材在长期负荷下的强度，一般仅为极限强度的（　　）。

A. 30%~40%　　　B. 40%~50%　　　C. 50%~60%　　　D. 60%~70%

1-8-12 木材强度的特性是（　　），（　　）最大。

A. 各向异性，顺纹抗拉强度　　　　　B. 各向异性，顺纹抗压强度

C. 各向同性，顺纹抗拉强度　　　　　D. 各向同性，顺纹抗压强度

1-8-13 ［2019年考题］下列不属于土工合成材料力学性质的是（　　）。

A. 拉伸强度　　　B. 撕裂强度　　　C. 顶/刺破强度　　D. 耐久性

1-8-14 土工织物在拉伸受力过程中厚度是变化的，不易精确测定，故其受力大小一般以单位宽度所承受的力来表示，单位为（　　）。

A. kN/m　　　　　B. MPa　　　　　C. N　　　　　　D. kPa

题解及参考答案

1-8-1　**解：**土工织物撕裂强度采用的计量单位是 N。

　　　　答案：C

考点：土工织物撕裂强度

1-8-2　**解：**渗透系数反映渗透性大小。

　　　　答案：C

考点：渗透系数

1-8-3　**解：**纤维饱和点是木材仅细胞壁中的吸附水达到饱和，而细胞腔和细胞间隙中无自由水存在时的含水率，其值随树种而异。它是木材物理力学性质是否随含水率而发生变化的转折点。

　　　　答案：C

考点：木材纤维饱和点

1-8-4　**解：**木材干湿变形最大的方向是弦向。

　　　　答案：C

考点：木材干湿变形

1-8-5　**解：**当木材的含水率在纤维饱和点以上变化时，只是自由水在变化，对木材的强度没有影响。

　　　　答案：B

考点：木材纤维饱和点

1-8-6　**解：**当木材的含水率在纤维饱和点以上变化时，只是自由水在变化，对木材的强度没有影响，体积不变。

　　　　答案：D

考点：木材纤维饱和点

1-8-7　**解：**土工织物宽条拉伸试验时，试样宽度应该为 200mm。

　　　　答案：C

考点：土工织物宽条拉伸试验

1-8-8　**解：**木材强度的特性是各向异性，顺纹抗拉强度最大，顺纹抗弯次之，顺纹抗压再次，其他强度较低。

　　　　答案：A

考点：木材强度的特性

1-8-9　**解：**木材中的水可分为自由水与吸附水。

　　　　答案：B

考点：木材中的水

1-8-10　**解：**当含水率大于纤维饱和点含水率时，含水率变化对木材强度与体积无影响；当含水率小于纤维饱和点含水率时，含水率变化对木材强度与体积有影响，因为纤维饱和点是一个临界含水率。

　　　　答案：B

考点：木材纤维饱和点

1-8-11　**解：**木材在长期负荷下的强度，一般仅为极限强度的 50%~60%。

答案：C

1-8-12　解：木材强度的特性是各向异性，顺纹抗拉强度最大，顺纹抗弯次之，顺纹抗压再次，其他强度较低。

答案：A

1-8-13　解：土工合成材料的力学性质包括：拉伸强度、撕裂强度、顶破强度、刺破强度和穿透强度等。

答案：D

1-8-14　解：土工织物在拉伸受力过程中厚度是变化的，不易精确测定，故其受力大小一般以单位宽度所承受的力来表示，单位为kN/m或N/m。

答案：A

第二章　土质学与土力学

复习指导

本章应重点掌握的内容主要包括：

（1）掌握土的三相组成及相关知识，能够熟练运用三相比例指标之间的基本关系来研究土的工程力学性质；掌握砂土的密实度及评价方法，黏性土不同状态的分界含水率及状态指标、可塑性指标；掌握土的工程分类方法与类别，土体工程性质。

（2）掌握颗粒级配，砂土密实度，相对密度，饱和度，孔隙率，孔隙比，标准贯入锤击数，分界含水率，液限，塑限，液性指数，塑性指数等概念。

（3）掌握土体毛细特性冻胀机理，渗透试验，层流渗透定律（达西定律），渗透系数及其影响因素，动水力及流土；掌握渗透系数，冻胀，达西定律，动水力，流土等概念。

（4）掌握自重应力计算，附加应力计算，有效应力原理及其工程应用。

（5）掌握土的抗剪强度理论、土体的变形和压实特性，土体的应力—应变关系，直剪试验，三轴试验（特别是三轴试验的类型及各种三轴试验的适用范围），根据抗剪强度理论对土体是否破坏的判断。

（6）掌握地基破坏的类型，地基承载力的确定方法，分层总和法—维固结理论的应用，地基容许承载力及其修正方法；掌握地基沉降量的计算，地基承载力的确定方法，分层总和法—维固结理论的应用，地基容许承载力及其修正方法。

（7）掌握边坡失稳机理及影响因素，砂性土土坡稳定分析方法，黏性土土坡圆弧滑动体整体稳定分析方法，条分法，土坡特殊问题分析；掌握砂性土土坡稳定系数的计算，黏性土土坡稳定系数的计算。

练习题、题解及参考答案

（一）土的性质及工程分类

2-1-1 反映黏性土状态的指标是（　　）。

A. w　　　　　　B. I_L　　　　　　C. w_p　　　　　　D. S_r

2-1-2 某原状土样，试验测得重度 $\gamma = 17\text{kN/m}^3$，含水率 $w = 22.0\%$，土粒相对密度 $d_s = 2.72$，则该土样的孔隙率及有效重度分别为（　　）。

A. 48.8%，8.81kN/m³　　　　　　　　B. 1.66%，18.81kN/m³

C. 1.66%，8.81kN/m³　　　　　　　　D. 48.8%，18.81kN/m³

2-1-3 粒径大于 200mm 的颗粒质量超过总质量 50% 的土，可能为（　　）。

A. 漂石　　　　　B. 卵石　　　　　C. 碎石　　　　　D. 砾石

2-1-4 下列土的指标不可通过试验方法直接测得的是（　　）。

A. 土的密度与重度　　　　　　　　　　B. 土粒相对密度

C. 土的空隙率　　　　　　　　　　　　D. 土的含水率

2-1-5 土的天然重度γ、饱和重度γ_{sat}、干重度γ_d、有效重度γ'在数值上的关系为（　　　）。

A. $\gamma_{sat} \geq \gamma \geq \gamma_d > \gamma'$　　　　　　　B. $\gamma_{sat} \geq \gamma' \geq \gamma_d > \gamma$

C. $\gamma_{sat} \geq \gamma \geq \gamma' > \gamma_d$　　　　　　　D. $\gamma_{sat} \geq \gamma_d \geq \gamma > \gamma'$

2-1-6 $2 < S_t \leq 4$的土称为（　　　）。

A. 中灵敏性黏性土　　　　　　　　　　B. 高灵敏性黏性土

C. 极灵敏性黏性土　　　　　　　　　　D. 流性

2-1-7 工程上所谓的均粒土，其不均匀系数C_u为（　　　）。

A. $C_u < 5$　　　　B. $C_u \geq 5$　　　　C. $C_u > 10$　　　　D. $5 < C_u < 10$

2-1-8 下列工程建设中，将土作为地基的是（　　　）。

A. 路堤　　　　B. 地下建筑　　　　C. 堤坝　　　　D. 土坝

2-1-9 标准贯入试验时，最初打入土层不计锤击数的土层厚度为（　　　）。

A. 15cm　　　　B. 30cm　　　　C. 63.5cm　　　　D. 50cm

2-1-10 已知某土样孔隙比$e = 1$，饱和度$S_r = 0$，则土样应符合的两项条件为（　　　）。

①土粒、水、气三相体积相等；②土粒、气两相体积相等；③土粒体积是气体体积的两倍；④此土样为干土。

A. ①②　　　　B. ①③　　　　C. ②③　　　　D. ②④

2-1-11 下列土的三相比例指标不属于试验指标的是（　　　）。

A. 土的密度　　　　B. 土粒密度　　　　C. 饱和度　　　　D. 含水率

2-1-12 某黏性土天然状态下质量为98.5g，烘干后质量减为79.6g，其含水率为（　　　）。

A. 23.74%　　　　B. 19.19%　　　　C. 20.19%　　　　D. 22.74%

2-1-13 对某黏性土进行搓条法试验时，当土条搓滚到3mm时，尚未开始断裂，表明土条的含水率（　　　）。

A. 小于塑限　　　　B. 大于塑限　　　　C. 小于液限　　　　D. 大于液限

2-1-14 黏性土是（　　　）。

A. $I_p > 10$的土　　　　　　　　　　B. 黏土和粉土的统称

C. 红黏土中的一种　　　　　　　　　　D. $I_p \leq 10$的土

2-1-15 黏性土的天然含水率增大时，随之增大的是（　　　）。

A. 塑限　　　　B. 液限　　　　C. 塑性指数　　　　D. 液性指数

2-1-16 使黏性土具有可塑性的孔隙水主要是（　　　）。

A. 毛细水　　　　B. 强结合水　　　　C. 弱结合水　　　　D. 重力水

2-1-17 理论上评价砂性土物理状态最合理的指标是（　　　）。

A. γ_d　　　　B. D_r　　　　C. e　　　　D. w

2-1-18 下列不能反映砂土密实度的指标是（　　　）。

A. 孔隙比e　　　　　　　　　　　　　B. 相对密实度D_r

C. 标准贯入锤击数$N_{63.5}$　　　　　　D. 液性指数I_L

2-1-19 测得某黏性土的液限为40%，塑性指数为17，含水率为30%，则其相应的液性指数接近

（　　　　）。

    A. 0.59   B. 0.50   C. 0.40   D. 0.35

2-1-20 在下列指标中，不可能大于 1 的指标是（　　　　）。

    A. 含水率   B. 孔隙比   C. 液性指数   D. 饱和度

2-1-21 下列指标为体积比的有（　　　　）。

    ①e；②S_r；③γ_s；④w。

    A. ①②   B. ①③   C. ②③   D. ②④

2-1-22 控制填土压实质量常用的指标是（　　　　）。

    A. γ_d B. γ_s C. γ D. w

2-1-23 一块 1kg 的土样，放置一段时间后，含水率由 25% 下降到 20%，则土中的水减少了（　　　　）。

    A. 0.06kg   B. 0.05kg   C. 0.04kg   D. 0.03kg

2-1-24 某建筑物地基需要压实填土 8000m³，控制压实后的含水率 $w_1 = 14\%$，饱和度 $S_r = 90\%$，填料重度 $\gamma = 15.5\mathrm{kN/m^3}$，天然含水率 $w_0 = 10\%$，土粒相对密度 $d_s = 2.72$，则需要填料的方量为（　　　　）。

    A. 11836.9m³   B. 12836.9m³   C. 10836.9m³   D. 92836.9m³

2-1-25 已知粉质黏土的土粒相对密度为 2.73，含水率为 30%，土的密度为 1.85g/cm³，浸水饱和后，该土的水下有效重度为（　　　　）。

    A. 9.02kN/m³   B. 8.52kN/m³   C. 9.52kN/m³   D. 10.02kN/m³

2-1-26 在岩土工程勘察中，实测某中砂层的标准贯入锤击数为 18、20、17、16、18、17，则该中砂的密实度为（　　　　）。

    A. 松散   B. 稍密   C. 中密   D. 密实

2-1-27 下列土不属于特殊土类的是（　　　　）。

    A. 黄土   B. 黑土   C. 膨胀土   D. 冻土

2-1-28 某住宅地基勘察中，一个钻孔原状土试样的试验结果为：土的密度 $\rho = 1.8\mathrm{g/cm^3}$，土粒相对密度 $d_s = 2.70$，土的含水率 $w = 18.0\%$，则此试样 1cm³ 的土样中气体体积为（　　　　）。

    A. 0.12cm³   B. 0.19cm³   C. 0.14cm³   D. 0.16cm³

2-1-29 完全饱和的土样含水率为 30%，由 76g 圆锥仪沉入土中深度 10mm 时测得的液限为 29%，塑限为 17%，土样的塑性指数和液性指数分别为（　　　　）。

    A. 12，1.08   B. 1.08，12   C. 0.98，12   D. 12，0.98

2-1-30 某黏性土在自然状态下重 110g，体积为 53cm³，烘干后重 90g，则其干密度为（　　　　）。

    A. 2.08g/cm³   B. 1.70g/cm³   C. 2.73g/cm³   D. 1.38g/cm³

2-1-31 ［2019 年考题］粒径大于 0.075mm 的颗粒含量不超过全重的 50% 且 $I_P > 17$ 的土称为（　　　　）。

    A. 碎石土   B. 砂土   C. 粉土   D. 黏土

2-1-32 ［2019 年考题］对填土，要保证其具有足够的密实度，就要控制填土的（　　　　）。

    A. 土粒密度 ρ_s B. 土的密度 ρ

    C. 干密度 ρ_d D. 饱和密度 ρ_{sat}

2-1-33 ［2019 年考题］某原状土的液限 $w_L = 46\%$，塑限 $w_p = 24\%$，天然含水率 $w = 40\%$，则该土的塑性指数为（　　　　）。

A. 22   B. 22%   C. 16   D. 16%

2-1-34 ［2019 年考题］松砂受振时土颗粒在其跳动中会调整相互位置，土的结构趋于（   ）。

A. 松散   B. 稳定和密实

C. 液化   D. 均匀

2-1-35 ［2019 年考题］土体具有压缩性的主要原因是（   ）。

A. 因为水被压缩引起的   B. 由孔隙的减少引起的

C. 由土颗粒的压缩引起的   D. 土体本身压缩模量较小引起的

2-1-36 ［2020 年考题］土的含水率是指（   ）。

A. 土中水的质量与土体总质量的比值

B. 土中水的质量与土粒质量的比值

C. 土中水的体积与孔隙的体积的比值

D. 土中水的体积与土颗粒体积的比值

2-1-37 ［2020 年考题］评价砂土的密实程度，最常用的指标是（   ）。

A. 相对密实度   B. 表观密度   C. 孔隙率   D. 稠度

2-1-38 ［2020 年考题］粉、细砂在饱和状态下，突然发生振动而且排水不畅，此时砂土可能会出现（   ）。

A. 管涌   B. 稳定   C. 液化   D. 密实

2-1-39 ［2021 年考题］关于土的界限含水率，说法正确的是（   ）。

A. 固态与半固态的界限含水率为塑限 w_p

B. 半固态与可塑状态的界限含水率为缩限 w_s

C. 固态与液态的界限含水率为液限 w_L

D. 可塑状态与流动状态的界限含水率为液限 w_L

2-1-40 ［2021 年考题］关于砂土的相对密实度，说法正确的是（   ）。

A. 相对密实度越大，孔隙比 e 越小

B. 相对密实度越大，孔隙比 e 越大

C. 砂土的相对密实度 D_r 接近于 1，表明砂土接近于最松散的状态

D. 砂土的相对密实度 D_r 接近于 0，表明砂土接近于最密实的状态

2-1-41 ［2021 年考题］关于土的工程分类，以下说法正确的是（   ）。

A. 碎石土是指粒径大于 2mm 的颗粒含量超过总质量 50%的土

B. 碎石土是指粒径大于 2mm 的颗粒含量超过总质量 45%的土

C. 砂土是指粒径大于 2mm 的颗粒含量不超过总质量 45%的土

D. 粉土是指粒径大于 0.075mm 的颗粒含量超过总质量 50%的土

题解及参考答案

2-1-1   **解：** 反映黏性土状态的指标是液性指数，$I_L = (w - w_p)/(w_L - w_p)$。$I_L \geq 1$，流动状态；$I_L \leq 0$，固态，半固态；其他为可塑状态。

答案： B

考点：黏土的界限含水率（液性指数）

2-1-2 解： 孔隙率 $n = V_孔/V_总 = 1 - \frac{\gamma}{d_s(1+w)\gamma_w}$；有效重度 $\gamma' = \frac{\gamma(d_s-1)}{d_s(1+w)}$。

答案： A

考点：土的物理化学性质（常用指标）

2-1-3 解： 粒径大于 200mm 的颗粒质量超过总质量 50% 的土，颗粒形状以圆形及亚圆形为主时，为漂石；颗粒形状以棱角形为主时为块石。

答案： A

考点：土的工程分类

2-1-4 解： 土的指标可通过试验方法直接测得的有：土的密度与重度、土粒相对密度和土的含水率。

答案： C

考点：土的物理化学性质（常用指标）

2-1-5 解： 土的天然重度 γ、饱和重度 γ_{sat}、干重度 γ_d、有效重度 γ' 在数值上的关系为：$\gamma_{sat} \geq \gamma \geq \gamma_d > \gamma'$。

答案： A

考点：土的物理化学性质（常用指标）

2-1-6 解： 在工程实践中，根据灵敏度的大小把黏性土分成四类：

中灵敏性黏性土：$2 < S_t \leq 4$

高灵敏性黏性土：$4 < S_t \leq 8$

极灵敏性黏性土：$8 < S_t \leq 16$

流性：$S_t > 16$

答案： A

考点：土的物理化学性质（黏性土的结构性）

2-1-7 解： $C_u < 5$ 的土称为均粒土，级配不良；C_u 越大，表示粒组分布越广，$C_u > 10$ 的土级配良好，但 C_u 过大，表示可能缺失中间粒径，属不连续级配。

答案： A

考点：土的物理化学性质

2-1-8 解： 对于地下建筑、地下管线等，土体对建筑物起保护作用；对于堤坝和土坝，土用来作为挡水建筑物；对于路堤，它是将土作为地基。

答案： A

考点：地基的概念

2-1-9 解： 标准贯入试验是用规定的锤质量（63.5kg）和落距（76cm）把标准贯入器（带有刃口的对开管，外径 50mm，内径 35mm）打入土中，记录贯入一定深度（30cm）所需的锤击数 N 值的原位测试方法。标准贯入试验多与钻探相配合使用，钻具钻至试验土层高程以上约 15cm 处，以避免下层土受扰动。贯入前，应检查触探杆的接头，不得松脱。贯入时，穿心锤落距为 76cm，使其自由下落，将贯入器直打入土层中 15cm。以后每打入土层 30cm 的锤击数，即为实测锤击数 N。因此，在标贯试验时，最初打入土层不计锤击数的土层厚度为 15cm。

答案： A

考点：标准贯入试验

2-1-10　解： 土是由土粒、水和气体三部分组成，通常称之为土的三相组成（固相、液相和气相）。孔隙比 $e = 1$，表明土粒、气体两相体积相等。饱和度 $S_r = 0$，表明此土样只有土粒和气体两相，为干土。

答案： D

考点：土的三相组成及三相指标的基本概念

2-1-11　解： 三相比例指标中通过试验测定的指标称为试验指标，包括土的密度、土粒密度和含水率；可由试验指标计算求得的指标，称为换算指标，包括土的干密度（干重度）、饱和密度（饱和重度）、有效重度、孔隙比、孔隙率和饱和度。

答案： C

考点：三相指标的基本概念

2-1-12　解： $w = m_w / m_s = (98.5 - 79.6)/79.6 = 23.74\%$

答案： A

考点：土的含水率

2-1-13　解： 塑限可采用搓条法测定，双手将天然湿度的土样搓成小圆球（球径小于 10mm），放在毛玻璃板上再用手掌慢慢搓滚成小土条，用力均匀，搓到土条直径为 3mm，出现裂纹，自然断开，这时土条的含水率就是塑限值。题中当土条搓滚到 3mm 时，尚未开始断裂，表明土条的含水率大于塑限。

答案： B

考点：塑限的测定方法

2-1-14　解： 根据《岩土工程勘察规范》（GB 50021—2001）（2009 年版），粒径大于 0.075mm 的颗粒含量不超过总质量 50%的土属于细粒土，细粒土可划分为粉土（$I_p \leqslant 10$）和黏性土（$I_p > 10$）两大类。黏性土可再分为粉质黏土（$10 < I_p \leqslant 17$）和黏土（$I_p > 17$）两个亚类。因此，黏性土是 $I_p > 10$ 的土。

答案： A

考点：黏性土的概念

2-1-15　解： $I_p = w_L - w_p$，$I_L = (w - w_p)/I_p$，因此，当天然含水率增大时，液性指数增大。

答案： D

考点：黏性土的界限含水率

2-1-16　解： 土中水与固体颗粒之间并不是机械的混合，而是存在着复杂的物理化学作用。根据受颗粒表面静电应力作用的强弱，可以划分为三种类型：强结合水、弱结合水和自由水。当黏土中存在强结合水时，黏土表现为固态；当黏土中的水为弱结合水时，黏土呈可塑状态，弱结合水对黏性土的性质影响很大。

答案： C

考点：黏土颗粒与水的相互作用

2-1-17　解： 土的孔隙比一般可以用来描述土的密实程度，但砂土的密实程度并不单独取决于孔隙比，其在很大程度上还取决于土的级配情况。相对密实度同时考虑了孔隙比和级配的影响，因此，从理论上讲，用相对密实度划分砂土的密实程度是比较合理的。

答案： B

考点：砂土密实度的评价

2-1-18　解： 孔隙比、相对密实度和标准贯入锤击数都可以描述砂土的密实程度。

答案： D

考点：砂土密实度

2-1-19　解： 黏土的塑性指数 $I_p = w_L - w_p$，$w_p = 40 - 17 = 23$。

液性指数 $I_L = (w - w_p)/I_p = (30 - 23)/17 = 0.41$。

答案： C

考点：黏土的塑性指数、液性指数

2-1-20　解： 根据定义，含水率 $w = m_w/m_s$，孔隙比 $e = V_v/V_s$，液性指数 $I_L = (w - w_p)/I_p$，饱和度 $S_r = V_w/V_v$，不大于 1 的只有饱和度。

答案： D

考点：土的物理性质指标的基本概念

2-1-21　解： 根据各指标的基本定义可知，孔隙比和饱和度这两个指标为体积比。

答案： A

考点：三相指标的基本概念

2-1-22　解： 干密度（干重度）反映土颗粒排列的紧密程度，工程上常用干重度作为人工填土压实质量的控制指标。

答案： A

考点：三相指标及应用

2-1-23　解： 欲求解减少的水量，需先求解出土颗粒的质量 m，由题意，$m = 1kg$，$w_1 = 25\%$，$w_2 = 20\%$，$w_1 = (m - m_s)/m_s = 25\%$，则 $m_s = 0.8kg$。减小的水量为 $m_s(w_1 - w_2) = 0.8 \times (25\% - 20\%) = 0.04kg$。

答案： C

考点：三相指标及应用

2-1-24　解： 压实前填料的干重度 $\gamma_{d1} = \gamma/(1 + w) = 15.5/(1 + 0.1) = 14.1kN/m^3$。

压实后，由 $S_r = wd_s/e$，有 $e = wd_s/S_r = (0.14 \times 2.72)/0.9 = 0.423$。

则填料的干重度 $\gamma_d = d_s/(1 + e) = 2.72/(1 + 0.423) \times 10 = 19.1kN/m^3$。

根据压实前后土体干质量相等原则，计算填料方量 $V_1 = V_2 \times \gamma_{d2}/\gamma_{d1} = 8000 \times 19.1/14.1 = 10836.9m^3$。

答案： C

考点：三相指标及应用

2-1-25　解： 根据三相指标的换算公式，有效重度 $\gamma' = \frac{\gamma(d_s-1)}{d_s(1+w)} = 9.02$。

答案： A

考点：三相指标及应用

2-1-26　解： 计算平均值 $N = (18 + 20 + 1 + 16 + 18 + 12)/6 = 17.7$。根据《岩土工程勘察规范》（GB 50021—2001）（2009 年版），$N \leqslant 10$，密实度为松散；$10 < N \leqslant 15$，密实度为稍密；$15 < N \leqslant 30$，密实度为中密；$N > 30$，密实度为密实。

答案： C

考点：标准贯入试验

2-1-27 **解：** 特殊土分为黄土、膨胀土、红黏土、盐渍土以及冻土。

　　　　答案： B

2-1-28 **解：** 设：$V = 1\text{cm}^3$

已知：$\rho = m/V = 1.8\text{g/cm}^3$

所以：$m = 1.80\text{g}$

已知：$w = m_\text{w}/m_\text{s} = 18\%$

所以：$m_\text{w} = 0.18m_\text{s}$，$m_\text{s} + 0.18m_\text{s} = 1.8\text{g}$，$m_\text{s} = 1.525\text{g}$，$m_\text{w} = 0.275\text{g}$

$V_\text{s} = m_\text{s}/\rho_\text{w}d_\text{s} = 1.525/(2.70 \times 1) = 0.565\text{cm}^3$

孔隙体积：$V_\text{v} = V - V_\text{s} = 1 - 0.565 = 0.435\text{cm}^3$

气相体积：$V_\text{a} = V_\text{v} - V_\text{w} = 0.435 - 0.275 = 0.16\text{cm}^3$

　　　　答案： D

2-1-29 **解：** $I_\text{p} = w_\text{L} - w_\text{p} = 29 - 17 = 12$

$I_\text{L} = \left(w - w_\text{p}\right)/I_\text{p} = (30 - 17)/12 = 1.08$

　　　　答案： A

2-1-30 **解：** $\rho = \dfrac{110}{53} = 2.075\text{g/cm}^3$

$$w = \frac{110 - 90}{90} = 0.222$$

$$\rho_\text{d} = \frac{\rho}{1 + w} = \frac{2.075}{1 + 0.222} = 1.7\text{g/cm}^3$$

　　　　答案： B

2-1-31 **解：** 塑性指数大于 10 的土定名为黏性土。黏性土根据塑性指数分为粉质黏土和黏土。塑性指数大于 10，且小于或等于 17 的土，定名为粉质黏土；塑性指数大于 17 的土定名为黏土。

　　　　答案： D

2-1-32 **解：** 密实度＝干密度/最大干密度

　　　　答案： C

2-1-33 **解：** $46 - 24 = 22$

　　　　答案： A

2-1-34 **解：** 松砂受振时土颗粒在其跳动中会调整相互位置，孔隙减小，土的结构趋于稳定和密实。

　　　　答案： B

2-1-35 **解：** 土体具有压缩性的主要原因是由孔隙的减少引起的。

　　　　答案： B

2-1-36 **解：** 含水率的定义，即土中水的质量与土粒质量的比值，以百分数计。

答案： B

2-1-37 解： 当孔隙比 e 接近最大孔隙比 $e_{\max}$ 时，则其相对密实度 D_r 较小，砂土处于较疏松状态；当孔隙比 e 接近最小孔隙比 $e_{\min}$ 时，则其相对密实度 D_r 较大，砂土处于较密实状态。

答案： A

考点：砂土的相对密实度

2-1-38 解： 粉、细砂土的工程性质相对较差，特别是饱水粉土、细砂土受振动后易产生液化。

答案： C

考点：土体工程性质的变化

2-1-39 解： 土由流动状态变成可塑状态的界限含水率称为液限，以符号 w_L 表示。土由可塑状态变化到半固体状态的界限含水率称为塑限，以符号 w_p 表示。土由半固体状态变化到固体状态的界限含水率称为缩限，以符号 w_s 表示。

答案： D

考点：黏土的界限含水率

2-1-40 解： 当砂土处于最密实状态时，其孔隙比称为最小孔隙比 $e_{\min}$；而砂土处于最疏松状态时的孔隙比则称为最大孔隙比 $e_{\max}$。当 $D_r = 0$ 时，$e = e_{\max}$，表示土处于最疏松状态；当 $D_r = 1$ 时，$e = e_{\min}$，表示土处于最密实状态。

答案： A

考点：砂土的相对密实度

2-1-41 解： 碎石土指粒径大于 2mm 的颗粒含量超过颗粒全重 50% 的土。砂土指粒径大于 2mm 的颗粒含量不超过全重 50%，而粒径大于 0.075mm 的颗粒含量超过全重 50% 的土。粉土指粒径大于 0.075mm 的颗粒含量不超过全重 50%，而塑性指数 $I_P \leqslant 10$ 的土。

答案： A

考点：土的工程分类

（二）土中水的运动规律

2-2-1 达西定律描述的是（　　）状态下的渗透规律。

    A. 层流　　　　　　B. 紊流　　　　　　C. 渗流　　　　　　D. 急流

2-2-2 已知土体 $d_s = 2.7$，$e = 1$，则该土的临界水力梯度为（　　）。

    A. 1.8　　　　　　B. 1.25　　　　　　C. 0.85　　　　　　D. 1.0

2-2-3 下述关于渗透力的描述，正确的为（　　）。

    ①数值与水力梯度成正比；②方向与渗流路径方向一致；③是体积力。

    A. 仅①③正确　　　　　　　　　　B. 全正确

    C. 仅①②正确　　　　　　　　　　D. 仅②③正确

2-2-4 下列选项中渗透性最好的是（　　）。

    A. 黏土　　　　　　B. 细砂　　　　　　C. 中砂　　　　　　D. 卵石

2-2-5 影响土的渗透性的主要因素不包括（　　）。

    A. 土的粒度成分及矿物成分　　　　B. 结合水膜的厚度

    C. 土的结构构造　　　　　　　　　D. 土的质量大小

2-2-6 相应于任意确定的基准面，土中一点的总水头h包括（　　）。

　　A. 势水头

　　B. 势水头+静水头

　　C. 静水头+动水头

　　D. 势水头+动水头+静水头

2-2-7 下列说法正确的是（　　）。

　　①土的渗透系数越大，土的透水性也越大，土中的水力梯度越大；

　　②任何一种土只要渗透坡降足够大就可能发生流土和管涌；

　　③土中一点渗流力大小取决于该点孔隙水总水头的大小；

　　④地基中产生渗透破坏的主要原因是因为土粒受渗透力作用，因此，地基中孔隙水压力越高，土粒受的渗透力越大，越容易产生渗透破坏。

　　A. ②对　　　　　　B. ②③对　　　　　　C. ③对　　　　　　D. 全不对

2-2-8 在分析土体渗流问题时采用的理论主要为（　　）。

　　A. 极限平衡理论

　　B. 固结理论

　　C. 有效应力原理

　　D. 达西定律

2-2-9 下列不能确定土的渗透系数的方法是（　　）。

　　A. 室内常水头渗透试验

　　B. 变水头渗透试验

　　C. 现场抽水试验

　　D. 加权法

2-2-10 某砂性土坡，实际水力梯度大于临界水力梯度时，通常会产生（　　）现象。

　　A. 固结　　　　　　B. 沉降　　　　　　C. 变形　　　　　　D. 流土

2-2-11 ［2019年考题］下列因素中，与水在土中的渗透速度无关的是（　　）。

　　A. 渗流路径　　　　B. 水头差　　　　　C. 土渗透系数　　　D. 土重度

2-2-12 ［2020年考题］在持续负温作用下，地下水位较高处的粉砂、粉土、粉质黏土等土层冻胀危害（　　）。

　　A. 程度较小

　　B. 程度较大

　　C. 程度不明

　　D. 与地下水位的高低无关

2-2-13 ［2020年考题］土的层流渗透定律（达西定律）一般只适用于（　　）。

　　A. 弹性理论公式

　　B. 中砂、细砂和粉砂

　　C. 粗砂

　　D. 卵石

2-2-14 ［2021年考题］水流作用在单位体积土体中土颗粒上的力称为动水力，以下关于动水力的说法错误的是（　　）。

　　A. 动水力也称为渗透力

　　B. 动水力的大小与水力梯度成正比

　　C. 动水力的大小与水的重度成正比

　　D. 动水力的作用方向与水流方向一致

2-2-15 ［2021年考题］根据土的层流渗透定律，其他条件相同时，以下说法错误的是（　　）。

　　A. 渗透系数越大时，流速越大

　　B. 渗透系数越大时，流速越小

　　C. 水力梯度越大时，流速越大

　　D. 水力梯度越大时，渗透流量越大

2-2-1 解：达西定律只适用于层流条件。所谓层流条件是指在土孔隙中移动的水，流体质点互不干扰，迹线有条不紊地沿着细微管道流动，也即要求土中水的流速不能超过某一定值，故达西定律也称为土的层流渗透定律。

答案：A

考点：层流渗透定律

2-2-2 解：由临界水力梯度公式计算：

$$\gamma_{sat} = (d_s + e)\gamma_w/(1 + e) = 1.85$$

临界水力梯度：

$$I_{cr} = \gamma_{sat}/\gamma_w - 1 = 0.85$$

答案：C

2-2-3 解：水在土体中渗流，受到土骨架的阻力，同时水也对土骨架施加推力，单位体积内土骨架所受到的水推力称为渗透力（或动水力）。作用在单位体积土柱上的渗透力（简称渗透力）应为：$G_d = J/A_L = \gamma_w h_f/L = \gamma_w i$。$G_d$ 称为渗透力，等于水的重力密度和水力坡降的乘积。因为 i 是无量纲数，所以渗透力的量纲与重力密度相同，是一种体积力，单位为 kN/m^3 大小与水力坡降成正比，方向与渗流方向一致。该力对土体稳定性有重要影响，也是造成常见渗透破坏的直接原因。

答案：B

考点：动水力及流土的特性

2-2-4 解：孔隙率越大，渗透系数越大，渗透性越好。

答案：D

2-2-5 解：影响土的渗透性的主要因素有：土的粒度成分及矿物成分、结合水膜的厚度、水的黏滞度、土的结构构造和土中气体等。

答案：D

考点：层流渗透定律

2-2-6 解：由伯努利方程可知，土中水头包含三部分：势水头、静水头和动水头。

答案：D

考点：动力水及流土的特性

2-2-7 解：水的渗透破坏和水力条件及它自身的几何条件有关系。

答案：D

考点：层流渗透定律

2-2-8 解：在土力学中，分析土体渗流问题时采用的理论主要为达西定律。

答案：D

考点：层流渗透定律

2-2-9 解：渗透系数可以在试验室通过常水头或变水头渗透试验测定，也可进行现场抽水试验确定。

答案：D

考点：层流渗透定律

2-2-10 解： 若水的渗流方向自下而上，当实际水力梯度大于临界水力梯度时，向上的动水力将大于土的有效重度，此时土颗粒将处于悬浮状态而失去稳定，从而形成流土现象。

答案： D

考点：动力水及流土的特性

2-2-11 解： $v = \dfrac{Q}{A} = ki = k \times \dfrac{\Delta h}{L}$

式中，k为渗透系数，Δh为水头差，L为渗流路径。

答案： D

考点：层流渗透定律

2-2-12 解： 根据冻胀的机理，有水更容易发生冻胀。

答案： B

考点：土的毛细特性、冻胀机理与影响因素

2-2-13 解： 达西定律只适用于层流条件。所谓层流条件是指在土孔隙中移动的水，流体质点互不干扰，迹线有条不紊地沿着细微管道流动，也即要求土中水的流速不能超过某一定值，故达西定律也称为土的层流渗透定律。一般中砂、细砂、粉砂等细颗粒土中水的流速满足层流条件。

答案： B

考点：层流渗透定律（达西定律）、渗透系数及其影响因素

2-2-14 解： 水在土体中渗流，受到土骨架的阻力，同时水也对土骨架施加推力，单位体积内土骨架所受到的水推力称为渗透力（或动水力）。渗透力等于水的重力密度（重度）和水力坡降（梯度）的乘积。因为i是无量纲，所以渗透力的量纲与重度相同，是一种体积力，其大小与水力坡降成正比，方向与渗流方向一致。对于各向同性土体，渗流速度方向和水力坡降方向一致；对于各向异性土体，渗流速度方向和水力坡降方向不一致。

答案： D

考点：动水力及流土的特性

2-2-15 解： 根据达西定律，在层流状态的渗流中，存在关系式$v = \dfrac{Q}{A} = ki$（其中v为渗流速度，k为渗透系数，i为水力梯度）。显然，渗透系数越大，流速越大。

答案： B

考点：层流渗透定律（达西定律）、渗透系数及其影响因素

（三）土中应力计算

2-3-1 地基附加应力沿深度的分布是（   ）。

    A.逐渐增大，曲线变化   B.逐渐减小，曲线变化

    C.逐渐减小，直线变化   D.均匀分布

2-3-2 成层土中竖向自重应力沿深度的分布为（   ）。

    A.折线增大   B.折线减小   C.斜线增大   D.斜线减小

2-3-3 基础中心点下地基中竖向附加应力沿深度的分布为（   ）。

    A.折线增大   B.折线减小   C.曲线增大   D.曲线减小

2-3-4 矩形面积上作用三角形分布荷载时，地基中附加应力系数是l/b、z/b的函数，b指的是（   ）。

A. 矩形的短边　　　　　　　　　　　B. 三角形分布荷载变化方向的边长

C. 矩形的长边　　　　　　　　　　　D. 矩形的短边与长边的平均值

2-3-5 土的自重应力起算点的位置为（　　　）。

A. 室内设计地面　　　　　　　　　　B. 室外设计地面

C. 天然地面　　　　　　　　　　　　D. 基础底面

2-3-6 实际工程中，当荷载长宽比（　　　）时，就可当作条形荷载求解。

A. ≥10　　　　　B. ≥5　　　　　C. ≥15　　　　　D. >20

2-3-7 刚性基础在均布荷载作用时，基底反力的分布计算图形为（　　　）。

A. 矩形　　　　　B. 抛物线形　　　　　C. 钟形　　　　　D. 马鞍形

2-3-8 计算基底净反力时，不需要考虑的荷载为（　　　）。

A. 建筑物自重　　　　　　　　　　　B. 上部结构传来轴向力

C. 基础及上覆土自重　　　　　　　　D. 上部结构传来弯矩

2-3-9 受荷载作用的土体，颗粒之间传递的应力，通常称为（　　　）。

A. 有效应力　　　B. 附加应力　　　C. 总应力　　　D. 孔隙水压力

2-3-10 土中附加应力是由（　　　）原因形成的。

A. 建筑荷载　　　B. 固结　　　　　C. 变形　　　　　D. 压缩

2-3-11 土中应力包括（　　　）。

A. 自重应力　　　　　　　　　　　　B. 基底应力

C. 基底附加应力　　　　　　　　　　D. 重分布应力

2-3-12 有效应力原理可表示为（　　　）。

A. $\sigma = \sigma' - u$　　　B. $\sigma = \sigma' + u$　　　C. $\sigma' = \sigma + u$　　　D. $u = \sigma' + \sigma$

2-3-13 条形均布荷载中心线下，附加应力随深度减小，其衰减速度与基础宽度b的关系是（　　　）。

A. 与b无关　　　　　　　　　　　　B. b越大，衰减越慢

C. b越大，衰减越快　　　　　　　　D. 不确定

2-3-14 甲、乙两个矩形基础，其基底长边尺寸相同，即$l_甲 = l_乙$；短边尺寸分别为$b_甲$、$b_乙$；若基底附加应力相等且$b_甲 > b_乙$，则在基底下同一深度处的竖向附加应力值的大小关系正确的是（　　　）。

A. 甲应力大于乙应力　　　　　　　　B. 甲乙应力相等

C. 甲应力小于乙应力　　　　　　　　D. 甲应力小于等于乙应力

2-3-15 （　　　）在受到轴向荷载作用下其基底压力均匀分布。

A. 刚性基础　　　B. 扩展基础　　　C. 柔性基础　　　D. 桩基础

2-3-16 已知土层的饱和重度为γ_{sat}，干重度为γ_d，在计算地基沉降时，采用（　　　）计算地基土地下水位以下的自重应力。

A. $\sum z_i \gamma_{sat}$　　　　　　　　　　　B. $\sum z_i \gamma_d$

C. $\sum z_i (\gamma_{sat} - \gamma_w)$　　　　　　　D. $-\sum z_i \gamma_{sat}$

2-3-17 当地下水位从地表处下降至基底平面处，对土中附加应力的影响是（　　　）。

A. 附加应力增加　　　　　　　　　　B. 附加应力减少

C. 附加应力不变　　　　　　　　　　D. 没影响

2-3-18 当地下水位从基础底面处上升到地表面，对附加应力的影响是（　　　）。

A. 附加应力增加 　　　　　　　　　　B. 附加应力减少

C. 附加应力不变 　　　　　　　　　　D. 没影响

2-3-19 一矩形基础，宽 3m，长 4m，在长边方向作用一偏心荷载 $F+G=1200$kN。偏心为（　　）时，基底不会出现拉应力。试问当 $p_{min}=0$ 时，最大压力为（　　）。

A. $e=0.58$m，$p_{max}=400$kPa 　　　　B. $e=0.67$m，$p_{max}=600$kPa

C. $e=0.67$m，$p_{max}=200$kPa 　　　　D. $e=0.47$m，$p_{max}=150$kPa

2-3-20 已知某一矩形基础，宽 2m，长 4m，基底附加应力为 80kPa，角点下 6m 处竖向附加应力为 12.95kPa；现另一基础，宽 4m，长 8m，基底附加应力为 90kPa，试问该基础中心线下 6m 处竖向附加应力为（　　）。

A. 40kPa 　　　　B. 75kPa 　　　　C. 38kPa 　　　　D. 58.3kPa

2-3-21 工程中，当条形基础的长宽比为（　　）时，可将其视为平面应变问题。

A. $l/b \geqslant 8$ 　　　B. $l/b \geqslant 10$ 　　　C. $l/b \geqslant 5$ 　　　D. $l/b \geqslant 12$

2-3-22 目前，计算土中应力时将土看成（　　）。

A. 均匀的、各向异性的弹性体

B. 均匀的、各向同性的弹性体

C. 均匀的、各向异性的半无限弹性体

D. 均匀的、各向同性的半无限弹性体

2-3-23 某均质地基，天然重度为 20kN/m³，饱和重度为 21kN/m³，则距地表 24m 处的竖向自重应力为（　　）。

A. 504kPa 　　　　B. 480kPa 　　　　C. 480MPa 　　　　D. 50MPa

2-3-24 当（　　）时会出现基底应力重分布。

A. $e < b/6$ 　　　B. $e = b/6$ 　　　C. $e > b/6$ 　　　D. $e < 0$

2-3-25 水下黏性土的液性指数为 1，则土体处于（　　）状态。

A. 固体 　　　　B. 半固体 　　　　C. 塑性 　　　　D. 流动

2-3-26 某均质水平地层，天然重度为 18kN/m³，深度 15m 处的竖向自重应力为（　　）。

A. 400kPa 　　　　B. 180kPa 　　　　C. 270kPa 　　　　D. 200kPa

2-3-27 土中应力计算是基于（　　）建立的。

A. 土压力理论 　　　　　　　　　　B. 布辛奈斯克解

C. 渗透理论 　　　　　　　　　　　D. 强度理论

2-3-28 基底附加应力 p_0 作用下，地基中附加应力随深度 z 增大而减小，z 的起算点为（　　）。

A. 基础底面 　　　　　　　　　　　B. 天然地面

C. 室内设计地面 　　　　　　　　　D. 室外设计地面

2-3-29 地下水位下降，土中有效自重应力发生的变化是（　　）。

A. 原水位以上不变，原水位以下增大

B. 原水位以上不变，原水位以下减小

C. 变动后水位以上不变，变动后水位以下减小

D. 变动后水位以上不变，变动后水位以下增大

2-3-30 单向偏心的矩形基础，当偏心距 $e < b/6$（b 为偏心一侧基底边长）时，基底压应力分布图简

化为（　　　）。

    A. 矩形　　　　　　　B. 梯形　　　　　　　C. 三角形　　　　　　D. 抛物线形

2-3-31 矩形面积上作用三角形分布荷载时，地基中竖向附加应力系数K_t是l/b、z/b的函数，b指的是（　　　）。

    A. 矩形的长边

    B. 矩形的短边

    C. 矩形的短边与长边的平均值

    D. 三角形分布荷载方向基础底面的边长

2-3-32 某砂土地基，天然重度$\gamma = 18kN/m^3$，饱和重度$\gamma_{sat} = 20kN/m^3$，地下水位距地表 2m，地表下深度为 4m 处的竖向自重应力为（　　　）。

    A. 56kPa　　　　　　B. 76kPa　　　　　　C. 72kPa　　　　　　D. 80kPa

2-3-33 均布矩形荷载角点下的竖向附加应力系数当$l/b = 1$、$z/b = 1$时，$k_c = 0.1752$；当$l/b = 1$、$z/b = 2$时，$k_c = 0.084$。若基底附加应力$p_0 = 100kPa$，基底边长$l = b = 2m$，基底中心点下$z = 2m$处的竖向附加应力为（　　　）。

    A. 8.4kPa　　　　　　B. 17.52kPa　　　　　C. 33.6kPa　　　　　D. 70.08kPa

2-3-34 某场地表层为 4m 厚的粉质黏土，天然重度为 $18kN/m^3$，其下为饱和重度$\gamma_{sat} = 19kN/m^3$的很厚的黏土层，地下水位在地表下 4m 处，经计算地表以下 2m 处土的竖向自重应力为（　　　）。

    A. 72kPa　　　　　　B. 36kPa　　　　　　C. 16kPa　　　　　　D. 38kPa

2-3-35 条件同上题，地表以下 5m 处土的竖向自重应力为（　　　）。

    A. 91kPa　　　　　　B. 81kPa　　　　　　C. 72kPa　　　　　　D. 41kPa

2-3-36 已知地基中某点的竖向自重应力为 100kPa，静水压力为 20kPa，土的静止侧压力系数为 0.25，则该点的侧向自重应力为（　　　）。

    A. 60kPa　　　　　　B. 50kPa　　　　　　C. 30kPa　　　　　　D. 25kPa

2-3-37 ［2019 年考题］由建筑物荷载作用在地基内引起的应力增量称为（　　　）。

    A. 自重应力　　　　　　　　　　　　B. 附加应力

    C. 基底压力　　　　　　　　　　　　D. 基底附加应力

2-3-38 计算基础及上回填土的总重量时，其平均重度一般取（　　　）。

    A. 17kN/m^3　　　　B. 18kN/m^3　　　　C. 20kN/m^3　　　　D. 22kN/m^3

2-3-39 当地下水位突然从地表下降至基底平面处，对基底附加应力的影响是（　　　）。

    A. 没有影响　　　　　　　　　　　　B. 基底附加压力增大

    C. 基底附加压力减小　　　　　　　　D. 不确定

2-3-40 计算土中自重应力时，地下水位以下的土层应采用（　　　）。

    A. 湿重度　　　　　　B. 饱和重度　　　　　C. 浮重度　　　　　　D. 天然重度

2-3-41 有一独立基础，在允许荷载作用下，基底各点的沉降都相等，则作用在基底的反力分布应该是（　　　）。

    A. 各点应力相等的矩形分布　　　　　B. 中间小、边缘大的马鞍形分布

    C. 中间大、边缘小的钟形分布　　　　D. 三角形分布

2-3-42 ［2019 年考题］下列有关地基土自重应力的说法中，错误的是（　　　）。

A. 自重应力随深度的增加而增大

B. 在求地下水位以下的自重应力时，应取其有效重度计算

C. 地下水位以下的同一土的自重应力按直线变化，或按折线变化

D. 土的自重应力分布曲线是一条折线，拐点在土层交界处和地下水位处

2-3-43 ［2020 年考题］地基表面作用着均布的矩形荷载，在矩形的中心点下，随着深度的增加，则（　　　）。

A. 附加应力不变，自重应力增大

B. 附加应力线性增大，自重应力减小

C. 附加应力线性减小，自重应力增大

D. 附加应力非线性减小，自重应力增大

2-3-44 ［2020 年考题］土的有效应力作用会引起土体发生压缩，同时有效应力也影响土的抗剪强度，有效应力等于（　　　）。

A. 总应力减去孔隙压力

B. 总应力减去孔隙水压力

C. 总应力减去孔隙中空气压力

D. 孔隙中的空气压力与孔隙水压力之和

2-3-45 ［2021 年考题］某场地从天然地面算起，自上而下分别为：粉土，厚度 6m；黏土，厚度 30m。两层土的天然重度均按 20kN/m³计算，勘察发现有一层地下水，埋深 3m，水的重度按 10kN/m³计算，含水层为粉土，黏土为隔水层，深度 4m 处的有效自重应力为（　　　）。

A. 70kPa　　　　　B. 80kPa　　　　　C. 90kPa　　　　　D. 100kPa

2-3-46 ［2021 年考题］矩形基础受单向偏心荷载作用，b 为基底偏心方向长度，当基底压力分布为梯形时，荷载偏心距 e 的大小为（　　　）。

A. $e = 0$　　　　B. $e > b/6$　　　　C. $e = b/6$　　　　D. $e < b/6$

题解及参考答案

2-3-1　**解：** 在集中力作用线上，附加应力的分布是随深度增加而递减。深度等于零时，附加应力也等于零，随着深度的增加附加应力逐渐增大，至一定深度后又随着深度的增加而逐渐减小。在深度为常数的水平面上的分布，附加应力的值在集中力作用线上最大，并随 r 的增大逐渐减小。随着深度的增加，集中力作用线上的附加应力减小，而水平面上的应力分布趋于均匀。因此，集中力在地基中引起的附加应力的分布是逐渐减小，曲线变化。

答案： B

2-3-2　**解：** 同种土中自重应力直线分布，不同土的重度不同，直线斜率不同，在土层面出现拐点，因此成折线。

答案： A

2-3-3　**解：** 有限面积基础在地基中的附加应力沿深度分布为曲线减小。

答案： D

2-3-4　**解：** 三角分布的竖向矩形荷载，其中 b 为荷载呈三角分布边的边长，l 为荷载最大的边长。

答案： B

2-3-5　解： 土的自重应力起算点的位置为天然地面。

答案： C

2-3-6　解： 实际工程中，当荷载长宽比≥10时，就可当作条形荷载求解。

答案： A

2-3-7　解： 基地反力简化近似计算。

答案： A

2-3-8　解： 计算基底净反力时，不需要考虑的荷载为基础及上覆土自重。

答案： C

2-3-9　解： 受荷载作用的土体，由土颗粒间接触面承担的应力称为有效应力。

答案： A

考点：有效应力的概念

2-3-10　解： 土中应力包括自重应力和附加应力，前者是因土受到重力作用而产生，因其伴随着土的形成就存在，因此也称为长驻应力；后者是因受到建筑物等外荷载作用而产生的。

答案： A

考点：附加应力的概念

2-3-11　解： 土中应力包括自重应力和附加应力。

答案： A

考点：土中应力的概念

2-3-12　解： 有效应力σ'等于总应力σ减去孔隙水压力u。

答案： B

考点：有效应力原理

2-3-13　解： 根据均布竖向条形荷载作用下的附加应力系数值表可得，荷载中心线下的附加应力系数值，应取$x/b = 0.50$，此时水平向和竖直向的附加应力系数均随深宽比z/b的增大而减小，即当深度z一定时，宽度b越大，附加应力系数越大，附加应力也就越大，由此可得基础宽度越大，附加应力衰减越慢。

答案： B

考点：均布竖向条形荷载作用下的附加应力计算

2-3-14　解： 据均布竖向矩形荷载作用下的附加应力系数值表可得，竖向附加应力系数随深宽比z/b的增大而减小，随长宽比l/b的增大而增大。据题意，$z_甲/b_甲 < z_乙/b_乙$，故甲应力>乙应力。

答案： A

考点：均布竖向矩形荷载作用下附加应力计算

2-3-15　解： 在中心荷载作用下，刚性基础不会出现挠曲变形，基底压力呈均匀分布；柔性基础底面的压力分布图形与基础上作用的荷载分布图形一致。

答案： A

考点：基础的概念

2-3-16　解： 计算自重应力时，如果地下水位以下的土受到水的浮力作用，那么水下部分的土应按浮重度计算。

答案： C

考点：自重应力计算

2-3-17 解： 地下水位下降时，水中土体部分减少，该部分重度由 γ' 增大为 γ，因此会引起有效自重应力增加，从而使基底附加压应力（$p_0 = p - \gamma z$）减小，基底下土中附加应力减小；反之，地下水位上升时，会引起有效自重应力减小，附加应力增加。

答案： B

考点：地下水位升降对附加应力的影响

2-3-18 解： 参考题 2-3-17 的解答。

答案： A

考点：地下水位升降对附加应力的影响

2-3-19 解： 当 $e \leqslant b/6 = 4/6 = 0.67$m 时，基底不会出现拉应力。当 $p_{\min} = 0$ 时，$e = b/6 = 0.67$m，此时 $p_{\min} = (F + G)(1 + e/p)/A = 1200 \times (1 + 1)/(3 \times 4) = 200$kPa。

答案： C

考点：基底压力计算

2-3-20 解： 由题意，宽度为 2m、长度为 4m 的基础，角点下 6m 处的附加应力 $\sigma_{z1} = \alpha p_{01}$，$l/b = 2$，$z/b = 3$，$\alpha = \sigma_{z1}/p_{01} = 12.95/80 = 0.162$；宽度为 4m、长度为 8m 的基础中心线下的附加应力可以等效为宽度为 2m、长度为 4m 的矩形基础角点下附加应力的 4 倍，则 $\sigma_{z2} = 4\alpha p_{02} = 4 \times 0.162 \times 90 = 58.3$kPa。

答案： D

考点：均布竖向矩形荷载作用下附加应力计算

2-3-21 解： 工程中，当条形基础的长宽比 $l/b \geqslant 10$ 时，可将其视为平面应变问题。

答案： B

考点：条形基础的概念

2-3-22 解： 计算土中应力时，把土视为均匀的、各向同性的半无限弹性体材料。

答案： D

考点：自重应力计算

2-3-23 解： 由天然重度乘以深度可得到 $\sigma_{cz} = \gamma_1 h_1 = 20 \times 24 = 480$kPa。

答案： B

考点：自重应力计算

2-3-24 解： 由于荷载偏心距 e 的大小不同，基底压力的分布可能出现下述三种情况：

①当 $e < b/6$ 时，$p_{\min} > 0$，基底压力呈梯形分布；

②当 $e = b/6$ 时，$p_{\min} = 0$，基底压力呈三角形分布；

③当 $e > b/6$ 时，$p_{\min} < 0$，即产生拉应力，但基底与土之间是不能承受拉应力的，这时基底压力将重新分布。

答案： C

考点：基底压力

2-3-25 解： 如果水下黏性土的液性指数 $I_L \geqslant 1$，则土处于流动状态，土颗粒之间存在着大量自由水，此时认为土体受到水的浮力作用；如果 $I_L \leqslant 0$，则土体处于固体状态；如果 $0 < I_L < 1$，土处于塑性状态。

答案： D

2-3-26 解： 作用在土柱底面的竖向自重应力计算公式 $\sigma = \gamma z$，可计算得 270kPa。

答案： C

2-3-27 解： 竖向集中力作用下的地基附加应力，由法国数学家布辛奈斯克 1885 年用弹性理论推导。

答案： B

2-3-28 解： 附加应力作用下其应力大小随深度增大逐渐变小，其深度 z 起算点应为基础底面。

答案： A

2-3-29 解： 地下水位下降，原水位以上无变化，原水位下孔隙水压力减小，有效应力增大。

答案： A

2-3-30 解： 由于荷载偏心距 e 的大小不同，基底压力的分布可能出现下述三种情况：

①当 $e < b/6$ 时，$p_{min} > 0$，基底压力呈梯形分布；

②当 $e = b/6$ 时，$p_{min} = 0$，基底压力呈三角形分布；

③当 $e > b/6$ 时，$p_{min} < 0$，即产生拉应力，但基底与土之间是不能承受拉应力的，这时基底压力将重新分布。

答案： B

2-3-31 解： 矩形面积上作用三角形分布荷载时，地基中竖向附加应力系数 K_t 是 l/b、z/b 的函数，b 指的是三角形分布荷载方向基础底面的边长。

答案： D

2-3-32 解： 自重应力 $\sigma = \gamma h_1 + (\gamma_{sat} - \gamma_w) h_2 = 18 \times 2 + (20 - 10) \times 2 = 56$kPa。

答案： A

2-3-33 解： 基底中心处可分为四个矩形，且每个矩形 $l/b = 1$，$z/b = 2$，$K_c = 0.084$，所以自重应力 $\sigma = 4p_0 K_c = 4 \times 100 \times 0.084 = 33.6$kPa。

答案： C

2-3-34 解： 由于计算位置在地表水位以上，所以直接用天然重度计算，即 $\sigma = \gamma h = 2 \times 18 = 36$kPa。

答案： B

2-3-35 解： $\sigma = \gamma h_1 + (\gamma_{sat} - \gamma_w) \times h_2 = 4 \times 18 + (19 - 10) \times 1 = 81$kPa。

答案： B

2-3-36 解： 自重应力 $\sigma = 20 + 20 \times 0.25 = 25$kPa。

答案： D

2-3-37 解： 由建筑物的荷载或其他外荷载在地基内所产生的应力称为附加应力。

答案： B

2-3-38 解： 计算基础及上回填土总重量时，平均重度一般取 20kN/m³。

答案： C

2-3-39 解： 附加应力作用下其应力大小随深度增大逐渐变小，其深度 z 起算点应为基础底面。故无影响。

答案： A

2-3-40 解： 地下水位下土层采用浮重度（有效重度）。

答案： C

2-3-41 解：对柔性基础，地基反力分布与上部荷载分布基本相同，而基础底面的沉降分布则是中央大而边缘小，如由土筑成的路堤，其自重引起的地基反力分布与路堤断面形状相同。对刚性基础（如箱形基础等），在外荷载作用下，基础底面基本保持平面，即基础各点的沉降几乎是相同的，但基础底面的地基反力分布则不同于上部荷载的分布情况。刚性基础在中心荷载作用下，开始的（荷载较小时）地基反力呈马鞍形分布。

答案：B

2-3-42 解：自重应力随深度的增加而增大；在求地下水位以下的自重应力时，应取其有效重度计算；土的自重应力分布曲线是一条折线，拐点在土层交界处和地下水位处。

答案：C

考点：自重应力计算

2-3-43 解：自重应力沿水平面呈均匀分布，随深度呈线性增加。$\sigma_z = \alpha_c P$，其中的α_c随深度增加非线性减小。

答案：D

考点：自重应力计算方法

2-3-44 解：有效应力σ'等于总应力σ减去孔隙水压力u。

答案：B

考点：土的有效应力原理

2-3-45 解：$\gamma' = 20 \times 3 + 10 \times 1 = 70\text{kPa}$

答案：A

考点：土的有效应力原理

2-3-46 解：当荷载偏心距$e < b/6$时，基底压力分布为梯形。

答案：D

考点：基底压力计算

（四）土的力学性质

2-4-1 在排水不良的软黏土地基上快速施工，在基础设计时，应选择的抗剪强度指标是（   ）。

A. 快剪指标　　　　　　　　　　　　B. 慢剪指标

C. 固结快剪指标　　　　　　　　　　D. 直剪指标

2-4-2 某砂土样的内摩擦角为30°，当土样处于极限平衡状态且最大主应力为300kPa时，其最小主应力为（   ）。

A. 934.6kPa　　　　　　　　　　　　B. 865.35kPa

C. 100kPa　　　　　　　　　　　　　D. 88.45kPa

2-4-3 某内摩擦角为20°的土样，发生剪切破坏时，破坏面与最小主应力面的夹角为（   ）。

A. 55°　　　　　　　　　　　　　　　B. 35°

C. 70°　　　　　　　　　　　　　　　D. 110°

2-4-4 三轴试验的抗剪强度线为（   ）。

A. 一个莫尔应力圆的切线　　　　　　B. 不同试验点所连斜线

C. 一组莫尔应力圆的公切线　　　　　D. 不同试验点所连折线

2-4-5 三轴试验的方法不包括（   ）。

A. 不固结不排水剪   B. 固结不排水剪

C. 固结排水剪   D. 固结快剪

2-4-6 下列关于直剪试验说法错误的是（   ）。

     A. 试验时能严格控制排水，并且能量测孔隙水压力

     B. 剪切面上剪应力分布不均匀，且竖向荷载会发生偏转（上下盒的中轴线不重合），主应力的大小及方向都是变化的

     C. 剪切面限定在上下盒之间的平面，而不是沿土样最薄弱的面剪切破坏

     D. 试验时上下盒之间的缝隙中易嵌入砂粒，使试验结果偏大

2-4-7 如果 $a_{1-2} = 0.8\text{MPa}$，则土的压缩性为（   ）。

     A. 高压缩性土   B. 中压缩性土

     C. 低压缩性土   D. 极低压缩性土

2-4-8 某均质土层厚 3m，初始孔隙比为 0.5，在载荷作用下孔隙比减小值为 0.3，则该土层的沉降量为（   ）。

     A. 0.4m   B. 0.6m

     C. 0.5m   D. 0.7m

2-4-9 有一基础埋置深度 1m，地下水位在地表处，饱和重度 $\gamma_{\text{sat}} = 18\text{kN/m}^3$，孔隙比与应力之间的关系为 $e = 1.15 - 0.00125p$。若基底下 5m 处的附加应力为 75kPa，则基底下 4~6m 的压缩量是（   ）。

     A. 19cm   B. 9cm   C. 25cm   D. 5cm

2-4-10 压缩系数的单位为（   ）。

     A. kN   B kN/m   C. 1/kPa   D. kPa

2-4-11 对于超固结土，其先期固结压力 p_{c} 与自重应力 p_0 的关系为（   ）。

     A. $p_{\text{c}} > p_0$ B. $p_{\text{c}} = p_0$ C. $p_{\text{c}} < p_0$ D. $p_{\text{c}} \neq p_0$

2-4-12 有三个同一种类土样，它们的含水率都相同，但是饱和度不同，饱和度越大的土，其压缩性的变化是（   ）。

     A. 压缩性越大   B. 压缩性越小

     C. 压缩性不变   D. 不确定

2-4-13 两个土性相同的土样，单轴压缩试验得到变形模量 E_0，侧限压缩试验得到压缩模量 E_{s} 两者之间的相对关系为（   ）。

     A. $E_0 > E_{\text{s}}$ B. $E_0 = E_{\text{s}}$ C. $E_0 < E_{\text{s}}$ D. 不确定

2-4-14 三个饱和土样进行常规三轴不固结不排水试验，其围压 σ_3 分别为 50kPa、100kPa、150kPa。最终测得的强度差别为（   ）。

     A. σ_3 越大，强度越大   B. σ_3 越大，孔隙水压越大，强度越小

     C. 与 σ_3 无关，强度相似   D. 不确定

2-4-15 侧限压缩试验所得的压缩曲线（ $e\text{-}p$ 曲线）越平缓，表示该试样土的压缩性（   ）。

     A. 越大   B. 越小   C. 越均匀   D. 越不均匀

2-4-16 土中某点处于极限平衡状态时，剪切破坏面与大主应力作用方向所成的角度是（   ）。

     A. $45° + \varphi/2$ B. $45° - \varphi/2$ C. $45°$ D. $45° + \varphi$

2-4-17 砂土的抗剪强度是由（   ）构成的。

A. 土的黏聚力　　　　　　　　　　　　B. 有效应力

C. 总应力　　　　　　　　　　　　　　D. 土的内摩阻力

2-4-18 三轴试验时，试样所受的大主应力σ_1等于（　　　）。

A. 中主应力σ_2　　　　　　　　　　B. 中主应力σ_2 +小主应力σ_3

C. 小主应力σ_3　　　　　　　　　　D. 小主应力σ_3 +偏应力q

2-4-19 理论上抗剪强度与（　　　）应有对应的关系。

A. 孔隙水压力u　　　B. 有效应力σ'　　　C. 总应力σ_3　　　　D. 剪应力τ

2-4-20 水—弹簧模型主要用于模拟（　　　）。

A. 有效应力原理　　　　　　　　　　　B. 渗透作用

C. 毛细作用　　　　　　　　　　　　　D. 水压力变化

2-4-21 ［2019 年考题］在一定压实功作用下，土样中粗粒含量越多，则该土样的（　　　）。

A. 最佳含水率和最大干重度都越大

B. 最大干重度越大，而最佳含水率越小

C. 最佳含水率和最大干重度都越小

D. 最大干重度越小，而最佳含水率越大

2-4-22 ［2020 年考题］室内测定土的压缩性指标的试验为（　　　）。

A. 剪切试验　　　　　　　　　　　　　B. 侧限压缩试验

C. 静载荷试验　　　　　　　　　　　　D. 无侧限压缩试验

2-4-23 ［2020 年考题］有 A、B 两土样，如果其中 A 的压缩性大于 B 的压缩性，则（　　　）。

A. 土样 B 的压缩曲线陡　　　　　　　　B. 土样 A 的压缩系数小

C. 土样 A 的压缩模量小　　　　　　　　D. 土样 B 易产生变形

2-4-24 ［2020 年考题］饱和软土地基在外荷载作用下，其抗剪强度逐渐增长的原因是（　　　）。

A. 总应力的减小　　　　　　　　　　　B. 有效应力的减小

C. 孔隙水压力的消散　　　　　　　　　D. 孔隙水压力的增加

2-4-25 ［2021 年考题］某土样取土深度为 10.0m，测得先期固结压力为 160kPa，土的重度为 20kN/m³。该土样的超固结比（OCR）为（　　　）。

A. 2.0　　　　　　　　B. 1.5　　　　　　　　C. 1.0　　　　　　　　D. 0.8

2-4-26 ［2021 年考题］绘制土的三轴剪切试验成果莫尔—库仑强度包线时，莫尔圆的正确画法是（　　　）。

A. 在σ轴上以σ_1为圆心，以$(\sigma_1 - \sigma_3)/2$为半径

B. 在σ轴上以σ_3为圆心，以$(\sigma_1 - \sigma_3)/2$为半径

C. 在σ轴上以$(\sigma_1 - \sigma_3)/2$为圆心，以$(\sigma_1 + \sigma_3)/2$为半径

D. 在σ轴上以$(\sigma_1 + \sigma_3)/2$为圆心，以$(\sigma_1 - \sigma_3)/2$为半径

2-4-27 ［2021 年考题］为了近似模拟土体在现场受剪的排水条件，将直剪试验分为（　　　）。

A. 快剪、固结快剪和慢剪

B. 固结排水剪、固结慢剪和慢剪

C. 固结慢剪、快剪和不排水剪

D. 不排水剪、排水剪和固结快剪

题解及参考答案

2-4-1　解：施工时间短，排水条件不良的地基应选择接近不排水的抗剪强度指标。快剪意味着不排水。

　　　　答案： A

2-4-2　解：用大、小主应力关系表示的极限平衡条件计算得出。

　　　　答案： C

2-4-3　解：破坏面与最大主应力面的夹角为 $45° + \varphi/2$；破坏面与最小主应力面的夹角为 $45° - \varphi/2$。其中 φ 为内摩擦角。

　　　　答案： B

2-4-4　解：三轴试验可得出若干个土样（同一种土）破坏时的莫尔应力圆数据。

　　　　答案： C

2-4-5　解：三轴试验的方法为：不固结不排水剪、固结不排水剪和固结排水剪。

　　　　答案： D

2-4-6　解：试验时不能严格控制排水，并且不能量测孔隙水压力。

　　　　答案： A

2-4-7　解：工程中一般采用压力间隔 $p_1 = 100\text{kPa}$ 至 $p_2 = 200\text{kPa}$ 时对应的压缩系数 a_{1-2} 来评价土的压缩性：$a_{1-2} < 0.1\text{MPa}$ 时，属低压缩性土；$0.1 \leqslant a_{1-2} < 0.5\text{MPa}$ 时，属中压缩性土；$a_{1-2} \geqslant 0.5\text{MPa}$ 时，属高压缩性土。

　　　　答案： A

考点：土的压缩性

2-4-8　解：由题意知，土层厚 $h = 3\text{m}$，$e_1 = 0.5$，$\Delta e = 0.3$。

由单向压缩公式：$s = (e_1 - e_2)h/(1 + e_1) = 0.3 \times 3/(1 + 0.5) = 0.6\text{m}$。

　　　　答案： B

考点：土的压缩性

2-4-9　解：基底下 4~6m 的自重应力平均值为：

$\sigma = (18 - 9.8) \times 6 = 49.2\text{kPa}$

$e_1 = 1.15 - 0.00125 \times 49.2 = 1.089$

$e_2 = 1.15 - 0.00125 \times (49.2 + 75) = 0.995$

$s = \dfrac{1.089 - 0.995}{1 + 1.089} \times 2 = 0.09\text{m}$

　　　　答案： B

考点：压缩量计算

2-4-10　解：土的压缩系数是土在有侧限条件下压缩性的一个指标，定义为 $a = (e_1 - e_2)/(p_2 - p_1)$，故其单位为 $1/\text{kPa}$。

　　　　答案： C

考点：压缩系数定义

2-4-11　解：前期固结压力 p_c 和土层自重应力 p_0，超固结比定义为：$OCR = p_c/p_0$；$OCR > 1$ 时为超

固结土，则$p_c > p_0$。

答案：A

考点：超固结土的应力关系

2-4-12 解： 土的压缩性指的是土受压时体积缩小的性能，主要是其中孔隙体积被压缩而引起，题中提到对于w相同的，但S_r不同的三种土，其中S_r越大，说明孔隙中水的体积越大，就越不能被压缩，压缩性越小。

答案：B

考点：土的压缩性的影响因素

2-4-13 解： 测试变形模量时，土样周围没有约束，测试压缩模量时，土样的周围有环刀约束，故在应力相等时，测试变形模量时的应变较大，故变形模量小于压缩模量。

答案：C

考点：压缩模量与变形模量的关系

2-4-14 解： 不固结不排水试验，在施加围压以及偏压的时候，排水阀门始终关闭，围压的变化只会引起孔隙水压力的变化，而莫尔应力圆的直径保持不变，土的抗剪强度相似。

答案：C

考点：三轴不固结不排水试验

2-4-15 解： 侧限压缩试验所得的压缩曲线（e-p曲线）越平缓，说明体积变化越小，则可被压缩性就越小。

答案：B

考点：侧限压缩试验

2-4-16 解： 由莫尔—库仑强度理论得出破裂面与大主应力的作用面成$45° + \varphi/2$的夹角，则与大主应力方向的夹角为45°。

答案：C

考点：极限平衡状态时剪切破坏面与大主应力的关系

2-4-17 解： 由抗剪公式$\tau = c + \sigma \tan \varphi$，得知土体的抗剪强度由$c$（黏聚力）和$\varphi$（内摩擦角）决定，由砂土的特性$c = 0$，则只由土的内摩擦角决定。所以砂土的抗剪强度是由土的内摩阻力构成。

答案：D

考点：砂土的抗剪强度

2-4-18 解： 三轴试验主要步骤如下：将土切成圆柱体套在橡胶膜内，放在密封的压力室中，然后向压力室内压入水，使试件在各个方向受到周围压力，并使液压在整个试验过程中保持不变，这时试件内各向的三个主应力都相等，因此不产生剪应力。然后再通过传力杆对试件施加竖向压力，这样，竖向主应力就大于水平向主应力，当水平向主应力保持不变，而竖向主应力逐渐增大时，试件终于受剪而破坏。设剪切破坏时由传力杆加在试件上的竖向压应力为q，则试件上的小主应力为σ_3，大主应力为$\sigma_1 = \sigma_3 + q$。

答案：D

考点：三轴试验

2-4-19 解： 抗剪强度有效应力法表示为：$\tau = c' + \sigma' \tan \varphi'$，$c'$和$\varphi'$分别为有效黏聚力和有效内摩擦角，统称为有效应力抗剪强度指标。由于考虑了孔隙水压力的影响，因此，对同种土，不论采取哪一种试验方法，只要能准确量测出土样破坏时的孔隙水压力，则均可用有效应力法来表示强度关系，而且所得的有效抗剪强度指标应该是相同的。即在理论上，抗剪强度和有效应力有对应关系。

答案： B

考点：抗剪强度与有效应力的关系

2-4-20 解： 水—弹簧模型主要用于模拟饱和土压缩时土骨架和孔隙水的分担作用，或有效应力原理。

答案： A

考点：水—弹簧模型

2-4-21 解： 试验证明，最优含水率与压实能量有关。对同一种土，用人力夯实时，因能量小，要求土粒之间有较多的水分使其更为润滑。因此，最优含水率较大而得到的最大干重度却较小。

答案： B

考点：土的压实特性

2-4-22 解： 侧限压缩试验是研究土压缩性的基本方法。剪切试验是测定抗剪强度，静载荷试验是测定承载力，无侧限压缩试验是测定无侧限抗压强度。

答案： B

考点：土的压缩性

2-4-23 解： 侧限压缩模量是土体在侧向约束条件下竖向压应力与竖向压应变的比值，压缩模量越小，相同压力下的变形越大。

答案： C

考点：土的压缩性

2-4-24 解： 外荷载作用下的软土地基，随着加荷时间的推移，软土中孔隙水逐渐被挤出，孔隙水压力不断消散，有效应力不断增加，软土的抗剪强度随之而增加。

答案： C

考点：土体抗剪强度直剪试验及相应的强度指标

2-4-25 解： 先期固结压力与现有覆盖土重之比定义为超固结比OCR，即 $160/(10 \times 20) = 0.8$。

答案： D

考点：土的压缩性指标

2-4-26 解： 莫尔圆是在 σ 轴上以 $(\sigma_1 + \sigma_3)/2$ 为圆心，以 $(\sigma_1 - \sigma_3)/2$ 为半径画出来的。

答案： D

考点：土体强度理论的应用与应力—应变关系

2-4-27 解： 为了近似模拟土体在现场受剪的排水条件，将直剪试验分为快剪、固结快剪和慢剪。

答案： A

考点：土体抗剪强度直剪试验及相应的强度指标

（五）地基沉降计算与地基承载力

2-5-1 地基塑性区的最大开展深度 $z_{max} = b/4$ 时，地基承载力应选择（　　　）。

A. p_{cr}　　　　B. $p_{1/4}$　　　　C. $p_{1/3}$　　　　D. p_u

2-5-2 若地基表面产生较大隆起，基础发生严重倾斜，则地基的破坏形式为（　　　）。

A. 局部剪切破坏　　　　　　　　B. 整体剪切破坏

C. 刺入剪切破坏　　　　　　　　D. 冲剪破坏

2-5-3 在 $\varphi = 15°$（$N_r = 1.8$，$N_q = 4.45$，$N_c = 12.9$），$c = 15kPa$，$\gamma = 18kN/m^3$ 的地表面有一个宽度为 3m 的条形均布荷载，对于整体剪切破坏的情况，按太沙基承载力公式计算的极限承载力为（　　）。

    A. 80.7kPa　　　　B. 193.5kPa　　　　C. 242.1kPa　　　　D. 50.8kPa

2-5-4 下列选项中不是地基剪切破坏形式的是（　　）。

    A. 整体剪切破坏　　　　　　　　B. 局部剪切破坏

    C. 刺入剪切破坏　　　　　　　　D. 斜拉破坏

2-5-5 下列说法错误的是（　　）。

    A. 固结变形（固结沉降）s_c：即孔隙水排出，孔隙压力转换成有效应力，土体逐渐压密产生的体积压缩变形，计算方法可采用分层总和法

    B. 深层平板载荷试验的承压板采用直径为 0.8m 的刚性板，紧靠承压板周围外侧的土层高度应不少于 80cm

    C. 整体剪切破坏明显存在三个变形阶段

    D. 地基在外力作用下的变形为固结变形和瞬时变形

2-5-6 当基础最小边的宽度超过（　　），埋置深度超过（　　）时，且埋置深度与最小边宽度比小于等于 4 时，须进行修正。

    A. 2m，3m　　　　B. 2m，4m　　　　C. 3m，2m　　　　D. 2m，2m

2-5-7 浅基础的极限承载力是指（　　）。

    A. 地基中将要出现但尚未出现塑性区时的荷载

    B. 地基中塑性区开展的最大深度为 1/4 基底宽时的荷载

    C. 地基中塑性区开展的最大深度为 1/3 基底宽时的荷载

    D. 地基中达到整体剪切破坏时的荷载

2-5-8 在摩擦角为零的黏土地基上，有两个埋置深度相同、宽度不同的条形基础，两者的极限荷载大小情况为（　　）。

    A. 基础宽度大的极限荷载大　　　　B. 基础宽度小的极限荷载大

    C. 两者基础极限荷载一样大　　　　D. 不确定

2-5-9 下列不能用于计算地基沉降量的是（　　）。

    A. 分层总和法　　B. 应力面积法　　C. e-$\lg p$ 法　　D. 库仑定律

2-5-10 下列不属于单向固结理论基本假定的（　　）。

    A. 压缩土体为均质、各向同性的饱和土体

    B. 饱和土体中的水体和土颗粒不可压缩

    C. 土体中水的流动属于紊流

    D. 一次性加荷

2-5-11 次固结变形（　　）。

    A. 与主固结变形同时发生　　　　B. 主固结变形完成后发生

    C. 与加载过程同时发生　　　　　D. 不确定

2-5-12 用分层总和法计算地基沉降时，附加应力曲线表示（　　）。

    A. 总应力　　　　　　　　　　　B. 孔隙水压力

C. 有效应力　　　　　　　　　　D. 超孔隙水压力

2-5-13 所谓临界荷载，是指（　　　）。

A. 持力层中将出现塑性区时的荷载

B. 持力层中将出现连续滑动面时的荷载

C. 持力层中出现某一允许大小值的塑性区时的荷载

D. 破坏荷载

2-5-14 荷载试验的中心曲线形态上，从线性关系开始变成非线性关系的界限荷载称为（　　　）。

A. 允许荷载　　　　　　　　　　B. 临界荷载

C. 临塑荷载　　　　　　　　　　D. 极限荷载

2-5-15 ［2020 年考题］饱和黏性土地基瞬时沉降的计算可采用（　　　）。

A. 库仑理论　　　　　　　　　　B. 分层总和法

C. 经验公式　　　　　　　　　　D. 弹性理论公式

2-5-16 ［2021 年考题］关于太沙基条形浅基础极限荷载计算公式的假定，以下说法正确的是（　　　）。

A. 基础的长宽比<5

B. 假定基础底面与土之间无摩擦力

C. 地基土破坏形式是刺入剪切破坏

D. 基底以上的土体看作是作用在基础两侧的均布荷载

题解及参考答案

2-5-1 **解**：参考《土力学》教材中"塑性荷载"。

答案：B

2-5-2 **解**：整体剪切破坏：具有轮廓分明的从地基到地面的连续剪切滑动面，邻近基础的土体有明显的隆起，可使上部结构随基础发生突然倾斜，造成灾难性破坏。由题可知为整体剪切破坏的特征。

答案：B

2-5-3 **解**：将已知条件带入太沙基公式计算。$p_u = 0.5\gamma b N_r + q N_q + c N_c$

答案：C

2-5-4 **解**：地基剪切破坏形式的是：整体剪切破坏、局部剪切破坏和刺入剪切破坏。

答案：D

2-5-5 **解**：地基在外力作用下的变形为固结变形、瞬时变形和次固结变形。

答案：D

2-5-6 **解**：当基础最小边的宽度超过 2m，埋置深度超过 3m 时，且埋置深度与最小边宽度比小于等于 4 时，须进行修正。

答案：A

2-5-7 **解**：浅基础的地基极限承载力是指使得地基达到完全剪切破坏时的最小压力，也就是相应于 p-s 曲线中地基从塑性变形阶段转为整体剪切破坏的界限荷载。

答案： D

2-5-8 解： 已知条形基础在中心荷载下的地基承载力公式为$p_u = 0.5\gamma b N_r + q N_q + c N_c$。当$\varphi = 0$时，$N_r = 0$，所以两者承载力一样。

答案： C

考点：地基承载力

2-5-9 解： 地基沉降的计算方法包括弹性力学方法、分层总和法、应力面积法等。e-$\lg p$曲线法计算地基的沉降与e-p曲线法一样，都是以无侧限变形条件下压缩量的基本公式和分层总和法为前提的，所不同的是Δe应由现场压缩曲线来获得，初始孔隙比应取e，压缩指数也应由现场压缩曲线求得。

答案： D

考点：地基沉降量的计算方法

2-5-10 解： 固结理论的基本假设如下：①土是均质、各向同性和完全饱和的；②土粒和孔隙水都是不可压缩的；③土中附加应力沿水平面是无限均匀分布的，因此土层的压缩和土中水的渗流都是一维的；④土中水的渗流服从于达西定律；⑤在渗透固结中，土的渗透系数k和压缩系数a都是不变的常数；⑥外荷载是一次骤然施加的。

答案： C

考点：太沙基一维固结理论的基本假设

2-5-11 解： 次固结沉降是指超静孔隙水压力消散为零，在有效应力基本不变的情况下，随时间继续发生的沉降量，一般认为这是在恒定应力状态下，土中的结合水以黏滞流动的形态缓慢移动，造成水膜厚度相应地发生变化，使土骨架产生徐变的结果。

答案： B

考点：次固结变形

2-5-12 解： 饱和土中总应力是由上面土体的重力、静水压力及外荷载所产生的应力部分由土颗粒间的接触面承担，称为有效应力；而由于建筑物荷重使基底增加的压力称为基底附加压力。所以基地附加应力是外荷载对地基产生的有效应力。

答案： C

考点：附加应力

2-5-13 解： 使地基中塑性开展区达到一定深度或范围，但未与地面贯通，地基仍有一定的强度，能够满足建筑物的强度变形要求的荷载，此时作用于基础底面的荷载，被称为临界荷载。

答案： C

考点：临界荷载

2-5-14 解： 临塑荷载（比例界限）：指基础边缘地基中刚要出现塑性区时基底单位面积上所承担的荷载，它相当于地基从压缩阶段过渡到剪切阶段时的界限荷载，即p-s曲线上第一个转折点所对应的荷载，称为地基临塑荷载。

答案： C

考点：临塑荷载

2-5-15 解： 在加荷瞬间，土中孔隙水来不及排出，孔隙体积没有变化，即土体不产生体积变化，但荷载使土产生偏斜变形。这种变形与地基的侧向变形密切相关，是考虑了侧向变形的地基沉降计算，在实用上可以用弹性理论的公式计算。

答案： D

考点：地基承载力确定方法

2-5-16 解： 太沙基地基极限承载力理论考虑了地基土有重量、基底粗糙，不考虑基底以上填土的抗剪强度，极限荷载作用下基础发生整体剪切破坏，基底以上地基土以均布荷载代替。

答案： D

考点：地基承载力确定方法

（六）土坡稳定分析

2-6-1 若某砂土坡的稳定安全系数 $K = 1.0$，则该土坡稳定应满足的条件为（　　）。

    A. 坡角=天然休止角　　　　　　　　B. 坡角<1.5倍天然休止角

    C. 坡角>1.5倍天然休止角　　　　　　D. 1.5倍坡角<天然休止角

2-6-2 分析黏性土坡稳定时，假定滑动面为（　　）。

    A. 斜平面　　　　B. 曲面　　　　C. 圆筒面　　　　D. 水平面

2-6-3 无黏性土坡的稳定性（　　）。

    A. 与坡角无关，与坡高有关　　　　　B. 与坡角有关，与坡高无关

    C. 与坡高和坡角都无关　　　　　　　D. 与坡高和坡角都有关

2-6-4 下列说法错误的是（　　）。

    A. 瑞典条分法假定滑动面为圆柱面及滑动土体为不变形的刚体

    B. 毕肖普假定各土条底部滑动面上的抗滑安全系数均相同，即等于整个滑动面的平均安全系数，取单位长度土坡按平面问题计算

    C. 砂性土坡稳定性系数 $K \geqslant 1.0 \sim 1.2$

    D. 一般情况下，土的抗剪强度由黏聚力 c 和摩擦力 $\sigma \tan \varphi$ 两部分组成，砂性土黏聚力为零

2-6-5 大堤护岸边坡，当河水低水位骤涨到高水位时，边坡稳定性将（　　）。

    A. 降低　　　　B. 升高　　　　C. 不变　　　　D. 都有可能

2-6-6 填方边坡的瞬时稳定性与长期稳定性安全度的关系是（　　）。

    A. $F_{瞬} > F_{长}$　　　B. $F_{瞬} = F_{长}$　　　C. $F_{瞬} < F_{长}$　　　D. 无关

2-6-7 挖方边坡的瞬时稳定性与长期稳定性安全度的关系是（　　）。

    A. $F_{瞬} > F_{长}$　　　B. $F_{瞬} = F_{长}$　　　C. $F_{瞬} < F_{长}$　　　D. 无关

2-6-8 在成层（非均质）土层中开挖边坡时，理论上（　　）采用稳定因数分析法。

    A. 不能　　　　　　　　　　　　　　B. 能

    C. 进行加权处理后可以　　　　　　　D. 以上都对

2-6-9 一均质无黏性土土坡，土的饱和重度 $\gamma_{sat} = 20.2 \text{kN/m}^3$，内摩擦角 $\varphi = 30°$，若要该土坡的稳定安全系数为 1.2，试问在干坡或完全浸水条件下以及沿坡面有顺坡渗流时，土坡的安全坡角分别是（　　）。

    A. $25°35'$，$26°35'$　B. $33°25'$，$26°35'$　C. $24°54'$，$13°25'$　D. $36°25'$，$43°26'$

2-6-10 砂性土坡稳定性分析中假定滑动面是（　　）。

    A. 平面　　　　B. 折线　　　　C. 不规则面　　　　D. 曲面

2-6-11 均质黏土土坡稳定性分析中假定滑动面是（　　）。

A. 平面　　　　　　　　　　　　　　B. 圆弧

C. 复合滑动面　　　　　　　　　　　D. 不规则曲面

2-6-12 费伦纽斯确定最危险滑动面圆心时认为土的内摩擦角 $\varphi = 0$，此时最危险圆弧为（　　　）。

A. 中点圆　　　　　B. 坡面圆　　　　　C. 试算确定　　　　　D. 坡脚圆

2-6-13 由（　　　）构成的土坡进行稳定分析时需要采用条分法。

A. 细砂土　　　　　B. 粗砂土　　　　　C. 碎石土　　　　　D. 黏性土

2-6-14 某无黏性土坡坡角 $\beta = 24°$，内摩擦角 $\varphi = 36°$，则稳定安全系数为（　　　）。

A. $K = 1.46$　　　B. $K = 1.50$　　　C. $K = 1.63$　　　D. $K = 1.70$

2-6-15 简化毕肖普公式忽略了（　　　）。

A. 土条间的作用力　　　　　　　　　B. 土条间的法向作用力

C. 土条间的切向作用力　　　　　　　D. 一切作用力

2-6-16 下列因素中，导致土坡失稳的因素是（　　　）。

A. 坡脚挖方　　　　　　　　　　　　B. 动水力减小

C. 土的含水率降低　　　　　　　　　D. 土体抗剪强度提高

2-6-17 瑞典条分法在分析时忽略了（　　　）。

A. 土条间的作用力　　　　　　　　　B. 土条间的法向作用力

C. 土条间的切向作用力　　　　　　　D. 一切作用力

2-6-18 分析均质无黏性土坡稳定时，稳定安全系数 K 为（　　　）。

A. K = 抗滑力/滑动力　　　　　　　B. K = 滑动力/抗滑力

C. K = 抗滑力矩/滑动力矩　　　　　D. K = 滑动力矩/抗滑力矩

2-6-19 地基的稳定性可采用圆弧滑动面法进行验算，《建筑地基基础设计规范》（GB 50007—2011）规定（　　　）。

A. $M_R/M_S \geqslant 1.5$　　B. $M_R/M_S \leqslant 1.5$　　C. $M_R/M_S \geqslant 1.2$　　D. $M_R/M_S \leqslant 1.2$

2-6-20 某无黏性土坡坡角 $\beta = 30°$，内摩擦角 $\varphi = 42°$，则稳定安全系数为（　　　）。

A. 1.56　　　　　　B. 1.70　　　　　　C. 1.66　　　　　　D. 1.46

2-6-21 土坡失稳的一般形式为（　　　）。

A. 崩塌　　　　　　B. 平移　　　　　　C. 转动　　　　　　D. 倾斜

2-6-22 关于无渗流的无黏性土坡整体稳定安全系数，下列叙述错误的是（　　　）。

A. 与天然休止角有关　　　　　　　　B. 与该土坡的高度有关

C. 与该土坡的坡角有关　　　　　　　D. 与土坡宽度无关

2-6-23 人工土坡的构成原因为（　　　）。

A. 挖方　　　　　　　　　　　　　　B. 火山地壳运动

C. 填方　　　　　　　　　　　　　　D. A 和 C

2-6-24 无渗流时，无黏性土坡的整体稳定安全系数与（　　　）有关。

A. 坡与水平面夹角 β　　　　　　　B. 砂土内摩擦角 φ

C. A 和 B　　　　　　　　　　　　　D. 计算时选取的单元体体积 Δv

2-6-25 有渗流时，无黏性土坡的整体稳定安全系数与（　　　）有关。

A. 坡与水平面夹角 β　　　　　　　B. 砂土内摩擦角 φ

C. 砂土重度 γ　　　　　　　　　　D. 以上三者

2-6-26 ［2020年考题］黏性土坡整体滑动的稳定安全系数表达式为（　　　）。

A. $k=$ 稳定力矩/滑动力矩　　　　　　B. $k=$ 抗滑力/滑动力

C. $k=$ 抗滑力/剪应力　　　　　　　　D. $k=$ 抗剪切力矩/剪切力

2-6-27 ［2021年试题23］均质黏性土的土坡失稳破坏时，通常可近似地假定为圆弧滑动面，圆弧滑动面的形式一般有以下三种：坡脚圆、坡面圆和中点圆，这三种圆弧滑动面的产生与（　　　）无关。

A. 土坡的坡角大小　　　　　　　　　　B. 土的强度指标

C. 土中硬层的位置　　　　　　　　　　D. 土坡的长度

题解及参考答案

2-6-1　**解：** 对于均质无黏性土坡，理论上土坡的稳定性与坡高无关，只要坡角小于土的内摩擦角，稳定安全系数 $K>1$，土体就是稳定的。当坡角与土的内摩擦角相等时，稳定安全系数 $K=1$，此时抗滑力等于滑动力，土坡处于极限平衡状态，相应的坡角就等于松散无黏性土的内摩擦角，称之为自然休止角。

答案： A

2-6-2　**解：** 简化为圆筒面计算，实际破坏面为曲面。

答案： C

2-6-3　**解：** 无黏性土坡的稳定性与坡角有关，与坡高无关。

答案： B

2-6-4　**解：** 砂性土坡稳定性系数 $K \geq 1.3 \sim 1.5$。

答案： C

2-6-5　**解：** 水位骤涨，边坡抗剪强度明显降低，渗透性增加，含水率增加，稳定性下降。

答案： A

2-6-6　**解：** 填方边坡的瞬时稳定性小于长期稳定性安全度。

答案： C

2-6-7　**解：** 挖方边坡的瞬时稳定性大于长期稳定性安全度。

答案： A

2-6-8　**解：** 在成层（非均质）土层中开挖边坡时，理论上进行加权处理后可以用稳定因数分析法。

答案： C

2-6-9　**解：** 干坡或完全浸水时，得

$$\tan\beta = \tan\varphi / K_s = 0.557/1.2 = 0.464, \quad \beta = 24°54'$$

有顺坡渗流时，得

$$\tan\beta = \gamma' \tan\varphi / \gamma_{sat} K_s = 10.4 \times 0.557/(20.2 \times 1.2) = 0.239$$

$$\beta = 13°25'$$

上述计算结果表明，在稳定安全系数相同的条件下，有顺坡渗流作用的土坡稳定角要比无渗流作用时的稳定坡角小得多。也就是说，在相同坡角的情况下，有顺坡渗流的土坡，其安全系数必然小。

答案： C

考点：砂性土坡稳定性分析

2-6-10　解： 砂性土坡稳定性分析基本假定有：①假定滑动面是平面；②滑体为刚性体；③滑面处于极限平衡。

答案： A

考点：砂性土坡稳定性分析

2-6-11　解： 黏性土坡稳定性分析基本假定有：①均质黏性土土坡；②滑动面为圆弧；③滑体为刚性体；④滑面处于极限平衡。

答案： B

考点：黏性土坡稳定性分析

2-6-12　解： 费伦纽斯提出当土的内摩擦角 $\varphi = 0$ 时，土坡的最危险圆弧滑动面通过坡脚。

答案： D

考点：费伦纽斯确定最危险滑动面圆心的方法

2-6-13　解： 黏性土土坡稳定性分析时一般采用条分法。

答案： D

2-6-14　解： 无黏性土坡稳定性系数 $K_s = \tan\varphi / \tan\beta = 1.63$。

答案： C

2-6-15　解： 简化毕肖普公式忽略了土条间的切向作用力。

答案： C

2-6-16　解： 坡脚挖方会直接导致土坡边坡失稳。

答案： A

2-6-17　解： 瑞典条分法又称为费伦纽斯法，该法假定土坡沿着圆弧面滑动，并认为土条间的作用力对土坡的整体稳定性影响不大，可以忽略（由此而引起的误差一般在 10%~15% 之间），即假定土条两侧的作用力大小相等、方向相反且作用于同一直线上。是条分法中最简单、最古老的一种。

答案： A

2-6-18　解： 无黏性土坡稳定安全系数 K 为抗滑力/滑动力。

答案： A

2-6-19　解： 《建筑地基基础设计规范》（GB 50007—2011）规定 $M_R/M_S \geq 1.2$。

答案： C

2-6-20　解： 无黏性土坡稳定性系数 $K_s = \tan\varphi / \tan\beta = 1.56$。

答案： A

2-6-21　解： 土坡失稳的一般形式为崩塌。

答案： A

2-6-22　解： 无渗流的无黏性土坡整体稳定安全系数与土坡高度无关。

答案： B

2-6-23　解： 土坡可分为两大类：一类为自然形成的，称为天然土坡，或自然土坡；一类由挖方或填方形成的土坡，称为人工土坡。

答案： D

2-6-24 **解：**无渗流时，无黏性土坡的整体稳定安全系数$K_s = \tan\varphi / \tan\beta$。

答案：C

2-6-25 **解：**土坡（或土石坝）在很多情况下，会受到由水位差的改变所引起的水力坡降或水头梯度，从而在土坡（或土石坝）内形成渗流场，对土坡稳定性带来不利影响，此时在坡面上渗流溢出处以下取一单元体，它除了本身重量外，还受到渗流力$J = \gamma_w i$（i是水头梯度，$i = \sin\beta$）的作用。若渗流为顺坡出流，则溢出处渗流及渗流力方向与坡面平行，此时使土单元体下滑的剪切力为$T + J = G\sin\beta + \gamma_w i$，且此时对于单位土体来说，土体自重$G$就等于有效重度$\gamma'$，故土坡的稳定安全系数变为：

$$K = T_f/(T + J) = (\gamma'\cos\beta\tan\varphi)/(\gamma' + \gamma_w)\sin\beta = \gamma'\tan\varphi/\gamma_{sat}\tan\beta$$

答案：D

2-6-26 **解：**稳定安全系数$k =$ 抗滑力矩/滑动力矩。题目中，稳定力矩和抗滑力矩同义。

答案：A

考点：黏性土土坡圆弧滑动体整体稳定分析方法

2-6-27 **解：**根据土坡的坡脚大小、土体强度指标以及土中硬层位置的不同，滑动面分为坡脚圆、坡面圆和中点圆。

答案：D

考点：黏性土土坡圆弧滑动体整体稳定分析方法

第三章　工程地质

复习指导

本章应重点掌握的内容主要包括：

（1）掌握矿物的性质、三大类岩石的结构与构造、常见的三大类岩石、岩石的工程地质性质、影响岩石工程地质性质的因素。

（2）掌握构造的类型以及性质、各种构造类型在地质图上的表现方式以及判别方法。掌握水平构造、倾斜构造、褶皱构造、褶皱的要素、褶皱的形态、断裂构造、裂隙、断层要素、断层类型、"V"字形法则等重点概念。

（3）掌握残积层、坡积层、洪积层、冲积层的特点，流水地质作用及其特点。

（4）掌握河流阶地的类型与公路建设的关系、平原地貌、山岭地貌的形态和类型、内外动力地质作用、地形与地貌的区别。

（5）掌握地下水的埋藏类型及其特点，地下水的工程性质。掌握潜水、上层滞水、承压水、岩溶水等重点概念。

（6）掌握桥梁基础的类型和埋置深度与河流侵蚀作用的关系、边坡稳定性的影响因素、各种特殊性土的工程特性。

（7）掌握工程地质勘察在道路、桥梁、隧道工程中的运用。掌握挖探、钻探、地球物理勘探、室内试验、原位试验等重点概念。

练习题、题解及参考答案

（一）矿物与岩石

3-1-1 解理是指（　　）。

A. 岩石受力后形成的平行破裂面

B. 岩石中不规则的裂隙

C. 矿物受力后沿不规则方向裂开的性质

D. 矿物受力后沿一定方向裂开成光滑平面的性质

3-1-2 条痕是指矿物的（　　）。

A. 固有颜色　　　　　　　　　　B. 粉末的颜色

C. 杂质的颜色　　　　　　　　　D. 表面氧化物的颜色

3-1-3 呈菱面体、白色、玻璃光泽，具有 3 组完全解理，硬度为 3，且遇稀盐酸剧烈起泡的矿物是（　　）。

A. 石英　　　　　B. 白云母　　　　　C. 方解石　　　　　D. 正长石

3-1-4 呈无色透明、玻璃光泽、无解理、硬度为 7，贝壳状断口的矿物是（　　）。

    A. 石英　　　　　　B. 白云母　　　　　　C. 方解石　　　　　　D. 正长石

3-1-5 岩石中具有晶粒或颗粒状、油脂光泽、小钢刀刻不动、浅色特征的矿物是（　　）。

    A. 方解石　　　　　B. 长石　　　　　　C. 石英　　　　　　D. 石膏

3-1-6 （　　）是矿物混入了某些杂质所引起的，与矿物的本身性质无关。

    A. 自色　　　　　　B. 他色　　　　　　C. 假色　　　　　　D. 颜色

3-1-7 （　　）是由于矿物内部的裂隙或表面的氧化薄膜对光的折射、散射所引起的。

    A. 自色　　　　　　B. 他色　　　　　　C. 假色　　　　　　D. 颜色

3-1-8 矿物表面呈现的光亮程度，称为（　　）。

    A. 颜色　　　　　　B. 条痕　　　　　　C. 光泽　　　　　　D. 反光

3-1-9 矿物表面不平，致使光线散射，如石英断口上呈现的光泽是（　　）。

    A. 油脂光泽　　　　B. 蜡状光泽　　　　C. 玻璃光泽　　　　D. 珍珠光泽

3-1-10 矿物硬度的确定，是根据（　　）种矿物对刻时互相是否刻伤的情况而定。

    A. 1　　　　　　　B. 2　　　　　　　C. 3　　　　　　　D. 4

3-1-11 野外工作中，常用指甲、铁刀刃、玻璃、钢刀刃鉴别矿物的硬度。其中铁刀刃的硬度大约为（　　）。

    A. 2~2.5　　　　　B. 3~3.5　　　　　C. 5~5.5　　　　　D. 6~6.5

3-1-12 下列为极完全解理的是（　　）。

    A. 云母　　　　　　B. 方解石　　　　　C. 正长石　　　　　D. 磷灰石

3-1-13 常出现断口，解理面很难出现的是（　　）。

    A. 云母　　　　　　B. 方解石　　　　　C. 正长石　　　　　D. 磷灰石

3-1-14 以下无解理的是（　　）。

    A. 石英　　　　　　B. 黑云母　　　　　C. 橄榄石　　　　　D. 磷灰石

3-1-15 形状为短柱状、板状、粒状，颜色为肉色、浅玫瑰色或近于白色，玻璃光泽，二向完全解理，近于正交，硬度为 6 是（　　）。

    A. 白云母　　　　　B. 斜长石　　　　　C. 正长石　　　　　D. 石英

3-1-16 形状为长柱状、板条状，颜色为白色或灰白色，玻璃光泽，二向完全解理，斜交，硬度为 6 的是（　　）。

    A. 白云母　　　　　B. 斜长石　　　　　C. 正长石　　　　　D. 石英

3-1-17 形状为长柱状、纤维状，颜色为深绿至黑色，玻璃光泽，二向完全解理，交角为 56°，硬度为 5.5~6 的是（　　）。

    A. 角闪石　　　　　B. 白云石　　　　　C. 辉石　　　　　　D. 橄榄石

3-1-18 形状为鳞片状，细粒状，颜色为白、灰白或其他色，土状光泽，一向完全解理，硬度为 1 的是（　　）。

    A. 滑石　　　　　　B. 白云石　　　　　C. 石膏　　　　　　D. 高岭石

3-1-19 形状为菱形十二面体、二十四面体、粒状的是（　　）。

    A. 滑石　　　　　　B. 绿泥石　　　　　C. 白云石　　　　　D. 石榴石

3-1-20 石灰岩是由（　　　　）组成的单矿岩。

    A. 云母　　　　　　　B. 方解石　　　　　　C. 正长石　　　　　　D. 高岭石

3-1-21 玄武岩是属于（　　　　）。

    A. 浅成岩　　　　　　B. 深成岩　　　　　　C. 喷出岩　　　　　　D. 火山碎屑岩

3-1-22 某岩石呈肉红色、全晶质的中粒结构、块状构造，主要由石英、长石组成，并含有少量的黑云母和角闪石矿物，该岩石为（　　　　）。

    A. 花岗岩　　　　　　B. 玄武岩　　　　　　C. 石灰岩　　　　　　D. 石英岩

3-1-23 按照冷凝成岩浆岩的地质环境分类，浅成岩是（　　　　）。

    A. 岩浆侵入地壳深处冷凝而成的岩石

    B. 岩浆沿地表裂缝上升到距离地表较浅处冷凝而成的岩石

    C. 岩浆沿地表裂缝上升喷出地表冷凝而成的岩石

    D. 岩浆沿地表裂缝侵入到地表某部位冷凝而成的岩石

3-1-24 以下不属于岩浆岩的是（　　　　）。

    A. 浅成岩　　　　　　　　　　　　B. 深成岩

    C. 喷出岩　　　　　　　　　　　　D. 火山碎屑岩

3-1-25 岩石全部由结晶微小的矿物组成，用肉眼和放大镜均看不见晶粒，只有在显微镜下可识别的是（　　　　）。

    A. 玻璃质结构　　　　　　　　　　B. 隐晶质结构

    C. 显晶质结构　　　　　　　　　　D. 等粒结构

3-1-26 岩石中的矿物全部是显晶质（肉眼或放大镜可辨别的）颗粒，同种主要矿物结晶颗粒大小大致相等的结构，该结构是（　　　　）特有的结构。

    A. 浅成岩　　　　　　　　　　　　B. 深成岩体的边缘

    C. 深成岩　　　　　　　　　　　　D. 喷出岩

3-1-27 以下具有气孔状构造的岩石是（　　　　）。

    A. 花岗岩　　　　　　B. 安山岩　　　　　　C. 闪长岩　　　　　　D. 浮岩

3-1-28 具有气孔状构造与杏仁状构造的是（　　　　）。

    A. 花岗岩　　　　　　B. 安山岩　　　　　　C. 闪长岩　　　　　　D. 浮岩

3-1-29 呈岩流状产出，颜色一般较浅，常呈灰白、灰红、浅黄褐等色的喷出岩是（　　　　）。

    A. 正长岩　　　　　　B. 花岗岩　　　　　　C. 闪长岩　　　　　　D. 流纹岩

3-1-30 以下不属于深成岩的是（　　　　）。

    A. 辉长岩　　　　　　B. 花岗岩　　　　　　C. 闪长岩　　　　　　D. 辉绿岩

3-1-31 以下不属于喷出岩的是（　　　　）。

    A. 大理岩　　　　　　B. 安山岩　　　　　　C. 玄武岩　　　　　　D. 流纹岩

3-1-32 地壳表面分布最广的岩石是（　　　　）。

    A. 岩浆岩　　　　　　B. 玄武岩　　　　　　C. 变质岩　　　　　　D. 沉积岩

3-1-33 根据物质组成的特点，沉积岩一般分为（　　　　）。

    A. 碎屑岩类、化学岩类、生物岩类

B. 碎屑岩类、黏土岩类、化学及生物化学岩类

C. 黏土岩类、化学岩类、生物化学岩类

D. 碎屑岩类、生物化学岩类、黏土岩类

3-1-34 石英砂岩的结构是（　　）。

    A. 变晶结构　　　　　　　　　　　　B. 碎屑结构

    C. 晶质等粒结构　　　　　　　　　　D. 斑状结构

3-1-35 页岩的构造是（　　）。

    A. 千枚状　　　　　B. 块状　　　　　C. 层状　　　　　D. 板状

3-1-36 在下列岩石中能含有三叶虫化石的岩石是（　　）。

    A. 花岗岩　　　　　B. 玄武岩　　　　　C. 粉砂岩　　　　　D. 石英岩

3-1-37 力学强度低，遇水易软化、泥化的岩石是（　　）。

    A. 大理岩　　　　　B. 泥灰岩　　　　　C. 黏土页岩　　　　　D. 流纹岩

3-1-38 从所含物质角度区别沉积岩与岩浆岩，主要看其是否含有（　　）。

    A. 黏土矿物，有机质　　　　　　　　B. 方解石

    C. 白云石　　　　　　　　　　　　　D. 以上全部

3-1-39 常见胶结物的强度排列顺序正确的是（　　）。

    A. 硅质>铁质>钙质>泥质　　　　　　B. 硅质>钙质>铁质>泥质

    C. 钙质>铁质>硅质>泥质　　　　　　D. 铁质>硅质>钙质>泥质

3-1-40 颜色深，呈红色，强度较好的胶结物为（　　）。

    A. 硅质　　　　　B. 泥质　　　　　C. 铁质　　　　　D. 钙质

3-1-41 碎屑颗粒互不接触，散布于胶结物中，称为（　　）。

    A. 基底式胶结　　　　　　　　　　　B. 孔隙式胶结

    C. 接触式胶结　　　　　　　　　　　D. 其他胶结形式

3-1-42 各胶结方式的强度大小排列关系正确的是（　　）。

    A. 基底式胶结>孔隙式胶结>接触式胶结

    B. 基底式胶结>接触式胶结>孔隙式胶结

    C. 接触式胶结>基底式胶结>孔隙式胶结

    D. 孔隙式胶结>接触式胶结>基底式胶结

3-1-43 碎屑岩的胶结类型有（　　）。

    ①孔隙式；②基底式；③片理式；④板状式；⑤接触式。

    A. ①②③　　　　　B. ②③④　　　　　C. ②③④⑤　　　　　D. ①②⑤

3-1-44 细粒砂岩不属于（　　）。

    A. 细粒结构　　　　　B. 碎屑结构　　　　　C. 结晶结构　　　　　D. 砂质结构

3-1-45 有些岩层一端较厚，而另一端逐渐变薄以至消失，这种现象称为（　　）。

    A. 夹层　　　　　B. 尖灭　　　　　C. 透镜体　　　　　D. 三角体

3-1-46 当层理面平直时称为（　　）。

    A. 平行层理　　　　　B. 波状层理　　　　　C. 水平层理　　　　　D. 斜层理

3-1-47 黏土沉积物表面，由于失水收缩而形成不规则的多边形裂缝叫作（　　）。

　　　A. 波痕　　　　　　B. 泥裂　　　　　　C. 雨痕　　　　　　D. 风化

3-1-48 化石属于（　　）。

　　　A. 喷出岩　　　　　B. 深成岩　　　　　C. 变质岩　　　　　D. 沉积岩

3-1-49 （　　）是介于喷出岩和沉积岩之间的过渡类型。

　　　A. 喷出岩　　　　　B. 深成岩　　　　　C. 火山碎屑岩　　　D. 沉积碎屑岩

3-1-50 （　　）分布很广，易于开采加工，是工程上广泛采用的建筑石料。

　　　A. 砂岩　　　　　　B. 深成岩　　　　　C. 火山碎屑岩　　　D. 沉积碎屑岩

3-1-51 分布最广的沉积岩是（　　）。

　　　A. 生物化学岩类　　　　　　　　　　　B. 化学岩类

　　　C. 黏土岩类　　　　　　　　　　　　　D. 碎屑岩类

3-1-52 纯质（　　）为白色，随所含杂质的不同，可出现不同的颜色。性质与石灰岩相似，但强度和稳定性比石灰岩高，是一种良好的建筑石料。

　　　A. 玄武岩　　　　　B. 白云岩　　　　　C. 泥灰岩　　　　　D. 页岩

3-1-53 下列矿物中属于变质矿物的是（　　）。

　　　A. 石榴子石　　　　B. 长石　　　　　　C. 石英　　　　　　D. 方解石

3-1-54 大理岩是由（　　）变质而成的岩石。

　　　A. 石灰岩　　　　　B. 石英砂岩　　　　C. 泥岩　　　　　　D. 花岗岩

3-1-55 石英岩的结构是（　　）。

　　　A. 变晶结构　　　　B. 碎屑结构　　　　C. 斑状结构　　　　D. 化学结构

3-1-56 以下全部都是变质矿物的是（　　）。

　　　A. 硅灰石、长石、石榴子石　　　　　　B. 石英、石墨、滑石

　　　C. 绢云母、云母、蓝晶石　　　　　　　D. 绿泥石、石墨、石榴子石

3-1-57 以下不属于变质岩的是（　　）。

　　　A. 片麻岩　　　　　B. 板岩　　　　　　C. 石英岩　　　　　D. 花岗岩

3-1-58 （　　）多由黏土岩变质而成，矿物成分主要为石英、绢云母、绿泥石等。晶粒极细，肉眼不能直接辨别，外表常呈黄绿褐红、灰黑等色。质地松软，强度低，抗风化能力差，容易风化剥落，沿片理倾向容易产生塌落。

　　　A. 片麻岩　　　　　B. 板岩　　　　　　C. 大理岩　　　　　D. 千枚岩

3-1-59 由石灰岩或白云岩经重结晶变质而成，等粒变晶结构，块状构造。主要矿物成分为方解石，遇稀盐酸强烈起泡，可与其他浅色岩石区别的是（　　）。

　　　A. 片麻岩　　　　　B. 板岩　　　　　　C. 大理岩　　　　　D. 千枚岩

3-1-60 岩石在水的作用下，强度降低的性质是指岩石的（　　）。

　　　A. 抗冻性　　　　　B. 软化性　　　　　C. 流变性　　　　　D. 饱水率

3-1-61 岩石允许水流通过的能力称为（　　）。

　　　A. 给水性　　　　　B. 持水性　　　　　C. 透水性　　　　　D. 容水性

3-1-62 岩石的相对密度，是固体岩石的质量与同体积（　　）水的质量的比值。在数值上，等于固

体岩石的单位体积的质量。

  A. -4℃   B. 0℃   C. 4℃   D. 10℃

3-1-63 岩石的吸水率与饱水率的比值,称为岩石的饱水系数。饱水系数越大,岩石的抗冻性越( )。

  A. 差   B. 好

  C. 无影响   D. 好,但是有特殊情况

3-1-64 一般认为饱水系数小于( )的岩石是抗冻的。

  A. 0.6   B. 0.8   C. 1.0   D. 1.2

3-1-65 岩石的抗冻性,有不同的表示方法,一般用岩石的抗冻试验前后抗压强度的降低率表示。抗压强度降低率大于( )的岩石,认为是非抗冻的。

  A. 20%   B. 25%   C. 30%   D. 40%

3-1-66 抗压、抗剪、抗拉强度都相对较高的岩石是( )。

  A. 砂岩   B. 页岩   C. 花岗岩   D. 石英岩

3-1-67 抗压、抗剪、抗拉强度都相对较差的岩石是( )。

  A. 砂岩   B. 页岩   C. 花岗岩   D. 石英岩

3-1-68 不是岩石的变形指标有( )。

  A. 泊松比   B. 弹性模量   C. 变形模量   D. 剪切强度

3-1-69 岩石的泊松比一般在( )之间。

  A. 0.2~0.4   B. 0.25~0.45   C. 0.3~0.5   D. 0.34~0.54

3-1-70 下面不是影响岩石工程地质性质的因素是( )。

  A. 矿物成分   B. 结构   C. 构造   D. 空气

3-1-71 [2019年考题] 按成因,岩石可分为( )。

  A. 岩浆岩、沉积岩、变质岩   B. 岩浆岩、变质岩、花岗岩

  C. 沉积岩、酸性岩、黏土岩   D. 变质岩、碎屑岩、岩浆岩

3-1-72 [2019年考题] 根据组成沉积岩的物质成分,通常把沉积岩分为( )。

  A. 黏土岩类、化学岩类、生物岩类

  B. 碎屑岩类、黏土岩类、生物岩类

  C. 晶土岩类、化学岩类、生物化学岩类

  D. 碎屑岩类、黏土岩类、化学及生物化学岩类

3-1-73 [2019年考题] 同一岩石的各种强度中,最大的是( )。

  A. 抗压强度   B. 抗剪强度   C. 抗弯强度   D. 抗拉强度

3-1-74 [2020年考题] 下列岩石为变质岩的是( )。

  A. 花岗岩   B. 片麻岩   C. 流纹岩   D. 泥岩

3-1-75 [2020年考题] 下列全部属于岩浆岩构造类型的是( )。

  A. 板状、块状、流纹状、杏仁状   B. 片麻状、流纹状、气孔状、杏仁状

  C. 块状、流纹状、气孔状、杏仁状   D. 千枚状、流纹状、气孔状、杏仁状

3-1-76 [2020年考题] 结晶联结的岩石,结晶颗粒的大小与岩石强度有一定关系,一般晶粒越大强度( )。

  A. 越小   B. 越大   C. 不变化   D. 无规律

3-1-77 ［2021年考题］玄武岩属于岩浆岩，按其SiO₂含量属于（　　）。

A.基性岩类　　　　B.中性岩类　　　　C.酸性岩类　　　　D.超基性岩类

3-1-78 ［2021年考题］岩石的工程地质性质包括（　　）。

A.矿物成分、力学性质、吸水性质　　　B.力学性质、水理性质、抗冻性质

C.物理性质、水理性质、力学性质　　　D.物理性质、化学性质、力学性质

3-1-79 下列岩石中，最容易遇水软化的是（　　）。

A.白云岩　　　　B.砂岩　　　　C.石灰岩　　　　D.钙质页岩

3-1-80 下列构造中，不属于沉积岩的构造是（　　）。

A.片理　　　　B.结核　　　　C.斜层理　　　　D.波痕

3-1-81 黏土矿物产生于（　　）。

A.岩浆作用　　　　B.风化作用　　　　C.沉积作用　　　　D.变质作用

题解及参考答案

3-1-1 **解：**见《应试辅导》考点一。矿物在外力作用下，沿着一定方向裂开成光滑平面的性质，称为解理。

答案：D

3-1-2 **解：**见《应试辅导》考点一。矿物的条痕是指矿物在无釉白色瓷板上划擦时留下的粉末的颜色。矿物的条痕可以消除假色，减弱他色，比矿物颜色稳定得多，是鉴定矿物的重要标志之一。

答案：B

3-1-3 **解：**见《应试辅导》考点一。表3-2（常见造岩矿物物理性质简表）中，方解石：硬度3，三向完全解理，遇盐酸强烈起泡。

答案：C

3-1-4 **解：**见《应试辅导》考点一。表3-2（常见造岩矿物物理性质简表）中，石英：硬度7，无解理，贝壳状断口、断口为油脂光泽。

答案：A

3-1-5 **解：**见《应试辅导》考点一。野外工作中，常用指甲（2~2.5）、铁刀刃（3~3.5）、玻璃（5~5.5）、钢刀刃（6~6.5）鉴别矿物的硬度；表3-2中，石英：六棱柱状或双锥状、粒状、块状，硬度7，无解理，贝壳状断口、断口为油脂光泽。

答案：C

3-1-6 **解：**见《应试辅导》考点一。他色是矿物混入了某些杂质所引起的，与矿物的本身性质无关。

答案：B

3-1-7 **解：**见《应试辅导》考点一。假色是由于矿物内部的裂隙或表面的氧化薄膜对光的折射、散射所引起的。

答案：C

3-1-8 **解：**见《应试辅导》考点一。矿物表面呈现的光亮程度，称为光泽。

答案：C

3-1-9 解：见《应试辅导》考点一。矿物表面不平，致使光线散射，如石英断口上呈现的光泽是油脂光泽。

答案：A

3-1-10 解：见《应试辅导》考点一。矿物硬度的确定，是根据两种矿物对刻时互相是否刻伤的情况而定。

答案：B

3-1-11 解：见《应试辅导》考点一。野外工作中，常用指甲（2~2.5）、铁刀刃（3~3.5）、玻璃（5~5.5）、钢刀刃（6~6.5）鉴别矿物的硬度。

答案：B

3-1-12 解：见《应试辅导》考点一。极完全解理：极易裂开成薄片，解理面大而完整，平滑光亮，如云母。

答案：A

3-1-13 解：见《应试辅导》考点一。不完全解理：常出现断口，解理面很难出现，如磷灰石。

答案：D

3-1-14 解：见《应试辅导》考点一。表 3-2（常见造岩矿物物理性质简表）中，石英：硬度7，无解理，贝壳状断口、断口为油脂光泽。

答案：A

3-1-15 解：见《应试辅导》考点一。表 3-2（常见造岩矿物物理性质简表）中，正长石：短柱状、板状、粒状，肉色、浅玫瑰或近于白，玻璃光泽，硬度6，二向完全解理，近于正交。

答案：C

3-1-16 解：见《应试辅导》考点一。表 3-2（常见造岩矿物物理性质简表）中，斜长石：长柱状、板条状，白色或灰白色，玻璃光泽，硬度6，二向完全解理，斜交。

答案：B

3-1-17 解：见《应试辅导》考点一。表 3-2（常见造岩矿物物理性质简表）中，角闪石：长柱状、纤维状，深绿至黑色，玻璃光泽，硬度6，二向完全解理，交角近56°。

答案：A

3-1-18 解：见《应试辅导》考点一。表 3-2（常见造岩矿物物理性质简表）中，高岭石：鳞片状、细粒状，白、灰白或其他色，土状光泽，硬度1，一向完全解理。

答案：D

3-1-19 解：见《应试辅导》考点一。表 3-2（常见造岩矿物物理性质简表）中，石榴石：菱形十二面体、二十四面体、粒状，棕、棕红或黑红色，玻璃光泽，硬度6.5~7.5，无解理，不规则断口。

答案：D

3-1-20 解：见《应试辅导》考点二。岩石按组成分为单矿岩、复矿岩。主要由一种矿物组成的岩石，称为单矿岩，如石灰岩就是由方解石组成的单矿岩。

答案：B

3-1-21 解：见《应试辅导》考点二。玄武岩：喷出岩，颜色呈灰黑至黑色。主要矿物成分与辉长岩相同，呈隐晶质细粒或斑状结构，气孔或杏仁状构造。玄武岩致密坚硬、性脆，强度很高，具有抗磨损、耐酸性强的特点。

答案：C

3-1-22 **解：**见《应试辅导》考点二。花岗岩：深成侵入岩，多呈肉红、浅灰、灰白等色。矿物成分主要为石英和正长石，其次有黑云母、角闪石和其他矿物。全晶质等粒结构，块状构造。根据所含深色矿物的不同，可进一步分为黑云母花岗岩、角闪石花岗岩等。花岗岩分布广泛，性质均匀坚固，是良好的建筑物地基和天然建筑石料。但是，在花岗岩地区进行工程建设时，要特别注意其风化程度和节理发育情况。

答案：A

3-1-23 **解：**见《应试辅导》考点二。岩浆上升侵入围岩，在地壳深处结晶形成的岩石，称为深成岩，在地面以下较浅处形成的岩石，称为浅成岩，两者统称为侵入岩。由喷出地面的熔岩凝固形成的岩石，称为喷出岩。

答案：B

3-1-24 **解：**见《应试辅导》考点二。岩浆岩可分为侵入岩和喷出岩，其中侵入岩又可分为深成岩和浅成岩。

答案：D

3-1-25 **解：**见《应试辅导》考点二。岩石全部由结晶微小的矿物组成，用肉眼和放大镜均看不见晶粒，只有在显微镜下可识别的是隐晶质结构。

答案：B

3-1-26 **解：**见《应试辅导》考点二。岩石全部由结晶矿物组成。它通常是深成侵入岩特有的结构，如花岗岩、正长岩。

答案：C

3-1-27 **解：**见《应试辅导》考点二。气孔状构造常为玄武岩、浮岩等喷出岩所具有。

答案：D

3-1-28 **解：**见《应试辅导》考点二。岩石中的气孔，为后期矿物（如方解石、石英等）充填所形成的一种形似杏仁的构造，如某些玄武岩和安山岩的构造。

答案：B

3-1-29 **解：**见《应试辅导》考点二。流纹岩是喷出岩，呈岩流状产出，颜色一般较浅，常呈灰白、灰红、浅黄褐等色。

答案：D

3-1-30 **解：**见《应试辅导》考点二。花岗岩、闪长岩、辉长岩均是深成侵入岩。

答案：D

3-1-31 **解：**见《应试辅导》考点二。安山岩、玄武岩、流纹岩均是喷出岩。

答案：A

3-1-32 **解：**见《应试辅导》考点二。沉积岩是地表面分布最广的一种岩石，体积占地壳的5%，出露面积约占陆地表面积的75%。

答案：D

3-1-33 **解：**见《应试辅导》考点二。常见的沉积岩有碎屑岩类，黏土岩类，化学及生物化学岩类。

答案：B

3-1-34 **解：**见《应试辅导》考点二。砂岩：砂质结构(属于碎屑结构)，由50%以上粒径介于0.05~2mm

的砂粒胶结而成，黏土含量<25%。

答案：B

3-1-35 解：见《应试辅导》考点二。页岩是由黏土脱水胶结而成，以黏土矿物为主，大部分有明显的薄层理，呈页片状。

答案：C

3-1-36 解：见《应试辅导》考点二。沉积岩中经过石化交替作用保存下来的动植物的遗骸和痕迹称为化石，如蚌壳、三叶虫、树叶等。粉砂岩属于沉积岩。

答案：C

3-1-37 解：见《应试辅导》考点二。黏土矿物含量高、孔隙率大、吸水率高的岩石，与水作用容易软化而丧失其强度和稳定性。页岩抗压、抗剪、抗拉强度都较弱。

答案：C

3-1-38 解：见《应试辅导》考点二。沉积岩主要由陆源碎屑物质、黏土矿物、化学沉积矿物和有机质及生物残骸等物质组成。

答案：D

3-1-39 解：见《应试辅导》考点二。常见的胶结物有以下几种：

①硅质：胶结成分为石英及其他二氧化硅。颜色浅，强度高。

②铁质：胶结成分为铁的氧化物及氢氧化物。颜色深，呈红色，强度仅次于硅质胶结。

③钙质：胶结成分为碳酸钙一类的物质。颜色浅，强度比较低，具有可溶性。

④泥质：胶结成分为黏土。多呈黄褐色，胶结松散，强度低，易湿软、风化。

答案：A

3-1-40 解：见《应试辅导》考点二。铁质：胶结成分为铁的氧化物及氢氧化物。颜色深，呈红色，强度仅次于硅质胶结。

答案：C

3-1-41 解：见《应试辅导》考点二。碎屑颗粒互不接触，散布于胶结物中，称为基底式胶结。

答案：A

3-1-42 解：见《应试辅导》考点二。碎屑颗粒互不接触，散布于胶结物中，称为基底式胶结。它胶结紧密，岩石孔隙度小，较其他胶结方式的岩石强度高。孔隙式胶结的工程性质与碎屑颗粒成分、形状及胶结物成分都有关系，强度变化较大。接触胶结的岩石，一般都是孔隙度大、容重小、吸水率高、强度低，透水性强。

答案：A

3-1-43 解：见《应试辅导》考点二。常见的胶结方式有基底式胶结、孔隙式胶结和接触式胶结三种。

答案：D

3-1-44 解：见《应试辅导》考点二。结晶结构：由溶液中沉淀或经重结晶所形成的结构，是石灰岩、白云岩等化学岩的主要结构。

答案：C

3-1-45 解：见《应试辅导》考点二。某些岩层一端较厚，而另一端逐渐变薄以至消失，这种现象称为尖灭。

答案：B

3-1-46 解： 见《应试辅导》考点二。当层理与层面延长方向相互平行时，称为平行层理。其中，当层理面平直时称为水平层理。

答案： C

3-1-47 解： 见《应试辅导》考点二。泥裂：黏土沉积物表面，由于失水收缩而形成不规则的多边形裂缝。

答案： B

3-1-48 解： 见《应试辅导》考点二。化石：在沉积岩中经过石化交替作用保存下来的动植物的遗骸和痕迹称为化石，如蚌壳、三叶虫、树叶等。根据化石可以推断岩石形成的地理环境和地质年代。化石是沉积岩的重要特征。

答案： D

3-1-49 解： 见《应试辅导》考点二。喷出岩、深成岩是岩浆岩，沉积碎屑岩是沉积岩，火山碎屑岩属于过渡类型。

答案： C

3-1-50 解： 见《应试辅导》考点二。砂岩分布很广，易于开采加工，是工程上广泛采用的建筑石料。

答案： A

3-1-51 解： 见《应试辅导》考点二。黏土岩是分布最广的一类沉积岩。

答案： C

3-1-52 解： 见《应试辅导》考点二。纯质白云岩为白色，随所含杂质的不同，可出现不同的颜色。性质与石灰岩相似，但强度和稳定性比石灰岩高，是一种良好的建筑石料。

答案： B

3-1-53 解： 见《应试辅导》考点二。变质岩的矿物成分可分为两大类：一类是与岩浆岩、沉积岩所共有的，如石英、长石、云母、角闪石、辉石、方解石等，它们大多是原岩残留下来的，有的是在变质作用中形成的；另一类是在变质作用中产生的变质岩所特有的矿物，以此将变质岩与其他岩石区别开来，如石墨、滑石、蛇纹石、石榴子石、绿泥石、绢云母、硅灰石、蓝晶石、红柱石等，称为变质矿物。

答案： A

3-1-54 解： 见《应试辅导》考点二。大理岩：由石灰岩或白云岩经重结晶变质而成，等粒变晶结构，块状构造。

答案： A

3-1-55 解： 见《应试辅导》考点二。石英岩：等粒变晶结构，块状构造。

答案： A

3-1-56 解： 见《应试辅导》考点二。如石墨、滑石、蛇纹石、石榴子石、绿泥石、绢云母、硅灰石、蓝晶石、红柱石等，称为变质矿物。

答案： D

3-1-57 解： 见《应试辅导》考点二。花岗岩为岩浆岩。

答案： D

3-1-58 解： 见《应试辅导》考点二。千枚岩：结晶程度比片岩差，晶粒极细，肉眼不能直接辨别，片理面常有微弱的丝绢光泽，外表常呈黄绿褐红、灰黑等色。矿物成分主要为石英、绢云母、绿泥石等。千枚岩的质地松软，强度低，抗风化能力差，容易风化剥落。

答案：D

3-1-59　解：见《应试辅导》考点二。大理岩：由石灰岩或白云岩经重结晶变质而成，等粒变晶结构，块状构造。主要矿物成分为方解石。

答案：C

3-1-60　解：见《应试辅导》考点三。岩石的软化性，是指岩石在水的作用下，强度及稳定性降低的一种性质。

答案：B

3-1-61　解：见《应试辅导》考点三。岩石的透水性，是指岩石允许水通过的能力。岩石的透水性用渗透系数（K）来表示。

答案：C

3-1-62　解：见《应试辅导》考点三。岩石的相对密度，是固体岩石的质量m_s与同体积 4℃水的质量$V_s\rho_w$的比值。

答案：C

3-1-63　解：见《应试辅导》考点三。岩石的吸水率与饱水率的比值，称为岩石的饱水系数。饱水系数越大，岩石的抗冻性越差。

答案：A

3-1-64　解：见《应试辅导》考点三。一般认为饱水系数小于 0.8 的岩石是抗冻的。

答案：B

3-1-65　解：见《应试辅导》考点三。抗压强度降低率小于 20%~25% 的岩石，认为是抗冻的；大于 25% 的岩石，认为是非抗冻的。

答案：B

3-1-66　解：见《应试辅导》考点三中表 3-3（常见岩石的抗压、抗剪及抗拉强度）。

答案：D

3-1-67　解：见《应试辅导》考点三中表 3-3（常见岩石的抗压、抗剪及抗拉强度）。

答案：B

3-1-68　解：见《应试辅导》考点三。岩石的变形指标主要有弹性模量、变形模量和泊松比。

答案：D

3-1-69　解：见《应试辅导》考点三。岩石的泊松比一般在 0.2~0.4 之间。

答案：A

3-1-70　解：见《应试辅导》考点三。影响岩石工程地质性质的因素，一是岩石自身的内在条件所决定的，如岩石的矿物成分、结构、构造；二是来自外部的客观因素，如水的作用及风化作用等。

答案：D

3-1-71　解：见《应试辅导》考点二。岩石按组成，可分为单矿岩、复矿岩；按岩石成因，可分为岩浆岩、沉积岩和变质岩三大类。

答案：A

3-1-72　解：见《应试辅导》考点二。沉积岩主要由陆源碎屑物质、黏土矿物、化学沉积矿物、有机质及生物残骸等物质组成。按组成物质、颗粒大小及形状等方面的特点，一般分为碎屑结构、泥质结构、结晶结构及生物结构四种。

答案： D

3-1-73 解： 见《应试辅导》考点三。岩石的抗压强度最高，抗剪强度居中，抗拉强度最小。岩石越坚硬，其值相差越大。岩石的抗剪强度和抗压强度是评价岩石稳定性的重要指标。

答案： A

3-1-74 解： 见《应试辅导》考点二。常见的变质岩有：片麻岩、片岩、千枚岩、板岩、大理岩、石英岩。

答案： B

3-1-75 解： 见《应试辅导》考点二。岩浆岩的构造，是指矿物在岩石中排列和充填方式所反映出来的外貌特征。常见的岩浆岩构造有以下几类：块状构造、流纹状构造、气孔状构造、杏仁状构造。

答案： C

3-1-76 解： 见《应试辅导》考点三。结晶联结的岩石，结晶颗粒的大小对岩石的强度有明显影响。一般结晶颗粒小的岩石强度大于结晶颗粒大的岩石强度。如粗粒花岗岩的抗压强度比细粒花岗岩的抗压强度小。

答案： A

3-1-77 解： 见《应试辅导》考点二。根据 SiO_2 的含量，岩浆岩可分为下面几类：①酸性岩类（SiO_2 含量>65%），常见岩石有：花岗岩、花岗斑岩、流纹岩。②中性岩类（SiO_2 含量 65%～52%），常见岩石有：正长岩、正长斑岩、粗面岩、闪长岩、闪长玢岩、安山岩。③基性岩类（SiO_2 含量 52%～45%），常见岩石有：辉长岩、辉绿岩、玄武岩。

答案： A

3-1-78 解： 见《应试辅导》考点三。岩石的工程地质性质主要包括物理性质、水理性质和力学性质三个方面。

答案： C

3-1-79 解析： 见《应试辅导》考点二。页岩是由黏土脱水胶结而成，以黏土矿物为主，大部分有明显的薄层理，呈页片状。页岩岩性软弱，易风化成碎片，强度低，遇水易软化而丧失稳定性。并且，钙质页岩中含有较多的碳酸钙，会与水中的酸性物质发生反应，造成软化。

答案： D

3-1-80 解： 见《应试辅导》考点二。沉积岩主要的构造是层理构造（水平层理、斜层理、交错层理等），层面构造（波痕、泥裂、雨痕），化石及结核。变质岩的构造有：①板状构造；②千枚状构造；③片状构造；④片麻状构造；⑤块状构造。板状构造、千枚状构造、片状构造、片麻状构造统称为片理构造。

答案： A

3-1-81 解： 见《应试辅导》考点二。黏土矿物主要是一些由含铝硅酸盐类矿物组成的岩石，经化学风化作用形成的次生矿物。

答案： B

（二）地质构造

3-2-1 地壳运动按其运动方向分为（ ）。

A.垂直运动和拉张运动　　　　　　　B.水平运动和挤压运动

C.挤压运动和拉张运动　　　　　　　D.水平运动和垂直运动

3-2-2 以下作用中属于内力地质作用的是（　　　）。
①构造运动；②地震作用；③风化作用；④岩浆及火山作用；⑤搬运作用；⑥变质作用。
A.①②③④　　　　B.②③④⑤　　　　C.③④⑤⑥　　　　D.①②④⑥

3-2-3 以下作用中不属于外力地质作用的是（　　　）。
A.剥蚀作用　　　　　　　　　　B.沉积作用
C.岩浆作用　　　　　　　　　　D.固结成岩作用

3-2-4 由地球内动力地质作用引起地壳变化，使岩层或岩体发生变形和变位的运动称为（　　　）。
A.搬运作用　　　　B.地震作用　　　　C.变质作用　　　　D.地壳运动

3-2-5 （　　　）指使松散沉积物变为坚硬岩石的作用，包括胶结作用、压实作用和结晶作用。
A.搬运作用　　　　　　　　　　B.风化作用
C.固结成岩作用　　　　　　　　D.沉积作用

3-2-6 （　　　）是地壳表层岩石受风力、地表流水、地下水、湖泊、海洋或冰川等动力作用，而遭受破坏并被剥离原地的作用。
A.搬运作用　　　　B.风化作用　　　　C.剥蚀作用　　　　D.沉积作用

3-2-7 地壳表层岩石在太阳辐射、水、大气和生物等因素的共同作用下，发生物理和化学的变化，使岩石崩解破碎以至逐渐分解的作用，称为（　　　）。
A.搬运作用　　　　　　　　　　B.风化作用
C.固结成岩作用　　　　　　　　D.沉积作用

3-2-8 （　　　）是国际通用的地质年代单位。
A.代，纪，世　　　B.纪，世，期　　　C.代，世，期　　　D.代，纪，期

3-2-9 国际上统一使用的地层单位是（　　　）。
A.界、系、统　　　B.界、纪、统　　　C.代、系、世　　　D.代、纪、统

3-2-10 发生在晚第三纪N的主要地壳运动是（　　　）。
A.海西运动　　　　　　　　　　B.印支运动
C.燕山运动　　　　　　　　　　D.喜马拉雅运动

3-2-11 燕山运动所处的年代为（　　　）。
A.白垩纪　　　　　B.三叠纪　　　　　C.第四纪　　　　　D.第三纪

3-2-12 以下地质年代由老至新的顺序正确的是（　　　）。
A.志留纪、石炭纪、奥陶纪　　　　B.石炭纪、奥陶纪、志留纪
C.奥陶纪、石炭纪、志留纪　　　　D.奥陶纪、志留纪、石炭纪

3-2-13 以下术语中相对地质年代最新的是（　　　）。
A.志留纪　　　　　B.侏罗纪　　　　　C.石炭纪　　　　　D.奥陶纪

3-2-14 以下术语中相对地质年代最老的是（　　　）。
A.志留纪　　　　　B.白垩纪　　　　　C.三叠纪　　　　　D.奥陶纪

3-2-15 （　　　）是指在一定地质时期内先后形成的具有一定层状或非层状岩石的总称。
A.岩层　　　　　　B.岩石体　　　　　C.地层　　　　　　D.地壳

3-2-16 （　　　）指岩层在空间位置的展布状态。它是分析研究各种地质构造形态的最基本依据。

A. 水平构造   B. 岩层的产状   C. 倾斜构造   D. 穿插构造

3-2-17 岩层的走向和倾向相差（ ）。

  A. 45°   B. 60°   C. 90°   D. 30°

3-2-18 任何一个视倾角都（ ）该层面的真倾角。

  A. 小于   B. 等于   C. 大于   D. 没有关系

3-2-19 下列有关岩层倾向叙述正确的是（ ）。

  A. 岩层倾向与岩层走向无关

  B. 岩层的倾向有两个数值，且两数值相差 180°

  C. 岩层的倾向只有一个数值

  D. 岩层的倾向可由走向线的方位角表示

3-2-20 罗盘仪适合测量（ ）。

  A. 岩层产状   B. 沉积岩相对地质年代的确定

  C. 褶皱构造   D. 岩浆岩相对地质年代的确定

3-2-21 "200°∠30°" 读作（ ）。

  A. 倾角 200°、倾向 30°   B. 倾向 200°、倾角 30°

  C. 200°角 30°   D. 都不正确

3-2-22 陕北的中生界地层属于（ ）。

  A. 水平构造   B. 单斜构造   C. 褶皱构造   D. 断裂构造

3-2-23 较新的岩层分布在地势较高的地方，较老的岩层出露在地势较低的地方为（ ）。

  A. 水平构造   B. 单斜构造   C. 褶皱   D. 断裂

3-2-24 岩层在构造运动中受力形成连续弯曲而未丧失连续性的构造是（ ）。

  A. 水平构造   B. 单斜构造   C. 褶皱构造   D. 断裂构造

3-2-25 下列关于褶皱的叙述不正确的是（ ）。

  A. 褶皱构造并未使岩层丧失连续性

  B. 褶皱核部为老地层，翼部为新地层

  C. 褶皱的基本类型有背斜和向斜

  D. 褶皱使岩层产生了一系列波状弯曲

3-2-26 褶皱构造形体的各个组成部分称为褶皱要素，它是用以描述和研究褶皱构造的形态特征和空间展布规律的。褶皱要素中泛指核部两侧的岩层的是（ ）。

  A. 翼   B. 轴面   C. 枢纽   D. 转折端

3-2-27 轴面倾斜，两翼岩层倾向相反，倾角不相等为（ ）。

  A. 直立褶皱   B. 倾斜褶皱   C. 倒转褶皱   D. 平卧褶皱

3-2-28 枢纽近于水平，呈直线状延伸较远，两翼岩层界线基本平行的是（ ）。

  A. 直立褶皱   B. 倾斜褶皱   C. 水平褶皱   D. 平卧褶皱

3-2-29 枢纽向一端倾伏，另一端昂起，两翼岩层界线不平行，在倾伏端交汇成封闭弯曲线的是（ ）。

  A. 倾斜褶皱   B. 倾伏褶皱   C. 水平褶皱   D. 平卧褶皱

3-2-30 褶皱构造形体的各个组成部分称为褶皱要素，它是用以描述和研究褶皱构造的形态特征和空间展布规律的。褶皱要素中以褶皱顶平分两翼的面称为褶皱的（　　　）。

  A. 翼   B. 轴面   C. 枢纽   D. 转折端

3-2-31 褶皱构造的野外观察方法有（　　　）。

  A. 踏勘法   B. 测绘法

  C. 勘探法   D. 穿越法和追索法

3-2-32 对于深埋地下的隧道工程，从褶皱的（　　　）通过一般比较有利。

  A. 核部   B. 翼部

  C. 转折端   D. 前面三种情况都一样

3-2-33 对于深挖路堑和高边坡来说，最不利的情况是（　　　）。

  A. 路线垂直于岩层走向，或路线与岩层走向平行但岩层倾向与边坡坡向相反

  B. 路线与岩层走向平行，边坡坡向与岩层倾向一致

  C. 路线与岩层走向平行，岩层倾向与路基边坡坡向一致，而且边坡的坡角大于岩层倾角

  D. 前面三种情况都是最不利

3-2-34 若在图中选择一个相对理想的公路隧洞位置，应该是（　　　）。

  A. ①

  B. ②

  C. ③

  D. 无法判断

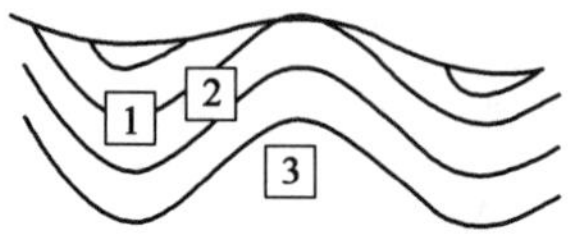

题 3-2-34 图

3-2-35 图示的断层为（　　　）。

  A. 正断层

  B. 逆断层

  C. 平移断层

  D. 无法判断

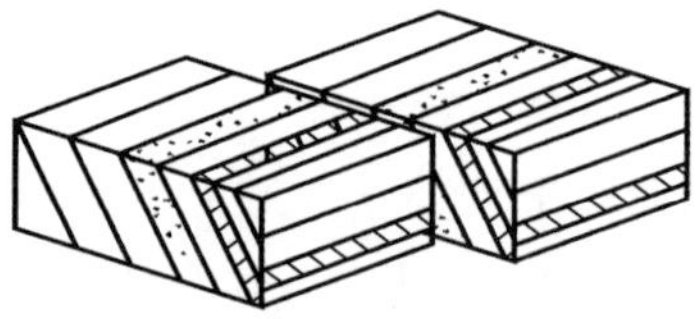

题 3-2-35 图

3-2-36 下列不属于剪裂隙特征的是（　　　）。

  A. 裂隙面平直光滑

  B. 在砾岩中可以切穿砾石

  C. 沿走向和倾向延伸较远

  D. 裂隙两壁间的裂缝较宽，呈开口或楔形，并常被岩脉充填

3-2-37 关于裂隙，下列说法不正确的是（　　　）。

  A. 裂隙破坏了岩体的完整性，使岩体的稳定性降低

  B. 裂隙常造成边坡的坍塌和滑动，以及地下室围岩的冒落

  C. 裂隙是地下水的良好通道，水文地质意义重大

  D. 在挖方和采石中，裂隙的存在降低工作效率

3-2-38 图示为平面图，图中构造为（　　　）。

  A. 向斜、正断层   B. 背斜、正断层

  C. 向斜、逆断层   D. 背斜、逆断层

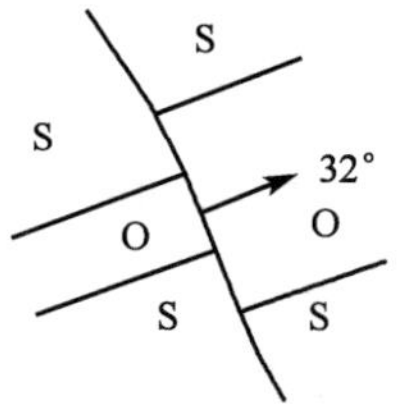

题 3-2-38 图

3-2-39 图示为平面图，图中构造为（　　　）。

A. 向斜、正断层

B. 背斜、正断层

C. 向斜、逆断层

D. 背斜、逆断层

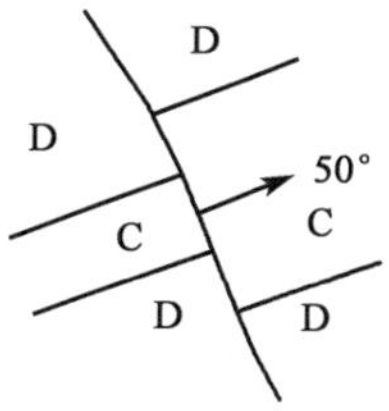

题 3-2-39 图

3-2-40 断层两盘相对错动，可引起断层面上的温度升高，使一些铁、锰、钙、硅等成分的物质粉末重熔，敷在断层面上形成一层光滑的薄膜称为（　　　）。

A. 断层破碎带　　　　B. 断层擦痕　　　　C. 断层阶步　　　　D. 断层滑面

3-2-41 关于断层的工程地质评价，下列说法不正确的是（　　　）。

A. 断层破碎带力学强度低、压缩性低

B. 断裂面对岩质边坡、坝基及桥基均有重要影响

C. 隧道工程通过断层时易发生坍塌

D. 隧道工程穿越断层带时，必须采取相应的工程加固措施，以免发生崩塌

3-2-42 若地层出现不对称性的重复现象，则此处存在的地质构造为（　　　）。

A. 褶皱　　　　　　　B. 断层　　　　　　　C. 节理　　　　　　　D. 单斜构造

3-2-43 水平岩层的岩层分界线与地形等高线（　　　）。

A. 平行

B. 弯曲方向相反

C. 弯曲方向一致，但岩层界线的弯曲度大于地形等高线的弯曲度

D. 弯曲方向一致，但岩层界线的弯曲度小于地形等高线的弯曲度

3-2-44 （　　　）的地层分界线在地质平面图上是一条与地形等高线相交的"V"字形曲线。

A. 水平构造　　　　B. 单斜构造　　　　C. 褶皱构造　　　　D. 断裂构造

3-2-45 当岩层的倾向与地面倾斜的方向相反时，在山脊处"V"字形的尖端朝向（　　　）。

A. 山麓　　　　　　B. 上游　　　　　　C. 山里　　　　　　D. 下游

3-2-46 当岩层的倾向与地面倾斜的方向一致而倾角小于地面坡度时，"V"字形的尖端朝向沟谷的（　　　）。

A. 山麓　　　　　　B. 上游　　　　　　C. 山里　　　　　　D. 下游

3-2-47 由于断层倾角一般较大，所以断层线在地质平面图上通常是一段（　　　）。

A. 圆弧　　　　　　B. 波浪线　　　　　　C. 直线　　　　　　D. 抛物线

3-2-48 （　　　）上下两套岩层之间的地质年代不连续，而且产状也不相同。

A. 水平构造　　　　B. 单斜构造　　　　C. 断层　　　　　　D. 角度不整合

3-2-49 假整合是指（　　　）。

A. 角度不整合　　　　　　　　　　B. 平行不整合

C. 整合接触　　　　　　　　　　　D. 都不正确

3-2-50 图示地层中缺失了（　　　）地层。

A. O（奥陶系）

B. J（侏罗系）

C. Q_4（第四系）

D. N（晚第三系）

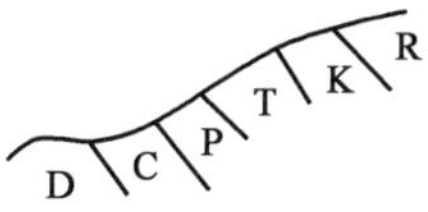

题 3-2-50 图

3-2-51 地质构造在地质图中的表现形式不存在（　　）。

　　A.水平构造　　　　B.单斜构造　　　　C.褶皱　　　　D.破裂

3-2-52 （　　）指上下两套岩层产状一致，相互平行，连续沉积形成，其间不缺失某个时代的岩层，上下岩层的岩性或所含化石都是一致的或递变的。

　　A.整合接触　　　　　　　　　　B.不整合接触

　　C.平行不整合　　　　　　　　　D.角度不整合

3-2-53 图示为地质平面图，图中 O-D 与 J-K 两套地层的接触关系为（　　）。

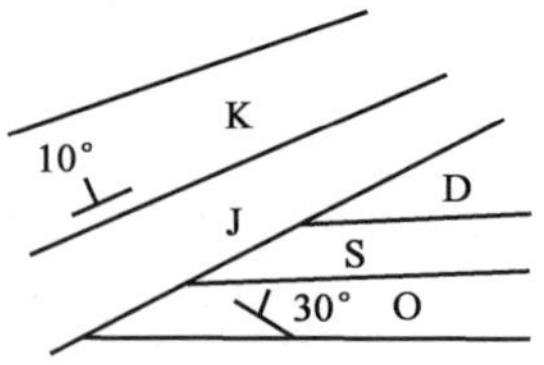

　　A.整合接触

　　B.平行不整合接触

　　C.角度不整合接触

　　D.侵入接触

题 3-2-53 图

3-2-54 ［2019 年考题］褶皱构造的两种基本形态是（　　）。

　　A.背斜和向斜　　　　　　　　　B.背斜和倾伏褶曲

　　C.向斜和倾伏褶曲　　　　　　　D.倾伏褶曲和平卧褶曲

3-2-55 ［2019 年考题］断层有各种各样的类型，上盘相对上移，下盘相对下移的断层是（　　）。

　　A.平移断层　　　B.正断层　　　C.走滑断层　　　D.逆断层

3-2-56 ［2019 年考题］某一地区的地层为 C、P 和 J。当 P 和 J 地层之间成一定角度相交时，则 P 和 J 地层之间为（　　）。

　　A.整合接触　　　　　　　　　　B.沉积接触

　　C.假整合接触　　　　　　　　　D.不整合接触

3-2-57 ［2020 年考题］岩石受力发生破裂时，未发生明显位移的断裂是（　　）。

　　A.断层　　　B.解理　　　C.节理　　　D.背斜

3-2-58 ［2021 年考题］在地质断面图中，地层年代从老到新再到老，该地质构造属于（　　）。

　　A.向斜　　　B.背斜　　　C.单斜　　　D.褶皱

3-2-59 ［2021 年考题］当岩层倾向与山坡倾斜方向一致且岩层倾角小于山坡坡度时，在地质平面图上地层分界线与地形等高线（　　）。

　　A.平行　　　　　　　　　　　　B.弯曲方向相反

　　C.弯曲方向相同　　　　　　　　D.垂直

3-2-60 对地质构造进行野外观测时，常沿垂直于岩层走向的路线穿越观察，若在地表上观测到的岩层其地质年代依次由新到老，再由老到新，对称分布，这种地质构造为（　　）。

　　A.向斜构造　　　　　　　　　　B.背斜构造

　　C.单斜构造　　　　　　　　　　D.褶皱构造

3-2-61 对于单斜构造，当岩层倾向与坡向相反时，在地质平面图上地层分界线与地形等高线（　　）。

　　A.平行　　　　　　　　　　　　B.垂直

　　C.弯曲方向相同　　　　　　　　D.弯曲方向相反

题解及参考答案

3-2-1 **解：** 见《应试辅导》考点一。地壳运动按其运动方向分为水平运动和垂直运动两种基本形式。

　　　　答案： D

3-2-2 **解：** 见《应试辅导》考点一。根据内动力地质作用方式的不同，可以分为构造运动、地震作用、岩浆及火山作用和变质作用四种类型。

　　　　答案： D

3-2-3 **解：** 见《应试辅导》考点一。根据外动力地质作用方式的不同，可以分为风化作用、剥蚀作用、搬运作用、沉积作用和固结成岩作用五种类型。

　　　　答案： C

3-2-4 **解：** 见《应试辅导》考点一。构造运动使地壳发生变形、变位的动力作用，如地壳的垂直升降运动及水平运动。

　　　　答案： D

3-2-5 **解：** 见《应试辅导》考点一。固结成岩作用：指使松散沉积物变成坚硬岩石的作用，包括胶结作用、压实作用和结晶作用。

　　　　答案： C

3-2-6 **解：** 见《应试辅导》考点一。剥蚀作用：地壳表层岩石受风力、地表流水、地下水、湖泊、海洋或冰川等动力作用，而遭受破坏并被剥离原地的作用，如风蚀作用、河流的侵蚀作用、地下水的潜蚀作用、冰川的刨蚀作用等。

　　　　答案： C

3-2-7 **解：** 见《应试辅导》考点一。地壳表层岩石在太阳辐射、水、大气和生物等因素的共同作用下，发生物理和化学的变化，使岩石崩解破碎以至逐渐分解的作用，称为风化作用。

　　　　答案： B

3-2-8 **解：** 见《应试辅导》考点二中表 3-4（地质年代单位与时间地层单位）。

　　　　答案： A

3-2-9 **解：** 见《应试辅导》考点二中表 3-4（地质年代单位与时间地层单位）。

　　　　答案： A

3-2-10 **解：** 见《应试辅导》考点二中表 3-5（地质年代表）。

　　　　答案： D

3-2-11 **解：** 见《应试辅导》考点二中表 3-5（地质年代表）。

　　　　答案： A

3-2-12 **解：** 见《应试辅导》考点二中表 3-5（地质年代表）。

　　　　答案： D

3-2-13 **解：** 见《应试辅导》考点二中表 3-5（地质年代表）。

　　　　答案： B

3-2-14 **解：** 见《应试辅导》考点二中表 3-5（地质年代表）。

　　　　答案： D

3-2-15 解：见《应试辅导》考点二。在特定的时间间隔内所形成的岩石体，称为时间地层单位。由此可得出地层的概念。

答案：C

3-2-16 解：见《应试辅导》考点三。岩层的产状是指岩层在空间位置的展布状态。岩层产状用岩层面的走向、倾向和倾角三个要素的数值来表示。岩层产状通常是用地质罗盘仪在野外测量得到。任何面状构造或地质体界面的产状，都可用产状三要素来表示。

答案：B

3-2-17 解：见《应试辅导》考点三。岩层的走向和倾向相差90°。

答案：C

3-2-18 解：见《应试辅导》考点三。视倾斜线和它在水平面上投影的夹角称视倾角。真倾角只有一个，而视倾角可有无数个，任何一个视倾角都小于该层面的真倾角。

答案：A

3-2-19 解：见《应试辅导》考点三。倾斜线在水平面上的投影所指示的方向称岩层的倾向（图3-4中的OD'线），又称真倾向，真倾向只有一个。它表示岩层在空间的倾斜方向。

答案：C

3-2-20 解：见《应试辅导》考点三。岩层产状通常是用地质罗盘仪在野外测量得到。

答案：A

3-2-21 解：见《应试辅导》考点三。前面是岩层倾向的方位角，后面是岩层倾角，读作"倾向200°、倾角30°"。

答案：B

3-2-22 解：见《应试辅导》考点三。水平构造多分布在大范围内均匀抬升或下降的地区，如陕北的中生界地层等。

答案：A

3-2-23 解：见《应试辅导》考点三。先沉积的老岩层在下，后沉积的新岩层在上，形成产状近于水平的岩层称水平构造，亦称水平岩层。因此，对于水平构造始终是较新的岩层分布在地势较高的地方，较老的岩层出露在地势较低的地方。

答案：A

3-2-24 解：见《应试辅导》考点三。组成地壳的岩层，受构造应力的强烈作用，使岩层形成一系列波状弯曲而未丧失其连续性，这种弯曲的地层形态称为褶皱构造。

答案：C

3-2-25 解：见《应试辅导》考点三。岩石受力作用断裂后，两侧岩块沿断裂面发生了显著位移的断裂构造，称为断层。褶皱是一系列波状弯曲而未丧失其连续性的岩层。

答案：A

3-2-26 解：见《应试辅导》考点三。翼泛指核部两侧的岩层。

答案：A

3-2-27 解：见《应试辅导》考点三。轴面以褶皱顶平分两翼的面称为褶皱轴面。轴面是为了标定褶皱方位及产状而划定的一个假想面。轴面可以是直立的，也可以是倾斜的或平卧的。题目中的轴面倾斜的，因此为倾斜褶皱。

答案：B

3-2-28 解：见《应试辅导》考点三。枢纽：轴面与褶皱同一岩层层面的交线称为褶皱的枢纽。褶皱枢纽有水平的、倾斜的，也有波状起伏的。枢纽可以反映褶皱在延伸方向产状的变化情况。此处枢纽近水平，因此为水平褶皱。

答案：C

3-2-29 解：见《应试辅导》考点三。题中枢纽向一端倾伏，因此为倾伏褶皱。

答案：B

3-2-30 解：见《应试辅导》考点三。轴面以褶皱顶平分两翼的面称为褶皱轴面。

答案：B

3-2-31 解：见《应试辅导》考点三。在野外常采用穿越的方法和追索的方法进行综合观察褶皱。

答案：D

3-2-32 解：见《应试辅导》考点三。对于深埋地下的隧道工程，从褶皱的翼部通过一般比较有利，如图 3-12 中 b 的位置。因为隧道通过均一岩层有利于稳定，而背斜顶部岩层受张力作用可能塌落，向斜核部则是储水较丰富的地段，但如果中间有松软岩层或软弱构造面，则在顺倾向一侧的洞壁，有时会出现明显的偏压现象，甚至导致支撑破坏，发生局部坍塌。

答案：B

3-2-33 解：见《应试辅导》考点三。最不利情况：路线与岩层走向平行，岩层倾向与路基边坡坡向一致，而且边坡的坡角大于岩层倾角，特别是在软硬岩互层，且有地下水作用时，如路堑开挖过深，边坡过陡，或者由于开挖使软弱构造面暴露，都容易引起斜坡岩层发生大规模的顺层滑动，从而破坏路基稳定。

答案：C

3-2-34 解：见《应试辅导》考点三。褶皱的核部是岩层强烈变形部位，变形强烈时，沿褶皱核部常有断层产生，造成岩石破碎或形成构造角砾岩带；地下水多聚集在向斜核部，背斜核部的裂隙也往往是地下水富集和流动的通道，必须注意岩层的坍落、漏水及涌水问题；在石灰岩地区往往岩溶较为发育。由于岩层构造变形和地下水的影响，所以公路、隧道工程或桥梁工程在褶皱核部易遇到工程地质问题，如图 3-12 中 a、c 的位置。

答案：B

3-2-35 解：见《应试辅导》考点三。平移断层：由于岩体受水平扭应力作用，使两盘沿断层面发生相对水平位移的断层。

答案：C

3-2-36 解：见《应试辅导》考点三。张裂隙两壁间的裂缝较宽，呈开口或楔形，并常被岩脉充填；张裂隙一般发育较稀，裂隙间距较大，很少密集成带；张裂隙往往是渗漏的良好通道，在砾岩中常绕开砾石。A、B、C 三项均为剪裂缝的特征。

答案：D

3-2-37 解：见《应试辅导》考点三。裂隙的工程地质评价：①裂隙破坏了岩体的完整性，使岩体的稳定性降低；②裂隙为大气和水进入岩体内部提供了通道，加速了岩石的风化和破坏；③裂隙会降低岩石的承载能力；④裂隙常造成边坡的坍塌和滑动，以及地下室围岩的冒落；⑤在挖方和采石中，裂隙的存在可以提高工作效率；⑥裂隙是地下水的良好通道，水文地质意义重大。

答案： D

3-2-38 解： 见《应试辅导》考点三。中间岩层老，两侧岩层新，为背斜。如果断层横切褶皱轴表现为断层两侧核部岩层的宽窄度突然发生变化，在背斜核部相对变窄的一侧为下降盘，而向斜核部相对变窄的一侧为上升盘，如图 3-18 所示。本题图中的褶皱为背斜，窄盘是下盘，下盘相对下降，因此为逆断层。

答案： D

3-2-39 解： 见《应试辅导》考点三。中间岩层新，两侧岩层老，为向斜。如果断层横切褶皱轴表现为断层两侧核部岩层的宽窄度突然发生变化，在背斜核部相对变窄的一侧为下降盘，而向斜核部相对变窄的一侧为上升盘，如图 3-18 所示。本题图中的褶皱为向斜，窄盘是下盘，下盘相对上升，因此为正断层。

答案： A

3-2-40 解： 见《应试辅导》考点三。断层滑（镜）面：铁、锰、钙、硅等成分的物质粉末重熔，敷在断层面上形成一层光滑的薄膜，称为断层滑（镜）面。

答案： D

3-2-41 解： 见《应试辅导》考点三。断层导致岩体裂隙增多、岩石风化破碎、风化严重、地下水充分发育，从而降低了岩石的强度和稳定性，对建筑工程造成不利影响。主要表现为：①跨越断裂构造带的建筑物，由于上、下盘的岩性可能不同，易产生不均匀沉降。②隧道工程通过断层时易发生坍塌。在断层发育地段修建隧道，是最不利的情况。③施工穿越断层带时，会使施工十分困难。因此在确定隧道平面位置时，要尽量避开断层。④隧道工程穿越断层带时，必须采取相应的工程加固措施，以免发生崩塌。⑤断裂构造带在新的地壳运动影响下，可能发生新的移动，降低地基岩体的强度和稳定性，从而影响建筑物的稳定。⑥断层破碎带力学强度低、压缩性大，建于其上的建筑物地基沉降较大，易产生断裂或倾斜。⑦断裂面对岩质边坡、坝基及桥基均有重要影响。

答案： A

3-2-42 解： 见《应试辅导》考点三。当地层走向与岩层走向大致平行时，断层使一盘上升或下降，地面遭受剥蚀夷平后，沿着地表顺倾向方向观察，会看到相同地层的不对称重复出现，或者该出现的地层却没有出现的现象。

答案： B

3-2-43 解： 见《应试辅导》考点四。在地质平面图上，水平构造的地层分界线与地形等高线平行或者一致。

答案： A

3-2-44 解： 见《应试辅导》考点四。单斜构造的地层分界线在地质平面图上是一条与地形等高线相交的"V"字形曲线。

答案： B

3-2-45 解： 见《应试辅导》考点四。当岩层倾向与地面倾斜方向相反时，在山脊处"V"字形的尖端朝向山麓，在沟谷处"V"字形的尖端朝向上游。

答案： A

3-2-46 解： 见《应试辅导》考点四。当岩层倾向与地面倾斜方向一致且倾角小于地面坡度时，"V"字形的尖端朝向沟谷的上游。此时，沟里的等高线也指向上游，因此它们的弯曲方向相同。

答案： B

3-2-47　解： 见《应试辅导》考点四。断层在地质图上用断层线表示。由于断层倾角一般较大，所以断层线在地质平面图上通常是一段直线，或近于直线的曲线。

答案： C

3-2-48　解： 见《应试辅导》考点四。角度不整合不仅上下两套岩层之间的地质年代不连续，而且产状也不相同。

答案： D

3-2-49　解： 见《应试辅导》考点四。不整合接触指上下岩层间的层序有了间断，即先后沉积的地层之间缺失了一部分地层。它分为平行不整合（也称假整合）和角度不整合（即狭义的不整合）。

答案： B

3-2-50　解： 见《应试辅导》考点二中表3-5（地质年代表）。

答案： B

3-2-51　解： 见《应试辅导》考点四。本考点内容讲述了水平构造、单斜构造、褶皱等在地图上的表现形式，但没有提及破裂。

答案： D

3-2-52　解： 见《应试辅导》考点四。整合接触指上下两套岩层产状一致，相互平行，连续沉积形成，其间不缺失某个时代的岩层。它在地质图上的表现是相邻岩层的界线弯曲特征一致，相邻岩层时代连续。

答案： A

3-2-53　解： 见《应试辅导》考点四。角度不整合不仅上下两套岩层之间的地质年代不连续，而且产状也不相同。角度不整合在地质图上的特征是新岩层的分界线遮断了下部老岩层的分界线，如图3-28b）所示。

答案： C

3-2-54　解： 见《应试辅导》考点三。褶皱构造的基本形态是背斜和向斜。背斜：岩层向上弯曲，核心部分岩层时代较老，两侧岩层依次变新并对称分布。向斜：岩层向下弯曲，核心部分岩层时代较新，两侧岩层依次变老并对称分布。

答案： A

3-2-55　解： 见《应试辅导》考点三。根据断层两盘相对位移的情况，可以分为正断层、逆断层和平移断层三种。正断层：上盘沿断层面相对下降，下盘相对上升的断层；逆断层：上盘沿断层面相对上升，下盘相对下降的断层；平移断层：由于岩体受水平扭应力作用，使两盘沿断层面发生相对水平位移的断层。

答案： D

3-2-56　解： 见《应试辅导》考点四。沉积岩地层的接触关系基本上可以分为整合接触和不整合接触两种。整合接触指上下两套岩层产状一致，相互平行，连续沉积形成，其间不缺失某个时代的岩层。不整合接触指上下岩层间的层序有了间断，即先后沉积的地层之间缺失了一部分地层。它分为平行不整合（也称假整合）和角度不整合（即狭义的不整合）。角度不整合不仅上下两套岩层之间的地质年代不连续，而且产状也不相同。

答案： D

3-2-57　解： 见《应试辅导》考点三。断裂构造主要分为裂隙和断层两大类。凡岩石沿破裂面没有明显位移的称为裂隙，也称为节理；岩石沿破裂面两侧发生了明显位移或较大错动的称为断层。

答案： C

3-2-58　解： 见《应试辅导》考点三。向斜，岩层向下弯曲，核心部分岩层年代较新，两侧岩层年代依次变老并对称分布，在地质断面图上，表现为地层年代从老到新再到老。

答案： A

3-2-59　解： 见《应试辅导》考点三。单斜构造的地层分界线在地质平面图上是一条与地形等高线相交的"V"字形曲线。当岩层倾向与地面倾斜方向一致且倾角小于地面坡度时，在山脊处"V"字形的尖端朝向山麓，在沟谷处"V"字形的尖端朝向沟谷的上游，即在地质平面图上地层分界线与地形等高线弯曲方向相同。

答案： C

3-2-60　解： 见《应试辅导》考点三。背斜，岩层向上弯曲，核心部分岩层年代较老，两侧岩层年代依次变新并对称分布。

答案： B

3-2-61　解： 见《应试辅导》考点三。当岩层倾向与地面倾斜方向相反时，在山脊处"V"字形的尖端朝向山麓，在沟谷处"V"字形的尖端朝向上游，即在地质平面图上地层分界线与地形等高线弯曲方向相同。

答案： C

（三）外动力地质作用及其产物特征

3-3-1 属于物理风化作用的方式有（　　　）。
　　A. 水化作用　　　　　　　　　　B. 冰劈作用
　　C. 水解作用　　　　　　　　　　D. 碳酸化作用

3-3-2 因强烈蒸发使地下水浓缩结晶，导致岩石裂缝被结晶力扩大，称为（　　　）。
　　A. 热胀冷缩作用　　　　　　　　B. 盐类结晶作用
　　C. 冰劈作用　　　　　　　　　　D. 碳酸化作用

3-3-3 岩石在自然因素作用下发生机械破碎，而无明显成分变化的作用是（　　　）。
　　A. 化学风化作用　　　　　　　　B. 物理风化作用
　　C. 碳酸化作用　　　　　　　　　D. 微生物作用

3-3-4 新疆吐鲁番以（　　）为主。
　　A. 冰冻风化　　　　B. 温差风化　　　　C. 氧化作用　　　　D. 水解作用

3-3-5 （　　）不是在风化作用的基础上逐渐形成和发展起来的。
　　A. 滑坡　　　　　　B. 崩塌　　　　　　C. 泥石流　　　　　D. 断层

3-3-6 以下不是温差风化强弱影响因素的是（　　　）。
　　A. 昼夜温差幅度　　　　　　　　B. 岩石性质
　　C. 温差变化速度　　　　　　　　D. 岩石大小

3-3-7 岩石由于液态水变为固态冰，体积膨胀使岩石逐渐崩解成碎块的作用称为（　　　）。
　　A. 撑裂作用　　　　B. 氧化作用　　　　C. 冰劈作用　　　　D. 岩石释重

3-3-8 以下矿物溶解能力从易到难的排列顺序正确的是（   ）。

A. 石膏>岩盐>石灰岩 　　　　　　 B. 岩盐>硬石膏>白云岩

C. 石膏>钾盐>硬石膏 　　　　　　 D. 石灰岩>硬石膏>白云岩

3-3-9 不可以使岩石在水中的溶解速度变快的是（   ）。

A. 水的温度升高 　　　　　　　　 B. 水的压力增大

C. 加入 CO_2 气体 　　　　　　　 D. 加入 O_2

3-3-10 若岩层中含有（   ）时，发生水化作用而体积膨胀，对围岩会产生很大的压力，促使岩层破碎。在隧道施工中，这种压力甚至能引起支撑倾斜、衬砌开裂，应当引起足够的注意。

A. 石膏 　　　　 B. 硬石膏 　　　　 C. 石灰岩 　　　　 D. 瓦斯

3-3-11 正长石经水解作用后形成的（   ）残留在原地。

A. KOH

B. SiO_2 胶体

C. 蛋白石（$SiO_2 \cdot nH_2O$）

D. 前述三种物质都可以残留在原地

3-3-12 当水中的（   ）含量增加，可以促进化学风化作用。

A. O_2 　　　　 B. SiO_2 　　　　 C. CO_2 　　　　 D. N_2

3-3-13 化学风化作用中是低价元素转为高价的风化作用为（   ）。

A. 水化作用 　　　　　　　　　　 B. 水解作用

C. 碳酸化作用 　　　　　　　　　 D. 氧化作用

3-3-14 树根生长对岩石的压力可达（   ）kg/cm^2。

A. 1 　　　　 B. 10 　　　　 C. 100 　　　　 D. 1000

3-3-15 影响岩石风化的内部因素是（   ）。

A. 湿度和压力 　　　　　　　　　 B. 化学活泼性流体

C. 岩石的性质和构造 　　　　　　 D. 矿物的联结力

3-3-16 雨水、融雪水对整个坡面所进行的比较均匀、缓慢并且在短期内并不显著的地质作用，称为（   ）。

A. 洗刷作用 　　 B. 山洪急流 　　 C. 冲积作用 　　 D. 侵蚀作用

3-3-17 大气降雨沿坡面细流，将坡面风化物质搬运到坡脚平缓处堆积，形成（   ）。

A. 洪积层 　　 B. 冲积层 　　 C. 残积层 　　 D. 坡积层

3-3-18 暴雨期间在短暂时间内，在地表沟谷中汇聚暂时性水流，将沟谷中物质侵蚀、搬运，并沉积在沟谷口的过程称为（   ）。

A. 洗刷作用 　　 B. 冲刷作用 　　 C. 淋滤作用 　　 D. 河流地质作用

3-3-19 下列不属于洪流地质作用造成的工程危害是（   ）。

A. 截断路基 　　 B. 中断交通 　　 C. 冲刷岸坡 　　 D. 掩埋道路

3-3-20 河流的侵蚀能力与（   ）关系最大。

A. 河床宽度 　　 B. 河流流量 　　 C. 河流流速 　　 D. 河床粗糙率

3-3-21 河流两岸洪水期被淹没，平水期露出水面的部分称为（   ）。

A. 河漫滩 　　 B. 河流阶地 　　 C. 河谷斜坡 　　 D. 河床

3-3-22 河流中下游可能出现的蛇曲现象的主要形成原因是（ 　　 ）。

  A. 垂向侵蚀   B. 岸坡滑动   C. 侧向侵蚀   D. 差异侵蚀

3-3-23 河流的侵蚀、搬运、沉积作用，被称为（ 　　 ）。

  A. 第四纪地质作用   B. 冲刷作用

  C. 成岩作用   D. 河流地质作用

3-3-24 河流的袭夺是由河流的向源侵蚀作用形成的，向源侵蚀作用属于河流地质作用中的（ 　　 ）。

  A. 化学溶蚀作用   B. 机械侵蚀作用

  C. 下蚀作用   D. 侧蚀作用

3-3-25 造成河流袭夺现象的主要形成原因是（ 　　 ）。

  A. 岸坡滑动   B. 垂向侵蚀   C. 溯源侵蚀   D. 侧向侵蚀

3-3-26 河流的地质作用一般表现为（ 　　 ）。

  A. 侵蚀、沉积   B. 沉积、搬运

  C. 侵蚀、搬运   D. 侵蚀、搬运、沉积

3-3-27 残积土是由（ 　　 ）形成的。

  A. 风化作用   B. 雨、雪水的地质作用

  C. 洪流的地质作用   D. 河流的地质作用

3-3-28 洪积扇是由（ 　　 ）形成的。

  A. 山坡细流的堆积作用   B. 山谷洪流堆积作用

  C. 降雨淋滤作用   D. 淋滤与漫流堆积作用

3-3-29 第四纪松散沉积物中，（ 　　 ）是河流地质作用形成的产物。

  A. 黄土   B. 冲积物   C. 洪积物   D. 残积物

3-3-30 牛轭湖相沉积是（ 　　 ）造成的。

  A. 冲刷作用   B. 洗刷作用

  C. 河流下蚀作用   D. 河流侧蚀作用

3-3-31 具有更好的分选性和磨圆度的土是（ 　　 ）。

  A. 坡积物   B. 冲积物   C. 洪积物   D. 残积物

3-3-32 （ 　　 ）是平水期不被河水淹没但可被洪水淹没的谷底部分。

  A. 河漫滩   B. 河流阶地   C. 河谷斜坡   D. 河床

3-3-33 平水期河水占据的谷底称为（ 　　 ）。

  A. 河漫滩   B. 河流阶地   C. 河谷斜坡   D. 河槽

3-3-34 由于河流的长期作用，形成了河床、河漫滩、河流阶地和河谷等各种河流地貌，同时也形成了第四纪陆相堆积物的另一个成因类型（ 　　 ）。

  A. 冲积层   B. 坡积层   C. 洪积层   D. 残积层

3-3-35 高山峡谷中河谷断面多呈（ 　　 ）形。

  A. U   B. V   C. L   D. 三角洲

3-3-36 瀑布常常由（ 　　 ）形成的。

  A. 溯源侵蚀   B. 侧蚀作用   C. 搬运作用   D. 沉积作用

3-3-37 以下说法错误的是（　　　）。

A. 河流的下蚀作用是无止境的

B. 到一定的基准面后，河流的侵蚀作用将趋于消失

C. 流入湖泊海洋的河流，则以湖面或海水面为其侵蚀基准面

D. 随着下蚀作用的发展，侵蚀能力削弱

3-3-38 路基发生水毁现象常常是因为（　　　）。

A. 溯源侵蚀　　　　B. 侧蚀作用　　　　C. 搬运作用　　　　D. 沉积作用

3-3-39 关于残积层的说法错误的是（　　　）。

A. 作为路堑边坡时，应考虑可能出现的坍塌和冲刷等问题

B. 作为建筑物的地基时，应考虑其承载能力和可能产生的不均匀沉陷

C. 残积层具有较多的孔隙和裂缝，易遭冲刷，强度和稳定性较差

D. 在垂直剖面上，上部碎屑的粒径较大，向下部逐渐细小

3-3-40 关于坡积层的叙述错误的是（　　　）。

A. 坡积层可分为山地坡积层和山麓平原坡积层两个亚组

B. 坡积层多由碎石和黏性土组成，其成分与下伏基岩有关

C. 由于从山坡上部到坡脚搬运距离较短，故坡积层层理不明显

D. 坡积层松散、富水，作为建筑物地基强度很低

3-3-41 关于洪积层的叙述错误的是（　　　）。

A. 组成物质分选不良，粗细混杂，碎屑物质多带棱角，磨圆度不佳

B. 有不规则的交错层理、透镜体、尖灭及夹层等

C. 山前洪积层由于周期性的干燥，常含有可溶盐类物质，形成局部软弱结晶联结

D. 从地形上看，洪积层是不利于工程建筑的

3-3-42 三角洲属于（　　　）。

A. 残积层　　　　B. 坡积层　　　　C. 洪积层　　　　D. 冲积层

3-3-43 ［2019 年考题］若岩石裂隙已扩展，并产生大量的风化裂隙，在裂隙面上出现了次生矿物，则此岩层属于（　　　）。

A. 整石带　　　　B. 块石带　　　　C. 碎石带　　　　D. 粉碎带

3-3-44 ［2019 年考题］坡积裙主要分布在（　　　）。

A. 山沟沟口处　　　　　　　　　　B. 河流漫滩处

C. 山坡坡脚处　　　　　　　　　　D. 山顶处

3-3-45 ［2020 年考题］下列有关岩石风化作用的说法中，错误的是（　　　）。

A. 岩石的风化作用仅发生在地表

B. 岩石的风化作用使岩体的结构构造发生变化

C. 岩石的风化作用使岩石的强度及稳定性降低

D. 岩石的风化作用使岩石的矿物成分和化学成分发生变化

3-3-46 ［2020 年考题］山区公路水毁的重要动因是河流的（　　　）。

A. 溶蚀作用　　　　　　　　　　　B. 侧蚀作用

C. 下蚀作用　　　　　　　　　　　D. 机械侵蚀作用

3-3-47 ［2020年考题］岩石的风化程度一般划分为全风化、强风化等（　　）。

　　A. 二级　　　　　　　B. 三级　　　　　　　C. 四级　　　　　　　D. 五级

3-3-48 ［2021年考题］河水流动的过程中不断加深和拓宽河床的作用称为河流的侵蚀作用，这种侵蚀作用可分为（　　）。

　　A. 溶蚀作用和磨蚀作用　　　　　　　　B. 下蚀作用和侧蚀作用

　　C. 淘蚀作用和潜蚀作用　　　　　　　　D. 溶蚀作用和机械侵蚀作用

3-3-49 ［2021年考题］与岩石风化无关的作用是（　　）。

　　A. 太阳辐射　　　　B. 空气　　　　C. 风　　　　D. 地球引力

题解及参考答案

3-3-1　**解：**见《应试辅导》考点一。物理风化作用的方式主要有温差风化、水的冻结与融化、盐类的结晶与潮解、岩石的卸荷。

　　答案：B

3-3-2　**解：**见《应试辅导》考点一。一些具有很大吸湿性的盐类能从空气中吸收大量的水分而潮解为溶液。温度升高，水分蒸发，盐分又结晶析出，体积显著增大对岩石的空隙和裂隙起到撑裂作用，使得裂隙逐渐扩大，导致岩石松散破坏。

　　答案：B

3-3-3　**解：**见《应试辅导》考点一。在地表或接近地表条件下，岩石、矿物在原地发生物理或机械破碎而不改变化学成分、不形成新矿物的作用，称为物理风化作用或机械风化作用。

　　答案：B

3-3-4　**解：**见《应试辅导》考点一。温差风化的强弱主要决定于温差变化的速度和幅度，昼夜温差变化的幅度越大，温差风化则越强烈。吐鲁番的昼夜温差很大，因此为温差风化。

　　答案：B

3-3-5　**解：**见《应试辅导》考点一。崩塌、滑坡、泥石流都可能是风化导致的后果，而断层是由岩石断裂造成的。

　　答案：D

3-3-6　**解：**见《应试辅导》考点一。温差风化的强弱主要决定于温差变化的速度和幅度，昼夜温差变化的幅度越大，温差风化则越强烈。此外，温差风化的强弱还取决于岩石的性质，如矿物成分与岩石结构等。

　　答案：D

3-3-7　**解：**见《应试辅导》考点一。当岩石温度低到0℃以下时，水结冰，体积膨胀约9%，对裂隙产生膨胀压力，使原有裂隙进一步扩大，同时产生更多的新裂隙。

　　答案：C

3-3-8　**解：**见《应试辅导》考点一。根据化学知识，最容易溶解的矿物是卤化盐类（岩盐，钾盐），其次是硫酸盐类（石膏、硬石膏），再次是碳酸盐类（石灰岩、白云岩）。

　　答案：B

3-3-9 解： 见《应试辅导》考点一。根据化学知识，当水的温度升高以及压力增大时，水的溶解作用会比较活跃。特别是当水中含有侵蚀性的 CO_2 而发生碳酸化作用时，水的溶解作用会显著增强。

答案：D

3-3-10 解： 见《应试辅导》考点一。含水矿物的硬度一般低于无水矿物，同时由于在水化过程中吸入水分子引起的体积膨胀，对岩石也具有一定的破坏作用。硬石膏发生水化时体积膨胀 60%。

答案：B

3-3-11 解： 见《应试辅导》考点一。正长石经水解作用后，K^+ 与水中 $(OH)^-$ 离子结合，形成 KOH 随水流失，析出的 SiO_2 可呈胶体溶液随水流失，或形成蛋白石（$SiO_2 \cdot nH_2O$）残留于原地，其余部分可形成难溶于水的高岭石而残留于原地。

答案：C

3-3-12 解： 见《应试辅导》考点一。当水中溶有 CO_2 时，水溶液中除 H^+ 和 $(OH)^-$ 离子外，还有 CO_3^{2-} 和 HCO_3^- 离子，碱金属及碱土金属与之相遇会形成碳酸盐，这种作用称为碳酸化作用。尤其是在石灰岩地区，经常会产生溶洞、溶穴等岩溶现象。

答案：C

3-3-13 解： 见《应试辅导》考点一。矿物中的低价元素与大气中的游离氧化合变为高价元素的作用，称为氧化作用。氧化作用是地表极为普遍的一种自然现象。在湿润的情况下，氧化作用更为强烈。

答案：D

3-3-14 解： 见《应试辅导》考点一。树根生长对于岩石的压力可达 $10kg/cm^2$，这能使根深入岩石裂缝，劈开岩石，从而引起岩石崩解。

答案：B

3-3-15 解： 见《应试辅导》考点一。影响岩石风化速度、深度、程度以及分布规律的因素可分为内因和外因两大因素。内因是指岩石的地质特征，包括岩石的矿物成分、结构和构造等。外因主要包括气候、地形、地下水以及地质构造等。

答案：C

3-3-16 解： 见《应试辅导》考点一。雨水、融雪水对整个坡面所进行的这种比较均匀、缓慢的地质作用，称为洗刷作用。

答案：A

3-3-17 解： 见《应试辅导》考点一。雨水或积雪融化时，地表水一部分渗入地下，其余的沿坡面形成网状坡面细流，携带着坡面上细小的风化岩屑和黏土物质沿坡面向下移动，最后在坡脚或山坡中下部低凹处沉积下来形成坡积层。

答案：D

3-3-18 解： 见《应试辅导》考点一，山洪急流沿沟谷流动时的沟底坡度大，流速快，拥有巨大的动能，如果地表岩石或土比较疏松、裂隙发育，地面坡度较陡，再加上地面缺少植物覆盖，则该地区极易形成冲沟（由冲刷作用形成的沟底狭窄、两壁陡峭的沟谷称为冲沟）。

答案：B

3-3-19 解： 见《应试辅导》考点一。冲沟使地形变得支离破碎，路线布局往往受到冲沟的控制，不仅增加路线长度和跨沟工程、增大工程费用，而且经常由于冲沟的不断发展，截断路基，中断交通，或者由于洪积物掩埋道路，淤塞涵洞，影响正常运输。

答案：C

3-3-20 解：见《应试辅导》考点一。河流地质作用的强弱，主要与河水的动能有关。河水的动能与流量和流速平方的乘积成正比。

答案：C

3-3-21 解：见《应试辅导》考点一。平水期不被河水淹没但可被洪水淹没的谷底称为河漫滩。

答案：A

3-3-22 解：见《应试辅导》考点一。横向环流使凹岸岸壁不断坍塌后退，并将冲刷下来的碎屑物质由底层流束带向凸岸堆积下来［图 3-34b）］，其结果使河湾的曲率增大，蛇曲属于侧向侵蚀的结果。

答案：C

3-3-23 解：见《应试辅导》考点一。河流地质作用包括河流的侵蚀、搬运和沉积作用。

答案：D

3-3-24 解：见《应试辅导》考点一。河流的侵蚀过程总是从河的下游逐渐向河源方向发展的，这种溯源推进的侵蚀过程称为溯源侵蚀，属于下蚀作用。

答案：C

3-3-25 解：见《应试辅导》考点一。溯源侵蚀使分水岭不断遭到剥蚀切割，河流长度不断增加，以及产生河流的袭夺现象。

答案：C

3-3-26 解：见《应试辅导》考点一。河流地质作用包括河流的侵蚀、搬运和沉积作用。

答案：D

3-3-27 解：见《应试辅导》考点二。地表岩石经过长期风化作用以后，改变了矿物成分、结构和构造，形成和原来岩石性质不同的风化产物，其中除一部分易溶物质被水溶解流失外，大部分物质残留在原地，这种物质称为残积物，这种风化层称为残积层。

答案：A

3-3-28 解：见《应试辅导》考点二。洪积层是由山洪急流搬运的碎屑物质组成的，多堆积在沟口外围一带。由于山洪急流的长期作用，在沟口一带就形成了扇形展布的堆积体，在地貌上称为洪积扇。

答案：B

3-3-29 解：见《应试辅导》考点二。河流的沉积物称冲积层。

答案：B

3-3-30 解：见《应试辅导》考点一。有些处于蛇曲形态的河湾，彼此之间十分靠近，一旦流量增大，河水会裁弯取直，流入新开拓的局部河道，而残留的原河湾的两端因逐渐淤塞而与原河道隔离，形成状似牛轭的静水湖泊，称为牛轭湖。

答案：D

3-3-31 解：见《应试辅导》考点二。冲积层物质分选性好，磨圆度高，且发育近水平层理。

答案：B

3-3-32 解：见《应试辅导》考点一。平水期不被河水淹没但可被洪水淹没的谷底称为河漫滩。

答案：A

3-3-33 解：见《应试辅导》考点一。平水期河水占据的谷底称为河床（也称河槽）。

答案：D

3-3-34 解：见《应试辅导》考点二。由于河流的长期作用，形成了河床、河漫滩、河流阶地和河谷等各种河流地貌，同时也形成了第四纪陆相堆积物的另一个成因类型，即冲积层。

答案：A

3-3-35 解：见《应试辅导》考点一。上游多位于高山峡谷中，急流险滩多，河道较直，流量不大但流速很大，河谷横断面多呈"V"字形。

答案：B

3-3-36 解：见《应试辅导》考点一。河流溯源侵蚀过程中的差异下蚀常常形成瀑布。

答案：A

3-3-37 解：见《应试辅导》考点一。河流的下蚀作用达到一定的基准面后，河流的侵蚀作用将趋于消失。

答案：A

3-3-38 解：见《应试辅导》考点二。由于河流的水位变化及侧蚀，常使沿河布设的公路路基发生水毁现象。

答案：B

3-3-39 解：见《应试辅导》考点二。残积物不具有层理，碎屑物质大小不均匀、棱角显著，无分选，粒度和成分受气候条件和母岩岩性控制。

答案：D

3-3-40 解：见《应试辅导》考点二。坡积层多由碎石和黏性土组成，其成分与下伏基岩无关，而与山坡上部基岩成分有关。

答案：B

3-3-41 解：见《应试辅导》考点二。洪积层主要分布于山麓坡脚的沟谷出口地带及山前平原，从地形上看，是有利于工程建筑的。

答案：D

3-3-42 解：见《应试辅导》考点二。在河流入海的河口处，流速几乎降到零，河流携带的泥砂绝大部分都要沉积下来。沉积物在水面以下呈扇形分布，扇顶位于河口，扇缘则伸入海中，露出水面的部分形如一个顶角指向河口的倒三角形，故称河口冲积层为三角洲。

答案：D

3-3-43 解：见《应试辅导》考点一。物理风化作用、化学风化作用、生物风化作用及其多种风化方式都具有其独立意义。但是，在许多情况下，它们相伴而生，并相互影响和促进，共同破坏岩石，使整块岩石破碎为块石，再破碎为碎石甚至粉末，若含有有机质则形成土壤。

答案：B

3-3-44 解：见《应试辅导》考点二。坡积层是山区公路勘测设计中经常遇到的第四纪陆相沉积物中的一个成因类型，它顺着坡面沿山坡的坡脚或山坡的凹坡呈缓倾斜裙状分布，在地貌上称为坡积裙。

答案：C

3-3-45 解：见《应试辅导》考点一。风化作用是指地表或接近地表的岩石、矿物与大气、水及生物接触过程中产生物理、化学变化而在原地形成松散堆积物的全过程。风化作用在地表最显著，随着深度的增加，其影响就逐渐减弱以致消失。

答案：A

3-3-46 解：见《应试辅导》考点一。由于河流的水位变化及侧蚀，常使沿河布设的公路路基发生水毁现象，特别是河湾凹岸地段，最为显著。

答案：B

3-3-47 解：见《应试辅导》考点一中表 3-6（岩石风化程度分级）。根据四个方面的变化，将岩石风化程度划分为五级。

答案：D

3-3-48 解：见《应试辅导》考点二。河流的侵蚀作用，按照河床不断加深和拓宽的发展过程，可分为下蚀作用和侧蚀作用。

答案：B

3-3-49 解：见《应试辅导》考点一。风化作用是指地表或接近地表的岩石、矿物，在太阳辐射、大气、水和生物等风化营力作用下，产生物理、化学变化而在原地形成松散堆积物的全过程。

答案：D

（四）地　貌

3-4-1 地貌学是研究（　　）的科学。

A. 地表的形态特征、成因

B. 地表的分布及其发育规律

C. 地表的形态特征、成因及其发育规律

D. 以上答案都对

3-4-2 构造平原分布极广，依照其所处的绝对高程进行划分，绝对高程在 600m 以上的平原地带是（　　）。

A. 洼地　　　　　B. 平原　　　　　C. 高原　　　　　D. 盆地

3-4-3 不是四大高原的是（　　）。

A. 青藏高原　　　B. 内蒙古高原　　C. 黄土高原　　　D. 云南高原

3-4-4 桂林山水是（　　）地貌。

A. 岩溶地貌　　　B. 峰林地貌　　　C. 崖壁地貌　　　D. 风成地貌

3-4-5 下列不属于外力地貌的是（　　）。

A. 冰川地貌　　　B. 火山地貌　　　C. 岩溶地貌　　　D. 重力地貌

3-4-6 低平原的绝对高程大约是（　　）。

A. >600m　　　　　　　　　　　B. >200m

C. 0~200m　　　　　　　　　　　D. 低于海平面高度

3-4-7 下列诗句中能体现河流堆积地貌的是（　　）。

A. 黄河之水天上来，奔流到海不复回

B. 三山半落青天外，二水中分白鹭洲

C. 孤帆远影碧空尽，唯见长江天际流

D. 两岸猿声啼不住，轻舟已过万重山

3-4-8 气候（主要为温度和降水量）决定着外力的性质和强度，从而影响其塑造的地貌。（　　）与气候关系强烈。

　　　　A. 流水地貌、喀斯特地貌　　　　　　　B. 风成地貌、黄土地貌

　　　　C. 冰川地貌、冻土地貌　　　　　　　　D. 海岸地貌、重力地貌

3-4-9 从河漫滩向上依次称为（　　　　）。

　　　　A. 一级阶地、二级阶地、三级阶地　　　B. 三级阶地、二级阶地、一级阶地

　　　　C. 一级阶地、三级阶地、二级阶地　　　D. 三级阶地、一级阶地、二级阶地

3-4-10 阶地级数越高，其形成时代和所处的位置分别为（　　　　）。

　　　　A. 越早、越低　　　B. 越晚、越低　　　C. 越早、越高　　　D. 越晚、越高

3-4-11 主要由被侵蚀的岩石构成的阶地叫作（　　　　）。

　　　　A. 侵蚀阶地　　　　B. 基座阶地　　　　C. 堆积阶地　　　　D. 纵向阶地

3-4-12 上部为冲积阶层，下部为基岩裸露的河流阶地称为（　　　　）。

　　　　A. 侵蚀阶地　　　　B. 基座阶地　　　　C. 堆积阶地　　　　D. 纵向阶地

3-4-13 如果地壳经历多次的间断性上升，则可在河谷上形成若干级河谷阶地，（　　　　）的工程性质最好。

　　　　A. 四级阶地　　　　B. 三级阶地　　　　C. 二级阶地　　　　D. 一级阶地

3-4-14 图示为河谷断面，图中阶地为（　　　　）。

　　　　A. 侵蚀阶地

　　　　B. 基座阶地

　　　　C. 上叠阶地

　　　　D. 内叠阶地

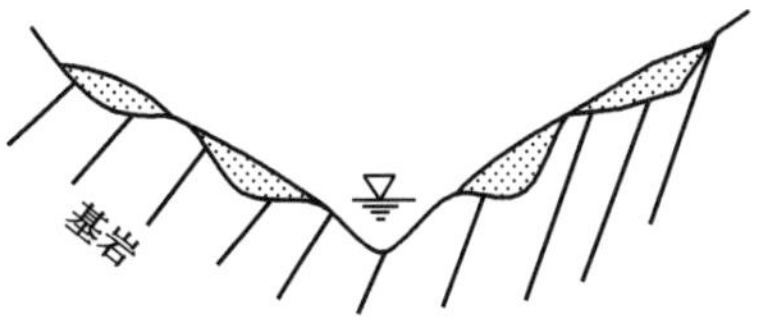

题 3-4-14 图

3-4-15 图示为河谷断面，图中阶地为（　　　　）。

　　　　A. 侵蚀阶地

　　　　B. 上叠阶地

　　　　C. 堆积阶地

　　　　D. 内叠阶地

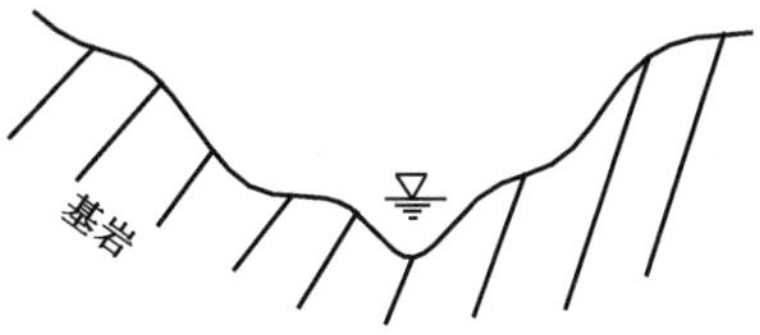

题 3-4-15 图

3-4-16 冲积平原地貌单元是（　　　　）地质作用形成的。

　　　　A. 河流　　　　　　B. 风化作用　　　　C. 坡面细流　　　　D. 洪流

3-4-17 下列平原中工程地质条件较好的是（　　　　）。

　　　　A. 洪积平原　　　　B. 冲积平原　　　　C. 剥蚀平原　　　　D. 湖泊平原

3-4-18 华北平原的地貌类型属于（　　　　）。

　　　　A. 剥蚀平原　　　　B. 冲积平原　　　　C. 洪积平原　　　　D. 构造平原

3-4-19 分水岭属于（　　　　）形成的山岭。

　　　　A. 剥蚀作用　　　　　　　　　　　　　B. 构造变动

　　　　C. 火山作用　　　　　　　　　　　　　D. 河流堆积作用

3-4-20 猪背岭的岩层倾角超过（　　　　）。

　　　　A. 30°　　　　　　　B. 35°　　　　　　　C. 40°　　　　　　　D. 45°

3-4-21 （　　　　）是指山脊上呈马鞍状的明显下凹处。

　　　　A. 垭口　　　　　　　B. 阶地　　　　　　C. 悬崖　　　　　　D. 陡坡

3-4-22 以下工程地质条件较差的垭口类型是（　　　）。

    A. 剥蚀型垭口
            B. 背斜张裂带型垭口

    C. 断层破碎带型垭口
       D. 单斜较稳定型垭口

3-4-23 （　　　）通常以低填或浅挖的断面形式通过。

    A. 剥蚀型垭口
            B. 背斜张裂带型垭口

    C. 断层破碎带型垭口
       D. 剥蚀—堆积型垭口

3-4-24 下列关于垭口在公路建设中的作用，说法错误的是（　　　）。

    A. 降低公路高程
            B. 减少展线工程量

    C. 节约建设成本
            D. 提高公路造价

3-4-25 下列关于垭口中，工程地质条件最好的是（　　　）。

    A. 构造型垭口
            B. 背斜张裂带型垭口

    C. 单斜软弱层型垭口
     D. 无法确定

3-4-26 山坡上缓下陡，自上而下坡度渐增的山坡称为（　　　）。

    A. 直线形坡
    B. 凸形坡
    C. 凹形坡
    D. 阶梯形坡

3-4-27 坡脚受到强烈冲刷或不合理的切坡，或者受到地震的影响，可能引起古滑坡复活，威胁建筑物稳定的是（　　　）。

    A. 直线形坡
    B. 凸形坡
    C. 凹形坡
    D. 阶梯形坡

3-4-28 （　　　）稳定性最差。

    A. 均匀的直线形山坡
        B. 单斜岩层构成的直线形山坡

    C. 坡面堆积而形成的直线形山坡
   D. 缓坡

3-4-29 坡度介于31°~70°的为（　　　）。

    A. 微坡
    B. 缓坡
    C. 陡坡
    D. 垂直形坡

3-4-30 地震后的地貌调查表明，（　　　）在各种山坡地貌形态中稳定性比较差。

    A. 直线形坡
    B. 凸形坡
    C. 凹形坡
    D. 阶梯形坡

3-4-31 ［2019年考题］从地质作用看，将垭口的基本类型归纳为（　　　）。

    A. 构造型垭口、剥蚀型垭口、剥蚀—堆积型垭口

    B. 构造型垭口、剥蚀型垭口、堆积型垭口

    C. 构造型垭口、剥蚀型垭口、构造—剥蚀型垭口

    D. 构造型垭口、剥蚀型垭口、构造—堆积型垭口

3-4-32 ［2020年考题］在某河谷上形成若干级河谷阶地，用于敷设路线最好的是（　　　）。

    A. 一、二级阶地
         B. 三、四级阶地

    C. 三级阶地
           D. 四级阶地

3-4-33 ［2021年考题］在识别各级河流阶地形成年代的先后时，下列说法正确的是（　　　）。

    A. 高阶地年代新，低阶地年代老

    B. 低阶地年代新，高阶地年代老

    C. 根据阶地二元结构表层地层的沉积年代确定，与阶地高低无关

    D. 根据阶地二元结构下部地层的沉积年代确定，与阶地高低无关

题解及参考答案

3-4-1 **解：**见《应试辅导》考点一。"地貌"含义广泛，它不仅包括地表形态的全部外部特征，还涉及这些形态的地质结构，以及这些形态的成因和发展。

答案：C

3-4-2 **解：**见《应试辅导》考点二中表 3-7（大陆地貌的形态分类）。

答案：C

3-4-3 **解：**见《应试辅导》考点二。我国四大高原是青藏高原、内蒙古高原、黄土高原、云贵高原。

答案：D

3-4-4 **解：**见《应试辅导》考点二。岩溶地貌：岩溶地貌以地表水和地下水的溶蚀作用为地貌形成和发展的基本因素。其所形成的地貌如溶沟、石芽、溶洞、峰林、地下暗河等。桂林山水为岩溶地貌。

答案：A

3-4-5 **解：**见《应试辅导》考点二。火山地貌为内力地貌。

答案：B

3-4-6 **解：**见《应试辅导》考点二中表 3-7（大陆地貌的形态分类）。

答案：C

3-4-7 **解：**见《应试辅导》考点二。B 选项的诗句意思是：高耸的三山有半截露出青天之外，白鹭洲把秦淮河分割成二条支流。因此，该诗句中的白鹭洲是河流堆积地貌。

答案：B

3-4-8 **解：**见《应试辅导》考点二。流水地貌、喀斯特地貌与气候关系强烈。

答案：A

3-4-9 **解：**见《应试辅导》考点三。阶地有多级时，从河漫滩向上依次称为一级阶地、二级阶地、三级阶地等。

答案：A

3-4-10 **解：**见《应试辅导》考点三。阶地级数编号越大，出露时间越早，受风化剥蚀越严重，保存得越不完整，工程地质条件越差。

答案：C

3-4-11 **解：**见《应试辅导》考点三。侵蚀阶地：也称基岩阶地。由基岩石构成，阶地面较窄，没有或零星有冲积物。一般形成于构造抬升的山区河谷中。

答案：A

3-4-12 **解：**见《应试辅导》考点三。基座阶地：阶地面上为冲积层，下部为基岩，说明河流下蚀的深度大于原生沉积物的厚度，反映了后构造上升较大的特点。

答案：B

3-4-13 **解：**见《应试辅导》考点三。阶地级数编号越大，出露时间越早，受风化剥蚀越严重，保存得越不完整，工程地质条件越差。由此可推断出，阶地级数编号越小，出露时间越晚，受风化剥蚀越弱，保存得越完整，工程地质条件越好。

答案：D

3-4-14　解：见《应试辅导》考点三。由本题图可以看出，阶地面上为冲积层，下部为基岩，故为基座阶地。

　　　　答案： B

3-4-15　解：见《应试辅导》考点三。由本题图可以看出，阶地没有冲积物，且阶地面较窄，故为侵蚀阶地。

　　　　答案： A

3-4-16　解：见《应试辅导》考点四。堆积平原又可分为河流冲积平原、山前洪积冲积平原、湖积平原、风积平原和冰碛平原，其中较为常见的是前面三种。

　　　　答案： A

3-4-17　解：见《应试辅导》考点四。剥蚀平原的工程地质条件一般较好。

　　　　答案： C

3-4-18　解：见《应试辅导》考点四。华北平原为冲积平原。

　　　　答案： B

3-4-19　解：见《应试辅导》考点五。地表流水侵蚀作用形成河间分水岭，冰川刨蚀作用形成刃脊、角峰，地下水溶蚀作用形成峰林等。

　　　　答案： A

3-4-20　解：见《应试辅导》考点五。如果岩层倾角超过 40°，则两坡的坡度和长度均相差不大，其所形成的山岭外形很像猪背，所以又称猪背岭。

　　　　答案： C

3-4-21　解：见《应试辅导》考点五。垭口是指山脊上呈马鞍状的明显下凹处。

　　　　答案： A

3-4-22　解：见《应试辅导》考点五。断层破碎带型垭口：这种垭口的工程地质条件比较差。岩体的整体性被破坏，经地表水侵入和风化，岩体破碎严重，一般不宜采用隧道方案，如采用路堑，也需控制开挖深度或考虑边坡防护，以防止边坡发生崩塌。

　　　　答案： C

3-4-23　解：见《应试辅导》考点五。剥蚀—堆积型垭口是以剥蚀和堆积作用为主导因素所形成的垭口。其开挖后的稳定条件主要决定于堆积层的地质特征和水文地质条件。这类垭口外形浑缓，垭口宽厚，宜于公路展线，但松散堆积层的厚度较大，有时还发育有湿地或高地沼泽，水文地质条件较差，故不宜降低过岭高程，通常多以低填或浅挖的断面形式通过。

　　　　答案： D

3-4-24　解：见《应试辅导》考点五。越岭的公路路线若能寻找合适的垭口，可以降低公路高程和减少展线工程量。

　　　　答案： D

3-4-25　解：见《应试辅导》考点五。背斜张裂带型垭口两侧岩层外倾，有利于排除地下水，有利于边坡稳定，一般可采用较陡的边坡坡度，使挖方工程量和防护工程量都比较小。如果选用隧道方案，施工费用和洞内衬砌也比较节省，是一种较好的垭口类型。

　　　　答案： B

3-4-26　解：见《应试辅导》考点五。凸形坡：山坡上缓下陡，自上而下坡度渐增，下部甚至呈直立状态，坡脚界限明显。

答案：B

3-4-27 解： 见《应试辅导》考点五。阶梯形坡：由软硬不同的水平岩层或微倾斜岩层组成的基岩山坡，其表面剥蚀强烈，覆盖层薄，基岩外露，稳定性一般比较高；滑坡变形造成的阶梯状斜坡，多存在于山坡中下部，如果坡脚受到强烈冲刷或不合理的切坡，或受到地震的影响，可能引起古滑坡复活，威胁建筑物的稳定。

答案：D

3-4-28 解： 见《应试辅导》考点五。经长期剥蚀碎落和坡面堆积而形成的直线形山坡，这种山坡在青藏高原和川西峡谷比较发育，其稳定性最差，选作傍山公路的路基，应注意避免挖方内侧的坍方和路基沿山坡滑坍。

答案：C

3-4-29 解： 见《应试辅导》考点五。陡坡：坡度介于31°~70°。

答案：C

3-4-30 解： 见《应试辅导》考点五。凹形山坡在各种山坡地貌形态中是稳定性比较差的一种。

答案：C

3-4-31 解： 见《应试辅导》考点五。从地质作用看，可以将垭口归纳为三个基本类型：①构造型垭口；②剥蚀型垭口；③剥蚀—堆积型垭口。

答案：A

3-4-32 解： 见《应试辅导》考点三。阶地在通常情况下，是河谷地貌中敷设路线的理想地貌部位。当有几级阶地时，除考虑过岭高程外，一般首选一级阶地，其次是二级阶地，阶地级数不宜选择太高，否则不便于道路与峡谷外的公路连接。

答案：A

3-4-33 解： 见《应试辅导》考点三。阶地有多级时，从河漫滩向上依次称为一级阶地、二级阶地、三级阶地等。阶地级数编号越大，出露时间越早，受风化剥蚀越严重，保存得越不完整，工程地质条件越差。因此编号越大，阶地越高，年代越老；编号越小，阶地越低，年代越新。

答案：B

（五）水 文 地 质

3-5-1 下列不是地下水富集必须具备的条件的是（　　　）。

　　A.较多的储水空间　　　　　　　　B.有充足的补给水源

　　C.有良好的汇水条件　　　　　　　D.有良好的排水条件

3-5-2 下列不属于地下水埋藏类型的是（　　　）。

　　A.上层滞水　　　　B.孔隙水　　　　C.潜水　　　　D.承压水

3-5-3 上层滞水的主要补给来源是（　　　）。

　　A.大气降水　　　　B.河流水　　　　C.承压水　　　　D.地表水

3-5-4 潜水是埋藏在第一个稳定隔水层上的（　　　）。

　　A.包气带水　　　　B.毛细水　　　　C.重力水　　　　D.上层滞水

3-5-5 埋藏并充满两个隔水层之间的重力水称为（　　　）。

　　　　　A. 潜水　　　　　　　B. 承压水　　　　　C. 上层滞水　　　　D. 包气带水

3-5-6 根据潜水等水位线图判断潜水与河水的补给关系是（　　　　）。

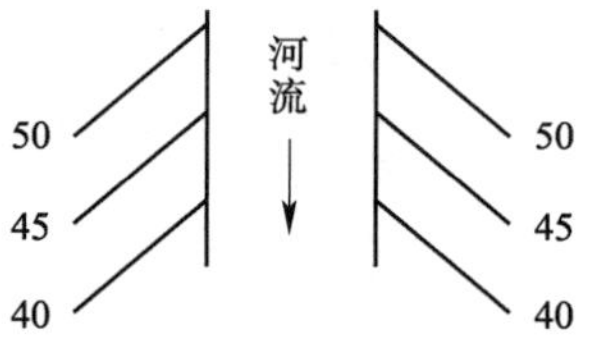

　　　　　A. 河水补给潜水

　　　　　B. 一侧潜水补给河水，另一侧相反

　　　　　C. 潜水补给河水

　　　　　D. 无法判断

题 3-5-6 图

3-5-7 根据潜水等水位线图判断潜水与河水的补给关系是（　　　　）。

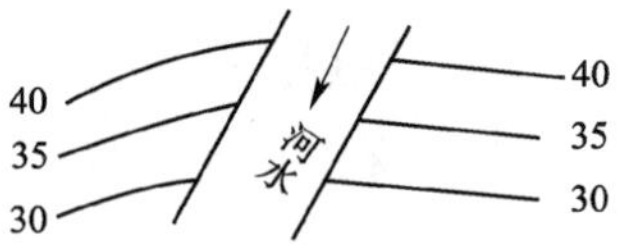

　　　　　A. 潜水补给河水

　　　　　B. 河水补给潜水

　　　　　C. 一岸潜水补给河水，另一岸河水补给潜水

　　　　　D. 无法判断

题 3-5-7 图

3-5-8 地下水降低可使降水周围的地面（　　　　）。

　　　　　A. 下降　　　　　　　B. 上升　　　　　　　C. 不变　　　　　　D. 不确定

3-5-9 从潜水等水位线图上不能获取的信息是（　　　　）。

　　　　　A. 潜水的埋藏深度　　　　　　　　　　B. 潜水的流向

　　　　　C. 潜水的水力梯度　　　　　　　　　　D. 潜水的化学成分

3-5-10 决定地下水流向的是（　　　　）。

　　　　　A. 压力的大小　　　　　　　　　　　　B. 位置的高低

　　　　　C. 水头的大小　　　　　　　　　　　　D. 含水层类型

3-5-11 在坝轴线河床段打一钻孔，钻孔涌水的水位高于河水位，则钻孔涌出的水是（　　　　）。

　　　　　A. 潜水　　　　　　　B. 上层滞水　　　　C. 承压水　　　　　D. 裂隙水

3-5-12 对地下水动态起主导作用的影响因素是（　　　　）。

　　　　　A. 气候因素　　　　　B. 水文因素　　　　C. 地质因素　　　　D. 植被因素

3-5-13 在饱水带之上未被水充满的地带称为（　　　　）。

　　　　　A. 包气带　　　　　　B. 饱水带　　　　　C. 潜水带　　　　　D. 承压水带

3-5-14 ［2019 年考题］承压水通常的排泄形式是（　　　　）。

　　　　　A. 泉　　　　　　　　　　　　　　　　　B. 直接排入地表

　　　　　C. 通过蒸发逸入大气　　　　　　　　　　D. 通过透水通道排入潜水层

3-5-15 水质最好的水是（　　　　）。

　　　　　A. 潜水　　　　　　　B. 上层滞水　　　　C. 承压水　　　　　D. 裂隙水

3-5-16 以下说法错误的是（　　　　）。

　　　　　A. 气候、水文因素的变化对承压水的影响较小

　　　　　B. 过量抽取地下承压水使得含水层空隙压缩变形，是导致地面沉陷的主要原因

　　　　　C. 承压水可以泉或溢流的形式排向地表或地表水体

　　　　　D. 承压水一般水量较小，施工时只需稍做处理

3-5-17 涌水事故是由于（　　　　）产生的。

　　　　　A. 风化裂隙水　　　　B. 成岩裂隙水　　　C. 构造裂隙水　　　D. 其他

3-5-18 以下关于岩溶水叙述错误的是（ 　　）。

A. 水力联系密切

B. 具有分布均匀的特点

C. 岩溶水可以是潜水，也可以是承压水

D. 水量动态多变、随季节变化大

3-5-19 以下关于孔隙水叙述不正确的是（ 　　）。

A. 水力联系较弱 　　　　　　　　B. 分布不均匀

C. 水质好 　　　　　　　　　　　D. 水量动态多变、随季节变化大

3-5-20 ［2020年考题］下列有关岩溶水的说法中，错误的是（ 　　）。

A. 岩溶水与地表水的流域系统相似

B. 岩溶水空间分布极不均匀

C. 岩溶水水量变化受气候影响不大

D. 岩溶水给工程预测预防带来困难

题解及参考答案

3-5-1 **解：**见《应试辅导》考点一。地下水的富集必须具备三个条件：有较多的储水空间，有充足的补给水源，有良好的汇水条件。

答案： D

3-5-2 **解：**见《应试辅导》考点一、考点二。根据地下水的埋藏条件，可以把地下水划分为包气带水、潜水和承压水。按含水层空隙性质（含水介质）的不同，可将地下水划分为孔隙水、裂隙水和岩溶水。在包气带内局部隔水层上积聚的具有自由水面的重力水称为上层滞水。

答案： B

3-5-3 **解：**见《应试辅导》考点二。上层滞水接近地表，接受大气降水的补给，以蒸发形式或向隔水底板边缘排泄。

答案： A

3-5-4 **解：**见《应试辅导》考点二。饱水带中第一个连续隔水层之上具有自由表面的含水层中的水称为潜水，潜水的水面为自由水面，称为潜水面。潜水在重力作用下，通常由水位高的地方向水位低的地方径流。

答案： C

3-5-5 **解：**见《应试辅导》考点二。充满于两个隔水层之间的含水层中的地下水称为承压水。

答案： B

3-5-6 **解：**见《应试辅导》考点二。相邻两等水位线间作一垂直连线，即得此范围内的潜水的流向。由本题图可知为潜水补给河水。

答案： C

3-5-7 **解：**见《应试辅导》考点二。相邻两等水位线间作一垂直连线，即得此范围内的潜水的流向。由本题图可知，左岸潜水补给河水，右岸河水补给潜水。

答案：C

3-5-8　解：见《应试辅导》考点二。地下水降低、土中有效应力增加，沉降增大，可以使降水周围地面下降。

答案：A

3-5-9　解：见《应试辅导》考点二。等水位线图能表明潜水的埋藏深度、流向、水力梯度、含水层厚度及其动态变化等，因此，潜水等水位线图不能获取潜水的化学成分。

答案：D

3-5-10　解：见《应试辅导》考点二。潜水在重力作用下，通常由水位高的地方向水位低的地方径流。流动快慢取决于含水层的渗透性能力和水力坡度，而水力梯度是水头差与渗流路径的比值。

答案：C

3-5-11　解：见《应试辅导》考点二。承压性是承压水的一个重要特征。用钻孔揭露含水层，水位将上升到含水层顶板以上一定高度才静止下来。静止水位高出含水层顶板的距离便是承压水头。

答案：C

3-5-12　解：见《应试辅导》考点二。上层滞水接近地表，接受大气降水的补给；潜水含水层直接与包气带相接，在其分布范围内，通过包气带接受大气降水、地表水或凝结水的补给。由此得出，气候因素对地下水动态起主导作用。

答案：A

3-5-13　解：见《应试辅导》考点一。饱水带之上未被水充满的地带为包气带。

答案：A

3-5-14　解：见《应试辅导》考点二。承压含水层在地形适宜处露出地表时，可以泉或溢流形式排向地表或地表水体。

答案：A

3-5-15　解：见《应试辅导》考点二。承压水受隔水层的限制，与地表水联系较弱。由此可以得出承压水不易受到地表水影响，其水质最好。

答案：C

3-5-16　解：见《应试辅导》考点二。承压水一般水量较大，会造成突然而猛烈的涌水，需重视。

答案：D

3-5-17　解：见《应试辅导》考点三。构造裂隙水一般水量比较丰富，常常是良好的供水水源，但对隧道施工往往造成危害，如产生突然涌水事故等。构造裂隙水可以是潜水，也可以是承压水。

答案：C

3-5-18　解：见《应试辅导》考点三。岩溶水分布不均匀、水力联系密切。由于地下溶洞与溶洞、溶洞与溶蚀裂隙之间相互连通，因而使岩溶水具有密切的水力联系和较强的传递能力、水量动态多变、随季节变化大等特点。

答案：B

3-5-19　解：见《应试辅导》考点三。岩土体颗粒粗大且均匀，则孔隙含水层的透水性好，地下水储量大、流速快、水质好；反之，则透水性差、地下水储量小、流速慢、水质差。由此可知D选项错误。

答案：D

3-5-20　解：见《应试辅导》考点三。岩溶水具有分布的不均匀性、水力联系密切。由于地下溶洞与溶洞、溶洞与溶蚀裂隙之间相互连通，因而使岩溶水具有密切的水力联系和较强的传递能力、水量动态多变、随季节变化大等特点。由于岩溶地下水与地表水联系密切，所以岩溶地下水流量的季节变化幅度很大，基本与地表河流相同。岩溶水分布不均匀、水量大给工程预测预防带来困难，尤其是隧道施工难度大，也常造成路基水毁。

答案： C

（六）道路工程地质问题

3-6-1 在陡峻的斜坡上，巨大岩块在重力作用下突然而猛烈地向下倾倒、翻滚、崩落的现象，称为（　　）。

  A. 滑坡   B. 崩塌   C. 泥石流   D. 岩溶

3-6-2 ［2019年考题］产生崩塌的地形条件，一般斜坡（　　）。

  A. 坡度大于20°，高度大于10m   B. 坡度大于35°，高度大于30m

  C. 坡度大于45°，高度大于15m   D. 坡度大于45°，高度大于30m

3-6-3 关于崩塌形成条件说法错误的是（　　）。

  A. 高陡边坡   B. 岩石坚硬   C. 构造发育   D. 碎散土体

3-6-4 ［2020年考题］从地质构造条件分析，下列条件中最容易发生崩塌的是（　　）。

  A. 沉积岩层的整合接触   B. 为结构面切割的破碎岩体

  C. 软弱结构面与坡向相反   D. 无结构面切割的完整岩体

3-6-5 以下主要用于治理崩塌的技术是（　　）。

  A. 拦挡坝   B. 抗滑桩   C. 落石网   D. 排导槽

3-6-6 斜坡大量土体和岩体在重力作用下，沿着一定滑动面（或带）整体向下滑动的现象，称为（　　）。

  A. 滑坡   B. 崩塌   C. 泥石流   D. 岩溶

3-6-7 从滑坡形成的地形地貌条件分析，（　　）地段不易发生滑坡。

  A. 高陡斜坡

  B. 山地缓坡，地表水易渗入

  C. 山区河流的凸岸

  D. 黄土地区高阶地前级坡角被地下水侵蚀和地下水浸润

3-6-8 影响滑坡形成的主要因素有（　　）。

  ①岩性；②构造；③水；④岩溶；⑤气候。

  A. ①②③   B. ①②④   C. ①③⑤   D. ②④⑤

3-6-9 ［2019年考题］发生在均质黏性土中的滑坡，滑动面多呈（　　）。

  A. 圆弧形   B. 直线形   C. 矩形   D. 折线形

3-6-10 以下主要用于治理滑坡的技术是（　　）。

  A. 拦挡坝   B. 抗滑桩   C. 落石网   D. 排导槽

3-6-11 不属于形成泥石流基本条件的是（　　）。

  A. 有丰富的固体物质补给泥石流

  B. 有陡峭的地形和较大的沟床纵坡

C.有强大的暴雨或冰雪强烈消融等形成的充沛水源

D.封山育林、植树造林

3-6-12 泥石流活动的触发条件是（　　　）。

A.地质条件 　　　　　　　　　　　　B.地形条件

C.水文气象条件 　　　　　　　　　　D.岩性条件

3-6-13 以下主要用于治理泥石流的技术是（　　　）。

A.排水沟 　　　B.抗滑桩 　　　C.落石网 　　　D.拦挡坝

3-6-14 地表水和地下水对地表及地下可溶性岩石所进行的以化学溶解作用为主，机械侵蚀作用为辅的作用称为（　　　）。

A.滑坡 　　　B.崩塌 　　　C.泥石流 　　　D.岩溶

3-6-15 岩溶的发育条件及影响因素不包括（　　　）。

A.完整的岩石 　　　　　　　　　　　B.循环交替流动的水

C.构造发育 　　　　　　　　　　　　D.降雨充沛

3-6-16 以下主要用于治理岩溶的技术是（　　　）。

A.锚杆 　　　B.抗滑桩 　　　C.落石网 　　　D.疏导

3-6-17 软土的天然含水率一般为（　　　）。

A.30%~50% 　　　B.0%~70% 　　　C.60%~80% 　　　D.70%~90%

3-6-18 软土受到振动，海绵状结构破坏，土体强度降低，甚至呈现流动状态，称为（　　　）。

A.触变性 　　　B.流变性 　　　C.压缩性 　　　D.湿陷性

3-6-19 软土在长期荷载作用下，变形可以持续很长时间，最终引起破坏，这种性质称为（　　　）。

A.触变性 　　　B.流变性 　　　C.压缩性 　　　D.湿陷性

3-6-20 不是软土地基处理方法的是（　　　）。

A.换填法 　　　B.抛石挤泥法 　　　C.反压护道法 　　　D.碾压法

3-6-21 有关软土叙述错误的是（　　　）。

A.评价软土抗剪强度时，应根据建筑物加荷情况选用不同的试验方法

B.软土地基的变形破坏主要是因承载力低、地基变形大或发生挤出

C.软土地基处理，多采用几种方法综合处理

D.软土是指某一种特定的土

3-6-22 黄土中粉粒约占（　　　）。

A.60%~70% 　　　B.1%~29% 　　　C.8%~26% 　　　D.40%~50%

3-6-23 黄土湿陷性（　　　）。

A.西北强、东南弱 　　　　　　　　　B.西北弱、东南强

C.西南弱、东北强 　　　　　　　　　D.都一样

3-6-24 黄土的相对密度一般为（　　　）。

A.2.24~2.54 　　　　　　　　　　　B.2.54~2.84

C.2.84~3.14 　　　　　　　　　　　D.3.14~3.44

3-6-25 一般含水率超过（　　　）时就不再具有湿陷性了。

A.20% 　　　B.21% 　　　C.25% 　　　D.26%

3-6-26 （   ）是黄土的最不良性质。

    A. 压缩性   B. 抗剪强度   C. 湿陷性   D. 黄土陷穴

3-6-27 浸水压缩试验方法适用于评价（   ）。

    A. 压缩性   B. 抗剪强度   C. 湿陷性   D. 黄土陷穴

3-6-28 下列关于黄土路基变形破坏中不正确的是（   ）。

    A. 黄土地区进行道路建设和道路病害治理必须重视排水问题

    B. 黄土陷穴、人工坑洞、地下墓穴等人工洞穴在黄土地区较为多见

    C. 黄土路堤沉陷的原因只是地基湿陷和洞穴坍陷

    D. 排水问题，包括地表排水和地下排水

3-6-29 黄土地基存在湿陷和压缩两种不同性质的变形。对于饱和黄土，则主要应考虑（   ）变形进行计算。

    A. 湿陷   B. 压缩

    C. 湿陷与压缩   D. 长期

3-6-30 当湿陷系数δ_{sh}满足（   ）条件时，应定为湿陷性黄土。

    A. $\delta_{sh} > 0.015$ B. $\delta_{sh} > 0.030$

    C. $\delta_{sh} > 0.050$ D. $\delta_{sh} > 0.0015$

3-6-31 具有特殊大孔隙、垂直节理发育的土是（   ）。

    A. 软土   B. 黄土   C. 膨胀土   D. 盐渍土

3-6-32 膨胀土遇水后膨胀，是因为膨胀土中含有较多的（   ）。

    A. 蒙脱石   B. 高岭石   C. 白云石   D. 长石

3-6-33 初期强度极高，经过几个干湿循环后强度极低的土是（   ）。

    A. 黄土   B. 膨胀土   C. 软土   D. 盐渍土

3-6-34 （   ）滑坡多为牵引式，呈叠瓦状，成群发生。

    A. 黄土   B. 膨胀土   C. 软土   D. 盐渍土

3-6-35 固结系数$R > 1$的土是（   ）。

    A. 正常土   B. 固结土   C. 超固结土   D. 欠固结土

3-6-36 盐渍土因溶蚀作用而下陷是盐渍土的（   ）。

    A. 湿陷性   B. 压实性   C. 力学性质   D. 毛细水作用

3-6-37 当盐渍土中（   ）含量较高时，土的物理力学性质和筑路性质会发生显著变化，引起许多路基病害。

    A. 硫酸盐   B. 碳酸盐   C. 水   D. 黏土

3-6-38 盐渍土地区的路基出现胀缩现象的主要原因是（   ）。

    A. 水   B. 风   C. 温度变化   D. 气体

3-6-39 影响路基盐胀的主要因素是（   ）。

    A. 土质   B. 含盐量   C. 温度   D. 以上都正确

3-6-40 水分冻结成固态的冰，冰与土冻结成整体，形成一种特殊的土是（   ）。

    A. 黄土   B. 冻土   C. 盐渍土   D. 软土

3-6-41 关于冻土的描述，以下错误的是（　　　）。

A. 气温、地温越低，地表植被越好，冻土稳定性越好

B. 温度越低、含冰量越大，冻土稳定性越差

C. 冻土年均气温低于 0℃

D. 持续三年以上处于冻结不融化的土称为多年冻土

3-6-42 冻土的指标测定中（　　　）是关键。

A. 总含水量 　　　　　　　　　　B. 含冰量

C. 未冻结水含量 　　　　　　　　D. 相对密度

3-6-43 冻土在地温为 −4℃时砂类土的修正值 K 是（　　　）。

A. 0 　　　　　B. 0.6 　　　　　C. 0.75 　　　　　D. 0.95

3-6-44 冻胀率大于 6%的是（　　　）。

A. 强冻胀土 　　　　B. 冻胀土 　　　　C. 弱冻胀土 　　　　D. 不冻胀土

3-6-45 冻土融化下沉由（　　　）组成。

A. 压缩形变、融化下沉 　　　　　　B. 压缩形变、沉降

C. 融化下沉、沉降 　　　　　　　　D. 都不正确

3-6-46 弱融沉的是（　　　）。

A. 少冰冻土 　　　　B. 多冰冻土 　　　　C. 富冰冻土 　　　　D. 饱冰冻土

3-6-47 控制冻土变形速率和变形总量是指（　　　）。

A. 保护原则 　　　　　　　　　　B. 主动原则

C. 不保护原则 　　　　　　　　　D. 一般保护原则

3-6-48 不稳定冻土一般采取（　　　）。

A. 保护原则 　　　　B. 主动原则 　　　　C. 不保护原则 　　　　D. 一般保护原则

3-6-49 以下属于纵向不均匀沉降的是（　　　）。

A. 山坡线半填半挖路段

B. 填方路堤及挖方路堑交替出现

C. 沟谷内地基较松软在外力下产生沉降

D. 不同填方高度的路基

3-6-50 风化剥落、落石、冲刷和表层滑塌属于（　　　）。

A. 坡面变形 　　　　B. 整体失稳 　　　　C. 坡面冲刷 　　　　D. 坡面防护

3-6-51 经济、简便，效果较好的坡面防护措施是（　　　）。

A. 喷混凝土 　　　　　　　　　　B. 浆砌片石

C. 植物防护 　　　　　　　　　　D. 石灰炉渣浆抹面

3-6-52 道路桥梁应选在（　　　）。

A. 河道扩散段 　　　　　　　　　B. 河道弯曲段

C. 河道顺直段 　　　　　　　　　D. 河道游荡段

3-6-53 确保桥梁安全的方面不包括（　　　）。

A. 桥位选择 　　　　　　　　　　B. 桥梁基坑稳定

C. 正确选定桥基承载力 　　　　　D. 水文勘测

3-6-54 一般情况下，桥梁的轴线与河流方向（　　）。

A. 平行　　　　　　B. 倾斜　　　　　　C. 垂直　　　　　　D. 呈 45°

3-6-55 以下说法错误的是（　　）。

A. 桥头及其引线应避开滑坡、崩塌、泥石流等地质灾害发生场所

B. 桥渡线应避免在两河交汇或支流汇入主流的河口段通过

C. 桥渡线尽可能选在河道顺直、水流通畅地段

D. 桥渡线宜选在河槽较宽的峡谷段通过

3-6-56 应尽可能避开在（　　）上建桥。

A. 上游狭窄河段　　　　　　　　　B. 下游收缩河段

C. 中游扩散河段　　　　　　　　　D. 平缓河段

3-6-57 地基承载力的确定方法是（　　）。

A. 载荷试验法　　　B. 公式计算法　　　C. 规范查表法　　　D. 以上都是

3-6-58 隧道洞口位置选择不影响（　　）。

A. 洞门的沉降变形　　　　　　　　B. 洞门仰坡的稳定

C. 隧道的位置　　　　　　　　　　D. 隧道洞口的大小

3-6-59 在倾斜岩层中，沿岩层走向布置隧道一般是（　　）的。

A. 不利　　　　　　B. 有利　　　　　　C. 无关系　　　　　　D. 无影响

3-6-60 在富水的岩土体中开挖隧道，当遇到互相贯通又含水的孔隙时，大量的地下水涌入洞内，新开挖的隧道就成为排泄地下水的新通道的现象是指（　　）。

A. 隧道涌水　　　B. 隧道渗水　　　C. 隧道浸水　　　D. 其他

3-6-61 ［2020 年考题］滑坡体在滑动过程中，因受力不均而产生滑坡裂缝，其中分布在滑坡体后缘，多呈弧形，与滑坡壁大致平行的是（　　）。

A. 周形裂缝　　　B. 拉张裂缝　　　C. 鼓张裂缝　　　D. 剪切裂缝

3-6-62 ［2021 年考题］关于崩塌形成的基本条件，以下说法错误的是（　　）。

A. 斜坡高、陡是形成崩塌的必要条件

B. 由软硬岩互层构成的陡峻斜坡不容易形成崩塌

C. 大规模的崩塌多发生在暴雨、久雨或强震之后

D. 崩塌易沿倾向临空方向且倾角较陡的软弱结构面发生

3-6-63 ［2021 年考题］泥石流是一种突然暴发的含有大量泥沙、石块的特殊洪流，下列不属于形成泥石流基本条件的是（　　）。

A. 宽阔平缓的排泄通道　　　　　　B. 陡峭的山坡地形

C. 流域中有丰富的固体物质　　　　D. 雨或冰雪融水

3-6-64 ［2021 年考题］我国黄土的堆积年代包括整个第四纪，按照公路工程所处区域地质年代划分，离石黄土的堆积年代为（　　）。

A. 全新世 Q_4　　　　　　　　　　B. 晚更新世 Q_3

C. 中更新世 Q_2　　　　　　　　　D. 早更新世 Q_1

3-6-65 ［2021 年考题］膨胀土是一种黏性土，土中黏粒的主要矿物成分是（　　）。

A. 蒙脱石和伊利石　　　　　　　　B. 高岭石和蛇纹石

C. 高岭石和绿泥石   D. 绿泥石和蛇纹石

3-6-66 ［2021 年考题］当盐渍土中（　　）含量较高时，土的物理、力学性质和筑路性质会发生显著变化。

A. 硫酸镁   B. 硫酸钙   C. 碳酸钙   D. 硫酸钠

题解及参考答案

3-6-1 **解：** 见《应试辅导》考点一。崩塌是指陡峻的斜坡上的巨大岩块在重力作用下突然而猛烈地向下倾倒、翻滚、崩落的现象。

答案： B

3-6-2 **解：** 见《应试辅导》考点一。斜坡高、陡是形成崩塌的必要条件。调查表明，规模较大的崩塌，一般多产生在高度大于 30m、坡度大于 45°（大多数介于 55°~75° 之间）的陡峻斜坡上。

答案： D

3-6-3 **解：** 见《应试辅导》考点一。斜坡高、陡是形成崩塌的必要条件；坚硬的岩石具有较大的抗剪强度和抗风化能力，能形成高峻的斜坡，易发生崩塌；各种构造面对坡体的切割、分离，为产生崩塌创造了条件。因此 D 选项错误。

答案： D

3-6-4 **解：** 见《应试辅导》考点一。各种构造面对坡体的切割、分离，为产生崩塌创造了条件。由此得出 B 选项正确。

答案： B

3-6-5 **解：** 见《应试辅导》考点一。崩塌常见的防治措施有：①清除坡面危石。②坡面加固：如坡面喷浆、抹面、砌石铺盖等以防治软弱岩层进一步风化；灌浆、勾缝、镶嵌、锚栓以恢复和增强岩体的完整性。③危岩支顶：如用石砌或用混凝土作支垛、护壁、支柱、支墩、支墙等以增加斜坡的稳定性。④拦截防御：如修筑落石平台、落石网、落石槽、拦石网、拦石堤、拦石墙等。⑤调整水流：如修筑截水沟、堵塞裂隙、封底加固附近的灌溉引水、排水沟渠等。⑥遮盖：如修筑明洞、棚洞将公路工程保护起来。

答案： C

3-6-6 **解：** 见《应试辅导》考点一。滑坡的发生，是斜坡岩（土）体平衡条件遭到破坏的结果。

答案： A

3-6-7 **解：** 见《应试辅导》考点一。滑坡主要发生在易于亲水软化的土层中和一些软质岩层中，当坚硬岩层或岩体内存在有利于滑动的软弱面时，在适当的条件下也可能形成滑坡。斜坡高、陡是形成崩塌的必要条件。

答案： A

3-6-8 **解：** 见《应试辅导》考点一。影响滑坡形成的因素：岩性、构造、水。此外，如风化作用，降雨，人为不合理地切坡或坡顶加载，地表水对坡脚的冲刷以及地震等，都能促使上述条件发生有利于斜坡土石向下滑动的变化，激发斜坡产生滑动现象。

答案： A

3-6-9　**解：**见《应试辅导》考点一。一般地，均质无黏性土滑坡的滑动面为平面，均质黏性土滑坡的滑动面为圆弧面，其余滑坡多为复合滑动面。

答案：A

3-6-10　**解：**见《应试辅导》考点一。滑坡常见的防治措施有：①排水：修截排水沟排除地表水，截水盲沟、盲洞、渗管、渗井、垂直钻孔等排除滑坡体内的地下水。②力学平衡法：如在滑坡体下部修筑抗滑片石垛、抗滑挡墙、抗滑桩、锚索抗滑桩、锚固框架等支挡建筑物，以增加滑坡下部的抗滑力。在滑坡体的上部刷方减载以减小其滑动力，在滑体下部填方压脚以增大抗滑力等。③改善滑动面（带）的土石性质：一般采用焙烧、压浆及化学加固等物理化学方法。

答案：B

3-6-11　**解：**见《应试辅导》考点一。形成泥石流有三个基本条件：①流域中有丰富的固体物质补给泥石流。②有陡峭的地形和较大的沟床纵坡。③流域的中、上游有强大的暴雨或冰雪强烈消融等形成的充沛水源。

答案：D

3-6-12　**解：**见《应试辅导》考点一。水既是泥石流的组成部分之一，也是泥石流活动的基本动力和触发条件。

答案：C

3-6-13　**解：**见《应试辅导》考点一。泥石流的防治措施有：①水土保持工程：在形成区内，封山育林、植树造林。②滞流措施：在泥石流沟中修筑一系列低矮的拦挡坝。③排导工程：包括渡槽、排导沟、导流堤等。④桥梁：适用于跨越流通区的泥石流。⑤防护工程：主要有护坡、挡墙、顺坝和丁坝等措施。

答案：D

3-6-14　**解：**见《应试辅导》考点一。岩溶是指地表水和地下水对地表及地下可溶性岩石所进行的以化学溶解作用为主、机械侵蚀作用为辅的溶蚀作用、侵蚀—溶蚀作用以及与之相伴生的堆积作用的总称。

答案：D

3-6-15　**解：**见《应试辅导》考点一。①岩溶发育条件归结为：可溶岩层的存在，可溶岩必须是透水的，具有侵蚀能力的水和水是流动的。②影响岩溶发育的因素很多，除上述基本条件外，地质的因素还有地层（包括地层的组合、厚度）、构造（包括地层产状、大地构造、地质构造等）。地理因素有气候、覆盖层、植被和地形等。其中，气候因素对岩溶影响最为显著。

答案：A

3-6-16　**解：**见《应试辅导》考点一。疏导：对经常有水和季节性有水的空洞，宜疏不宜堵。

答案：D

3-6-17　**解：**见《应试辅导》考点二。软土具有较大的孔隙比和高含水率，孔隙比一般大于 1.0，高的可达 5.8（滇池淤泥），含水率大于液限达 50%~70%，最大可达 300%。

答案：B

3-6-18　**解：**见《应试辅导》考点二。软土受到振动，海绵状结构破坏，土体强度降低，甚至呈现流动状态，称为触变，也称振动液化。

答案：A

3-6-19　**解：**见《应试辅导》考点二。软土在长期荷载作用下，变形可以延续很长时间，最终引起破坏，这种性质称为流变性。

答案： B

3-6-20 解： 见《应试辅导》考点二。碾压法适用于碎石土、砂土、粉土、低饱和度黏土和杂填土等，对饱和黏性土应慎重采用。对软土不适用。

答案： D

3-6-21 解： 见《应试辅导》考点二。软土是一类土的总称，并非指某一种特定的土，一般将软土分为软黏性土、淤泥质土、淤泥、泥炭质土和泥炭等，即其性质大体与上述概念相近的土都可以归为软土。

答案： D

3-6-22 解： 见《应试辅导》考点二。黄土的粒度成分以粉粒为主，约占 60%~70%。

答案： A

3-6-23 解： 见《应试辅导》考点二。根据我国地域特点，黄土湿陷性在西北强、东南弱。

答案： A

3-6-24 解： 见《应试辅导》考点二。黄土的比重一般在 2.54~2.84 之间，结构疏松，具有大孔隙，密度为 1.5~1.8g/cm³，干密度约为 1.3~1.6g/cm³，一般认为干密度小于 1.5g/cm³ 的黄土具有湿陷性。

答案： B

3-6-25 解： 见《应试辅导》考点二。含水率与湿陷性有一定关系，含水率低，湿陷性强，含水率增加，湿陷性减弱。一般，含水率超过 25%时就不再具有湿陷性了。

答案： C

3-6-26 解： 见《应试辅导》考点二。如果湿陷发生在土的饱和自重压力下称为自重湿陷，如果湿陷发生在自重压力和建筑物的附加压力下称为非自重湿陷。黄土的非自重湿陷比较普遍，其工程意义比较大。

答案： C

3-6-27 解： 见《应试辅导》考点二。黄土湿陷性评价目前都采用浸水压缩试验方法。

答案： C

3-6-28 解： 见《应试辅导》考点二。黄土地区进行道路建设和道路病害治理必须重视排水问题，包括地表排水和地下排水。黄土陷穴、人工坑洞、地下墓穴等人工洞穴在黄土地区较为多见。

答案： C

3-6-29 解： 见《应试辅导》考点二。含水率与湿陷性有一定关系，含水率低，湿陷性强，含水率增大，湿陷性减弱，一般含水率超过 25%时就不再具有湿陷性了。因此对于饱和黄土应主要考虑压缩变形进行计算。

答案： B

3-6-30 解： 见《应试辅导》考点二。将黄土原状土样放入固结仪内，在无侧限膨胀条件下进行压缩试验，测出天然湿度下变形稳定后的试样高度 h_2 及浸水饱和条件下变形稳定后的试样高度 h_2'，然后计算相对湿陷系数 $\delta_{sh} = (h_2 - h_2')/h_2$。当 $\delta_{sh} > 0.015$ 时，判定为湿陷性黄土。

答案： A

3-6-31 解： 见《应试辅导》考点二。黄土因其特殊的大孔隙、垂直节理发育等结构特性，强渗透和遇水崩解的水理特性，干燥时高强度、浸水后强度明显降低的强度特性，造成路基常出现路堤下沉、坡面冲刷、边坡滑塌和滑坡、冲沟侵蚀路基等工程病害。

答案： B

3-6-32 解： 见《应试辅导》考点二。膨胀土是一种黏性土，具有明显的膨胀、收缩特性。它的粒度成分以黏粒为主，黏粒的主要矿物是蒙脱石、伊利石。

答案： A

3-6-33 解： 见《应试辅导》考点二。膨胀土是一种黏性土，它的粒度成分以黏粒为主，黏粒的主要矿物是蒙脱石、伊利石，这两类矿物有强烈的亲水性，吸收水分后体积膨胀，失水后收缩，多次膨胀、收缩，强度很快衰减，导致修建在膨胀土上的工程建筑物开裂、下沉、失稳破坏。

答案： B

3-6-34 解： 见《应试辅导》考点二。膨胀土在水的淋滤作用下，裂面附近蒙脱石含量显著增高，呈白色，构成膨胀土的软弱面，这种灰白土是引起膨胀土边坡失稳滑动的主要原因。

答案： B

3-6-35 解： 见《应试辅导》考点二。膨胀土的固结程度用土的超固结比R（前期固结压力p_c与目前土层的上覆自重压力p_0之比）来表示。正常土$R=1$，超固结土$R>1$。

答案： C

3-6-36 解： 见《应试辅导》考点二。盐渍土不仅遇水发生膨胀，易溶盐遇水还会发生溶解，地基也会因溶蚀作用而下陷。

答案： A

3-6-37 解： 见《应试辅导》考点二。各种盐类中，以硫酸盐的胀缩最为明显，其中又以Na_2SO_4最强烈，氯盐和碳酸盐类的胀缩性较小。

答案： A

3-6-38 解： 见《应试辅导》考点二。盐渍土地区的路基随着温度的变化出现胀缩现象，低温季节土体膨胀，路面出现鼓包、开裂；高温季节，由于硫酸盐脱水，路基出现松软和泥泞。

答案： C

3-6-39 解： 见《应试辅导》考点二。影响路基盐胀的主要因素有土质、含盐类型、含盐量、土的含水率、土体密度、温度及其变化过程等。

答案： D

3-6-40 解： 见《应试辅导》考点二。冻土是指温度等于或低于0℃，并含有冰的各类土。

答案： B

3-6-41 解： 见《应试辅导》考点二。一般地讲，气温、地温越低，地表植被越好，冻土稳定性越好。这句话表明，温度越低、含冰量越大，冻土稳定性越好。

答案： B

3-6-42 解： 见《应试辅导》考点二。在评价土的工程性质时，必须测定天然冻土结构下的重度、相对密度、总含水量（冰及未冻水）和相对含冰量（土中冰重与总含水量之比）四项指标。其中未冻结水含量W_c（$W_c=KW_p$为土的塑限含水量，K为温度修正系数，由表3-10选用）的获取是关键。

答案： C

3-6-43 解： 见《应试辅导》考点二中表3-10（修正系数K值）。

答案： A

3-6-44 解： 见《应试辅导》考点二。冻胀率n为土在冻结过程中土体积的相对膨胀量，以百分率表示，$n = \dfrac{h_2 - h_1}{h_1} \times 100\%$。

$n > 6\%$为强冻胀土，$6\% \geq n > 3.5\%$为冻胀土，$3.5\% \geq n > 2\%$为弱冻胀土，$n \leq 2\%$为不冻胀土。

答案：A

3-6-45 解： 见《应试辅导》考点二。冻土融化下沉由两部分组成，一是外力作用下的压缩变形，二是温度升高引起的自身融化下沉。

答案：A

3-6-46 解： 见《应试辅导》考点二中表 3-11（多年冻土按融沉情况分级）。

答案：B

3-6-47 解： 见《应试辅导》考点二。一般保护原则是采取工程措施控制冻土变形速率和变形总量，适用于受变形影响不敏感的工程，适用的冻土类型为较稳定型。

答案：D

3-6-48 解： 见《应试辅导》考点二。不保护是采取措施加速冻土融化或清除冻土以及不采取任何工程保护措施的原则，适用于不稳定冻土。

答案：C

3-6-49 解： 见《应试辅导》考点二。坡线半填半挖路段，通常外侧路基为填方、内侧为挖方。在荷载及其他因素的影响下，路基填挖方部位产生的沉降量不同，导致路基产生纵向不均匀变形。

答案：A

3-6-50 解： 见《应试辅导》考点二。坡面变形是指路堑（或路堤）边坡坡面的局部破坏，包括风化剥落、落石、冲刷和表层滑塌等类型。

答案：A

3-6-51 解： 见《应试辅导》考点二。植物能覆盖表土、防止雨水冲刷，固结土壤，有效地防止坡面风化剥落。

答案：C

3-6-52 解： 见《应试辅导》考点三。理想的桥位应选择在岸坡稳定、地基条件良好、无不良地质现象、水流集中、河床稳定、河道顺直、河谷较窄的地段。

答案：C

3-6-53 解： 见《应试辅导》考点三。桥位选择、桥梁基坑稳定性和正确选定桥基承载力，是确保桥梁安全的三个重要方面。

答案：D

3-6-54 解： 见《应试辅导》考点三。理想的桥梁轴线应与河流方向垂直。

答案：C

3-6-55 解： 见《应试辅导》考点三。选择山区河流的桥位时，应考虑以下几个原则：①桥渡线尽可能选在河道顺直、水流通畅地段。②桥渡线宜选在河槽较窄的峡谷段通过，并应同时考虑施工方法与施工场地的布置问题。③桥渡线应避免在两河交汇或支流汇入主流的河口段通过。④桥头及其引线应避开滑坡、崩塌、泥石流等地质灾害发生场所。

答案：D

3-6-56 解： 见《应试辅导》考点三。中游扩散河段，此处水流经常变化，冲淤次数较多，尤其是逐年淤高，是一个复杂而危害很大的问题。在此建桥，造价高，养护困难。因此，应尽可能避开在此河段上建桥。

答案：C

3-6-57 解： 见《应试辅导》考点三。地基承载力的确定有三种方法，载荷试验法，公式计算法和规范查表法。

答案：D

3-6-58 解： 见《应试辅导》考点四。隧道洞口位置选择合理与否，直接影响洞门的沉降变形及稳定、洞门仰坡的稳定等。隧道位置与洞门直接相连。

答案：D

3-6-59 解： 见《应试辅导》考点四。在倾斜岩层中，沿岩层走向布置隧道一般是不利的。

答案：A

3-6-60 解： 见《应试辅导》考点四。在向斜轴部常是地下水富集之处，开挖后会造成大量地下水涌出。

答案：A

3-6-61 解： 见《应试辅导》考点一。拉张裂缝分布在滑坡体上部，与滑坡壁的方向大致吻合，多呈弧形，是滑坡体向下滑动时产生的拉力形成，裂缝张开。

答案：B

3-6-62 解： 见《应试辅导》考点一。坚硬的岩石具有较大的抗剪强度和抗风化能力，能形成高峻的斜坡，易发生崩塌。由软硬互层构成的陡峻斜坡，由于差异风化，斜坡外形凹凸不平，因而也容易产生崩塌。

答案：B

3-6-63 解： 见《应试辅导》考点一。形成泥石流有三个基本条件：①流域中有丰富的固体物质补给泥石流；②有陡峭的地形和较大的沟床纵坡；③流域的中、上游有强大的暴雨或冰雪强烈消融等形成的充沛水源。

答案：A

3-6-64 解： 见《应试辅导》考点二。我国黄土从第四纪初开始沉积，一直延续至今，贯穿了整个第四纪。午城黄土（Q_1）和离石黄土（Q_2）沉积年代早，习惯上称为老黄土。老黄土的大孔隙已退化，土质紧密，不具湿陷性；马兰黄土（Q_3）和新近堆积的黄土（Q_4）沉积年代新，习惯上称为新黄土。马兰黄土有强烈的湿陷性；新近堆积的黄土结构疏松，压缩性强，工程性质最差。

答案：C

3-6-65 解： 见《应试辅导》考点二。膨胀土是一种黏性土，具有明显的膨胀、收缩特性。它的粒度成分以黏粒为主，黏粒的主要矿物是蒙脱石、伊利石。

答案：A

3-6-66 解： 见《应试辅导》考点二。我国沿海和内陆地区分布着大范围的盐渍土，当盐渍土中硫酸盐含量较高时，土的物理、力学性质和筑路性质会发生显著变化，引起许多路基病害。各种盐类中，以硫酸盐的胀缩最为明显，其中又以 Na_2SO_4 最强烈，氯盐和碳酸盐的胀缩性较小。

答案：D

（七）道路工程地质勘察

3-7-1 道路工程地质勘查的方法不包括（　　　）。

A. 研究既有资料　　　　　　　　　　B. 调查与测绘

C. 勘探试验　　　　　　　　　　　　D. 短期观测

3-7-2 工程地质测绘不包含的基本内容是（　　　）。

A. 地形、地貌　　　　　　　　　　　B. 地层、岩性、第四纪地质

C. 地质构造、地表水、地下水　　　　D. 地基承载力

3-7-3 测绘的比例尺在初勘段为（　　　）。

A. 1：2000~1：10000　　　　　　　B. 1：5000~1：50000

C. 1：200~1：2000　　　　　　　　D. 1：8000~1：80000

3-7-4 区域水文资料不包括（　　　）。

A. 地下水类型　　　　　　　　　　　B. 分带及分布情况

C. 埋藏深度　　　　　　　　　　　　D. 降水

3-7-5 工程地质测勘探的方法有（　　　）。

①坑探；②钻探；③地球物理勘探；④地质雷达勘探；⑤采样。

A. ①④⑤　　　　B. ②③⑤　　　　C. ①②③　　　　D. 以上全部

3-7-6 工程地质的勘探常用的钻探方法主要包括（　　　）。

①冲击钻进；②回旋钻进；③冲击—回旋钻进；④振动钻进。

A. ①②③　　　　B. ①③④　　　　C. ②③④　　　　D. ①②③④

3-7-7 坑探的深度（　　　）。

A. 1~2m　　　　B. 2~3m　　　　C. 4~5m　　　　D. 0.8~1m

3-7-8 坑探断面一般采用（　　　）。

A. 1.5m×2.0m 的矩形　　　　　　　B. 直径 1.0m 的圆形

C. 2.0m×3.0m 的矩形　　　　　　　D. 直径 2.0m 的圆形

3-7-9 槽探的断面和深度是（　　　）。

A. 宽度一般为 0.4~0.6m，深度通常小于 2m

B. 宽度一般为 0.6~1.0m，深度通常小于 2m

C. 宽度一般为 1.0~1.2m，深度通常大于 2m

D. 宽度一般为 1.2~1.5m，深度通常大于 2m

3-7-10 常用的简易钻探工具不包括（　　　）。

A. 洛阳铲　　　　B. 锥铲　　　　C. 小螺纹钻　　　　D. 铁锤

3-7-11 小螺纹钻是用人工加压转钻进，钻探深度小于（　　　）。

A. 3m　　　　B. 4m　　　　C. 5m　　　　D. 6m

3-7-12 锥探是用锥具向下冲入土中，探深一般可达（　　　）。

A. 5m　　　　B. 6m　　　　C. 8m　　　　D. 10m

3-7-13 洛阳铲勘探是借助洛阳铲的重力冲入土中，冲进深度一般为10m，在黄土层中可达（　　　）。

A. 15m　　　　B. 20m　　　　C. 30m　　　　D. 40m

3-7-14 不宜用物探的场合是（　　　）。

A. 作为钻探的先行手段　　　　　　　B. 作为钻探的辅助手段

C. 作为原位测试手段　　　　　　　　D. 作为钻探的主要手段

3-7-15 人力冲击钻进，适用于（   ）。

     A. 砾卵石层   B. 基岩   C. 岩石   D. 黄土

3-7-16 机械冲击钻进，适用于（   ）。

     A. 黄土   B. 黏性土   C. 砂性土   D. 基岩

3-7-17 物探的优点不包括（   ）。

     A. 效率高   B. 成本低

     C. 工具轻便   D. 安全性好

3-7-18 物探的方法不包含（   ）。

     A. 直达波法   B. 反射波法

     C. 折射波法   D. 电池法

3-7-19 物探按其工作条件不同可分为地面物探、井下物探、航空物探与（   ）。

     A. 电法勘探   B. 池法勘探   C. 地震法勘探   D. 航天物探

3-7-20 （   ）不属于原位测试。

     A. 地基静载荷试验   B. 固结试验

     C. 旁压试验   D. 触探试验

3-7-21 道路工程勘察的不同阶段所采用的测试技术也不同，其中原位测试通常是（   ）阶段采用的。

     A. 选址勘察   B. 初步勘察   C. 详细勘察   D. 施工勘察

3-7-22 道路野外试验主要包括（   ）。

     ①岩土的透水试验；②岩土的物性试验；③岩土的力学试验；④岩土的导电试验。

     A. ①②③   B. ①③④   C. ①③   D. ②③④

3-7-23 土的试验一般不包括土的（   ）。

     A. 成分   B. 物理性质   C. 水理性质   D. 土的密实度

3-7-24 岩石的试验一般包括（   ）试验。

     A. 化学性质   B. 力学性质   C. 水理性质   D. 热学性质

3-7-25 岩土的力学试验不包括（   ）。

     A. 触探试验   B. 载荷试验   C. 剪切试验   D. 压水试验

3-7-26 野外原位试验不包括（   ）。

     A. 载荷试验   B. 静力触探试验

     C. 动力触探试验与标准贯入试验   D. 模拟试验

3-7-27 物理地质现象长期观测点不应该选择在（   ）。

     A. 典型的地段   B. 影响因素比较复杂的地段

     C. 便于观测地点   D. 发生灾害性的物理地质现象的地段

3-7-28 ［2020 年考题］公路工程地质勘察中，能直接观察地层结构变化的方法是（   ）。

     A. 挖探   B. 冲击钻探

     C. 触探   D. 地球物理勘探

3-7-29 ［2021 年考题］滑坡钻探钻至滑动面（带）以上 5m 或发现滑动面（带）迹象时，应采用的钻探方式是（　　）。

    A. 干钻   B. 冲洗钻   C. 冲击钻   D. 振动钻

题解及参考答案

3-7-1　解：见《应试辅导》考点一。道路工程地质勘察的方法，主要有研究既有资料、调查与测绘、勘探、试验与长期观测等几种。

    答案：D

3-7-2　解：见《应试辅导》考点二。道路工程地质调查测绘的基本内容主要包括以下几个方面：①地形、地貌；②地层、岩性；③地质构造；④第四纪地质；⑤地表水及地下水；⑥特殊地质、不良地质；⑦地震；⑧工程经验。

    答案：D

3-7-3　解：见《应试辅导》考点二。测绘的比例尺：可行性研究阶段 1：5000~1：50000，初勘阶段 1：2000~1：10000，详勘阶段 1：200~1：2000。

    答案：A

3-7-4　解：见《应试辅导》考点一。区域水文地质资料，如地下水的类型、分带及分布情况，埋藏深度、变化规律等。

    答案：D

3-7-5　解：见《应试辅导》考点三。道路工程地质勘探的方法有挖探（含坑探）、钻探、地球物理勘探等几类。

    答案：C

3-7-6　解：见《应试辅导》考点三。根据钻进时破碎岩石的方法，钻探可分为冲击钻进、回转钻进、冲击—回转钻进及振动钻进等几种。

    答案：D

3-7-7　解：见《应试辅导》考点三。坑探深度一般为 2~3m，较深的需进行加固。

    答案：B

3-7-8　解：见《应试辅导》考点三。坑探断面一般采用 1.5m×1.0m 的矩形，或直径 0.8~1.0m 的圆形。

    答案：B

3-7-9　解：见《应试辅导》考点三。槽探挖掘成狭长的槽形，其宽度一般为 0.6~1.0m，长度视需要而定，深度通常小于 2m。

    答案：B

3-7-10　解：见《应试辅导》考点三。常用的简易钻探工具有洛阳铲、锥铲与小螺纹钻等。

    答案：D

3-7-11　解：见《应试辅导》考点三。小螺纹钻：是用人工加压加转钻进，适用于黏性土及亚砂土地层，可以取得扰动土样。钻探深度小于 6m。

    答案：D

3-7-12　解：见《应试辅导》考点三。锥探：是用锥具向下冲入土中，凭感觉探查疏松覆盖层的厚度或基岩的埋藏深度。探深一般可达 10m 左右。

答案：D

3-7-13　解：见《应试辅导》考点三。洛阳铲：是借助洛阳铲的重力冲入土中，钻成直径小而深度较大的圆孔，可采取扰动土样。冲进深度一般为 10m，在黄土层中可达 30 余米。

答案：C

3-7-14　解：见《应试辅导》考点三。物探宜运用于下列场合：①作为钻探的先行手段，了解隐蔽的地质界线、界面或异常点；②作为钻探的辅助手段，在钻孔之间增加地球物理勘察点，为钻探成果的内插、外推提供依据；③作为原位测试手段，测定岩土体的波速、动弹性模量、特征周期、土对金属的腐蚀等参数。

答案：D

3-7-15　解：见《应试辅导》考点三。人力冲击钻进，适用于黄土、黏性土、砂性土等疏松的覆盖层，但劳动强度大，难以取得完整的岩心。

答案：D

3-7-16　解：见《应试辅导》考点三。机械冲击钻进，适用于砾、卵石层及基岩，不能取得完整岩心。

答案：D

3-7-17　解：见《应试辅导》考点三。没有提及安全性。

答案：D

3-7-18　解：见《应试辅导》考点三中表 3-12（地球物理勘探方法及其适用条件）。

答案：D

3-7-19　解：见《应试辅导》考点三。物探按其工作条件的不同可分为地面物探、井下物探与航空物探、航天物探。

答案：D

3-7-20　解：见《应试辅导》考点三。固结试验是室内试验。

答案：B

3-7-21　解：见《应试辅导》考点三。原位测试通常在详细勘察阶段采用。

答案：C

3-7-22　解：见《应试辅导》考点三。道路工程地质野外试验主要包括岩土的透水性试验和力学试验两个方面。

答案：C

3-7-23　解：见《应试辅导》考点三。土的试验一般包括土的成分、物理性质、水理性质与力学性质四个主要部分。

答案：D

3-7-24　解：见《应试辅导》考点三。岩石的试验一般包括物理性质和力学性质两个部分。

答案：B

3-7-25　解：见《应试辅导》考点三。道路工程地质野外试验主要包括岩土的透水性试验和力学试验两个方面。属于前者的有压水试验与抽水试验等，属于后者的有触探试验、载荷试验、剪切试验等。

答案：D

3-7-26　解：见《应试辅导》考点三。野外试验中的力学试验主要有触探试验（静力触探、动力触探与标准贯入试验），载荷试验（静力载荷与桩载荷试验），剪切试验（直剪法、水平挤出法与十字板剪切试验），旁压试验，应力应变量测（千分表法、电阻片法、压力盒法）与弹性系数测定（地震法）等。

答案：D

3-7-27　解：见《应试辅导》考点三。观测点的选择，主要根据工程设计的要求而定。但应注意选择在：①典型的地段，以使观测资料具有代表性。②影响因素比较单纯的地段，以便于资料的分析整理。③便于观测的地点，能够长期坚持观测。④对于一些灾害性的地质现象，如滑坡、雪崩、泥石流等，还应注意观测人员的安全。⑤观测工作可以在勘察设计阶段进行，也可以在施工阶段进行，还可以在运营阶段进行。

答案：B

3-7-28　解：见《应试辅导》考点一。道路工程地质工作中的挖探主要为坑探和槽探。坑探是垂直向下掘进的土坑，主要用来查明覆盖层的厚度和性质、滑动面、断层、地下水位，以及采取原状土样等。槽探挖掘成狭长的槽形，常用来追索构造线，查明坡积层、残积层的厚度和性质，揭露地层层序等。槽探一般应垂直于岩层走向或构造线布置。

答案：A

3-7-29　解：见《应试辅导》考点三。干钻是指不用冲洗介质的钻进工艺。土探孔一般采用干钻，滑坡钻探钻至滑动面（带）以上 5m 或发现滑动面（带）迹象时，也应采用干钻。

答案：A

第四章　工程勘测

复习指导

本章应重点掌握的内容主要包括：

（1）掌握各等级公路项目不同设计阶段的勘测内容与深度；控制测量桩、路线控制桩的埋设、书写等的规定与要求；桩标记录、勘测记录的规定与要求。不同设计阶段勘测新技术、新方法及其应满足的基本精度要求。

（2）掌握直线定向、水准测量、角度测量的方法；掌握测量误差和 GPS 测量的概念。

（3）掌握公路平面控制测量的主要方法，平面控制点的布设、测量、观测等技术要点；公路高程控制测量的主要方法，高程控制点的布设、测量、观测等技术要点，公路控制测量应提交的技术资料。平面控制点的布设、测量、观测等技术要点；公路高程控制测量的主要方法，高程控制点的布设、测量、观测等技术要点。

（4）掌握不同设计阶段对地形图测绘、图式、比例、精度等的技术要求，航空摄影测量、水下地形图测绘、数字地面模型等的技术要求及其应用要点。航空摄影测量、水下地形图测绘、数字地面模型等的技术要求及其应用要点。

（5）掌握依据批复的工程可行性研究初步拟定的路线起终点、中间控制点及路线基本走向，在地形图、航测像片、数字地面模型或实地对所拟定的勘测方案进行初测的技术要求；初测阶段路线、路基、路面、排水、小桥涵、大中桥、隧道、路线交叉、沿线设施、环境保护、临时工程、工程经济等的调查与勘测的基本技术要求，初测应提交的技术资料。在地形图、航测像片、数字地面模型或实地对所拟定的勘测方案进行初测的技术要求。

（6）掌握现场核对初步设计审批意见的执行与优化、调整的定测技术要求。定测阶段路线中线敷设、中桩高程测量、横断面测量、路基、路面、排水、小桥涵、大中桥、隧道、路线交叉、沿线设施、环境保护、临时工程、工程经济等的调查与勘测的基本技术要求。定测应提交的技术资料，一次定测的适用条件、勘测调查内容及其测量精度。定测阶段路线中线敷设、中桩高程测量、横断面测量、路基、路面、排水、小桥涵、大中桥、隧道、路线交叉、沿线设施、环境保护、临时工程、工程经济等的调查与勘测的基本技术要求。

练习题、题解及参考答案

（一）一般规定

4-1-1　在埋设控制测量桩时，控制测量桩高出地面的位置不超过（　　）。

　　A. 5cm　　　　　　　B. 10cm　　　　　　　C. 15cm　　　　　　　D. 20cm

4-1-2　下列说法错误的是（　　）。

A. 测量标志分为控制测量桩，路线控制桩和标志桩

B. 冻土地区，季节冻土层以下标志的高度大于标准高度的1/3

C. 标志桩打入地下的长度应大于 15cm

D. 当路线控制桩作为控制测量桩使用时，应进行护桩，并设置指示标志

4-1-3 测量工作的基本原则是从整体到局部、从高级到低级和（　　）。

A. 从控制到碎部　　　　　　　　　　B. 从碎部到控制

C. 控制与碎部并行　　　　　　　　　D. 测图与放样并行

4-1-4 下列不属于测量标志类别的是（　　）。

A. 控制测量桩　　　B. 路线控制桩　　　C. 标志桩　　　D. 测量控制桩

4-1-5 路线控制桩的长度不小于（　　）。

A. 20cm　　　　　B. 25cm　　　　　C. 30cm　　　　　D. 35cm

4-1-6 标志桩打入地下的长度应（　　）。

A. 大于 10cm　　　B. 大于 15cm　　　C. 大于 20cm　　　D. 大于 25cm

4-1-7 ［2021年考题］某公路大桥项目，桥梁最大单跨为 388m，采用的平面控制测量桩，其上顶面正方形边长、下底面正方形边长、高分别不应小于（　　）mm。

A. 150、300、600　　　　　　　　　B. 200、400、600

C. 250、500、600　　　　　　　　　D. 300、600、800

4-1-8 ［2021年考题］公路勘测角度、距离和水准记录中，如果读错、写错，数字不得直接改正，必须重测的位数分别是（　　）。

A. 秒位、毫米及毫米以下　　　　　　B. 秒位、厘米及厘米以下

C. 分位、毫米及毫米以下　　　　　　D. 分位、厘米及厘米以下

题解及参考答案

4-1-1　**解：** 在埋设控制测量桩时，控制测量桩高出地面的位置不超过 5cm。

答案： A

4-1-2　**解：** 冻土地区，季节冻土层以下标志的高度大于标准高度的 2/3。

答案： B

4-1-3　**解：** 测量工作中为了扩展测量工作面及防止误差的积累，应遵循的原则是在布局上从整体到局部，在精度上从高级到低级，在工作程序上从控制到碎部。

答案： A

4-1-4　**解：** 测量标志分为控制测量桩，路线控制桩和标志桩。

答案： D

4-1-5　**解：** 路线控制桩的长度不小于 30cm。

答案： C

4-1-6　**解：** 标志桩打入地下的长度应大于 15cm。

答案： B

4-1-7 解： 根据第四节考点一，表4-5，单跨长度为388m，测量等级为三等；根据本节考点二，可知三等平面控制测量桩上顶面正方形边长不应小于250mm，下底面正方形边长不应小于500mm，高不应小于600mm。

答案： C

4-1-8 解： 角度记录中的秒位、距离和水准记录中的厘米及厘米以下位数不得涂改，必须重测。

答案： B

（二）测 量 方 法

4-2-1 标准方向的种类不包括（ ）。

A.真子午线方向　　　　　　　　　B.磁子午线方向

C.坐标纵轴方向　　　　　　　　　D.坐标横轴方向

4-2-2 水准路线的布置形式不包括（ ）。

A.S形路线　　　　　　　　　　　B.闭合水准路线

C.附合水准路线　　　　　　　　　D.支水准路线

4-2-3 平整场地时，从水准仪读得后视读数后，在一个方格的四个点A、B、C和D上读得前视读数分别为1.385m，0.568m，2.232m和0.336m，则方格上的最高点和最低点分别是（ ）。

A.A和D　　　　B.D和C　　　　C.C和D　　　　D.A和B

4-2-4 等精度观测是指（ ）的观测。

A.允许误差相同　　　　　　　　　B.系统误差相同

C.观测条件相同　　　　　　　　　D.偶然误差相同

4-2-5 当竖直度盘为顺时针注记时，其盘左和盘右竖直角计算公式为（ ）。

A.$90° - L$，$R - 270°$　　　　　　　B.$L - 90°$，$270° - R$

C.$R - 270°$，$90° - L$　　　　　　　D.$270° - R$，$L - 90°$

4-2-6 下列关于偶然误差的特性说法错误的是（ ）。

A.偶然误差的绝对值不超过一定的界限，即有界性

B.绝对值小的误差比绝对值大的误差出现的或然率小

C.绝对值相等的正负误差出现的或然率相等

D.当观测次数趋于无穷大时，偶然误差的算术平均值的极限为零，即抵偿性

4-2-7 GPS定位按定位方式分为相对定位与（ ）。

A.静态定位　　　　B.动态定位　　　　C.绝对定位　　　　D.差分定位

4-2-8 公式（ ）用于附合水准路线的成果校核。

A.$f_h = \sum h$　　　　　　　　　　　B.$f_h = \sum h_测 - (h_终 - h_始)$

C.$f_h = \sum h_往 - h_返$　　　　　　　D.$\sum h = \sum a - \sum b$

4-2-9 经纬仪观测中，取盘左、盘右平均值是为了消除（ ）的误差影响，而不能消除水准管轴不垂直竖轴的误差影响。

A.视准轴不垂直横轴　　　　　　　B.横轴不垂直竖轴

C.度盘偏心　　　　　　　　　　　D.以上都是

4-2-10 由标准方向北端起顺时针量到所测直线的水平夹角，该角的名称及其取值范围是（ ）。

A. 象限角、0°~90°　　　　　　　　B. 象限角、0°~±90°

C. 方位角、0°~±180°　　　　　　　D. 方位角、0°~360°

4-2-11 用钢尺往返丈量 120m 的距离，要求相对误差达到1/10000，则往返较差不得大于（　　）m。

A. 0.048　　　　　B. 0.012　　　　　C. 0.024　　　　　D. 0.036

4-2-12 用DJ$_6$经纬仪观测水平角，要使角度平均值中误差不大于3″，应观测（　　）测回。

A. 2　　　　　B. 4　　　　　C. 6　　　　　D. 8

4-2-13 测站点O与观测目标A、B位置不变，如仪器高度发生变化，则观测结果（　　）。

A. 竖直角改变、水平角不变　　　　B. 水平角改变、竖直角不变

C. 水平角和竖直角都改变　　　　　D. 水平角和竖直角都不变

4-2-14 光学经纬仪有DJ$_1$，DJ$_2$，DJ$_6$等多种型号，数字下标 1、2、6 表示（　　），中误差的值以秒计。

A. 水平角测量一测回角度　　　　　B. 竖直方向测量一测回方向

C. 竖直角测量一测回角度　　　　　D. 水平方向测量一测回方向

4-2-15 对某一量进行n次观测，则根据公式$M = \pm\sqrt{\frac{[vv]}{n(n-1)}}$求得的结果为（　　）。

A. 算术平均值中误差　　　　　　　B. 观测值中误差

C. 算术平均值真误差　　　　　　　D. 一次观测中误差

4-2-16 在△ABC中，直接观测了∠A和∠B，其中误差分别为∠$A = \pm3''$和∠$B = \pm4''$，则∠C的中误差为（　　）。

A. $\pm8''$　　　　　B. $\pm7''$　　　　　C. $\pm5''$　　　　　D. $\pm1''$

4-2-17 过圆水准器零点的球面法线称为（　　）。

A. 水准管轴　　　B. 铅垂线　　　C. 圆水准器轴　　　D. 水平线

4-2-18 绝对高程是（　　）。

A. 地面点到假定水准面的铅垂距离

B. 地面点到大地水准面的铅垂距离

C. 地面点到水平面的铅垂距离

D. 地面点到任一水准面的铅垂距离

4-2-19 三角测量中，高差计算公式$h = \tan\alpha + i + v$，式中v的含义是（　　）。

A. 仪器高　　　　　　　　　　　B. 初算高程

C. 觇标高（中丝读数）　　　　　D. 尺间隔（中丝读数）

4-2-20 从测量平面直角坐标系的规定判断，下列叙述正确的是（　　）。

A. 象限与数学坐标象限编号方向一致

B. X轴为纵坐标，Y轴为横坐标

C. 方位角由横坐标轴逆时针量测

D. 东西方向为X轴，南北方向为Y轴

4-2-21 光学经纬仪由基座、水平度盘和（　　）组成。

A. 望远镜　　　B. 竖直度盘　　　C. 照准部　　　D. 水准器

4-2-22 电子经纬仪的读数系统采用（　　）。

A. 光电扫描度盘自动计数，自动显示

B. 光电扫描度盘自动计数，光路显示

C. 光学度盘，自动显示

D. 光学度盘，光路显示

4-2-23 水准面上任一点的铅垂线都与该面相垂直，水准面是由自由静止的海水面向大陆、岛屿内延伸而成的，形成（　　）。

A. 闭合曲面　　　　　　　　　　B. 水平面

C. 参考椭球体　　　　　　　　　D. 圆球体

4-2-24 施工测量中平面点位的测设方法有（　　）。

I.激光准直法；II.直角坐标法；III.极坐标法；IV.平板仪测设法；V.角度交会法；VI.距离交会法。

A. I、II、III、IV　　　　　　　B. I、III、IV、V

C. II、III、V、VI　　　　　　　D. III、IV、V、VI

4-2-25 工程测量中所使用的光学经纬仪的度盘刻画注记形式为（　　）。

A. 水平度盘均为逆时针注记　　　B. 水平度盘均为顺时针注记

C. 竖直度盘均为逆时针注记　　　D. 竖直度盘均为顺时针注记

4-2-26 全圆测回法（方向观测法）观测中应顾及的限差有（　　）。

A. 半测回归零差　　　　　　　　B. 各测回间归零方向值之差

C. 两倍照准差　　　　　　　　　D. A、B 和 C

4-2-27 水准测量时，水准尺倾斜引起的读数误差属于（　　）。

A. 偶然误差　　　　　　　　　　B. 系统误差

C. 粗差　　　　　　　　　　　　D. 相对误差

4-2-28 应用水准仪时，使圆水准器和水准管气泡居中，作用是达到（　　）。

A. 视线水平和竖轴铅直　　　　　B. 精确定平和粗略定平

C. 竖轴铅直和视线水平　　　　　D. 粗略定平和横丝水平

4-2-29 水准测量中，不属于仪器误差的是（　　）。

A. 视准轴与水准管轴不平行引起的误差

B. 调焦引起的误差

C. 水准尺的误差

D. 地球曲率和大气折光的影响

题解及参考答案

4-2-1　**解：** 标准方向的种类包括：真子午线方向、磁子午线方向和坐标纵轴方向。

答案： D

4-2-2　**解：** 水准路线的布置形式包括：闭合水准路线、附合水准路线和支水准路线。

答案： A

4-2-3　**解：** 读数越大，点的高程越低。

答案： B

4-2-4　**解**：等精度观测是指在观测条件相同情况下的观测。

　　　　答案：C

4-2-5　**解**：当竖直度盘为顺时针注记时，其盘左和盘右竖直角计算公式分别为：$90° - L, R - 270°$。

　　　　答案：A

4-2-6　**解**：绝对值小的误差比绝对值大的误差出现的或然率大，即小误差密集性。

　　　　答案：B

4-2-7　**解**：GPS定位按定位方式分为相对定位与绝对定位。

　　　　答案：C

4-2-8　**解**：根据附合水准路线的检核公式计算：$f_h = \sum h_测 - (h_终 - h_始)$。

　　　　答案：B

4-2-9　**解**：水平度盘和照准部偏心差的影响可通过盘左盘右观测取平均值消除；通过观测多个测回，并在测回间变换度盘位置，使读数均匀地分布在度盘各个位置，可减小度盘分划误差的影响。视准轴误差和横轴误差，均可通过盘左、盘右观测取平均值消除。而竖轴误差不能用正倒镜观测消除。

　　　　答案：D

4-2-10　**解**：从某点的指北方向线起，依顺时针方向到目标方向线之间的水平夹角，称为方位角。标准方位角的取值范围为 0°~360°。

　　　　答案：D

4-2-11　**解**：由相对中误差$K = |m|/D$可知：$|m| = K \cdot D = 120 \times 1/10000 = 0.012$。

　　　　答案：B

4-2-12　**解**：由公式$M = m/\sqrt{n}$可知：$n = (m/M)^2 = \left(6\sqrt{2}/3\right)^2 = 8$。

　　　　答案：D

4-2-13　**解**：水平角是测站点至两观测目标的方向线在水平面上投影的二面角，不改变。竖直角是测站点与观测目标的方向线与水平线的夹角，改变。

　　　　答案：A

4-2-14　**解**：表示水平方向测量一测回方向。

　　　　答案：D

4-2-15　**解**：算术平均值中误差：$M = m/\sqrt{n}$。

　　　　答案：A

4-2-16　**解**：$\angle C = 180° - \angle A - \angle B$，用误差传播定律计算。中误差为 3 和 4 的平方和的算术平方根，即为 5。

　　　　答案：C

4-2-17　**解**：过圆水准器零点的球面法线称为圆水准器轴，圆水准器轴用来指示竖轴是否竖直。

　　　　答案：C

4-2-18　**解**：绝对高程是指地面点到大地水准面的铅垂距离。

　　　　答案：B

4-2-19　**解**：在B点竖立标杆，量取其高度称为觇标高v_B。

　　　　答案：C

4-2-20　**解**：①坐标轴不同，测量中横轴为Y轴、纵轴为X轴；数学中横轴为X轴、纵轴为Y轴。②象限不同，测量中为顺时针排序，数学中为逆时针排序，右上同为第一象限。③应用方面，测量上平面直角坐标系与数学中的平面直角坐标系均相同。

　　答案：B

4-2-21 解： 光学经纬仪是水平度盘和竖直度盘均用光学玻璃制成的经纬仪。

　　答案：B

4-2-22 解： 电子经纬仪利用光电转换原理和微处理器对编码度盘自动进行读数，显示于屏幕，并可进行观测数据的自动记录和传输。

　　答案：A

4-2-23 解： 大地水准面是平均、静止的海水面向大陆内部延伸形成的封闭曲面。

　　答案：A

4-2-24 解： 测设点的平面位置的常用方法有：直角坐标法、交会法（角度交会和距离交会）、极坐标法。以方格网或建筑基线作为施工控制，适于用直角坐标法进行建筑物特征点的测设，所需测设数据为待测点相对于角点（控制点）的纵、横坐标增量。在不宜到达的场地适于用交会法进行点位的测设，常用的交会法为角度交会，所需测设数据为交会角；也可采用距离交会，所需测设数据为交会距离（至少 2 个）。极坐标法控制网的形式可以灵活布置，且测设方法较简单，故对一般施工场地的点位测设均适用，所需测设数据为一个水平角和一条水平距离。

　　答案：C

4-2-25 解： 光学经纬仪的水平度盘刻画注记均为顺时针注记。

　　答案：B

4-2-26 解： 全圆测回法顾及限差有半测回归零差；上、下半测回同一方向的方向值之差；各测回的方向差两倍照准差等。

　　答案：D

4-2-27 解： 属于系统误差，不具备偶然性。

　　答案：B

4-2-28 解： 水准测量中，调节圆水准气泡居中的目的是竖轴铅垂，调节管水准气泡居中的目的是使视准轴水平。

　　答案：C

4-2-29 解： 地球曲率和大气折光的影响属于外界条件影响，与仪器无关。

　　答案：D

（三）控 制 测 量

4-3-1 根据不同情况和要求，导线布置形式有（　　　）。

　　A. 闭合导线与附合导线　　　　　　　　B. 支导线

　　C. 导线网　　　　　　　　　　　　　　D. 以上三者

4-3-2 已知直线 AB 的方位角为 $\alpha_{AB} = 56°$，$\beta_右 = \angle ABC = 280°$，则直线 BC 的方位角 α_{BC} 为（　　　）。

　　A. $-44°$　　　　　B. $44°$　　　　　C. $136°$　　　　　D. $316°$

4-3-3 测角交会法包括（　　　）。

　　A. 前方交会　　　　B. 侧方交会　　　　C. 后方交会　　　　D. A、B 和 C

4-3-4 三等水准测量采用双面尺法的观测程序是（　　）。

    A. 后黑—前黑—前红—后红　　　　　　B. 后黑—后红—前黑—前红

    C. 后黑—前红—前黑—后红　　　　　　D. 后黑—前黑—后红—前红

4-3-5 导线测量外业包括踏勘选点与埋设标志、边长丈量、转折角测量和（　　）测量。

    A. 定向　　　　　　B. 连接边和连接角　　C. 高差　　　　　　D. 定位

4-3-6 导线坐标增量闭合差调整的方法是将闭合差按与导线长度成（　　）的关系求得改正数，以改正有关的坐标增量。

    A. 正比例并同号　　　　　　　　　　B. 反比例并反号

    C. 正比例并反号　　　　　　　　　　D. 反比例并同号

4-3-7 公式（　　）用来计算导线全长闭合差。

    A. $f_D = \sqrt{f_x^2 + f_y^2}$　　　　　　　　B. $K = f_D / \sum D = 1/M$

    C. $f_x = \sum \Delta x - (x_{终} - x_{始})$　　　　D. $f_y = \sum \Delta y - (y_{终} - y_{始})$

4-3-8 各导线点的坐标计算公式为（　　）。

    A. $X_i + 1 = x_i + \Delta x_i(i+1)$　　　　　B. $X_i + 1 = x_i - \Delta x_i(i+1)$
        $Y_i + 1 = y_i + \Delta y_i(i+1)$　　　　　 $Y_i + 1 = y_i - \Delta y_i(i+1)$

    C. $X_i + 1 = x_i + \Delta x_i(i+1)$　　　　　D. $X_i + 1 = x_i - \Delta x_i(i+1)$
        $Y_i + 1 = y_i - \Delta y_i(i+1)$　　　　　 $Y_i + 1 = y_i + \Delta y_i(i+1)$

4-3-9 用经纬仪测垂直角时必须用（　　）精确地瞄准目标的特定位置。

    A. 十字丝竖丝　　　　　　　　　　　B. 十字丝横丝

    C. 十字丝交点　　　　　　　　　　　D. 十字丝任一处

4-3-10 水准仪角误差是指水平视线视准轴与水准管轴之间（　　）。

    A. 在垂直面上投影的交角　　　　　　B. 在水平面上投影的交角

    C. 在空间的交角　　　　　　　　　　D. 在任意平面上投影的交角

4-3-11 导线测量中横向误差主要是由（　　）引起。

    A. 大气折光　　　　B. 测距误差　　　　C. 测角误差　　　　　D. 地球曲率

4-3-12 DJ$_2$ 是用来代表光学经纬仪的，其中下标 2 是指（　　）。

    A. 我国第二种类型的经纬仪

    B. 经纬仪的型号

    C. 该型号仪器水平方向观测一测回方向的中误差

    D. 厂家的代码

4-3-13 水准线路设置成偶数站可以消除（　　）的影响。

    A. i 角误差　　　　　　　　　　　　B. 仪器下沉误差

    C. 标尺零点差　　　　　　　　　　　D. 大气折光差

4-3-14 水准测量时，一条线路采用往返测取中数可以消除（　　）的影响。

    A. 角误差　　　　　　　　　　　　　B. 仪器下沉误差

    C. 标尺零点差　　　　　　　　　　　D. 标尺下沉误差

4-3-15 消除视差的正确方法是（　　）。

    A. 仔细调节目镜

B. 仔细进行物镜对光

C. 仔细进行目镜对光然后进行物镜对光

D. 仔细进行物镜对光然后进行目镜对光

4-3-16 以中央子午线北端作为基本方向顺时针量至直线的夹角称为（　　　）。

    A. 坐标方位角 　　　　　　　　　　B. 子午线收敛角

    C. 磁方位角 　　　　　　　　　　　D. 真方位角

4-3-17 导线测量中纵向误差主要是由（　　　）引起的。

    A. 大气折光 　　　　B. 测距误差 　　　　C. 测角误差 　　　　D. 地球曲率

4-3-18 在三角测量中，最弱边是指（　　　）。

    A. 边长最短的边 　　　　　　　　　B. 边长最长的边

    C. 相对精度最低的边 　　　　　　　D. 边长中误差最大的边

4-3-19 已知椭球面上某点的大地坐标(L, B)，求该点在高斯投影面上的直角坐标(x, y)，称为（　　　）。

    A. 坐标正算 　　　　B. 坐标反算 　　　　C. 高斯正算 　　　　D. 高斯反算

4-3-20 水准测量要求视线离地面一定的高度，可以减弱（　　　）的影响。

    A. i 角误差 　　　　B. 标尺零点差 　　　　C. 大气垂直折光 　　　　D. 仪器下沉误差

4-3-21 ［2019 年考题］公路勘测在进行一级平面控制测量时，用DJ_2经纬仪进行水平角观测的半测回归零差应小于等于（　　　）。

    A. $6''$ 　　　　B. $12''$ 　　　　C. $24''$ 　　　　D. $36''$

4-3-22 ［2019 年考题］高速公路的平面控制测量等级应选用（　　　）。

    A. 一级 　　　　B. 二级 　　　　C. 三等 　　　　D 四等

4-3-23 ［2019 年考题］公路工程勘测中，GPS 基线测量的中误差应小于（　　　）。

    A. $\sigma = \pm\sqrt{a^2 + (b \cdot d)^2}$ 　　　　　　B. $\sigma = \pm\sqrt{a^2 + b \cdot d^2}$

    C. $\sigma = \pm\sqrt{a^2 + b^2 \cdot d}$ 　　　　　　D. $\sigma = \pm\sqrt{a^2 + a \cdot b \cdot d}$

4-3-24 ［2019 年考题］下列说法中，符合公路工程高程控制测量一般规定的是（　　　）。

    A. 同一个公路项目可采用不同高程系统

    B. 高程控制测量可采用视距测量的方法进行

    C. 各等级公路高程控制网最弱点高程中误差不得大于±25mm

    D. 跨越深谷和水域的大桥、特大桥最弱点高程中误差不得大于±25mm

4-3-25 ［2020 年考题］根据公路勘测平面控制点布设要求，路线平面控制点距路线中心小于 300m，且应大于（　　　）。

    A. 20m 　　　　B. 30m 　　　　C. 40m 　　　　D. 50m

4-3-26 ［2021 年考题］根据公路勘测规范规定，公路路线、大型构造物采用的平面控制坐标系，其投影长度变形值应分别不大于（　　　）mm/km。

    A. 10、25 　　　　B. 25、10 　　　　C. 25、15 　　　　D. 50、20

4-3-27 ［2021 年考题］某公路施工图设计阶段，根据地形需要设置长 4980m 隧道一座，下列关于隧道平面和高程控制网等级选择，符合规范规定的是（　　　）。

    A. 平面控制测量等级为四等，高程控制测量等级为四等

B. 平面控制测量等级为四等，高程控制测量等级为三等

C. 平面控制测量等级为三等，高程控制测量等级为四等

D. 平面控制测量等级为三等，高程控制测量等级为三等

4-3-28 ［2021 年考题］某微丘区高速公路高程控制测量采用双摆站的方法进行三等水准测量，已知附合水准路线长度为 91km，附合水准路线闭合差 80mm，下列关于该项目高程控制测量的相关描述，结论正确的是（　　）。

A. 附合水准路线闭合差符合规范要求，附合水准路线长度符合规范要求

B. 附合水准路线闭合差符合规范要求，附合水准路线长度不符合规范要求

C. 附合水准路线闭合差不符合规范要求，附合水准路线长度符合规范要求

D. 附合水准路线闭合差不符合规范要求，附合水准路线长度不符合规范要求

题解及参考答案

4-3-1 **解：**根据不同情况和要求，导线布置形式有：闭合导线、附合导线、支导线和导线网。

答案：D

4-3-2 **解：**$\alpha_{BC} = \alpha_{AB} - \beta_{右} + 180°(\pm 360°)$。

答案：D

4-3-3 **解：**测角交会法包括前方交会、侧方交会和后方交会。

答案：D

4-3-4 **解：**三等水准测量采用双面尺法的观测程序是：后黑—前黑—前红—后红。

答案：A

4-3-5 **解：**导线测量外业包括踏勘选点与建立标志、边长丈量、转折角测量和连接测量，即连接角和连接边的测量。

答案：B

4-3-6 **解：**由导线测量的内业计算。导线坐标增量闭合差调整的方法是将闭合差按与导线成正比例并反号的关系求得的改正数。

答案：C

4-3-7 **解：**导线全长闭合差公式：$f_D = \sqrt{f_x^2 + f_y^2}$。

答案：A

4-3-8 **解：**根据起始点坐标和改正后的坐标增量，依次计算各导线点的坐标，如下：

$$X_i + 1 = x_i + \Delta x_i(i + 1)$$

$$Y_i + 1 = y_i + \Delta y_i(i + 1)$$

答案：A

4-3-9 **解：**观测竖直角时，用十字丝横丝的中心部分对准目标位，读数前应调整反光镜的位置与开合角度，使读数显微镜视场内亮度适当，然后转动读数显微镜目镜进行对光，使读数窗成像清晰，再进行读数。

答案：B

4-3-10 解： 水准仪的水准管轴与视准轴是空间的两直线，投影在垂直面上所形成的夹角称为i角误差。

答案： A

4-3-11 解： 导线点在长度的垂直方向产生的位移是由测角误差引起。

答案： C

4-3-12 解： "DJ"是"大地经纬仪"拼音缩写，下标2是指一测回方向中误差为2。

答案： C

4-3-13 解： 测站数本身就需要很多，所以要将测站数设置成偶数个，目的是抵消零点差。

答案： C

4-3-14 解： 水准测量中往返测可以消除尺子下沉误差。

答案： D

4-3-15 解： （1）将望远镜对着明亮的背景，转动目镜螺旋，使十字丝清晰。

（2）松开制动螺旋，转动望远镜，采用望远镜镜筒上面的照门和准星瞄准水准尺，然后拧紧制动螺旋。

（3）从望远镜中观察，转动物镜螺旋进行对光，使目标清晰，再转动微动螺旋，使竖丝对准水准尺。

（4）眼睛在目镜端上下微微移动，若十字丝与目标影像有相对移动，则应重新仔细地进行物镜对光，直到读数不变为止。

答案： C

4-3-16 解： 由坐标纵轴北端起，顺时针方向量到某直线的水平夹角，称为该直线的坐标方位角。

答案： A

4-3-17 解： 导线测量中纵向误差主要是由测距误差引起的。

答案： B

4-3-18 解： 在三角测量中，最弱边是指相对精度最低的边。

答案： C

4-3-19 解： （1）高斯投影正算：

已知大地坐标(L, B)，求该点的直角坐标(x, y)，即$(L, B) \rightarrow (x, y)$的坐标变换。

（2）投影变换必须满足的条件：

中央子午线投影后为直线；

中央子午线投影后长度不变；

投影具有正形性质，即正形投影条件。

答案： C

4-3-20 解： 只要视线离地面有足够的高度，短边测距三角高程的垂直折光影响很小，在日出后1h至日落前1h，目标成像清晰、稳定，即可观测。

答案： C

4-3-21 解： 公路勘测在进行一级平面控制测量时，用DJ$_2$经纬仪进行水平角观测的半测回归零差应小于等于12″。

答案： B

考点：平面控制测量（水平角观测的主要技术要求）

4-3-22　解：高速公路和一级公路的平面控制测量等级应选用不低于一级。

答案：A

4-3-23　解：GPS基线测量的中误差应小于按式$\sigma = \pm\sqrt{a^2 + (b \cdot d)^2}$计算的标准差，各等级控制测量固定误差$a$、比例误差系数$b$的取值应符合规定。计算GPS测量大地高差的精度时，a、b可放宽至2倍。

答案：A

4-3-24　解：同一个公路项目应采用同一个高程系统，并应与相邻项目高程系统相衔接。各等级公路高程控制网最弱点高程中误差不得大于±25mm；用于跨越水域和深谷的大桥、特大桥的高程控制网最弱点高程中误差不得大于±10mm。

答案：C

4-3-25　解：《公路勘测规范》（JTG C10—2007）第4.1.2条第2款规定，路线平面控制点距路线中心线的距离应大于50m，宜小于300m，每一点至少应有一相邻点通视。

答案：D

4-3-26　解：选择路线平面控制测量坐标系时，应使测区内投影长度变形值不大于2.5cm/km；大型构造物平面控制测量坐标系，其投影长度变形值不大于1cm/km。投影分带位置不应选择在大型构造物处。

答案：B

4-3-27　解：见《应试辅导》考点一中的表4-5、考点二中的表4-19。

答案：D

4-3-28　解：高程控制测量的技术要求，三等水准测量附合水准路线长度应为60km，题干长度为91km，不符合规范要求；水准测量主要技术要求，三等微丘附合水准路线闭合差应小于$12\sqrt{l}$，即114mm，因此闭合差符合规范要求。

答案：B

（四）地形图测绘及应用

4-4-1　中比例尺地形图采用（　　）方法测绘而成。

A. 经纬仪

B. 电磁波测距仪

C. 全站仪

D. 航空摄影测量或航天遥感数字摄影测量

4-4-2　测绘1∶5000比例尺的地形图时，其比例尺的精度为（　　）。

A. 0.5m　　　　　　　　　　　　　　B. 1m

C. 5m　　　　　　　　　　　　　　　D. 0.05m

4-4-3　根据所用仪器的不同，地形碎部点测绘的传统方法不包括（　　）。

A. 全站仪　　　　　　　　　　　　　B. 大平板仪测图法

C. 经纬仪测绘法　　　　　　　　　　D. 小平板仪联合经纬仪测图法

4-4-4 1∶5000 的比例尺地形图图幅为（　　　）。

　　A. 50cm×50cm　　　　　　　　　B. 40cm×40cm

　　C. 40cm×50cm　　　　　　　　　D. 60cm×60cm

4-4-5 坐标增量的计算公式是（　　　）。

　　A. $\Delta x = D \sin \alpha$　　　　　　　B. $\Delta x = D \tan \alpha$
　　　$\Delta y = D \cos \alpha$　　　　　　　　$\Delta y = D \cot \alpha$

　　C. $\Delta x = D \cos \alpha$　　　　　　　D. $\Delta x = D \cot \alpha$
　　　$\Delta y = D \sin \alpha$　　　　　　　　$\Delta y = D \tan \alpha$

4-4-6 大比例尺地形图按矩形分幅时常用的编号方法是以图幅的（　　　）编号法。

　　A. 西北角坐标值公里数　　　　　　B. 西南角坐标值公里数

　　C. 西北角坐标值米数　　　　　　　D. 西南角坐标值米数

4-4-7 既反映地物的平面位置，又反映地面高低起伏状态的正射投影图为（　　　）。

　　A. 平面图　　　　B. 断面图　　　　C. 影像图　　　　D. 地形图

4-4-8 地形图上 0.1mm 的长度相应于地面的水平距离称为（　　　）。

　　A. 比例尺　　　　B. 数字比例尺　　　C. 水平比例尺　　　D. 比例尺精度

4-4-9 地形图的等高线是地面上高程相等的相邻点连成的（　　　）。

　　A. 闭合曲线　　　　B. 直线　　　　C. 闭合折线　　　　D. 折线

4-4-10 在 1∶2000 地形图上量得 M、N 两点距离为 $d_{MN} = 75$mm，高程为 $H_M = 137.485$m，$H_N = 141.985$m，则该两点坡度 i_{MN} 为（　　　）。

　　A. +3%　　　　B. −4.5%　　　　C. −3%　　　　D. +4.5%

4-4-11 下面说法错误的是（　　　）。

　　A. 等高线在任何地方都不会相交　　　B. 等高线一定是闭合的连续曲线

　　C. 同一等高线上的点的高程相等　　　D. 等高线与山脊线、山谷线正交

4-4-12 我国基本比例尺地形图采用（　　　）分幅方法。

　　A. 正方形　　　　B. 矩形　　　　C. 梯形　　　　D. 平行四边形

4-4-13 按1/2基本等高距描绘出的等高线称为（　　　）。

　　A. 计曲线　　　　B. 间曲线　　　　C. 首曲线　　　　D. 助曲线

4-4-14 在 1∶2000 地形图上，设等高距为 1m，现要设计一条坡度为 5% 的等坡度路线，则路线上等高线间隔应为（　　　）。

　　A. 0.1m　　　　B. 0.1cm　　　　C. 1cm　　　　D. 5mm

4-4-15 下列说法正确的是（　　　）。

　　A. 等高线平距越大，表示坡度越小　　　B. 等高线平距越小，表示坡度越小

　　C. 等高距越大，表示坡度越大　　　　　D. 等高距越小，表示坡度越大

4-4-16 展绘控制点时，应在图上标明控制点的（　　　）。

　　A. 点号与坐标　　　　　　　　　　B. 点号与高程

　　C. 坐标与高程　　　　　　　　　　D. 高程与方向

4-4-17 在 1∶1000 地形图上，设等高距为 1m，现量得某相邻两条等高线上两点 A、B 之间的图上距离为 001m，则 A、B 两点的地面坡度为（　　　）。

　　A. 1%　　　　B. 5%　　　　C. 10%　　　　D. 20%

4-4-18 地物符号中能表示地物的形状、大小和位置的是（　　）。

  A. 比例符号   B. 非比例符号   C. 线性符号   D. 注记符号

4-4-19 在大比例尺1：500的地形图上，20cm×30cm的方格所对应的实际面积是（　　）。

  A. 600m^2 B. 1500m^2 C. 15000m^2 D. 7500m^2

4-4-20 山脊线也称为（　　）。

  A. 分水线   B. 集水线   C. 山谷线   D. 示坡线

4-4-21 下列叙述正确的是（　　）。

  A. 江河、平原、洼地属于地物   B. 江河、湖泊、森林属于地貌

  C. 江河、平原、丘陵属于地貌   D. 江河、湖泊、道路属于地物

4-4-22 图幅大小为50cm×40cm的1：500比例尺地形图，则1km^{2}有（　　）。

  A. 20幅图   B. 25幅图   C. 16幅图   D. 5幅图

4-4-23 地形图的比例尺为1：2000，某一直线*AB*在图上线段长为38cm，则该直线在地面上两点之间的实际距离为（　　）。

  A. 190m   B. 38m   C. 19m   D. 760m

4-4-24 山头与洼地的等高线可采用（　　）来区分。

  A. 高程注记   B. 等高距

  C. 等高线平距   D. 高程注记和示坡线

4-4-25 ［2019年考题］公路勘测地形图测绘图根控制测量中，图根点的点位中误差应不大于所测比例尺图上（　　）。

  A. 0.05mm   B. 0.10mm   C. 0.15mm   D. 0.20mm

4-4-26 ［2019年考题］数字地面模型应用于公路施工图测设阶段时，DTM高程插值中误差应不大于（　　）。

  A. ±0.1m   B. ±0.2m   C. ±0.3m   D. ±0.4m

4-4-27 ［2019年考题］采用测深仪测绘公路大桥、特大桥水下地形图时，一般水域断面线上测深点图上最大间距为（　　）。

  A. 1.0cm   B. 1.0~1.5cm   C. 1.5~3.5cm   D. 3.5~4.5cm

4-4-28 ［2020年考题］公路工程地形图绘制中，平原地区测绘1：1000比例尺地形图的基本等高距应为（　　）。

  A. 0.5m   B. 1.0m   C. 2.0m   D. 5.0m

4-4-29 ［2020年考题］公路勘测地形图测绘采用GPS RTK法测量时，流动站至基准站的距离应小于（　　）。

  A. 10km   B. 15km   C. 20km   D. 25km

4-4-30 ［2020年考题］公路施工图设计阶段，利用数字地面模型（DTM）计算公路纵断面时，中桩桩距取值应为（　　）。

  A. 20~50m   B. 20~40m   C. 20~30m   D. 5~20m

4-4-31 ［2020年考题］以地形图数字化为数据源生成的公路数字地面模型（DTM），其高程插值相对于原地形图的高程误差不得超过原图等高距的（　　）。

  A. 1   B. 1/2   C. 1/3   D. 1/5

4-4-32 ［2020年考题］公路航空摄影测量成图比例尺为1∶1000时，航摄比例尺应为（　　）。

    A. 1∶2000~1∶3000　　　　　　　　B. 1∶4000~1∶6000

    C. 1∶8000~1∶12000　　　　　　　　D. 1∶20000~1∶30000

4-4-33 ［2021年考题］某一公路测量控制点，位于高原地区，其6度带的纵坐标$X = 4866735$m，横坐标$Y = 18444333$m，则该点至中央子午线的实际距离为（　　）。

    A. 55667m　　　　　B. 444333m　　　　　C. 4866735m　　　　　D. 18444333m

4-4-34 ［2021年考题］下列关于地形图等高线特性的描述，不正确的为（　　）。

    A. 等高线不能相交

    B. 同一等高线上各点的高程一定相等

    C. 等高线平距大小与地面坡度大小成反比

    D. 等高线与山脊线、山谷线大致成垂直正交

4-4-35 ［2021年考题］下列关于公路工程水下地形图测绘的表述，符合规范规定的是（　　）。

    A. 特大桥重点水域断面线上测深点图上最大间距应不大于1.0cm

    B. 重点水域航道测量图上测深线间距应不大于2.0cm

    C. 特大桥一般水域断面线上测深点图上最大间距应不大于2.0cm

    D. 一般水域航道测量图上测深线间距应不大于3.0cm

4-4-36 ［2021年考题］某公路工程定测阶段，拟采用航空摄影对重要工点进行地形图测量工作，根据公路勘测规范宜采用的航摄比例尺是（　　）。

    A. 1∶500　　　　　B. 1∶2000　　　　　C. 1∶5000　　　　　D. 1∶10000

题解及参考答案

4-4-1 **解：** 1∶10000~1∶100000比例尺的地形图称为中比例尺地形图，采用航空摄影测量或航天遥感数字摄影测量方法测绘，由国家基尺地形图及各种资料编绘而成。

    答案： D

4-4-2 **解：** 正常情况下，人眼在图纸上能分辨出的最小距离为0.1mm，即在图纸上当两点间距离小于0.1mm时，人眼就无法再分辨。因此，在地形图上0.1mm所代表的实地水平距离称为地形图的比例尺精度。即：比例尺精度$= 0.1M = 0.1 \times 5000 = 500mm= 0.5$m。

    答案： A

4-4-3 **解：** 根据所用仪器的不同，地形碎部点测绘的传统方法有大平板仪（光电测距照准仪）测图法、经纬仪测绘（测记）法及小平板仪联合经纬仪测图法等。

    答案： A

4-4-4 **解：** 1∶5000、1∶2000、1∶1000和1∶500比例尺地形图的图幅由规范可知，1∶5000的地形图的图幅为40cm×40cm，其他比例尺的地形图图幅均为50cm×50cm。

    答案： B

4-4-5 **解：** 坐标增量的计算公式是：$\Delta x = D \cos \alpha$，$\Delta y = D \sin \alpha$。

    答案： C

4-4-6 解：由大比例尺地形图的图幅划分，以图幅的西南角坐标值公里数编号法编号。

答案：B

4-4-7 解：地形图指的是地表起伏形态和地理位置、形状在水平面上的投影图。具体来讲，将地面上的地物和地貌按水平投影的方法（沿铅垂线方向投影到水平面上），并按一定的比例尺缩绘到图纸上，这种图称为地形图。

答案：D

4-4-8 解：正常情况，人眼在图纸上能分辨出的最小距离为 0.1mm，即在图纸上当两点间距离小于 0.1mm 时，人眼就无法再分辨。因此，在地形图上 0.1mm 所代表的实地水平距离称为地形图的比例尺精度。

答案：D

4-4-9 解：等高线是闭合的曲线。

答案：A

4-4-10 解：$i_{MN} = \frac{h_{MN}}{d_{MN}} = \frac{H_N - H_M}{d_{MN}} = \frac{141.985 - 137.485}{150} = 0.03$。

答案：A

4-4-11 解：等高线是闭合曲线。

答案：A

4-4-12 解：地形图分幅方法分为两类，一类是按经纬线分幅的梯形分幅法（又称为国际分幅），另一类是按坐标格网分幅的矩形分幅法。前者用于国家基本图的分幅，后者则用于城市或工程建设大比例尺地形图的分幅。

答案：C

4-4-13 解：（1）首曲线：在同一幅图上，按规定的等高线描绘的等高线称首曲线，也称基本等高线。

（2）计曲线：凡是高程能被 5 倍基本等高距整除的等高线加粗描绘，称为计曲线。

（3）间曲线和助曲线：按1/2基本等高距描绘的等高线称为间曲线，按1/4基本等高距描绘的等高线，称为助曲线。

答案：B

4-4-14 解：该比例尺上 0.01m 实际为 20m，则坡度为 1：20，即 5%。

答案：C

4-4-15 解：等高线平距越小，地面坡度就越大；平距越大，则坡度越小；坡度相同，平距相等。因此，可以根据地形图上等高线的疏、密来判定地面坡度的大、小。同时还可以看出：等高距越小，显示地貌就越详细。

答案：A

4-4-16 解：展绘控制点时，应在图上以分数形式注上点号与高程。

答案：B

4-4-17 解：1：1000 比例尺地形图上 A、B 两点间实际距离为 0.01×1000＝10m，所以坡度为 1：10，即 10%。

答案：C

4-4-18 解：比例符号，轮廓较大的地物，能按比例尺把它们的形状、大小和位置缩绘在图上，如房屋、运动场、湖泊、森林、田地等。

答案： A

4-4-19 **解：** 1∶500 地形图上，20cm×30cm实际为100m×150m＝15000m²。

答案： C

4-4-20 **解：** 山脊处由于高度最大，使得水往两边分流，是分水线。山谷处地势低，四周的水往此处汇聚，是合水线。

答案： A

4-4-21 **解：** 地物是指的是地面上各种有形物（如山川、森林、建筑物等）和无形物（如省、县界等）的总称，泛指地球表面上相对固定的物体。地貌即地球表面各种形态的总称，也能称为地形。地表形态是多种多样的，成因也不尽相同，是内、外力地质作用对地壳综合作用的结果。内力地质作用造成了地表的起伏，控制了海陆分布的轮廓及山地、高原、盆地和平原的地域配置，决定了地貌的构造格架。

答案： D

4-4-22 **解：** 1∶500 的比例尺下，50cm×40cm实际面积为0.25km×0.2km＝0.05km²，1km²有20幅。

答案： A

4-4-23 **解：** 1∶2000 地形图上 38cm 实际长度为：0.38m×2000＝760m。

答案： D

4-4-24 **解：** 山头与洼地的等高线可采用高程注记和示坡线来区分。

答案： D

4-4-25 **解：** 图根点的点位中误差应不大于所测比例尺图上 0.1mm，高程中误差应不大于测图基本等高距的1/10。

答案： B

考点：图根控制测量

4-4-26 **解：** 数字地面模型应用于施工图测设阶段时，原始三维地面数据必须野外实测采集。DTM高程插值中误差应不大于±0.2m。

答案： B

考点：数字地面模型（DTM成果应用）

4-4-27 **解：** 测深点的布测可采用断面或散点形式；采用测深仪测绘公路大桥、特大桥水下地形图时，一般水域断面线上测深点图上最大间距为 1.0~1.5cm。

答案： B

考点：水下地形图测绘

4-4-28 **解：**《公路勘测规范》（JTG C10—2007）第5.1.2条规定，平原地区 1∶1000 比例尺地形图的基本等高距是 0.5m。

答案： A

考点：地形图测绘

4-4-29 **解：**《公路勘测规范》（JTG C10—2007）第5.3.4条规定，当采用 GPS RTK 法测量时，流动站至基准站的距离应小于10km。

答案： A

考点：GPS RTK 法测量

4-4-30　解：《公路勘测规范》（JTG C10—2007）第 7.5.2 条和表 7.5.2 规定，采用数字地面模型计算公路纵、横断面时，施工图设计阶段的中桩桩距为 5~20m。

　　答案：D

4-4-31　解：《公路勘测规范》（JTG C10—2007）第 7.1.2 条第 2 款规定，以地形图数字化为数据源生成的 DTM，其高程插值相对于原地形图的高程误差不得超过原图等高距的1/2。

　　答案：B

4-4-32　解：《公路勘测规范》（JTG C10—2007）第 6.1.1 条规定，当成图比例尺为 1：1000 时，航摄比例尺为 1：4000~1：6000。

　　答案：B

4-4-33　解：我国位于北半球，故纵坐标均为正值，但为避免中央经度线以西为负值的情况，将坐标纵轴西移 500km。公路测量控制点横坐标 Y 的前两位为带号，该点到投影带中央子午线的距离就是：500000 − 444333 = 55667m。

　　答案：A

4-4-34　解：除在悬崖或绝壁处外，等高线在图上不能相交或重合。

　　答案：A

4-4-35　解：详见《应试辅导》考点四。大桥、特大桥重点水域断面线上测深点图上最大间距不大于 1.0cm。

　　答案：A

4-4-36　解：对地形图精度要求高的工程宜选择较大值，即 1：2000。

　　答案：B

（五）初　测

4-5-1　下列关于平面控制测量说法错误的是（　　）。

A. 平面控制网的布设应遵循因地制宜，技术先进，经济合理，确保质量的原则

B. 平面控制网宜全线贯通，统一平差

C. 二级及以上公路可不进行平面控制测量

D. 可首先布置首级控制网，然后加密与公路和构造物等级相适应的控制网

4-5-2　各等级公路高程控制网最弱点高程中误差不得大于（　　）。

A. ±10mm　　　　　　　　　　　B. ±15mm

C. ±20mm　　　　　　　　　　　D. ±25mm

4-5-3　下列关于现场定线勘测内容说法错误的是（　　）。

A. 现场定线一般适用于一、二级公路的路线选取

B. 现场踏勘前，应在地形图上确定控制点，选择最佳路线

C. 越岭路线或受纵坡控制的路段，应选择好坡面及展线方式进行放坡展线

D. 现场定线时，可采用直接定交点法、延长直线钉设转点或交点的方法确定路线交点位置

4-5-4　高程控制点距离路线中心距离应大于（　　），小于（　　）。

A. 100，200   B. 50，300

C. 50，200   D. 100，300

4-5-5 当测量等级为三等时，偶然中误差大小应满足（   ）。

A. ±3mm   B. ±5mm   C. ±4mm   D. ±2mm

4-5-6 下列选项中，路线放线方法不包括（   ）。

A. 极坐标法   B. 链距法

C. 偏角法   D. 三角测量法

4-5-7 地形图的测绘范围应根据公路等级、地形条件及设计需要等合理确定，应能满足线形优化及构造物布置的需要。二级及二级以上公路中线每侧不宜小于（   ）m。

A. 100   B. 200   C. 300   D. 400

4-5-8 独立工程或（   ）以下公路联测有困难时，可采用假定高程。

A. 一级   B. 二级   C. 三级   D. 二级或三级

4-5-9 高速公路、一级公路隧道贯通长度 L 满足（   ）。

A. $L < 2000m$ B. $L < 3000m$

C. $L > 2000m$ D. $L > 3000m$

4-5-10 路线勘测工作包括（   ）阶段。

A. 粗测   B. 初测   C. 定测   D. B 和 C

4-5-11 ［2019 年考题］公路设计初测阶段，现场踏勘过程中，应根据项目特点及自然、地理、社会环境调整并确定（   ）。

A. 勘测方法与勘测方案   B. 起终点及中间控制点

C. 工程规模及技术等级   D. 路线比较方案

4-5-12 ［2019 年考题］公路设计初测阶段，路线可采用纸上定线和现场定线，适用现场定线的是（   ）。

A. 高速公路   B. 一级公路

C. 三、四级公路   D. 特大桥、大桥

4-5-13 ［2019 年考题］在公路设计初测阶段，公路与公路交叉应勘测与调查的内容包括（   ）。

A. 测绘 1：10000 地形图

B. 补充调查相交公路的交通量、交通组成

C. 测量交叉点铁轨顶高、交叉角度及路基宽度

D. 勘测公路与管线交叉的位置、交叉角度、交叉点悬高或埋置深度

4-5-14 ［2020 年考题］高速公路、一级公路进行勘测时，高程控制测量等级应选用（   ）。

A. 二等   B. 三等   C. 四等   D. 五等

4-5-15 ［2020 年考题］下列公路勘测高程控制测量工作中，符合高程控制点布设要求的是（   ）。

A. 高程控制点距离路线中心的距离应大于 35m

B. 高程控制点距离路线中心的距离宜小于 400m

C. 路线高程控制点相邻点间的距离以 1.5~2.5km 为宜

D. 特大型构造物每端应埋设 2 个（含 2 个）以上高程控制点

4-5-16 ［2020 年考题］公路设计初测阶段，符合大、中桥梁控制测量要求的是（   ）。

A. 可不专门布设桥梁平面和高程控制网

B. 布设路线控制网时，每岸不漏布设必要的控制点

C. 布设的控制点不需要纳入路线控制测量进行施测

D. 需设置独立坐标系统

题解及参考答案

4-5-1 **解**：二级及以上公路必须进行平面控制测量。

答案：C

4-5-2 **解**：各等级公路高程控制网最弱点高程中误差不得大于±25mm，用于跨越水域和深谷的大桥、特大桥的高程控制网最弱点高程中误差不得大于±10mm。

答案：D

4-5-3 **解**：现场定线一般适用于三、四级公路的路线选取。

答案：A

4-5-4 **解**：高程控制点距离路线中心距离应大于 50m，小于 300m。

答案：B

4-5-5 **解**：由高程控制测量的技术要求可知，当测量等级为三等时，偶然中误差大小应满足±3mm。

答案：A

4-5-6 **解**：路线放线采用的方法有极坐标法、链距法、偏角法等。

答案：D

4-5-7 **解**：地形图的测绘范围应根据公路等级、地形条件及设计需要等合理确定，应能满足线形优化及构造物布置的需要。二级及二级以上公路中线每侧不宜小于 300m。

答案：C

4-5-8 **解**：独立工程或三级以下公路联测有困难时，可采用假定高程。

答案：C

4-5-9 **解**：高速公路、一级公路隧道贯通长度L满足L < 3000m。

答案：B

4-5-10 **解**：道路勘测设计通常分为两个阶段，即初步设计阶段和施工图设计阶段。每个阶段都有不同的目的和要求，因此在道路勘测设计的方法上也有所不同，对应于初步设计的称为道路初测，对应于施工图设计的称为道路定测。

答案：D

4-5-11 **解**：公路设计初测阶段，现场踏勘过程中，应根据项目特点及自然、地理、社会环境调整并确定勘测方法与勘测方案。

答案：A

考点：现场踏勘

4-5-12 解：现场定线应进行的勘测内容：

（1）现场定线一般适用于三、四级公路的线路选取。

（2）现场踏勘前，应在地形图上确定控制点、绕避点，选择路线通过的最佳位置。

（3）越岭路线或受纵坡控制的路段，应选择好坡面及展线方式进行放坡展线。

（4）现场定线时，可采用直接定交点法、延长直线钉设转点或交点的方法确定路线交点位置。

（5）选设的交点和转点作为测量控制点使用时，应进行护桩并按照二级平面控制测量的要求测定角度和长度。如不作为测量控制点使用时，应将交点和转点与路线控制测量点联测,确定交点和转点坐标。

答案：C

考点：路线勘测与调查

4-5-13　解：公路与公路交叉应进行以下勘测与调查：

（1）调查相交公路的名称、相关区域的路网规划、交叉位置、地名及里程、修建时间、公路等级、技术标准、路面结构类型、排水和防护工程情况及其在路网中的作用。

（2）补充调查相交公路的交通量、交通组成。

（3）测量交叉角度、交叉点高程、纵坡坡度、路基宽度、路面宽度及厚度。

答案：B

考点：路线交叉勘测与调查

4-5-14　解：《公路勘测规范》（JTG C10—2007）第4.2.1条第4款规定，高速公路、一级公路高程控制测量等级为四级。

答案：C

考点：高程控制测量

4-5-15　解：《公路勘测规范》（JTG C10—2007）第4.2.2条规定，路线高程控制点相邻点间的距离以1~1.5km为宜，特大型构造物每一端应埋设2个（含2个）以上高程控制点。高程控制点距路线中线的距离应大于50m，宜小于300m。

答案：D

考点：高程控制点布设

4-5-16　解：《公路勘测规范》（JTG C10—2007）第8.8.3条规定，初测阶段可不专门布设桥梁平面和高程控制网，但在布设路线控制网时每岸应各布设必要的控制点，布设的控制点应纳入路线控制测量进行施测。

答案：B

考点：大、中桥梁控制测量

（六）定　测

4-6-1　平原或微丘路线中桩间距应为（　　　）。

A. 50m　　　　　　　　B. 40m　　　　　　　　C. 30m　　　　　　　　D. 25m

4-6-2　中桩高程测量方法有（　　　）。

A. 水准测量　　　　　　　　　　　　B. 三角高程测量

C. GPS RTK方法测量　　　　　　　　D. 以上都是

4-6-3　高速公路、一级和二级公路两次测量之差应满足（　　　）。

A. ≤5mm　　　　　　B. ≤10mm　　　　　　C. ≤15mm　　　　　　D. ≤20mm

4-6-4　三级及三级以下公路横断面中的距离公式为（　　　）。

A. $0.1 + L/100$　　　　　　　　　　B. $0.1 + L/50$

C. 0.1 + $L/200$　　　　　　　　　　　　D. 0.1 + $L/150$

4-6-5 中平测量中，转点的高程等于（　　　）。

A. 视线高程−前视读数　　　　　　　B. 视线高程+后视读数

C. 视线高程+后视点高程　　　　　　D. 视线高程−前视点高程

4-6-6 中线测量中，转点的作用是（　　　）。

A. 传递高程　　　　　　　　　　　　B. 传递方向

C. 传递桩号　　　　　　　　　　　　D. A、B、C 都不是

4-6-7 道路纵断面图的高程比例尺通常比里程比例尺（　　　）。

A. 小 50%　　　　　B. 小 90%　　　　　C. 大 1 倍　　　　　D. 大 10 倍

4-6-8 对方案明确、地形地质条件比较简单的（　　　）级公路的勘测，可采用一次定测。

A. 一　　　　　　　B. 二　　　　　　　C. 三　　　　　　　D. 二、三、四

4-6-9 当涵位及其与路线的交角选定后，应自涵位中桩沿涵洞中线方向分别向上下游施测纵断面，施测长度一般各为（　　　）m。

A. 10~15　　　　　B. 15~20　　　　　C. 20~25　　　　　D. 25~30

4-6-10 隧道测量中，腰线的作用是控制掘进（　　　）。

A. 高程与坡度　　　B. 高程　　　　　　C. 坡度　　　　　　D. 方向

4-6-11 竖井联系测量的作用是（　　　）。

A. 将地面点的坐标传递到井下

B. 将地面点的坐标与方向传递到井下

C. 将地面点的方向传递到井下

D. 将地面点的高程传递到井下

4-6-12 沉降观测宜采用（　　　）方法。

A. 三角高程测量　　　　　　　　　　B. 水准测量或三角高程测量

C. 水准测量　　　　　　　　　　　　D. 等外水准测量

4-6-13 位移观测是在（　　　）的基础上进行。

A. 高程控制网　　　　　　　　　　　B. 平面控制网

C. 平面与高程控制网　　　　　　　　D. 不需要控制网

4-6-14 施工放样的基本工作包括测设（　　　）。

A. 水平角、水平距离与高程　　　　　B. 水平角与水平距离

C. 水平角与高程　　　　　　　　　　D. 水平距离与高程

4-6-15 建筑施工测量的内容包括（　　　）。

A. 轴线测设与施工控制桩测设

B. 轴线测设、施工控制桩测设、基础施工测量与构件安装测量

C. 轴线测设与构件安装测量

D. 基础施工测量与构件安装测量

4-6-16 建筑工程施工测量的基本工作是（　　　）。

A. 测图　　　　　　　B. 测设　　　　　　C. 用图　　　　　　D. 识图

4-6-17 施工测量的内容不包括（　　　）。

  A. 控制测量   B. 放样

  C. 测图   D. 竣工测量

4-6-18 测定建筑物构件受力后产生弯曲变形的工作称为（　　　　）。

  A. 位移观测   B. 沉降观测

  C. 倾斜观测   D. 挠度观测

4-6-19 管线工程测量包括的方法有（　　　　）。

  A. 给排水管道   B. 各种介质管道

  C. 长输管道   D. 以上都是

4-6-20 ［2019年考题］公路定测路线中线敷设时，路线中桩间距不大于10m的线形条件是（　　　　）。

  A. $R > 60$m曲线上   B. 不设超高的曲线上

  C. 平原、微丘区直线上   D. $30 < R < 60$m曲线上

4-6-21 ［2019年考题］公路勘测定测阶段，高速公路中桩高程两次测量之差应小于等于（　　　　）。

  A. 3mm   B. 5mm   C. 8mm   D. 10mm

4-6-22 ［2020年考题］公路大、中桥定测阶段勘测与调查时，应进行形态断面测量，选择形态断面的要求是（　　　　）。

  A. 任选两个断面即可

  B. 宜在桥位上游选一个断面

  C. 宜在桥位下游选一个断面

  D. 宜在桥位上、下游各选一个断面

4-6-23 ［2020年考题］公路设计定测阶段，对于平原、微丘区的一、二级公路，中桩平面位置中误差应不大于（　　　　）。

  A. ±5cm   B. ±10cm   C. ±15cm   D. ±20cm

4-6-24 ［2020年考题］公路定测阶段，三级及以下公路横断面测量距离检测互差限差应为（　　　　）m。注：L为测点至中桩的水平距离（m）。

  A. $\leq L/2.5 + 0.2$ B. $\leq L/25 + 0.1$

  C. $\leq L/50 + 0.2$ D. $\leq L/50 + 0.1$

4-6-25 ［2021年考题］某二级公路定测阶段中桩高程测量起闭于路线高程控制点上，已知中桩高程测量的路线长度为1.96km，中桩高程测量闭合差的限差应不大于（　　　　）。

  A. 14mm   B. 28mm   C. 42mm   D. 56mm

4-6-26 ［2021年考题］下列关于定测阶段地形图测绘的表述，符合规范规定的是（　　　　）。

  A. 地形、地物发生变化的路段，应全部重测

  B. 地形、地物发生变化较大的路段，应予修测

  C. 隧道应按最终确定的洞口位置测绘洞口地形图

  D. 地形图范围不能满足设计要求时，可用小比例尺地形图放大补充

4-6-27 ［2021年考题］下列关于定测阶段占地勘测与调查，调查土地内容阐述正确的是（　　　　）。

  A. 应调查常种作物和近2年平均产量

  B. 应调查常种作物和近3年平均产量

  C. 应调查常种作物和近4年平均产量

  D. 应调查常种作物和近5年平均产量

题解及参考答案

4-6-1　解： 由中桩间距规范表可知，平原或微丘路线中桩间距为 50m。

　　　答案： A

4-6-2　解： 中桩高程测量方法有水准测量、三角高程测量和 GPS RTK 方法测量。

　　　答案： D

4-6-3　解： 由中桩高程测量精度表可知，高速公路、一级和二级公路两次测量之差应满足≤5mm。

　　　答案： A

4-6-4　解： 三级及三级以下公路横断面中的距离公式为 $0.1 + L/50$。

　　　答案： B

4-6-5　解： 计算公式为 $H_i = H_A + a$，$H_B = H_i - b$，即转点的高程等于视线高程−前视读数。

　　　答案： A

4-6-6　解： 转点在水准测量中起到传递高程的作用。如所需的测量工作路程较远，仪器不能一次到位读取高差，就需要用到转点。中线测量中，转点的作用是传递方向。

　　　答案： B

4-6-7　解： 为了更明显地表示地面的高低起伏情况，纵断面图上的高程比例尺一般比平距比例尺大 10 倍。

　　　答案： D

4-6-8　解： 对方案明确、地形地质条件比较简单的二、三、四级公路的勘测，可采用一次定测。

　　　答案： D

4-6-9　解： 当涵位及其与路线的交角选定后，应自涵位中桩沿涵洞中线方向分别向上下游施测纵断面，施测长度一般各为 15~20m。

　　　答案： B

4-6-10　解： 隧道腰线的作用是指示隧道在竖直面内的掘进方向。

　　　答案： D

4-6-11　解： 联系测量一般应用在矿井立井贯通方面，在地下工程中，为使地面与地下建立统一的坐标系统和高程基准，应通过平硐、斜井及竖井将地面的坐标系统及高程基准传递到地下，该项地下起始数据的传递工作称为联系测量。

　　　答案： B

4-6-12　解： 沉降观测采用水准测量，水准尺应使用受环境及温差变化影响小的高精度铝合金水准尺。在不具备铝合金水准尺的情况下，使用一般塔尺时应尽量使用第一段标尺。水准仪的精度不低于 DS_3 级别。

　　　答案： C

4-6-13　解： 位移观测是在平面控制网的基础上进行。

　　　答案： B

4-6-14　解： 施工放样的基本工作包括测设水平角、水平距离与高程。

　　　答案： A

4-6-15 解：建筑施工测量的内容包括轴线测设、施工控制桩测设、基础施工测量与构件安装测量。

答案：B

4-6-16 解：建筑工程施工测量的基本工作是测设。

答案：B

4-6-17 解：施工测量是指为施工所进行的控制、放样和竣工验收等的测量工作。

答案：C

4-6-18 解：挠度是指建（构）筑物或其构件在水平方向或竖直方向上的弯曲值。例如桥的梁部在中间会产生向下弯曲，高耸建筑物会产生侧向弯曲。挠度观测就是通过一定的技术、仪器或方法对这种弯曲的程度进行测量和分析。

答案：D

4-6-19 解：管线工程测量方法，包括给水排水管道、各种介质管道、长输管道等。

答案：D

4-6-20 解：公路定测路线中线敷设时，路线中桩间距应符合下表规定。

中桩间距

题 4-6-20 解表

直线（m）		曲线表中为平曲线半径（m）			
平原、微丘	重丘、山岭	不设超高的曲线	$R > 60$	$30 < R < 60$	$R < 30$
50	25	25	20	10	5

答案：D

考点：路线中线敷设

4-6-21 解：公路勘测定测阶段，中桩高程测量精度与要求应符合下表规定。

中桩高程测量精度

题 4-6-21 解表

公路等级	闭合差（mm）	两次测量之差（mm）
高速公路，一、二级公路	$\leq 30\sqrt{L}$	≤ 5
三级及三级以下公路	$\leq 50\sqrt{L}$	≤ 10

答案：B

考点：中桩高程测量

4-6-22 解：《公路勘测规范》（JTG C10—2007）第 9.8.5 条规定，大、中桥勘测与调查，宜在桥位上、下游各选一个断面进行形态断面测量。

答案：D

考点：中桩平面位置中误差

4-6-23 解：根据《公路勘测规范》（JTG C10—2007）第 9.2.3 条，公路设计定测阶段，对于平原、微丘区的一、二级公路，中桩平面位置中误差应不大于±5cm。

答案：A

考点：中桩平面位置中误差

4-6-24 解：根据《公路勘测规范》（JTG C10—2007）第 9.4.2 条，三级及以下公路横断面测量距离检测互差限差不大于 $L/50 + 0.1$。

答案：D

考点：公路定测

4-6-25 解：高速公路，一、二级公路闭合差应小于等于$30\sqrt{L}$，即 42mm。

答案：C

4-6-26 解：地形、地物发生变化的路段，应予修测；地形图范围不能满足设计要求时，应进行补测；变化较大时，应予重测。

答案：C

4-6-27 解：应调查各类土地常种作物和近 3 年平均产量，调查统计独立果树和价值较高树木的株数、直径、数量及产量。

答案：B

第五章 结构设计原理

复习指导

本章应重点掌握的内容主要包括：

（1）掌握钢筋的应力—应变曲线，混凝土的应力—应变曲线，材料的设计强度，钢筋与混凝土的黏结机理，钢筋锚固规定，极限状态设计，承载能力极限状态，正常使用极限状态，作用（荷载）效应组合，混凝土耐久性相关规定。

（2）掌握全梁承载能力校核与构造要求，正截面受力过程和破坏特征，正截面抗弯强度计算。

（3）掌握斜截面的受力特点和破坏形态，斜截面抗剪强度计算，斜截面抗剪承载能力影响因素，斜截面抗弯强度。

（4）掌握轴心受压构件、矩形截面偏心受压构件的特点，偏心受压构件的构造要求，偏心受压构件的纵向弯曲，工字形截面受压构件、圆形截面受压构件的受力特点。

（5）掌握钢筋混凝土受弯构件的应力、裂缝和变形计算，换算截面计算，裂缝及最大裂缝宽度验算、变形验算。

（6）掌握预应力混凝土的特点，预加应力的方法与常用设备，受弯构件的强度计算，预应力损失，有效预应力，抗裂计算，端部锚固区构造要求，受弯构件的构造要求，局部承压，挠度计算，裂缝宽度验算。

（7）掌握砌体的抗拉、抗弯、抗剪强度，轴心受压构件、偏心受压构件强度及稳定验算方法。

练习题、题解及参考答案

（一）混凝土结构的设计原则

5-1-1 在普通钢筋混凝土构件中，配置高强度钢筋（　　）。
A. 能有效提高构件的承载能力
B. 能有效提高构件的刚度
C. 能有效提高构件的抗裂度
D. 因构件开裂过宽而不能发挥其高强度的作用

5-1-2 其他条件相同的钢筋混凝土梁与素混凝土梁相比（　　）。
A. 破坏荷载和开裂荷载都有较大程度的提高
B. 破坏荷载有较大程度的提高，开裂荷载提高不大
C. 开裂荷载有较大程度的提高，破坏荷载提高不大
D. 破坏荷载和开裂荷载都提高不大

5-1-3 素混凝土构件与相同条件的钢筋混凝土构件相比较，在混凝土结硬过程中，其纵向

收缩变形（　　　）。

  A. 视混凝土强度等级而判定谁大谁小

  B. 前者大于后者

  C. 前者小于后者

  D. 前者等于后者

5-1-4 下列关于影响混凝土徐变大小因素的论述，错误的是（　　　）。

  A. 持续作用的应力越大，徐变越大

  B. 集料的弹性模量越低，徐变越大

  C. 水灰比越小，徐变越大

  D. 初始加载时混凝土的龄期越短，徐变越大

5-1-5 线性徐变是指（　　　）。

  A. 徐变与荷载持续时间呈线性关系

  B. 徐变系数与初应力呈线性关系

  C. 徐变变形与持续应力呈线性关系

  D. 瞬时变形和徐变变形之和与初应力呈线性关系

5-1-6 使混凝土产生非线性徐变的主要因素是（　　　）。

  A. 水泥用量

  B. 水灰比的大小

  C. 应力的作用时间

  D. 持续作用的应力值与混凝土轴心抗压强度比值的大小

5-1-7 对于钢筋混凝土轴心受压构件，长期持续荷载作用下混凝土的徐变，将使构件截面发生应力重分布，即（　　　）。

  A. 混凝土应力减小，钢筋应力减小

  B. 混凝土应力减小，钢筋应力增加

  C. 混凝土应力增加，钢筋应力减小

  D. 混凝土应力增加，钢筋应力增加

5-1-8 同一强度等级混凝土的立方体抗压强度f_{cu}、轴心抗压强度f_c、抗拉强度f_t的大小次序为（　　　）。

  A. $f_{cu} > f_c > f_t$ B. $f_c > f_{cu} > f_t$

  C. $f_{cu} > f_t > f_c$ D. $f_c > f_t > f_{cu}$

5-1-9 钢筋混凝土结构中有明显屈服点的钢筋，设计时强度取值标准是（　　　）。

  A. 极限抗拉强度   B. 屈服强度

  C. 极限抗压强度   D. 条件屈服强度

5-1-10 无明显流幅的钢筋以（　　　）作为其强度取值的依据。

  A. 极限强度

  B. 屈服强度

  C. 残余应变为 0.2% 的应力值

  D. 比例极限应力值

5-1-11 钢筋与混凝土能够共同工作,这主要是由于钢筋和混凝土的线膨胀系数相近,而且它们之间（　　）。

    A. 力学性能相近   B. 存在黏结力

    C. 钢筋受拉而混凝土受压   D. 能相互吸引

5-1-12 混凝土强度等级是按其（　　）试块抗压标准强度确定的,保证率为（　　）。

    A. 立方体,95%   B. 立方体,85%

    C. 棱柱体,95%   D. 棱柱体,85%

5-1-13 混凝土若处于三向应力作用下,当（　　）。

    A. 横向受拉,纵向受压,可提高抗压强度

    B. 横向受压,纵向受拉,可提高抗压强度

    C. 三向受压会降低抗压强度

    D. 三向受压能提高抗压强度

5-1-14 结构的重要性系数是根据结构的（　　）分别取 1.1、1.0、0.9。

    A. 耐久性等级的一、二、三级   B. 抗震等级

    C. 建筑面积的大小   D. 安全等级为一、二、三级

5-1-15 钢筋混凝土结构承载力极限状态设计计算中取用的荷载设计值 Q 与其相应的标准值 Q_k、材料强度的设计值 f 与其相应的标准值 f_k 之间的关系为（　　）。

    A. $Q > Q_k$, $f < f_k$ B. $Q < Q_k$, $f < f_k$

    C. $Q < Q_k$, $f > f_k$ D. $Q > Q_k$, $f > f_k$

5-1-16 结构出现（　　）时,可认为此时结构已达到其承载力极限状态。

    A. 出现了过大的振动   B. 裂缝宽度过大使钢筋锈蚀

    C. 由于过度变形而丧失了稳定   D. 产生了明显的变形

5-1-17 混凝土强度等级由 150mm 立方体抗压试验,按（　　）确定。

    A. 平均值 f_m B. $f_m(1 - 1.645\delta_f)$

    C. $f_m(1 - 2\delta_f)$ D. $f_m(1 - \delta_f)$

5-1-18 边长为 100mm 的非标准立方体试块的强度换算成标准试块的强度,则需乘以换算系数（　　）。

    A. 1.05   B. 1.0

    C. 0.95   D. 0.90

5-1-19 规范规定的受拉钢筋锚固长度 l_a（　　）。

    A. 随混凝土强度等级的提高而增大

    B. 随钢筋等级提高而降低

    C. 随混凝土等级提高而减少,随钢筋等级提高而增大

    D. 随混凝土及钢筋等级提高而减小

5-1-20 ［2019 年考题］材料的设计强度指用材料强度标准值除以材料性能分项系数后的值,其取值依据主要是为了满足结构的（　　）。

    A. 抗裂   B. 强度   C. 刚度   D. 可靠度

5-1-21 ［2019 年考题］结构设计时,应根据各种极限状态的设计要求采用不同的荷载代表值,其中可变作用的代表值应采用（　　）。

A. 标准值、平均值或准永久值　　　　B. 标准值、频遇值或平均值

C. 标准值、频遇值或准永久值　　　　D. 平均值、频遇值或准永久值

5-1-22〔2019年考题〕关于光圆钢筋与混凝土黏结作用的说法中，错误的是（　　）。

A. 钢筋与混凝土接触面产生的摩擦力

B. 钢筋与混凝土接触面产生的库仑力

C. 钢筋表面与水泥胶结产生的机械胶合力

D. 混凝土中水泥胶体与钢筋表面的化学胶着力

5-1-23〔2020年考题〕极限状态设计法中，结构的可靠性是指（　　）。

A. 安全性、耐久性和稳定性　　　　B. 安全性、耐久性和适用性

C. 安全性、耐久性和使用性　　　　D. 使用性、耐久性和稳定性

题解及参考答案

5-1-1　**解：** 钢筋混凝土中不宜采用高强度材料。

答案： D

5-1-2　**解：** 钢筋混凝土开裂前钢筋与混凝土共同变形，故钢筋对开裂荷载影响不大；但开裂后钢筋代替混凝土受拉，适当配筋的钢筋混凝土梁的破坏荷载可以显著提高。

答案： B

5-1-3　**解：** 钢筋可以限制收缩变形。

答案： B

5-1-4　**解：** 混凝土的徐变是在荷载长期作用下，混凝土凝胶体的水分逐渐压出，水泥石逐渐发生黏性流动，微细空隙逐渐闭合，结晶体内部逐渐滑动，微细裂缝逐渐发生等各种因素的综合结果。水灰比越大，空隙越多，徐变越大。

答案： C

5-1-5　**解：** 当持续作用的应力小于 $\sigma_c \leq 0.5 f_c$ 时，徐变大致与应力成正比，称为线性徐变。

答案： C

5-1-6　**解：** 当持续作用的应力介于 $0.5 f_c \sim 0.8 f_c$ 时，徐变的增长较应力的增长快，称为非线性徐变。

答案： D

5-1-7　**解：** 徐变作用使受压构件产生应力重分布，钢筋压应力增大，混凝土压应力减小。

答案： B

5-1-8　**解：** 同一强度等级的混凝土立方体强度大于轴心抗压强度，轴心抗压强度大于抗拉强度。

答案： A

5-1-9　**解：** 对有明显流幅的热轧钢筋，钢筋的抗拉强度标准值采用国家标准中规定的屈服强度标准值。

答案： B

5-1-10　**解：** 对于无明显流幅的钢筋，取相对残余应变为 0.2% 对应的条件屈服强度作为标准强度值。

答案： C

5-1-11 解：钢筋和混凝土共同工作的三要素为：钢筋与混凝土之间存在良好的黏结力，钢筋与混凝土的温度线膨胀系数接近，混凝土保护钢筋免受锈蚀。

答案：B

5-1-12 解：我国是依据立方体抗压强度标准值进行强度等级的划分，立方体抗压强度标准值具有不低于95%的保证值。

答案：A

5-1-13 解：混凝土处于三向受压时，混凝土的轴心抗压强度随另外两向压应力增加而增加。

答案：D

5-1-14 解：设计计算时，根据桥涵结构破坏所产生后果的严重程度，按三个安全等级进行设计，以体现不同情况的可靠度差异。不同安全等级用结构重要性系数来体现。

答案：D

5-1-15 解：结构或结构的一部分超过某一特定状态而不能满足设计规定的某一功能要求，此特定状态称为该功能的极限状态。设计时应满足$Z = R - S \geq 0$，即最不利荷载效应组合应小于结构最小抗力。荷载设计值大于标准值，材料强度设计值小于标准值，都是出于安全考虑。

答案：A

5-1-16 解：承载能力极限状态是指结构或结构构件达到最大承载能力或不适于继续承载的变形或变位的状态。

答案：C

5-1-17 解：混凝土立方体强度标准值按照立方体试验结果经数理统计以概率分布的0.05分位值确定的强度值，具有95%的保证率。应满足$f_k = f_m(1 - 1.645\delta_f)$。

答案：B

5-1-18 解：混凝土抗压强度试验中由于尺寸效应，试件尺寸越小，测得的强度值越大。实际工程中采用边长为100mm或200mm的混凝土立方体试件测得的立方体强度应分别乘以0.95和1.05换算为边长为150mm的立方体抗压强度。

答案：C

5-1-19 解：钢筋的锚固长度取决于钢筋与混凝土之间的黏结力。混凝土强度等级越高黏结力越大，锚固长度越小。带肋钢筋比光圆钢筋的黏结力要高，锚固长度可减小。

答案：D

5-1-20 解：见《应试辅导》考点十二。材料强度的设计值是材料强度标准值除以材料性能分项系数后的值，材料性能分项系数需根据不同材料，进行构件分析得到的可靠性指标达到规定的目标可靠指标及工程经验校准来确定。在进行设计时，作用乘以大于1的系数，材料强度除以大于1的系数，是为了使结构更安全。

答案：D

5-1-21 解：见《应试辅导》考点十一。可变作用的代表值可分为标准值、组合值、频遇值和准永久值。

答案：C

5-1-22 解：见《应试辅导》考点五。钢筋与混凝土之间具有良好的黏结性能。黏结力由化学胶着力、摩擦力和机械咬合力组成。

答案：B

5-1-23 解：见《应试辅导》考点六。结构的可靠性是指结构在规定的时间内，在规定的条件下，完成预定功能的能力，是安全性、适用性和耐久性的总称。

答案： B

（二）受弯构件正截面承载能力计算

5-2-1 下列（　　）不能用来判断适筋破坏与超筋破坏的界限。

    A. $\xi \leqslant \xi_b$ B. $x \leqslant \xi_b h_0$ C. $x \leqslant 2a_s'$ D. $\rho \leqslant \rho_{max}$

5-2-2 受弯构件正截面强度计算中保证受拉钢筋屈服的条件是（　　）。

    A. $\xi \leqslant \xi_b$ B. $f_y' \leqslant 400\text{N/mm}^2$

    C. $x \geqslant 2a_s'$ D. $\xi \leqslant 1 + a_s/h_0$

5-2-3 普通钢筋混凝土结构中受压钢筋的 f_y' 最多只能取（　　）。

    A. 300N/mm^2 B. 500N/mm^2 C. 400N/mm^2 D. 210N/mm^2

5-2-4 受弯构件正截面承载力计算时，验算 $\xi \leqslant \xi_b$ 的目的是（　　）。

    A. 防止发生适筋破坏   B. 防止发生超筋破坏

    C. 防止截面尺寸过大   D. 防止发生少筋破坏

5-2-5 提高受弯构件正截面受弯能力最有效的方法是（　　）。

    A. 提高混凝土强度等级   B. 增加保护层厚度

    C. 增加截面高度   D. 增加截面宽度

5-2-6 T形截面梁的计算配筋率是（　　）。

    A. $\dfrac{A_s}{b_f h_0}$ B. $\dfrac{A_s}{b h_0}$ C. $\dfrac{A_s}{b_f' h_0}$ D. $\dfrac{A_s}{b h}$

5-2-7 T形截面梁与矩形截面梁相比更节省材料，两者的适用情况是（　　）。

    A. 矩形截面梁适用于跨度大荷载大的情况，T形截面梁适用于跨度小荷载小的情况

    B. 矩形截面梁适用于跨度小荷载小的情况，T形截面梁适用于跨度大荷载大的情况

    C. 矩形截面梁适用于跨度大荷载小的情况，T形截面梁适用于跨度小荷载大的情况

    D. 矩形截面梁适用于跨度小荷载大的情况，T形截面梁适用于跨度大荷载小的情况

5-2-8 适筋梁截面破坏的主要特征是（　　）。

    A. 破坏截面上受拉钢筋不屈服，受压区混凝土被压碎

    B. 破坏截面上受拉钢筋屈服的同时受压区混凝土也被压碎

    C. 破坏截面上受压区混凝土先被压碎而后受拉钢筋屈服

    D. 破坏截面上受拉钢筋先屈服而后受压区混凝土被压碎

5-2-9 如下四种配筋（其他条件相同）的钢筋混凝土梁，$\rho_1(<\rho_{min})$、$\rho_2(\rho_{min}<\rho_2<\rho_{max})$、$\rho_3(\rho_3=\rho_{max})$、$\rho_4(>\rho_{max})$，其抗弯强度分别为 M_{u1}、M_{u2}、M_{u3}、M_{u4}，则（　　）。

    A. $M_{u1} < M_{u2} < M_{u3} < M_{u4}$ B. $M_{u1} < M_{u2} \leqslant M_{u3} < M_{u4}$

    C. $M_{u1} < M_{u2} = M_{u3} < M_{u4}$ D. $M_{u1} < M_{u2} < M_{u3} = M_{u4}$

5-2-10 双筋矩形截面抗弯强度计算公式的适用条件 $x \geqslant 2a_s'$，其作用是（　　）。

    A. 保留过大的受压区高度不致使混凝土过早压坏

    B. 保证受拉钢筋的应力在截面破坏时能达到屈服

    C. 保证受压钢筋在截面破坏时能达到抗压设计强度

    D. 使总的钢筋用量为最小

5-2-11 某纯弯曲梁在荷载作用下的受力行为表现为：首先受拉区出现裂缝，然后受拉区钢筋屈服，最后受压区混凝土压碎，则此梁属于（　　　）。

    A. 少筋梁　　　　　　　　　　　　B. 适筋梁

    C. 超筋梁　　　　　　　　　　　　D. 平衡（界限）破坏的梁

5-2-12 以下（　　　）属于钢筋混凝土 T 形截面受弯构件。

    A. 截面形状是 T 形或倒 L 形

    B. 截面形状是 T 形或 L 形且翼缘位于受压区

    C. 截面形状是 T 形或 L 形

    D. 截面形状是 T 形或 L 形且翼缘位于受拉区

5-2-13 梁柱中受力纵筋的保护层厚度是指（　　　）。

    A. 箍筋外表面至梁柱表面的距离

    B. 受力纵筋外表面至梁柱表面的距离

    C. 受力纵筋形心至梁柱表面的距离

    D. 箍筋形心至梁柱表面的距离

5-2-14 以下（　　　）可作为受弯构件正截面承载力计算的依据。

    A. I_a 状态　　　　　　　　　　　B. II_a 状态

    C. III_a 状态　　　　　　　　　　D. 第II阶段

5-2-15 受弯构件正截面承载力中，T 形截面划分为两类截面的依据是（　　　）。

    A. 计算公式建立的基本原理不同　　B. 受拉区与受压区截面形状不同

    C. 破坏形态不同　　　　　　　　　D. 混凝土受压区的形状不同

5-2-16 在 T 形截面梁的正截面承载力计算中，假定在受压区翼缘计算宽度范围内混凝土的压应力分布是（　　　）。

    A. 均匀分布　　　　　　　　　　　B. 按抛物线形分布

    C. 按三角形分布　　　　　　　　　D. 部分均匀，部分不均匀分布

5-2-17 双筋截面设计中，当A_s和A'_s均未知时，补充条件取$\xi = \alpha_1\xi_b$是（　　　）。

    A. 为了使混凝土用量最小

    B. 为了充分发挥混凝土的强度，使钢筋总量最少

    C. 为了使受拉钢筋达到屈服强度

    D. 为了避免超筋破坏

5-2-18 钢筋混凝土梁受拉区边缘开始出现裂缝是因为受拉边缘（　　　）。

    A. 受拉混凝土的应力达到混凝土的实际抗拉强度

    B. 受拉混凝土达到混凝土的抗拉标准强度

    C. 受拉混凝土达到混凝土的设计强度

    D. 受拉混凝土的应变超过受压极限拉应变

5-2-19 梁的受拉区纵向受力钢筋一层能排下时，改成两排后正截面受弯承载力将会（　　　）。

    A. 有所增加　　　　　　　　　　　B. 有所减少

    C. 既不增加也不减少　　　　　　　D. 无法确定

5-2-20 适筋梁在逐渐加载过程中，当正截面受力钢筋达到屈服以后（　　）。

    A. 该梁达到最大承载力，一直维持到受压混凝土达到极限强度而破坏

    B. 该梁达到最大承载力，随后承载力缓慢下降直至破坏

    C. 该梁即达到最大承载力而破坏

    D. 该梁承载力略有提高，但很快受压区混凝土达到极限压应变，承载力急剧下降而破坏

5-2-21 ［2019 年考题］钢筋混凝土适筋梁正截面受力全过程分为三个阶段，其中第三阶段，即破坏阶段末的表现是（　　）。

    A. 受拉区钢筋先屈服，随后受压区混凝土压碎

    B. 受拉区钢筋未屈服，受压区混凝土已压碎

    C. 受拉区钢筋和受压区混凝土的应力均不定

    D. 受压区混凝土先压碎，然后受拉区钢筋屈服

5-2-22 ［2020 年考题］钢筋混凝土梁的试验表明，钢筋混凝土适筋梁从加荷直至破坏，其正截面工作状态经历了三个阶段，大致可分为（　　）。

    A. 整体工作阶段、极限工作阶段、破坏阶段

    B. 弹性工作阶段、带裂缝工作阶段、破坏阶段

    C. 弹性工作阶段、受拉区混凝土退出工作阶段、塑性阶段

    D. 弹性工作阶段、全截面工作阶段、受拉区混凝土退出工作阶段

题解及参考答案

5-2-1 **解**：界限破坏是钢筋受拉屈服的同时，受压区混凝土被压碎的破坏，对应状态的配筋率也称作最大配筋率。$\xi \leq \xi_b$ 或 $x \leq \xi_b h_0$ 或 $\rho \leq \rho_{max}$ 都可用以区别适筋梁和超筋梁。

    答案：C

5-2-2 **解**：适筋破坏是受拉钢筋先屈服，而后受压区混凝土被压碎的破坏形态。适筋破坏的适用条件为 $\xi \leq \xi_b$。

    答案：A

5-2-3 **解**：当混凝土受压破坏时，受压钢筋的应变最大能达到 $\varepsilon'_s = 0.002$，抗压设计强度最大只能取到 400MPa。

    答案：C

5-2-4 **解**：$\xi \leq \xi_b$ 或 $x \leq \xi_b h_0$ 或 $\rho \leq \rho_{max}$，为防止发生超筋破坏。

    答案：B

5-2-5 **解**：受弯构件的承载能力计算公式可表示为，$\gamma_0 M_d \leq M_u = f_{cd} b h_0^2 \xi (1 - 0.5\xi)$，可见截面高度对承载能力的影响最大。

    答案：C

5-2-6 **解**：T 形截面梁的计算配筋率仍采用 $\frac{A_s}{bh_0}$，其中 b 为腹板厚度。

    答案：B

5-2-7 **解**：T 形截面梁适用于跨径更大的情况。

    答案：B

5-2-8　**解**：适筋破坏是受拉钢筋先屈服，而后受压区混凝土被压碎的破坏形态。

　　答案：D

5-2-9　**解**：在其他条件相同的情况下，受弯构件的抗弯承载力随配筋率的增大而增大。

　　答案：A

5-2-10　**解**：双筋矩形截面抗弯强度计算公式的适用条件$x \geq 2a'_s$是为了保证受压钢筋达到屈服强度。

　　答案：C

5-2-11　**解**：适筋破坏是受拉钢筋先屈服，而后受压区混凝土被压碎的破坏形态。

　　答案：B

5-2-12　**解**：对于T形截面，受压区位于受压翼缘为第一类T形截面，受压区高度进入腹板内为第二类T形截面。

　　答案：B

5-2-13　**解**：保护层是指钢筋表面到构件表面的距离。

　　答案：B

5-2-14　**解**：III_a状态为受拉钢筋达到屈服强度时的状态，作为受弯构件承载能力计算的依据。

　　答案：C

5-2-15　**解**：对于T形截面，受压区位于受压翼缘为第一类T形截面，受压区高度进入腹板内为第二类T形截面。

　　答案：D

5-2-16　**解**：在T形截面梁的正截面承载力计算中，假定在受压区翼缘有效翼缘范围内混凝土的压应力分布是均匀的。

　　答案：A

5-2-17　**解**：双筋截面设计中，当A_s和A'_s均未知时，补充条件取$\xi = \alpha_1 \xi_b$是为了充分发挥混凝土的强度，使钢筋总量最少。

　　答案：B

5-2-18　**解**：钢筋混凝土梁当受拉区边缘混凝土达到抗拉标准强度后，出现受拉塑性，直至混凝土达到极限拉应变时将开裂。

　　答案：D

5-2-19　**解**：梁的受拉区纵向受力钢筋一层能排下时，改成两排后因钢筋合力重心上移使正截面受弯承载力降低。

　　答案：B

5-2-20　**解**：适筋梁在逐渐加载过程中，当正截面受力钢筋达到屈服以后，受压区混凝土高度会逐渐减小，压应力逐渐增大。但因受拉钢筋进入强化阶段，故承载能力仍会小幅提高，最终因混凝土达到极限压应变而破坏。

　　答案：D

5-2-21　**解**：见《应试辅导》考点二。第三阶段，受拉区钢筋应力达到屈服强度，钢筋拉应变增加较快，中和轴快速移动，梁混凝土裂缝急剧开展，压应力不断增大，当受压边缘压应变达到极限压应变时，受压区混凝土出现纵向水平裂缝，混凝土被压碎，梁宣告破坏。

　　答案：A

5-2-22 解: 见《应试辅导》考点二。适筋梁正截面工作的三个阶段分别是全截面工作阶段、带裂缝工作阶段和破坏阶段。全截面工作阶段,钢筋受拉,尚未屈服,混凝土也未出现裂缝,钢筋和混凝土均处于弹性工作状态。

答案: B

(三)受弯构件斜截面承载力计算

5-3-1 梁斜拉破坏发生在( )。

    A. 梁腹板很薄时
    B. 剪跨比较大时

    C. 箍筋较少时
    D. 剪跨比较大且箍筋较少时

5-3-2 条件相同的无腹筋梁,发生剪压破坏、斜压破坏和斜拉破坏时,梁的斜截面抗剪承载力的大致关系是( )。

    A. 斜压>剪压>斜拉
    B. 剪压>斜压>斜拉

    C. 斜压=剪压>斜拉
    D. 斜拉>剪压>斜压

5-3-3 受弯构件斜截面受剪承载力计算时,若 $\gamma_0 V_d \le 0.5 \times 10^{-3} \alpha_2 f_{td} b h_0$,则( )。

    A. 需按计算配置箍筋
    B. 仅需按构造配置箍筋

    C. 不需要配置箍筋
    D. 截面的尺寸太大,不满足要求

5-3-4 受弯构件斜截面受剪承载力计算时,若 $\gamma_0 V_d > 0.51 \times 10^{-3} \sqrt{f_{cu,k}} b h_0$,应采取的措施是( )。

    A. 增大箍筋直径
    B. 减小箍筋间距

    C. 增大构件截面面积
    D. 提高箍筋的钢筋等级

5-3-5 受弯构件斜截面受剪承载力计算时,验算 $\gamma_0 V_d \le 0.5 \times 10^{-3} \alpha_2 f_{td} b h_0$ 的目的是( )。

    A. 防止发生斜压破坏
    B. 防止发生超筋破坏

    C. 防止截面尺寸过大
    D. 防止发生少筋破坏

5-3-6 钢筋混凝土梁中,不需要考虑的是( )。

    A. 正截面抗弯强度计算
    B. 正截面抗剪强度计算

    C. 斜截面抗弯强度计算
    D. 斜截面抗剪强度计算

5-3-7 在钢筋混凝土梁中,一般将箍筋和弯起钢筋统称为( )。

    A. 纵筋
    B. 腹筋
    C. 构造钢筋
    D. 分布钢筋

5-3-8 当剪跨比 $\lambda > 3$ 时,对于无腹筋梁受剪,通常发生的破坏形式是( )。

    A. 斜拉破坏
    B. 剪压破坏

    C. 斜压破坏
    D. 局部受压破坏

5-3-9 规范中斜截面抗剪计算公式是根据( )形态的情况建立的。

    A. 斜压破坏
    B. 斜拉破坏
    C. 剪压破坏
    D. 受弯破坏

5-3-10 全梁承载力复核时,抵抗弯矩图必须覆盖住弯矩包络图是为了保证梁的( )。

    A. 正截面抗弯承载力
    B. 斜截面抗弯承载力

    C. 斜截面抗剪承载力
    D. 正、斜截面抗弯承载力

5-3-11 规范规定,位于同一连接区段内的受拉钢筋搭接接头面积百分率,对于梁、板类构件,不宜大于( )。

A. 25%　　　　　　　B. 50%　　　　　　　C. 75%　　　　　　　D. 100%

5-3-12 无腹筋梁发生斜截面受剪破坏的三种破坏形态（　　　）。

A. 都属于脆性破坏

B. 剪压破坏属于塑性破坏，斜拉和斜压破坏属于脆性破坏

C. 都属于塑性破坏

D. 剪压和斜压破坏属于塑性破坏，斜拉破坏属于脆性破坏

5-3-13 箍筋配置过多，而截面尺寸又太小的梁，一般会发生（　　　）。

A. 斜拉破坏　　　　B. 剪压破坏　　　　C. 斜压破坏　　　　D. 受压破坏

5-3-14 为避免斜拉破坏，在受弯构件斜截面承载力计算中，所规定的限制条件是（　　　）。

A. 规定最小配筋率　　　　　　　　B. 规定最大配筋率

C. 规定最小截面尺寸限制　　　　　D. 规定最小配箍率

5-3-15 为避免斜压破坏，在受弯构件斜截面承载力计算中，所规定的限制条件是（　　　）。

A. 规定最小配筋率　　　　　　　　B. 规定最大配筋率

C. 规定最小截面尺寸限制　　　　　D. 规定最小配箍率

5-3-16 在进行受弯构件斜截面受剪承载力计算时，若所配箍筋不能满足抗剪强度要求，采取（　　　）较好。

A. 将纵向钢筋弯起为斜钢筋或加焊斜钢筋

B. 将箍筋间距加大

C. 将构件截面尺寸减小

D. 将混凝土强度等级降低

5-3-17 有腹筋的钢筋混凝土梁斜截面抗剪承载能力与剪跨比的关系是（　　　）。

A. 随剪跨比的增加而提高

B. 随剪跨比的增加而降低

C. 在一定范围内随剪跨比增加而提高

D. 与剪跨比无直接关系

5-3-18 ［2019 年考题］《公路钢筋混凝土及预应力混凝土桥涵设计规范》规定，为保证斜截面抗弯承载力，要求受拉区弯起钢筋的弯起点应设在钢筋强度（　　　）。

A. 理论断点以外，不小于 $h_0/2$

B. 充分利用点以外，不大于 $h_0/2$

C. 充分利用点以外，不小于 $h_0/2$

D. 理论断点以外，不大于 $h_0/2$

5-3-19 ［2019 年考题］影响斜截面抗剪承载力的主要因素有（　　　）。

A. 剪跨比、箍筋强度、纵向钢筋长度

B. 剪跨比、混凝土强度、箍筋及纵向钢筋的配筋率

C. 纵向钢筋强度、混凝土强度、架立钢筋强度

D. 混凝土强度、箍筋及纵向钢筋的配筋率、架立钢筋强度

5-3-20 ［2021 年考题］对于受拉束筋的锚固长度，束筋内各单根钢筋应自锚固起点开始以规范表值规定的单根钢筋的锚固长度的 1.3 倍呈阶梯形逐根延伸后截断，该要求适用于束筋等代直径大于

（　　　）。
　　　A. 25mm　　　　　　　B. 28mm　　　　　　　C. 30mm　　　　　　　D. 32mm

5-3-21　[2021年考题] 在进行钢筋混凝土梁设计时，纵向受拉钢筋不宜在受拉区截断，如需截断，应从按正截面抗弯承载力计算充分利用点至少延伸 1 倍钢筋最小锚固长度加梁截面有效高度，同时应考虑从正截面抗弯承载力计算不需要点至少延伸（　　　）。

　　　A. 10 倍主筋直径　　　　　　　　　B. 20 倍主筋直径
　　　C. 梁截面有效高度　　　　　　　　D. 1 倍钢筋最小锚固长度

5-3-22　[2021年考题] 受弯构件斜截面受力破坏形态中，发生剪压破坏的剪跨比一般为（　　　）。
　　　A. <1　　　　　　　B. 1~3　　　　　　　C. >3　　　　　　　D. 4~6

题解及参考答案

5-3-1　**解：**梁斜拉破坏发生在剪跨比较大且箍筋较少时。
　　　答案：D

5-3-2　**解：**条件相同的无腹筋梁，发生剪压破坏、斜压破坏和斜拉破坏时，梁的斜截面抗剪承载力的大致关系是斜压>剪压>斜拉。
　　　答案：A

5-3-3　**解：**斜截面受剪承载力计算时，若 $\gamma_0 V_d \leq 0.5 \times 10^{-3} \alpha_2 f_{td} b h_0$，则按构造配置箍筋。
　　　答案：B

5-3-4　**解：**受弯构件斜截面受剪承载力计算时，若 $\gamma_0 V_d > 0.51 \times 10^{-3} \sqrt{f_{cu,k}} b h_0$ 时，应采取的措施是增大截面尺寸或提高混凝土强度等级。
　　　答案：C

5-3-5　**解：**受弯构件斜截面受剪承载力计算时，当 $\gamma_0 V_d > 0.51 \times 10^{-3} \sqrt{f_{cu,k}} b h_0$ 时，应采取的措施是增大截面尺寸或提高混凝土强度等级，以防止出现斜压破坏。
　　　答案：A

5-3-6　**解：**钢筋混凝土梁设计时应考虑正截面抗弯、斜截面抗剪和斜截面抗弯。
　　　答案：B

5-3-7　**解：**在钢筋混凝土梁中，一般将箍筋和弯起钢筋统称为腹筋。
　　　答案：B

5-3-8　**解：**对于无腹筋梁受剪，当剪跨比 $\lambda > 3$ 时，易发生斜拉破坏；当剪跨比 $1 \leq \lambda \leq 3$ 时，易发生剪压破坏；当剪跨比 $\lambda < 1$ 时，易发生斜压破坏。
　　　答案：A

5-3-9　**解：**规范中斜截面抗剪计算公式是根据剪压破坏形态的情况建立的。
　　　答案：C

5-3-10　**解：**全梁承载力复核时，抵抗弯矩图必须覆盖住弯矩包络图是为了保证梁的正截面抗弯承载力。
　　　答案：A

5-3-11 解： 规范规定，位于同一连接区段内的受拉钢筋搭接接头面积百分率，对于梁、板类构件，不宜大于 50%。

答案： B

5-3-12 解： 无腹筋梁发生斜截面受剪破坏的三种破坏形态都属于脆性破坏。

答案： A

5-3-13 解： 箍筋配置过多，而截面尺寸又太小的梁，一般会发生斜压破坏。

答案： C

5-3-14 解： 为了避免斜拉破坏，在受弯构件斜截面承载力计算中，需满足最小配箍率的要求。

答案： D

5-3-15 解： 为了避免斜压破坏，在受弯构件斜截面承载力计算中，需满足最小截面尺寸的要求。

答案： C

5-3-16 解： 提高钢筋混凝土梁的抗剪承载能力，可以增大截面尺寸，提高混凝土强度等级，增大纵向钢筋配筋率，增加箍筋配箍率，提高箍筋强度等级，增设弯起钢筋，或施加预应力。

答案： A

5-3-17 解： 有腹筋的钢筋混凝土梁斜截面抗剪承载能力随剪跨比增加而降低。

答案： B

5-3-18 解： 见《应试辅导》考点四。为满足斜截面抗弯的要求，弯起钢筋的弯起点位置应设在按正截面抗弯承载力计算该钢筋的强度全部被利用的截面以外，弯起点至弯起钢筋强度充分利用截面的距离不小于 $h_0/2$。

答案： C

5-3-19 解： 见《应试辅导》考点二。影响斜截面抗剪承载力的主要因素有剪跨比、混凝土强度、纵向受拉钢筋的配筋率、箍筋的配筋率。

答案： B

5-3-20 解： 对于等代直径 $d_e > 28mm$ 的受拉束筋，束筋内各单根钢筋应自锚固起点开始，以表内规定的单根钢筋的锚固长度的 1.3 倍，呈阶梯形逐根延伸后截断。

答案： B

5-3-21 解： 如果要在受拉区截断受拉钢筋，必须将钢筋从理论截断点外伸一定的长度（最小锚固长度加梁截面有效高度）再截断；同时应考虑从正截面抗弯承载力计算不需要该钢筋的截面至少延伸 $20d$，d 为钢筋公称直径。

答案： B

5-3-22 解： 当剪跨比 m 为 1~3 时，受弯构件发生剪压破坏。

答案： B

（四）受压构件正截面承载力计算

5-4-1 钢筋混凝土轴心受压构件，稳定系数是考虑了（　　　　）。

    A. 初始偏心距的影响　　　　　　　　B. 荷载长期作用的影响

    C. 两端约束情况的影响　　　　　　　　D. 附加弯矩的影响

5-4-2 对于高度、截面尺寸、配筋完全相同的柱，当支承条件为（　　　）时，其轴心受压承载力最大。

  A. 两端嵌固   B. 一端嵌固，一端不动铰支

  C. 两端不动铰支   D. 一端嵌固，一端自由

5-4-3 钢筋混凝土轴心受压构件，两端约束情况越好，则稳定系数（   ）。

  A. 越大   B. 越小

  C. 不变   D. 变化趋势不定

5-4-4 轴心受压构件中，随荷载的增加，钢筋的应力增长大于混凝土，这是因为（   ）。

  A. 混凝土的塑性性能好

  B. 钢筋的强度比混凝土的高

  C. 钢筋的弹性模量比混凝土的高

  D. 钢筋的面积比混凝土的小

5-4-5 对于小偏心受压构件（   ）。

  A. M 不变时，N 越大越危险

  B. M 不变时，N 越小越危险

  C. N 不变时，M 越小越安全

  D. N 不变时，M 大小对安全无影响

5-4-6 钢筋混凝土小偏心受压构件的破坏特征是（   ）。

  A. 远离轴向力作用一侧的钢筋受拉屈服，靠近轴向力作用一侧的混凝土被压碎，钢筋受压屈服

  B. 远离轴向力作用一侧的钢筋可能受拉可能受压，靠近轴向力作用一侧的混凝土被压碎，钢筋受压屈服

  C. 远离轴向力一侧的钢筋受拉屈服，靠近轴向力作用一侧的钢筋受压可能不屈服

  D. 远离轴向力作用一侧的混凝土先压碎，钢筋受压屈服，靠近轴向力作用一侧的混凝土不被压碎，钢筋也不会受压屈服

5-4-7 钢筋混凝土大偏心受压构件的破坏特征是（   ）。

  A. 远离轴向力作用一侧的钢筋受拉屈服，靠近轴向力作用一侧的混凝土被压碎，钢筋受压屈服

  B. 远离轴向力作用一侧的钢筋可能受拉可能受压，靠近轴向力作用一侧的混凝土被压碎，钢筋受压屈服

  C. 远离轴向力一侧的混凝土压碎，钢筋受压屈服，靠近轴向力作用一侧的钢筋不屈服

  D. 全截面的钢筋受压屈服，混凝土被压碎

5-4-8 矩形截面大偏心受压构件截面设计时需补充条件 $x = \xi_b h_0$，这是为了（   ）。

  A. 保证不发生小偏心受压破坏

  B. 充分利用混凝土的抗压强度，使设计的钢筋用量达到最少

  C. 保证破坏时，远离轴向力作用一侧的钢筋应力达到屈服强度

  D. 使受压构件发生适筋破坏

5-4-9 在偏心受压构件正截面承载力计算中，要求受压区计算高度 $x \geqslant 2a'$，是为了（   ）。

  A. 保证受压钢筋在构件破坏时能达到其抗压设计强度

  B. 保证受拉钢筋屈服

C.避免混凝土过早剥落

D.保证受压区混凝土能达到极限压应变而破坏

5-4-10 矩形截面小偏心受压构件截面设计时补充条件 $A_s = \mu_{min}bh$，这是为了（　　）。

A.保证构件破坏时，受拉钢筋能达到屈服强度，以充分利用钢筋的抗拉强度

B.保证构件破坏不是从受拉钢筋一侧先破坏

C.节约钢材用量，因为构件破坏时受拉钢筋一般都不能达到屈服强度

D.避免受压构件发生少筋破坏

5-4-11 判别大偏心受压破坏的本质条件是（　　）。

A. $\eta e_i > 0.3h_0$ 　　B. $\eta e_i < 0.3h_0$ 　　C. $\xi < \xi_b$ 　　D. $\xi > \xi_b$

5-4-12 按螺旋箍筋柱计算的承载力不得超过普通柱的 1.5 倍，这是为了（　　）。

A.在正常使用阶段外层混凝土不致脱落

B.不发生脆性破坏

C.限制截面尺寸

D.保证构件的延性

5-4-13 对长细比大于 12 的圆柱不宜采用螺旋箍筋，其原因是（　　）。

A.这种柱的承载力较高

B.施工难度大

C.抗震性能不好

D.长细比较大的柱将因纵向弯曲使截面无法处于全截面受压，螺旋箍筋不能发挥作用

5-4-14 一般来讲，其他条件相同的情况下，配有螺旋箍筋的钢筋混凝土柱同配有普通箍筋的钢筋混凝土柱相比，前者的承载力比后者的承载力（　　）。

A.低 　　　　B.高 　　　　C.相等 　　　　D.不确定

5-4-15 由 N_u-M_u 相关曲线可以看出，下面观点不正确的是（　　）。

A.小偏心受压情况下，随着 N 的增加，M 随之减小

B.大偏心受压情况下，随着 N 的增加，M 随之减小

C.界限破坏时，正截面受弯承载力达到最大值

D.对称配筋时，如果截面尺寸和形状相同，混凝土强度等级和钢筋级别也相同，但配筋数量不同，则在界限破坏时，它们的 N_u 是相同的

5-4-16 偏心受压构件计算中，通过（　　）来考虑二阶偏心距的影响。

A. e_0 　　　　B. e_a 　　　　C. e_i 　　　　D. η

5-4-17 配有普通箍筋的钢筋混凝土轴心受压构件中，箍筋的作用主要是（　　）。

A.抵抗剪力

B.形成钢筋骨架，约束纵筋，防止纵筋压曲外凸

C.约束核心混凝土

D.以上三项作用均有

5-4-18 ［2020 年考题］轴心受压构件按箍筋作用不同，可分为的两种基本类型是（　　）。

A.普通箍筋柱和直接箍筋柱　　　　　　B.螺旋箍筋柱和普通箍筋柱

C.普通箍筋柱和长箍筋柱　　　　　　　D.螺旋箍筋柱和间接箍筋柱

5-4-19［2020年考题］用螺旋箍筋约束混凝土的目的是（　　）。

　　A.混凝土的强度和延性均提高

　　B.混凝土的强度能提高，延性不能提高

　　C.混凝土的延性能提高，强度不能提高

　　D.混凝土的强度和延性均不能提高

5-4-20［2020年考题］在矩形截面偏心受压构件计算中，判断大偏心受压、小偏心受压的条件是（　　）。

　　A. $e_0 < 0.3h_0$ 为小偏心，$e_0 \geq 0.3h_0$ 为大偏心

　　B. $e_0 > 0.3h_0$ 为小偏心，$e_0 \leq 0.3h_0$ 为大偏心

　　C. $\xi \leq \xi_b$ 为大偏心，$\xi > \xi_b$ 为小偏心

　　D. $\xi < \xi_b$ 为小偏心，$\xi \geq \xi_b$ 为大偏心

5-4-21［2021年考题］受压构件内纵向受力钢筋设置于离角筋中心距离大于150mm或箍筋直径一定倍数（两者取较大者）时应设复合箍筋，这个规定的倍数是（　　）。

　　A.10倍　　　　　　B.12倍　　　　　　C.15倍　　　　　　D.20倍

5-4-22［2021年考题］在进行偏心受压构件承载能力极限状态验算时，考虑偏心距增大系数是因为需要应计入（　　）。

　　A.构件轴线施工误差引起的二阶效应

　　B.构件截面施工误差引起的二阶效应

　　C.轴向力作用位置偏差引起的二阶效应

　　D.荷载作用产生侧向挠曲引起的二阶效应

题解及参考答案

5-4-1　**解：**由于初始偏心或材料均匀性等因素的影响，长细比较大的柱可能因此产生侧弯，引起承载力降低。钢筋混凝土轴心受压构件计算中，考虑构件长细比增大的附加效应使构件承载力降低的计算系数称为轴心受压构件的稳定系数。

　　答案：D

5-4-2　**解：**轴心受压构件承载力受长细比影响较大。长细比越小，承载能力越高。计算稳定系数时，需要确定构件的计算长度，计算长度与构件梁端的约束有关。两端固结的计算长度相比较小。

　　答案：A

5-4-3　**解：**两端约束情况越好的构件的长细比越小，稳定系数越大。

　　答案：A

5-4-4　**解：**混凝土在长期荷载作用下产生徐变应变，根据钢筋混凝土结构钢筋和混凝土共同变形共同受力的特点，钢筋和混凝土的应变变化相同，由于弹性模量不同，故应力变化存在差异。

　　答案：C

5-4-5　**解：**当构件的 N、M 处于 $N_u - M_u$ 曲线范围内时，构件是安全的。对于小偏心受压构件，M 不变时，N 越大，越接近极限值 N_u，即越危险。

答案： A

5-4-6　解： 小偏心受压构件的破坏特征是远离轴向力作用一侧的钢筋可能受拉可能受压，靠近轴向力作用一侧的混凝土被压碎，钢筋受压屈服。

答案： B

5-4-7　解： 大偏心受压构件的破坏特征是远离轴向力作用一侧的钢筋受拉屈服，靠近轴向力作用一侧的混凝土被压碎，钢筋受压屈服。

答案： A

5-4-8　解： 矩形截面大偏心受压构件截面设计时需补充条件 $x = \xi_b h_0$，这是为了充分利用混凝土的抗压强度，使设计的钢筋用量达到最少。

答案： B

5-4-9　解： 在偏心受压构件正截面承载力计算中，要求受压区计算高度 $x \geq 2a'$，是为了保证受压钢筋在构件破坏时能达到其抗压设计强度。

答案： A

5-4-10　解： 矩形截面小偏心受压构件截面设计时补充条件 $A_s = \mu_{\min} bh$，这是为了节约钢材用量，因为构件破坏时受拉钢筋一般都不能达到屈服强度。

答案： C

5-4-11　解： 判别大偏心受压破坏的本质条件 $\xi < \xi_b$。

答案： C

5-4-12　解： 为了避免螺旋箍筋混凝土保护层过早剥落，按螺旋箍筋柱计算的承载力不得超过普通柱的 1.5 倍。

答案： A

5-4-13　解： 长细比较大的柱将因纵向弯曲使截面无法处于全截面受压，螺旋箍筋作用不能发挥作用。

答案： D

5-4-14　解： 因螺旋箍筋柱核心混凝土受到螺旋箍筋约束处于三向受压状态，承载能力有所提高，故在其他条件相同的情况下，配有螺旋箍筋的钢筋混凝土柱同配有普通箍筋的钢筋混凝土柱相比，其承载力较高。

答案： B

5-4-15　解： 由 $N_u - M_u$ 曲线可知，小偏心受压情况下，随着 N 的增加，M 随之减小；大偏心受压情况下，随着 N 的增加，M 随之增大。

答案： B

5-4-16　解： 偏心受压构件计算中，通过偏心距增大系数考虑二阶偏心距的影响。

答案： D

5-4-17　解： 普通箍筋柱箍筋的作用是形成钢筋骨架，约束纵筋，防止纵筋压曲外凸。

答案： B

5-4-18　解： 见《应试辅导》考点一。按箍筋的功能和配置方式的不同，钢筋混凝土轴心受压构件可分为普通箍筋柱和螺旋箍筋柱。

答案： B

5-4-19　解： 见《应试辅导》考点一。螺旋箍筋可使核心混凝土成为约束混凝土，从而提高构件的承载力和延性。

答案： A

5-4-20 解： 见《应试辅导》考点五。ξ_b为界限破坏高度系数，$\xi \leq \xi_b$时为大偏心受压破坏，$\xi > \xi_b$时为小偏心受压破坏。

答案： C

5-4-21 解： 构件内纵向受力钢筋应设置于离角筋中心距离s不大于150mm或15倍箍筋直径（取较大者）范围内，如超出此范围设置纵向受力钢筋，应设复合箍筋、系筋。

答案： C

5-4-22 解： 钢筋混凝土受压构件在偏心力作用下，将产生侧向变形（挠曲）。对于长柱和细长柱，这种侧向变形的影响不能忽略，在承载能力极限状态计算时要计入侧向变形引起的二阶效应，引入偏心距增大系数η。

答案： D

（五）受弯构件的应力、裂缝和变形计算

5-5-1 下列关于钢筋混凝土受弯构件截面弯曲刚度的说法，错误的是（　　）。

A. 截面弯曲刚度随着荷载的增大而减小

B. 截面弯曲刚度随着时间的增加而减小

C. 截面弯曲刚度随着裂缝的发展而减小

D. 截面弯曲刚度不变

5-5-2 钢筋混凝土构件变形和裂缝验算中关于荷载、材料强度取值说法正确的是（　　）。

A. 荷载、材料强度都取设计值

B. 荷载、材料强度都取标准值

C. 荷载取设计值，材料强度都取标准值

D. 荷载取标准值，材料强度都取设计值

5-5-3 长期荷载作用下，钢筋混凝土梁的挠度会随时间增加而加大，其主要原因是（　　）。

A. 受拉钢筋产生塑性变形　　　　B. 受压混凝土产生塑性变形

C. 受压混凝土产生收缩变形　　　　D. 受压混凝土产生徐变

5-5-4 规范定义的裂缝宽度是（　　）。

A. 受拉钢筋重心水平处构件底面上混凝土的裂缝宽度

B. 构件底面上混凝土的裂缝宽度

C. 受拉钢筋重心水平处构件侧表面上混凝土的裂缝宽度

D. 构件侧表面上混凝土的裂缝宽度

5-5-5 减少钢筋混凝土受弯构件的裂缝宽度，首先应考虑的措施是（　　）。

A. 采用直径较小的钢筋　　　　B. 增加钢筋的面积

C. 增加截面尺寸　　　　D. 提高混凝土强度等级

5-5-6 混凝土构件的平均裂缝间距与（　　）无关。

A. 混凝土强度等级　　　　B. 混凝土保护层厚度

C. 纵向受拉钢筋直径　　　　D. 纵向钢筋配筋率

5-5-7　提高受弯构件截面刚度最有效的措施是（　　）。

A. 提高混凝土强度等级　　　　　　　B. 增加钢筋的面积

C. 改变截面形状　　　　　　　　　　D. 增加截面高度

5-5-8　当最大裂缝宽度计算值超过容许值时，可以通过（　　）的方法来解决。

A. 增加保护层厚度　　　　　　　　　B. 增加截面的配筋率

C. 施加预应力　　　　　　　　　　　D. 减少水灰比

5-5-9　受弯构件正常使用阶段计算的依据在（　　）。

A. I_a阶段　　　　B. II_a阶段　　　　C. III_a阶段　　　　D. II阶段

5-5-10　验算钢筋混凝土受弯构件裂缝宽度和挠度的目的是（　　）。

A. 使构件能够带裂缝工作

B. 使构件满足正常使用极限状态的要求

C. 使构件满足承载能力极限状态的要求

D. 使构件能在弹性阶段工作

5-5-11　［2021年考题］验算矩形截面钢筋混凝土构件裂缝宽度时，对受弯、偏心受拉、偏心受压构件，有效受拉混凝土截面面积取（　　）。

A. 受拉钢筋面积的两倍

B. 受拉钢筋重心至受拉区边缘的面积

C. 受拉钢筋重心至受拉区边缘面积的两倍

D. 受拉钢筋面积乘以钢筋与混凝土弹性模量之比的两倍

题解及参考答案

5-5-1　**解：** 钢筋混凝土在正常使用阶段都是带裂缝工作的，由于荷载的变化、混凝土徐变等因素的影响，截面刚度是变化的。

答案： D

5-5-2　**解：** 规范规定，在正常使用极限状态下钢筋混凝土构件的最大裂缝宽度和变形，应按作用频遇组合并考虑长期效应组合影响进行验算，采用标准值。

答案： B

5-5-3　**解：** 由于混凝土徐变的影响，在长期荷载作用下，钢筋混凝土梁的挠度会随时间增加而加大。

答案： D

5-5-4　**解：** 规范的裂缝宽度计算公式是针对受弯构件受拉钢筋重心水平处构件侧表面上混凝土的裂缝宽度。

答案： C

5-5-5　**解：** 影响裂缝宽度的因素主要有钢筋的表面形状、截面形式、直径、应力、保护层厚度和配筋率等。

答案： A

5-5-6　**解：** 影响裂缝宽度的因素主要有钢筋的表面形状、截面形式、直径、应力、保护层厚度和配筋率等。

答案： A

5-5-7 解： 钢筋混凝土抗弯刚度与构件材料的弹性模量、截面惯性矩、截面开裂情况、长期荷载等有关。截面高度对惯性矩的贡献较大。

答案： D

5-5-8 解： 当裂缝宽度超过规范限值时，可以通过施加预应力减少裂缝宽度。

答案： C

5-5-9 解： 正常使用极限状态验收的依据是带裂缝阶段，即第Ⅱ阶段。

答案： D

5-5-10 解： 验算钢筋混凝土受弯构件裂缝宽度和挠度的目的是使构件满足正常使用极限状态的要求。

答案： B

5-5-11 解： 见考点二。最大裂缝宽度计算公式中，A_{te} 为有效受拉混凝土截面面积。受弯、偏心受拉、偏心受压构件取 $2a_s b$，a_s 为受拉钢筋重心至受拉区边缘的距离，对矩形截面，b 为截面宽度。

答案： C

（六）预应力混凝土结构

5-6-1 受弯构件在受拉区施加预应力后（　　）。

A. 仅提高构件开裂弯矩

B. 仅提高构件破坏弯矩

C. 提高构件的开裂弯矩和破坏弯矩

D. 需计算确定

5-6-2 先张法预应力混凝土构件的第一阶段的预应力损失是（　　）。

A. $\sigma_{lⅠ} = \sigma_{l2} + \sigma_{l3} + \sigma_{l4} + 0.5\sigma_{l5}$

B. $\sigma_{lⅠ} = \sigma_{l2} + \sigma_{l3} + \sigma_{l4}$

C. $\sigma_{lⅠ} = \sigma_{l1} + \sigma_{l2} + \sigma_{l4} + 0.5\sigma_{l5}$

D. $\sigma_{lⅠ} = \sigma_{l1} + \sigma_{l2} + \sigma_{l4}$

5-6-3 后张法预应力混凝土构件的第一阶段的预应力损失是（　　）。

A. $\sigma_{lⅠ} = \sigma_{l1} + \sigma_{l3} + \sigma_{l4} + 0.5\sigma_{l5}$

B. $\sigma_{lⅠ} = \sigma_{l1} + \sigma_{l2} + \sigma_{l4}$

C. $\sigma_{lⅠ} = \sigma_{l1} + \sigma_{l2} + \sigma_{l4} + 0.5\sigma_{l5}$

D. $\sigma_{lⅠ} = \sigma_{l1} + \sigma_{l3} + \sigma_{l4}$

5-6-4 规范规定，预应力混凝土构件的混凝土强度等级不应低于（　　）。

A. C20　　　　　　B. C30　　　　　　C. C35　　　　　　D. C40

5-6-5 后张法预应力混凝土梁采用曲线配筋是为了（　　）。

A. 使预加偏心力所产生的力矩与外荷载所引起的力矩大小相近

B. 梁端便于布置锚具，方便施工

C. 美观

D. 上述 A 和 B

5-6-6 矩形截面预应力混凝土梁在弯曲受拉区及受压区分别设置预应力筋A_p和A_p'。设置A_p'预应力筋后与不设置A_p'预应力筋的情况相比较，下面的描述正确的是（   ）。

  A. 梁使用阶段的抗裂性及正截面承载能力得到了提高

  B. 梁的正截面承载能力提高，但使用阶段的抗裂性降低

  C. 梁使用阶段的抗裂性提高，但正截面承载能力降低

  D. 梁使用阶段的抗裂性及正截面承载能力均降低

5-6-7 下列（   ）方法可以减少先张法预应力直线钢筋由于锚具变形和钢筋内缩引起的预应力损失σ_{l1}。

  A. 两次升温法   B. 采用超张拉

  C. 增加台座长度   D. 采用两端张拉

5-6-8 对于钢筋应力松弛引起的预应力的损失，下面说法错误的是（   ）。

  A. 应力松弛与时间有关系

  B. 应力松弛与张拉控制应力的大小有关，张拉控制应力越大，松弛越小

  C. 应力松弛与钢筋品种有关系

  D. 进行超张拉可以减少应力松弛引起的预应力损失

5-6-9 全预应力混凝土构件在使用条件下，构件截面混凝土（   ）。

  A. 不出现拉应力   B. 允许出现拉应力

  C. 不出现压应力   D. 允许出现压应力

5-6-10 当外荷载使预应力混凝土受弯构件受拉边缘产生的应力等于（   ）时即将出现裂缝。

  A. f_{tk} B. $\alpha_E f_{tk}$ C. $\sigma_{pcII} + \alpha_E f_{tk}$ D. $\sigma_{pcII} + \gamma_m f_{tk}$

5-6-11 减少锚具变形、预应力筋回缩引起的预应力损失不应采取的措施是（   ）。

  A. 尽量少用垫板   B. 选择变形小的锚具

  C. 增加台座的长度   D. 在钢模上张拉预应力钢筋

5-6-12 在预应力混凝土受弯构件的受压区布置预应力钢筋的目的是（   ）。

  A. 为了防止施工阶段预拉区出现裂缝

  B. 为了增加构件的抗弯承载能力

  C. 为了增加构件使用阶段的抗裂能力

  D. 为了保证受压钢筋达到屈服强度

5-6-13 通过张拉钢筋对混凝土施加预应力（   ）。

  A. 提高混凝土抗压强度，提高构件承载能力

  B. 提高混凝土抗拉强度，提高构件抗裂能力

  C. 使构件获得预压应力，改善构件使用阶段受力性能

  D. 增大构件抗弯刚度，使构件挠度增大

5-6-14 为提高预应力混凝土受弯构件的正截面抗裂度，可采用（   ）。

  A. 增大预压应力，使构件在使用荷载作用下受拉边缘不出现拉应力或仅有少许拉应力

  B. 增大预压应力，使构件的开裂弯矩接近其破坏弯矩

  C. 增大预压应力，使构件的开裂弯矩大于其破坏弯矩

D. 增加钢筋数量

5-6-15 预应力混凝土构件中，预应力筋束对受弯构件抗剪承载能力的影响是（　　　）。

A. 施加预应力不能提高构件斜截面抗剪承载力

B. 施加预应力可以提高构件斜截面抗剪承载力

C. 仅弯起的预应力筋可提高构件的斜截面抗剪承载力

D. 直线形预应力筋不能提高斜截面抗剪承载力

5-6-16 ［2019 年考题］下列预应力损失中，不属于先张法的是（　　　）。

A. 管道摩阻预应力损失　　　　　　　B. 锚具的变形预应力损失

C. 钢筋的松弛预应力损失　　　　　　D. 混凝土收缩、徐变预应力损失

5-6-17 ［2020 年考题］确定预应力钢筋弯起点时，考虑受力要求应兼顾（　　　）。

A. 弯矩和预加力　　　　　　　　　　B. 预加力和剪力

C. 轴力和弯矩　　　　　　　　　　　D. 弯矩和剪力

5-6-18 ［2021 年考题］预应力混凝土与普通钢筋混凝土相比，其优点描述不确切的是（　　　）。

A. 可以减小主拉应力

B. 提高了构件的抗裂度和刚度

C. 可以节省材料，减少自重，增大跨越能力

D. 施工工艺简单，施工质量容易保证

题解及参考答案

5-6-1 **解：** 受弯构件在受拉区施加预应力后可以改善使用阶段的力学性能，但不能提高构件的承载能力。

答案： A

5-6-2 **解：** 见《应试辅导》考点五。

答案： A

5-6-3 **解：** 见《应试辅导》考点五。

答案： B

5-6-4 **解：** 预应力混凝土构件的混凝土强度等级不应低于 C40。

答案： D

5-6-5 **解：** 后张法预应力混凝土梁采用曲线配筋可以减少预应力筋因偏心距较大引起的附加弯矩，也有利于在梁端分散锚固，方便施工。

答案： D

5-6-6 **解：** 矩形截面预应力混凝土梁在受拉区和受压区施加预应力后，可以改善在正常使用阶段的力学性能，但会引起梁的正截面极限承载能力降低。

答案： C

5-6-7 **解：** 增长台座可以减少先张法预应力直线钢筋由于锚具变形和钢筋内缩引起的预应力损失 σ_{l1}。

答案： C

5-6-8　解：钢筋在一定的拉应力作用下，即使长度保持不变，钢筋中的应力随着时间的增加而逐渐降低的现象称作钢筋的松弛。一般而言，初张力越大，松弛损失越大；松弛量与钢筋的品质有关，与时间有关，与预应力筋是否超张拉有关。

答案：B

5-6-9　解：在作用频遇组合下控制的正截面受拉边缘不允许出现拉应力的预应力混凝土构件称为全预应力混凝土构件。

答案：A

5-6-10　解：当外荷载作用下的弯矩达到开裂弯矩时将开裂，开裂弯矩 $M_{cr} = (\delta_{pc} + \gamma_m f_{tk})W_0$。

答案：D

5-6-11　解：减少锚具变形、预应力筋回缩引起的预应力损失应采用变形小的锚具，减少垫板数量，增加台座的长度等措施。

答案：D

5-6-12　解：在预应力混凝土受弯构件的受压区布置预应力钢筋的目的是避免在施工阶段预拉区因拉应力过大而出现裂缝。

答案：A

5-6-13　解：受弯构件在受拉区施加预应力后可以改善使用阶段的力学性能，但不能提高构件的承载能力。

答案：C

5-6-14　解：为提高预应力混凝土受弯构件的正截面抗裂度，可适当增大预压应力。

答案：A

5-6-15　解：施加预应力可以改善构件中主应力状态，可以提高构件的斜截面抗剪承载能力。

答案：B

5-6-16　解：见《应试辅导》考点五。先张法是先张拉预应力钢筋，后浇筑混凝土，预应力钢筋和混凝土黏结在一起，不存在管道摩擦。后张法是先浇筑混凝土（预留管道），待混凝土硬化后，再张拉预应力钢筋并锚固，张拉时预应力钢筋与管道摩擦会产生预应力损失。

答案：A

5-6-17　解：见《应试辅导》考点八。从受剪考虑，在跨径的三分点到四分点之间开始弯起；从受弯考虑，要注意预应力钢筋弯起后的正截面抗弯承载力要求。

答案：D

5-6-18　解：选项A、B、C均为预应力混凝土的优点，选项D为预应力混凝土的缺点。

答案：D

（七）圬工砌体结构

5-7-1　砌体局部受压可能有三种破坏形式，工程设计中一般应按（　　）来考虑。

A.先裂后坏　　　　B.一裂即坏　　　　C.未裂先坏　　　　D.模型试验

5-7-2　砌体结构的缺点不包括（　　）。

A.强度低，特别是抗拉、抗剪和抗弯强度很低

B.自重大，整体性差，抗震性能差

C.采用黏土砖会侵占大量农田

D. 不能就地取材，造价高

5-7-3 砌体弯曲受拉破坏的形态不包括（　　　）。

A. 沿块体截面破坏

B. 沿通缝截面破坏

C. 沿截面垂直破坏

D. 沿齿缝截面破坏

5-7-4 砌体抗压强度的影响因素有（　　　）。

A. 块材的形状、尺寸和强度

B. 砂浆的物理力学性能

C. 砌缝厚度和质量

D. 以上全部选项

5-7-5 块体和砂浆的强度是按（　　　）划分。

A. 抗拉强度　　　　B. 抗压强度　　　　C. 抗剪强度　　　　D. 弯曲抗压强度

5-7-6 砌体抗拉、抗弯、抗剪强度主要取决于（　　　）。

A. 块体抗压强度

B. 块体抗剪强度

C. 块体抗弯强度

D. 块体与砂浆之间的黏结强度

5-7-7 下列关于砌体抗压强度的影响因素的说法，正确的是（　　　）。

A. 砌体抗压强度随砂浆和块体的强度等级的提高而增大，且按相同比例提高砌体的抗压强度

B. 砂浆的变形性能越大，越容易砌筑，砌体的抗压强度越高

C. 块体的外形越规则、平整，砌体的抗压强度越高

D. 砌体中灰缝越厚，越容易施工，砌体的抗压强度越高

5-7-8 砖基础最下面一层砖的水平灰缝大于 20mm 时，应用（　　　）找平。

A. 砂浆

B. 在砂浆中掺细砖

C. 在砂浆中掺碎石

D. 细石混凝土

5-7-9 ［2020 年考题］砌体受剪时，其破坏形式为（　　　）。

A. 通缝抗剪、齿缝抗剪和水平抗剪

B. 通缝抗剪、齿缝抗剪和阶梯形抗剪

C. 齿缝抗剪、阶梯形抗剪和竖缝抗剪

D. 水平抗剪、竖缝抗剪和齿缝抗剪

题解及参考答案

5-7-1 **解：**砌体存在带裂缝工作阶段。

答案：A

5-7-2 **解：**能够就地取材，造价低是砌体的主要优点。

答案：D

5-7-3 **解：**砌体弯曲受拉破坏的形式主要有沿齿缝截面破坏、沿块体截面破坏、沿通缝截面破坏。

答案：C

5-7-4 **解：**见《应试辅导》考点三。

答案：D

5-7-5 **解：**见《应试辅导》考点一。块体和砂浆的强度等级是按抗压强度来划分的。

答案： B

5-7-6　**解：** 见《应试辅导》考点三。砌体的抗拉、抗弯和抗剪强度取决于砌缝强度。

答案： D

5-7-7　**解：** 见《应试辅导》考点三。块体的外形越规则、平整，砌缝厚度越均匀，砌体抗压强度越高。

答案： C

5-7-8　**解：** 根据砖基础砌筑工艺标准，当基础下部第一层砖的水平灰缝大于 20mm 时，应先用细石混凝土找平。

答案： D

5-7-9　**解：** 见《应试辅导》考点三。砌体处于剪切状态时，有三种破坏形式：沿通缝发生破坏，沿齿缝发生破坏，沿阶梯形砌缝发生破坏。

答案： B

第六章　职业法规

复习指导

本章应重点掌握的内容主要包括：

（1）与公路工程建设有关的法规是重点学习的内容，尤其是公路法、建筑法、民法典（合同编）、招标投标法、勘察设计管理条例中的内容。

（2）合同法中的一些基本概念原理非常重要。合同当事人的权利和义务概念的区别，以及大部分工程合同当事人应该是法人而非自然人，这个规定在其他相关的法律法规中都有体现，在某些题目的答案解释中有这方面的说明。

（3）各法律法规中最难记忆的相关单位和执业注册人员的处罚规定以及罚款金额单独作为一节练习，应重点关注。

（4）各种法规中与设计工作有关的规定要重点关注。工程监理、工程施工等方面的内容可作一般了解。

练习题、题解及参考答案

（一）我国有关工程基本建设的法律法规概述

6-1-1 同一机关制定的新的一般规定与旧的特别规定不一致时，由（　　）裁决。

A. 国务院　　　　　　　　　　　　B. 制定机关

C. 地方政府　　　　　　　　　　　D. 全国人大常委会

6-1-2 部门规章之间、部门规章与地方政府规章之间对同一事项的规定不一致时，由（　　）裁决。

A. 国务院　　　　　　　　　　　　B. 部门

C. 地方政府　　　　　　　　　　　D. 全国人大常委会

6-1-3 地方性法规与部门规章之间对同一事项的规定不一致，不能确定如何适用时，由（　　）提出意见。

A. 国务院　　　　　　　　　　　　B. 部门

C. 地方人大　　　　　　　　　　　D. 全国人大常委会

6-1-4 地方性法规与部门规章之间对同一事项的规定不一致的，国务院认为应当适用部门规章的，应当提请（　　）裁决。

A. 国务院　　　　　　　　　　　　B. 部门

C. 地方人大　　　　　　　　　　　D. 全国人大常委会

6-1-5 工程建设标准按其性质可分为（　　）。

A. 行业标准和国家标准　　　　　　B. 地方标准和国家标准

C. 行业标准和地方标准　　　　　　D. 强制性标准和推荐性标准

6-1-6 对于 2017 年发布 2018 年实行的《标准化法》，其中论述错误的是（　　　）。

A. 标准包括国家标准、行业标准、地方标准和团体标准、企业标准

B. 国家标准分为强制性标准、推荐性标准，行业标准、地方标准是推荐性标准

C. 强制性标准必须执行，国家鼓励采用推荐性标准

D. 国家标准、行业标准分为强制性标准和推荐性标准

6-1-7 ［2018 年岩土考题］《工程建设项目报建管理办法》属于我国建设法规体系的（　　　）。

A. 法律　　　　　B. 行政法规　　　　　C. 部门法规　　　　　D. 地方性规章

题解及参考答案

6-1-1 **解**：《立法法》（2015 年）第九十五条第（一）项规定。

答案：B

6-1-2 **解**：《立法法》（2015 年）第九十五条第（三）项规定。

答案：A

6-1-3 **解**：《立法法》（2015 年）第九十五条第（二）项规定。

答案：A

6-1-4 **解**：《立法法》（2015 年）第九十五条第（二）项规定。

答案：D

6-1-5 **解**：《标准化法》（2018 年）第二条第二、三款规定：标准包括国家标准、行业标准、地方标准和团体标准、企业标准。国家标准分为强制性标准、推荐性标准，行业标准、地方标准是推荐性标准。

强制性标准必须执行。国家鼓励采用推荐性标准。

答案：D

6-1-6 **解**：根据《标准化法》（2018 年）第二条第二、三款规定，可知 ABC 三项正确。而选项 D 的依据是 1989 年旧的《标准化法》第七条："国家标准、行业标准分为强制性标准和推荐性标准"。

答案：D

6-1-7 **解**：《工程建设项目报建管理办法》是 1994 年 8 月 13 日由建设部发布的，属于部门法规。因为不是部长令就不是部门规章，只是部门"规范性"文件，所以模糊为部门法规。此"法规"是广义的（规章和政策性文件统称），不是指行政法规和地方法规。

答案：C

（二）中华人民共和国公路法

6-2-1 《公路法》所称公路，还包括（　　　）。

①公路桥梁；②公路隧道；③公路渡口。

A. ①②　　　　B. ②③　　　　C. ①③　　　　D. ①②③

6-2-2 公路按技术等级分为（　　　）级。

A. 3 级   B. 4 级   C. 5 级   D. 6 级

6-2-3 国道规划的局部调整由（　　）决定。

A. 国务院交通主管部门   B. 省级交通主管部门

C. 原批准机关   D. 原编制机关

6-2-4 国道的命名和编号由（　　）确定。

A. 国务院   B. 国务院交通主管部门

C. 省级政府   D. 省级交通主管部门

6-2-5 公路建设项目应当实行的制度包括（　　）。

①法人负责制度；②招标投标制度；③工程监理制度。

A. ①②   B. ②③   C. ①③   D. ①②③

6-2-6 有关农村公路的说法错误的是（　　）。

A. 农村公路是行政级别不是技术等级

B. 农村公路可以是四级路或等外路

C. 农村公路包括县道、乡道和村道

D. 农村公路不适用《公路法》

6-2-7 省道规划由本级人民政府交通主管部门会同同级有关部门并商省道沿线下一级人民政府编制，报（　　）批准。

A. 国务院   B. 交通运输部

C. 本级人民政府   D. 上一级人民政府

6-2-8 对于二级以下公路建设资金筹集不采用的形式是（　　）。

A. 国家投资   B. 当地政府投资

C. 企业投资收费   D. 个人捐赠

6-2-9 ［2019 年道路考题］根据《公路法》，按技术等级将公路分为（　　）。

A. 高速公路、一级公路、二级公路和等外公路

B. 高速公路、一级公路、二级公路、三级公路和等外公路

C. 高速公路、一级公路、二级公路、三级公路和四级公路

D. 一级公路、二级公路、三级公路、四级公路和等外公路

6-2-10 ［2020 年道路考题］根据《公路法》，县级以上地方人民政府应当确定公路两侧边沟（截水沟、坡脚护坡道，下同）外缘起不少于（　　）的公路用地。

A. 5m   B. 2m   C. 1m   D. 0.5m

6-2-11 ［2021 年道路考题］根据《公路法》，下列规定正确的是（　　）。

A. 国家鼓励国内经济组织依法投资建设、经营公路，但不提倡国外经济组织投资建设、经营公路

B. 公路建设项目的施工，须按国务院交通主管部门的规定报请县级以上地方人民政府交通主管部门批准

C. 依据《公路法》规定出让公路收费权的收入，原则上归原业主自主使用，但必须按规定缴纳出让的各项费用

D. 承担大、中型公路建设项目的可行性研究单位、勘察设计单位，必须持有国家规定的资质证书，小型公路建设项目必须持有县级及以上交通主管部门规定的资质证书

题解及参考答案

6-2-1 **解：**《公路法》第二条规定：本法所称公路，包括公路桥梁、公路隧道和公路渡口。

答案： D

6-2-2 **解：**《公路法》第六条规定：公路按技术等级分为高速公路、一级公路、二级公路、三级公路和四级公路。

答案： C

6-2-3 **解：**《公路法》第十六条规定：国道规划的局部调整由原编制机关决定。

答案： D

6-2-4 **解：**《公路法》第十七条规定：国道的命名和编号，由国务院交通主管部门确定。

答案： B

6-2-5 **解：**《公路法》第二十三条规定：公路建设项目应当按照国家有关规定实行法人负责制度、招标投标制度和工程监理制度。

答案： D

6-2-6 **解：**《公路法》第六条规定：公路按其在公路路网中的地位分为国道、省道、县道和乡道，并按技术等级分为高速公路、一级公路、二级公路、三级公路和四级公路。具体划分标准由国务院交通主管部门规定。

新建公路应当符合技术等级的要求。原有不符合最低技术等级要求的等外公路，应当采取措施，逐步改造为符合技术等级要求的公路。

答案： D

6-2-7 **解：**《公路法》第十四条第 2 款规定：省道规划由省自治区、直辖市人民政府交通主管部门会同同级有关部门并商省道沿线下一级人民政府编制，报省自治区、直辖市人民政府批准，并报国务院交通主管部门备案。

答案： C

6-2-8 **解：**参见《公路法》第二十一条规定。但是二级以下是不收费公路。

答案： C

6-2-9 **解：**参见《公路法》第六条规定：公路按技术等级分为高速公路、一级公路、二级公路、三级公路和四级公路。

答案： C

6-2-10 **解：**参见《公路法》第三十四条，县级以上地方人民政府应当确定公路两侧边沟（截水沟、坡脚护坡道，下同）外缘起不少于一米的公路用地。

答案： C

6-2-11 **解：**根据《公路法》第二十五条规定，公路建设项目的施工，须按国务院交通主管部门的规定报请县级以上地方人民政府交通主管部门批准，故答案为选项 B。选项 AC 违反第二十一条规定。

答案： B

（三）中华人民共和国建筑法

6-3-1　［2014年岩土考题］根据《建筑法》规定，对从事建筑业的单位实行资质管理制度，将从事建筑活动的工程监理单位，划分为不同的资质等级。监理单位资质等级的划分条件可以不考虑（　　）。

A. 注册资本　　　　　　　　　　B. 法定代表人

C. 已完成的建筑工程业绩　　　　D. 专业技术人员

6-3-2　［2013年岩土考题］根据《建筑法》规定，某建设单位领取了施工许可证，下列情节中，可能不导致施工许可证废止的是（　　）。

A. 领取施工许可证之日起三个月内因故不能按期开工，也未申请延期

B. 领取施工许可证之日起按期开工后又中止施工

C. 向发证机关申请延期开工一次，延期之日起三个月内，因故仍不能按期开工，也未申请延期

D. 向发证机关申请延期开工两次，超过6个月因故不能按期开工，继续申请延期

6-3-3　［2013年岩土考题］某建设项目甲建设单位与乙施工单位签订施工总承包合同后，乙施工单位经甲建设单位认可，将打桩工程分包给丙专业承包单位，丙专业承包单位又将劳务作业分包给丁劳务单位，由于丙专业承包单位从业人员责任心不强，导致该打桩工程部分出现了质量缺陷，对于该质量缺陷的责任承担，以下说明正确的是（　　）。

A. 乙单位和丙单位承担连带责任

B. 丙单位和丁单位承担连带责任

C. 丙单位向甲单位承担全部责任

D. 乙、丙、丁三单位共同承担责任

6-3-4　［2012年岩土考题］建筑工程开工前，建设单位应当按照国家有关规定申请领取施工许可证，颁发施工许可证的单位应该是（　　）。

A. 县级以上人民政府建设行政主管部门

B. 工程所在地县级以上人民政府建设工程监督部门

C. 工程所在地省级以上人民政府建设行政主管部门

D. 工程所在地县级以上人民政府建设行政主管部门

6-3-5　［2011年岩土考题］按照《建筑法》的规定，下列叙述中正确的是（　　）。

A. 设计文件选用的建筑材料、建筑构配件和设备，不得注明其规格、型号

B. 设计文件选用的建筑材料、建筑构配件和设备，不得指定生产厂、供应商

C. 设计单位应按照建设单位提出的质量要求进行设计

D. 设计单位对施工过程中发现的质量问题应当按照监理单位的要求进行改正

6-3-6　［2009年岩土考题］按照《建筑法》规定，建筑单位申领施工许可证，应该具备的条件之一是（　　）。

A. 拆迁工作已经完成

B. 已经确定监理企业

C. 有保证工程质量和安全的具体措施

D. 建设资金全部到位

6-3-7　建设单位在领取开工证之后，应当在（　　）个月内开工。

A. 3　　　　　　　　B. 6　　　　　　　　C. 9　　　　　　　　D. 12

6-3-8　从事建筑活动的建筑勘察单位、设计单位和从业人员说法错误的是（　　）。

A. 从事建筑活动的专业技术人员，应当依法取得相应的执业资格证书

B. 从业人员在执业资格证书许可的范围内从事建筑活动

C. 鼓励勘察设计单位取得相应等级的资质证书后，在其资质等级许可的范围内从事建筑活动

D. 从事建筑活动的建筑勘察设计单位应当具备《建筑法》第12条的4个条件

6-3-9　［2021年道路考题］根据《建筑法》，承揽工程符合规定的是（　　）。

A. 建筑工程必须由一个单位总承包

B. 不同资质等级的单位实行联合共同承包的，可按照资质等级高的单位的业务许可范围承揽工程

C. 大型建筑工程或者结构复杂的建筑工程，可以由两个以上的承包单位联合共同承包，共同承包的各方对承包合同的履行承担连带责任

D. 大型建筑工程或者结构复杂的建筑工程，可以由两个以上的承包单位联合共同承包，共同承包的各方必须对本身的承包内容负责，对承包合同的履行不承担连带责任

6-3-10　［2019年结构考题］《建筑法》关于申请领取施工许可证的规定，下列表述正确的是（　　）。

A. 需要拆迁的工程，拆迁完毕后建设单位才可以申请领取施工许可证

B. 建设行政主管部门应当自收到申请之日起一个月内，对符合条件的申请人颁发施工许可证

C. 建设资金必须全部到位后，建设单位才可以申请领取施工许可证

D. 领取施工许可证按期开工的工程，中止施工不满一年，恢复施工前已向颁发施工许可证机关报告

6-3-11　［2020年结构考题］某建设单位于2010年3月20日领到施工许可证，开工后于2010年5月10日中止施工，根据《建筑法》该建设单位向施工许可证发证机关报告的最迟期限应是2010年（　　）。

A. 6月19日　　　　B. 8月9日　　　　C. 6月9日　　　　D. 9月19日

题解及参考答案

6-3-1　**解：**《建筑法》第十三条规定，从事建筑活动的建筑施工企业、勘察单位、设计单位和工程监理单位，按照其拥有的注册资本、专业技术人员、技术装备和已完成的建筑工程业绩等资质条件，划分为不同的资质等级，经资质审查合格，取得相应等级的资质证书后.方可在其资质等级许可的范围内从事建筑活动。

　　答案： B

6-3-2　**解：**《建筑法》第九条规定，建设单位应当自领取施工许可证之日起三个月内开工。因故不能按期开工的，应当向发证机关申请延期；延期以两次为限，每次不超过三个月。既不开工又不申请延期或者超过延期时限的，施工许可证自行废止。

　　答案： B

6-3-3　**解：**《建筑法》第二十九条规定，建筑工程总承包单位按照总承包合同的约定对建设单位负责；分包单位按照分包合同的约定对总承包单位负责。总承包单位和分包单位就分包工程对建设单位承担连带责任。

答案： A

6-3-4　**解：**《建筑法》第七条规定，建筑工程开工前，建设单位应当按照国家有关规定向工程所在地县级以上人民政府建设行政主管部门申请领取施工许可证；但是，国务院建设行政主管部门确定的限额以下的小型工程除外。

答案： D

6-3-5　**解：**见《建筑法》第五十六条和第五十七条。

答案： B

6-3-6　**解：**《建筑法》第八条规定，申请领取施工许可证，应当具备下列条件：

（一）已经办理该建筑工程用地批准手续；

（二）在城市规划区的建筑工程，已经取得规划许可证；

（三）需要拆迁的，其拆迁进度符合施工要求；

（四）已经确定建筑施工企业；

（五）有满足施工需要的施工图纸及技术资料；

（六）有保证工程质量和安全的具体措施；

（七）建设资金已经落实；

（八）法律、行政法规定的其他条件。

拆迁进度符合施工要求即可，不是拆迁全部完成，所以选项 A 错；并非所有工程都需要监理，所以选项 B 错；建设资金落实不是资金全部到位，所以选项 D 错。

答案： C

6-3-7　**解：**《建筑法》第九条规定，建设单位应当自领取施工许可证之日起三个月内开工。因故不能按期开工的，应当向发放机关申请延期；延期以两次为限，每次不超过三个月。既不开工又不申请延期或者超过延期时限的，施工许可证自行废止。

答案： A

6-3-8　**解：**参见《建筑法》第十二至十四条规定，选项 ABD 符合第十二至十四条规定。而选项 C违反第十三条"取得相应等级的资质证书后，方可在其资质等级许可的范围内从事建筑活动"规定，"方可"是在满足条件后的"强制性"要求，不能是鼓励，"鼓励"是非强制性表示。

答案： C

6-3-9　**解：**根据《建筑法》第二十七条，大型建筑工程或者结构复杂的建筑工程，可以由两个以上的承包单位联合共同承包，共同承包的各方对承包合同的履行承担连带责任，故答案为选项 C。

答案： C

6-3-10　**解：**2019 年 4 月 23 日第十三届全国人民代表大会常务委员会第十次会议对原《中华人民共和国建筑法》第八条做了较大修改。修改后的条文是：

第八条　申请领取施工许可证，应当具备下列条件：

（一）已经办理该建筑工程用地批准手续；

（二）依法应当办理建设工程规划许可证的，已经取得规划许可证；

（三）需要拆迁的，其拆迁进度符合施工要求；

（四）已经确定建筑施工企业；

（五）有满足施工需要的资金安排、施工图纸及技术资料；

（六）有保证工程质量和安全的具体措施。

建设行政主管部门应当自收到申请之日起 7 日内，对符合条件的申请颁发施工许可证。

根据修改后的第八条，可判断：

选项 A 错误，拆迁进度符合施工要求即可，不是全拆迁完。

选项 B 错误，是 7 日内，不是一个月。

选项 C 错误，有资金安排即可以，不是资金全部到位。

答案：D

6-3-11 **解：**《建筑法》第十条规定，在建的建筑工程因故中止施工的，建设单位应当自中止施工之日起一个月内，向发证机关报告，并按照规定做好建筑工程的维护管理工作。

答案：C

（四）中华人民共和国森林法

6-4-1 违反《森林法》的规定，非法采伐、毁坏珍贵树木的，依法追究（　　　）。

A. 民事责任　　　　B. 行政责任　　　　C. 经济责任　　　　D. 刑事责任

6-4-2 违反《森林法》的规定，进行开垦、采石等活动，致使森林、林木受到毁坏的，除责令停止违法行为，补种树木外，可以处毁坏林木价值（　　　）的罚款。

A. 一倍以上三倍以下　　　　　　B. 二倍以上四倍以下

C. 一倍以上五倍以下　　　　　　D. 二倍以上五倍以下

6-4-3 根据《森林法》应当加强对森林植被恢复费使用情况监督的县级以上部门是（　　　）。

A. 林业主管部门　　　　　　　　B. 建设主管部门

C. 审计部门　　　　　　　　　　D. 财政部门

6-4-4 ［2019 年道路考题］根据《森林法》，工程建设必须占用或征用林地的，应经主管部门审核同意后，依照有关土地管理的法律、行政法规办理建设用地审批手续，并由用地单位依照国务院有关规定缴纳（　　　）。

A. 林地征用费　　　　　　　　　B. 树木砍伐费

C. 森林植被恢复费　　　　　　　D. 树木所有人补偿费

题解及参考答案

6-4-1 **解：**《森林法》第四十条规定：违反本法规定，非法采伐、毁坏珍贵树木的，依法追究刑事责任。

答案：D

6-4-2 **解：**《森林法》第四十四条规定：违反本法规定，进行开垦、采石……和其他活动，致使森林、林木受到毁坏的，依法赔偿损失；由林业主管部门责令停止违法行为，补种毁坏株数一倍以上三倍以下的树木，可以处毁坏林木价值一倍以上五倍以下的罚款。

答案： C

6-4-3　解：《森林法》第十八条规定：任何单位和个人不得挪用森林植被恢复费。县级以上人民政府审计机关应当加强对森林植被恢复费使用情况的监督。

答案： C

6-4-4　解： 根据《森林法》第十八条：建设工程……必须占用或征收、征用林地的，经县级以上人民政府林业主管部门审核同意后，依照有关土地管理的法律、行政法规办理建设用地审批手续，并由用地单位依照国务院有关规定缴纳森林植被恢复费。

答案： C

（五）中华人民共和国民法典（合同编）

6-5-1　［2014年岩土考题］根据《民法典》规定，要约可以撤回和撤销。下列要约，不得撤销的是（　　）。

A. 要约到达受要约人　　　　　　　B. 要约人确定了承诺期限

C. 受要约人未发出承诺通知　　　　D. 受要约人即将发出承诺通知

6-5-2　［2013年岩土考题］根据《民法典》规定，下列行为不属于要约邀请的是（　　）。

A. 某建设单位发布招标公告　　　　B. 某招标单位发出中标通知书

C. 某上市公司发出招股说明书　　　D. 某商场寄送的价目表

6-5-3　［2012年岩土考题］《民法典》规定的合同形式中不包括（　　）。

A. 书面形式　　　B. 口头形式　　　C. 特定形式　　　D. 其他形式

6-5-4　［2016年岩土考题］按照《民法典》的规定，下列情形中要约不失效的是（　　）。

A. 拒绝要约的通知到达要约人

B. 要约人依法撤销要约

C. 承诺期限届满，受要约人未作出承诺

D. 受要约人对要约的内容作出非实质性的变更

6-5-5　［2009年岩土考题］按照《民法典》的规定，招标人在招标时，招标公告属于合同订立过程中的（　　）。

A. 要约　　　　　　　　　　　　　B. 承诺

C. 要约邀请　　　　　　　　　　　D. 以上都不是

6-5-6　撤销要约时，撤销要约的通知应当在受要约人发出承诺通知（　　）到达受要约人。

A. 之前　　　B. 当日　　　C. 后五天　　　D. 后十日

6-5-7　有关合同标的数量、质量、价款或者报酬、履行期限、履行地点和方式、违约责任和解决争议方法等的变更，是对要约内容（　　）的变更。

A. 重要性　　　B. 必要性　　　C. 实质性　　　D. 一般性

6-5-8　在招标投标时，要约的生效时间是（　　）。

A. 要约到达之时　　　　　　　　　B. 投标截止时间

C. 提交投标文件　　　　　　　　　D. 评标时

6-5-9　下列不属于建设工程合同的是（　　）。

　　　A. 勘察合同　　　　　　　　　　　　B. 设计合同

　　　C. 监理合同　　　　　　　　　　　　D. 施工分包合同

6-5-10 勘察设计合同中，对于勘察设计方认为建设单位最重要的义务是（　　　）。

　　　A. 要求设计工期内容完成

　　　B. 获得合格的设计图

　　　C. 向勘察设计方付设计费

　　　D. 提供勘察设计配合例如交通工具

6-5-11 下列不属于工程合同采取的担保形式是（　　　）。

　　　A. 订金　　　　　　B. 保证　　　　　　C. 抵押　　　　　　D. 质押

6-5-12 ［2020 年道路考题］根据《民法典》（即原《合同法》），建设工程项目执行政府定价或者政府指导价的，在合同约定的交付期限内政府价格调整时，按照交付时的价格计价。逾期交付标的物的，遇价格上涨时，执行（　　　）。

　　　A. 新价格　　　　　　　　　　　　　B. 原价格

　　　C. 商议确定的价格　　　　　　　　　D. 新价格与原价格的平均值

6-5-13 根据《民法典》，当事人对保证方式没有约定或约定不明确的，承担保证责任的方式是（　　　）。

　　　A. 一般保证　　　　B. 特殊保证　　　　C. 常规保证　　　　D. 连带保证

6-5-14 甲、乙双方签订买卖合同，丙为乙的债务提供保证，但保证合同中未约定保证方式及保证期间，下列说法正确的是（　　　）。

　　　A. 丙的保证方式为连带保证

　　　B. 保证期间与买卖合同的诉讼时效相同

　　　C. 如果甲在保证期间内未对乙提起诉讼或者申请仲裁的，则丙免除保证责任

　　　D. 如果甲在保证期间内未经丙书面同意将主债权转让给丁，则丙不再承担保证责任

6-5-15 建设单位 A 公司进行某公路勘察设计招标。2022 年 4 月 5 日投标截止，B 设计院于 2022 年 5 月 13 日签订勘察设计合同，并在合同中约定了 2022 年 5 月 20 日 A 公司交付 20 万元定金给 B 设计院，立即到账。实际上，B 设计院于 2022 年 6 月 1 日才收到 20 万元定金款项。根据《民法典》该定金的成立日是 2022 年（　　　）。

　　　A. 4 月 5 日　　　　B. 5 月 13 日　　　　C. 5 月 20 日　　　　D. 6 月 1 日

题解及参考答案

6-5-1　**解**：《民法典》第 476 条规定，有下列情形之一的，要约不得撤销：

（一）要约人确定了承诺期限或者以其他形式明示要约不可撤销。

……

　　　答案：B

6-5-2　**解**：《民法典》第 473 条，要约邀请是希望他人向自己发出要约的意思表示。寄送的价目表、拍卖公告、招标公告、招股说明书、商业广告等为要约邀请。商业广告的内容符合要约规定的，

视为要约。

答案： B

6-5-3　解： 《民法典》第 469 条规定，当事人订立合同有书面形式、口头形式和其他形式。

答案： C

6-5-4　解： 《民法典》第 478 条规定，有下列情形之一的，要约失效：

（一）拒绝要约的通知到达要约人；

（二）要约人依法撤销要约；

（三）承诺期限届满，受要约人未作出承诺；

（四）受要约人对要约的内容作出实质性变更。

答案： D

6-5-5　解： 《民法典》第 473 条规定，要约邀请是希望他人向自己发出要约的意思表示。寄送的价目表、拍卖广告、招标广告、招股说明书、商业广告等为要约邀请。

答案： C

6-5-6　解： 《民法典》第 477 条规定，要约可以撤销，撤销要约的通知应当在受要约人发出通知之前到达受约人。

答案： A

6-5-7　解： 《民法典》第 488 条规定，承诺的内容应当与要约的内容一致。受要约人对要约的内容作出实质性变更的，为新要约。有关合同标的、数量、质量、价款或者报酬、履行期限、履行地点和方式、违约责任和解决争议方法等的变更，是对要约内容的实质性变更。

答案： C

6-5-8　解： 虽然《民法典》第 474 条规定，要约到达受要约人时生效。但是《招标投标法》二十八条规定："投标人应当在招标文件要求提交投标文件的截止时间前，将投标文件送达投标地点"。在订立合同方面《招标投标法》属于特别法，《民法典》属于一般法，根据特别法优于一般法原则；按照《招标投标法》应该理解为"投标截止时间"为要约生效时间，所以选项 B 比选项 A 更适合该题。选项 CD 是错项。

答案： B

6-5-9　解： 《民法典》第 788 条规定：建设工程合同是承包人进行工程建设，发包人支付价款的合同。建设工程合同包括工程勘察、设计、施工合同。监理合同属于委托合同，施工分包合同还是属于施工合同。

答案： C

6-5-10　解： 根据《民法典》的原理理解，选项 AB 是建设单位的权利，选项 CD 是建设单位的义务，相比较来说选项 C 对勘察设计方更为重要。

答案： C

6-5-11　解： 根据《民法典》，担保方式有五种，即保证、抵押、质押、留置和定金。订金不等于定金，订金只有预付款功能没有双倍返还功能。

答案： A

6-5-12　解： 根据《民法典》第 513 条的规定。

答案： B

6-5-13　解：《民法典》合同编第 687 条规定，当事人对保证方式没有约定或者约定不明确的，按照一般保证承担保证责任。

答案：A

6-5-14　解：根据《民法典》第 693 条，一般保证的债权人未在保证期间对债务人提起诉讼或者申请仲裁的，保证人不再承担保证责任，故选 C。选项 A 参见题 6-5-13；选项 B 参见《民法典》第 692 条；选项 D 参见《民法典》第 696 条。

答案：C

6-5-15　解：根据《民法典》第 586 条规定，当事人可以约定一方向对方给付定金作为债权的担保。定金合同自实际交付定金时成立，故选 D。若按原《合同法》，是实际交付定金时合同生效，就是选项 C。这是《民法典》与原《合同法》的区别。

答案：D

（六）中华人民共和国招标投标法

6-6-1　［2014 年岩土考题］根据《招标投标法》规定，某工程项目委托监理服务的招投标活动，应当遵循的原则是（　　　）。

A. 公开、公平、公正、诚实信用　　　　B. 公开、平等、自愿、公平、诚实信用

C. 公正、科学、独立、诚实信用　　　　D. 全面、有效、合理、诚实信用

6-6-2　［2013 年岩土考题］下列属于《招标投标法》规定的招标方式是（　　　）。

A. 公开招标和直接招标　　　　B. 公开招标和邀请招标

C. 公开招标和协议招标　　　　D. 公开招标和公开招标

6-6-3　［2012 年岩土考题］根据《招标投标法》的规定，某建设工程依法必须进行招标，招标人委托了招标代理机构办理招标事宜，招标代理机构的行为合法的是（　　　）。

A. 编制投标文件和组织评标

B. 在招标人委托的范围内办理招标事宜

C. 遵守《招标投标法》关于投标人的规定

D. 可以作为评标委员会成员参与评标

6-6-4　［2016 年岩土考题］根据《招标投标法》的规定，招标人对已发出的招标文件进行必要的澄清或修改的，应当以书面形式通知所有招标文件收受人，通知的时间应当在招标文件要求提交投标文件截止时间至少（　　　）。

A. 20 日前　　　　B. 15 日前

C. 7 日前　　　　D. 5 日前

6-6-5　［2010 年岩土考题］根据《招标投标法》的规定，招标人和中标人按照招标文件和中标人的投标文件，订立书面合同的时间要求是（　　　）。

A. 自中标通知书发出之日起 15 日内

B. 自中标通知书发出之日起 30 日内

C. 自中标单位收到中标通知书之日起 15 日内

D. 自中标单位收到中标通知书之日起 30 日内

6-6-6　［2009 年岩土考题］根据《招标投标法》的规定，包括在招标公告中的内容是（　　　）。

A. 招标项目的性质、数量　　　　　　B. 招标项目的技术要求

C. 对投标人员资格的审查的标准　　　D. 拟签订合同的主要条款

6-6-7 按照《招标投标法》建设单位工程招标应具备的条件是（　　）。

①有与招标工程相适应的经济技术管理人员；

②必须是一个经济实体，注册资金不少于一百万元人民币；

③有编制招标文件的能力；

④有审查投标单位资质的能力；

⑤具有组织评标的能力。

A. ①②③④⑤　　　　　　　　　　B. ①②③④

C. ①④⑤　　　　　　　　　　　　D. ①③⑤

6-6-8 公路勘察设计投标时，是否超过投标截止时间是以（　　）来判断。

A. 投标人送达投标文件之时　　　　　B. 招标人检查投标文件密封完成之时

C. 招标人签收投标文件之时　　　　　D. 招标人打开投标文件之时

6-6-9 公路勘察设计依法必须招标的规模要求是单项合同价（　　）人民币以上。

A. 50 万元　　　　　　　　　　　　B. 100 万元

C. 200 万元　　　　　　　　　　　 D. 400 万元

6-6-10 公路勘察设计招标投标时，视为投标人相互串通投标行为的是（　　）。

A. 投标人之间约定中标人

B. 不同投标人的投标文件相互混装

C. 投标人之间约定部分投标人放弃投标或者中标

D. 属于同一集团、协会、商会等组织成员的投标人按照该组织要求协同投标

6-6-11 ［2021 年道路考题］根据 2018 年 6 月 1 日起施行的《必须招标的工程项目规定》《招标投标法》第三条规定范围内的项目，勘察、设计、监理等服务的采购，必须招标的单价合同估算价为（　　）。

A. 50 万元人民币以上　　　　　　　B. 100 万元人民币以上

C. 200 万元人民币以上　　　　　　 D. 300 万元人民币以上

6-6-12 ［2019 年结构考题］根据《招标投标法》，依法必须进行招标的项目，其招标投标活动不受地区或者部门的限制。该规定体现了《招标投标法》的（　　）原则。

A. 公开　　　　B. 公平　　　　C. 公正　　　　D. 诚实信用

6-6-13 ［2020 年结构考题］根据《招标投标法》，开标时，招标人应当邀请所有投标人参加，这一规定体现了招标投标活动的（　　）。

A. 公开原则　　　B. 公平原则　　　C. 公正原则　　　D. 诚实守信原则

6-6-14 ［2020 年结构考题］下列有关评标方法的描述，错误的是（　　）。

A. 最低投标价法适合没有特殊要求的招标项目

B. 综合评估法适合没有特殊要求的招标项目

C. 最低投标价法通常带来恶性削价竞争，工程质量不容乐观

D. 综合评估法可用打分的方法或货币的方法评估各项标准

6-6-15 ［2020 年岩土考题］根据《招标投标法》规定，下列情形中，不可采用直接发包，而必须进行招标的情形是（　　）。

A. 关系社会公共利益、公众安全的大型基础设施项目

B. 重要设备材料等货物的采购，单项合同估算价在 100 万元人民币以下

C. 施工单位合同估算价为 100 万元人民币以下

D. 勘察、设计、监理等服务的采购单项合同估算价在 40 万元人民币以下

题解及参考答案

6-6-1 **解：**《招标投标法》第五条规定，招标投标活动应当遵循公开、公平、公正和诚实信用的原则。

答案：A

6-6-2 **解：**《招标投标法》第十条规定，招标分为公开招标和邀请招标。

答案：B

6-6-3 **解：**见《招标投标法》第十三条和第十五条。

答案：B

6-6-4 **解：**《招标投标法》第二十三条规定，招标人对已发出的招标文件进行必要的澄清或者修改的，应当在招标文件要求提交投标文件截止时间至少十五日前，以书面形式通知所有招标文件收受人。该澄清或者修改的内容为招标文件的组成部分。

答案：B

6-6-5 **解：**《招标投标法》第四十六条规定，招标人和中标人应当自中标通知书发出之日起三十日内，按照招标文件和中标人的投标文件订立书面合同。招标人和中标人不得再行订立背离合同实质性内容的其他协议。

答案：B

6-6-6 **解：**《招标投标法》第十六条规定，招标人采用公开招标方式的，应当发布招标公告。依法必须进行招标的项目的招标公告，应当通过国家指定的报刊、信息网络或者其他媒介发布。招标公告应当载明招标人的名称、地址、招标项目的性质、数量、实施地点和时间以及获取招标文件的办法等事项，所以选项 A 对。其他几项内容应在招标文件中载明，而不是招标公告中。

答案：A

6-6-7 **解：**《招标投标法》第十二条规定，投标人具有编制招标文件和组织评标能力的，可以自行办理招标事宜。任何单位和个人不得强制其委托招标代理机构办理招标事宜。而④有审查投标单位资质的能力可以交由评标委员会进行，建设单位不一定需要具备；①有与招标工程相适应的经济技术管理人员是《招标投标法实施条例》第 10 条对"具有编制招标文件和组织评标能力"的解释，所以①要选。

答案：D

6-6-8 **解：**《招标投标法》第二十八条规定，投标人应当在招标文件要求提交投标文件的截止时间前，将投标文件送达投标地点。招标人收到投标文件后，应当签收保存，不得开启。在招标文件要求提交投标文件的截止时间后送达的投标文件，招标人应当拒收。

答案：A

6-6-9 **解：**《招标投标法》第三条第二款规定："前款所列项目的具体范围和规模标准，由国务院

发展计划部门会同国务院有关部门制订，报国务院批准"。2018 年 3 月 27 日发改委（原国家计委）第 16 号《必须招标的工程项目规定》第五条第一款第（三）项规定"勘察、设计、监理等服务的采购，单项合同估算价在 100 万元人民币以上"必须招标。

答案： B

6-6-10 解： 《招标投标法》第五十三条规定，对投标人相互串通行为作出处罚。在《招标投标法实施条例》第四十条和第四十一条分别对投标人之间视为串标和属于串标行为作出规定。选项 ACD 是属于串标行为，选项 B 是视为串标行为。

答案： B

6-6-11 解： 《招标投标法》第三条规定范围内的项目，勘察、设计、监理等服务的采购，必须招标的单价合同估算价在 100 万元人民币以上。

答案： B

6-6-12 解： 根据《招标投标法》，依法必须进行招标的项目，其招标、投标活动不受地区或者部门的限制。该规定体现了《招标投标法》的公平原则。

答案： B

6-6-13 解： 《招标投标法》第三十四条规定：开标应当在招标文件确定的提交投标文件截止时间的同一时间公开进行，开标地点应当为招标文件中预先确定的地点。第三十五条规定：开标由招标人主持，邀请所有投标人参加。

答案： A

6-6-14 解： 2018 年 9 月 28 日，住房和城乡建设部决定对《房屋建筑和市政基础设施工程施工招标投标管理办法》（建设部令〔2001〕第 89 号）作出修改后公布。其中第四十条规定：评标可以采用综合评估法、经评审的最低投标价法或者法律法规允许的其他评标方法。

采用综合评估法的，应当对投标文件提出的工程质量、施工工期、投标价格、施工组织设计或者施工方案、投标人及项目经理业绩等，能否最大限度地满足招标文件中规定的各项要求和评价标准进行评审和比较。以评分方式进行评估的，对于各种评比奖项不得额外计分。

采用经评审的最低投标价法的，应当在投标文件能够满足招标文件实质性要求的投标人中，评审出投标价格最低的投标人，但投标价格低于其企业成本的除外。

从文件中可以看出，采用经评审的最低投标价法的前提是在能够满足招标文件实质性要求的投标人中，评审出投标价格最低的投标人中标。如果有人恶性竞争，报价低于成本价，而不能满足招标文件的实质性要求，是不能中标的。选项 C 完全否定了最低投标价法，是不符合文件精神的。

交通运输部《公路工程建设项目招标投标管理办法》（2015 年第 24 号令）有类似的规定。

答案： C

6-6-15 解： 《招标投标法》第三条规定：在中华人民共和国境内进行下列工程建设项目包括项目的勘察、设计、施工、监理以及与工程建设有关的重要设备、材料等的采购，必须进行招标：

（一）大型基础设施、公用事业等关系社会公共利益、公众安全的项目；

（二）全部或者部分使用国有资金投资或者国家融资的项目；

（三）使用国际组织或者外国政府贷款、援助资金的项目。

前款所列项目的具体范围和规模标准，由国务院发展计划部门会同国务院有关部门制订，报国务院批准。

参见《应试辅导》考点一，规模标准，只有选项 A 是必须进行招标的。

答案：A

（七）中华人民共和国安全生产法

6-7-1　［2014 年岩土考题］某生产经营单位使用危险性较大的特种设备，根据《安全生产法》规定，该设备投入使用的条件不包括（　　）。

A. 该设备应由专业生产单位生产

B. 该设备应进行安全条件论证和安全评价

C. 该设备须经取得专业资质的检测、检验机构检测、检验合格

D. 该设备须取得安全使用证或者安全标志

6-7-2　［2013 年岩土考题］某施工单位是一个有职工 115 人的三级施工资质的企业，根据《安全生产法》规定，该企业下列行为中合法的是（　　）。

A. 只配备兼职的安全生产管理人员

B. 委托具有国家规定相关专业技术资格的工程技术人员提供安全生产管理服务，由其负责承担保证安全生产的责任

C. 安全生产管理人员经企业考核后即任职

D. 设置安全生产管理机构

6-7-3　［2012 年岩土考题］根据《安全生产法》的规定，生产经营单位主要负责人对本单位的安全生产负总责，某生产经营单位的主要负责人对本单位安全生产工作的职责是（　　）。

A. 建立、健全本单位安全生产责任制

B. 落实本单位安全生产费用的有效使用

C. 及时报告生产安全事故

D. 落实本单位安全生产规章制度和操作规程

6-7-4　［2010 年岩土考题］根据《安全生产法》的规定，生产经营单位使用的涉及生命安全、危险性较大的特种设备，以及危险物品的容器、运输工具，必须按照国家有关规定，由专业生产单位生产，并经取得专业资质的检测、检验机构检测、检验合格，取得（　　）。

A. 安全使用证和安全标志，方可投入使用

B. 安全使用证或安全标志，方可投入使用

C. 生产许可证和安全使用证，方可投入使用

D. 生产许可证或安全使用证，方可投入使用

6-7-5　工程建设项目应当坚持（　　）。

A. 安全第一的原则　　　　　　　　B. 为保证工程质量不怕牺牲

C. 确保进度不变的原则　　　　　　D. 投资不超过预算的原则

6-7-6　对本单位的安全生产工作全面负责的人员应当是（　　）。

A. 生产经营单位的主要负责人　　　B. 项目经理

C. 主管安全生产工作的副手　　　　D. 专职安全员

6-7-7　组织制定并实施本单位安全生产教育和培训计划是（　　）的职责。

A. 生产经营单位的主要负责人　　　B. 项目经理

C. 安全生产管理机构的负责人　　　D. 专职安全员

6-7-8 安全生产中从业人员的义务是（　　　）。

 A. 遇到紧急危险时撤离

 B. 对本单位的安全生产工作提出建议

 C. 遇到危险时要报告

 D. 拒绝违章作业指挥

6-7-9 ［2020年结构考题］工人甲在施工作业过程中发现脚手架即将倒塌，迅速逃离了现场，随之倒塌的脚手架造成一死多伤的安全事故，则甲的行为（　　　）。

 A. 违法，因为只有在通知其他工人后，甲才可逃离

 B. 违约，因为甲未能按照合同履行劳动义务

 C. 不违法，甲在行使紧急避险权

 D. 不违约，脚手架倒塌属于不可抗力

题解及参考答案

6-7-1 **解：**《安全生产法》第三十四条规定，生产经营单位使用的危险物品的容器、运输工具，以及涉及人身安全、危险性较大的海洋石油开采特种设备和矿山井下特种设备，必须按照国家有关规定，由专业生产单位生产，并经具有专业资质的检测、检验机构检测、检验合格，取得安全使用证或者安全标志，方可投入使用。检测、检验机构对检测、检验结果负责。

 答案： B

6-7-2 **解：**《安全生产法》第二十一条规定："建筑施工单位，从业人员超过一百人的，应当设置安全生产管理机构或者配备专职安全生产管理人员"。所以选项 D 为正确答案。选项 A 不正确，因为安全生产管理人员必须专职，不能兼职。选项 C 不正确，因为新《安全生产法》第二十四条规定：建筑施工单位的主要负责人和安全生产管理人员，应当由主管的负有安全生产监督管理职责的部门对其安全生产知识和管理能力考核合格"。选项 B 也错误，新《安全生产法》第十三条规定"依法设立的为安全生产提供技术、管理服务的机构，依照法律、行政法规和执业准则，接受生产经营单位的委托为其安全生产工作提供技术、管理服务。生产经营单位委托前款规定的机构（注：即前句中的技术、管理服务机构）提供安全生产技术、管理服务的，保证安全生产的责任仍由本单位负责。"而选项 B"由其负责"是指被委托人。

 答案： D

6-7-3 **解：**见《安全生产法》第十八条第（一）款，选项 B、C、D 各条均和法律条文有出入，不是正确答案。

 答案： A

6-7-4 **解：**《安全生产法》第三十四条规定，生产经营单位使用的危险物品的容器、运输工具，以及涉及人身安全、危险性较大的海洋石油开采特种设备和矿山井下特种设备，必须按照国家有关规定，由专业生产单位生产，并经具有专业资质的检测、检验机构检测、检验合格，取得安全使用证或者安全标志，方可投入使用。检测、检验机构对检测、检验结果负责。

 答案： B

6-7-5 **解：**见《安全生产法》第三条。

　　答案：A

6-7-6 **解：**见《安全生产法》第五条。

　　答案：A

6-7-7 **解：**见《安全生产法》第十八条第（三）项。

　　答案：A

6-7-8 **解：**见《安全生产法》第五十条到第五十六条。

　　答案：C

6-7-9 **解：**2014版《安全生产法》第五十二条（2021版《安全生产法》第五十五条）规定：从业人员发现直接危及人身安全的紧急情况时，有权停止作业或者在采取可能的应急措施后撤离作业场所。

　　答案：C

（八）建设工程安全生产管理条例

6-8-1　［2010年岩土考题］按照《建设工程安全生产管理条例》规定，工程监理单位在实施监理过程中，发现存在安全事故隐患的，应当要求施工单位整改；情况严重的，应当要求施工单位暂时停止施工，并及时报告（　　）。

　　A. 施工单位　　　　　　　　　　　　B. 监理单位

　　C. 建设单位　　　　　　　　　　　　D. 有关主管部门

6-8-2　按照《建设工程安全生产管理条例》规定，对于进入隧道施工人员不戴安全帽的行为，工程监理单位应当（　　）。

　　A. 要求施工单位整改　　　　　　　　B. 要求施工单位暂停施工

　　C. 报告建设单位　　　　　　　　　　D. 报告有关主管部门

6-8-3　按照《建设工程安全生产管理条例》规定，对于施工单位在隧道独头挖掘150m后继续无通风掘进的行为，工程监理单位应当（　　）。

　　A. 要求施工单位整改　　　　　　　　B. 要求施工单位暂停施工

　　C. 报告交通建设主管部门　　　　　　D. 报告当地安监局

6-8-4　按照《建设工程安全生产管理条例》规定，对于施工单位在隧道独头挖掘150m后继续无通风掘进且拒不停工的行为，工程监理单位应当（　　）。

　　A. 要求施工单位整改　　　　　　　　B. 再次要求施工单位暂停施工

　　C. 报告建设单位　　　　　　　　　　D. 报告有关主管部门

6-8-5　施工现场及毗邻区域内的各种管线及地下工程的有关资料（　　）。

　　A. 应由建设单位向施工单位提供　　　B. 应由监理单位提供

　　C. 施工单位必须在开工前自行查清　　D. 应由政府有关部门提供

6-8-6　深基坑支护与降水工程、模板工程、脚手架工程的施工专项方案必须经（　　）签字后实施。
①施工单位技术负责人；②总监理工程师；③结构设计人；④施工方法人代表。

　　A.①②　　　　　　B.①②③　　　　　　C.①②③④　　　　　　D.①④

6-8-7　对于超过一定规模的危险性较大的分部分项工程专项施工方案，不属于专家论证的内容是（　　）。

A. 专项施工方案内容是否完整、可行

B. 安全施工的基本条件是否满足现场实际情况

C. 专项方案是否已经经过项目技术负责人的审核

D. 专项方案计算书和验算依据是否符合有关标准规范

6-8-8　注册执业人员未执行法律、法规和工程建设强制性标准的，依法承担的责任说法错误是（　　）。

A. 责令停止执业 3 个月以上 1 年以下

B. 处 10 万元以上 30 万元以下的罚款

C. 造成重大安全事故的，终身不予注册

D. 情节严重的，吊销执业资格证书，5 年内不予注册

6-8-9　对于超过一定规模的危险性较大的分部分项工程专项施工方案，有关专家论证的论述错误的是（　　）。

A. 专项方案论证前需先由施工单位技术负责人审核签字盖单位章

B. 专家论证的各位专家的结论不一致时实行少数服从多数原则

C. 专项方案论证后专家结论为修改后通过的，按照修改意见修改后不需再进行专家论证

D. 专项方案论证后专家结论为不通过的，重新修改编制专项施工方案并审核通过后再进行专家论证

6-8-10　[2019 年道路考题] 下列说法中，不适用《建设工程安全生产管理条例》的是（　　）。

A. 线路管道和设备安装工程　　　　　　B. 土木工程和建筑工程

C. 设备安装工程及装修工程　　　　　　D. 抢险救灾和农民自建低层住宅

6-8-11　[2020 年道路考题] 根据《建设工程安全生产管理条例》，注册执业人员未执行法律、法规和工程建设强制性标准的，应（　　）。

A. 终身不予注册

B. 吊销执业资格证书，5 年内不予注册

C. 吊销执业资格证书，10 年内不予注册

D. 责令停止执业 3 个月以上 1 年以下

题解及参考答案

6-8-1　**解：**《建设工程安全生产管理条例》第十四条规定，工程监理单位应当审查施工组织设计中的安全技术措施或者专项施工方案是否符合工程建设强制性标准。工程监理单位在实施监理过程中，发现存在安全事故隐患的，应当要求施工单位整改；情况严重的，应当要求施工单位暂时停止施工，并及时报告建设单位。施工单位拒不整改或者不停止施工的，工程监理单位应当及时向有关主管部门报告。

答案：C

6-8-2　**解：**参见《建设工程安全生产管理条例》第十四条规定。

答案：A

6-8-3　**解：**参见《建设工程安全生产管理条例》第十四条规定。

答案：B

6-8-4　**解：** 参见《建设工程安全生产管理条例》第十四条规定。

　　　　答案：D

6-8-5　**解：**《建设工程安全生产管理条例》第六条规定，建设单位应当向施工单位提供施工现场及毗邻区域内供水、排水、供电、供气、供热、通信、广播电视等地下管线资料，气象和水文观测资料，相邻建筑物和构筑物、地下工程的有关资料，并保证资料的真实、准确、完整。

　　　　答案：A

6-8-6　**解：**《建设工程安全生产管理条例》第二十六条规定，施工单位应当在施工组织设计中编制安全技术措施和施工现场临时用电方案；对下列达到一定规模的危险性较大的分部分项工程编制专项施工方案，并附具安全验算结果，经施工单位技术负责人、总监理工程师签字后实施，由专职安全生产管理人员进行现场监督：

　　（一）基坑支护与降水工程；

　　（二）土方开挖工程；

　　（三）模板工程；

　　（四）起重吊装工程；

　　（五）脚手架工程；

　　（六）拆除、爆破工程。

　　对前款所列工程中涉及深基坑、地下暗挖工程、高大模板工程的专项施工方案，施工单位还应当组织专家进行论证、审查。

　　　　答案：A

6-8-7　**解：** 参见《建设工程安全生产管理条例》第二十六条规定。专家进行论证、审查内容依然是专项施工方案，所以施工单位技术负责人签字，专家审查前应先经施工单位审核，此处说明应经施工单位技术负责人审核签字，而不是项目技术负责人审核签字。《危险性较大的分部分项工程安全管理规定》（住房和城乡建设部令〔2018〕37号）第十二条对此有规定。

　　　　答案：C

6-8-8　**解：** 参见《建设工程安全生产管理条例》第五十八条规定。注册执业人员未执行法律、法规和工程建设强制性标准的，责令停止执业3个月以上1年以下；情节严重的，吊销执业资格证书，5年内不予注册；造成重大安全事故的，终身不予注册；构成犯罪的，依照刑法有关规定追究刑事责任。选项B是第五十六条内容。

　　　　答案：B

6-8-9　**解：** 参见《危险性较大的分部分项工程安全管理规定》（住房和城乡建设部令〔2018〕37号）第十条至第十三条的规定，专家结论需一致，不实行少数服从多数原则。

　　　　答案：B

6-8-10　**解：** 参见《建设工程安全生产管理条例》第二条第二款规定：本条例所称建设工程，是指土木工程、建筑工程、线路管道和设备安装工程及装修工程。

　　选项A、B、C属于条例范围，选项D不属于条例的建设工程范围。

　　　　答案：D

6-8-11　**解：** 根据《建设工程安全生产管理条例》第58条，注册执业人员未执行法律、法规和工程建设强制性标准的，责令停止执业3个月以上1年以下；情节严重的，吊销执业资格证书，5年内不予

注册；造成重大安全事故的，终身不予注册；构成犯罪的，依照刑法有关规定追究刑事责任。

答案： D

（九）建设工程质量管理条例

6-9-1 ［2014 年岩土考题］某建设工程项目完成施工后，施工单位提出工程竣工验收申请，根据《建设工程质量管理条例》规定，该建设工程竣工验收应当具备的条件不包括（　　）。

A. 有施工单位提交的工程质量保证金

B. 有工程使用的主要建筑材料、建筑构配件和设备的进场试验报告

C. 有勘察、设计、施工、工程监理等单位分别签署的质量合格文件

D. 有完整的技术档案和施工管理资料

6-9-2 ［2012 年岩土考题］根据《建设工程质量管理条例》的规定，施工图必须经过审查批准，否则不得使用，某建设单位投资的大型工程项目施工图设计已经完成，该施工图应该报审的管理部门是（　　）。

A. 县级以上人民政府建设行政主管部门

B. 县级以上人民政府工程设计主管部门

C. 县级以上政府规划部门

D. 工程监理单位

6-9-3 ［2010 年岩土考题］按照《建设工程质量管理条例》规定，施工人员对涉及结构安全的试块、试件以及有关材料进行现场取样时应当（　　）。

A. 在设计单位监督现场取样

B. 在监督单位或监理单位监督下现场取样

C. 在施工单位质量管理人员监督下现场取样

D. 在建设单位或监理单位监督下现场取样

6-9-4 建设单位应在竣工验收合格后（　　）内，向工程所在地的县级以上的地方人民政府行政主管部门备案报送有关竣工资料。

A. 1 年　　　　　　　B. 3 个月　　　　　　C. 1 个月　　　　　　D. 15 天

6-9-5 工程完工后必须履行（　　）才能使用。

A. 由建设单位组织设计、施工、监理四方联合竣工验收

B. 由质量监督站开具使用通知单

C. 由备案机关认可后下达使用通知书

D. 由建设单位上级机关批准认可后即可

6-9-6 建设工程发生质量事故后，有关单位应当在（　　）小时内向当地建设行政主管部门和其他有关部门报告。

A. 1　　　　　　　　B. 2　　　　　　　　C. 12　　　　　　　D. 24

6-9-7 注册建筑师、注册结构工程师等注册执业人员违反《建设工程质量管理条例》有关规定，依法承担的责任，说法错误的是（　　）。

A. 因过错造成质量事故的，责令停止执业 1 年

B. 因过错造成质量事故的处勘察设计费 1 倍以上 2 倍以下的罚款

C. 造成重大质量事故的，吊销执业资格证书，5 年以内不予注册

D. 情节特别恶劣的，终身不予注册

6-9-8 ［2019年道路考题］根据《建设工程质量管理条例》，下列分包情形中，不属于非法分包的是（　　）。

  A. 总承包合同中未有约定，承包单位又未经建设单位许可，就将其全部劳务作业交由劳务单位完成

  B. 总承包单位将工程分包给不具备相应资质条件的单位

  C. 施工总承包单位将工程主体结构的施工分包给其他单位

  D. 分包单位将其承包的建设工程再分包

6-9-9 ［2020年道路考题］根据《建设工程质量管理条例》，勘察、设计单位超越本单位资质等级承揽工程的，责令停止违法行为，对勘察、设计单位处以罚款，罚款是合同约定勘察费、设计费的（　　）。

  A. 2倍以上3倍以下   B. 3倍以上5倍以下

  C. 1倍以上2倍以下   D. 10万元以上30万元以下

6-9-10 ［2020年道路考题］根据《建设工程质量管理条例》，建设工程发生质量事故，有关单位向当地建设行政主管部门和其他有关部门报告的时间应不大于（　　）。

  A. 4小时   B. 8小时   C. 24小时   D. 48小时

6-9-11 ［2020年道路考题］根据《建设工程质量管理条例》，勘察单位未按照工程建设强制性标准进行勘察的，下列处罚正确的是（　　）。

  A. 处50万元以上，100万元以下的罚款

  B. 责令改正，处10万元以上，30万元以下的罚款

  C. 责令改正，处20万元以上，50万元以下的罚款

  D. 责令改正，处5万元以上，20万元以下的罚款

6-9-12 ［2018年结构考题］房地产开发企业销售商品住宅，保修期的计起应是（　　）。

  A. 工程竣工验收合格之日起   B. 物业验收合格之日起

  C. 购房人实际入住之日起   D. 开发企业向购房人交付房屋之日起

6-9-13 ［2018年结构考题］建设工程竣工验收，下列部门中负责组织实施的是（　　）。

  A. 工程质量监督机构   B. 建设单位

  C. 工程监理单位   D. 房地产开发主管部门

6-9-14 ［2019年岩土考题］根据《建设工程安全生产管理条例》，建设工程安全生产管理应坚持的方针为（　　）。

  A. 预防第一、安全为主   B. 改正第一、罚款为主

  C. 安全第一、预防为主   D. 罚款第一、改正为主

题解及参考答案

6-9-1 **解：**《建设工程质量管理条例》第十六条规定，建设单位收到建设工程竣工报告后，应当组织设计、施工、工程监理等有关单位进行竣工验收。建设工程竣工验收应当具备下列条件：

（一）完成建设工程设计和合同约定的各项内容；

（二）有完整的技术档案和施工管理资料；

（三）有工程使用的主要建筑材料、建筑构配件和设备的进场试验报告；

（四）有勘察、设计、施工、工程监理等单位分别签署的质量合格文件；

（五）有施工单位签署的工程保修书。

　　　答案：A

6-9-2　**解：**见《建设工程质量管理条例》第十一条。

　　　答案：A

6-9-3　**解：**《建设工程质量管理条例》第三十一条规定，施工人员对涉及结构安全的试块、试件以及有关材料，应当在建设单位或者工程监理单位监督下现场取样，并送具有相应资质等级的质量检测单位进行检测。

　　　答案：D

6-9-4　**解：**《建筑工程质量管理条例》第四十九条规定，建设单位应当自建设工程竣工验收合格之日起 15 日内，将建设工程竣工验收报告和规划、公安消防、环保等部门出具的认可文件或者准许使用文件报建设行政主管部门或者其他有关部门备案。

　　　答案：D

6-9-5　**解：**《建筑工程质量管理条例》第十六条规定，建设单位收到建设工程竣工报告后，应组织设计、施工、工程监理等有关单位进行竣工验收。建设工程竣工验收应当具备以下条件：

（一）完成建设工程设计和合同约定的各项内容；

（二）有完整的技术档案和施工管理资料；

（三）有工程使用的主要建筑材料、建筑构配件和设备的进场试验报告；

（四）有勘察、设计、施工、工程监理等单位分别签署的质量合格文件；

（五）有施工单位签署的工程保修书。建设工程经验收合格的，方可交付使用。

　　　答案：A

6-9-6　**解：**《建设工程质量管理条例》第五十二条规定，建设工程发生质量事故，有关单位应当在 24 小时内向当地建设行政主管部门和其他有关部门报告。对重大质量事故，事故发生地的建设行政主管部门和其他有关部门应当按照事故类别和等级向当地人民政府和上级建设行政主管部门和其他有关部门报告。

　　　答案：D

6-9-7　**解：**《建设工程质量管理条例》第七十二条规定，违反本条例规定，注册建筑师、注册结构工程师、监理工程师等注册执业人员因过错造成质量事故的，责令停止执业 1 年；造成重大质量事故的，吊销执业资格证书，5 年以内不予注册；情节特别恶劣的，终身不予注册。B 选项是第六十条，违反本条例规定，勘察、设计、施工、工程监理单位超越本单位资质等级承揽工程的，责令停止违法行为，对勘察、设计单位或者工程监理单位处合同约定的勘察费、设计费或者监理酬金 1 倍以上 2 倍以下的罚款。

　　　答案：B

6-9-8　**解：**参见《建设工程质量管理条例》第二十五条、第二十七条的规定。该题可以用排除法，选项 B 违反第二十五条资质要求且属于违法分包，选项 C、D 违反交通运输部、住建部的部门规章和合同约定。这 3 个选项很容易看出是违法分包。所以选项 A 是正确的。对于劳务分包，只要是将劳务作业

分包给有劳务资质的法人（应是单位，不能是自然人如包工头），就不需建设单位许可，但是劳务也不允许再分包。参见《房屋建筑和市政基础设施工程施工分包管理办法》第九条和第十四条第一款等。不过有个特殊情况考生要注意：乙是总包，将非主体非关键专业工程分包给丙，而丙又将工程中劳务再分包给丁劳务公司，则依据第五条第三款是合法的。

实际上，该题错误选项B、C、D不是《建设工程质量管理条例》中的原文，原文在《建筑法》第二十九条第一、三款中，实际是考《建筑法》的内容。

答案：A

6-9-9 解：《建设工程质量管理条例》第60条规定，违反本条例规定，勘察、设计、施工、工程监理单位超越本单位资质等级承揽工程的，责令停止违法行为，对勘察、设计单位或者工程监理单位处合同约定的勘察费、设计费或者监理酬金1倍以上2倍以下的罚款。

答案：C

6-9-10 解：《建设工程质量管理条例》第52条规定，建设工程发生质量事故，有关单位应当在24小时内向当地建设行政主管部门和其他有关部门报告。对重大质量事故，事故发生地的建设行政主管部门和其他有关部门应当按照事故类别和等级向当地人民政府和上级建设行政主管部门和其他有关部门报告。特别重大质量事故的调查程序按照国务院有关规定办理。（注：按交通运输部规定，题中有关单位主要是指施工单位或建设单位或公路管养单位）

答案：C

6-9-11 解：根据《建设工程质量管理条例》第六十三条，勘察单位未按照工程建设强制性标准进行勘察的，责令改正，处10万元以上30万元以下罚款。

答案：B

6-9-12 解：《建设工程质量管理条例》第四十一条规定，建设工程的保修期，自竣工验收合格之日起计算。

答案：A

6-9-13 解：《建设工程质量管理条例》第十六条规定，建设单位收到建设工程竣工报告后，应当组织设计、施工、工程监理等有关单位进行竣工验收。

答案：B

6-9-14 解：《建设工程安全生产管理条例》第三条规定，建设工程安全生产管理，坚持"安全第一、预防为主"的方针。

答案：C

（十）建设工程勘察设计管理条例

6-10-1 ［2011年岩土考题］根据《建设工程勘察设计管理条例》的规定，建设工程勘察、设计方案的评标一般不考虑（　　）。

　A.投标人资质　　　　　　　　B.勘察、设计方案的优劣
　C.设计人员的能力　　　　　　D.投标人的业绩

6-10-2 ［2009年岩土考题］根据《建设工程勘察设计管理条例》的规定，编制初步设计文件应当（　　）。

　A.满足编制方案设计文件和控制概算的需要
　B.满足编制施工招标文件，主要设备材料订货和编制施工图设计文件的需要

C. 满足非标准设备制作，并说明建筑工程合理使用年限

D. 满足设备材料采购和施工的需要

6-10-3　根据《建设工程勘察设计管理条例》的规定，对建设工程勘察、设计单位和人员执业规定论述正确的是（　　）。

A. 建设工程勘察设计执业人员一般要受聘于一个建设工程勘察、设计单位

B. 未受聘于建设工程勘察设计单位的执业人员在单位特许情况下可从事特许建设工程的勘察设计活动

C. 国家对从事建设工程勘察设计活动的专业技术人员，实行执业资格管理制度

D. 建设工程勘察、设计单位不得允许具有执业资格的个人以本单位的名义承揽建设工程勘察设计业务

6-10-4　根据《建设工程勘察设计管理条例》的规定，建设工程勘察、设计发包，经有关主管部门批准可直接发包，其工程满足的条件错误的是（　　）。

A. 采用特定的专利或者专有技术的

B. 采用新结构、新材料、新工艺的

C. 建筑艺术造型有特殊要求的

D. 国务院规定的其他建设工程的勘察、设计

6-10-5　[2021年道路考题]违反《建设工程勘察设计管理条例》，未经注册，擅自以注册建设工程勘察、设计人员的名义从事建设工程勘察、设计活动的，除责令停止违法行为、没收违法所得外，还须处罚款，金额为违法所得收入的（　　）。

A. 1~2倍　　　　　B. 1~3倍　　　　　C. 3~6倍　　　　　D. 2~5倍

题解及参考答案

6-10-1　**解：** 根据《建设工程勘察设计管理条例》第十四条的规定，建设工程勘察、设计方案评标，应当以投标人的业绩、信誉和勘察、设计人员的能力以及勘察、设计方案的优劣为依据，进行综合评定。

答案： A

6-10-2　**解：**《建设工程勘察设计管理条例》第二十六规定，编制建设工程勘察文件，应当真实、准确，满足建设工程规划、选址、设计、岩土治理和施工的需要。编制方案设计文件，应当满足编制初步设计文件和控制概算的需要。编制初步设计文件，应当满足编制施工招标文件、主要设备材料订货和编制施工图设计文件的需要。编制施工图设计文件，应当满足设备材料采购、非标准设备制作和施工的需要，并注明建设工程合理使用年限。

答案： B

6-10-3　**解：** 根据《建设工程勘察设计管理条例》第八条第二款的规定："禁止建设工程勘察、设计单位允许其他单位或者个人以本单位的名义承揽建设工程勘察、设计业务"。"不得"和"禁止"都是否定的强制性语言，可以互用。要正确理解个人，说明合同当事人是自然人不是法人。ABC三项，参见第九、十条，注意关键词"注册"和"只能"。

答案： D

6-10-4　**解：**《建设工程勘察设计管理条例》第十六规定，下列建设工程的勘察、设计，经有关主管

部门批准,可以直接发包:

（一）采用特定的专利或者专有技术的;

（二）建筑艺术造型有特殊要求的;

（三）国务院规定的其他建设工程的勘察、设计。

答案: B

6-10-5 解: 违反《建设工程勘察设计管理条例》第三十六条,未经注册,擅自以注册建设工程勘察、设计人员的名义从事建设工程勘察、设计活动的,责令停止违法行为,没收违法所得,处违法所得2倍以上5倍以下罚款。

答案: D

（十一）违反法律法规等规定对勘察设计单位和个人处罚

6-11-1 ［2019年道路考题］根据《建筑法》,建筑设计单位不按照建筑工程质量、安全标准进行设计的,应（ ）。

    A. 降低资质等级   B. 承担赔偿责任

    C. 吊销资质证书   D. 责令改正,处以罚款

6-11-2 根据《建筑法》的规定,对未取得资质承揽工程单位处罚正确的是（ ）。

    A. 责令改正   B. 予以取缔并处罚款

    C. 吊销资质证书   D. 情节严重的吊销营业执照

6-11-3 根据《建筑法》和《建设工程质量管理条例》的规定,对勘察设计单位罚款正确的是（ ）。

    A. 超越资质承揽工程的处以合同约定的勘察费、设计费1倍以上2倍以下的罚款

    B. 超越资质承揽工程的处10万元以上30万元以下罚款

    C. 勘察设计单位和未按照工程建设强制性标准进行勘察、设计的处以合同约定的勘察费、设计费1倍以上2倍以下的罚款

    D. 设计单位指定建筑材料、建筑构配件的生产厂、供应商的处以合同约定的勘察费、设计费1倍以上2倍以下的罚款

6-11-4 根据《建设工程勘察设计管理条例》的规定,勘察、设计单位未依据项目批准文件对勘察设计单位罚款正确的是（ ）。

    A. 责令限期整改并处以合同约定的勘察费、设计费1倍以上2倍以下的罚款

    B. 责令限期整改并处以10万元以上30万元以下罚款

    C. 处10万元以上30万元以下罚款

    D. 逾期不改正的处10万元以上30万元以下罚款

6-11-5 根据《建设工程勘察设计管理条例》的规定,未经注册,擅自以注册建设工程勘察、设计人员的名义从事建设工程勘察、设计活动的,对违法个人处罚正确的是（ ）。

    A. 责令停止执业1年

    B. 造成重大质量事故的吊销执业资格证书5年以内不予注册

    C. 情节特别恶劣的终身不予注册

    D. 责令停止违法行为,没收违法所得,并处违法所得2倍以上5倍以下罚款

6-11-6 根据《建设工程质量管理条例》的规定,勘察设计单位和未按照工程建设强制性标准进行

勘察、设计的，对个人处罚正确的是（　　　　）。

  A. 处 10 万元以上 30 万元以下的罚款

  B. 处以合同约定的勘察费、设计费或者监理酬金 1 倍以上 2 倍以下的罚款

  C. 处单位罚款数额的 5% 以上 10% 以下的罚款

  D. 没收违法所得，并处违法所得 2 倍以上 5 倍以下罚款

题解及参考答案

6-11-1　解： 根据《建筑法》第七十三条的规定：建筑设计单位不按照建筑工程质量、安全标准进行设计的，责令改正，处以罚款；造成工程质量事故的，责令停业整顿，降低资质等级或者吊销资质证书，没收违法所得，并处罚款；造成损失的，承担赔偿责任；构成犯罪的，依法追究刑事责任。

  答案： D

6-11-2　解： 根据《建设工程质量管理条例》第六十条第二款的规定：未取得资质证书承揽工程的，予以取缔，依照前款规定处以罚款；有违法所得的，予以没收。

  答案： B

6-11-3　解： 《建设工程质量管理条例》第六十条第一款的规定：违反本条例规定，勘察、设计、施工、工程监理单位超越本单位资质等级承揽工程的，责令停止违法行为，对勘察、设计单位或者工程监理单位处合同约定的勘察费、设计费或者监理酬金 1 倍以上 2 倍以下的罚款；对施工单位处工程合同价款百分之二以上百分之四以下的罚款，可以责令停业整顿，降低资质等级；情节严重的，吊销资质证书；有违法所得的，予以没收。

  答案： A

6-11-4　解： 根据《建设工程勘察设计管理条例》第四十条：违反本条例规定，勘察、设计单位未依据项目批准文件，城乡规划及专业规划，国家规定的建设工程勘察、设计深度要求编制建设工程勘察、设计文件的，责令限期改正；逾期不改正的，处 10 万元以上 30 万元以下的罚款；造成工程质量事故或者环境污染和生态破坏的，责令停业整顿，降低资质等级；情节严重的，吊销资质证书；造成损失的，依法承担赔偿责任。

  答案： D

6-11-5　解： 《建设工程勘察设计管理条例》第三十六规定：违反本条例规定，未经注册，擅自以注册建设工程勘察、设计人员的名义从事建设工程勘察、设计活动的，责令停止违法行为，没收违法所得，处违法所得 2 倍以上 5 倍以下罚款；给他人造成损失的，依法承担赔偿责任。

  答案： D

6-11-6　解： 该题有难度，考《建设工程质量管理条例》第六十三条和第七十三条两个条款，题干的违法行为符合第六十条规定中（一）和（四）行为，所以单位的处罚是：责令改正，处 10 万元以上 30 万元以下的罚款。而第七十三条规定：依照本条例规定，给予单位罚款处罚的，对单位直接负责的主管人员和其他直接责任人员处单位罚款数额百分之五以上百分之十以下的罚款。

10 万 × 5% = 0.5 万元，30 × 10% = 3 万元，"以上"含则用"最少"，"以下"不含则用"不超过"表示。

  答案： C

附录一

注册土木工程师（道路工程）资格考试
专业基础考试大纲

一、建筑材料

1. 砂石材料

   矿质混合料组成设计方法；砂石材料的技术性质要求；砂石材料的检测方法；矿质混合料的级配要求

2. 水泥和石灰

   水泥、石灰的技术性质要求；石灰及水泥的质量检定方法；硅酸盐水泥熟料各矿物成分特性、凝结硬化；石灰的消化、硬化过程

3. 无机结合料稳定材料

   石灰稳定粒料、水泥稳定粒料、石灰粉煤灰稳定粒料的技术性质；无机稳定材料配合比设计方法；石灰粉煤灰稳定粒料的强度形成机理

4. 水泥混凝土和砂浆

   普通水泥混凝土的主要技术性质及其影响因素、配合比设计方法、质量评定；砂浆和水泥混凝土的特性；水泥混凝土强度测定方法；混凝土常用外加剂的作用和品种

5. 沥青材料

   石油沥青包括改性沥青、乳化沥青技术性质要求及应用；石油沥青的基本技术性质测定方法；石油沥青的组成结构

6. 沥青混合料

   沥青混合料技术性质和技术标准；现行的沥青混合料配合比设计方法及相关试验；沥青混合料的结构类型、强度形成原理

7. 建筑钢材

   建筑钢材的主要技术性能和技术标准；建筑钢材的试验方法

8. 其他建筑材料

   纤维、土工合成材料及木材的主要技术性能；土工合成材料的试验方法

二、土质学与土力学

1. 土的物理化学性质及工程分类

   土的工程分类；土的基本物理性质指标；黏性土的界限含水率；砂土的密实度；黏土颗粒与水的相互作用；土体工程性质的变化机理

2. 土中水的运动规律

   土的毛细特性；冻胀机理与影响因素；层流渗透定律（达西定律）；渗透系数及其影响因素

3. 土中应力计算

自重应力计算方法；土中附加应力计算方法；土的有效应力原理

4. 土的力学性质

土的强度；变形指标；土的压实特性；压实土的力学特性；土体强度理论；软土在荷载作用下的强度增长规律；土体抗剪强度；直剪试验及相应的强度指标；三轴试验及相应的强度指标

5. 地基沉降计算与地基承载力

分层总和法；一维固结理论；地基沉降的历时特征；地基破坏性状；地基承载力；地基承载力确定方法；地基容许承载力及其修正方法

6. 土坡稳定分析

砂性土土坡稳定分析方法；黏性土土坡圆弧滑动体整体稳定分析方法；条分法的基本原理；毕肖普条分法；土坡稳定分析中一些特殊问题的考虑

三、工程地质

1. 岩石与矿物

三大类岩石的特点；常见的岩石类型及其特征；岩石的工程地质性质；影响岩石工程性质的主要因素

2. 地质构造

地质构造的类型及特性；地壳运动；地质构造图；各种地质构造在地质图中的表现形式和特点

3. 外动力地质作用

外动力地质作用；风化作用；河流的侵蚀作用；下蚀作用；侧蚀作用

4. 地貌

河流阶地；河流阶地与山区公路建设的关系；山岭地貌；平原地貌；不同地貌单元公路建设中可能遇到的工程地质问题；地貌与地形的区别及联系

5. 水文地质

地下水埋藏类型；上层滞水、潜水、承压水和岩溶水的分布规律特点

6. 不良地质

岩溶、滑坡、崩塌、泥石流的特征及其工程地质性质

7. 特殊性岩土

软土、黄土、膨胀土和盐渍土的特征及其工程地质性质

8. 公路工程地质勘察

道路、桥基、隧道勘察的基本勘察方法

四、工程勘测

1. 一般规定

各等级公路项目不同设计阶段的勘测内容与深度；不同设计阶段勘测新技术、新方法，及其应满足的基本精度要求；控制测量桩、路线控制桩的埋设、书写等的规定与要求；桩标记录、勘测记录的规定与要求

2. 控制测量

公路平面控制测量的主要方法；平面控制点的布设、测量、观测等技术要点；公路高程控制测量的主要方法；高程控制点的布设、测量、观测等技术要点；公路控制测量应提交的技术资料

3. 地形图测绘

不同设计阶段对地形图测绘、图式、比例、精度等的技术要求；航空摄影测量、水下地形图测绘、数字地面模型等的技术要求及其应用要点

4. 初测

依据批复的工程可行性研究初步拟定的路线起终点、中间控制点及路线基本走向，在地形图、航测像片、数字地面模型或实地对所拟定的勘测方案进行初测的技术要求；初测阶段路线、路基、路面、排水、小桥涵、大中桥、隧道、路线交叉、沿线设施、环境保护、临时工程、工程经济等的调查与勘测的基本技术要求；初测应提交的技术资料

5. 定测

现场核对初步设计审批意见的执行与优化、调整的定测技术要求；定测阶段路线中线敷设、中桩高程测量、横断面测量、路基、路面、排水、小桥涵、大中桥、隧道、路线交叉、沿线设施、环境保护、临时工程、工程经济等的调查与勘测的基本技术要求；定测应提交的技术资料；一次定测的适用条件、勘测调查内容及其测量精度

五、结构设计原理

1. 钢筋混凝土结构设计的设计原则

钢筋的应力应变曲线；混凝土的应力应变曲线；材料的设计强度；钢筋与混凝土的粘结机理；钢筋锚固规定；极限状态设计；承载能力极限状态；正常使用极限状态；作用（荷载）效应组合

2. 受弯构件强度计算

全梁承载能力校核与构造要求；正截面受力过程和破坏特征；正截面抗剪强度计算斜截面的受力特点和破坏形态；斜截面抗剪强度计算；斜截面抗剪能力影响因素；斜截面抗弯强度；连续梁的斜截面抗剪强度

3. 受压构件强度计算

轴心受压构件、矩形截面偏心受压构件的特点；偏心受压构件的构造要求；偏心受压构件的纵向弯曲；I字形截面受压构件；圆形截面受压构件

4. 钢筋混凝土受弯构件的应力、裂缝和变形计算

换算截面；裂缝及最大裂缝宽度验算；变形验算

5. 预应力混凝土结构

预应力混凝土的特点；预加应力的方法与常用设备；受弯构件的强度计算；受扭构件的强度计算；预应力损失；有效预应力；抗裂计算；端部锚固区构造要求；受弯构件的构造要求；局部承压；挠度计算；裂缝宽度验算

6. 砖、石及混凝土砌体结构

砌体结构设计的要素；砌体的抗拉、抗弯、抗剪强度；轴心受压构件；偏心受压构件强度及稳定验算方法

六、职业法规

《中华人民共和国公路法》、《中华人民共和国建筑法》、《中华人民共和国森林法》、《中华人民共和国合同法》、《中华人民共和国招标投标法》、《中华人民共和国安全生产法》、《建设工程安全生产管理条例》、《建设工程质量管理条例》、《建设工程勘察设计管理条例》中与工程建设密切相关的要求

注册土木工程师（道路工程）资格考试
专业基础试题配置说明

建筑材料	11 题（第 1~11 题）
土质学与土力学	12 题（第 12~23 题）
工程地质	13 题（第 24~36 题）
工程勘测	12 题（第 37~48 题）
结构设计原理	7 题（第 49~55 题）
职业法规	5 题（第 56~60 题）

注：试卷题目数量合计 60 题，每题 2 分，满分 120 分。考试时间为 4 小时。